PAULO: VIDA E PENSAMENTO

UDO SCHNELLE

PAULO: VIDA E PENSAMENTO

Tradutora:
Monika Ottermann

Santo André
2020

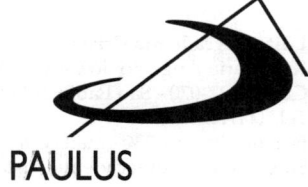

© by Udo Schnelle
© by Walter de Gruyter GmbH & Co. KG, D-10785 Berlin

Título original:
Paulus Leben und Denken

Diagramação:
Cicero Silva - (11) 97463-6460

Revisão:
Juliano Borges de Melo

Dados Internacionais de Catalogação na Publicação (CIP)
(Câmara Brasileira do Livro, SP, Brasil)

Schnelle, Udo
    Paulo: vida e pensamento / Udo Schnelle; tradução Monika Ottermann. – Santo André (SP): Academia Cristã; São Paulo: Paulus, 2010.

Título original: Paulus: leben und denken
Bibliografia.
ISBN 978-85-98481-38-8

1. Paulo, o Apóstolo, Santo. 2. Paulo – Biografia I. Título.

CDD -227.092

Índices para catálogo sistemático:

1. Bíblia: NT: Paulo – 227.092
2. Paulo (Apóstolo) – Biografia – 227.092

Editora Academia Cristã
Rua Mario Augusto do Carmo, 37 - Jardim Avelino
CEP 03227-070 - São Paulo, SP - Brasil
Tel.: (11) 3297-5730
E-mail: silvarico33@gmail.com
Site: www.editoraacademiacrista.com.br

Paulus Editora
Rua Francisco Cruz, 229
04117-091 - São Paulo - SP
Tels.: (11) 5087-3700
E-mail: editorial@paulus.com.br
Site: www.paulus.com.br

SUMÁRIO

PREFÁCIO 17

Capítulo 1 – PRÓLOGO: PAULO COMO DESAFIO 19
   1.1 Aproximação 19
   1.2 Considerações histórico-teóricas 20
A FORMAÇÃO DE HISTÓRIA 20
HISTÓRIA COMO CRIAÇÃO DE SENTIDO...................................25
CRIAÇÃO DE SENTIDO E HISTÓRIA EM PAULO.........................27
   1.3 O conceito: criação de sentido em continuidade e
       transformação..29
CRIAÇÃO DE SENTIDO E DE IDENTIDADE 33
OS LIMITES DO CONSTRUTIVISMO 36
CRITÉRIOS PARA UMA ABORDAGEM DE PAULO 38

I
Parte principal:
O caminho de vida e de pensamento

Capítulo 2 – FONTES E CRONOLOGIA DA ATUAÇÃO PAULINA:
   ELEMENTOS SEGUROS E ELEMENTOS PRESUMIDOS 49
   2.1 A cronologia absoluta 50
O ÉDITO DE CLÁUDIO 50
A INSCRIÇÃO DE GÁLIO..51
   2.2 A cronologia relativa 52
OS ACONTECIMENTOS ANTES DE CORINTO..............................52
OS ACONTECIMENTOS DEPOIS DE CORINTO 56
A CRONOLOGIA DA ATIVIDADE DE PAULO 60

Capítulo 3 – O PAULO PRÉ-CRISTÃO: UM ZELOSO ABERTO PARA
O MUNDO 62
  3.1 Origem e *status* social 62
  PROVENIÊNCIA DE TARSO 63
  PAULO COMO CIDADÃO ROMANO 65
  PROFISSÃO E *STATUS* SOCIAL 68
  3.2 Paulo, um fariseu da diaspora 70
  O MOVIMENTO FARISAICO 71
  PAULO COMO ZELOSO 74
  3.3 O pano de fundo do pensamento paulino em termos de
    história intelectual e da religião 78
  O PANO DE FUNDO VETEROTESTAMENTÁRIO 78
  O PANO DE FUNDO GRECO-HELENÍSTICO 85
  O CONTEXTO CULTURAL DE PAULO 92
  3.4 O perseguidor das primeiras comunidades 95
  O LUGAR DA PERSEGUIÇÃO 96
  MOTIVOS PARA PERSEGUIÇÃO 97

Capítulo 4 – A VOCAÇÃO PARA O APÓSTOLO DOS GENTIOS:
O NOVO HORIZONTE 99
  4.1 Os relatos sobre o evento de Damasco 99
  PAULO SOBRE SUA VOCAÇÃO 100
  O TESTEMUNHO DOS ATOS DOS APÓSTOLOS 107
  4.2 O alcance do evento de Damasco 111
  O GANHO DE ENTENDIMENTO 112
  AS CONSEQUÊNCIAS 113
  DAMASCO COMO EXPERIÊNCIA TRANSCENDENTAL 116

Capítulo 5 – O PAULO CRISTÃO: UM VULCÃO COMEÇA A
AGITAR-SE 119
  5.1 A exercitação: Paulo e a tradição cristã primitiva 119
  O JESUS TERRENO EM PAULO 122
  5.2 A Bíblia de Paulo 125
  A DISTRIBUIÇÃO DAS CITAÇÕES 127
  5.3 Primeiros passos como missionário 129

5.4 Paulo como missionário da comunidade de Antioquia 132
A IMPORTÂNCIA DE ANTIOQUIA 135
A PRIMEIRA VIAGEM MISSIONÁRIA... 139

Capítulo 6 – A CONVENÇÃO DOS APÓSTOLOS E O INCIDENTE
ANTIOQUENO: SEM SOLUÇÃO DOS PROBLEMAS 142
   6.1 A Convenção dos Apóstolos 142
O CONTEÚDO DO PROBLEMA.. 144
O DECURSO... 147
O EVANGELHO DOS INCIRCUNCISOS E DOS CIRCUNCISOS ... 149
AS INTERPRETAÇÕES 152
A FORMAÇÃO DOS DISTINTOS RELATOS 155
   6.2 O incidente antioqueno 156
CONCEITOS DIFERENTES DE PUREZA 157
A PERSPECTIVA DA ABORDAGEM 160

Capítulo 7 – A MISSÃO INDEPENDENTE DE PAULO: O VULCÃO
ENTRA EM ERUPÇÃO 164
   7.1 Os pressupostos do trabalho missionário de Paulo................ 164
O GREGO, UMA LÍNGUA MUNDIAL 165
POSSIBILIDADES DE VIAGEM... 166
DIVERSIDADE RELIGIOSA 168
A PAX ROMANA 169
O JUDAÍSMO DA DIÁSPORA 170
   7.2 Os inícios da missão independente 172
   7.3 A escola paulina e a estrutura do trabalho nas comunidades 175
ESTRUTURAS DA ESCOLA PAULINA 177
ESTRATEGIAS MISSIONÁRIAS.. 181
COMUNIDADES DOMÉSTICAS 184
   7.4 A autocompreensão do apóstolo dos gentios Paulo 189
   7.5 A formação do cristianismo primitivo como movimento
   autônomo 192
A SEPARAÇÃO 192
A SITUAÇÃO DA COMUNIDADE PRIMITIVA 199
UM MOVIMENTO AUTÔNOMO 201

Capítulo 8 – PAULO E OS TESSALONICENSES: CONSOLO E
CONFIANÇA 208
   8.1 A história precedente e o primeiro anúncio.....................208
   A COMUNIDADE...209
   O PRIMEIRO ANÚNCIO 211
   8.2 A teologia da Primeira Carta aos Tessalonicenses 214
   ELEIÇÃO E *PARUSIA* COMO DADOS FUNDAMENTAIS 215
   SER IMITADORES NA TRIBULAÇÃO..................................216
   OS JUDEUS E A IRA DE DEUS...218
   A VINDA DO SENHOR 221
   8.3 A Ética da Primeira Carta aos Tessalonicenses..............226
   8.4 A Primeira Carta aos Tessalonicenses como testemunho da
      teologia paulina primitiva 230
   UM RESULTADO NEGATIVO 230
   TEOLOGIA PAULINA PRIMITIVA 233

Capítulo 9 – A PRIMEIRA CARTA AOS CORÍNTIOS: SABEDORIA
ALTA E VERDADEIRA 235
   9.1 Disputa em Corinto 235
   A CIDADE DE CORINTO..235
   A COMUNIDADE...237
   A ESTRUTURA DA CARTA..238
   TENSÕES NA COMUNIDADE..240
   9.2 A sabedoria do mundo e a loucura da cruz 241
   GRUPOS EM CORINTO 242
   A CRUZ COMO CRITÉRIO DE (RE)CONHECIMENTO 244
   SABEDORIA VERDADEIRA 246
   ASPECTOS DO PANO DE FUNDO HISTÓRICO-CULTURAL 250
   CONCEITO DISTINTOS DE IDENTIDADE 253
   9.3 O poder do espírito e a pureza da comunidade............255
   O CORPO COMO LUGAR DA RESPONSABILIDADE 256
   9.4 Liberdade e compromisso em Cristo 260
   OS "FORTES" E OS "FRACOS" 261
   O MODELO PAULINO 262
   LIBERDADE COMO SERVIÇO..264

A QUESTÃO DOS ESCRAVOS 266
9.5 A força do espírito e a edificação da comunidade 268
A COMUNIDADE COMO CORPO 270
O OBJETIVO: A EDIFICAÇÃO DA COMUNIDADE 273
9.6 A ressurreição dos mortos 274
A HISTÓRIA BÁSICA 275
A NEGAÇÃO DA RESSURREIÇÃO 278
EXISTÊNCIA E CORPORALIDADE 280
9.7 Cruz, justiça e lei 284
JUSTIÇA E LEI NA PRIMEIRA CARTA AOS CORÍNTIOS 284
UMA CONCEITUAÇÃO INDEPENDENTE 289

Capítulo 10 – A SEGUNDA CARTA AOS CORÍNTIOS:
PAZ E GUERRA 291
10.1 Os acontecimentos entre a Primeira e a Segunda Carta aos
  Coríntios 291
10.2 A Segunda Carta aos Coríntios como carta coesa 293
As hipóteses 294
AS QUESTÕES POLÊMICAS 296
UMA PROPOSTA DE SOLUÇÃO 301
10.3 A existência apostólica de Paulo 304
FORÇA NA FRAQUEZA 305
A RETIDÃO E PUREZA DO APÓSTOLO 307
A MORADA TERRESTRE E A MORADA CELESTE 309
10.4 A glória da Nova Aliança 312
LETRA E ESPÍRITO 313
A NOVA ALIANÇA 314
10.5 A mensagem da reconciliação 318
O MINISTÉRIO DE RECONCILIAÇÃO DO APÓSTOLO 320
10.6 O discurso de um louco 322
OS ADVERSÁRIOS 324
PARECER E SER 326

Capítulo 11 – PAULO E OS GÁLATAS: APRENDIZADO NO
CONFLITO 331

11.1 A história precedente 331
A HIPÓTESE DA PROVÍNCIA 331
A HIPÓTESE DA REGIÃO..332
A FUNDAÇÃO DAS COMUNIDADES..335
A REDAÇÃO DA CARTA..337
11.2 A crise galaciana 339
O MOTIVO DA CRISE..342
A REAÇÃO DE PAULO 346
11.3 A doutrina da lei e da justificação na Carta aos Gálatas 348
O PENSAMENTO BÁSICO E FUNDAMENTAL...............................348
UMA EXPRESSÃO-CHAVE 350
DOIS CONCEITOS ANTROPOLÓGICOS.......................................355
PARTICIPAÇÃO NO PODER DO ESPÍRITO 357
ABRAÃO COMO UMA FIGURA DE IDENTIFICAÇÃO 360
A FUNÇÃO DA TORÁ 362
O BATISMO COMO MUDANÇA DE *STATUS*................................365
CONCLUSÕES...367
11.4 A ética da Carta aos Gálatas 371
A LIBERDADE QUE AGE NO AMOR..371
11.5 Doutrina da justificação inclusiva e exclusiva em Paulo 373
GANHO DE ENTENDIMENTO NA CRISE......................................375
DOUTRINA DA JUSTIFICAÇÃO INCLUSIVA E EXCLUSIVA 378

Capítulo 12 – PAULO E A COMUNIDADE EM ROMA:
ENCONTRO DE ALTO NÍVEL 381
12.1 A história e a estrutura da comunidade romana 381
12.2 A Carta aos Romanos como escrito situacional......................384
A SITUAÇÃO DE PAULO 385
A SITUAÇÃO DA COMUNIDADE..386
PROBLEMAS DO PENSAMENTO PAULINO 387
POSIÇÕES DA HISTÓRIA DA PESQUISA 387
12.3 O evangelho de Jesus Cristo..390
CONTEÚDO E ORIGEM DO EVANGELHO...................................390
O EVANGELHO COMO PODER QUE SALVA 391
12.4 O conhecimento de Deus dos gentios e dos judeus................394

A CEGUEIRA DOS GENTIOS 395
A CEGUEIRA DOS JUDEUS 396
   12.5 A justiça de Deus 400
POSIÇÕES DA PESQUISA 401
A JUSTIÇA DE DEUS COMO TERMO MULTIDIMENSIONAL......403
A LEI DA FÉ 406
   12.6 Paulo e o Antigo Testamento 408
DOIS TEXTOS-CHAVE 409
PROMESSA COMO CATEGORIA-CHAVE 411
   12.7 A presença da salvação: batismo e justiça 412
A TIPOLOGIA DE ADÃO-CRISTO 413
O BATISMO COMO EVENTO DE TRANSFERÊNCIA......................415
A CORRESPONDÊNCIA À NOVA EXISTÊNCIA...............................419
   12.8 Pecado, lei e liberdade no espírito..421
UM EXEMPLO PARA COMEÇAR 422
O PARAÍSO PERDIDO 423
O EU PRESO 425
O SER HUMANO LIBERTO 429
CARNE E ESPÍRITO..430
   12.9 Paulo e Israel 433
A LIBERDADE E FIDELIDADE DE DEUS 434
O COMPORTAMENTO DE ISRAEL..438
A SALVAÇÃO DE ISRAEL 441
PAULO COMO PROFETA...445
   12.10 A forma da nova vida..447
ÉTICA SEGUNDO A RAZÃO E CONFORME A VONTADE
   DE DEUS 447
NA SOMBRA DO IMPÉRIO ROMANO 450

Capítulo 13 – PAULO EM ROMA: O HOMEM IDOSO E SUA OBRA ...455
   13.1 A história precedente: Paulo a caminho de Roma 455
O DESTINO DA COLETA 456
PRISÃO E PROCESSO 459
PAULO EM ROMA 462
   13.2 A Carta aos Filipenses 464

13.2.1 Uma carta de Roma para Filipos 464
O LUGAR DA PRISÃO 465
13.2.2 A Carta aos Filipenses como testemunho tardio da
teologia paulina 469
O HINO COMO HISTÓRIA MODELAR 472
OUTRO CONFRONTO 476
13.3 A Carta a Filêmon 479
PAULO REALIZA UM TRABALHO DE CONVENCIMENTO 481
13.4 Paulo, o mártir 485
O RELATO DE TÁCITO 486
O RELATO DE SUETÔNIO 488
TRADIÇÕES CRISTÃS-PRIMITIVAS 489

**Parte Dois:
O Pensamento Paulino**

Capítulo 14 – A PRESENÇA DA SALVAÇÃO COMO CENTRO
DA TEOLOGIA PAULINA 497
APORIAS INEVITÁVEIS 498

Capítulo 15 – TEOLOGIA: DEUS AGE 501
15.1 O Deus Uno como Criador e Plenificador 501
15.2 Deus como Pai de Jesus Cristo 504
A MEDIAÇÃO DO FILHO 506
CONTINUIDADE E DESCONTINUIDADE EM RELAÇÃO
AO JUDAÍSMO 509
15.3 O Deus que elege, chama e rejeita 512
PREDESTINAÇÃO EM PAULO 513
15.4 O evangelho como revelação divina escatológica da salvação 515
A ORIGEM DO EVANGELHO 516
O CONTEÚDO DO EVANGELHO 517
EVANGELHO COMO UM TERMO POLÍTICO-RELIGIOSO 518
15.5 A novidade e atratividade do discurso paulino sobre Deus ...520

Capítulo 16 – CRISTOLOGIA: O SENHOR ESTÁ PRESENTE 524

16.1 Transformação e participação como modelo fundamental
   da cristologia paulina 524
16.2 Jesus Cristo como crucificado e ressuscitado 526
   16.2.1 Jesus Cristo como ressuscitado 527
O CONTEÚDO DE REALIDADE DO EVENTO DA
   RESSURREIÇÃO...528
MODELOS DE EXPLICAÇÃO 530
RESSURREIÇÃO COMO UM ACONTECIMENTO
   TRANSCENDENTAL..538
UM DECURSO HISTÓRICO PLAUSÍVEL 546
   16.2.2 A cruz na literatura paulina..550
A CRUZ COMO LUGAR HISTÓRICO 551
A CRUZ COMO *TOPOS* TEOLÓGICO-ARGUMENTATIVO..........553
A CRUZ COMO SÍMBOLO...555
16.3 Jesus Cristo como salvador e libertador 556
O SALVADOR...557
O LIBERTADOR 558
16.4 Jesus como Messias, Senhor e Filho 561
"CRISTO"..562
"*KYRIOS*"...563
"FILHO DE DEUS"...566
A FUNÇÃO PRAGMÁTICO-TEXTUAL DOS TÍTULOS
   CRISTOLÓGICOS..567
16.5 A morte vicária de Jesus Cristo "por nós" 568
16.6 A morte de Jesus Cristo como evento expiatório 573
A PROBLEMÁTICA TEOLÓGICA DO CONCEITO DO
   SACRIFÍCIO 577
16.7 Jesus Cristo como reconciliador..578
16.8 Jesus Cristo como justiça de Deus 583
   16.8.1 O ambiente histórico-cultural 583
ANTIGO TESTAMENTO 584
O JUDAÍSMO ANTIGO...587
GRECIDADE E HELENISMO..591
   16.8.2 A gênese da doutrina paulina da justificação 596
UM MODELO DIACRÔNICO 598

A UNIVERSALIZAÇÃO 600
    16.8.3 O conteúdo teológico da doutrina da justificação 602
A TESE FUNDAMENTAL 604
    16.9 Deus, Jesus de Nazaré e a cristologia primitiva 607
INFLUÊNCIAS GRECO-HELENISTAS 609

Capítulo 17 – SOTERIOLOGIA: A TRANSFERÊNCIA JÁ COMEÇOU ... 614
    17.1 A nova existência como participação em Cristo 615
PARTICIPAÇÃO POR MEIO DO BATISMO 615
"EM CRISTO" 617
    17.2 O novo tempo entre os tempos 619
"GRAÇA" 620
"SALVAÇÃO/REDENÇÃO" 622

Capítulo 18 – PNEUMATOLOGIA: O ESPÍRITO SOPRA E ATUA 625
    18.1 O espírito como princípio interconectador do
    pensamento paulino 625
    18.2 Os dons e efeitos atuais do espírito 630
    18.3 O Pai, Filho e o espírito 632

Capítulo 19 – ANTROPOLOGIA: A LUTA PELO EU 635
    19.1 Existência humana e corporeidade: σῶμα e σάρξ 635
"SOMA" 636
"SARX" 640
    19.2 O pecado e a morte 642
O PECADO COMO PODER PRÉ-ESTABELECIDO 643
A ORIGEM DO MAL 646
    19.3 A Lei 651
A LEI NO PENSAMENTO GRECO-ROMANO 651
    19.3.1 A análise diacrônica 657
O PERÍODO INICIAL 658
A CONVENÇÃO DOS APÓSTOLOS 659
A CRISE GALACIANA 661
    19.3.2 A análise sincrônica 663
AFIRMATIVAS SOBRE A LEI/TORÁ 664

PROBLEMAS LÓGICOS E DE REFLEXÃO 666
A SOLUÇÃO: UMA NOVA DEFINIÇÃO 668
  19.4 A fé como nova qualificação do Eu 671
A FÉ COMO DOM GRATUITO 672
ELEMENTOS ESTRUTURAIS DA FÉ 675
FÉ/CRER NOS CONTEXTOS CULTURAIS 677
ACENTOS NOVOS 679
  19.5 Centros do *self* humano 680
"CONSCIÊNCIA" 681
"*EIKON*" 685
"CORAÇÃO" 688
"PSYCHE" 690
"NOUS" 691
"O HOMEM INTERIOR E EXTERIOR" 693
  19.6 A nova liberdade 695
O CONCEITO FUNDAMENTAL 695
TEORIAS DE LIBERDADE NA ANTIGUIDADE 702

Capítulo 20 – ÉTICA: A NOVA EXISTÊNCIA COMO FORMAÇÃO
DE SENTIDO 705
  20.1 O princípio básico: vida no espaço do Cristo 705
A CORRELAÇÃO COMO CATEGORIA ÉTICA FUNDAMENTAL ...707
  20.2 A prática da nova existência 712

Capítulo 21 – ECLESIOLOGIA: UMA COMUNIDADE EXIGENTE
E ATRATIVA 722
  21.1 Palavras e metáforas básicas da eclesiologia paulina 722
PALAVRAS BÁSICAS 722
METÁFORAS BÁSICAS 725
  21.2 Estruturas e tarefas nas comunidades 731
JESUS CRISTO COMO MODELO 732
SER IMITADORES 733
CARISMA E MINISTÉRIO 734
MINISTÉRIOS 737
  21.3 A comunidade como espaço livre do pecado 740

Capítulo 22 – ESCATOLOGIA: EXPECTATIVA E MEMÓRIA 745
    22.1 O futuro no presente 746
    PARTICIPAÇÃO NO RESSUSCITADO...746
    EXISTÊNCIA ESCATOLÓGICA 749
    22.2 O curso dos acontecimentos escatológicos e a existência
    pós-morte 750
    ALTERAÇÕES..751
    CORPOREIDADE E EXISTÊNCIA PÓS-MORTE.......................758
    22.3 O destino de Israel 760
    22.4 Escatologia como construção temporal 765
    ANTIGAS TEORIAS ACERCA DA MORTE....................................767

Capítulo 23 – EPÍLOGO: O PENSAMENTO PAULINO COMO
CRIAÇÃO DE SENTIDO DURADOURA 772
    UM MODELO FILOSÓFICO..774
    DEUS COMO JUSTIFICATIVA ÚLTIMA DOTADA DE SENTIDO 777

BIBLIOGRAFIA..781

ÍNDICE DE AUTORES..815

ÍNDICE DAS PASSAGENS BÍBLICAS E EXTRABÍBLICAS..................829

PREFÁCIO

Cada geração do cristianismo necessita de uma nova abordagem do apóstolo Paulo, sua vida e suas cartas. A principal razão é simples: O apóstolo Paulo foi o pensador teológico mais criativo da primeira geração do cristianismo. Seu ensinamento a respeito "da verdade do evangelho", e no fundo, a respeito da identidade do cristianismo, é uma parte fundamental da escritura autodefinidora do cristianismo. E mais: com ele, cristãos não judeus de todas as gerações têm uma dívida eterna e de valor inestimável, pois ele abriu o evangelho do Messias Jesus/Jesus Cristo para os não judeus mais que qualquer outra pessoa. Além disso, seu ministério pastoral e de fundação de igrejas incluiu o seu trato para com muitos problemas da vida eclesiástica com uma sensibilidade espiritual, realismo social e perspicácia teológica que mostram como seu modo de tratar controvérsias e seu conselho ainda hoje proveem precedentes valiosos para líderes da igreja. Assim, cada geração precisa ser reapresentada a Paulo para reaprender o que ele ainda tem a nos ensinar a respeito do caráter do cristianismo, os princípios do evangelho, a relação do cristianismo com o judaísmo e os efeitos do evangelho sobre igreja e vida pessoal.

No século 20, entretanto, muitas abordagens da vida e missão de Paulo ficaram pesadamente repetitivas. "A verdade do evangelho" pela qual Paulo lutou tornara-se corriqueira e para muitos perdeu sua efetividade e importância. As igrejas cuja homilia sempre fora alguma exposição da leitura do evangelho perderam a familiaridade com Paulo e acharam as breves leituras litúrgicas de suas cartas difíceis e obscuras para meditação. É por isso que a instituição dos anos de 2008 e 2009 pelo papa Bento XVI como o bimilenário de Paulo foi tão importante, pois lembrou a católicos, mas também aos demais cristãos que eles, individual e corporativamente como igrejas, precisavam redescobrir Paulo, ou a bem da verdade, descobrir Paulo pela primeira vez.

Alcançar tal meta, redescobrir Paulo, aprender sobre e de Paulo, ter uma boa abordagem de Paulo, sua vida, suas cartas e ensinamentos é uma prioridade e necessidade. Não se trata de uma branda e simples introdução como aquelas dadas às crianças no primário, mas uma que reconheça a falta de clareza histórica que deixa nosso conhecimento na incerteza sobre as situações que ele confrontou, sobre a autenticidade de algumas cartas tradicionalmente atribuídas a ele e sobre a sequência das cartas que certamente foram ditadas por ele. Uma introdução que confronte o fato evidente que Paulo, enquanto um brilhante líder de seus grupos missionários formados tanto por mulheres como por homens, era uma personalidade controversa que poderia ser tanto um temível polemista como um pastor profundamente cuidadoso. Uma introdução que não se desvie das profundezas de sua teologia e do desconforto (hoje) causado por algumas de suas exortações e ensinos.

Não há muitas abordagens de Paulo que cumpram todos estes requisitos, mas *Paulo Vida e Pensamento* de Udo Schnelle é um deles. É a abordagem mais completa e melhor instruída da vida de Paulo, suas cartas e seus ensinamentos produzida nos últimos cinquenta anos e ao contrário de muitas monografias alemãs, esta lida confortável e plenamente com o mais difundido material acadêmico de língua inglesa (embora não com outras línguas europeias). Ela pode ser lida como uma introdução que não requer conhecimentos prévios ou como uma grande contribuição para os estudos paulinos, engajando-se em discussões de grandes questões, sem medo de confiar em seus próprios julgamentos e de dar voz a suas próprias opiniões em questões controversas. Schnelle não se satisfaz em escrever um mero relato descritivo de Paulo. Como teólogo, ele obviamente harmoniza-se com Paulo e em sua abordagem o evangelho e a teologia de Paulo se tornarão vivas novamente e os leitores serão confrontados com um mestre e ensinamento ao qual eles precisam responder, negativa ou positivamente. O que temos aqui não é exatamente uma leitura para dormir. Ela demanda atenção e requer reflexão cuidadosa, mas recompensará generosamente o tempo dispensado. Eu não concordo com todos os argumentos e conclusões de Schnelle, mas eu recomendo este livro com entusiasmo.

James D G Dunn
Professor emérito Lightfoot de Divindade, Universidade de Durham, autor de *A Teologia do Apóstolo Paulo* (1998), *The New Perspective on Paul* (2005, 2007) e *Beginning from Jerusalem* (2009).

Capítulo 1
PRÓLOGO: PAULO COMO DESAFIO

1.1 Aproximação

Paulo foi uma existência itinerante. Como ninguém antes ou depois, ele conectou diferentes continentes, culturas e religiões e criou algo que é permanentemente novo: o cristianismo como religião mundial[1]. Como primeiro cristão que verdadeiramente ultrapassou fronteiras, Paulo esboçou e viveu no horizonte da *parusia* do *Kyrios*, a nova existência em Cristo (ἐν Χριστῷ). Este é o laço que o liga com os cristãos de todos os tempos. Por isso, mergulhar no mundo de seu pensamento significa também sempre traçar a própria fé. "Qual missionário, pregador e pastor das almas pode se comparar a ele, tanto em relação à grandeza da tarefa cumprida como à santa energia de sua realização!"[2]

Uma personalidade desta envergadura não podia deixar de provocar discussões. Já no tempo neotestamentário, seus raciocínios sutis provocaram problemas (cf. 2Pd 3,15s). Enquanto Paulo, ao longo da história da Igreja, tornou-se para uns o fiador de sua teologia (Agostinho, M. Lutero, K. Barth) e a fonte de força para renovações eclesiásticas, outros viram no apóstolo dos gentios apenas um epígono que dissolveu o ensinamento original de Jesus sobre Deus, tornando-o teologia e assim adulterando-o. H. J. Schoeps considera notável "que a Igreja cristã aceitou receber de um judeu da diáspora helenista,

---

[1] W. Wrede, Paulus, p. 96, caracteriza o apóstolo como o segundo fundador do cristianismo.
[2] A. v. Harnack, Das Wesen des Christentums (Gütersloh: 1977 [=1900]), p. 114.

assimilado e amplamente alienado, uma imagem totalmente desfigurada da Lei judaica".³ J. KLAUSNER constata: "A Paulo, em sua preocupação por sua autoridade e em sua maneira de desprezar e odiar cada qual que não reconheça seu evangelho específico ou seu mandato de apóstolo, falta simplesmente aquilo que se chama a verdadeira soberania intelectual."⁴

1.2 Considerações histórico-teóricas

Como podemos nos aproximar da personalidade complexa do apóstolo Paulo? Será que é possível captar, com um mínimo de suficiência, a vida e o pensamento de Paulo? Como estruturar uma abordagem da vida e do pensamento de Paulo? Para responder essas perguntas fazem-se necessárias reflexões hermenêuticas e metodológicas em dois planos: 1) Sob quais pressupostos noéticos acontece historiografia⁵? 2) Quais problemas específicos manifestam-se em Paulo?

A FORMAÇÃO DE HISTÓRIA

No centro da discussão histórico-teórica mais recente está a pergunta pela relação mútua entre notícias históricas e seu enquadramento no

---

³ H. J. SCHOEPS, Paulus, p. 278. Para a interpretação judaica de Paulo, cf. S. MEISSNER, Die Heimholung des Ketzers. Studien zur jüdischen Auseinandersetzung mit Paulus. WUNT 2.87 (Tübingen: 1996).
⁴ J. KLAUSNER, Von Jesus zu Paulus (Königstein: 1980 [=1950]), p. 537.
⁵ Sobre a terminologia: entendo sob Geschichte/geschichtlich ("história"/"histórico") o acontecimento, sob Historie/historisch (igualmente "história"/"histórico"; N. da Trad.: o português não permite esta distinção possível no alemão que usa palavras de duas origens distintas, uma vez germânica, outra vez latina.) o modo como se pergunta por ela. A Historik (novamente "história") é a teoria científica da história ocorrida (Geschichte); cf. H.-W. HEIDINGER, Verbete "Historik". HWP 3 (Darmstadt: 1974), pp. 1132-1137. A história ocorrida (Geschichte) existe sempre só como história refletida (Historie), mas, ao mesmo tempo é preciso distinguir entre os dois conceitos, porque as questões teórico-científicas não são simplesmente idênticas àquilo que pessoas no passado entenderam por acontecimentos ocorridos.

atual contexto da compreensão do historiador/exegeta⁶. O ideal clássico do historismo, de apenas "mostrar como foi verdadeiramente"⁷, comprovou-se em vários aspectos um postulado ideológico equivocado⁸. Com sua passagem para o passado, o presente perde irrevogavelmente seu caráter de realidade. Já por isso não é possível tornar o passado presente, sem qualquer intervenção. A distância temporal significa um estar-distante em todos os sentidos, ela impede o conhecimento histórico no sentido de uma reconstituição completa daquilo que aconteceu⁹. Podemos apenas manifestar no presente nossa própria compreensão do passado. Encontramos o passado exclusivamente no modo do presente, e aqui sempre de forma interpretada e selecionada¹⁰. O relevante do passado é somente aquilo que não é mais passado, mas que aflui à moldação e interpretação atual do mundo¹¹. O verdadeiro plano temporal do historiador/exegeta é *sempre o presente*¹², com o qual ele está irrevogavelmente entretecido e cujos padrões

---

⁶ Cf. a respeito J. Rüsen, Grundzüge einer Historik I-lll (LV); H.-J. Goertz, Umgang rnit Geschichte (LV); Chr. Conrad/M. Kessel (org.), Geschichte schreiben in der Postmoderne. Beiträge zur aktuellen Diskussion (Stuttgart: 1994); V. Sellin, Einführung in die Geschichtswissenschaften (Göttingen: 1995).

⁷ L. v. Ranke, "Geschichten der romanischen und germanischen Völker von 1494-1514", Leipzig: ²1874, in *L. v. Ranke's Sämtliche Werke. Zweite Gesamtausgabe, vol. 33/34* (Leipzig: 1877) VII: "Atribuiu-se à teoria científica da história (Historik) o cargo de julgar o passado, de ensinar o mundo contemporâneo pelo bem dos anos futuros; a presente tentativa não aspira a cargos tão nobres: ela procura apenas mostrar como as coisas foram efetivamente". Cf. a respeito R. Vierhaus, "Rankes Begriff der historischen Objektivität", in W. J. Mommsenl/J. Rüsen (org.), *Objektivität und Parteilichkeit* (Munique: 1977), pp. 63-76. Para teorias positivistas mais recentes da história, cf. Chr. Lorenz, Konstruktion der Vergangenheit, pp. 65-87.

⁸ Cf. a respeito H.-J. Goertz, Umgang mit Geschichte, pp. 130s.

⁹ Cf. U. Schnelle, "Der historische Abstand und der heilige Geist", in Idem. (org.), *Reformation und Neuzeit. 300 Jahre Theologie in Halle* (Berlim/Nova Iorque: 1994), pp. 87-103.

¹⁰ Cf. H.-J. Goertz, Unsichere Geschichte, p. 24.

¹¹ Cf. J. G. Droysen, Historik, p. 422: "Os dados pré-estabelecidos para a pesquisa histórica não são os passados, pois estes passaram, mas aquilo deles que no aqui e agora ainda não passou, sejam lembranças daquilo que foi ou ocorreu, sejam resquícios daquilo que foi e que ocorreu."

¹² Cf. P. Ricoeur, Zeit und Erzählung, III, p. 225: "O primeiro modo de pensar o fato de que o passado passou consiste em extrair-lhe o ferrão da distância temporal".

culturais marcam decisivamente a compreensão daquilo que é atualmente passado. A socialização do historiador/exegeta, suas tradições, suas posições valorativas políticas e religiosas determinam necessariamente aquilo que ele diz no presente sobre o passado[13]. Além disso, as próprias condições do entendimento, especialmente a razão e o respectivo contexto, estão submetidas a um processo de transformação, na medida em que o conhecimento histórico está determinado pela respectiva época da história intelectual e pelas intenções que orientam a pesquisa e que estão inevitavelmente em constante transformação[14]. Reconhecer a condição histórica do sujeito cognitivo exige uma reflexão sobre seu papel no processo cognitivo, pois o sujeito não está acima da história, mas inteiramente emaranhado nela. Por isso, "objetividade" como termo oposto de "subjetividade" é inteiramente inadequado para descrever a compreensão histórica[15]. Muito ao contrário, esse conceito é apenas uma estratégia literária que serve para declarar a própria posição como positiva e neutra de valores, a fim de desacreditar outras compreensões como subjetivas e ideológicas[16]. O objeto cognitivo não pode ser separado do sujeito cognitivo, pois o processo cognitivo modifica sempre também o objeto. A consciência acerca da realidade que se formou no processo cognitivo e a realidade

---

[13] Cf. J. STRAUB, Über das Bilden von Vergangenheit, p. 45: "Representações de eventos e desenvolvimentos não fornecem retratos miméticos de ocorrências passadas, mas opiniões sobre um fato ocorrido que estão vinculadas a empenhos de interpretação e compreensão. Tais opiniões são formadas por determinadas pessoas desde a perspectiva do presente, portanto, dependem imediatamente de suas experiências e expectativas, orientações e interesses."

[14] Acessível ao (re)conhecimento histórico é exclusivamente aquilo que ele supõe como "verdade" histórica, para a qual vale: "A verdade histórica constitui-se [...] no processo de uma constante revisão de resultados da pesquisa no discurso acadêmico dos estudiosos" (F. JAEGER/J. ROSEN, Geschichte des Historismus, p. 70).

[15] Cf. a respeito H.-J. GOERTZ, Umgang mit Geschichte, pp. 130-146.

[16] Assim argumentam H. RÄISÄNEN, Neutestamentliche Theologie?, pp. 91-94, e (mais moderado) G. THEISSEN, Die Religion der ersten Christen, p. 13, que procuram apresentar seu conceito religioso-científico como "objetivo" e "isento de valorações", enquanto o conceito teológico é, pelo menos implicitamente, sujeito ao veredicto da ideologia. Para a descrição e crítica desses conceitos, cf. A. LINDEMANN, "Zur 'Religion' des Urchristentums", in ThR 67 (2002), pp. 238-261.

passada não são como o original para a cópia¹⁷. Por isso deveríamos falar não de "objetividade", mas de "adequacidade" ou "plausibilidade" de argumentos históricos¹⁸. Afinal de contas, também aquelas notícias que afluem a cada argumentação histórica como "fatos" já são, por via de regra, interpretações de acontecimentos passados. O que nos é acessível não é o acontecimento efetivamente realizado, mas somente as interpretações de acontecimentos passados que são interpretados segundo as distintas perspectivas dos interpretadores. História não se reconstrói, história se *constrói* inevitável e necessariamente. A consciência muito divulgada de apenas "redesenhar" ou "reconstruir" as coisas sugere um conhecimento do original que não existe da maneira como é pressuposto. A história também não é idêntica ao passado; ao contrário, é sempre apenas uma tomada de posição no presente, sobre como se poderia ver algo passado. Por isso não existem "fatos" no sentido "material", mas interpretações constroem sobre interpretações dentro de construções históricas¹⁹. Aqui vale: "algo se torna história, mas não é história."²⁰

A essas intelecções (*insights*) noéticas somam-se reflexões linguístico-filosóficas. História é sempre uma mediação linguisticamente formada;

---

[17] Cf. H.-J. GOERTZ, Unsichere Geschichte, p. 29.
[18] Cf. a respeito J. KOCKA, "Angemessenheitskriterien historischer Argumente", in W. J. MOMMSEN/J. RÜSEN (org.), *Objektivität und Parteilichkeit* (Munique: 1977), pp. 469-475.
[19] Como exemplo clássico desse procedimento sejam aduzidas aqui as distintas imagens de Sócrates em Xenófono e Platão ou as apresentações dos imperadores romanos por Tácito e Suetônio.
[20] J. G. DROYSEN, Historik, p. 69. DROYSEN, op. cit., avalia fatos históricos acertadamente da seguinte maneira: "Eles são históricos apenas porque nós os entendemos de modo histórico, e não em si e de modo objetivo, mas em nossa contemplação e por meio dela. Por assim dizer, precisamos transpô-los." Sobre o caráter construtivista do conhecimento histórico, cf. entre a literatura mais antiga, ao lado de DROYSEN, especialmente: W. V. HUMBOLDT, "Ueber die Aufgabe des Geschichtsschreibers", in Idem, *Schriften zur Anthropologie und Geschichte 1* (Darmstadt: 1960 [=1822)], pp. 585-606; J. BURCKHARDT, Weltgeschichtliche Betrachtungen (Stuttgart 1978 [=1870n1]); E. TROELTSCH, "Was heißt 'Wesen des Christentums'?", in Idem, *Gesammelte Schriften II* (Tübingen: ²1922 [=1903]), pp. 386-451. J. RÜSEN, Konfigurationen des Historismus (Frankfurt: 1993), descreve a história e a força ideológica do historismo.

história existe somente na medida em que é verbalizada. Notícias históricas transformam-se em história somente através da construção semanticamente organizada do historiador/exegeta. Nesse contexto, a língua funciona não só para a designação daquilo que é pensado e, dessa maneira, elevado à realidade. Ao contrário, a língua determina e marca aquelas percepções que são organizadas para formarem a história[21]. Não há para os seres humanos nenhum caminho que leve da língua para uma realidade extralinguística independente, pois a realidade nos está presente exclusivamente na e por meio da língua[22]. Consequentemente, a história está acessível somente como memória linguisticamente mediada e formada. A língua, por sua vez, está culturalmente condicionada e submetida a uma constante transformação social[23], de modo que não é surpreendente que acontecimentos históricos sejam construídos e valorados de maneira distinta, em tempos distintos e em círculos de culturas e valores diferentes. A língua é muito mais que um mero retrato da realidade, pois regula e marca o acesso à realidade e, com isso, também nossa imagem da mesma. Simultaneamente, porém, a língua também não é *a* realidade. Assim como no decorrer da história da humanidade em sua totalidade, ela se forma também em cada pessoa apenas no âmbito de seu desenvolvimento biológico e cultural-histórico e está influenciada por esse

---

[21] Cf. a respeito também R. Koselleck, Vergangene Zukunft. Zur Semantik geschichtlicher Zeiten (Frankfurt: ⁴2000), que lembra que a exegese de fontes e a formação de teorias, sendo prioritariamente processos de estrutura linguística, sempre se condicionam mutuamente; para poder escrever histórias/história precisa-se de uma teoria de histórias/histórias possíveis.

[22] Para a importância desta intelecção para a exegese, cf. U. Luz, "Kann die Bibel heute noch Grundlage für die Kirche sein?", in NTS 44 (1998), pp. 317-339, que lembra que a construção linguística da realidade não abole o fato de que textos estão dotados de sentido.

[23] Cf. G. Dux, Wie der Sinn in die Welt kam und was aus ihm wurde, p. 203, que se volta com razão contra a mistificação da língua inerente ao linguistic turn: "O pragmatismo subjacente ao processo da formação da inteligência é também subjacente ao processo da formação da língua. A língua está integrada no processo de adquirir uma competência de atuação. Inseparavelmente vinculada à competência da atuação está a construção da realidade externa. [...] A língua tem seu gênesis no processo da enculturação, assim como qualquer outro alcance do intelecto."

processo, decisivamente e de modo sempre diferente²⁴. A constante modificação da língua não pode ser explicada sem os distintos contextos sociais que a condicionam²⁵; ou seja, se não queremos abandonar a realidade, precisamos preservar a relação entre signo e significado.

HISTÓRIA COMO CRIAÇÃO DE SENTIDO

Dessa maneira, a história é sempre um sistema seletivo com o qual os interpretadores interpretam não algo simplesmente passado, mas sobretudo ordenam e interpretam seu próprio mundo. Consequentemente, a construção linguística de história acontece sempre também como um processo *de criação de sentido* que visa atribuir *sentido*, isto é, *uma força interpretadora para a orientação dentro das relações vivenciais*²⁶. Interpretação histórica significa criar uma relação coerente de sentido; somente através da formação de contextos e relações narrativas históricas, os fatos tornam-se aquilo que são para nós²⁷. Nesse processo, notícias históricas precisam ser interpretadas e verbalizadas no presente, de modo que a apresentação/narração da história reúna necessariamente *"fatos"* e *"ficção"*²⁸, elementos pré-estabelecidos e trabalho

---

[24] Cf. G. Dux, Historisch-genetische Theorie der Kultur, p. 297: "O processo da aquisição da língua ocorre no processamento de experiências. A língua não existe antes da aquisição da competência de atuação e do mundo, como dado no genoma. Ela se forma na aquisição de competências de atuação e na construção do mundo."
[25] Cf. H.-J. Goertz, Unsichere Geschichte, pp. 50s.
[26] Para o conceito histórico-teórico do sentido, cf. J. Rüsen, Historische Methode und religiöser Sinn, p. 346; para o conceito complexo do sentido em geral, cf. E. List, Verbete "Sinn", in *HRWG* 5, pp. 62-71.
[27] Cf. Chr. Lorenz, Konstruktion der Vergangenheit, pp. 17ss.
[28] "Ficção" não designa simplesmente no sentido coloquial a negação da realidade, mas é aqui usado num significado funcional-comunicativo e aproxima-se, portanto, ao significado original de "fictio": "formação, criação". cf. W. Iser, Der Akt des Lesens (Munique: ³1990) p. 88: "Quando ficção não é realidade, isto ocorre menos porque lhe faltam os predicados necessários de realidade e mais porque ela consegue organizar a realidade de tal forma que esta se torna comunicável, e esta é a razão pela qual ela não pode ser a própria coisa que organizou. Quando se entende a ficção como uma estrutura de comunicação, então é necessário substituir no processo de sua contemplação a antiga pergunta que lhe foi dirigida por uma

escritor-ficcício[29]. Sendo que notícias históricas precisam ser combinadas e espaços históricos vazios, preenchidos, notícias do passado e sua interpretação no presente afluem para formar algo novo[30]. Por meio da interpretação insere-se no acontecimento uma estrutura que antes não possuía[31]. Existem apenas fatos potenciais, pois precisamos da experiência e da interpretação para captar o potencial de sentido de um acontecimento[32]. É preciso atribuir aos fatos um significado, e a estrutura desse processo interpretativo constitui a compreensão dos fatos[33]. Apenas o elemento ficcional abre o acesso ao passado, pois permite a inevitável nova escritura dos acontecimentos pressupostos. O plano figurativo é imprescindível para o trabalho histórico, pois desdobra o plano prefigurado da interpretação que determina a compreensão presente do passado. De modo fundamental vale: história forma-se apenas depois que um acontecimento se deu e que foi elevado ao

---

outra: não o que ela significa, mas o que ela causa deve entrar agora na nossa perspectiva. Apenas a partir disso surge um acesso à função da ficção que se cumpre na transmissão de sujeito e realidade." H.-J. GOERTZ, Unsichere Geschichte, p. 20: "O elemento ficcional não é o curso livre da fantasia poética que passa por cima dos fatos do passado, que os manipula ou complementa. Ao contrário, é o meio indispensável para criar um acesso ao passado e efetuar sua interpretação."

[29] Cf. a respeito H.-J. GOERTZ, Umgang mit Geschichte, pp. 101-103.

[30] Lc 1,1-4; Plutarco, Alexandre 1,1 (οὔτε γὰρ ἱστορίας γράφομεν ἀλλὰ βίους = "pois eu não escrevo história, mas desenho imagens da vida") mostram nitidamente que também autores da Antiguidade tinham uma clara consciência dessas relações.

[31] Cf. as reflexões orientadas pela história do problema e da pesquisa em H.-J. GOERTZ, Unsichere Geschichte, pp. 16ss.

[32] Esta característica constitutiva do (re)conhecimento vale também para as ciências naturais. A construtividade e a contextualidade determinam a fabricação do conhecimento, as ciências naturais são sempre uma realidade interpretada que é em medida crescente determinada por interesses externos, bem como por globais e políticos e econômicos; cf. a respeito K. KNORR-CETINA, Die Fabrikation von Erkenntnis. Zur Anthropologie der Naturwissenschaft (Frankfurt: 1991). Os critérios da racionalidade e objetividade aduzidos dentro do debate social servem na maioria dos casos para encobrir um processo de domesticação das ciências naturais que pode ser observado em nível mundial.

[33] Cf. H.-J. GOERTZ, Umgang mit Geschichte, p. 87: "Portanto, não é a pura facticidade que constitui um 'fato histórico', mas seu significado que surge apenas gradativamente e que confere uma qualidade particular a um evento que, de outra maneira, teria sucumbido ao esquecimento sem grande alarde. Não em seu tempo, mas somente depois de seu tempo, um mero fato torna-se um fato histórico."

status de passado relevante para o presente, de modo que a história necessariamente não pode reivindicar a mesma qualidade de realidade como os eventos nas quais se baseia³⁴. Por isso, também um esboço da vida e do pensamento do apóstolo Paulo pode ser sempre apenas um ato de aproximação ao acontecimento passado e que precisa estar consciente de seus pressupostos histórico-teóricos, de seu caráter construtivo e dos problemas de sua realização.

CRIAÇÃO DE SENTIDO E HISTÓRIA EM PAULO

Quais os problemas específicos da historiografia que se apresentam em Paulo? Primeiro deve-se lembrar de que Paulo realiza tudo o que acabei de descrever: ao interpretar e narrar a história-de-Jesus-Cristo de uma determinada maneira, *ele escreve história e constrói um novo mundo religioso próprio*³⁵. Sua interpretação desenvolve um poder de efeito único, porque estava aberta para várias conexões: com a história de Jesus, com o judaísmo e com o helenismo. Essa abertura para conexões surgiu a partir do caminho biográfico do apóstolo, de modo que, em seu caso, deve-se considerar de maneira particular a relação entre biografia e teologia. Biografia e teologia condensam-se em Paulo para uma união repleta de tensão, pois "Paulo é o único ser humano do cristianismo primitivo que conhecemos verdadeiramente."³⁶ Dos treze escritos neotestamentários identificados pelo nome do autor, sete são de Paulo. As cartas paulinas oferecem para o período de c.. 50 -61 d.C. informações sobre o pensamento do apóstolo³⁷, mas também

---

³⁴ Cf. J. Rüsen, Historische Vernunft, pp. 58ss.
³⁵ Esta intelecção é fundamental para a compreensão aqui apresentada de Paulo, pois: "o decisivo não é sair do círculo, mas entrar nele segundo a maneira certa" (M. Heidegger, Sein und Zeit, [Tübingen: ¹⁴1977], p. 153).
³⁶ A. Schweitzer, Mystik, p. 322.
³⁷ A respeito da determinação e delimitação do conceito: estou usando "pensar"/"pensamento" num sentido genérico e amplo no nível da moldação, resolução e interpretação cotidianas da vida: uso ativo e conexão intencional de ideias e conceitos. Quais conceitos e ideias Paulo adota, segundo quais regras ele os conecta, com qual lógica ele se sente comprometido nesse processo, quais os

sobre sua vida emocional. Em amplos trechos, elas estão emocionalmente marcadas e fazem surgir diante de nossos olhos interiores o ser humano Paulo com suas forças e fraquezas. Ao mesmo tempo, o caminho que Paulo percorreu para se tornar um fariseu zeloso pelas tradições paternas permanece praticamente obscuro. A socialização cristã do apóstolo, sua atuação como missionário da comunidade de Antioquia e a missão autônoma até a redação da Primeira Carta aos Tessalonicenses podem ser elucidadas apenas fragmentariamente. Ainda assim, essa fase é de imensa importância para captar a personalidade do apóstolo, pois aqui se formaram as convicções fundamentais de seu pensamento. As bases diferenciadas de fontes para as distintas fases da atuação e do pensamento paulinos dificultam a tentativa de relacionar adequadamente a biografia e a teologia de Paulo.

No entanto, também a fase temporal documentada pelas cartas apresenta espaços vazios. As cartas, sendo parte de um abrangente processo comunicativo entre o apóstolo, seus colaboradores e as distintas comunidades, não eram destinadas à literatura universal, mas à solução de problemas urgentes nas comunidades. Não sabemos o que Paulo fez e ensinou nas comunidades, além da redação das cartas. Nos conflitos com comunidades e adversários conhecemos, por via de regra, somente a posição de Paulo; posições diferentes são desconhecidas ou podem ser captadas apenas hipoteticamente. Por um lado, as cartas paulinas fornecem um material inesgotável para uma reflexão sobre o apóstolo que começou há quase dois mil anos e que

---

elementos constitutivos de sua visão de mundo? Sendo um procedimento ativo e moldador, a teologia está inserida em movimentos de pensamento cujas regras devem ser captadas; para o conceito do "pensar", cf. C. v. BORMANN/R. KUHLEN/L. OEING-HANHOFF, Verbete "Denken", in HWP 2 (Darmstadt: 1972) pp. 60-102 (panorama histórico); H. LENK, Das Denken und sein Gehalt (Munique: 2001) (explorações e definições filosóficas). Lenk vê o específico do pensamento humano (em contraste aos animais) em suas capacidades metalinguísticas e metateóricas. Ele enfatiza o caráter intencional e construtivista do pensar: "Captar é um processo construtivo" (op. cit., p. 368) e lembrar-se da complexidade desse empenho: "Portanto, estamos diante de tais construções da interpretação que são esquemas cognitivos dinamicamente aperfeiçoados e normativos, respectivamente; eles são estabilizados por meio de condições e controles tanto internos como externos, tanto naturais como sociais" (op. cit., p. 369).

está ainda longe de chegar a seu fim. Por outro lado, elas também são apenas retratos "instantâneos" de algum momento concreto histórico e teológico.

Finalmente, as cartas de Paulo suscitam várias perguntas[38]: qual é seu tema determinante? Quais as convicções teológicas fundamentais defendidas por Paulo? O quê motivou Paulo a evangelizar quase que o mundo inteiro (desde a perspectiva de seu tempo)? Ele estava ciente de que sua atuação promovia essencialmente a formação do cristianismo primitivo[39] como movimento independente? É possível identificar um centro da teologia paulina e captar seu pensamento a partir dele? Podemos distinguir e ordenar adequadamente em Paulo pensamentos fundamentais e aguçamentos que se devem a situações concretas? O pensamento paulino é um sistema basicamente isento de contradições? Qual abordagem, entre a temática ou a cronológica, é a mais adequada para traçar o caminho da vida e do pensamento de Paulo?

1.3 O conceito: criação de sentido em continuidade e transformação

A existência e atuação humana caracterizam-se por *sentido*[40]. Não é possível identificar alguma forma existencial humana "sem recorrer a ele. Faz sentido, portanto, entender o sentido como a forma fundamental da existência humana."[41] Já o fato inegável de realizações transcendentes do ser humano em relação a si mesmo e a seu mundo

---

[38] Para a história da pesquisa, cf. por último H. HÜBNER, *Paulusforschung seit 1945*. ANRW 25.4 (Berlim/Nova Iorque: 1987), pp. 2649-2840; O. MERK, "Paulus-Forschung 1936-1985", in *ThR* 53 (1988), pp. 1-81. Para a pesquisa atual, cf. CHR. STRECKER, Paulus aus einer neuen "Perspektive", pp. 3-18; TH. SÖDING SÖDING, Verbete "Rechtfertigung", pp. 288-298; K.-W. NIEBUHR, Die paulinische Rechtfertigungslehre in der gegenwärtigen exegetischen Diskussion, pp.107ss.

[39] Como não existiu um "cristianismo primordial" (Urchristentum) no sentido de uma época inicial original e inadulterada, uso o termo "cristianismo primitivo" (frühes Christentum); cf. ST. ALKIER, Urchristentum. Zur Geschichte und Theologie einer exegetischen Disziplin, BHTh 83 (Tübingen: 1993), pp. 261-266.

[40] A respeito disso, cf. fundamentalmente A. SCHÜTZ, Der sinnhafte Aufbau der sozialen Wellt (Tübingen: 1974).

[41] G. DUX, Wie der Sinn in die Welt kam und was aus ihm wurde, p. 195.

vivencial sociocultural, evidenciado pela antropologia cultural, tem necessariamente a consequência de criações de sentido⁴². Além disso, é um fato que o ser humano nasce sempre dentro de mundos de sentido⁴³; o sentido é indispensável, o mundo vivencial humano precisa ser pensado e interpretado como dotado de sentido, pois apenas assim é possível viver e atuar nele⁴⁴. *Cada religião, sendo uma forma de sentido, é tal processo de interpretação*; logo, também o cristianismo primitivo e as teologias nele desenvolvidas. Esse processo de interpretação acontece concretamente como criação histórica de sentido, e a teologia paulina é em seu resultado um grande conceito de criação histórica de sentido que teve um imenso impacto já durante a vida do apóstolo. O sentido histórico constitui-se a partir dos "três componentes experiência,

---

⁴² Cf. a respeito A. Schütz/H. Luckmann, Strukturen der Lebenswelt II, pp. 139-200. Eles partem da experiência cotidiana incontestável de que o mundo sempre transcende necessariamente cada existência individual e que, consequentemente, a existência, por sua vez, não é vivível sem transcendências: vivemos num mundo que existiu antes de nós e que existirá depois de nós. Em sua maior parte, a realidade foge de nossa apropriação, e a existência do Outro em sua alteridade permanente provoca a pergunta por nosso *self*. "Cada experiência de cada conteúdo deliberado torna-se uma, vamos dizer, 'comunicação' da transcendência, devido ao fato de que ela se transcende constantemente no campo temático e no horizonte. Na experiência natural, essa 'co-experiência' não é apropriada como tema da consciência, mas ela forma, por assim dizer, a camada inferior do fundamento sobre o qual repousa o saber acerca da 'transcendência' do mundo" (op. cit., p. 145). Schütz-Luckmann distinguem três formas de experiências da transcendência que se devem à distinção entre experiências relacionadas com o Eu e experiências que transcendem o Eu: 1) as "pequenas" transcendências do cotidiano (experiências presentes apontam de volta para experiências ou não-experiências anteriores); "médias" transcendências: os Outros (as outras pessoas próximas, pessoas contemporâneas e gerações); as "grandes" transcendências: outras realidades (sono, sonhos, êxtase, crises, morte). [N. da Ta.: reprodução fiel do original, mas sugiro eliminar o "1)" ou inserir nos devidos lugares "2)" e "3)".]

⁴³ Cf. Th. Luckmann, Religion – Gesellschaft – Transzendenz, p. 114: "Tradições de sentido transcendem a somente-naturalidade do recém-nascido". Esse processo pode ser designado também no sentido fundamental antropológico com o termo da "religião" que, não obstante, deve ser distinto da respectiva concretização histórica de religiões como confissões; cf. Idem, op. cit., p. 113: "Eu parto da hipótese de que, à diferença das formas de vida de outras espécies, a vida humana se caracteriza por uma religiosidade fundamental, a saber, pela inserção dos indivíduos em mundos históricos dotados de sentido."

⁴⁴ Cf. J. Rüsen, Was heißt: Sinn der Geschichte?, p. 38.

interpretação e orientação."⁴⁵ A facticidade de um evento ainda não permite deduzir que ele está dotado de sentido; precisa-se da experiência própria para que um evento receba um potencial de sentido.

Para Paulo, a experiência do Jesus Cristo ressuscitado, feita perto de Damasco, levou a uma nova interpretação de Deus, do mundo e da existência, e uma interpretação que levou a uma orientação de vida radicalmente modificada⁴⁶. Da interpretação de Deus e do mundo à luz do evento de Damasco segue-se uma interpretação que desemboca numa orientação na qual se usa as percepções interpretadas "para a direção intencional da prática".⁴⁷ Para ser enfrentado, o mundo precisa ser interpretado. Em Paulo, o caráter fundamentalmente construtivo da criação histórica de sentido é óbvio, pois ele confere à história-de-Jesus-Cristo (cf. 1Cor 11,23b-25; 15,3b-5) novas dimensões ao universalizá-la como "servo Jesus Cristo para as nações" (Rm 15,16) e instalá-la na história através de sua missão bem-sucedida. Aquilo que se aplica de modo fundamental à narração de toda história⁴⁸, aplica-se também a Paulo: ele conta sobre a sorte de Jesus Cristo necessariamente de modo seletivo e perspectívico, o ponto final qualifica o início e o decorrer da história-de-Jesus-Cristo. Paulo não conta uma história de Jesus, mas sim uma história-de-Jesus-Cristo⁴⁹, pois ele pressupõe constantemente a unidade da pessoa terrena com a pessoa crucificada e ressuscitada, uma unidade que abrange tanto sua pré-existência como sua *parusia*⁵⁰.

---

⁴⁵ Cf. J. Rüsen, op. cit., p. 36.
⁴⁶ Cf. abaixo, Secção 4 (A vocação para o apóstolo dos gentios)
⁴⁷ Cf. J. Rüsen, Was heißt: Sinn der Geschichte?, p. 28.
⁴⁸ Pressupõe-se um conceito amplo de narração que não está fixado em determinados gêneros literários. Partindo da intelecção fundamental de que a experiência do tempo precisa ser trabalhada narrativamente, recomenda-se "entender a narração como uma forma linguística dotada de significado ou sentido ou que cria significado e sentido, respectivamente. Isto quer dizer: já a forma narrativa da autotematização humana e da tematização humana do mundo confere a eventos e atos sentido e significado – independentemente do respectivo conteúdo da apresentação narrativa" (J. Straub, Über das Bilden von Vergangenheit, pp. 51s). Sobre a formação do passado, cf. também R. Barthes, Das semiologische Abenteuer (Frankfurt: 1988), pp. 102ss.
⁴⁹ Cf. abaixo, Secção 5.1 (A exercitação: Paulo e a tradição cristã primitiva).
⁵⁰ Cf. E. Reinmuth, Jesus-Christus-Geschichte, p. 21.

A qualidade da teologia paulina como criação de sentido manifesta-se em sua *abertura para conexões*. "Um sentido histórico precisa cumprir a condição da passibilidade genética de conexões, com a qual construções subjetivas partem de elementos pré-estabelecidos objetivos no trato interpretador do passado humano, e precisa se desenvolver, de modo forte e eficiente, em relação a essas construções e simultaneamente em relação às necessidades dos sujeitos determinados por elas."[51] A teologia paulina comprova sua passibilidade de conexões em relação à história-de-Jesus-Cristo e suas primeiras interpretações no cristianismo primitivo, mas também em relação ao Antigo Testamento, ao judaísmo de seu tempo e ao poder cultural dominante daquele tempo, o helenismo. Essa passibilidade de conexões nasceu da procedência e do caminho biográfico de Paulo, mas também da plausibilidade de sua interpretação da história-de-Jesus-Cristo e de sua capacidade de responder criativamente a desafios históricos. A criação de sentido jamais pode ficar parada naquilo que é o caso. Exige-se subjetividade criativa para transcender elementos religiosos e culturais pré-estabelecidos e para criar algo novo. Paulo conseguiu transferir suas experiências religiosas para um sistema intelectual teológico de múltiplas camadas e conferir sob novas exigências históricas, uma maior diferenciação. A tarefa de uma abordagem da vida e do pensamento de Paulo precisa captar esse processo em suas dimensões de tempo e de conteúdo. A própria criação de sentido é sempre um processo histórico e é possível apenas quando há uma "relevância do passado trazido ao presente para os problemas orientacionais do presente."[52] Por isso, deve ser elaborado *como a teologia paulina se forma como ato de criação histórica de sentido e em que reside sua força na argumentação acerca da visão de mundo e nas realizações práticas da vida.*

---

[51] Cf. J. Rüsen, Was heißt: Sinn der Geschichte?, p. 38.
[52] Cf. J. Rüsen, op. cit., p. 35.

CRIAÇÃO DE SENTIDO E DE IDENTIDADE

A criação de sentido está sempre vinculada a ofertas de identidade[53]. A criação de sentido tem êxito somente quando faz ofertas de identidade convincentes. A identidade, por sua vez, forma-se no constante vai-vem entre experiências de diferença e a determinação positiva do eu[54]. Identidade jamais pode ser concebida estaticamente[55], ela é parte de um constante processo de transformação, pois "como unidade e identidade própria do sujeito", a identidade "é concebível somente como síntese e relacionamento do diferente e heterogêneo."[56] Os processos de formação de identidade são determinados da mesma medida pela diferença em relação ao mundo circundante, pelas experiências de chegar aos limites próprios e alheios e pela autopercepção positiva. Identidades coletivas também se formam a partir do processamento de experiências de diferença e da sensação da pertença comum[57]. A identidade grupal é mais que a soma das identidades de

---

[53] Cf. TH. LUCKMANN, Die unsichtbare Religion, p. 93, segundo o qual a visão de mundo como matriz de sentido forma o contexto "dentro do qual organismos humanos formam identidade e, ao fazê-lo, transcendem sua natureza biológica."

[54] Para o conceito da identidade, cf. B. ESTEL, Verbete "Identität", in HRWG III (Stuttgart: 1993), pp. 193-210; uma introdução às questões atuais do amplo debate sobre a identidade encontra-se em: J. STRAUB (org.), Erzählung, Identität und historisches Bewusstsein (LV); A. ASSMANN/H. FRIESE (org.), Identitäten (LV). A constante queixa sobre o uso inflacionário de "identidade" é, por um lado, justificada, mas, por outro, não leva adiante, porque não existem verdadeiras alternativas. Uma definição útil de identidade encontra-se em K. H. HILLMANN, Wörterbuch der Soziologie (Stuttgart: ^{4}1994), pp. 350; segundo ele, identidade aponta para "a sintonia de uma pessoa, um construto social, uma objetivação cultural ou um determinado fato natural, com aquilo que ela ou ele, respectivamente, é verdadeiramente, ou seja, para a sintonia consigo mesmo ('mesmidade' [Selbigkeit])."

[55] Bem adequado C. LORENZ, Konstruktion der Vergangenheit, p. 407: "Pois seres humanos e grupos não encontram sua identidade de forma existente nos fatos, mas formam sua identidade numa reconstrução do passado a partir de sua perspectiva do presente e em vista do futuro."

[56] J. STRAUB, Temporale Orientierung und narrative Kompetenz, p. 391.

[57] É discutido se é sequer possível falar de formações coletivas de identidade; um voto negativo em P. L. BERGER/TH. LUCKMANN, Die gesellschaftliche Konstruktion der Wirklichkeit, p. 185; positivo, porém, J. ASSMANN, Das kulturelle Gedächtnis, 130ss. Uma discussão ponderada encontra-se em J. STRAUB, "Personale und kollektive

seus membros, pois a nova identidade coletiva tem seu efeito sobre a formação de identidade de seus distintos membros e a molda. Ao mesmo tempo, a interação do novo grupo com o mundo exterior é de importância decisiva, pois identidade também é sempre atribuída. A perspectiva exterior pode suscitar reações positivas ou negativas que, por sua vez, determinam a perspectiva interior, isto é, a autopercepção e autoavaliação do grupo. Além disso, identidades coletivas sempre são grandezas instáveis que vivem da constante identificação dos membros com o novo grupo[58]. Nesse contexto compete um papel decisivo aos símbolos, pois somente com a ajuda deles é possível produzir e preservar identidades coletivas[59]. Mundos de sentido precisam ser capazes de articular-se no âmbito da realidade profana e manter seus conteúdos comunicáveis. Isso acontece em grande parte por meio de símbolos que são signos que apontam para além de si mesmos e que abrem novos mundos de sentido[60], e cuja função no mundo vivencial é oferecer uma ponte "de um âmbito da realidade para outro".[61] Especialmente no trato das "grandes transcendências"[62] como doenças, crises e morte cabe aos símbolos uma função fundamental, pois eles pertencem a um plano da realidade diferente da de seus portadores e podem operar a ligação com esse plano. Símbolos são uma categoria central da mediação de sentido religioso. Dessa maneira, a criação de identidade está sempre inserida num complexo processo de interação entre o sujeito individual e/ou coletivo, suas experiências de diferença e de limite, suas autoatribuições positivas, sua autopercepção e a percepção alheia.

---

identität", in A. Assmann/H. Friese (org.), *Identitäten*, pp. 73-104. Ele preserva, com razão, o conceito da identidade coletiva e vê ao mesmo tempo sua raiz na identidade individual: "Segundo a visão aqui defendida, identidades coletivas são construtos que designam meramente o elemento comum a ser especificado mais concretamente na relação prática consigo mesmo e com o mundo, bem como na compreensão que indivíduos têm de si mesmo e do mundo" (op. cit., p. 103).

[58] Cf. J. Straub, op. cit., pp. 102s.
[59] Cf. op. cit., pp. 97s.
[60] Sobre a discussão exaustiva de símbolos, cf. G. Kurz, Metapher, Allegorie, Symbol (Göttingen: ⁴1997); M. Meyer-Blanck, Vom Symbol zum Zeichen (Hannover: 1995).
[61] A. Schütz/H. Luckmann, Strukturen der Lebenswelt II, p. 195.
[62] Cf. a respeito A. Schütz/H. Luckmann, op. cit., pp. 161-177.

As respectivas determinações de identidades acontecem necessariamente mediante *mundos de sentido* que, sendo construções sociais, oferecem padrões interpretativos para permitir que a realidade seja experimentada como dotada de sentido[63]. Mundos de sentidos são imaginações da realidade objetivadas em signos e, por isso, comunicáveis. Mundos de sentido legitimam, entre outros, estruturas, instituições e papéis socais, isto é, explicam e justificam fatos e situações[64]. Além disso, mundos de sentido integram os papéis nos quais pessoas individuais ou grupos agem num conjunto dotado de sentido. Geram coerência sincrônica e oferecem simultaneamente uma localização diacrônica, ao atribuir à pessoa individual e/ou ao grupo seu lugar dentro de um contexto maior da história, logo, de sentido. Assim como seres humanos sempre reúnem em si vários papéis e pertencem a vários grupos, eles vivem também em vários mundos de sentido. Família, sexo/gênero, educação, amizades, escola, profissionalização e trabalho representam todos em distintos planos mundos de sentido socialmente estabelecidos, nos quais cada ser humano se encontra inserido e vive. Dentro dessa diversidade natural de mundos de sentidos formam-se geralmente hierarquias, cujo último nível precisa realizar uma legitimação e integração abrangente de todos os sistemas parciais. Esse nível superior pode ser chamado de "mundo simbólico de sentido"[65] ou "visão de mundo"[66]; ele fornece aos distintos sistemas de sentido um sentido que cria união e cria-se, em termos da sociologia do conhecimento, assim como todos os sistemas de sentido, no processo da construção, objetivação e legitimação social. Também esses mundos de sentido superiores podem entrar em concorrência

---

[63] Para o conceito de mundos de sentido, cf. P. L. BERGER/TH. LUCKMANN, Die gesellschaftliche Konstruktion der Wirklichkeit, pp. 98ss.

[64] Cf. P. L. BERGER/TH. LUCKMANN, op. cit., p. 66.

[65] Cf. op. cit., p. 102: "Com isto (isto é, mundos simbólicos de sentido) referimo-nos a totalidades sinóticas de tradições que integram diferentes províncias de sentido e que sublimam a ordem institucional como totalidade simbólica, sendo que o termo 'simbólico' deve ser entendido assim como o definimos acima. Para repeti-lo: processos simbólicos são referências a realidades que são distintas da experiência cotidiana."

[66] Cf. TH. LUCKMANN, Die unsichtbare Religion, p. 114.

mútua; os grupos de seus portadores geralmente procuram integrar outros mundos de sentido mediante a assimilação, ignorá-los mediante a separação ou negá-los mediante o combate.

OS LIMITES DO CONSTRUTIVISMO

A adoção de problemas da sociologia do conhecimento parte do pressuposto de que afirmações teológicas também estão sempre inseridas num contexto social que é um dos componentes que determina sua formação e sua compreensão. No entanto, com isso não se adota os pressupostos ideológicos de um construtivismo radical, frequentemente predominante em conceitos sociológicos e filosóficos[67], segundo o qual toda a realidade e, com isso, também a religião, é exclusivamente construída, e ainda segundo o qual nós geramos o mundo no qual vivemos ao viver nele[68]. Os teóricos construtivistas precisam aceitar que suas próprias teorias são uma construção. Em termos noéticos, é evidente que também os construtivistas estão submetidos àquela suspeita que eles mesmos postulam[69]. Acima de tudo, a vida no cotidiano é apenas

---

[67] P. L. BERGER, Zur Dialektik von Religion und Gesellschaft, p. 170, está consciente do alcance limitado de questões sociológicas: "Em virtude de sua própria lógica, a teoria sociológica precisa considerar a religião como projeção humana, e em virtude desta mesma lógica, ela não tem nada a afirmar sobre a pergunta se essa projeção se dirige a algo que é diferente da natureza do projetor [...]. Quando se postula uma visão de mundo religioso, os próprios fundamentos antropológicos dessa projeção poderiam ser reflexos de uma realidade que transcende tanto o mundo como o ser humano." Para os limites metódicos de questões construtivistas e científico-sociológicos, cf. também P. LAMPE, Wissenssoziologische Annäherung, pp. 354ss; R. BOERSCHEL, Konstruktion einer christlichen Identität, pp. 16-19.

[68] Cf. como introdução S. J. SCHMIDT, Der Diskurs des Radikalen Konstruktivismus (Frankfurt: ^{8}2000); além disso, cf. P. WATZLAWICK, Die erfundene Wirklichkeit. Wie wissen wir, was wir zu wissen glauben? (Munique: ^{13}2001); E. V. GLASERFELD, Radikaler Konstruktivismus (Frankfurt: 1997). Para a obra abrangente de Humberto R. Maturana, cf. como introdução e apreciação crítica a partir de uma perspectiva teológica: R. F. WEIDHAS, Konstruktion – Wirklichkeit – Schöpfung (Frankfurt: 1994).

[69] Cf. H.-J. GOERTZ, Unsichere Geschichte, p. 111; G. DUX, Historisch-genetische Theorie der Kultur, p. 160: "A mancha branca no absolutismo lógico, assim como

possível quando é aceita como inquestionavelmente pré-estabelecida! A reflexão e a construção são sempre atos secundários; os meios e os resultados da interpretação da realidade não podem ter a pretensão de captar a realidade como um todo ou até mesmo ser essa realidade! O absolutismo do construtivismo radical nega noeticamente os pressupostos biológicos e culturais de qualquer vida e despreza o mundo da experiência humana[70]. Especialmente no plano sociológico é preciso levar a sério as experiências que os seres humanos fazem com seu mundo vivencial e que apontam para um plano da realidade que é chamado "Deus". Afinal de contas, cada construção precisa se referir a algo pré-estabelecido, de modo que a suposição de transcendências é irrefutável. Desse modo, é preciso aceitar a necessidade metodológica de construção e, ao mesmo tempo, distingui-la e separá-la nitidamente das implicações ontológicas do construtivismo radical.

A religião forma *o* mundo simbólico de sentido por excelência[71], pois, em medida muito maior que o direito, esboços filosóficos ou ideologias políticas, ela tem a pretensão de representar aquela realidade única que transcende todas as realidades: Deus ou o Sagrado, respectivamente. Como realidade abrangente, sempre pré-estabelecida em relação ao ser humano, a religião é capaz de oferecer um mundo de sentido que, principalmente com a ajuda de símbolos, confere ao indivíduo e ao grupo seu lugar na ordem do conjunto do cosmo, que interpreta os fenômenos da vida, oferece orientações para a atuação e finalmente abre perspectivas para além da morte[72].

---

a conhecemos na compreensão pós-moderna da construtividade e na teoria do sistema que lhe é afim, consiste em não ter submetido a própria construtividade a um contexto sistêmico de condições."

[70] Cf. G. Dux, op. cit., p. 147: "O absolutismo construtivista causa sempre somente uma coisa: ver o mundo e mundos, a realidade e realidades postas fora da competência criativa do intelecto: da língua, da comunicação, da sociedade, da história etc., segundo um padrão incompreensível."

[71] Cf. Th. Luckmann, Die unsichtbare Religion, p. 108.

[72] Cf. P. L. Berger, Zur Dialektik von Religion und Gesellschaft, p. 32: "Ela (isto é, a religião) confere às realidades frágeis do mundo social o fundamento de um realissimum sagrado que se encontra per definitionem além das casualidades das buscas e procuras humanas."

O mundo de sentido paulino é um conceito autônomo dentro dos mundos de sentidos contemporâneos existentes do judaísmo e do mundo romano-helenístico, mas também dentro do cristianismo primitivo. O anúncio paulino do evangelho às nações é o estabelecimento de um novo mundo de sentido com uma oferta autônoma de identidade. A nova identidade esboçada por Paulo tinha evidentemente uma grande atratividade tanto para judeus como para gentios, algo documentado pela sua singular história de sucesso. Ao mesmo tempo, conflitos eram inevitáveis, pois o conceito paulino de identidade estava em concorrência com muitos outros dentro da sociedade em geral e do cristianismo primitivo. Paulo precisava necessariamente entrar num conflito especial com os conceitos de identidade particulares do judaísmo e com grupos do cristianismo judaico. Também os conceitos clássicos de identidade do mundo greco-romano não ficaram inatingidos pelo conceito paulino.

CRITÉRIOS PARA UMA ABORDAGEM DE PAULO

Dessas reflexões prévias resultam sete exigências metodológicas para a abordagem adequada do pensamento paulino em toda a sua complexidade:

1) Uma abordagem da vida e do pensamento paulino precisar ter uma estrutura *cronológica*, pois em Paulo é impossível separar pensamento e vida. Sendo que proveniência, carreira e teologia se condicionam mutuamente[73], a teologia paulina não pode ser captada somente segundo a história intelectual. A proveniência de Paulo já possui qualidade teológica, e o caminho de suas experiências e seu pensamento está marcado em medida ainda maior por acontecimentos, em parte singulares, que o determinaram fundamentalmente em seus pensamentos, emoções e atos. Por isso deve-se enfocar primeiro a proveniência intelectual de Paulo e seu caminho para o apóstolo vocacionado de Jesus Cristo. No entanto, este é apenas um primeiro passo em direção

---

[73] Cf. W. WIEFEL, Paulus und das Judentum, p. 142.

ao pensamento paulino representado nas cartas. É preciso elucidar os anos "obscuros" entre Damasco (33 d.C.) e a Primeira Carta aos Tessalonicenses (50 d.C.). Nesse período acontecem decisões que são fundamentais para Paulo. Uma estrutura cronológica pede em seguida a definição do número e da sequência das cartas autênticas de Paulo. Há uma diferença extremamente importante se a Carta aos Colossenses e a Segunda Carta aos Tessalonicenses são consideradas testemunhos autênticos da teologia paulina[74] ou se é adotado o consenso da pesquisa, de que somente sete cartas devem ser consideradas protopaulinas (1Ts, 1 e 2Cor, Gl, Rm, Fl, Fm)[75]. No estabelecimento da sequência[76] cabe uma função-chave à posição da Carta aos Gálatas. De grande importância para a avaliação da doutrina da justificação é se a Carta aos Gálatas foi escrita depois de 1Ts, mas antes das cartas aos coríntios, ou imediatamente antes da Carta aos Romanos.

> Uma objeção possível contra este conceito é que uma sequência das cartas que é, em última análise, hipotética, determina em grande medida a abordagem da teologia paulina. No entanto, não é possível renunciar à determinação de uma sequência, pois as cartas de Paulo foram redigidas numa sequência temporal e, consequentemente, em situações diferenciadas. Quem renuncia a uma sequência justificada pressupõe na verdade alguma sequência ainda que tacitamente ou parte factualmente do pressuposto de que todas as cartas foram escritas no mesmo momento e na mesma situação.

Ao reconhecer as cartas como documentos individuais, a abordagem cronológica, à diferença de uma estrutura puramente temática, leva efetivamente a sério o condicionamento situativo de cada carta paulina. Sem a respectiva inserção histórica não é possível entender nem as cartas preservadas nem a teologia paulina em seu conjunto. Isso vale também para a Carta aos Romanos que está inserida numa

---

[74] P. STUHLMACHER, Biblische Theologie I, p. 225; J. D. G. DUNN, Theology of Paul, p. 13, nota 39.
[75] Classifico Cl e 2Ts como deuteropaulinas; cf. para a justificativa U. SCHNELLE, Einleitung, pp. 331-336.363-365.
[76] Para a justificativa da sequência aqui tomada como base, cf. as Secções 8.1; 9.1; 10.1; 11.1; 12.1; 13.2; 13.3.

complexa situação teológica e política e que desenvolve não *a* teologia paulina por excelência[77], mas o evangelho paulino no ano 56 d.C. para a comunidade de Roma[78]. A teologia do apóstolo não pode ser esboçada, de modo atemporal a partir de termos teológicos centrais, como sistema doutrinal. Em vez disso, ela deve ser levantada cuidadosamente em sua formação histórica e nas afirmações teológicas básicas que a sustentam. Uma imagem completa e diferenciada da teologia paulina forma-se apenas contra o pano de fundo dos perfis específicos das distintas cartas. Apenas assim, o caminho de pensamento de Paulo pode ser traçado adequadamente em suas continuidades e suas mudanças.

2) Unicamente *os textos das distintas cartas* podem decidir se, e em quais aspectos e opiniões teológicas devem ser considerados *pensamentos fundamentais* constantes ou *mudanças*. Deve-se entender por pensamentos fundamentais constantes aquelas ideias a partir das quais Paulo concebe seu pensamento, que devem ser consideradas as colunas que sustentam seu edifício de sentido e que o determinam integralmente. O termo "mudanças" deve ser entendido num sentido neutro, ele indica modificações comprováveis por meio da comparação textual[79]. O modo concreto de interpretação dessas modificações deve

---

[77] Fundamentalmente diferente, por exemplo. J. D. G. DUNN, Theology of Paul, p. 730, que torna a estrutura da Carta aos Romanos praticamente o fio vermelho de sua apresentação e enfatiza que ele apresenta a teologia paulina "at the time he wrote Romans, using Romans as a template" (da época na qual ele escreveu Romanos, e usando Romanos como modelo).

[78] Cf. abaixo, Secção 12.2 (A Carta aos Romanos como escrito situationistadingte).

[79] Renuncia-se conscientemente ao termo "desenvolvimentos" (Entwicklungen), por estar carregado de pressupostos devido à história da pesquisa. No entanto, onde se pode comprovar nos textos um desenvolvimento modificado (Weiter-Entwicklung) reconhecível de pensamentos, continuo a me referir a desenvolvimentos; para este conceito metódico, cf. de modo abrangente U. SCHNELLE, Wandlungen im paulinischen Denken, passim; além disso, H. D. BETZ, Verbete "Paul", pp. 192s; Idem, Grundlagen der paulinischen Ethik, pp. 203-205; K. BERGER, Theologiegeschichte, p. 440; F. W. HORN, Angeld des Geistes, p. 118; TH. SÖDING, Liebesgebot, pp. 278s; J. GNILKA, Paulus, pp. 15s; J. ROLOFF, Einführung, pp. 98-100. O ponto de partida histórico-teológico é a teologia liberal do séc. XIX, na qual se defendiam, de diferentes formas, teorias de desenvolvimento; cf., por exemplo, L. USTERI, Entwicklung des Paulinischen Lehrbegriffs mit Hinsicht auf die übrigen Schriften des

ficar para a respectiva exegese concreta: aqui será verificado se trata-se de aplicações meramente dependentes da situação, aprofundamento, esclarecimento ou variante, maior desenvolvimento consequente de afirmações anteriores, revisão de uma posição anteriormente assumida, ou de pensamento inteiramente novo. Nessas possibilidades não se trata de alternativas, pois a determinação pela situação, um maior desenvolvimento ou uma revisão de afirmações anteriores, ou a formação de teologúmenos inteiramente novos não se excluem de modo algum[80]. Nem todas as afirmações de Paulo precisam ser coerentes em si; justamente quebras e tensões são sinais de convicções de fé vivas e de recepção ativa de tradições! Além disso, Paulo continuou a trabalhar certos temas e chegou a novos planos de compenetração e apresentação intelectual. Finalmente: as cartas preservadas permitem perceber claramente a personalidade do apóstolo que é, tanto pessoal como teologicamente, extremamente complexa e parcialmente cheia de tensões[81]. Contudo, ao mesmo tempo deve-se lembrar que as cartas não contêm cada uma um compêndio completo da doutrina paulina. Paulo não precisava sempre dizer tudo; ignoramos amplamente o que ele disse às comunidades na ocasião de sua estada de fundação ou de visitas posteriores. Por isso deveríamos falar de mudanças somente quando modificações substanciais acerca de um tema se manifestam ao longo de várias cartas.

3) A *situação histórica e teológica* singular de Paulo precisa ser reconhecida e valorizada em toda a sua complexidade e singularidade.

Neuen Testaments. Ein exegetisch-dogmatischer Versuch (Zurique: ²1829); H. LÜDEMANN, Die Anthropologie des Apostels Paulus und ihre Stellung innerhalb seiner Heilslehre (Kiel: 1872). Também os dois importantes estudos sobre Paulo do séc. XX, por WILLIAM WREDE (publicado em 1904) e por ALBERT SCHWEITZER (primeiro esboço em 1906, publicado em 1930) situam-se na tradição da teologia liberal.

[80] Cf. a respeito também W. G. KÜMMEL, "Das Problem der Entwicklung in der Theologie des Paulus", in *NTS* 18 (1971/72), pp. 457ss; H. H. SCHADE, Apokalyptische Christologie, pp. 350s.

[81] Efetivamente bem adequado é J. JERVELL, Der unbekannte Paulus, p. 34: "Em Paulo há contradições muito abertas – teológica e pessoalmente. Ele é o apóstolo sofrido, perseguido e fraco e, ao mesmo tempo, o homem carismático de força."

O apóstolo encontrou-se numa situação singular de transformação brusca e viu-se confrontado com problemas que até hoje não estão resolvidos em seu cerne: qual é a relação entre a primeira e a segunda revelação de Deus? Por que a primeira aliança continua irrestritamente (cf. Rm 9,4s) se é unicamente a segunda aliança que salva? Quais critérios precisam ser cumpridos para pertencer ao povo eleito de Deus e simultaneamente preservar a continuidade com o povo de Deus da primeira aliança? Qual a importância da lei/a Torá para os crentes em Cristo? Qual a relação dos crentes em Cristo com o Israel empírico? O atraso da *parusia* obriga a modificações nas afirmações teológicas? Diante desses problemas, elementos pouco coesos no pensamento paulino não são apenas de se esperar, mas, em razão da situação, são verdadeiramente inevitáveis, pois trata-se de perguntas que, em última instância, só Deus mesmo pode responder. Por isso, tensões e contradições no pensamento paulino não deveriam ser negadas por motivos teológicos ou ideológicos superiores, mas devem ser percebidas e interpretadas. Paulo não corresponde ao nosso desejo de uniformidade contínua e à possibilidade de sistematização[82]; pois nem o ideal do pensador Paulo, nem a tese do mero prático[83] com teoria deficitária correspondem à verdade histórica. Antes trata-se de definir a camada profunda que perpassa o pensamento paulino, a estrutura que o determina e sua lógica interna, e de distinguir esses elementos de suas aplicações orientadas pelos conteúdos e determinados pelas situações.

4) Uma imagem plausível de Paulo precisa permitir sua integração na *história do cristianismo primitivo* e explicar os efeitos do apóstolo tanto sobre seus *adversários* como sobre seus *discípulos*. O êxito da missão paulina entre os gentios determinou decisivamente a história do cristianismo primitivo e provocou reações que, por sua vez, tiveram uma influência considerável sobre o pensamento de Paulo.

---

[82] Neste aspecto, ele não é uma exceção singular na Antiguidade; por exemplo, a obra transmitida de Aristóteles está repleta de tensões.
[83] Cf. E. P. SANDERS, Paulus, p. 167: "Entretanto, Paulo não foi um sistemático, pois ele não sintonizou entre elas suas respostas a esses problemas tão ricos em facetas."

A relação constantemente tensa entre Paulo e a comunidade primitiva, a Convenção dos Apóstolos, o incidente antioqueno e a exigência da circuncisão para gentio-cristãos levantada por judeu-cristãos radicais marcam apenas quatro estações de um complexo efeito mútuo entre o inovador bem-sucedido Paulo e seus colutadores e adversários, respectivamente. Paulo foi combatido tanto por judeu-cristãos como por judeus. A Carta aos Gálatas mostra toda a agudez do debate e seu grande impacto sobre o pensamento paulino. Pelo fim da atuação paulina, a frente dos opositores tornou-se cada vez mais ampla e forte, e isso precisa ter motivos no pensamento do apóstolo. Naquela altura, ele era considerado um apóstata pelos judeus e um falsificador pelos judeu-cristãos; isto é, a teologia paulina era percebida como hostil, como irreconciliável com a autocompreensão judaica ou judaico-cristã. Contudo, Paulo não só polariza, ele também fascina. Como nenhum teólogo do cristianismo primitivo, ele conseguiu colocar colaboradores e colaboradoras a serviço de seu anúncio do evangelho. Além disso, desencadeou uma história de recepção literária singular; as cartas deuteropaulinas (Cl, Ef, 2Ts, 1.2Tm, Tt), bem como os Atos dos Apóstolos precisam ser lidos como a tentativa de reler Paulo e sua teologia em tempos modificados[84]. Não obstante toda a atualização e postura autônomas, os discípulos devem ter adotado não só temas secundários do pensamento paulino, mas a maneira de sua recepção de Paulo permite também conclusões acerca do próprio apóstolo. Aquilo que entrou na recepção dos discípulos deve ter sido também central e importante para Paulo.

5) A lógica interna do pensamento paulino e seus efeitos têm uma relação intrínseca com o *conceito de identidade* defendido por Paulo. Como expressão imediata de sua criação de sentido, a construção paulina de uma identidade cristã é uma chave para a compreensão da teologia paulina e da história do cristianismo primitivo. Quais *padrões interpretativos* Paulo aplica à história-de-Jesus-Cristo para interpretar seu significado

---

[84] Cf. a respeito J. ROLOFF, "Die Paulus-Darstellung des Lukas", in Idem, *Exegetische Verantwortung in der Kirche* (Göttingen: 1990), pp. 255-278.

universal? Quais *símbolos* ele adota para tornar sua criação de sentido comunicável? Como ele consegue implantar seu mundo de sentido em mundos de sentido já existentes, consolidar comunidades ameaçadas e, ao mesmo tempo, levar adiante seu anúncio do evangelho?

6) Quando se entende a teologia paulina como *criação* histórica *de sentido*, as conclusões histórico-teóricos decorrentes mostram que alternativas como "perspectiva externa *versus* perspectiva interna", "teologia *versus* ciência da religião" ou "confessório *versus* não confessório"[85] são inadequadas. Estas alternativas não existem; sempre existe somente o ponto de vista do interpretador que o postula para perfilar desse modo sua própria visão de mundo. O mundo passado forma-se na interpretação. Sempre é apenas possível manifestar nossa compreensão atual acerca do passado, de modo que categorias como "subjetivo *versus* objetivo" perdem seu sentido; existem somente argumentos adequados e inadequados. Sob essas condições, nenhuma maneira de compreensão pode ser excluída de antemão. Sempre é preciso considerar todos os âmbitos da expressão histórica de vida: psicológico, sociológico, linguístico, religioso-científico, teológico. Todos os aspectos de um mundo cultural devem ser verificados. Também o estabelecimento da alternativa de "conteúdo" e "função" é inadequado, pois a descrição da função de uma religião não pode acontecer fora de seus conteúdos e sua vivência; conteúdos, vivências e funções estão numa constate relação mútua[86].

---

[85] H. Räisänen, Neutestamentliche Theologie, 93, rejeita a interpretação teológica dos escritos neotestamentários com a observação de que, nesse caso, o pesquisador se identificaria com seu objeto e atuaria "como pregador e não como cientista da religião". G. Theissen, Die Religion der ersten Christen, pp. 17s., justifica o recurso a categorias gerais das Ciências da Religião e a rejeição de uma interpretação teológica com a observação de que a última excluiria numerosos contemporâneos secularizados do acesso ao Novo Testamento. Ambos os autores deixam de perceber que também seu ponto de vista possui um caráter ideológico e confessional, que não existe uma terra de ninguém posicional e que a relação biográfica com a religião não pode e não deve ser excluída jamais.

[86] A moderna pesquisa neurológica elaborou enfaticamente o fato de que uma separação de nossos diferentes mundos de conhecimento é um ato posterior e secundário; cf. E. Pöppel, "Drei Welten des Wissens – Koordinaten einer Wissenwelt",

7) Resulta das reflexões até aqui apresentadas que uma interpretação de Paulo que seja adequada tanto em termos históricos como teológicos precisa ser concebida de modo *multifuncional*. Não é possível explicar Paulo de maneira monocausal, é preciso considerar sempre simultaneamente seu enraizamento no AT e no judaísmo antigo, seu embasamento nos debates do pensamento greco-romano, sua inserção na história conflituosa do cristianismo primitivo e sua força criativa para moldar algo novo.

Um conceito consequentemente cronológico e histórico não exclui de maneira alguma uma *interpretação geral* do pensamento paulino, ao contrário, é seu pressuposto. Paulo era também um importante pensador teológico, sua obra tem qualidade sistêmica. Para apresentá-la adequadamente nas continuidades e mudanças, as análises diacrônicas precisam formar a base de uma interpretação geral sincrônica. Desse modo, o resultado da perspectiva histórica pode ser transformado em uma abordagem geral do pensamento paulino, orientada por temas. Também em Paulo, a história social e a história intelectual condicionam-se mutuamente, pois sua procedência e a luta de sua vida determinam decisivamente seu pensamento. Ao mesmo tempo, porém, justamente em Paulo, novas percepções e descobertas modificam o caminho de sua vida e de seu pensamento. Correspondentemente, a Primeira Parte Principal da abordagem inicia, após considerações cronológicas, com o Paulo pré-cristão e seu lugar cultural-histórico, para acompanhar depois o caminho da vida e do pensamento do apóstolo desde Damasco até Roma, em todos os seus contextos. Nesta base, a Segunda Parte Principal apresenta uma interpretação geral da teologia paulina tematicamente estruturada. Ela visa mostrar a estrutura que Paulo deu ao seu edifício de sentido: qual é a estrutura do discurso paulino sobre Deus? Como ele vincula Deus e Jesus Cristo? Por

---

in CHR. MAAR/H. U. OBRIST/E. PÖPPEL (org.), *Weltwissen Wissenschaft. Das globale Netz von Text und Bild* (Colônia: 2000), p. 36: "Uma divisão em racionalidade e emocionalidade pode ser realizada apenas retrospectivamente quando se reflete sobre aquilo que foi experimentado e se tenta definir e delimitar áreas de vivências virtuais como algo autônomo."

meio de quais campos semânticos e terminológicos Paulo interpreta a história-de-Jesus-Cristo? Como ele descreve a participação dos crentes na salvação e como determina sua nova existência? Como ele vincula imanência e transcendência? Quais conceitos de ética e de tempo Paulo concebe? Quais posições marcam fundamentalmente o pensamento paulino e em quais questões de conteúdo ele modifica sua posição teológica? Quando é certo que a criação de sentido é sempre uma interpretação construída e atual do mundo, então especialmente em Paulo se levanta a pergunta pelo padrão da matriz por ele usada. A conclusão da abordagem é formada por reflexões sobre os alcances e possibilidades da criação de sentido realizada por Paulo em relação ao tempo presente.

I
Parte principal:
O caminho de vida e de pensamento

I
Parte principal:
O caminho de vida e de pensamento

Capítulo 2

FONTES E CRONOLOGIA DA ATUAÇÃO PAULINA: ELEMENTOS SEGUROS E ELEMENTOS PRESUMIDOS

Tudo que acontece tem seu lugar e seu tempo. No entanto, as cartas paulinas preservadas não nos mencionam nem o tempo nem o local[1] de sua redação. O livro dos Atos dos Apóstolos descreve detalhadamente a atuação missionária de Paulo, mas também ele não relata quando e onde Paulo escreveu suas cartas. Acontecimentos que são importantes para a história do cristianismo primitivo, como por exemplo, a Convenção dos Apóstolos ou a vocação de Paulo, não são identificados cronologicamente por Lucas. Também os anos do nascimento e da morte do apóstolo dos gentios podem apenas ser deduzidos indiretamente. Isso dá uma ideia das grandes dificuldades no estabelecimento de uma cronologia da atuação paulina e explica por que justamente neste campo as opiniões da pesquisa divergem tanto. Ao mesmo tempo, cada abordagem da vida e da atuação do apóstolo Paulo depende também no plano do conteúdo de uma cronologia implícita ou explícita, de modo que as reflexões acerca deste tema precisam estar no início. O objetivo é estabelecer um quadro cronológico em que possam ser inseridos, no decorrer da abordagem, os acontecimentos centrais da *vita Pauli* e suas cartas.

O ponto de partida das reflexões metódicas[2] é o princípio, evidente para o historiador, de que as fontes primárias sempre devem

---

[1] Provável exceção: 1Cor 16,8 (Éfeso).
[2] Cf. a respeito as considerações metodológicas dignas de consideração em N. Hyldahl, Chronologie, pp. 1-17.

ser privilegiadas. As notícias das cartas protopaulinas que podem ser aproveitadas para a cronologia devem ser preferidas sempre que estejam em tensão ou em contradição a outras notícias do Novo Testamento. Isso não rebaixa o valor historiográfico de Atos, mas quando há uma contradição entre Atos e as protopaulinas, deve-se aderir às cartas. Quando, ao contrário, notícias de Atos e das cartas paulinas podem ser combinadas, surge uma base segura para a cronologia paulina. Quando só Atos narra algum evento na vida de Paulo, deve-se verificar se Lucas reproduz tradições antigas de maneira confiável ou se sua abordagem é devida a formações redacionais.

O ponto natural de partida para a apuração de uma cronologia absoluta são os poucos acontecimentos mencionados no Novo Testamento que têm um ponto de contato com dados da história universal e que são atestados por autores extra-neotestamentários ou por achados arqueológicos. A cronologia relativa da atuação paulina precisa depois ser estabelecida com base nessa cronologia absoluta.

2.1 A cronologia absoluta

Dois eventos permitem a reconstrução de uma cronologia absoluta da atuação paulina: a expulsão dos judeus de Roma sob Cláudio (cf. At 18,2b) e o governo do procônsul Gálio na Acaia.

O ÉDITO DE CLÁUDIO

Suetônio (Claudius 25,4) relata sobre Cláudio: *Iudaeos impulsore Chresto assidue tumultuantis Roma expulit* ("Os judeus, ele os expulsou de Roma, porque eles, incitados por Chrestos, provocavam constantemente perturbações")[3]. Esse acontecimento é datado pelo escritor cristão tardio Orósio (séc. V) no nono ano do reinado de Cláudio

---

[3] Para a prova de que *impulsore Chresto* não se refere a um insurgente ou pretendente messiânico judaico com o nome corriqueiro de escravos "Chrestus", cf. por último H. BOTERMANN, Das Judenedikt des Claudius, pp. 57-71.

(= 49 d.C.)⁴. O Édito saiu de vigor com a morte de Cláudio em outubro de 54 d.C.⁵.

A INSCRIÇÃO DE GÁLIO

O governo do procônsul da Acaia, Lúcio Gálio, irmão de Sêneca, mencionado em At 18,12, pode ser determinado com bastante nitidez por meio de uma carta do imperador Cláudio à cidade de Delfos, atestada epigraficamente. O texto menciona como data da redação a 26ª aclamação de Cláudio como imperador. A 26ª aclamação já não pode ser datada, mas inscrições atestam que a 27ª aclamação já tinha acontecido em 1º de agosto de 52⁶. A carta é dirigida ao sucessor de Gálio (Gálio é mencionado no texto no nominativo, cf. a linha 6 de cima: Γαλλίων)⁷, portanto, ela precisa ter sido escrita no verão de 52. Disso é possível deduzir para Gálio um governo de um ano, habitual para o procônsul de uma província senatoriana, desde o início do verão de 51 até o início do verão de 52⁸. Prisca e Áquila, expulsos de Roma, chegaram a Corinto "não muito" antes de Paulo (At 18,2: προσφάτως); logo, o apóstolo chegou a Corinto no ano 50. Quando se combina a notícia de At 18,11, de que Paulo teria ficado um ano e meio em Corinto, com a suposição de que judeus o teriam denunciado logo depois da posse do novo procônsul, deve-se datar a cena com Gálio (At 18,12-16) no verão de 51⁹.

---

⁴ Cf. Orósio, Historia adversum paganos VII 6,15. Para a justificativa abrangente, cf. R. RIESNER, Frühzeit des Apostels Paulus, pp. 139-180.
⁵ Cf. Suetônio, Nero 33,1, onde é relatado que Nero anulou decisões e editos de Cláudio; além disso, cf. Rm 16,3 (Priscila e Áquila voltaram para Roma).
⁶ Cf. A. DEISSMANN, Paulus, p. 215; H.-M. SCHENKE//K. M. FISCHER, Einleitung I, p. 52.
⁷ O texto grego da inscrição de Gálio, revisado por A. Plassart e melhorado por J. H. Oliver, é facilmente acessível, junto a uma tradução alemã, em H.-M. SCHENKE//K. M. FISCHER, Einleitung I, pp. 50s.
⁸ Segundo Sêneca, Ep 104,1, Gálio adoeceu na Acaia de febre, de modo que uma interrupção precoce de sua atuação naquela província não pode ser excluída.
⁹ Essa data representa o único consenso entre os esboços mais recentes da cronologia paulina; cf. A. SUHL, Paulus und seine Briefe, p. 325; G. LÜDEMANN, Paulus I, p. 183; R. JEWETT, Paulus-Chronologie, p. 75; N. HYLDAHL, Chronologie, p. 122; R. RIESNER, Frühzeit des Apostels Paulus, pp. 180-189.

2.2 A cronologia relativa

A chegada de Paulo em Corinto no início do ano 50 constitui uma base segura para esboçar a cronologia relativa da atuação paulina para trás e para frente. O objetivo é estabelecer um quadro cronológico em que podem ser inseridos os acontecimentos centrais da *vita Pauli* e da história do cristianismo primitivo.

OS ACONTECIMENTOS ANTES DE CORINTO

Primeiramente devemos reconstruir os acontecimentos antes da chegada de Paulo em Corinto. Segundo a apresentação de Atos, a estada de Paulo em Corinto faz parte da grande missão paulina na Ásia Menor e na Grécia (= Segunda Viagem Missionária, At 15,36-18,22). As tradições integradas por Lucas permitem uma reconstrução das distintas estações de missão. A viagem leva Paulo e Silas primeiro às comunidades já existentes na Síria e Cilícia (cf. At 15,40s.; também At 15,23/ Gl 1,21). Depois, Paulo foi a Derbe e Listra (At 16,1), onde converteu Timóteo (cf. 1Cor 4,17). Em seguida, Paulo e seus colaboradores continuaram a viagem através da Frígia e da região da Galácia (At 16,6), para iniciar depois sua missão na Europa. A primeira estação foi Filipos (At 16,11-12a; Fl 4,15ss); dali, Paulo foi para Tessalônica (At 17,1) e depois via Bereia para Atenas (cf. At 18,1). As cartas de Paulo confirmam o relato de Atos em seus traços básicos. O próprio Paulo relata que, vindo de Filipos, fundou a comunidade de Tessalônica (cf. 1Ts 2,2). Também a estada em Atenas é confirmada por 1Ts 3,1, de modo que se evidencia a seguinte sequência das estações da viagem, segundo as notícias de At e de 1Ts: Filipos, Tessalônica, Atenas e Corinto[10]. A atividade missionária de Paulo aqui descrita abrangeu aproximadamente um ano e meio[11], de

---

[10] Para as diferenças restantes entre Atos e as cartas, cf. SUHL, A Paulus und seine Briefe, p. 96ss.; LUDEMANN, G. Paulus I, pp. 35s.

[11] R. JEWETT, Paulus-Chronologie, pp. 100-107, lembra que as viagens de Paulo entre a Convenção dos Apóstolos e a chegada a Corinto podem ter durado entre três e quatro anos. Não obstante, ele considera também uma duração de 18 meses possível

maneira que se aproxima do incidente em Antioquia e da Convenção dos Apóstolos que o precedeu. Ambos os acontecimentos devem ser datados na primeira metade do ano 48[12].

Segundo a versão paulina em Gl 2,1-10.11-14, o incidente antioqueno aconteceu em proximidade temporal imediata à Convenção dos Apóstolos. Paulo não relaciona os dois acontecimentos explicitamente com uma indicação de tempo, mas a sequência textual na Carta aos Gálatas e a argumentação paulina recomendam supor uma sequencia temporal curta. Desse modo, o incidente antioqueno deve ser datado no verão de 48, quando Paulo e Barnabé, após sua volta de Jerusalém, estavam em Antioquia (cf. At 15,35).

Atos e as protopaulinas divergem notavelmente na descrição da atuação paulina *antes da conversão até a Convenção dos Apóstolos*. Em Gl 1,6-2,14, Paulo oferece um panorama de sua atividade missionária até a Convenção dos Apóstolos. Primeiro, ele ressalta em Gl 1,17 que, após sua conversão, ele não foi para Jerusalém, mas para a Arábia, para depois voltar para Damasco[13]. Com essa observação, o apóstolo pretende enfatizar sua independência da comunidade primitiva de Jerusalém, de modo que a expressão acerca do tempo em Gl 1,18 (ἔπειτα μετὰ ἔτη τρία = "três anos depois") se refere provavelmente a sua conversão. Somente depois desse período relativamente comprido, Paulo foi a Jerusalém, para ficar 15 dias com Cefas e ver também Tiago, o irmão do Senhor. Depois da primeira visita a Jerusalém, Paulo ficou na Síria e Cilícia, longe de Jerusalém, para "depois, 14 anos mais tarde" (Gl 2,1: ἔπειτα διὰ δεκατεσσάρων ἐτῶν) visitar Jerusalém uma segunda vez, acompanhado por Barnabé e Tito, por ocasião da Convenção dos Apóstolos. O tempo indicado em Gl 2,1 deve se referir

---

(cf. op. cit., 107). No âmbito da cronologia aqui pressuposta pode-se pensar numa duração da viagem de no máximo dois anos.

[12] Para a justificativa, cf. por último R. RIESNER, Frühzeit des Apostels Paulus, pp. 284-286.

[13] A esta missão primitiva de Paulo refere-se a fuga do apóstolo dos soldados do etnarca do rei nabateu Aretas IV (ca. 9 a.C. – 38/39 d.C.), mencionada em 2Cor 11,32s; para os problemas, cf. A. SUHL, Paulus und seine Briefe, pp. 314s; R. RIESNER, Frühzeit des Apostels Paulus, pp. 66-79.

à primeira visita a Jerusalém[14]. O próprio Paulo confirma isso com sua observação de que ele teria subido novamente (πάλιν δὲ ἀνέβην) a Jerusalém. Uma vez que o modo antigo de contar contava um ano iniciado com ano completo, apresenta-se a seguinte sequência da atuação paulina desde a conversão até a Convenção dos Apóstolos: à Convenção dos Apóstolos na primavera do ano 48 antecedeu uma atividade missionária na Síria e Cilícia que teve uma duração aproximada de 13 anos e abrangeu duas fases: Paulo ficou provavelmente cerca de seis anos em Tarso e na região da Cilícia, e aderiu por volta de 42 d.C. à missão em Antioquia[15]. A primeira visita de Paulo a Jerusalém foi no ano 35. A estada na Arábia deu-se provavelmente no ano 34, de modo que há um período de dois anos entre a conversão no ano 33 e a primeira visita a Jerusalém. O momento da vocação e incumbência de Paulo perto de Damasco combina bem com a provável data da morte de Jesus, o dia 14 de *nisan* (7 de abril) de 30[16]. Há dois argumentos em favor dessa data da morte de Jesus: 1) Tanto os cálculos astronômicos como as tradições acerca da data da morte de Jesus favorecem a suposição de que o 14 de *nisan* do ano 30 era uma sexta-feira. 2) Segundo Lc 3,1.2, João Batista iniciou sua atuação pública no ano 27/28. Essa data marca também o início da atuação pública de Jesus que durou aproximadamente entre dois a três anos. O intervalo de três anos entre a crucificação de Jesus e a conversão de Paulo explica-se pela história missionária do cristianismo primitivo, pois a atividade perseguidora de Paulo pressupõe um estado já avançado da difusão do cristianismo.

O problema central da cronologia de Paulo consiste nas contradições entre as notícias em Gl 1/2 e o testemunho de Atos. Enquanto Paulo ressalta em Gl 1,17 que ele não foi a Jerusalém imediatamente após a conversão, At 9,26 afirma que ele foi para Jerusalém imediatamente após sua fuga de Damasco. Essa abordagem corresponde à

---

[14] Cf. a respeito U. SCHNELLE, Einleitung, p. 38.
[15] Para a justificativa da identificação temporal, cf. abaixo, Secção 5.4 (Paulo como missionário da comunidade de Antioquia).
[16] Cf. a comprovação fundamental de A. STROBEL, "Der Termin des Todes Jesu", in *ZNW* 51 (1960), pp. 69-101.

eclesiologia lucana, pois o interesse do evangelista é a demonstração da união da Igreja em formação, que se mostra aqui na atitude de Paulo que busca imediatamente contato com os apóstolos de Jerusalém[17]. Enquanto Paulo relata em Gl 1,18 uma única viagem a Jerusalém antes da Convenção dos Apóstolos, Atos (11,27-30) afirma que ele passou antes da Convenção dos Apóstolos uma segunda vez em Jerusalém. Também aqui se deve seguir o autotestemunho de Paulo, até porque esta segunda viagem também pode ser integrada à eclesiologia lucana. Em At 11,27-30, Lucas usou elementos individuais da tradição para ressaltar a continuidade da história da salvação e a união da Igreja. Ele acaba de narrar em At 11,19-26 sobre a fundação da importante comunidade antioquena e acrescenta imediatamente nos v.27-30 a notícia sobre o início do contato entre a comunidade primitiva de Jerusalém e a comunidade em Antioquia[18]. Para Lucas, as viagens do apóstolo Paulo a Jerusalém são um meio de composição para ilustrar a difusão do evangelho no mundo. Elas estão a serviço de sua escatologia e permitem-lhe, além disso, integrar um amplo material traditivo. A grande viagem de Jesus para Jerusalém no Evangelho (cf. Lc 9,51-19,27), as cinco viagens do missionário dos gentios Paulo a Jerusalém (At 9,26; 11,27-30; 15,2.4; 18,22; 21,15) e o caminho do mártir Paulo para Roma formam para Lucas uma unidade. Segundo o testemunho de Paulo, porém, o dado histórico indubitável é que ele visitou Jerusalém apenas três vezes como missionário cristão.

Enquanto Paulo em Gl 1,21 se refere apenas a uma atividade missionária nas regiões da Síria e Cilícia antes da Convenção dos Apóstolos, At 13/14 relata, além disso, uma atuação missionária em Chipre e em regiões da Ásia Menor: Panfília, Pisídia e Licaônia. Será que a Primeira Viagem Missionária era apenas uma "missão modelo"[19]? Esta

---

[17] Cf. J. ROLOFF, Apg, p. 154.
[18] Para a análise, cf. G. STRECKER, "Die sogenannte Zweite Jerusalemreise des Paulus (Act. 11,27-30)", in Idem, *Eschaton und Historie*, pp. 132-141.
[19] Assim H. CONZELMANN, Apg, p. 7. Sem dúvida, a periodização da atuação paulina deve-se à abordagem de Lucas: "Lucas elaborou com as três viagens de Paulo uma estruturação de Atos segundo aspectos teológicos: primeiro legitima-se a missão entre os gentios, depois se legitima a independência dessa missão em relação à

pergunta não pode ser respondida com um claro sim ou não. Uma atuação de Paulo em Chipre deve ser considerada inteiramente improvável[20], e embora a missão paulina na Panfília, Pisídia e Licaônia não possa ser sintonizada claramente com as notícias de Gl 1,21[21], deve-se lembrar que Paulo ali não dá informações detalhadas sobre distintas estações de sua missão, mas apenas ressalta sua independência de Jerusalém. Além disso, a abordagem lucana em At 13/14 contém numerosas tradições que são argumentos em favor da historicidade da Primeira Viagem Missionária nos anos 45-47 d.C.[22]

OS ACONTECIMENTOS DEPOIS DE CORINTO

A cena de Gálio como ponto de partida da cronologia absoluta permitiu uma datação relativamente segura das estações principais da atuação paulina entre aquele momento e sua conversão. Agora se trata de estabelecer nesta mesma base a cronologia da missão paulina depois da estada em Corinto, descrita em At 18,1-17. Já o relato sumário da viagem em At 18,18-23 provoca grandes problemas. Segundo

---

sinagoga, e finalmente torna-se cada vez mais clara a relevância política dessa universalização do cristianismo" (C. BURFEIND, Paulus muβ nach Röm, p. 83). Ao mesmo tempo, porém, numerosas tradições sobre locais, tempos e pessoas indicam que Lucas reproduziu, dentro de sua abordagem, o decurso da missão paulina corretamente.

[20] Segundo At 11,19, Chipre foi evangelizada por helenistas expulsos de Jerusalém, de modo que cristãos de Chipre, por sua vez, podiam atuar até mesmo em Antioquia (cf. At 11,20). Além disso, Barnabé e João Marcos (cf. At 13,5b) viajam novamente a Chipre (cf. At 15,39) para atuar ali missionariamente. Provavelmente, as tradições antioquenas sobre Chipre estavam vinculadas a Barnabé (cf. At 4,36s), Lucas as adotou e as relacionou secundariamente em At 13,1-3.4-12 com Paulo, para criar assim uma relação entre Barnabé, Paulo e João Marcos; para a análise de At 13,4-12, cf. G. LÜDEMANN, Das frühe Christentum, pp. 155-158.

[21] Cf. a observação de M. HENGEL, "Die Ursprünge der christlichen Mission", in NTS 18 (1971/72), p. 18, nota 15, de que a Síria e a Cilícia Campestre (com Tarso) formavam na época de Paulo uma província romana.

[22] Para a análise e o enquadramento temporal de At 13,1-14,28, cf. R. ROLOFF, Apg, pp. 194ss; R. RIESNER, Frühzeit des Apostels Paulus, pp. 234-248; C. BREYTENBACH, Paulus und Barnabas, pp. 16-97.

sua abordagem, Paulo demora-se ainda alguns dias em Corinto e depois volta para a Síria. Prisca e Áquila, o casal que o acompanha, ficam em Éfeso; Paulo discute na sinagoga com os judeus, mas desconsidera as possibilidades de missão que surgem e deixa Éfeso. Embora At 18,18 indique a Síria como destino verdadeiro de Paulo, ele desembarca em At 18,22 em Cesareia, sobe (ἀναβάς = "vai a Jerusalém") e depois segue de Jerusalém para Antioquia[23]. Salvo a mudança do casal Prisca e Áquila de Corinto para Éfeso, estas notícias não são confirmadas pelas cartas paulinas. Tampouco é possível encontrar uma explicação satisfatória para o curso e a motivação da viagem. O que Paulo poderia querer fazer em Antioquia no meio da sua atividade missionária bem sucedida na Macedônia e Ásia Menor? Finalmente, permanece inexplicável também o desembarque em Cesareia e a visita a Jerusalém, pois o destino verdadeiro da viagem era, segundo At 18,18, a Síria, e segundo At 18,22, Antioquia. Explicar o desembarque em Cesareia com ventos desfavoráveis[24] é pouco mais que uma tentativa de esquivar-se de um embaraço manifesto. Além disso, a quarta visita a Jerusalém na contagem lucana dificilmente é histórica[25], porque está em contradição com as protopaulinas. Mas o que nos autorizaria a eliminar em At 18,22 Jerusalém e considerar Cesareia e Antioquia como original? Por outro lado, a tradição pré-lucana falou sobre uma viagem do apóstolo a Antioquia, e a partir disso sobre uma viagem a Éfeso, durante a qual ele visitou a região da Galácia e a Frígia. Após o fracasso de todas as tentativas de atribuir as tradições integradas em At 18,18-23 a uma outra viagem a Jerusalém[26], é preciso contentar-se com a visão de que, segundo o testemunho das tradições recebidas por Lucas, Paulo voltou depois de sua estada em Corinto primeiro a Antioquia e partiu de lá novamente para Éfeso. É possível

---

[23] Para a análise de At 18,18-23, cf. especialmente A. WEISER, Apg II, pp. 496ss. Uma separação entre redação e tradição gera a seguinte imagem: elementos tradicionais devem estar contidos nos v. 18a-c.19a.21b-23, os v. 18d.19b-21a, porém, correspondem à imagem lucana de Paulo.
[24] Assim, por exemplo, E. HAENCHEN, Apg, p. 525; R. ROLOFF, Apg, p. 276.
[25] Cf. A. WEISER, Apg II, p. 502; J. ROLOFF, p. 277.
[26] Cf. a respeito A. WEISER, Apg II, pp. 495-502.

considerar a historicidade desses dados, mas uma visita a Jerusalém nesta viagem deve ser excluída.

A reconstrução da missão de Paulo em Éfeso (At 19) está marcada por menos incertezas. As viagens descritas em At 18,18-23 preencheram o período desde o verão de 51 até a primavera de 52. Depois disso, Paulo ficou cerca de 2 ¾ anos em Éfeso (cf. At 19,8.10; 20,31), desde o verão de 52 até a primavera de 55. À estada em Éfeso seguiu a viagem de coleta pela Macedônia e Acaia. Segundo At 19,21 e 1Cor 16,5, Paulo tencionava viajar via Macedônia para Corinto. Também At 20,1-3 indica Corinto como destino da viagem, ao qual Paulo chegou provavelmente no início do ano 56 e permaneceu três meses (cf. At 20,3). A intenção original de Paulo foi continuar imediatamente por navio para a Síria. No entanto, judeus impediram-no, de modo que ele precisou voltar via Macedônia. Estas notícias estão em tensão com Rm 15,25 onde Paulo anuncia sua volta a Jerusalém para entregar a coleta. Entretanto, Rm 15,25 não se refere a uma viagem direta de Corinto a Jerusalém, de modo que não é indispensável construir uma contradição entre as notícias de Atos e o testemunho de Paulo. Segundo At 20,6, Paulo viajou de Corinto a Filipos e depois a Trôade, para chegar a Jerusalém para a festa de Pentecostes de 56 (cf. At 20,16)[27].

Decisivo para a continuação da cronologia é a data da substituição do procurador Félix por Festo, mencionada em At 24,27. Segundo At 24,10, Félix já estava no governo por alguns anos, e Paulo já estava detido por dois anos quando a mudança aconteceu. O governo de Félix começou provavelmente nos anos 52/53 (cf. Josefo, Bell. 2,247)[28], a data da troca é discutida (55[29], 58 ou 50 d.C.[30]). Josefo (Bell. 2,250-270)

---

[27] O trecho de At 18,23–21,14 é tradicionalmente designado como a terceira viagem missionária, realizada no período de 52-55/56 d.C. Com a volta de Paulo para Antioquia em At 18,22, Lucas intenciona aparentemente esta periodização. Ao mesmo tempo, porém, os problemas mencionados de At 18,18-23 mostram as grandes dificuldades de tais divisões. Enquanto a primeira viagem missionária (At 13,1–14,28) e o início da segunda viagem missionária (At 15,36) podem ser delimitados nitidamente, a passagem da segunda para a terceira viagem missionária não está claramente demarcada.

[28] Cf. P. Schäfer, Geschichte der Juden in der Antike, p. 131.

[29] Assim G. Lüdemann, Paulus I, pp. 197s, nota 101.

[30] Em favor de 59 d.C. votam, por exemplo, R. Riesner, Frühzeit des Apostels Paulus, pp. 196-200; A. Scriba, "Von Korinth nach Rom. Die Chronologie der letzten Jahre

data os acontecimentos vinculados ao governo de Félix no reinado de Nero. Nero assumiu o governo em outubro de 54, de modo que todos os eventos mencionados por Josefo teriam acontecido dentro de um período muito breve, se a troca de governo fosse do ano 55[31]. Por isso deve-se supor uma troca de governo no ano 58[32], algo que também combina bem com At 24,1, pois o sumo sacerdote Ananias ficou no cargo aproximadamente de 47 a 59[33]. Diante de do procurador Festo, Paulo apelou ao imperador (cf. At 25,11), e isso fez com que ele fosse transferido para Roma, possivelmente ainda no ano 58 e com um transporte de presos sob a supervisão de um centurião (cf. At 27,1-28,16)[34]. Se essa

---

des Paulus", in F. W. HORN (org.), *Das Ende des Paulus*, pp. 163ss. Eles recorrem, entre outros, a Y. MESHORER, Ancient Jewish Coinage II (Nova Iorque: 1982), p. 183, que relaciona o cunho de uma nova moeda na Palestina no quinto ano do reinado de Nero (58/59) imediatamente com a instalação de Festo e deduz: "Festus apparently assumed office in 59 C.E." [Parece que Festo assumiu seu cargo em 59 EC] (ibidem). O cunho da moeda e o início de seu cargo podem, mas não precisam necessariamente, ter ocorrido exatamente no mesmo ano, tanto mais que também o final do ano 58 não pode ser excluído para o cunho da moeda. Na alternativa entre 58 ou 59 d.C., o ano 58 tem a vantagem de deixar uma margem necessária para os eventos que devem ser datados no período de 58/59: mudança no cargo do procurador, cunho de uma nova moeda, mudança no cargo do sumo sacerdote (segundo Josefo, Ant. 20,179, no ano 59, Ismael é nomeado por Agripa II).

[31] Cf. a discussão pormenorizada de todos os problemas em R. JEWETT, Paulus-Chronologie, pp. 76-80.

[32] Cf. S. SAFRAI//M. STERN, "The Jewish People in the First Century", in *CRJNT* 1/1 (Assen: 1974), pp. 74-76. Se Félix assumiu seu cargo em 52/53, então resta para ele e para Festo um total de dez anos de cargo, pois no ano 62, o procurador já era Albino (cf. Josefo, Bell. 6,301ss). Das abordagens de Josefo (Bell. 2,247-276) e de At 24,10 segue que Félix era procurador durante a maior parte desse tempo.

[33] Cf. E. SCHÜRER, The History of the Jewish People in the Age of Jesus Christ II, rev. e ed. por G. VERMES//F. MILLAR//M. BLACK (Edimburgo: 1979), p. 231.

[34] H. WARNECKE, *Die tatsächliche Romfahrt des Paulus*. SBS 127 (Stuttgart: 1987), identifica a ilha mencionada em At 28,1 com o nome de Μελίτη não com Malta, mas pensa que o lugar onde chegou à praia deveria ser procurado em frente de uma península da ilha greco-ocidental de Cefalênia. Nessa teoria vota A. SUHL, "Gestrandet! Bemerkungen zum Streit über die Romfahrt des Paulus", in *ZThK* 88 (1991), pp. 1-28; uma crítica convincente é apresentada por J. WEHNERT, "Gestrandet. Zu einer neuen These über den Schiffbruch des Apostels Paulus auf dem Wege nach Rom (Apg 27-28)", in *ZThK* 87 (1990), pp. 67-99; M. REISER, "Von Caesarea nach Malta. Literarischer Charakter und historische Glaubwürdigkeit von Act 27", in F. W. HORN (org.), *Das Ende des Paulus*, pp. 49-74.

viagem para Roma tiver acontecido no inverno de 58/59, a chegada de Paulo à capital do mundo foi na primavera de 59[35]. Segundo o testemunho de At 28,30, Paulo podia se movimentar com relativa liberdade e pregava em sua moradia sem impedimento. O ano da morte do apóstolo é desconhecido, mas deve-se presumir que ele morreu como mártir no ano 64 em Roma, sob Nero (cf. 1Clem 5,5-7)[36].

A CRONOLOGIA DA ATIVIDADE DE PAULO

Morte de Jesus	30
Conversão de Paulo	33
Primeira estada em Jerusalém	35
Paulo na Cilícia	~36-42
Paulo em Antioquia	~42
Primeira Viagem Missionária	~45-47
Convençãos dos Apóstolos	48 (primavera)
Incidente antioqueno	48 (verão)
Segunda Viagem Missionária	*48 (fim de verão)-51/52*
Paulo em Corinto	50/51
Gálio em Corinto	51/52
Viagem a Antioquia	51/52
Terceira Viagem Missionária	*52-55/56*
Estada em Éfeso	52-54/55
Paulo na Macedônia	55
Última estada em Corinto	56 (início do ano)
Chegada a Jerusalém	56 (início do verão)

---

[35] R. Riesner, Frühzeit des Apostels Paulus, p. 201; A. Scriba, Von Korinth nach Rom, p. 171, datam a chegada do apóstolo a Roma no ano 60 d.C.

[36] Para as perguntas abertas acerca do fim de Paulo, cf. abaixo, Secção 13.4 (Paulo o mártir).

Prisão em Cesareia   56-58
Troca de procurador: Félix/Festo 58
Chegada a Roma   59
Morte de Paulo   64

Capítulo 3
O PAULO PRÉ-CRISTÃO: UM ZELOSO ABERTO PARA O MUNDO

Já uma primeira olhada nas cartas paulinas ensina: convicção, vontade e força determinam o curso da história. Paulo dispôs disso; ainda antes de sua vocação como apóstolo dos gentios, ele não bservou os acontecimentos passivamente, mas moveu a roda da história.

3.1 Origem e *status* social

Ignoramos o ano exato do nascimento de Paulo. Ele deve ter nascido *em meados da primeira década* d.C. Em Fm 9 (escrito ca. 62 d.C.), ele se caracteriza como πρεσβύτερος ("homem idoso"); naquele momento, ele teria aproximadamente 55 anos[1]. A família de Paulo afirmava sua descendência da tribo de Benjamin, da qual surgiu o primeiro rei de Israel, Saul (cf. Rm 11,1; Fl 3,5). Essa procedência era importante para a autocompreensão de Paulo, como mostra 1Cor 15,8s: assim como Benjamin era o filho menor de Jacó, Paulo recebeu uma revelação do Senhor como o último e o menor dos apóstolos[2]. Paulo não se casou, mas viveu como solteiro, aparentemente por convicção (cf. 1Cor 7,1.8; 9,5). Assim como Epíteto[3], ele provavelmente temia que uma família

---
[1] Cf. a respeito a enumeração da faixas etárias em Fílon, Op. Mund. 105 (= NW II/2, 1064). Segundo L. Schumacher, Sklaverei in der Antike, p. 42, a expectativa média de vida entre a população livre estava na Antiguidade em torno de 30 anos.
[2] Cf. K. Haacker, Werdegang, pp. 824-826.
[3] Cf. Epíteto, Ench. 15; Diss. III 22,67-82; IV 8.30s. Em princípio, também o cínico deveria casar, mas: "No entanto, já que a situação das coisas é como agora, por assim

pudesse impedir seu serviço a todas as pessoas. Paulo foi um citadino, o seu mundo linguístico e imaginário mostra uma socialização urbana (cf., por exemplo, 1Cor 3,12; 4,9; 9,24ss; 14,8). Tanto as cartas preservadas como a obra missionária de Paulo apontam para uma personalidade forte e dinâmica, orientada por convicções fundamentais, que perseguia seus objetivos com grande envolvimento emocional. Ao mesmo tempo, Paulo sofreu por muitos anos de doenças: "[...] para eu não me encher de soberba, foi-me dado um aguilhão na carne – um anjo de Satanás, para me espancar [...]" (2Cor 12,7); "E vós não mostrastes desprezo nem desgosto, em face de vossa provação na minha carne [...]" [na tradução do autor: "E a tentação que se apresentava a vós em minha carne, vós a considerastes nada, e também não cuspistes [...]"] (Gl 4,14). Também foi experimentado fraco segundo sua aparência exterior: "Pois as cartas, dizem, são severas e enérgicas, mas ele, uma vez presente, é homem fraco e sua linguagem é desprezível" (2Cor 10,10)[4].

PROVENIÊNCIA DE TARSO

Lucas indica Tarso (Ταρσός), a capital da Cilícia, como cidade natal de Paulo (cf. At 9,30; 11,25; 21,39; 22,3). A importância socioeconômica de Tarso devia-se à localização favorável da cidade. O curso inferior do Rio Cidno era navegável e proporcionava a Tarso uma conexão com o mar aberto (cf. At 9,30). Pela cidade passava uma importante rota de

---

dizer a situação na frente da batalha, será que o cínico não precisa estar desimpedido, estar totalmente a serviço da divindade, ser capaz de circular entre as pessoas, não amarrado por deveres burgueses, não preso por relacionamentos pessoais, no caso de cuja violação ele já não preservaria o caráter do homem de honra, mas no caso de cuja realização ele destruiria o mensageiro, o explorador e o arauto dos deuses?" (Diss. III 22,69 = NW II/1,291).

[4] É famosa a descrição da aparência exterior do apóstolo em Atos de Paulo e Tecla 3, provenientes do final do séc. 2: "Ele, porém, viu Paulo aproximar-se, um homem de baixa estatura, calvo e pernas curvadas, de postura nobre e sobrancelhas contínuas e um nariz um tanto protuberante, cheio de amabilidade; pois ora ele aparecia como um ser humano, ora ele tinha o semblante de um anjo" (citação segundo W. SCHNEEMELCHER, Neutestamentliche Apokryphen II, p. 216).

comércio de Antioquia na Síria para a costa egeia da Ásia Menor, e Tarso era o ponto inicial de uma rota comercial que ligava o Mar Mediterrâneo com o Mar Negro[5]. Em 66 a.C., Tarso tornou-se a capital da nova província romana da Cilícia, entre cujos procuradores romanos está também Cícero (51/50 a.C.). Nas perturbações da guerra civil, Tarso tomou em 47 a.C. o partido de César, algo que causou inicialmente grandes dificuldades para a cidade, mas depois lhe rendeu os favores de Marco Antônio e Augusto. No séc. I d.C., Tarso era uma cidade de vida econômica e cultural florescente. Xenofonte louva Tarso como "grande e feliz"[6], e numerosos filósofos, retóricos e poetas atuavam na cidade[7]. Tarso era considerada um centro da filosofia estóica, e o líder da escola estóica por volta de 140 a.C. era Antípater de Tarso. Strabo afirma: "Os habitantes [i.e., de Tarso] manifestavam tanto zelo pela filosofia e toda a educação que superaram nisso até mesmo Atenas, Alexandria e qualquer outro lugar."[8] Apolônio de Tiana estudou em Tarso retórica, mas depois deu as costas à cidade por causa de sua grande riqueza e da soberba de seus habitantes[9]. Portanto, Tarso pode ser considerada em todos os aspectos uma metrópole da cultura helenística.

Em At 21,39, Paulo se caracteriza como "natural de Tarso da Cilícia, cidadão de uma cidade não sem importância". Ele era provavelmente desde seu nascimento membro da comunidade judaica que, assim como

---

[5] Para Tarso, cf. sobretudo W. RUGE, Verbete "Tarsus", PW IV A 2, 1932, pp. 2413-2439; W. M. RAMSAY, The Cities of St. Paul (Londres: 1907), pp. 85-224; H. BÖHLIG, *Die Geisteskultur von Tarsos im augusteischen Zeitalter mit Berücksichtigung der paulinischen Schriften*. FRLANT 19 (Göttingen: 1913); M. HENGEL, Der vorchristliche Paulus, pp. 180-193; M. HENGEL/A. M. SCHWEMER, Paulus zwischen Damaskus und Antiochien, pp. 251-267 (Hengel minimiza polemicamente a influência pagã sobre Paulo).
[6] Xenofonte, Anabasis I, 2,23.
[7] Cf. a respeito Dio Crisóstomo, Or. 33,34 (1º e 2º Discurso Társico). Em Or. 33,4 diz-se: "Tenho a impressão de que vós já ouvistes muitas vezes homens divinos que alegam saber tudo e poder dar informação acerca da ordem e da natureza de todas as coisas: acerca de seres humanos, poderes supraterrestres e deuses, além disso, sobre terra, céu e mar; sobre sol, lua e estrelas; sobre todo o universo, sobre a formação e o perecimento de inúmeras outras coisas" (= NW II/1, 308s).
[8] Strabo, Geographica, XIV 5,13.
[9] Filóstrato, Vita Apollonii I 7; além disso, cf. VI 34, onde se pressupõe uma comunidade judaica em Tarso; cf. também Fílon, Leg. Gai, 281.

em outras localidades, estava também em Tarso organizada numa própria *phyle* ["tribo, clã"] e dotada de privilégios[10]. Os judeus da Cilícia pertenciam àqueles grupos da diáspora[11] que mantinham em Jerusalém uma sinagoga própria para seus peregrinos (cf. At 6,9). Não é seguro se Paulo possuía a cidadania plena de Tarso[12], pois πολίτης (At 21,39) pode significar a cidadania de uma cidade ou apenas a procedência. Na época imperial podia-se comprar a cidadania tarseia por 500 dracmas[13]; o apóstolo poderia tê-la herdado de antepassados[14] que a compraram[15]. A cidadania de Tarso não exclui a cidadania romana, pois uma incompatibilidade estrita entre as duas já não existia naquele tempo[16].

PAULO COMO CIDADÃO ROMANO

Segundo seu *status* legal, Paulo era um *judeu privilegiado da diáspora*. Segundo At 16,37s; 22,25; 23,27, ele possuía a cidadania romana que podia ser adquirida por nascimento, libertação concedida ou comprada da escravidão, libertação da prisão de guerra, dispensa de serviço militar prolongado e adoção ou acolhida na associação dos cidadãos (*adlectio*)[17]. Em tempos mais recentes, a historicidade dessa tradição lucana foi contestada sob adução dos argumentos que seguem[18].

---

[10] Para isso, cf. G. DELLING, Die Bewältigung der Diáspora-Situation durch das hellenistische Judentum, pp. 49-55.

[11] Para a avaliação da situação da diáspora pelos judeus, cf. W. C. VAN UNNIK, Das Selbstverständnis der jüdischen Diáspora in der hellenistisch-römischen Zeit, org. P. W. VAN DER HORST, AGJU 17 (Leiden: 1993).

[12] H. OMERZU, Der Prozess des Paulus, pp. 34-36, vota negativo.

[13] Cf. Dio Crisóstomo, Or. 34,21-23.

[14] Para a tradição transmitida em Jerônimo (De viris illustribus V) de que a família do apóstolo e também Paulo mesmo seriam provenientes da cidade galileia de Gishala e teriam migrado para Tarso, cf. K. HAACKER, Werdegangang, pp. 823s.828ss.

[15] Cf. a respeito M. HENGEL, Der vorchristliche Paulus, pp. 188-193.

[16] Cf. A. N. SHERWIN-WHITE, Roman Society and Roman Law (Oxford: 1963), p. 182; E. KORNEMANN, Verbete "Civitas", in *PRE.S* I (1903), p. 310.

[17] Cf. a respeito H. OMERZU, Der Prozess des Paulus, pp. 28-39.

[18] Cf. W. STEGEMANN, "War der Apostel Paulus ein rörnischer Bürger?", in ZNW 78 (1987), pp. 200-229; K. WENGST, Pax Romana, pp. 94s; E. STEGEMANN/W. STEGEMANN, Urchristliche Sozialgeschichte, p. 260: "O Paulo histórico não era nem cidadão

1) O recurso à cidadania romana em At 16,37s; 22,25ss é estranho, porque ocorre muito tarde no contexto da história. *Contra-argumento*: esse recurso estilístico nasce da redação lucana, serve à formulação dramática da cena e, em si, não é absolutamente um argumento contra a cidadania romana de Paulo.

2) A apelação ao imperador (cf. At 25,9ss; 26,31s; 28,17ss) e a transferência do apóstolo para Roma não pressupõem necessariamente a cidadania romana, e esta também não é mencionada por Lucas naquele contexto[19]. *Contra-argumento*: sem a apelação de Paulo ao imperador com base na cidadania romana é difícil explicar a transferência do apóstolo para Roma[20].

3) Segundo 2Cor 11,24s, Paulo sofreu cinco vezes o castigo sinagogal da flagelação (cf. também 2Cor 6,5; 1Ts 2,2). Como cidadão

---

romano nem társico"; D. Alvarez Cineira, Die Religionspolitik des Kaisers Claudius, pp. 348-370. Para a crítica, cf. G. Lüdemann, Das frühe Christenturn, pp. 249s; Idem, Paulus, der Gründer des Christentums, pp. 126-131; M. Hengel, Der vorchristliche Paulus, pp. 193-208; K. Haacker, Werdegang, pp. 831-847; R. Riesner, Frühzeit des Apostels Paulus, pp. 129-139; H. Omerzu, Der Prozess des Paulus, pp. 27-52. Uma apreciação geral cética encontra-se em K. L. Noethlichs, Der Jude Paulus, p. 83: "Uma série de argumentos individuais que, à primeira vista, estariam contra a possibilidade de uma cidadania romana de Paulo comprovaram-se como não plausíveis ou como ambivalentes. Contudo, disso não segue, vice-versa, que Paulo era efetivamente um civis romanus."

[19] Cf. W. Stegemann, War der Apostel Paulus ein römischer Bürger?, p. 213: "Portanto, também sem a pressuposição da cidadania romana pode se estabelecer uma plausibilidade histórica acerca da transferência de Paulo ao tribunal do imperador. E pode-se pelo menos levantar a pergunta se Lucas, por sua vez, não tenha extrapolado justamente desta transferência para Roma a cidadania romana de Paulo." D. Alvarez Cinelra, Die Religionspolitik des Kaisers Claudius, pp. 364-370, aponta para o paralelo em Josefo, Vit. 13-16, e avalia a transferência de Paulo para Roma em sua totalidade como uma construção lucana. Segundo ele, Paulo chegou como um viajante comum a Roma; apenas ali, ele teve "dificuldades com as autoridades, foi consequentemente preso e executado" (op. cit., p. 369). Para a crítica a essa posição, cf. M. Labahn, Paulus – ein homo honestus et iustus, pp. 98s.

[20] Já que Paulo não era uma pessoa politicamente importante ou perigosa, somente a apelação ao imperador com base da cidadania romana pode ter sido o motivo da transferência para Roma; contra W. Stegemann, War der Apostel Paulus ein römischer Bürger?, p. 213, que aduz como paralelo o insurgente antirromano Jônatas (cf. Josefo, Bell. VII, 449ss). Para as questões do direito processual, cf. especialmente K. Haacker, Werdegang, pp. 836ss.

romano, Paulo poderia ter evitado essas penas pela simples referência a sua cidadania romana[21]. *Contra-argumento*: a flagelação de cidadãos romanos era proibida, mas na prática, essa norma nem sempre foi observada[22].

4) A profissão de Paulo não leva a supor um *status* social alto do apóstolo, de modo que a aquisição da cidadania romana por seu pai ou por Paulo mesmo deve ser considerada improvável. *Contra-argumento*: a profissão exercida por Paulo ainda não é um dado seguro acerca de seu *status* social e está vinculada a sua educação e formação farisaica[23]. Como os cínicos[24], Paulo valorizava seu trabalho manual como autorrebaixamento voluntário para garantir sua independência (cf. 1Ts 2,9); 1Cor 4,12; 9; 2Cor11,7). Além disso, no início do período imperial, a cidadania não era concedida só a personagens de *status* alto, como comprova a menção dos *libertini* em At 6,9[25]. E finalmente: o apóstolo porta um nome romano, sendo que Paulo pode ser *cognomen* ou *praenomen*[26]. O apóstolo não assumiu o nome Παῦλος só para

---

[21] K. L. NOETHLICHS, Der Jude Paulus, pp. 70-74, defende a tese de que a pena de espancamento para cidadãos romanos era permitida depois de um processo ou no âmbito de uma *coercitio* do magistrado. "Dos fatos de que Paulo foi amarrado, preso e castigado corporalmente não se pode apurar nada de inequívoco em favor ou contra de sua cidadania romana" (op. cit., p. 74).

[22] Cf. Josefo, Bell. 2.308 (= NW 1/2, 798): flagelação e crucificação de judeus em posição de cavaleiros em Jerusalém por Géssio Floro; Suetônio, Galba 9: quando era governador da província Hispania Tarraconensis, Galba mandou crucificar um cidadão romano; Cícero, Verr. II 1,6-7: "Ele é empurrado para o abismo pelos espíritos vingadores daqueles cidadãos romanos que executou em parte pelo machado, em parte no cárcere, em parte mandou pregar na cruz, apesar de seu recurso aos direitos da liberdade dos cidadãos"; Cícero, Verr. II 5,161-167 (= NW 1/2. 8000: Cícero acusa Verres de ter flagelado e crucificado cidadãos romanos; além disso, cf. LÍVIO, Ab urbe condita X 9,4-5 (= NW I/2, 801s), segundo o qual a Lei Pórcica "ameaçava com severas penas alguém que mandasse castigar corporalmente ou executar um cidadão romano."

[23] Cf. R. MEYER, "Das Arbeitsethos in Palästina zur Zeit der werdenden Kirche", in Idem, *Geschichte und Theologie des Judentums*, pp. 17ss.

[24] Cf. a respeito M. EBNER, Leidenslisten und Apostelbrief, pp. 69ss.

[25] Cf. M. HENGEL, Der vorchristliche Paulus, p. 177.

[26] Cf. a respeito H. J. CADBURY, The Book of Acts in History (Londres: 1955), pp. 69s; além disso, cf. M. HENGEL, Der vorchristliche Paulus, pp. 197-201; H. OMERZU, Der Prozess des Paulus, pp. 39-42 (ela supõe que Παῦλος era o cognomen do apóstolo).

facilitar contatos sociais no âmbito de sua missão (cf. At 13,7-12). Ao contrário, Παῦλος é um nome romano que Σαῦλος (cf. At 7,58; 8,1.3; 9,1.8.22.24 etc.) portava como cidadão romano desde o início. No planejamento de sua missão, Paulo pensa nas categorias geográficas do Império Romano. Ele se orienta pelas capitais das províncias e amplia sua atividade missionária constantemente em direção ao oeste. Além disso, Rm 13,1-7 mostra um pensamento do apóstolo em categorias do Estado romano (cf. também Fl 3,20s)[27]!

Paulo possuía a *cidadania romana* provavelmente como descendente de um escravo judeu liberto (cf. At 22,28)[28]. Fílon relata sobre os judeus que viviam em Roma que eram em sua maioria libertos e cidadãos romanos[29]. Além disso, havia um grande número de judeus libertos que voltaram para a Judeia e que possuíam a cidadania romana.

PROFISSÃO E *STATUS* SOCIAL

O *status social* do apóstolo determinava-se essencialmente por sua educação e formação e pela profissão que exercia. Enquanto o próprio Paulo ressalta meramente que está trabalhando dia e noite com suas próprias mãos, At 18,3 transmite a notícia fidedigna de que Paulo e

---

[27] Cf. K. HAACKER, Werdegang, p. 841. Neste contexto deve-se considerar Rm 13,6s, onde Paulo formula na forma de vós; ele mesmo não é obrigado ao tributo porque é um cidadão romano.

[28] H. OMERZU, Der Prozess des Paulus, p. 39, supõe que a família de Paulo teria sido "elevada ao status civitatis romanae na esteira de uma libertação da prisão de guerra ou escravidão."

[29] Cf. Fílon, Leg. Gai., 155 ("Ele (isto é, Augusto) sabia muito bem que o bairro grande do outro lado do Tibre estava ocupado e povoado por judeus, em sua maioria libertos e cidadãos romanos").157. Josefo, Ant. 14,228, relata sobre o cônsul Lúcio Lentulo no ano 49 a.C., que ele teria liberado em Éfeso judeus que eram cidadãos romanos (πολίτας Ῥωμαίων‘ Ἰουδαίους) do serviço militar. Muitos judeus possuíam a cidadania romana, cf. M. STERN, "The Jewish Diáspora", in S. SAFRAI/M. STERN (org.), *The Jewish People in the First Century 1* (Assen: 1974), p. 152; E. M. SMALLWOOD, *The Jews under Roman Rule from Pompey to Diocletian*. SJLA 20 (Leiden: 1981), pp. 127s.

Áquila eram fabricantes de tendas (σκηνοποιοί)[30]. Sendo artesãos livres, Áquila e também Paulo forneciam principalmente tendas a clientes privados[31], possivelmente também ao exército[32]. Tendas ou toldos de linho para o uso particular eram muito comuns no Mediterrâneo, para diminuir de várias maneiras o calor do sol[33]. Em Tarso existia uma importante produção de linho (cf. Dio Crisóstomo, Or 34,21.23), de modo que Paulo deve ter aprendido o ofício do processamento de linho em sua cidade natal. O couro também pertencia ao material habitual usado por fabricantes de tendas (cf. Epíteto, Diss III 12,9). Aqui, uma definição fixa não é possível e deve não corresponder às numerosas exigências de mobilidade e flexibilidade da atividade missionária paulina. Segundo o *status* social, fabricantes de tendas pertenciam à classe média baixa[34]. No entanto, a formação profissional sozinha não

---

[30] Cf. para a confiabilidade histórica desta notícia CHR. BURCHARD, Der dreizehnte Zeuge, p. 39: G. LÜDEMANN, Das frühe Christentum, p. 209.
[31] Assim P. LAMPE, "Paulus – Zeltmacher", in *BZ* 31 (1987), pp. 256-261; R. F. HOCK, The Social Context of Paul's Ministry, pp. 33s, embora ele, ao contrário de LAMPE, parte da suposição de que Áquila e Paulo fabricavam tendas de couro.
[32] Assim M. HENGEL, Der vorchristliche Paulus, p. 211.
[33] Cf. P. LAMPE, Paulus – Zeltmacher, pp. 258s.
[34] Os juízos sobre o *status* social de Paulo são muito variados. Por exemplo, W. M. RAMSAY, St. Paul the Traveler and the Roman Citizen (Londres: 1895), p. 34, pensa que a família de Paulo teria sido muito rica. Para E. MEYER, Urgeschichte des Christentums II (Stuttgart: 1923), p. 308, o pai do apóstolo Paulo possuía uma fábrica "na qual se confeccionava panos para tendas". Segundo M. HENGEL, Der vorchristliche Paulus, p. 211; H. LICHTENBERGER, Josephus und Paulus in Rom, p. 251, Paulo provinha pelo menos da camada média da "pequena burguesia"; E. P. SANDERS, Paulus, p. 17, pleiteia em favor de uma "educação de classe média"; cf. também A. J. SALDARLNI, Pharisees, p. 140. P. LAMPE, Paulus – Zeltmacher, p. 259; W. STEGEMANN, War der Apostel Paulus ein römischer Bürger?, p. 227; E. STEGEMANN/W. STEGEMANN, Urchristliche Sozialgeschichte, p. 260, contam Paulo antes entre a camada social inferior, devido sua profissão: "Em contraste a isto, uma análise dos autotestemunhos paulinos recomenda supor obrigatoriamente que Paulo pertencia à camada baixa da Antiguidade (acima do mínimo existencial, relativamente pobre) e que ele também se entendeu efetivamente assim." J. J. MEGGITT, Paul, Poverty and Survival, pp. 75-97, situa Paulo e suas comunidades completamente na camada baixa: "Paul and the Pauline Churches shared in this general experience of deprivation and subsistence. Neither the apostle nor any members of the congregations he addresses in his epistles escaped from the harsh existence that typified life in

é o suficiente para determinar a posição social do apóstolo. Ele trabalhava em nível internacional como missionário e fundador de comunidades, escreveu longas cartas de alto nível literário, sabia servir-se de um secretário (cf. Gl 6,11; Rm 16,22), cooperava com numerosos colaboradores e comprovou-se como pensador de alto nível teológico[35]. Tanto sua educação greco-judaica[36] como a força do pensamento e da linguagem[37] de suas cartas (cf. 2Cor 10,10; 2Pd 3,15s)[38] indicam, ao lado da cidadania romana e sua atividade global, que Paulo pertencia à classe média urbana.

3.2 Paulo, um fariseu da diáspora

Paulo diz em Fl 3,5 sobre seu passado judeu: "Circuncidado ao oitavo dia, da raça de Israel, da tribo de Benjamin, hebreu filho de hebreus, quanto à (compreensão da) lei, fariseu, quanto ao zelo, perseguidor da Igreja, quanto à justiça que há na Lei, irrepreensível". Com isso, ele reivindica ser membro do povo eleito da aliança. Como seus antepassados, ele se sente também na diáspora comprometido com as tradições de sua terra-mãe Palestina. Dentro da comunidade dos fariseus, ele viveu conforme a Torá, e por zelo pela observância da Torá, perseguiu a comunidade cristã. Também em Gl 1,14, Paulo enfatiza

---

the Roman Empire for the non-élite" (Paulo e as igrejas paulinas compartilhavam essa experiência geral de privação e subsistência. Nem o apóstolo nem algum dos membros das congregações às quais que ele se dirige em suas epístolas escapavam à existência dura que era típica da vida da não-elite no Império Romano; op. cit., p. 75).

[35] Cf. H. D. Betz, Verbete "Paul", p. 187.

[36] K. Haacker, Werdegang, pp. 841-847, observa com razão que Paulo deve ter disposto pelo menos de um conhecimento elementar do latim, tanto mais que ele pensa em Rm 13,1-7; Fl 3,20 em categorias do Estado romano.

[37] C. J. Classen, Philologische Bemerkungen, p. 335, conclui uma educação correspondente, com base no uso paulino de termos técnicos filosóficos e retóricos.

[38] Cf. C. J. Classen, op. cit., segundo o qual "Paulo estava também familiar com uma série de *termini technici* retóricos. Não ouso decidir de onde ele os conhecia, mas seu uso, tanto como o uso de *termini technici* filosóficos, aponta para um grau de educação que, a meu ver, justifica a suposição de que ele conhecia também da teoria e da prática as regras e preceitos da retórica (e da epistolografia)."

seu zelo particular pela observância das tradições herdadas pelos pais. Em Atos, ele aparece como fariseu e "filho de fariseus" (At 23,6) que "viveu conforme a corrente mais severa de nossa religião" (At 26,5). Portanto, em sua juventude, Paulo aderiu aos fariseus e destacava-se pela observância especial da *parádosis* [tradição] paterna e por um grande zelo na perseguição das comunidades cristão-primitivas.

O MOVIMENTO FARISAICO

As origens do movimento farisaico são obscuras[39]. Geralmente vê-se sua formação no contexto mais amplo da Revolta dos Macabeus[40] (cf. 1Mc 2,15-28), em cujo decurso aparece pela primeira vez o grupo dos *hassideus*: "Então uniu-se a eles o grupo dos hassideus, homens valorosos de Israel, cada um deles devotado à Lei" (1Mc 2,24; cf. 7,13). Presume-se geralmente no ambiente desse movimento a origem comum de fariseus[41] e essênios, pois os hassideus destacaram-se aparentemente por uma particular obediência à Torá e uma decidida

---

[39] Para os fariseus, cf. E. Schürer, Geschichte des jüdischen Volkes II, pp. 456-475; J. Jeremias, Jerusalem zur Zeit Jesu, pp. 279-303; R. Meyer/H. F. Weiss, Verbete "Φαρισαῖος", in *ThWNT* 9, pp. 11-51; R. MEYER, "Tradition und Neuschöpfung im antiken Judentum – Dargestellt an der Geschichte des Pharisäismus", in Idem, *Geschichte und Theologie des Judentums*, pp. 130-187; G. Baumbach, Jesus von Nazareth im Lichte der jüdischen Gruppenbildung (Berlim: 1971), pp. 72-97; C. Thoma, "Der Pharisäismus", in J. Maier/J. Schreiner (org.), *Literatur und Religion des Frühjudentums*, pp. 254-272; J. Neusner, *Das pharisäische und talmudische Judentum*. TSAJ 4 (Tübingen: 1984); A. J. Saldarini, Pharisees, pp. 134-143 (especialmente sobre Paulo); G. Stemberger, Pharisäer, Sadduzäer, Essener, passim; P. Schäfer, "Der vorrabbinische Pharisäismus", in M. Hengel/U. Heckel (org.), *Paulus und das antike Judentum*, pp. 125-172; H. F. WEISS, Verbete "Pharisäer", in *TRE* 26 (Berlim/Nova Iorque: 1996), pp. 473-485; R. Deines, *Die Pharisäer*. WUNT 101 (Tübingen: 1997); Idem, Verbete "Pharisäer", in *TBLNT* II, pp. 1455-1468; J. P. Meier, A Marginal Jew. Rethinking the Historical Jesus III. ABRL (Nova Iorque: 2001), pp. 289-388.

[40] Início ca. 167 a.C.; dados segundo P. Schäfer, Geschichte der Juden, pp. 271-281. Uma breve visão geral instrutiva sobre a história dos fariseus é oferecida em R. Deines, Verbete "Pharisäer", pp. 1458-1460.

[41] Para a origem da denominação grupal Φαρισαῖος, cf. R. Deines, Verbete "Pharisäer", pp. 1456s.

rejeição de fenômenos da releitura estrangeira da fé judaica[42]. Josefo parece confirmar essa interpretação, pois menciona no tempo do sumo sacerdote Jônatas (161-142 a.C.), que era muito polêmico para os círculos dos fiéis à Torá, a existência de três escolas judaicas: fariseus, saduceus e essênios (cf. Josefo, Ant 13,171-173)[43]. Os fariseus ganham maiores contornos na época de João Hircano (135/134-104 a.C.), quando aparecem como um grupo coeso em oposição ao rei, um grupo que goza de grande estima do povo (cf. Josefo, Ant 13,288-292)[44]. Os fariseus exigiram que Hircano deixasse o cargo de sumo sacerdote, possivelmente porque sua mãe já tinha sido prisioneira de guerra[45]. Aqui se mostram sintonias com os ideais originais do movimento macabeu que estava antes de tudo interessado num culto templar legítimo e na observância da Torá. Também é possível traçar relações com os essênios, pois a ocupação do cargo do sumo sacerdote por Jônatas no ano 152 levou provavelmente ao ingresso do Mestre de Justiça na comunidade de Qumran e a uma constante polêmica contra o culto no templo de Jerusalém (cf. CD I 5-11)[46]. Na época de Salomé Alexandra (76-67 a.C.), os fariseus ocupavam uma posição dominante, e Josefo ressalta sua crescente influência sobre a rainha (cf. Bell 1,110-112). Sob Herodes Magno (40-4 a.C.), a influência dos fariseus deve ter sido menor[47]. Josefo indica seu número naquela

---

[42] Para a discussão crítica dos problemas, cf. G. STEMBERGER, Phärisaer, Sadduzäer, Essener, pp. 91-98, que chega ao resultado: "Reconstruir uma exata história precedente das três escolas religiosas é tão impossível como comprovar sua proveniência direta do movimento dos hassideus" (op. cit., p. 98).

[43] G. STEMBERGER, op. cit., p. 91, considera o enquadramento temporal secundário.

[44] Cético é G. STEMBERGER, op. cit., pp. 99-103, que considera a narrativa sobre a ruptura entre Hircano e os fariseus historicamente inconfiável; semelhantemente P. SCHÄFER, Der vorrabbinische Pharisäismus, pp. 134-138, segundo o qual "Josefo em Antiquitates usou a inserção da narrativa sobre os fariseus para redatar as atividades políticas dos fariseus para o tempo de Hircano" (op. cit., p. 138).

[45] Em Josefo, Ant. 13,372, volta esta acusação contra Alexandre Janeu na boca do povo (e não dos fariseus); para a análise dos textos, cf. P. SCHÄFER, Der vorrabbinische Pharisäismus, pp. 138s.

[46] Cf. a respeito H. STEGEMANN, Die Essener, Qurnran, Johannes der Täufer und Jesus, pp. 205ss.

[47] Cf. a respeito G. STEMBERGER, Pharisäer, Sadduzäer, Essener, pp. 107-110.

época em 6000 (Ant 17,42)[48]; eles representavam uma minoria influente dentro da população judaica. Pelo fim do reinado de Herodes, os fariseus transformaram-se de um grupo político em um movimento de devoção[49]. Importante foi a dissidência de uma corrente radical dos fariseus que se autodesignava, segundo Pinhas (Nm 25) e Elias (1Rs 19,9s), como zelotas (οἱ ζηλωταί = "os zelosos"). Esse grupo formou-se em 6 d.C. sob a chefia do galileu Judas de Gamala e do fariseu Zadduk (Sadoc; cf. Josefo, Ant 18,3ss)[50]. Os zelotas distinguiam-se pelo aguçamento do primeiro mandamento do Decálogo, uma prática severa do sábado e observância rigorosa das leis da pureza. Seu objetivo era uma teocracia radical e eles rejeitavam a dominação romana sobre o povo judeu por motivos religiosos. A crítica neotestamentária aos fariseus reflete em grande parte conflitos entre as comunidades cristãs e o judaísmo após a destruição do templo (70 d.C.). Não obstante, os evangelhos referem-se de modo historicamente correto às muitas controvérsias entre Jesus e os fariseus[51]. Nos acontecimentos da guerra contra as forças de ocupação romanas (66-73/74 d.C.), os fariseus perderam muito de sua influência para os grupos radicais (especialmente os zelotas)[52]; ainda assim, devem ser considerados o grupo de liderança intelectual dentro do judaísmo do séc. I d.C.

---

[48] Para os dados numéricos, cf. B. Schaller, "4000 Essener – 6000 Pharisäer. Zum Hintergrund und Wert antiker Zahlenangaben", in B. Kollmann/W. Reinbold/A. Steudel (org.), *Antikes Judentum und Frühes Christentum*. FS H. Stegemann (BZNW 97) (Berlim/Nova Iorque: 1999), pp. 172-182 (números arredondados como meio muito divulgado da ficção histórica).
[49] Cf. G. Stemberger, Pharisäer, Sadduzäer, Essener, p. 110.
[50] Cf. a respeito M. Hengel, Die Zeloten, pp. 336ss.
[51] Cf. como introdução o esboço de U. Luz, "Jesus und die Pharisäer", in *Jud* 38 (1982), pp. 111-124; além disso, R. Deines, Verbete "Pharisäer", pp. 1462-1467. Para a questão polêmica sobre o alcance da influência dos fariseus no tempo antes de 70 d.C. e sobre a forma de continuidade na posterior tradição rabínica, cf. D. Goodblatt, "The Place of the Pharisees in First Century Judaism: The State of the Debate", in *JSJ* 20 (1989), pp. 12-30.
[52] Cf. para os detalhes H. Schwier, *Tempel und Tempelzerstörung*. NTOA 11 (Friburgo [Suíça]/Göttingen: 1989), pp. 4-54.

PAULO COMO ZELOSO

Paulo menciona como característica especial de seu passado farisaico o zelo pelas tradições paternas (Gl 1,14: "No judaísmo, eu sobressaía a muitos compatriotas da minha idade, por ser extremamente zeloso por minhas tradições paternas"). Também Josefo considera o compromisso com a tradição a característica dos fariseus[53] e simultaneamente o ponto distintivo mais importante em relação aos saduceus: "Neste ponto quero apenas deixar claro que os fariseus transmitiram ao povo normas (νόνιμα) da sucessão aos pais (ἐκ πατέρων διαδοχῆς) que não estão escritas nas leis de Moisés; e é por isso que são rejeitadas pelo grupo dos saduceus que diz que se deve observar somente aquelas normas que estão escritas, mas que não é preciso considerar aquelas da tradição dos pais" (Ant 13,297). Enquanto João Hircano, num conflito com os fariseus, aboliu tais normas, Salomé Alexandra reintroduziu, segundo Josefo, Ant 13,408s, aquelas prescrições "que os fariseus tinham estabelecido conforme as tradições paternas" (κατὰ τὴν πατρῴαν παράδοσιν). A concordância com Gl 1,14 e a tradição sinótica (cf. Mc 7,1-13) mostram que παράδοσις ("tradição") era a característica decisiva dos fariseus[54]. Nos tempos neotestamentários, o conteúdo da *parádosis* deve ter sido as prescrições acerca da pureza (cf. Mc 7,1-8.14-23; Rm 14,14), do dízimo (cf. Mt 23,23) e formas particulares de votos (cf. Mc 7,9-13). Segundo Josefo, Vit 191, em relação às leis paternas, os fariseus tinham a fama de "distinguir-se dos outros pelo conhecimento exato" (τῶν ἄλλων ἀκριβείᾳ διαφέιν). Eram mais devotos que os outros "e observavam as leis com maior acribia" (καὶ τοὺς ἀκριβέστεραν ἀφηγεῖσθαι)[55]. O termo ἀκρίβεια (acribia, escrúpulo, exatidão) serve também em At 22,3 e 26,5 como sinal distintivo da educação farisaica. Paulo foi educado "na observância exata da lei de nossos pais" (πεπαιδευμένος κατὰ ἀκρίβειαν τοῦ πατρῴου νόμου) e viveu como fariseu "segundo a corrente mais severa de nossa religião"

---

[53] Para as convicções teológicas fundamentais dos fariseus, cf. R. DEINES, Verbete "Pharisäer", pp. 1460-1462.
[54] Cf. G. STEMBERGER, Pharisäer, Sadduzäer, Essener, pp. 84ss.
[55] Josefo, Bell. 1,110; cf., além disso, Bell. 2,162; Ant. 17,41.

(κατὰ τὴν ἀκριβεστάτην αἵρεσις τῆς ἡμετέρας θρησκείας). Portanto, o conhecimento exato e a observância estrita das tradições paternas, piedade, devoção e fidelidade à tradição distinguiram os fariseus que eram "intérpretes exatos das tradições paternas" (Josefo, Ant 17,149: (ἐξηγηταὶ τῶν πατρίων νόμων; cf. também Bell 2,162). Eles apuraram suas tradições particulares principalmente de sua interpretação das Escrituras, mas isso não os distinguiu de maneira geral de outros grupos judaicos[56]. O objetivo do movimento farisaico era a santificação do cotidiano por meio de uma observância abrangente da Lei, sendo que a observância das prescrições rituais de pureza tinha uma especial importância também fora do templo[57]. Por isso houve em parte acréscimos (ou releituras) à Torá, para poder resolver as mais diversificadas situações do cotidiano (cf., por exemplo, Aristeias, 139ss; Josefo, Ant 4,198; Mc 2,23s; 7,4).

Além da compreensão particular das Escrituras e da tradição, Josefo menciona como particularidade dos fariseus sua compreensão do destino. Segundo ele, os fariseus atribuíram muitas coisas aos efeitos do destino, embora não negassem a autorresponsabilidade humana (cf. Josefo, Bell 2,163; SlSal 3,12; Mc 12,18-27, At 23,6-8). Também expectativas messiânicas devem ter estado vivas entre os fariseus, como mostra SlSal 17; 18. Além disso, os Salmos de Salomão[58] permitem perceber como se imaginava em círculos farisaicos o castigo de Deus em relação aos pecadores e sua atuação salvífica em relação aos justos (cf. SlSal 14).

Segundo At 22,3, Paulo recebeu sua formação farisaica[59] em Jerusalém: "Eu sou judeu. Nasci em Tarso, na Cilícia, mas criei-me nesta cidade, educado aos pés de Gamaliel na observância exata da lei

---

[56] Para Qumran, cf. CD VI 14ss.
[57] Cf. J. NEUSNER, Das pharisäische und talmudische Judentum, p. 24: "Os fariseus enfatizam de modo especial que o comer teria que acontecer no estado da pureza ritual, como se a pessoa fosse um sacerdote templar, e que o maior cuidado seria necessário no cálculo do dízimo e nos tributos destinados ao sacerdócio."
[58] Para o lugar histórico e a orientação teológica deste escrito, cf. abaixo, Secção 16.8.1 (O ambiente histórico-cultural).
[59] K. HAACKER, Werdegang, pp. 855-860, prefere entender At 22,3 de modo geral no sentido de "educação", mas não no sentido de "estudo da Torá".

de nossos pais, um zeloso por Deus." Gamaliel I foi um mestre da Torá muito prestigiado em Jerusalém e pertencia, segundo At 5,34-39, ao sinédrio. Não é possível comprovar que Gamaliel estava entre os adeptos da escola de Hillel[60]. Josefo (Vita 191ª; Bell 4,159) apresenta Simeão, filho de Gamaliel, como um membro proeminente dos fariseus moderados em Jerusalém, que se opôs às atividades às vezes duvidosas dos zelotas nas perturbações relacionadas ao sítio de Jerusalém. Onde Paulo recebeu sua formação judaica? W. C. van Unnik[61] presume, sob referência a At 22,3; 26,4s, que Paulo teria se mudado já de menino pequeno com seus pais de Tarso para Jerusalém, que sua língua materna teria sido o aramaico e não o grego, e que toda sua educação e formação teriam acontecido em Jerusalém. No entanto, as cartas de Paulo e a recepção da Septuaginta (LXX) pelo apóstolo indicam inequivocamente o grego como sua língua materna, de modo que não é necessário contar com uma mudança precoce do apóstolo de Tarso para Jerusalém[62]. Será que Paulo teve efetivamente alguma estada em Jerusalém antes de sua vocação como apóstolo dos gentios? Em Gl 1,22, o apóstolo comunica acerca de sua carreira: "Às comunidades da Judeia, que estão em Cristo, eu era pessoalmente desconhecido". Essa observação levou frequentemente à conclusão de que Paulo não teria passado em Jerusalém antes de sua experiência de Damasco[63]. Contudo, contra tal interpretação extensiva dessa notícia pode se aduzir a observação de que Paulo possivelmente não podia absolver uma formação farisaica fora de Jerusalém. Faltam notícias convincentes sobre escolas (superiores) judaicas na diáspora; além disso, Jerusalém era o centro natural da formação dos fariseus[64]. Não obstante, não se deve atribuir um valor exagerado ao silêncio das fontes neste ponto

---

[60] Cf. a respeito J. Neusner, The Rabbinic Traditions about the Pharisees before 70 I (Leiden: 1971), pp. 341-376.

[61] Cf. W. Van Unnik, "Tarsus or Jerusalem. The City of Paul's Youth", in Idem, *Sparsa Collecta I*. NT.S 29 (Leiden: 1973), pp. 259-320.

[62] Cf. M. Hengel, Der vorchristliche Paulus, pp. 233s.

[63] Cf. R. Bultmann, Verbete "Paulus", in *RGG²* IV, Tübingen: 1930; G. Strecker, Der vorchristliche Paulus, pp. 729s; E. P. Sanders, Paulus, p. 14.

[64] Cf. M. Hengel, Der vorchristliche Paulus, pp. 252-232.

concreto⁶⁵. Para todos os efeitos, chama a atenção que o próprio Paulo não menciona Jerusalém quando chega a comentar seu passado como fariseu! Além disso, Jerusalém não desempenha um papel importante no pensamento paulino. O apóstolo vai duas vezes, por obrigação, a Jerusalém (Convenção dos Apóstolos, entrega da coleta), e também a primeira visita foi ostensivamente breve. Igualmente chama a atenção que Gamaliel em At 5,34-39 é apresentado como um doutor da lei tolerante em relação aos cristãos, de modo que Paulo não pode ter aprendido dele seu rigorismo contra pessoas de outra fé⁶⁶. A situação das fontes não permite uma decisão clara nesta questão. Se Paulo efetivamente tiver absolvido um estudo da Torá sob Gamaliel, então ele deve ter chegado a Jerusalém aproximadamente aos 15 anos de idade⁶⁷.

No tempo de Paulo, os fariseus já não eram um movimento uniforme, como mostram o papel do fariseu Sadoc na fundação dos zelotas e as controvérsias entre as escolas de Hillel e de Shamai⁶⁸. A ostensiva ênfase na categoria teológica do "zelo"⁶⁹ no contexto da perseguição dos primeiros cristãos (cf. Gl 1,14; Fl 3,6; At 22,3s) poderia ser um indício de que Paulo – diferentemente, por exemplo, de Josefo⁷⁰ – tendia

---

⁶⁵ Cf. G. STEMBERGER, Pharisäer, Sadduzäer, Essener, p. 112: "Fora disso não temos simplesmente nenhuma prova para fariseus na diáspora; no entanto, aqui não se permite uma conclusão a partir do silêncio das fontes, embora a observância de várias leis religiosas, particularmente no ambiente da pureza, deve ter sido muito difícil na diáspora." Também J. MAIER, Geschichte der jüdischen Religion (Berlim/Nova Iorque: 1972), pp. 76s.81s, conta com fariseus da diáspora formados fora de Jerusalém. J. BECKER, Paulus, pp. 40s., prefere não excluir uma formação em Jerusalém, mas observa ao mesmo tempo: "Paulo poderia ter recebido uma educação no sentido farisaico sem problema em cada sinagoga maior da diáspora, portanto, também em Tarso" (op. cit., p. 41); além disso, cf. as reflexões em G. STRECKER, Der vorchristliche Paulus, pp. 732-737.
⁶⁶ Cf. E. P. SANDERS, Paulus, p. 15.
⁶⁷ Josefo, Vita 10, inicia seu estudo das distintas escolas judaicas (fariseus, saduceus, essênios) aos 16 anos de idade.
⁶⁸ Cf. a respeito J. NEUSNER, Judentum in frühchristlicher Zeit, pp. 69-98; R. GOLDENBERG, Verbete "Hillel/Hillelschule (Schammaj/Schammajschule)", in TRE 15 (Berlim/Nova Iorque: 1986), pp. 326-330.
⁶⁹ Cf. para a categoria do "zelo" no judaísmo antigo M. HENGEL, Die Zeloten, pp. 151ss.
⁷⁰ Cf. Josefo, Vita 10-12.

para a ala radical do farisaísmo[71]. Contudo, fica ainda em aberto se Paulo pertencia, por isso, à escola de Shamai, que era mais rigorosa[72]. Evidente é apenas o zelo extraordinário que o fariseu Paulo teve pelas tradições paternas.

3.3 O pano de fundo do pensamento paulino em termos de história intelectual e da religião

A formação gradual de uma identidade acontece sempre sob a influência de um ambiente cultural ou de ambientes culturais, respectivamente. Nesse contexto, a consciência de identidade étnica é essencialmente determinada por características objetiváveis como idioma, descendência, religião e as tradições derivadas desses âmbitos. Tradições, por sua vez, são a expressão de uma formação cultural por meio de textos, ritos e símbolos[73]. Embora a formação da identidade aconteça, por via de regra, no interior de um espaço caracterizado dessa maneira, ela possui sempre um caráter processual, é fluida e vinculada a situações que se modificam[74]. Quando, além disso, espaços culturais se sobrepõem, como no caso de Paulo, uma identidade pode se formar com êxito somente quando consegue acolher e integrar influências diversificadas.

O PANO DE FUNDO VETEROTESTAMENTÁRIO

O pensamento teológico do apóstolo dos gentios Paulo tem suas raízes no judaísmo helenista de seu tempo. O ponto de partida do

---

[71] Cf. K. Haacker, "Die Berufung des Verfolgers und die Rechtfertigung des Gottlosen", in *ThBeitr* 6 (1975), pp. 1-19.

[72] Assim H. Hübner, "Gal 3,10 und die Herkunft des Paulus", in *KuD* 19 (1973), p. 215-231; K. Haacker, Die Berufung des Verfolgers, p. 10; com maior reserva agora Idem, Werdegang, pp. 861-877.

[73] Cf. a respeito H. Welzer, "Das soziale Gedächtnis", in Idem (org.), *Das soziale Gedächtnis. Geschichte, Erinnerung, Tradierung* (Hamburgo: 2001), pp. 9-21.

[74] Cf. K.-H. Kohle, "Ethnizität und Tradition aus ethnologischer Sicht", in A. Assmann/H. Friese (org.), *Identitäten*, pp. 269-287.

judeu e judeu-cristão Paulo é o *monoteísmo*: o único Deus verdadeiro, o pai de Abraão, é contraposto aos ídolos pagãos como o Deus verdadeiro e vivo. Paulo adota esse credo do judaísmo helenista (cf., por exemplo, Arist 124-169; JosAs 11,10s; Fílon, Spec Leg 1,2-8; All 2,1s; Leg Gai 115; Josefo, Ant 8,91; 4,201; 5,112; 8,335.337) e torna-o a base de sua pregação missionária (cf. 1Ts 1,9s). Os cristãos de Corinto podem comer carne consagrada a divindades pagãs sem problema, pois há somente um Deus, de quem vêm todas as coisas (cf. 1Cor 8.6; Rm 11,36a). Se os gálatas voltassem à observância do calendário, estariam novamente naquele tempo já superado no qual [N.da Ta.: sic, singular] ainda não conheciam a Deus e serviam a poderes que, na verdade, não são divindades (cf. Gl 4,8.9). Tanto em Paulo como no antigo judaísmo vincula-se ao monoteísmo a *fé na criação e eleição*[75]. Unicamente Deus reaviva os mortos e chama o não existente para a existência (compare-se Rm 4,17 com BrSir 21,4; 48,8; JosAs 8,9). Deus, que mandou a luz para as trevas (cf. Gn 1 em 2Cor 4,6), ilumina também os corações dos fiéis (cf. 1QH 4,5.27). Somente Deus é o criador, e não cabe à criatura criticar seu criador (cf. Rm 9,19ss). Em continuidade com a apocalíptica judaica (cf. Jub 1,29; 4,26; HenEt 72,1; 4Esd 7,75; 1QS 4,25), Paulo refere-se a uma καινὴ κτίσις ("nova criação")[76] que, para os cristãos, já se realizou na fé por meio do dom do espírito (cf. 2Cor 5,17). O conceito da eleição, fundamental para a fé judaica (cf. Jub 1,29; 2,20; 15,30; HenEt 53,6; 56; 93; BrSir 48,20-24; 4Esd 5,23-27; 6,54-56; Av 1,7; 3,14), é adotado por Paulo (cf. Rm 3,1s; 9,4; 11,2.28s) e modificado a partir da perspectiva cristã. Agora, também os cristãos são os eleitos de Deus (Rm 8,33; cf. também 1Ts 1,4; Gl 1,6; Rm 1,6).

---

[75] Basta conferir o primeiro bendito da Oração das Dezoito Preces: "Bendito sejas tu, YHWH, nosso Deus e Deus de nossos pais, o Deus de Abraão, o Deus de Isaac e o Deus de Jacó; o Deus grande, poderoso e terrível; o Deus supremo, o doador de boas graças e o criador do universo; que se lembra das graças dos pais e é misericordioso para seus filhos e filhas e que traz um redentor para os filhos e filhas de seus filhos e filhas..." (cf. a respeito BILLERBECK IV/1, pp. 208ss).

[76] Para o pano de fundo histórico-religioso de καινὴ κτίσις em Paulo, cf. H. WINDISCH, 2Cor, pp. 189s; U. MELL, Neue Schöpfung, pp. 47-257; M. V. HUBBARD, New Creation, pp. 11-78.

Também em sua *compreensão do juízo*[77], Paulo tem firmes raízes nos conceitos do antigo judaísmo. Por exemplo, encontramos em Paulo a relação – pré-estabelecida na pregação missionária do judaísmo helenista – entre a doutrina do verdadeiro Deus, o não reconhecimento de Deus pelos gentios devido a seu culto aos ídolos, a vida pagã corrompida pelos vícios como consequência do culto aos ídolos, o chamado para a penitência e a descrição do juízo divino (compare-se 1Ts 1,9s e Rm 1,18-32 com Sb 13-15; Arist 124-169; TestLev 17; TestNef 3; 4; TestBen 9; 14; HenEt 91,7ss; JosAs 11-13; BrSir 54,17s)[78]. O anúncio do juízo de ira de Deus dirige-se a judeus e gentios da mesma maneira (cf. Rm 2,1-3,20), pois as obras da Lei não poupam ninguém do juízo de aniquilação que acontecerá. Também segundo Paulo, Deus julga cada pessoa conforme suas obras (compare-se 1Cor 3,14s; 4,5; 2Cor 5,9.10; 9,6; 11,15; Gl 6,7s; Rm 2,5-16 com HenEt 50,4; BrSir 85,12; Pr 24,12; Av 3,15; SlSal 2,16-18.34; 9,5; 4Esd 7,33-15)[79]. Paulo radicaliza o conceito do juízo, pois, segundo ele, nenhum ser humano pode receber no juízo a salvação com base em suas obras. Desse modo não há nenhum "tesouro de boas obras" depositado junto ao Altíssimo (cf. Jub 30,17-23; 4Esd 7,77; 8,33.36; BrSir 14,12; 24,1; 52,7). Também em Paulo apela-se ao ser humano em sua retidão diante de Deus e em sua conduta reta conforme a vontade de Deus, mas as obras da

---

[77] Cf. a respeito K. Seybold, Verbete "Gericht 1", in *TRE* 12 (Berlim/Nova Iorque: 1985), pp. 460-466; G. S. Oegema, *Zwischen Hoffnung und Gericht*. WMANT 82 (Neukirchen: 1999); E. Synofzik, Die Gerichtsgedanken- und Vergeltungsaussagen bei Paulus, passim; E. Brandenburger, Verbete "Gericht Gottes III", in *TRE* 12 (Berlim/Nova Iorque: 1985), pp. 469-483.
[78] Cf. aqui C. Bussmann, *Themen der paulinischen Missionspredigt auf dem Hintergrund der spätjüdisch-hellenistischen Missionsliteratur*. EHS.T 3 (Berna/Frankfurt: 1971).
[79] Para a ideia do juízo segundo as obras no pensamento grego, cf. PLATÃO, Phaedon 113d-114c: "Já que isto é dessa maneira, assim que os falecidos chegam ao lugar para onde o demônio leva cada um, serão separados primeiro aqueles que viveram bela e santamente e aqueles que não. Aqueles, então, que são identificados de terem levado uma conduta média, deslocam-se para o Aqueron, sobem nos veículos previstos para isto, e neles chegam até o lago. Ali eles moram e se purificam, fazem penitência por suas transgressões quando alguém falhou de alguma forma e são absolvidos, do mesmo modo como também recebem a recompensa por suas boas obras, cada qual segundo seu mérito."

lei/a Torá não podem operar a salvação. A justiça não vem do fazer dos mandamentos (assim, por exemplo, Dt 6,15; Pr 10,16a LXX; Arist 168; SlSal 9,3; 14,2; 4Esd 7,33ss; 9,7s; 13,23; BrSir 51,7; 67,6; 69,4; 85,2); a vida não vem da observância dos mandamentos (cf., por exemplo, Ne 9,29; Eclo 15,15-20; 17,11; SlSal 14,3; 4Esd 7,21.129). Desse modo, Paulo rompe a conexão entre a dádiva da Torá que leva à vida, a observância de todos os mandamentos como expressão da vontade salvífica coesa de Deus e da atuação julgadora divina na graça, uma conexão que era fundamental para seu passado judaico (cf., por exemplo, Is 51,7a; Dt 30,14ss; Sl 37,31; 40,9; Pr 3,1-3; 7,1-3; Eclo 6,23-31; SlSal 2,36; 4Esd 8,33; BrSir 46,3; HenEt 99; Av 1,3; 1,17; 2,1).

Também com o *conceito da ressurreição*, Paulo recapitula (cf., por exemplo, 1Ts 4,13-18; 1Cor 15,22ss; 2Cor 4,14ss; Rm 4,24; 8,11) conhecimentos de fé farisaicos em continuidade e descontinuidade[80]. A ressurreição dos justos acontece como restituição da corporeidade individual (cf., por exemplo, HenEt 91,10; 92,3; 100,5; SlSal 3,10-12; 13,11; 2Mc 7,11; 14,46; BrSir 30,1-5; 50; 51)[81]. Para Paulo, a ressurreição de Jesus dos mortos garante a esperança de uma ressurreição de quem crê e que se realizará como nova criação sob preservação da identidade pessoal.

---

[80] Como textos básicos veterotestamentários ou judaico-primitivos, respectivamente, cf., entre outros, Is 26,19; Dn 12.2s; Ez 37,1-14; Sl 73; 2Mc 7,14; SlSal 3,12. Para Qumran, 4Q521 2 II 12 atesta a esperança pela ressurreição; as linhas 11.12 rezam: "E coisas maravilhosas que não aconteceram serão feitas pelo Senhor, como ele falou. Então ele curará doentes e tornará mortos vivos; a pobres, ele anunciará uma boa mensagem" (tradução segundo J. ZIMMERMANN, Messianische Texte aus Qumran, p. 345). Cf. a respeito H. LICHTENBERGER, "Auferstehung in den Qumrantexten", in F. AVEMARIE/H. LICHTENERGER, *Auferstehung*. WUNF 135 (Tübingen: 2001), pp. 79-91. LICHTENBERGER avalia 4Q521 como a única prova inequívoca para a fé dos essênios qumranitas na ressurreição. A reserva acerca dessa noção deve estar vinculada à influência de círculos sacerdotal-saduceus. A ideia da ressurreição não era patrimônio comum do judaísmo antigo; os saduceus rejeitavam a fé na ressurreição (cf. Mc 12,18; At 4,2; 23,6.8; Josefo, Bell. 2,164s; Ant. 18,16); para as crenças judaicas acerca da ressurreição, cf. O. STEMBERGER, "Der Leib der Auferstehung", in AB 56 (Roma: 1972).
[81] Depois da ressurreição de todas as pessoas, as justas são ali transformadas em glória, as ímpias, porém, sofrem também em sua aparência; a uma ressurreição de todos os mortos referem-se também HenEt 22; Sib 3,178ss; 4Esd 7,29ss; VitAd 51; TestBen 10,6ss.

O enraizamento de Paulo no pensamento judaico mostra-se também nas afirmações sobre o *Deus justo* e a *justiça dos seres humanos*[82]. Deus é justo e julga com justiça (cf. SlSal 2,15; 4,24; 8,24-26; 9,2.4.5; Jub 5,16; TestLev 3,2; Sib 3,706) segundo as obras (Eclo 16,12; 4Esd 8,33; BrSir 51,7). Por isso, a pessoa piedosa sabe que sua própria justiça só pode vir da justiça de Deus (cf. SlSal 3,6; 5,17; AsMs 11,17; 4Esd 8,32s; 1QH 7,19s; 13,17). Os salmos cantam muitas vezes que Deus ajuda aos seus com sua justiça (cf. Sl 22,32; 24,5; 31,2; 51,16 etc.). Os textos de Qumran refletem impressionantemente o vínculo entre a justiça de Deus e a justiça dos seres humanos[83]. Como não há justiça junto aos seres humanos (cf. 1QH 4,30; 9,14ss), vale: "Da fonte de sua [isto é, de Deus] justiça vem meu direito" (1QS 11,12; cf. também 1QS 11,25; 1QM 4,6). As afirmações qumrânicas sobre a justiça são um instrutivo paralelo a Paulo, pois refletem com base num abrangente reconhecimento dos pecados, sobre a justiça de Deus e o ser-justo do ser humano. Justiça de Deus significa em Qumran a atuação misericordiosa de Deus em relação ao pecador, para o qual Deus é sua justiça, algo que é o pressuposto fundamental para possibilitar o cumprimento da Torá. "Quanto a mim, se eu tropeço, as misericórdias de Deus serão minha salvação para sempre; se eu caio em pecado de carne, na justiça de Deus, que permanece eternamente, estará o meu juízo" (1QS 11,11s). Exatamente porque Deus é justo e julga com justiça, mas o ser humano fica sempre aquém das exigências do direito divino, misericórdia e piedade são os modos esperados da conduta de Deus (cf. 1QH 1,31s; 7,29-31; 9,34). No entanto, nos piedosos de Qumran, o reconhecimento da futilidade do ser humano e da dependência total da atuação de Deus que justifica por graça não leva à

---

[82] Uma visão geral do uso diferenciado de δικαιοσύνη no judaísmo antigo é oferecida por M. J. Fiedler, "Δικαιοσύνη in der diáspora-jüdischen und intertestamentarischen Literatur", in *JST* 1 (1970), pp. 120-143. A situação veterotestamentária é documentada em K. Koch, Verbete "צדק", in *THAT* 2 (Munique: 1976), pp. 507-530; B. Johnson, Verbete "צדק", in *ThWAT* 6 (Stuttgart: 1989), pp. 898-924; E. Otto, Verbete "Gerechtigkeit", in *RGG*[4] 3 (Tübingen: 2000), pp. 702-704.

[83] Cf. a respeito S. Schulz, "Zur Rechtfertigung aus Gnaden in Qumran und bei Paulus", in *ZThK* 56 (1959), pp. 155-185; J. Becker, *Das Heil Gottes*, pp. 37ss; H. Lichtenberger, *Studien zum Menschenbild*, pp. 87ss.

abrogatio legis [abolição da lei], mas ao aguçamento da Torá. Exatamente porque a justiça vem de Deus, pode-se exigir uma observância aguçada dos mandamentos (cf. 1QS 1,8s; 5,8s; 8,1).

Também na *compreensão do pecado* mostram-se claros paralelos entre Paulo e o judaísmo de seu tempo[84]. O caráter pré-temporal do pecado manifesta sua universalidade e seu caráter de destino inevitável. Desde o pecado de Adão, o mundo está marcado pela relação pré-estabelecida e todo-determinante entre pecado e morte (compare-se Rm 5,12 com 4Esd 3,7; 3,21; 7,118; BrSir 23,4). Assim como em Paulo, também em Qumran pode haver uma referência[85] ao "serviço do pecado e atos da falsidade" que reina entre os filhos e filhas da humanidade (1QH 1,27; cf. 1QS 7,10; 1QM 13,5: "serviço da impureza"). Também aqui, a "carne" é o domínio do pecado (c. 1QS 4,20s). 4Esd defende, assim como Paulo, a ideia da pecaminosidade geral do ser humano (cf. 4,38; 7,46: "Quem está entre os vivos que não tenha pecado? Quem entre os nascidos da fêmea que não tenha rompido tua aliança?"; 7,68; 8,17.35). À diferença disso, em amplos círculos do judaísmo helenista reconhecia-se que o ser humano era capaz de levar uma vida em justiça, por meio de sua própria decisão e com o apoio da sabedoria divina, para escapar, desse modo, do domínio da morte e do pecado (cf., por exemplo, Sb 1,12-16; 2,23-3,3; 6,18s; 9,10.17s). O reconhecimento do caráter fatídico do pecado não leva Paulo (cf. Rm 5,12) à conclusão de que o ser humano é por si mesmo capaz de mudar sua situação para o Bem (cf., em contraste, BrSir 54,15: "Pois embora Adão tenha pecado primeiro e trazido a morte prematura sobre todos, também cada um daqueles que descendem dele atraiu para si o sofrimento futuro e, novamente, cada um deles escolheu a glória futura"; cf. também 4Esd 7,118s).

---

[84] É claro que também o filósofo helenista sabe que o ser humano se torna culpado; cf. Sêneca, Ben. I 10,3 ("[...] de resto, precisamos noticiar sempre a mesma coisa sobre nós: maus somos, maus fomos e – acrescento isto muito contra vontade – o seremos"); cf., além disso, Sêneca, Ira I 14,3; II 10,2; 28,1; 31,5; III 25,2; 26,4; Clem. 1 6,3; Ep. XVI 97,1.

[85] Para a compreensão do pecado nos textos de Qumran, cf. H. LICHTENBERGER, Studien zum Menschenbild, pp. 93ss; P. KIM, Heilsgegenwart bei Paulus, pp. 35-40.

Também a pergunta pelo *livre-arbítrio* do ser humano já foi refletida no judaísmo antigo antes de Paulo, de modo intensivo e controverso. Por exemplo, em Jesus Sirac encontram-se tanto afirmações sobre a liberdade da vontade humana (cf. Eclo 15,11-15.20) como sobre sua não liberdade (cf. Eclo 33,11-15)[86]. Além disso, os Salmos de Salomão, provenientes da tradição farisaica, atestam que a pergunta pela livre vontade era muito controversa no antigo judaísmo[87]. Por um lado constata-se explicitamente a liberdade de escolha do ser humano (cf. SlSal 9,4-7); por outro lado, lemos: "Pois o ser humano e sua sorte estão na tua balança; ele não deve acrescentar mais nada para além de tua decisão, ó Deus" (SlSal 5,4). Paulo defende uma posição muito próxima a Eclo 33,11-15 e que tem também paralelos na literatura de Qumran (cf. 1QH 15,12-17; 1QS 3,13-4,26)[88]; a livre vontade é exclusivamente um predicado de Deus que escolhe e rejeita em sua liberdade inquestionável (cf. Rm 9,1-29).

Finalmente há em Paulo também uma abordagem do *conceito da aliança*, central ao judaísmo antigo (cf., por exemplo, Eclo 24,23; 28,7; Jub 1,17s.22-25; SlSal 9,10; 10,4; 17,15; HenGr 99,2; 1QS 1,16; 4,18-23; CD 15,5-11; Fílon, Som II 23s; 237)[89], pois ele descreve por meio dela a eleição permanente de Israel (Rm 9,4; cf. também 1Cor 11,25; 2Cor 3,6.14; Gl 3,17; 4,24; Rm 11,27). A aliança de Deus com Israel vale incondicionalmente!

---

[86] Para a análise de todos os textos importantes, cf. G. MAIER, Mensch und freier Wille, pp. 24-115.
[87] Cf. a respeito G. MAIER, op. cit., pp. 264-342.
[88] Aqui se diz que Deus teria colocado sobre os seres humanos os espíritos da verdade e da impiedade e que esses dois espíritos determinariam a vida humana totalmente: "Nestes dois espíritos encontra-se a origem de todos os seres humanos, e participam deles todos os seus exércitos em suas gerações. Nos caminhos deles, eles andam, e toda a realização de suas obras ocorre em suas classes segundo a parcela de cada um, seja ela grande, seja pequena, para todos os tempos eternos. Pois Deus os colocou lado a lado até o último tempo e determinou uma luta eterna entre suas classes" (1 QS 4,15-17). Os textos de Qumran afirmam de forma maciça uma determinação pré-temporal dos seres humanos para a salvação e para a desgraça, respectivamente, por Deus. Positivamente se vincula este conceito com a ideia da eleição que a comunidade em Qumran relaciona consigo; para a análise dos textos, cf. G. MAIER, op. cit., pp. 165-263.
[89] Cf. a revisão do material por M. VOGEL, Das Heil des Bundes, pp. 225ss.

O PANO DE FUNDO GRECO-HELENÍSTICO

A língua materna do apóstolo Paulo foi o grego; ele se criou na metrópole helenística de Tarso, e seu trabalho missionário realizou-se em sua maior parte na Ásia Menor helenística ou na Grécia. Essa biografia recomenda supor uma influência intensiva do *pensamento greco-helenístico* sobre Paulo[90], embora não seja possível comprová-la com certeza em cada caso concreto. Fica aberto se e em que medida Paulo conhecia obras da literatura e poesia gregas clássicas ou ia ao teatro grego. Somente em 1Cor 15,33, ele cita um dito popular que remonta a Eurípides e que consta na comédia *Thais* de Menandro: "As más companhias corrompem os bons costumes!"[91] A socialização helenístico-urbana do apóstolo manifesta-se em 1Cor 9,24-27, onde ele compara com grande naturalidade sua existência apostólica à luta na arena do ginásio grego[92]. Assim como o filósofo treina diariamente para se tornar verdadeiramente livre e independente[93], Paulo desempenha-se no anúncio do evangelho. O que Sêneca reivindica para o filósofo aplica-se também ao pregador de moral Paulo, a saber, explicar "o que é justiça, o que é senso de responsabilidade, o que é capacidade de sofrer, ou que é valentia, desprezo à morte, o que é conhecimento de Deus, e que bem precioso é a consciência"[94].

Em cidades helenísticas, Paulo apresentava-se como um pregador entre outros, em meio a um grande número de *filósofos itinerantes*, pregadores e realizadores de milagres. Dessa maneira não é de se admirar que o *corpus paulinum* manifeste em alguns momentos contatos com

---

[90] Como introdução à temática, cf. T. ENGBERG-PEDERSEN (org.), Paul in His Hellenistic Context.
[91] Cf. NW II/1, p. 401.
[92] Cf. a respeito O. SCHWANKL, "'Lauft so, dass ihr gewinnt'. Zur Wettkampfmetaphorik in 1Cor 9", in *BZ* 41 (1997), pp. 174-191.
[93] Cf. Epíteto, Diss. IV 1.112-114: "Olha bem para tudo e o arranca de teu coração. Purifica teus juízos e verifica se tu não te amarraste a algo que pode ser tirado de ti apenas sob dores. E enquanto tu treinas diariamente como numa quadra de esporte, não digas que estás filosofando – uma palavra realmente soberba –, mas que estás operando tua libertação. Pois isto é a verdadeira liberdade. Dessa maneira, Diógenes foi libertado de Antístenes e depois constatou que ele não poderia ser escravizado mais por ninguém" (= NW/1.566s).
[94] Sêneca, Tranq. An. III 4.

tradições desses filósofos itinerantes. Por exemplo, Paulo descreve em 1Ts 2,1-12 seu trato com os tessalonicenses em termos e imagens que pertenciam também ao repertório de filósofos itinerantes cínicos[95]. Tanto o apóstolo como os filósofos itinerantes caracterizam-se por orientações acerca da conduta de vida e de cuidados com a alma, bem como por uma conduta de vida exemplar e orientada por sobriedade e simplicidade e, dessa maneira, orientada pela liberdade. Epíteto diz sobre o cínico: "Ele deve saber que vai aos seres humanos como enviado de deus, para instruí-los acerca do Bem e do Mal, acerca do fato de que estão no erro, procurando a essência do Bem e do Mal ali onde não está e não se lembrando de onde ela está verdadeiramente" (Diss III 22,23). Assim como os cínicos, Paulo pratica um estilo de vida radical; independente de obrigações familiares e econômicas, ele se entendeu como mensageiro exclusivo do evangelho. Para ser um mensageiro dos deuses, também o cínico precisa "estar inteiramente a serviço da divindade, capaz de perambular entre as pessoas, não amarrado por obrigações burguesas, não preso por relacionamentos pessoais" (Epíteto, Diss III 22,69)[96]. Quando Paulo assume em 2Cor 11,16-12,10 o papel de louco, ele se apresenta, segundo a compreensão contemporânea, como verdadeiro filósofo[97].

A maneira paulina de argumentar indica um pano de fundo helenístico. Trata-se da assim chamada *diatribe* (διατριβή)[98], um estilo retórico

---

[95] Cf. A. J. MALHERBE, Paul and the Popular Philosophers (Minneapolis: 1989), pp. 35-48; Idem, Verbete "Herakles", in RAC 14 (1988), p. 573: "Paulo estava familiarizado com tradições cínicas, inclusive tradições sobre Héracles".
[96] Cf. também Epíteto, Diss. IV 8,30s: "Pois tal homem é o cínico legítimo a quem Zeus considerou digno do cetro e do diadema; ele pode dizer: 'Para que vejais, ó seres humanos, que não procurais a felicidade e a serenidade da mente ali onde ela está, mas ali onde não está, eis, eu lhes fui enviado por deus como modelo (ἰδοῦ ἐγὼ ὑμῖν παράδειγμα ὑπὸ τοῦ θεοῦ ἀπέσταλμαι). Eu não tenho nem casa nem posses, nem fêmea nem filhos e filhas, nem sequer um leito ou um casaco ou uma vasilha própria, e, mesmo assim, eis, como estou sadio."
[97] Para a análise cf. H. D. BETZ, Paulus und die sokratische Tradition, pp. 43ss.
[98] Literatura básica: R. BULTMANN, Der Stil der paulinischen Predigt und die kynisch-stoische Diatribe (FRLANT 13) (Göttingen: 1984 [=1910]); S. K. STOWERS, The Diatribe and Paul's Letter to the Romans (SBL.DS 57) (Chico: 1981); TH. SCHMELLER, Paulus und die Diatribe (NTA 19) (Münster: 1987).

de discurso e escrita que se caracteriza por elementos dialógicos, por exemplo: perguntas retóricas, auto-objeções, conversas com um interlocutor imaginário cujas objeções são refutadas, uso de expressões padronizadas. Podemos mencionar como representantes da diatribe o cínico Teles (séc. III a.C.), o estóico Musônio Rufo (c. 30-100 d.C.), Epíteto (c. 55-135 d.C.) e Sêneca (c. 4 a.C.-65 d.C.)[99]. Textos paulinos fortemente influenciados pela diatribe são 1Cor 4,6-15; 9,1-18; 15,29-49; Rm 1,18-2,11, 8,31-39; 11,1-24 (cf., além disso, 1Cor 6,12-20; 12,12-13; 2Cor 11,16-33; Rm 2,17-24; 7,7-15). O estilo de diatribe predomina em Paulo sempre que "ele não pode ter certeza da aceitação positiva de suas explanações que argumentam teologicamente. Por isso, considerando o conjunto de todas as cartas, uma medida especialmente grande de 'estilo diatríbico' encontra-se naquelas cartas que, por um lado, argumentam de modo fortemente teológico e, por outro, apresentam uma comunicação por algum motivo dificultada"[100]. Esse uso específico do estilo de diatribe explica sua predominação na Carta aos Romanos e na Primeira Carta aos Coríntios. Sem dúvida não se pode contar as cartas paulinas entre as obras da alta literatura grega; não obstante, elas mostram que sua linguagem se enquadrava no âmbito da linguagem corrente, usada com uma destreza que requer elementos de educação helenística.

Uma grande proximidade à diatribe cínico-estóica manifesta-se nos catálogos paulinos de *perístases*. Catálogos de perístases descrevem as condições e situações de vida nas quais se encontra o filósofo ou pregador e que representam os casos concretos nos quais seu ensinamento deve se comprovar[101]. Ali se tematizam os ideais daquela época: sobriedade e simplicidade; a capacidade de suportar condições exteriores adversas; independência de louvor e crítica; a autarquia do sábio. Em seus conteúdos e formas, os catálogos paulinos de perístases apresentam grandes afinidades com os respectivos catálogos

---

[99] Também na pregação judaico-helenista da sinagoga encontra-se o estilo de diatribe; cf. F. SIEGERT, *Drei hellenistisch-jüdische Predigten*. WUNT 20 (Tübingen: 1980).
[100] TH. SCHMELLER, Paulos und die Diatribe, p. 423.
[101] Cf. Epíteto, Diss. I 24,1: "As dificuldades mostram o que é um homem" (αἱ περιστάσεις εἰσὶς ἄνδρας δεικύσομαι).

do ambiente greco-helenístico. Em 1Cor 4,11s consta um catálogo de perístases que descreve as condições exteriores de vida nas quais o apóstolo realiza seu anúncio[102]. Suas fadigas são o conteúdo do catálogo de perístases pessoais de 2Cor 11,23-29, que apresenta paralelos às fadigas de Héracles[103]. Em 2Cor 12,10, Paulo pode avaliar as perístases positivamente[104], porque sua comprovação em condições exteriores adversas mostra que a força de Cristo atua nele eficazmente (cf. Sêneca, Ep 41,4s). Em 2Cor 4,8s, Paulo orienta-se no modelo das antíteses estóicas (cf. Epíteto, Diss II 19,34); em cada caso contrastam às perístases as atitudes que as superam. Em 2Cor 6,4-10 encontra-se uma combinação de um catálogo de perístase e de um catálogo de virtudes[105]. No catálogo de *adiáphora* de Fl 4,12, Paulo ressalta sua autarquia em relação a necessidades exteriores[106]. Assim como o filósofo, também Paulo se apresenta nos catálogos de perístases como exemplo, para ilustrar, dessa maneira, às comunidades as consequências e dimensões de uma vida no seguimento de Cristo. Nas perístases comprova-se a fé e revela-se o poder do Crucificado e Ressuscitado.

Ao longo de amplos trechos, as cartas paulinas possuem uma qualidade *retórica*. A Carta aos Gálatas é retoricamente configurada em sua estrutura[107], a Carta a Filemon, em sua argumentação sutil[108]. Numerosas partes individuais das cartas paulinas (por exemplo, 2Cor 10-12;

---

[102] Cf. Epíteto, Diss. III 22,45-48: "Sim, como é que alguém que não tem nada, que está nu, sem casa e lareira, que se vira miseravelmente, que não tem escravos, que não tem pátria, pode levar uma vida feliz? Eis aqui, deus vos enviou um homem que de fato deve vos mostrar que é possível. Olhai para mim, estou sem casa, sem cidade, sem posses, sem escravo. Durmo no chão, não tenho mulher nem filho ou filha nem uma casinha, mas somente a terra, acima de mim o céu e uma única manta esfarrapada. O que me faltaria?" (= NW II/I, p. 169).

[103] Cf. a respeito M. ESNER, Leidenslisten, pp. 161-172; M. SCHIEFER-FERRARI, Sprache des Leids, pp. 237-259. Um exemplo clássico para a antiga autorrepresentação são as Res Gestae de Augustos.

[104] Para a análise, cf. M. SCHIEFER-FERRARI, op. cit., pp. 260-270.

[105] Cf. a respeito M. EBNER, Leidenslisten, pp. 269ss, que aponta para a proximidade ao espelho de governantes helenístico.

[106] Para a análise, cf. M. EBNER, op. cit., pp. 331-364.

[107] Cf., por exemplo, H. D. BETZ, Gal, 54-72.

[108] Cf. aqui J. GNILKA, Phlm, 7-12.

Rm 9-11) caracterizam-se por elementos retóricos como antíteses, perguntas, ironia, comparações, tipologias, conclusões em cadeia, sentenças, exemplos, modos valorativos de tratamento e muitos outros. Se, segundo Quintiliano, a meta da retórica consiste em "levar o ser humano por meio de discursos para aquilo que o autor quer"[109], então Paulo dispõe também indubitavelmente de boa competência retórica. Se a educação retórica existente do apóstolo permite supor uma formação formal[110], é discutido controversamente. Há duas observações desfavoráveis a essa suposição: 1) Paulo podia adotar a retórica como elemento de seu ambiente cultural, sem ensino especial. Nesse caso, a competência retórica não deve ser considerada uma parte de sua formação, mas de sua educação. 2) A confissão do apóstolo em 2Cor 11,6, que ele teria fraquezas no discurso (ἰδιαώτης τῷ λόγῳ), mas não no entendimento, relativiza a importância dos elementos retóricos na argumentação paulina. Ainda assim, a força retórica de Paulo permite concluir que ele possuía um alto nível de educação helenística.

Também a temática da *consciência* permite perceber o enraizamento do apóstolo na cultura dominante de seu tempo[111]. Especialmente na correspondência coríntia, Paulo desenvolve sua compreensão de συνείδησις: a consciência é uma instância da autoavaliação humana que valoriza sua conduta segundo normas pré-estabelecidas e segundo as decisões concretamente tomadas (cf. 1Cor 10.25-29). Sêneca diz sobre a consciência: "O Deus está perto de ti; dentro de ti ele está. Assim digo eu, Lucílio: um espírito santo nos habita, observador e guarda de nossos atos bons e maus. Da mesma maneira como ele é tratado por nós, ele mesmo nos trata"[112]. Assim como para Sêneca, para Paulo, a consciência é um fenômeno próprio a todos os seres humanos (cf. Rm 2,12-16);

---

[109] Quintiliano, Institutio Oratoria II 15,10.
[110] Assim CHR. FORBES, "Comparison, Self-Praise and Irony: Paul's Boasting and the Conventions of Hellenistic Rhetoric", in *NTS* 32 (1986), p. 23.
[111] Cf. abaixo, Secção 19.5 (Centros do self humano); para os panos de fundo histórico-religiosos, cf. H.-J. ECKSTEIN, Syneidesis, pp. 35-104.
[112] Sêneca, Ep. 41,1s (= NW II/1,535). A palavra *conscientia* não aparece neste texto, mas a pesquisa não nega que Sêneca atribui aqui ao espírito divino em nós a função da consciência; cf. H.-J. KLAUCK, Autonomie des Gewissens, p. 16.

os gentios têm uma consciência acerca de valores morais do mesmo modo como os judeus. A função da consciência é a mesma em todos os seres humanos, apenas as normas, que são as condições da avaliação, podem ser muito diferentes. Cristãos julgam a conduta própria ou alheia segundo suas normas e medidas. Para Sêneca, a consciência como juízo dentro do ser humano orienta-se nas leis universais da natureza. Ao representar a autonomia moral ideal do ser humano, ela pode julgar a conduta humana, no processo do autoexame, como consciência "boa" ou "má" (cf. Sêneca, Ep 23,6s; 24,12; 81,20; 97,15s; 105,8 etc.).

Em Rm 2,14.15, Paulo aplica a doutrina greco-romana do νόμος ἄγραφος[113]. O ser humano nobre e livre não necessita de leis impostas do lado de fora, "ele mesmo se é lei, por assim dizer"[114]. Há numerosas leis que valem em todas as culturas sem estarem escritas e que consequentemente devem ser dadas por Deus ou pelas divindades, respectivamente[115].

É possível comprovar claras conexões entre a *compreensão da liberdade* em Paulo e a do estoicismo. Por exemplo, Sêneca pode vincular explicitamente a escravidão exterior à liberdade interior e a liberdade exterior, à verdadeira escravidão (cf. Sêneca, Ep 47)[116]. Também para Epíteto, a liberdade é idêntica à independência interior; alguém é escravo ali aonde se deixa puxar por suas inclinações (cf. Epíteto, Diss IV 4,33). Da mesma maneira como ninguém pode dar verdadeiramente algo a um estóico, também nada lhe pode ser tirado[117]. O conceito estóico da liberdade caracteriza-se pelo pensamento da concordância entre a própria vontade e a vontade de deus, que se realiza na distinção entre o Eu e o mundo, entre o próprio e o alheio. A liberdade do Eu realiza-se como inserção na totalidade abrangente do cosmos, e simultaneamente como distância aos afetos naturais. O fundamento

---

[113] Cf. abaixo, Secção 12.4 (O conhecimento de Deus dos gentios e dos judeus).
[114] Aristóteles, Ética Nicomáquia 1128a (= NW II/1,76).
[115] Cf. Xenofonte, Memorabilia IV 4,19-20 (= NW II/2,1574).
[116] Cf. também Sêneca, Ep 90,10: "Um teto de palha protege seres humanos livres, sob mármore e ouro mora a servidão."
[117] Cf. Epíteto, Diss. IV l, pp. 112s.

último da liberdade humana é o parentesco com Deus: "Ninguém tem poder sobre mim. Fui liberto por Deus, reconheci seus mandamentos; ninguém pode me escravizar" (Epíteto, Diss IV 7,16.17)[118]. Ao integrar-se na ordem divina do mundo e nela distinguir entre o Eu e o mundo, o estóico alcança a liberdade, identidade e independência em concordância com a lei divina do mundo. Nesse sentido, a liberdade do mundo não é absolutamente idêntica à indiferença em relação ao mundo; ao contrário, liberdade e amor coincidem[119].

Em Paulo encontram-se em vários aspectos paralelos à compreensão estóica da liberdade. Em 1Cor 7,20-22, o apóstolo aconselha escravos a permanecerem em seu *status*. Serve de justificativa: "Pois aquele que era escravo quando chamado no Senhor, é liberto do Senhor. Da mesma forma, aquele que era livre quando foi chamado, é escravo de Cristo" (1Cor 7,22). Paulo define a liberdade aqui como liberdade interior que tem sua possibilitação e sua meta unicamente em Jesus Cristo. Para esse conceito de liberdade, estruturas sociais são insignificantes porque não podem conferir nem liberdade nem falta de liberdade. A proximidade a conceitos estóicos é inegável. Em 1Cor 9, Paulo tematiza a liberdade como independência financeira e, dessa maneira, como liberdade de juízos humanos[120]. Paulo depende aqui aparentemente de ideias de Sócrates que igualmente não aceitou a remuneração de seu trabalho, à qual tinha direito, e assim alcançou a liberdade no trato das pessoas[121]. Também a exortação paulina de 1Cor 7,29-31, de usar os bens deste mundo como se não se não os tivesse, está em estreita ligação com o pensamento da liberdade como independência interior. Inserido num contexto apocalíptico, o pensamento da independência interior em relação às coisas deste mundo pode ser derivado principalmente do estoicismo (cf. Epíteto, Ench 11: "Não digas nunca de alguma coisa: 'Eu a perdi'; diz: 'Eu a devolvi'. Morreu tua criança?

---

[118] Cf. também Epíteto, Diss. 1 19,9; IV 1,131.
[119] Cf. S. VOLLENWEIDER, Freiheit, pp. 56s.
[120] Cf. a respeito S. JONES, "Freiheit", pp. 43ss.
[121] Cf., por exemplo, Xenofonte, Apologia 16, onde Sócrates pergunta: "Quem entre os seres humanos está tão livre como eu, já que não aceito dinheiro ou salário de ninguém?"

Ela foi devolvida. Morreu tua mulher? Ela foi devolvida. 'Roubaram-
-me meu lote.' Bem, também ele foi devolvido."[122]). A renúncia a uma
coisa e, com isso, a independência interior, deve ser considerada um
valor mais alto do que sua posse[123].

O CONTEXTO CULTURAL DE PAULO

Paulo era cidadão do Império Romano, criou-se numa importante
metrópole cultural do Império, submeteu-se a uma intensiva formação farisaica (possivelmente em Jerusalém) e atuou aproximadamente três anos nas províncias de caráter predominantemente helenística
do Império. Essas características não fizeram dele um itinerante entre
mundos diferentes, mas – como Fílon e Josefo – ele *uniu* em si a cultura judaico-helenista e o helenismo greco-romano[124]. Sendo um judeu
da diáspora e fariseu de formação profissional, ele viveu na e pela
Torá, a vontade salvífica do criador revelada ao mundo inteiro. Ao
mesmo tempo, sendo um cidadão da polis de Tarso, que falava grego
e possuía a cidadania romana, não estava isento da educação e do
espírito de seu tempo[125]. Tanto o caminho de formação do apóstolo

---

[122] = NW II/1, 297; além disso, cf. Epíteto, Diss. III 24.
[123] Cf. Epíteto, Diss. IV 9,1-3.
[124] Para o termo "helenismo", cf. R. BICHLER, "Hellenismus". Geschichte und Probleme eines Epochenbegriffs (Darmstadt: 1983); H. D. BETZ, Verbete "Hellenismus", in *TRE* 15 (Berlim/Nova Iorque: 1986), pp. 19-35; H.-J. GEHRKE, Geschichte des Hellenismus (Munique: 1995), pp. 1-3.129-131. Em nosso contexto, helenismo designa principalmente a difusão cultural do idioma, da arquitetura, arte, literatura e filosofia gregas na região do Mediterrâneo, na esteira das campanhas de Alexandre. Em consequência delas, culturas nacionais foram em parte transformadas, mas, ao mesmo tempo, o pensamento grego e posteriormente o romano abriu-se para influências orientais. Para os aspectos políticos, econômicos e sociais do helenismo que não podem ser abordados aqui, cf. H.-J. GEHRKE, Geschichte des Hellenismus, pp. 165ss.
[125] Contra M. REISER, Hat Paulus Heiden bekehrt?, pp. 77-83, que nega qualquer contato mais próximo do apóstolo com a literatura mais alta de seu tempo. Para Paulo como missionário dos gentios, cf. TH. SÖDING SÖDING, "'Apostel der Heiden' (Röm 11,13). Zur paulinischen Missionspraxis", in Idem, *Das Wort vom Kreuz*, pp. 185-195.

como sua capacidade de sintonizar-se com o horizonte intelectual do respectivo interlocutor mostram a amplitude de sua educação. Essas capacidades abriram a Paulo o acesso a amplas camadas e o predestinaram a ganhar pessoas para o Evangelho, transpondo todas as fronteiras sociais e geográficas.

Dessa forma, o pano de fundo biográfico religioso e intelectual do pensamento paulino não pode ser definido de modo monocausal ou alternativo. Antes foi marcado por três grandes correntes de tradições: 1) o Antigo Testamento; 2) o judaísmo helenista; 3) as tradições filosófico-populares do helenismo greco-romano. Esses três âmbitos estão numa interligação múltipla e complexa e formam simultaneamente o pano de fundo e o contexto do pensamento paulino. Além disso, um *pensador atuante* como Paulo estava sempre capaz e parcialmente obrigado a deixar para trás elementos da tradição e a formar algo novo.

A antiga pergunta pela influência do helenismo sobre o judaísmo e subsequentemente sobre o cristianismo não pode ser reduzida para a tese de que todos os elementos helenistas no cristianismo primitivo teriam sido mediados pelo judaísmo helenista[126]. Ao contrário, justamente a figura de Paulo torna evidente que os primeiros cristãos

---

[126] Contra M. HENGEL, Das früheste Christentum, p. 198: "O que se presumiu de 'influências pagãs' no cristianismo primitivo pode remontar muito bem à mediação judaica. Em parte alguma pode se comprovar uma influência duradoura direta de cultos pagãos ou um pensamento não judaico. Aquilo no Novo Testamento que se caracteriza geralmente como 'helenista' provém, por via de regra, de fontes judaicas, embora estas não quisessem e nem pudessem se isolar da 'koiné religiosa' do tempo helenista." A referência à profunda helenização de Jerusalém não é absolutamente suficiente para explicar o trato paulino de temas como liberdade, sofrimento, consciência, independência financeira e intelectual nas metrópoles da Ásia Menor ou da Grécia. Ao contrário, aqui, os escritos de Cícero, Sêneca, Epíteto e Dio Crisóstomo permitem perceber a situação da discussão para a qual falam as cartas do apóstolo. Bem adequado é M. EBNER, Leidenlisten, p. 105, segundo o qual Paulo "dispõe do nível de educação do 'segundo grau' de seu tempo e também sabe aplicá-lo". Argumentos em favor dessa avaliação são: 1) A biografia de Paulo com uma inequívoca volta para o ocidente insinua necessariamente o conhecimento da cultura greco-romana. 2) Em sua correspondência com comunidades da Ásia Menor ou da Grécia, respectivamente, Paulo aborda círculos de problemas enraizados originalmente na cultura dos destinatários.

participavam de debates realizados tanto no judaísmo como no âmbito genuinamente greco-romano. Os sucessos da missão cristã-primitiva são explicáveis apenas sob o pressuposto de que existia uma alta capacidade de adoção e desenvolvimento em relação a ambas as correntes traditivas. A *inculturação* do evangelho paulino é uma condição indispensável para o êxito da missão. Paulo move-se dentro de um espaço cultural complexo; ele acolheu, em intensidade variada, impulsos de vários âmbitos e os modelou para formar algo novo. Devido à tradição cultural em que se baseia, cada língua dispõe de uma *competência enciclopédica*[127] que pode ser ativada por um autor, de modo que devemos aplicar no caso do judeu da diáspora Paulo, que falava grego, um conceito mais amplo de contexto. Os termos e a normatividade a eles vinculada ativam sua força só dentro de uma comunidade linguística já existente que fornece e constantemente reformula as regras para o entender, atuar e julgar. O vínculo que um autor tem com a tradição é apenas um dos elementos dentro de um processo comunicativo; de importância pelo menos igual é a formação cultural do receptor que influencia profundamente a compreensão. Todos os termos e conceitos do pensamento paulino possuem uma história judaica e uma greco-romana que se sobrepõem parcialmente e que devem ser levantadas e consideradas da mesma maneira. O contexto diz respeito não só a textos, mas também a espaços intelectuais nos quais visões e opiniões se formam e são defendidas sob modificações muito variadas. É preciso percorrer vários contextos como se fossem círculos concêntricos, desde o contexto literário até os conceitos orientadores das culturas nas quais os textos se formaram. Correspondentemente,

---

[127] Cf. a respeito U. Eco, Lector in fabula (Munique: ³1998), pp. 94-106; além disso, St. Alkier, Wunder und Wirklichkeit, p. 72: "A alternativa de ler cartas paulinas ou de modo 'judaico' ou de modo 'helenista' torna-se inteiramente frágil quando se considera que textos se devem não só à competência intelectual de seus autores e seus leitores, mas também a uma competência enciclopédica geral e condicionada pela cultura. Cada produção de texto e cada leitura de texto precisa recorrer a uma enciclopédia de saber culturalmente convencionada. Sendo assim, os contextos culturais nas quais se formaram textos cristão-primitivos e particularmente as cartas paulinas não podem ser dissecados em uma cultura judaica e uma cultura greco-romana."

a compreensão de um autor chega a um destino apenas quando foram percorridos todo o círculo e seus possíveis contextos.

3.4 O perseguidor das primeiras comunidades

Entre as tradições mais antigas sobre Paulo estão relatos sobre sua atuação perseguidora. Muito cedo, as comunidades na Judeia escutam de uma outra comunidade: "Quem outrora nos perseguia agora evangeliza a fé que antes devastava" (Gl 1,23). De modo semelhantemente estereotipado, o apóstolo relata em 1Cor 15,9; Gl 1,13 e Fl 3,6 que teria perseguido a comunidade ou a comunidade de Deus. Parece que Paulo recorre a sua atividade perseguidora apenas quando seu apostolado é contestado. Nessa situação, no confronto com adversários, a referência a sua atividade perseguidora significa que Deus foi o único que pudesse operar aquela reviravolta de perseguidor inclemente dos cristãos para o anunciador mundial do evangelho[128]. Enquanto Paulo não comunica pormenores de lugar e modo de sua atividade perseguidora, Atos descreve o procedimento do fariseu Paulo contra a comunidade primitiva vivamente. Em Jerusalém, Paulo vai de casa em casa e manda jogar na cadeia homens e mulheres (At 8,3); ele procura a emissão de sentenças de morte contra cristãos (cf. At 22,4; 26,10) e os obriga a abjurar sua fé (cf. At 26,11). Ele ordena aprisionar os cristãos (At 22,19) e adquire uma legitimação para a perseguição de cristãos em Damasco (cf. At 9,2). A imagem sombria do perseguidor inclemente Paulo remonta certamente a Lucas, para que depois pudesse fazer brilhar tanto mais alto as grandes obras do apóstolo dos gentios Paulo[129].

---

[128] Cf. CHR. DIETZFELBINGER , Die Berufung des Paulus, p. 6.
[129] Para a análise do texto, cf. K. LÖNING, Die Saulustradition in der Apostelgeschichte (NTA 9) (Münster: 1973), pp. 12-25.93-95; CHR. BURCHARD, Der dreizehnte Zeuge, pp. 40-51 (cf. op. cit., 50s: "Portanto, a perseguição empreendida e realizada unicamente por Paulo, que se voltou contra todos os cristãos em Jerusalém e cujo objetivo era execução ou renegação, é essencialmente uma construção puramente lucana").

O LUGAR DA PERSEGUIÇÃO

Onde Paulo perseguiu as primeiras comunidades de crentes em Cristo? Tanto Lucas como suas tradições (cf. At 8,3; 9,1c.2; 22,19) pressupõem Jerusalém como lugar da perseguição. Paulo, porém, frisa explicitamente em Gl 1,22: "Pessoalmente, porém, eu era desconhecido às comunidades na Judeia". Os crentes em Cristo na Judeia apenas ouviram dizer, da parte de outras comunidades, que o antigo perseguidor estava então anunciando a fé (cf. 2Cor 2,16; Rm 15,31), de modo que Jerusalém provavelmente deve ser excluída como lugar da perseguição paulina[130]. Caso contrário seria necessário explicar de que maneira o perseguidor inclemente das primeiras comunidades poderia ter ficado totalmente desconhecido às pessoas perseguidas! Esse problema não pode ser resolvido pela suposição de que Paulo teria perseguido somente os "helenistas" em Jerusalém, mas não a comunidade primitiva de fala aramaica[131]. É verdade que deve ter existido uma comunidade relativamente autônoma de judeus da diáspora que criam em Cristo, cujos líderes são mencionados em At 6,5 e que desenvolveram após a morte de Estevão uma missão independente (cf. At 8,4ss; 11,19ss). Mas se a perseguição por Paulo tivesse sido um assunto inteiramente interno das sinagogas de fala grega em Jerusalém, ainda permaneceria incompreensível o fato dos judeus crentes em Cristo que falavam aramaico desconhecerem o assunto. O número certamente ainda pequeno de crentes em Cristo e a suposição de estreitos contatos entre os dois grupos[132] são fortes argumentos

---

[130] Diferente, por exemplo, M. HENGEL/A. M. SCHWEMER, Paulus zwischen Damaskus und Antiochien, pp. 60-63, que defendem Jerusalem como lugar da perseguição e consideram os "helenistas" perseguidos os autores da tradição de Gl 1,23.

[131] Contra M. HENGEL, Der vorchristliche Paulus, pp. 276-283; K.-W. NIEBUHR, Heidenapostel aus Israel, pp. 58s; W. KRAUS, Zwischen Jerusalem und Antiochia, p. 40.

[132] Cf. CHR. DIETZFELBINGER, Die Berufung des Paulus, pp. 21s. Contra uma atividade perseguidora de Paulo em Jerusalém voltam-se, entre outros, H. CONZELMANN, Geschichte des Urchristentums, p. 65; W. SCHNEEMELCHER, Das Urchristentum, p. 107; L. SCHENKE, Urgemeinde, p. 186; J. BECKER, Paulus, p. 40; G. THEISSEN, Lokalkolorit und Zeitgeschichte in den Evangelien (NTOA 8) (Friburgo [Suíça]/Göttingen: 1989), p. 166.

contra essa opinião. Além disso, os perfis teológicos dos dois grupos não podem ter sido distintos a tal ponto que um estivesse exposto a uma perseguição sistemática e o outro fosse totalmente poupado dela! Uma dica acerca do lugar da perseguição encontra-se em Gl 1,17. O apóstolo menciona aqui que ele, depois de sua conversão, não subiu imediatamente para Jerusalém, mas que foi para a Arábia e voltou novamente a Damasco. Portanto, antes ou na ocasião de sua conversão, ele estava provavelmente em Damasco, onde perseguiu a comunidade cristã local. "Ali onde ele se volta contra a mensagem de Jesus, ele é feito adepto dela."[133]

Em Gl 1,13s e Fl 3,5s, Paulo explica sua atividade perseguidora com sua antiga caminhada no judaísmo e com seu zelo pelas tradições paternas[134]. Dessa forma, ele se coloca na tradição dos judeus zelosos pela Torá que, em seguimento de Elias (cf. 1Rs 18,40; 19,10.14) e Fineias (cf. Nm 25,7-11), defenderam a Torá como a norma onideterminante da vida judaica (cf. Eclo 48,2; 1Mc 2,54.58). O zelo pela Torá como a característica sobressalente do modo de vida judaico era não só próprio a zelotas radicais, mas determinava também os essênios (cf. 1QS 4,5s.17s) e fariseus radicais como Paulo. Paulo caracteriza o modo de seu procedimento contra os crentes em Cristo com o verbo πορθεῖν ("destruir", Gl 1,13.23; At 9,12), que leva a imaginar atos violentos (cf. Josefo, Bell 4,405)[135].

MOTIVOS PARA PERSEGUIÇÃO

O que motivou Paulo para sua atuação perseguidora inclemente? Provavelmente, o fariseu que zelava pela Torá considerava um escândalo

---

[133] CHR. DIETZFELBINGER, Die Berufung des Paulus, p. 22. Em favor de Damasco como lugar da perseguição argumentam também: E. HAENCHEN, Apg, p. 289; A. SUHL, Paulus und seine Briefe, pp. 26s.30; W. SCHNEEMELCHER, Das Urchristentum, p. 136; G. STRECKER, Der vorchristliche Paulus, p. 730; J. BECKER, Paulus, p. 63; H, D. BETZ, Verbete "Paul", p. 187.

[134] Cf. a respeito B. SCHRÖDER, Die "väterlichen Gesetze" (TSAJ 53) (Tübingen: 1996).

[135] Podemos apenas especular sobre o tipo das medidas; para os castigos da sinagoga, cf. BILLERBECK IV/1, pp. 292ss.

o anúncio dos crentes em Cristo, de que um crucificado seria o messias prometido[136]. A importância da morte de Jesus na cruz (cf., p.ex., 1Cor 1,17.18.23; 2,2.8; Gl 3,1; 5,11.14; 6,14; Rm 6,6; Fl 2,8; 3,18) leva a supor que Paulo transformou o antigo escândalo em centro de seu anúncio. Segundo Dt 21,23, quem foi "suspenso no madeiro" está sob a maldição de Deus. Em 11QT[a] 64,15-20 transfere-se essa maldição a pessoas executadas por uma crucificação[137]. A proclamação do suposto blasfemo crucificado Jesus de Nazaré como Messias de Israel, pelos crentes em Cristo, era insuportável para Paulo, pois ela punha em dúvida os fundamentos de sua fé. Gl 3,13 confirma essa interpretação, pois aqui, o cristão Paulo se confronta com Dt 21,23 LXX e chega a entender: Cristo assumiu a maldição da lei/a Torá e, dessa maneira, nos resgatou dessa maldição. Não foi Deus quem amaldiçoou Cristo, mas Cristo, um inocente, assumiu a maldição da lei/a Torá por nós[138]. A ideia de um messias crucificado precisava parecer para Paulo não apenas absurda, mas, aos seus olhos, representava também uma blasfêmia e um questionamento da fé judaica. Por isso, ele negava aos adeptos de Jesus Cristo o direito de existência dentro da instituição da sinagoga[139].

---

[136] Sem dúvida, desde a perspectiva judaica, não todas as pessoas crucificadas eram simultaneamente amaldiçoadas por Deus (assim com razão G. FRIEDRICH, Verkündigung des Todes Jesu, pp. 122-130), pois também mártires judaicos eram crucificados (cf., por exemplo, Fílon, Flacc. 72.83-85). Não obstante, a ideia de um messias crucificado deve ter estado fora das perspectivas do judaísmo, como atesta ainda o diálogo de Justino com Trifão (Justino, Dial. 90.1).

[137] Cf. 11QT[a] 64,19s: "(Um) amaldiçoado por Deus e pelos seres humanos é alguém que está suspenso na madeira; e tu não tornarás impuro o solo que eu te dou como herança" (tradução segundo A. STEUDEL, Die Texte aus Qumran II, p. 147); para a análise, cf. H.-W. KUHN, Qumranparallelen zum Galaterbrief, pp. 231-238.

[138] Paulo cita Dt 21.23 LXX com duas importantes modificações: ele omite ὑπὸ θεοῦ e transforma o perfeito passivo κεκατηραμένος no adjetivo passivo ἐπικατάρατος (cf. Dt 27,26 LXX).

[139] Para a tese agora novamente apresentada por K.-W. NIEBUHR, Heidenapostel aus Israel, pp. 62-65; H. HÜBNER, Biblische Theologie II, p. 32, de que Paulo teria perseguido partes da comunidade primitiva de Jerusalém por causa de sua postura crítica à lei, cf. abaixo, Secção 4.1 (Os relatos sobre o evento de Damasco).

CAPÍTULO 4
A VOCAÇÃO PARA O APÓSTOLO DOS GENTIOS: O NOVO HORIZONTE

Eventos inesperados aceleram o curso da história. As coisas antigas perdem repentinamente sua atratividade, coisas novas colocam as pessoas em movimento e geram coisas surpreendentes.

4.1 Os relatos sobre o evento de Damasco

O que aconteceu a Paulo no ano 33 d.C. perto de Damasco?[1] Será possível demonstrar nas afirmações do apóstolo que o evento de Damasco já continha toda sua teologia, em caráter inicial ou de modo claramente reconhecível? De base textual podem servir apenas aqueles textos nos quais Paulo recorre reconhecivelmente ao evento de Damasco: 1Cor 9,1; 15,8; 2Cor 4,6; Gl 1,12-16; Fl 3,4b-11[2]. O que chama a atenção nestes textos é sua brevidade quase estenográfica. Paulo menciona a reviravolta decisiva de sua vida não apenas raramente[3], ele também reduz seu conteúdo à linguagem da profecia visionária[4].

---

[1] Para a história da pesquisa, cf. por último L. W. HURTADO, "Convert, Apostate or Apostle to the Nations", in *SR* 22 (1993), pp. 273-284; CHR. STRECKER, Die liminale Theologie des Paulus, pp. 81-96.

[2] Para a análise deste texto, cf. especialmente B. HEININGER, Paulus als Visionär, pp. 182-211.

[3] Julgando estritamente, somente na Carta aos Gálatas evidencia-se uma referência a Damasco (cf. Gl 1,17)!

[4] Para os padrões de comunicação entre o céu e a terra, cf. o análise histórico-religiosa de B. HEININGER, Paulus als Visionär, pp. 46-179; para o "ver" dos profetas, cf. Am 9,1; 1Rs 22,19 LXX; Is 6,1.

PAULO SOBRE SUA VOCAÇÃO

A primeira menção da experiência de Damasco é de 1Cor 9,1. Paulo não a faz por iniciativa própria, mas parece que a contestação de seu apostolado em Corinto o obriga a fazê-lo. Em termos textual-pragmáticos, 1Cor 9,1ss[5] e 1Cor 15,1ss[6] devem ser lidos como apologias do apostolado paulino (cf. 1Cor 9,2a; 15,9s); por isso, eles também oferecem informações sobre o evento que fundamenta esse apostolado. Em 1Cor 9,1, Paulo defende sua legitimação como apóstolo com a argumentação de que ele teria visto Ἰησοῦ τὸν κύριον ("Não sou, porventura, livre? Não sou apóstolo? Não vi Jesus, nosso Senhor?"). Ao que parece, em Corinto polemizava-se contra seu apostolado, entre outros com o argumento de que ele não teria visto o Senhor, embora já não seja possível esclarecer se seus adversários se referem aqui ao Jesus terreno ou ressuscitado[7]. Paulo relaciona seu "ver" com o Senhor ressuscitado, e Ἰησοῦν τὸν κύριον ἡμῶν ἑώρακα ("eu vi a Jesus, nosso Senhor") indica o conteúdo do evento de Damasco. Contudo, deve-se registrar que Paulo renuncia a uma datação e localização; além disso, não é esclarecido se o apóstolo viu o *Kyrios* no céu ou na terra. Em 1Cor 15,8 ("Em último lugar, apareceu também a mim como a um abortivo"), Paulo insere-se no grupo dos homens testemunhas da ressurreição e deriva seu apostolado da aparição do Senhor que aconteceu também a ele. Isso se mostra no paralelo de ὁρᾶν ("ver") nos v. 5.7.8 e no modo da conexão do v. 8. A mudança de perspectiva e forma linguística em comparação a 1Cor 9,1 devem ter seu motivo no pano de fundo traditivo de 1Cor 15,3-5[8]. Cristo apareceu a Paulo, o menor de todos os apóstolos; isto é, aqui, assim como em 1Cor 9,1, o ὁρᾶν deve ser interpretado exclusivamente de modo cristológico-

---

[5] Cf. H. CONZELMANN, 1Cor, pp. 179ss.
[6] Cf. a respeito especialmente P. V. D. OSTEN-SACKEN, "Die Apologie des paulinischen Apostolats in 1Cor 15,1-11", in Idem, *Evangelium und Tora*, pp. 133ss.
[7] J. WEISS, 1Cor, p. 232, pensa qua os adversários teriam contestado o apostolado paulino com o argumento de que ele não conhecera o Jesus terrestre.
[8] Enquanto Paulo é o sujeito ativo em 1Cor 9,1 (ἑώρακα), ele aparece em 1Cor 15,8 como objeto passivo (ὤφθη).

soteriológico. Tanto 1Cor 9,1 como 1Cor 15,8 permitem perceber uma relação fixa entre a visão/aparição e a eleição como apóstolo. Para Paulo, sua vocação[9] serve de comprovação de sua autonomia (teológica e financeira).

Gl 1,12-16 aponta na mesma direção: aos ataques contra seu anúncio do evangelho e seu apostolado, Paulo responde em Gl 1,12 que ele recebeu o evangelho não de um ser humano, ἀλλὰ δι' ἀποκαλύψεως Ἰησου Χριστοῦ ("mas por revelação de Jesus Cristo")[10]. Essa "revelação de Jesus Cristo" deve ser compreendida como *genitivus objectivus*, por causa do v. 16a ("para revelar em mim o seu Filho")[11]. Ela motivou Paulo a romper com seu passado glorioso como judeu e perseguidor da comunidade de Deus. Em Gl 1,15.16, Paulo descreve sua instituição, vocação e incumbência para o anúncio do evangelho: "Quando, porém, aquele que me separou desde o seio materno e me chamou por sua graça, houve por bem revelar em mim o seu Filho, para que eu o pregasse entre os gentios...". Percebem-se claramente alusões a vocações de profetas veterotestamentários (compare-se Gl 1,15b com Jr 1,5 e Is 49,1.5; e Gl 1,16b com Is 49,6)[12]; possivelmente, Paulo adota aqui até mesmo um esquema veterotestamentário de vocação[13]. Ao que parece, Paulo entende sua instituição, vocação e incumbência

---

9 O termo da "conversão" deve ser estritamente distinguido da vocação. Enquanto, na vocação, Deus é o único ativo e arranca uma pessoa de sua antiga vida (bem-sucedida), no caso da conversão, o acento está nos motivos subjetivos que (geralmente no âmbito de um processo) levam a uma mudança de posição. Cf. F. WAGNER, Verbete "Bekehrung III", in *TRE* 5 (Berlim/Nova Iorque 1980), p. 475: "Já que a conversão não é um ato singular, mas um processo de realização ao longo da vida inteira, ela não pode ser fixada em um momento concreto." Para a discussão, cf. K. HAACKER, Werdegang, pp. 896-898; CHR. STRECKER, Die liminale Theologie des Paulus, pp. 155-157.

10 Paulo enfatiza com isto primeiro a qualidade sobrenatural de seu evangelho, e somente num segundo momento, isto se deve referir a algum evento concreto de revelação, cf. U. BORSE, Gl, p. 55.

11 Cf. G. STRECKER, Befreiung und Rechtfertigung, p. 235; F. MUSSNER, Gal, p. 68.

12 O recurso típico da vocação profética mostra-se também na comparação de Gl 1,16 com Ap 1,1.

13 Cf. W. STENGER, "Biographisches und Idealbiographisches in Gal 1,1–2,14", in P. G. MÜLLER/W. STENGER (org.), *Kontinuität und Einheit*. FS F. MUSSNER (Friburgo: 1981), pp. 123-140.

em analogia aos grandes profetas do Antigo Testamento, e há uma grande afinidade ao Deutero-Isaías (cf. Is. 49,1-6)[14]. O anúncio da vontade salvífica de Deus também em relação aos gentios, anunciado, mas não realizado no Antigo Testamento, é agora realizado por Paulo. Como apóstolo de Jesus Cristo e anunciador do evangelho para gentios, Paulo é, segundo sua autocompreensão, também um profeta vocacionado por Deus[15]. Assim como Amós e Jeremias (cf. Am 3,8; Jr 20,9), ele se encontra ao longo de toda sua vida sob a obrigação de anunciar a mensagem de Deus (cf. 1Cor 9,16). Do mesmo modo como o Servo de Deus no Deutero-Isaías foi separado desde o ventre materno para o anúncio do evangelho e constituído como luz para as nações gentias (cf. Is 49,1.6), Paulo se entende como apóstolo dos gentios chamado por Deus (cf. Gl 1,16; Rm 1,1ss). Em Gl 1,15a, o termo εὐδόκησεν ("agradou a Deus") ressalta a dimensão soteriológica que o evento possui para a pessoa de Paulo, enquanto a separação para o anúncio do evangelho entre as nações enfatiza o aspecto universal desse evento. O v. 16 refere-se ao processo vocacional, sendo que ἐν ἐμοί ("em mim") deve ser traduzido como dativo simples[16]. O conteúdo da revelação de Jesus concedida a Paulo é unicamente o "Filho de Deus"[17], algo que recomenda uma interpretação exclusivamente cristológico-soteriológica do evento de Damasco[18]. Paulo não

---

[14] Cf. F. WILK, Die Bedeutung des Jesajabuches, p. 408: "Finalmente, em termos existenciais, o Livro de Isaías deixa claro: Paulo é o mediador chamado por Deus da salvação dos gentios decidida em Cristo."

[15] Cf., além disso, as alusões a Jr 1,5 em Rm 1,1.5; para a comprovação detalhada, cf. K. O. SANDNES, Paul – One of the Prophets, pp. 48-70.

[16] Cf. como paralelo Rm 1,19.

[17] Cf. a respeito A. LABAHN/M. LABAHN, "Jesus als Sohn Gottes bei Paulus", in U. SCHNELLE/ TH. SÖDING/M. LABAHN (org.), Paulinische Christologie, pp. 97-120.

[18] P. STUHLMACHER, Das paulinische Evangelium, p. 71; S. KIM, Origin of Paul's Gospel, p. 271; U. LUCK, Bekehrung des Paulus, pp. 203ss, interpretam adequadamente a ἀποκάλυψις Ἰησοῦ Χριστοῦ a partir do conceito do evangelho paulino. No entanto, quando depois concebem o conceito do evangelho *a priori* como antinomista, eles introduzem um elemento que justamente não se encontra em Gl 1,12ss! Para a crítica a essa posição, cf. também H. RÄISÄNEN, Paul's Call Experience, p. 67, que observa muito bem a respeito de Gl 1,11ss: "If the possibility of hindsight is recognized, the lack of justification language appears even more striking" (Quando se reconhece a possibilidade de um reconhecimento posterior, a falta da linguagem

descreve a vocação nem a missão na terminologia usual da justificação, da qual ele se serve de modo polêmico na Carta aos Gálatas, algo que teria sido adequado se a origem da crítica paulina à Torá fosse já Damasco. Segundo o testemunho da Carta aos Gálatas, o evento de Damasco não deve ser interpretado sob a alternativa lei/a Torá *versus* Cristo, mas tem seu escopo na revelação de Cristo como tal, e é nessa revelação que se fundamentam sua vocação e missão.

Um texto discutido em sua relação com Damasco é 2Cor 4,6: "Porquanto Deus, que disse: 'Do meio das trevas brilhe a luz!', foi ele mesmo quem reluziu em nossos corações, para fazer brilhar o conhecimento da glória de Deus, que resplandece na face de Cristo." A formulação no plural, ἐν ταῖς καρδίαις ἡμῶν poderia ser um indício de que Paulo descreve nesse versículo não um acontecimento individual, mas algo típico que acontece a uma pessoa que prega o evangelho e a todos os crentes. A iluminação dos crentes deve-se unicamente ao Deus que revelou sua luz já no ato da criação[19]. No entanto, na Segunda Carta aos Coríntios, Paulo costuma usar a formulação no plural quando se refere a sua pessoa (compare-se 2,12 com 2,15; 3,1; 4,1 etc.). Além disso, 2Cor 7,3 mostra claramente que a expressão "em nossos corações" pode se referir ao próprio Paulo. Argumentos em favor de uma relação de 2Cor 4,6 com Damasco são as observações que seguem[20].

1) O aoristo ἔλαμψεν refere-se a um acontecimento singular no passado.

2) A metáfora da luz aparece em numerosos textos veterotestamentários no contexto de vocações e incumbências (cf. especialmente Is 42,6 LXX: "Eu, Deus o Senhor, te chamei [...] para ser luz para as nações"; cf. Is 42,16; 60,1-3).

---

de justificação é tanto mais notável); além disso, cf. W. KRAUS, Zwischen Jerusalem und Antiochia, p. 89.

[19] Cf. H. WINDISCH, 2Cor, p. 139.
[20] Cf. a respeito CHR. DIETZFELBINGER, Die Berufung des Paulus, pp. 62ss; S. KIM, Origin of Paul's Gospel, pp. 230s; M. BENGEL, Der vorchristliche Paulus, p. 283; CHR. WOLFF, 2Cor, pp. 8s; B. HEININGER, Paulus als Visionär, pp. 201-209. Contra uma referência a Damasco argumentam, por exemplo, H. WINDISCH, 2Cor, p. 140; V. P. FURNISH, 2Cor, pp. 250s.

3) Como em Gl 1,16 trata-se de uma experiência interior, uma visão interior.

4) O contexto de 2Cor 4,6 refere-se à justificativa e natureza do apostolado e evangelho paulino. Em termos histórico-traditivos, o motivo da glória do eleito aponta para uma visão da sala do trono (cf. Ez 1,26.28; HenEt 45,1-6; 49,1-4).

Perto de Damasco, Deus mostrou a Paulo sua glória na face de Cristo. Dessa forma, Paulo chegou ao entendimento de que Cristo pertencia ao âmbito do trono divino. O Exaltado, sendo o εἰκὼν τοῦ θεοῦ (2Cor 4,4: imagem de Deus), é o portador constante da δόξα divina (cf. também 1Cor 2,8).

Em Fl 3,4b-11, Paulo enfrenta adversários judeu-cristãos diante dos quais ele se gaba de sua origem judaica e atividade de perseguidor. Contudo, tudo isso se lhe tornou perda por causa de Cristo (v. 7). A dimensão puramente cristológico-soteriológica do evento de Damasco manifesta-se inteiramente no v. 8, onde Paulo o descreve como uma γνῶσις Χριστοῦ Ἰησοῦ τοῦ κυρίου μου ("conhecimento de Cristo Jesus, meu Senhor"). Essa formulação é singular em Paulo e possui um caráter muito pessoal[21]. Em virtude da experiência do poder do *Kyrios* presente, o conhecimento de Cristo causa uma orientação radicalmente nova. Nos v. 8-10 não é possível separar a doutrina da justificação e a doutrina ontológica da salvação, conceitos jurídicos e participatórios[22]: "Por ele, eu perdi tudo e tudo tenho como esterco, para ganhar a Cristo e ser achado nele, não tendo a justiça da Lei, mas a justiça que vem de Deus, apoiada na fé, para conhecê-lo...". Por um lado, Paulo refere-se a um ser encontrado ἐν αὐτῷ ("nele"), por outro lado, a fé em Jesus Cristo aparece como fundamento possibilitador da "própria justiça" (ἐμὴν δικαιοσύνεν). O v. 9 deve ser entendido gramaticalmente como parêntese[23], de modo que também o texto tardio de Fl 3 é um argumento em favor da interpretação de "que Paulo interpretou sua vocação originalmente não na linguagem da doutrina

---

[21] Cf. J. Gnilka, Phil, p. 192.
[22] Cf. G. Strecker, Befreiung und Rechtfertigung, p. 237; U. B. Müller, Phil, p. 155.
[23] Cf. J. Gnilka, Phil, p. 194.

da justificação, mas no sentido cristológico-ontológico, como início de seu conhecimento do Senhor Jesus Cristo."[24] Além disso, a antítese brusca ἐκ νόμου – ἐκ θεοῦ ("da Lei – de Deus") deve-se aparentemente à situação em Filipos e não pode ser simplesmente retroprojetada ao evento de Damasco[25].

G. Theißen interpreta Rm 7,7-23 e Fl 3,4-6 numa perspectiva psicológica como confrontação com um conflito inconsciente com a Lei: "Fl 3,4-6 reflete a consciência do Paulo pré-cristão; Rm 7, porém, descreve um conflito então inconsciente que apenas posteriormente se tornou consciente para Paulo."[26] G. LÜDEMANN argumenta de modo semelhante, afirmando que o "complexo de Cristo" inconsciente de Paulo "foi literalmente levado a transbordar pelos cristãos por ele perseguidos. Ele queria livrar-se dele através do combate extremado. Isso se lhe tornou 'fatal'. O Saulo converte-se em Paulo."[27]

Não pode haver dúvida de que uma vocação inclui também dimensões psicológicas[28], mas estas podem ser entendidas somente como reação à atuação divina precedente. Quando padrões explicativos psicológicos afirmam, para além disso, que podem explicar as causas e não só os efeitos de uma virada existencial de modo intramundano, então confundem vocação e conversão, negam a possibilidade da intervenção de Deus na história e absolutizam a si

---

[24] G. STRECKER, Befreiung und Rechtfertigung, p. 237; cf. H. RÄISÄNEN, Paul's Call Experience, pp. 72s; S. SCHULZ, Ethik, p. 298.
[25] Cf. J. BECKER, Paulus, p. 79: "Portanto, ele interpreta sua vivência, entre outras coisas, com meios que lhe estavam disponíveis apenas mais tarde"; além disso, E. RAU, "Der urchristliche Kyrioskult und die Bekehrung des Paulus", in P. STOLDT/W. GRÜNBERG/U. SUHR (org.), *Kulte, Kulturen, Gottesdienste*. FS P. Cornehl (Göttingen: 1996), pp. 156-171 (op. cit., p. 157: "Originalmente, a conversão de Paulo não tem nenhuma relação com a questão da validade da lei. Ao contrário, onde ambas as coisas estão relacionadas, há uma visão retrospectiva que procura lidar com as experiências doloridas que Paulo teve durante o longo tempo de sua atuação missionária").
[26] G. THEISSEN, Psychologische Aspekte paulinischer Theologie, pp. 236s.
[27] G. LÜDEMANN, Die Auferstehung Jesu, p. 111.
[28] Um panorama da história da pesquisa acerca de tentativas de explicação psicológica encontra-se em M. REICHARDT, *Psychologische Erklärung der paulinischen Damaskusversion?* SBB 42 (Stuttgart: 1999), pp. 17-88. Na discussão atual, duas teorias são de importância maior: 1) a teoria da dissonância cognitiva, segundo a qual Paulo estabiliza com Damasco sua própria posição como antigo perseguidor da comunidade. Uma concorrência a este modelo sócio-psicológico é 2) o modelo psicanalítico, segundo o qual Paulo estava determinado por um conflito inconsciente com a lei.

mesmos. A experiência própria de um exegeta é transformada em base do texto e apresentada como conhecimento "objetivo". Além disso, as teorias psicológicas aduzidas são ultimamente submetidas a uma maciça crítica provenientes da psicologia, em relação a seus pressupostos e sua aplicação prática[29], de modo que sua cientificidade deve ser verificada. Para Paulo vale: 1) Antes de Damasco, ele estava irrepreensível na Lei; os textos não evidenciam um conflito (consciente ou inconsciente) com a Lei. 2) Perto de Damasco aconteceu-lhe algo da parte de Deus; ele viu o Crucificado como Ressuscitado. Ele reconheceu que o Jesus de Nazaré crucificado é o messias. Nenhuma interpretação pode avançar para além dessa afirmação de reconhecimento e fé; a realidade de Deus experimentada nela não pode ser nem confirmada nem desfeita psicológica ou historicamente. Ao que parece, Paulo entende a ressurreição de Jesus como um evento autêntico *sui generis* que justamente em sua qualidade de evento em espaço e tempo não pode ser demonstrado historicamente.

Em texto algum Paulo se refere espontaneamente ao evento de Damasco; são sempre seus adversários que o obrigam a fazê-lo. Nesse sentido, todos os textos permitem perceber que o evento de Damasco deve ser interpretado de modo cristológico-soteriológico e que ele tem seu centro no reconhecimento esmagador da pertença de Jesus Cristo a Deus e na vocação de Paulo como apóstolo[30]. Paulo deriva de

---

[29] Cf. a crítica fundamental da psicanálise em M. POHLEN/M. BAUTZ-HOLZHERR, Psychoanalyse. Das Ende einer Deutungsmacht, p. 12: "Depois de um século, o empreendimento da psicanálise chegou ao fim de sua análise da alma; através do trabalho iluminista da psicanálise, a luz da publicidade invadiu o último rincão da alma e submeteu o psicológico completamente à apropriação pela máquina interpretativa deste trabalho. Não existe mais alma, pois se retirou do sujeito sua esfera íntima e interior, e ela se tornou a total exteriorização de um discurso patético da exegese profunda. E a psicanálise nutre essa fé cultural numa profundidade mística, uma fé que suspeita em todos os fenômenos de um significado oculto que precisa ser esclarecido tanto social como subjetivamente com a ajuda de procedimentos psicanalíticos, de modo que no fim deste processo são os sítios confessionários psicanalíticos que revelam a confissão do desejo oculto, e não os cristãos."

[30] Cf. também J. BECKER, Paulus, pp. 73-86, que coloca com razão o conceito do apóstolo no centro de Damasco; além disso, K. BERGER, Theologiegeschichte, pp. 436-439; K. HAACKER, Werdegang, pp. 909-916. Um acento diferente encontra-se em E. RAU, Der urchristliche Kyrioskult und die Bekehrung des Paulus, pp. 159ss, que constrói uma relação imediata entre o culto cristão-primitivo ao kyrios e o reconhecimento do kyrios por Paulo perto de Damasco.

Damasco o direito de pertencer ao círculo definido e localmente fixado dos apóstolos primordiais hierosolimitanos, embora ele fosse na realidade um apóstolo itinerante[31]. Ao longo de toda sua vida, a legitimidade de seu apostolado foi contestada ou negada: ele não conheceu o Jesus histórico, recorreu a uma revelação e vocação proféticas e atuava efetivamente como um doutor da lei que missionava: "Portanto, visto em conjunto, é o oposto daquilo que até então era chamado de apóstolo."[32]

O TESTEMUNHO DOS ATOS DOS APÓSTOLOS

Lucas descreve três vezes a virada na vida de Paulo, do perseguidor para o anunciador do evangelho, e sinaliza com isso a importância epocal desse acontecimento (cf. At 9,3-19a; 22,6-16; 26,12-18)[33]. Embora a base de At 9,3-19 deva ser uma antiga lenda sobre Paulo proveniente da comunidade damascena, segundo a qual, perto de Damasco, o perseguidor dos cristãos Paulo fora levado a um novo conhecimento de Jesus Cristo, através do brilho de uma luz celestial, e seus companheiros o conduziram até Damasco (cf. At 9,11!)[34], percebe-se claramente as fortes tensões entre a apresentação de Atos e os testemunhos de Paulo.

1. Segundo 1Cor 9,1; 15,8, o próprio Paulo entende Damasco como uma cristofania pascal, algo que At 9 ignora. Ao que parece, para Lucas, o tempo das aparições encerrou-se com a ascensão de Jesus ao

---

[31] Para os apóstolos itinerantes, cf. At 14,4.14; Did 11,4; 1Cor 12,28; 2Cor 11,13; Rm 16,7. Devem-se distinguir deles os enviados por comunidades em 2Cor 8,23; Fl 2,25; para a problemática inteira, cf. J. ROLOFF, Verbete "Apostel I", pp. 430-445.
[32] P. WERNLE, Anfänge, p. 119.
[33] Para a análise dos textos, cf. CHR. BURCHARD, Der dreizehnte Zeuge, pp. 51-136; CHR. DIETZFELBINGER, Die Berufung des Paulus, pp. 75-82; B. HEININGER, Paulus als Visionär, pp. 211-234; outros acentos encontram-se em K. HAACKER, Werdegang, pp. 900-909; M. HENGEL/A. M. SCHWEMER, Paulus zwischen Damaskus und Antiochien, pp. 63-80.
[34] Para a análise, cf. G. LODEMANN, Das frühe Christentum, pp. 111-121; B. HEININGER, Paulus als Visionär, pp. 221s (reconstrução das possíveis tradições mais antigas).

céu; correspondentemente, Paulo percebe perto de Damasco somente uma luz clara e uma voz[35], mas não uma face e nem uma pessoa.

2. A incumbência do anúncio, constitutiva para Damasco (cf. Gl 1,16b), não aparece em At 9,3-19a, é apenas acrescentada, de forma modificada, em At 9,20.

3. O vínculo fundamental para Paulo entre o evento de Damasco e seu apostolado não aparece em At 9[36].

Paulo porventura não estava perseguindo partes da comunidade cristã por causa de sua atitude crítica à Torá? Ele não encontrou o evangelho naquela variante que deve ser presumida para o círculo de Estevão, de modo que Damasco deveria ser considerado, sim, como fonte da teologia paulina crítica à Torá? Respostas a essas objeções podem ser encontradas somente em At 6,8-15[37], que narra sobre a atuação de Estevão. Depois de At 6,1-6[38] e a notícia de resumo no v. 7[39] aparece sem qualquer preparação no v. 8 o carismático Estevão. Dentro do contexto, Lucas apresenta-o como um membro dos "helenistas", mas deve-se observar que isso não é dito em lugar algum explicitamente[40]. Contra Estevão levantam-se judeus helenistas que não conseguem resistir a sua argumentação, um traço que deve ser entendido como cumprimento de Lc 21,15[41]. Em seguida incitam-se homens para caluniar Estevão. Aqui há dois momentos notáveis:

---

[35] Aqui se deve notar a total contradição entre At 9,7 e 22,9!
[36] Cf. CHR. DIETZFELBINGER, Die Berufung des Paulus, pp. 81s.
[37] A. WEISER, Zur Gesetzes- und Tempelkritik der "Hellenisten", pp. 146ss., oferece um retrato ponderado da discussão mais recente sobre os "helenistas" e Estevão.
[38] Para a aporias deste trecho, cf. E. HAENCHEN, At, pp. 258ss.
[39] Deve-se notar a circunscrição totalmente vaga desse grupo com τίνες (alguns)! Lucas não está em condições de descrevê-los mais detalhadamente, pois ele não sabe nada deles. Os nomes de alguns membros da sinagoga podem ter estado ao alcance de Lucas. Também os termos Ἑλληνισταί ("helenistas") e Ἑβραῖοι ("hebreus") nom v. 1, μαθηταί = "discípulos" (v. 1.2.7), γογγυσμός ("murmuração"), παραθεωρεῖν ("negligenciar") e καθημερινός ("diariamente", v. 1) podem ter constatado nas tradições encontradas por Lucas. Entretanto, tudo isto não é uma prova em favor de uma "fonte antioquena" que começaria no cap. 6.
[40] Cf. E. HAENCHEN, Apg, p. 263.
[41] Cf. op. cit., p. 263.

1) Não são os próprios disputadores que caluniam Estevão, mas homens que nem sequer o ouviram.

2) As acusações são explicitamente caracterizadas como calúnias, ou seja, Lucas as considera inverdades[42]. Nos v. 13s aparecem novamente falsas testemunhas, algo que se deve claramente à redação lucana. São aquelas falsas testemunhas que Lucas deixou sem menção no processo de Jesus (compare-se Mc 14,55-60 com Lc 22,66-67). Também a suposta palavra de Jesus sobre a destruição do templo foi inserida por Lucas muito conscientemente neste texto, porque ali – como palavra falsa de uma testemunha, distanciada de Jesus – já não precisa de alguma explicação complicada (cf. Mc 14,58; Mt 26,61; Jo 2,19)[43]. A acusação da violação da tradição mosaica remonta a textos como Mc 2,23ss; 3,2s; 7,14; 10,5s. A partir disso, a afirmação no v.13b, de que Estevão teria falado contra o templo e a lei/a Torá, é o resumo do v. 14 colocado na boca das falsas testemunhas, e nem sequer na boca de Estevão (cf. também At 7,48-50). O v. 15 é voltado para o discurso que segue e aponta simultaneamente à narrativa da visão de 7,55seg. que apresenta paralelos à descrição lucana da transfiguração de Jesus (cf. At 6,15/Lc 9,29; At 7,55s/Lc 9,32). À guisa de resumo, pode-se dizer que Lucas em At 6,8-15 utiliza conscientemente material proveniente do processo de Jesus para apresentar o processo contra o primeiro mártir sob essa luz[44]. Pode-se comprovar ainda outro interesse lucano: "Segundo Lucas, Estevão já defende a mesma posição básica como posteriormente Paulo (compare-se 6,13s e 7,48 com 21,21.28; 7,58 com 9,29)."[45] Especialmente as fortes concordâncias entre At 6,13 e At 21,28,

---

[42] Não há nada em favor da suposição de M. HENGEL, Zwischen Jesus und Paulus, p. 187, de que o v. 11 proviesse da fonte.
[43] Cf. E. HAENCHEN, Apg, pp. 266s.
[44] Cf. a respeito o elenco dos paralelos em G. SCHNEIDER, Apg I, p. 433 nota. 6.
[45] A. WEISER, Apg I, p. 173; cf. também K. LÖNING, Stephanuskreis, p. 86, que observa com razão sobre a paralelização Tiago – Paulo: "A esse conceito lucano de Paulo serve a caracterização indireta de Estevão através da síntese da 'acusação' pelos adversários em dois pontos: crítica ao templo e à lei. Dessa maneira cria-se a impressão de que os 'helenistas' representados por Estevão formassem a ponte entre a comunidade primitiva e Paulo, algo que se comprova um típico lucanismo." Muito adequado é também E. LARSSON, "Die Hellenisten und die Urgemeinde",

que indicam um trabalho redacional,⁴⁶ permitem a conclusão de que At 6,13 reflete a ótica lucana dos acontecimentos e não uma tradição antiga e historicamente confiável. Ao que parece, por meio da paralelização de Estevão e Paulo, Lucas pretende acentuar uma continuidade histórico-salvífica dentro da história cristã-primitiva da teologia e missão. O constante caráter redacional⁴⁷ de At 6,8-15 e as incoerências no conteúdo do texto não permitem usá-lo como um documento historicamente confiável para a teologia de Estevão ou dos "helenistas".

Uma atitude crítica à Torá, que teria ultrapassado aquilo que era possível no judaísmo por volta do início do séc. I e justificado uma perseguição, efetivamente não pode ser comprovada para Estevão e os "helenistas". Por isso deve-se considerar improvável a alegação de que eles teriam sido expulsos de Jerusalém por causa dessa atitude e que Paulo teria recebido deles seu evangelho crítico à Torá⁴⁸. Em vez

---

in *NTS* 33 (1987), pp. 205-225, ao enfatizar que não se pode atribuir aos helenistas uma teologia específica. Difuso G. Lüdemann, Das frühe Christentum, pp. 85-91, que subestima o caráter redacional de At 6,8-15 e não considera a paralelização lucana de Estevão e Paulo.

[46] Cf. H. Räisänen, The "Hellenists", p. 262, que também aponta para o paralelismo entre At 6,13 e 21,28:

ὁ ἄνθρωπος οὗτος   οὗτός ἐστιν ὁ ἄνθρωπος
οὐ παύεται λαλῶν ῥήματα
κατὰ τοῦ τόπου τοῦ ἁγίου   ὁ κατὰ τοῦ λαοῦ καὶ τοῦ νόμου
καὶ τοῦ νόμου   καὶ τοῦ τόπου ... διδάσκων ...
                                    καὶ κεκοίνωκεν τὸν ἅγιον τόπον τοῦτον

Este homem   Este é o homem
não cessa de falar palavras
contra este lugar santo   que, contra o povo,
e a Lei.   a lei e contra este lugar
                                    [...] apresenta ensinamentos [...] e profana este
                                    lugar santo.

[47] Cf. A. Weiser, Apg, p. 171; K. Löning, Stephanuskreis, p. 86.
[48] Chr. Dietzfelbinger justifica sua interpretação de Damasco como a origem de toda a teologia paulina principalmente com a atividade perseguidora de Paulo que, segundo sua compreensão, perseguia uma comunidade que, assim como Estevão, tinha assumido uma atitude crítica ao templo e à lei (cf. Idem, Die Berufung des Paulus, pp. 16ss.29). Evidentemente, nesse caso, o novo juízo do apóstolo sobre a Torá tem seus motivos objetivos e temporais em Damasco. Deve-se criticar na

disso deve-se supor que o motivo da perseguição (também por Paulo) foi o anúncio do Jesus de Nazaré crucificado como messias de Israel, vinculado a uma atitude crítica ao templo⁴⁹ e à independência organizatória e prática missionária que nasceram disso.⁵⁰

4.2 O alcance do evento de Damasco

Frequentemente considera-se Damasco como a origem de toda a teologia de Paulo, especialmente da doutrina de justificação do apóstolo. Nessa visão, o novo juízo sobre Cristo é idêntico a um novo juízo sobre a Torá⁵¹, e Rm 10,4 descreve o conteúdo do evento de Damasco⁵².

---

argumentação de DIETZFELBINGER sobretudo a adoção não crítica da abordagem lucana de Estevão, pois ele avalia At 6,8-15 como relato historicamente confiável (cf. op. cit., p. 19); cf. ainda a crítica a DIETZFELBINGER em H. RÄISÄNEN, Paul's Call Experience, pp. 87ss.

⁴⁹ E. RAU, Von Jesus zu Paulus, pp. 15-77, destaca isto.

⁵⁰ Cf. G. STRECKER, Befreiung und Rechtfertigung, p. 234. Contra G. KLEIN, Verbete "Gesetz", p. 62, que não considera o caráter redacional de At 6,8-15 e alega que já a abolição fundamental da lei pelos helenistas poderia explicar os eventos descritos. Mais ponderado, em comparação, é K. LÖNING, Stephanuskreis, pp. 86s, que não considera nem At 6,8-15 nem o subsequente discurso de Estevão críticos à lei e presume: "O núcleo pré-lucano da acusação contra Estevão é a disputa sobre o templo como lugar da presença de Deus e da expiação escatológica" (op. cit., p. 86); semelhantemente W. KRAUS, Zwischen Jerusalem und Antiochia, p. 55: "Em relação à questão aqui discutida acerca da perseguição dos 'helenistas', a tese de que a crítica ao culto e ao templo representou o motivo decisivo de sua expulsão de Jerusalém possui a maior plausibilidade."

⁵¹ Cf., por exemplo, CHR. DIETZFELBINGER, Die Berufung des Paulus, pp. 90-116; G. KLEIN, Verbete "Gesetz", pp. 64s; U. LUCK, Bekehrung des Paulus, pp. 203ss; H. HÜBNER, Biblische Theologie I, p. 32: "Consequentemente, Damasco é a hora do nascimento da liberdade teológica da lei..."; P. STUHLMACHER, Biblische Theologie I, pp. 234-252; K-W. NIEBUHR, Heidenapostel aus Israel, pp. 179ss; M. HENGEL, Die Stellung des Apostels Paulus zum Gesetz, p. 33: "Para ele (isto é, Paulo), o encontro com o Ressuscitado antes de Damasco põe a pergunta a Lei ou Cristo na forma da alternativa soteriológica."

⁵² Cf., nesse sentido, por exemplo, P. STUHLMACHER, "Das Gesetz als Thema biblischer Theologie", in Idem, *Versöhnung, Gesetz und Gerechtigkeit* (Göttingen: 1981), p. 155: "Em termos da história tradicional, Paulo encontra-se na linha do círculo de Estevão. No entanto, ele deve sua teologia dialética da lei imediatamente a sua vocação como apóstolo. Nessa vocação aparece-lhe Cristo como o 'fim da Lei' (Rm 10,4)." Para a crítica a essa posição, cf. K. HAACKER, "Antinomismus" des Paulus,

Quando a teologia paulina tem suas raízes na experiência de Damasco e não é nada mais do que a explicitação desse evento, sua uniformidade e coesão podem ser consideradas basicamente comprovadas. Todas as mudanças são então desdobramentos ou aplicações situativas do conhecimento ali adquirido. No entanto, as autoafirmações do apóstolo não apoiam conclusões de um alcance tão amplo. Paulo não menciona pormenores biográficos do evento de Damasco; sua abordagem está marcada por uma linguagem tipizada e estritamente relacionada ao novo conhecimento de Jesus Cristo e ao fundamento de seu apostolado. No próprio Paulo não se encontra nenhum conceito para a interpretação do evento de Damasco, e em lugar algum ele se refere a Damasco ao explicitar seus pensamentos teológicos.

O GANHO DE ENTENDIMENTO

É evidente que, segundo o testemunho do apóstolo, devemos entender Damasco como um acontecimento de graça que proporcionou a Paulo quatro entendimentos fundamentalmente novos[53].

1) O entendimento teológico: Deus voltou a falar e agir; no fim dos tempos, ele revela a salvação de maneira qualitativamente nova. Mediante a intervenção de Deus abrem-se perspectivas inteiramente novas na história e para a história.

2) O entendimento cristológico: o Jesus de Nazaré crucificado e ressuscitado está permanentemente ao lado de Deus; ele é o representante de Deus; no céu, ele ocupa o lugar do *"second power"* [segundo poder].

Como "Senhor" (1Cor 9,1: κύριος), "ungido" (1Cor 15,8: Χριστός), "Filho" (Gl 1,16: υἱός) e "imagem de Deus" (2Cor 4,4: εἰκὼν τοῦ θεοῦ),

---

pp. 394ss; G. DAUTZENBERG, Freiheit im hellenistischen Kontext, p. 75; I. BROER, Einleitung II, p. 442.

[53] G. THEISSEN, Die Religion der ersten Christen, p. 296, deixa de captar o significado do conteúdo de Damasco ao constatar: "Por isso, a conversão e a vocação de Paulo é a adoção de uma posição social totalmente nova; ele se transforma do perseguidor de cristãos para o missionário do grupo por ele perseguido."

Jesus Cristo é o portador permanente do poder e da revelação de Deus; em sua autoridade e proximidade a Deus mostra-se sua dignidade singular.

3) O entendimento soteriológico: o Cristo exaltado concede aos fiéis já no tempo presente a participação de seu domínio. Eles estão incluídos num processo universal de transformação que começou com a ressurreição de Jesus, continua na atuação do espírito e desembocará em breve na *parusia* e no juízo.

4) A dimensão biográfica: Deus elegeu e chamou Paulo para tornar essa mensagem ineditamente nova e boa conhecida às nações. Dessa maneira, o próprio Paulo torna-se parte desse plano salvífico, pois, através dele, o evangelho deve ser levado para o mundo para salvar as pessoas que creem.

Os textos dizem pouco sobre a maneira da transmissão desses entendimentos. Damasco tem indubitavelmente uma dimensão exterior (cf. 1Cor 9,1; 15,8) e uma interior (cf. Gl 1,16; 2Cor 4,6), possivelmente vinculada a uma audição (cf. καλεῖν = "chamar" em Gl 1,15). Em Paulo, porém, falta qualquer maior interpretação do evento, seja psicológica ou em termos de conteúdo, de modo que não se deveria tirar conclusões que ultrapassem essa situação textual[54].

AS CONSEQUÊNCIAS

Se o conteúdo do evento de Damasco foi a cristofania, instituição, vocação e envio/missão[55], portanto, se, desde a perspectiva paulina, o

---

[54] Cf. W. G. KÜMMEL, Römer 7, p. 160, que alerta contra interpretações de maior alcance do evento de Damasco: "Todas as hipóteses psicologizantes e todas as afirmações que vão além daquilo que se pode apurar das fontes apenas passam ao largo dos fatos e esquecem do temor à realidade histórica."
[55] CHR. STRECKER, Die liminale Theologie des Paulus, pp. 155-157, prefere renunciar em relação a Damasco aos termos "conversão" e "vocação" e se referir, em vez disso, a "iniciação". Ele pode recorrer para isto à linguagem a conceitos da iniciação (cf. 1Cor 15,8: o apóstolo como "aborto" e "nascido morto", respectivamente; 2Cor 4,6: nova criação, luz; Gl 1,15s: iniciação vocacional e instrução; Fl 3: morrer para a vida antiga, início inteiramente novo). A meu ver, o modelo da vocação e o

reconhecimento da pertença de Jesus Cristo ao lado de Deus bem como o conceito de apóstolo fornecem a chave para sua compreensão, então isso não pode ser simplesmente equiparado à doutrina da justificação das Cartas aos Gálatas e aos Romanos, escritas décadas depois, e à teologia paulina inteira. Não se pode negar que Damasco precisava ter consequências para a compreensão paulina da lei/a Torá, da justiça e para o pensamento paulino em geral[56]. No entanto, qualquer reconstrução dessas consequências que vá além das afirmações do apóstolo é imprópria, tanto mais que essas afirmações representam um estágio tardio da teologia paulina e que suas argumentações inteiramente situativas não podem ser simplesmente retroprojetadas pontualmente para a experiência de Damasco[57]. Essa interpretação do evento de Damasco é confirmada pela Primeira Carta aos Tessalonicenses e pelas

---

modelo da iniciação não estão em oposição, mas se complementam mutuamente: Paulo entende sua vocação perto de Damasco aparentemente como um processo de iniciação que se completará na participação do corpo ressuscitado de Cristo (Fl 3,10s).

[56] Isto elabora M. A. SEIFRID, Justification by Faith, pp. 136-180, mas sem identificar simplesmente as afirmações das Cartas aos Gálatas, aos Romanos e aos Filipenses com Damasco. "Nevertheless, a difference must be recognized between the shift in Paul's soteriology following his conversion, which can be described only in the most general language, and the arguments which he later enunciates in Galatians, Phil 3 and Romans. The arguments regarding 'justification by faith apart from works of the Law' constitute a development in Paul's thought, which was precipitated by the struggle over the issue of Gentile circumcision and table-fellowship between Jewish and Gentile believers" (Não obstante, precisa-se reconhecer uma diferença entre a mudança na soteriologia de Paulo após sua conversão, que pode ser descrita somente em palavras muito genéricas, e os argumentos que ele enuncia posteriormente em Gálatas, Fl 3 e Romanos. Os argumentos acerca da "justificação pela fé, sem obras da Lei" constituem um desenvolvimento no pensamento de Paulo que foi antecipado pelo debate sobre o tema da circuncisão de gentios e a comensalidade entre crentes judeus e gentios; op.cit., p. 180).

[57] Bem coerente já W. WREDE, Paulus, p. 79: "Com isso desaparece qualquer motivo para ver a origem da doutrina da justificação e a rejeição das obras de lei ingenuamente da conversão. Sentir a graça não significa absolutamente a necessidade de [N. da Ta.: sic, a vírgula está errada e perverte o único sentido lógico.] colocá-la numa oposição à atuação humana. Crer na morte e ressurreição de Cristo significa muito menos a obrigação de descartar a circuncisão e outros ritos, tanto mais quando o próprio Cristo observava a Lei, como cria Paulo" (Wrede remete para Gl 4,4; Rm 15,8).

duas Cartas aos Coríntios, nas quais o *nomos* não aparece de modo algum no sentido refletido que é próprio da Carta aos Gálatas e aos Romanos. Também as tensões consideráveis entre a compreensão da lei na Carta aos Gálatas e na Carta aos Romanos[58] indicam que não se pode afirmar uma doutrina paulina uniforme sobre a lei que tivesse sido transmitida já no evento de Damasco[59]. É correto que, a longo prazo, a reviravolta biográfica perto de Damasco e a nova orientação vinculada a ela não podiam ficar sem consequências para a compreensão que Paulo, um antigo fariseu, tinha acerca da lei, mas justamente uma identificação pontual de conhecimento de Cristo perto de Damasco e crítica à lei não pode ser comprovada nos textos paulinos[60]. É óbvio que Paulo refletiu já antes da redação das Cartas aos Gálatas e aos Romanos sobre o significado da lei/a Torá para cristãos gentios e judeus[61]. Mas a pergunta se ele o fazia já nas categorias das Cartas aos

---

[58] Cf. abaixo, Secção 12.8 (Pecado, lei e liberdade no espírito).
[59] Cf. H. Räisänen, Paul and the Law, p. 256: "It is my contention that the theory of the Theology of the law which was basically 'ready' with Paul's conversion cannot adequately explain the nature of the extant material" (É minha convicção de que a teoria da teologia da lei que estava basicamente "pronta" com a conversão de Paulo não pode explicar adequadamente a natureza do material preservado).
[60] Cf. H. Räisänen, Paul's Conversion, p. 416: "General considerations about the nature of Paul's theology of the Law and the historical context of mission suggest that theology was not complete with his conversion" (Considerações gerais acerca da natureza da teologia paulina da lei e acerca do contexto histórico da missão sugerem que esta [N. da Trad.: suponho um erro no original, provavelmente deve ser "that that theology".] teologia não estava completa com sua conversão). Cf. também K. Berger, Theologiegeschichte, p. 436: "Também não se pode observar uma relação entre conversão e história da teologia"; J. Gnilka, Paulus, p. 45: "O Crucificado amaldiçoado pela Lei, Cristo o fim da Lei, salvação agora exclusivamente pela fé em Jesus Cristo eram provavelmente intelecções que se lhe abriram apenas posteriormente"; W. Kraus, Zwischen Jerusalem und Antiochia, p. 90: "Portanto, não poder desvincular a problemática da Lei por completo do evento de Damasco ainda não significa precisar retroprojetar para ali a doutrina da justificação e o discurso sobre o 'fim da Lei', respectivamente"; G. Dautzenberg, Freiheit im hellenistischen Kontext, p. 75: "Considero totalmente improvável que nos inícios da missão aos gentios havia um confronto com uma pretensão universal da validade da Torá".
[61] Remeter ao passado judaico de Paulo pode explicar que o cristão Paulo também devia ter um interesse eminente em questões da lei e da justiça, mas não pode afirmar nada sobre a forma concreta dessas reflexões; contra F. Hahn, Gibt es eine Entwicklung, p. 346.

Gálatas e aos Romanos precisa ficar aberta. A *temática* da justificação e da Lei estava preestabelecida para Paulo, mas não a *doutrina* da justificação e da Lei expostas nas Cartas aos Gálatas e aos Romanos!

DAMASCO COMO EXPERIÊNCIA TRANSCENDENTAL

Com essa interpretação não se diminui de modo algum a importância do evento de Damasco para a teologia paulina. Ao contrário: a experiência arrasadora do Jesus Cristo ressuscitado marca a partir de então a vida do apóstolo abrangentemente, sem que fosse possível reduzi-la a sentenças teológicas. No início de cada experiência religiosa estão comoção e participação, mas não sistematização! Damasco é uma experiência externa de transcendência[62] que funda uma nova identidade. O conceito da identidade é especialmente adequado para captar o conteúdo do evento de Damasco e suas consequências[63], Deus abre novos horizontes a Paulo: o juízo humano sobre o Jesus de Nazaré crucificado foi anulado por Deus, Jesus não morreu no madeiro como um amaldiçoado, mas ele pertence ao lado de Deus, ele é o representante de Deus, o portador permanente da glória de Deus. Paulo experimenta Damasco como ponto de intersecção de dois mundos; o Filho de Deus aparece-lhe no espaço e no tempo. A visão do Ressuscitado

---

[62] A. Schütz/Th. Luckmann, Strukturen der Lebenswelt II, pp. 171-177, no ambiente de sua análise orientada por experiências do mundo vivencial, abordam naturalmente apenas experiências "internas" da transcendência, entre as quais, não obstante, a morte ocupa um lugar especial. "O saber de que a morte é uma fronteira final é indubitável. Não indubitável é o saber daquilo que está por trás disso. Já que, ao contrário das outras transcendências, essa fronteira pode ser transposta somente em uma única direção, indubitavelmente não se pode deduzir imediatamente da experiência cotidiana o que – se é que há algo – poderia estar esperando depois dessa fronteira. As outras experiências de transcendência, porém, oferecem-se como referências. Como ponto de partida para a suposição de que uma outra realidade espera depois da fronteira da morte ofereceu-se, compreensivelmente, cada vez de novo o sono" (op. cit., p. 173).

[63] Cf. J. Straub, Temporale Orientierung und narrative Kompetenz, p. 40: "A contingência de eventos emergentes obriga seres humanos à reestruturação de suas imagens de si mesmos e do mundo."

leva Paulo ao despojamento de seu antigo Eu, a um "des-*self*-imento" [*Entselbstung*][64] que, sendo uma negação, é o pressuposto para a nova existência em Cristo. A Paulo é dado o entendimento de que Deus abriu com a ressuscitação de Jesus Cristo a época decisiva de sua atuação salvífica, na qual ele mesmo é incluído como anunciador do evangelho[65]. Paulo experimenta Damasco como a participação no evento de Cristo que lhe dá uma nova identidade e simultaneamente o obriga a uma reestruturação de sua própria imagem e do mundo. Deus lhe concede um novo entendimento da pessoa de Jesus Cristo e uma nova missão: anunciar o evangelho de Jesus Cristo aos gentios[66]. É desse evento que Paulo deduz sua dignidade de apóstolo. É natural que Paulo também incluísse em sua nova identidade elementos de seu antigo mundo de sentido, mas esses elementos sofrem simultaneamente uma valoração diferente dentro de um novo sistema de coordenadas[67]. Já que na perspectiva da teoria do tempo, a identidade é necessariamente um constante processo de transformação[68], precisa-se considerar também na perspectiva da teoria da identidade como improvável que Paulo ainda perto de Damasco já tivesse à disposição todos os elementos do mundo de sentido que ele apresenta nas Cartas aos Gálatas e aos Romanos.

Sem dúvida, porém, Damasco é o ponto de partida fundamental da criação paulina de sentido. Enquanto ele podia entender o anúncio de

---

[64] R. Otto, Mystische und gläubige Frömmigkeit, p. 144.
[65] Também para Paulo vale essencialmente o que Th. Luckmann, "Kanon und Konversion", in A./J. Assmann (org.), *Kanon und Zensur* (Munique: 1987), p. 40, considera a característica principal da conversão: "reconstrução biográfica, adoção de uma chave-mestre para a realidade, exclusão do pensamento analógico e 'totalização' de papéis."
[66] W. Kraus, Zwischen Jerusalem und Antiochia, p. 105, enfatiza com razão que isto toca também na temática do Povo de Deus. No entanto, trata-se aqui de um fenômeno secundário e não do centro do próprio evento de Damasco.
[67] Cf. J. Rüsen, "Krise, Trauma, Identität", in Idem, *Zerbrechende Zeit*, p. 164: "Nos procedimentos e práticas da formação de identidade por meio da consciência histórica, eventos desempenham um papel decisivo. São lembrados e representados de tal maneira que sua particularidade efetiva (caráter de eventos contingentes) representa a particularidade ou singularidade do self pessoal ou social."
[68] Cf. J. Strauss, Temporale Orientierung und narrative Kompetenz, p. 39, segundo o qual a "formação e manutenção de identidade já é possível somente como processo de transformação, em princípio infindável."

um messias crucificado anteriormente apenas como uma provocação, a experiência de Damasco conduziu-o à compreensão de que havia na cruz um potencial de sentido inesperado. Agora, o pensamento biográfico une-se a perspectivas universalistas, pois Paulo encontrava-se diante da tarefa de construir, a partir da experiência e da interpretação de um acontecimento individual do passado, um edifício de sentido que oferecia orientação no presente e esperança para o futuro[69]. Um mero fato histórico em si, como a cruz, ainda não abarca sentido, antes é necessária uma atuação construtiva para "revestir fatos de sentido e significado, para fazer do caos da facticidade absurda e sem-sentido o cosmos de uma história repleta de sentido e significado."[70] A partir da certeza religiosa do evento de Damasco, Paulo desencadeia uma criação de sentido de conceituação universal que teve uma história de recepção singular, para, desse modo, possibilitar aos seres humanos do mundo inteiro uma orientação abrangente para sua existência. Paulo apresenta uma construção de relações e contextos de sentido que consegue elaborar um vínculo que liga as existências individuais e seus vínculos sociais, o mundo seguro cotidiano e as experiências de crise, com um plano de realidade transcendente.

---

[69] Cf. J. RÜSEN, Historisches Erzählen, p. 54: "'Sentido' integra percepção, interpretação, orientação e motivação de tal forma que tanto a relação do ser humano com o mundo como consigo mesmo em sua orientação temporal pode ser realizado intelectualmente e efetuado de modo prático-intencional."

[70] J. RÜSEN, Historische Methode und religiöser Sinn, p. 353; cf. Idem, Anmerkungen zum Thema Christologie und Narration, p. 91: "Considerado muito concretamente, nas histórias não se trata prioritariamente da demonstração da pura facticidade do passado humano, mas da apresentação de relações e contextos de sentido inerente à atuação humana em sua dimensão temporal."

Capítulo 5
O PAULO CRISTÃO: UM VULCÃO COMEÇA A AGITAR-SE

Paulo não sobe sozinho no palco da história; ele é acompanhado, instruído e enviado. De maneira alguma, Paulo vem "pronto"; ele tem pela frente um caminho difícil e numerosas lutas interiores e exteriores. Ao mesmo tempo, porém, percebe-se desde o princípio que o aprendiz está se tornando um mestre e o companheiro, um líder.

5.1 A exercitação: Paulo e a tradição cristã primitiva

Através de sua atuação perseguidora, Paulo conhecia as crenças básicas dos crentes em Cristo, e soma-se a isto Damasco. Em Gl 1,11.12, Paulo ressalta que o evangelho por ele anunciado não é de natureza humana, "pois eu não o recebi nem aprendi de um ser humano, mas por revelação de Jesus Cristo". Em 1Cor 15,13a[1], o apóstolo coloca outro acento, pois comunica aqui à comunidade o que ele mesmo recebera antes (cf. 1Cor 15,3b-5). Em 1Cor 11,2, Paulo louva a comunidade "por vos recordardes de mim em todas as ocasiões e por conservardes as tradições tais como vo-las transmiti". Segundo 1Cor 11,23a, Paulo recebeu do Senhor a parádosis da última ceia que ele transmite agora à comunidade (1Cor 11,23b-26). Segundo a autocompreensão paulina, a transmissão do evangelho realizava-se tanto como revelação imediata

---

[1] Com παραλαμβάνειν e παραδιδόναι, Paulo recorre em 1Cor 11,23a; 15,3a à linguagem tradicional judaica; cf. H. Conzelmann, 1Kor, p. 230.

de Cristo como através da mediação humana. Já não é possível dizer quando e onde Paulo foi instruído na fé cristã nos aspectos que ultrapassavam seus conhecimentos prévios e específicos. Segundo At 9,17.18, ele recebeu em Damasco o espírito e aceitou o batismo. É possível que isto estivesse vinculado também a uma instrução na fé cristã.[2] Para todos os efeitos, Paulo recebeu muito cedo alguma espécie de catequese, pois logo depois de sua vocação como apóstolo inicia seu trabalho missionário autônomo (cf. Gl 1,17), embora não tenhamos informações sobre a abrangência, o caráter e o êxito desse trabalho. No entanto, as cartas posteriores permitem perceber os traços básicos da natureza e a abrangência das crenças assumidas por Paulo.

Entre as tradições transmitidas a Paulo são "palavras do Senhor"[3]. Ele as cita em 1Ts 4,15ss; 1Cor 7,10ss; 9,14; 11,23, mas sem aduzir em cada caso palavras de Jesus conhecidas através da tradição sinótica. A proibição do divórcio – sem a parêntese de 1Cor 7,11a – tem um paralelo direto em Mc 10,9.11[4]; a tradição paulina acerca da última ceia reproduz material da tradição[5]. 1Cor 9,14 poderia estar relacionado com Lc 10,7/Mc 10,10; para 1Ts 4,15ss não se encontram paralelos nas tradições jesuânicas. Paulo não distingue entre palavras do Jesus terreno e do Senhor exaltado. Quando se trata da autoridade do *Kyrios* Jesus Cristo, que é um só, Paulo pode pensar uma vez mais

---

[2] A atual sequência do texto corresponde à redação lucana; cf. A. Weiser, Apg I, p. 222.

[3] Um panorama crítico da pesquisa oferece-se em F. Neirynck, "Paul and the Sayings of Jesus", in Idem, *Evangelica II*. BETL 99 (Lovânia: 1991), pp. 511-568. Ele enfatiza com razão que, no sentido estreito, nenhuma carta de Paulo cita algum *logion* de Jesus. Semelhantemente N. Walter, "Paulus und die urchristliche Jesustradition", in *NTS* 31 (1985), pp. 498-522. Ao contrário disso percebem uma ampla continuidade entre Jesus e Paulo, por exemplo: P. Stuhlmacher, "Jesustraditionen im Römerbrief?", in *ThBeitr* 14 (1983), pp. 240-250; D. Wenham, Paulus, pp. 335-370; R. Riesner, "Paulus und die Jesus-Überlieferung", in J. Adna/S. J. Hafermann/O. Hofius (org.), *Evangelium – Schriftauslegung – Kirche*. FS P. Stuhlmacher (Göttingen: 1997), pp. 347-365.

[4] Para a análise, cf. B. Schaller, "Die Sprüche über Ehescheidung und Wiederheirat in der synoptischen Überlieferung", in E. Lohse etc. (org.), *Der Ruf Jesu und die Antwort der Gemeinde*. FS J. Jeremias (Göttingen: 1970), pp. 226-246.

[5] Cf. a respeito J. Jeremias, Die Abendmahlsworte Jesu (Göttingen: [4]1967), pp. 158ss.

no Jesus terreno (1Cor 9,14)[6], outra vez aduzir uma palavra do Exaltado (2Cor 12,9) ou ressaltar ambos os aspectos da mesma maneira (1Cor 11,23)[7]. Uma grande proximidade à tradição jesuânica manifesta-se em Rm 12,14-21 (cf. Lc 6,27-36) e em Rm 14,14 (cf. Mc 7,15)[8]. Aqui, Paulo recorre a tradições jesuânicas (anônimas) de cunho sapiencial, sem enfatizar a autoridade das mesmas! Em Gl 6,2, Paulo recorre à "lei de Cristo" como norma ética, e o pano de fundo deve ser menos uma palavra de Jesus do que uma interpretação ética de toda a atuação de Jesus[9]. É bem provável que Paulo conhecesse palavras de Jesus e soubesse mais sobre o Jesus histórico do que suas cartas permitem perceber[10]. Mesmo assim, chama a atenção que o apóstolo apenas recorre de maneira muito limitada a esses possíveis conhecimentos e que ele não os utiliza em suas cartas[11]. Não é possível comprovar o conhecimento de uma tradição narrativa acerca de Jesus, e tampouco Paulo cita palavras de Jesus no desdobramento de sua teologia específica. Para Paulo, o significado de Jesus Cristo não vem das tradições sinóticas sobre Jesus; ele se concentra inteiramente no significado salvífico da morte e da ressurreição de Jesus Cristo, assim como ele lhe foi transmitido por tradições. Tradições batismais pré-paulinas encontram-se em 1Cor 1,30; 6,11; 2Cor 1,21s; Gl 3,26-28; Rm 3,25; 4,25; 6,3s[12], tradições de última ceia em 1Cor 11,23b-25; 16,22. Formulações de credos cristão-primitivos são adotadas em 1Ts 1,9s; 1Cor 8,6; 15,3b-5;

---

[6] Cf. 1Cor 9,5!
[7] Isto se evidencia pela formulação inicial παρέλαβον ἀπὸ τοῦ κυρίου em 1Cor 11,23a.
[8] Um elenco detalhado encontra-se em F. NEIRYNCK, Paul and the Sayings of Jesus, pp. 515ss.
[9] N. WALTER, Paulus und die urchristliche Jesustradition, pp. 508ss, lembra com razão que Paulo recorre principalmente na parênese a tradições de Jesus.
[10] Isto é enfatizado por J. D. G. DUNN, Theology of Paul, pp. 185-189.
[11] TH. SCHMELLER, "Kollege Paulus. Die Jesusüberlieferung und das Selbstverständnis des Völkerapostels", in ZNW 88 (1997), pp. 260-283, procura explicar essa situação com a tese de um papel complementar de missionários cristão-primitivos, segundo o qual Paulo teria contado o cultivo intencional da tradição de Jesus não entre suas tarefas, mas sim entre as de outros missionários.
[12] Para a análise, cf. U. SCHNELLE, Gerechtigkeit und Christusgegenwart, pp. 33-88.175-215.

Rm 1,3b-4a; 10,9; Fl 2,6-11. Topos tradicionais da parênese encontram-se em 1Cor 5,10s; 6,9s; 2Cor 12,20s; Gl 5,19-23; Rm 1,29-31; 13,13[13].

O JESUS TERRENO EM PAULO

No entanto, esse resultado restritivo não justifica o juízo[14] de que o Jesus terreno seria amplamente irrelevante para a teologia paulina[15]. Antes, as cartas paulinas estão permeadas de elementos narrativos e referências e alusões que tematizam tanto a história do Jesus histórico como sua ressurreição e *parusia*[16]. Exemplos são a parádosis da Ceia do Senhor em 1Cor 11,23b-25 e a tradição confessional de 1Cor 15,3b-5, abreviaturas narrativas[17] – em linguagem moldada – dos

---

[13] Além disso, cf. Ph. Vielhauer, Geschichte der urchristlichen Literatur, pp. 9-57; G. Strecker, Literaturgeschichte, pp. 95-111; W. Popkes, *Paränese und Neues Testament*. SBS 168 (Stuttgart: 1996) (bibliografia!).

[14] Para a história da questão Jesus–Paulo, cf. W. G. Kümmel, "Jesus und Paulus", in Idem, *Heilsgeschehen und Geschichte I*, pp. 81-106; J. Blank, Paulus und Jesus, pp. 61-132.

[15] R. Bultmann, "Die Bedeutung des geschichtlichen Jesus für die Theologie des Paulus", in Idem, *Glauben und Verstehen I*, pp. 188-213, pode constatar, por um lado, a continuidade objetiva entre Jesus e Paulo, mas ao mesmo tempo vale: "Jesus Cristo vai ao encontro do ser humano em parte alguma a não ser no querigma, assim como ele foi ao encontro do próprio Paulo e o forçou a se decidir. [...] Não o Jesus histórico, mas Jesus Cristo, o anunciado na pregação, é o Senhor" (op. cit., p. 208); além disso, cf. Idem, Theologie, p. 293 ("Portanto, a morte e ressurreição de Jesus é o decisivo, no fundo o único que, para Paulo, é importante na pessoa e na sorte de Jesus – aqui está incluída a encarnação e a vida terrestre de Jesus como fato, isto é, em seu Que; – em seu Como apenas no sentido de que Jesus foi um ser humano concreto, determinado, um judeu..."). Bultmann entende 2Cor 5,16 como prova para sua própria definição da relação entre Jesus e Paulo: "O Χριστὸς κατὰ σάρκα é Cristo em sua condição humana, antes de morte e ressurreição. Como tal, ele já não deve ser contemplado" (IDEM, 2Cor, 156).

[16] Cf. E. Reinmuth, Jesus-Christus-Geschichte, p. 21, segundo o qual Paulo narra não uma história abstrata do Jesus histórico, mas a história-de-Jesus-Cristo, assim como ele "a conhece e anuncia – portanto, a história-de-Jesus-Cristo que abraça tanto a história do Jesus terreno como a pré-existência e a futura *parusia*." Além disso, cf. A. J. M. Wedderssurn, "Paul and the Story of Jesus", in Idem. (org.), *Paul and Jesus*. JSNT.S 37 (Sheffield: 1989), pp. 161-189.

[17] Cf. J. Straub, Geschichten erzählen, Geschichte bilden, p. 123: "Abreviaturas narrativas contêm narrativas ou remetem a narrativas, sem que elas mesmas fossem

dados básicos decisivos da história-de-Jesus-Cristo que tematizam diretamente a pró-existência do Jesus terreno e refletem este Jesus em sua importância teológica[18]: sua entrega consciente pelos Seus na noite em que foi entregue, sua morte, seu sepultamento, sua ressurreição no terceiro dia, bem como suas aparições. Paulo não eclipsa o Jesus terreno, mas interpreta-o a partir da Páscoa. A cruz como abreviatura narrativa central é muito mais do que uma determinação querigmática; ela ainda permanece um lugar histórico e um meio cruel de matar alguém, mesmo em passagens onde Paulo a integra em narrativas mitológicas (Fl 2,6-11)[19]. Onde a cruz aparece em Paulo, ela abrange sempre toda a história-de-Jesus-Cristo que é sintetizada em 1Cor 1,18 como "a palavra da cruz". A cruz é simultaneamente um evento passado e um acontecimento salvífico duradouro, pois ela pode ser compreendida em seu significado verdadeiro somente na atuação de Deus em Jesus Cristo[20].

A unidade do Terreno com o Ressuscitado manifesta-se em todos os momentos em que se tematizam as dimensões históricas da vida de Jesus. Elas são sempre teologicamente determinadas, mas ao mesmo tempo marcam a referência histórica indispensável. Quando o tempo estava cumprido, Jesus de Nazaré nasceu de uma mulher e foi colocado sob a Lei (Gl 4,4). Paulo relaciona os fatos de um nascimento natural de Jesus e de sua inserção histórico-cultural no judaísmo com o conceito do cumprimento e da ideia do Filho de Deus. Deus enviou seu filho na "semelhança da carne pecaminosa" (Rm 8,3); ele é oriundo da tribo de Davi (Rm 1,3); o judeu Jesus é o ungido (Rm 9,5) e teve pelo menos dois irmãos (1Cor 9,5; Gl 1,19). Jesus não vivia para si mesmo, mas assumiu (carregou sobre si) os insultos dos outros (Rm 15,3). Ele se despojou de sua semelhança divina, assumiu a forma de escravo, tornou-se ser humano, era obediente até a morte na cruz (Fp 2,7s; Gl 3,1) e foi sepultado (1Cor 15,4; Rm 6,4). Embora fosse rico,

---

narrativas. Abreviaturas narrativas podem ser interpretadas hermeneuticamente apenas sob recurso às narrativas às quais aludem ou remetem."

[18] Cf. K. SCHOLTISSEK, Bedeutung des irdischen Jesus bei Paulus, pp. 211s.
[19] Cf. op. cit., pp. 209s.
[20] Cf. E. REINMUTH, Jesus-Christus-Geschichte, pp. 24s.

ele se fez pobre por nós para nos tornar ricos (2Cor 8,9). Ele não conhecia nenhum pecado, mas foi feito pecado por nós, para que nós nos tornássemos nele a justiça de Deus (2Cor 5,21). Ele foi crucificado em fraqueza, mas agora vive graças ao poder de Deus (2Cor 13,4). Paulo não deseja outra coisa a não ser anunciar o Crucificado (1Cor 2,2) que morreu por nossos pecados (1Cor 15,3; Gl 1,4) e depois foi exaltado por Deus (Fl 2,9-11). Também a exigência paulina do seguimento (cf. 1Ts 1,6; 2,14; 1Cor 4,6; 11,1; Fl 2,5; 3,17) remete ao Jesus terreno[21], pois as comunidades devem se orientar pela mansidão e bondade de Jesus Cristo (cf. 2Cor 10,1; Rm 15,5; Fl 1,8). Paulo pressupõe em suas cartas que as comunidades conhecem a história-de-Jesus-Cristo, e ele se refere permanentemente à mesma[22].

Paulo evita a alternativa, inadequada tanto em termos de história como de conteúdo, entre uma história dos fatos do Jesus terreno e uma cristologia de querigma abstrata, isolada da primeira. Ao contrário, ele tematiza a história do Jesus terreno desde a perspectiva da realidade presente da salvação criada pelo Ressuscitado (cf., por exemplo, Gl 1,3s: "Jesus Cristo, que se entregou a si mesmo pelos nossos pecados, a fim de nos arrancar do presente mundo mau, segundo a vontade do nosso Deus e Pai")[23]. O significado de Jesus não se revela como a soma de palavras ou atos importantes isolados, mas unicamente a partir da história realizada por Deus em Jesus Cristo, a qual qualifica Jesus Cristo como o portador escatológico e definitivo da salvação. No âmbito dessa história-de-Jesus-Cristo, o Terreno e o Ressuscitado – e consequentemente a pessoa de Jesus Cristo – formam uma unidade que não pode ser dissolvida numa ou noutra direção. Ao narrar sobre a atuação de Deus em Jesus Cristo, Paulo evita a alternativa equivocada

---

[21] O. MERK, "Nachahmung Christi", in H. MERKLEIN (org.), *Neues Testament und Ethik*. FS R. SCHNACKENBURG (Friburgo: 1989), pp. 172-206.

[22] Cf. E. REINMUTH, Jesus-Christus-Geschichte, pp. 22s: "Esta história-de-Jesus-Cristo deve ser pressuposta como conteúdo do anúncio oral também em Paulo."

[23] 2Cor 5,16 não o contradiz, pois κατὰ σάρκα deve ser relacionado com o verbo, e não com Χριστόν; para a interpretação de 2Cor 5,16, cf. abaixo, Secção 10.5 (A mensagem da reconciliação).

entre facticidade e interpretação e preserva, dessa maneira, a totalidade da história-de-Jesus-Cristo[24].

5.2 A Bíblia de Paulo

A Bíblia de Paulo era a tradução grega do Antigo Testamento, a Septuaginta[25]. Não obstante, nem todas as citações escriturísticas paulinas[26] podem ser derivadas da LXX transmitida; especialmente nas citações de Jó e Isaías precisa-se contar com uma recensão do texto da LXX que tinha certa proximidade ao texto hebraico[27]. Nas cartas paulinas indiscutivelmente autênticas encontram-se 89 citações do Antigo Testamento[28]. A maioria das citações provém de um número reduzido de escritos; no centro estão claramente Isaías, os Salmos e textos do Pentateuco, enquanto Jeremias, Ezequiel e Daniel, por exemplo, ficaram inteiramente desconsiderados[29]. Também na aplicação concreta das citações mostra-se outro processo de redução e falta. Dentro

---

[24] J. BLANK, Paulus und Jesus, p. 183: "Em última análise, a Igreja primitiva preservou a cruz de Jesus e a história de Jesus não apesar da Páscoa, mas exatamente por causa de Páscoa e com base na Páscoa."

[25] Cf. como introdução E. WÜRTHWEIN, Der Text des Alten Testaments (Stuttgart: ⁵1988), pp. 58-90; além disso, R. HANHART, "Die Bedeutung der Septuaginta in neutestamentlicher Zeit", in ZThK 81 (1984), pp. 395-416; M. HENGEL/A. M. SCHWEMER (org.), Die Septuaginta zwischen Judentum und Christentum. WUNT 72 (Tübingen: 1994).

[26] Para a recepção paulina do Antigo Testamento, cf. ao lado dos estudos de D.-A. KOCH e H. HÜBNER especialmente A. T. HANSON, Studies in Paul's Technique and Theology (Londres: 1974); Idem., The New Testament Interpretation of Scripture (Londres: 1980); R. B. HAYS, Echoes of Scripture in the Letters of Paul (New Haven/Londres: 1989); C. D. STANLEY, Paul and the Language of Scripture. MSSNTS 69 (Cambridge: 1992); A. C. EVANS/J. A. SANDERS (org.), Paul and the Scriptures of Israel. JSNT.S 83 (Sheffield: 1993); N. WALTER, "Alttestamentliche Bezüge in christologischen Ausführungen des Paulus", in U. SCHNELLE/TH. SÖDING/M. LABAHN (org.), Paulinische Christologie, pp. 246-271.

[27] Cf. D.- KOCHA. KOCH, Die Schrift als Zeuge, pp. 57-81.

[28] Cf. D.- KOCHA. KOCH, op. cit., pp. 21-23; contagem diferente: O. MICHEL, Paulus und seine Bibel (Gütersloh: 1929), pp. 12s: 83 citações escriturísticas; E. E. ELLIS, Paul's Use of the Old Testament (Edimburgo/Londres: 1957), pp. 150-152: 88 citações escriturísticas.

[29] Cf. o elenco em D.-A. KOCH, Die Schrift als Zeuge, p. 33.

do Pentateuco, Paulo aduz apenas raramente a tradição legal no sentido mais estreito; prevalecem as tradições históricas. Dessa maneira, as duas únicas citações de Levítico (Lv 18,5 em Rm 10,5/Gl 3,12; Lv 19,18 em Rm 13,9/Gl 5,14) não são absolutamente características da tradição legal do livro. O texto de Gn 22 (sacrifício de Isaac), constitutivo para a imagem de Abraão no judaísmo antigo, não é aduzido por Paulo, embora a tradição de Abraão ocupe um amplo espaço em sua teologia[30]. As 66 citações é acrescentada uma fórmula introdutória, na maioria dos casos γέγραπται ou λέγει. Paulo aborda numerosos textos do AT[31], servindo-se de muitas técnicas diferentes, de acordo com o respectivo caso. Ele modifica a sequência das palavras; usa outra pessoa, número, gênero, tempo ou modo; abrevia ou amplia o texto por meio de omissões ou acréscimos. Paulo substitui também partes de citações por formulações próprias ou outros textos escriturísticos (citações mistas); várias palavras das Escrituras formam juntas uma combinação de citação. Essa prática citacional não é algo exclusivo de Paulo[32], mas no judaísmo antigo encontram-se claramente menos modificações deliberadas dos textos veterotestamentários citados. O importante para Paulo é a integração das citações no novo contexto, pois as relações assim estabelecidas têm dois resultados: elas inserem o texto de referência veterotestamentário num novo horizonte de sentido e legitimam simultaneamente o evangelho de Paulo. Com isso, Paulo ultrapassa o horizonte noético da interpretação da Escritura na sinagoga helenista, pois não o peso próprio da Escritura, e sim a atuação salvífica escatológica de Deus em Jesus Cristo representa o centro do conteúdo de seu pensamento. A partir dali, ele reflete de modo qualitativamente novo sobre os conteúdos centrais da teologia judaica

---

[30] Cf. D.-A. Koch, "'... bezeugt durch das Gesetz und die Propheten'. Zur Funktion der Schrift bei Paulus", in H. H. Schmid/J. Mehlhausen (org.), *Sola Scriptura* (Gütersloh: 1991), pp. 169-179.

[31] Para os pormenores, cf. D.-A. Koch, Die Schrift als Zeuge, pp. 186ss.

[32] Cf. aqui D. Instone Brewer, *Techniques and Assumptions in Jewish Exegesis before 70 CE*. TSAJ 30 (Tübingen: 1992); C. D. Stanley, Paul and the Language of Scripture, pp. 267-360; B. Fuss, "'Dies ist die Zeit, von der geschrieben ist...' Die expliziten Zitate aus dem Buch Hosea in den Handschriften von Qumran und im Neuen Testament", in *NTA 37* (Münster: 2000).

(Torá, eleição) e insere o texto escriturístico num produtivo processo intertextual de interpretação. "Dessa maneira, a liberdade no trato do texto da Escritura, pela qual Paulo se distingue notavelmente da exegese judaica contemporânea, não pode ser separada do conteúdo de sua interpretação da Escritura e sinaliza uma mudança fundamental na compreensão da Escritura."[33]

Em sua interpretação da Escritura, Paulo serve-se de métodos interpretativos contemporâneos. Dessa maneira encontram-se nele a interpretação alegórica (cf. 1Cor 9,9; 10,4; Gl 4,21-31) e a interpretação tipológica das Escrituras (cf. 1Ts 1,7; Rm 5,14; Fl 3,17)[34]. Um texto com característica de *midrash* encontra-se em Rm 4, onde Paulo molda todo um bloco textual a partir de uma citação escriturística. O comentário de citações feito passo a passo (cf. Rm 10,6-8) possui certo paralelo nos comentários de *pesher* de Qumran. Em Paulo encontram-se paralelos a duas das sete *middot* de Hillel que eram provenientes do âmbito da retórica helenista e tinham se transformado em princípios hermenêuticos do judaísmo rabínico: 1) a utilização da conclusão por analogia em 1Cor 9,9s; 2) a dedução a partir do contexto em Rm 4,10s. A interpretação paulina das Escrituras enquadra-se na exegese judaica contemporânea e atesta a proveniência do apóstolo do judaísmo da diáspora da região da Ásia Menor[35].

A DISTRIBUIÇÃO DAS CITAÇÕES

Chama a atenção a distribuição das citações nas distintas cartas. Na mais antiga (Primeira Carta aos Tessalonicenses) e nas duas mais novas (Carta aos Filipenses e a Filemon) das cartas preservadas de Paulo faltam citações do Antigo Testamento. Na Primeira Carta aos Coríntios, Paulo cita o Antigo Testamento 28 vezes; na Segunda Carta aos Coríntios, 10 vezes; na Carta aos Gálatas, 10 vezes, e na Carta aos

---

[33] D.-A. KOCH, Die Schrift als Zeuge, p. 198.
[34] Aqui continua de grande valor L. GOPPELT, Typos (Darmstadt: 1973 [=1939]).
[35] Cf. para o conjunto D.-A. KOCH, Die Schrift als Zeuge, pp. 199-256.

Romanos, 65 vezes[36]. Essa distribuição desigual de citações escriturísticas motivou A. v. HARNACK a formular a tese de que Paulo teria sido obrigado ao uso intensivo das Escrituras devido aos problemas debatidos, mas que o apóstolo não teria introduzido as Escrituras nas comunidades recém-fundadas por livre vontade. Para ele mesmo, as Escrituras teriam continuado a ter uma grande importância, mas elas teriam desempenhado apenas um papel secundário na prática missionária[37]. Essa tese de HARNACK foi adotada e desenvolvida de forma modificada por D.-A. KOCH. Ele conclui da falta de citações na Primeira Carta aos Tessalonicenses, na Carta aos Filipenses e na Carta a Filemon que Paulo não dispunha de um acervo fixo de citações que ele pudesse aduzir sempre que estivesse redigindo uma carta. Ao contrário, Paulo teria elaborado a aplicação das respectivas citações sempre no contexto da redação de suas cartas. KOCH entende a lida de Paulo com a Escritura como um processo inteiramente escrito. Segundo ele, o apóstolo podia integrar uma citação por via de regra somente quando dispunha de tempo suficiente e podia se apoiar em textos escritos, e isso explica a falta de citações nas Cartas aos Filipenses e a Filemon, ambas escritas na prisão. Pode-se objetar a esta tese que Paulo, durante a sua prisão branda em Roma, dispunha de um Antigo Testamento e que ele, sendo um fariseu formado, provavelmente dispunha também de um acervo considerável de citações[38]. Apesar de tudo isso, a tese de KOCH baseia-se na observação correta de que Paulo não dispunha desde o início de um acervo fixo de citações. Ele precisava relacionar as afirmações das Escrituras com sua própria teologia à medida que crescia a necessidade de aduzir citações escriturísticas para o esclarecimento de problemas teológicos controversos. O apóstolo não podia se apoiar numa interpretação habitual das Escrituras, ele elaborava as

---

[36] Cf. D.-A. KOCH, op. cit., p. 90. O número total mais alto resulta da consideração de citações combinadas e mistas; cf. op. cit., p. 33, nota 3.
[37] Cf. A. v. HARNACK, *Das Alte Testament in den paulinischen Briefen und in den paulinischen Gemeinden*. SPAW.PH 12 (Berlim: 1928), pp. 124-141.
[38] Cf. H. v. LIPS, Paulus und die Tradition, p. 35. M. HENGEL, Der vorchristliche Paulus, pp. 233-235, lembra enfaticamente "que o uso escriturístico de Paulo nasceu do constante ensinamento oral" (op. cit., p. 235).

citações sempre a partir da respectiva situação concreta. Isso é confirmado pela Carta aos Romanos que trata de temas genuinamente paulinos (justiça de Deus, compreensão da lei/a Torá, destino de Israel) e que apresenta citações escriturísticas em especial densidade. Em Rm 3,21, o próprio apóstolo Paulo nomeia esse processo, ao recorrer à Lei e aos Profetas para sua visão crítica da Lei. Especialmente as Cartas aos Gálatas e aos Romanos mostram que Paulo recorre à Escritura em trechos textuais altamente argumentativos e que servem à resolução de conflitos e problemas.

Dessa maneira confirma-se na utilização das Escrituras o que é característico de toda a teologia paulina: ela não "apareceu de uma vez", mas cresceu e transformou-se sob as exigências do trabalho missionário.

5.3 Primeiros passos como missionário

Depois de sua vocação, Paulo não se aconselhou com outras pessoas e tampouco subiu a Jerusalém até aqueles que foram apóstolos antes dele, mas "fui à Arábia, e voltei novamente a Damasco" (Gl 1,17b)[39]. Não temos informações sobre a estada do apóstolo na *Arábia*, mas o termo deve se referir à região desértica rochosa ao sudeste de Damasco que formava a parte setentrional do Reino dos Nabateus[40]. Naquela época, pertencia à esfera da influência econômica do Reino dos Nabateus também *Damasco* (2Cor 11,32)[41], para onde Paulo voltou

---

[39] Por que Paulo foi para a Arábia? Uma possível resposta encontra-se em M. HENGEL, Die Stellung des Apostels Paulus zum Gesetz, p. 38: "Os 'árabes' como descendentes de Ismael eram genealógica e geograficamente os parentes de sangue mais próximos que Israel tinha entre os 'pagãos', pois também eles eram descendentes de Abraão."

[40] M. HENGEL, op. cit., p. 37, define a Arábia como segue: "Com 'Arábia', o apóstolo refere-se muito provavelmente ao Reino dos Nabateus que fazia divisa com Eretz Yisrael no sul e no leste, inclusive algumas cidades da Decápolis do outro lado do Jordão"; J. MURPHY-O'ONNOR, "Paul in Arábia", in *CBQ* 55 (1993), pp. 732-737, supõe que Paulo não teria entrado muito na Arábia e que provavelmente teria ficado na região de Bosra.

[41] Já não se pode elucidar se os nabateus exerciam o domínio sobre Damasco no sentido político-legal; uma postura antes cética defendem R. RIESNER, Frühzeit des

e onde ele colaborou pela primeira vez por um tempo maior numa comunidade cristã. Desde 63 a.C., Damasco pertencia à Decápole⁴² e era uma cidade helenística com uma grande população judaica⁴³. Não temos notícias sobre os inícios da comunidade cristã em Damasco⁴⁴. É possível que o cristianismo tenha chegado ali rapidamente através do comércio, mas a comunidade pode ter-se formado também devido à chegada de refugiados de Jerusalém. Segundo At 22,12, Paulo foi introduzido à comunidade de Damasco por Ananias, um homem temente a Deus e fiel à Torá, respeitado entre os judeus. Isso permite concluir que o cristianismo se espalhou primeiro entre os judeus de Damasco. Segundo 2Cor 11,32s, em Damasco, "o etnarca do rei Aretas guardava a cidade dos damascenos no intuito de me prender. Mas por uma janela fizeram-me descer em um cesto ao longo da muralha, e escapei às suas mãos" (cf. At 9,23-25). Esse etnarca era provavelmente o chefe da colônia comercial nabateia em Damasco e representava os interesses do Estado nabateu⁴⁵. A intervenção do etnarca deve ter sido provocada por atividades missionárias que Paulo realizou em Damasco e que causaram grande inquietação entre a população judaica, mas também entre os nabateus. Naquela época, a relação entre judeus e nabateus estava tensa, porque constantes querelas fronteiriças, conflitos bélicos e a conduta de Roma nesses conflitos pesavam gravemente sobre os relacionamentos (cf. Josefo, Ant 18,109ss). Paulo descreve sua fuga aventurosa em alusão a Jz 2,5: ele escapa do acosso do etnarca numa grande cesta normalmente usada para o transporte de alimentos.

Apostels Paulus, pp. 66-79; E. A. KNAUF, "Die Arabienreise des Apostels Paulus", in M. HENGEL/A. M. SCHWEMER, *Paulus zwischen Damaskus und Antiochien*, pp. 465-471.

[42] Cf. H. BIETENHARD, "Die Dekapolis von Pompejus bis Trajan", in *ZDPV* 79 (1963), pp. 24-58.

[43] Segundo Josefo, Bell. 2,561; 7,368, 10.000 ou 18.000 judeus, respectivamente, foram vítimas de um massacre.

[44] Para a cidade de Damasco e a história de sua comunidade cristã, cf. M. HENGEL/A. M. SCHWEMER, Paulus zwischen Damaskus und Antiochien, pp. 43-101.139-152.

[45] Cf. E. A. KNAUF, "Zum Ethnarchen des Aretas 2Cor 11,21", in *ZNW* 74 (1983), pp. 145-147.

Apenas no terceiro ano após sua vocação como apóstolo (= 35 d.C.), Paulo visita a *comunidade primitiva de Jerusalém* (Gl 1,18-20)[46]. Também a intenção e a duração dessa estada em Jerusalém são descritas em Gl 1,18s de maneira restritiva. Paulo ficou somente 15 dias para conhecer Cefas; dos outros apóstolos, ele viu apenas Tiago, o irmão do Senhor. Não sabemos nada sobre o conteúdo das conversas hierosolimitanas entre Pedro e Paulo[47]. A maneira da abordagem dessa visita reflete a autocompreensão do apóstolo dos gentios. Já que foi o próprio Ressuscitado que o chamou, Paulo não precisa de nenhuma legitimação da parte das autoridades de Jerusalém. Ele procura o contato com Jerusalém, mas, ao mesmo tempo, faz questão de evitar qualquer aparência de dependência e subordinação. Em termos de conteúdo, a revelação de Cristo da qual ele foi digno é da mesma qualidade que as aparições do Ressuscitado a Pedro e os outros apóstolos, não obstante o fato de que Paulo é o menor entre todos os apóstolos, devido a sua atuação perseguidora (cf. 1Cor 15,3b.8).

Após essa breve estada em Jerusalém, Paulo passou por volta de 36/37 d.C. para a região da *Síria e Cilícia* (Gl 1,21). Síria deve designar a região em torno de Antioquia-no-Orontes e Cilícia, a região em torno de Tarso[48]. Paulo atuou provavelmente primeiro em Tarso e na região da Cilícia, mas não é possível elucidar o caráter dessa missão, nem a partir das cartas paulinas nem a partir de Atos. Paulo estava sozinho? Quanto tempo durou sua estada na Cilícia? Quando ele passou para Antioquia? Sua missão na Cilícia teve êxito, ou ele continuou depois de alguns anos sua atividade missionária em Antioquia por

---

[46] Segundo At 9,26-30, imediatamente após sua fuga de Damasco, Paulo voltou para Jerusalém e uniu-se ali aos apóstolos; uma harmonização com a autoafirmação do apóstolo é impossível, até mesmo M. HENGEL/A. M. SCHWEMER, Paulus zwischen Damaskus und Antiochien, pp. 214-226, admitem aqui contradições.

[47] Diferente M. HENGEL/A. M. SCHWEMER, Paulus zwischen Damaskus und Antiochien, pp. 229-236.

[48] Compare-se Gl 1,21 com At 9,29s, que narra que Paulo foi enviado a Tarso para protegê-lo dos judeus de Jerusalém. Gl 1,23 mostra, além disso, que Paulo não considera a Judeia uma parte da Síria, portanto, que ele não entende por Síria a província romana; cf. H. D. BETZ, Gal, p. 157. Para esta fase da missão paulina, cf. também R. RIESNER, Frühzeit des Apostels Paulus, pp. 234-243.

causa da falta de êxito na Cilícia? Não há respostas convincentes para estas perguntas; há somente conjecturas. Tarso era não só a cidade natal do apóstolo, mas a metrópole cilícia tinha também uma grande comunidade judaica, de modo que ela se oferecia como campo de missão. A menção de comunidades cristãs na Cilícia em At 15,23.41 poderia ser um reflexo da atividade missionária de Paulo em Tarso e redondezas. Não obstante, parece que o êxito dessa atividade de seis anos[49] não era superabundante, pois Paulo aderiu por volta de 42 d.C. à missão antioquena, como "parceiro júnior" de Barnabé.

5.4 Paulo como missionário da comunidade de Antioquia

Antioquia-nos-Orontes, na Síria, era a terceira maior cidade do Império Romano[50] e tinha pelo fim do séc. I d.C. uma população total entre 300.000 e 600.000 pessoas[51]. Josefo pressupõe em Antioquia uma comunidade judaica muito grande (cf. *Bell.* 7,43-45) que deve ter contado com 20.000-30.000 pessoas. Antioquia oferecia as melhores condições para a missão cristã-primitiva, porque havia muitos gregos que

---

[49] É difícil estimar a duração dessa missão; como argumentos para os períodos mencionados podem ser aduzidos:
1) Com At 12,1a ("Por volta daquele tempo, porém"), Lucas constrói uma relação temporal entre o início da atuação de Barnabé e Paulo em Antioquia e a perseguição da comunidade primitiva por Agripa I (cf. At 12,1b-17). Essa perseguição ocorreu provavelmente no ano 42 d.C. (cf. R. RIESNER, Frühzeit des Apostels Paulus, pp.105-110). 2) A fome mencionada em At 11,28 e o auxílio dos antioquenos para Jerusalém (At 11,29) situam-se no período entre 42 e 44 d.C. (cf. R. RIESNER, op. cit., pp. 111-121). Um pouco diferente M. HENGEL/A. M. SCHWEMER, Paulus zwischen Damaskus und Antiochien, pp. 267-275, que contam com uma estada do apóstolo na Cilícia de três a quarto anos (entre 36/37 e 39/40 d.C.), antes que Paulo, depois de uma missão autônoma e bem-sucedida, integrasse a missão antioquena (ca. 39/40 – 48/49 d.C.).
[50] Cf. Josefo, Bell. 3,29, onde Antioquia, depois de Roma e Alexandria, "graças a seu tamanho e seu bem-estar generalizado ocupa incontestavelmente o terceiro lugar no mundo dominado pelos romanos". Para Antioquia, cf. por último F. KOLB, "Antiochia in der frühen Kaiserzeit", in H. CANCIK/H. LICHTENBERGER/P. SCHÄFER (org.), *Geschichte – Tradition – Reflexion II*. FS M. HENGEL) (Tübingen: 1996), pp. 97-118.
[51] Cf. F. W. NORRLS, Verbete "Antiochien I", in *TRE* 3 (Berlim/Nova Iorque: 1978), p. 99.

simpatizavam com a religião judaica[52]. De Antioquia vinha o prosélito Nicolau que pertencia ao círculo de Estevão (At 6,5), e, segundo At 11,19, a comunidade cristã foi fundada por cristãos que precisavam deixar Jerusalém no contexto da perseguição de Estevão. Segundo At 11,20, em Antioquia, judeu-cristãos helenistas de Chipre e de Cirene passaram a anunciar o evangelho com êxito também entre a população grega[53]. Dessa maneira, Antioquia é o lugar onde se inaugurou a época decisiva do cristianismo primitivo: o anúncio programático do evangelho também a gentios. Segundo a abordagem de Atos, Barnabé e Paulo não pertenceram desde o início à comunidade antioquena, mas integraram-se em seu trabalho apenas depois do início da missão entre os gentios (cf. At 11,22.25). Ao que parece, Paulo teve seu primeiro contato com os helenistas de Jerusalém apenas em Antioquia[54]. A missão da comunidade antioquena entre judeus e sobretudo entre gentios deve ter sido bem-sucedida, pois segundo At 11,26 surgiu em Antioquia o termo Χριστιανοί ("cristianos, cristãos") como denominação atribuída por pessoas de fora aos adeptos majoritariamente gentio-cristãos da nova doutrina. Inácio confirma Antioquia como origem dessa denominação, pois ele a usa em suas cartas de modo muito natural como autodesignação dos cristãos[55]. Dessa maneira, no início da década dos 40, os cristãos foram percebidos pela primeira vez como um grupo distinto ao lado de judeus e gentios. A partir de

---

[52] Cf. Josefo, Bell. 7,45; os judeus "motivavam constantemente muitos gregos a participarem de suas liturgias e, por assim dizer, fizeram deles uma parte sua"; para Antioquia, cf. também M. HENGEL/A. M. SCHWEMER, Paulus zwischen Damaskus und Antiochien, pp. 274-299.

[53] Um argumento em favor da historicidade dessa notícia é que ela se distingue da visão lucana; segundo esta, a missão em Chipre começou apenas com Paulo e Barnabé (cf. At 13,4; 15,39). Não Pedro (cf. At 10,1-11,18), mas aqueles missionários cristãos desconhecidos iniciam a época decisiva na história do cristianismo primitivo; cf. para a análise de At 11,19-30 A. WEISER, Apg I, pp. 273-280. Entretanto, isso não pode significar que antes de Antioquia não houvesse um anúncio a não-judeus de língua grega! A missão na Samaria, Damasco, Arábia e Cilícia incluía certamente também este grupo; cf. M. HENGEL/A. M. SCHWEMER, Paulus zwischen Damaskus und Antiochien, p. 300.

[54] Cf. J. WELLHAUSEN, Kritische Analyse der Apostelgeschichte (Berlim: 1914), p. 21.

[55] Cf. INÁCIO, Ef 11,2; Mag 4; Rm 3,2; Pol 7,3.

então foram considerados, desde a perspectiva gentia, como um movimento não-judeu, e devem ter adquirido um perfil teológico reconhecível e uma estrutura organizatória própria[56]. Em termos formais, a palavra é um latinismo grecizado[57], o que indica que a administração provincial romana já se interessava pelo novo movimento[58]. Além disso, a formação linguística permite perceber que, para pessoas de fora em Antioquia, o título Χριστιανοί já tinha se transformado em um nome.

Por que o anúncio cristão fazia tanto sucesso justamente em Antioquia? Foi a primeira vez que o evangelho era anunciado abrangentemente numa cidade grande onde havia numerosos simpatizantes com a fé judaica e onde o vínculo com a sinagoga provavelmente não era tão estreito como na Palestina. Surgiu a formação de comunidades domésticas, nas quais estava em evidência o novo, e não a orientação pelo antigo. As antigas diferenças religiosas, sociais e nacionais perderam sua importância, e formaram-se comunidades determinadas pneumaticamente que foram percebidas, desde fora, como um grupo autônomo e uma nova religião. Com a desvinculação da sinagoga aumentou a parcela de gentio-cristãos[59], de modo que os posteriores conflitos sobre a função da Torá para os gentio-cristãos eram lógicos e inevitáveis.

Em At 13,1, Barnabé e Paulo aparecem juntos numa lista tradicional de nomes da comunidade de Antioquia: "Havia em Antioquia, na igreja local, profetas e doutores: Barnabé, Simeão cognominado Niger, Lúcio de Cirene, e ainda Manaém, companheiro de infância do tetrarca Herodes, e Saulo." A posição de Barnabé na cabeça e de Paulo (Saulo) no fim da lista deve remontar a Lucas, que destaca

---

[56] Cf. A. V. Harnack, Mission und Ausbreitung I, pp. 425s.
[57] Cf. F. Blass/A. Debrunner/F. Rehkopf, Grammatik, § 5.
[58] Cf. A. Mehl, "Sprachen im Kontakt, Sprachen im Wandel. Griechisch/Latein und antike Geschichte", in M. Liedtke (org.), *Zur Evolution von Kommunikation und Sprache – Ausdruck, Mittellung, Darstellung* (Graz: 1998), p. 198, que vê no neologismo uma medida da parte das autoridades, "inicialmente para o uso interno da administração".
[59] Cf. a respeito M. Hengel/A. M. Schwemer, *Paulus zwischen Damaskus und Antiochien*, pp. 307ss.

dessa maneira os dois protagonistas dos acontecimentos que se seguem[60]. Ao que parece, a comunidade de Antioquia ainda não conhecia ministérios fixos de liderança (cf. At 13,2.3). As funções dos profetas e dos mestres não são separadas e são realizadas pelas mesmas pessoas. Originalmente, os profetas anunciavam na força do espírito a vontade do *Kyrios* exaltado para a respectiva situação, e aos mestres cabia a cultivação e interpretação da tradição; mas, na prática, os dois aspectos não podiam ser separados. O anúncio da palavra, a instrução e a coordenação da liturgia eram realizadas pelos profetas/mestres. Em relação a seu conteúdo, também o termo de apóstolo deve ser atribuído a esse grupo, pois em At 14,4.14 chama-se o mesmo círculo de pessoas de "apóstolos". Paulo deu grande valor ao termo "apóstolo" (cf. 1Cor 9,1) e deve ter reivindicado esse título para si também no âmbito de sua atividade em Antioquia. Barnabé foi um dos personagens de liderança na história da missão do cristianismo primitivo. A lenda pessoal de At 4,36s e o elenco de At 13,1 permitem perceber sua posição proeminente (também em relação a Paulo), e segundo Gl 2,1.9, ele comparece na Convenção dos Apóstolos como participante e interlocutor de direitos iguais. Paulo aceitou Barnabé sem restrições (cf. 1Cor 9,6), mas no incidente antioqueno, ele se justapôs ao mesmo. As visões teológicas de Barnabé podem ser deduzidas apenas indiretamente, mas, sem dúvida, ao lado de Paulo, ele era um representante proeminente da missão aos gentios efetivamente livre da Lei[61].

A IMPORTÂNCIA DE ANTIOQUIA

A posição singular de Antioquia na história da teologia cristã-primitiva sempre tem sido uma ocasião para conclusões históricas e teológicas de amplo alcance. Para a escola histórico-religiosa, Antioquia era não só o elo que faltava entre a comunidade primitiva e

---

[60] Cf. G. LÜDEMANN, Das frühe Christentum, p. 153.
[61] Para Barnabé, cf. especialmente B. KOLLMANN, *Joseph Barnabas*. SBS 175 (Stuttgart: 1998); M. HENGEL/A. M. SCHWEMER, Paulus zwischen Damaskus und Antiochien, pp. 324-334.

Paulo, mas essa cidade foi, ao mesmo tempo, o lugar onde nasceu o cristianismo como uma religião sincretista. Aqui se deu o desenvolvimento tão importante para o cristianismo antigo, "por meio do qual o messias Jesus se tornou o herói cúltico presente como o *Kyrios* de sua comunidade"[62]. Em chão helenístico, as jovens comunidades entraram em contato com os cultos de mistérios e com a gnose, e sofreram uma influência decisiva por esses movimentos[63]. A interpretação de Paulo por R. BULTMANN representa o auge dessa perspectiva: "A posição histórica de Paulo caracteriza-se pelo fato de que ele, encontrando-se no âmbito do cristianismo helenista, elevou os motivos teológicos ativos no querigma da comunidade helenista para a clareza do pensamento teológico, tornou conscientes e levou para a decisão as perguntas presentes no querigma helenista e – à medida que nossas fontes permitem um juízo – tornou-se o fundador de uma teologia cristã."[64] À medida que as relações da teologia paulina com a gnose e as religiões de mistérios se tornavam incertas[65] desbotava também este imponente traçamento histórico. Não existem provas inequívocas para um contato entre a teologia paulina e o pensamento gnóstico. Relações entre crenças provenientes dos cultos de mistérios e a teologia paulina encontram-se somente em Rm 6,3s, e não há nenhuma indicação de que provinham de Antioquia.

J. BECKER esboça outra maneira de tornar Antioquia a matriz da teologia paulina. Ali Paulo não apenas foi fundamentalmente iniciado na fé cristã, como também todos os conceitos centrais da teologia paulina surgiram já em Antioquia. "Aqueles elementos de tradições antigas que Paulo usa posteriormente provêm essencialmente do conhecimento da comunidade antioquena."[66] A mensagem paulina da liberdade, a nova existência em Cristo, a importância fundamental de

---

[62] W. BOUSSET, Kyrios Christos, p. 90.
[63] Cf. J. WEISS, Das Urchristentum, pp. 124-130.
[64] R. BULTMANN, Theologie, p. 188.
[65] Cf. por último M. HENGEL, "Die Ursprünge der Gnosis und das Urchristentum", in J. ADNA/S. J. HAFEMANN/O. HOFIUS (org.), *Evangelium – Schriftauslegung – Kirche*. FS P. STUHLMACHER (Tübingen: 1997), pp. 190-223.
[66] J. BECKER, Paulus, p. 109.

batismo e espírito, bem como as afirmativas universais na cristologia e soteriologia paulinas remontam, segundo BECKER, à teologia antioquena. "É o aspecto da universalização, da maneira como ele é em todos os sentidos típico da teologia antioquena e como ele provavelmente influenciou também a cristologia sob vários aspectos, a saber, em relação à função salvadora escatológica do Filho, ao domínio universal na missão, à mediação de toda a realidade da criação e à morte salvífica abrangente de Jesus."[67] Nessa conceituação, a teologia paulina é nada mais que uma explicitação do querigma da comunidade de Antioquia. Segundo BECKER, todas as percepções fundamentais do pensamento paulino foram pré-moldadas em Antioquia[68] e, dessa maneira, não podem ser avaliadas como características de uma teologia genuinamente paulina[69]. K. BERGER dá um passo a mais; para ele, Antioquia é o ponto nodal decisivo da história da teologia cristã-primitiva[70]. Aqui se formaram "teologias antioquenas", entre as quais BERGER conta os quatro Evangelhos, o *corpus* paulino, petrino e joanino, bem como o Apocalipse de João. Em BERGER, Antioquia aparece como a metrópole cristã-primitiva em cujas redondezas e esfera de influência se deram todos os desenvolvimentos teológicos essenciais.

Não é possível verificar nos textos essas conclusões históricas e teológicas de amplo alcance[71]:

---

[67] J. BECKER, op. cit., p. 117.
[68] Cf. J. BECKER, op. cit., pp. 107-119.
[69] Uma argumentação comparável encontra-se, por exemplo, em E. RAU, Von Jesus zu Paulus, p. 114, que pergunta até que ponto Paulo "passou durante sua atuação a partir de Antioquia além do horizonte da teologia daquela cidade. Na situação atual considero uma hipótese de trabalho adequada supor que isto foi o caso possivelmente apenas de modo limitado." RAU refere-se a uma "subestrutura antioquena do pensamento paulino" (ibidem). Aqui, toda a teologia paulina baseia-se factualmente no trabalho intelectual já realizado de comunidades pré-paulinas. Com isso, RAU subestima a criatividade de Paulo e a necessidade de dar novas respostas aos desafios históricos. Um elenco abrangente dos textos paulinos atribuídos pela pesquisa a Antioquia encontra-se em A. DAUER, Paulus und die christliche Gemeinde im syrischen Antiochia, pp. 77-119.
[70] Cf. K. BERGER, Theologiegeschichte, pp. 177.
[71] Para a crítica ao "pan-antioquinismo" muito divulgado na literatura, cf. também M. HENGEL/A. M. SCHWEMER, Paulus zwischen Damaskus und Antiochien, pp. 432-438.

1) A conduta de Barnabé e de outros judeu-cristãos no incidente antioqueno (cf. Gl 2,13) mostra que a comunidade de Antioquia não tinha absolutamente *in toto* uma orientação universalista[72].

2) Segundo At 11,26, Barnabé e Paulo trabalharam apenas um ano juntos na própria cidade de Antioquia[73], e Lucas os apresenta como os mestres da comunidade antioquena. Lucas minimiza a estada direta de Paulo em Antioquia que, comparada com as estadas de fundação do apóstolo em Corinto (At 18,4: 1½ ano) e em Éfeso (At 19,10: mais que 2 anos) deve ser considerada normal. É correto que Paulo volta no fim da primeira viagem missionária para Antioquia (cf. At 14,28), mas, em comparação com as estações nas viagens missionárias posteriores, este é um procedimento habitual.

3) Paulo menciona Antioquia somente em Gl 2,11; ele silencia-se efetivamente acerca do tempo entre a primeira e a segunda visita a Jerusalém e, dessa maneira, também acerca da época de sua ligação com Antioquia[74].

4) Em nenhum momento Paulo deixa transparecer onde se formaram as tradições por ele adotadas. Antioquia é um lugar entre muitos onde essa formação era possível. Soma-se a isso o fato de que as tradições pré-paulinas não permitem perceber um pano de fundo histórico-traditivo coeso, e este é um claro argumento contra uma atribuição quase exclusiva a um único lugar.

5) Como se pode distinguir a teologia antioquena do pensamento paulino, quando ambos os aspectos precisam ser apurados exclusivamente das cartas paulinas? Unicamente a passagem para a missão aos gentios pode ser comprovada como elemento específico da comunidade antioquena. Contudo, Atos não diz quais opiniões teológicas concretas se vinculam a esse elemento. Em lugar algum Paulo distingue entre ideias de validade geral que ele poderia ter adotado em Antioquia e sua própria opinião[75].

---

[72] Cf. Th. Söding, Der Erste Thessalonicherbrief, pp. 202s.

[73] Cf. J. Weiss, Das Urchristentum, p. 149; G. Lüdemann, Das frühe Christentum, p. 144.

[74] A. Dauer, Paulus und die christliche Gemeinde im syrischen Antiochia, p. 127, aduz como motivo o incidente antioqueno, que teria causado um trauma em Paulo e, dessa maneira, a repressão do tempo antioqueno.

[75] Cf. A. Wechsler, Geschichtsbild und Apostelstreit, p. 306, nota 61.

6) A interpretação da teologia paulina como uma explicação do querigma antioqueno representa um nivelamento do pensamento teológico autônomo do apóstolo Paulo[76].

Não pode haver dúvida acerca da posição particular da comunidade de Antioquia na história da teologia cristã-primitiva e também acerca de sua influência sobre Paulo. Antioquia foi uma estação importante para Paulo. Não obstante, deve-se alertar ao mesmo tempo contra a atitude de fazer de Antioquia "o 'piscinão' para o não-conhecimento acerca de dados e contextos cristão-primitivos."[77] A teologia paulina revela-se a si mesma como orientada pela tradição, mas em momento algum ela pode ser reduzida à reprodução de conteúdos já pré-estabelecidos e simplificada como tal.

A PRIMEIRA VIAGEM MISSIONÁRIA

No centro da atividade antioquena de Paulo está a primeira viagem missionária (c. 45-47 d.C.)[78], cuja descrição em At 13,1-14,28 suscita numerosos problemas. Enquanto Paulo se refere em Gl 1,21 para o tempo antes da Convenção dos Apóstolos a uma atividade missionária nas regiões da Síria e Cilícia, Lucas menciona, além disso, uma atuação missionária em Chipre e na Panfília, Pisídia e Licaônia, regiões da Ásia Menor. A descrição da missão em Chipre em At 13,4-12 corresponde aos interesses da abordagem lucana[79]. Lucas usa aqui uma tradição individual e elabora a partir dela um acontecimento dramático, cuja meta é a conversão do procônsul Sérgio Paulo. Depois do

---

[76] J. BECKER, Paulus, p. 110, tenta escapar dessa objeção por meio de uma suposição: "O pensamento gentio-cristão de Antioquia é determinado, em medida considerável, pelo próprio Paulo. Seu papel de liderança na comunidade está fora de dúvida. No fim, ele é mais consequentemente gentio-cristão do que a própria Antioquia."

[77] A. WECHSLER, Geschichtsbild und Apostelstreit, p. 266.

[78] Justificativa: a morte de Agripa I no ano 44 d.C. (cf. At 12,18-23) e a Convenção dos Apóstolos na primavera do ano 48 formam, segundo a abordagem lucana, duas datas-limites entre as quais ocorreu a primeira viagem missionária.

[79] Para a análise, cf. G. LÜDEMANN, Das frühe Christentum, pp. 154-158.

centurião Cornélio de At 10, agora até mesmo um procônsul romano converte-se à fé cristã. Provavelmente não é nenhum acaso que a primeira pessoa convertida por Paulo porte aquele nome sob o qual ele mesmo era conhecido na historia da missão cristã-primitiva[80].

Lucas introduz aqui o nome romano do apóstolo, porque começou a missão paulina aos gentios. Tradicionalmente vincula-se a Chipre o nome de Barnabé que é oriundo da ilha (cf. At 4,36), e segundo At 15,39, após sua separação de Paulo, Barnabé saiu junto a João Marcos com destino a Chipre. Lucas pode ter criado nessa base a missão comum de Barnabé, Paulo e João Marcos em Chipre[81]. Um argumento em favor dessa tese são, ao lado dos interesses narrativos de Lucas já mencionados, também as incongruências no conteúdo do texto existente[82].

Também a viagem de Barnabé e Paulo a Perge, Antioquia na Pisídia e Icônio não é diretamente confirmada pelas cartas de Paulo, mas, não obstante, Barnabé e Paulo devem ter atuado missionariamente nesses lugares como enviados de Antioquia. Paulo aparece aqui como um apóstolo da comunidade de Antioquia (cf. At 14,4.14) e subordinado a Barnabé (cf. At 14,12). O discurso programático de Paulo em Antioquia na Pisídia, porém, é fruto da redação de Lucas; na estrutura da obra lucana, ele corresponde à pregação inaugural de Jesus em Nazaré (Lc 4,16-30)[83]. Também a descrição das atividades missionárias de Barnabé e Paulo em Icônio (At 14,17) e listra (At 14,8-20) remonta, em sua forma atual, essencialmente a Lucas, mas contém simultaneamente

---

[80] Cf. a introdução do nome de Pedro em Lc 6,14; além disso, deve-se observar o paralelo à mudança de nome entre Bar-Jesus e Elimas (At 13,6.8).

[81] R. RIESNER, Frühzeit des Apostels Paulus, pp. 242s., considera At 13,4-12 historicamente confiável.

[82] Os pontos essenciais encontram-se em G. LÜDEMANN, Das frühe Christentum, pp. 155s: o confronto entre Paulo e o mago Bar-Jesus, que é de se esperar segundo o v. 6, não acontece; em vez disso introduz-se com Sérgio Paulo uma nova pessoa. No v. 8, o mago é subitamente chamado Elimas, sem que se tivesse constatado explicitamente sua identidade com Bar-Jesus. O milagre castigador causa a fé do procônsul; assim como no cap. 8, Lucas está interessado em mostrar a distinção e superioridade do cristianismo em relação a outros grupos religiosos.

[83] Cf. W. RADL, Paulus und Jesus im lukanischen Doppelwerk. EHS 49 (Berna/Frankfurt: 1975), pp. 82-100.

tradições antigas. Enquanto a pregação se dirigia até então sempre a judeus e tementes a Deus (cf. At 13,43.50; 14,1), Barnabé e Paulo dirigem-se em Listra pela primeira vez a gentios (cf. At 14,11-13). Isso reflete a estratégia missionária de Paulo e Barnabé que se dirigiam com sua pregação sempre primeiramente a judeus e tementes a Deus, respectivamente, mas que incluíram muito cedo também gentios. Como reação à pregação dos apóstolos são relatados em At 14,5 sumariamente um mau trato e um apedrejamento dos apóstolos por judeus e gentios. Uma tradição antiga acerca de Paulo encontra-se, porém, em At 14,19.20a[84]. Os versículos podem ser isolados do enredo, e o próprio Paulo menciona um apedrejamento em 2Cor 11,25 (cf. também 2Tm 3,11). Provavelmente foi em listra onde Paulo sofreu essa pena altamente perigosa, mas já não é possível verificar se os responsáveis eram judeus ou gentios. Provavelmente se trata de um ato espontâneo de justiça de linchamento, no qual a vítima era perseguida com arremessos de pedras até que sucumbisse sem vida.

A famosa e popular alternativa *"history or story"* [história ou narrativa, estória] não se aplica a At 13,1–14,28. Nesse trecho, Lucas integra muitas tradições antigas, mas ele vincula a esse primeiro giro missionário do apóstolo Paulo simultaneamente um conceito teológico[85]. A expressão τὸ ἔργον ("a obra/tarefa") serve como moldura do relato (At 13,2; 14,26) e indica a importância teológica do acontecimento: separados pelo espírito santo, Barnabé e Paulo realizam a tarefa, confiada e possibilitada por Deus, de abrir aos gentios a porta da fé. Isso prepara, em termos de conteúdo, o esclarecimento do problema da missão aos gentios que acontece em At 15,1-35. Enquanto a missão aos gentios foi anteriormente apenas tolerada numa atitude de maravilhamento (cf. 10,1-11,18), formula-se agora, segundo a abordagem de Lucas, um acordo oficial entre a comunidade primitiva e Paulo, de modo que, a partir de At 15,36, o olhar do leitor se dirige exclusivamente para o verdadeiro herói dos Atos dos Apóstolos: Paulo.

---

[84] Cf. para a justificativa G. LÜDEMANN, Das frühe Christentum, pp. 170s.
[85] Cf. C. BURFEIND, Paulus muß nach Rom, p. 78.

Capítulo 6
A CONVENÇÃO DOS APÓSTOLOS E O INCIDENTE ANTIOQUENO: SEM SOLUÇÃO DOS PROBLEMAS

Há acontecimentos que prometem esclarecimento, mas que, na verdade, são apenas uma ocasião para novos conflitos. Acordos podem ser interpretados de maneiras diferentes; e muitas coisas apresentam-se posteriormente de maneira diferente.

6.1 A Convenção dos Apóstolos

Após a conclusão de sua missão na Síria e em partes da Ásia Menor, Barnabé e Paulo voltam para Antioquia[1]. Ali chegam, segundo At 15,1, "alguns" da Judeia que ensinam aos irmãos em Antioquia: "Se não vos circuncidardes segundo o costume de Moisés, não podereis salvar-vos" (At 15,b). Isso provocou uma acirrada disputa entre esses judeu-cristãos rigorosos da Judeia, de um lado, e Barnabé e Paulo, de outro.

A comunidade de Antioquia decidiu então enviar Paulo, Barnabé e outros colaboradores a Jerusalém, para resolver ali o problema com a comunidade primitiva (cf. At 15,2; Gl 2,1). Uma descrição um tanto diferente é oferecida por Paulo em Gl 2,2a: "Subi em virtude de uma revelação..."[2]. Portanto, ele já não enquadra sua presença na Convenção

---

[1] Para os problemas de At 14,20b-28, cf. G. Lüdemann, Das frühe Christentum, pp. 169ss.
[2] Com isso, ele segue a argumentação antiga; cf. Xenofontes, Anabasis III, 5-7; Fílon, Vit. Mos. I, p. 268.

dos Apóstolos no âmbito da atuação missionária antioquena. Pode-se supor que a vinculação de Barnabé e Paulo à igreja antioquena na fase prévia à Convenção dos Apóstolos tenha nascido da visão que Lucas conferiu à história. Por outro lado, porém, também Paulo formula tendenciosamente, pois ele deseja enfatizar sua independência de Jerusalém e de outras comunidades. Além disso, ele mesmo permite perceber o motivo concreto para sua participação na Convenção dos Apóstolos: μή πως εἰς κενὸν τρέχω ἢ ἔδραμον (Gl 2,2c: "a fim de não correr, nem ter corrido em vão"). Judeu-cristãos observantes da Torá tinham invadido as comunidades fundadas pelo apóstolo, perceberam a liberdade (da Torá) ali vivida e agora estão presentes na Convenção dos Apóstolos para exigir a circuncisão dos gentio-cristãos (Gl 2,4s)[3]. Paulo teme obviamente que sua missão aos gentios, até então livre da circuncisão (e, dessa maneira, desde a perspectiva judaica e judeu-cristã, livre da Torá)[4] poderia ser aniquilada pela agitação desses adversários e por um voto dos hierosolimitanos, influenciado por ela. Se isso acontecesse, ele não teria cumprido sua incumbência apostólica de fundar comunidades (cf. 1Ts 2,19; 1Cor 9,15-18.23; 2Cor 1,14). E mais: o apóstolo viu ameaçadas sua honra e recompensa no Dia de Cristo, sua salvação escatológica, se ele fracassasse nessa tarefa que era profundamente sua própria (cf. Fl 2,16)[5].

De modo indireto, a Convenção dos Apóstolos é também uma consequência de *profundas mudanças na história da igreja primitiva*. No âmbito das perseguições por Agripa I no ano 42 d.C. o zebedeu Tiago foi morto (At 12,2). Pedro deixou Jerusalém (At 12,17) e, dessa maneira,

---

[3] Com H. WEHNERT, Reinheit, pp. 115s, relaciono Gl 2,4s tanto aos acontecimentos nas comunidades paulinas/antioquenhas como à situação atual da conversa em Jerusalém.

[4] Paulo nunca realizou uma missão entre gentios que estivesse em princípio "livre da lei", pois conteúdos éticos centrais da Torá (por exemplo, o Decálogo) valiam evidentemente também para gentio-cristãos. No entanto, a renúncia à circuncisão de gentio-cristãos sob simultânea afirmação de sua pertença ao povo eleito de Deus equivale factualmente uma missão isenta da lei, pois os conteúdos da ética paulina podiam ser recebidos e integrados sem problemas por gentio-cristãos.

[5] Cf. T. HOLTZ, "Die Bedeutung des Apostelkonzils für Paulus", in Idem, *Geschichte und Theologie des Urchristentums*, pp. 149s.

a liderança da comunidade primitiva. Parece que Tiago, o irmão do Senhor (cf. Mc 6,3), assumiu seu lugar, como indicam as comparações de Gl 1,18s com 2,9; de 1Cor 15,5 com 15,7 e também as últimas palavras de Pedro em At 12,17b ("Anunciai isto a Tiago e aos irmãos") e At 15,13; 21,18[6]. Enquanto Pedro defendia provavelmente uma postura liberal na questão da acolhida de pessoas incircuncisas no novo movimento (cf. At 10,34-48; Gl 2,11.12) e mais tarde se abriu pessoalmente para a missão entre os gentios (cf. 1Cor 1,12; 9,5), devemos considerar Tiago e seu grupo (cf. Gl 2,12a) representantes de um judeu-cristianismo radical que se entendeu conscientemente como parte do judaísmo e que vinculou a acolhida no novo movimento à observância da Torá[7]. Tiago assumiu essa postura não apenas por necessidade política; ela correspondia a sua convicção[8]. Ele rejeitava uma comunhão de mesa entre judeu-cristãos e gentio-cristãos (Gl 2,12a) e era aparentemente muito estimado entre os fariseus. Josefo relata que, após o martírio de Tiago no ano 62 d.C., os fariseus exigiram com forte exasperação o afastamento do responsável, o sumo sacerdote Anano[9]. Devemos considerar muito provável que os defensores da circuncisão para gentio-cristãos ao menos pudessem se sentir confirmados em sua postura pela atitude teológica de Tiago.

O CONTEÚDO DO PROBLEMA

O conteúdo do problema discutido na Convenção dos Apóstolos é óbvio: quais critérios precisam ser cumpridos para pertencer à comunidade eleita de Deus e para preservar simultaneamente a

---

[6] Cf. a respeito G. Lüdemann, Paulus II, pp. 73-84.
[7] Cf. a respeito também W. Kraus, Zwischen Jerusalem und Antiochia, pp. 134-139.
[8] Em EvT 12, ele aparece como "Tiago o Justo" (além disso, cf. Eusébio, HE II 1,3 etc.); para a análise das tradições de Tiago, cf. M. Hengel, "Jakobus der Herrenbruder – der erste 'Papst'?", in Idem, *Jakobus der Herrenbruder, Kleine Schriften III.* WUNT 141 (Tübingen: 2002), pp. 549-582; W. Pratscher, *Der Herrenbruder Jakobus und die Jakobustradition.* FRLANT 139 (Göttingen: 1987).
[9] Cf. Josefo, Ant 20,199-203; para a análise do texto, cf. G. Lüdemann, Paulus II, pp. 99-102.

continuidade com o Povo de Deus da primeira aliança[10]? A circuncisão, como sinal da aliança (cf. Gn 17,11) e, consequentemente, como sinal da pertença ao povo eleito de Deus[11], deve ser abrangente e fundamentalmente obrigatória para os gentio-cristãos? Um gentio precisa se tornar primeiro judeu para poder ser cristão? Desde a perspectiva judaica, uma pessoa tornava-se prosélita e, com isso, membro do Povo eleito de Deus, exclusivamente pela circuncisão e pelo banho ritual de imersão. Dessa maneira, desde a perspectiva estritamente judeu-cristã, era uma consequência lógica que exclusivamente o batismo em nome de Jesus Cristo e a circuncisão mediavam o novo *status* de salvação[12]. Portanto, os problemas discutidos na Convenção dos Apóstolos (e no incidente antioqueno) situam-se numa época em que a definição daquilo que caracterizava o cristianismo no plano ritual e social ainda não estava concluída e, consequentemente, também ainda não fixada. Nem os sinais de identidade cristãos ("*identity markers*") nem a conduta de vida que resultava disso ("*life-style*") estavam absolutamente esclarecidos. Comunidades gentio-cristãs podem ser reconhecidas da mesma maneira como comunidades judeu-cristãs que viviam em grande parte ainda dentro do âmbito da sinagoga? A união de povo e religião, constitutiva para a autocompreensão judaica, precisa ser abolida? O que opera a santificação e a pureza? Por meio de que os crentes em Jesus alcançam a participação do povo de Deus, como é que se tornam portadores das promessas da aliança de Deus com Israel? Em que medida sinais de identidade judaicos, como

---

[10] A linguagem paulina chama a atenção, pois o apóstolo usa constantemente ἐκκλησία (τοῦ) θεοῦ (cf., por exemplo, 1Ts 2,14; 1Cor 1,22; 10,32; 11,22; 15,9; 2Cor 1,1; Gl 1,13), mas "Povo de Deus" no sentido histórico-salvífico somente em citações do AT (cf. 1Cor 10,7; Rm 9,25s; 10,21; 11,1s; 15,10), embora a relação entre os crentes em Cristo e Israel seja um tema central de sua teologia; para o problema objetivo, cf. abaixo, Secção 21.1 (Palavras e metáforas básicas da eclesiologia paulina).

[11] Além disso, cf. O. Betz, Verbete "Beschneidung II", in *TRE* 5 (Berlim/Nova Iorque: 1980), pp. 716-722.

[12] Provavelmente não houve jamais uma conversão inteiramente válida para o judaísmo sem circuncisão; para a análise dos textos, cf. W. Kraus, Das Volk Gottes, pp. 96-107.

circuncisão, comunhão de mesa exclusiva com compatriotas e sábado devem valer também para as comunidades gentio-cristãs que estão se formando? A mudança de *status* fundamental que já ocorreu devido à fé em Cristo inclui outras mudanças de *status*? É possível encontrar regulamentos iguais para os crentes provenientes do judaísmo e do paganismo, ou é preciso tomar caminhos distintos? O batismo *e também* a circuncisão são ritos de iniciação obrigatórios para todos os crentes em Cristo, ou só/já o batismo possibilita a integração plena e definitiva no povo de Deus? Esses problemas surgiram devido ao trabalho missionário bem-sucedido da comunidade de Antioquia[13], especialmente devido à missão de Barnabé e de Paulo entre os gentios (cf. Gl 2,2c). No entanto, também fora de Antioquia houve já muito cedo uma missão aos gentios, como mostram a fundação da igreja de Roma e a atuação do alexandrino Apolo em Corinto (cf. 1Cor 3,4ss; At 18,24-28).

A solução desses problemas agravou-se pelo fato de que não se encontram na Torá afirmações inequívocas para a convivência entre judeus (judeu-cristãos) e gentios (gentio-cristãos) *fora de Israel*. As jovens comunidades de cristãos judeus e gentios eram uma grandeza *sui generis*; uma situação dessa espécie não estava prevista na Torá[14]. Sendo a instrução para Israel, a Torá não valia para gentios (cf. Ex 34,10-17; Lv 20,2-7); em momento algum ela exige a circuncisão ou a observância do sábado por gentios, tanto mais que as divindades de outros povos são aceitas como instituídos por YHWH (cf. Dt 4,19).

---

[13] Já não se pode responder a pergunta sobre desde quando esse trabalho missionário já estava acontecendo e por que o conflito surgiu exatamente naquele momento. T. HOLTZ, "Die Bedeutung des Apostelkonzils für Paulus", in Idem, *Geschichte und Theologie des Urchristentums*, pp. 159ss, supõe que a prática da acolhida de gentios sem circuncisão em Antioquia teria prevalecido apenas pouco antes da Convenção dos Apóstolos e que também Paulo teria realizado uma reviravolta radical nessa questão. No entanto, nem os Atos dos Apóstolos nem as cartas autênticas de Paulo confirmam essa visão.

[14] No Antigo Testamento e na literatura judaico-antiga, respectivamente, encontra-se apenas o pensamento de que também os gentios glorificarão e/ou adorarão o nome de YHWH (cf. Is 19,16-25; Ml 1,11; Sf 2,11; 3,9s; LibAnt 11,1s; Sib 3,716-720; Tb 14,6s).

Também a solução encaminhada no decreto dos apóstolos, de moldar a relação entre judeu-cristãos e gentio-cristãos em analogia à relação entre o povo de Israel e os "estrangeiros residentes" *na terra*, não podia ser uma solução permanente. Os mandamentos acerca dos estrangeiros (cf., ao lado de Lv 17s, especialmente Ex 12,43-49; 20,10; 23,12; Lv 16,29; 20,2; 22,18-20; 24,10-22; Nm 9,14; 15,30; 19,1-11) não possibilitam uma convivência em direitos iguais, mas estão marcados pelo conceito da subordinação.

O DECURSO

O decurso da Convenção dos Apóstolos pode ser deduzido em seus traços básicos de At 15,1-34 e Gl 2,1-10[15], embora os dois relatos difiram em seus pormenores:

1) Paulo e Barnabé atuam nas negociações em Jerusalém como representantes da comunidade antioquena (At 15,2.4/Gl 2,1.9).

2) O tema da conferência é a legitimidade fundamental e a realização prática da missão aos gentios livre da circuncisão (At 15,12/Gl 2,2.9).

3) Na Convenção, um grupo exige a circuncisão dos gentio-cristãos (Gl 2,4s: "os falsos irmãos"; At 15,5; "alguns que tinham sido da seita dos fariseus").

4) A conferência acontece em dois planos, no plano da comunidade (At 15,12/Gl 2,2a) e num círculo mais restrito (At 15,6: os apóstolos e anciãos reúnem-se; Gl 2,9: Paulo conversa com as "colunas"). Essa divisão determina também a descrição paulina da Convenção dos Apóstolos, pois Gl 2,3-5 refere-se aos acontecimentos da assembleia plenária, e Gl 2,6-10 cita os acordos com a liderança da comunidade primitiva de Jerusalém.

5) Segundo ambos os relatos, a missão aos gentios livre da circuncisão é reconhecida em princípio (At 15,10-12.19/Gl 2,9). No entanto,

---

[15] Um elenco dos elementos comuns e distintos entre Gl 2,1-10 e At 15 encontra-se em F. MUSSNER, Gal, pp. 128-132; G. LÜDEMANN, Das frühe Christentum, pp. 177-179.

neste ponto, a descrição lucana difere fortemente do relato de Paulo. Segundo Lucas, os hierosolimitanos vinculam sua aceitação básica da missão entre os gentios à exigência de que também os gentios têm que observar um mínimo de prescrições rituais (At 15,19-21.28-29; 21,25: abstenção de idolatria, de coisas sufocadas, de sangue, e fornicação). Essas quatro prescrições de abstenção orientam-se pelas prescrições para judeus e estrangeiros em Lv 17s e eram entendidas como modelo para a convivência entre judeu-cristãos e gentio-cristãos[16]. Lucas também não menciona o conflito em torno do gentio-cristão Tito (Gl 2,3), e ele desloca o acordo sobre a coleta (Gl 2,10; cf. At 11,27-30). Além disso, cabe a Paulo na abordagem lucana da Convenção dos Apóstolos apenas um papel de figurante, pois as verdadeiras decisões são tomadas por Pedro (At 15,7-11) e Tiago (At 15,13-21).

Muito diferente Gl 2,1-10, onde a decisão verdadeira é tomada na conversa entre Paulo, de um lado, e Tiago, Pedro e João, de outro. Enquanto At 15,5ss narra um esclarecimento discursivo dos problemas, Paulo já não faz do conteúdo de seu evangelho, recebido mediante uma revelação (cf. Gl 1,7.12), um objeto de debate. Ao contrário, ele enfatiza que as autoridades de Jerusalém reconheceram a qualidade teológico-revelatória de seu evangelho (cf. Gl 2,7: ἰδόντες; Gl 2,9: καὶ γνόντες τὴν χάριν τὴν δοθεῖσάν μοι)[17], de modo que este formou a base do acordo alcançado. Esse acordo contém, segundo Paulo, uma distribuição da missão mundial segundo aspectos etnográficos: "Nós pregaríamos aos gentios e eles para a Circuncisão" (Gl 2,9c). Dessa maneira, a Convenção dos Apóstolos confirma a legitimidade da missão aos gentios livre de circuncisão e, ao mesmo tempo, Paulo reconhece a legitimidade de uma missão judeu-cristã que considera a fé em Jesus Cristo e a observância das prescrições da Torá uma unidade.

---

[16] Para as exigências cúlticas mínimas na "Lei de Santidade" (Lv 17–26) para "estrangeiros" residentes na terra, cf. Lv 17,10-14; 18,6-18.26. A respeito do pano de fundo histórico-traditivo abrangente do Decretos dos Apóstolos, cf. J. WEHNERT, Reinheit, p. 235: "As análises individuais mostraram que podem-se derivar as quatro prescrições de abstinência do Decreto da terminologia dos targumim de Lv 17s, a saber, especialmente de uma tradição próxima a TPsJ."
[17] Cf. B. JÜRGENS, Zweierlei Anfang, pp. 214s.

Contudo, será que esse regulamento realizou a unidade do Povo de Deus?

O EVANGELHO DOS INCIRCUNCISOS E DOS CIRCUNCISOS

O εὐαγγέλιον τῆς ἀκροβυστίας ("o evangelho dos incircuncisos") de Paulo e o εὐαγγέλιον τῆς περιτομῆς ("o evangelho dos circuncisos") de Pedro em Gl 2,7 são idênticos em seus conteúdos? Devido aos v. 8.9c (εἰς τὰ ἔθεν - εἰς τὴν περιτομήν), os genitivos τῆς ἀκροβυστίας e τῆς περιτομῆς devem ser entendidos como: o evangelho para os incircuncisos – o evangelho para os circuncisos. Em termos de conteúdo devemos constatar nessas formulações grandes concordâncias: ambos os lados entenderam o cerne do evangelho certamente da maneira como é transmitido, por exemplo, em 1Cor 15,3b-5: ("[...] que Cristo morreu por nossos pecados, segundo as Escrituras, que foi sepultado e que foi ressuscitado ao terceiro dia, segundo as Escrituras, e que apareceu a Cefas, e depois aos Doze"). Além disso, sinais de identidade tipicamente judaicos permaneciam indiscutidos, como, por exemplo, o monoteísmo e numerosas advertências éticas. E finalmente, todos partiram da convicção de que, para as pessoas que criam em Jesus, a salvação podia ser alcançada somente em continuidade com Israel.

Não obstante, ao mesmo tempo não se pode passar precipitadamente por cima da diferença entre as duas formulações, pois, normalmente, Paulo usa o termo "evangelho de Cristo" (εὐαγγέλιον τοῦ Χριστοῦ, cf. Gl 1,7; além disso, 1,6.11.12) ou "evangelho de Deus" (εὐαγγέλιον θεοῦ)[18]. Provavelmente, Paulo reproduz com essas duas expressões aquela formulação que era o conteúdo do acordo entre os parceiros do trato da Convenção dos Apóstolos[19]. Particularidades de conteúdo e de linguagem apontam para o caráter tradicional de Gl 2,7s:

---

[18] Para εὐαγγέλιον τοῦ Χριστοῦ, cf., além disso, 1Ts 3,2; 1Cor 4,15; 9,12; 2Cor 2,12; 4,4; 9,13; 10,14; Rm 1,9; Fl 1,27, para εὐαγγέλιον τοῦ θεοῦ, cf. 1Ts 2,2.8.9; 2Cor 11,7; Rm 1,1; 15,16.19.

[19] O caráter não paulino de Gl 2,7s foi reconhecido por E. BARNIKOL, *Der nichtpaulinische Ursprung des Paralelismus der Apostel Petrus und Paulus* (Galater 2,7-8). FEUC 5

1) Somente aqui se encontra a justaposição de Paulo *versus* Pedro; em Gl 2,9, Paulo volta a usar o nome de Cefas.

2) Os termos εὐαγγέλιον τῆς ἀκροβυστίας e εὐαγγέλιον τῆς περιτομῆς aparecem em Paulo e em toda a literatura da Antiguidade somente em Gl 2,7.

3) Segundo seu estilo, Gl 2,7s (ὅτι πεπίστευμαι [...] εἰς τὰ ἔθνη) é uma parêntese. A diferença decisiva de conteúdo residia certamente na avaliação da importância salvífica da circuncisão e da subsequente abrangência da observância da Torá. No caso da circuncisão tratava-se de maneira alguma de um *adiáforon*, pois ela era o preâmbulo e a porta de entrada para a Lei (cf. Filón, SpecLeg 11ss). Ela documentava a posição particular de Israel entre as nações, garantia sua identidade (cf. Jub 15,25-34)[20] e separava-o simultaneamente de todas as nações (cf. Josefo, Ant. 1,192; Tácito, Histórias V 5,2). Para os judeu-cristãos rigorosos havia uma ligação natural entre a fé no messias Jesus de Nazaré, o sinal da eleição, isto é, da circuncisão, e a evidente observância da Torá. Para eles, o batismo não assumiu o lugar da circuncisão, a salvação não acontecia fora do âmbito da Lei. O incidente antioqueno, a posição de fariseus crentes em Cristo segundo At 15,1.5 e a exigência da circuncisão para os gentios em Gálatas e Filipenses apontam para

---

(Kiel: 1931), que considerou o texto uma interpolação pós-paulina (seguem-no H.-M. Schenk/K. M. Fischer, Einleitung I, p. 79s). Muitos exegetas, porém, consideram o núcleo de Gl 2,7s uma tradição pré-paulina; cf., por exemplo, E. Dinkler, "Der Brief an die Galater", in Idem, *Signum Crucis* (Tübingen: 1967), pp. 278-282; G. Klein, "Galater 2,6-9 und die Geschichte der Jerusalemer Urgemeinde", in Idem, *Rekonstruktion und Interpretation*. BEvTh 50 (Munique: 1969 [99-128]), pp. 110s; O. Cullmann, Verbete "Πέτρος", in *ThWNT* 6, nota 100; H. D. Betz, Gal, p. 186; G. Lüdemann, Paulus I, pp. 91-94, embora ele relacione Gl 2,7s com a primeira visita de Paulo a Jerusalém. A sequência dos textos paulinos é uma clara evidência contra essa teoria; Pedro como a primeira testemunha representa a missão aos judeus, Paulo, por sua vez, a missão aos gentios. F. Mussner, Gal, pp. 115-118; J. Rohde, Gal, pp. 88s, entre outros, consideram Gl 2,7s uma formulação paulina.

[20] Jub 15,25.26: "E este mandamento (isto é, a circuncisão) é para todas as descendências que haverá em eternidade. [...] E tudo que nasceu e cuja carne íntima não é circuncisa até o oitavo dia, não será dos filhos e filhas da ordem que o Senhor estabeleceu como aliança a Abraão [...]."

essa interpretação²¹. Diante disso, Paulo pode apontar à ostensiva atuação de Deus entre os gentios: ele elege sem acepção de pessoa (cf. Gl 2,6)²². Por meio do batismo e do recebimento do espírito, os gentios já são parte do Povo de Deus, com pleno valor e direitos iguais (cf. Gl 3,1-5.26-28; At 10,44-48); qualquer sinal adicional de legitimação poria em dúvida a atuação divina já acontecida entre os gentios. Dessa maneira, Tiago, Cefas e João reconhecem a graça conferida a Paulo (Gl 2,9a), e este aceita, ao lado da coleta para Jerusalém (Gl 2,10), o "evangelho da circuncisão". Já não se pode verificar com certeza se as formulações singulares em Gl 2,7 foram cunhadas dessa forma na Convenção dos Apóstolos ou se remontam ao próprio Paulo. No entanto, o decisivo para a interpretação é a percepção de que εὐαγγέλιον τῆς ἀκροβυστίας e εὐαγγέλιον τῆς περιτομῆς não são simplesmente idênticos e que não se trata nessa justaposição singular do evangelho paulino "uno"²³. Isso é indicado sobretudo pela expressão φοβούμενος τοὺς ἐκ περιτομῆς ("temor aos da circuncisão") em Gl 2,12. O "pessoal de Tiago" exige a observância do εὐαγγέλιον τῆς περιτομῆς, cujos "*identity markers*" foram superados por Pedro.

---

[21] Para a continuidade da presença de posições rigidamente judeu-cristãs na Ásia Menor, cf. IgnMagn 8-11; IgnFld 5-9.

[22] Não se pode deixar de perceber que as formulações vagas em Gl 2,6 ("... o que eram antigamente, não me interessa...") representam um distanciamento às "colunas" de Jerusalém; cf. B. JÜRGENS, Zweierlei Anfang, pp. 215s.

[23] Em geral, a exegese mais recente deixa de reconhecer o amplo alcance de Gl 2,7. A problemática permanece sem menção (cf. F. MUSSNER, Gal, pp. 115-117; U. BORSE, Gal, p. 89; H. D. BETZ, Gal, pp. 184-187) ou é reduzida para o nível de termos distintos sem contradição de conteúdo (cf. H. SCHLIER, Gal, p. 76; P. STUHLMACHER, Evangelium, p. 96 ["Portanto, se se tratar de formulações paulinas, permanece muito significativo que Paulo se vê em condições de subsumir sua própria mensagem e a de Pedro exatamente sob o mesmo termo. Portanto, para Paulo há somente um único evangelho, aquele que lhe foi revelado e incumbido por Deus."]; J. BECKER, Gal, p. 24; D. LÜHRMANN, Gal, p. 38; J. ROHDE, Gal, p. 87; R. N. LONGENECKER, Gal, p. 55). Cf., porém, G. THEISSEN, Judentum und Christentum bei Paulus, p. 339, nota 17: "Segundo os acordos na 'Convenção dos Apóstolos' nos anos 40, Paulo estava encarregado (só) com o evangelho para os gentios: será que o próprio Paulo não deve ter compartilhado, algum dia, a opinião de que sua renúncia a certas prescrições da lei como condição da entrada na comunidade valeria só para gentios, mas não para judeus?"

AS INTERPRETAÇÕES

Na Convenção dos Apóstolos, ambos os lados reconheceram que, por meio do evangelho, o Deus uno chama pessoas de maneiras distintas e que os crentes servem de maneira distinta à vontade de Deus[24]. Além disso, conceitos distintos de missão fizeram a Convenção dos Apóstolos acontecer e não foram uniformizados nele, mas reconhecidos como os respectivos modos de expressão legítimos da fé crista. *Na Convenção dos Apóstolos constatou-se o valor hierárquico igual, mas não a identidade dos dois evangelhos!*[25] Para Paulo, isso é natural já devido ao fato de que ele é o verdadeiro inovador; antes de Paulo e no tempo

---

[24] Já F. Chr. Baur, Paulus I, pp. 142s, reconheceu isto claramente: "Pois a κοινωνία era ao mesmo tempo uma separação; união havia somente no sentido de que uns valeriam εἰς τὰ ἔθνη e os outros εἰς τὴν περιτομήν, isto é, embora os apóstolos dos judeus não pudessem objetar nada contra os princípios nos quais Paulo apoiava sua atividade evangélica, eles precisavam aceitá-los nesse sentido, mas esse reconhecimento era apenas externo, com ele, eles deixaram continuar também futuramente sua atuação entre os gentios em prol da causa do evangelho, mas, para si mesmos, não queriam saber disso. Por isso, o território apostólico mútuo é rigidamente separado, há um εὐαγγέλιον τῆς περιτομῆς e um εὐαγγέλιον τῆς ἀκροβυστίας, uma ἀποστολή εἰς τὴν περιτομήν, e uma ἀποστολή εἰς τὰ ἔθνη, numa vale a lei de Moisés, na outra, ela não vale, mas ambas as coisas estão ainda lado a lado, sem mediação." A. Schweitzer, Mystik, p. 185, registra para os problemas da compreensão paulina da lei: "Ele achou totalmente correto e não nocivo à salvação que os fiéis do judaísmo continuassem a viver segundo a lei. Mas quando fiéis do gentilismo fazem o mesmo, ele o considera uma negação da cruz de Cristo." Muito adequado é também R. Meyer, ThWNT 6, 83: "Entretanto, Gl 2,7 permite vislumbrar que Jerusalém apenas tomou conhecimento da liberdade do Ἰουδαϊσμός e que as frentes foram mantidas, apesar de toda a lealdade. Agora se enfrentaram Paulo como o missionário do εὐαγγέλιον τῆς ἀκροβυστίας e Pedro como o do εὐαγγέλιον τῆς περιτομῆς, sem que fosse possível esclarecer a oposição teológica. Um entendimento que teria unido os dois partidos definitivamente, mas no qual um lado ou o outro tivesse que revisar sua postura teológica fundamentalmente, não aconteceu naquela época nem posteriormente." W. Schneemelcher, Das Urchristentum, p. 160: "Ao contrário, a decisão significa: entre os gentios, vocês têm permissão de renunciar à circuncisão, enquanto nós, os judeu-cristãos de Jerusalém, preservamos a circuncisão."

[25] Cf. A. Wehr. Petrus und Paulus, p. 53. Além disso, ele constata com razão: "Ao contrário, as pessoas envolvidas não só concordaram sobre diferentes de competência [...], como também sobre um conteúdo diferente do anúncio." J. Wehnert, Reinheit, p. 120, refer-se até mesmo a uma "decisão de separação".

de sua missão, a circuncisão, a observância da Torá e a fé no messias Jesus de Nazaré eram sinais evidentes da pertença ao Povo de Deus.

A valoração distinta da circuncisão[26] na Convenção dos Apóstolos deve se explicar também em razão das procedências distintas dos parceiros da negociação. Enquanto reinava no judaísmo palestino uma prática severa de circuncisão[27], na diáspora, apenas uma parte dos gentios atraídos afiliou-se legitimamente ao judaísmo através da circuncisão e um banho ritual de imersão (com sacrifício)[28]. Até mesmo parece ter havido uma pequena corrente no âmbito do judaísmo helenista da diáspora que considerava a renúncia à circuncisão uma posição dentro do judaísmo. Entre eles devem estar os alegoristas criticados por Fílon (Migr 89-93)[29], que apuravam das leis um sentido simbólico e negligenciavam a observância literal. No contexto da crítica a essa posição, Fílon menciona também a circuncisão: "Também pelo fato de que a circuncisão aponta para a necessidade de 'cortar fora' de nós todo prazer e desejo e de afastar o delírio ímpio de que o *noûs* conseguiria criar a partir de si mesmo algo próprio, não podemos abolir a lei dada acerca dela" (Migr 92). Embora Fílon não compartilhe a posição dos alegoristas a respeito de seus conteúdos, ele não está muito distante dela, como mostra QuaestEx II 2: "Prosélito não é quem é circuncidado no prepúcio, mas o (circuncidado) nos desejos e prazeres e outras paixões da alma (ὅτι προσήλυτός ἐστιν, οὐχ ὁ περιτμηθεὶς τὴν ἀκροβυστίαν ἀλλ' ὁ τὰς ἡδονὰς καὶ τὰς ἐπιθυμίας καὶ τὰ ἄλλα πάθη τῆς ψυχῆς). Pois no Egito, o povo hebreu não estava circuncidado (οὐ περιτέτμητο) e vivia não obstante em perseverança e firmeza, apesar de estar aflito com muitas aflições devido à crueldade costumeira dos nativos contra os forasteiros [...]."

A maior parte dos (antigos) gentios assumiu o monoteísmo e as normas éticas fundamentais, participava da liturgia sinagogal, aceitava ser instruída na Torá e observava partes importantes das leis acerca dos alimentos e do sábado, mas não assumia a circuncisão. Como σεβόμενοι ou φοβούμενοι τὸν θεόν,

---

[26] Cf. a respeito abrangentemente A. Blaschke, "Beschneidung. Zeugnisse der Bibel und verwandte Texte", in *TANZ* 28 (Tübingen: 1998).

[27] Cf., porém, 1Mc 1,15, onde se afirma sobre judeus helenizados em Jerusalém por volta de 175 a.C.: "Eles fizeram restabelecer seus prepúcios e, dessa maneira, renegaram a aliança sagrada" (cf. Josefo, Ant. 12,241); para a primeira parte do séc. II, tShab. 15,9 relata: "Nos dias de Ben Kozeba, muitos fizeram se circuncidar (pela segunda vez)" (citação segundo Billerbeck IV/1, p. 34).

[28] Cf. K. G. Kuhn/H. Stegemann, Verbete "Proselyten", in *PRE.S* IX, 1962, pp. 1257ss.

[29] Para a análise, cf. D. M. Hay, "Philo's References to other Allegorists", in *StPhilo* 6 (1979/80), pp. 41-75.

respectivamente, tornaram-se os primeiros adeptos da fé cristã entre os gentios (cf. At 10,2; 13,16.26; 16,14; 17,4.17; 8,7.13)[30]. Portanto, com sua renúncia à circuncisão para (gentio-)cristãos, o fariseu oriundo da diáspora está em continuidade com sua origem, e o mesmo vale para os adversários de Paulo.

Na perspectiva de Paulo, a Convenção dos Apóstolos não só sancionou irrestritamente a missão aos gentios livre de circuncisão, mas também confirmou, segundo a compreensão paulina, a posição particular do apóstolo dos gentios como parceiro igual das "colunas" hierosolimitanas. No entanto, essa interpretação da Convenção dos Apóstolos não estava absolutamente pacífica, como mostra o incidente antioqueno, ou seja, a posterior agitação de judaizantes nas comunidades paulinas, e especialmente a tradição lucana sobre o Decreto dos Apóstolos[31]. Enquanto Paulo considera em sua leitura os acordos da Convenção dos Apóstolos uma norma obrigatória, outras correntes dentro do cristianismo primitivo os entenderam meramente como uma concessão singular ou os interpretaram de maneira totalmente diferente. A existência lado a lado de conceitos de identidade que eram em última análise irreconciliáveis estava apenas registrada, mas não superada. Finalmente se deve lembrar também que a Convenção dos Apóstolos foi efetivamente apenas um encontro entre as comunidades de Jerusalém e de Antioquia; não temos notícias de outras comunidades aderiram aos resultados de Jerusalém. Dessa maneira existiam também após a Convenção dos Apóstolos pelo menos três posições distintas acerca da validade da Torá para gentio-cristãos:

1) liberdade da circuncisão e, com isso, liberdade efetiva da Torá, exceto o núcleo ético de seu conteúdo (Paulo; partes da comunidade de Antioquia? Apolo?);

---

[30] Além disso, cf. F. SIEGERT, "Gottesfürchtige und Sympathisanten", in *JSJ* 4 (1973), 109-164; B. WANDER, Gottesfürchtige und Sympathisanten. WUNT 104 (Tübingen: 1998).

[31] As cartas paulinas não evidenciam nenhum conhecimento do Decreto dos Apóstolos; se Paulo o conhecia é discutido (argumentam contra um conhecimento, entre outros, J. ROLOFF, Apg, p. 227; G. SCHNEIDER, Apg II, p. 189 A 3; H.-J. KLAUCK, 1Kor, pp. 75s; diferente, por exemplo, G. LÜDEMANN, Paulus I, pp. 95-101; J. ROHDE, Gal, pp. 99-101).

2) observância limitada da Torá sem circuncisão (Decreto Apostólico);

3) validade abrangente da Torá inclusive a circuncisão também para gentio-cristãos (contra-missionários cristão-primitivos na região da Galácia e de Filipos; partes da comunidade primitiva).

A FORMAÇÃO DOS DISTINTOS RELATOS

Como surgiram as versões distintas que Paulo e Lucas apresentam sobre a Convenção dos Apóstolos? Há muito tempo tem-se notado que as exigências rituais mínimas de At 15,20.29; 21,25 tocam o tema objetivo do incidente antioqueno:

1) Quais regras devem ser observadas por gentio-cristãos para alcançar o estado de pureza exigido por Deus? O Decreto Apostólico vê a solução desse problema na preservação de uma pureza mínima da parte dos gentio-cristãos.

2) Tiago formula em At 15,20 pela primeira vez o Decreto dos Apóstolos; segundo Gl 2,12 são "alguns de Tiago" que exigem em Antioquia a separação entre judeu-cristãos e gentio-cristãos.

3) A restrição do âmbito de vigor do Decreto dos Apóstolos em At 15,23 para Antioquia, Síria e Cilícia coincide com a área de missão antioquena/paulina (cf. At 13/14; Gl 1,21); a decisão tomada na Convenção dos Apóstolos sobre a liberdade da circuncisão para gentio-cristãos, porém, tem um caráter fundamental e não apresenta uma restrição geográfica. Por isso, é bem possível que Lucas tenha entretecido dois problemas originalmente separados[32]:

1) o regulamento estabelecido na Convenção dos Apóstolos, segundo o qual gentio-cristãos não precisam ser circuncidados;

2) o Decreto dos Apóstolos, formulado no contexto do incidente antioqueno, que visa regulamentar a convivência de judeu-cristãos e gentio-cristãos na área da missão antioquena/paulina.

Evidências desse processo manifestam-se claramente em At 15,1-29. Corresponde à redação lucana que, em referência a At 10,1-11,15,

---

[32] Cf. a argumentação exemplar em A. WELSER, Apg II, pp. 375-377.

Pedro é o primeiro a tomar a palavra, Tiago apresenta a seguir a solução do problema e Paulo fica praticamente calado[33]. O discurso de Pedro legitima mais uma vez, de modo fundamental e irrestrito, a legitimidade da missão aos gentios livre da circuncisão e sem qualquer condição (cf. At 15,10). Ele tem seu auge na afirmação que soa como se fosse paulina: "Ao contrário, é pela graça do Senhor Jesus que nós cremos ser salvos, da mesma forma que eles" (isto é, os gentio-cristãos). Pela boca de Pedro, a posição paulina legitima para gentio-cristãos a liberdade da circuncisão sem qualquer condição adicional e, dessa maneira, ela está em clara tensão ao Decreto dos Apóstolos subsequente. Também a argumentação de Tiago em At 15,19.28 permite ainda perceber que ele concordou na Convenção dos Apóstolos com a liberdade irrestrita da circuncisão para gentio-cristãos (v. 19: "Eis porque, pessoalmente, julgo que não se deva impor nenhum peso sobre aqueles que, dentre os gentios, se convertem a Deus, mas [...]"; v. 28: "De fato, o espírito santo e nós decidimos de não vos impor nenhum outro peso além [...]") e que o vínculo restritivo com o Decreto dos Apóstolos remonta a Lucas. Portanto, o substrato da tradição presente na versão lucana da Convenção dos Apóstolos confirma a versão paulina. Os parceiros de negociação foram Paulo, de um lado, e Tiago e Pedro, de outro. O resultado das negociações reza: gentio-cristãos não precisam ser circuncidados para serem membros plenos do Povo de Deus.

6.2 O incidente antioqueno

O incidente antioqueno ocorreu em proximidade objetiva (e temporal)[34] à Convenção dos Apóstolos. Na Convenção dos Apóstolos

---

[33] Somente em At 15,12, Barnabé e Paulo (nota-se a sequência!) relatam sobre seus sucessos missionários.

[34] Em Gl 2,11, o sinal linguístico ὅτε δέ indica que Paulo apresenta os eventos em ordem cronológica; cf. para a comprovação A. Wechsler, Geschichtsbild und Apostelstreit, pp. 297-305; J. Wehnert, Reinheit, pp. 120-123. No entanto, devemos supor certa distância temporal entre a Convenção dos Apóstolos e o conflito antioqueno, porque em Gl 2,7-9 Pedro aparece como representante do anúncio hierosolimitano entre os judeus; em Antioquia, porém, ele cultiva a comensalidade com gentio-cristãos.

reconheceram-se o conceito missionário da comunidade primitiva e a fundamental liberdade da circuncisão para gentio-cristãos, e decidiu-se uma divisão da área missionária; os problemas de comunidades *mistas* aparentemente não fizeram parte da pauta. Esses problemas irromperam em Antioquia, onde a comunhão de mesa entre judeu-cristãos e incircuncisos e, com isso, de gentio-cristãos impuros diante da lei judaica, era aparentemente uma prática natural.

CONCEITOS DIFERENTES DE PUREZA

Segundo Gl 2,11, Pedro participa em Antioquia nas comunhões de mesas mistas. Com isso, ele documenta que as prescrições judaicas sobre alimentos e pureza não valem para gentio-cristãos e que judeu-cristãos não podem simplesmente equiparar gentio-cristãos a gentios. Parece que essa postura liberal mudou da noite para o dia com a chegada de τινες ἀπὸ Ἰακώβου ("alguns [do lado] de Tiago"[35]). Pedro retirou-se e aboliu a comunhão alimentar com gentio-cristãos. Ele segregou-se, como recomenda Jub 22,16: "E também tu, meu filho Jacó, lembra-te de minha palavra e preserva os mandamentos de Abraão, teu pai! Separa-te das nações e não coma com elas e não atua conforme suas obras e não seja seu companheiro! Pois sua obra é impureza, e todos os seus caminhos estão maculados e são nulidade e abominação" (cf. também Dn 1,8ss; Tb 1,10-12; JosAs 8; Arist 139-142; 182s; 4Mac 1,33-35; Tácito, Histórias V 5,5; a respeito do caráter segregador da Torá, cf. 4Esd 10)[36]. Naquela época, as leis alimentícias (cf., por exemplo, Dt 14,3-21) eram um conteúdo central da compreensão judaica (e, com isso, também judeu-cristã) da lei[37]; sua mera existência

---

[35] A "gente de Tiago" não é idêntica aos "falsos irmãos" de Gl 2,4, pois eles aceitam os acordos do Convenções dos Apóstolos; cf. H. D. BETZ, Gal, pp. 203s, que, com razão, vê Tiago nos bastidores.

[36] Além disso, cf. BILLERBECK IV/1, pp. 374-378.

[37] Cf. a comprovação abrangente em CHR. HEIL, Die Ablehnung der Speisegebote durch Paulus, pp. 23-123 (cf. op. cit., p. 299: "O ambiente judaico de Paulo colocava os mandamentos alimentícios cúlticos como *pars pro toto* de toda a Torá").

levou a gente de Tiago a uma recusa de refeições comuns[38]. A transferência da exigência da separação cúltica de pessoas impuras para o relacionamento entre judeu-cristãos e gentio-cristãos teria equiparado os gentio-cristãos a gentios não crentes e, além disso, teria impossibilitado uma comensalidade entre os dois grupos na ceia do Senhor. Em Gl 2,12, Paulo indica como motivo desse comportamento de Pedro, que teve graves consequências: φοβούμενος τοὺς ἐκ περιτομῆς ("porque estava com medo dos da circuncisão"[39]). Ao que parece, a posição consequentemente judeu-cristã da comunidade primitiva sob liderança de Tiago motivou Pedro a essa mudança de conduta. Aparentemente, a tentativa de permanecer como cristãos dentro do judaísmo era para Tiago e seus seguidores somente possível numa consequente ligação à Torá. Embora Pedro tivesse abandonado essa posição em sua prática anterior em Antioquia (cf. também At 11,3), ele volta agora a aderir a ela. Por isso, Paulo o acusa de condenar a si mesmo com esse comportamento (Gl 2,11b). Esta inconsequência de Pedro fez com que também os outros judeu-cristãos, até mesmo Barnabé, deixassem-se arrastar para o fingimento e abandonassem a comunhão de mesa com os gentio-cristãos, até então praticada (Gl 2,13). Paulo avalia esse comportamento como inconsequência teológica, porque abole efetivamente a comunhão entre judeu-cristãos e gentio-cristãos. Por isso, Pedro, Barnabé e os outros judeu-cristãos não caminham segundo a verdade do evangelho (Gl 2,14), da mesma maneira como já antes, na Convenção dos Apóstolos, aqueles falsos irmãos que queriam impor a circuncisão para gentio-cristãos (cf. Gl 2,4s). O verbo ὀρθοποδέω ("caminhar no caminho [correto") e a expressão ἀλήθεια τοῦ εὐαγγελίου ("verdade do evangelho") mostram muito claramente que, tanto para

---

[38] Insuficiente é a suposição de J. D. G. DUNN, "The Incident at Antioch (Gal 2.11-18)", in *JSNT* 18 (1983), pp. 15s, de que a falta da arrecadação do dízimo teria motivado a gente de Tiago a sua intervenção.

[39] A expressão οἱ ἐκ τῆς περιτομῆς não designa um grupo a mais, mas a "gente de Tiago". O medo de Pedro pode ser explicado somente com o aparecimento de uma autoridade influente, a saber, exatamente os emissários de Tiago (cf. G. KLEIN, "Die Verleugnung des Petrus", in Idem, *Rekonstruktion und Interpretation*, p. 83, nota 205). Os οἱ λοιποὶ Ἰουδαῖοι em Gl 2,13 são judeu-cristãos de Antioquia.

Paulo como para seus adversários, questões práticas e teológicas se entrelaçaram constantemente. A verdade do evangelho não exige a obrigatoriedade das exigências da lei judaica para gentios (cf. Gl 2,5.14). Por isso, Paulo diz na cara de Pedro: "Se tu, sendo judeu, vives à maneira dos gentios e não dos judeus, como podes forçar os gentios a viver conforme o costume judeu?" Os judeus não devem ser motivados a abandonar seu modo de vida, mas ao mesmo tempo vale também que não se deve impor aos gentios ἰουδαΐξειν ("viver de maneira judaica, judaizar"). Segundo o contexto, obrigar os gentios a viver conforme os costumes judaicos (v. 12: συνήσθιεν) deve-se referir principalmente à observância de leis alimentícias judaicas. A proximidade ao Decreto dos Apóstolos é óbvia; fica duvidoso, porém, se o Decreto dos Apóstolos autorizado por Tiago foi o momento provocador[40] ou a consequência[41] do conflito antioqueno. Contudo, é evidente que o conflito antioqueno levou a uma separação de Barnabé e da missão antioquena (cf. Gl 2,13/At 15,39), em cuja esfera de influência devia valer o Decreto dos Apóstolos (At 15,23).

Paulo e seus contraentes distinguem-se menos no conteúdo material do que na respectiva estrutura justificadora de seu conceito de pureza[42]. Paulo exige de suas comunidades uma santificação da vida que se realiza principalmente na evitação da πορνεῖα ("fornicação"; cf. 1Ts 4,3s.7: 1Cor 1,30; 2Cor 12,21; Gl 5,19; Rm 1,24; 6,19.22). Em 1Ts 4,7 ("Pois Deus não nos chamou para a impureza, mas sim para a santidade") e Rm 6,19 aparece ἁγιασμός ("santificação") como contratermo de ἀκαθαρσία ("impureza"), de modo que, em Paulo, a santificação inclui o aspecto da pureza. A base dessa exigência de pureza não é a Torá, mas a separação do poder do pecado no batismo (cf. 1Cor 6,11; 2Cor 1,21s). Ao contrário disso, o conceito de pureza pressuposto no Decreto dos Apóstolos aparece como *additum* ao batismo e, dessa maneira, reduz seu significado exclusivo.

---

[40] Assim, por exemplo, J. WEHNERT, Reinheit, pp. 126ss.
[41] Assim, por exemplo, F. HAHN, "Die Bedeutung des Apostelkonvents für die Einheit der Christenheit", in Idem, *Exegetische Beiträge*, p. 107.
[42] Cf. J. WEHNERT, Reinheit, pp. 255s.

A PERSPECTIVA DA ABORDAGEM

A formulação retórica da abordagem paulina do incidente antioqueno mostra claramente que Paulo relata os acontecimentos em Antioquia à luz da crise galaciana. Com Gl 2,14, Paulo passa para o tema do conflito atual com a igreja galaciana. A "gente de Tiago" não exigia um ἰουδαΐζειν dos gentio-cristãos no sentido abrangente[43], mas somente de Pedro e de outros judeu-cristãos a separação dos gentio-cristãos (cultualmente impuros). Os adversários na Galácia, porém, tentaram estabelecer para os gentio-cristãos o *status* de prosélitos e obrigá-los a observar o modo de vida judaico.[44] Também Gl 2,15 refere-se à situação atual na Galácia[45]. Paulo recapitula a compreensão judaica (e judeu-cristã), em cuja base aconteceu tanto a separação em Antioquia como a agitação na Galácia. Assim como Pedro e os outros judeu-cristãos, Paulo pertencia por nascimento ao Povo Eleito (ἡμεῖς φύσει Ἰουδαῖοι); todos eles pertencem aos justos, enquanto os gentios pertencem *eo ipso* aos pecadores. Essa compreensão judaica "natural" é superada e relativizada depois, quando Paulo acrescenta de modo adversativo[46]: "Sabendo, entretanto, que um ser humano não se justifica pelas obras da Lei, mas pela fé em Jesus Cristo, nós também chegamos à fé em Cristo Jesus, para sermos justificados pela fé em Cristo e não pelas obras da Lei, porque pelas obras da Lei nenhuma carne será justificada" (Gl 2,16). Com a expressão ἐξ ἔργων νόμου οὐ δικαιωθήσεται πᾶσα σάρξ (Gl 2,16d), Paulo vai muito além dos acordos na Convenção dos Apóstolos e da questão polêmica do incidente antioqueno. O acordo em Gl 2,9d (ἡμεῖς εἰς τὰ ἔθνη αὐτοὶ δὲ εἰς τὴν περιτομήν) abrange a liberdade da circuncisão para gentio-

---

[43] O verbo ἰουδαΐζειν inclui o compromisso com a Torá inteira, inclusive a circuncisão; cf. H. D. BETZ, Gal, p. 211, nota 485. Nesse sentido, ἰουδαΐζειν não pode ser restrito ao Decreto dos Apóstolos, mas visa claramente todo o conflito galaciano.

[44] Cf. U. WILCKENS, Was heißt bei Paulus: "Aus Werken des Gesetzes wird kein Mensch gerecht"?, pp. 86s.

[45] Cf. A. WECHSLER, Geschichtsbild und Apostelstreit, pp. 376ss.

[46] Cf. U. WILCKENS, Was heißt bei Paulus: "Aus Werken des Gesetzes wird kein Mensch gerecht"?, p. 88; A. WECHSLER, Geschichtsbild und Apostelstreit, pp. 378s.

cristãos, mas, ao mesmo tempo, Paulo aceita também o vínculo fundamental dos judeu-cristãos com a observância da Torá. Ele assume essa mesma postura no incidente antioqueno, pois ele não critica o pessoal de Tiago, mas apenas o comportamento contraditório de Pedro e de seus imitadores[47]. Tanto na Convenção dos Apóstolos como no incidente antioqueno trata-se exclusivamente da esfera de vigor da Torá para não-judeus e as consequências que surgem disso[48]. O *status* dos judeu-cristãos permaneceu inalterado; o conteúdo do debate foi exclusivamente o *status* ritual dos gentio-cristãos. A doutrina exclusiva da justificação das Cartas aos Gálatas e aos Romanos dá um passo decisivo a mais, ao problematizar a esfera de vigor da Torá também para judeu-cristãos. Não existe um *status* especial concedido por meio da circuncisão; diante de Deus, os judeu-cristãos e os gentio-cristãos estão na mesma situação. A afirmação fundamental de Gl 2,16d, de que nenhum ser humano pode se justificar pelas obras da lei/Torá, não foi nem podia ser defendida por Paulo, nem na Convenção dos Apóstolos em Jerusalém nem em Antioquia! Dificilmente se teria chegado a um acordo se Paulo já então tivesse defendido o significado da Torá também para os judeu-cristãos que ele expõe em Gl 3 ou na tese de ponta em Rm 3,21a: νυνὶ δὲ χωρὶς νόμου δικαιοσύνη θεοῦ περφανέρωται ("Agora se manifestou a justiça de Deus sem a Lei"). Pois, afinal de tudo, é a dádiva da Torá que cria a eleição e a justiça (Dt 4,8: "E qual a grande nação que tenha estatutos e normas tão justas como toda esta Lei que eu vos proponho hoje?"). Afinal de tudo, as leis são de

---

[47] diferente H. Räisänen, Paul and the Law, pp. 256-263, que considera o incidente antioqueno uma potencialização do desenvolvimento restaurativo que começa com a Convenção dos Apóstolos. Ele pensa "that the Antiochian episode reveals us a great deal of how Paul's 'final' theology of the law took shape" (que o episódio antioqueno nos revela uma boa parte do modo como se formou a teologia paulina 'final' da lei; op. cit., p. 259)

[48] H. Hübner, Biblische Theologie II, p. 51, deixa de considerar isto quando afirma que Paulo teria "defendido já no sínodo missionário a liberdade fundamental da lei". Hübner precisa imputar a Paulo uma interpretação equivocada da Convenção dos Apóstolos (cf. op. cit., pp. 31s.34), porque ele, por sua vez, imputa ao apóstolo a doutrina de justificação da Carta aos Gálatas já na época da Convenção dos Apóstolos.

fácil cumprimento, e Israel elege o caminho da vida quando se submete à bênção da Torá (Dt 30,11-14: "Porque este mandamento que hoje te ordeno não é excessivo para ti nem está fora do teu alcance. Ele não está no céu, para que fiques dizendo: 'Quem subiria por nós até o céu, para trazê-lo a nós, para que possamos ouvi-lo e pô-lo em prática?' E não está no além-mar, para que fiques dizendo: 'Quem atravessaria o mar por nós, para trazê-lo a nós, para que possamos ouvi-lo e pô-lo em prática?' Sim, porque a palavra está muito perto de ti: está na tua boca e no teu coração, para que a ponhas em prática."). As "colunas" não poderiam ter dado a mão a Paulo e concordado com ele, se ele tivesse afirmado já na Convenção dos Apóstolos que a Torá seria secundária em relação à promessa, tanto em termos de tempo como de conteúdo (cf. Gl 3,17.19), que ela teria uma função escravizadora, (cf. Gl 3,23s), que a Torá traria (unicamente) o conhecimento do pecado (Rm 3,20b), ou, respectivamente, que a Torá como o pressuposto das transgressões se teria (apenas) "enfiado no meio" (Rm 5,20). Também a história da teologia e missão do cristianismo primitivo recomenda essa interpretação. No início havia a união entre a fé em Cristo e a observância da Torá; o inovador Paulo não a questionou em relação aos judeu-cristãos. Ele tão somente se negou a torná-la obrigatória também para gentio-cristãos. Por isso é também inadequado construir uma ligação entre o surgimento da doutrina paulina exclusiva da justificação nas Cartas aos Gálatas e aos Romanos e a Convenção dos Apóstolos ou o incidente antioqueno[49]. A tese fundamental de Gl 2,16 não corresponde nem ao resultado da Convenção dos Apóstolos nem reflete a questão que era o objeto do incidente antioqueno. Naquela época, Paulo defende a liberdade da circuncisão (sob observância do cerne ético da Torá) que era evidente para suas comunidades, mas reconhece simultaneamente o vínculo entre os judeu-cristãos e a Torá. Muito diferente disso, para o Paulo na época da redação da Carta aos Gálatas existe somente um único evangelho, a saber, seu evangelho crítico à lei/Torá e destinado *tanto* a gentios *como* a judeus.

---

[49] Cf. a respeito abaixo, Secção 11.5 (Doutrina de justificação inclusiva e exclusiva em Paulo).

Como reação ao questionamento de seu trabalho missionário, Paulo amplia seu conceito de identidade, pois agora não compete à Torá um significado constitutivo nem em relação a judeus (judeu-cristãos) nem a gentios (gentio-cristãos).

Capítulo 7
A MISSÃO INDEPENDENTE DE PAULO: O VULCÃO ENTRA EM ERUPÇÃO

Também homens fazem história. Embora Paulo não seja o segundo fundador do cristianismo, sem seu engajamento e suas capacidades, dificilmente um movimento judaico de renovação teria se transformado com uma rapidez estonteante em uma atraente religião mundial.

7.1 Os pressupostos do trabalho missionário de Paulo

Os acontecimentos em torno da Convenção dos Apóstolos e do conflito antioqueno levaram à separação de Paulo e Barnabé e à desvinculação definitiva do apóstolo da missão antioquena. Neste contexto, a descrição de Atos deve ser classificada como a-histórica, em dois sentidos:

1) o conflito em torno de João Marcos (cf. At 15,36-39), que parece pertencer ao âmbito pessoal, dificilmente pode ter sido o motivo verdadeiro para a separação de Paulo e Barnabé. Mais provável é a suposição de que ele tenha sido provocado pelo incidente antioqueno, pois, ao que parece, Paulo e Barnabé defendiam conceitos diferentes de pureza.

2) Em At 16,4, Paulo aparece como o principal protagonista do Decreto dos Apóstolos que, desde a perspectiva lucana, possui agora uma validade que ultrapassa a esfera de influência da missão antioquena mencionada em At 15,23. Não é possível dizer com certeza se Paulo conhecia o Decreto dos Apóstolos; sua reação no conflito antioqueno,

porém, leva a supor que sim, pois ele rejeita categoricamente o conceito de pureza que está por trás do Decreto dos Apóstolos. Paulo separou-se de Barnabé provavelmente porque ele, à diferença de Barnabé, não aceitava o Decreto dos Apóstolos que vigorava na região de missão antioquena. O curso dos acontecimentos levou Paulo cada vez mais para o oeste. Fortalecido pelas decisões da Convenção dos Apóstolos, e sem lar devido ao vigor do Decreto dos Apóstolos em suas antigas regiões de trabalho, Paulo começou então, por volta do fim do ano 48, a empreender uma missão independente.

O GREGO, UMA LÍNGUA MUNDIAL

As condições externas para essa atuação missionária eram muito boas[1], pois o Império Romano do séc. I d.C. dispunha de uma *infraestrutura de comunicação* bem desenvolvida, possibilitada principalmente pela situação linguística. Especialmente dois achados epigráficos mostram que na Palestina do séc. I d.C. se sobrepunham duas *linguae francae*[2]. Ao lado do aramaico, o grego *koiné* estava muito difundido, e até nas camadas mais baixas da população falava-se grego[3]. Uma situação linguística comparável encontrava-se na Síria onde dominavam igualmente o aramaico e o grego[4]. Depois da campanha

---

[1] Cf. a respeito também A. v. HARNACK, Mission und Ausbreitung des Christentums I, pp. 23-27. As condições gerais histórico-culturais da missão cristã primitiva são esboçadas em W. SPEYER, "Hellenistisch-römische Voraussetzungen der Verbreitung des Christentums", in J. BEUTLER (org.), *Der neue Mensch in Christus*, pp. 25-35: decadência da cultura greco-romana clássica, desenvolvimento para o monoteísmo, o conceito da origem divina de um ser humano especial, importância da ética.

[2] Cf. H. B. ROSÉN, "Die Sprachsituation im Römischen Palästina", in G. NEUMANN/J. UNTERMANN (org.), *Die Sprachen im Römischen Reich der Kaiserzeit* (Colônia/Bonn: 1980, pp. 215-239; A. R. MILLARD, Pergament und Papyrus, Tafeln und Ton. Lesen und Schreiben zur Zeit Jesu (Giessen: 2000), pp. 81-114.

[3] Cf. H. B. ROSÉN, op. cit., pp. 236s.

[4] Cf. R. SCHMITT, "Die Ostgrenze von Armenien über Mesopotamien, Syrien bis Arabien", in G. NEUMANN/J. UNTERMANN (org.), *Die Sprachen im Römischen Reich der Kaiserzeit* (Colônia/Bonn: 1980), pp. 198-205.

militar de Alexandre Magno, a Ásia Menor estava sob influência grega, de modo que o grego determinava completamente o rosto linguístico da Ásia Menor do séc. I d.C.[5]. Ao lado dela estavam sobrevivendo meramente dialetos locais (cf., por exemplo, At 2,5-11; 14,11). A situação linguística na Grécia estava inequívoca; em contraste, porém, é difícil avaliar a situação na Itália e em Roma. Tanto os romanos educados como o imenso número de escravos trazidos a Roma desde a parte oriental do Império dominavam o grego [N. da Ta.: adaptação do original conforme a lógica, pois gramaticalmente se afirma que os romanos educados dominavam 1. o grego e 2. seus escravos.] Dessa maneira podemos contar, num sentido um tanto restrito, também para Roma com uma situação bilingue[6]. Portanto, em "seu" mundo, Paulo podia se servir de um único idioma e alcançar por meio dele todas as camadas socais. Também a língua da diáspora judaica na região do Mediterrâneo era o grego. Ao lado de Paulo e de outros autores neotestamentários deve-se mencionar aqui principalmente Fílon que designava o grego como "nossa língua"[7].

POSSIBILIDADES DE VIAGEM

Além disso, as excelentes possibilidades de viagem no Império Romano do séc. I d.C. facilitavam a atuação missionária de Paulo[8].

---

[5] Cf. G. Neumann, "Kleinasien", in G. Neumann/J. Untermann (org.), *Die Sprachen im Römischen Reich der Kaiserzeit* (Colônia/Bonn: 1980), pp. 167-185.

[6] Cf. I. Kajanto, "Minderheiten und ihre Sprachen in Rom", in G. Neumann/J. Untermann (org.), *Die Sprachen im Römischen Reich der Kaiserzeit* (Colônia/Bonn: 1980), pp. 84ss. Para o significado do grego como língua internacional no Império Romano, cf. op. cit., pp. 121-145. Um exemplo instrutivo oferece-se em Josefo, Bell. 1,3, que escreve grego para alcançar também os leitores em Roma. Além disso, cf. Cícero, Pro Arch 23: "Pois quando alguém pensa que versos gregos trazem um menor tributo de fama do que latinos, está muito enganado; pois livros gregos são lidos em quase todos os países, mas os latinos, por sua vez, estão restritos à área onde se fala esta língua e que é relativamente pequena."

[7] Cf. Fílon, Congr. 44.

[8] Um bom panorama com integração da literatura encontra-se em R. Riesner, Frühzeit des Apostels Paulus, pp. 273-282.

A malha viária abrangia em torno de 300.000 quilômetros, e 90.000 km disso eram estradas bem construídas[9]. A qualidade dessa malha viária é atestada pelo fato de que ela permaneceu intacta até a Idade Média e que uma parte é transitável até hoje, ao menos a pé. Paulo e seus colaboradores viajavam a pé ou usavam o navio; no caso de Paulo, o Novo Testamento não relata viagens de carruagem. Viajando por terra em terreno normal, podia se fazer em torno de 30 quilômetros por dia[10]. Navios podiam alcançar uma velocidade média de 4,5-6 nós quando o vento era favorável, de modo que era possível, por exemplo, viajar em 45 dias de Corinto para o porto romano Puteoli. No séc. I d.C. havia amplas atividades de viagens. Comerciantes viajavam do mesmo modo como pessoas interessadas na cultura; ambulantes das mais diversas profissões iam de cidade em cidade, e viagens de peregrinação eram muito comuns, não só entre os judeus da diáspora[11]. Além disso, a imagem e fama de missionários era em grande parte determinada pelos pregadores itinerantes cínicos[12]. Eles andavam em todas as partes do mundo helenístico-romano e pregavam sua mensagem da renovação moral[13] principalmente nas ruas e praças e na frente de teatros e templos; assim como aconteceu com Paulo, seu campo mais próprio de missão eram as cidades[14]. Frequentemente

---

[9] Cf. R. Reck, Kommunikation und Gemeindeaufbau, p. 82.
[10] Cf. R. Reck, op. cit., p. 86; R. Riesner, Frühzeit des Apostels Paulus, p. 277, conta apenas com 20 até 30 km.
[11] Cf. a respeito L. Friedlaender, Sittengeschichte Roms, pp. 389-488; M. Giebel, Reisen in der Antike (Darmstadt: 1999), pp. 131-214.
[12] Para o cinismo, cf. D. R. Duoley, A History of Cynicism (Hildesheim: 1967 [=1937]); uma introdução encontra-se em H.-J. Klauck, Umwelt des Urchristentums II, pp. 107-113; o estado da pesquisa atual está documentado em R. Bracht Branham/ M.-O. Goulet-Cazé (org.), The Cynics. The Cynic Movement in Antiquity and Its Legacy (Berkeley: 1996).
[13] E. Zeller, Grundriss der Geschichte der Griechischen Philosophie (Leipzig: 1914), p. 123, caracteriza os cínicos com razão como "pregadores da moral e médicos da alma voluntários".
[14] Cf. Dio Crisóstomo, Or. 32,9: "Depois há na cidade um número não sem importância dos assim chamados cínicos, e, como acontece com todos os outros, também no caso deles, a procura é enorme – uma geração bastarda primitiva de seres humanos que, por assim dizer, não sabem nada e não tem nada para viver. Em encruzilhadas, recantos estreitos e portas de templo, eles reúnem meninos de rua,

chamavam a atenção com sua aparência não-convencional (manto, alforje, caiado, cabelo comprido e malcuidado), mas principalmente com sua abordagem de temas e problemas atuais da vida cotidiana, e não raramente atraíam sobre si a inimizade dos governantes[15]. Muitos filósofos itinerantes não tinham moradia fixa, viajavam descalços, mendigavam e dormiam no chão de edifícios públicos. Dessa maneira, a simultaneidade de pregação itinerante e anúncio público na Antiguidade não era um distintivo só da missão cristã.

DIVERSIDADE RELIGIOSA

Também a diversidade e abertura religiosas no Império Romano do séc. I d.C. eram um aspecto favorável à difusão do cristianismo. Por via de regra, romanos e gregos não duvidavam da existência de outras divindades[16], e este era um fator que possibilitava a existência lado a lado e a fusão de religiões. Por exemplo, os cultos de mistério gregos (Eleusis, Dionísio, Átis) estavam abertos para a integração de divindades egípcias (Osíris, Ísis, Serápis) e orientais (Mitras)[17]. As divindades romanas e gregas clássicas eram em parte identificadas com esses novos deuses, e ao lado disso ganharam em importância

---

marinheiros e outro povo dessa espécie, enganam-nos, fazem uma gracinha e piada após a outra e lhes oferecem respostas que podem ser encontradas na feira"; além disso, cf. Luciano, Fugitivi 16: "Cada cidade, então, está repleta de tal fraude, especialmente daqueles que foram registrados em Diógenes, Antístenes e Crates e que servem sob a bandeira do 'cão' [...]."

[15] Além disso, cf. W. L. Liefeld, The Wandering Preacher as a Social Figure in the Roman Empire (Ann Arbor: 1967).

[16] Para a história da religião grega, cf. M. P. Nilson, Geschichte der griechischen Religion I.II (Munique: ³1967.²1961); para a história da religião romana, cf. G. Wissowa, Religion und Kultus der Römer (Munique: ²1912); J. Rüpke, Die Religion der Römer (Munique: 2001).

[17] F. Cumont, Die orientalischen Religionen im römischen Heidentum (Darmstadt: ⁷1975 [= ³1931]); além disso, cf. R. Merkelbach, Mithras (Meisenheim: 1984); Idem, Die Hirten des Dionysos (Stuttgart: 1988); Idem, Isis Regina – Zeus Sarapis (Stuttgart/ Leipzig: 1995); W. Burkert, Antike Mysterien (Munique: ²1991); D. Zeller, Verbete "Mysterien/Mysterienreligionen", in TRE 23 (Berlim/Nova Iorque: 1994), pp. 504-526; H.-J. Klauck, Umwelt des Urchristentums I, pp. 77-128.

divindades de cura como, por exemplo, Asclépio. No âmbito desse sincretismo cabia finalmente um papel importante ao culto solar e dos astros, bem como à magia e à fé em milagres[18]. Havia muitas visitas a sítios de oráculos[19] e uma ampla difusão da fé neles. Essa diversidade religiosa não se desenvolvia apenas numa camada específica, mas comerciantes, soldados e mercenários, escravos e viajantes propagavam todos suas respectivas divindades e organizavam-se em associações cúlticas privadas.

A PAX ROMANA

Os romanos procuravam limitar e canalizar as numerosas correntes religiosas e culturais dentro de seu Império mediante um laço unificador: a *Pax Romana*[20]. No centro desta ideologia estava desde Augusto[21] a pessoa do imperador que, como *pontifex maximus* (supremo pontífice), garantia a existência e a coesão do Império Romano no sentido do direito sacro, mantinha a sociedade unida e garantia com sua política sábia a paz e o bem-estar[22]. Baseada no poder militar, a *pax romana* fornecia a união política do Império, a base para o crescimento econômico e a estabilidade legal e jurídica. A paz exterior permitia uma infraestrutura intacta e um comércio lucrativo entre o oriente e o ocidente do Império, e isso fazia com que a difusão do evangelho

---

[18] G. LUCK, Magie und andere Geheimlehren in der Antike (Stuttgart: 1990).
[19] Cf. a respeito M. GIEBEL (org.), Das Orakel von Delphi. Geschichte und Texte (Stuttgart: 2001).
[20] Cf. a respeito K. WENGST, Pax Romana, pp. 19-71.
[21] Cf. como modelo as Res gestae de Augusto; para o desenvolvimento religioso de Otaviano/Augusto, cf. M. CLAUSS, Kaiser und Gott, pp. 54-75; K. CHRIST, Geschichte der römischen Kaiserzeit, pp. 158-168.
[22] Cf., por exemplo, Sêneca, Clem. II 1, onde ele diz de Nero: "Esta mansidão de tua atitude será divulgada e pouco a pouco difundida em todo o organismo gigantesco do Império, e tudo se formará a tua semelhança. Da cabeça emana boa saúde para todas as partes do corpo; tudo está vivo e bem tencionado ou relaxado em frouxidão, de acordo com seu espírito vivaz ou frouxo. Cidadãos, aliados serão dignos de tua bondade, e no mundo todo voltarão os bons costumes; em todas as partes serão temidas tuas mãos."

experimentasse uma poderosa promoção por comerciantes, viajantes e escravos. Vinculava-se ao florescimento econômico também uma mobilidade social, as divisas entre as camadas sociais tornavam-se mais permeáveis, e havia possibilidades de ascensão social para as camadas mais baixas[23]. Paulo respeitava a *pax romana* (cf. Rm 13,1-7), pois era um pressuposto essencial da missão primitiva bem-sucedida: era muito natural cruzar âmbitos de idiomas e culturas diferentes, e, dessa maneira, novas opiniões encontravam rapidamente ouvintes interessados. Abaixo do limiar crítico que o culto ao imperador significava para os cristãos, a *pax romana* era a condição para os sucessos da missão cristã-primitiva.

O JUDAÍSMO DA DIÁSPORA

Dentro desse ambiente complexo, o judaísmo preservou seu caráter de religião nacional e se tornou justamente assim o primeiro destinatário do cristianismo missionário. No séc. I d.C. pertenciam à diáspora judaica[24] aproximadamente 5-6 milhões de pessoas[25]. A maioria dos judeus fora da Palestina vivia no Egito, e Fílon indica seu número com um milhão[26]. Outros centros dos judeus eram a Cirene, a Síria e a Fenícia. Especialmente em Antioquia e Damasco existiam grandes comunidades judaicas. Na Ásia Menor não havia quase nenhuma cidade sem uma comunidade judaica. Centros do judaísmo da diáspora eram, por exemplo, Pérgamo, Esmirna, Éfeso e naturalmente Tarso. Também na Grécia, no sul da Itália e em Roma encontravam--se importantes comunidades judaicas. O centro das comunidades da

---

[23] Cf. a respeito H. GÜLZOW, "Pontifikalreligion und Gesellschaft", in Idem, *Kirchengeschichte und Gegenwart*, pp. 13-34.
[24] J. MAIER, Zwischen den Testamenten, pp. 176-183.
[25] Para os números, cf. A. KASHER, Verbete "Diáspora I/2", in TRE 8 (Berlim/Nova Iorque: 1981), pp. 711s; H. CONZELMANN. Heiden, Juden, Christen, p. 18; A. BEN-DAVID, Talmudische Ökonomie (Hildesheim: 1974), pp. 41-57; G. STEMBERGER, Verbete "Juden", pp. 172s.
[26] Cf. Fílon, Flacc. 43; para a difusão do judaísmo, cf. G. STEMBERGER, Verbete "Juden", pp. 162-165.

diáspora era no séc. I d.C. a *sinagoga*[27]. Nas grandes cidades, a sinagoga encontrava-se no meio do bairro judaico ou ao menos em ruas judaicas. Segundo as descrições de Atos, ao chegar numa cidade, Paulo dirigia-se sempre primeiro à sinagoga e tinha ali os primeiros sucessos missionários (cf. At 9,20; 13,5.14-43; 14,1s; 16,13s; 17,1-3; 18,4; 19,8). Esse procedimento era óbvio, pois sendo um judeu da diáspora, Paulo estava familiarizado com as estruturas de comunicação da sinagoga, e o cristianismo em formação estava apenas começando a desvincular-se do judaísmo[28]. A sinagoga era o centro de todas as atividades da comunidade judaica. Aqui, as pessoas reuniam-se para a liturgia comum[29] de oração, leitura das Escrituras, discurso explicativo e bênção, e ali aconteciam também reuniões da comunidade e outros encontros. A importância da sinagoga como um centro cultural e comunicativo aumentava ainda quando existiam bibliotecas, escolas, instalações de hospedagem e asilos para idosos. As peregrinações da diáspora para Jerusalém promoviam não só a solidariedade e o vínculo com o templo e a cidade santa, mas eram também o meio de uma viva troca de notícias entre a Palestina e os distintos centros da diáspora. É possível que os judeus da diáspora realizassem também atividades missionárias, pois isso é indicado por Mt 23,15 e Horácio, Sermones I 4,142s. Para todos os efeitos, o sistema de comunicação já existente nas comunidades da diáspora judaica oferecia a Paulo a primeira oportunidade de anunciar sua nova mensagem. Entre os destinatários desse anúncio estavam, ao lado de judeus natos e prosélitos, principalmente os tementes a Deus. Paulo deve ter alcançado grandes sucessos missionários no âmbito desses círculos, pois o cristianismo oferecia-lhes – assim como o judaísmo – uma doutrina monoteísta e uma ética

---

[27] Cf. a respeito G. STEMBERGER, Verbete "Juden", pp. 169s.182s.194s.211-213.
[28] E. P. SANDERS, Paulus, 29s, objeta contra a abordagem dos Atos dos Apóstolos que a problemática de Israel desempenha nas cartas paulinas (exceto Rm 9–11) um papel secundário. "Se ele tivesse pregado nos vinte anos passados em sinagogas, um ou outro reflexo dessas tentativas se encontraria nas cartas dirigidas a suas comunidades [...]. Portanto, parece que devemos imaginar que Paulo pregou diretamente aos gentios."
[29] Cf. a respeito P. SCHÄFER, "Der synagogale Gottesdienst", in J. MAIER/J. SCHREINER (org.), *Literatur und Religion des Frühjudentums*, pp. 391-413.

atraente, mas sem negar-lhes o *status* pleno dentro da comunidade. Outro grupo-alvo central da missão paulina eram gentios que ainda não estavam em contato com o judaísmo[30]. Isso indicam textos como 1Ts 1,9s; 2,16 (Paulo polemiza contra os judeus porque impedem-no de anunciar o evangelho τοῖς ἔθνεσιν); 1Cor 12,2; Gl 2,3 (Τίτος ὁ σὺν ἐμοί,"Ελλην ὤν); 4,8s; 5,2s; 6,12; Rm 1,13-15.18ss; 10,1-3; 11,13 (ἐγὼ ἐθνῶν ἀπόστολος).17s.24.28.30s; 15,15s.18; At 28,28. Os numerosos conflitos em Corinto[31] e Roma (cf. Rm 14,1-15,13) podem ser compreendidos somente quando envolveram também antigos gentios. Também a abolição do contraste entre judeus e gentios (cf. 1Cor 12,13; Gl 3,28: οὐκ ἔνι Ἰουδαῖος οὐδὲ Ἕλλην) permite deduzir comunidades compostas por judeu-cristãos e gentio-cristãos. Finalmente, não é possível explicar adequadamente a dinâmica singular da história da missão cristã primitiva nem os maciços conflitos que a acompanhavam, se Paulo não tivesse também convertido um número considerável de gentios. Entre esses gentios encontravam-se simpatizantes pagãos do judaísmo[32], mas também pessoas que não tinham nenhuma ligação com o judaísmo.

7.2 Os inícios da missão independente

Depois dos encaminhamentos da Convenção dos Apóstolos que definiram os rumos dos conflitos em Antioquia e da separação de Barnabé, Paulo inicia sua imensa atuação missionária independente. Ele rompe com delimitação da missão antioquena para as regiões da Palestina, da Síria e do sudeste da Ásia Menor e volta-se para o anúncio

---

[30] Contra M. REISER, Hat Paulus Heiden bekehrt?, pp. 83-91, que alega que Paulo não teria convertido gentios no sentido clássico, mas exclusivamente tementes a Deus. W. REINBOLD, Propaganda und Mission im ältesten Christentum, pp. 164-182, remete, contra isso, aos gentios como o grupo-alvo da missão paulina. No entanto, também a argumentação de REINBOLD é unilateral quando ele afirma: "Para a suposição de que Paulo tivesse se engajado durante (ou antes, respectivamente) sua atuação como apóstolo dos gentios na missão entre os judeus, não há indícios, até este momento" (op. cit., p. 174).

[31] Cf. abaixo, Secção 9.1 (Disputa em Corinto).

[32] Para esse grupo aponta D. SÄNGER, Heiden – Juden – Christen, pp. 159-172.

da mensagem cristã no oeste da Ásia Menor e na Grécia. Ele leva o evangelho para os centros culturais do mundo daquela época.

Lucas reproduz as distintas etapas dessa expansão missionária e faz assim surgir a imagem de um missionário que trabalha incansavelmente. O caminho de Paulo, acompanhado por Silas e Timóteo, vai da Síria, passando pela Cilícia e Frígia, para a Galácia e de lá para Trôade, de onde partem para a Macedônia para pisar pela primeira vez em solo europeu. Ao justificar a passagem do evangelho para a Europa diretamente com uma revelação (At 16,91), Lucas ressalta a importância histórico-salvífica da decisão paulina.

Em *Filipos*, Paulo inicia suas atividades missionárias no âmbito da sinagoga e converte a comerciante de púrpura Lídia, uma temente a Deus[33]. A força de irradiação da fé judaica tinha feito com que muitas pessoas não passassem formalmente para o judaísmo através da circuncisão, mas que se desviassem do culto pagão a divindades e se voltassem para o monoteísmo judaico. Parece que especialmente na Ásia Menor Paulo conseguiu ganhar muitas pessoas desse grupo para a nova fé. Além disso, é notável que Lídia, sendo uma mulher abastada, aderisse ao cristianismo. O sucesso da atuação missionária paulina teve já em Filipos a consequência de maus tratos contra o apóstolo e de seus colaboradores. Embora a narrativa em At 16,16-22.23-40 esteja enfeitada com traços lendários, seu cerne histórico é confirmado por 1Ts 2,2 ("[...] embora sofrêssemos e fôssemos antes insultados em Filipos [...]"). De Filipos, Paulo viaja na Via Egnatia para o oeste, até *Tessalônica*. As descrições em Atos e as notícias na Primeira Carta aos Tessalonicenses concordam em dois pontos fundamentais:

1) Paulo teve um grande sucesso missionário (cf. 1Ts 1,6-10; At 17,4);

2) os judeus reagiram com perseguições, segundo At 17,5ss, contra Paulo e seus cooperadores, e segundo 1Ts 2,14-16 contra a comunidade em Tessalônica. At 17,2 relata que Paulo fica apenas um mês em Tessalônica. Uma imagem um pouco diferente oferece-se na notícia em

---

[33] Cf. a respeito P. PILHOFER, Philippi I, pp. 234-240.

Fl 4,15s, segundo a qual a comunidade em Filipos apoiou Paulo duas vezes enquanto este estava em Tessalônica. Naquela cidade, Paulo e seus cooperadores trabalharam para ganhar seu sustento, para não serem um peso para a comunidade (1Ts 2,9). Ambos os detalhes apontam para uma estada um pouco mais prolongada, de aproximadamente três meses[34]. Após sua saída, Paulo tentou visitar a jovem comunidade novamente, mas não o conseguiu (cf. 1Ts 2,17s). Também em Bereia, a atuação de Paulo teve êxito; Sópatro, que o acompanhou na viagem para entregar a coleta em Jerusalém, era dessa comunidade (At 20,4 [cf. Rm 16,21]). De Bereia, Paulo e seus cooperadores foram para *Atenas* (cf. 1Ts 3,11). Paulo permaneceu por mais tempo na cidade, e é dali que ele envia Timóteo a Tessalônica. Além do fato de sua estada, Paulo não noticia nada sobre sua atuação em Atenas. Ele não menciona o que Lucas descreve, ou seja, o anúncio entre judeus e gentios em Atenas, o encontro com filósofos gregos e as impressões diante das muitas estátuas de divindades e altares pagãos. Não é provável que Paulo tenha proferido o discurso no areópago da forma como Lucas o transmite (At 17,22-31)[35]. Especialmente a conceituação de um parentesco natural do ser humano com Deus em At 17,28s é inconcebível para Paulo que parte de uma alienação do ser humano em relação a Deus, causada pelo pecado. É provável que os sucessos missionários do apóstolo em Atenas fossem pequenos. At 17,32-34 confirma essa suposição, pois somente Dâmaris e Dionísio o Areopagita são mencionados explicitamente com cristãos. Em Atenas, Paulo apresentou-se como um pregador itinerante entre outros, e parece que sua pregação não impressionou muito. Não há notícias sobre uma eventual fundação de comunidade em Atenas. Entre as comunidades paulinas na Grécia e na história subsequente do cristianismo, Atenas não desempenha papel algum; apenas por volta de 170 d.C. há notícias sobre uma comunidade cristã em Atenas (Eusébio, HE IV 23,21).

---

[34] Cf. R. Riesner, Frühzeit des Apostels Paulus, p. 323.
[35] Para a análise, cf. G. Lüdemann, Das frühe Christentum, pp. 196-202.

7.3 A escola paulina e a estrutura do trabalho nas comunidades

A complexidade teológica e histórica da obra e do pensamento paulinos pode ser captada somente quando se considera também a inserção do apóstolo em tradições de escolas. Paulo era sem dúvida o teólogo mais proeminente de seu tempo, que desenvolveu de maneira autônoma uma teologia nova e de impacto poderoso. Ao mesmo tempo, ele era oriundo da tradição de uma escola teológica e fundou por sua vez uma escola, atestada de várias maneiras pelas cartas proto- e deuteropaulinas[36].

Como fariseu, o próprio Paulo tinha passado por uma tradição de escola[37] que o marcou para toda sua vida[38]. Além disso, suas cartas permitem perceber que ele, sendo um judeu da diáspora, estava em condições de assimilar em alta medida material de educação helenista, e ele provavelmente não desconhecia as *antigas escolas filosóficas*. Semelhanças entre antigas escolas filosóficas e a escola de Paulo são evidentes[39]: personagem fundador[40], discussão e interpretação de escritos, comensalidades, ideal de amizade, construção de identidade em delimitação ao mundo exterior, atividade de ensino em vários lugares, viagens acompanhadas por discípulos, fundação de círculos

---

[36] Ao que eu saiba, o primeiro a se referir a uma "escola de Paulo" e H. J. Holtzmann, Die Pastoralbriefe, kritisch und exegetisch behandelt (Leipzig: 1880), p. 117.

[37] Fílon, Spec. Leg. II, 61s, vincula a proibição de trabalhar no sábado ao convite de dedicar-se naquele dia à filosofia. "Pois, nos sábados, numerosas casas de ensinamento em todas as cidades estão à disposição do entendimento, da prudência, da valentia, da justiça e das outras virtudes." Para o sistema de ensino judaico contemporâneo, cf. S. Safrai, "Education and the Study of the Torah", in S. Safrai/M. Stern (org.), *The Jewish People in the First Century*. CRINT I/2 (Assen/Amsterdã: 1976), pp. 945-970.

[38] Cf. acima, Secção 3.1/3.2 (Origem e status social/Paulo, um fariseu da diáspora).

[39] Cf. a respeito o panorama em Th. Schmeller, Schulen im Neuen Testament?, pp. 46-92; além disso, L. Alexander, "Paul and the Hellenistic Schools: The Evidence of Galen", in T. Engberg-Pedersen (org.), *Paul in his Hellenistic Context*, pp. 60-83.

[40] De modo clássico Diógenes Laércio 1,13-15.18; 2,47: Sócrates como pai de numerosas escolas filosóficas. Epicúro afirma sobre o sábio: "Ele fundará uma escola, mas não para o ensino de massa; também ministrará, a pedido, conferências públicas. Terá convicções doutrinárias fixas (δογματιεῖν) e não terá dúvidas de entendimento" (Diógenes Laércio 10,121b).

de simpatizantes⁴¹. Afinal das contas, após sua conversão, Paulo foi iniciado nos fundamentos da fé cristã e atuou como cooperador da missão antioquena. Em 1Cor 11,23a; 15,3a, ele ressalta a importância das tradições cristã-primitivas para seu próprio pensamento, e através da adoção de tradições sobre a última ceia (cf. 1Cor 11,23b-25) e o batismo (cf. 1Cor 1,30; 6,11; 12,13; 2Cor 1,21s; Gl 3,26-28; Rm 3,25; 4,25; 6,31), da integração de elementos da tradição cristológica (cf. Rm 1,3b-4a) e da adoção de hinos cristão-primitivos (cf. Fl 2,6-11), Paulo documenta seu vínculo com as tradições já estabelecidas.

---

⁴¹ Para a definição de antigas escolas, cf. TH. SCHMELLER, Schulen im Neuen Testament?, p. 91: "Uma escola filosófica é uma relação institucionalizada entre um mestre e vários alunos provenientes de círculos socialmente privilegiados, na qual uma tradição filosófica vinculada a um fundador é ensinada e aprendida e, ao mesmo tempo, eticamente interpretada e atualizada." TH. SCHMELLER, op. cit., p. 182, deduz para o caso de Paulo: "Podemos nos referir a uma escola de Paulo durante a vida de Paulo somente com as maiores reservas". Evidentemente, as proto- e deuteropaulinas não evidenciam cada característica de antigas escolas com a mesma densidade (cf. o elenco dos pontos de crítica em TH. SCHMELLER, op. cit., pp. 179-182: maior consciência de grupo entre os cristãos, nenhuma possibilidade de promoção na carreira para mestres ao lado de Paulo, posição social baixa dos alunos de Paulo, atividades de ensino não são simplesmente idênticas a atividades de escola, falta de uma separação de grupos de mestres e discípulos em relação às comunidades). Há seis objeções a serem formuladas contra SCHMELLER:
1) No nível metodológico deve-se considerar que novos movimentos sociais nunca são uma simples cópia de formas tradicionais. O decisivo é sempre como se esboça a grade e em que medida aquilo que deve ser comparado precisa se submeter a essa grade.
2) As coincidências consideráveis mencionadas entre Paulo, seus colaboradores e as antigas escolas filosóficas continuam sendo um argumento em favor de uma compreensão como fenômenos histórico-culturais comparáveis.
3) Já Lucas apresenta os cristãos (cf. At 11,26; 26,28: Χριστιανοί) como escola e Paulo, como fundador de escola e mestre (basta conferir At 19,9: escola de Tirano; At 17,16-34: Paulo em Atenas).
4) O alto nível teológico tanto das proto- como das deuteropaulinas (com restrições) leva a concluir que devem ter existido entre Paulo e seus colaboradores relações e formas de relacionamento institucionalizadas, mesmo se isto, num caso concreto, não pode ser comprovado, devido à situação das fontes.
5) Autores gentios entenderam os cristãos como uma formação de escola; cf. Galen, De pulsurn differentiis 2,4; Luciano, Alexandre 25; 38; De Peregrini Morte 11; 12; 13; 16).
6) Finalmente se pode perguntar qual seria o valor heurístico do abandono do conceito da escola. Será que termos como comunidade, missão, círculo, associação, grupo ou movimento são mais apropriados para captar os fenômenos?

ESTRUTURAS DA ESCOLA PAULINA

Antes de sua missão independente, Paulo foi marcado em intensidade diversificada por tradições de escolas, de modo que a fundação de uma escola própria deve ser considerada apenas lógica. Argumentos em favor da existência de tal escola paulina são as observações que seguem.

a) Paulo aparece como *receptor de revelação* (cf. 1Cor 9,1; 15,8; Gl 1,1.12.15s), *modelo* normativo (cf. 1Ts 1,6s; 1Cor 4,16; 7,7s; 11,1; 2Cor 4,2; 6,11-13; Gl 4,12; Fl 4,9) e *mestre* inspirado (cf. 1Cor 2,12-16; 4,17; 7,40; 14,6.19.37s; Gl 1,8f; Fl 3,15)[42]. Como mediador do evangelho, o apóstolo é um *exemplum gratiae* (cf. 1Cor 9,23); seu serviço é parte da atuação reconciliadora de Deus (cf. 2Cor 5,19s)[43].

b) *Cooperadores* sustentavam e marcavam, numa parte notável, a missão paulina.[44] As cartas protopaulinas mencionam em torno de 40 pessoas que devem ser consideradas como cooperadores do apóstolo. Pertenciam ao círculo mais íntimo dos colaboradores de Paulo primeiramente Barnabé, com o início da missão independente Silvano e Timóteo, e depois Tito. Silvano (1Ts 1,1) e Timóteo (1Ts 1,1; 1Cor 1,1; 2Cor 1,1; Fl 1,1; Fm 1,1) constam como remetentes de cartas (cf., além disso, Sóstenes em 1Cor 1,1), um fato que documenta sua corresponsabilidade pelo trabalho nas diversas comunidades paulinas. Particularmente Timóteo e Tito se apresentaram como missionários autônomos que, enviados por Paulo, resolviam problemas nas comunidades missionárias (cf. 1Cor 4,17; 2Cor 8). Ao lado de Paulo existiam também missionários e mestres e mestras, independentes, com as quais o apóstolo colaborava temporariamente. Aqui devemos mencionar

---

[42] Bem adequado é K. SCHOLTISSEK, Paulus als Lehrer, p. 34: "Paulo atuou de facto como mestre: no sentido da atuação do próprio Paulo histórico (anúncio do evangelho, círculo de colaboradores, fundação de comunidades) e em relação ao efeito na percepção e recepção de seus contemporâneos (colaboradores, membros das comunidades, não-cristãos) e das gerações posteriores."

[43] Cf. a respeito K. BACKHAUS, "Mitteilhaber des Evangeliums", pp. 46-69.

[44] Aqui é fundamental: W. H. OLLROG, Paulus und seine Mitarbeiter, passim; além disso, cf. R. RECK, Kommunikation und Gemeindeaufbau, passim; U. HECKEL, Paulus als "Visitator" und die heutige Visitationspraxis, KuD 41 (1995), pp. 252-291.

principalmente Apolo (cf. 1Cor 1–4; At 18,24) e o casal cristão Prisca e Áquila (cf. 1Cor 16,9; Rm 16,3s; At 18,2.26). A maioria dos colaboradores mencionados nas cartas de Paulo eram pessoas enviadas pelas comunidades. Provinham das comunidades fundadas por Paulo e participavam então do trabalho missionário como delegados dessas comunidades (por exemplo, Erasto, Gaio, Aristarco, Sosípatro, Jasão, Epafras e Epafrodito). Eles mantinham o contato com suas comunidades de origem, apoiavam Paulo de muitas maneiras e evangelizavam autonomamente nas regiões em torno das comunidades fundadas por Paulo. Diante do trabalho missionário em expansão, o próprio Paulo podia manter apenas contato ocasional com as comunidades. Suas cartas permitem perceber a grande insatisfação das comunidades com a pouca atenção que consideravam receber e a dificuldade de Paulo em abafar essas reclamações com explicações razoáveis (cf. 1Ts 2,17-20; 1Cor 4,18).

c) O grande número de pessoas enviadas pelas comunidades tinha um motivo causal no novo método missionário de Paulo. Ele não deu continuidade à missão itinerante até então praticada, mas desenvolveu uma *missão centrada autônoma*. Enquanto outros missionários ou profetas cristão-primitivos viajavam de lugar para lugar, Paulo procurava fundar uma comunidade, isto é, concretamente uma ou mais comunidades domésticas, nas respectivas capitais de províncias. Ele ficava até que a comunidade doméstica desenvolvesse estruturas próprias de liderança[45] e já não precisasse de sua presença. Da missão centrada de Paulo cresciam comunidades autônomas que, por sua vez, formavam a base para a missão paulina mais ampla e assumiam responsabilidade pelo trabalho missionário (cf. 1Ts 1,6-8).

d) Dentro do grande *círculo de colaboradores*, o trabalho de Paulo dificilmente se limitou a meras questões organizatórias. Os συνεργοί ("cooperadores") de Paulo não eram pessoas encarregadas por Paulo, mas chamadas e incumbidas por Deus (cf. 1Cor 3,9). Como Paulo, também elas trabalham em prol da mesma "obra" do anúncio do evangelho entre

---

[45] Para as estruturas de liderança das comunidades domésticas, cf. R. W. GEHRING, Hausgemeinde und Mission, pp. 339-380.

as nações (cf. 1Ts 3,2; 1Cor 3,5-9; 16,10.15-18; 2Cor 8,16-23; Fl 2,22). Especialmente no círculo de colaboradores mais íntimos devemos supor um trabalho teológico intensivo[46]. Essa suposição é confirmada por textos nas cartas paulinas que se destacam claramente devido a sua forma, teologia e posição; por exemplo, 1Cor 13 apresenta somente uma ligação muito solta com o contexto, e a passagem direta de 1Cor 12,31 para 1Cor 14 não apresenta nenhuma dificuldade[47]. Particularidades manifestam-se também em termos de conteúdos, pois os carismas da fé, da esperança e do amor estão acima de todos os outros dons da graça. Parece que 1Cor 13 já fora concebido antes da redação da Primeira Carta aos Coríntios; trata-se de um testemunho do trabalho teológico na escola de Paulo. Textos comparáveis encontram-se em 1Cor 1,18ss; 2,6ss; 10,1ss; 2Cor 3,7ss; Rm 1,18ss; 7,7ss. Todos os textos distinguem-se por seu caráter não polêmico, sua coesão temática e seu enraizamento histórico-tradutivo no judaísmo helenista. A grande proximidade à literatura sapiencial leva a supor que Paulo retoma aqui também elementos de seu tempo pré-cristão[48].

e) As *cartas deuteropaulinas* (Cl, Ef, 2Ts, Cartas Pastorais)[49] confirmam enfaticamente a existência de uma escola de Paulo que continuou a existir depois da morte do apóstolo. Esse legado de quatro discípulos de Paulo mostra como a herança da teologia paulina continuou sendo cultivada e aplicada numa situação modificada. Chama a atenção que a doutrina paulina da justificação exclusiva, presente nas cartas aos Gálatas e aos Romanos, passou em todas as cartas deuteropaulinas

---

[46] Cf. a respeito H. CONZELMANN, "Paulus und die Weisheit", in Idem, *Theologie als Schriftauslegung*, pp. 177-190; H. LUDWIG, Der Verfasser des Kolosserbriefes. Ein Schüler des Paulus, tese teol. (Göttingen: 1974), pp. 201-229; H. CONZELMANN, "Die Schule des Paulus", in C. ANDRESEN/G. KLEIN (org.), *Theologia Crucis – Signum Crucis*. FS E. DINKLER (Tübingen: 1979), pp. 85-96; A. STANDHARTINGER, *Studien zur Entstehungsgeschichte und Intention des Kolosserbriefes*. NT.S 94 (Leiden: 1999), pp. 1-10.277-289.

[47] Cf. H. CONZELMANN, 1 Kor, pp. 255ss.

[48] Cf. H. CONZELMANN, Paulus und die Weisheit, p. 179; crítica à tese de CONZELMANN acerca de uma escola de Paulo em W. H. OLLROG, Paulus und seine Mitarbeiter, pp. 115-118; TH. SCHMELLER, Schulen im Neuen Testament?, pp. 102ss.

[49] P. MÜLLER, *Anfänge der Paulusschule*. AThANT 74 (Zurique: 1988), pp. 270-320, restringe o fenômeno da escola de Paulo às cartas deuteropaulinas.

ao segundo plano⁵⁰. Também os motivos apocalípticos na cristologia perdem importância; o predominante é uma escatologia iminente. Passam ao centro problemas éticos e do direito eclesiástico, que surgiram devido à situação modificada da história eclesiástica (atuação de hereges, solução para o enfraquecimento da expectativa da parusia iminente). Nesta situação, o Paulo sofredor (Cl, Ef, 2Tm alegam ser cartas escritas na prisão) torna-se *a* autoridade por excelência do tempo inicial. Surge a atitude de recorrer a Paulo e de tentar fazer uma releitura de sua teologia sob as condições modificadas. Embora as cartas deuteropaulinas divirjam em pontos essenciais da teologia paulina genuína, elas permitem perceber uma familiaridade com os pensamentos do apóstolo. Particularmente o autor da Carta aos Colossenses está fortemente marcado pela tradição da escola paulina, especialmente pela Carta aos Romanos. Ele deve ter adquirido seus conhecimentos básicos da teologia de Paulo na escola paulina, para dar-lhes depois um maior desenvolvimento autônomo, segundo as exigências de seu tempo. Também os Atos dos Apóstolos devem ser considerados um testemunho da tradição da escola paulina. O herói verdadeiro da narração é Paulo, e ele aparece e atua repetidamente de maneira programática como mestre (cf. At 11,26; 13,12; 15,35; 17,19; 18,11; 20,20; 21,21. 28; 28,31!)⁵¹.

Como sede da escola paulina oferece-se Éfeso⁵². Essa cidade marcada pelas mais variadas correntes (templo de Ártemis, religiões de mistério, importante comunidade judaica, culto ao imperador, filosofia helenista) era o centro da missão cristã-primitiva⁵³. Aqui atuavam o casal cristão Prisca e Áquila (cf. At 18,19-21; 1Cor 16,19), o alexandrino Apolo (cf. At 18,24-28; 1Cor 16,12) e o próprio Paulo a partir do

---

[50] Cf. a respeito U. Luz, "Rechtfertigung bei den Paulusschülern", in J. Friedrich/W. Pohlmann/P. Stuhlmacher (org.), *Rechtfertigung*. FS E. Käsemann (Tübingen: 1976), pp. 365-383.
[51] Cf. a respeito B. Heininger, "Einmal Tarsus und zurück (Apg 9.30; 11,25-26). Paulus als Lehrer nach der Apostelgeschichte", in *MThZ* 49 (1998), pp. 125-143.
[52] Cf. H. Conzelmann, *Paulus und die Weisheit*, p. 179.
[53] Sobre Éfeso, cf. sobretudo W. Eluger, *Ephesus. Geschichte einer antiken Weltstadt* (Stuttgart: 1985).

verão do ano 52 até a primavera do ano 55. Em nenhuma outra cidade, Paulo permaneceu tanto tempo como em Éfeso, onde ele reuniu uma grande equipe de colaboradores em torno de si e, segundo At 19,9s, pregava ao longo de dois anos na escola do retórico Tirano. Em Éfeso foi escrita não só a Primeira Carta aos Coríntios, mas ali surgiram provavelmente também algumas das cartas deuteropaulinas (Cl, Ef [?], Pastorais).

Paulo fornecia a seus colaboradores e comunidades soluções para questões polêmicas, reflexões teológicas que determinavam os rumos e orientações éticas; ao mesmo tempo, ele mesmo era fortemente influenciado em seu pensamento por colaboradores e por transformações nas situações das comunidades. Finalmente, a suposição de uma escola paulina oferece uma ideia acerca do processo da formação de teologia, assim como ele se reflete nas cartas paulinas através da interação de argumentação situativa, instrução de validade geral e tradição fundamental.

ESTRATEGIAS MISSIONÁRIAS

As cartas de Paulo e os Atos dos Apóstolos permitem em alguns momentos perceber como a missão acontecia concretamente[54]. Paulo anunciava o evangelho não só nas sinagogas locais, mas também em casas privadas (cf. At 18,7s; 20,7-11; 28,30-31; além disso, Rm 16,23)[55], em praças públicas (cf. At 17,16-34)[56] e na prisão (cf. At 28,30s; Fl 1,12ss;

---

[54] Para as modalidades da missão paulina, cf. por último W. REINBOLD, Propaganda und Mission, pp. 182-225. REINBOLD enfatiza fortemente a função dos contatos pessoais do apóstolo: "São as pequenas unidades e estruturas por onde ele começa: encontros casuais, parentes, famílias, colegas, pequenos grupos de interesses e semelhantes" (op. cit., p. 195).

[55] Cf. a respeito detalhadamente R. W. GEHRING, Hausgemeinde und Mission, pp. 311-328.

[56] Cf. CHR. VOM BROCKE, Thessaloniki, p. 151, nota 37, que constata em relação a Tessalônica algo que deve valer também para outras cidades: "Dificilmente se pode imaginar que Paulo não tivesse aproveitado para o anúncio do evangelho do grande auditório da ágora com suas muitas lojas e instalações públicas. Além do porto

Fm). Ele alugava salas públicas (cf. At 19,9s)[57] e aproveitava também de seu trabalho artesanal para atuar como missionário (cf. 1Ts 2,9)[58]. Como acontecia no caso de pregadores cínicos[59], seu trabalho garantia sua independência financeira (cf. 1Cor 9,18) e liberdade intelectual. Finalmente, também o contato estreito com os colaboradores servia ao anunciamento do evangelho, pois eles eram formados por Paulo para atuar por sua vez como missionários[60]. Por via de regra precedia à formação da comunidade o primeiro anúncio[61]. Segundo Rm 15,20, Paulo via sua tarefa específica em "anunciar o evangelho onde o nome de Cristo ainda não era conhecido, para não construir sobre alicerces construídos por outros". Ao conteúdo do evangelho correspondiam

---

dificilmente havia outros espaços na cidade onde a vida pública e comercial pulsava de um modo semelhantemente forte como aqui."

[57] Cf. a respeito Epíteto, Diss III 23,30.

[58] Cf. a respeito R. F. Hock, Social Context of Paul's Ministry, pp. 37-42. Pouco proveitosas são certas construções alternativas estabelecidas, por exemplo, por S. K. Stowers, "Social Status, Public Speaking and Private Teaching: the Circumstances of Paul's Preaching Activity", in NT 16 (1984), pp. 59-82 (a casa particular como centro da proclamação paulina) ou M. Reiser, Hat Paulus Heiden bekehrt?, p. 91 ("Paulo ganhou os discípulos e as discípulas gentias na sinagoga, não na praça do mercado"). D. E. Aune, Romans as a Logos Protreptikos, pp. 112s, elenca setes espaços da atuação paulina (sinagoga, casas particulares, espaços públicos, a escola de Paulo, oficinas, praças públicas, prisão) e constata depois com razão: "There is no reason, however, why any of these settings should be considered inappropriate for Paul's teaching ministry" (Não há nenhum motivo, porém, para considerar qualquer um desses cenários inapropriado para o ministério paulino de ensinamento"; op. cit., p. 113).

[59] Documentação em M. Ebner, Leidenslisten und Apostelbrief, pp. 70s. Especialmente instrutivo é Musônio, Dissertationes 11: "Pois é absolutamente claro que se espera de um homem livre que ele trabalhe pessoalmente para conseguir o que é necessário para a vida, em vez de recebê-lo de outros. Pois é claramente muito mais honroso não precisar para suas próprias necessidades inevitáveis de nenhum outro ser humano do que precisar dele." Os cínicos incluem o trabalho manual no programa contrastante de toda sua existência, já que ele era especialmente adequado para realizar ao lado de conversas doutrinárias, demonstrar a sintonia entre ensinamento e vida e preservar a independência; cf. a respeito H. Schulz-Falkenmal, Zum Arbeitsethos der Kyniker, WZ(H)GS XXIX (1980), pp. 91-101.

[60] Basta conferir 1Cor 16,10, onde Paulo diz sobre Timóteo: "Pois ele executa a obra do Senhor como eu". O conflito entre Paulo e os coríntios resolveu-se essencialmente pelo engajamento de Tito (Cf. 2Cor 2,13; 7,6.13.14; 8,6.16.23, 12,18).

[61] Cf. R. Reck, Kommunikation und Gemeindeaufbau, pp. 165ss.

os *métodos do anúncio*. Os convites e o zelo pelo evangelho (cf. 2Cor 11,2; Gl 4,18) precisam estar em sintonia com o Cristo crucificado (cf. 1Cor 1,17; 2Cor 13,4). Não são lances às escondidas, artimanhas ou a avidez que marcam a conduta do apóstolo (cf. 2Cor 4,1s; 7,2; 11,7-11). Muito ao contrário, ele se preocupa por sua comunidade como uma mãe por seus filhos e filhas (cf. 1Ts 2,1-12; 1Cor 4,14-16; 2Cor 12,14; Gl 4,9). A preocupação por "todas as comunidades" (2Cor 11,28) caracteriza a vida incansável do apóstolo. Ele se volta em atitude pastoral para as comunidades e seus membros individuais (cf. 1Ts 2,11), e o discurso paraclítico e uma atuação correspondente pertencem desde o início às atitudes fundamentais de sua atuação missionária. Ele vai ao encontro das comunidades com abertura e amor e luta por elas quando estão em perigo de serem separadas da verdade do evangelho (cf. 2Cor 11,4.29; Gl 3,15). Embora Paulo se atormentasse com a preocupação de ter trabalhado em vão por suas comunidades (cf. 1Ts 3,5; Gl 2,2; 4,11; Fl 2,16), sua missão não depende simplesmente do sucesso. Ele está independente do reconhecimento por seres humanos e exclusivamente comprometido com sua vocação como o apóstolo dos gentios (cf. 1Ts 2,4.6; 1Cor 9,16; Gl 1,10). Paulo confia na força convencedora da verdade, e exatamente por isso, ele trabalha incansavelmente pela verdade (cf. 1Cor 3,10.11). Ele assume as fadigas e perigos da atuação de anunciador (1Cor 4,11; 2Cor 6,5; 11,23s: espancamento, 2Cor 6,5; 11,23; Fl 1,7.13s.16: prisão, 2Cor 11,25: apedrejamento, 1Cor 15,32; 2Cor 4,11; 11,23; Fl 1,20-23: perigo de morte) porque sabe que, através da mensagem do anúncio, Deus mesmo atua nos seres humanos (cf. 1Ts 2,13). Essa dimensão profunda oferece uma estabilidade a sua vida itinerante.

A importância duradoura do *primeiro anúncio* é documentada em 1Ts 1,6-10; 2,1; 4,2ss; 1Cor 3,6.10s; 4,15; Gl 4,13; 5,21; Fl 1,5; 4,15. Paulo lembra as comunidades desse acontecimento fundamental e também deriva dele sua autoridade. Como mensageiro do evangelho (cf. 2Cor 5,19-21; Rm 10,14-17), ele encontrou acolhida nos corações das pessoas, pois o próprio evangelho de Jesus Cristo convencia seus ouvintes (cf.1Cor 15,11). Por meio do evangelho operava o espírito no anúncio do apóstolo (cf. 1Ts 1,5; 1Cor 2,4s; 4,19s; Gl 3,5). O anúncio da palavra e a manifestação da força são para Paulo uma unidade evidente (cf. 1Ts 1,5; 1Cor 2,4s; 4,19s; 2Cor 6,7; 12,12; Gl 3,5; Rm 15,18s). A palavra δύναμις ("força" / "poder") ocorre em 2Cor 12,12 e Rm 15,18s em conexão com σημεῖα ("sinal") e τέρατα ("milagre"). Paulo operava nas comunidades também milagres que certamente fortaleceram sua autoridade de apóstolo.

As comunidades experimentavam o evento multidimensional do primeiro anúncio como uma vocação e determinação duradoura. Aqui se realizava um processo comunicativo de muitas camadas, no qual a experiência fundamental da fé se vinculava a elementos cognitivos. O ato do batismo, imediatamente vinculado à dádiva do espírito, era um evento existencial. Como ato simbólico-ritual, ele realizou a nova existência fundamentada em Jesus Cristo, e como batismo em nome do Senhor Jesus conduziu os crentes para uma nova existência determinada pelo espírito (cf. 2Cor 1,21s; Gl 3,26-28; Rm 6,3s). Uma importância central cabia no primeiro anúncio à iniciação dos convertidos à nova conduta cristã (cf. Gl 5,21). O centro positivo disso era o mandamento do amor, o negativo, a distância a uma vida imoral.

COMUNIDADES DOMÉSTICAS

Dentro desse conceito, a casa como centro da vida religiosa era o ponto de enlace natural, tanto mais que as comunidades cristã-primitivas não dispunham de prédios públicos. Na Antiguidade, a casa como o lugar central da vida religiosa tem uma longa tradição; associações cúlticas privadas, círculos de mistérios e escolas filosóficas escolhiam esse lugar[62]. Além disso, também as comunidades judaicas se encontravam em sinagogas domésticas[63], e a missão cristã começou inicialmente no âmbito da sinagoga. Dessa maneira não surpreende que as cartas do apóstolo pressuponham comunidades domésticas

---

[62] Cf. H.-J. KLAUCK, Hausgemeinde und Hauskirche, pp. 83-97.
[63] Cf. a respeito C. CLAUSSEN, *Versammlung, Gemeinde, Synagoge*. StUNT 27 (Göttingen: 2002), pp. 160-164.

cristãs como algo natural (cf. a expressão ἡ κατ' οἶκον ἐκκλησία = "a igreja que se constitui segundo as casas" in 1Cor 16,19; Rm 16,5; Fm 2; além disso, Rm 16,14s.23; At 12,12; 18,7; Cl 4,15)⁶⁴. Na percepção das pessoas de fora, tanto as comunidades cristãs como também as comunidades sinagogais judaico-helenistas apareciam como *associações*⁶⁵. Da mesma maneira como a vida social acontecia na Antiguidade em associações⁶⁶ e tinha seu centro e auge na refeição comunal⁶⁷, assim

---

⁶⁴ Comunidades domésticas são comprovadas para Tessalônica, Filipos, Corinto, Cencreia, Éfeso e Roma; para o tempo paulino ou pós-paulino também em Colossos e Laodiceia; para a análise, cf. R. W. GEHRLNG, Hausgemeinde und Mission, pp. 238-274.

⁶⁵ Cf. a respeito fundamentalmente G. HEINRICH, "Die Christengemeinden Korinths und die religiösen Genossenschaften der Griechen", in *ZWTh* 17 (1876), pp. 465-526; além disso, H.-J. KLAUCK. Umwelt des Urchristentums I, pp. 49-58; TH. SCHMELLER, *Hierarchie und Egalität. Eine sozialgeschichtliche Untersuchung paulinischer Gemeinden und griechisch-römischer Vereine.* SBS 162 (Stuttgart: 1995); E. STEGEMANN/W. STEGEMANN, Urchristliche Sozialgeschichte, pp. 237-248; R. S. ASCOUGH, What are they Saying about the Formation of Pauline Churches? (Nova Iorque: 1998) (abordagem abrangente da história da pesquisa). TH. SCHMELLER, op. cit., pp. 92ss, destaca que num ambiente com fortes características hierárquicas, associações e comunidades correspondiam umas às outras devido a uma estrutura dupla: por um lado, uma camada de liderança em condições melhores "que melhorou o status do grupo devido a contribuições materiais e outros; por outro lado um forte acento na união e na igualdade teórica de todos os membros, isto é, uma superação dos abismos sociais que podia se manifestar, por exemplo, na ficção da família" (op. cit., p. 94). Nas comunidades paulinas, porém, reinava um grau maior de união e igualdade dos membros do que nas associações.

⁶⁶ M. OHLER, Römisches Vereinsrecht und christliche Gemeinden, p. 61, resume a situação legal de associações assim: "Pelo menos desde Augusto havia um regulamento exato acerca da admissão de associações: um *collegium* podia requerer permissão junto ao senado. Este autorizava quando não se esperava atividades contra o Estado e quando havia um benefício público. Certas associações antigas, por exemplo, também as sinagogas judaicas, estavam licenciadas desde sempre, devido a sua tradição. Ao lado disso, porém, havia um grande número de associações sem concessão que eram toleradas até que chamassem a atenção devido a crimes ou outras transgressões." Portanto, os cristãos primitivos, sendo um movimento inicialmente intrajudaico, podiam se fazer passar como um *collegium* licenciado; a partir de meados dos anos 50, porém, isto era provavelmente impossível, como mostra a perseguição sob Nero. Nesse caso havia a possibilidade de existir como associação não licenciada, como muitos *collegia* pagãos, enquanto se constatava o caráter politicamente não nocivo.

⁶⁷ Cf. a respeito M. KLINGHARDT, "Gemeinschaftsmahl und Mahlgemeinschaft. Soziologie und Liturgie frühchristlicher Mahlfeiern", in *TANZ* 13 (Tübingen: 1996),

também a vida social cristã se estruturava em torno da refeição comunal. O estabelecimento de um novo grupo[68] podia se realizar somente em casas, no âmbito de reuniões e comunhões de mesa regulares. Acerca do tamanho das primeiras comunidades há apenas conjecturas. Pode-se deduzir de 1Cor 11,20 e 14,23 que toda a comunidade coríntia podia reunir-se em um único local, isto é, numa casa privada. No átrio [sala/pátio central] de uma casa podiam caber 30-50 pessoas[69], de modo que esses números devem também indicar o tamanho inicial aproximado das comunidades; quando havia, numa cidade maior, várias comunidades domésticas (por exemplo, em Roma), o número dos membros da comunidade aumentava proporcionalmente. A comunidade doméstica era um lugar particular para praticar a vida cristã coletivamente num ambiente ocasionalmente hostil. Aqui se orava (cf. At 12,12), anunciava-se a palavra (cf. At 16,32; 20,20), aconteciam celebrações de batismo e santa ceia e hospedavam-se missionários (cf. At 16,15). 1Cor 14,23 atesta reuniões de comunidade numa casa, e cartas de Paulo eram lidas em comunidades domésticas (cf. 1Ts 5,27; além disso, Cl 4,16). Dessa maneira, a comunidade doméstica como um centro da missão cristão-primitiva permitia uma práxis relativamente imperturbada de vida religiosa e possibilitava uma concorrência eficiente às comunidades sinagogais e às associações cúlticas da

---

21-174, que analisa os elementos comuns entre as comensalidades dos cristãos primitivos e as refeições privadas ou de associações, respectivamente. Aqui como ali, as comunhões de mesa corporificavam os valores de *koinonia, filia e charis* e eram o lugar de benfeitorias sociais da parte dos membros mais ricos e fóruns de discussão para perguntas fundamentais religiosas, filosóficas e políticas.

[68] Para a definição de um grupo social, cf. B. Schäfers, Entwicklung der Gruppensoziologie, p. 21: 1) número determinado de membros do grupo (grupo pequeno de até 25 pessoas); 2) objetivo grupal comum e "um motivo para a conduta do grupo como tal, bem como para a conduta de cada membro individual"; 3) "sentimento de nós" da coesão e solidariedade grupal; 4) sistema de normas e valores comuns; 5) "Um tecido de papéis sociais mutuamente relacionados (diferencial de papéis) orientado pelo objetivo do grupo e que garante, entre outros, tanto o alcance do objetivo como a solução de conflitos".

[69] Cf. Murphy-O'Connor, "The Corinth that Saint Paul Saw", in *BA* 47 (1984), pp. 147-159; R. W. Gehring, Hausgemeinde und Mission, pp. 252-254 (ele conta com 40-50 pessoas numa comunidade doméstica).

Antiguidade. Finalmente, a comunidade doméstica oferecia o espaço para romper com a ordem e com conceitos valorativos da Antiguidade e para viver a nova identidade em Cristo (cf. Gl 3,26-28). Nas comunidades domésticas cristãs, as diferenças entre as pessoas perdiam sua importância. Todas foram arrancadas por Deus de sua vida antiga e colocadas dentro de uma nova realidade que Paulo descreve como a existência em Cristo. A fé em Jesus Cristo não separava, ela enchia as antigas trincheiras e não abria novas. As pessoas que criam eram realmente Um em Jesus Cristo. Não foi a luta entre pobre e rico, escravo e senhor ou homem e mulher que determinava a realidade das comunidades domésticas cristão-primitivas, mas a participação mútua na união da comunidade fundada por Cristo. Nas comunidades domésticas, a nova identidade não era apenas atribuída ou postulada, mas efetivamente vivida. A atratividade das comunidades domésticas dentro do âmbito da missão paulina deve ser uma consequência do fato de que, ali, os crentes já não precisavam distinguir entre existência cristã e social, mas podiam realmente viver a nova existência em Cristo de maneira libertadora. Pequenas unidades, de um tamanho que permitia o conhecimento e o contato pessoal, com uma alta participação social, emocional e intelectual dos membros garantiam o sucesso. Devido a sua orientação escatológica, sua autodenominação como ἐκκλησία, à falta de uma estrutura ministerial e à ampla gama de membresia (mulheres, escravos), as jovens comunidades romperam as normas da Antiguidade[70]. A expressão ἡ ἐκκλησία ὅλη ("toda a igreja") em 1Cor 14,23 e Rm 16,23 indica que, em cidades maiores como Corinto ou Roma, havia ao lado das comunidades domésticas uma "pancomunidade"[71].

As *camadas sociais* presentes nas comunidades domésticas paulinas devem ter sido em grande medida um retrato da sociedade contemporânea[72]. Embora não houvesse nas comunidades primitivas membros

---

[70] Cf. E. Stegemann/W. Stegemann, Sozialgeschichte, pp. 243s.
[71] Cf. a respeito R. W. Gehring, Hausgemeinde und Mission, pp. 275-282.
[72] Para a história da pesquisa, cf. E. Stegemann/W. Stegemann, Sozialgeschichte, pp. 249ss; R. W. Gehrlng, Hausgemeinde und Mission, pp. 291-299. Na pesquisa atual formaram-se dois rumos: por um lado, a tese de uma congruência estrutural

da elite suprema (senadores, governadores, membros da família do imperador), havia provavelmente membros da elite local (cf. Erasto como "administrador da cidade" em Rm 16,23[73]; os membros da *familia caesaris* em Fl 4,22). Rm 16,10s saúda membros de famílias das elites urbanas. Pertenciam ao grupo dos ricos de sua cidade Gaio (1Cor 1,14; Rm 16,23), Febe (Rm 16,11), Estéfanas (1Cor 1,16; 16,15.17) e Filemon (Fm 2). Eles possuíam casas e em parte escravos, mas antes de tudo apoiavam as comunidades como patronos[74]. A coleta organizada por Paulo em favor de Jerusalém não é concebível sem a existência de patronos das comunidades. Quando Paulo enfatiza em 1Cor 1,26 que na comunidade "não há muitos sábios, muitos poderosos e muitos de origem nobre", isso pressupõe a existência de algumas pessoas ricas e nobres na comunidade[75]. À classe média devem ter pertencido, assim como o próprio Paulo, principalmente artesãos, artífices e comerciantes (cf. Prisca e Áquila em Rm 16,3; At 18,2.18.26; além disso, os membros da comunidade mencionados em 1Ts 4,11s)[76]. A maioria dos membros das comunidades deve ter pertencido à classe baixa, entre

---

entre as comunidades paulinas e a sociedade em sua totalidade (cf. principalmente W. A. MEEKS, Urchristentum und Stadtkultur, pp. 111-157); por outro lado, a tese de que os membros das comunidades pertenciam majoritariamente (assim E. STEGEMANN/W. STEGEMANN, Sozialgeschichte, p. 255) ou exclusivamente (assim, J. J. MEGGIT, PauI, Poverty and Survival. pp. 75ss) à camada baixa.

[73] Cf. a respeito G. THEISSEN, Soziale Schichtung in der korinthischen Gemeinde, pp. 240-245.

[74] Para a instituição romana da patronagem, cf. P. GARNSEY/R. SALLER, "Patronal Power Relations", in R. A. HORSLEY (org.), *Paul and Empire*, pp. 96-103.

[75] Diferente E. STEGEMANN/W. STEGEMANN, Sozialgeschichte, p. 254, que consideram a formulação retórica. No entanto, isto não combina com o objetivo da argumentação paulina, segundo o qual a atuação paradoxal de Deus na cruz se reflete também na estrutura social da comunidade.

[76] É polêmico se sequer havia no interior da sociedade romana algo como uma camada média no sentido moderno; para a posição negativa, cf., por exemplo, G. ALFÖLDY, Römische Sozialgeschichte (Wiesbaden: ³1984), pp. 94-132. A divisão de toda a sociedade romana em apenas dois estratos (camada baixa e camada alta) é criticada como heuristicamente infrutífera e historicamente nivelador, por exemplo, por K. CHRIST, "Grundfragen der römischen Sozialstruktur", in Idem, *Römische Geschichte und Wissenschaftsgeschichte* 3 (Darmstadt: 1983), pp. 152-176; F. VITTINGHOFF, Verbete "Gesellschaft", in Idem (org.), *Handbuch der Europäischen Wirtschafts- und Sozialgeschichte* I (Stuttgart: 1990), pp. 163-277.

eles numerosos escravos (cf. 1Cor 7,21-24; Gl 3,28; Fm; os nomes de escravos em Rm 16,8s.22)[77].

As *visitas e cartas às comunidades* de Paulo serviam da mesma forma ao anúncio como à resolução de conflitos. Paulo lamenta-se várias vezes da diferença entre presença e ausência[78], pois ele tem saudade das comunidades[79]. Por preocupação e cuidado[80], Paulo procura visitá-las apesar de frequentes dificuldades. O objetivo das visitas é animação, consolo, edificação e advertência[81]; o importante para Paulo são a existência/persistência e a união das comunidades como corpo de Cristo. Também por meio da palavra escrita, Paulo intervém nos processos vivenciais das comunidades para convidar, conduzir e dirigir. Nesse sentido, as cartas não são somente um substituto da presença pessoal, mas o apóstolo utiliza as cartas também para anunciar o evangelho de uma maneira especial. Para determinados assuntos, a carta é o meio mais adequado para a solução de conflitos do que a conversa direta[82].

7.4 A autocompreensão do apóstolo dos gentios Paulo

Tanto as cartas paulinas como sua obra missionária e os conflitos a elas vinculados podem ser compreendidos somente quando se reconhece a autocompreensão do apóstolo como a força motriz de sua vida. O mais tardar com o início da missão independente entre os gentios, Paulo estava marcado por uma determinada visão da história universal e de seu papel nesses acontecimentos que pode ser levantada

---

[77] Segundo L. Schumacher, Sklaverei in der Antike, p. 42, por volta da virada do tempo, os escravos representavam ca. 15-20% da população total do Império Romano; isto seriam em números absolutos ca. 10 milhões de pessoas.
[78] Cf. 1Cor 5,3; 16,27; 2Cor 10,1s.11; 13,2.10; Gl 4,18; Fl 1,27; 2,12.
[79] Cf. 1Ts 2,17; 3.10; Rm 1,11; 15,23; Fl 1,8; 4,1.
[80] Basta conferir 1Ts 2,17; 1Cor 12,25; 2Cor 7,7.11; 9,2; 11,2; Gl 2,10.
[81] Basta conferir παρακαλεῖν em 1Ts 2,12; 1Cor 1,10; 4,16; 2Cor 1,4-6; Rm 12,1.8; 15,31; Fl 4,2; Fm 9.10.
[82] Cf. para isto detalhadamente B. Bosenius, "Die Abwesenheit des Apostels als theologisches Programm. Der zweite Korintherbrief als Beispiel für die Brieflichkeit der paulinischen Theologie", in *TANZ* 11 (Tübingen: 1994).

[N. da Trad.: a visão] em seus contornos a partir de suas cartas. Paulo estava convencido de que havia somente um único Deus e que esse Deus quer realizar em Jesus Cristo um grandioso projeto na história. Deus escolheu a ele mesmo, Paulo, para realizar este projeto com apóstolo dos gentios (cf. Gl 1,16).

Diante do juízo de Deus que se abateria sobre todas as pessoas com a volta de Cristo (cf. 1Ts 1,91), cabia a Paulo a tarefa particular de anunciar aos gentios o evangelho da cruz e da ressurreição de Jesus Cristo para, dessa maneira, salvar ao menos alguns (1Cor 9,16: "Anunciar o evangelho não é título de glória para mim; é, antes, uma obrigação que se me impõe; ai de mim se eu não tiver anunciado o evangelho"; cf., além disso, 1Ts 2,16; 1Cor 9,22). Paulo se considerava particularmente apto para essa tarefa; embora ele admita em 1Cor 15,9 ser o menor de todos os apóstolos, em razão de sua atuação perseguidora ele continua: "Mas pela graça de Deus sou o que sou: e sua graça a mim dispensada não foi estéril. Ao contrário, trabalhei mais do que todos eles; não eu, mas a graça de Deus que está comigo" (1Cor 15,10). Paulo conta-se a si mesmo – certamente com razão – entre os melhores dos apóstolos (cf. também 2Cor 11,5.21-23; Gl 1,13s; Fl 3,4-6), já que ele realizou com êxito a tentativa de levar o evangelho até os fins do mundo daquela época.

Paulo deixa repetidamente claro para suas comunidades que elas devem sua existência a sua mediação no evangelho (cf. a metáfora de geração e parto em 1Ts 2,13; 1Cor 3,6-11; 9,1s; 2Cor 2,14-3,3; 10,14-16; Rm 15,18-21)[83]. Ele estima especialmente aquelas pessoas que trabalham duramente em prol do evangelho, assim como ele (cf. 1Cor 16,16; Rm 16,6) e espera dos convertidos gentios que o sigam incondicionalmente, tanto no anúncio como na conduta ética. Por exemplo, ele é capaz de não só exclamar aos coríntios: "Sede meus imitadores!"[84]

---

[83] Cf. a respeito K. BACKHAUS, "Mitteilhaber des Evangeliums", pp. 46ss.

[84] Epíteto, Diss. IV 8,31.32, faz o verdadeiro cínico dizer: "Eis, fui lhes enviado por Deus como modelo. Não tenho casa nem posses, nem fêmea nem filhos e filhas, nem sequer um leito ou um manto ou louça própria, mas, eis, como estou sadio. [...] Contemplai, porém, cuja obra é. É unicamente a obra de Zeus [...]" (= NW I/2, pp. 39s).

(1Cor 4,16; 11,1)⁸⁵, mas de expressar também o seguinte desejo acerca do âmbito da ética sexual: "Quisera que todos os homens fossem como sou eu" (1Cor 7,7). Como fundador e modelo das comunidades, Paulo torna-se o modelo da imitação de Cristo (cf., por exemplo, 1Cor 11,1s; 2Cor 6,11-13; 7,2-4a; Gl 4,12; Fl 3,17). Ao transmitir o evangelho, ele tem parte nele (cf. 1Cor 9,23). Não obstante, a existência apostólica não é representativa como tal, mas só a partir e na relação com Cristo (cf. 2Cor 12,9s; Fl 3,7s). A metáfora do cortejo triunfal romano⁸⁶ em 2Cor 2,14 é uma imagem que expressa com especial nitidez a compreensão paulina de si mesmo e da realidade: "Graças sejam dadas a Deus, que sempre nos leva junto no cortejo triunfal de Cristo e, por nós, expande em toda parte o perfume do seu conhecimento"⁸⁷. Cristo é o triunfador sobre os poderes antidivinos e leva Paulo junto, como subjugado e prisioneiro, para que possa anunciar em todas as partes a notícia da vitória. Nesse sentido, Paulo não é só um portador de incenso nesse cortejo triunfal⁸⁸, mas ele entende a si mesmo também como incenso que se expande (2Cor 2,15: "Em verdade, somos para Deus o bom odor de Cristo, entre aqueles que se salvam e aqueles que se perdem"). O evangelho por ele anunciado separa as pessoas que se salvam das que se perdem.

Dado seu empenho incansável pelo evangelho não é de se admirar que o pensamento mais temido por Paulo seja ter trabalhado em vão e no juízo não poder apresentar as comunidades por ele fundadas ou pelos menos influenciadas (cf. 1Ts 2,19s; 3,5; 1Cor 3,10-17; 2Cor 1,13s; Gl 4,11; Fl 2,16). As comunidades eram para Paulo "o selo do seu apostolado" (1Cor 9,2). Paulo tira a força e a perseverança de seu trabalho missionário incessante do espírito. Assim como os profetas, ele entendeu a si mesmo como alguém tomado pelo πνεῦμα⁸⁹, alguém que

---

⁸⁵ Da mesma maneira, os filósofos fizeram de seus discípulos seus imitadores; cf. Xenofontes, Memorabilia I 6,3.
⁸⁶ Cf. a respeito Sêneca, Ben II 11,1; Ep 71,22.
⁸⁷ Para a análise, cf. C. Breytenbach, "Paul's Proclamation and God's 'Thriambos', Notes on 2 Corinthians 2:14-16b", in Neotest. 24 (1990), pp. 257-271; J. Schröter, Der versöhnte Versöhner, pp. 13-33.
⁸⁸ Cf., por exemplo, Dio Halicarnasso, Antiquitates Romanae VII 72,13.
⁸⁹ Cf. Is 42,1 LXX: ἔδωκα τὸ πνεῦμά μου ἐπ' αὐτόν, κρίσιν τοῖς ἔθνεσιν ἐξοίσει.

possui o espírito e que vive e atua conforme o espírito (cf., por exemplo, 1Cor 2,10ss; 14,1.18.37s; Gl 6,1; Fl 3,15).

7.5 A formação do cristianismo primitivo como movimento autônomo

A missão bem-sucedida dos crentes em Cristo nas duas primeiras décadas de sua existência levou em medida crescente a conflitos com a religião-mãe judaica, mas também a conflitos entre os romanos e os judeus, ou, respectivamente, entre os romanos e o novo movimento que estava se formando, definindo e emancipando autonomamente. Esse desenvolvimento é apenas natural, pois: "Reconstruções intersubjetivas de experiências de transcendência são potencialmente perigosas para as ordens sociais existentes. 'Outras' realidades podem perturbar ou até mesmo destruir a autoevidência do cotidiano bem regulamentado."[90] A missão bem-sucedida de crentes em Cristo judaicos e posteriormente gentios foi uma de tais reconstruções de experiências de transcendência com consideráveis fenômenos religiosos e políticos consequentes.

A SEPARAÇÃO

Os motivos para esse processo de conflito e emancipação que se inicia de maneira intensificada por volta de 50 d.C. são muito diversificados[91]:

1) Enquanto o judaísmo antigo procurava preservar sua identidade religiosa e étnica, o cristianismo primitivo em formação ultrapassou

---

[90] TH. LUCKMANN, Religion – Gesellschaft – Transzendenz, p. 121.
[91] Cf. a respeito também U. LUZ, "Das 'Auseinandergehen der Wege'. Über die Trennung des Christentums vom Judentum", in W. DIETRICH/M. GEORGE/U. LUZ (org.), *Antijudaismos – christliche Erblast* (Stuttgart: 1999), pp. 56-73. J. MOLTHAGEN, "Die ersten Konflikte der Christen in der griechisch-römischen Welt", in *Historia* 40 (1991), pp. 42-76, descreve os eventos desde a perspectiva do especialista em história antiga.

deliberada e programaticamente limites étnicos, culturais e religiosos[92]. Ele propagava um *conceito universal de salvação messiânica* que incluiu também as pessoas de todas as nações. A missão cristã primitiva estava decisivamente determinada não por isolamento, mas por aculturação (cf. 1Cor 9,20-22) e inculturação, bem como por concepções transétnicas (cf. Gl 3,26-28). A missão do cristianismo primitivo, que buscava membros propositalmente de modo transnacional, transcultural e em todas as camadas sociais, está na Antiguidade sem analogia em seu alcance, sua velocidade e seu sucesso[93]. O cristianismo primitivo criou uma nova identidade cognitiva que adotava em parte identidades culturais anteriores e ao mesmo tempo as transformava profundamente.

2) O cristianismo primitivo oferecia sem restrições e obstáculos aquilo que tornava também o judaísmo atraente: o anúncio monoteísta e um etos muito elevado. Por um lado, o *conceito de identidade cristã-primitivo* integrava e transformava convicções básicas do judaísmo, mas, ao mesmo tempo, ele se desligou das colunas clássicas do mesmo (eleição, Torá, templo e terra).

---

[92] Diferente N. Elliott, "Paul and the Politics of Empire", in R. A. Horsley (org.), *Paul and the Politics*, pp. 19ss, que nega a oposição entre o universalismo cristão e um particularismo judaico com o argumento de que, em Paulo, o universalismo proviria do legado judaico. Paulo não pensaria em oposição ao judaísmo, mas ao Império Romano. A meu ver, isto constrói alternativas equivocadas, pois é correto que Paulo justifica sua visão universal da história também com tradições veterotestamentárias (especialmente no Deutero-Isaías), mas ele as interpreta de modo totalmente novo sob a perspectiva do evento Cristo. Paulo desvincula-se das características de identidade judaicas particulares da eleição por meio da pertença ao povo, terra, templo e circuncisão e atrai assim sobre si (necessária e logicamente) um conflito com instâncias judaicas locais e missionários rigidamente judeucristãos. Ao mesmo tempo, a escatologia paulina leva (de novo necessária e logicamente) a confrontações com instâncias romanas, pois a posição singular de Jesus Cristo podia ser compreendida como relativização das pretensões e reivindicações imperiais.

[93] Cf. a respeito M. Goodman, Mission and Conversion. Proselytizing in the Religious History of the Roman Empire (Oxford: 1994). Th. Schmeller, "Neutestamentliches Gruppenethos", in J. Beutler (org.), *Der neue Mensch in Christus*, pp. 120-134, vê na propaganda de escolas filosóficas para atrair membros uma analogia à missão cristã primitiva, embora isto não abolisse a posição particular da última, pois ela não possuía as dimensões estratégicas da missão (por exemplo, de um Paulo).

3) O anúncio do messias crucificado e ressuscitado Jesus de Nazaré exercia aparentemente uma grande força de atração sobre os tementes a Deus. Com eles, a sinagoga perdeu homens e mulheres de grande influência econômica e política (cf. At 16,14s; 17,4) e, dessa maneira, também um elo importante com a sociedade pagã. Assim se perturbou o equilíbrio entre os judeus e seu ambiente gentio, em muitos lugares desde sempre delicado.

4) Também o Édito de Cláudio teve amplas consequências para a relação entre o cristianismo primitivo e o judaísmo e para a missão cristão-primitiva. Ele impediu que Paulo fizesse mais cedo uma viagem a Roma (cf. Rm 1,13; 15,22) e modificou a composição da comunidade de Roma. No entanto, o fato principal foi que o sucesso da missão cristão-primitiva no âmbito da sinagoga em Roma (e em outras regiões do Império) gerou reações de defesa ou rejeição da parte do judaísmo. Em Roma, elas se deram com tanta veemência que até mesmo o imperador se viu motivado a intervir para evitar perturbações ainda maiores. Provavelmente, o Édito de Cláudio não levou a expulsão de todos os judeus e judeu-cristãos de Roma[94], mas numerosos personagens de liderança de ambos os grupos tiveram que deixar a capital do mundo[95]. Dessa maneira surgiu para o judaísmo uma situação perigosa. Quando ele, no coração do Império Romano, chamou a atenção como notório causador de perturbações, então era apenas um pequeno passo para os romanos tomar medidas ainda mais severas contra ele, por exemplo, expulsar todos os judeus de Roma e declarar o judaísmo como *collegium illicitum*. Embora Cláudio tivesse confirmado os privilégios dos judeus, concedidos por Augusto[96], maiores

---

[94] Para a cidade de Roma no início da época imperial conta-se com aproximadamente 40.000 judeus; cf. K. L. NOETHLICHS, Das Judentum und der römische Staat, p. 10; R. BRÄNDLE/E. STEGEMANN, Entstehung, p. 4, contam no tempo de Nero com 20.000 judeus em Roma.

[95] Cf. a respeito R. RIESNER, Frühzeit des Apostels Paulus, pp. 177-179 (ele conta com um número considerável de judeus e judeu-cristãos, respectivamente, que foram expulsos).

[96] Cf. Josefo, Ant. 14,259-260; 19,280-285.286-291.299-311; 20,10-14. Como privilégios dos judeus consideravam-se: direito a reuniões, imposto ao templo, regulamento legal interno, descanso sabático, observância das prescrições alimentícias, isenção

perturbações poderiam ter levado à perda das vantagens[97]. Além disso, a intervenção do imperador deve ter virado rapidamente notícia nas províncias, de modo que já não se tratava somente de um conflito local. Havia razões de sobra para que os judeus esclarecessem a relação com o novo movimento dos cristãos, para evitar a provocação de conflitos ainda mais perigosos. Desde sua perspectiva, os judeus precisavam considerar o cristianismo um fator desestabilizador: esse movimento ganhava seus membros em medida considerável no âmbito da sinagoga e, além disso, como suposto elemento do judaísmo, ameaçava a relação sensível com o Estado romano. Tanto mais que as expulsões de judeus de Roma, à medida que as conhecemos, sempre se situavam no contexto de atividades missionário-sincretistas[98]. A expulsão mencionada por Valério Máximo[99] no ano 139 a.C. ocorreu no contexto da propagação de um culto misto judaico-menorasiático da parte de judeus sincretistas em Roma[100]. Em consequência de campanhas proselitistas agressivas[101], Tibério expulsou no ano 19 d.C. os

---

dos sacrifícios a divindades pagãs; isenção do culto ao imperador; cf. a respeito G. DELLING, Die Bewältigung der Diásporasituation durch das hellenistische Judentum (Berlim: 1987) pp. 49-55; G. STEMBERGER, "Die Juden im Römischen Reich: Unterdrückung und Privilegien einer Minderheit", in H. FROHNHOFEN (org.), Christlicher Antijudaismus, pp. 6-22; D. ALVAREZ CINEIRA, Die Religionspolitik des Kaisers Claudius, pp. 165-170.

[97] Nos anos 47-49 d.C., Cláudio intensificou seus esforços pelo reavivamento da religião romana; no ano 49 ocorreu a ampliação do *pomerium*, isto é, do espaço em que somente divindades romanas podiam ser cultuados. Cf. a respeito R. BERNER, Frühzeit des Apostels Paulus, pp. 93-95.

[98] O processo das bacanálias em 186 a.C., transmitido em Lívio, XXXIX, mostra claramente que a tolerância religiosa dos romanos terminava onde eles temiam uma desestabilização da ordem pública através de cultos; para a relação entre a religião romana e outras religiões, cf. U. BERNER, "Religio und Superstitio", in TH. SUNDERMEIER (org.), *Den Fremden wahrnehmen* (Gütersloh: 1992), pp. 45-64.

[99] Valério Máximo, Facta et Dicta Memorabilia I 3,3; texto e comentário em M. STERN, Greek and Latin Authors on Jews and Judaism I (Jerusalém: 1974), pp. 357-360.

[100] Cf. M. HENGEL, Judentum und Hellenismus, pp. 478s.

[101] Cf. Suetônio, Tiberius 36: "Ele proibiu a introdução de costumes religiosos estrangeiros, especialmente dos egípcios e judaicos, ao obrigar aquelas pessoas que confessaram tais superstições a queimarem as vestes litúrgicas afins, junto a todos os outros utensílios. [...] Os demais membros desse povo e aqueles que aderiam a

judeus de Roma no âmbito de uma ação contra cultos orientais[102]. Desde a perspectiva romana, também o Édito de Cláudio estava na linha dessas decisões, tanto mais que observações críticas aos judeus em Cícero[103] e Sêneca deixam perceber que a camada governante romana tinha uma atitude muito distanciada em relação ao judaísmo. Particularmente os comentários do contemporâneo Sêneca são eloquentes, e Agostinho os transmite com a observação de que, já naquela época, os cristãos teriam sido os inimigos odiados dos judeus. Sêneca comenta sobre os judeus: "No entanto, o modo de vida desse povo nocivo ganhou uma influência tal que conseguiu entrar em quase todos os países. Os vencidos impuseram leis aos vencedores."[104] A constelação política e cultural geral, bastante perigosa, precisava levar os judeus a entender que era necessário distanciar-se do movimento dos cristãos que era, segundo a visão romana, sincretista e realizava uma missão agressiva.

Certos trechos nas cartas de Paulo e nos Atos dos Apóstolos permitem ainda perceber que depois do Édito de Cláudio ocorreram *ações do judaísmo local contra o jovem cristianismo*. At 17,1-9 narra sobre a missão paulina em Tessalônica e os conflitos a ela vinculados. Pelo fim do ano 49 e início do ano 50, Paulo estava em Tessalônica[105] e teve grandes sucessos missionários no âmbito da sinagoga (At 17,4). Isso suscitou tumultos encenados pelos judeus; cristãos eram agarrados e levados às autoridades da cidade onde se levantaram duas acusações políticas contra eles:

---

uma fé semelhante foram expulsos de Roma." Além disso, cf. Tácito, Anais II 85; Josefo, Ant. 18,81-83, onde se relata que um doutor da lei judeu em Roma conseguiu ganhar mulheres nobres para o judaísmo, e que a consequência era a reação do imperador Tibério de expulsar todos os judeus da capital.

[102] Cf. Sêneca, Ep. 108,22: "Minha juventude deu-se no primeiro tempo do governo do imperador Tibério. Naquela época afastavam-se cultos estrangeiros, mas contava-se entre as provas da superstição também abster-se do consumo de determinados animais."

[103] Cf. Cícero, Flacc. 66, onde Cícero observa acerca da presença de um grupo de judeus no processo contra Flaco: "Tu sabes como ele está forte, como é unido e qual papel desempenha em reuniões".

[104] Agostinho, CD VI 11; cf. a respeito Sêneca, Ep 95,47; 108,22.

[105] Cf. R. Riesner, Frühzeit des Apostels Paulus, p. 323.

1) Os cristãos andam revolucionando o mundo todo (At 17,6);

2) eles agem contra os "decretos" (δόγματα) do imperador. O plural δόγματα refere-se provavelmente também ao Édito de Cláudio[106], e a acusação de revolucionar o mundo inteiro adquire também um sentido nesse mesmo contexto. Quando os cristãos primitivos anunciavam que, diante da iminente *parusia* de Cristo, também a *Roma aeterna* era perecível e que Deus teria instalado o Jesus de Nazaré crucificado como rei, então também as autoridades romanas viram-se desafiadas[107]. 1Ts 2,14-16 confirma as ações contra Paulo e seus colaboradores, das quais participaram também judeus[108]. Somente assim é possível explicar a aguda polêmica antijudáica em 1Ts 2,15.16. Parece que os judeus acusaram o apóstolo diante das autoridades romanas de estar perturbando a paz e, dessa maneira, violando a política religiosa de Cláudio[109]. A explosividade que os sucessos da missão paulina tinham para a estabilidade política do judaísmo manifesta-se numa unidade narrativa que Lucas colocou imediatamente antes da estada de Paulo em Tessalônica. Em Filipos, o anúncio de Paulo levou a contramedidas economicamente motivadas da parte dos gentios, que tiveram seu cúmulo na acusação de provocar perturbações: "Estes homens estão perturbando nossa cidade. São judeus, e propagam costumes que não nos é lícito acolher nem praticar, porque somos romanos" (At 16,20b.21). Para judeus, essas acusações são perigosas em dois aspectos:

1) Eles são identificados com o novo movimento de judeus e gentios crentes em Cristo e incluídos nas denúncias dessas agitações.

---

[106] Cf. D. Alvarez Cineira, Die Religionspolitik des Kaisers Claudius, p. 268.
[107] Cf. K. P. Donfried, "The Imperial Cults of Thessalonica and Political Conflict in 1 Thessalonians", in R. A. Horsley (org.), *Paul and the Empire*, pp. 215-223, que elabora como o imperador ganhou um status divino em Tessalônica e substituiu Zeus. Contra este pano de fundo, o anúncio de Paulo podia ser entendido pelas pessoas responsáveis em Tessalônica como anti-imperial.
[108] Cf. R. Riesner, Frühzeit des Apostels Paulus, p. 312; D. Alvarez Cineira, Die Religionspolitik des Kaisers Claudius, pp. 280-286; para a interpretação do texto, cf. abaixo, Secção 8.2 (A teologia da Primeira Carta aos Tessalonicenses).
[109] Uma conexão entre 1Ts 2,14-16 e o Édito de Cláudio foi estabelecida já por E. Bammel, Judenverfolgung und Naherwartung, pp. 298ss.

2) A mensagem e a prática do novo movimento são taxadas como politicamente perigosas e antirromanas. Ambos os aspectos precisavam motivar os judeus a distanciar-se explicitamente desses novos perturbadores da paz.

Também Gl 6,12 documenta o conflito entre a missão paulina e os judeus. Paulo diz sobre a motivação de seus contraentes judaizantes: "Todos os que querem fazer boa figura na carne vos forçam a vos circuncidardes, só para não sofrerem perseguição por causa da cruz de Cristo." Esse versículo contém duas informações históricas preciosas:

1) O verdadeiro motivo da atuação dos judaizantes na Galácia é a pressão exercida pelo judaísmo sobre os judeu-cristãos, provavelmente antes de tudo em Jerusalém. Os judaizantes estavam aparentemente da opinião de poder escapar disso somente por meio de uma integração dos gentio-cristãos no âmbito mais amplo do judaísmo.

2) Ao usar μόνον (só), Paulo demarca uma diferença decisiva entre si e seus adversários judaizantes. Eles pervertem o evangelho, só para não serem perseguidos. Isso significa que também Paulo é perseguido por judeus, sem trair, por isso, a verdade do evangelho. Um reflexo desses acontecimentos encontra-se também em Gl 4,21-31, onde Paulo alude com o v. 29 especialmente à relação atual entre judeus e cristãos: "Mas como então o nascido segundo a carne perseguia o nascido segundo o espírito, assim também agora". Com a expressão οὕτως καὶ νῦν, Paulo alude às perseguições atuais por judeus e judeu-cristãos. Também Gl 5,11 deve ser entendido dentro desse mesmo contexto: "Quanto a mim, irmãos, se eu ainda prego a circuncisão, por que sou ainda perseguido? Pois estaria eliminado o escândalo da cruz." O mero fato da perseguição atesta a verdade da pregação paulina da cruz. No entanto, à diferença de seus contraentes, Paulo não falsifica o evangelho sob a pressão da perseguição.

A missão entre os gentios, livre da circuncisão e, como isso, efetivamente livre da Torá (sob adoção do núcleo ético da Torá) era aparentemente combatida *por dois lados* que, por sua vez, estavam num severo conflito entre si. Os judeus exerceram pressão não só sobre Paulo, mas também sobre seus adversários judaizantes. Seu objetivo era provavelmente fazer o novo movimento não parecer mais uma parte do judaísmo, agraciado de privilégios, mas como um *collegium illicitum*. Os eventos no incêndio de Roma no ano 64 levam a supor que esse objetivo foi também alcançado. Os cristãos eram então considerados um movimento autônomo que podia ser responsabilizado por males, ao que parece, sem justificativas e resistências.

A SITUAÇÃO DA COMUNIDADE PRIMITIVA

Esse desenvolvimento era especialmente perigoso para a comunidade primitiva em Jerusalém. Desde o início, ela tinha sido exposta a pressões da parte do judaísmo que, após as perseguições em torno de Estevão (cf. At 8,1-3), aumentaram novamente no início dos anos 40. At 12,1ss narra sobre a morte do zebedaida Tiago e a prisão de Pedro sob Agripa I, que a partir de 41-43/44 d.C. reinava sobre todo o reino de Herodes. Ele realizava uma política deliberadamente nacional-religiosa[110] e perseguia partes da comunidade primitiva. Parece que Agripa I percebia no novo movimento um fator desestabilizador para o judaísmo na diáspora e considerava prejudicada também a relação com Roma[111]. Provavelmente por isso ele tomou medidas contra aquelas partes da comunidade primitiva que não tinham uma atitude negativa em relação à aceitação de gentios sem circuncisão no novo movimento. Poupado, porém, foi Tiago, o irmão do Senhor, porque ele assumiu nessa questão uma posição negativa ou ao menos distanciada. No entanto, o sucesso da missão paulina dificultava consideravelmente a estratégia da comunidade primitiva de permanecer dentro do judaísmo. Ao que parece, começava-se a desconfiar dentro da sinagoga dos judeu-cristãos de Jerusalém, porque estes cultivavam contatos com um grupo constantemente crescente de gentio-cristãos "impuros". Duas mudanças fundamentais em relação a Convenção dos Apóstolos explicam esse desenvolvimento:

---

[110] Cf. E. Schürer, Geschichte des jüdischen Volkes I, pp. 549-564.
[111] Cf. B. Wander, Trennungsprozesse, pp. 212-230, que aponta para a crise de Calígula e a situação difícil dos judeus em Alexandria.

1) na véspera da guerra judaica cresce o nacionalismo judeu, sob influência dos zelotas[112] e, dessa forma, o distanciamento aos gentios.

2) O número dos gentio-cristãos estava crescendo rapidamente, e eles reivindicavam ser membros do povo eleito de Deus, também sem circuncisão. Ambos os fatos precisavam ser entendidas pela sinagoga como provocação e ameaça.

Por isso, a comunidade primitiva sob liderança de Tiago, o irmão do Senhor, decidiu-se provavelmente por uma mudança de sua atitude diante das decisões tomadas na Convenção dos Apóstolos ou por uma ativação das reservas sempre mantidas em relação à posição paulina. Para poder continuar sendo um grupo dentro do judaísmo, permitia-se uma contramissão que seguia a missão paulina e cujo objetivo era obrigar gentio-cristãos à circuncisão e à observância do calendário festivo judaico. As Cartas aos Romanos, aos Gálatas e aos Filipenses precisam ser lidas contra esse pano de fundo. Nessa época, a comunidade primitiva taxava a missão entre os gentios, livre da circuncisão, como teologicamente perigosa e politicamente ilegítima. A postura distanciada dos hierosolimitanos em relação a Paulo manifesta-se também na rejeição da coleta e da negação de qualquer apoio no processo de Paulo[113]. No entanto, a relação da comunidade primitiva com o judaísmo não podia ser melhorada por meio desta distância ostensiva a Paulo, como mostra a morte de Tiago, irmão do Senhor, e de outros membros da comunidade no ano 62 d.C. (cf. Josefo, *Ant.* 20,197-203)[114].

Dessa maneira, a missão paulina aos gentios realizou-se em condições básicas políticas e religiosas extremamente complexas e acelerou consideravelmente a separação do cristianismo do judaísmo. A situação de concorrência, efetivamente presente desde o início, agravou-se consideravelmente em virtude dos sucessos da missão livre da circuncisão entre os gentios. A reação de defesa e rejeição que isso provocou no judaísmo acelerou o processo da autodefinição do novo

---

[112] Cf. a respeito M. HENGEL, Die Zeloten, pp. 349-365.
[113] Cf. abaixo, Secção 13.1 (História precedente: Paulo a caminho para Roma).
[114] Para a interpretação, cf. B. WANDER, Trennungsprozesse, pp. 263-272.

movimento e, com isso, também a desvinculação do judaísmo; pois, por via de regra, uma identidade atribuída do lado de fora reforça o processo de busca no interior. As perseguições mostram que os crentes em Cristo eram percebidos também pelo judaísmo como alheios e ameaçadores, isto é, a separação não era uma sorte casual, mas uma consequência inevitável, deliberadamente produzida por ambos os lados. O cristianismo primitivo em formação não só se separou do judaísmo, mas também o judaísmo se separou do cristianismo emergente. O judaísmo não podia estar interessado em ser relacionado diretamente com um movimento que venerava como Filho de Deus um revoltoso executado pelos romanos[115].

UM MOVIMENTO AUTÔNOMO

A formação do cristianismo primitivo como movimento autônomo e sua consequente desvinculação do judaísmo deu-se indubitavelmente como um *processo mútuo*. Em ambos os lados havia, ao longo de certo tempo, várias opções, mas ao mesmo tempo deram-se desenvolvimentos que determinaram o curso das coisas irrevogavelmente. Particularmente a bem-sucedida missão entre os gentios da Antioquia e subsequentemente a de Paulo e de sua escola, bem como a reação que se seguiu do lado judaico, determinaram e aceleraram a formação de identidade cristão-primitiva, mas também a desvinculação do judaísmo do movimento dos Χριστιανοί que surgiu em seu meio.

Ora, quando é que se pode falar dos cristãos como um movimento autônomo e identificável? Quando crentes em Cristo judeus e gentios transformaram-se em judeu-cristãos e gentio-cristãos? Uma delimitação temporal nítida é difícil; não obstante, manifestam-se algumas linhas de desenvolvimento histórico:

1. A perseguição de cristãos em Roma no ano de 64 d.C. pressupõe, em comparação com o Édito de Cláudio, em dois aspectos um

---
[115] Cf. a respeito F. VITTNGHOFF, "Christianus sum", pp. 336ss.

abrangente processo de diferenciação entre judeus, como também entre judeu-cristãos e gentio-cristãos:

a) Devido ao enfraquecimento da parcela judeu-cristão dentro das comunidades romanas, os gentio-cristãos ganharam em influência, e isso reforçou a separação das comunidades judaicas em Roma.

b) A dominância dos gentio-cristãos fez provavelmente também com que as autoridades romanas percebessem os cristãos então como um movimento autônomo que devia ser distinguido do judaísmo. Além disso, a "multidão espantosa" de cristãos presos no contexto da perseguição romana, mencionada em Tácito, *Anais* XV 44,4, indica que a comunidade romana estava crescendo rapidamente. Quando Nero podia responsabilizar os cristãos pelo incêndio de Roma, sem maior justificativa e sob os aplausos da população, então o novo movimento estava conhecido na cidade há mais tempo e era considerado digno de punição[116]. Portanto, pelo fim dos anos 50 deve ter chegado ao fim um desenvolvimento que Paulo ainda tenta influenciar com a Carta aos Romanos: a separação, promovida de ambos os lados, entre as comunidades de maioria gentio-cristão e a sinagoga em Roma. Com isso, o cristianismo primitivo em Roma, e certamente também além dessa cidade, estava reconhecível e reconhecido como movimento autônomo, e ele se movia então em direção a conflitos com as pretensões do Estado romano.

2) Quando se iniciou esse desenvolvimento, quando um grupo de reforma messiânico intrajudaico passou a ser um *movimento* autônomo reconhecível? Do mesmo modo como o ano 64 d.C. marca o primeiro ponto final decisivo, assim a denominação Χριστιανοί por volta do ano 40 d.C. em Antioquia deve marcar o ponto de partida. A desvinculação de Jerusalém, da Judeia e da Galileia, em termos geográficos e parcialmente também de conteúdo, facilitou a formação de identidade, e os crentes judeus e gentios em Cristo passaram a ser judeu-cristãos e gentio-cristãos. No contexto da constante ampliação da missão (por exemplo, para Roma e o norte da África) deu-se a passagem de grupos isolados de crentes em Cristo para um movimento

---

[116] Para a perseguição de Nero, cf. abaixo, Secção 13.4 (Paulo o mártir).

com identidade própria e amplas ramificações, ambas pressupostos indispensáveis para o sucesso. Em Antioquia por volta de 40 d.C. havia todas as condições necessárias para falar de um movimento autônomo e identificável[117]:

a) referia-se a um fundador;
b) tinha um nome;
c) apresentava-se em público com uma doutrina que chamava a atenção;
d) dispunha de um alto grau de organização;
e) dispunha de uma ramificação internacional;
f) realizava uma propaganda organizada para ganhar membros, isto é, uma missão.

3) Não é nenhum acaso que a *autonomia* do novo movimento era promovida decisivamente com o crescimento do cristianismo gentio na Síria, Ásia Menor, Grécia e Roma, pois já em Paulo encontra-se uma consciência clara da autonomia teológica e sociológica dos cristãos:

---

[117] Para a terminologia: na pesquisa alemã nas áreas da sociologia e das ciências da religião prevalece o termo "grupo"; cf. G. KEHRER, "Religiöse Gruppenbildungen", in H. ZINSER (org.), *Religionswissenschaft* (Berlim: 1988), pp. 97-113; além disso, B. SCHÄFERS, Entwicklung der Gruppensoziologie, p. 23, que, como muitos outros, distingue entre pequeno grupo (até 25 pessoas), grande grupo (de 25 até 1000 pessoas) e instituição. Tanto em termos linguísticos como de conteúdo, a distinção entre pequeno grupo e grande grupo é problemático, pois na linguagem cotidiana impôs-se uma equação do pequeno grupo com o conceito de grupo. "Desse modo, a estrutura e o tamanho do pequeno grupo (grupo pequeno) é quase idêntico ao conceito do grupo social em geral" (ibidem). Por isso faz sentido, a meu ver, relacionar o termo e conceito de "grupo" com o pequeno grupo e substituir o conceito e termo de "grande grupo" por "movimento". Assim se enfatiza o caráter dinâmico de formações sociais maiores; um aspecto que é de grande importância para o cristianismo primitivo. Além disso, introduziu-se na pesquisa anglófona o termo "movement" de novas formações religiosas (cf., por exemplo, J. A. SALIBA, Understanding New Religious Movements [Grand Rapids: 1995]). Outras classificações sociológicas dos cristãos primitivos: movimento milenarista (J. G. GAGER, "Das Ende der Zeit und die Entstehung von Gemeinschaften", in W. A. MEEKS [org.], *Zur Soziologie des Urchristentums*, pp. 88-92); sociedade escolástica (E. A. JUDGE, Die frühen Christen als scholastische Gemeinschaft, op. cit., pp. 137s); escola filosófica/associação (R. L. WILKEN, Kollegien, Philosophenschulen und Theologie, op. cit., pp. 191s); movimento cúltico (R. STARK, Der Aufstieg des Christentums, p. 51).

a) As comunidades primitivas elaboram um conceito de identidade que visa a superação dos conceitos gregos e judeus de identidade (Gl 3,26-28: "... não há judeu nem grego...").

b) Paulo e as comunidades primitivas escolhem como autodenominação não συναγωγή, mas o termo político ἐκκλησία.

c) Segundo 1Ts 2,14-16, Deus rejeitou os judeus porque impedem que Paulo e seus colaboradores anunciem às nações a salvação redentora.

d) Paulo reivindica o conceito da liberdade exclusivamente para o novo movimento (cf. Gl 4,31; 5,1).

e) A "nova aliança" não é uma edição melhorada da antiga, mas um evento qualitativamente novo, caracterizado pelo espírito e a glória abundante (cf. 2Cor 3,6.10). Só se pode separar o que antes pertencia junto. As comunidades paulinas nos centros urbanos do Mediterrâneo existiam desde o início majoritariamente fora do âmbito da sinagoga e representavam também em relação à comunidade primitiva algo novo e autônomo. Elas garantiam sua existência por meio do vínculo exclusivo dos novos membros[118], um alto nível religioso e intelectual[119], redes e obras sociais e uma convivência nova, de irmãos e irmãs, que transpunha as fronteiras de *status*.

4) Novas criações de sentido como o cristianismo primitivo podiam se formar somente quando dispunham de um alto grau de conectibilidade histórica[120]. O cristianismo pré-paulino e paulino apresentava essa conectabilidade de uma forma especial, pois integrava da mesma maneira conceitos judaicos, judaicos-helenistas e greco-romanos.

5) Aquilo que já se formou antes de Paulo recebe dele uma *qualidade sistêmica*: o conceito de um evento universal e sem distinção de

---

[118] Cf. R. STARK, Der Aufstieg des Christentums, pp. 237-243.

[119] Até hoje, a propaganda gentia do séc. II contra os cristãos obstruiu a percepção do fato de que as comunidades primitivas, segundo o testemunho das cartas paulinas e dos Evangelhos, precisam ter disposto de um alto nível intelectual; cf. a respeito F. VOUGA, "Die religiöse Attraktivität des frühen Christentums", in ThGl 88 (1998), pp. 26-38.

[120] Cf. J. RÜSEN, Was heißt: Sinn der Geschichte?, p. 38.

juízo e redenção no qual os crentes e batizados estão integrados[121]. Com a ressurreição dos mortos de Jesus Cristo iniciou-se um processo de transformação universal do qual os cristãos participam abrangentemente e que experimentará em breve sua plena realização na *parusia*.

6) Este conceito básico teológico-universal *não pode ser combinado* com uma identidade judaica particular orientada por Torá, templo e terra[122]. Antes, a fé em Jesus Cristo como a única instância de salvação, bem como a pertença à fé cristã e seu culto determinam a consciência de participar já no tempo presente da atuação salvífica escatológica de Deus.

7) A adoção parcial de conceitos de identidade judaica, que continuou também entre autores cristão-primitivos do séc. I (por exemplo, Mateus, Tiago), *não* é um argumento contra a tese de uma rápida formação do cristianismo como movimento autônomo[123]. Houve desenvolvimentos distintos em termos geográficos e temporais, mas, no decurso de um doloroso processo de separação, o cristianismo de cunho paulino e o judaísmo em distanciamento determinaram os rumos

---

[121] Cf. a respeito D. G. HORRELL, "'No longer Jew or Greek'. Paul's Corporate Christology and the Construction of Christian Community", in D. G. HORRELL/CHR. TUCKETT (org.), *Christology, Controversy and Community*. FS D. R. Catchpole (Leiden: 2000), pp. 321-344.

[122] Em termos religioso-sociológicos, o cristianismo primitivo desenvolveu-se rapidamente de uma religião popular subcultural (como uma corrente dentro do judaísmo antigo) para uma religião universal subcultural com caráter de religião de salvação e reconciliação; para a tipologia, cf. G. MENSCHING, Soziologie der Religion (Bonn: 1947), pp. 24ss.

[123] Totalmente distinto D. BOYARIN, "Als Christen noch Juden waren. Überlegungen zu den jüdisch-christlichen Ursprüngen", in *Kul* 16 (2001), pp. 112-129, que rejeita veementemente o modelo da "separação dos caminhos" e, em vez disso, exige entender a relação judaísmo – cristianismo "como um sistema único de circulação, dentro do qual elementos discursivos podiam se mover desde judeus não-cristãos e de volta, e desenvolver-se ao longo de sua passagem pelo sistema" (op. cit., p. 120). Ele deduz disso que, ainda para o séc. II d. C., "os limites entre ambos eram tão difusos que ninguém poderia dizer com certeza onde terminou um e começou outro" (op. cit., p. 121). Este modelo ignora simplesmente os fatos históricos acima elencados e se orienta pelo pluralismo religioso infinito do séc. XXI nos EUA, mas não pelos confrontos e delimitações entre judeus e cristãos no séc. I e II d.C.

irrevogavelmente. Em parte, autores posteriores repetiram de sua maneira aquilo que em seu cerne já estava decidido. Isto é um processo natural, pois a formação de identidade se dá sempre olhando para o outro, para que se possa dizer quem se é[124].

8) Paulo é o expoente decisivo da formação do cristianismo primitivo como movimento autônomo[125]. Quando ele, segundo 1Cor 9,20.21, é capaz de se tornar aos judeus um judeu e aos gentios, um gentio, então ele é, no sentido pleno, nem judeu nem gentio, mas o representante de um novo movimento e de uma nova religião. A consciência dos cristãos primitivos como terceiro grupo humano ao lado de judeus e gregos expressa-se também em 1Cor 1,22s e 10,32. Em 1Cor 1,22s, Paulo caracteriza a teologia da cruz como a diferença decisiva em relação aos mundos de sentido dos judeus e dos gregos. *A palavra da cruz não é compatível com esses mundos de sentido*, por isso, ela precisa parecer aos judeus um escândalo e aos gregos, uma loucura. Em 1Cor 10,32, Paulo convida a comunidade coríntia a não causar escândalo diante dos judeus, dos gregos e da ἐκκλησία τοῦ θεοῦ ("igreja de Deus"). Paulo situa a Igreja universal[126] como uma grandeza autônoma diante de judeus e gregos, e ele expressa isso semanticamente pelo neologismo ἐκκλησία τοῦ θεοῦ[127].

9) Formações de sentido históricas têm êxito somente quando vinculadas a *conceitos de identidade atraentes*. Especialmente Paulo

---

[124] Cf. J. RÜSEN, Historische Vernunft, p. 78.

[125] No entanto, isto está longe de significar que Paulo fosse o "verdadeiro" fundador do cristianismo, como G. LODEMANN, Paulus, der Gründer des Christentums, pp. 199-216, deseja sugerir com sua ideologia hostil ao cristianismo. Não existe um fundador do cristianismo, ao contrário, esse novo movimento baseia-se na experiência e na fé de muitos homens e mulheres anônimas (em sua maioria) que, em parte, já tinham seguido Jesus de Nazaré, que fundaram antes e sem Paulo as comunidades de Damasco, Antioquia, Alexandria e Roma e que ainda no tempo de Paulo atuavam com grande sucesso (basta conferir as comunidades de Roma e Apolo em Corinto). Paulo tem o mérito de ter apresentado, dentro da história do cristianismo primitivo, rica em tensões, a interpretação teológica do evento Cristo que traçou o caminho definitivo.

[126] Cf. J. ROLOFF, Verbete "ἐκκλεσία", p. 1005.

[127] Sobre ἐκκλεσία τοῦ θεοῦ, cf. abaixo, Secção 21.1 (Palavras e metáforas básicas da eclesiologia paulina).

desenvolveu e praticou um novo conceito universal de identidade: a existência em Cristo no além de privilégios religiosos tradicionais. Este conceito transnacional e transcultural ritualmente transmitido (batismo)[128] não podia ser conciliado na prática com os esboços judeus e greco-romanos de identidade e levou lógica e consequentemente à formação do cristianismo primitivo como um movimento autônomo.

---

[128] G. THEISSEN, Die urchristliche Taufe und die soziale Konstruktion des neuen Menschen, pp. 90ss, enfatiza com razão que a diferenciação do cristianismo primitivo em relação ao judaísmo estava vinculada a uma nova compreensão do batismo que se formou no contexto da missão entre os gentios e se manifesta em Paulo de modo completamente elaborado. "O surgimento do batismo está intimamente vinculado ao surgimento de uma religião independente da origem, orientada pela reconciliação e subculturalmente nova, que reunia pessoas de muitos povos em pequenas comunidades. O parentesco por nascimento foi substituído pelo parentesco de renascimento. O nascimento físico foi substituído por um novo nascimento ritualmente mediado. Por isso, a construção social do novo ser humano não é um fenômeno lateral indiferente dessa nova religião; ela é seu pressuposto constitutivo" (op. cit., pp. 93s).

Capítulo 8
PAULO E OS TESSALONICENSES: CONSOLO E CONFIANÇA

Paulo e suas comunidades – uma história de amor duradoura. O apóstolo de gentios, um homem sem sossego, possuía a capacidade de dedicar-se verdadeiramente aos problemas das jovens comunidades. Ele era capaz de dar consolo, de animar e de inspirar confiança.

8.1 A história precedente e o primeiro anúncio

A cidade de Tessalônica foi refundada por volta de 315 a.C. A localização favorável no ponto mais retraído do Golfo Termaico e na Via Egnatia fundou a importância secular de Tessalônica como cidade portuária, local de comércio e do cruzamento de grandes estradas[1]. Também como centro cultural e religioso, a cidade possuía uma grande atratividade. Filósofos, retóricos e poetas marcaram a vida intelectual da cidade[2]; escavações e testemunhos literários atestam o culto a divindades cúlticas como Serápis, Ísis, Dionísio ou as cabiras[3]. Também o culto ao imperador era importante em seu vínculo com os jogos de lutas[4].

---

[1] Para a história da cidade cf. W. Elliger, Paulus in Griechenland, pp. 78-116; R. Riesner, Frühzeit des Apostels Paulus, pp. 297-301; Chr. vom Brocke, Thessaloniki, pp. 12-101.
[2] Cf. Chr. vom Brocke, Thessaloniki, pp. 143-151.
[3] Cf. a respeito K. P. Donfried, "The Cults of Thessalonica and the Thessalonian Correspondence", in NTS 31 (1985), pp. 336-356; R. Jewett, Thessalonian Correspondence, pp. 126ss; R. Riesner, Frühzeit des Apostels Paulus, pp. 331-333; Chr. vom Brocke, Thessaloniki, pp. 115-138.
[4] Cf. Chr. vom Brocke, Thessaloniki, pp. 138-141.

A COMUNIDADE

Na época da redação da Primeira Carta aos Tessalonicenses, a fundação da comunidade ainda não está muito remota. Depois de deixar a comunidade, Paulo quer voltar duas vezes, mas é impedido por Satanás (1Ts 2,17-20). Por isso, ele envia de Atenas Timóteo que lhe traz boas notícias sobre a situação da comunidade (1Ts 3,1s.6-8). Mesmo assim, o apóstolo deseja ver a comunidade face a face para complementar o que falta a sua fé. A carta visa cumprir essa tarefa, porque Paulo não pode viajar pessoalmente até Tessalônica. O lugar de sua estada depois da redação de 1Ts não pode ser apurado, nem dessa carta nem dos Atos dos Apóstolos. Claro fica apenas que Timóteo voltou de Tessalônica e que Paulo se encontra acompanhado por Silvano e Timóteo (cf. 1Ts 1,1; 3,6; At 18,5). Já que foi *Corinto* onde Paulo se encontrou com seus colaboradores que voltaram da Macedônia, supõe-se geralmente que esse seja o local da redação da Primeira Carta aos Tessalonicenses. Como tempo de sua redação estimam-se *os anos 50/51 d.C.*, algo embasado numa combinação da menção do procônsul Gálio em At 18,12 e da notícia em At 18,2 sobre o casal Prisca e Áquila, expulso de Roma pelo Édito contra os Judeus emitido por Cláudio.[5] Dessa maneira, a estada de fundação deve ser datada no ano 49/50 d.C.

Os adeptos da comunidade de Tessalônica eram prioritariamente gentio-cristãos (cf. 1Ts 1,9; 2,14). At 17,1 testemunha a existência de uma sinagoga na cidade, de modo que devemos contar na comunidade também com judeu-cristãos e simpatizantes gentios da religião judaica (cf. At 17,4)[6]. Pouco podemos afirmar sobre a composição social

---

[5] A datação no ano 50 (51) da Primeira Carta aos Tessalonicenses é defendida, por exemplo, por M. DIBELIUS, 1Thess, p. 33; W. G. KÜMMEL, Einleitung, p. 221; PH. VIELHAUER, Geschichte der urchristlichen Literatur, p. 88; W. MARXSEN, 1Thess, p. 14; H. KÖSTER, Einführung, p. 545; T. HOLTZ, 1Thess, p. 19; R. JEWETT, Thessalonian Correspondence, p. 60; R. RIESNER, Frühzeit des Apostels Paulos, p. 323; G. HAUFE, 1Thess, p. 15; A. J. MALHERBE, 1Thess, p. 73. Opiniões que divergem desse consenso são elencadas em T. HOLTZ, 1Thess, pp. 20-23.

[6] Cf. R. RIESNER, Frühzeit des Apostels Paulus, pp. 304-308; CHR. VOM BROCKE, Thessaloniki, pp. 207-233. Uma inscrição sepulcral proveniente do fim do séc. III d.C.

da comunidade; a maioria deve ter pertencido à camada baixa ou média, como comerciantes (cf. 1Ts 4,6), operários e artesãos (cf. 1Ts 4,11). No entanto, At 17,4 menciona explicitamente "mulheres da sociedade" como membros da comunidade, e Jasão é apresentado como proprietário bem abastado de uma casa, que é capaz de pagar uma fiança (cf. At 17,5-9)[7]. A casa de Jasão, que pode ter sido também o líder de uma comunidade doméstica, deve ter servido como local de reunião da comunidade e de hospedagem para missionários itinerantes. 1Ts 5,12s permite perceber, além disso, que havia na comunidade outras pessoas com funções de liderança[8]. No momento da redação da carta, a comunidade existia apenas há pouco tempo (cf. 1Ts 2,17), mas mesmo assim, a notícia de sua fundação já estava se espalhando em todas as partes da Grécia (cf. 1Ts 1,7s). Apesar das boas notícias trazidas por Timóteo (1Ts 3,6), Paulo mostra-se preocupado sobre a situação da comunidade[9]. Os cristãos em Tessalônica eram expostos a uma constante experiência de sofrimento que se iniciou com a aceitação da mensagem do evangelho (cf. 1Ts 1,6) e que parece perdurar no momento da redação da carta. A comunidade em Tessalônica é perseguida por seus compatriotas da mesma maneira como a comunidade na Palestina pelos judeus (cf. 1Ts 2,14-16). Aparentemente entendeu-se a formação de uma comunidade cristã como ameaça às estruturas sociais e religiosas existentes. No entanto, a polêmica aguda leva a supor que Paulo considerou em Tessalônica também judeus como os autores verdadeiros da perseguição[10]. Provavelmente, o proselitismo

---

atesta a existência de uma sinagoga; cf. M. N. PANTELIS, "Synagoge(n) und Gemeinde der Juden in Thessaloniki: Fragen aufgrund einer neuen jüdischen Grabinschrift der Kaiserzeit", in ZPE 102 (1994), pp. 297-306. Como testemunho indireto para a existência de uma comunidade judaica pode-se considerar Fílon, Leg. Gai. 281, onde se relata sobre os judeus na Macedônia.

[7] Para Jasão, cf. CHR. VOM BROCKE, Thessaloniki, 249: "Ele é relativamente bem abastado, possui uma casa e certamente também a cidadania local".

[8] C. a respeito R. W. GEHRING, Hausgemeinde und Mission, pp. 241-243.340-345.

[9] Para as distintas teses da pesquisa mais antiga sobre a corrente "gnóstica" ou "entusiasta" em Tessalônica, cf. R. JEWETT, Thessalonian Correspondence, 135-157.

[10] Para a perseguição da comunidade, cf. também R. RIESNER, Frühzeit des Apostels Paulus, pp. 311-317; CHR. VOM BROCKE, Thessaloniki, pp. 152-166.

acerca de pessoas de certo estado social provocou uma permanente reação hostil tanto entre gentios como entre judeus. Ao lado de conflitos social e religiosamente motivados com judeus e gentios pesavam sobre a comunidade provavelmente também desentendimentos muito cotidianos com seu ambiente (cf. 1Ts 4,10b-12). Também questões teológicas concretas preocupavam a jovem comunidade (cf. 1Ts 3,10). Por exemplo, o tríplice περί ("a respeito") em 1Ts 4,9.13; 5,1 refere-se aparentemente a perguntas concretas vindas de Tessalônica. Especialmente a morte inesperada de membros da comunidade antes da *parusia* do Senhor causou perturbações e motivou Paulo em 1Ts 4,13-18; 5,1-11 a explicitações sobre o processo e a data da atuação escatológica de Deus na *parusia* de Cristo.

O PRIMEIRO ANÚNCIO

Em alguns trechos, a Primeira Carta aos Tessalonicenses permite ainda vislumbrar o que Paulo anunciou na ocasião de sua estada de fundação e como ele transmitiu o novo mundo de sentido do evangelho[11]. Logo no início da carta, ele lembra à comunidade a pregação de fundação: "Porque nosso evangelho vos foi pregado não somente com palavras, mas com grande eficácia no espírito santo e com toda a convicção" (1Ts 1,5)[12]. Já aqui se manifesta a dimensão determinante da pneumatologia: o sucesso do evangelho não consistia na palavra humana, mas na atuação poderosa do espírito. A tríade δύναμις, πνεῦμα e ἅγιον πληροφονία (cf. 1Cor 2,4; 4,19s; 2Cor 12,11s; Rm 15,18s) nomeia os meios pelos quais a pregação do evangelho abre seu caminho. Na aceitação do evangelho realiza-se a eleição da comunidade (1Ts 1,4) que, por sua vez, manifesta o amor de Deus aos tessalonicenses. O sujeito exclusivo da eleição é Deus (cf. 1Ts 2,12; 4,7; 5,9.24) que

---

[11] Cf. a respeito R. F. COLLINS, "Paul's Early Christology", in Idem, *Studies*, pp. 253-284: J. PLEVNIK, "Pauline Presuppositions", in R. F. COLLINS (org.), *Thessalonian Correspondence*, pp. 50-61; R. BORSCHEL, Konstruktion einer christlichen Identität, pp. 91-137.

[12] Para a análise, cf. F. W. HORN, Angeld des Geistes, pp. 120-123.

salva a comunidade no fim dos tempos do juízo que se abate sobre o mundo. Paulo dirige-se aos tessalonicenses como uma comunidade escatológica, já em sua estada de fundação e lhe anuncia as tribulações iminentes (cf. 1Ts 3,4). Mesmo assim, a comunidade aceitou o anúncio do apóstolo não como palavra humana, mas como palavra divina que dali em diante atuava em seu meio (cf. 1Ts 2,13). No poder do espírito desdobra-se o anúncio do evangelho entre os tessalonicenses de modo tão sustentável que se anuncia agora até mesmo na Acaia o que Paulo os ensinou (1Ts 1,6-9a). Paulo recapitula esse anúncio em 1Ts 1,9b.10 com um antigo *sumário* da pregação missionária cristã-primitiva: "... e como vos convertestes dos ídolos a Deus, para servirdes ao Deus vivo e verdadeiro, e esperardes dos céus a seu Filho, a quem ele ressuscitou dentre os mortos: Jesus que nos livra da ira futura".

Um argumento em favor do caráter tradicional de 1Ts 1,9b.10 é principalmente a análise linguística[13]: entre os *hapax legomena* em Paulo estão ἀληθινός = "verdadeiro/verídico" (cf. JosAs 11,10), ἀναμένειν = "esperar" (cf. Jo 7,2; Jd 8,17) e ἐκ τῶν οὐρανῶν = "dos céus" (cf., porém, 2Cor 5,1; Fl 3,20). O verbo ἐπιστρέφειν ("voltar-se para") é usado em Paulo geralmente no sentido da conversão (cf. 2Cor 3,16; Gl 4,9), ῥύεσθαι ("salvar") tem somente aqui um sentido cristológico-apocalíptico (cf., porém, 2Cor 1,10; Rm 15,31 e a citação em Rm 11,26). Além disso, deve-se notar que a expressão ἤγειρεν ἐκ τῶν νεκρῶν ("ele ressuscitou dentre os mortos"), que possui um tom paulino, leva somente aqui o artigo (cf. Gl 1,1; Rm 4,24) e que ἡ ὀργὴ ἡ ἐρχομένη ("a ira que vem") é um termo incomum em Paulo quando se trata do Juízo Final.

Em termos de conteúdo, este anúncio, com sua exigência do monoteísmo e do consequente abandono dos ídolos e com sua expectativa do juízo como pano de fundo da expectativa escatológica, aproxima-se muito da pregação missionária judaica. Por exemplo, a pagã Asenet diz na novela de conversão "José e Asenet" antes de sua grande oração penitencial: "Escutei muitos dizer: o Deus dos hebreus é um Deus

---

[13] Cf. a respeito C. BUSSMANN, Themen der paulinischen Missionspredigt auf dem Hintergrund der spatjüdisch-hellenistischen Missionsliteratur, pp. 38-56.

verdadeiro e um Deus vivo e um deus misericordioso [...]; por isso, também eu, a miserável, ouso dirigir-me a ele e procuro abrigo nele" (JosAs 11,10s; cf. 54,5ss). O conteúdo central do primeiro anúncio paulino é o Deus verdadeiro, cuja absoluteza e exclusividade transforma todas as outras divindades em ídolos. Paulo constrói seu mundo de sentido em torno desse centro, pois com o abandono dos ídolos e a volta para um Deus vivo verdadeiro vincula-se a esperança fundamental pela *parusia* do Filho de Deus.

Já que Deus ressuscitou Jesus Cristo dentre os mortos, ele aparecerá em breve e salvará os crentes do juízo iminente. A atuação salvífica e eleitora de Deus e a atuação redentora escatológica de Jesus determinam a pregação paulina de fundação em Tessalônica e marcam também a argumentação da carta. O Filho virá como juiz; por isso, os tessalonicenses devem viver segundo sua vocação (1Ts 2,11s). Vale: "Pois Deus não nos chamou para a impureza, mas sim para a santidade" (1Ts 4,7). Já anteriormente, Paulo tinha testemunhado diante da comunidade que exclusivamente o *Kyrios* é o juiz sobre tudo e todos (1Ts 4,6b.c). Em última instância, através da pregação missionária do apóstolo, a comunidade recebeu sua instrução ética pelo próprio Senhor (cf. 1Ts 4,2b). Paulo inculca à comunidade a natureza da vida cristã através da tríade "Fé – Amor – Esperança" (1Ts 1,3; 5,8). Essa breve fórmula, de fácil recepção e tanto retórica como teologicamente pregnante, parece ter sido formulada pelo apóstolo no âmbito de sua pregação missionária, sob adoção de pensamentos helenista-judaicos e judeu-cristãos, respectivamente[14]. Essa unidade de três membros servia aos tessalonicenses como resposta cristã à atuação escatológica de Deus em Jesus Cristo. Dessa maneira, a atuação eleitora presente de Deus na força do espírito, a atuação julgadora futura do Filho e a conduta em santidade que devia ser exigida consequentemente formam o centro da pregação paulina de fundação em Tessalônica.

Na estada da fundação vinculou-se a este anúncio uma conduta do apóstolo que tinha uma dimensão missionária própria e que qualificava Paulo e seus colaboradores como mediadores de um mundo

---

[14] Documentação em TH. SÖDING, Trias, pp. 38-64.

de sentido. A aceitação de um mundo de sentido está também vinculada à pessoa do mediador ou dos mediadores, sua atuação faz parte do mundo de sentido (cf. 1Ts 2,8). A autoridade de Paulo não se fundamenta em colocações arbitrárias, mas é fundamentada por um Deus vivo. Por isso, Paulo pode dizer diante da comunidade: "Vós sois testemunhas, e Deus também o é, de quão puro, justo é irrepreensível tem sido o nosso modo de proceder para convosco, os fiéis" (1Ts 2,10). O serviço apostólico realizava-se em pureza e com um caráter modelar; o evangelho foi anunciado e prometido aos tessalonicenses pastoralmente (1Ts 2,3). Paulo preocupava-se com cada membro individual da comunidade como um pai com seus filhos e filhas (1Ts 2,11). Em sua dedicação pessoal, Paulo procurou ajudar os cristãos que estavam no início de seu caminho a encontrarem uma conduta de vida que correspondia a sua vocação por Deus. Em sua *paráclese* de fundação, Paulo advertiu, animou e encorajou os tessalonicenses a conduzir, já no tempo presente, sua vida na luz da plenificação iminente da salvação (1Ts 2,12). Dessa maneira, um dos focos da atividade apostólica na estada de fundação residiu na promoção pastoral concreta da comunidade e de seus membros individuais. A carta, por meio da qual o apóstolo se faz novamente presente, dá continuidade a esta preocupação fundamental. Na memória, a carta transforma a estada de fundação em algo presente e aborda exaustivamente os problemas dos convertidos, como, por exemplo, a ruptura com a sociedade, o esfriamento da primeira animação e o surgimento de novas perguntas[15].

8.2 A Teologia da Primeira Carta aos Tessalonicenses

A Primeira Carta aos Tessalonicenses contém um conceito teológico autônomo que pode ser identificado com precisão e que não deve ser nivelado por meio de ideias contidas em cartas posteriores.

---

[15] Cf. R. RIESNER, Frühzeit des Apostels Paulus, pp. 329-339.

ELEIÇÃO E *PARUSIA* COMO DADOS FUNDAMENTAIS

A base da teologia da Primeira Carta aos Tessalonicenses é a *ideia da eleição*[16], seu horizonte é a expectativa da vinda iminente do κύριος Ἰησοῦς Χριστός ("Senhor Jesus Cristo")[17]. As duas noções estão imediatamente vinculadas: a eleição nomeia a realidade da salvação presente entre os tessalonicenses, a *parusia* de Cristo sua esperança fundamental. Paulo anuncia o Deus que elege e lembra, dessa maneira, a comunidade do dado absolutamente fundamental de sua existência: "Sabemos, irmãos amados de Deus, que sois do número dos eleitos" (1Ts 1,4; cf. Rm 9,11; 11,5.7.28). Enquanto o termo ἐκλογή ("eleição") se refere ao ato fundamental da escolha de Deus[18], καλεῖν ("chamar, vocacionar") refere-se principalmente ao processo desse ato. Deus chamou a comunidade para uma conduta honrável (1Ts 2,12), e a eleição realiza-se como extração da situação geral de desgraça em que a humanidade se encontra (cf. 1Ts 4,7; 5,9). A expressão com o particípio, "o chamando" ("o que está chamando-vos", 1Ts 2,12; 5,24), torna-se uma denominação de Deus. Paulo garante à comunidade: "Quem vos chamou é fiel, e é ele que vai agir" (1Ts 5,24). Portanto, os tessalonicenses podem entender sua vocação como escolha escatológica da graça divina; como pessoas chamadas no tempo escatológico, são Igreja de Deus (1Ts 1,1). Dessa maneira, Deus é a origem e o sujeito de todo o acontecimento salvífico, e isto realça o primado da *teo*logia na carta mais antiga de Paulo.

---

[16] Na pesquisa mais recente, a importância da eleição foi destacada novamente por H. H. SCHADE, Apokalyptische Christologie, pp. 117ss; cf., além disso, J. BECKER, Paulus, 138ss; K. P. DONFRIED, "1Ts", in K. P. DONFRIED//H. MARSHALL, Theology, pp. 28ss.

[17] Cf. W. MARXSEN, 1Ts, p. 21; TH. SÖDING, Der Erste Thessalonicherbrief, pp. 187s.

[18] Um texto contrastante contemporâneo no ambiente da *pax romana* encontra-se em Sêneca, Clem. 1 2, num solilóquio do próprio Nero: "Eu entre todos os seres humanos agradei e sou eleito (*electusque sum*) para ser um deus na terra? Eu, um juiz sobre vida e morte para os povos; o destino e a posição de cada cidadão estão em minhas mãos; o que a sorte quer dar a cada mortal, ela o anuncia através de minha boca; da minha sentença recebem um motivo de alegria os povos e as cidades; nada prospera sem minha vontade e minha graça [...]".

Paulo conclui intencionalmente cada capítulo da carta com uma perspectiva voltada para a *parusia* (cf. 1Ts 1,9s; 2,19; 3,13; 4,13ss; 5,23)[19]. Tanto em termos de composição como de conteúdo fica claro que é a pergunta pelo destino escatológico do ser humano que move o apóstolo e a comunidade. Quem poderá ser salvo diante do juízo que se abate junto à *parusia*? Como podem seres humanos escapar da ira de Deus? O que acontece com pessoas falecidas antes da *parusia*? Como pode se reconhecer o início dos eventos escatológicos? O caráter perturbador destas perguntas determina a argumentação objetiva da carta, e sua dinâmica comunicativa visa a superação das dúvidas e a transmissão de consolo e certeza[20].

SER IMITADORES NA TRIBULAÇÃO

Também o teologúmeno que determina os três primeiros capítulos da carta deve ser entendido no sistema das coordenadas de eleição e *parusia*: a ideia apocalíptico-escatológica de *ser imitadores* nas tribulações escatológicas presentes, às quais os crentes estão submetidos (cf. 1Ts 1,6; 2,2.14.17s; 3,31)[21]. Dessa maneira, Paulo adota uma ideia central da apocalíptica e sabedoria judaica: o sofrimento dos justos no tempo escatológico[22]. Ao aceitar em suas tribulações o evangelho

---

[19] A palavra παρουσία não é um termo técnico da apocalíptica judaica pré-cristã (cf. W. RADL, Verbete "παρουσία", in *EWNT* 3, p. 103; H. KÖSTER, "Imperial Ideology and Paul's Eschatology in 1 Thessalonians", in R. A. HORSLEY (org.), *Paul and the Empire*, pp. 158-166). No helenismo, ela designa, entre outros, a visita de um governante num lugar que precisa se preparar para essa visita. Os cristãos primitivos podem ter adotado o termo a partir desse contexto: "Cristo é esperado como portador da salvação e senhor. No entanto, quando é possível saudar o imperador não só como governante, mas igualmente como portador de salvação, então é este termo oficial de π. que mais se aproxima do uso linguístico cristão" (W. RADL, Verbete "παρουσία", p. 103).
[20] Cf. J. BICKMANN, *Kommunikation gegen den Tod*, pp. 89ss.
[21] Cf. aqui H. H. SCHADE, *Apokalyptische Christologie*, pp. 117-134.
[22] Cf. Sl 33,20; 36,39; Dn 12,1; Hb 3,16; Sf 1,15; 1QM 1,1s; 1QH 2,6-12; 4Esd 7,89; BrSir 15,7s; 48,50: "Pois em verdade – assim como vós suportastes neste tempo neste mundo no qual viveis e que passa muitas tribulações, assim recebeis a grande luz naquele mundo que não tem fim."

em fé, amor e esperança (1Ts 1,3), os tessalonicenses dão testemunho de sua eleição por Deus. Nesse contexto, a fé não é definida numa antitética às obras, mas parece como perseverança e fidelidade nas tribulações (1Ts 1,6). Não obstante o sofrimento, os tessalonicenses acolheram a mensagem com alegria e se tornaram um modelo para as comunidades na Macedônia e na Acaia. A existência de imitadores tem consequências missionárias, e a existência modelar da comunidade possui um poder convidativo (cf. 1Ts 1,7ss). A atuação salvífica abrangente de Deus na ressuscitação do Filho confere ao anúncio do evangelho uma dimensão universal. Muitos gentios seguem e imitam os tessalonicenses, voltam-se ao único Deus verdadeiro e esperam em alegria a volta de seu Filho. Especialmente 1Ts 1,9.10 traz esta realidade à memória[23] que une tanto os destinatários como os remetentes: a atuação salvífica de Deus em seu Filho qualifica o tempo presente como tempo de salvação e tempo escatológico; a comunidade e o apóstolo caminham ao encontro do Filho na certeza de que são chamados não para a ira, mas para a salvação (1Ts 5,9).

Em 1Ts 2,1-12 transfere-se a ideia da imitação para os missionários que, graças a sua imitação modelar de Cristo, não deram à comunidade nenhum motivo para dúvidas acerca do caráter fidedigno da mensagem[24]. Ao contrário de muitos pregadores e filósofos itinerantes, Paulo não adentrou na comunidade com segundas intenções. Ele nunca tentou ganhar a comunidade com palavras bajuladoras, para depois explorá-la. Em destaque estava não a própria honra, mas, assim como uma mãe se preocupa com seus filhos e filhas, o apóstolo preocupou-se com a comunidade. Paulo contrasta sua conduta e a dos pregadores itinerantes e apresenta-se ao mesmo tempo como o filósofo verdadeiro, de quem diz Dio Crisóstomo, Or. 32,11s: "Não é fácil, porém, encontrar um homem que fale em toda abertura e sem segundos pensamentos, que não faça de conta pelo bem de sua fama e seu lucro, mas cujo bem-querer e cuidado com os outros o tornem disposto a ser ridicularizado, se preciso for, e a suportar a confusão

---

[23] Cf. St. Alkier, Wunder und Wirklichkeit, pp. 91-107.
[24] Para a análise de 1Ts 2,1-12, cf. A. J. Malherbe, 1Ts, pp. 133-163.

barulhenta da multidão; isto se dá apenas numa cidade extremamente feliz: tão raras são pessoas nobres e de mente honesta, tão frequentes bajuladores, vigaristas e sofistas."

O "evangelho de Deus" (εὐαγγέλιον em 1Ts 2,2.8.9) não pode ser ofuscado pela conduta do pregador, pois ele proclama a salvação também aos gentios. A sintonia entre o ensinamento e a vida caracteriza tanto o verdadeiro filósofo como o apóstolo Paulo.

Assim como os missionários, graças a sua imitação exemplar de Cristo, não deram motivo para duvidar da fidedignidade da mensagem, assim Paulo realça agora em 1Ts 2,13 novamente a conduta exemplar da comunidade que aceitou a palavra da pregação dos missionários como a palavra de Deus. Embora o anúncio do apóstolo apareça, à primeira vista, como uma palavra humana, ele é, na verdade, a palavra salvadora divina. Aqui se formula muito mais do que a opinião individual do anunciador, aqui se proclama o ato salvífico de Deus para o mundo. Paulo entende sua própria atuação como um estar totalmente a serviço de Deus.

OS JUDEUS E A IRA DE DEUS

Em 1Ts 2,14-16, o apóstolo continua o tema do modelo da comunidade sob um novo aspecto.

A atuação da palavra de Deus mostra-se no fato de que os tessalonicenses se tornam imitadores das comunidades na Judeia, ao sofrer de seus conterrâneos o mesmo que aquelas sofreram da parte dos judeus. A expressão καὶ ὑμεῖς ὑπὸ τῶν ἰδίων συμφυλετῶν ("da parte dos vossos conterrâneos tivestes de sofrer o mesmo") no v. 14 aponta em primeiro lugar a cidadãos gentios em Tessalônica como autores das tribulações, pois φυλή ("tribo/conterrâneos") designa uma forma de organização dentro da *polis*[25]. No entanto, a polêmica dos v. 15s contra judeus que se

---

[25] Cf. CHR. VOM BROCKE, Thessaloniki, p. 157s: as *phyles* "serviam à organização política, bem como à estruturação local. Cada cidadão pertencia a uma *phyle* na qual entrava, por via de regra, por nascimento. Cidadãos novos eram atribuídos a uma determinada *phyle*. Pessoas libertas e seus descendentes, escravos ou também

fecharam à fé em Cristo pressupõe que Paulo vê também em Tessalônica uma participação de judeus nas pressões[26]. Sob utilização de material tradicional, Paulo levanta contra eles no v. 15 cinco acusações conectadas com καὶ. A acusação no v. 15a, de que os judeus seriam culpados da morte de Jesus e dos profetas, tem paralelos em Mt 23,34-36/Lc 11,49-51; Mc 12,19; At 7,52 e reproduz em sua substância uma antiga tradição querigmática que vinculava o tema veterotestamentário do homicídio de profetas com a morte de Jesus[27]. Por meio da continuação com καὶ ἡμᾶς ἐκδιωξάντων ("e nos têm perseguido a nós"), Paulo coloca seus próprios sofrimentos ao mesmo nível do comportamento dos judeus em relação a Jesus e aos profetas. Embora a acusação de que os judeus não agradam a Deus deva remontar a Paulo[28], o apóstolo serve-se com a frase καὶ πᾶσιν ἀνθρώποις ἐναντίων ("e são inimigos de toda gente") de um *topos* da polêmica antijudaica da Antiguidade[29]. O verdadeiro motivo para os ataques de Paulo revela-se no v. 16: os judeus com sua atitude hostil ao evangelho põem obstáculos à missão entre os gentios e, dessa maneira, a sua salvação, de modo que a medida de seus pecados está completa e que agora vale: ἔφθασεν δὲ ἐπ᾽ αὐτοὺς ἡ ὀργὴ εἰς τέλος ("até que a ira acabe por cair sobre eles")[30]. A obstrução da missão entre os gentios trouxe sobre os judeus o juízo, isto é, a eleição lhes foi tirada.

---

cidadãos de outras cidades ou forasteiros, pertenciam normalmente a nenhuma *phyle*, já que também não possuíam a cidadania da cidade."

[26] Diferente CHR. VOM BROCKE, Thessaloniki, pp. 162-165, que parte da suposição de que judeus não estavam registrados nas *phyles* de uma *polis*. No entanto, esta observação, que deve ser historicamente correta, não exclui a possibilidade de que Paulo os considera mesmo assim como coautores das perseguições, pois somente sob este pressuposto pode se entender a polêmica no v. 15s; cf. D.-A. KOCH, Die Christen als neue Randgruppe, p. 174, nota 28.

[27] Cf. T. HOLTZ, 1Ts, pp. 105s.

[28] Cf. T. HOLTZ, op. cit., p. 105.

[29] Cf. especialmente Tácito, Histórias V 5,1: "Isto se deve também ao fato de que nos círculos dos judeus reina a união mais fiel e uma compaixão solidária, enquanto se manifesta em relação a todas as outras pessoas um ódio hostil" (= NW II/1, 777); sobre a polêmica antijudaica na antiguidade, cf. H. CONZELMANN, Heiden – Juden – Christen, pp. 43ss.

[30] Tanto os paralelos Ez 13,13; 2Cr 12,12; TestLv 6,11 como também o aoristo ἔφθασεν ("ele veio") recomendam entender εἰς τέλος ("até a meta, completamente") no sentido de uma aniquilação total; cf. H. H. SCHADE, Apokalyptische Christologie, p. 127.

Não é possível construir uma tradição coesa no v. 15, pois, não obstante o uso linguístico singular, καὶ ἡμᾶς ἐκδιωξάντων deve ser atribuído ao apóstolo, por motivos de conteúdo (ἡμᾶς). Também θεῷ μὴ ἀρεσκόντων ("desagradaram a Deus") é uma formação paulina (cf. 1Ts 4,1; Rm 8,8)[31]. É verdade que se devem constatar no v. 16 formulações incomuns (ἀναπληρῶσαι τὰς ἁμαρτίας = "enchem a medida dos seus pecados" é uma expressão singular em Paulo, cf. Pseudo-Fílon, *Lib. Ant.* 26,13; 36,1; 41,1; e φθάνειν ἐπί τι[να] ... εἰς τέλος não se encontra mais dessa forma em Paulo), mas o versículo não pode ser considerado não-paulino. Não há indícios para uma proveniência pós-paulina dos v. 13-16[32]. As formulações em parte não-paulinas remontam à adoção de material tradicional, e a tensão com Rm 9–11 não é um argumento sério para hipóteses de interpolação, pois Paulo pode ter mudado de opinião.

Paulo acusa os judeus daquilo que ele mesmo fazia como fariseu: obstrução do anúncio salvador do evangelho. Agitações e perseguições dos judeus como reação à missão bem-sucedida no âmbito da sinagoga (cf. At 17,4ss) e como efeito do Édito de Cláudio formam no tempo da redação da Primeira Carta aos Tessalonicenses aparentemente o maior perigo para a difusão das comunidades cristãs, de modo que a severidade da polêmica paulina deve ser explicada com base nesta situação histórica. Para Paulo, Deus já proferiu seu julgamento sobre os judeus, sua ira abateu-se sobre eles. Perseguições podem representar uma ameaça ao novo mundo de sentido que acabou de ser transmitido[33], de modo que Paulo não só oferece à comunidade interpretações teológicas das experiências de sofrimento, mas pronuncia também rejeições definitivas, para estabilizar a comunidade.

O pensamento da obstrução da missão entre os gentios recebe um maior desenvolvimento em 1Ts 2,17ss, onde é agora o próprio Satanás que aparece como obstrutor. Ele impede várias vezes uma visita do apóstolo a sua comunidade, de modo que Paulo está muito preocupado

---

[31] Contra G. LÜDEMANN, Paulus und das Judentum, p. 22.
[32] Para debates pormenorizados sobre hipóteses de interpolação, cf. G. LÜDEMANN, op. cit., pp. 25-27; I. BROER, 'Antisemitismus', pp. 739-746.
[33] Cf. R. BÖRSCHEL, Konstruktion einer christlichen Identität, pp. 214-224.

com a fé dos tessalonicenses que precisa se comprovar na θλῖψις ("tribulação/entristecimento") escatológica que se abate agora sobre eles. Pois os tessalonicenses são sua esperança, sua alegria e sua coroa de glória na *parusia* do Senhor (1Ts 2,19). Neles torna-se visível que o trabalho missionário de Paulo não foi em vão, mesmo quando atualmente ameaçado por poderes de trevas. Tanto Paulo (1Ts 3,4) como os tessalonicenses (1Ts 3,3a.5b) estão envolvidos na tribulação escatológica, cujo aspecto salvífico se demonstra justamente na atitude da imitação. Persistência nas tribulações é conferida pela fé na atuação salvífica presente (1Ts 3,11s.13) e futura de Deus no κύριος Ἰησοῦς. Mas também o amor dos tessalonicenses, do qual sabe contar Timóteo, consola a Paulo e seus colaboradores em sua aflição (1Ts 3,6ss). O apóstolo sabe com certeza que Deus mesmo superará as resistências e fortalecerá tanto Paulo como os tessalonicenses no amor mútuo (1Ts 3,11-13).

A VINDA DO SENHOR

O contexto da *expectativa imediata da parusia* que determina a Primeira Carta aos Tessalonicenses em sua totalidade é também a chave para a compreensão dos dois ensinamentos escatológicos centrais em 1Ts 4,13-18; 5,1-11. Provocado por falecimentos inesperados na comunidade[34], Paulo vincula em 1Ts 4,13-18 pela primeira vez a ideia da *parusia* do Senhor com uma ressurreição de cristãos falecidos[35]. A morte como um questionamento radical de mundos de sentido torna uma abordagem inevitável; Paulo precisa fechar uma lacuna entre o primeiro anúncio e a realidade atual da comunidade. Com o v. 13, Paulo introduz à problemática, para contrapor à tristeza que reina na comunidade uma palavra de esperança[36].

---

[34] Diferente A. LINDEMANN, Paulus und die korinthische Eschatologie, pp. 68s, segundo o qual o "adormecer" se refere a cristãos e não cristãos; cf., porém, H. MERKLEIN, Der Theologe als Prophet, pp. 378s.
[35] Cf. W. MARXSEN, 1Thess, p. 65.
[36] Sobre os problemas específicos de 1Ts 4,13-18, que aqui não podem ser tratados exaustivamente, cf. ao lado dos comentários as análises fundamentais de

A formulação querigmática no v. 14a contém uma primeira resposta do apóstolo. Ele pressupõe a morte e a ressurreição de Jesus como fé reconhecida da comunidade dos tessalonicenses e deduz que também as pessoas já adormecidas não serão abandonadas por Deus. Na *parusia* ocorrerá uma atuação mediadora escatológica de Jesus[37], pois Deus conduzirá διὰ τοῦ Ἰησοῦ[38] ("através de Jesus") as pessoas já falecidas "com Jesus" (σὺν αὐτῷ). Entretanto, permanece sem menção como se dá este ἄγειν ("conduzir"), de modo que os v. 15-17 continuam a argumentação paulina. O v. 15 é uma síntese da palavra do Senhor citada nos v. 16s e, dessa forma, uma aplicação da tradição que segue à situação em Tessalônica. As afirmações do v. 15 estão no mesmo plano temporal do v. 17, do qual Paulo parece ter tirado, além disso, alguns trechos (cf. οἱ ζῶντες οἱ περιλειπόμενοι = "os vivos que ficaram para trás")[39]. O caráter tradicional do v. 16 pode ser comprovado tanto no nível linguístico como da história dos motivos[40].

Hapax legomena no NT são κέλευσμα ("ordem") e περιλείπεσθαι ("sobrar"; o v. 15 pressupõe o v. 17!). *Hapax legomena* em Paulo são σάλπιγξ = "trombeta" (1Cor 15,52 depende de 1Ts 4,16), ἀρχάγγελος = "arcanjo" (única outra ocorrência: Jt 9), ἀπάντησις = "encontro" (ainda em Mt 25,6; At 28,15). Um uso linguístico incomum para Paulo consta em φωνή = "voz" (em uso não apocalíptico somente aqui e em 1Cor 14.7.8.10.11; Gl 4,20), καταβαίνειν = "descer" (única outra ocorrência: Rm 10,7), ἀνίστασθαι = "ressuscitar" (além desta ocorrência, somente no contexto imediato, v. 14) ἁρπάζεσθαι = "arrebatar" (cf. 2Cor 12.2.4;

U. Luz, Geschichtsverständnis, pp. 318-331; P. Siber, Mit Christus leben, pp. 13-59; W. Wiefel, Hauptrichtung des Wandels, pp. 66-70; G. Lüdemann, Paulus I, pp. 220-263; H. H. Schade, Apokalyptische Christologie, pp. 157-172; W. Radl, Ankunft des Herrn, pp. 113-156; J. Baumgarten, Paulus und die Apokalyptik, pp. 91-98; H. Merklein, Der Theologe als Prophet, pp. 378ss.

[37] Cf. H. H. Schade, Apokalyptische Christologie, p. 158.

[38] Διά (através, por meio de) deve ser entendido aqui de modo causal, pois a morte e a ressurreição de Jesus (v. 14a) são o fundamento salvífico para o acontecimento anunciado no v. 14b.

[39] Cf. G. Lüdemann, Paulus I, p. 243.

[40] Cf. especialmente P. Siber, Mit Christus leben, pp. 35ss; G. Lüdemann, Paulus I, pp. 242ss; diferente H. Merklein, Der Theologe als Prophet, pp. 410ss, que considera somente o v. 15b uma citação.

somente em 1Ts 4,17 relacionado com o arrebatamento escatológico), νεφέλη = "nuvem" (além desta ocorrência, somente em 1Cor 10,1.2 no *midrash* sobre a geração do deserto) e ἀήρ = "ar" (em 1Cor 9.26; 14,9 em uso linguístico figurado). Paralelos às tradições adotadas por Paulo encontram-se na história dos motivos em 4Esd 13 e BarSir 29s; 50s[41].

Paulo deu uma estrutura temporal à palavra do Senhor cristã-primitiva[42] que adotou (πρῶτον / ἔπειτα = "primeiro/depois"), ele o combinou (ἅμα σὺν αὐτοῖς = simultaneamente com eles")[43] e atualizou em relação à situação em Tessalônica (ἡμεῖς οἱ ζῶντες = "os vivos que estivermos lá"), para indicar com a expressão καὶ οὕτως σὺν κυρίῳ ἐσόμεθα ("e assim, estaremos para sempre com o Senhor") a meta soteriológica de todo o acontecimento. No ambiente da palavra tradicional do Senhor, a descrição dos eventos escatológicos começa com a vinda triunfal do *Kyrios* desde os céus, a qual seguem primeiro a ressurreição dos νεκροὶ ἐν Χριστῷ ("mortos em Cristo") e depois o arrebatamento, juntamente com os vivos, para as nuvens, para o encontro com o Senhor, com a finalidade de estar e permanecer com o Senhor. A ressurreição dos membros falecidos da comunidade recebe dentro deste curso dos acontecimentos somente uma função subordinada. A ressurreição dos mortos em Cristo é meramente a condição do arrebatamento de todos, que representa o ato escatológico propriamente dito e o pressuposto do σὺν κυρίῳ ἐσόμεθα ("estaremos junto ao Senhor").

Já que a morte inesperada de alguns membros da comunidade antes da *parusia* do Senhor era para os tessalonicenses um motivo para sua pergunta específica, devemos supor que Paulo, em sua pregação de fundação, *não* falou de uma ressurreição dos mortos. Parece que os tessalonicenses não conheciam esta noção[44], enquanto ela era

---

[41] Análise do texto em G. LÜDEMANN, Paulus I, pp. 249-252.
[42] Tentativas de reconstrução em H. H. SCHADE, Apokalyptische Christologie, p. 160; P. HOFFMANN, Verbete "Auferstehung", pp. 453s; G. LÜDEMANN, Paulus I, p. 247; G. SELLIN, Der Streit um die Auferstehung der Toten, p. 43.
[43] G. LÜDEMANN, Paulus I, p. 245.
[44] Cf. G. BORNKAMM, Paulus, p. 228; E. BRANDENBURGER, Auferstehung der Glaubenden, p. 20; W. MARXSEN, 1Thess, 65 etc.; sobre a discussão de outras possibilidades, cf. R. RIESNER, Frühzeit des Apostels Paulus, pp. 341s.

provavelmente familiar a Paulo, o antigo fariseu. Essa situação inicialmente estranha pode ser explicada somente ao supor que Paulo, na expectativa da *parusia* imediatamente iminente, não mencionou inicialmente em Tessalônica o conceito de uma ressurreição dos mortos crentes. Apenas a morte de alguns cristãos antes da *parusia* e a problemática do atraso da *parusia* que se iniciou com esse fato, bem como a historicidade da fé cristã obrigam-no a introduzir o conceito da ressurreição dos crentes mortos. Um argumento em favor dessa suposição é a observação de que também em 4,13-18 a ressurreição de cristãos falecidos desempenha somente uma função auxiliar, ou seja, que Paulo fica fiel ao seu conceito original de um arrebatamento de todos na ocasião da *parusia* do Senhor. A finalidade soteriológica de todo o acontecimento é o σὺν κυρίῳ ἐσόμεθα (estar junto ao Senhor), a que antecedem a *parusia* do Senhor como horizonte, o arrebatamento de todos os membros da comunidade como condição e a ressurreição dos membros falecidos da comunidade como possibilitação dessa condição. Também a afirmativa de ἐν Χριστῷ em 1Ts 4,16 pode ser compreendida contra o pano de fundo do esclarecimento da problemática da morte. Ao designar os membros falecidos da comunidade como νεκροὶ ἐν Χριστῷ, Paulo enfatiza que, para eles, a morte não é o fim da comunhão com Cristo que começou de forma real no batismo. Assim como nas tradições de batismo pré-paulinas de 1Cor 1,30; 6,11; Gl 3,26-28; Rm 3,25; 6,3s, ἐν Χριστῷ deve ser entendido aqui de maneira soteriológico-ontológica; a expressão designa a nova existência constituída no batismo, a existência no espaço do Cristo e a comunhão pessoal com Cristo que também a morte não pode interromper.

A morte de cristãos antes da *parusia* é uma exceção na Primeira Carta aos Tessalonicenses, de modo que 1Ts 4,13-17 deve ser considerado um testemunho de uma *expectativa da vinda iminente* inalterada. Paulo conta a si mesmo e também a comunidade entre as pessoas que estarão vivas na *parusia* (ἡμεῖς οἱ ζῶντες = "os vivos que estivermos lá", v. 15.17), provavelmente na certeza de que a vinda do Senhor seria iminente. No entanto, as observações seguintes sobre a atuação divina nos adormecidos, por meio de Jesus no v. 14b, a síntese paulina da palavra do Senhor no v. 15, assim como a própria palavra do Senhor e sua atualização paulina não podem ser derivados do querigma do v. 14a, mas têm caráter profético[45]. O querigma não responde a pergunta pelo curso exato dos eventos escatológicos e a posição das pessoas já falecidas e ainda vivas nesses eventos. "Surge um espaço argumentativo vazio que pede discursivamente um preenchimento."[46] Esta função é assumida pelo discurso profético que, sendo uma ampliação instrucional do querigma, procura responder perguntas fundamentais. Para Paulo, a revelação em relação à futura atuação de Deus ainda não foi concluída.

Em 1Ts 5,1-11, Paulo continua suas abordagens iniciadas em 4,13ss sobre o "como" dos eventos escatológicos, por meio da pergunta pelo "quando" do acontecimento escatológico[47]. Sob uso de motivos tradicionais[48], Paulo rebate primeiro especulações sobre o prazo e o momento (v. 13). Ele adota nesse contexto com a expressão εἰρήνη καὶ ἀσφάλεια ("paz e segurança") uma palavra de ordem da *pax romana*[49]. Paulo contrapõe à ideologia romana[50] de paz, segurança e bem-estar sua visão do fim iminente! Não uma plenificação intramundana através do Império Romano, mas a intervenção julgadora de Deus plenifica a história. Por isso, Paulo adverte cada crente a orientar sua vida pelo Dia do Senhor que é incalculável (v. 4-8). A existência cristã recebe a caracterização de seu conteúdo pela vinda do Senhor que ainda não ocorreu e é uma existência escatológica justamente neste aspecto. Por um lado, não pode ser controlada e manipulada, por outro, sua orientação pelo Dia do Senhor testemunha a

---

[45] Cf. M. E. BORING, The Continuing Voice of Jesus, pp. 61s; H. MERKLEIN, Der Theologe als Prophet, pp. 394ss.
[46] H. MERKLEIN, op. cit., p. 395.
[47] Cf. a respeito: R. BÖRSCHEL, Konsturuktion einer christlichen Identität, pp. 151-156.
[48] A renúncia a uma especulação sobre o momento pode ser comprovada também na apocalíptica judaica (4Esd; BarSir); cf. W. HARNISCH, Eschatologische Existenz, pp. 60ss.
[49] Cf. K. WENGST, Pax Romana, pp. 97-99; CHR. VOM BROCKE, Thessaloniki, pp. 167-185; A. J. MALHERBE, 1Thess, pp. 303-305.
[50] Cf. a respeito, por exemplo, Sêneca, Clem. I,2: "[...] estas milhares de espadas, as quais minha paz mantém quietas, podem ser desembainhadas a um sinal meu [...]"; Clem. I,5: "Tu podes, ó César, declarar sem medo o seguinte – tudo que se submeteu a teu apoio, a tua proteção, está seguro [...]."

certeza e a presença da atuação futura de Deus. O que foi dito antes é justificado no v. 9 com a eleição da comunidade para a salvação e não para a ira. Novamente sob adoção de uma terminologia tradicional[51], Paulo destaca que o objetivo da existência dos crentes – quer vivos, quer já falecidos – é a vida com o Senhor[52]. Com isso, o apóstolo tira a conclusão de 4,13-17 e define também aqui como a esperança e o objetivo da existência cristã a existência (4,17) e a vida (5,10), respectivamente, com Cristo. Assim como em 4,18, ele conclui o trecho em 5,11 com o convite de consolar-se e edificar-se com a resposta recebida, e os tessalonicenses o fazem.

Em 1Ts 4,13-18; 5,1-11, Paulo responde as perguntas pelo destino dos cristãos mortos, provocadas pelos casos inesperados de falecimentos antes da *parusia* do Senhor, com a *memória do conhecimento escatológico comum*[53]. O Filho do Deus vivo foi ressuscitado dos mortos e em breve virá do céu, para salvar a comunidade da ira que se abaterá sobre o mundo. Desta realidade aceita por todos, Paulo deriva sua solução do problema. Ele postula uma igualdade entre os membros da comunidade já falecidos e os ainda vivos no momento da vinda do Senhor. A meta soteriológica dos eventos escatológicos é estar com o Senhor, e isto é precedido pela ressurreição dos cristãos mortos e o arrebatamento de todos. Justamente porque Paulo espera a *parusia* do Senhor durante sua própria vida, ele rejeita especulações sobre o momento e chama os tessalonicenses para uma existência conforme o *escaton*. Eles devem se consolar e advertir na certeza de que, na vinda do Senhor, estarão com ele e viverão com ele.

8.3 A Ética da Primeira Carta aos Tessalonicenses

A expectativa da vinda iminente do Senhor Jesus Cristo determina também as afirmações éticas da Primeira Carta aos Tessalonicenses. Paulo convoca os tessalonicenses enfaticamente a levar uma vida

---

[51] Sobre os elementos tradicionais nos v. 9-10a, cf. H. H. SCHADE, Apokalyptische Christologie, pp. 139s.
[52] Em 5,10, ζήσωμεν deve ser interpretado como futuro.
[53] ST. ALKIER, Wunder und Wirklichkeit, pp. 115-121.

"irrepreensível" (ἄμεμπτος em 1Ts 3,13; 5,23) e em santidade (1Ts 3,13; 4,3.4.7; 5,23), pois o Senhor está próximo. A *parusia* não funciona em cada instrução ética individual como justificativa da conduta ética, mas sim na macroestrutura da carta, isto é, para motivar a exigência ética, Paulo refere-se principalmente ao evento escatológico que se abaterá em breve sobre o mundo[54]. Ele enfatiza esse contexto explicitamente com as partículas de dedução λοιπὸν οὖν ("de resto, então") em 1Ts 4,1, que se referem diretamente a 1Ts 3,13.

O ponto de partida da vida cristã é o chamado divino por Deus que se realizou na aceitação do evangelho anunciado em fé, amor e esperança (1Ts 1,4-5; 2,12; 4,7-8). A relevância ética da vocação mostra-se já em 1Ts 2,12, onde o chamado de Deus e uma conduta digna de vida estão causalmente vinculadas. Em termos de conteúdo, a *agapé* determina a ética da Primeira Carta aos Tessalonicenses (cf. 1,3; 5,8)[55]. O convite para o amor fraterno (1Ts 3,12a; 4,9), mas também o *ágape* diante de não-cristãos (1Ts 3,12b; 5,15) são temas naturais das instruções paulinas[56]. 1Ts 4,1.2 tem a função de um texto programático de abertura da parênese individual; Paulo enfatiza que existe um "como" da conduta agradável a Deus que é indispensável para a salvação. A comunidade recebeu na pregação missionária do apóstolo sua instrução ética em última instância pelo próprio Senhor (1Ts 4,2b). Nesse contexto, o apóstolo afirma aos tessalonicenses, por um lado, explicitamente uma conduta ética exemplar (4,1: καθὼς καὶ περιπατεῖτε = "pois vós também se comportais assim"), para, por outro lado, simultaneamente indicar com o ἵνα περισσεύητε μᾶλλον ("todavia, para que progridais cada vez mais") o objetivo de sua instrução (cf. 1Ts 3,10; 4,10). Paulo desenvolve em 1Ts 4,3-8 o "como" normal da conduta de vida, e aqui, a santificação como a meta da vontade de Deus coloca nos v. 3 e v. 7 uma parêntese em torno dos vícios e virtudes mencionadas nos v. 4-6. Acerca do conteúdo, com estas advertências para uma vida moral e honesta Paulo permanece no âmbito da ética helenístico-

---

[54] Cf. U. Schnelle, "Die Ethik des 2. Thessalonicherbriefes", in R. F. Collins (org.), *The Thessalonian Correspondence*, pp. 295-305.
[55] Cf. Th. Söding, Der Erste Thessalonicherbrief, p. 196s.
[56] Cf. sobre isso exaustivamente Th. Söding, Liebesgebot, pp. 68-100.

-judaica⁵⁷. Já em sua pregação de fundação, Paulo ensinou a comunidade que a *parusia* acarreta o juízo segundo as obras (1Ts 4,6b; cf. 5,9). Tanto o apóstolo como a comunidade precisam se apresentar da mesma maneira diante do Trono de Deus (cf. 1Ts 2,19; 3,13). Por isso, a pessoa que não considera as instruções do apóstolo acerca da santificação desconsidera Deus (1Ts 4,8). Os tessalonicenses, como pessoas "ensinadas por Deus" (θεοδίδακτοι; cf. Jo 6,45), não estão atingidas por esta advertência⁵⁸, pois Deus mesmo ensina à comunidade o caminho certo (1Ts 4,9). A convocação para uma vida honrável, tranquila e trabalhosa em 1Ts 4,11 (cf. 1Cor 10,32) recebe sua justificativa no v. 12, na forma da consideração para com o juízo dos gentios (cf. 1Cor 5,12). Aqui, Paulo parte aparentemente de um caráter comum das normas éticas entre gentios e cristãos⁵⁹. Com base na lei moral geral, os gentios são capazes de avaliar o comportamento dos cristãos. Paulo refere-se em 1Ts 4,11.12 aparentemente a problema existentes, pois a referência à competência ética dos gentios pressupõe ocorrências dentro da comunidade que eram publicamente conhecidas e avaliáveis⁶⁰.

Na parênese final de 1Ts 5,12-25, Paulo convoca a comunidade a honrar colaboradores merecidos (5,12.13a). Depois, o apóstolo adverte a comunidade em sua totalidade de duas maneiras, primeiro ao elencar advertências morais genéricas (5,13b-18), para depois acrescentar cinco instruções, cujo centro de conteúdo é a profecia na comunidade (5,19-22). Dentro da primeira série de sentenças devem-se atribuir à parênese usual as exortações para a paz na comunidade (5,13b; cf. 2Cor 3,11; Rm 12,18), a renúncia à retribuição em 5,15 (cf. Rm 12,17.21)

---

[57] Análises exaustivas encontram-se em O. Merk, Handeln aus Glauben, pp. 46-51; F. Laub, "Eschatologische Verkündigung und Lebensgestaltung nach Paulus", in *BU* 10 (Regensburg: 1973), pp. 50ss.179ss; H. Umbach, In Christus getauft – von der Sünde befreit, pp. 67-81: R. Börschel, Konstruktion einer christlichen Identität, pp. 241-326.
[58] Cf. O. Merk, Handeln aus Glauben, p. 51s.
[59] Cf. S. Schulz, Ethik, p. 303.
[60] R. Riesner, Frühzeit des Apostels Paulus, pp. 333-335, supõe como destinatários da advertência em favor do trabalho manual em 1Ts 4,11 círculos dentro da comunidade que se negavam a trabalhar e que esperavam esmolas da parte de membros ricos da comunidade.

e o convite para a alegria (5,16; cf. Rm 12,12), a oração e a gratidão (5,17.18; cf. Fl 4,6)[61]. Em contraste, a enumeração – que se encontra em Paulo somente em 1Ts 5,14 – de "indisciplinados, pusilânimes, fracos" indica que o apóstolo visa aqui determinados grupos dentro da comunidade[62]. O forte elemento pneumático e profético no culto da comunidade evidencia-se em 1Ts 5,19.20. A atuação do espírito e dos profetas não deve ser abafada, mas, ao mesmo tempo, submetida a uma avaliação crítica (5,21.22). Aqui, os critérios do "Bem" e do "Mal", respectivamente, mostram que a comunidade deve julgar os fenômenos pneumáticos em seu meio segundo paradigmas comumente reconhecíveis da ética.

O significado central da pneumatologia manifesta-se na Primeira Carta aos Tessalonicenses na vinculação entre a vocação e o dom do espírito. A pregação que fundou a fé em Tessalônica aconteceu não só na palavra, mas ἐν δυνάμει καὶ πνεύματι ἁγίῳ (1Ts 1,5: "na força e no espírito santo"). Dessa maneira, o espírito de Deus aparece no tempo presente como a força que realiza a vocação por meio da proclamação do evangelho e que confere a confiança na fé, diante da tribulação presente (cf. 1Ts 1,6). A vocação e o dom do espírito para Paulo aparentemente não são eventos localizados no passado, mas uma atuação de Deus que determina o presente e o futuro. Deus dá seu espírito no presente (1Ts 4,8: particípio presente διδόντα), e ele chama os crentes agora (1Ts 5,24: particípio presente καλῶν). A atuação santificadora de Deus atinge a pessoa inteira (cf. 1Ts 5,23) e possibilita e preserva por meio do dom do Espírito a existência da comunidade em Tessalônica. No tempo presente, a comunidade está permanentemente revestida com o espírito de Deus que lhe dá a força para caminhar em santidade no tempo entre a vocação e a vinda do Senhor e para manter e anunciar o evangelho firmemente. As experiências do espírito confirmam a autocompreensão dos crentes de encontrar-se numa relação singular com Deus e de viver e atuar a partir da mesma.

---

[61] Cf. O. MERK, Handeln aus Glauben, p. 57.
[62] Cf. T. HOLTZ, 1Thess, pp. 250s.

Paulo entende a comunidade como um espaço de salvação possibilitado e determinado por Cristo (cf. o ἔξω = "os de fora" em 4,12!), no qual os crentes, como batizados, vivem em santidade no horizonte da *parusia* iminente. Esta conceituação possui grande importância para a nova identidade cristã[63], pois a comunidade define-se agora no campo da ética por meio da distinção e separação de seu ambiente. No entanto, ela renuncia ao mesmo tempo à exclusividade, pois ela participa também no etos comum e é observada por seu ambiente. Por meio desta *estratégia dupla*, Paulo fortalece a identidade ética e social da comunidade, mas ela permanece, ao mesmo tempo, um grupo aberto para todas as pessoas que desejam aceitar o evangelho.

8.4 A Primeira Carta aos Tessalonicenses como testemunho da teologia paulina primitiva

O perfil teológico particular da Primeira Carta aos Tessalonicenses demonstra-se primeiro na falta dos termos antropológicos σάρξ, ἁμαρτία[64], θάνατος, σῶμα, ἐλευθερία e ζωή; da mesma maneira não aparecem os troncos de δικ e de σταυρ. O Antigo Testamento não é citado explicitamente, a polêmica contra os judeus em 1Ts 2,14-16 é singular, e as afirmações escatológicas da Primeira Carta aos Tessalonicenses divergem consideravelmente das cartas posteriores.

UM RESULTADO NEGATIVO

Também a doutrina exclusiva da justificação e da lei, assim como ela se encontra de forma distinta na Carta aos Gálatas e na Carta aos Romanos[65], não era na época da redação da Primeira Carta aos

---

[63] Cf. a respeito R. BORSCHEL, Konstruktion einer christlichen Identität, pp. 327-336.
[64] O plural ἁμαρτίαι em 1Ts 2,16 não possui um significado antropológico.
[65] Para a argumentação, cf. abaixo 11.3 (A doutrina da lei e da justificação da Carta aos Gálatas); 11.5 (Doutrina de justificação inclusiva e exclusiva em Paulo); 12.8 (Pecado, lei e liberdade no espírito); 16.8 (Jesus Cristo como justiça de Deus); além disso, cf. U. SCHNELLE, Gerechtigkeit und Christusgegenwart, pp. 62ss.89ss.

Tessalonicenses um elemento constitutivo da teologia paulina, nem acerca da terminologia (falta νόμος!) nem acerca do conteúdo. Caso contrário deveria se esperar que esse complexo, central à soteriologia e à ética paulina na Carta aos Gálatas e na Carta aos Romanos, aparecesse na Primeira Carta aos Tessalonicenses ao menos em alusões. Também uma referência à Convenção dos Apóstolos e ao incidente antioqueno não pode relativizar esse resultado estranho, pois ali se definiu somente aquilo que vale também para a Primeira Carta aos Tessalonicenses: liberdade da circuncisão para os gentio-cristãos e o "evangelho da circuncisão" como caminho próprio dos judeu--cristãos[66]. Pode se objetar contra esta visão da história da teologia do cristianismo primitivo que o "objeto" ou a "substância" da posterior doutrina da justificação da Carta aos Gálatas e da Carta aos Romanos estava presente também na carta paulina mais antiga[67]. Geralmente remete-se no contexto desta argumentação ao termo εὐαγγέλιον que é considerado uma abreviatura da doutrina paulina da justificação[68]. Essa interpretação orienta-se pela compreensão crítica da Torá no evangelho paulino, apurada de Rm 1,16s, uma compreensão que na Primeira Carta aos Tessalonicenses justamente *não* está presente.

---

[66] Contra H. Hübner, Biblische Theologie II, p. 51, que pensa que Gl 2,15s apresentaria, segundo o conteúdo, o que "Paulo apresentou a Pedro em Antioquia de forma polêmica. Diante destas considerações históricas, embasadas na sequência cronológica dos eventos na vida de Paulo, é extremamente improvável que a substância da doutrina da justificação, assim como ela se encontra *expressis verbis* pela primeira vez na Carta aos Gálatas, ainda não fosse propriedade teológica de Paulo quando este escreveu 1Ts." Gal 2,15s problematiza o significado da Torá para gentio-cristãos e judeu-cristãos, um tema que não era objeto do debate, nem na Convenção dos Apóstolos ou no incidente antioqueno, nem na Primeira Carta aos Tessalonicenses.

[67] Assim por último novamente R. v. Bendemann, "Frühpaulinisch" und/oder "spätpaulinisch"?, p. 225: "O discurso que caracteriza a Primeira Carta ao Tessalonicenses, sobre santidade e santificação, não tem uma grande distância objetiva dos discursos sobre δικαιοσύνη e διακαιôν nas cartas posteriores de Paulo."

[68] Cf., por exemplo, F. Hahn, Gibt es eine Entwicklung, p. 344: "O que o evangelho é segundo seu conteúdo e seu efeito é abordado com a ajuda da doutrina da justificação"; R. Riesner, Frühzeit des Apostels Paulus, p. 356, que procura relacionar 1Ts 1,5 "com o caráter particular do evangelho paulino que tem seu cerne na justificação sem obras".

O conteúdo do evangelho Paulino pode ser descrito precisamente: a atuação salvífica de Deus em Jesus Cristo, que, sendo o ressuscitado dos mortos, voltará em breve para salvar os crentes da ira de Deus que se abaterá sobre o mundo (cf. 1Ts 1,10; 5,9). Esta mensagem, que deve ser anunciada também aos gentios, é designada por Paulo de "nosso evangelho" (1Ts 1,5), εὐαγγέλιον θεοῦ ("evangelho de Deus" em 1Ts 2,2.4.8.9) e εὐαγγέλιον Χριστοῦ ("evangelho de Cristo" em 1Ts 3,2). Ela é o fundamento e o cerne de toda a teologia paulina e foi ampliada na Carta aos Gálatas e Carta aos Romanos num sentido crítico à lei/Torá.

Também o conceito da vocação e eleição, respectivamente, ou as afirmações sobre o juiz, contidas na Primeira Carta aos Tessalonicenses não pressupõem a doutrina da Carta aos Gálatas e Carta aos Romanos. Pois estes campos conceituais tradicionais refletem o ser justo do ser humano diante de Deus, um tema autônomo e consistente da teologia paulina que é pré-estabelecido na história cultural[69] e que não pode absolutamente ser identificado com uma determinada compreensão da lei. Já na pregação missionária pré-paulina (cf. 1Ts 1,9-10), a temática do juízo está vinculada à aparição esperada de Jesus. Também a advertência repetida, de aparecer diante do Senhor irrepreensivelmente (1Ts 2,19; 3,13), implica um procedimento jurídico diante do trono celestial. Os crentes precisarão apresentar-se diante do tribunal de juiz de Cristo (2Cor 5,10), onde o Kyrios realizará o Juízo Final e revelará o que estava até então oculto (1Cor 4,4s). A ira de Deus como uma expressão de sua atuação escatológica (cf. 1Ts 1,10; 5,19) provoca a pergunta pela salvação e, dessa maneira, também pela justiça do ser humano. Na comunidade cristã não deveria mais existir nenhuma disputa jurídica, pois os cristãos se tornaram justos através do batismo e, nos eventos escatológicos, julgarão o mundo, até mesmo os anjos (1Cor 6,1-11). O "Dia" do Senhor (cf. 1Ts 5,1-10; 1Cor 1,7-8; 5,5; 2Cor 1,14) exige a santidade da comunidade, pois no fogo do juízo por ele trazido vão se revelar as obras dos seres humanos (1Cor 3,12-15).

---

[69] A respeito das conceituações sobre o juízo no judaísmo antigo, cf. M. REISER, *Die Gerichtspredigt Jesu*. NTA 23 (Münster: 1990), pp. 2-152.

As afirmações oferecidas pela Primeira Carta aos Tessalonicenses e pela Carta aos Coríntios acerca do juízo comprovam dessa maneira o ser justo do ser humano *coram Deo* como um tema que perpassa a teologia paulina. Este tema pertence ao ambiente da *temática* da justificação, e não está absolutamente vinculado à *doutrina* da justificação da Carta aos Gálatas e Carta aos Romanos e não antecipa o conteúdo da mesma. Antes, Paulo adota aqui principalmente traços da pregação missionária do judaísmo helenista e do judeu-cristianismo, respectivamente, para expressar a situação do ser humano perante Deus em círculos de discursos e ideias muito distintas. Também na Carta aos Gálatas e na Carta aos Romanos, Paulo relaciona sua doutrina específica da justificação com afirmações sobre o juízo (cf., por exemplo, Gl 1,8; 5,18-25; Rm 1,17.18-3,20; 5,1.8ss), sem que isso permitisse concluir que esta relação existisse nas cartas precedentes. Finalmente: a distinção entre o "objeto" constante e a "forma" variável da teologia paulina da justificação[70] nivela, em última instância, a situação textual nas cartas, em vez de explicá-la em sua complexidade.

TEOLOGIA PAULINA PRIMITIVA

As particularidades mencionadas deixam parecer justificável considerar a Primeira Carta aos Tessalonicenses um testemunho da teologia *paulina primitiva*[71]. A teologia da Primeira Carta aos Tessalonicenses pode ser caracterizada como paulino-primitiva, porque aparentemente

---

[70] W. MARXSEN, 1Thess, pp. 74-77, enfatiza "que no âmbito das cartas de Paulo há algo como um desenvolvimento (op. cit., p. 74). Por outro lado, ele restringe esse desenvolvimento exclusivamente à "forma" e pensa que o "objeto" da teologia paulina teria sido sempre o mesmo.

[71] A respeito do termo "teologia paulina primitiva", cf. E. RICHARD, "Early Pauline Thought", in J. M. BASSLER (org.), *Pauline Theology* I, pp. 39-51; F. W. HORN, Paulusforschung, p. 51, nota 79. HORN faz notar, com razão, que o termo se refere antes de tudo a uma categoria teológica. No entanto, nele ressoa também um elemento temporal, pois com a missão autônoma depois da Convenção dos Apóstolos e numa proximidade temporal à Primeira Carta aos Tessalonicenses inicia-se indubitavelmente também algo novo.

forma em termos de *tempo* e de *conteúdo* o ponto de partida da sua teologia e porque ainda não pressupõe temas e/ou conflitos centrais das cartas posteriores. A referência à situação específica da carta e da comunidade, respectivamente, não consegue explicar o grande número de particularidades na Primeira Carta aos Tessalonicenses. A Primeira Carta aos Tessalonicenses contém finalmente uma conceituação teológica coesa e fechada em si, que não necessita de uma interpretação complementar por meio de teologúmenos de cartas posteriores de Paulo e que de maneira alguma deve ser considerada deficitária[72]. O ponto de partida é o saber comum a Paulo e à comunidade de que Jesus Cristo, por Deus ressuscitado dos mortos, voltará em breve para salvar da ira iminente a comunidade que foi eleita e que vive em santidade. O mundo da Primeira Carta aos Tessalonicenses está marcado por um conceito de realidade, em cujo centro está a atuação salvífica de Deus. Sendo o Deus vivo, ele pode ressuscitar mortos, e ele se voltou para a comunidade em Tessalônica por meio da eleição e do dom do espírito, de modo que ele é o pai de todos os crentes. A comunidade deriva sua nova identidade desse evento. Atualmente, ela vive no tempo de fé, amor e esperança; na plenificação das pessoas eleitas para a salvação, os cristãos em Tessalônica caminham ao encontro salvífico com o Filho. A história fundamental do evangelho é a ressurreição do Filho de entre os mortos, e a comunidade participa dessa realidade, isto é, a Primeira Carta aos Tessalonicenses apresenta um sistema de pensamento teológico coeso e fechado em si, bem como um correspondente conceito de identidade: os crentes participam (σύν em 1Ts 4,14.17; 5,10) da transformação do Filho (cf. 1Ts 1,9s; 4,14) e derivam disso sua nova autocompreensão como pessoas salvas. Esse mundo de sentido não necessita de complementações por afirmações acerca da lei e da justificação, provenientes de cartas posteriores, mas, ao contrário, forma a base de todas as cartas de Paulo.

---

[72] Cf. R Borschel, Konstruktion einer christlichen Identität, p. 335.

Capítulo 9
A PRIMEIRA CARTA AOS CORÍNTIOS: SABEDORIA ALTA E VERDADEIRA

Às vezes, as coisas ganham uma dinâmica própria inesperada. Em Corinto, o evangelho paulino caiu em solo fértil, e mais ainda: os coríntios o tomaram em suas próprias mãos.

9.1 Disputa em Corinto

Como nenhuma outra carta do apóstolo, a Primeira Carta aos Coríntios permite uma olhada sobre a estrutura argumentativa da teologia paulina. Ela mostra uma comunidade que ainda precisa encontrar sua identidade, no campo das tensões entre a nova fé e a religiosidade pagã onipresente, bem como as normas éticas e laços sociais que continuam válidos.

A CIDADE DE CORINTO

Corinto, a capital da província da Acaia, era no tempo de Paulo uma cidade de forte caráter romano. César refundou em 44 a.C. a cidade de Corinto, que fora destruída em 146 a.C., mas que de maneira alguma ficara desabitada, como uma colônia romana para veteranos[1].

---
[1] A respeito de Corinto, cf. J. Wiseman, "Corinth and Rome I: 228 B.C.-A.D 267", in *ANRW* n 7.1 (Berlim/Nova Iorque: 1979), pp. 438-548; W. Elliger, Paulus in

No ano 27 a.C., Corinto tornou-se a capital da província senatoriana da Acaia. Ao lado de um forte elemento romano deve ter havido uma grande parcela populacional grega e oriental. Fílon atesta uma colônia judaica considerável em Corinto (cf. *Leg. Gai.* 281); At 18,42 informa da existência de uma sinagoga[2]. A localização especial de Corinto, com os dois portos de Cencreia e de Leceia, explica a importância da cidade como o centro comercial entre a Ásia e Roma/Grécia. Corinto era considerada uma cidade rica, na qual floresciam o comércio, negócios financeiros e a produção artesanal[3], e onde havia um grande número de cultos helenista-orientais. Pausânias atesta para o séc. II d.C. altares e santuários de Poseidon, da Ártemis de Éfeso e do Dionísio de Corinto, um templo de Asclépio e santuários de Ísis e de Serápis[4].

Uma dedicação a Ísis descrita por Apuleio acontecia em Corinto (cf. *Metamorfoses* XI 22,7ss)[5]. Corinto foi certamente um centro do movimento cínico que refloresceu no séc. I d.C. Já Diógenes gostava de deter-se em Corinto (Dio Crisóstomo, *Or.* 6,3), e ali vivia e ensinava também o cínico famoso Demétrio[6] (cf. Luciano, *Indoctum* 19; Filóstrato, *Vita Apollonii* IV 25).

Corinto era, além disso, o local dos Jogos Ístmicos (cf. 1Cor 9,24-27), as competições mais importantes da Antiguidade depois dos Jogos Olímpicos. Finalmente escavou-se no norte da cidade um templo de

---

Griechenland, pp. 200-251; J. MURPHY-O'CONNOR, St. Paul's Corinth. Texts and Archaeology (Wilmington: 1983); D. W. J. GILL, "Corinth: A Roman Colony in Achaea", in *BZ* 37 (1993), pp. 259-264; B. W. WINTER, After Paul left Corinth, pp. 7-25.

[2] Inscrições que testemunham uma sinagoga provêm somente do séc. II/III d.C.; cf. H.-J. KLAUCK, Herrenmahl, p. 234, nota 3.

[3] Cf. Strabo, Geographica VIII 6,20-21.23: "Corinto leva o cognome 'a Rica' porque é um local de comércio situado no Istmo e dona de dois portos, um dos quais é voltado para a Itália, o outro para a Ásia, um fato que facilita aos povos tão distantes o intercâmbio de mercadorias. [..] Pois o pessoal dos navios consome seu dinheiro imediatamente" (= NW II/I, 235).

[4] Cf. Pausânias II 1,7–5,5.

[5] A respeito do culto a divindades egípcias em Corinto, cf. D. E. SMITH, "Egyptian Cults at Corinth", in *HThR* 70 (1977), pp. 201-231.

[6] Cf. a respeito M. BILLERBECK, "Der Kyniker Demetrius. Ein Beitrag zur Geschichte der frühkaiserlichen Popularphilosophie", in *PhAnt* 36 (Leiden: 1979).

Asclépio que ilustra com seus três refeitórios a problemática que está por trás de 1Cor 8–10[7].

A COMUNIDADE

Paulo fundou a comunidade no ano 50, depois de sua atuação em Filipos, Tessalônica, Bereia e Atenas[8]. Ele veio a Corinto inicialmente sozinho (cf. At 18,5), mas Silvano e Timóteo seguiram-no após pouco tempo. Paulo permaneceu na cidade aproximadamente um ano e meio (cf. At 18,11), e Corinto desenvolveu-se ao lado de Éfeso em um centro da atividade missionária paulina. A grande diversidade cultural, religiosa e social da cidade reflete-se também na comunidade coríntia. A maioria dos membros da comunidade eram antigos gentios (cf. 1Cor 12,2; 8,10; 10,27), algo indicado também pelos problemas na comunidade (participação de banquetes cúlticos, processos diante de juízes gentios, prostituição). A notícia da conversão do chefe da sinagoga Crispo e o efeito desse evento (cf. At 18,8), bem como 1Cor 1,22-24; 7,18; 9,20; 10,32; Rm 16,21 atestam uma considerável parcela judeu-cristã na comunidade. Também prosélitos e tementes a Deus aderiram à comunidade coríntia (cf. At 18,7), cuja maior parte de membros pertencia à camada baixa (cf. 1Cor 1,26; 7,21; 11,22b). Além disso, havia em Corinto também cristãos ricos, por exemplo, o chefe da sinagoga já mencionado, Crispo (cf. 1Cor 1,14), e Erasto, que possuía em Corinto um alto ofício (cf. Rm 16,23). Cristãos coríntios possuíam casas (cf. 1Cor 1,16; 11,22a; 16,15ss; Rm 16,23; At 18,2.3.8), e a comunidade colaborou decisivamente com a coleta para os santos em Jerusalém (cf. 1Cor 16,1-4; 2Cor 8,7ss; 9,1ss; Rm 15,31)[9]. Os cristãos

---

[7] Cf. a respeito J. MURPHY-O'CONNOR, St. Paul's Corinth, pp. 161-167.
[8] Cf. W. SCHRAGE, 1Kor I, p. 34.
[9] A respeito da estrutura social da comunidade coríntia, cf. por último H. MERKLEIN, 1Kor I, pp. 31-42 (bibliografia!). Também a Corinto deve se aplicar a avaliação de W. A. MEEKS, Urchristentum und Stadtkultur, p. 157: "uma comunidade paulina mostrava geralmente uma imagem representativa da sociedade urbana daquele tempo".

coríntios organizavam-se em várias comunidades domésticas (cf. 1Cor 14,23: reuniões da comunidade inteira; 1,16; 16,15: Estéfanas; 16,19: Prisca e Áquila; Rm 16,23: Gaio, Erasto; At 18,7.8: Tito Justo, Crispo)[10]. O tamanho da comunidade inteira pode ser apenas objeto de especulações; ela deve ter contado em torno de 100 membros[11]. A forma organizatória da comunidade oferece possivelmente também uma contribuição para a compreensão dos conflitos em Corinto, pois a fração em várias comunidades domésticas pode ter favorecido a formação de grupos.

A ESTRUTURA DA CARTA

1Cor corresponde à situação complexa da comunidade em sua *estrutura* e em seus *contextos argumentativos*; ela não pode ser dividida, assim como outras cartas de Paulo, em duas partes principais. A situação em Corinto e a comunicação precedente entre o apóstolo e a comunidade determinam a argumentação paulina na carta inteira. Em 1Cor 5,9, Paulo menciona uma carta perdida enviada aos coríntios, que foi respondida pela comunidade. Esta carta de resposta continha uma série de perguntas que o apóstolo tematiza e responde cada vez com περί ("a respeito") em 1Cor 7,1 (sobre matrimônio e celibato), 1Cor 7,25 (virgens), 1Cor 8,1 (carne oferecida aos ídolos), 1Cor 12,1 (dons espirituais), 1Cor 16,1 (coleta para Jerusalém) e 1Cor 16,12 (Apolo). Paulo dispõe, além disso, de informações orais (cf. 1Cor 1,11; 5,1; 11,18) que determinam sua argumentação, sobretudo em 1Cor 1–4; 1Cor 5; 6 e 1Cor 11,17-34. Devemos considerar uma particularidade de 1Cor de que esta carta não manifesta um fio de pensamento coeso. Antes, já em 1Cor 1,10 inicia-se, com uma frase de παρακαλῶ, a parênese que marca toda a carta[12]. 1Cor foi escrito em *54/55 d.C.* em Éfeso.

---

[10] Cf. a respeito R. W. GEHRING, Hausgemeinde und Mission, pp. 243-256.
[11] Cf. A. SUHL, Paulus und seine Briefe, p. 115; H.-J. KLAUCK, 1Kor, p. 8; R. W. GEHRING, Hausgemeinde und Mission, p. 252.
[12] A respeito de uma possível formulação retórica em 1Cor 1–4; 15, cf. M. BÜNKER, "Briefformular und rhetorische Disposition im 1. Korintherbrief", in *GTA* 28,

Na primeira parte principal (cap. 1–4), Paulo relativiza a busca de sabedoria dos coríntios, depois ele se volta para as perguntas da carta anterior e para problemas atuais na comunidade (cap. 5; 6,1-11.12-20; 7; 8-10). O cap. 11 mostra um estreito vínculo temático com os caps. 12–14; a sequência carismas – expectativa escatológica (caps. 12–14 e cap. 15) é preparada no plano redacional por 1Cor 1,7s. A relação interna dos conteúdos em 1Cor 12–14 e 1Cor 15 é óbvia, pois os comentários sobre a futura ressurreição foram provocados pelo entusiasmo pneumático exagerado dos coríntios (cf. 1Cor 15,46).

As numerosas hipóteses acerca da divisão de 1Cor representam em sua maioria uma possibilidade, mas de modo algum uma necessidade obrigatória. A integridade literária[13] de 1Cor pode ser demonstrada, para além dos argumentos individuais, de duas maneiras:

1) O modo específico da argumentação solta e sequencial corresponde à situação específica da comunicação entre o apóstolo e a comunidade.

Göttingen: 1984. Um panorama do estado da pesquisa acerca de tentativas mais recentes de identificar a estrutura retórico-literária da Primeira Carta aos Coríntios encontra-se em W. Schrage, 1Kor I, pp. 71-94; para Schrage, a Primeira Carta aos Coríntios é prioritariamente uma carta "parenêtico-simbolêutica". M. M. Mitchell, *Paul and the Rhetoric of Reconciliation*. HUTh 28, Tübingen: 1991, pp. 20-64, entende a Primeira Carta aos Coríntios como um testemunho de retórica deliberativa. Contra o pano de fundo da retórica política da época, a Primeira Carta aos Coríntios parece como um apelo à unidade e à concórdia. Segundo R. A. Horsley, "Rhetoric and Empire – and 1 Corinthians", in Idem, *Paul and Politics*, pp. 72-102, Paulo adota na Primeira Carta aos Coríntios deliberadamente termos da retórica imperial, para virá-los contra a ideologia do império. *"Paul is using the deliberative rhetoric of political unity and concord for the virtual opposite of its usual purpose"* (op. cit., p. 74: Paulo usa a retórica deliberativa da união e concórdia política para o exato oposto de seu propósito usual).

[13] A respeito da unidade da Primeira Carta aos Coríntios, cf. na exegese mais recente principalmente H. Merklein, "Die Einheitlichkeit des ersten Korintherbriefes", in Idem, *Studien zu Jesus und Paulus*, pp. 345-375; D. Lührmann, "Freundschaftsbrief trotz Spannungen", in W. Schrage (org.), *Studien zum Text und zur Ethik des Neuen Testaments*. FS H. Greeven. BZNW 47 (Berlim/Nova Iorque: 1986), pp. 298-314; J. Becker, *Paulus*, pp. 198-208; W. Schrage, 1Kor I, pp. 63-71; M. M. Mitchell, *Rhetoric of Reconciliation*, pp. 184ss; A. Lindemann, 1Kor, pp. 3-6.

2) A sequência de 1Cor 12–14 e 1Cor 15 (dons espirituais, *parusia*) já está pré-estruturada através de 1Cor 1,4-6.7-8[14].

TENSÕES NA COMUNIDADE

Na comunidade coríntia existiam numerosas tensões em questões teológicas, éticas e sociais[15].

Desse modo, Paulo enfrenta em 1Cor 1–4 pertenças a grupos, motivadas teologicamente e vinculadas a uma determinada compreensão do batismo, que levaram a cisões na comunidade. Em 1Cor 5, o apóstolo tematiza um caso de fornicação na comunidade; 1Cor 6,1-11 pressupõe processos entre cristãos coríntios perante tribunais gentios. Segue ao alerta contra a prostituição (cúltica) difundida em Corinto (1Cor 6,12-20) em 1Cor 7 a recomendação da ascese sexual e da permanência no respectivo estado civil. Causas religiosas e sociais provocaram conflitos sobre o consumo de carne oferecida aos ídolos, entre os "fortes" e os "fracos" (cf. especialmente 1Cor 8,1-13; 10,14-23). À diferença dos pregadores itinerantes cínicos[16], Paulo não aceitou dinheiro para sua atuação; os coríntios parecem considerar isto um rompimento com as normas sociais e uma desconsideração para com sua disposição de prestar auxílio (cf. 1Cor 9; 2Cor 11,7s)[17]. Deficiências na

---

[14] Cf. CHR. WOLFF, 1Kor, p. 351.

[15] Trata-se em Corinto de um plural de conflitos que tem causas distintas e precisam ser captados metodologicamente em planos distintos (sociológico, teológico, cultural-científico, histórico-religioso); cf. W. BAIRD, "'One against the other'. Intra-Church Conflict in 1 Corinthians", in R. FORTNA/B. R. GAVENTA (org.), *Studies in Paul and John*. FS J. L. MARTYN. (Nashville: 1990), pp. 116-136; R. A. HORSLEY, "1 Corinthians: A Case Study of Paul's Assembly as an Alternative Society", in Idem (org.), *Paul and Empire*, 242-252.

[16] Cf. as Cartas Cínicas, Diógenes 10 (Diógenes a Métrocles): "Esteja despreocupado não só a respeito das vestes e da conduta de vida dos cínicos, o Metrocles, mas também a respeito do fato de que exigimos nosso sustento dos seres humanos, pois isto é de modo algum nocivo: também reis e príncipes exigem dos súditos dinheiro, soldados, navios, provisões, e os que sofrem, remédios dos médicos."

[17] R. A. HORSLEY, 1 Corinthians: A Case Study of Paul's Assembly as an Alternative Society, p. 250, alega como motivo: "Paul's personal concern was surely to avoid becoming a 'house apostle' to some Corinthian patron" ("A preocupação pessoal de

ceia do Senhor são criticadas por Paulo em 1Cor 11,17-34; em Corinto vinculava-se o ato sacramental a uma refeição comunitária (cf. 1Cor 11,23-25), e o ato do cálice e do pão emolduravam originalmente a refeição (cf. μετὰ τὸ δειπνῆσαι em 1Cor 11,25). Essa prática inicial cedera lugar a refeições já antes do ato sacramental propriamente dito. Aqui se manifestaram abertamente as diferenças entre membros pobres e ricos da comunidade – uns se estufavam, os outros passavam fome (cf. v. 21s.33s). Assim como nas refeições sacrificais dos gentios, formavam-se entre os abastados comensalidades das quais os pobres estavam excluídos. Em Corinto havia também disputas sobre a *hierarquia de valores* dos distintos dons espirituais (cf. 1Cor 12–14). Parece que uma parte da comunidade estimava excepcionalmente a glossolalia e taxava o falar entusiasmado e incompreensível a Deus como o dom mais alto do espírito (cf. 1Cor 14). Correspondentemente se desvalorizava os outros carismas. Paulo inverte esta escala de valores, ao preferir a profecia à glossolalia e ao designar o amor como o carisma por excelência (1Cor 13). Finalmente continuava entre os cristãos coríntios a discussão sobre a futura ressurreição dos mortos. Alguns da comunidade ensinavam "que não há ressurreição dos mortos" (1Cor 15,12b: ἀνάστασις νεκρῶν οὐκ ἔστιν).

1Cor permite oferece informações e impressões singulares acerca das numerosas correntes dentro das comunidades paulinas e permite perceber a grande medida pela qual se entrelaçam em Paulo a conceituação básica e a argumentação situativa[18].

9.2 A sabedoria do mundo e a loucura da cruz

Paulo inicia sua comunicação com os coríntios ao reconhecer primeiramente a bênção presente na comunidade através dos dons espirituais (1Cor 1,4-9). A riqueza dada por Deus manifesta-se na palavra e no

---

Paulo era certamente evitar que ele se tornasse um 'apóstolo doméstico' de algum patrão coríntio". A respeito do sistema de patronagem em Corinto, cf. J. K. CHOW, "Patronage in Roman Corinth", in R. A. HORSLEY (org.), *Paul and Empire*, pp. 104-125.

[18] Uma visão geral da argumentação paulina na Primeira Carta aos Coríntios é oferecida por G. D. FEE, "Toward a Theology of 1 Corinthians", in D. M. HAY (org.), *Pauline Theology* II, 37-58; V. P. FURNISH, Theology in 1 Corinthians, op. cit., pp. 59-89.

entendimento; a comunidade foi fortalecida pela graça de Deus em seu testemunho de Cristo[19]. Paulo constrói já na abertura da carta uma linha irreversível: os coríntios são ricos apenas porque Deus os fez ricos. Em Jesus Cristo, ele se voltou para os coríntios, de modo que não sofrem falta de nenhum dom espiritual. No entanto, aos numerosos χαρίσματα ("dons da graça/espiritual") vinculam-se em Corinto numerosos conflitos aparentemente baseados numa compreensão específica do batismo e da presença do espírito. Paulo contrasta, de uma maneira retoricamente muito eficaz, a κοινωνία ("comunhão") dos coríntios com Jesus Cristo, possibilitada por Deus (v.9), em 1Cor 1,10 à realidade da comunidade que está marcada pelas divisões. Isto indica o tema de toda a carta: as discussões e divisões dos coríntios mostram que eles ficam aquém da realidade do espírito que eles mesmos postulam.

GRUPOS EM CORINTO

Paulo enfrenta primeiro em 1Cor 1,10-17 a formação de grupos na comunidade, na qual a pertença a um grupo era determinada pelo batismo. Em Corinto havia quatro grupos, designados segundo os nomes de seus chefes postulados, a saber, Paulo, Apolo, Cefas e Cristo[20]. Em 1Cor 1,12, ἐγὼ δὲ Χριστοῦ ("eu, porém, pertenço a Cristo") está em paralelo às palavras de ordem precedentes. Não é possível reconhecer alguma acentuação dentro da enumeração, de modo que se deve contar em Corinto com um "partido de Cristo"[21]. Além disso, o μεμέρισται ὁ Χριστός ("Cristo estaria dividido?") no v. 13a pressupõe

---

[19] Cf. H. MERKLEIN, 1Kor I, 89.
[20] Uma visão geral instrutiva da pesquisa é oferecida por H. MERKLEIN, 1Kor I, pp. 115-119; W. SCHRAGE, 1Kor I, pp. 142-152.
[21] Cf. H. CONZELMANN, 1Kor, pp. 47s. J. WEISS, 1Kor, pp. 15ss; U. WILCKENS, Weisheit und Torheit, p. 17, nota 2; e outros consideram a quarta palavra de ordem uma glosa. H. MERKLEIN, 1Kor I, pp. 146s, não se refere a um "partido de Cristo", mas a uma "palavra de ordem de Cristo" (*Christus-Parole*) que teria sido reivindicada por outros grupos. W. SCHRAGE, 1Kor I, p. 148, pensa num exagero retórico de Paulo, "para levar assim a formação de grupos *ad absurdum*".

ο ἐγὼ δὲ Χριστοῦ. Finalmente, dificilmente teria sido Paulo que introduziu a palavra de ordem de Cristo, pois, neste caso, ele teria igualado Cristo a Pedro, Apolo e Paulo[22]. Parece que o relacionamento especial de alguns membros da comunidade com as pessoas que os batizaram levou a uma divisão do corpo de Cristo que atingia a comunidade inteira[23]. Os batizandos individuais entendiam o ato do batismo provavelmente como iniciação numa sabedoria pneumática mediada essencialmente pelo batizador[24]. Portanto, os crentes em Corinto sabiam-se obrigados em relação a nomes específicos e derivavam sua identidade desses nomes; Paulo, porém, remete unicamente ao nome de Cristo. Ele exerce sob vários aspectos uma crítica teológica objetiva acerca desse individualismo religiosamente motivado da salvação. Por um lado, ele lembra que ele batizou apenas poucos membros da comunidade. Se houvesse pessoas com o direito de se referir ao batizador, seriam em todo caso poucas. Finalmente, ele enfatiza que Cristo não o enviou para batizar, mas para anunciar o evangelho. Isso não é uma desvalorização do batismo como tal[25], mas Paulo precisa sua missão pessoal diante da situação atual em Corinto. Paulo, por sua pessoa, contrapõe uma atitude sóbria à óbvia alta estima do batismo da parte dos coríntios. Embora ele também valorize o batismo, ele não o torna um meio da autoexibição individualista. Paulo completa essa argumentação biográfica por meio de dois aspectos teológicos. No v. 13a, ele retoma o pensamento já introduzido no v. 10 com πάντες ("todos"), ou seja, o pensamento acerca da união da comunidade. Sob a forma de uma pergunta retórica, ele procura demonstrar que a comunidade cristã não pode estar dividida, porque Cristo não está dividido. Nesse contexto, o ὁ Χριστός em conexão com 1Cor 12,12 serve para

---

[22] Cf. A. LINDEMANN, 1Kor, p. 39.
[23] Cf. F. W. HORN, Angeld des Geistes, pp. 162s.
[24] B. W. WINTER, After Paul left Corinth, pp. 31-43, vê o pressuposto cultural-histórico da existência de partidos em Corinto no vínculo e na obrigação particulares do aluno em relação ao mestre, da mesma maneira como eram exigidos e cultivados especialmente entre os sofistas.
[25] Contra H. LIETZMANN, 1Kor, p. 9; G. BARTH, Taufe, p. 103; H. WEDER, Kreuz, p. 126, que enxergam aqui uma desvalorização do batismo.

deixar claro que Paulo pensa já aqui no conceito da comunidade como σῶμα Χριστοῦ ("corpo de Cristo")[26]. Já que o batismo é a inserção na união da comunidade, fundada em Cristo, ele não pode ser o objeto de uma busca individual, mas apenas a superação da mesma.

A CRUZ COMO CRITÉRIO DE (RE)CONHECIMENTO

Finalmente, Paulo introduz a *cruz de Cristo* como *critério do (re)conhecimento de Deus, do mundo e de si mesmo*. Especialmente a cruz não é indicada como objeto da autoafirmação humana, ao contrário, ela desconstrói qualquer καύχησις ("autoveneração, autossuperestimação") que Paulo designa, em alusão à teologia coríntia, em 1Cor 1,17 com σοφία λόγου ("sabedoria da palavra"). Vale: "Com efeito, a linguagem da cruz é loucura para aqueles que se perdem, mas para aqueles que se salvam, para nós, é poder de Deus" (1Cor 1,18)[27]. Para Paulo, a cruz de Cristo é o critério teológico decisivo, ele não argumenta sobre a cruz, ele fala a partir da cruz. Mais ainda: a cruz de Cristo está presente na palavra sobre a cruz (1Cor 1,17.18)! Já a Escritura testemunha que a sabedoria de Deus não pode adquirir seu conteúdo a partir da sabedoria do mundo (1Cor 1,19); as duas precisam ser estritamente distinguidas, pois não se devem a fontes comparáveis de entendimento e conhecimento. Não nas alturas da sabedoria e do entendimento humanos, mas nas profundezas do sofrimento e da morte, o Pai de Jesus Cristo comprovou-se um Deus amistável aos seres humanos. Dessa maneira, a atuação divina em Jesus Cristo manifesta-se como

---

[26] Cf. G. Friedrich, Christus. "Einheit und Norm der Christen", in Idem, *Auf das Wort kommt es an*, p. 153; R. Baumann, Mitte und Norm, p. 56.

[27] A respeito da exegese de 1Cor 1,18–3,4, cf. ao lado dos comentários: U. Wilkens, "Zu 1Kor 2,1-16", in C. Andresen/G. Klein (org.). *Signum Crucis – Theologia Crucis*. FS E. Dinkler (Tübingen: 1979), pp. 501-537; H. Weder, Kreuz Jesu, pp. 137-173; Th. Söding, Das Geheimnis Gottes im Kreuz Jesu, pp. 71-92; F. W. Horn, Angeld des Geistes, pp. 262-281; J. Theis, "Paulus als Weisheitslehrer. Der Gekreuzigte und die Weisheit Gottes in 1 Kor 1-4", in *BU* 22 (Regensburg: 1991) (apresentação exaustiva exegética e da história da pesquisa); F. Voss, Das Wort vom Kreuz, pp. 51-211.

um evento paradoxal que antecede e simultaneamente contradiz a atuação humana[28]. Esta atuação surpreendente e paradoxal de Deus na cruz toma forma já na eleição da comunidade, pois Deus não elegeu muitos sábios e poderosos, mas as coisas fracas do mundo. Para envergonhar as fortes, Deus elegeu aquilo que não é nada, para tornar um nada aquilo que é alguma coisa (1Cor 1,27.28). A existência da comunidade já é uma teologia da cruz aplicada! Isto já é suficiente para excluir a καύχησις: "Quem se gloria, que se glorie no Senhor" (1Cor 1,31b). Por isso, a busca de sabedoria dos coríntios vai para o lado errado quando se dirige àquilo que é alto e reconhecido no mundo. Deus escolheu a cruz como o lugar de sua sabedoria; aqui Jesus Cristo se tornou para a comunidade a σοφία θεοῦ ("sabedoria de Deus").

Paulo recorre em 1Cor 1,30 à terminologia batismal tradicional para interpretar a realidade da comunidade diante da revelação divina na cruz. Isto é indicado, ao lado da expressão ὑμεῖς ἐστε ἐν Χριστῷ ("vós estais em Cristo", cf. Gal 3,28b!) e do contexto vocacional, principalmente pela formulação triádica no v.30c. Os três termos têm uma função soteriológica e descrevem a nova situação da comunidade diante da revelação paradoxal de Deus em Jesus Cristo. Enquanto διακαιοσύνη ("justiça") é determinada na doutrina exclusiva da justificação da Carta aos Gálatas e Carta aos Romanos por meio da referência ao νόμος ("lei") e à πίστις ("fé"), o termo significa aqui a justiça que caracteriza a comunidade e que tem seu fundamento em Jesus Cristo. O pecado que adere ao ser humano fora da fé foi eliminado pelo batismo; o ser humano é verdadeiramente justo[29]. Ἁγιασμός ("santificação") aparece também em outras ocorrências em

---

[28] O alto grau em que a teologia paulina da cruz contradiz a imagem de Deus grego-helenista usual mostra, por exemplo, Diógenes Laércio 10,123, onde Epicúrio convida seu aluno a elaborar um conceito adequado de deus: "Primeiro, considere Deus um ser perene e feliz, de acordo com o conceito de Deus geralmente válido, e não lhe atribui nada em tua fantasia que seja irreconciliável com sua perenidade ou que não esteja em harmonia com sua beatitude feliz [...]".

[29] J. A. ZIESLER, *The Meaning of Righteousness in Paul. A Linguistic and Theological Enquiry.* MSSNTS 20 (Cambridge: 1972), p. 158, observa com razão sobre 1Cor 1,30 *"that a purely forensic meaning is impossible"* (que um sentido puramente forense é impossível).

contextos batismais e designa a santidade transmitida pelo batismo (cf. 1Cor 6,11; Rm 6,19.22). Novamente devemos pensar numa mudança radical, pois não só a situação diante de Deus se transforma, a pessoa santificada está por natureza separada do mundo[30]. O termo ἀπολύτρωσις ("redenção"; cf. Rm 3,24; Cl 1,14; Ef 1,7; Hb 9,15) tem uma raiz profunda na tradição do batismo[31]. Paulo utiliza esse termo raro somente em lugares destacados (Rm 3,24; 8,23); em 1Cor 1,30c, ele significa a redenção adquirida pela morte na cruz de Jesus Cristo e que se tornou realidade para comunidade por meio do batismo.

SABEDORIA VERDADEIRA

No contexto do entusiasmo pneumático dos coríntios, Paulo remete conscientemente ao batismo como *o lugar da redenção alheia e justiça alheia*. No batismo constitui-se a nova realidade do εἶναι ἐν Χριστῷ ("estar = existência em Cristo"), da qual os coríntios não se apropriam, mas que lhes é dedicada. A justiça e a santidade são dons de Deus e não atributos de um entendimento humano potenciado. Paulo toma como ponto de partida o estado dos coríntios como batizados e, assim, justos, santificados e redimidos; ele apela à experiência para deixar claro: os coríntios devem renunciar ao autoelogio, que serve apenas para provocar cismas na comunidade, e devem realizar sua nova existência constituída no batismo. As "profundidades da divindade" (1Cor 2,10) não podem ser exploradas por meio de exaltação sublimada e de experiências extáticas. Enquanto os coríntios em seu "caminho da sabedoria"[32] entendem o espírito de modo equivocado

---

[30] Cf. J. Weiss, 1Kor, p. 113.
[31] Cf. a respeito K. Kertelge, Verbete "ἀπολύτρωσις", in *EWNT* 1, pp. 331-336.
[32] A respeito do "caminho da sabedoria", cf., por exemplo, Fílon, Deus Imm. 143: "Saibas que este (caminho) é a sabedoria; pois caminhando nela, que é larga e transitável, o espírito alcança seu destino; o destino do caminho, porém, é o entendimento e o conhecimento de Deus (τὸ δὲ τέρμα τῆς ὁδοῦ γνῶσίς ἐστι καὶ ἐπιστήμη θεου). A este caminho odeia e despreza e procura destruir cada companheiro dos prazeres carnais, pois não há nada tão contraposto como o entendimento e o prazer da carne."

como instrumento da participação individual na salvação e como garante do conhecimento dos mistérios ocultos de Deus, Paulo prega já na visita de fundação exclusivamente Jesus Cristo como o crucificado (cf. 1Cor 2,2). O apóstolo apresentou-se em Corinto muito conscientemente em fraqueza, e sua palavra nada tinha "de persuasivas palavras da sabedoria, mas era uma demonstração do Espírito e do poder, para que vossa fé não se fundamente na sabedoria humana, mas na força de Deus" (1Cor 2,4b.5). Dessa forma, *Deus mesmo é o fundamento, a realização e a meta de um processo de (re)conhecimento* no qual o espírito de Deus dá a conhecer ao espírito humano o plano salvífico de Deus em Jesus Cristo (cf. 1Cor 2,12). Paulo com seu anúncio sabe-se incluído nesse processo fundamental. Também através da Primeira Carta aos Coríntios, ele interpreta coisas espirituais para pneumáticos conduzidos pelo espírito (1Cor 2,13: πνευματικοῖς πνευματικὰ συγκρίνοντες = "exprimindo realidades espirituais em termos espirituais"). Por isso, o anúncio do evangelho não é um acontecimento constituído meramente por palavras; ao contrário, nele manifestam-se o espírito e o poder de Deus. O anúncio paulino não se orienta por regras superficiais e exteriores da transmissão retoricamente refinada; Paulo ignora o efeito da apresentação exterior[33] e renuncia ao espírito humano do edifício intelectual bajulador. Seu anúncio era exclusivamente orientado por seu conteúdo[34]: pela cruz. Ainda assim, a pregação do apóstolo não ficou sem resultado, pois Deus mesmo operou e opera nela. O caráter não manipulável e controlável desse evento mostra-se justamente em seu curso paradoxal, no fato de que a palavra tem seu efeito no poder do espírito, não obstante o caráter inadequado dos métodos. É nisso que os coríntios podem reconhecer

---

[33] Diferente, por exemplo, Quintiliano, Institutio oratoria X 1,119, que descreve o efeito produzido pelo retórico Tracalo: "[...] pois ele possuía uma voz cheia, assim como não a percebi em nenhuma outra pessoa, um dicção que teria satisfeito até mesmo as exigências do palco, e uma boa aparência; em uma palavra, ele estava ricamente dotado de todas as vantagens exteriores".

[34] É evidente que nisso se manifesta também uma competência retórica, pois, segundo Cícero, Or 1 31,138, a retórica não deve servir para persuadir os destinatários, mas para convencê-los.

a razão e o efeito; sua fé não se deve a uma sabedoria humana, mas à força de Deus. Ao longo de toda sua vida, Paulo sabe-se tomado e envolvido por este poder de Deus, e ele não despreza absolutamente o espírito de Deus e seus dons.

Por isso, ele pode dizer coisas grandes sobre a sabedoria de Deus, o espírito de Deus e o ser humano repleto pelo espírito (cf. 1Cor 2,6-16)[35]. Ao mundo, a sabedoria de Deus está oculta, pois os dois possuem estruturas contrárias: a sabedoria do mundo orienta-se pelo exterior e superficialmente poderoso e visível, mas a sabedoria de Deus vem do escondido e opera no escondido. Paulo recorre em 1Cor 2,6-16 ao motivo da sabedoria pré-existente, oculta e enviada por Deus (cf. Pr 8,22-31; Eclo 1,4; 24,9; Jr 28,12-14.20-23; Sb 9,13-18)[36], para enfatizar o caráter essencialmente diferente da atuação divina em relação aos paradigmas humanos. A sabedoria do mundo não é capaz de reconhecer a sabedoria de Deus, pois ela pode entender o evento da cruz apenas exterior e superficialmente como loucura (1Cor 2,8). Às pessoas perfeitas (1Cor 2,6), porém, Deus o revelou διὰ τοῦ πνεύματικος (1Cor 2,10: "pelo espírito"). Paulo conta a si mesmo, assim como os coríntios, entre os pneumáticos (1Cor 2,15s). Para ambos, a base é o dom de Deus que sai de Deus e que separa a pessoa pneumática (πνευματικός) fundamentalmente da pessoa psíquica (ψυχικός) (cf. 1Cor 2,14.15). No entanto, essa característica fundamental que eles têm em comum está vinculada a *conceituações antropológicas diferenciadas*. Também os coríntios relacionaram a origem das capacidades noéticas do pneumático (1Cor 2,12b: "saber"; 2,13: "ser instruído", "interpretar"; 2,14s: "julgar") com o espírito de Deus, mas instrumentalizaram essas capacidades individualisticamente. Paulo e

---

[35] Paulo serve-se de um esquema triplo de revelação: 1) O que estava antigamente escondido (v. 6-9); 2) foi revelado aos pneumáticos (v. 10-12); 3) de modo que pode ser anunciado agora aos pneumáticos (v. 13-16); como textos paralelos, cf. Cl 26-28; Ef 3,5-8; 2Tm 1,9-11; Tt 1,2s. Uma análise breve, mas extremamente perspicaz, encontra-se em H. CONZELMANN, 1Kor, pp. 74ss (Paulo desenvolveu o esquema no procedimento escolar interno).

[36] Cf. a respeito G. THEISSEN, Psychologische Aspekte, pp. 343-363, que caracteriza 1Cor 2,6-16 com razão como "discurso sapiencial"; cf., além disso, F. VOSS, Das Wort vom Kreuz, pp. 102ss.

os coríntios partiam do princípio do reconhecimento análogo, segundo o qual o igual pode ser (re)conhecido somente pelo igual, mas eles o aplicaram diferentemente[37]. Os coríntios integraram a sabedoria divina revelada nas capacidades naturais do ser humano para potenciar as mesmas. Segundo sua compreensão, a sabedoria divina e o reconhecimento e entendimento operavam como o *movens* (o agente movedor) da capacidade reconhecedora humana. Isto fez com que o fundamento da sabedoria divina, o evento da cruz, passasse ao segundo plano, e que a capacidade reconhecedora do ser humano passasse ao primeiro. O "mistério de Deus" (cf. 1Cor 2,1.7; 4,1: μυστήριον τοῦ θεοῦ) era entendido de maneira diferente por Paulo e pelos coríntios. Como o "Senhor da Glória" (1Cor 2,8: κύριος τῆς δόξης), Cristo era aparentemente tido pelos coríntios como a imagem primordial do "ser humano divino" que transformava os pneumáticos, por meio do batismo na fé, já neste mundo para o mundo do além. Ao contrário disso, Paulo vincula o "mistério de Deus" exclusivamente à cruz, pois na figura do Crucificado como "Senhor da Glória" impõe-se a "sabedoria de Deus" (σοφία θεοῦ) sobre a "sabedoria humana" (σοφία ἀνθρώπων). Os coríntios não eclipsaram a cruz[38], mas eles a neutralizaram ao compreender a morte de Jesus como uma passagem para a verdadeira existência pneumática da qual o pré-existente veio. Dessa forma, eles se apoderaram da atuação divina insondável e identificaram sua sabedoria com a sabedoria de Deus.

Paulo demonstra aos coríntios sua inadmissível paralelização da sabedoria divina e da sabedoria humana através da situação efetiva da comunidade. Quando são a inveja e as rixas que marcam a vida da comunidade, os coríntios pertencem na verdade ainda às pessoas "carnais" e "incapazes" (cf. 1Cor 3,1-3). Quando palavras como: "Eu sou de Paulo" ou "Eu sou de Apolo" (1Cor 3,4) determinam a realidade da comunidade, então os coríntios nem sequer se aproximaram de um reconhecimento verdadeiro de Deus.

A sabedoria de Deus não deve ser confundida com a sabedoria deste mundo, pois somente o Jesus Cristo crucificado é a sabedoria

---

[37] Cf. H. MERKLEIN, 1Kor I, pp. 219s.
[38] Cf. TH. SÖDING, Das Geheimnis Gottes im Kreuz Jesu, pp. 178s.

de Deus. Por isso, a sabedoria de Deus não pode levar à formação de grupos na comunidade, onde cada qual atribui a si mesmo a posse da revelação mais profunda. Paulo, Apolo e Pedro são tão-somente colaboradores de Deus, mas não arquitetos da verdade. Vale: "Quanto ao fundamento, ninguém pode colocar outro diverso do que foi posto: Jesus Cristo" (1Cor 3,11). Mas quando os coríntios confiam num fundamento diferente, isto vai se revelar no juízo. No juízo segundo as obras (cf. 1Cor 3,13-15) se realizará um procedimento de exame que comprova a qualidade dos respectivos atos no fogo do juízo[39]. A pessoa examinada pode perder sua obra (e seu corpo); não obstante, ela participa da σωτηρία escatológica. Para justificar essa posição, Paulo lembra que os crentes são templos de Deus e que o espírito de Deus habita neles (1Cor 3,16). O pneuma conferido pelo batismo causa aparentemente uma qualidade inextinguível que permanece também no juízo.

ASPECTOS DO PANO DE FUNDO HISTÓRICO-CULTURAL

A *consciência da superioridade e perfeição dos coríntios* (cf. 1Cor 4,8: "Vós já estais saciados! Já estais ricos! Sem nós, vós vos tornastes reis!"[40]; além disso, 1Cor 2,6; 4,10.18.20; 5,2; 6,12; 10,1ss.23; 15,12) permite perceber várias influências religiosas, culturais e sociais que se sobrepõem parcialmente. Ao pensamento sapiencial judaico-helenista[41] remetem a teologia da *sofia* em 1Cor 2,6-16, o dualismo de *sarx* versus *pneuma*, a alta estimação do (re)conhecimento (cf. 1Cor 8,1-6; 13,2), a desvalorização do corpo (cf. 1Cor 6,12-20) e a ideia dos dois

---

[39] A respeito da análise do texto, cf. E. Synofzik, Gerichts- und Vergeltungsaussagen, pp. 39-41.
[40] A respeito dessa passagem, cf. F. W. Horn, Angeld des Geistes, pp. 228s.
[41] Cf. aqui, por exemplo, E. Brandenburger, Fleisch und Geist, passim; K. G. Sandelin, Die Auseinandersetzung mit der Weisheit in 1.Korinther 15, Abo: 1976; R. A. Horsley, "Wisdom of Word and Words of Wisdom in Corinth", in *CBQ* 39 (1977), pp. 224-239; G. Sellin, Auferstehung der Toten, *passim*; G. Theissen, Psychologische Aspekte paulinischer Theologie, pp. 355ss; H. Merklein, 1Kor 1, pp. 119-133; F. Voss, Das Wort vom Kreuz, pp. 146-152.

seres humanos primordiais em 1Cor 15,45[42]. Fílon designa somente o homem sábio como "livre" e "governante" (*Post.* 138: ὁ σοφὸς μόνος ἐλεύθεος τε καὶ ἄρχων) e "rei" (*Som.* II 244: μόνος ὁ σοφὸς ἄρχων καὶ βασιλεύς; cf. *Mut.* 152; *Sobr.* 57; *Migr.* 197). Somente os sábios merecem a caracterização de *status* τέλεια (*Sobr.* 9), somente eles são "ricos" e "poderosos" (*Sobr.* 56)[43].

A influência do pensamento sapiencial judaico-helenista era reforçada pela alta estima do sábio/da sabedoria, pré-estabelecida na história cultural da tradição intelectual greco-romana. Cícero apresenta uma convicção fundamental do pensamento antiga como segue: "Somente o homem sábio está livre, e cada tolo é um escravo".[44] Epíteto pode se referir à realeza do cínico (*Diss.* III 22,79: ἡ δὲ τοῦ Κυνικοῦ βασιλεία)[45]; para ele, o sábio participava do domínio de Zeus[46]. Sêneca afirma: "Tudo pertence aos sábios"[47]. Enquanto um ser humano normal pode sofrer em sua caminhada rumo à sabedoria a qualquer momento um retrocesso, vale para a pessoa completamente sábia: "O sábio não pode retroceder, nem mesmo adoecer"[48]. As cartas cínicas

---

[42] G. SELLIN, Auferstehung der Toten, p. 68, supõe que Apolo teria introduzido na comunidade coríntia, majoritariamente judeu-cristã, uma teologia sapiencial judaico-alexandrina. SELLIN consegue demonstrar coincidências consideráveis entre Fílon e a teologia coríntia; não obstante, há objeções contra sua tese: 1) A teologia do cristão alexandrino Apolo (cf. At 18,24) é desconhecida, de modo que todas as determinações mais concretas são meramente hipotéticas. 2) Se fosse Apolo que tivesse provocado o conflito entre Paulo e os coríntios, dificilmente poderia ser explicado por que Paulo não o critica, mas o aceita como missionário autônomo e de posição igual (cf. 1Cor 3,5.8). 3) Segundo 1Cor 16,12, Paulo adverte Apolo várias vezes a viajar novamente para Corinto. Dessa maneira, Paulo teria convidado o coautor das disputas coríntias a voltar finalmente de Éfeso a Corinto.

[43] Cf. também Fílon, Som. II 230: "O sábio é um ser médio, corretamente dito: nem ser divino nem ser humano, mas tangendo os dois extremos, [...]".

[44] Cícero, Parad. 33 (= NW I/2, p. 438).

[45] Cf., além disso, cf. Epíteto, Diss. III 22,49.63.

[46] Cf. Epíteto, Diss. III 22,95.

[47] Cf. Sêneca, Ben. VII 2,5; (3,2s); além disso, cf. Zeno em Diógenes Laércio 7,125: "τῶν σοφῶν δὲ εἶναι".

[48] Sêneca, Ep. 72,6 (= NW II/1, 1436). Cf. também o conceito do fogo purificador que liberta a pessoa sábia de todas as coisas negativas: "Da mesma maneira livram-se os sábios, por meio da sabedoria, como por meio de um fogo purificador, de todas as coisas que parecem a outras pessoas, que não são capazes de

transmitem que Diógenes teria ensinado "que tudo pertence ao deus (πάντα τοῦ θεοῦ) e, como amigos têm tudo em comum, tudo pertence também ao sábio"[49]. Os coríntios reivindicam para si o que cabe ao governante ideal: tudo é permitido[50].

As opiniões dos coríntios deixam perceber também uma proximidade a modelos soteriológicos em religiões de mistérios[51]. Aqui como ali se trata de possibilidades e meios para elucidar a existência, de uma forma de autopreocupação que se dá como realização do Eu. Diante do destino que se impõe cegamente e da inevitabilidade do sofrimento e da morte, os "mistos" [místicos, adeptos dos cultos de mistérios] esperam participar no destino dramático de uma divindade que experiencia a morte como passagem para uma nova vida. O "misto" renasce depois da realização dos ritos do culto para uma nova vida feliz e bem-sucedida (cf. Apuleio, *Metamorfoses* XI 16,2-4; 21,7), que começa já no tempo presente.

Finalmente não se deve subestimar a influência da ética pagã e da conduta social a ela vinculada[52]. Na Antiguidade, a *identidade religiosa* estava relacionada com a *identidade social, isto é, do grupo* (família, polis), de modo que Paulo exige dos coríntios não só de aceitar uma nova fé, mas de mudar também toda a sua conduta. No entanto, partes da comunidade coríntia não realizaram este passo, mas permaneceram em seus costumes éticos e sociais tradicionais[53]. Eles não querem

---

    julgar apropriadamente, admiráveis e desejáveis" (Luciano, Hermotius 7); além disso, cf. Plutarco, Moralia 499c.

[49] Cf. Cartas Cínicas, Crates 27.

[50] Cf. Dio Crisóstomo, Or.3,10, sobre o governante ideal: "Pois quem necessita de mais entendimento do que aquele que precisa aconselhar em questões importantes? Quem tem uma sensibilidade mais refinada para a justiça do que aquele que está acima das leis? Quem tem sensatez mais moderada do que aquele a quem tudo é permitido?"; cf., além disso, Dio Crisóstomo, Or. 62,2.

[51] Cf. TM. Söding, Das Geheimnis Gottes im Kreuz Jesu, p. 181s.

[52] Cf. principalmente B. W. Winter, After Paul left Corinth, *passim*; além disso, P. Marshall, Enmity in Corinth. (WUNT 2.23) (Tübingen: 1987), segundo o qual estão por trás dos conflitos entre Paulo e os coríntios motivos éticos e sociais, mas não teológicos.

[53] O caráter que tais conceitos podem ter tido mostra-se em Fílon, Det. Pot. Ins. 33.34, que reproduz argumentos polêmicos dos sofistas: "Será que a natureza criou alegrias e satisfações e os prazeres da vida inteira para os mortos ou os que nem sequer

aceitar uma ruptura total com suas relações sociais, e/ou pensaram que pudessem reconciliar a nova fé e o antigo comportamento.

CONCEITO DISTINTOS DE IDENTIDADE

Os coríntios parecem ter deduzido de sua *compenetração sapiencial* da mensagem de Cristo um abrangente *"já agora"* da salvação, como indica o duplo ἤδη em 1Cor 4,8. Paulo e a comunidade encontram-se na alta estima do espírito e do batismo[54]. Ambos estão convencidos de que os crentes participam plenamente da morte e da ressurreição da divindade no batismo; é aqui que a porta da vida se abre. Ao contrário de Paulo, porém, os coríntios compreenderam o dom do espírito primeiramente como superação do caráter limitado da existência criatural antiga, como potencialização da força e expectativa da vida[55]. Dentro deste conceito preséntico e individualista, o sofrimento é excluído e a hamartiologia, minimizada. No centro está a potencialização das possibilidades da vida por uma divindade que superou em seu destino as fronteiras da morte e que garante agora a presença plena do além neste mundo. Dessa maneira, os coríntios passam por cima dos

---

nasceram, ou não, ao contrário, para os vivos? Por que não deveríamos adquirir riquezas, fama, honra, poder e outras coisas parecidas, das quais se compõe não só a vida segura, como também a vida feliz?" Enquanto se desprezava os amigos das virtudes, valia: "Aqueles, porém, que cuidam de si mesmos são estimados, ricos, encontram-se em posições de liderança, são elogiados, honrados, fortes, profusos, abundantes, desconhecem os sofrimentos e vivem em alegrias que trazem, através de todos os sentidos, somente coisas agradáveis para sua alma suscetível."

[54] Dificilmente será um acaso que Paulo volte, ao longo de toda a carta, sempre ao tema do batismo (cf. 1Cor 1,30; 6,11; 10,1-4; 12,13; 15,29)!

[55] Cf. F. W. HORN, Angeld des Geistes, p. 248, que defende com razão a proveniência do entusiasmo coríntio da teologia do batismo e que aduz dois argumentos principais: "a interpretação cristã-primitiva do batismo como o lugar da doação do espírito. A metáfora de água – espírito, que é comum a toda a Antiguidade, faz com que se enxergue no rito do batismo o lugar onde o πνεῦμα é transmitido substancialmente e com que se interprete o batizando, no sentido mágico, como πνευματικός. O ato batismal é interpretado como realização imitadora ritual do Cristo, de sua morte e sua ressurreição. Como batizados, os 'místos' participam do mundo do alto."

limites estabelecidos pelo criador e degradam Deus a um meio da satisfação religiosa. Eles desconsideram a máxima fundamental da antropologia cristã (1Cor 4,7a): "Que é que possuis que não tenhas recebido?" Sua busca dirige-se para além daquilo que está escrito[56], um se engrandece diante do outro (1Cor 4,6b). Os coríntios procuram fugir a sua limitação de criaturas; não a humildade, mas a alteza e dominação lhes parecem uma apresentação adequada do estado de salvação alcançado.

Em contraste e comparação disso, os apóstolos são "loucos por causa de Cristo" (1Cor 4,10). Eles dão um exemplo diferente ao aceitar e viver, pelo bem da comunidade, constantemente fraqueza, perigo e pobreza (cf. 1Cor 4,11ss). Dessa maneira, representam o tipo da pessoa verdadeiramente sábia que se sabe comprometida exclusivamente com sua missão e sua mensagem, independentemente de todos os fatores exteriores. Por isso, Paulo pode exclamar aos coríntios: μιμηταί μου γίνεσθε (1Cor 4,16b: "Sede meus seguidores [imitadores]") e apelar, desse modo, a sua compreensão: eles não devem imitar sua pessoa, mas apropriar-se da nova compreensão existencial dada por Deus. Em contradição à expectativa humana, Deus elegeu o fraco e destruiu o forte. O Deus que elege no evangelho interpretou-se a si mesmo na cruz e anulou, "cruzou", os conceitos e expectativas humanas.

Os conceitos de identidade de Paulo e dos coríntios partem da mesma maneira do poder de vida do Deus que ressuscitou Jesus Cristo dentre os mortos. Simultaneamente se distinguem num ponto central: com a *cruz*, Paulo introduz uma característica de identidade que inclui no relacionamento com Deus também o sofrimento e a humildade presentes e que espera a glória visível (apenas) para a *parusia* que ocorrerá em breve.

---

[56] A expressão difícil τὸ μὴ ὑπὲρ ἃ γέγραπται refere-se, segundo minha compreensão, a um entendimento coríntio da Escritura que é, desde a perspectiva paulina, entusiasta; a respeito das numerosas tentativas de interpretação, cf. CHR. WOLFF, "'Nicht über das hinaus, was geschrieben ist!'", in "... *Das tiefe Wort erneun*". FS J. HENKYS (Berlim: 1989), pp. 187-194.

9.3 O poder do espírito e a pureza da comunidade

Os coríntios justificaram com uma compreensão entusiasta do espírito também sua consciência de liberdade. Aparentemente, eles entenderam a liberdade como um direito individual cristão, realizado em continuidade com a antiga identidade social num espaço além da comunidade. Dessa maneira, os coríntios não apresentavam suas disputas a um fórum intracomunitário, mas diante de tribunais gentios (1Cor 6,1-11)[57]. Paulo questiona essa conduta fundamentalmente: quando os santos julgarão o mundo e até mesmo os anjos, por que eles procuram seu direito diante de gentios? O apóstolo propõe outro procedimento: futuramente, os problemas na comunidade devem ser resolvidos sob a presidência de um σοφός ("sábio"). No entanto, Paulo considera essa instrução insuficiente para a prática futura. Em 1Cor 6,7, ele questiona as disputas legais dos coríntios fundamentalmente. O erro verdadeiro é exigir seu direito![58] Um cristão deve estar disposto a sofrer injustiças e a deixar-se roubar. Para os cristãos, a renúncia a seus direitos é a conduta adequada diante do direito. Os coríntios não precisam reivindicar seu direito diante de tribunais, porque ele já foi dado. Para esclarecer essa situação fundamental, Paulo recorre no v.11b.c a um tradição batismal[59] que define, em contraste à antiga existência (v.9-11a), a nova existência dos cristãos: "Mas

---

[57] A respeito da interpretação pormenorizada, cf. E. Dinkler, "Zum Problem der Ethik bei Paulus", in Idem, *Signum Crucis* (Tübingen: 1967), pp. 204-240; B. W. Winter, After Paul left Corinth, pp. 58-75 (74: "*The Corinthians were simply acting as the elite had always done in Corinth when a conflict situation arose*" [Os coríntios comportavam-se simplesmente assim como a elite tinha se comportado sempre em Corinto quando um conflito surgiu.]). R. A. Horsley, "Rhetoric and Empire – and 1 Corinthians", in Idem, *Paul and Politics*, p. 100, avalia 1Cor 6,1-11 como prova de sua tese de que Paulo entende a comunidade como uma sociedade alternativa ("*alternative society*"), "*independent of the larger society, having no dealings with institutions such as the civil courts*" (independente da sociedade mais ampla e sem negócios com instituições como tribunais civis).

[58] Cf. a respeito Platão, Gorgias 509c: "Sócrates: entre as duas coisas, ou seja, cometer injustiça e sofrer injustiça, o Mal maior é – dizemos – o cometer injustiça, o menor, sofrer injustiça".

[59] Isto se mostra tanto nos verbos ἀπολούεσθαι, ἁγιασθῆναι, δικαιοθῆναι como também nas concretizações adverbiais ἐν τῷ ὀνόματι τοῦ κυρίου Χριστοῦ e ἐν τῷ πνεύματι τοῦ θεοῦ ἡμῶν; para a argumentação abrangente, cf. U. Schnelle, Gerechtigkeit und Christusgegenwart, pp. 39ss.

vós fostes lavados, mas fostes santificados, mas fostes justificados em nome do Senhor Jesus Cristo e pelo espírito de nosso Deus". As atribuições adverbiais referem-se a todos os três verbos e descrevem o evento batismal mais concretamente. A preposição ἐν tem uma função instrumental: a invocação do nome e a presença do espírito operam o ser lavado (purificado), santificado e justificado[60]. À invocação do nome corresponde a presença do Senhor que se comprova exatamente na doação do espírito ao batizando. No batismo doa-se o espírito, e o efeito sacramental do batismo é o efeito do espírito[61]. Através do batismo, o batizando pertence àqueles que invocam o nome de Jesus Cristo e que são membros da comunidade escatológica da salvação (1Cor 1,2). Como os coríntios retrocederam do estado da santidade e do ser justos, constituído pelo batismo, Paulo os convoca a corresponder efetivamente a sua nova existência.

O CORPO COMO LUGAR DA RESPONSABILIDADE

A palavra de ordem coríntia πάντα μοι ἔξεστιν (1Cor 6,12: "Tudo me é permitido"; cf. 1Cor 10,23) provoca, segunda a perspectiva de Paulo, também a pergunta pela relação entre liberdade e responsabilidade. Ela tem seu lugar concreto na corporeidade e, dessa maneira, também na sexualidade humana. A liberdade ganha por meio de sabedoria e (re)conhecimento possibilita aparentemente à comunidade coríntia tratar o corpo como *adiáforon*. Por exemplo, os coríntios toleravam em seu meio o caso grave de falta de castidade: um membro da

---

[60] O verbo δικαιωθῆναι ("tornar justo, justificar") designa um ato único no passado, sendo que a voz passiva enfatiza a atuação precedente de Deus. Aqui, o verbo deve ser compreendido no sentido de um "tornar justo"; a pessoa batizada está realmente justa, através da realização do batismo (cf. G. STRECKER, Befreiung und Rechtfertigung, p. 254). "No caso do δικαιωθῆναι deve se pensar dificilmente no termo preciso, assim como ele ocorre na Carta aos Romanos e Carta aos Gálatas. A doutrina específica da justificação dificilmente pode ser conectada com o batismo" (W. HEITMÜLLER, Taufe und Abendmahl, p. 12).
[61] Cf. H. CONZELMANN, 1 Kor, p. 130, nota 46.

comunidade tinha relações sexuais com sua madrasta (cf. 1Cor 5,1-5)[62]. Em vez de excluir o malfeitor, a comunidade se vangloria até mesmo desta demonstração de libertinismo sexual[63]. Isso põe em perigo a posição social[64], e principalmente a pureza da comunidade (cf. 1Cor 5,6!) que está atingida em seu cerne mais íntima por este caso. Por isso, Paulo se vê obrigado a reagir imediatamente e contrapõe à tolerância (ou indiferença) dos coríntios sua decisão: a comunidade deve excluir o malfeitor, ao reunir-se junto a Paulo, presente no espírito[65], e entregar o malfeitor, sob invocação do nome do Senhor, a Satanás (1Cor 5,4s)[66]. A execução da pena dá-se aparentemente através do poder do espírito, e Paulo participa disso, embora ele esteja corporalmente ausente[67]. No juízo separam-se "carne" e "espírito" (σάρξ e πνεῦμα) com o objetivo da salvação do Eu do malfeitor, renovado e acolhido pelo espírito santo no batismo[68]. Em 1Cor, as punições servem não à vingança, mas à salvação do malfeitor e da comunidade!

Um argumento comparável encontra-se em 1Cor 3,15, onde Paulo fala de um juízo no qual o cristão pode efetivamente ser punido por suas obras, mas mesmo assim participa da σωτερία ("salvação") escatológica. Como justificativa, Paulo lembra que os crentes são o templo de Deus e que o espírito de Deus habita neles (1Cor 3,16), de modo que a força de Deus pode também destruir: "Se alguém destrói o

---

[62] Para a análise, cf. I. GOLDHAHN-MÜLLER, Grenze der Gemeinde, pp. 121-135; W. SCHRAGE, 1Kor I, pp. 367-378; H. UMBACH, In Christus getauft – von der Sünde befreit, pp. 106-135. Chama a atenção que Paulo não cita as proibições veterotestamentárias afins (cf. Lv 18,8; 20,11; Dt 23,1; 27,20).

[63] W. SCHRAGE, 1Kor I, p. 372, supõe que se trate aqui de "um ato público, deliberado e, por assim dizer, provocativo-ideológico".

[64] Este aspecto é enfatizado por B. W. WINTER, After Paul left Corinth, p. 55.

[65] Cf. W. BOUSSET, Der erste Brief an die Korinther (SNT 11) (Göttingen: ³1917), p. 94: "ele (isto é, Paulo) pensa realmente num efeito intelectual à distância".

[66] A respeito de παραδοῦναι ... τῷ Σατανᾷ, cf. A. DEISSMANN, Licht vom Osten, p. 257.

[67] Cf. W. BOUSSET, 1Kor, p. 94. Naturalmente pressupõe-se aqui que, em última instância, atua o próprio Senhor, presente no espírito.

[68] E. KÄSEMANN, "Sätze heiligen Rechtes im Neuen Testament", in Idem, Exegetische Versuche und Besinnungen II, p. 74, observa com razão que o evento batismal não pode ser anulado.

templo de Deus, Deus o destruirá" (1Cor 3,17a). Também aqui, o *pneuma* conferido no batismo opera, segundo a opinião de Paulo, aparentemente uma qualidade não anulável que permanece até mesmo no juízo. Outro exemplo impressionante pelo realismo da compreensão paulina dos sacramentos e pelo pensamento da pureza da comunidade encontra-se em 1Cor 11,30: como se consumia em Corinto a santa ceia de maneira indigna, existem tantos fracos e doentes na comunidade, e alguns já são até mesmo falecidos. Aqui se constrói uma conexão imediata entre o consumo do sacramento e a sorte do ser humano. Indubitavelmente está na base desta afirmação a convicção de que o próprio sacramento provocaria as consequências fatais ao ser consumido indignamente[69]. Como descrito em 1Cor 15,29, no sacramento habita uma força que opera independentemente do ser humano, seja para o bem, seja para o mal.

Os coríntios reagem ainda de outra maneira à corporeidade como lugar da obediência e da santidade perante Deus. Assim como estão acostumados, também como cristãos, eles têm contato com prostitutas (cf. 1Cor 6,13b.15b.16.18)[70], porque a relação sexual atingiria somente o corpo (mais baixo), mas não o espírito. Paulo, por sua vez, utiliza σῶμα ("corpo") como termo abrangente do *self* humano. Exatamente porque o ser humano tem um corpo e é um corpo, o ato salvífico de Deus em Jesus Cristo abrange e determina o corpo e, dessa maneira, a existência e história concretas do ser humano[71]. Por isso, o corpo é,

---

[69] Diferente P. Lampe, Das korinthische Herrenmahl, p. 211, nota 79: "ὑπὸ κυρίου exclui um automatismo mágico nos elementos: os elementos, quando consumidos indignamente, não têm o efeito de um veneno que torna doente. Antes, é o *Kyrios* que torna doente." É claro que é o Senhor que castiga, embora através dos elementos, como mostra a relação imediata entre consumo dos elementos e o juízo em 1Cor 11,29, "pois aquele que come e bebe sem discernir o corpo, come e bebe a própria condenação."

[70] A respeito do pano de fundo histórico-cultural, cf. R. Kirchhoff, Die Sünde gegen den eigenen Leib (StUNT 18) (Göttingen: 1994): B. W. Winter, After Paul left Corinth, pp. 86-93. O contato com prostitutas fazia parte das pessoas em Corinto e não era socialmente desprezado.

[71] A atração de impureza sobre o próprio corpo por meio de uma sexualidade desenfreada (homossexualidade, relações sexuais extra-matrimoniais com livres ou escravos/escravas) é um tema também no estoicismo: cf. Musônio, Dissertationes 12:

segundo sua natureza, muito mais que comer e beber (1Cor 6,13a), ele não se define a partir de funções biológicas; ao contrário, o corpo pertence ao Senhor (1Cor 6,13b: "Mas o corpo não é para a fornicação e, sim, para o Senhor, e o Senhor é para o corpo."). O corpo como o lugar da sexualidade (cf. 1Cor 6,18; 7,4; Rm 1,24) não deve ser manchado pela fornicação. Porque os crentes pertencem com todo seu corpo ao Senhor, eles são, ao mesmo tempo, membros no corpo de Cristo (1Cor 6,15). Por isso, a fornicação vai além de outros comportamentos errados[72], pois ela atinge a união dos crentes com Cristo na corporeidade (1Cor 6,18) e questiona a pureza da comunidade. Especificamente a corporeidade aparece como o lugar onde a fé ganha sua forma visível. Como lugar da habitação do espírito santo, o corpo já não está sob a disposição arbitrária de alguém (1Cor 6,19)[73].O Eu arrogante já não toma posse do corpo do crente, porque Deus mesmo destinou o corpo como o lugar de sua glorificação: δοξάσατε δὴ τὸν θεοῦ ἐν τῷ σώματι ὑμῶν: (1Cor 6,20b: "Glorificai a Deus em vosso corpo"; cf., além disso, Fl 1,20!). Sendo que o corpo é o ponto onde se cruzam a situação pré-estabelecida do ser humano no mundo e a atuação divina no ser humano, trata-se de resistir à tentação e levar uma vida em santidade. Por isso, Paulo aconselha os coríntios a viver a sexualidade exclusivamente dentro do matrimônio. Embora o apóstolo deseje que todos os seres humanos escolham, como ele, a ascese, nem todo mundo tem este dom (1Cor 7,7: χάρισμα). Quem pode viver em ascese sexual, deveria abraçar esta possibilidade; mas quem não resiste à

"Devo apontar com toda a insistência que cada um que erra comete simultaneamente uma injustiça, embora não contra um dos outros seres humanos, mas em todo caso contra si mesmo, ao tornar-se pior e mais imoral"; cf. G. DAUTZENBERG, "φεύγετε τὴν πορνείαν (1Kor 6,18)", in H. MERKLEIN (org.), Neues Testament und Ethik. FS R. SCHNACKENBURG (Friburgo: 1989), pp. 271-298.

[72] Paulo evita em 1Cor 6,18 aparentemente o termo ἁμαρτία; em vez disso, ele designa a conduta errada por ἁμάρτημα e ἁματάειν; cf. H. UMBACH. In Christus getauft – von der Sünde befreit, pp. 106ss.

[73] Cf. Epíteto, Diss. 118,11s: "Tu, porém, és um ser privilegiado, tu és uma parte de deus, tu tens dentro de ti uma partezinha dele. Por que não conheces tua nobreza? Por que não sabe sde onde provéns? Não queres te lembrar, quando comes, quem és tu que estás comendo e a quem estás alimentando? Não queres te lembrar, quando te unes em amor, quem és tu que o fazes?" (= NW II/I, 253).

tentação, deveria escolher o casamento como o espaço natural da sexualidade (cf. 1Cor 7,8s.25-28). 1Cor 7,14 mostra a urgência maciça da compreensão paulina do espírito e da santidade: "Pois o marido não crente é santificado pela esposa, e a esposa não crente é santificada pelo marido cristão. Se fosse diferente, vossos filhos e filhas seriam impuras; agora, porém, são santos".[74] Paulo parece imaginar a transmissão da santidade de tal maneira que o respectivo cônjuge gentio e também os filhos e filhas estão incluídas na santidade objetiva do parceiro cristão e, com isso, na esfera da atuação do espírito. Desse modo, estão subtraídos da aproximação de outros poderes, mas ainda não participam da σωτερία escatológica (1Cor 7,16).

Paulo não defende o conceito da comunidade como um *corpus permixtum*[75]. Antes, a comunidade é para ele um espaço de pureza e santidade, no qual as pessoas batizadas vivem separadas do poder do pecado. Por isso, malfeitores devem ser excluídos da comunidade, pelo bem dela e deles mesmos.

9.4 Liberdade e compromisso em Cristo

A compreensão e o uso da liberdade cristã é também o tema do *conflito entre os "fortes" e os "fracos"* em Corinto (cf. 1Cor 8,1-13; 10,14-33). O ponto de partida são perguntas práticas da vida comunitária, vinculadas a aspectos sociais, éticos e teológicos: cristãos podem comprar carne no mercado (1Cor 10,25)? É permitido a cristãos aceitar convites de concidadãos gentios (1Cor 10,27s)? É reconciliável com a nova fé participar de refeições (1Cor 8,10) ou até mesmo de celebrações cúlticas (1Cor 10,14-22) em templos gentios[76]? Paulo discute essas perguntas de tal maneira que a comunidade se torna consciente do conflito fundamental por trás delas.

---

[74] A respeito da exegese desse trecho, cf. F. W. HORN, Angeld des Geistes, pp. 298s.
[75] A respeito da relação entre as eclesiologias paulina e mateiana, cf. H. UMBACH, In Christus getauft – von der Sünde befreit, pp. 120-135.
[76] A respeito da análise da situação histórica, cf. D.-A. KOCH, "Seid unanstössig", pp. 38-40; além disso, N. WALTER, "Christusglaube und heidnische Religiosität in paulinischen Gemeinden", in Idem, *Praeparatio Evangelica*, pp. 99-103.

OS "FORTES" E OS "FRACOS"

Os "fortes" em Corinto pertenciam certamente em parte à camada social elevada, à qual era possível desprender-se, por meio do entendimento religioso (cf. 1Cor 8,1.4; 10,23), de ideias religiosas tradicionais[77]. Mesmo assim, os "fortes" não podem ser simplesmente identificados à elite social na comunidade, pois no conhecimento da existência de um único Deus e da nulidade de ídolos e demônios expressa-se um monoteísmo que era próprio a judeus e gentios (cf. 1Ts 1,9s). Também tradições cínicas podem ter tido sua importância, pois, assim como partes da comunidade de Corinto, também os cínicos reivindicavam a liberdade de comer sozinhos, com base em seu credo monoteísta[78]. Tanto gentio-cristãos como judeu-cristãos liberais pertenciam ao grupo dos "fortes". Eles comiam sem hesitação carne oferecida aos ídolos (1Cor 8,9; 10,25-30), continuavam sendo convidados por gentios (1Cor 10,27) e participavam até mesmo de celebrações cúlticas gentias (1Cor 14,20s). Já sua posição social lhes impossibilitou renunciar totalmente ao consumo de carne dedicada a outras divindades. Para justificar esta conduta, os "fortes" apelaram a seu "conhecimento" (entendimento; cf. γνῶσις em 1Cor 8,1s.4). Eles compreenderam o evangelho e a mensagem de liberdade contida nele aparentemente em primeiro lugar como uma independência individual, como emancipação de conceitos religiosos e morais tradicionais[79].

Os *"fracos"* da comunidade coríntia eram, ao que parece, principalmente uma minoria gentio-cristã (cf. 1Cor 8,7)[80]. Partes desse grupo rejeitaram o consumo de carne dedicada aos ídolos provavelmente de

---

[77] Este aspecto é enfatizado por G. THEISSEN, Die Starken und die Schwachen, pp. 282s.
[78] Assim, Epíteto, Diss. III 22,50, pode mencionar como característica do cínico "engolir tudo que tu (lhe) dás". Segundo Diógenes Laércio 6,64, Diógenes toma seu desjejum no santuário e apenas se queixa que lhe é servido pão ruim; outros textos com interpretação em S. JONES, "Freiheit", pp. 59-61.
[79] Cf. TH. SÖDING, Starke und Schwache, pp. 70-75.
[80] Cf., por exemplo, TH. SÖDING, op.cit., pp. 75-77.

modo fundamental, por medo das divindades. Outros já eram obrigados pela mera pobreza material a participar de celebrações religiosas públicas e ali comer no contexto ritual carne, algo que pesava sobre sua consciência[81]. Outros ainda eram seduzidos pelo comportamento dos "fortes" a comerem carne oferecida aos ídolos contra sua consciência, já que os "fortes" participavam sem escrúpulos e sem necessidade de refeições sacrificais cúlticas.

O MODELO PAULINO

Paulo discute as questões disputadas em suas dimensões paradigmáticas; não se trata somente de uma determinada prática, mas da compreensão adequada do evangelho. Já a contradição entre gnose e ágape em 1Cor 8,1 tem uma função principal. A gnose confia em sua própria força; a ágape, porém, "edifica" porque é solidária com a fraqueza dos outros. Dessa maneira, Paulo desmantela a base da palavra de ordem dos "fortes", da mesma maneira como ele a relativiza também 1Cor 10,23 e, dessa maneira, a precisa: "Tudo é permitido, mas nem tudo serve ao Bem. Tudo é permitido, mas nem tudo edifica." A liberdade cristã realiza-se justamente não em autoapresentação e autorrealização desmedidas; ao contrário, ela é, *segundo sua natureza, um termo relacional*: ela ganha sua característica mais própria somente na relação com o concristão e com a comunidade cristã. Por isso, a liberdade não pode ser compreendida como atributo do sujeito autônomo, mas ela encontra seus limites na consciência dos outros: "Tomai cuidado para que vossa liberdade não se torne ocasião de queda para os fracos" (1Cor 8,9). A liberdade dos "fortes" de comer sem necessidade carne oferecida aos ídolos não pode ter o efeito de que os "fracos" perdem por isso sua liberdade. A liberdade ilimitada leva necessariamente à falta de liberdade, pois ela não considera os limites que lhe são colocados pelo próximo. Esse tipo de conceito de liberdade desconhece e desconsidera principalmente a morte de Jesus Cristo que

---

[81] Cf. G. Theissen, Die Starken und Schwachen, pp. 276-279.

morreu pelo bem do irmão fraco (1Cor 8,11). Paulo define a pró-existência de Jesus como a essência de sua ágape[82], a salvação dos "fortes" não se baseia em seu conhecimento e entendimento, mas única e exclusivamente na cruz e ressurreição de Jesus Cristo. Paulo compreende a ἐλευθερία ("liberdade") de modo severamente cristológico: "Pecando assim contra vossos irmãos e ferindo a sua consciência, que é fraca, é contra Cristo que pecais" (1Cor 8,12). Esta advertência aos "fortes" revela o fundamento do conceito paulino de liberdade. A liberdade cristã é para Paulo uma liberdade adquirida para nós por Jesus Cristo, de modo que o abuso dessa liberdade, sendo uma conduta errada perante os concristãos, parece simultaneamente como uma conduta errada diante de Cristo. Por isso, Paulo adverte os coríntios insistentemente e os lembra da sorte da geração do deserto (1Cor 10,1-13)[83]. Assim como os pais, também os coríntios cairão quando absolutizam os sacramentos e os dons concedidos junto aos mesmos. A salvação dada no sacramento não se realiza no além da concretude ética, antes: "O sacramental é abolido pelo não ético"[84].

Ao vincular a liberdade a Cristo e orientá-la pelo próximo, Paulo ganha uma margem para solucionar o problema complexo da carne dedicada às divindades. Embora ele se incline basicamente para a posição dos "fortes" (cf. 1Cor 8,4-6), Paulo traça duas linhas divisórias:

1) Exclui-se para cristãos a participação em refeições pagãs de sacrifício e de culto (cf. 1Cor 10,21).

2) Quando, na ocasião de um convite privado, carne sacrificada é explicitamente identificada como tal, então os cristãos não devem consumi-la (cf. 1Cor 10,26).

Em ambos os casos violaria-se a honra do Deus único e verdadeiro (cf. 1Cor 10,31)[85]. Abaixo desse claro estabelecimento de limites não há necessidade de investigações, as pessoas podem fazer compras no

---

[82] Cf. Th. Söding, Starke und Schwache, pp. 55ss.
[83] Para a interpretação, cf. por último F. W. Horn, Angeld des Geistes, pp. 167-171; W. Schrage, 1Kor II, pp. 380-429.
[84] A. Schweitzer. Mystik, p. 253.
[85] D.-A. Koch, "Seid unanstössig", pp. 44s, enfatiza com razão que Paulo está interessado nas interpretações concretas da situação.

mercado e aceitar convites privados (cf. 1Cor 10,25.27). Os coríntios são instruídos acerca de uma atuação consciente que deve cada vez de novo ponderar a situação atual, a consciência do irmão e o próprio entendimento. A aceitação da posição dos "fortes" é formulada por Paulo sem retirar dos fracos sua valoração e estima, de modo que um diálogo em igualdade entre os dois grupos é possível. Além disso, o modelo de solução paulino assevera à comunidade seu lugar entre judeus e gregos (cf. 1Cor 10,32). Diante dos judeus evita-se o escândalo da participação do culto sacrifical aos ídolos; diante dos gregos não há um isolamento, mas é possível aceitar convites de não-crentes[86].

LIBERDADE COMO SERVIÇO

O caráter serviçal do conceito paulino da liberdade recebe um maior desenvolvimento em 1Cor 9[87]. Paulo comenta agora a relação entre liberdade e direito no exemplo de sua pessoa. Como apóstolo de Jesus Cristo, ele é livre e tem o direito de ser sustentado por suas comunidades (cf. 1Cor 9,4-6.12-18). Mas ele renuncia conscientemente a este direito, para não dificultar o anúncio do evangelho por causa dele (1Cor 9,12.15s). Paulo adota temas da tradição socrática[88]: assim como

---

[86] Cf. a respeito D.-A. Koch, op. cit., pp. 49ss.

[87] Paulo usa esta aparente digressão para mostrar que ele cumpre as exigências dirigidas aos coríntios com sua própria pessoa; cf. para a posição do cap. 9 no macrocontexto M. M. Mitchell, Rhetoric of Reconciliation, pp. 243-250: W. Schrage, 1Kor II, pp. 213-215.

[88] Cf. Xenofonte, Memorabilia 1 2,5-7, onde se diz sobre Sócrates: "Ele também não tornou seus adeptos ávidos por dinheiro, pois ele os desviou dos desejos em geral. Mas ele não aceitava dinheiro de alguém que dava valor à convivência com ele. Ele acreditava ser, dessa maneira, mais independente (τούτου δ' ἀπεχόμενος ἐνόμιζεν ἐλευθερίας ἐπιμελεῖσθαι). Ele chamava homens que fizeram de sua atividade de instrução um negócio de dinheiro vendedores da liberdade de sua pessoa, porque eles precisariam necessariamente conversar com todos dos quais tinham aceitado dinheiro. Ele também achava estranho que alguém que anunciasse instrução na virtude aceitava dinheiro para isso e não sabia que teria o ganho maior quando ganhava para si um amigo capaz, mas ao contrário temeria que o aluno formado pudesse não acalentar a maior gratidão por seu maior benfeitor." Cf., além disso, Sêneca, Ep 108,36: "Ninguém, porém, age com maior maldade em

o verdadeiro filósofo não aceita dinheiro para sua instrução e, dessa maneira, mostra-se verdadeiramente independente e convincente, assim Paulo renuncia ao sustento pela comunidade ao qual teria direito, para pregar o evangelho livremente. O apóstolo dá até mesmo um passo a mais: ele aproveita de sua liberdade para tornar-se escravo pelo bem de outros. Em 1Cor 9,20-22, Paulo descreve sua liberdade como anunciador do evangelho de modo paradoxal como um servir que se realiza junto aos judeus como um estar sob a Torá, "se bem que eu pessoalmente não esteja sujeito à lei" (1Cor 9,20). Do mesmo modo, para aqueles sem Torá ele pode ser um sem Torá, "ainda que eu não viva sem a lei de Deus, pois estou sob a lei de Cristo" (1Cor 9,21). Dessa maneira, a liberdade surge paradoxalmente do compromisso com a "lei" de Cristo (cf. Gl 6,2)[89]. Isto não se pode referir à Torá, ela é uma variável colocada à disposição anteriormente.

Enquanto, na Antiguidade, liberdade e servidão se excluíram mutuamente, em Paulo, eles se condicionam mutuamente. Exatamente na *servidão do evangelho realiza-se a liberdade do apóstolo* (1Cor 9,19). A renúncia ao sustento serve unicamente à divulgação desimpedida do evangelho; Paulo pode ser um judeu para os judeus e um gentio para os gentios, para ganhar todos para o evangelho. Também aqui, a liberdade é um termo e conceito relacional, ela pode se realizar paradoxalmente na servidão, porque recebe sua natureza e seu conteúdo de

---

relação à humanidade inteira, penso eu, do que aquele que aprende a filosofia como uma arte adquirível por dinheiro, aquele que vive diferente daquele que prescreve para a vida."

[89] Também aqui, Paulo não está longe de uma compreensão filosófica da liberdade, pois como Epíteto ou Diógenes, o apóstolo se sente comprometido unicamente com Deus e sua lei; cf. Epíteto, Diss. III 24,64s: IV 1,89-90: além disso, IV 1,159: "[...] toma Sócrates e olha para ele como um homem que tinha mulher e filhos e filhas – mas somente como propriedade alheia; que possuía uma pátria, mas somente enquanto era necessário e assim como o exigia o dever; e que tinha amigos e parentes, mas que subordinou tudo isto à lei e à obediência à lei". Cf., além disso, Epíteto, Diss. IV 1,153s, onde se diz sobre Diógenes que ele teria dado tudo que possuía se isto fosse exigido dele. "Algo correspondente vale para seus parentes, seus amigos e sua pátria. Ele sabia onde os tinha e de quem e sob que condições. Seus antepassados verdadeiros, os deuses (τοὺς θεούς), e sua pátria verdadeira, porém, ele jamais os teria abandonado" (NW II/1, 566s).

Cristo que assumiu pessoalmente a forma de servo (Fl 2,6). Não a servidão como tal gera a liberdade, mas a liberdade aparecida em Jesus Cristo realiza-se no modo do serviço ao evangelho. Para o missionário Paulo vale: "E isto tudo eu faço por causa do evangelho, para dele me tornar participante" (1Cor 9,23).

A QUESTÃO DOS ESCRAVOS

Na questão da escravidão debate-se a *dimensão socioética* do termo e conceito paulino da liberdade. Aconselha Paulo em 1Cor 7,21b os escravos a buscarem a libertação, ou devem eles permanecer em seu estado[90]? Em termos filológicos não se pode decidir inequivocamente se o aoristo χρῆσαι ("usar") deve ser completado por τῇ δουλείᾳ ("a existência de escravo") ou τῇ ἐλευθερίᾳ ("a liberdade"). O ἀλλά que introduz o v.21b pode ser entendido, por um lado, como a introdução de um contraste em relação àquilo que precede; neste caso deveria ser traduzido por "porém", "entretanto" e indicaria a liberdade[91]. Por outro lado, ἀλλα introduz também uma afirmação adicional e reforçadora, no sentido de "não só isto, mas também..." ou "até mesmo", o que recomendaria a permanência na existência de escravo[92].

---

[90] Uma exegese pormenorizada é oferecida por S. VOLLENWEIDER, Freiheit, pp. 233-246: W. SCHRAGE, 1Kor II, pp. 138-144.

[91] Em favor da opção de liberdade pleiteiam, por exemplo, S. VOLLENWEIDER, Freiheit, pp. 234s; CHR. WOLFF, 1Kor, p. 150; W. SCHRAGE, 1Kor II, pp. 139s; H. MERKLEIN, 1Kor II, pp. 133s; J. A. HARRIL, The Manumission of slaves in Early Christianity (HUTh 32) (Tübingen: 1995), p. 127: "In 1 Cor 7:21, the Apostle exhorts slaves who are offered manumission indeed to avail themselves of the opportunity and to use freedom" (Em 1Cor 7,21, o apóstolo exorta escravos aos quais é oferecida a manumissão efetivamente a aproveitar dessa oportunidade e a usar a liberdade"); R. A. HORSLEY, 1Corinthians, 102s. A respeito da libertação dos escravos, cf. L. SCHUMACHER, Sklaverei in der Antike, pp. 291-302.

[92] Cf. nesse sentido, por exemplo, J. WEISS, 1Kor, pp. 187s; H. LIETZMANN, 1Kor, 32s; H. CONZELMANN, 1Kor, p. 152. Uma posição média é defendida por A. LINDEMANN, 1Kor, p. 173: "Paulo não chama os escravos cristãos a buscar ativamente sua libertação; mas quando eles têm uma respectiva chance, eles devem aproveitar o novo status μᾶλλον".

Um argumento inequívoco em favor desta interpretação é o contexto 1Cor 7,17-24, onde o acento da parênese está no "permanecer" (μένειν em 1Cor 7,20.24, além disso, em 7,8.11.40) na respectiva vocação (1Cor 7,20: κλῆσις, 1Cor 7,15.17.20.21.22.24: καλέω na voz passiva). Também o versículo explicitador 22 aponta nessa direção: "Pois aquele que era escravo quando chamado no Senhor, é um liberto do Senhor, assim como o liberto é um escravo de Cristo". Paulo define aqui a liberdade como uma liberdade interior, cuja possibilitação e meta estão unicamente em Jesus Cristo. Estruturas sociais são irrelevantes para este conceito de liberdade, pois não podem nem conceder a liberdade nem abolir a falta de liberdade.

Paulo está numa clara proximidade a conceitos estóicos[93]. Por exemplo, Sêneca pode afirmar sobre o escravo: "Escravo ele é. Mas talvez livre na alma! Escravo ele é. Isto o prejudicará? Mostra-me quem não o é: um é escravo de sua sensualidade, outro de sua avidez, outro de sua ambição, todos da esperança, todas do medo. Apresentarei um antigo cônsul, escravo de uma mulher idosa; apresentarei um rico, escravo de uma jovem escrava; apresentarei homens nobríssimos como escravos de atores: nenhuma escravidão é mais vergonhosa que aquela por livre vontade" (Ep. 47). Para Epíteto, a liberdade é idêntica à independência interior: "Tu deves abrir mão de tudo, do corpo e das posses, da boa fama e de teus livros, da sociedade, do ofício e de tua vida privada. Pois para onde te empurra tua inclinação, ali te tornaste escravo, subordinado, tu estás amarrado, obrigado, em poucas palavras: tu estás totalmente dependente de outros" (Diss. IV 4,33;

---

[93] Cf., por exemplo, Epíteto, Diss. I 9,24s, onde se convoca, remetendo a Sócrates, a permanecer na posição em que deus colocou o ser humano: "Vós sois gente ridícula. Quando vosso general tivesse me colocado numa posição, então exigiríeis que eu permanecesse nela e a guardasse e quisesse mil vezes morrer antes de abandonar a posição. Quando deus, porém, atribuiu a alguém uma determinada posição e maneira de vida, esta deveria ser abandonada? Vejais, este foi um ser humano que tinha efetivamente um parentesco com os deuses!" Já a Antístenes atribui-se o dito: "Quem teima os outros, é um escravo sem sabê-lo" (Stobeu III 8,14; tradução alemã: G. Luck, Weisheit der Hunde, p. 47). Um panorama abrangente das questões das histórias da religião e do direito encontra-se em S. Jones, "Freiheit", pp. 27-37.

cf. Ench. 11). Assim como ninguém pode dar verdadeiramente algo ao estóico, também nada lhe pode ser tirado. Sua meta é viver em sintonia consigo mesmo e, exatamente por isso, integrar-se na harmonia do cosmos.

No cosmos corruptível (cf. 1Cor 7,29-31), Paulo aconselha uma *liberdade interna* em relação às coisas do mundo[94] e uma permanência na respectiva vocação. A distância ao mundo, vinculada à cruz e à ressurreição de Jesus Cristo, não exige conformidade com o mundo nem fuga ao mundo. Ela preserva a liberdade dos crentes diante dos poderes que procuram amarrar os seres humanos a si. Não é uma ordem cósmica imutável e dada por Deus que exige esse comportamento, mas a atuação salvífica presente e futura de Deus. Enquanto a interpretação coríntia da liberdade coloca no centro os direitos individuais da liberdade como meios da autorrealização, Paulo percebe na ἐλευθερία um termo e conceito relacional. Não as possibilidades do próprio Eu, mas as necessidades do Tu marcam a compreensão paulina da liberdade. Somente o compromisso com Deus liberta o ser humano de sua constante autoconcentração e autossobreestima. Somente o compromisso com Deus coloca o ser humano no espaço da liberdade onde ele se encontra a si mesmo, torna-se o próximo dos outros e aprende a respeitar a criação como dádiva de Deus.

9.5 A força do espírito e a edificação da comunidade

Tanto para Paulo como para os coríntios, a realidade de Deus no mundo é a realidade do espírito[95]. No πνεῦμα que parte sempre

---
[94] Cf. a respeito Epíteto, Ench. 11.
[95] Em termos da história das religiões, a compreensão paulina do espírito tem suas raízes no judaísmo helenista, sendo que há uma especial proximidade a Fílon (cf. E. BRANDENBURGER, Fleisch und Geist, pp. 114ss: B. L. MACK, Logos und Sophia, pp. 176ss): a) Assim como Paulo (Gl 5,16-18; Rm 8,4ss etc.), também Fílon conhece a antítese σάρξ *versus* πνεῦμα (Her. 55s; Gig. 19s; 29; Imm. 140ss). b) Correspondem à contraposição de carne e espírito tanto em Paulo (1Cor 3,1ss; Gl 6,1ss) como em Fílon classes de seres humanos (Imm. 144; 159s; Gig. 65s) que estão envolvidas nas lutas hostis entre os poderes que os determinam. c) A condição para a vida no espírito é para Paulo (Gl 5,24; Rm 6,6; 8,13) e Fílon (Ebr. 65-76) matar a *sarx*.

primeiro de Deus (cf. 1Cor 1,12.14) manifesta-se o poder vivificador do criador. O espaço natural da atuação do espírito é a ἐκκλησία ("comunidade de Deus"). Os coríntios experimentaram sustentavelmente as múltiplas forças do espírito, mas a tentativa da individualização e instrumentalização ameaçava simultaneamente romper a união da comunidade (1Cor 12,25: "a fim de que não haja divisão no corpo, mas os membros tenham igual solicitude uns com os outros"). Devido sua autoavaliação especial, os "dotados de espírito" (cf. πνευματκοί em 1Cor 12,1; cf. 2,13; 3,1; 14,37; Gl 6,1)[96] correrem o risco de respeitar menos os outros membros da comunidade e de afastar-se da comunidade como um todo. Por isso, Paulo adverte os coríntios, lembrando da sorte da geração do deserto (1Cor 10,1-13). Assim como os pais, também os coríntios cairão quando absolutizam os sacramentos e os dons que lhes são concedidos, quando desconhecem que a nova existência exige inevitavelmente uma nova atuação. Em Corinto parece ter havido a tendência de reconhecer somente os dons extraordinários do espírito e de considerar os singelos como deficitários. O culto repleto de fenômenos pneumáticos ameaçava perder seu papel e função verdadeiras, de fazer ouvir o evangelho de Jesus Cristo compreensivelmente (cf. 1Cor 14,6.26). Como nos caps. 8–10, Paulo estava também em 1Cor 12-14

---

d) Assim como Cristo (1Cor 6,17: 15,45b: 2Cor 3,17) pode-se entender também a σοφία como espírito (Sb 1,6; 7,7; 7,22ss; Fílon, Gig. 22-27). e) Tanto em Paulo (1Cor 3,16; 6,19; 2Cor 6,16s; Rm 8,9.11) como em textos sapienciais (Sb 1,4; 7,28; 8,16.17.18; Fílon, Her. 265; Spec. Leg. IV 49) encontra-se o conceito da habitação do espírito no ser humano. f) O conceito de uma identidade entre meio e conteúdo do entendimento e (re)conhecimento, segundo o qual o conhecimento de Deus é possível somente pelo espírito (1Cor 2,10ss; 12,3), encontra-se também na literatura sapiencial (Sb 7,7; 9,17; Fílon, All. I 38). Paulo compartilha com Fílon principalmente a ideia de que o pneuma é um dom último e insuperável de Deus (1Cor 2,15), oposto a toda a corrupção terrena e carnal e no qual se manifesta a proximidade e presença do divino que possui uma força transformadora e deve ser entendido como um dom salvífico. Ainda que a literatura sapiencial seja o pano de fundo mais provável do horizonte noético da pneumatologia paulina, há duas diferenças decisivas: 1) Para Paulo, πνεῦμα é o termo por excelência para a presença e atuação do divino, enquanto, por exemplo, Fílon usa πνεῦμα somente ao lado de σοφία, λογός e νοῦς. 2) Paulo vincula o conceito do espírito consequentemente à cristologia e à escatologia.

[96] Parece que em Corinto havia um grupo que atribuiu essa designação exclusivamente a si mesmo: cf. F. W. HORN, Angeld des Geistes, pp. 180-188.

diante da tarefa de não abafar a atuação do espírito e de acolher os argumentos teológicos justificados dos "pneumáticos", mas simultaneamente resistir à distorção da atuação do pneuma e de desenvolver sua visão do evangelho de maneira argumentativa[97]. O apóstolo não é adversário aos dons do espírito; fenômenos extáticos e taumatúrgicos são para ele manifestações naturais da atuação divina na comunidade[98]. Não se deve confundir a aceitação com um entusiasmo acrítico; ao contrário, Paulo vincula os dons do espírito a normas e metas. O sinal da dotação com carismas é para ele prioritariamente a confissão ao Κύριος Ἰησους, e somente quem se agrega a esta confissão está tomado pelo espírito (1Cor 12,3)[99]. Os carismas[100] da "palavra de sabedoria" (λόγος σοφίας), da "palavra do conhecimento" (λόγος γνώσεος), da "cura dos enfermos" (χαρίσματα ἰαμάτων), das "obras poderosas" (ἐνεργήματα δυνάμεων), da "profecia (προφετεία), do "discernimento dos espíritos" (διακρίσεις πνευμάτων) e das "línguas" ("falar em línguas", γλῶσσα) não são instrumentos de uma autorrealização individualista, mas a expressão da diversidade na unidade, que é concedida e realizada pelo espírito (1Cor 12,8-11)[101].

A COMUNIDADE COMO CORPO

Paulo desenvolve a integração dos carismas no organismo do corpo de Cristo em 1Cor 12,12-31. Ele adota a imagem popular e muito

---

[97] A respeito da argumentação em 1Cor 12-14, cf. exaustivamente U. BROCKHAUS, Charisma und Amt, pp. 156-192; O. WISCHMEYER, Der höchste Weg, pp. 27-38: CHR. WOLFF, 1Kor, pp. 282-348; W. SCHRAGE, 1Kor III, pp. 108ss; A. LINDEMANN, 1Kor, pp. 261-316.
[98] Cf. ST. ALKIER, Wunder und Wirklichkeit, pp. 191-205.
[99] Isto indica uma característica distintiva crítica aos fenômenos gentios do espírito; cf. E. SCHWEIZER, Verbete "πνεῦμα", in ThWNT 6, p. 421.
[100] A respeito do termo χάρισμα, que ocorre somente em Paulo e na literatura que depende dele, cf. U. BROCKHAUS, Charisma und Amt, pp. 128-142: F. W. HORN, Angeld des Geistes, pp. 282. Para a interpretação da lista de carismas em 1Cor 12,7-11.28ss, cf. H. SCHÜRMANN, "Die geistlichen Gnadengaben in den paulinischen Gemeinden", in K. KERTELGE (org.), Das kirchliche Amt im Neuen Testament (Darmstadt: 1977), pp. 362-412.
[101] A respeito da orientação antientusiasta da doutrina paulina dos carismas, cf. F. W. HORN, Angeld des Geistes, pp. 281-291.

divulgada na Antiguidade de um organismo humano[102] e aplica-a à situação da comunidade: assim como o corpo é somente um só e, não obstante, tem muitos membros, também a comunidade tem muitos membros, mas ela é um único corpo. Contudo, a comunidade não se encontra meramente em alguma relação com o corpo de Cristo, ela é o corpo de Cristo: ὑμεῖς δέ ἐστε σῶμα Χριστοῦ (1Cor 12,27). Apenas essa identificação permite a aplicação plena do conceito do organismo, pois as implicações éticas do mesmo são liberadas somente pela equação do corpo único com Cristo. A comunidade não precisa formar o corpo de Cristo, através de sua conduta, mas ela deve corresponder a sua existência de corpo. O conceito do organismo é extremamente adequado para desenvolver este pensamento, pois por meio dele pode ser apresentado tanto a relação com Cristo como, a partir disso, as relações dos distintos membros entre si, sendo que o ponto comparativo não é a forma igual, mas o valor igual dos distintos membros[103]. Todos os membros do corpo têm a mesma importância e o mesmo valor, todos estão sintonizados entre si e dependem uns dos outros.

A comunidade existe *no e como o corpo de Cristo*, porque seus distintos membros foram batizados nele (1Cor 12,13)[104]. Em relação a seus membros, o corpo de Cristo é pré-existente, ele não se forma por deliberações e associações humanas, mas é pré-estabelecido e a condição para as mesmas[105].O batismo não constitui o corpo de

---

[102] Numerosas provas para esse conceito transmitido e desenvolvido principalmente no estoicismo encontram-se em E. SCHWEIZER, Verbete "σῶμα", in *ThWNT* 7, 1031ss; M. WALRER, Gemeinde als Leib Christi (NTOA 49) (Friburgo [Suíça]/Göttingen: 2001), pp. 70-104; cf., além disso, NW II/1, pp. 363-366. O pano de fundo de 1Cor 12,14-25 é a fábula de Menênio Agripa, basta conferir H. CONZELMANN, 1 Kor, p. 248, nota 7. Também Epíteto, Diss. II 10,4, utiliza esse motivo na aplicação ética. Quando o ser humano se examina a si mesmo, ele reconhece a partir de sua posição no universo seus deveres: "Ora, o que é o dever de um cidadão? Ele não busca a vantagem pessoal e não levanta projetos como se ele fosse um ser individual isolado, mas exatamente como a mão o ou pé, se pudessem pensar e entender a organização natural do corpo, jamais se estenderiam ou moveriam senão com consideração do todo."
[103] Cf. H. CONZELMANN, 1Kor, pp. 252s.
[104] Para a análise, cf. por último F. W. HORN, Angeld des Geistes, pp. 172-175.
[105] Cf. H. CONZELMANN, 1Kor, p. 250. Também F. HAHN, "Einheit der Kirche und Kirchengemeinschaft in neutestamentlicher Sicht", in Idem, *Exegetische Beiträge*,

Cristo, mas ele é o lugar histórico da inclusão neste corpo e a expressão real da unidade da comunidade fundada em Cristo. A pessoa batizada foi colocada dentro do corpo de Cristo, cuja realidade e unidade é fundada por Cristo, a cuja realidade o crente deve corresponder. Em Corinto, o batismo e a posse do Espírito se tornaram ocasião de individualismo, cisões e busca de fama. Paulo contrapõe a essas tendências deteriorantes seu conceito da unidade concedida em Cristo e aplicada no batismo, e que deve se comprovar na comunidade.

No v. 13b.c, Paulo interpreta sob adoção de um motivo tradicional (cf. Gl 3,26-28) a unidade da comunidade, alcançada no batismo e presente no espírito, como a abolição de alternativas fundamentais religiosas e sociais. Os judeus não têm uma vantagem histórico-salvífica, nem os gregos uma vantagem étnico-cultural, e nem há na comunidade cristã a distinção entre servo e senhor, não-livre e livre, opressor e oprimido, uma distinção que determina a história universal. Ao contrário, todos foram embebidos no batismo com um só espírito[106], que opera de unidade presente da comunidade e cuja expressão visível é a abolição daquelas alternativas. A comunidade como o corpo de Cristo vive da proximidade de Deus no batismo que cria a unidade e da presença de Cristo no espírito que preserva a união, e ela documenta essa nova realidade também em sua forma social. Somente através de uma atuação orientada por um proveito comum e que serve à edificação da comunidade, os coríntios podem corresponder à nova existência constituída no batismo.

---

p. 144, constata com razão acerca de σῶμα Χριστοῦ: "Trata-se da descrição de uma realidade pré-estabelecida e todo-abrangente, na qual os fiéis são integrados".

[106] Também o v. 13d (καὶ πάντες ἓν πνεῦμα ἐποτίσθημεν) deve ser relacionado com o batismo; um argumento em favor disso é a forma do aoristo para designar um ato único no passado, análogo a ἐβαπτίσθημεν no v. 13a. Diferente E. KÄSEMANN, "Anliegen und Eigenart der paulinischen Abendmahlslehre", in Idem, *Exegetische Versuche und Besinnungen* I, p. 13, que supõe no v. 13d uma referência à santa ceia.

O OBJETIVO: A EDIFICAÇÃO DA COMUNIDADE

O espírito que sai de Deus e opera em Cristo manifesta-se de múltiplas maneiras, mas é sempre "o mesmo e único espírito" (1Cor 12,4: τὸ δὲ αὐτὸ πνεῦμα). Ele conduz à riqueza da diversidade, mas não à pobreza da fragmentação. Faz parte de sua natureza criar união e unidade, pois ele mesmo é ἓν πνεῦμα ("um só espírito"). A atuação do espírito que cria a união manifesta-se principalmente no fato de que ele opera o que é "útil" para a comunidade (1Cor 12,7: τὸ συμφέρον) e que "serve" a sua οἰκοδομή ("edificação", 1Cor 14). Todos os carismas devem ser avaliados segundo o princípio: πάντα πρὸς οἰκοδομὴν γινέσθω (1Cor 14,26: "Que tudo se faça para a edificação"). Quem fala em línguas[107] e recebeu a possibilidade de louvar Deus na língua dos anjos, deve pedir que possa interpretá-lo para a comunidade, pois somente isto serve à edificação da comunidade (1Cor 14,4.5). A glossolalia como um carisma aparentemente muito estimado em Corinto e restrito a esta comunidade[108] não foi rejeitada por Paulo, mas vinculado ao objetivo crítico da οἰκοδομή, de modo que já não pode ser um instrumento da autoapresentação individualista. Quando se traduz a glossolalia, ela ganha o mesmo significado que a profecia: ela fortalece o irmão na fé (1Cor 14,16-17), serve à comunidade e aos cristãos individuais.

Assim como os coríntios, também Paulo valoriza os dons do espírito, mas ele enfatiza simultaneamente que o próprio espírito quer atuar através dos elementos da ordem, da autorrestrição comedida e da integração na comunidade, através de consideração e complementação. Os dons da graça estão presentes na comunidade somente quando são partilhados e passados para frente. No entanto, Paulo oferece aos coríntios um caminho ainda mais precioso: o do amor (ἀγάπη). Não é uma casualidade que 1Cor 13 se encontra entre os capítulos 12 e 14, marcados pelo perigo do abuso dos carismas[109]. Paulo esclarece

---

[107] A respeito da glossolalia, cf. G. DAUTZENBERG, Verbete "Glossolalie", in *RAC* II, Stuttgart: 1981, pp. 225-246: F. W. HORN, Angeld des Geistes, pp. 201-219.291-297.
[108] Cf. F. W. HORN, op. cit., p. 204.
[109] Para a posição do capítulo no contexto e para a análise, cf. TM. SÖDING, Liebesgebot, pp. 127-146: F. VOSS, Das Wort vom Kreuz, pp. 239-271.

em 1Cor 13,1-3 que até mesmo os carismas mais extraordinários não servem a nada quando não estão embebidos pelo amor. Também a fugacidade relativiza os carismas tão valorizados pelos coríntios, pois eles estão sob a reserva escatológica (1Cor 13,12). Quando, um dia, os carismas perecerem e o entendimento cessa, permanece e resta o amor, que sobressai a fé e a esperança porque é a expressão perfeita da natureza de Deus. O amor é o oposto do individualismo e do egoísmo, ele não procura o que é seu, ele revela sua natureza justamente ao suportar o Mal e ao fazer o Bem. A ἀγάπε de 1Cor 13 abrange o amor ao próximo e ao inimigo, mas ela não se esgota na ética. Antes de tudo, ele é um poder escatológico: o amor de Deus, aparecido em Jesus Cristo, que determina toda a vida dos fiéis. O campo onde se deve comprovar é a comunidade; Paulo tira o chão da consciência coríntia da perfeição, pois sem o *ágape* não pode haver verdadeiro entendimento e perfeição.

Paulo esboça a eclesiologia a partir da cristologia: Jesus Cristo existe na comunidade e como comunidade, à medida que ela é a comunhão das pessoas chamadas e conduzidas pelo espírito, o espaço onde o crucificado e exaltado opera de modo histórico-real. A ἐκκλησία não é o *Christus prolongatus*, mas ela é criada e determinada por este Cristo; Cristo está ali presente, e, por isso, ela é o σῶμα Χριστοῦ ("corpo de Cristo"). Cristo cria pessoalmente sua comunidade, e a comunidade continua sendo uma comunidade de Cristo apenas enquanto ela é determinada pelo espírito de Cristo[110].

9.6 A ressurreição dos mortos

1Cor 15 é o ponto alto da carta; Paulo desenvolve aqui, a partir do credo da Sexta-Feira Santa e da Páscoa, os eventos finais na *parusia* do Senhor. Ele aborda o fenômeno da temporalidade do

---

[110] A prioridade da cristologia em relação à eclesiologia é enfatizada especialmente em E. KÄSEMANN, "Das theologische Problem des Motivs vom Leibe Christi", in Idem, *Paulinische Perspektiven*, pp. 195s.

mundo e do ser humano e procura solucioná-lo no mais estreito vínculo com a cristologia, a antropologia, a soteriologia e a escatologia[111].

A HISTÓRIA BÁSICA

O ponto de partida das considerações é o credo do cristianismo primitivo. Paulo convoca os coríntios para comprometer-se com a realidade do evangelho, aceita por todos e a única que pode salvar. É aquele evangelho que narra a história-de-Jesus-Cristo e que liga o autor com os destinatários, desde a pregação de fundação. A tradição pré-paulina de 1Cor 15,3b-5 mostra que cinco elementos formam a estrutura básica do evento pascal[112]:

1) uma afirmação sobre a morte (1Cor 15,3: "Cristo morreu por nossos pecados, segundo as Escrituras");

2) uma menção da sepultura (1Cor 15,4a: "Foi sepultado");

3) uma afirmação da ressurreição (1Cor 15,4b: "E foi ressuscitado ao terceiro dia, segundo as Escrituras");

4) um relato de aparições (1Cor 15,5a: "e que ele apareceu a Cefas");

5) uma aparição a um grupo de discípulos (1Cor 15,5b: "e depois aos Doze"). O texto grego permite perceber claramente a estrutura básica de 1Cor 15,3b-5, que está marcada pela nomeação dos eventos e sua interpretação:

---

[111] A respeito da história da pesquisa, cf. por último O. WISCHMEYER, "1. Korinther 15. Der Traktat des Paulus über die Auferstehung der Toten", in Idem/E.-M. BECKER (org.), *Was ist ein Text?*, Tübingen 2001, pp. 172-178.

[112] A respeito da interpretação deste texto, cf. H. CONZELMANN, "Zur Analyse der Bekenntnisformel 1Kor 15,3-5", in Idem, *Theologie als Schriftauslegung*, pp. 131-141; CHR. WOLFF, 1Kor, pp. 354-370; H. H. SCHADE, Apokalyptische Christologie, pp. 191-202: G. SELLIN, Auferstehung der Toten, pp. 231-255: W. SCHRAGE, 1Kor IV, pp. 31-53: A. LINDEMANN, 1Kor, pp. 328-333. Cf., além disso, a secção 16.2.1 (Jesus Cristo como ressuscitado).

ὅτι   Χριστὸς
                ἀπέθανεν
                        ὑπὲρ τῶν ἁμαρτιῶν ἡμῶν
                                        κατὰ τὰς γραφὰς
καὶ ὅτι   ἐτάφη
καὶ ὅτι   ἐγήγερται
                        τῇ ἡμέρᾳ τῇ τρίτῃ
                                        κατὰ τὰς γραφὰς
καὶ ὅτι   ὤφθη Κηφᾷ   εἶτα τοις δώδεκα

O sujeito linguístico é Χριστός, o assunto é a sorte da figura decisiva da humanidade[113] que reúne em si a história individual e a história universal. Isto é possível porque Deus deve ser pensado como o constante sujeito objetivo dos eventos, linguisticamente indicado pelas formas verbais passivas de θάπτω e ἐγείρω e pelo duplo κατὰ τὰς γραφάς. A sequência "morreu – sepultado" e "ressuscitado – apareceu" nomeia os eventos em sua sequência temporal e objetiva. A referência à morte de Cristo acontece de modo genérico, não se mostra um interesse explicitamente teológico na tradição da morte na cruz. O evento de ser sepultado sublinha a realidade da morte de Jesus e revela um conhecimento acerca do sepultamento. Os tempos dos verbos têm um caráter de sinal, pois as formas do aoristo de ἀποθνῄσκειν e θάπτω indicam um evento terminado e passado, enquanto o passado perfeito ἐγήγερται[114] realça o efeito duradouro do evento[115]. Cristo ressuscitou dentre os mortos, e a ressurreição tem um efeito perene para o crucificado. A voz passiva ὤφθε no v. 5 enfatiza em continuidade das teofanias veterotestamentárias que as aparições do ressuscitado correspondem à vontade de Deus[116]. Dentro do mundo argumentativo da Primeira Carta aos Coríntios, ὤφθη tem a função da

---

[113] Chr. Wolff, 1Kor, p. 361, aponta o fato de que aqui Χριστός não deve ser entendido como nome pessoal, mas que o termo nomeia a sorte do Messias que trouxe a salvação.
[114] Cf. a respeito de ἐγείρειν 1Ts 1,10; 2Cor 4,14; Rm 4,24b; 6,4; 7,4; 8,11b.
[115] Cf. F. Blass/A. Debrunner/F. Rehkopf, Grammatik § 342.
[116] Cf. Chr. Wolff, 1Kor, p. 368.

prova de testemunhas oculares que, em ligação com os outros grupos de testemunhas oculares, caracteriza a ressurreição de Jesus Cristo como um evento corporal[117]. A menção de várias testemunhas independentes é um argumento contra a suposição de que se trataria de uma visão subjetiva no sentido moderno[118]. A protoepifania a Cefas tem raízes na tradição (cf. 1Cor 15,5; Lc 24,34), igualmente a aparição ao círculo dos discípulos (cf. Mc 16,7; Mt 28,16-20; Lc 24,36-53; Jo 20,19-29). A base da interpretação é o testemunho das Escrituras; tanto para a tradição como para Paulo, a cristologia ganha sua linguagem da Escritura[119]. Por trás da expressão de ὑπέρ poderia estar Is 53,10-12; Sl 56,14; 116,8; o "terceiro dia" permite várias possibilidades interpretativas (memória histórica, referência a Os 6,2; significado de 3 dias na história cultural da morte na Antiguidade)[120]. Em termos de conteúdo trata-se em todo caso de uma afirmativa teológica sobre o ato de salvação que Deus realizou para o crucificado. Por meio da atuação divina, Jesus deixa o ambiente da morte. Se fosse diferente, valeria: "E se Cristo não ressuscitou, vazia é nossa pregação, vazia também é vossa fé" (1Cor 15,14). Quando os coríntios aceitam que Deus ressuscitou Cristo dentre os mortos (1Cor 15,12a.15), então não pode valer simultaneamente a frase "Não há ressurreição dos mortos" (1Cor 15,12b).

De modo geral, a argumentação em 1Cor 15,3-10 é determinada por uma constante potencialização *da realidade da ressurreição de Jesus Cristo* dentre os mortos. No início está o testemunho da tradição, segue-se uma prova abrangente de testemunhas oculares na qual cabe uma importância especial à menção dos 500 irmãos: muitos deles

---

[117] Cf. Chr. Wolff, 1Kor, p. 369; St. Alkier, Wunder und Wirklichkeit, p. 212, que observa com razão: "No entanto, com isso não se comprova, em troca, a realidade da ressurreição de Jesus no sentido positivista da historiografia do séc. XIX. Afinal, toda a argumentação de 1Cor não se dá no quadro da enciclopédia de um positivismo histórico moderno."

[118] Cf. já J. Weiss, 1Kor, pp. 349s: além disso, St. Alkier, Wunder und Wirklichkeit, p. 212.

[119] Cf. M. Karrer, Jesus Christus, pp. 335-337.

[120] Chr. Wolff, 1Kor, pp. 364-367; M. Karrer, Jesus Christus, pp. 42s., discutem todas as possibilidades.

vivem ainda e podem ser interrogados. Finalmente, a última testemunha de uma aparição do ressuscitado, a saber, Paulo, está escrevendo uma carta à comunidade coríntia!

A NEGAÇÃO DA RESSURREIÇÃO

Partes da comunidade coríntia negaram uma ressurreição futura dos mortos, porque defendiam uma outra antropologia que Paulo[121]. Eles pensavam provavelmente de modo dicotômico, isto é, distinguiam entre a alma invisível do Eu e o corpo visível[122]. Ao contrário de conceitos gnósticos posteriores, para os coríntios, o corpo ainda não era uma grandeza negativa em si; antes, ele era, segundo sua convicção, excluído da salvação escatológica por ser uma grandeza terrestre-corruptível[123]. Uma expectativa de vida no mundo do além

---

[121] A respeito dos motivos para a negação da ressurreição que se discutem na exegese, cf. a visão geral da pesquisa em G. SELLIN, Auferstehung der Toten, pp. 17-37.
[122] Cf. G. SELLIN, op. cit., p. 30: "Os coríntios negaram a ressurreição dos mortos de modo geral, porque não podiam aceitar o conceito da corporeidade da salvação eterna, vinculado a esta ideia"; além disso, W. SCHRAGE, 1Kor IV, p. 118. Outro acento é colocado por O. WISCHMEYER, 1. Korinther 15, p. 193: "Eles achavam que não precisavam da fé numa futura ressurreição geral dos mortos e que podiam ab-rogá-la por estarem seguros de sua futura salvação pneumática grupal na qual podiam incluir também seus falecidos."
[123] Do ambiente da religiosidade popular, cf., por exemplo, Plutarco, De Iside et Osiride 78: "E também aquilo que os sacerdotes explicitam hoje, secretamente, com todos os cuidados e somente obedecendo a um dever da consciência, a saber, que este deus manda e governa sobre os mortos, já que ele é o deus que os gregos chamam de Hades e de Plutão, aquilo preocupa a multidão que, sem conhecer a verdade, pensa que o santo e piedoso, na verdade Osíris, habite (apenas) na e sob a terra, onde estão guardados os corpos daqueles que parecem ter alcançado a meta e o fim. Não obstante, ele mesmo está infinitamente (distante) da terra, intocado, imaculado e puro em relação a toda essência acessível à destruição e morte, enquanto as almas dos seres humanos, que aqui ainda estão presas por corpos e afetos, não podem estar em comunhão com o deus, apenas na medida em que tocam nele, no espírito e com a ajuda da filosofia, como numa imagem onírica difusa. No entanto, quando são redimidos e passam para o reino não-corpóreo, invisível, sem afetos e santo-puro, este deus é lhes líder e rei, e nele contemplam e desejam, sem se saciar, a beleza que é inefável para seres humanos."

havia somente para a parte elevada do ser humano, ou seja, a alma de seu Eu, dotada de espírito[124]. Os coríntios podiam declarar o corpo secundário, já que era uma toca terrestre irrelevante para a salvação, e tanto o libertinismo sexual como a ascese eram uma expressão deste pensamento (cf. 1Cor 6,12-20; 7). Como eles entenderam o corpo como corruptível e mortal[125], mas a alma como incorruptível, os coríntios rejeitaram uma ressurreição escatológica do corpo. Parece que, para os coríntios, o alcance da vida não se dava como a superação da morte no momento da *parusia* do Senhor, mas no momento do recebimento do *pneuma* no batismo[126]; era aqui que se dava a transformação fundamental do Eu. Para eles, o dom imperdível do *pneuma* já era a garantia absoluta da salvação, pois ela não só concedia a passagem para a nova existência, mas já era essa própria nova existência. Por meio dos carismas recebidos no batismo, a alma já participava da imortalidade. O apóstolo compartilha o caráter realista desse tipo de conceito acerca do espírito (cf. 1Cor 5,5; 3,15s); mas, segundo Paulo e à diferença da teologia coríntia, o ser humano como Eu não pode se distanciar de seu corpo. A corporalidade constitui o ser humano, o corpo não está excluído da atuação salvífica presente e futura de Deus. Isto já vale para a atuação salvífica de Deus em Jesus de Nazaré, pois tanto o crucificado como o ressuscitado possui um corpo (cf. 1Cor 10,16; 11,27; Fl 3,21). O batismo confere a união com a sorte plena de Jesus, tanto com o corporalmente crucificado como com o corporalmente ressuscitado. Por isso, Paulo tematiza apenas em 1Cor 15,29 o costume – que pode parecer estranho – do batismo vicário[127], porque ele mostra, contra a

---

[124] Cf. H. H. SCHADE, Apokalyptische Christologie, pp. 192.
[125] A respeito de outros textos relevantes em termos da história da religião, cf. abaixo, Secções 22.2 (O curso dos acontecimentos escatológicos e a existência pós-morte) e 22.4 (Escatologia como construção temporal).
[126] Tradições do judaísmo helenista elucidam este conceito; cf. CHR. WOLFF, 1Kor, p. 214. Sb 8,13 pode afirmar acerca de sabedoria que ela é identificada ao pneuma (cf. Sb 1,6; 7,7.22; 9,17): "Com ela (isto é, a sabedoria) alcançarei a imortalidade e fama eterna no mundo posterior" (cf. Sb 8,17). A sabedoria habita na alma da pessoa piedosa (Sb 10,16) que está na mão de Deus após a morte (Sb 3,1).
[127] Para interpretações mais antigas, cf. M. RISSI, *Die Taufe für die Toten*. AThANT 42 (Zurique: 1962); da literatura mais nova, cf. U. SCHNELLE, Gerechtigkeit und

intenção dos coríntios, que uma compreensão puramente espiritual da ressurreição não faz jus à natureza do batismo. Em Corinto, cristãos aceitavam ser batizados em lugar de parentes que faleceram sem batismo, na esperança de que também aqueles teriam proveito da força do batismo que supera a morte. Desde a perspectiva paulina, os coríntios confirmam com isso que justamente a existência pós-morte precisa ser determinada pelo *pneuma*. O caráter salvífico do batismo consiste na superação do θάνατος ("morte"), que se inicia com a doação do espírito e se cumpre plenamente na *parusia* de Cristo. De forma alguma, o batismo protege da morte natural, mas abarca em si a promessa de que as pessoas batizadas serão salvas da morte que é o adversário escatológico de Deus.

EXISTÊNCIA E CORPORALIDADE

Para Paulo *não há existência sem corporalidade*, de modo que a reflexão sobre a existência pós-morte precisa ser também uma pergunta pela corporalidade dessa existência. Por isso, a pergunta pelo "como" da ressurreição pode ser apenas a pergunta pelo gênero do corpo ressuscitado (cf. 1Cor 15,35b)[128]. Paulo abre a discussão em 1Cor 15,35ss[129], depois de complementar, por meio da designação de Cristo como "primícia dos que adormeceram" (ἀπαρχὴ τῶν κεκοιμημένων) em 1Cor 15,20 e da descrição dos eventos escatológicos em 1Cor 15,23-28-30[130], a correspondência objetiva dominante em 1Cor 15,12-19 entre Cristo e os cristãos, por meio de uma linha de tempo irreversível, em

---

Christusgegenwart, pp. 150-152: G. Sellin, Auferstehung der Toten, pp. 277-284: Chr. Wolff, 1Kor, pp. 392-397; F. W. Horn, Angeld des Geistes, pp. 165-167.

[128] H. Lietzmann, 1Kor, p. 83, observa bem que Paulo comenta com v. 35 "a objeção principal dos adversários, de que um corpo após a ressurreição seria inconcebível".

[129] A respeito da interpretação, cf. H. H. Schade, Apokalyptische Christologie, pp. 204ss; Chr. Wolff, 1Kor, 402ss: A. Lindemann, 1Kor, pp. 354ss; W. Schrage, 1Kor IV, pp. 266ss: J. R. Asher, Polarity and Change, pp. 91-145.

[130] A respeito da interpretação deste texto, cf. abaixo, Secção 22.2 (O curso dos acontecimentos escatológicos e a existência pós-morte).

cujo início está exclusiva e unicamente a ressurreição de Jesus Cristo dentre os mortos. Em 1Cor 15,36-38, Paulo utiliza a ideia muita divulgada na Antiguidade acerca da necessidade da morte como condição para uma nova vida[131]. O momento de descontinuidade, contido nesta convicção, é aplicado pelo apóstolo no v. 38 à livre atuação criadora de Deus que dá a cada pessoa seu próprio σῶμα, assim como ele deseja. A faculdade divina de criar tanto corpos terrestres como corpos celestiais é para Paulo um sinal de sua força criadora (1Cor 15,39-41) que é a garantia para a criação e preservação de um corpo de *doxa* individual. Em 1Cor 15,42-44, Paulo avalia o que foi dito até aqui, ao interpretar a ressurreição daquilo que foi semeado: assim como se semeia algo corruptível e se ressuscita algo incorruptível, assim se semeia o σῶμα ψυχικόν ("corpo terrestre") e ressuscitará o σῶμα πνευματικόν ("corpo celestial"). Com esta antítese[132] responde-se a pergunta pelo "como" da ressurreição, ao apresentar, por um lado, a corporalidade como a condição fundamental da ressurreição, mas ao caracterizar, por outro lado, esta corporalidade como uma realidade pneumática que deve ser estritamente separada do mundo presente corruptível. Nos v. 45-49, Paulo justifica sua tese do corpo de ressurreição como um σῶμα πνευματικόν. Cristo como um πνεῦμα ζωοποιοῦν ("espírito que dá a vida") causa a existência do corpo de ressurreição (V. 45), e como o protótipo da nova existência, ele é simultaneamente sua imagem primordial. Do mesmo modo como a qualidade terrestre do πρῶτος ἄνθρωπος ("primeiro ser humano") Adão causa e determina a existência corruptível do ser humano, assim é a qualidade celeste do δεύτερος ἄνθρωπος ("segundo ser humano") que causará e determinará a futura existência incorruptível.

---

[131] Cf. a respeito H. Braun, "Das 'Stirb und werde' in der Antike und im Neuen Testament", in Idem, *Gesammelte Studien zum Neuen Testament und seiner Umwelt*, pp. 136-158.

[132] A antítese πνευματικός – ψυχικός encontra-se pela primeira vez em Paulo; em termos histórico-religiosos, ela é provavelmente deduzida da teologia sapiencial judaica (cf. Fílon, Op. 134-147; All. I 31-42.88-95; n 4-5); cf. a respeito disso R. A. Horsley, "Pneumatikos vs Psychikos", in *HThR* 69 (1976), pp. 269-288; G. Sellin, Auferstehung der Toten, pp. 90-175; F. W. Horn, Angeld des Geistes, pp. 194-198.

No v. 50a, Paulo resume sua argumentação antropológica precedente ao afirmar: σάρξ ("carne") e αἷμα ("sangue"), como denominações antropológicas da corrupção de tudo que foi criado, não podem herdar a βασιλέια τοῦ θεοῦ, pois a corrupção não pode adquirir a incorruptibilidade.

Paulo retoma com a antitética de corrupção e incorruptibilidade no v. 50b a argumentação (antitética) do v. 35 e prepara sua solução do problema. No v. 51, ele oferece uma aplicação desta solução, ao dar à comunidade o ensinamento secreto de que não todos morrerão (adormecerão), mas que todos (vivos e mortos) serão transformados[133]. O v. 52 comenta a relação entre mortos e vivos concretamente: os mortos ressuscitarão em incorruptibilidade, e "nós" seremos transformados. Como ἄφθαρτοι (como "incorruptíveis") já designa o estado da futura perfeição (v. 42.50.53s), ἡμεῖς ἀλλαγησόμεθα ("nós seremos transformados") pode se referir somente às pessoas que ainda estarão vivas na *parusia*, e Paulo se conta entre elas[134]. No v. 53ss há outra explicação em forma de antítese, sendo que a metáfora do "vestir" da incorruptibilidade e imortalidade, respectivamente, contém um claro momento de identidade entre a antiga existência e a existência nova. Com sua argumentação, Paulo leva em conta uma situação modificada em relação a 1Ts 4,13-18, pois a morte de cristãos antes da *parusia* do Senhor já não é uma exceção, e sim a regra (cf. 1Cor 7,39; 11,30; 15,6.18.29.51)[135]. Paulo resolve esta problemática, que surge devido à constante extensão do tempo, através da introdução do motivo da transformação[136]. Este motivo acentua da mesma forma a continuidade e a descontinuidade entre a existência pré-mortal e pós-morte, garante a mesma posição a pessoas já falecidas e ainda vivas e oferece, ao mesmo tempo, a resposta exigida a partir da argumentação antropológica sobre o "como" da ressurreição dos cristãos. Dessa maneira, duas categorias

---

[133] Cf. G. Lüdemann, Paulus I, pp. 268ss.
[134] Cf. H. Paulsen, Verbete "ἐνδύω", in *EWNT* 1, pp.1103-1105.
[135] Cf. G. Lüdemann, Paulus I, pp. 266-268; H.-J. Klauck, 1Kor, p. 123; diferente, por exemplo, A. Lindemann, Paulus und die korinthische Eschatologie, pp. 79s; H. Merklein, Der Theologe als Prophet, p. 397.
[136] Cf. J. Becker, Auferstehung der Toten, p. 99.

que são centrais também à filosofia e cosmologia grega determinam a argumentação paulina: a polaridade e a transformação[137]. A antitética de "corruptível – incorruptível" e "terrestre – celeste" é superada pela atuação do espírito divino e transferida à existência pós-morte através do conceito da transformação[138].

Contra seu pano de fundo histórico-cultural, os coríntios excluíram a corporalidade do ambiente da imortalidade e viram no *pneuma* o verdadeiro lugar da atuação divina. Paulo, ao contrário, sob adoção de padrões argumentativos gregos, inclui o corpo abrangentemente na atuação salvífica de Deus e inverte a sequência coríntia (1Cor 15,46): "Primeiro, porém, não vem o pneumático, mas o psíquico, somente depois o pneumático". Para ele, a história-de-Jesus-Cristo é em vários aspectos uma prefiguração e simultaneamente o fundamento da história dos coríntios: a força criadora maravilhosa de Deus ressuscitou Jesus Cristo dentre os mortos, e Deus será também o sujeito da ressurreição dos coríntios falecidos e da transformação dos coríntios ainda

---

[137] Cf. a respeito disso J. R. Asher, Polarity and Change, pp. 176-205. Um exemplo: no pensamento estóico, classificações polares desempenham um papel importante (cf. Diógenes Laércio 7,61: "A espécie geral é aquela que não tem outra espécie acima de si, como o Algo; a espécie mais especial é aquela que não tem outra espécie abaixo de si, como Sócrates. A classificação é a divisão do gênero nas espécies mais baixas mais próximas, como a divisão dos seres vivos em seres dotados de razão e não dotados de razão; a classificação antitética é a divisão do gênero em espécies segundo certos opostos como a negação; por exemplo, aquilo que é em parte bom, em parte não bom"). Também no estoicismo, a geração de algo qualitativamente novo é entendida como transformação; assim, por exemplo, Diógenes Laércio 7,142: "O cosmos surge quando a substância do fogoso se transforma, através do ar, em umidade; então forma-se, por meio da condensação das partes pesadas, a terra; as partes leves tornam-se ar e, mais diluídas, fogo. [...] Que o cosmos seria um ser vivo espiritual, animado e dotado de razão é afirmado por Crísipo."

[138] Cf. J. R. Asher, Polarity and Change, p. 206: *"The thesis that has been argued in this investigation is that Paul attempts to persuade the Corinthians that there is a resurrection of the dead by showing them that the resurrection is compatible with the principle of cosmic polarity and that change is a solution to the problem of contrariety and the resurrection."* [A tese discutida nesta pesquisa é que Paulo procura persuadir os coríntios que existe uma ressurreição dos mortos, ao mostrar-lhes que a ressurreição é compatível com o princípio da polaridade cósmica e que a transformação é a solução para o problema da contrariedade e da ressurreição.]

vivos. Como no caso de Jesus Cristo, o poder criador de Deus abrange também a corporalidade dos coríntios.

9.7 Cruz, justiça e lei

Tanto as crenças teológicas dominantes na comunidade coríntia como a solução paulina do conflito pode ser descrita com exatidão relativamente alta. Paulo acolhe positivamente a preocupação básica dos coríntios, a saber, entender a realidade da nova existência como atuação abrangente do espírito[139], mas alerta simultaneamente sobre os déficits teológicos decisivos:

1) A orientação exclusiva no Cristo pneumático como "Senhor da Glória" neutraliza a morte de Jesus Cristo na cruz.

2) Devido a sua consciência de encontrar-se no estado salvífico da perfeição, os coríntios desfazem-se de sua responsabilidade ética e negam o maior dom do espírito: o amor.

3) A atuação criadora salvífica de Deus abrange também o corpo, de modo que o futuro dos crentes sempre inclui também seus corpos.

JUSTIÇA E LEI NA PRIMEIRA CARTA AOS CORÍNTIOS

Qual é o significado do campo temático *"justiça e lei"* dentro dessa argumentação? O verbo δικαιοῦν ("ser/estar justo") ocorre em 1Cor 4,4; 6,11[140]. Em 1Cor 4,4, ele significa o estar justo diante do juíz, e δικαιωθῆναι em 1Cor 6,11 designa um ato singular no passado e deve ser entendido no sentido de "tornar, declarar justo/justificação". Esta justificação tem um sentido efetivo; a pessoa batizada é justa através do batismo, seus pecados estão eliminados. Também

---

[139] Cf. H. v. SODEN, "Sakrament und Ethik bei Paulus", in K. H. RENGSTORF (org.), *Das Paulusbild in der neueren deutschen Forschung*, 2ª ed. (Darmstadt: 1969), p. 364: "Pois todos os envolvidos pensaram sacramentalmente: os fortes [...]; os fracos [...]; mas também Paulo".

[140] O advérbio δικαίως em 1Cor 15,34 deve ser traduzido por "de modo justo, reto" no sentido moral.

δικαιοσύνη ("justiça") na tradição batismal pré-paulina de 1Cor 1,30 não demonstra nenhuma relação com a lei, mas designa a justiça alcançada no batismo que distingue a comunidade e que tem seu fundamento em Jesus Cristo.

Νόμος ("lei") ocorre na Primeira Carta aos Coríntios oito vezes em quatro lugares[141].

Em 1Cor 9,9, Paulo cita no âmbito da apologia de seu apostolado uma prescrição originalmente voltada para a proteção de animais, proveniente de Dt 25,4. Com a fórmula "está escrito na lei", o apóstolo introduz em 1Cor 14,21 uma citação de Is 28,11s (portanto, não um texto legal!) que não corresponde nem ao texto hebraico nem ao texto da LXX[142]. Em 1Cor 9,19-23, Paulo apresenta o modo de sua existência missionária no exemplo da lei/Torá (quatro vezes νόμος). Ele descreve sua liberdade como anunciador do evangelho paradoxalmente como serviço, pois, para ele, servir não é renúncia à liberdade, mas sua concretização[143]. Este serviço realiza-se entre os judeus como uma existência sob a Torá, embora Paulo pessoalmente não esteja sob a Torá (v. 20d). Do mesmo modo, o apóstolo dos gentios dá a sua convivência com gentios uma forma sem a Torá, embora ele viva diante de Deus "sob a lei de Cristo" (ἔννομος Χριστοῦ). Segundo as circunstâncias, Paulo pode se comprometer uma vez com a Torá, outra vez, porém, não. Contudo, uma acomodação dessa espécie não vale para a "lei" de Cristo que é idêntica ao mandamento do amor. A missão do anúncio do evangelho na obediência a Cristo é o motor verdadeiro da atividade paulina[144]. Por sentir-se inteira e exclusivamente comprometido com Cristo, ele pode se adaptar às distintas situações, sem submeter-se a uma nova norma. A norma de sua liberdade e identidade é exclusivamente Cristo. Com estes paradoxos, Paulo demonstra sua independência interior em relação aos seres humanos com as quais ele

---

[141] 1Cor 14,34 é uma glosa; a respeito da justificativa, cf. J. ROLOFF, *Der erste Brief an Timotheus*. EKK XV (Neukirchen: 1988), pp. 128ff.
[142] Para os pormenores, cf. D.-A. KOCH, *Die Schrift als Zeuge*, pp. 63-66.
[143] Cf. H. MERKLEIN, 1Kor II, p. 228.
[144] Cf. A. LINDEMANN, 1Kor, p. 212: "Portanto, Paulo se refere à norma da obediência a Cristo".

lida em seu trabalho missionário. Como Diógenes, ele se sabe em cada situação exclusivamente comprometido com Deus[145]. Não de trata de "liberdade da lei"[146], mas de liberdade ἐκ πάντων [N. da Ta.: sic!] (v. 19a: "em relação a todos"). Aqui ainda não se apresenta a compreensão da lei da Carta aos Gálatas e da Carta aos Romanos, teologicamente refletida, terminologicamente acentuada e negativa em seu cerne.

No entanto, 1Cor 15,56 aponta nessa direção. Ao ensinamento escatológico de 1Cor 15,51-55, que termina com uma citação mista de Is 25,8 e Os 13,14[147], segue-se no v. 56 como comentário exegético: "O aguilhão da morte é o pecado, mas a força do pecado é a lei." As palavras-chave κέτρον ("aguilhão") e θάνατος ("morte") são retomadas do v. 55, enquanto ἁμαρτία ("pecado") aparece de modo surpreendente e νόμος, totalmente sem preparação. Como um paralelo direto oferecem-se Rm 6,16s e 7,7ss (especialmente v. 25); devido à aparente localização equivocada do versículo, isto levou repetidamente à suposição de que o v. 56 fosse uma glosa pós-paulina[148]. Essa suposição não é obrigatória, pode-se entender o v. 56 como uma observação introduzida em forma de sentença, na qual aparece como num *flash* o que é tratado explicitamente na Carta aos Romanos: a relação entre pecado – lei/Torá – morte. Não obstante, há duas diferenças profundas entre a doutrina elaborada da justificação na Carta aos Gálatas e

---

[145] Cf. Epíteto, Diss. III 24,64-65: "Dize-me, será que Diógenes, o homem que tinha tanta mansidão e tanto amor aos seres humanos que sofreu com tanta paciência tanta fadiga e tanta dificuldade corporal pelo bem da sociedade humana, não amou ninguém? Pensei que ele tivesse amado. Mas como? Assim como convém a um servo de deus que se preocupou com os seres humanos, mas simultaneamente se subordinou ao governo de Deus."

[146] Diferente S. VOLLENWEIDER, Freiheit, p. 213, que afirma: "A *eleutheria* é agora tematizada em sua relação ao *nomos*"; para a crítica a esta posição, cf. G. DAUTZENBERG, Streit um Freiheit und Gesetz, p. 270.

[147] Para mais detalhes, cf. D.-A. KOCH, Die Schrift als Zeuge, pp. 168-170.

[148] Cf. os argumentos notáveis em F. W. HORN, "1Korinther 15,56 – ein exegetischer Stachel", in ZNW 82 (1991), pp. 88-105. Os três argumentos principais são: a) posição isolada dentro do contexto; b) para Paulo, a interrupção entre uma citação mista e um dito de *charis* por uma observação exegética é singular; c) no corpo paulino, a determinação aqui realizada da relação entre lei e pecado tem paralelos somente na Carta aos Romanos.

Carta aos Romanos e 1Cor 15,56: [N. da Trad.: sic, o *sowie* é errado, porque constitui uma sequência e não um contraste.]

1) Falta a antítese constitutiva "fé – obras da lei/Torá" (πίστις – ἔργα νόμου).

2) Também o contraste νόμος – πνεῦμα que determina a estrutura profunda da Carta aos Gálatas e Carta aos Romanos fica sem menção, e isto numa carta na qual Paulo usa 40 vezes πνεῦμα! Além disso, não é claro se os coríntios sequer estavam em condições de receber esta breve intervenção paulina tão concentrada. As explicitações complexas na Carta aos Gálatas e Carta aos Romanos fazem isto parecer muito improvável, a não ser que se queira supor que Paulo tivesse apresentado esses pensamentos antes em Corinto oralmente[149]. 1Cor 15,56 não pode ser considerado uma apresentação da doutrina da justificação (no sentido da Carta aos Gálatas e Carta aos Romanos) para os gentiocristãos, pois falta o pensamento central (πίστις contra ἔργα νόμου), e a temática lei/Torá – pecado – morte é tratada de uma maneira que é singular para a Primeira Carta aos Coríntios[150]. Do restante da carta não fica compreensível por que a lei/Torá desempenha uma função ativa no âmbito do domínio do pecado! Resultado: em 1Cor 15,56 aparece um aspecto parcial da argumentação da Carta aos Romanos (não da Carta aos Gálatas!)[151]; este versículo não pode ser aduzido como indício de que Paulo defendeu a doutrina da justificação da Carta aos Gálatas e Carta aos Romanos, em si diferenciada, já na época da Primeira Carta aos Coríntios[152].

---

[149] Assim A. LINDEMANN, Die biblischen Toragebote und die paulinische Ethik, p. 94.

[150] Diferente F. THIELMANN, "The Coherence of Paul's View of the Law: The Evidence of First Corinthians", in *NTS* 38 (1992), pp. 235-253, que entende 1Cor 15,56 como prova para o fato de que Paulo defendeu sua doutrina da lei (da Carta aos Gálatas e Carta aos Romanos) também em situações não polêmicas.

[151] Gl 3,21s não é um paralelo exato de 1Cor 15,56.

[152] Assim, porém, por exemplo, G. KLEIN, Verbete "Gesetz", p. 65. Uma posição diferenciada é defendida por TH. SÖDING, "'Die Kraft der Sünde ist das Gesetz' (1Cor 15,56). Anmerkungen zum Hintergrund und zur Pointe einer gesetzeskritischen Sentenz des Apostels Paulus", in *ZNW* 83 (1992), pp. 74-84; ele percebe claramente uma posição extraordinária desse versículo.

Paulo tematiza em 1Cor 7,19 os mandamentos; ele justifica suas instruções a pessoas casadas e escravas de ficarem em suas respectivas posições com a constatação: "A circuncisão nada é, e a incircuncisão nada é; o que vale é a observância dos mandamentos de Deus" (... ἀλλὰ τήρησις ἐντολῶν θεοῦ)[153]. O sentido de ἐντολαί ("mandamentos") não pode ser a Torá, pois a circuncisão pertence a suas prescrições centrais[154]. Já que Paulo não explicita como se dá o cumprimento dos mandamentos, precisa se tratar de normas éticas geralmente compreensíveis, isto é, para cristãos, mandamentos de Deus imediatamente acessíveis. Conceitos comparáveis encontram-se em Epíteto, segundo o qual o verdadeiro filósofo não ouve mandamentos humanos, mas exclusivamente divinos: "Quais instruções devo te dar? Será que Zeus não te deu instruções? Será que ele não te disponibilizou como propriedade inviolável aquilo que te pertence verdadeiramente, enquanto aquilo que não te pertence está exposto a prejuízos consideráveis?" (Diss. I 25,3). Do mesmo modo como o filósofo tem um acesso imediato ao conhecimento e entendimento, o cristão sabe da vontade de Deus[155]. As variantes Gl 5,6; 6,15 (além disso, cf. 1Cor 12,13; Gl 3,28) indicam que Paulo visa aqui a orientação ética básica da nova existência no amor. Uma comparação com as afirmativas posteriores na Carta aos Gálatas e Carta aos Romanos deixa claro quão distante 1Cor 7,19 está a uma compreensão da lei terminologicamente acentuada e a qualquer espécie de "doutrina da justificação".

Também a temática da liberdade, central à Primeira Carta aos Coríntios, não é desenvolvida por Paulo como uma "liberdade da lei/Torá". Ao contrário, o apóstolo recorre a conceitos helenistas de liberdade para

---

[153] Expressões comparáveis encontram-se em Eclo 32,23 LXX: "Em toda tua atuação, preste atenção a ti mesmo; pois quem age assim, observa os mandamentos" (ἐν παντὶ ἔργῳ πίστευε τῇ ψυχῇ σου καὶ γὰρ ἐστιν τήρησις ἐντολῶν); Sb 6,18, onde se diz sobre a sabedoria: "O amor, porém, é a observância de suas leis" (ἀγάπη δὲ τήρησις νόμων αὐτῆς), o cumprimento da lei, porém, é a firme construção da imortalidade".
[154] Cf. A. LINDEMANN, 1Kor, p. 171.
[155] Cf. W. DEMING, Paul on Marriage and Celibacy, pp. 170-173.

determinar o próprio da liberdade cristã como o compromisso com Cristo e para demonstrar sua própria independência[156].

UMA CONCEITUAÇÃO INDEPENDENTE

A Primeira Carta aos Coríntios apresenta uma *conceituação autônoma e coesa da justiça*. A justiça é entendida como uma nova realidade conferida no batismo; no sacramento realiza-se a justificação efetiva dos pecadores, sob invocação do nome de Cristo como atualização real de sua obra salvífica e por meio do poder santificador do Espírito. O Espírito apresenta-se aqui como meio da justificação e também como a força decisiva da nova existência até a *parusia* de Cristo. As pessoas que creem e que foram batizadas estão encorporadas no âmbito do *Kyrios* e, dessa maneira, são resgatadas do pecado e verdadeiramente justas. Portanto, o batismo aparece como o lugar da libertação e simultaneamente como lugar onde a pessoa é comprometida com o serviço a uma vida de acordo com a vontade de Deus. Esta doutrina da justificação, que tem um vínculo causal com o batismo, não manifesta nenhuma polêmica antinomista; ela foi defendida já antes de Paulo no cristianismo primitivo e apresenta um conceito teológico coeso e fechado em si. Ela pode ser denominada como doutrina da justificação *inclusiva*, porque ela se volta não primeiramente para fora, mas para dentro, para a nova existência da pessoa batizada[157]. A doutrina da justificação inclusiva não necessita da complementação pela doutrina da justificação *exclusiva* da Carta aos Gálatas e Carta aos Romanos, voltada primeiramente para fora, e ela também não documenta os pensamentos básicos da mesma de outra forma[158]. A doutrina da

---

[156] Afirma acertadamente S. JONES, "Freiheit", p. 69: "As ocorrências de liberdade em 1Cor e 2Cor não permitem uma subordinação sob o esquema 'liberdade da lei, do pecado e da morte' que se tornou habitual na pesquisa".
[157] Cf. U. SCHNELLE, Verbete "Taufe", pp. 668s.
[158] Diferente, por exemplo, E. LOHSE, Paulus, pp. 213s; P. STUHLMACHER, Gesetz als Thema biblischer Theologie, p. 156; A. LINDEMANN, Toragebote, pp. 94; H. HÜBNER, Biblische Theologie II, pp. 139ss, segundo os quais as Cartas aos Coríntios (principalmente

cruz e da justificação da Primeira Carta aos Coríntios deve ser lida separadamente, sem introduzir nela os pensamentos básicos de outras conceituações![159] O decisivo nesta pergunta central é a perspectiva da leitura: quando a leitura da Primeira Carta aos Coríntios se dá sob o pressuposto das cartas posteriores, então se pode facilmente apresentar prefigurações e analogias estruturais. No entanto, quando a leitura se dá dentro da restrição ao lugar histórico concreto de uma carta, surge uma conclusão totalmente distinta: a Primeira Carta aos Coríntios representa um mundo argumentativo coeso e fechado em si. Paulo justapõe ao conceito de identidade vinculado à potência do espírito um modelo diferenciado que desenvolve a transformação de Jesus Cristo e a participação das pessoas crentes, batizadas e dotadas de espírito nesse evento em suas dimensões *tanto* de majestade *como* de humildade.

---

com a teologia da cruz) pressupõem em seu conteúdo a doutrina da justificação da Carta aos Gálatas e Carta aos Romanos. Para a crítica à mescla da teologia da cruz com uma doutrina da justificação pensada unidimensionalmente, cf. também K. BERGER, Theologiegeschichte, pp. 482s.

[159] Este princípio metodológico parece se impor cada vez mais em nível internacional; cf. M. A. SEIFRID, Justification, 262s.

Capítulo 10
A SEGUNDA CARTA AOS CORÍNTIOS: PAZ E GUERRA

Na história turbulenta de Paulo com os coríntios, a Segunda Carta aos Coríntios abre uma nova página: Paulo tenta mais uma vez desfazer acusações contra sua pessoa, esclarecer a natureza de seu apostolado e refutar seus adversários.

10.1 Os acontecimentos entre a Primeira e a Segunda Carta aos Coríntios

Um acesso a esta carta abre-se somente quando se consideram os acontecimentos entre a redação da Primeira e da Segunda Carta aos Coríntios. Paulo anuncia em 2Cor 12,14 e 13,1 uma terceira visita a Corinto, portanto, ele deve ter estado antes pela segunda vez em Corinto. Em 2Cor 1,15s, o apóstolo refere-se a uma viagem prevista diretamente para Corinto, depois para a Macedônia, e da Macedônia novamente de volta para Corinto e dali para a Judeia. Trata-se de qual viagem? Um esclarecimento encontra-se um 2Cor 2,1, onde Paulo menciona que ele não deseja voltar novamente em tristeza a Corinto. Portanto, após a estada da fundação houve uma visita à cidade de Corinto, durante a qual Paulo foi ofendido, e como reação, ele escreveu a "Carta das Lágrimas" (cf. 2Cor 2,4; 7,8.12). Esta é a visita mencionada em 2Cor 1,15 que ocorreu sob modificação dos planos de viagem anunciados em 1Cor 16,5ss. Além disso, Paulo não realizou seus planos de viagem mencionados em 2Cor 1,16 depois do incidente, mas voltou provavelmente para Éfeso e escreveu ali sua "Carta das Lágrimas". Finalmente parece que Paulo anunciou à comunidade durante sua segunda visita que ele viria uma terceira vez (cf. 2Cor 1,23). A "Carta das Lágrimas" assume agora a vez dessa visita cancelada (cf. 2Cor 2,3.4), e provavelmente foi Tito que a levou a Corinto (cf. 2Cor 7,5-9). Especialmente a mudança dos planos de viagem acarretou para Paulo a acusação da falta de retidão (cf. 2Cor 1,17).

Numa viagem cheia de perigos, o apóstolo passou agora de Éfeso (cf. 2Cor 1,8) e via Trôade (2Cor 2,12) para a Macedônia, onde encontrou Tito (2Cor 7,6s). Este lhe trouxe notícias boas de Corinto, que formaram a condição da terceira visita anunciada em 2Cor 12,14; 13,1. A ação de coleta, bem-sucedida na Macedônia (cf. 2Cor 8,1ss; Rm 15,26), foi provavelmente iniciada por Timóteo, que segundo 1Cor 4,17; 16,10 viajou por terra para a Macedônia e que é o corremetente da Segunda Carta aos Coríntios (2Cor 1,1).

Portanto, no intervalo entre a redação da Primeira e da Segunda Carta aos Coríntios deram-se os seguintes eventos:

1) Viagem de Éfeso a Corinto, a visita intermédia do apóstolo (cf. 2Cor 12,14; 13,1).

2) Volta precipitada a Éfeso, porque Paulo foi entristecido por um membro da comunidade (cf. 2Cor 2,3-11; 7,8.12).

3) Redação da "Carta das Lágrimas", levada a Corinto por Tito (cf. 2Cor 7,5-9).

4) Perigo de morte na Ásia (2Cor 1,8).

5) Viagem do apóstolo de Trôade para a Macedônia (cf. 2Cor 2,12.13).

6) Paulo encontra na Macedônia Tito que volta de Corinto (2Cor 7,5ss).

Para o curso desses eventos deve-se calcular um período de mais que meio ano, portanto, a Segunda Carta aos Coríntios foi provavelmente escrita no fim do outono (cf. 2Cor 8,10) do ano 55 d.C. na Macedônia (cf. 2Cor 7,5; 8,1-5; 9,3s)[1].

---

[1] Cf. H. LIETZMANN, 2 Kor, p. 135; F. LANG, 2 Kor, p. 320 (2Cor 1-9); V. P. FURNISH, 2 Kor, p. 55 (2Cor 1-9); CHR. WOLFF, 2 Kor, p. 10.

De 2Cor 8,10 segue que houve uma virada de ano entre a redação das Cartas aos Coríntios. Se Paulo se orientar pelo calendário macedônio que conhecia, este início de ano ocorre no outono.[2]

Se contarmos, porém, com um prazo de um ano e meio entre as Cartas aos Coríntios[3], surgem duas conclusões possíveis:
1. A Primeira Carta aos Coríntios foi escrita já no ano 54.
2. Paulo escreveu a Primeira Carta aos Coríntios no ano 55, a Segunda Carta aos Coríntios no outono de 56 e chegou a Jerusalém apenas na primavera de 57.

A Segunda Carta aos Coríntios é dirigida não só à comunidade coríntia, mas também a "todos os santos na Acaia inteira" (2Cor 1,1). Por meio desta *ampliação do círculo dos destinatários* muda o caráter da carta; Paulo dirige-se a uma comunidade local e a todos os cristãos na Acaia (cf. 2Cor 9,2; 11,10). Esta dupla destinação é também importante para a determinação da estrutura literária da Segunda Carta aos Coríntios. Em comparação à situação da comunidade descrita na Primeira Carta aos Coríntios houve uma *mudança decisiva*: falsos mestres invadiram a comunidade do lado de fora (cf. 2Cor 11,4), ganharam rapidamente influência e difamaram Paulo. O apóstolo refere-se a esses adversários na terceira pessoa para distingui-los claramente da comunidade (cf. 2Cor 10,1s.7.10.12; 11,4s.12s.18.20.22s).

10.2 A Segunda Carta aos Coríntios como carta coesa

A unidade da Segunda Carta aos Coríntios é muito discutida. Os seguintes fenômenos textuais são aduzidos como argumento em favor de hipóteses de sua divisão:
1) A ruptura entre 2Cor 1–9 e 2Cor 10–13 seria tão maciça que se precisaria supor em ambos os casos uma posição distinta de Paulo em relação à comunidade. Frequentemente combina-se esta suposição

---

[2] Cf. a respeito J. FINEGAN, Handbook of Biblical Chronology, 2ª ed. (Peabody: 1998), pp. 51ss; H. LIETZMANN, 2 Kor, p. 135.
[3] Assim, por exemplo, H. WINDISCH, 2 Kor, pp. 255s (18 meses); G. LÜDEMANN, Paulus I, p. 134 (16 meses).

com outra, de que 2Cor 10–13 deveria ser considerado um fragmento epistolar independente.

2) Em 2Cor 2,13, a discussão do incidente em Corinto seria obviamente interrompida por uma apologia acerca do apostolado paulino (2Cor 2,14–7,4), algo que ficaria claro principalmente pela combinação de 2Cor 7,5 com 2Cor 2,13.

3) As duas advertência acerca da coleta em 2Cor 8 e 9 não parecem ter um vínculo original.

4) 2Cor 6,14-7,1 apresentaria consideráveis particularidades linguísticas e de conteúdo, de modo que se deveria duvidar da origem paulina desses textos.

As hipóteses

Depois é preciso construir cartas e fragmentos de cartas, respectivamente, a partir dos elementos de 2Cor 1,1–2,13; 2,14–6,13; 7,2-4; 7,5-16; 8; 9 e 10–13. Eis as variantes mais importantes dessas tentativas[4]:

a) Seguindo J. S. SEMLER, A. HAUSRATH viu em 2Cor 10–13 uma parte da "Carta das Lágrimas" perdida[5]. Por isso, ele deslocou 2Cor 10–13 do fim da carta transmitida ao início da correspondência preservada na Segunda Carta aos Coríntios. Esta hipótese de divisão encontrou uma ampla acolhida e é até hoje importante, embora de forma modificada. Por exemplo, H.-J. KLAUCK e L. AEJMELAEUS contam 2Cor 10–13 à "Carta das Lágrimas"[6] e defendem a sequência: 1. "Carta das

---

[4] Visões gerais da história da pesquisa encontram-se em H. WINDISCH, 2Kor, pp. 11-21; R. P. MARTIN, 2Corinthians. WBC 40 (Waco: 1986), pp. XL-Lll; H. D. BETZ, 2. Korinther 8 und 9,25-77; R. BIERINGER, Der 2. Korintherbrief in den neuesten Kommentaren. EThL LXVll (1991), pp. 107-130; Idem, Teilungshypothesen zum 2. Korinthenbrief. Ein Forschungsüberblick, in R. BIERINGER/J. LAMBRECHT, Studies on 2 Corinthians, pp. 67-105; M. E. THRALL, The Second Epistle to the Corinthians 1. ICC (Edimburgo: 1993), pp. 1-76.

[5] Cf. A. HAUSRATHI, Der Vier-Capitelbrief des Paulus an die Korinther (Heidelberg: 1870).

[6] Cf. H.-J. KLAUCK, 2 Kor, p. 9; L. AIJMELAEUS, Streit und Versöhnung. Das Problem der Zusammensetzung des 2. Korintherbriefes. SES 46 (Helsinki: 1987); além disso, cf. F. WATSON, "2Cor X-XIII and Paul's Painful Letter to the Corinthians", in JThS 35 (1984), pp. 324-346; G. STRECKER, Die Legitimität des paulinischen Apostolates, p. 566.

Lágrimas" (2Cor 10–13); 2. "Carta da Reconciliação" (2Cor 1–9). Outra modificação da tese de HAUSRATH é defendida por G. DAUTZENBERG que vê na Segunda Carta aos Coríntios uma coletânea de três cartas e fragmentos epistolares, respectivamente. Ele coloca 2Cor 9 no início da correspondência, e seguem-se 2Cor 10–13 e 2Cor 1–8[7].

b) A segunda variante de divisão parte igualmente da independência de 2Cor 10–13, mas não entende esse texto como uma parte da "Carta das Lágrimas". Em vez disso, considera 2Cor 1–9 o testemunho de um estado intermédio no relacionamento do apóstolo com a comunidade coríntia. Depois seguia-se 2Cor 10–13 como a última carta, com a qual Paulo procurou impor-se em Corinto. A sequência 2Cor 1–9; 2Cor 10–13 é defendida, com argumentação parcialmente distinta, por H. WINDISCH, C. K. BARRETT e V. P. FURNISH, entre outros[8].

c) R. BULTMANN, seguindo J. WEISS[9], desprende 2Cor 2,14–7,4 da "Carta da Reconciliação" e conta esse texto, bem como 2Cor 9 e 2Cor 10–13, como parte da "Carta das Lágrimas"[10]. Com isso, BULTMANN defende a seguinte sequência: 1) "Carta das Lágrimas" 2Cor 2,14–7,4; 9; 10–13;

2) "Carta da Reconciliação" 2Cor 1,1–2,13; 7,5-16; 8.

d) G. BORNKAMM considera a apologia de 2Cor 2,14–7,4 aquela parte de 2Cor que foi redigida primeiro e com a qual Paulo procurava ganhar influência sobre a situação em Corinto. Apesar disso, a situação em Corinto piorou tanto que o apóstolo redigiu a "Carta das Lágrimas", que BORNKAMM acredita encontrar em 2Cor 10–13. Depois do êxito da "Carta das Lágrimas" e da missão de Tito, Paulo escreveu a "Carta da Reconciliação", à qual BORNKAMM atribui 2Cor 1,1–2,13; 7,5-16. Ele classifica o trecho 2Cor 8,1-24 como anexo à "Carta das Lágrimas" e 2Cor 9,1-15, como uma carta circular independente para

---

[7] Cf. G. DAUTZENBERG, *Der zweite Korintherbrief als Briefsammlung*. ANRW 25.5 (Berlim/Nova Iorque: 1987), pp. 3045-3066.
[8] Cf. H. WINDISCH, 2 Kor, pp. 5-21; C. K. BARRETT, *A Commentary on the Second Epistle to the Corinthians*, 2ª ed. BNTC (Londres: 1979), p. 21; V. P. FURNISH, 2 Kor, pp. 30-48.
[9] Cf. J. WEISS, Das Urchristentum, pp. 265.275.
[10] Cf. R. BULTMANN, "Exegetische Probleme des zweiten Korintherbriefes", in Idem, *Exegetica*, pp. 298-322.

as comunidades na Acaia. Dessa maneira, o curso da correspondência reunida em 2Cor se dá da seguinte forma:

1) 2Cor 2,14–7,4; 2) 2Cor 10–13; 3) 2Cor 1,1–2,13; 7,5-16; 4) 2Cor 8,1-24; 5) 2Cor 9,1-15[11].

AS QUESTÕES POLÊMICAS

Para uma abordagem adequada das hipóteses de divisão apresentadas acerca da Segunda Carta aos Coríntios precisa ser esclarecido primeiro se 2Cor 10–13 pode ser um elemento da "Carta das Lágrimas". Paulo descreve em 2Cor 2,3ss; 7,8.12 com grande clareza o que provocou o incidente em Corinto, sua saída precipitada e a "Carta das Lágrimas": ele foi muito entristecido por um membro da comunidade coríntia, mas os detalhes do incidente já não podem ser reconstruídos. Depois de receber a "Carta das Lágrimas", a comunidade puniu o malfeitor, e Paulo pede agora que a comunidade perdoe ao mesmo (cf. 2Cor 2,6-8). Se 2Cor 10–13 fosse uma parte da "Carta das Lágrimas", seria muito estranho que Paulo não mencionasse o incidente que é o motivo desta carta. Os adversários combatidos pelo apóstolo em 2Cor 10–13 não têm nenhuma ligação com o membro individual da comunidade em 2Cor 2,3ss. Enquanto Paulo perdoa ao ἀδικήσας ("malfeitor") e considera o caso resolvido (cf. 2Cor 2,6-10), os conflitos com os adversários determinam também em 2Cor 1–9 essencialmente a argumentação paulina (compare-se 2Cor 3,1-3 com 10,12.18; além disso, cf. 2Cor 4,2.3.5; 5,12; 2,17). Os "superapóstolos" são "falsos apóstolos" e "operários enganadores" (2Cor 11,13) a quem Paulo não estende a mão para a reconciliação do mesmo modo como àquela pessoa individual. Enquanto aquele ἀδικήσας pertence indubitavelmente à comunidade, os adversários invadiram a comunidade do lado de fora (cf. 2Cor 11,4: ὁ ἐρχόμενος). A "Carta das Lágrimas" foi escrita como substituto da volta não acontecida

---

[11] Cf. G. BORNKAMM, "Die Vorgeschichte des sogenannten Zweiten Korintherbriefes", in IDEM, *Geschichte und Glaube*. BevTh 53 (Munique: 1971), pp. 162-194; semelhantemente H. D. BETZ, *2. Korinther 8 und 9*, pp. 251-256; E. GRÄSSER, *2 Kor*, pp. 29-35.

da Macedônia para Corinto (cf. 2Cor 1,16; 1,23–2,4), enquanto 2Cor 10–13 olha para frente, para uma terceira visita. Também a acusação levantada contra Paulo segundo 2Cor 10,1.9-11; 13,2, de que sua apresentação pessoal na comunidade seria fraca, suas cartas, porém, cheias de força e efeito, é um argumento contra uma atribuição de 2Cor 10–13 à "Carta das Lágrimas". Estas acusações referem-se ao conflito com o membro individual da comunidade e com a subsequente "Carta das Lágrimas", portanto, elas pressupõem a "Carta das Lágrimas" e não são um elemento integral da mesma. O plural αἱ ἐπιστολαί em 2Cor 10,10 inclui a Primeira Carta aos Coríntios e a "Carta das Lágrimas"[12]! Também a segunda visita mencionada em 2Cor 13,2 encaixa-se bem nesta interpretação, pois se trata da visita intermédia que levou à redação da "Carta das Lágrimas". Naquele momento, Paulo poupou a comunidade; na iminente terceira visita, ele já não o fará. Finalmente: quando se conta 2Cor 10–13 como elemento da "Carta das Lágrimas", então a menção de Tito em 2Cor 12,17.18 pressupõe que Tito estava em Corinto antes da entrega da "Carta das Lágrimas". Isso contradiz claramente 2Cor 7,14, pois quando Paulo menciona aqui em relação à "Carta das Lágrimas" que seu louvor aos coríntios diante de Tito teria valido a pena, então Tito ainda não estava em Corinto antes da entrega da "Carta das Lágrimas". Ao lado de Paulo eram, sobretudo Silvano (cf. 2Cor 1,19) e Timóteo (cf. 1Cor 4,17; 16,10s; 2Cor 1,1.19) que mantinham o contato com a comunidade e acompanharam a primeira fase do arrecadamento da coleta. Apenas com a entrega da "Carta das Lágrimas", Tito começou a participar da organização da coleta (cf. 2Cor 8,6). Quando se procura justificar a pertença de 2Cor 10–13 à "Carta das Lágrimas", há muitas vezes o refúgio na alegação de que teriam se perdido passagens que tratavam da ofensa do apóstolo da parte de um membro da comunidade[13].

---

[12] Quem conta 2Cor 10–13 como elemento da "Carta das Lágrimas", precisa relacionar o plural em 2Cor 10,10 com a Primeira Carta aos Coríntios e à carta anterior mencionada em 1Cor 5,9; cf., por exemplo, H.-J. KLAUCK, 2 Kor, p. 79. Esta carta anterior, porém, não tem absolutamente nada a ver com os problemas tratados na Segunda Carta aos Coríntios!

[13] Cf. nesse sentido, por exemplo, PH. VIELHAUER, Geschichte der urchristlichen Literatur, p. 152.

Também em 2Cor 10,1-11 não se trata de uma referência a este incidente[14], pois a argumentação paulina nessa seção pressupõe a "Carta das Lágrimas". Além disso, seria praticamente impossível explicar o procedimento do suposto redator que, contra a sequência histórica postulada, colocou os caps. 10–13 ao fim da correspondência coríntia e assim causou a impressão de que Paulo teria fracassado em Corinto. Resultado: 2Cor 10–13 não pode ser considerado como a "Carta das Lágrimas" ou um fragmento desta carta[15].

Outro problema central da crítica literária da Segunda Carta aos Coríntios reside em 2Cor 2,14–7,4. Uma observação contra a tese da independência deste texto é que há uma série de temas comuns com 2Cor 1,1–2,13: o tema da "pureza" (εἰλικρίνεια 2Cor 1,12) é retomado em 2Cor 2,17; 4,2; 6,3-10. As afirmações sobre o sofrimento e o consolo em 2Cor 1,4ss são ampliadas e aprofundadas em 2Cor 4,8ss. 2Cor 5,12 retoma 2Cor 1,14b, pois Paulo tematiza aqui como ali a καύχησις ("fama, autoelogio") correta. A problemática de 2Cor 5,1-10 (a morte do apóstolo antes da *parusia*) está claramente prefigurada em 2Cor 1,8-10. Tanto em 2Cor 1,1–2,13 como em 2Cor 2,14–7,4, Paulo aborda um tema central: o serviço do apóstolo e sua relação com a comunidade. Especialmente as explicitações sobre a natureza do apostolado paulino em 2Cor 3–5 são destinadas a refutar as acusações contra o apóstolo e a levar a comunidade a uma compreensão mais profunda do serviço apostólico.

Além disso, 2Cor 7,5 não pode ser considerado a continuação imediata de 2Cor 2,13[16]. Por exemplo, há relações linguísticas entre 2Cor 7,4 e 2Cor 7,5-7 (no v. 6, o παρακαλῶν e o παρεκάλεσεν, e no v. 7, o παρακλήσει estão relacionados com o παρακλήσει do v. 4; o χαρῆναι no v. 7 retoma o χαρᾶ no v. 4 e o θλιβόμενοι no v. 5, o θλίψει no v. 4)[17].

---

[14] Assim F. Watson, 2Cor X-XIII and Paul's Painful Letter to the Corinthians, pp. 343ss; H.-J. Klauck, 2 Kor, p. 8.
[15] A caracterização da "Carta das Lágrimas" em 2Cor 2,4 também não combina com a Primeira Carta aos Coríntios, como pensa, por sua vez, U. Borse, *"Tränenbrief" und 1. Korintherbrief*. SNTU 9 (1984), pp. 175-202.
[16] Cf. também Chr. Wolff, 2 Kor, pp. 155s.
[17] Cf. H. Lietzmann, 2 Kor, p. 131.

Também em termos de seu conteúdo há uma estreita ligação entre 2Cor 7,4 e 2Cor 7,5-7, pois o motivo para a alegria transbordante mencionada em 2Cor 7,4 é a chegada de Tito com notícias boas de Corinto, mencionada em 2Cor 7,5-7 (compare-se também 2Cor 7,4 com 2Cor 7,16!). O relato sobre a viagem, que inicia em 2Cor 7,5 com καὶ γάρ, não pretende descrever em primeiro lugar as circunstâncias da viagem, mas o motivo da alegria. Dessa maneira, o conteúdo de 2Cor 7,4 depende do contexto que segue imediatamente, de modo que o contexto 2Cor 7,4/2Cor 7,5ss deve ser considerado original. Finalmente: a observação do apóstolo em 2Cor 6,11 ("Nós vos falamos com toda liberdade, ó coríntios; o nosso coração se dilatou") mostra que Paulo estava efetivamente consciente de seu procedimento incomum em 2Cor 3–6. Para desfazer as acusações levantadas contra ele e ganhar a comunidade de volta, Paulo precisava desenvolver de maneira abrangente sua autocompreensão como servo da nova aliança e pregador da reconciliação com Deus[18].

A autoria paulina de 2Cor 6,14–7,1 é discutida. Este breve texto contém numerosos *hapax legomena* paulinos e neotestamentários, respectivamente, (μετοχή, μερίς, καθαρίζω, συμφώνωσις, συγκατάθεις, Βελιάρ, παντοκράτωρ, μολυσμός, ἑτεροζυγέω, ἐμπεριπατέω). Somam-se a isto várias ideias e expressões que chamam a atenção. Em outros textos, Paulo não denomina Satanás de "Beliar" (cf. a respeito 1QM 13,11s; TestSim 5,3; TestLev 19,1; TestIs 6,1), e a denominação divina "todo-governante" encontra-se em Paulo somente aqui. A expressão "mancha da carne e do espírito" em 2Cor 7,1 está em tensão com a antitética paulina geral de *sarx* e *pneuma*. Além disso, 2Cor 7,2 seria uma continuação inteiramente harmônica de 2Cor 6,13. As particularidades na linguagem e no conteúdo do texto, principalmente sua proximidade ao Qumran, ao Livro de Jubileus e ao Testamento dos Doze Patriarcas levaram repetidamente à suposição justificada de que 2Cor 6,14–7,1 foi inserido na carta por um judeu-cristão no tempo

---

[18] Como certo paralelo pode se considerar a Sétima Carta de Platão, onde a descrição de eventos cronológicos é igualmente interrompida por reflexões exaustivas (compare-se. Epistulae 7 330b com 337e; em 344d, Platão designa o modo de sua apresentação como "narração repleta de desvios").

pós-paulino[19]. Quem considera o texto original, explica, por via de regra, as particularidades com a adoção de termos e motivos tradicionais da parte do apóstolo[20].

Frequentemente consideram-se 2Cor 8 e 2Cor 9 dubletas, de modo que são tratados como escritos separados ou como parte de uma das Cartas aos Coríntios[21]. Servem como argumentos principais para tais hipóteses de divisão[22]:

1) O novo início em 2Cor 9,1. 2) Em 2Cor 8,1ss, Paulo apresenta os macedônios como modelo para os coríntios, e em 2Cor 9,2ss, a Acaia como modelo para os macedônios. Esses argumentos não conseguem convencer, pois embora haja em 2Cor 9,1 um novo início, não se trata do começo de uma carta independente[23]. A Segunda Carta aos Coríntios foi dirigida por Paulo às comunidades de Corinto e da Acaia (2Cor 1,1), de modo que não surpreende quando ele se volta com 2Cor 9, na importante questão da coleta, diretamente à Acaia. Além disso, o γάρ em 2Cor 9,1 aponta para o que precede, e após o excurso em 2Cor 8,16-24, Paulo retoma em 2Cor 9,1 o tema principal, desta vez numa perspectiva destinada à Acaia. Paulo procura animar tanto a comunidade coríntia como as comunidades rurais da Acaia para um compromisso reforçado com a arrecadação da coleta. Por isso, ele elogia, de

---

[19] O caráter secundário de 2Cor 6,14-7,1 foi justificado exaustivamente em tempos mais recentes por: J. A. Fitzmyer, "Qumran and the Interpolated Paragraph in 2 Cor 6,14-7,1", in *CBQ* 23 (1961), pp. 271-280; J. Gnilka, "2Kor 6,14-7,1 im Lichte der Qumranschriften und der Zwölf-Patriarchen-Testamente", in *Neutestamentliche Aufsätze*. FS J. Schmid (Regensburg: 1963), pp. 86-99.

[20] Cf., nesse sentido, Chr. Wolff, 2Kor, pp. 146-154 (adoção de uma parênese batismal por Paulo); J. Murphy-O'Connor, "Philo and 2Cor 6,14-7,1", in L. de Lorenzi (org.), *The Diakonia of the Spirit (2Cor 4,7-7,4)*. SMBen 10 (Roma: 1989), 133-146 (todas as expressões e motivos desta seção têm paralelos no judaísmo helenístico); R. Reck, Kommunikation und Gemeindeaufbau, pp. 290-294. A autoria paulina completa do texto é novamente defendida por: G. Sass, Noch einmal: 2Kor 6,14 – 7,1, in: ZNW 84 (1993), pp. 36-64; F. Zeilinger, "Die Echtheit von 2 Cor 6,14-7,1", in *JBL* 112 (1993), pp. 71-80.

[21] Cf. para as distintas teses F. Lang, 2Kor, p. 317.

[22] Cf. também o elenco dos argumentos em R. Bultmann, 2Kor, p. 258.

[23] Também é possível entender 2Cor 9,1 como *paraleipsis* (F. Blass/A. Debrunner/F. Rehkopf, Grammatik § 495,3: "O orador faz de conta que passa por cima de algo que, não obstante, menciona").

modo quase exagerado, diante dos coríntios o engajamento dos macedônios acerca da coleta (2Cor 8,1-5), para que Tito possa realizar agora o mesmo em Corinto (2Cor 8,6). Paulo escolha uma argumentação diferente em relação à Acaia. Ele menciona que os elogiou diante dos macedônios (2Cor 9,2) e anima assim a Acaia a corresponder a essa função modelar (cf. 2Cor 9,4s). Aqui não há contradição, ao contrário, Paulo apela com grande habilidade à honra e à autocompreensão dos cristãos em Corinto e Acaia, para poder concluir a coleta com um bom resultado. Mais uma observação é um argumento em favor da unidade de 2Cor 8 e 2Cor 9:

a) Em 2Cor 8,10 e 2Cor 9,2 menciona-se o mesmo momento para o início da arrecadação da coleta, ou seja, o ano anterior.

b) A menção dos irmãos em 2Cor 9,3 pressupõe que a comunidade os conheça de 2Cor 8,16ss.

c) A chegada de Tito junto a Paulo, mencionada em 2Cor 7,5ss, é o pressuposto para toda a argumentação em 2Cor 8 e 9.

d) Entre 2Cor 8 e 9 existe um claro vínculo interno, pois Paulo envia Tito e os colaboradores (2Cor 8,16ss) para que a ação da coleta esteja concluída quando ele vier com os macedônios (2Cor 9,3s).

UMA PROPOSTA DE SOLUÇÃO

Pode-se considerar as duas partes principais da Segunda Carta aos Coríntios uma unidade literária[24]? Para a reconstrução da relação

---

[24] Um panorama do estado da pesquisa é oferecido por R. BIERINGER," Der 2. Korintherbrief als ursprüngliche Einheit. Ein Forschungsüberblick", in R. BIERINGER/J. LAMBRECHT, Studies on 2 Corinthians, pp. 107-130. Importantes posições da pesquisa: 1) W. G. KÜMMEL, Einleitung, p. 254: "Paulo ditou a carta com interrupções; isto provoca, desde o início, a possibilidade de faltas de harmonia". 2) CHR. WOLFF, 2Kor, pp. 193s, supõe que 2Cor 8 e 9 seriam a conclusão planejada da Segunda Carta aos Coríntios e que Paulo, devido a notícias novas e desagradáveis recebidas de Corinto, teria redigido os caps. 10–13. R. BIERINGER, "Plädoyer für die Einheitlichkeit des 2. Korintherbriefes", in R. BIERINGER/J. LAMBRECHT, Studies on 2 Corinthians, pp. 131-179, relaciona 2Kor 2,14–7,4 com a mesma fase de discussões como os caps. 10–13 e vê o objetivo da carta inteira na tentativa de Paulo de chegar

entre 2Cor 1–9 e 2Cor 10–13 oferecem-se principalmente as notícias sobre Tito e seus acompanhantes em ambas as partes da carta.

Paulo menciona tanto em 2Cor 8,17.18.22 como em 2Cor 9,3.5 que ele enviou Tito e "os irmãos" a Corinto. Muitas vezes consideram-se ἐξῆλθεν e συνεπέμψαμεν aoristos do estilo epistolar[25]. Contudo, se forem aoristos legítimos[26], isto pressupõe que Paulo ditou 2Cor 1–9 apenas depois da saída de Tito e seus acompanhantes para Corinto. Parece que o apóstolo procurou enviar a carta o mais rápido possível atrás de seus colaboradores já partidos (cf. o προέρχομαι em 2Cor 9,5). No entanto, isso não aconteceu; Paulo tinha 2Cor 1–9 ainda nas mãos quando recebeu, através do grupo de Tito, novas notícias de Corinto. Uma nova presença do grupo de Tito junto a Paulo é indicada por 2Cor 12,17.18, pois aqui há uma retrospectiva para a visita anunciada em 2Cor 8,16ss; 9,3.5. Esses versículos não podem se relacionar com uma outra visita, pois antes da entrega da "Carta das Lágrimas", Tito ainda não tinha visitado Corinto (cf. 2Cor 7,14)[27]. Paulo menciona em 2Cor 12,18 somente o irmão encarregado pelas comunidades na Macedônia, mas não seu colaborador mencionado em 2Cor 8,22. No contexto das acusações levantadas em Corinto, de haver se enriquecido por meio da coleta (cf. 2Cor 8,20; 12,14.16.17), isto é uma reação adequada, pois somente Tito e o encarregado da Macedônia eram oficialmente responsáveis pela realização da coleta. Além disso, em 2Cor 12,17.18 não havia necessidade de Paulo indicar mais uma vez o número exato das pessoas pertencentes ao grupo de Tito.

---

a uma reconciliação legítima com a comunidade. P. BARNETT, *The Second Epistle to the Corinthians*. NICNT (Grand Rapids: 1997), pp. 18ss, aduz três argumentos para a unidade de 2Cor: a) a estrutura retórica da Carta como *"apologetic letter"* (carta apologética); b) a terceira visita planejada do apóstolo em Corinto marca a argumentação de toda a carta; c) encontram-se numerosas relações linguísticas entre os caps. 1–9 e 10–13 que indicam uma relação original.

[25] Cf., por exemplo, H. WINDISCH, 2Kor, p. 262; V. P. FURNISH, 2Kor, 421s.

[26] F. BLASS/A. DEBRUNNER/F. REHKOPF, Grammatik, § 334, têm razão ao não aduzir nenhuma das ocorrências mencionadas como aoristos epistolares.

[27] Quem atribui 2Cor 10–13 à "Carta das Lágrimas" precisa naturalmente relacionar 2Cor 12,17.18 com uma visita anterior de Tito em Corinto; cf., por exemplo, F. LANG, 2Kor, p. 354; H.-J. KLAUCK, 2Kor, p. 98.

Parece que Tito e "o irmão" trouxeram notícias novas sobre a situação em Corinto que motivaram Paulo a redigir os caps. 10–13. Provavelmente, os adversários em Corinto tinham ganhado entrementes a maioria da comunidade; Paulo faz em 2Cor 10–13 um acerto de contas excepcionalmente severo e espera assim poder ganhar de volta muitos membros da comunidade. As passagens invectivas em 2Cor 10–13 não são incomuns no ambiente da literatura da Antiguidade, elementos invectivos e invectivas encontram-se especialmente na tragédia, na comédia e em oradores famosos como Cícero[28]. Paulo acrescenta os caps. 10–13 a 2Cor 1–9, porque os problemas ali tratados (atraso da visita anunciada, a "Carta das Lágrimas", a campanha da coleta) precisam ser esclarecidos de maneira convincente, especialmente sob a condição da influência crescente dos adversários. Paralelos que mostram um tom oscilante dentro de uma carta paulina são 1Cor 8/9; Gl 2/3; Rm 11/12. A polêmica em 2Cor 10–13 não se dirige à comunidade coríntia, mas aos adversários que, sendo terceiros (cf. 2Cor 10,1s), invadiram o relacionamento entre o apóstolo e a comunidade. Por isso não há nenhuma diferença substancial acerca desse relacionamento (apóstolo – comunidade) entre 2Cor 1–9 e 2Cor 10–13. Tanto aqui como ali, Paulo procura convencer membros indecisos da comunidade e ganhá-los para si. Outro argumento em favor da unidade da Segunda Carta aos Coríntios, sob a condição de uma situação modificada da comunidade entre 2Cor 1–9 e 2Cor 10–13, é finalmente a conclusão da carta em 2Cor 13,11-13. Ela é redigida de maneira surpreendentemente positiva e reúne em si ambas as partes da carta (cf. 2Cor 13,11a). Ao que parece, Paulo conseguiu, por meio da Segunda Carta aos Coríntios, ganhar a comunidade de volta para si, pois na primavera do ano 56, ele se encontrava em Corinto e escreveu ali a

---

[28] Cf. a respeito S. KOSTER, *Die Invektive in der griechischen und römischen Literatur*. Beiträge zur Klassischen Philologie 99 (Meisenheim: 1980), p. 354: "A invectiva é uma forma literária estruturada, mas que apresenta pelo menos o elemento principal da πράξεις, cujo objetivo é diminuir na consciência dos seres humanos, com todos os meios adequados, para sempre e arrasadoramente, publicamente e contra o pano de fundo dos respectivos valores em vigor, uma pessoa mencionada ou mencionável pelo nome, para si mesma ou também em lugar de outras".

Carta aos Romanos, onde ele observa no cap. 15,26 que a arrecadação da coleta na Macedônia e na Acaia fora concluída com êxito.

Nenhuma reconstrução dos eventos históricos anteriores e na base da Segunda Carta aos Coríntios pode ser elaborada sem hipóteses. O modelo explicativo pelo qual optei aqui possui duas vantagens:

1) A menção de Tito e de seus acompanhantes é a única indicação segura e contida na própria carta que pode ser aduzida para uma reconstrução dos eventos.

2) A tese da unidade da Segunda Carta aos Coríntios sob a condição de uma situação modificada na comunidade entre 2Cor 1-9 e 2Cor 10-13 tem a grande vantagem de conseguir explicar a situação sem postular cartas e fragmentos de cartas com inícios irreconhecíveis e fins desconhecidos.

10.3 A existência apostólica de Paulo

Em 2Cor 6,11, o apóstolo dá a perceber que a Segunda Carta aos Coríntios é a mais pessoal de todas as cartas paulinas: "Nossa boca se abriu diante de vós, ó coríntios; nosso coração se dilatou!" Na Segunda Carta aos Coríntios, Paulo desenvolve a forma paradoxal de seu serviço apostólico. Este serviço dá-se no campo das tensões entre Deus e Cristo, respectivamente, a comunidade, sua própria autocompreensão e o mundo. A atuação salvífica de Deus em Jesus Cristo marca dentro desse campo relacional o fundamento para a existência da comunidade e do apóstolo. Isso se manifesta na estrutura doxológica básica da Segunda Carta aos Coríntios[29].

Paulo inicia sua argumentação perante os coríntios com um louvor a Deus; ele é "o Deus e Pai de nosso Senhor Jesus Cristo, o Pai das misericórdias e Deus de toda consolação" (2Cor 1,3)[30]. A graça de Deus manifesta-se tanto na existência das comunidades como no trabalho do apóstolo. A comunidade responde ao recebimento da graça

---

[29] Cf. Chr. Wolff, 2Kor, p. 12.
[30] Para a interpretação de 2Cor 1,3-11, cf. G. Hotze, Paradoxien, pp. 300-340: J. Krug, Kraft des Schwachen, pp. 179-197.

através de sua oração (2Cor 1,11) e de uma hospitalidade irrestrita (2Cor 9,12s), para assim tornar o agradecimento a Deus transbordante (2Cor 4,15). A resposta à atuação misericordiosa de Deus no apóstolo (2Cor 2,14) e em seus colaboradores (2Cor 8,16), pelo bem da comunidade, pode apenas ser o louvor.

Nele toma corpo a confiança inabalável na atuação da graça divina em relação à comunidade e ao apóstolo. Foi Deus quem uniu os coríntios bem como o apóstolo através do batismo com Jesus Cristo e que, dessa maneira, possibilitou a existência dos crentes na força do espírito (2Cor 1,21s). A comunidade e o apóstolo sabem: as promessas de Deus encontraram seu cumprimento em Jesus Cristo (2Cor 1,19s), nele se revelou o poder de Deus (2Cor 4,60), ele é a imagem de Deus (2Cor 4,4).

FORÇA NA FRAQUEZA

Paulo sabe-se determinado por Cristo em sua existência mais íntima, ele deve sua existência apostólica a Cristo, e a alteza e humildade de Cristo marcam seu serviço apostólico. Vale: "Não pregamos a nós mesmos, mas a Cristo Jesus, Senhor. Quanto a nós mesmos, apresentamo-nos como vossos servos por causa de Jesus" (2Cor 4,5). A humildade de Cristo tem uma forma normativa, tanto para o apóstolo (2Cor 10,1; 11,23.33) como para a comunidade (2Cor 8,9). O crucificado e ressuscitado marca a forma paradoxal da existência apostólica em fraqueza e força. Essa estrutura fundamental manifesta-se impressionantemente nos *catálogos de perístases*, e dificilmente é um acaso que três dos quatro catálogos de *perístases* se encontram na Segunda Carta aos Coríntios (cf. 1Cor 4,11-13; 2Cor 4,7-12; 6,4-10; 11,23-29)[31]. Nos catálogos de *perístases* condensa-se o motivo da determinação da existência inteira do apóstolo pelo evento Cristo como atuação divina em prol dos seres humanos em majestade e humildade. Paulo percebe em 2Cor 4,6

---

[31] Para o pano de fundo dos catálogos de *perístases*, cf. acima, Secção 3.3 (O pano de fundo do pensamento paulino em termos da história intelectual e da religião).

o ato humano de chegar à fé como um ato de criação (cf. Gn 1,3). Ele leva ao reconhecimento da glória de Deus na face do Cristo crucificado e, com isso, à salvação do ser humano. A iluminação do coração e o reconhecimento da glória de Deus não estão disponíveis para uma demonstração poderosa terrena, ao contrário, os cristãos possuem esse tesouro apenas em vasos frágeis de barro. Esses vasos são os próprios seres humanos (cf. Gn 2,7), aos quais Deus confiou o bem precioso da proclamação do evangelho. O evangelho cabe em vasos frágeis e vulneráveis; ele depende de um acesso fácil, pois vive da distribuição. O efeito do evangelho que cria igreja não depende da capacidade do apóstolo, ele se deve unicamente à atuação de Deus. A *doxa* de Deus manifesta-se na dinâmica de Deus! O apóstolo, porém, aparece exteriormente como uma figura fraquinha, acuado, prostrado no chão. Mas nele atua a força de Deus, de modo que ele sempre é salvo de todas as tribulações (cf. 2Cor 4,8s)[32]. O apóstolo porta constantemente a morte de Jesus em seu corpo, "a fim de que a vida de Jesus seja também manifestada em nosso corpo. Com efeito, nós, embora vivamos, somos sempre entregues à morte por causa de Jesus, a fim de que também a vida de Jesus se manifeste em nossa carne mortal. Assim, a morte trabalha em nós; a vida, porém, em vós" (2Cor 4,10b-12).

Faz parte da existência apostólica que sua participação do evento da cruz não se esgote no anúncio meramente verbal, mas que o apóstolo participe dele com toda sua existência. A existência do apóstolo é uma *clarificação existencial do querigma*, de modo que o apóstolo não pode tomar outro caminho que seu Senhor! Os sofrimentos do apóstolo a serviço do anúncio do evangelho são, até mesmo nos seus traços corporais (cf. Gl 6,17), participação na cruz do sofrimento de Jesus. Paulo não se esquiva desses sofrimentos, porque são a consequência do compromisso com sua missão como anunciador do evangelho e têm apenas um objetivo: possibilitar a vida da comunidade. Na experiência da morte, Paulo encontra a vida; a existência do apóstolo está

---

[32] Para a análise, cf. E. GÜTTGEMANNS, Der leidende Apostel, pp. 94ss: M. ESNER, Leidenslisten, pp. 196ss: M. SCHIEFER-FERRARI, Sprache des Leids, pp. 201ss: G. HOTZE, Paradoxien, pp. 252-287; J. KRUG, Kraft des Schwachen, pp. 197-225.

totalmente integrada nas dimensões soteriológicas do evento da cruz. O constante morrer no trabalho do anúncio não é uma finalidade em si, mas serve unicamente à revelação da vida de Jesus, que se manifesta como presente, tanto para o apóstolo como para a comunidade[33], na força e na glória de Deus por meio da força do espírito.

Dessa maneira, em Paulo, a existência apostólica para a morte não se volta para a morte, mas unicamente para a vida. Tanto o apóstolo como a comunidade deve sua existência a esse poder de vida póspascal de Jesus Cristo. Por isso, Paulo orienta toda a sua existência pelo serviço ao Jesus Cristo presente.

A RETIDÃO E PUREZA DO APÓSTOLO

Como há uma clara relação entre a credibilidade da mensagem e a conduto dos anunciadores, e como o brilho do evangelho pode ser escurecido pelo capricho dos pregadores, o serviço puro ao evangelho determina toda a existência do apóstolo. A paciência do apóstolo comprovou-se em numerosas tribulações e sofrimentos, "na palavra da verdade, pelo poder de Deus; pelas armas da justiça à direita e à esquerda, pela glória e pelo desprezo, pela honra e pelo desprezo, pela blasfêmia e pelo elogio; tidos como sedutores e, não obstante, verídicos; como desconhecidos e, não obstante, conhecidos; como moribundos e, não obstante, eis que vivemos; como punidos e, não obstante, não mortos; como tristes e, não obstante, sempre alegres; como indigentes e, não obstante, enriquecendo a muitos; como uns que não têm nada, embora tudo possuamos" (2Cor 6,7-10)[34]. Paulo se sabe carregado e apoiado em toda a sua existência por Deus e pela força do espírito, para anunciar o evangelho apesar de todas as adversidades. Em Paulo une-se o serviço apostólico com uma compreensão

---

[33] Cf. G. Hotze, Paradoxien, p. 287: O apóstolo tem a função de um profeta tomado por Deus a serviço de sua revelação paradoxal em Cristo. O objetivo verdadeiro dessa revelação, porém, é a comunidade.

[34] Para a interpretação, cf. M. Ebner, Leidenslisten, pp. 243ss; M. Schiefer-Ferrari, Sprache des Leids, pp. 218ss.

particular da realidade. O ser humano natural percebe somente o externo e tira disso suas conclusões. O crente, porém, vê Deus como a causa última e decisiva da realidade e julga a realidade segundo o julgamento de Deus. Dessa maneira, a existência externa pode ser fraca e humilde, mas ao mesmo momento opera nela e por meio dela a glória de Deus[35]. Exteriormente, o apóstolo é roído pelos muitos sofrimentos no trabalho missionário. Ao mesmo tempo, porém, a graça de Deus (cf. 2Cor 4,15.17) opera no ἔξω ἄνθρωπος (2Cor 4,16: "homem exterior") por meio do espírito. O crente sabe-se em seu mais íntimo (ἔσω ἄνθρωπος = "homem interior")[36] determinada pelo Senhor que está presente no espírito, que o fortalece e renova. Por isso está capaz de suportar os sofrimentos e tribulações externas, porque participa do poder vital do Ressuscitado e assim supera as tribulações e a degeneração do corpo. Paulo designa com ἔσω ἄνθρωπος o verdadeiro Eu do ser humano que está aberto para a vontade de Deus e a atuação do espírito. Paulo não consegue convencer por meio de sua aparência externa, não obstante, ele oferece à comunidade os verdadeiros tesouros da vida: a esperança em Deus e a fé em Deus. O apóstolo dirige suas vistas não a coisas visíveis e temporais, mas ele se estende para o invisível e eterno (cf. 2Cor 4,17s).

Nos catálogos de *perístases* elabora-se de forma condensada a autocompreensão paulina. Paulo sabe-se em toda a sua existência carregado e apoiado por Deus, e pelo poder de vida pós-pascal de Jesus Cristo capacitado a anunciar o evangelho apesar de todas as adversidades.

---

[35] Novamente comparável é a posição do filósofo verdadeiro (estóico) que prevalece na força de seu (re)conhecimento até mesmo nas situações mais difíceis; cf. Epíteto, Diss. II 1,34-39: "Deixa a morte vir, então o verás. Deixa me vir dor, deixa vir prisão, deixa vir destituição de qualquer dignidade, deixa vir condenação. Por meio disso, um jovem comprova que foi à escola dos filósofos [...]. Deixa acontecer que tu nada és e nada entendes, [...] estuda tu nada mais que a morte, prisão, tortura, banimento [...]. Guarda tu esta posição muito bem, então darás provas das grandes obras das quais a razão, a capacidade mais nobre da alma, é capaz, quando assume a luta contra as forças que não dependem da nossa livre vontade" (= NW II/1, pp. 456s).

[36] Cf. abaixo, Secção 19.5 (Centros do self humano).

A MORADA TERRESTRE E A MORADA CELESTE

As fadigas quase sobre-humanas do trabalho missionário, um perigo de morte na Ásia (cf. 2Cor 1,8)[37] e a extensão do tempo que se apresenta agora não deixam Paulo intocado, e ele anseia pelo lar eterno junto a Deus nos céus. Diferentemente de 1Ts 4,13-18; 1Cor 15,51s, o apóstolo conta em 2Cor 5,1-10 pela primeira vez com sua morte antes da *parusia* do Senhor.

Sob utilização de material tradicional[38], Paulo fala em 2Cor 5,1 de uma "casa de lona" (tenda, barraca)[39] terrestre, após cuja dissolução está à disposição uma casa que não foi feita por mãos humanas. Com καταλυθῆναι("ser dissolvido") designa-se a morte individual do apóstolo antes da *parusia*[40], e sendo que Paulo considera isto agora possível, ele anseia pelo momento em que será revestido pela morada celeste (v. 2). Paulo pensa possivelmente que será revestido imediatamente

---

[37] Cf. H. WINDISCH, 2Kor, p. 157.
[38] Os argumentos principais para essa afirmação são os *hapax legomena* no v. 1: ἀχειροποίητος ("não feito por mãos humanas"), σκῆνος ("tenda"); além disso, οἰκία ("casa"), οἰκοδομή ("edifício") e καταλύειν ("demolir, desfazer") com sentido antropológico somente aqui. P. V. D. OSTEN-SACKEN, Römer 8, p. 104ss, pretende reconstruir por trás de 2Cor 5,1s.6b.8b uma tradição pré-paulina (cf. op. cit., pp. 121s). No entanto, um argumento contra uma tradição coesa é a estrutura claramente argumentativa de 2Cor 5,1ss, que aponta a Paulo como autor.
[39] O conceito da vida como tenda é de origem greco-helenista: cf. Platão, Phaidon 81C (essa passagem deve ter influenciado também Sb 9,15); além disso, cf. Is 38,12LXX; 4Esd 14,13s (outros paralelos helenistas em H. WINDISCH, 2Kor, p. 158; paralelos mandaítas são indicados por PH. VIELHAUER, Oikodome, pp. 32ss.100ss). O paralelo mais impressionante encontra-se num dito do socrático Bion de Borístenes (primeira metade do séc. III a.C.), transmitido em Teles, Fragmentos 2, que compara o processo de morrer à saída de uma casa para se mudar: "Assim como somos expulsos de uma casa quando o alugador não recebe seu aluguel e então tira a porta da entrada, manda tirar o telhado e fecha o poço, assim também eu sou deslocado de meu corpo miserável, assim que a natureza que me alugou tudo tira de mim a vista dos olhos, o ouvido e a força das mãos e dos pés. Então não continuo esperando, mas assim como deixo um banquete sem me queixar, saio da vida quando minha hora chegou."
[40] Cf. H. WINDISCH, 2Kor, p. 158: H. LIETZMANN, 2Kor, p. 118; W. WIEFEL, Hauptrichtung des Wandels, p. 75. Diferente F. LANG, 2Kor, p. 286, que pensa que Paulo enfatiza aqui somente "a certeza de estar pronto".

após a morte com o σῶμα πνευματικόν ("o corpo espiritual"; cf. 1Cor 15,51ss)[41]. O verdadeiro motivo das reflexões manifesta-se no v. 3s: o apóstolo teme a morte como um evento possivelmente nocivo ao evento escatológico. Por isso seu desejo de ser encontrado nesse evento revestido e não nu[42]. Já que a morte pode se dar como um ato de despir-se (sem um subsequente revestimento), o apóstolo espera estar revestido naquele momento, pois somente assim, a vida devora aquilo que é mortal[43]. Como penhor da nova vida, Deus já deu à pessoa batizada o espírito (cf. 2Cor 1,21s) que aparentemente é um dom imperdível e sobrevive a morte (cf. 1Cor 3,15s; 5,5), e que é o pressuposto para o possível pano de fundo do revestimento com o σῶμα πνευματικόν[44]. O *pneuma* garante a identidade humana ao ser desvestido, e também no caso da nudez, o *pneuma* individual concede o revestimento com o corpo pneumático.

Os versículos 6-10 são uma continuação de orientação principalmente parenética das afirmações escatológicas precedentes[45]. Paulo descreve com novas imagens (estrangeiro e pátria, emigração e imigração)[46] mais uma vez a existência terrestre como estado de separação de Cristo e expressa depois no v. 7 a reserva escatológica: para o crente, o pleno cumprimento da salvação está ainda por vir. A existência cristã se dá na terra no modo do crer e não do ver (cf. 1Cor 13,12; Rm 8,24). Enquanto o v. 7 pode ser considerado uma característica geral da

---

[41] Assim, por exemplo, H. WINDISCH, 2Kor, p. 160. Contudo, isto não é absolutamente claro, pois Paulo usa σῶμα em 2Cor 5,6.8 exclusivamente para o corpo terrestre e não retoma a argumentação de 1Cor 15.51ss; cf. abaixo, Secção 22.2 (O curso dos acontecimentos escatológicos e a existência pós-morte).

[42] Para o pano de fundo greco-helenista da imagem da nudez como consequência da dissolução do corpo terrestre, cf. as ocorrências em H. WINDISCH, 2Kor, pp. 164s: W. WIEFEL, Hauptrichtung des Wandels, pp. 75s.

[43] Segundo H. WINDISCH, 2Kor, p. 163, Paulo pensa ser revestido imediatamente no ato da morte por uma veste celeste, "cuja natureza é 'vida'", para assim escapar do nada.

[44] Cf. W. WIEFEL, Hauptrichtung des Wandels, p. 76.

[45] A respeito da estrutura do texto, cf. R. BULTMANN, 2Kor, p. 132: C. H. HUNZINGER, Hoffnung angesichts des Todes, pp. 76ss.

[46] Ocorrências dos conceitos greco-helenistas por trás desse imaginário encontram-se em H. WINDISCH, 2Kor, p. 166; W. WIEFEL, Hauptrichtung des Wandels, pp. 76s.

existência cristã, Paulo formula no v. 8 seu desejo de despir-se do corpo corruptível e de estar em casa, junto ao Senhor. A morte antes da *parusia* do Senhor aparece aqui não como mera possibilidade, ela é até mesmo o desejo do apóstolo! Já que a existência esperada com Cristo está imediatamente vinculada ao juízo (v. 10), Paulo encerra o parágrafo com a exortação de viver segundo o juízo que virá (v. 9).

A característica principal de 2Cor 5,1-10 é uma *tendência ao dualismo e à individualização*. O dualismo manifesta-se primeiramente nas imagens (morada terrestre *versus* celeste, estar em casa *versus* estar longe, ser despido *versus* revestido, o mortal *versus* a vida), em cuja base está uma antropologia de cunho helenista. A imagem do corpo como tenda e, dessa maneira, morada meramente temporal do *self*, a mística da veste, a nudez como consequência da separação de corpo e alma, o conceito de um lar ou pátria verdadeira no além e a existência no corpo como uma vida no estrangeiro apontam para uma influência greco-helenista (cf. Epíteto, Diss. I 9,12-14)[47]. Porque deseja deixar o corpo terrestre, o apóstolo julga aqui a corporeidade, com a ajuda de categorias dualistas, de uma maneira incomumente negativa. A individualização da escatologia mostra-se na renúncia total a ideias apocalípticas em 2Cor 5,1-10[48], a utilização de imagens relacionadas com a existência individual e no fato de que Paulo conta aqui pela primeira vez com sua morte antes da *parusia* do Senhor. Dessa maneira, Paulo não abandona a expectativa da *parusia* iminente (cf. 2Cor 4,14; 5,10; 6,2; 13,4), mas ele coloca acentos novos: a morte antes da *parusia* do

---

[47] O interlocutor de Epíteto exclama ao filósofo: "Ó Epíteto, já não aguentamos estar presos a este corpo, precisar dar-lhe comida e bebida, deixá-lo descansar, lavá-lo, precisar considerar isto e aquilo. Será que tudo isto não é indiferente? Será que a morte não nos é uma redenção? Será que não temos parentesco com Deus e não vimos dele? Vamos voltar para de onde viemos. Vamos soltar os laços que nos amarram e atrapalham aqui." Outras ocorrências em H. WINDISCH, 2Kor, pp. 158-175: H. LIETZMANN, 2Kor, pp. 117-123: W. WIEFEL, Hauptrichtung des Wandels, pp. 74-79.

[48] No máximo podem ser reconhecidas no v. 2b alusões (ἐξ οὐρανοῦ = dos céus) à *parusia*. Isto é um argumento contra V. P. FURNISH, 2Kor, p. 297, que deseja interpretar 2Cor 5,1-10 não de modo antropológico, mas num sentido amplo (particularmente com referências a Rm 8) de modo escatológico.

Senhor aparece agora como o caso normal que diz respeito também ao apóstolo, de modo que 2Cor 5,1-10 é o testemunho de uma *expectativa aguda, mas quebrantada, da parusia iminente*. Estender-se para o futuro, porém, é para Paulo não uma fuga do presente; mas a atuação salvífica de Deus em Jesus Cristo determina tanto o presente como o futuro. Já no tempo presente, Paulo experimenta a comunhão com o Jesus Cristo crucificado e ressuscitado que encontrará no futuro sua plenificação na glória. Esta glória é atestada já agora pelo serviço apostólico do apóstolo.

10.4 A glória da Nova Aliança

Paulo expõe em 2Cor 3 na discussão com os adversários em Corinto sua capacitação por Deus para ser o servo da Nova Aliança[49]; trata-se da pureza e retidão de seu serviço apostólico (cf. 2Cor 2,17; 4,1ss)[50]. Os adversários, que se serviram de cartas de recomendação[51] (cf. 2Cor 3,1b), legitimaram sua autocompreensão aparentemente a partir de Moisés e desvalorizaram o serviço anunciador paulino. Paulo, por sua vez, não precisa impressionar com cartas de recomendação e capacidades pneumáticas, pois a própria comunidade coríntia é o comprovante visível de seu apostolado. A existência de uma nova comunidade cristã é um sinal que chama a atenção no mundo que passa. Os coríntios são a carta de recomendação de Paulo, escrita com o espírito do Deus vivo.

---

[49] S. HULMI, Paulus und Mose, pp. 4-16, oferece uma breve revisão da história da pesquisa.
[50] Cf. S. JONES, "Freiheit", p. 61.
[51] Epíteto, Diss. II 3,1, dirige ao endereço de todas as pessoas que emitem cartas de recomendação para outros filósofos a seguinte anedota sobre Diógenes: "Diógenes deu uma boa resposta a alguém que pediu uma carta de recomendação (πρὸς τὸν ἀξιοῦτα γράμματα παρ' αὐτοῦ λαβεῖν συστατικά): 'Que tu és um ser humano, o homem reconhecerá assim que te vê. Se tu és bom ou mau, ele reconhecerá se tiver experiência na arte de discernir o Bem e o Mal. Se ele não tiver experiência nisso, não o reconhecerá, mesmo se eu te desse cem recomendações'."

LETRA E ESPÍRITO

Em 2Cor 3,3 aparece com os opostos γράμμα – πνεῦμα ("letra – espírito") bem como "tábuas de pedra" – "tabuas em corações de carne" o modelo de pensamento da superação antitética que determina toda a argumentação[52]. O pano de fundo da argumentação paulina é Ez 11,19: "Dar-lhes-ei um só coração, porei no seu íntimo um espírito novo: removerei de seu corpo o coração de pedra, dar-lhes-ei um coração de carne" (além disso, cf. Ex 31,18; Dt 9,10; Ez 36,26s; 37,26-28; Jr 31,33)[53]. Ao receber o espírito santo, o coração dos coríntios tornou-se o templo do Deus vivo. Passou o tempo das tábuas de pedra, e no evento Cristo e através do espírito santo, Deus se inscreve nos corações dos seres humanos. Ao fazer isto, ele se serve dos anunciadores do evangelho e os capacita a serem servos da nova aliança, não da letra, mas do espírito: "Pois a letra mata, mas o espírito torna vivo" (2Cor 3,6). Paulo se refere aqui dificilmente a Jr 31,31-34 (LXX 38,31-34), pois ali não se encontra o oposto "letra – espírito"[54]. A nova aliança, instituída por Jesus Cristo, tem para Paulo um caráter escatológico, ela não se determina pela letra, mas pelo espírito. Os genitivos γράμματος e πνεύματος têm um caráter qualificativo e determinam a natureza das alianças. O singular τὸ γράμμα "não é simplesmente

---

[52] A dicotomia γράμμα – πνεῦμα deve ter sido ocasionado pelos adversários que se apresentaram com cartas de recomendação, isto é, γράμματα, cf. F. W. Horn, Angeld des Geistes, p. 317. Certo paralelo oferece-se em Fílon, Abr. 60, onde se diz sobre Abraão que ele era fiel a Deus de modo particular "ao considerar como suas ordens não só aqueles que são anunciados por palavra e escrita (διὰ φωνῆς καὶ γραμμάτων), mas também aqueles que a natureza revela em claros sinais, e que o mais verdadeiro dos sentidos (o olho) capta mais facilmente do que o ouvido que é inconfiável e inseguro".

[53] Cf. E. Grässer, Der Alte Bund im Neuen, pp. 80s: H. Räisänen, Paul and the Law, pp. 244s.

[54] Com Chr. Wolff, 2Kor, p. 61: E. Grässer, Der Alte Bund im Neuen, 81; contra F. Lang, 2Kor, p. 270; O. Hofius, Gesetz und Evangelium, p. 81: S. Vollenweider, Freiheit, p. 265. H. Räisänen, Paul and the Law, p. 245, observa com razão: *"If Paul intended an allusion to Jer 31 in 2 Cor 3.3 or 3.6, it is all the more conspicuous that he omits what Jer 31 says about the law"* (Se a intenção de Paulo em 2Cor 3,3 ou 3,6 fosse uma alusão a Jr 31, seria tanto mais conspícuo se ele omitisse o que Jr 31 diz sobre a lei).

idêntico a νόμος, mas o importante é o aspecto do apenas-estar-
-escrito"[55] (cf. Rm 2,27). A letra apenas escrita não pode desenvolver
um efeito que dá vida; é o espírito que vivifica e conduz à vida. Dessa
maneira, Paulo rompe o vínculo fundamental entre espírito e algo escrito (Ez 36,26s)! Existe um novo acesso a Deus, operado pelo espírito; ele está diametralmente oposto à antiga ordem representada pelas
tábuas do Sinai.

A NOVA ALIANÇA

Em 2Cor 3,7ss, Paulo avalia a antítese fundamental de *gramma* e
pneuma em pares de opostos, sendo que Ex 34,29-35 LXX lhe serve
como texto-base[56]. Em correspondência às metas de sua argumentação,
Paulo modifica as afirmações próprias ao texto veterotestamentário.
A *doxa* na face de Moisés aparece agora como corruptível e passageira

---

[55] CHR. WOLFF, 2Kor, p. 62; cf., além disso, M. VOGEL, Das Heil des Bundes, pp. 184-197 (as metáforas às quais Paulo recorre não servem para uma crítica à Torá); J. SCHRÖTER, Schriftauslegung und Hermeneutik in 2 Korinther 3, p. 236: S. HULMI, Paulus und Mose, p. 107. Diferente O. HOFIUS, Gesetz und Evangelium, pp. 75-78, que entende καινὴ διαθήκη acentuadamente como "nova instituição" de Deus = evangelho e παλαιὰ διαθήκη no v. 14b, como "antiga instituição" de Deus = Torá do Sinai, e que interpreta o texto inteiro sob a antítese de "Lei versus Evangelho". Semelhante a HOFIUS é a interpretação de S. J. HAFEMANN, *Paul, Moses, and the History of Israel*. WUNT 81 (Tübingen: 1995), p. 437, que simplesmente equipara γράμμα e νόμος.

[56] Para a análise particular detalhada, cf. S. J. HAFEMANN, Paul, Moses, and the History of Israel, pp. 255ss. Não pode convencer a suposição de que Paulo teria adotado e retrabalhado um texto de seus adversários, apresentada de maneiras diferenciadas por S. SCHULZ, "Die Decke des Mose. Untersuchungen zu einer vorpaulinischen Überlieferung in II Cor 3,7-18", in ZNW 49 (1958), pp. 1-30; e D. GEORGI, Gegner, pp. 246-300. Considero mais provável a tese de D.-A. KOCH, Die Schrift als Zeuge, p. 332: "Portanto, 2Cor 3,7-18 apresenta-se como uma 'inserção' literária, cuja conexão em termos de conteúdo com o tema mais geral da carta é efetivamente reconhecível (cf. a passagem do v. 6 para o v. 7), mas que se afasta passo a passo disso e desenvolve em 3,12-18 um tema autônomo. Isso recomenda a suposição de que se trata em 3,7-18 de uma interpretação de Ex 34,29-35, elaborada por Paulo mesmo, mas em sua substância independente do atual contexto literário, à qual ele recorre aqui."

(2Cor 3,7.11); portanto, a antiga aliança está limitada em termos de conteúdo e de tempo. Ao contrário dela, a nova aliança brilha numa luz clara. Se já a antiga aliança da morte possuía uma *doxa*, quanto mais a vida e a glória determinam a nova aliança! A nova aliança como ministério da justiça supera a primeira aliança corruptível e passageira e a ultrapassa, de modo que não é a ideia de uma continuidade, mas de uma *antitética radical* que determina prioritariamente a argumentação paulina. Como se deve entender a expressão διακονία δικαιοσύνες ("ministério da justiça") no v. 9? Inicialmente recomenda-se, devido à antítese κατάκρισις, uma interpretação a partir de Rm 1,17: a declaração da inocência, proferida por Deus, como dedicação da justiça[57]. No entanto, Paulo não se refere aqui à δικαιοσύνη θεοῦ ("justiça de Deus") e, além disso, pode-se observar uma diferença a Rm 1,17: enquanto se tematiza ali a justiça de Deus numa dimensão universal, trata-se aqui exclusivamente do anúncio do evangelho, do ministério e serviço apostólico. Δικαιοσύνη ("justiça") serve como uma qualificação do ministério apostólico, assim como também θάνατος ("morte"), ζωή ("vida"), δόξα ("glória") e πνεῦμα ("espírito") designam o respectivo serviço ou ministério[58]. A justiça caracteriza e distingue tanto a atuação do ministro e servo, o objetivo e a meta do ministério como também o Senhor do ministério. Não é possível reconhecer uma afinidade com δικαιοσύνη θεοῦ ἐκ πίστεως εἰς πίστιν ("justiça de Deus vinda da fé para a fé").

Paulo afirma contra o testemunho textual veterotestamentário que Moisés tentava esconder, por meio de um véu, a *doxa* corruptível em seu rosto. Por meio do tema do véu, o apóstolo deseja aparentemente demonstrar a inferioridade da antiga aliança: até o dia de hoje repousa um véu sobre a antiga aliança, que pode ser tirado somente por Jesus Cristo. Em última instância, este véu é idêntico à obstinação de Israel (cf. 2Cor 3,14) que se manifesta na não aceitação do evangelho. Somente na superação desta barreira de

---

[57] Assim com nuances diferentes na justificativa individual: H. WINDISCH, 2Kor, p. 116; H. LIETZMANN, 2Kor, p. 111; R. BULTMANN, 2Kor, p. 86; CHR. WOLFF, 2Kor, p. 68.
[58] Cf. para isto 1QS 4,9: 1QH 6,19.

compreensão, na fé em Jesus Cristo, revelam-se o sentido e o objetivo da primeira aliança. Em 2Cor 3,16, Moisés torna-se o protótipo de cada pessoa em Israel que se volta para Cristo[59]. A antítese "antiga aliança *versus* nova aliança" corresponde em Paulo em última análise à antítese Moisés *versus* Cristo. Moisés é para Paulo a personificação do caminho da salvação da letra que mata, Cristo, porém, a personificação da nova aliança na força do espírito. A novidade da segunda aliança manifesta-se na presença libertadora do espírito através do qual age o próprio Ressuscitado. A realidade da ressurreição revela-se como realidade de espírito, pois: ὁ δὲ κύριος τὸ πνεῦμά ἐστιν (2Cor 3,17a: "O Senhor, porém, é o espírito"). Essa declaração programática comenta o v. 16[60], sendo que a identificação[61] de κύριος e πνεῦμα não deve ser entendida como equação estática, mas como a descrição da presença dinâmica do Senhor exaltado. Isto fica claro no v. 17b, onde a atuação do Senhor no espírito é entendida como um evento libertador. Como a força de Deus que cria vida e vivifica, o Senhor exaltado é o espírito, na medida em que deixa a comunidade participar do poder de vida que Deus lhe concedeu (cf. 1Cor 15,45). A liberdade possibilitada pelo espírito é entendida por Paulo em 2Cor 3,17 não como a liberdade da lei/Torá; o apóstolo teria formulado um pensamento tão fundamental de modo mais inequívoco e preciso, como mostram posteriormente a Carta aos Gálatas e a Carta aos Romanos[62]. Antes, trata-se daquela liberdade que se realiza na glória da nova aliança como ministério e serviço da justiça. Disso participa não só o apóstolo, mas a glória de Cristo opera na força do espírito na comunidade inteira e a transforma (2Cor 3,18).

A segunda aliança é para Paulo uma *aliança realmente nova e não apenas renovada*, pois ela se funda na força e presença do espírito. O Ressuscitado, que está presente no espírito, é tanto o fundamento e motivo da

---

[59] Ο ἐν Χριστῷ em 2Cor 3,14 indica que ο κύριος no v. 16s deve ser relacionado com Cristo e não com Deus; para a análise, cf. S. Hulml, Paulus und Mose, pp. 96-98.
[60] Cf. I. HERMANN, Kyrios und Pneuma, 49.
[61] Assim corretamente I. HERMANN, op. cit., pp. 48ss; para a análise, cf. por último F. W. HORN, Angeld des Geistes, pp. 320-345.
[62] Cf. S. JONES, Verbete "Freiheit", pp. 61-67.

esperança como o re(conhecimento) da esperança. A atuação presente do espírito qualifica não só a letra como uma grandeza entregue ao poder da morte, mas concede simultaneamente o re(conhecimento) da nova ordem salvífica em Jesus Cristo. O apóstolo serve a esta ordem, de modo que a função de 2Cor 3 reside unicamente na comprovação da capacitação divina do apóstolo como servo e ministro da nova aliança. Uma discussão sobre a lei/Torá, porém, não se encontra em 2Cor 3. Se isto fosse o caso, o apóstolo dificilmente teria renunciado ao termo νόμος e à argumentação que se manifesta em Rm 2,26-29; 7,6[63]! É característico que Paulo não adota Jr 38,33 LXX (δώσω νόμους μου εἰς τὴν διάνοιαν αὐτῶν καὶ ἐπί καρδίας αὐτῶν γράψω αὐτούς = "Darei minhas leis na razão deles, e em seus corações as escreverei") nem a crítica à lei em Ez 20,25s[64]. O uso extremamente variado de νόμος na Carta aos Gálatas (32 ocorrências) e na Carta aos Romanos (74 ocorrências), bem como as argumentações sutis relacionadas mostram que Paulo desenvolvia sua discussão sobre a lei com a devida clareza terminológica e com a agudez necessária, e que ele poderia ter feito isto também em 2Cor 3. A falta de νόμος na Segunda Carta aos Coríntios deveria ser levada a sério e não neutralizada por meio de reflexões sistemáticas[65]. O plano do

---

[63] Cf. F. W. HORN, Angeld des Geistes, p. 317.
[64] Cf. também J. SCHRÖTER, Schriftauslegung und Hermeneutik in 2 Korinther 3, p. 249: "A questão da lei não pode ser declarada aqui um tema geral. Antes, é característico que Paulo justamente não adota este tema, que é abordado tanto em Jeremias como em Ezequiel e que se recomendava para isto, devido ao conteúdo dos πλάκες λίθιναι."
[65] Contra S. VOLLENWEIDER, Freiheit, pp. 247-284, que aborda 2Cor 3 sob o título "O brilho transcendente da lei" e faz do trecho um texto que já contém a completa doutrina legal paulina da Carta aos Gálatas e da Carta aos Romanos, embora νόμος e ἁμαρτία não sejam usados no texto; para a crítica a VOLLENWEIDER, cf. G. DAUTZENBERG, Streit und Freiheit und Gesetz, pp. 270s: "O aspecto orientador do contexto apologético-confessório de 2Cor 3,6-18 é a capacitação de Paulo, vinda de Deus, de ser um servo/ministro da nova aliança. Somente por isso tematiza-se aqui a relação das duas alianças. Mas de modo algum trata-se de uma discussão sobre a lei [...]"; cf., além disso, K. BERGER, Theologiegeschichte, p. 463: J. SCHRÖTER, Schriftauslegung und Hermeneutik in 2 Korinther 3, pp. 274s. É claro que as argumentações em 2Cor 3 tangem a temática da lei quando alguém as sistematiza a partir da perspectiva de hoje. No entanto, isto não corresponde à situação do texto, pois

conteúdo de 2Cor 3 é a compreensão paulina do ministério apostólico, mas não a lei/Torá!

10.5 A mensagem da reconciliação

A segunda grande interpretação de seu mistério apostólico que Paulo desenvolve em 2Cor 5,14-21é o conceito da reconciliação. Paulo insere-o numa profunda reflexão sobre os fundamentos e a presença do evento salvífico na comunidade. Nesse contexto, o amor de Cristo aparece como uma realidade de Deus que determina do mesmo modo a comunidade e o apóstolo. Ela se revela na morte de Jesus na cruz e é expressa por Paulo nesse trecho pelo pensamento da comunhão sacramental de destino[66]: "Um só morreu por todos; por conseguinte, todos morreram" (2Cor 5,14b). A pessoa batizada (cf. Gl 2,19.20; Rm 6,3.4)[67] participa plenamente do evento singular da salvação e é colocada por meio disso numa nova realidade de vida: já não vive num mero autorrelacionamento, mas para seu Senhor morto e ressuscitado. A força da ressurreição de Jesus Cristo manifesta-se onde uma pessoa encontra uma distância de si mesma e encontra, na fé, Deus e, através disso, a si mesma e a outras pessoas. A concentração sobre si e a concentração em Cristo excluem-se mutuamente, a nova realidade da salvação operada por Deus no evento Cristo não se concretiza fora disso para a respectiva existência própria. Para cristãos já não há um reconhecimento adequado que não tenha a realidade salvífica da cruz e da ressurreição de Jesus Cristo simultaneamente como

---

não só falta a palavra νόμος como também não aparecem os três aspectos centrais da discussão sobre a lei e a justificação na Carta aos Gálatas e Carta aos Romanos: 1) a relação ἁμαρτία – νόμος; 2) a antítese πίστις – ἔργα νόμου; 3) a pergunta pelo significado da Torá para judeu-cristãos.

[66] Para o pano de fundo batismal de 2Kor 5,14s, cf. R. Schnackenburg, *Das Heilsgeschehen bei der Taufe nach dem Apostel Paulus*. MThS.H 1 (Munique: 1950), pp. 110s; M. Wolter, Rechtfertigung, p. 74, nota 174.

[67] Aqui, assim como em Rm 6,3s, há uma ruptura: a lógica do v. 14b recomenda a conclusão de que os fiéis já ressuscitaram com Cristo. Paulo evita esta conclusão e descreve o presente e o futuro da pessoa batizada de modo ético. Para as múltiplas relações entre 2Cor 5,14-17 e Gl 2,19-21, cf. U. Borse, Standort, pp. 71-75.

fundamento e fio orientador crítico. Somente esse reconhecimento pode afirmar que já não acontece κατὰ σάρκα ("segundo a carne", 2Cor 5,16)[68], que capta e entende Jesus Cristo verdadeiramente[69]. Quando alguém está em Cristo[70], então é uma "nova existência" (καινὴ κτίσις[71]); o antigo passou, eis, algo novo surgiu (2Cor 5,17). O batismo e a doação do espírito, como acolhida no ambiente da vida de Cristo, têm a dimensão de uma nova criação[72]. A atuação criadora de Deus em prol dos seres humanos não se restringe ao ato único de chamar para a existência; mas, na dádiva do espírito, Deus concede ao ser humano a participação de seu poder criador permanente. Para Paulo, toda a existência do cristão está abraçada pela atuação salvífica presente de Deus, o cristão se encontra numa nova situação e num novo tempo: na situação da verdadeira vida e no tempo do espírito.

---

[68] Linguisticamente deve-se entender κατὰ σάρκα como uma determinação adverbial para οἴδαμεν e ἐγνώκαμεν, respectivamente; cf., por exemplo, C. Breytenbach, Versöhnung, p. 116.

[69] Para 2Cor 5 existem três modelos interpretativos principais (para a história de pesquisa mais recente, cf. Chr. Wolff, 2Kor, pp. 123-127): 1) "O Χριστὸς κατὰ σάρκα é Cristo em sua situação e realidade terrena, antes de morte e ressurreição [...]." (R. Bultmann, 2Kor, p. 156). 2) "Na vida de Paulo há um período em que ele julgou Cristo de um modo que pode ser designado com razão como carnal, pecaminoso [...]. Este (re)conhecimento 'carnal' de Cristo é superado em sua conversão. Em seu lugar manifesta-se uma imagem espiritual de Cristo [...]" (H.-J. Klauck, 2Kor, p. 54). 3) Os adversários acusaram Paulo de não ter conhecido o Jesus terreno e negaram com este argumento a legitimidade do apostolado paulino. Paulo caracteriza este modo do (re)conhecimento de Jesus Cristo como carnal, porque relativiza a cruz e a ressurreição em seu significado salvífico (cf. nessa linha Chr. Wolff, 2Kor, p. 127). Essa última interpretação tem a vantagem de não precisar postular um desinteresse de Paulo em relação ao Jesus histórico (assim R. Bultmann) e não recorrer a Damasco, pois Paulo não menciona em 2Cor 5,16 sua atividade anterior de perseguidor, e a primeira pessoa no plural mostra, além disso, que ele não faz uma afirmação pessoal, mas fundamental.

[70] Ἐν Χριστῷ deve ser entendido aqui de modo local e significa o estar abraçado pela realidade de Cristo que se constitui no dom do *pneuma* no batismo; cf. H. Umbach, ln Christus getauft – von der Sünde befreit, p. 230-232.

[71] A respeito da análise de καινὴ κτίσις em Paulo (2Cor 5,17; Gl 6,15), cf. U. Mell, Neue Schöpfung, pp. 261-388; M. V. Hubbard, New Creation, pp. 133-232.

[72] Cf. H. Lietzmann, 2Kor, p. 126; H. Windisch, Taufe und Sünde, pp. 146ss.

O MINISTÉRIO DE RECONCILIAÇÃO DO APÓSTOLO

O fundamento possibilitador dessa nova realidade é a atuação reconciliadora de Deus em Jesus Cristo[73]. Em 2Cor 5,18, o apóstolo separa nitidamente entre o ato precedente de Deus e a atuação subsequente do ser humano, para relacionar os dois ao mesmo tempo intimamente. 2Cor 5,18a refere-se ao ato de reconciliação; como sujeito da reconciliação aparece Deus que realiza no evento da cruz a reconciliação com os seres humanos. Dessa maneira, a cruz é o lugar onde a atuação reconciliadora de Deus em Jesus Cristo se torna realidade para os seres humanos. O expoente da nova realidade possibilitada por Deus é o Jesus Cristo crucificado e ressuscitado que era, é e será o lugar da reconciliação no passado, presente e futuro. O ministério da reconciliação funda-se no ato da reconciliação (2Cor 5,18b). O ato da reconciliação na cruz possibilita o anúncio da mensagem da reconciliação, e simultaneamente acontece nesse anúncio a reconciliação com Deus. O ministério da reconciliação realiza-se no proferimento da mensagem da reconciliação, *o evento salvífico está presente na palavra*[74]. Paulo proclama uma coincidência da palavra de Deus na cruz e da palavra apostólica da reconciliação. Dessa forma, o anúncio nasce da atuação salvífica de Deus na reconciliação e, ao mesmo tempo, é parte dela. A *repraesentatio* do evento da cruz realiza-se no evento da palavra do anúncio. Paulo vê sua existência apostólica enraizada no próprio evento salvífico; da atuação de reconciliação de Deus resulta o ministério de reconciliação do apóstolo. A reconciliação com Deus dá-se onde a palavra da reconciliação é anunciada no ministério da reconciliação e onde pessoas a entendem e a reconhecem na fé como nova determinação de sua relação com Deus e com o mundo. Paulo desenvolve a dimensão cosmológica do evento da cruz em 2Cor 5,19. A atuação divina de reconciliação é um evento universal que não pode ser restrito a um indivíduo nem à Igreja, pois ela supera a profanização entre Deus e o mundo, fundamentada na pecaminosidade de

---

[73] Para a análise básica de 2Cor 5,18-20, cf. C. Breytenbach, Versöhnung, 107ss.
[74] Cf. R. Bultmann, Theologie, pp. 301s.

todos os seres humanos⁷⁵. [N. da Trad.: tradução fiel, mas o *Entweihung* = profanização parece-me estranho, será que não deveria ser *Entzweiung* = divisão? Cf. a preposição *"zwischen"* = entre.] Deus não contabiliza as violações dos seres humanos, ele se volta aos seres humanos por livre graça ao erguer a palavra da reconciliação. Não foi Deus que foi mudado ou levado a mudar de opinião pela obra de Cristo, mas Deus é o sujeito exclusivo da reconciliação, e os seres humanos, por sua vez, experimentam "em Cristo" uma nova determinação⁷⁶. A existência missionária do apóstolo como ministério apostólico de reconciliação está no centro de 2Cor 5,20. Como mensageiro de Jesus Cristo, Paulo anuncia o ato de reconciliação de Deus ἐν Χριστῷ ("em Cristo"), de modo que sua atuação se torna um elemento integral dessa obra da reconciliação. O apóstolo age na autoridade de seu Senhor e defende a causa do mesmo. Porque Deus é o autor e consumador da reconciliação, ele fala através da boca das testemunhas aos seres humanos e os exorta a aceitar a mensagem da reconciliação na qual se realiza a reconciliação para o ser humano individual.

O fundamento possibilitador da atuação salvífica de Deus é enfatizado mais uma vez explicitamente em 2Cor 5,21. Já que Jesus não conhecia o pecado, ele podia se tornar pecado por nós, para assim, ao assumir nossas falhas, possibilitar a nova existência. O emolduramento ἵνα ἡμεῖς γενώμεθα... ἐν αὐτῷ ("para que nós nos tornássemos [...] nele") é decisivo para a compreensão da expressão δικαιοσύνη θεοῦ ("justiça de Deus") que ocorre aqui pela primeira vez. A justiça de Deus visa a justificação do crente em Jesus Cristo. Esta nova existência em Jesus Cristo não consiste num julgamento de Deus ou numa declaração de ser justo, mas nomeia uma nova realidade. A justiça de Deus comprova-se na justificação do pecador (cf. 1Cor 1,30; 6,11). Realizada na cruz, a justificação possibilita e realiza-se para o cristão individual no batismo. Um argumento em favor desta interpretação é o ἐν αὐτῷ que expressa em analogia ao ἐν Χριστῷ em 1Cor 1,30 a

---

⁷⁵ Para o pano de fundo histórico-religioso paulino, cf. abaixo, Secção 16.7 (Jesus Cristo como reconciliador).
⁷⁶ Cf. R. BULTMANN, 2Kor, p. 161.

inserção no espaço do Cristo como comunhão sacramental de destino[77]. Em Cristo, o crente participa da morte vicária de Jesus, ele recebe uma nova existência, cujo distintivo é a justiça; ela é sacramentalmente mediada e é um efeito real do batismo. Uma conotação crítica à lei de δικαιοσύνη θεοῦ, como na Carta aos Romanos, ainda não se encontra aqui[78], ao contrário, a expressão descreve em 2Cor 5,21 a nova existência das pessoas batizadas e, dessa maneira, a nova realidade da comunidade.

10.6 O discurso de um louco

A agitação bem-sucedida de pregadores itinerantes judaicos-helenistas em Corinto obriga Paulo a explicitar para a comunidade em 2Cor 10–13 exaustivamente sua autocompreensão como apóstolo de Jesus Cristo[79]. Novamente mostra-se aqui a capacidade de Paulo de elaborar as questões sistemáticas inerentes a um processo complexo e de desenvolver princípios para a compreensão adequada do evangelho. Os adversários acusam Paulo de que ele seria forte em suas cartas, mas fraco em sua atuação pessoal (2Cor 10,1-10). Enquanto os adversários se recomendam a si mesmos, se elogiam e se comparam consigo mesmos, Paulo não realça suas qualidades pessoais (cf. 2Cor 10,12-18). Também isto é interpretado pelos adversários como fraqueza; parece que Paulo não dominava o recurso da autoapresentação, central tanto em sociedades antigas como modernas. Finalmente, os adversários confrontam o apóstolo com o fato de que ele não aceita sustento da parte da comunidade: desde a perspectiva deles, isto é

---

[77] Acertadamente H. WINDISCH, 2Kor, p. 199: "Assim, a δικ. θ. entrou também em nossa substância e se tornou uma qualidade verdadeira de nossa 'nova natureza'. Para isso conduz também a fórmula conclusiva ἐν αὐτῷ. Quando nos tornamos 'em Cristo' δικ. θεοῦ (Fl 3,9), então é impossível que este bem se possa limitar a um julgamento de Deus e uma 'declaração' de nossa justificação; então precisa ter sido criada também uma nova realidade dentro de nós mesmos."

[78] Cf. K. KERTELGE, Rechtfertigung, p. 106, nota 223: H. HÜBNER, Gesetz bei Paulus, p. 105.

[79] Para a estrutura de 2Cor 10-13 e a estrutura da argumentação paulina, cf. U. HECKEL, Kraft in Schwachheit, pp. 6-142.

um sinal de falta de amor para com a comunidade[80]. Estas acusações e a atuação dos adversários impressionam os coríntios. Eles estavam fascinados por pregadores que conseguiam entusiasmar as pessoas através de sua personalidade. Os outros missionários destacavam-se provavelmente por sua formação retórica, pela presunção de possuir conhecimentos e entendimentos especiais e pela aparência imponente (cf. 2Cor 10,5). Além disso, gabavam-se de outras habilidades particulares; conseguiam apresentar visões extáticas bem como sinais e milagres (cf. 2Cor 11,6; 12,1.12). Desse modo, segundo a perspectiva dos coríntios, os adversários faziam parte daquele grande grupo de pregadores itinerantes que marcavam naquela época a cena religiosa e intelectual nas cidades. Por meio de uma aparência não convencional, um estilo de vida autárquico e uma patética retórica, eles procuravam impressionar as pessoas. Nas cidades, povoavam mercados e praças e procuravam ganhar simpatias através de bajulações, para assim fazer seu lucro[81]. O centro de seus interesses era sua própria fama, e não o melhor para as outras pessoas. Para os coríntios, os outros missionários correspondiam à imagem familiar de oradores religiosos e/ou filosóficos que vinham ao encontro do desejo humano de ser ao mesmo tempo impressionado e bajulado. Missionários de sinais poderosos, que eram capazes de demonstrar sua autoridade e de legitimá-la por escrito a qualquer momento!

Diferentemente Paulo: sua fraca atuação externa e a falta do dom oratório aparentemente levaram muitos coríntios a pensar que também

---

[80] Quando um filósofo não aceitava dinheiro podia se interpretar isto como sinal de que seu ensinamento era sem valor; cf. Xenofontes, Memorabilia I 16,12, onde Antífono diz a Sócrates: "Ora, agora deve estar claro que tu também exigirias para tuas aulas nada menos que o valor monetário se tu acreditasses que elas valessem algo".

[81] Cf. Luciano, Icaromenipo 5, que pede para ser introduzido por filósofos aos mistérios do céu: "Portanto, eu procurei pelos mais nobres entre eles, isto é, por aqueles que se destacaram pelo rosto mais rabugento, a pele mais pálida e a barba mais emaranhada – não podia ser diferente, pensei eu, que homens cuja aparência e linguagem se destacassem tanto das dos habitantes comuns da terra precisavam saber das coisas do céu mais do que outras pessoas. Por isso comecei a aprender deles, paguei um bom dinheiro adiantado e comprometi-me a pagar o mesmo tanto depois, quando tivesse escalado o cume da sabedoria."

a mensagem do apóstolo deveria ser menosprezada. A força desejada do evangelho e a fraqueza do apóstolo não combinavam.

OS ADVERSÁRIOS

Como podemos entender os adversários da Segunda Carta aos Coríntios, em categorias histórico-religiosas? W. LÜTGERT viu neles pneumáticos e gnósticos libertinistas[82]. Aderiram a essa posição, por exemplo, R. BULTMANN[83] e W. SCHMITHALS[84]. E. KÄSEMANN argumentou contra esta identificação dos adversários em ambas as Cartas aos Coríntios: a segunda carta pressuporia uma situação nova e mais desenvolvida. Para ele, os adversários na Segunda Carta aos Coríntios seriam missionários próximos à comunidade primitiva de Jerusalém que fizeram a tentativa de impor contra Paulo a autoridade dos apóstolos primordiais (cf. ὑπερλίαν ἀπόστολοι = "superapóstolos" em 2Cor 11,5; 12,11). Segundo KÄSEMANN, trata-se do conflito entre dois conceitos de ministério dentro do cristianismo primitivo, a saber, opõem-se ao apostolado paulino reivindicações acerca da liderança na Igreja, da parte das autoridades de Jerusalém. No entanto, a Segunda Carta aos Coríntios não permite perceber em parte alguma que os adversários agiam como emissários verdadeiros ou supostos da comunidade primitiva. Um argumento contra esta opinião é 2Cor 3,1b (πρὸς ὑμᾶς ἢ ἐξ ὑμῶν = "para vós ou da vossa parte"), pois se os adversários tivessem vindo com cartas de recomendação de Jerusalém, dificilmente teriam utilizado cartas de recomendação dos coríntios. D. GEORGI considera os adversários na Segunda Carta aos Coríntios

---

[82] Cf. W. LÜTGERT, Freiheitspredigt, p. 79. Uma visão geral da história da pesquisa sobre a Segunda Carta aos Coríntios encontra-se em J. L. SUMNEY, Identifying Paul's Opponents, pp. 13-73; R. BIERINGER, "Die Gegner des Paulus im 2 Korintherbrief", in R. BIERINGER/J. LAMBRECHT, Studies on 2 Corinthians, pp. 181-221; S. HULMI, Paulus und Mose, pp. 18-23.

[83] Cf. R. BULTMANN, 2Kor, p. 216.

[84] Cf. por último W. SCHMITHALS, Gnosis und Neues Testament (Darmstadt: 1984), pp. 28-33.

missionários cristão-primitivos que devem ser atribuídos ao tipo do pregador itinerante, *goëta* e portador de salvação, muito divulgado na Antiguidade tardia. Eles veneravam o Jesus histórico como pneumático triunfante e não traçavam uma divisória entre o Terreno e o Exaltado. À semelhança de milagreiros gentios que se apresentavam como emissários de sua divindade e elogiavam seu próprio poder, os missionários cristão-primitivos se exibiam por meio de revelações e milagres. D. GEORGI subestima claramente os indícios para uma posição judeu-cristã agressiva dos adversários, enquanto eles são a base argumentativa de outros esboços. Seguindo F. CHR. BAUER, por exemplo, G. LÜDEMANN[85] caracteriza os adversários como judeu-cristãos de Jerusalém que participaram da Convenção dos Apóstolos, mas depois não respeitavam os acordos estabelecidos, ao atacar Paulo nas comunidades dele. Essa espécie de caracterização dos adversários não é suficiente, pois embora eles valorizassem sua proveniência judaica (cf. 2Cor 11,22), o critério decisivo de sua credibilidade era a posse do espírito que se expressava em sinais e milagres (cf. 2Cor 12,12). Eles defendiam provavelmente uma cristologia diferente de Paulo. Em parte alguma, porém, Paulo menciona uma exigência de circuncisão da parte dos adversários. O apóstolo reage a todas as atividades e acusações dos adversários, de modo que ele certamente teria mencionado a circuncisão se ela tivesse sido propagada. Por isso não é possível designar os adversários na Segunda Carta aos Coríntios como judeu--cristãos do mesmo tipo que os adversários na Carta aos Gálatas[86]. A circuncisão e, com ela, a questão da lei, não são os objetos do debate na Segunda Carta aos Coríntios. Os adversários também não recorreram a um relacionamento particular com o Jesus histórico, pois se fosse assim, Paulo dificilmente poderia ter refutado em 2Cor 10,7 a palavra de ordem dos adversários "Eu sou de Cristo" com o οὕτως καὶ ἡμεῖς ("Assim também nós"). Os adversários de Paulo na Segunda Carta aos Coríntios eram missionários itinerantes cristão-primitivos de

---

[85] Cf. G. LÜDEMANN, Paulus II, pp. 125-143. Com ligeiras modificações defende esta posição também H-.J. KLAUCK, 2Kor, p. 11.
[86] Cf. H. WINDISCH, 2Kor, p. 26; V. P. FURNISH, 2Kor, p. 53 F. LANG, 2Kor, pp. 357-359.

origem judaico-helenista, que acusavam Paulo de modo especial de uma posse insuficiente do espírito e que procuravam destacar-se através de milagres e discursos como verdadeiros apóstolos e portadores do espírito[87]. Se e em qual medida eles tinham ligações com Jerusalém, já não pode ser averiguado[88].

PARECER E SER

Paulo combate os adversários não de modo ostensivo e superficial, mas analisa a dimensão teológica profunda de um conflito aparentemente pessoal. A verdadeira diferença entre Paulo e seus adversários não deve ser procurada no ambiente da apresentação exterior, mas residia nos respectivos anúncios do evangelho. Parece que os adversários defendiam uma cristologia da glória, ao louvar o brilho e a glória do Ressuscitado e ao exibir publicamente sua participação desta glória. Em 2Cor 11,15; 12,1, Paulo os chama ironicamente de "superapóstolos", porque, com suas qualidades, eles parecem estar acima dos outros apóstolos. Paulo, por sua vez, deseja ser um apóstolo fraco se for dessa maneira que se manifesta através dele a força e o poder do evangelho. A força do Ressuscitado comprova-se poderosa nos fracos (2Cor 12,9a). O apóstolo varia este pensamento básico em 2Cor 10–13 com grande criatividade e com uma retórica impressionante. Que os adversários e a comunidade não se enganem – é verdade que Paulo vive ἐν σαρκί ("na carne"), mas não κατὰ σάρκα = "segundo a carne" (2Cor 10,3). Também ele dispõe de um talento pneumático, pois, em sua luta pela comunidade, suas armas recebem sua força atuante de Deus. Paulo luta por sua comunidade não porque busca sua vantagem pessoal, mas porque os adversários falsificam o evangelho e, consequentemente, roubam da comunidade sua σωτερία ("redenção/

---

[87] Cf. J. L. Sumney, ldentifying Paul's Opponents, p. 190; diferente F. W. Horn, Angeld des Geistes, pp. 302-309, segundo o qual o pneumatismo não era um elemento substancial da atuação adversária.

[88] O último a pleitear novamente uma ligação com Jerusalém é S. Hulmi, Paulus und Mose, p. 62.

salvação"). Nesta luta, Paulo não precisa elogiar suas capacidades, ao contrário, a existência da comunidade em Corinto é o elogio que Deus lhe conferiu (2Cor 10,12-18). Os adversários não são incomparáveis, mas somente a graça de Deus que capacitou o apóstolo e seus colaboradores para anúncio do evangelho e a edificação da comunidade. Autoelogio não é absolutamente uma recomendação, pois capaz é somente aquele que é recomendado pelo Senhor (2Cor 10,18).

Por isso, Paulo tenta com uma artimanha abrir os olhos da comunidade. Como pregador do evangelho, Paulo não pode elogiar suas próprias capacidades, mas como tolo e louco, sim. A comunidade em Corinto suporta pacientemente a loucura dos adversários e deveria permitir uma única vez o mesmo a ele (2Cor 11,1ss). O *discurso do louco* (2Cor 11,21b–12,10) como centro de 2Cor 10–13 é emoldurado por 2Cor 11,16-21a e 12,11-13[89]. Paulo assume o papel de um louco ou tolo, porque somente assim ele pode dizer a verdade à comunidade. Com a máscara do louco, ele pode se servir de autoelogio e autoengrandecimento. A comunidade gosta de suportar tolos e loucos, porque permite ser manipulada e explorada pelos superapóstolos. A Paulo não falta nada em comparação a eles; também ele é um hebreu e filho de Abraão (2Cor 11,22). Eles se apresentam como servos de Cristo; Paulo o é em medida muito maior. Depois desta declaração polêmica de ponta não segue uma enumeração das qualidades e capacidades pessoais do apóstolo, mas o maior catálogo de *perístases* do Novo Testamento (2Cor 11,21b-29). Paulo não elogia e se gaba de sua força, mas de sua fraqueza! Sua vida aparece dessa maneira como um exemplo da teologia da cruz. O poder de Deus opera também onde seres humanos podem perceber somente fracasso e fraqueza. Apesar das numerosas tribulações em seu trabalho missionário, o apóstolo continuava vivo, não porque ele era forte, mas porque unicamente a graça de Deus o mantinha vivo. Paulo não se gaba de seus muitos sucessos missionários, mas de seus sofrimentos e de sua fraqueza, para que,

---

[89] Para as tentativas de estruturação, cf. U. HECKEL, Kraft in Schwachheit, pp. 22s. Ele compreende 2Cor 11,1-12,13 como discurso de louco "no sentido mais amplo", 2Cor 11,21b-12,10 como discurso de louco "no sentido mais estreito". Para a análise, cf. G. HOTZE, Paradoxien, pp. 159-227.

assim, a força de Deus possa se revelar tanto mais (2Cor 11,30-33). O centro do discurso de louco é a descrição do *arrebatamento ao terceiro céu* (2Cor 12,1-10)[90]. Paulo narra esse evento excepcional no distanciamento da terceira pessoa do singular, para assim enfatizar o caráter de algo que se abateu sobre ele. No paraíso, seus ouvidos ouviram sons inefáveis que seres humanos não podem reproduzir. Também diante dessa espécie de experiências e provas da graça divina, Paulo fica fiel a sua posição teológica fundamental. Enquanto os adversários procuram impressionar a comunidade por meio de revelações particulares e, dessa maneira, elogiam suas próprias capacidades, isto é negado a Paulo, pois Deus o proíbe através de uma doença (2Cor 12,7-9)[91]. Três vezes, ele pediu a Deus que o curasse. A resposta que recebeu de Jesus a seu pedido tem um caráter programático e determina a compreensão da realidade do apóstolo: "Deixa que minha graça te baste, pois minha força é poderosa nos fracos" (2Cor 12,9a). Paulo deve ser o apóstolo fraco, para que, por meio de seu trabalho, se manifestem a graça e o poder de Deus.

No final de seu discurso de louco, Paulo tira a máscara e fala de novo diretamente aos coríntios (2Cor 12,11-13). Como servo do evangelho de Jesus Cristo, o apóstolo não está em aspecto algum inferior aos "superapóstolos". Entre os coríntios aconteceram sinais, milagres e maravilhas (2Cor 12,12), às quais Paulo alude com a palavra padronizada σημεῖα καὶ τέρατα ("sinais e maravilhas")[92]. Também Paulo operou em Corinto milagres, "em primeiro lugar curas, ao lado delas

---

[90] Para uma exegese abrangente, cf. U. Heckel, Kraft in Schwachheit, pp. 56-120. Como paralelo histórico-religioso, cf. Platão, República X 614b-615c (= NW II/I, pp. 504s).

[91] As interpretações desta doença vão desde uma deficiência na fala, sobre surdez, lepra, reumatismo, histeria, epilepsia até dores de cabeça ou enxaquecas, respectivamente (cf. o panorama em H. Windisch, 2Kor, pp. 386-388). A mais provável de todas as propostas é dores de cabeça e enxaquecas, respectivamente; cf. U. Heckel, "Der Dorn im Fleisch. Die Krankheit des Paulus in 2Kor 12,7 und Gal 4,13f", in ZNW 84 (1993), pp. 65-92.

[92] Para a compreensão do apostolado e a imagem de Jesus pelos adversários na Segunda Carta aos Coríntios, cf. B. Kollmann, "Paulus als Wundertäter", in U. Schnelle / Th. Soding/M. Labahn (org.), *Paulinische Christologie*, pp. 84-87.

conversões com circunstâncias particulares, atuações impressionantes diante de não crentes, glossolalia e outros estados pneumáticos, milagres castigadores dentro e fora da comunidade"[93]. Para o pneumático Paulo, milagres não eram nada de excepcional; também neste ponto, os "superapóstolos" não têm nenhuma vantagem de legitimação[94]. Quando os coríntios exigem a comprovação de que Cristo opera através de Paulo, ele é capaz de apresentá-la: "Por certo, ele (Jesus) foi crucificado em fraqueza, mas está vivo pelo poder de Deus. Também nós somos fracos nele, todavia, com ele viveremos pelo poder de Deus em relação a vós" (2Cor 13,4)[95]. A δύναμις θεοῦ ("poder [força] de Deus") não está absolutamente sempre escondida e não opera apenas paradoxalmente na fraqueza do apóstolo. Nos sinais e milagres do apóstolo, ela se revelou, e ela se manifestará imediatamente neles quando Paulo for pela terceira vez a Corinto para proceder contra os problemas que corrompem a comunidade. Paulo não se orienta aqui pelo modelo do caráter da força que está escondida na fraqueza, mas através da fraqueza opera visivelmente o poder de Deus. Para Paulo, maravilhas (ou seja, atos poderosos) eram manifestações evidentes da presença de Deus no cosmos que está passando (cf. 1Ts 1,5; 1Cor 2.4; 5.4; Gl 3,5; Rm 15,18s); assim, também Paulo era um fazedor de milagres.

Na Segunda Carta aos Coríntios, Paulo *desenvolve os pensamentos fundamentais de sua teologia de forma paradoxal*[96]. A participação do

---

[93] H. WINDISCH, 2Kor, p. 397.
[94] E. KÄSEMANN, Die Legitimität des Apostels, p. 511, diminui este fato; segundo ele, Paulo interessa-se por milagres "somente como elementos integrativos de seu serviço apostólico, enquanto os adversários fazem-nos irromper na história sem nexo, como revelações do outro éon, e os concebem como coisa 'miraculosa'". Semelhantemente U. HECKEL, Kraft in Schwachheit, p. 298, segundo o qual Paulo desvaloriza "a atuação milagrosa como mero fenômeno lateral do serviço apostólico". Cf., ao contrário, H. K. NIELSEN, "Paulus' Verwendung des Begriffes Δύναμις", in S. PEDERSEN (org.), *Die Paulinische Literatur und Theologie*, p. 153: "Paulo diz clara e inequivocamente que se realizaram por meio dele σημεῖα, τέρατα e δυνάμεις; isto não deve ser encoberto."
[95] As particularidades deste texto são enfatizados por H. K. NIELSEN, op. cit., pp. 154s; F. SIBER, Mit Christus leben, pp. 168-178.
[96] Para o significado básico da figura noética da paradoxia, cf. G. HOTZE, Paradoxien, pp. 341-360.

apóstolo e da comunidade dá-se do mesmo modo que a transformação do Filho. A glória de Deus revela-se paradoxalmente na fraqueza do sofrimento e da morte. Assim como o poder divino de vida se manifesta na cruz, seu poder opera também na fraqueza do apóstolo. O sofrimento no serviço ao evangelho leva à correspondência aos sofrimentos de Jesus; os sofrimentos do apóstolo são o ponto onde se cruzam a revelação divina e a existência terrestre. Enquanto os adversários se orientam pela glória de Deus e por suas próprias capacidades como "superapóstolos", Paulo esboça um modelo paradoxal de identidade: as experiências do sofrimento não contradizem à nova existência em Cristo; ao contrário, a correspondência existencial entre os próprios sofrimentos e os sofrimentos de Cristo é um elemento constitutivo da existência cristã. Tanto o apóstolo como a comunidade são participantes e sócios da sorte sofredora de seu Senhor. As tensões entre o mundo efetivamente existente e a realidade de Deus não ameaçam a força convencedora do evangelho, mas são um elemento integral do mesmo: o modo invisível e humilde da ressurreição corresponde ao modo escondido da atuação divina no mundo.

Capítulo 11
PAULO E OS GÁLATAS: APRENDIZADO NO CONFLITO

Numa crise, uma pessoa pode naufragar, mas, muitas vezes, a crise também libera forças inesperadas e leva a novos aprendizados. Paulo não se esquivou de nenhuma discussão quando se tratava de seu evangelho.

11.1 A história precedente

Os destinatários da Carta aos Gálatas podem ser as comunidades na região da Galácia (teoria da região/da Galácia setentrional) ou na parte meridional da província romana da Galácia (teoria da província/da Galácia meridional). Os gálatas são os descendentes de celtas que penetraram por volta de 279 a.C. na Ásia Menor e se assentaram na região em torno da atual cidade de Ãncara. No ano 25 a.C., a região da Galácia tornou-se parte de uma *provincia Galatia*, na qual foram integradas também partes de regiões situadas mais ao sul, como a Pisídia, a Licaônia, a Paflagônia, o Ponto Galático e (temporariamente) a Panfília.

A HIPÓTESE DA PROVÍNCIA

A *hipótese da província* supõe como destinatários da carta cristãos nas regiões da Licaônia, Pisídia e Isáuria, onde Paulo, segundo

At 13,13–14,27, fundou comunidades que ele provavelmente visitou mais tarde novamente (cf. At 16,2-5). Há os seguintes argumentos em favor da hipótese da província[1]:

1) Da coleta para Jerusalém participaram também as comunidades da Galácia (cf. 1Cor 16,1); At 20,4 menciona como membros da delegação da coleta somente cristãos da Ásia Menor, entre outros, Gaio de Doberes.

2) A agitação bem-sucedida dos adversários de Paulo na Galácia indica que havia judeu-cristãos na comunidade. Nas partes meridionais da província havia uma parte populacional judaica, enquanto o mesmo não é um dado seguro acerca da região da Galácia[2].

3) Paulo utiliza frequentemente os nomes das províncias (Ásia, Acaia, Macedônia); ele orienta sua missão não pelas regiões, mas pelas metrópoles das províncias[3].

4) A sequência na notícia itinerária de At 18,23 ("ele passou, uma depois da outra, pela terra da Galácia e pela Frígia") pode servir para apoiar a hipótese da província[4].

A HIPÓTESE DA REGIÃO

Também para a *hipótese da região* pode-se aduzir argumentos de peso[5]:

---

[1] Uma justificativa exaustiva da hipótese da província encontra-se em C. CLEMEN, Paulus. Sein Leben und Wirken I (Giessen: 1904), pp. 24-38; esta justificação é predominante na exegese anglo-saxônica e defendida na região de fala alemã, entre outros, em P. STUHLMACHER, Biblische Theologie des Neuen Testaments I, p. 226; R. RIESNER, Frühzeit des Apostels Paulus, pp. 250-259; C. BREYTENBACH, Paulus und Barnabas, pp. 99ss; TH. WITTULSKI, Die Adressaten des Galaterbriefes. FrIant 193 (Göttingen: 2000), p. 224.

[2] Aqui se trata de um *argumentum ex silentio* que não pode sustentar o peso de hipóteses de amplo alcance!

[3] Cf. W. H. OLLROG, Paulus und seine Mitarbeiter, pp. 55s.

[4] Cf. a respeito C. J. HEMER, The Book of Acts in the Setting of Hellenistic History. WUNT 49 (Tübingen: 1989).

[5] Cf. a justificativa pormenorizada em PH. VIELHAUER, Geschichte der urchristlichen Literatur, pp. 104-108.

1) A hipótese da província pressupõe a fundação das comunidades na primeira viagem missionária de Paulo. No entanto, em Gl 1,2, Paulo não menciona nada disto, embora tivesse reforçado em muito sua argumentação em favor de sua independência de Jerusalém. Além disso, Paulo parte em Gl 3,1ss; 4,12ss explicitamente de uma estada de fundação, portanto, os destinatários sabem que Gl 1,21 e 3,1ss; 4,12ss se referem a eventos diferentes e que Paulo atuou em sua região apenas mais tarde para fundar comunidades[6].

2) As partes meridionais da província da Galácia não são designadas assim, mas chamam-se Pisídia (At 13,14; 14,24) e Licaônia (At 14,6.11), e, por outro lado, Γαλατικὴ χώρα em At 16,6 e 18,23 (ambas às vezes ao lado da Frígia) designa a região da Galácia na qual Paulo, desde a perspectiva lucana, atua como missionário[7]. Também no demais uso linguístico do Novo Testamento, Galácia é sempre o nome de uma região (cf. 1Pd 1,1; 2Tm 4,10).

3) Exceto na Carta a Filemon, Paulo volta-se sempre a comunidades locais concretas. A ausência de um topônimo e o uso de um nome étnico como designação dos destinatários (Gl 1,2; 3,1) apontam para a hipótese da região[8].

---

[6] A referência à expressão τὰ κλίματα (τῆς Συρίας καὶ τῆς Κιλικίας) não pode refutar este argumento, porque em todas as outras partes de Gl 1, Paulo argumenta com grande precisão. Uma fundação das comunidades galacianas já antes da Convenção dos Apóstolos teria sido uma excelente demonstração de sua independência de Jerusalém!

[7] Cf. F. MUSSNER, Gal, pp. 3-5; K. STROBEL, Die Galater. Geschichte und Eigenart der keltischen Staatenbildung auf dem Boden des hellenistischen kleinasien, vol. 1: Untersuchungen zur Geschichte und historischen Geographie des hellenistischen und römischen Kleinasien (Berlim: 1996), p. 118: "As regiões no sul da província da Galácia são contrastadas nos Atos dos Apóstolos à Γαλατικὴ χώρα e são constantemente chamadas de Pisídia e Licônia. Cf., além disso, D.-A. KOCH, Barnabas, Paulus und die Adressaten des Galaterbriefes, p. 89: "Para Lucas [N. da Ta.: sic, não Lc, trata--se de Atos e não do Evangelho.], as comunidades, de cuja fundação ele narra em At 13s, situam-se justamente não na Galácia, mas na Pisídia e na Licaônia (cf. At 13,14; 14,6). [...] Portanto, para Lucas, a 'Galácia' situa-se ainda mais no interior da Ásia Menor do que a Pisídia e a Licaônia. Isto é, é certo que Barnabé e (!) Paulo fundaram comunidades em Antioquia da Pisídia, Icônio, Listra e Derbe, mas, para Lucas, estas justamente não se encontram na 'Galácia' – e nem na Frígia."

[8] Cf. K. STROBEL, Die Galater, pp. 117. Sendo um estudioso da história antiga, STROBEL defende veementemente a hipótese da região e enfatiza na discussão com a pesquisa

4) Os povos reunidos na província da Galácia preservaram suas particularidades culturais e linguísticas; por exemplo, os licaônios preservaram seu próprio idioma (cf. At 14,11). Por isso teria sido errado em termos histórico-culturais e muito desajeitado em termos retóricos, se Paulo tivesse tratado os licaônios ou pisídios como "gálatas insensatos (bobos)" (Gl 3,1)[9]. Esta acusação poderia atingir os destinatários somente quando estes se sentissem inteiramente como gálatas[10].

5) No uso linguístico contemporâneo, ἡ Γαλατία designa antes de tudo a região (paisagem) Galácia em sua definição histórica e étnica[11].

6) Paulo não usa sempre os nomes oficiais das províncias romanas, mas frequentemente as antigas designações das regiões (cf. Gl 1,21; 1,17; 4,25; 1Ts 2,14; Rm 15,24).

7) As comunidades no sul da Galácia foram fundadas por Barnabé (!) e Paulo (cf. At 13,1.2; 14,12.14). A Carta aos Gálatas, porém, é dirigida a comunidades fundadas somente por Paulo (cf. Gl,1.8s; 4,12-14)[12].

No conjunto da argumentação, os argumentos em favor da hipótese da região possuem o peso maior. Especialmente a não menção

---

anglo-saxônica: "Contudo, quando consideramos o uso da linguagem helenista, que não mudou na época do apóstolo que, ele mesmo, dispunha de uma educação helenista, então poderemos interpretar seu uso do termo de 'gálatas' também somente no sentido do termo étnico inteiramente comum. Para seus contemporâneos, esta conotação histórica e literariamente estabelecida do nome de gálatas era inequívoco. Por isto deve-se decidir a pergunta polêmica sobre os destinatários da Carta aos Gálatas no sentido dos gálatas como um termo étnico historicamente definido, tanto mais que os gálatas formavam dentro da província mais ampla uma grandeza político-organizatória específica como o *koinon* dos gálatas com o subúrbio Ankyra."

[9] Cf. K. Strobel, Die Galater, p. 118: "Neste contexto devemos destacar a continuação das regiões étnicas tradicionais e das paisagens históricas também dentro do sistema das províncias romanas." Contudo, neste argumento precisa-se lembrar que se deve contar com uma população mista não somente no sul, mas também no norte; cf. C. Breytenbach, Paulus und Barnabas, pp. 154ss.

[10] Cf. F. Vouga, Gal, p. 11.

[11] Ocorrências em J. Rohde, Gal, 1s. Já que a região da Galácia pertencia também à Província da Galácia, a designação da província não pode ser usada como argumento contra a hipótese da região.

[12] Cf. a respeito D.-A. Koch, Barnabas, Paulus und die Adressaten des Galaterbriefes, pp. 94-97.

dos destinatários em Gl 1,21, as notícias lucanas sobre a atuação de Paulo na "terra da Galácia", o tratamento em Gl 3,1 e o pressuposto da fundação da comunidade unicamente por Paulo são, diante da disposição muito bem refletida da carta inteira, argumentos contra a hipótese da província[13].

A FUNDAÇÃO DAS COMUNIDADES

Quando as comunidades da Galácia foram fundadas? Segundo At 16,6 e 18,23, Paulo passou no início tanto de sua segunda como de sua terceira viagem missionária pela "terra da Galácia". Frequentemente considera-se At 16,6 como a estada de fundação na Galácia, à qual seguiu uma segunda visita para fortalecer a comunidade (At 18,23). Como prova em favor desta suposição aduz-se Gl 4,13, onde τὸ πρότερον é traduzido no sentido de "na primeira vez" e, dessa maneira, implica uma segunda visita. Desse modo, as comunidades da Galácia teriam sido fundadas na segunda viagem missionária[14]. Contudo, ambos os textos devem-se em grande parte à redação lucana[15], de modo que não se pode afirmar nada de seguro além do

---

[13] As posições de distintos exegetas acerca das hipóteses da região e da província, respectivamente, são elencadas em J. ROHDE, Gal, pp. 6s; cf. para a hipótese da região por último exaustivamente H. D. BETZ, Gal, pp. 34-40; além disso, U. WICKERT, Verbete "Kleinasien", in TRE 19 (Berlim/Nova Iorque: 1990), p. 251: "A hipótese do norte da Galácia merece inequivocamente nossa preferência"; K. STROBEL, Die Galater, pp. 117ss; K. LÖNING, Der Galaterbrief, pp. 132s: J. ROLOFF, Einführung, p. 123; J. BECKER, Gal, pp. 14-16; J. L. MARTYN, Gal, pp. 16s; F. VOUGA, Gal, pp. 11s; D.-A. KOCH, Barnabas, Paulus und die Adressaten des Galaterbriefes, p. 106: D. LÜHRMANN, Verbete "Galaterbrief", in RGG⁴ 3 (Tübingen: 2000), p. 451.
[14] Assim H. SCHLIER, Gal, pp. 17s; A. OEPKE, Gal, 25.142; F. MUSSNER, Gal, pp. 3-9.306s etc.
[15] At 18,23c ("e ele fortaleceu todos os irmãos") é frequentemente tido como argumento em favor de uma missão anterior na Galácia, cf. H. HÜBNER, Verbete "Galaterbrief", p. 6. Exatamente esta expressão, porém, é inequivocamente redacional, cf. Lc 22,32: At 14.22; 15,32.41; 16,5. Além disso, em At 18,23 são certamente redacionais: ποιεῖν χρόνον τίνα (cf. At 15,33); καθεξῆς ocorre em outros textos do NT somente em Lc 1,3; 8,1; At 3,24; 11,4. At 16,6 deve ser entendido inteiramente como uma notícia compositória de Lucas que expressa o caminho decidido do apóstolo

fato da atuação missionária de Paulo na "terra galaciana". Quando se escolhe, consequentemente, como ponto de partida unicamente os dados contidos na própria carta, surgem outras possibilidades de interpretação. Gl 1,6 pressupõe uma estada de fundação que ainda está relativamente próxima; inicialmente, os gálatas "correram bem", e agora Paulo se admira que eles tenham se desviado "tão rápido" de seu evangelho. Uma segunda visita do apóstolo à Galácia não é mencionada e tampouco de alguma forma pressuposta. A indicação temporal τὸ πρότερον em Gl 4,13 não precisa ser entendida como "primeiro" no sentido "naquela época (remota), mas como "então"[16]. Além disso, Gl 4,13-15.18s referem-se também unicamente à estada de fundação, de modo que, a partir da carta, uma segunda visita pode ser presumida apenas hipoteticamente[17]. Portanto, um reflexo da formação das comunidades da Galácia encontra-se unicamente em At 18,23[18]. A fundação das comunidades galacianas no início da terceira viagem missionária, no ano 52, pode ser conciliada com os dados inerentes à carta, considera notícias em Atos e concorda com a datação suposta da Carta aos Gálatas pouco antes da Carta aos Romanos.

Os gálatas eram em sua maior parte gentio-cristãos (cf. Gl 4,8; 5,2s; 6,12s) e pertenciam provavelmente à população urbana helenizada. A recepção da Carta aos Gálatas pressupõe certa medida de educação, e o efeito inicial da mensagem paulina acerca da liberdade aponta para círculos interessados numa emancipação cultural e religiosa. Possíveis lugares das comunidades dos gálatas são Pessino, Germa, Ankyra e Távio.

---

rumo à Europa; para detalhes, cf. A. WEISER, Apg II, pp. 404.500. Não obstante, chama a atenção a sequência diferente das estações em At 16,6; 18,23; para os problemas de At 18,18-23, cf. acima, Secção 2.2 (A cronologia relativa).

[16] Cf. U. BORSE, Gal, p. 150.

[17] Contra uma segunda visita de Paulo às comunidades dos gálatas votam também U. BORSE, Gal, pp. 8ss: H. D. BETZ, Gal, p. 11.

[18] Cf. D.- KOCHA. KOCH, Barnabas, Paulus und die Adressaten des Galaterbriefes, pp. 100-105.

A REDAÇÃO DA CARTA

Duas possibilidades oferecem-se para determinar a redação da carta:

1) A Carta aos Gálatas foi escrita durante a estada paulina em Éfeso, antes ou depois da Primeira Carta aos Coríntios, igualmente escrita em Éfeso[19].

2) Paulo escreveu a Carta aos Gálatas durante sua viagem pela Macedônia (cf. At 20,2); nesse caso, ela deve ser situada depois da Primeira (e da Segunda) Carta aos Coríntios e está numa proximidade imediata à Carta aos Romanos[20]. Critérios para a definição da redação podem ser somente a notável proximidade à Carta aos Romanos e a menção da campanha da coleta em Gl 2,10 e 1Cor 16,1.

Pontos de contato estreitos entre a Carta aos Gálatas e a Carta aos Romanos mostram-se já na estrutura[21]:

---

[19] Assim, por exemplo, A. OEPKE, Gal, pp. 211s (Gl depois de 1Cor): H. SCHLIER, Gal, p. 18; PH. VIELHAUER, Geschichte der urchristlichen Literatur, p. 110s; D. LÜHRMANN, GaI, p. 10 (Gl depois de 1Cor); H. HÜBNER, Verbete "Galaterbrief", p. 11.

[20] Assim, por exemplo, J. B. LIGHTFOOT, Saint Paul's Epistle to the Galatians. 2ª ed. (Londres: 1890), p. 55; O. PFLEIDERER, Das Urchristentum I (Berlim: 1902), p. 138; U. BORSE, Gal, pp. 9-17: P. MUSSNER, Gal, pp. 9ss: U. WILCKENS, Röm I, pp. 47s; G. LÜDEMANN, Paulus I, p. 273: J. BECKER, Gal, 14-16: D. ZELLER, Röm, 13; S. JONES, "Freiheit", pp. 25s; S. VOLLENWELDER, Freiheit als neue Schöpfung, p. 20, nota 40; H. RÄISÄNEN, Paul and the Law, p. 8; J. ROHDE, Gal, pp. 10s; G. STRECKER, Neues Testament (Stuttgart: 1989), p. 78; E. SCHWEIZER, Einleitung, p. 70; TM. SÖDING, Chronologie der paulinischen Briefe, p. 58; P. W. HORN, Angeld des Geistes, p. 346; H.-J. ECKSTEIN, Verheissung und Gesetz, p. 252. Mesmo quando se considera a Carta aos Gálatas numa proximidade imediata à Carta aos Romanos, a relação dessa carta à Segunda Carta aos Coríntios e à Carta aos Filipenses pode ser definida de várias maneiras. Seguindo U. BORSE, por exemplo, P. MUSSNER, Gal, p. 10s; J. ROHDE, Gal, p. 11, situam a Carta aos Gálatas entre 2Cor 1–9 e 2Cor 10–13. J. BECKER, Paulus, p. 332, defende, sob inclusão de Fl, a sequência: Gl – Fl B – Rm, sendo que ele caracteriza Fl B como uma "pequena Carta aos Gálatas" escrita posteriormente; K. BERGER, Theologiegeschichte, p. 441, defende a sequência Gl – Fl – Rm.

[21] Cf. a respeito U. BORSE, Standort, pp. 120-135: U. WILCKENS, Rm I, p. 48; I. BROER, Einleitung II, pp. 442s.

Gl 15-16	– Rm 1,1-5	Separação para ser o apóstolo dos gentios
Gl 2,15-21	– Rm 3,19-28	Justiça pela fé
Gl 3,6-25.29	– Rm 4,1-25	Abraão
Gl 3,26-28	– Rm 6,3-5	Batismo
Gl 4,1-7	– Rm 8,12-17	Servidão e liberdade
Gl 4,21-31	– Rm 9,6-13	Lei e promessa
Gl 5,13-15	– Rm 13,8-10	Liberdade no amor
Gl 5,17	– Rm 7,15-23	Contradição entre querer e agir
Gl 5,16-26	– Rm 8,12ss	Vida no espírito.

Na Carta aos Gálatas, a argumentação da Carta aos Romanos está prefigurada em seus traços básicos. A polêmica condicionada pela situação da Carta aos Gálatas é transformada na Carta aos Romanos em questionamentos gerais; a argumentação parece mais refletida na Carta aos Romanos; a adução das provas, mais lógica. São tematizadas também perguntas novas que preocupam Paulo, como mostram Rm 1,18–3,21 e Rm 9–11. Um argumento em favor de um relacionamento estreito entre a Carta aos Gálatas e a Carta aos Romanos é principalmente a doutrina da justificação em ambas as cartas. Somente nelas encontra-se a alternativa "pela fé, e não pelas obras da lei", somente nelas há uma compreensão realmente refletida e elaborada da lei. Nesse contexto, as diferenças na compreensão da lei na Carta aos Gálatas e na Carta aos Romanos explicam-se pelo fato de que a Carta aos Gálatas está condicionada pela situação, e este fato manifesta-se especialmente no maior desenvolvimento de alguns pensamentos na Carta aos Romanos.

Depois de 1Cor 16,1, Paulo ordena também na Galácia uma arrecadação em benefício dos santos em Jerusalém, provavelmente não muito antes da redação da Primeira Carta aos Coríntios. Aqui não se sente nada de uma possível crise entre o apóstolo e as comunidades da Galácia, algo que é um claro argumento em favor da redação da Carta aos Gálatas no mínimo depois da redação da Primeira Carta aos Coríntios. Gl 2,10 menciona a coleta de modo totalmente não polêmico no contexto dos acordos da Convenção dos Apóstolos. Como a coleta não é um dos objetos do confronto entre o apóstolo e os adversários ou a comunidade e não é mais mencionada em outras partes da Carta aos Gálatas, pode-se supor que a campanha da coleta na Galácia já estava concluída no momento da redação da carta. Quando Paulo menciona em Gl 2,10b explicitamente que ele cumpriu em todos os detalhes seus deveres acerca do acordo sobre a coleta, ele pressupõe as instruções acerca da arrecadação da coleta mencionadas em 2Cor (cf. Rm 15,26)[22]. Além disso, o curso da campanha da coleta em geral indica uma datação da Carta aos Gálatas imediatamente antes da Carta aos Romanos: em 1Cor 16,3s, Paulo ainda não tem certeza se ele mesmo precisará viajar a Jerusalém como um membro da delegação da coleta. Em 2Cor 8,19, ele está entre os (futuros) entregadores da coleta em Jerusalém, e em Rm 15,25-27, ele considera a entrega da coleta sua tarefa atual e prioritária que está acompanhada por grandes preocupações e temores (cf. Rm 15,30s). Entre a redação da Primeira Carta aos Coríntios e da Carta aos Romanos deve ter ocorrido uma complicação dramática no relacionamento entre Paulo e a comunidade primitiva, provavelmente provocada pela crise da Galácia e respondida por Paulo com a Carta aos Gálatas.

Tanto a grande proximidade à Carta aos Romanos como as notícias sobre a coleta na Galácia são argumentos em favor da hipótese de que a Carta aos Gálatas foi escrita *depois* das duas Cartas aos Coríntios e *antes* da Carta aos Romanos, no fim do outono do ano 55 d.C. *na Macedônia*. As reflexões sobre a situação geográfica dos destinatários confirmam esta datação tardia, apurada exclusivamente do conteúdo da carta.

11.2 A crise galaciana

A Carta aos Gálatas é o documento de uma profunda crise entre as comunidades galacianas e o apóstolo Paulo. Além disso, a carta

---

[22] Cf. J. ROHDE, Gal, p. 94. O uso do aoristo I ἐσπούδασα por Paulo indica "que ele se dedicou realmente ao cumprimento dessa tarefa, através de uma atividade já acontecida" (G. HARDER, in *ThWNT* 7, p. 564). Para todos os efeitos, Gl 2,10b exclui uma datação precoce da Carta aos Gálatas como a carta mais antiga de Paulo, da forma como ela foi defendida por TH. ZAHN, *Der Brief des Paulus an die Galater*. 3ª ed. KNT 9 (Leipzig/Erlangen) 1922, pp. 20s.

marca uma transformação profunda no pensamento paulino. Já a estrutura da carta sinaliza o aguçamento do relacionamento entre o apóstolo e a comunidade numa crise. Por exemplo, no início da carta falta o proêmio, já que Paulo não vê nenhum motivo de agradecimentos diante da situação na Galácia. Em Gl 1,1, Paulo utiliza seu título de apóstolo enfaticamente para realçar sua autoridade. Singular nas cartas de Paulo é também a polêmica aguda logo no início da carta (cf. 1,6-9), e ela determina a argumentação em grandes partes. Na conclusão da carta, o apóstolo renuncia a qualquer forma de saudações e, em lugar disso, confronta mais uma vez seus adversários (cf. Gl 6,12-14). A Carta aos Gálatas possui inequivocamente um caráter apologético e visa uma mudança de opinião e atitude na comunidade. Para conseguir isto, Paulo emprega uma alta medida de elementos retóricos[23]. A análise de uma carta paulina segundo critérios retóricos parece especialmente na Carta aos Gálatas possível, porque o confronto com os adversários e o relacionamento com a comunidade explicam a forma da carta. A carta assume o lugar do Paulo ausente e substitui o discurso de defesa do apóstolo. No entanto, a Cartas aos Gálatas não pode ser captada em toda a sua abrangência como carta apologética. Sem dúvida prevalece em Gl 1 e 2 uma tendência apologética, mas Gl 5,13–6,18 é deliberativo e Gl 3,1–5,12 foge de uma classificação retórica uniforme[24]. Também

---

[23] H. D. BETZ, Gal, pp. 54-72, considera a Carta aos Gálatas um discurso apologético de julgamento em forma de carta e caracteriza os trechos típicos deste gênero da seguinte maneira: 1,1-5 *praescriptum* (prefácio); 1,6-11 *exordium* (introdução); 1,12–2,14 *narratio* (narrativa); 2,15-21 *propositio* (apresentação do objetivo da argumentação comprobatória); 3,1–4,31 *probatio* (argumentação comprobatória); 5,1–6,10 *exhortatio* (exortação); 6,11-18 *conclusio* (conclusão). Outros acentos na análise retórica são postos por G. A. KENNEDY, New Testament Interpretation through Rhetorical Criticism (Durham: 1984), 144-152; F. VOUGA, "Zur rhetorischen Gattung des Galaterbriefes", in ZNW 79 (1988), pp. 291ss; J. SMIT, "The Letter of Paul to the Galatians: A Deliberative Speech", in NTS 35 (1989), pp. 1-26; R. BRUCKER, "'Versuche ich denn jetzt, Menschen zu überreden ...?' – Rhetorik und Exegese am Beispiel des Galaterbriefes", in St. ALKIER/R. BRUCKER (org.), *Exegese und Methodendiskussion*. TANZ 23. (Tübingen: 1998), pp. 211-236, que atribuem a Carta aos Gálatas ao gênero literário do *genus deliberativum*.

[24] Cf. a respeito J. SCHOON-JANSSEN, *Umstrittene "Apologien" in den Paulusbriefen*. GTA 45. (Göttingen: 1991), pp. 66-113.

o lugar da parênese dentro de uma "carta apologética" permanece não esclarecido. Quem acrescentaria num discurso defensor no tribunal à argumentação propriamente dita ainda reflexões parenéticas? Outro problema é a relação entre a epistolografia e a retórica antigas, pois aqui existem apenas poucos pontos de contato[25]. A admissão do apóstolo em 2Cor 11,6, de que ele seria um "imperito no falar" (ἰδιώτης τῷ λόγῳ), mas não no conhecimento, servia para alertar contra a tendência de considerar a argumentação paulina unicamente determinada pelos elementos retóricos. Além disso, Paulo escreveu suas cartas em contextos que eram muito mais complexos que as situações de discursos supostos em livros sobre a retórica[26]. Como elemento de seu ambiente cultural, a retórica foi adotada por Paulo, mas ela não se tornou o fator determinante de sua argumentação.

---

[25] Cf. a partir da perspectiva de um filólogo de línguas antigas: C. J. CLASSEN, "Paulus und die antike Rhetorik", in *ZNW* 82 (1991), pp. 1-33. CLASSEN aponta a diferença entre retórica e epistolografia na compreensão antiga, duvida da existência do "gênero da carta apologética" e constata acerca do "compromisso com a tradição" da parte de autores antigos que "justamente a *dissimulatio artis* faz parte das exigências centrais que a teoria dirige a cada prático, portanto, a exigência de não deixar perceber a observação das *precepta*, de modo que o uso claramente perceptível das regras precisa se apresentar como uma sinal de falta de experiência ou habilidade, em todo caso na área da *dispositio* e da *elocutio*" (op. cit., p. 31). D. SÄNGER, "'Vergeblich bemüht' (Gal 4,11)? Zur paulinischen Argumentationsstrategie im Galaterbrief", in *ZNW* 48 (2002), pp. 377-399, aponta enfaticamente para o fato de que o antigo retórico considerava *oratio* e *epistula* duas formas de comunicação distintas: "Os estados de performância reservados à apresentação oral da *actio* e da *pronuntiatio*, isto é, gestos, mímica, volume da voz, ritmo da fala, modulação da voz, pausas retóricas etc. não podem ser reproduzidos nela (isto é, na carta). No entanto, exatamente eles são um fator essencial que decide sobre o sucesso ou fracasso do orador junto aos destinatários" (op. cit., p. 389).

[26] Bem adequado é D. E. AUNE, The New Testament in its Literary Environment (Philadelphia: 1987) p. 203: "*Paul in particular was both a creative and eclectic letter writer. The epistolary situations he faced were often more complex than the ordinary rhetorical situations faced by most rhetoricians.*" (Particularmente Paulo foi um escritor de cartas tanto criativo como eclético. As situações epistolares que ele enfrentou foram muitas vezes mais complexas do que as situações retóricas ordinárias que a maioria dos retóricos enfrentava).

O MOTIVO DA CRISE

Tanto a cuidadosa formulação literária da Carta aos Gálatas como a polêmica singularmente aguda da carta permitem perceber que no confronto com os gálatas estava em jogo um problema teológico central. A crise entre o apóstolo e a comunidade foi provocada por missionários judeu-cristãos (de proveniência estrita)[27]. Eles invadiram a comunidade e destruíram o bom relacionamento entre a comunidade e o apóstolo (cf. Gl 5,7; 4,13-15). Para escapar das perseguições iminentes pelos judeus (cf. Gal 6,12), os adversários exigiram a prática da circuncisão (cf. Gl 5,3; 6,12.13; além disso, 2,2; 6,15)[28] e a observância dos tempos cúlticos (cf. Gl 4,3.9.10)[29]. Especialmente os textos de

---

[27] Cf., nesse sentido, entre outros, A. Oepke, Gal, pp. 27ss: W. G. Kümmel, Einleitung, pp. 260-263: F. Mussner, GaI, p. 25; O. Merk, "Der Beginn der Paränese im Galaterbrief", in Idem, *Wissenschaftsgeschichte und Exegese*, p. 250: D. Lührmann, Gal, pp. 104-108; H. Hübner, Verbete "Galaterbrief", p. 7s: H. D. Betz, GaI, p. 43: G. Lüdemann, Paulus II, pp. 146s; F. W. Horn, Angeld des Geistes, pp. 346-350; I. Broer, Einleitung II, p. 440; D.- KochA. Koch, Barnabas, Paulus und die Adressaten des Galaterbriefes, p. 87. Diferente C. Breytenbach, Paulus und Barnabas, p. 143, segundo o qual não eram missionários judeu-cristãos que invadiram a comunidade: "Antes, trata-se da tentativa das comunidades sinagogais de motivar os gálatas para a circuncisão e a observância da lei, de transformá-los em judeus e integrá-los na comunidade judaica existente. Trata-se de um confronto com um grupo de judeu-cristãos que ainda não se desvinculou da sinagoga e que não tolera, como foi decidido na Convenção dos Apóstolos (Gl 2,7-9), que ao lado do anúncio do evangelho aos judeus também uma missão livre da lei aos gentios tem seu direito teológico de existir." No entanto, não se tematiza na Carta aos Gálatas uma integração na sinagoga; além disso, At 15,1; Gl 2,4.11-14; 2Cor 3,1; 11,23ss; 12,13; Fl 3,1ss pressupõem atividades da parte de missionários itinerantes radicalmente judeu-cristãos contra Paulo; para a crítica a Breytenbach, cf. também D.-A. Koch, op. cit., pp. 85-88.

[28] P. Borden, "Observations on the Theme 'Paul and Philo'. Paul's Preaching of Circumcision in Galatia (Gal. 5:11) and Debates on Circumcision in Philo", in S. Pedersen (org.), *Die Paulinische Literatur und Theologie*, pp. 85-102, aponta para a distinção entre circuncisão "ética" e física em Fílon, Migr 86-93; Quaest. Ex. II 2, e deduz disso para a Galácia: os adversários convenceram partes da comunidade de sua opinião de que o anúncio paulino devia ser considerado uma circuncisão "ética" à qual deveria se seguir agora a circuncisão física.

[29] Para o possível pano de fundo histórico-religioso de στοιχεῖα τοῦ κόσμου, cf. E. Schweizer, "Die 'Elemente der Welt' Gal 4,3.9: Kol 2,8.20, in Idem; Beiträge *zur Theologie des Neuen Testaments* (Zurique: 1970), pp. 147-163: além disso, cf. D. Rusam, "Neue Belege zu den στοιχεῖα τοῦ κόσμου", in ZNW 83 (1992), pp. 119-125.

Qumran atestam a grande importância de questões de calendário no judaísmo antigo e a relação estreita entre a Torá e a ordem temporal (cf., por exemplo, 1QS 1,13-15; 9,26-10,8; 1QM 2,4; 10,15; CD 3,12-16; 16,2-4; 1QH 1,24; 12,4-9; além disso, Jub 6,32.36.37; HenEt 72,1; 75,3s; 79,2; 82,4.7-10). Portanto, a observância de elementos, dias, meses, tempos e anos em Gl 4,3,9.10 é um argumento em favor da suposição de ver nos adversários judeu-cristãos[30]. A relação complexa entre serviço de *stoicheia*, piedade calendárica e observância da Torá permite ao mesmo tempo uma precisão, pois especialmente a importância dos elementos indica uma influência helenista, isto é, os adversários são judeu-cristãos helenistas[31]. Amplas partes da comunidade galaciana aceitaram as exigências dos missionários judeu-cristãos (cf. Gl 1,6-9; 4,9.17.21; 5,4; 6,12s), o que evocou uma severa crítica da parte do apóstolo. Parece que a conversão para a fé cristã tinha para os gálatas a consequência de uma perda das raízes em seu ambiente antigo; para eles surgiu a pergunta de como se deveria definir a nova identidade do Povo de Deus eleito[32]. Eles estavam susceptíveis aos argumentos dos adversários, dos quais quatro parecem ter convencido:

1) A pessoa de Abraão mostra que a pertença à aliança entre Deus e seu povo é mediada exclusivamente pela circuncisão (cf. Gn 17).

2) A fé no Deus de Israel inclui a pertença ao povo de Israel que existe na realidade.

3) Tanto Jesus como Paulo submeteram-se à circuncisão.

---

[30] Cf. a comprovação exaustiva em D. LOHRMANN, "Tage, Monale, Jahreszeiten, Jahre (Gal 4,10)", in R. Albertz etc. (org.), *Werden und Wirken des Alten Testaments*. FS C. WESTERMANN (Göttingen: 1980), pp. 428-445; H.-W. KUHN, Bedeutung, pp. 195-202.

[31] Cf., por exemplo, TH. SÖDING, Gegner des Paulus, pp. 315s; assim como muitos outros exegetas, ele considera os adversários "judeu-cristãos helenistas, eles defendem um nomismo cristão sincreticamente influenciado" (op. cit., p. 316). Diferente N. WALTER, "Paulus und die Gegner des Christusevangeliums in Galatien", in A. VANHOYE (org.), *L'Apôtre Paul*. BEThL LXXIII (Lovânia: 1986), pp. 351-356, segundo o qual Paulo enfrenta uma contramissão judaica. No entanto, isto não combina com Gl 6,12: os adversários de Paulo obrigam os gálatas à circuncisão para que não sejam perseguidos por causa da cruz; portanto, eles eram judeu-cristãos.

[32] Sobre isso, cf. abrangentemente M. G. BARCLAY, Obeying the Truth, pp. 36-74.

4) A pertença ao judaísmo (ao cristianismo judaico) garante à pessoa circuncidada identidade e estabilidade social, tanto mais que as comunidades que estavam se formando estavam expostas a uma grande pressão social e política, vinda de vários lados[33]. Não obstante a atratividade destes argumentos, Paulo espera poder ganhar a comunidade de volta por meio de sua argumentação que comprova algo diferente (cf. Gl 3,4; 4,11s.19s). A preservação e transmissão da Carta aos Gálatas mostram que esta esperança não foi em vão.

Qual a relação entre os adversários e as autoridades de Jerusalém, especialmente Tiago? Não é possível construir um vínculo com a "gente vinda da parte de Tiago" (Gl 2,12), pois não é possível comprovar-lhes uma exigência da circuncisão[34]. Em tempos recentes tem-se defendido novamente de modo enfático que os adversários de Paulo seriam idênticos àqueles falsos irmãos que, na Convenção dos Apóstolos, não conseguiram impor a circuncisão de Tito[35]. Eles não teriam aderido ao acordo da Convenção dos Apóstolos, estariam agora invadindo as comunidades paulinas na Galácia exigindo a observância da Lei e do calendário. Também aqui, as fontes escassas não permitem um juízo seguro. Entretanto, Gl 2,3s mostra que havia entre os judeu-cristãos grupos influentes que exigiam programaticamente a circuncisão de gentio-cristãos. Sua presença e atuação na Convenção dos Apóstolos sinalizam uma reivindicação que vai além da região da Palestina e da Síria. Ainda que faltem testemunhos literários diretos, devemos partir de um vínculo – seja qual for – entre as autoridades de Jerusalém e os adversários de Paulo na Galácia. Dificilmente se pode imaginar que as ações dos adversários podiam ocorrer sem o conhecimento e a aprovação da comunidade primitiva. A comunidade primitiva estava sofrendo uma pressão teológica e também política cada vez maior, devido aos sucessos da missão entre gentios livre da circuncisão e, dessa maneira, desde a perspectiva judaica, factualmente livre da Torá.

---

[33] J. M. G. BARCLAY, op. cit., p. 58, enfatiza que a situação social insegura deveria ter sido uma razão essencial pela qual gentio-cristãos aceitavam a circuncisão.

[34] Diferente, por exemplo, F. WATSON, Paul, Judaism and the Gentiles, pp. 59ss.

[35] Cf. G. LÜDEMANN, Paulus II, pp. 148-152; antes dele, esta tese foi defendida, por exemplo, por A. OEPKE, Gal, pp. 212s.

Ela precisava justificar em termos teológicos por que, por um lado, os crentes em Cristo ainda se consideravam uma parte do judaísmo, mas por que, por outro, uma ala em expansão do novo movimento renunciava à circuncisão de gentios e relacionava a ideia do verdadeiro Povo de Deus exclusivamente consigo. Em termos políticos, as ações de Agripa I e o Édito de Cláudio[36] mostram que o judaísmo precisava ter um grande interesse em separar o novo movimento da sinagoga e em fazê-lo aparecer como um movimento autônomo. É provável que a comunidade primitiva procurasse se defender desse desenvolvimento perigoso através de um fortalecimento e uma reativação, respectivamente, da autocompreensão judaica. Isto incluía modificações de sua antiga atitude em relação às decisões da Convenção dos Apóstolos. Por isso, eles pelo menos aprovaram o trabalho dos missionários judeu-cristãos (vindos da Palestina) dentro da área da missão paulina, que viam na missão paulina entre gentios, livre da circuncisão, uma severa ofensa à vontade salvífica de Deus, revelada na Torá. Suas ações precisam ser vistas no âmbito de um *movimento que se seguia* à missão paulina, no qual judeu-cristãos de postura extrema procuravam, de várias maneiras, tornar a fé em Jesus Cristo *bem como* a observância da Torá, o batismo e circuncisão obrigatórios também para gentio-cristãos[37]. Embora não haja um mandamento judaico acerca da circuncisão de gentios, através de sua entrada na comunidade cristã, também os antigos gentios pertenciam ao Povo de Deus, e isto fez com que, desde a perspectiva dos adversários, se pusesse a questão da circuncisão, entre outras. A comunidade primitiva esperava deste desenvolvimento uma amenização da pressão da parte do judaísmo e o prevalecimento de sua própria posição teológica dentro do novo movimento em sua totalidade. Dessa maneira, a crise galaciana é o testemunho de uma discussão teológica e também política fundamental sobre os rumos da história da missão no cristianismo primitivo.

---

[36] Cf. acima, Secção 7.5 (A formação do cristianismo primitivo como movimento independente).
[37] Cf. W. WREDE, Paulus, p. 39.

A REAÇÃO DE PAULO

Em consequência surgiu para Paulo uma situação totalmente nova. Parecia que os acordos da Convenção dos Apóstolos não valiam para os adversários judeu-cristãos; também os gentio-cristãos teriam que se submeter inteiramente às prescrições da Torá. Dessa maneira, os missionários judeu-cristãos puseram em questão toda a obra missionário que Paulo realizara até então. A missão mundial inaugurada pelo apóstolo no horizonte do Cristo que estava vindo seria impossível sob a condição da circuncisão dos gentio-cristãos. No entanto, Paulo realizava entre os gentios uma missão livre da circuncisão não por motivos de estratégias missionárias, mas por ser ela a expressão de uma posição teológica básica: Deus salva também os gentios por meio da fé em Jesus Cristo. Em última instância tratava-se do confronto entre Paulo e seus adversários judeu-cristãos pela compreensão adequada da obra salvífica em Jesus Cristo[38]. Ela se dirige realmente sem restrições e reservas a todas as pessoas, ou está vinculada a determinadas condições? Corresponde à importância deste problema a argumentação cuidadosa e simultaneamente polêmica do apóstolo na Carta aos Gálatas. Já no primeiro versículo da carta, Paulo marca sua posição; seu apostolado "não é da parte dos seres humanos nem por intermédio de um ser humano, mas por Jesus Cristo e Deus Pai..." (Gl 1,1). Os adversários na Galácia negavam ao evangelho paulino obviamente sua proveniência imediata de Deus. Provavelmente, eles classificavam seu anúncio como a opinião pessoal do apóstolo, à qual eles contrapunham a prática da comunidade primitiva de Jerusalém.

Paulo contrapõe a essa visão uma realidade que o conecta imediatamente com o nível celestial e o legitima a partir de ali[39]. O apostolado paulino e também seu evangelho existem graças a uma

---

[38] Uma interpretação exclusivamente sociológica deste conflito é truncada; contra F. WATSON, Paul, Judaism and the Gentiles, p. 69, que afirma: *"Paul opposes circumcision because it is the rite of entry into the Jewish people, and for that reason alone"* (Paulo opõe-se à circuncisão porque é o rito de entrada no povo judaico, e unicamente por este motivo).

[39] Para a análise, cf. ST. ALKIER, Wunder und Wirklichkeit, pp. 125-131.

revelação celestial, de modo que até mesmo anjos sucumbiriam a um ἀνάθεμα ("amaldiçoamento, anátema") se anunciassem um evangelho diferente (Gl 1,8). Não há nada que pudesse estar acima da reivindicação e autocompreensão de Paulo: na carta, ele age como o apóstolo incumbido por Deus, e os gálatas correspondem a seu ser *ekklesia* quando aceitam isto e se orientam exclusivamente pelo evangelho paulino. Paulo procura enfrentar a atuação bem-sucedida dos adversários primeiramente com uma argumentação narrativo-autobiográfica (Gl 1,10-24). Os gálatas podem estudar na história do próprio Paulo qual é a origem e a qualidade de seu evangelho. Ele não o recebeu de seres humanos, mas exclusivamente através de uma revelação e vocação milagrosas de Deus[40]. Por isso, ele não estava interessado num encontro e numa instrução imediata das autoridades de Jerusalém. Deus mesmo chamou Paulo para ser o apóstolo das nações; tanto a origem divina do evangelho de Paulo como a autonomia do apóstolo refuta a acusação de uma atuação indevidamente independente do apóstolo. Já os judeu-cristãos da Judeia confirmaram isto, pois eles louvaram a Deus por agir assim em Paulo (Gl 1,22-24).

Segue-se uma argumentação histórico-apologética (Gl 2,1-14) que igualmente tenciona comprovar a autonomia do evangelho paulino[41]. A missão paulina aos gentios, livre da circuncisão, foi reconhecida explicitamente na Convenção dos Apóstolos pelas "colunas" de Jerusalém, somente os "irmãos falsos" tentaram reprimir a liberdade do evangelho (cf. Gl 2,4). No incidente antioqueno, Paulo rebate publicamente a perversão da verdade do evangelho pelo comportamento fingido de Pedro e documenta por meio desta conduta mais uma vez a autonomia e a verdade de seu anúncio. Dessa maneira chega-se ao centro teológico da Carta aos Gálatas; Paulo debate-se com a pergunta qual poderá ser o significado da lei/Torá para os cristãos sob as condições modificadas, e como poderá ser alcançado o *status* da justiça e da filiação.

---

[40] A respeito de Gl 1,15s, cf. acima, Secção 4.1 (Os relatos sobre o evento de Damasco).

[41] Cf. acima, Secção 6 (A Convenção dos Apóstolos e o incidente antioqueno: sem solução dos problemas).

11.3 A doutrina da lei e da justificação na Carta aos Gálatas

Em Gl 2,16 encontra-se a primeira evidência literária clara para os pensamentos básicos e fundamentais da doutrina paulina da justificação. Paulo recapitula no v. 15 a posição tradicional judaica e judeu-cristã, respectivamente, para aproximar-se, a partir da valoração negativa dos gentios e sob a retomada do ἡμεῖς do v. 15 pelo καὶ ἡμεῖς, da afirmação principal no v. 16.

O PENSAMENTO BÁSICO E FUNDAMENTAL

A diferença hamartiológica entre judeus e gentios é agora considerada abolida[42] no sentido de que, à luz da justificação em Cristo, o não-ser-pecadores dos antigos judeus em comparação aos gentios já não existe. Vale: "Sabemos, entretanto, que um ser humano não se justifica pelas obras da Lei, mas pela fé em Jesus Cristo; nós também chegamos à fé em Cristo Jesus para sermos justificados pela fé em Cristo e não pelas obras da Lei; pois, pelas obras da Lei, nenhuma carne será justificada" (Gl 2,16). Paulo adota aqui possivelmente partes do Sl 142,2, onde se diz: οὐ δικαιωθήσεται ἐνώπιον σου πᾶς ζῶν[43]. No entanto, em Paulo falta ἐνώπιον σου, e em vez de πᾶς ζῶν, ele escreve πᾶσα σάρξ. A maior diferença ao texto dos Salmos, porém, consiste no acréscimo de ἐξ ἔργων νόμου. Com Gl 2,16, Paulo dá um passo decisivo para além do acordo da Convenção dos Apóstolos e do ponto polêmico do incidente antioqueno. Enquanto ele ali ainda reconhecia a convivência da fé em Cristo e da fidelidade à Torá no caso

---

[42] Cf. A. WECHSLER, Geschichtsbild und Apostelstreit, p. 383. Em Gl 2,15, o termo ἁμαρτολοί não é um termo de delito, mas "o gentio é, tanto segundo sua natureza de não judeu como segundo seu modo de vida não normatizado pela Torá", um pecador (K. H. RENGSTORF, Verbete "ἁμαρτολός", in *ThWNT* 1, p. 329).

[43] Cf. a respeito H. HÜBNER, Biblische Theologie II, pp. 64-68. Contra as conclusões de amplo alcance de HÜBNER precisa-se enfatizar, com F. MUSSNER, Gal, pp. 174s, que em Gl 2,16c não consta uma citação verdadeira, mas apenas uma "citação contextual".

de judeu-cristãos, ele afirma agora que ninguém pode ser justificado diante de Deus por obras da lei/Torá[44]. Dessa maneira subtraiu-se aos judeus sua vantagem de eleição; fora da fé em Jesus Cristo não existe outra possibilidade de ser justo diante de Deus. Dessa forma, tanto judeu-cristãos como gentio-cristãos encontram-se na *mesma situação*

---

[44] A compreensão paulina da lei nos coloca não só diante de problemas de conteúdo, mas também de linguagem.
Em Paulo ocorre um uso linguístico oscilante; ele jamais define o conteúdo, o alcance e o significado exato de (ὁ) νόμος. Paulo pode relacionar νόμος com Moisés (cf. 1Cor 9,8s; Gl 3,17; Rm 5,13s), entender o termo como Pentateuco e separá-lo nitidamente dos Profetas (Rm 3,21), para designar em outros textos os profetas (1Cor 14,21), os salmos (Rm 3,10-14) ou as tradições do Livro do Gênesis (Gn 4,17s) como palavras da lei (cf. a respeito disso W. GUTBROD, Verbete "νόμος", in *ThWNT* 4, pp. 1061-1063: H. RÄISÄNEN, Paul and the Law, pp. 16-18; H. HÜBNER, Verbete "νόμος", in *EWNT* 2, pp. 1162s). Não há como negar que Paulo se situa na tradição da Septuaginta que verte תורה aproximadamente 200 vezes por νόμος (cf. H. RÄISÄNEN, Paul and the Law, p. 16: "*The different occurrences can be compared to concentric circles: the radii can be different, but the Sinaitic centre remains the same.*" [As distintas ocorrências podem ser comparadas a círculos concêntricos: os raios podem ser diferentes, mas o centro sinaítico permanece o mesmo.]), de modo que também nele νόμος deve ser traduzido, por via de regra, por "lei" e refere-se à tradição do Sinai (cf. H. HÜBNER, Verbete "νόμος", in *EWNT* 2, p. 1163; T. R. SCHREINER, The Law and Its Fulfillment, pp. 33s; J. D. G. DUNN, Theology of Paul, pp. 131-133). Contudo, a palavra "lei" [em alemão: "Gesetz"] e termos afins como "liberdade da lei" ou "sem lei" captam o ponto de vista paulino apenas em parte. Nenhuma pessoa da Antiguidade era capaz de pensar a ordem do mundo e sua filosofia/religião sem "a lei" ou "as leis"(cf. abaixo, Secção 19.3: A lei). Também Paulo não estava de modo algum "sem lei" ou "livre da lei", pois ele se sabia comprometida com a "lei de Cristo" (Gl 6,2), a "lei da fé" (Rm 3,27) ou a "lei do espírito" (Rm 8,2). Ao contrário, Paulo critica, de várias maneiras, a Torá e seu uso por outros missionários exclusivamente a partir de sua hermenêutica de Cristo. Essa espécie de crítica não é idêntica à "crítica à lei" no sentido geral! Para levar em conta esta situação, refiro-me à Torá quando (ὁ) νόμος significa reconhecivelmente a revelação do Sinai e os complexos traditivos a ela vinculados. Quando Paulo usa (ὁ) νόμος para afirmações que incluem também a Torá, mas simultaneamente a ultrapassam devido seu caráter fundamental, aplico a expressão lei/Torá. Quando Paulo indica com (ὁ) νόμος uma normatividade/regra/norma que não se refere à Torá, justificarei este uso linguístico explicitamente. Preservo expressões compostas com a palavra "lei" (por exemplo, compreensão da lei), o sentido é gerado pelo respectivo contexto. Embora não haja como evitar sobreposições e inseguranças no uso de tais diferenciações, elas me parecem necessárias devido ao assunto tratado.

harmatiológica e soteriológica[45]. A distinção histórico-salvífica entre judeus(-cristãos) e gentios(-cristãos), que se manifesta em Gl 2,1-10.11-15, é em Gl 2,16 liberada de sua restrição, tanto por meio de uma individualização (ἄνθρωπος) como por meio de uma universalização (πᾶσα σάρξ)[46]; Paulo abre um novo nível de argumentação. A soteriologia, a nomologia e a harmartiologia são introduzidas em um sistema de coordenadas cuja base é a cristologia e cujo plano temático é a antropologia. A pergunta se a circuncisão é um elemento integrante indispensável da autodefinição do cristianismo é ampliada por Paulo: quais os poderes e quais as forças que fundamentam a identidade e a existência cristãs? Paulo interroga a existência acerca de sua respectiva origem (20 vezes ἐκ em Gl 2,16-3,24!), ela determina a estrutura e a orientação da vida humana. Para Paulo, uma existência justificada por Deus não pode ser o resultado de obras da lei. Os conceitos ἐκ πίστεως Χριστοῦ e ἐξ ἔργων νόμου estão diametralmente opostos.

UMA EXPRESSÃO-CHAVE

A expressão ἔργα νόμου (cf. Gl 2,16; 3,2.5.10; Rm 3,20.28; além disso, Fl 3,9)[47] desempenha um papel-chave na argumentação paulina.

---

[45] Este novo nível de argumentação é um argumento contra a suposição de que Gl 2,16 se deva à teologia antioquena e que seja algo pré-estabelecido encontrado por Paulo (assim, porém, J. BECKER, Gal, p. 42: M. THEOBALD, Der Kanon von der Rechtfertigung, pp. 131-138. CHR. BURCHARD, Nicht aus Werken des Gesetzes gerecht, pp. 233ss, opina que Paulo teria adotado a sentença básica de Gl 2,16 de "helenistas" de Jerusalém.

[46] Cf. J. SCHRÖTER, Die Universalisierung des Gesetzes, p. 37.

[47] Cf. a respeito disso, ao lado das obras elencadas na bibliografia de J. D. G. DUNN e M. BACHMANN, especialmente E. LOHMEYER, "Probleme paulinischer Theologie II. 'Gesetzeswerk'", in Idem, *Probleme paulinischer Theologie* (Darmstadt: 1954), pp. 31-74: J. BLANK, "Warum sagt Paulus: 'Aus Werken des Gesetzes wird niemand gerecht'?", in *EKK* V 1 (1969), pp. 79-95; U. WILKENS, Was heißt bei Paulus: "Aus Werken des Gesetzes wird kein Menschen gerecht?", pp. 79ss: H. HÜBNER, "Was heißt bei Paulus 'Werke des Gesetzes'?", in Idem, *Biblische Theologie als Hermeneutik*, pp. 166-174: T. R. SCHREINER, "'Works of Law' in Paul", in *NT* 33 (1991), pp. 217-244: R. K. RAPE, *The Meaning of "Works of Law" in Galatians and Romans*. SBL 31 (Nova Iorque: 2001).

O que Paulo quer dizer com ἔργα νόμου, e qual é o conceito teológico que ele vincula a esta expressão? Na discussão devem-se distinguir seis tentativas de interpretação:

1) R. BULTMANN vê nas "obras da lei" o resultado de um zelo pela lei equivocado; segundo ele, Paulo rejeitaria o caminho das obras da lei "porque a busca do ser humano de ganhar sua salvação por meio do cumprimento da lei leva-o apenas para dentro do pecado, sim, no fundo, ela mesma já é o pecado."[48] Portanto, Paulo consideraria um pecado não só a falta de sucesso, mas já a intenção de se tornar justo diante de Deus por meio do cumprimento da lei.

2) Ao contrário disso enfatiza U. WILCKENS: "Não é absolutamente assim que ele (isto é, Paulo) repreenda a busca humana como tal de comprovar-se justo diante de Deus por meio do cumprimento da lei; muito menos que ele negaria a uma pessoa realmente justa através de obras sua justiça. Mas Paulo julga todos os seres humanos factualmente pecadores, pois todos pecaram."[49]

3) De maneira distinta de WILCKENS, E. P. SANDERS formula sua posição em contraste a BULTMANN:

"Não é uma análise da natureza do pecado que determina a opinião de Paulo, mas sua análise do caminho da salvação – não sua antropologia, mas sua cristologia e soteriologia. A justificativa que o próprio Paulo dá à sentença de que o ser humano não é 'justificado' por meio das obras da lei não é que o ser humano não deveria pensar em alcançar sua própria salvação, mas que Cristo teria morrido em vão se a lei salvasse (Gl 2,21). [...] A convicção de que unicamente a pertença a Cristo opera salvação é anterior à análise da própria situação diante de Deus e à transformação da própria autocompreensão."[50]

4) Para J. D. G. DUNN, as ἔργα νόμου não são as prescrições da Torá que alcançam para a pessoa um mérito diante de Deus, mas "*identity markers*" judaicos como a circuncisão, leis alimentícias e o sábado,

---

[48] R. BULTMANN, Theologie, pp. 264s.
[49] U. WILCKENS, Was heißt bei Paulus: "Aus Werken des Gesetzes wird kein Mensch gerecht?", p. 107.
[50] E. P. SANDERS, Paulus und das palästinische Judentum, p. 457.

que distinguem os judeus dos gentios[51]. Paulo avalia estes *"identity markers"* como negativos somente quando são utilizados para a justificativa de prerrogativas judaicas e restringem a graça de Deus. *"In sum, then, the 'works' which Paul consistently warns against were, in his view, Israel's misunderstanding of what her covenant law required."* (Em suma, então, as "obras" contra as quais Paulo alerta constantemente eram, em sua visão, o mal-entendido de Israel acerca daquilo que exigia sua lei da aliança).[52] Portanto, Paulo não se volta contra a lei como tal, ele não ridiculariza as obras da lei, mas argumenta contra a lei como grandeza de identificação nacional; o objeto de sua crítica é uma compreensão da Torá orientada em privilégios. Segundo esta opinião, a doutrina da justificação determina não primeiramente a relação entre a pessoa individual e Deus, mas garante os direitos dos gentio-cristãos.

5) F. Watson procura reduzir a compreensão de ἔργα νόμου para um plano meramente sociológico; *"faith in Christ is incompatible with works of the law because the Church is separate from the synagogue"* (a fé em Cristo é incompatível com obras da lei, porque a igreja está separada da sinagoga).[53]

6) M. Bachmann, com explícito recurso a 4QMMT, opina sobre ἔργα νόμου "que se trata aqui dos preceitos, das regulamentações da lei, não do agir segundo as regulamentações."[54] Não se deve confundir

---

[51] Cf. ao lado dos títulos indicados na bibliografia (especialmente J. D. G. Dunn, The New Perspective on Paul) por último Idem, "Yet once more – the 'Works of Law': A Response", in *JSNT* 46 (1992), pp. 99-117; Idem, Gal, pp. 131-150.

[52] J. D. G. Dunn, Theology of Paul, p. 366. Não obstante, Dunn, op. cit., p. 358, argumento de modo equívoco: *"To sum up thus far, the phrase 'the works of the law,' does, of course, refer to all or whatever the law requires, covenantal nomism as a whole. But in a context where the relationship of Israel with other nations is at issue, certain laws would naturally come more into focus than others. We have instanced circumcision and food laws in particular."* (Para resumir as coisas até aqui, a expressão "as obras da lei," refere-se claramente a tudo ou a qualquer coisa que a lei exige, ao nomismo da aliança como um todo. Contudo, num contexto onde o tema é a relação de Israel com outras nações, certas leis entrariam naturalmente mais no foco do que outras. Aduzimos como exemplos particularmente a circuncisão e as leis alimentícias.) Justamente estas diferenças não se encontram em Paulo!

[53] F. Watson, Paul, Judaism and the Gentiles, p. 47.

[54] M. Bachmann, Rechtfertigung und Gesetzeswerke, p. 30.

o pecar com as obras da lei, pois, "antes, as obras da lei têm imediatamente a ver com o νόμος que é sagrado segundo Rm 7,12, e, nesse sentido, elas têm a ver com o próprio Deus."⁵⁵

Deve-se concordar com a crítica a R. BULTMANN, prevalecente na discussão mais recente, de que Paulo admite não só teoricamente a possibilidade de alcançar a vida a partir da Torá. A Escritura atesta este caminho explicitamente (cf. Lv 18,5 em Gl 3,12b; além disso, Rm 2,13; 10,5). Nem a Torá nem o fazer daquilo que a Torá manda devem ser atribuídos, segundo Paulo, ao âmbito do pecado, mas, factualmente e sob a perspectiva da maldição da Torá, as ἔργα νόμου conduzem sempre ao âmbito do pecado, porque ninguém obedece verdadeiramente àquilo que está escrito na Torá (Gl 3,10b). O uso constante e coeso desta expressão em Paulo deixa claro que as ἔργα νόμου são o resultado – marcado pelo pecado – das regulamentações da Torá que deveriam ser observadas⁵⁶. O plano do fazer humano (cf. ποιεῖν em Gl 3,10.12!) é constitutivo para a argumentação paulina, pois somente ele possibilita o ataque do pecado. As "obras da lei" não podem levar à justiça porque o poder do pecado obstrui a promessa de vida

---

⁵⁵ M. BACHMANN, op. cit., p 32.
⁵⁶ Na literatura grega antes e ao lado de Paulo, ἔργα νομου não é atestado como sintagma. Um paralelo linguístico e possivelmente também de conteúdo pode ocorrer em 4QMMT C 27 (= 4Q398 Frg. 14 col. II), onde se diz numa carta sobre questões da lei: "E também nós te escrevemos algumas prescrições da Torá que consideramos boas para ti e para teu povo" (traduzido segundo: H.-W. KUHN, Bedeutung, p. 209; J. MAIER, Texte II, p. 375, traduz: "E também nós te escrevemos várias coisas dentre as práticas da Torá que consideramos boas para ti e para teu povo [...]." E. QUIMRON/J. STRUGNELL, Qumran Cave 4.V. DJD X (Oxford: 1994), pp. 62.64, traduzem: "[...] some of the precepts of the Torah [...]" [alguns dos preceitos da Torá]). A expressão מִישֵׁי התורה significa "'algumas obras da lei' no sentido de 'algumas obras que devem ser feitas segundo a lei'" (H.-W. KUHN, Qumran und Paulus, p. 232). Estes "preceitos da Torá" não são simplesmente idênticos ao conceito paulino orientado no resultado do fazer, pois, em Paulo, a preposição ἐκ determina a compreensão, de modo que 4QMMf C 27 não representa um paralelo verdadeiro; cf. F. VOUGA, Gal, p. 58. 4Q174Flor não vale como paralelo, pois ali não se lê "obras da Torá", e sim "obras do louvor" (cf. H.-W. KUHN, Bedeutung, pp. 202-209). Os textos de Qumran referem-se frequentemente ao "fazer da Torá" (cf. as ocorrências em H.-W. KUHN, Bedeutung, p. 207); especialmente instrutivas são 4QFlor 1 + 3 II 2; 1QS 5,21; 6,18: CD 20,6; além disso, cf. BrSir 48,38; 57,2.

da Torá. Paulo avalia com isto ao mesmo tempo a Torá: ao contrário do πνεῦμα, ela não tem o poder de defender-se do avanço do pecado (cf. Gl 5,18). Sob o aspecto da promessa de vida, a Torá fica aquém de suas próprias promessas, a força do pecado revela também uma fraqueza da Torá[57]. Paulo parte factualmente de uma *insuficiência da Torá*! Por isso, as ἔργα também não podem ser separadas da Torá, como se Paulo estivesse criticando apenas uma determinada maneira da obediência da Torá[58], "não se refere à atuação segundo a Torá, mas visa as *halakot*"[59]. O importante para Paulo não são preceitos individuais (da Torá), mas uma orientação integral da existência humana, como mostram as preposições ἐκ e διά[60], o contexto imediato de Gl 2,16 e todo o duto da argumentação da carta[61]. No conceito de identidade criticado por Paulo, a relação com Deus é realizada "a partir, desde" (ἐκ) uma atuação vinculada a privilégios, enquanto ele mesmo pleiteia um conceito que deixa para Jesus Cristo ou Deus, respectivamente, a mediação da relação com Deus "através, por meio" (διά) da fé. Para Paulo já não pode existir uma coexistência de fé em Cristo e cumprimento da lei, porque à lei/Torá já não cabe um significado constitutivo para a relação com Deus. Aquilo que Paulo sempre pressupôs parcialmente em sua missão entre os gentios é elevado agora a uma afirmativa fundamental: a liberdade da lei/a Torá para todos os crentes, porque

---

[57] Diferente, por exemplo, H. MERKLEIN, "Nicht aus Werken des Gesetzes ...", p. 308, segundo o qual depende do ser humano que ninguém se justifique de "obras da lei".
[58] Assim CHR. BURCHARD, Nicht aus Werken des Gesetzes gerecht, p. 236.
[59] Assim M. BACHMANN, "4QMMT und Galaterbrief, מישי התורה und ΕΡΓΑ ΝΟΜΟΥ", in *ZNW* 89 (1998), p. 110. BACHMANN, op. cit., p. 111, deduz disso: "Quando se trata em Paulo na polêmica contra as "obras da lei" de uma orientação por (determinadas) *halakot*, pode se entender com maior facilidade que, não obstante, a Torá como um todo e também sua exigência inteira é efetivamente valorada de modo positivo (basta conferir Rm 3,31; Gl 5,14)." Contra isto deve-se enfatizar que em Paulo não se trata de algumas *halakot*, mas da circuncisão, de modo que ele dificilmente continua a julgar a "exigência inteira" da Torá como positiva. Além disso, a Carta aos Gálatas em sua totalidade exclui uma interpretação dessa espécie; basta conferir Gl 5,18!
[60] Cf. F. VOUGA, Gal, p. 58.
[61] Isto vale tanto mais que Paulo adota com ἔργα νόμου uma expressão-chave de seus adversários e a interpreta de maneira totalmente diferente; cf. H. HOFFMANN, Gesetz, pp. 344s.

todos os seres humanos estão sob o poder do pecado que não pode ser superado pela lei/Torá. Por isso, a δικαιοσύνη não pode ser alcançada por meio da lei/Torá; se fosse assim, Cristo teria morrido em vão (Gl 2,21). Com isso, Paulo se refere ao *status* excepcional dos judeus como justos, mediado pela Torá[62]. Os gentios não são pecadores *per se*, e os judeus não possuem *qua* nascimento o *status* de justos. Antes, no novo paradigma, Paulo atribui a judeus e gentios do mesmo modo o *status* de pecadores que eles podem deixar somente pela fé em Jesus Cristo.

DOIS CONCEITOS ANTROPOLÓGICOS

Além disso, para Paulo há agora *dois conceitos antropológicos distintos* que estão vinculados à fé em Jesus Cristo e a uma vida conforme as normas da lei/Torá. O caminho de salvação orientado pela lei/Torá atribui ao ser humano em sua relação com Deus um papel ativo: em sua vida, ele se aproxima constantemente do Deus que julga, e a atuação do ser humano aparece como elemento constitutivo fundamentalmente positivo da relação com Deus. Indubitavelmente havia no judaísmo antigo a convicção básica de que o ser humano como pecador dependia da misericórdia, da bondade e do amor de Deus (cf., por exemplo, 1QS 11,9-12; 4Esd 8,32.36). O conceito da aliança como a forma central da expressão da relação de Israel com Deus parte de uma eleição precedente por Deus[63]. Mesmo assim, a questão da salvação continuava a estar vinculada à atividade humana, já que se esperava de Deus como juiz justo que ele teria misericórdia dos justos e castigaria os transgressores da lei[64]. A justiça de Deus manifesta-se em sua

---

[62] Cf. M. WINNINGE, Sinners and the Righteous, pp. 185ss.
[63] E. P. SANDERS, Paulus und das palästinische Judentum, pp. 27-406, interpreta (unilateralmente) a partir do conceito da aliança quase toda a literatura do judaísmo antigo.
[64] Cf. F. AVEMARIE, Tora und Leben. TSAJ 55 (Tübingen: 1996), p. 578: "O princípio da retribuição vale sem exceção; em lugar algum começa-se a duvidar que o cumprimento dos mandamentos é recompensado e a transgressão, castigada; e, mesmo assim,

atuação justa de juízo (cf., por exemplo, SlSal 14; 4Esd 7,70-74.105). Esta atuação julgadora, por sua vez, realiza-se como misericórdia em relação aos justos e como rejeição dos ímpios, sendo que a observância da Torá é o critério decisivo para a atuação esperada de Deus. Dessa maneira, a atuação humana não define a relação com Deus num sentido exclusivo, mas ela tem sempre seu significado constitutivo, tanto no sentido positivo como negativo. Com esta posição prefigurou-se tendencialmente a contradição entre a ortodoxia e a ortopraxia, pressuposta em textos como Rm 2; Mt 6,1-4.5s.16-18.

Paulo julga, à luz da revelação de Cristo, a situação do ser humano de modo fundamentalmente distinto de seus contemporâneos judaicos (e gentios). O ser humano fora da fé encontra-se sempre na situação de estar escravizado, ele é ὑπὸ νόμον (Gl 3,23: "sob a lei/Torá"), ὑπὸ παιδαγωγόν (Gl 3,25: "sob pedagogo")[65], ὑπὸ ἐπιτρόπους καὶ οἰκονόμους (Gl 4,2: "debaixo dos tutores/curadores e administradores da casa") e ὑπὸ στοιχεῖα τοῦ κόσμου (Gl 4,3: "debaixo dos elementos do cosmos"). Este reconhecimento antropológico básico a partir da perspectiva da fé exclui um significado fundamental da atuação para a relação com Deus. A partir de si mesmo, o ser humano não está nem sequer capaz de dar um caráter positivo a sua relação com Deus. O poder do pecado domina também a lei/Torá, ele a qualifica e perverte. Quando Paulo parte nessa interpretação da experiência humana do fracasso diante da lei/Torá, a verdadeira justificativa encontra-se em Gl 3,22: συνέκλεισεν ἡ γραφὴ τὰ ὑπὸ ἁμαρτίαν ("a Escritura encerrou tudo debaixo do pecado"). O poder do pecado faz em última instância com que a lei/Torá perca qualquer qualidade como lugar da vida[66] e da justiça[67]. Disso resulta que o ser humano está perdido,

---

enfatiza-se constantemente que a melhor obediência não é motivada pela perspectiva de recompensa, mas que acontece por causa de Deus ou dos próprios mandamentos; mesmo ali onde uma atuação por causa da recompensa é aprovada explicitamente."

[65] Cf. a respeito as Cartas Cínicas, Diógenes 29,1s.

[66] Para a noção da Torá como fonte da vida cf., por exemplo, Ez 20,11.13.21; Dt 4.1; 8,1.3; 30,15-20; Sl 119,116; Ne 9,29; Eclo 17,11; Sb 6,18; Bar 3,9; 4,1; 4Esd 7,21; 14,30; CD 3,15s.

[67] Cf. H. Hübner, Gesetz bei Paulus, p. 20.

mas este estado revela-se somente à luz do evento de Cristo. *O ponto de partida da doutrina paulina sobre a lei e o pecado não é a antropologia, mas a cristologia e a soteriologia*[68]. Se a justiça viesse por meio da lei/Torá, Cristo teria morrido em vão (Gl 2,21; cf. 3,21b). Mas sendo que Deus atuou em Jesus Cristo em favor dos crentes de uma forma que cria salvação, a justiça não pode vir da lei/Torá.

Em Gl 2,17.18, Paulo volta-se para uma possível objeção. Quando até mesmo os judeus (judeu-cristãos) foram encontrados pecadores, será que a fé em Cristo não favorece o poder do pecado? Será que Cristo se tornou o servo do pecado ao revelar seu verdadeiro poder e, simultaneamente, a insuficiência da lei/Torá? Paulo refuta esta conclusão enfaticamente; ela seria consistente apenas se a lei/Torá possuísse ainda uma qualidade soteriológica. Somente nesse caso, o ser humano que crê em Cristo e não observa a lei/Torá se comprovaria como transgressor. A cerca da lei/Torá, porém, foi derrubada por Paulo, ele não a reconstrói – ao contrário de Pedro em Antioquia.

PARTICIPAÇÃO NO PODER DO ESPÍRITO

No v. 19, o apóstolo passa para um novo plano argumentativo e linguístico: seu efeito factual de desgraça desempodera a lei/Torá, pois ela mesma participa da morte de Jesus, na medida em que destaca essa morte em seu significado (Gl 3,13; 4,5). Dessa maneira, a lei/Torá abole a si mesma, de modo que já não pode exercer nenhum poder sobre Cristo e sobre as pessoas que morreram com ele no batismo. O fundamento salvífico e noético desse processo está no Χριστῷ συνεσταύρωμαι ("eu estou crucificado com Cristo"), cuja consequência é uma vida para Deus. Por meio da integração na esfera vital do Ressuscitado, que se realiza no batismo (cf. Rm 6,6.8)[69], Paulo

---

[68] Cf. E. P. SANDERS, Paulo und das palästinische Judentum, pp. 456s.
[69] Em favor de uma referência ao batismo em Gl 2,19.20 argumentam, entre outros, F. MUSSNER, Gal, p. 180; U. SCHNELLE, Gerechtigkeit und Christusgegenwart, pp. 54-56; H. HALTER, Taufe, pp. 102ss; TH. SÖDING, Kreuzestheologie und Rechtfertigungslehre, pp. 48s; CH. STRECKER, Die liminale Theologie des Paulus, p. 254.

prepara os pensamentos que se seguem. *Agora, a linguagem já não é forense, mas participatória.* A comunhão entre Cristo e o batizando é tão estreita que o batizando participa não só da morte na cruz de Jesus, mas que o próprio Cristo ressuscitado vive nele, o determina e o enche (v. 20). O Eu humano é libertado de sua concentração sobre si mesmo e inserido na realidade abrangente de Jesus Cristo. A cruz de Cristo é o fundamento possibilitador e a imagem primordial daquele processo de transformação do qual os batizados participam: dessa forma, a cruz como lugar da ausência de Deus torna-se um lugar onde está a fonte da vida[70]. Estas formulações místicas não visam uma abolição do sujeito da pessoa que crê, também não acontece uma troca de sujeito, mas, pelo espírito, o sujeito é conduzido para seu próprio *self*. Isto se mostra na expressão ζῇ δὲ ἐν ἐμοὶ Χριστός que denomina Cristo como o lugar onde está a fonte da nova vida, mas que simultaneamente, através do ἐν ἐμοὶ, preserva uma identidade pessoal e individualidade. Como batizados, os gálatas morreram para a lei/Torá, como justificados, eles vivem agora para Deus, sim, Cristo está até mesmo dentro deles, de modo que qualquer volta para a lei/Torá é uma possibilidade impossível. O lugar da vida e da justiça já não é a lei/Torá, mas Jesus Cristo. Os gálatas não podem ao mesmo tempo pertencer a Cristo e confiar na carne ao permitir sua circuncisão (cf. Gl 5,13)[71]. Justamente quando Paulo coloca diante dos olhos dos gálatas o que aconteceu com eles no batismo e qual é a única coisa em que, depois disso, pode consistir sua justificação, ele lhes mostra claramente a inconsequência de sua conduta. O v. 21 mostra mais uma vez claramente o ponto de vista a partir do qual Paulo enfrenta os problemas e estrutura sua teologia. Somente a morte e a ressurreição de Jesus Cristo são o evento soteriologicamente decisivo; *a hermenêutica crística de Paulo abole necessariamente a lei/Torá como princípio soteriológico*, pois, se não fosse assim, Cristo teria morrido em vão. A mudança fundamental de *status* já se realizou no batismo; aqui, os gálatas foram separados do poder do pecado e inseridos na esfera de Cristo, pelo

---

[70] Cf. S. VOLLENWEIDER, Großer Tod und Großes Leben, p. 373.
[71] Cf. A. SCHWEITZER, Mystik, p. 129.

dom do espírito (cf. Gl 3,26-28). Eles não necessitam adicionalmente da circuncisão para se tornarem membros de pleno direito do povo de Deus escatológico.

Os versículos em Gl 3,1-5 explicitam enfaticamente essa relação: por meio da pregação da fé e não por meio de obras da lei, os gálatas receberam o espírito. Paulo apela a essa experiência para colocar diante dos olhos dos gálatas a falta de lógica e sentido (ἀνόητος, v. 1.3) da conduta deles. No espírito, eles são filhos de Deus e, dessa maneira, os verdadeiros herdeiros (Gl 4,6s; 3,26); no espírito, eles esperam o bem da esperança que é a justiça (5,5); e por viverem no espírito, eles também caminham no espírito (5,25) e realizam frutos do espírito (5,22), de modo que finalmente vale: εἰ δὲ πνεύματι ἄγεσθε, οὐκ ἐστὲ ὑπὸ νόμου (5,18: "Mas se vos deixais guiar pelo espírito, não estais debaixo da lei."). Os gálatas são πνευματικοί (Gl 6,1: "dotados de espírito") e, como tais, já não submetidos à carne (Gl 6,8), eles são καινὴ κτίσις, ("nova criação"), e nem o estar circunciso nem o estar incircunciso possui qualquer importância (Gl 6,15). Neles, Cristo toma forma (Gl 4,19), eles vestiram Cristo (Gl 3,27) e, em Cristo, são finalmente subtraídos de todas as distinções étnicas, religiosas e sociais (Gl 3,28). Tudo isto significa uma vocação para a liberdade que se realiza no amor (Gl 5,13), libertação de qualquer servidão (Gl 5,1). A prática da circuncisão e a observância de tempos cúlticos, como *pars pro toto legis*, aboliria tudo isto. A liberdade se tornaria novamente servidão, o caminho segundo o espírito, novamente o caminho segundo a carne. Por isso, a circuncisão e a observância do calendário não têm lógica ou sentido, em dois aspectos:

1) Não correspondem absolutamente àquilo que os gálatas já são como πνευματικοί

2) Destroem a existência dos gálatas que se caracteriza pela posse do espírito e pela liberdade.

Os gálatas não precisam de uma mudança de *status*, porque já se encontram no *status* dos justificados. Todas as afirmações que Paulo faz na Carta aos Gálatas sobre a lei/Torá e sobre a justificação pela fé devem ser vistas contra o pano de fundo da existência cristã dos gálatas que é fundamentada no batismo e determinada pelo espírito e pela liberdade (para a relação entre o batismo e o Espírito, basta comparar Gl 2,19.20 com 3,2-5 e 3,26-28 com 4,61). Trata-se da correspondência ou do fracasso em relação a essa existência, e as afirmações sobre a lei/Torá e a justiça estão integradas numa argumentação prioritariamente condicionada pela situação e cuja meta consiste em elucidar aos gálatas a falta de lógica e de sentido de sua conduta, diante do estado que alcançaram.

ABRAÃO COMO UMA FIGURA DE IDENTIFICAÇÃO

Enquanto a *experiência do espírito* dos gálatas representa o verdadeiro horizonte da argumentação do apóstolo, ele se serve nos pormenores de uma apresentação muito diferenciada de provas. Primeiro, Paulo procura comprovar na figura de Abraão que sua doutrina de justificação, factualmente antinomística, corresponde à Escritura. Abraão, em cuja pessoa os adversários conseguiram comprovar a unidade de circuncisão e fé[72], desempenhou um papel importante na argumentação dos adversários[73]. Paulo contrapõe a sua argumentação sintética antíteses. Unicamente a promessa divina a Abraão que vale para todas as nações possibilita a salvação (Gl 3,6ss), não a lei de Moisés que vale somente para os circuncidados. Paulo utiliza Gn 15,6 LXX de modo específico (cf. Rm 4,3), ao interpretar a confiança de Abraão nas promessas de Deus sob exclusão de suas comprovações de fé. Tal acentuação é alheia à tradição judaica de Abraão, na qual a eleição, a obediência e a fidelidade na fé de Abraão formam uma unidade (cf., por exemplo, 4Esd 3,13ss; BrSir 57). Abraão foi várias vezes provado por Deus, e, como ele fez a vontade de Deus, ele é chamado de fiel e justo (cf. Eclo 44,20; 1Mc 2,52). Paulo, porém, restringe o dom da justiça à fé de Abraão e separa, dessa forma, a unidade judaica de promessa e obediência, lei/Torá e obras, recompensa e castigo. Isto é ilustrado

---

[72] Dificilmente é um acaso que Paulo tematize Abraão somente no confronto com adversários judaizantes (cf. 2Cor 11,22; Carta aos Gálatas; Carta aos Romanos).
[73] Cf. K. Berger, Theologiegeschichte, p. 457.

no final da carta dirigida pelo Mestre de Justiça ao sumo sacerdote da época, Jônatas[74]. Ela contém numerosas *halakot* que deveriam ser observadas por Jônatas no templo em Jerusalém. Se ele obedecer às instruções do Mestre, vale: "para que isto te seja contado como justiça, já que fazes o correto diante d'Ele e o Bem por teu bem e por Israel" (4Q398 Frg. 14 Col. II)[75]. Ao contrário disso, em Paulo, Abraão serve por meio de sua fé e das promessas a ele dirigidas como prefiguração e justificativa do evento de Cristo. Unicamente em Cristo cumpriram-se as promessas feitas a Abraão (Gl 3,16), e por meio da fé em Jesus Cristo, a comunidade recebeu o dom salvífico do espírito (Gl 3,14), de modo que agora os cristãos são os verdadeiros herdeiros da promessa (Gl 3,7.29). Com isto, Paulo postula uma história da salvação universal que se inicia com Abraão e que está anterior e superior à história particular de Israel. Já a distância temporal de 430 anos entre a promessa a Abraão e a Lei comprova a prioridade objetiva da promessa (Gl 3,17), dirigida ao único verdadeiro descendente de Abraão: Jesus Cristo (Gl 3,16)[76].

O rompimento do apóstolo com a convicção fundamental judaica ou judeu-cristã, respectivamente, manifesta-se de modo muito nítido na citação de Hab 2,4b em Gl 3,11b[77]. Paulo parte da tese de que ninguém pode se justificar diante de Deus por meio da lei/Torá (Gl 3,11a), porque, nesse caso, deveria fazer tudo que está escrito no livro da Torá (Gl 3,10). Mas já que ninguém é capaz de observar a Torá factualmente em sua integridade, sucumbe à maldição (cf. Dt 27,26 LXX: "Maldito seja cada ser humano que não permanece nestas palavras da lei para fazê-las")[78]. Antes, o estado de salvação da justiça abre-se somente na fé, pois: ὁ δίκαιος ἐκ πίστεως ζήσεται (Hab 2,4b LXX: "O

---

[74] Sobre o pano de fundo histórico, cf. H. STEGEMANN, Die Essener, Qumran, Johannes d.T. und Jesus, pp. 148-151.
[75] Tradução segundo J. MAIER, Texte II, p. 376.
[76] Paulo argumenta aqui com a distinção helenista entre a lei escrita e a lei não escrita; cf. S. JONES, "Freiheit", pp. 92ss.
[77] Para a análise, cf. H.-W. KUHN, Bedeutung, pp. 177s.
[78] Para as alterações paulinas da citação, cf. D.-A. KOCH, Die Schrift als Zeuge, pp. 163-165. Para Gl 3,13, cf. especialmente 4QpNah I 6-8; 11QT 64,6ss; para a interpretação destes textos, cf. H.- W. KUHN, Bedeutung, pp. 178-182.

justo viverá da fé"). A interpretação desse texto profético em Qumran permite determinar com exatidão a meta da argumentação paulina. Em 1QpHab 7,17-8,3 encontra-se uma interpretação judaica contemporânea de Hab 2,4b: "Mas o justo viverá devido a sua confiança. Sua (isto é, do texto bíblico) interpretação refere-se a todos os cumpridores da Torá na casa de Judá que Deus salvará da casa do juízo, devido a seu esforço e sua confiança no Mestre de Justiça." Enquanto Paulo separa nitidamente entre o fazer da Torá e a fé, para os piedosos de Qumran, as duas coisas formam uma unidade orgânica. Enquanto, segundo as compreensões qumrânica e judaica geral, somente os cumpridores da Torá alcançam a salvação, para Paulo, a salvação encontra-se além do cumprimento da Torá na fé. "Com sua interpretação do trecho profético de Hab 2,4, tão importante para sua teologia, o fariseu Paulo deu sem dúvida teologicamente um passo para fora do judaísmo – e isto, portanto, sob recurso à Bíblia que compartilham."[79]

A FUNÇÃO DA TORÁ

A pergunta pela função da Torá, que se impõe agora inevitavelmente, é respondida por Paulo pela primeira vez em Gl 3,19. O fariseu Paulo viveu na convicção judaica fundamental de que a Torá fora dada por Deus (cf., por exemplo, Eclo 45,5). Aqui, ele não defende essa posição clara, mas, numa argumentação muito complexa e forçada, tanto noética como linguisticamente, ele declara que a Torá seria acrescentada unicamente por causa das transgressões[80]. À Torá não compete nenhuma função revelatória positiva, ela pertence ao âmbito

---

[79] H.-W. Kuhn, Die drei wichtigsten Qumranparallelen zum Galaterbrief, p. 249; cf., além disso, G. Jeremias, Lehrer der Gerechtigkeit, pp. 142-146, que observa que se atribui ao Mestre de Justiça em QpHab VIII 2s uma autoridade que é efetivamente comparável à de Jesus, pois somente aqui se encontra אמנה com a preposição ב (πίστις ἐκ) em relação a uma pessoa.

[80] Uma argumentação semelhante encontra-se em Sêneca, Ep. 90,5-14: depois do fim da Idade Dourada era preciso introduzir leis para diminuir a decadência.

das transgressões, para revelá-las ou provocá-las[81]. Afinal das contas, ela foi também ordenada apenas por anjos[82] (Gl 3,19b)[83] e chegou aos seres humanos através do mediador Moisés[84] (Gl 3,20). Parece que Paulo deseja isentar Deus de qualquer participação do processo da constituição e entrega da Torá[85], pois apenas assim é possível entender

---

[81] Χάρις ("pelo bem de") deve ser traduzido provavelmente no sentido final, cf. H. HÜBNER, Gesetz bei Paulus, p. 27; E. P. SANDERS, Paulus, p. 120. Para todos os efeitos, neste trecho, a lei pertence para Paulo ao âmbito das transgressões.

[82] Διά ("através, por meio de") com genitivo pode designar o causador de uma coisa (cf. Gl 1,1); ocorrências encontram-se em A. OEPKE, in *ThWNT* 2, pp. 66s. Evidentemente, nem os anjos nem a Torá são explicitamente caracterizados como inferiores, mas é exatamente isto que se segue da estrutura notável da argumentação paulina; contra E. J. SCHNABEL, Law and Wisdom, p. 272. Uma comparação com Fílon mostra o caráter escandaloso da argumentação paulina. Os anjos aparecem em Fílon, Gig. 6ss, como seres que eram originalmente νοῦς, mas que perderam sua pureza parcialmente devido a sua descida para regiões próximas da terra ou para a própria terra; ao contrário disso, o espírito divino permanece sempre sobre o sábio por excelência: Moisés (Gig. 55). Em Fílon, os anjos em sua função revelatória encontram-se hierarquicamente abaixo de Moisés, tanto mais que existem anjos bons e anjos maus (Gig. 16s); Paulo, ao contrário, situa Moisés abaixo dos anjos. H. BURKHARDT, Die Inspiration heiliger Schriften bei Philon von Alexandrien (Basileia: 1988), apresentou a posição sobressalente de Moisés dentro da compreensão filônica da revelação e da Escritura. Ele comprova que, em Fílon, a personalidade do autor humano Moisés não é absolutamente eclipsada, "mas – ao contrário – que sua pessoa se expressa de múltiplas maneiras em sua obra" (op. cit., p. 211). Moisés aparece em Fílon como um precursor daquilo que posteriormente se chama de "inspiração pessoal".

[83] Cf. a respeito Dt 33,2 LXX; Josefo, Ant. 15,136; Jub. 1,29; TestDn 6,2 etc.; ocorrências rabínicas em BILLERBECK III, pp. 554ss. J. L. MARTYN, Gal, pp. 354-356.364s., observa que a Septuaginta nunca relaciona διατάσσειν com νόμος. Dessa maneira, Paulo mostra também semanticamente que a lei tem uma origem particular, e factualmente, ele valora a tradição originalmente positiva dos anjos como mediadores da Torá como negativa!

[84] Cf. Lv 26,46LXX; além disso, A. OEPKE, in *ThWNT* 4, pp. 602-629.

[85] *De facto*, Paulo nega em Gl 3,19 a origem imediatamente divina da Torá, pois somente sob este pressuposto, a diferenciação no v. 20 faz sentido (cf. A. SCHWEITZER, Mystik, p. 71; A. OEPKE, Gal, p. 116; H. LIETZMANN, Gal, pp. 21s; U. LUZ, Geschichtsverständnis, p. 190; H. HÜBNER, Gesetz bei Paulus, p. 28; J. W. DRANE, Paul, p. 34; S. SCHULZ, Ethik, p. 344; L. ROHDE, Gal, pp. 155s; H. RÄISÄNEN, Paul and the law, pp. 130s; E. P. SANDERS, Law, p. 68; J. BECKER, Gal, p. 54; K. KUULA, The law, the Covenant and God's Plan, pp. 104-107; F. VOUGA, Gal, p. 83; J. L. MARTYN, Gal, p. 357. A posição contrária é defendida, por exemplo, por E. J. SCHNABEL, Law and Wisdom, pp. 271ss; P. STUHLMACHER, Biblische Theologie l, p. 265: H.-J. ECKSTEIN,

a diferenciação no v. 20, segundo a qual Moisés representa um número plural (= os anjos) e não Deus. Os anjos, como poderes demoníacos (cf. Gl 1,8), são declarados os autores da Torá, para comprovar, dessa maneira, a inferioridade da mesma e explicar o fator através do qual sua intenção originalmente boa foi pervertida[86].

Também a forma de sua comunicação comprova a Torá como grandeza secundária em relação à promessa. Ela foi dada a Abraão diretamente por Deus (Gl 3,18), mas, ao contrário disso, no caso da Torá, por meio dos anjos, Deus não estava agindo imediatamente[87]. Paulo faz claras diferenciações semânticas[88]: enquanto Deus se relacionou com Abraão diretamente, enquanto "conversa" com ele (Gl 3,16; cf. antes 3,6.8), a Torá é "acrescentada" e "ordenada" por anjos (Gl 3,19). As promessas a Abraão são confirmadas diretamente por Deus (Gl 3,17a: ὑπὸ τοῦ θεοῦ), a Torá, porém, "chegou a ser" apenas 430 anos mais tarde (Gl 3,17b: γεγονώς). A meta da argumentação é óbvia: as promessas a Abraão e a seus descendentes remontam imediatamente a Deus, a lei/Torá, porém, foi meramente acrescentada. Finalmente, uma comparação com Gl 1,8.11ss confirma a intenção polêmica da argumentação: o evangelho foi revelado a Paulo imediatamente por Deus, sem nenhuma mediação, e nem um apóstolo nem um anjo podem mudá-lo. Ao contrário disso, a Torá aparece em Gl 3,19.20

Verheißung, pp. 200-202: J. D. G. Dunn, Theology of Paul, pp. 139s, que recorrem todos às tradições positivas do judaísmo antigo acerca dos anjos, para poder ver também aqui a origem divina irrestrita da Torá. Gl 3,21; Rm 7,22; 8,7; 9,4 mostram efetivamente que Paulo não pode e também não quer sustentar sua argumentação, mas essas ocorrências não podem determinar a interpretação de Gl 3,19.20.

[86] Cf. a tripla diferenciação (intenção de Deus, intenção imanente da lei, intenção do legislador) em H. Hübner, Gesetz bei Paulus, pp. 31s.

[87] Paulo volta-se com esta diferenciação contra uma convicção fundamental do judaísmo antigo; basta conferir Av 1,1s: "Moisés recebeu a lei do Sinai e a transmitiu a Josué, Josué, aos anciãos, e os anciãos, aos profetas, e os profetas transmitiram-na aos homens da Grande Sinagoga. Estes diziam três coisas: Tende cuidado ao julgar! Destacai muitos discípulos! Construí uma cerca em torno da lei! Simeão o Justo pertencia aos remanescentes da Grande Sinagoga. Ele costumava dizer: 'O mundo repousa sobre três colunas: sobre a lei, sobre o serviço a Deus e sobre a caridade'."

[88] Cf. J. L. Martyn, Gal, pp. 364s.

claramente como uma grandeza inferior, ordenada por anjos por meio da mão do mediador humano Moisés! Ao lado da provocação de transgressões compete à lei/Torá uma segunda função principal: ela escraviza os seres humanos. Antes da revelação de Cristo havia para o ser humano somente uma existência sob a lei/Torá e sob os poderes. Somente Cristo libertou os seres humanos dessa escravidão, ele transformou o *status* de escravidão (ὑπὸ ἁμαρτίαν, ὑπὸ νόμον, ὑπὸ παιδαγωγόν) no *status* da participação (ἐν Χριστῷ). As pessoas batizadas e crentes veem-se resgatadas do poder do pecado, mas também de todas as diferenças religiosas, étnicas e econômicas; a comunidade é um em Cristo Jesus.

O BATISMO COMO MUDANÇA DE *STATUS*

Paulo desenvolve este pensamento fundamental por meio da tradição do batismo Gl 3,26-28[89]. Ela define a nova existência das pessoas batizadas diante de Deus; o novo relacionamento com Deus, imediato, operado pelo espírito e dedicado no batismo fundamenta o novo *status* dos fiéis: "pois vós todos sois filhos de Deus (υἱοὶ θεοῦ) [pela fé][90] em Cristo Jesus" (v. 26). No batismo constitui-se o novo estar em Cristo (εἶναι ἐν Χριστῷ). Ἐν Χριστῷ Ἰησοῦ designa o espaço no qual se realiza o *status* de filho, a expressão designa sucintamente a relação existencial entre Cristo e o batizado, dada no batismo. Também no v. 27 dominam aspectos espaciais, o batizando veste Cristo como um vestido: "Pois todos vós, que fostes batizados em Cristo, vos vestistes de Cristo". A metáfora da vestimenta[91] ilustra a experiência da iniciação dos batizados; eles estão totalmente envolvidos e revestidos por Cristo

---

[89] Para a análise do texto, cf. U. SCHNELLE, Gerechtigkeit und Christusgegenwart, pp. 57-62; CHR. STRECKER, Die liminale Theologie des Paulus, pp. 351-359.
[90] A expressão διὰ τῆς πίστεως é uma interpretação paulina; cf. U. SCHNELLE, Gerechtigkeit und Christusgegenwart, p. 58.
[91] Cf. a respeito N. A. DAHL/D. HELLHOLM, "Garment-Metaphors: the Old and the New Human Being", in A. Y. COLLINS/M. M. MITCHELL (org.), *Antiquity and Humanity*. FS H. D. BETZ (Tübingen: 2001), pp. 139-158.

e, justamente por isso, em Cristo. Gl 3,28 descreve o batismo em seus efeitos histórico-salvíficos e político-sociais[92]: "Aqui não há judeu ou grego, escravo ou livre, macho ou fêmea, pois todos vós sois um só em Cristo Jesus". A *mudança de status* conferida pelo batismo inclui uma transformação das relações sociais reais! O primeiro par de opostos volta-se tanto contra a antítese judaica judeu *versus* gentio como contra a distinção grego *versus* bárbaro[93]. Embora se possa caracterizar a legislação veterotestamentária sobre os escravos como relativamente humana[94], e embora a distinção δοῦλος *versus* ἐλεύθερος remonte, segundo os sofistas, a determinações humanas e não a uma diferença natural[95], este par de opostos estava em vigor tanto entre os judeus como entre os gregos. O terceiro par de opostos, ἄρσεν καὶ θῆλυ (Gn 1,27LXX), tinha igualmente uma importância fundamental para gregos e judeus, pois, segundo a visão judaica, a mulher não era e não é completamente apta para o culto, e o pensamento grego está perpassado por uma linha que enfatiza a superioridade do homem em relação à mulher[96].

Estes novos conceitos devem ter se formado naquelas grandes cidades helenistas que eram, de qualquer forma, o território da missão de Paulo e que são as primeiras onde se pode imaginar a abolição de tradições antigas[97]. O poder explosivo religioso, político e social dessas

---

[92] Para a interpretação, cf. G. DAUTZENBERG, "'Da ist nicht männlich noch weiblich'. Zur Interpretation von Gal 3,28", in IDEM, *Studien zur paulinischen Theologie und zur früchchristlichen Rezeption des Alten Testaments*, pp. 69-99.
[93] Cf. as ocorrências em NW II/1, pp. 3-6.
[94] Basta conferir Ex 21,2-6.26s; Dt 15,12-18; 23,16s; Lv 25.8ss.39s; Jó 31,13.15; para o assunto, cf. H. GÜLZOW, Christentum und Sklaverei, pp. 9-21.
[95] Para a compreensão grega e helenista, respectivamente, da escravidão, cf. as ocorrências em NW II/1, pp. 1065-1072; além disso, L. SCHUMACHER, Sklaverei in der Antike, *passim*.
[96] Para a posição da mulher na Antiguidade, cf. E. STEGEMANN/W. STEGEMANN, Sozialgeschichte, pp. 311-346.
[97] Tradições cínicas são comparáveis: cf. F. G. DOWNING, "A Cynic Preparation for Paul's Gospel for Jew and Greek, Slave and Free, Male and Female", in *NTS* 42 (1996), pp. 454-462. Os cínicos consideravam-se cosmopolitas (cf. Diógenes Laércio 6,63), elaboraram uma nova definição de escravidão e liberdade e aceitavam a posição igual da mulher (cf. Cartas Cínicas, Crates, 28: "As mulheres não são por natureza inferiores aos homens"; além disso, Musônio, Dissertationes 3; Diógenes Laércio 6,12).

ideias é ilustrado num texto que reflete uma sensação de valores fundamental da Antiguidade: "Hérmipo atribui a Tales o que outros narram sobre Sócrates; diz que este afirmou que estava grato ao destino por três coisas: ter nascido 1. como ser humano e não como animal; 2. como homem e não como mulher; 3. como grego e não como bárbaro" (Diógenes Laércio 1,33). O cristianismo primitivo opõe a essa estática dos possuidores o movimento da mudança. Agora vale: "Vós sois um em Cristo Jesus" (ὑμεῖς εἷς ἐστε ἐν Χριστῷ). Já que todos (v. 26: πάντες) são filhos de Deus pelo batismo, vestiram Cristo e, através disso, foram resgatados daquelas alternativas, vale para todos (v. 28: πάντες) que eles são "um" em Cristo, isto é, em consequência do que acontece no batismo existe somente "um" ser humano, a saber, aquele que está livre daquelas alternativas.

A superação de alternativas fundamentais da Antiguidade no batismo mostra que εἶναι ἐν Χριστῷ abraça em Paulo sempre duas dimensões: 1) a comunhão existencial entre Cristo e os batizados no espírito; 2) a nova qualificação dos batizados inclui também seu pensar, sentir e agir, isto é, a comunhão com Cristo tem sempre também uma dimensão empírico-pragmática; a prática de vida muda e exige novas formas de atuação[98]. A comunhão com Cristo constituída *ritualmente* não só abre uma nova compreensão da realidade, mas cria uma nova realidade que abraça do mesmo modo as dimensões cognitivas, emocionais e pragmáticas da existência humana.

CONCLUSÕES

Quando os gálatas desejam estar sob a Torá (Gl 4,21), eles ficam aquém do estado de salvação que já alcançaram. Paulo deseja esclarecer aos gálatas a falta de lógica e sentido de sua conduta novamente por meio de uma comprovação escriturística, e também desta vez, ele

---

[98] CHR. STRECKER, Die liminale Theologie des Paulus, pp. 193-211, refere-se a uma comunhão vertical e horizontal com Cristo.

parte da pessoa de Abraão (Gl 4,21-31)[99]. O apóstolo dá continuidade à temática de Abraão ao voltar-se agora para a segunda geração, a dos filhos. Para ele é a própria Torá que atesta que os cristãos têm direito à liberdade da Torá. A descendência de Abraão realizou-se de dois modos distintos: segundo a carne e através da promessa (Gl 4,23). Enquanto o filho segundo a carne corresponde à aliança do Sinai que conduziu à escravidão e que se manifesta na Jerusalém terrestre, o filho da livre é representado pela Jerusalém celeste que é a mãe dos cristãos. Agora vale: "Vós, porém, irmãos, como Isaac, sois filhos da promessa" (Gl 4,28). Ao mesmo tempo, os gálatas são com isto τέκνα τῆς ἐλευθερίας (Gl 4,31: "crianças [filhos e filhas] da liberdade"), de modo que tudo depende da preservação da liberdade, fundamentada no evento do Cristo, recebida no dom do *pneuma* e comprovada pela Escritura, e que esta liberdade não deve ser pervertida em seu contrário, pela observância da Torá.

A circuncisão como *pars pro toto legis* aniquilaria a morte amaldiçoada de Cristo na cruz, pois vale: quem aceita a circuncisão está obrigado a observar "toda a lei" (Gl 5,3: ὅλον τὸν νόμον). Paulo parte aqui da experiência de que cada ser humano fracassa na lei/Torá, porque, até aquele momento, nenhum ser humano observou a Torá inteiramente. Este conceito da Torá caracteriza-se por um momento quantitativo (cf. Gl 3,10); em cada mandamento individual já está presente a Torá inteira[100], já que a não observância de um mandamento anula a dimensão soteriológica da lei/Torá.

Gl 5,14 e 6,2 parecem estar em tensão com essa interpretação negativa da lei/Torá. Com recurso a Lv 19,18, Paulo constata em Gl 5,14: "Pois toda a lei (ὁ γὰρ πᾶς νόμος) é cumprida naquela única sentença,

---

[99] Para a análise, cf. G. Sellin, "Hagar und Sara. Religionsgeschichtliche Hintergründe der Schriftallegorese Gal 4,21-31", in U. Mell/U.B. Müller (org.), *Das Urchristentum in seiner literarischen Geschichte*. FS J. Becker (Berlim: 1999), pp. 59-84. Sellin, op. cit., p. 75, enfatiza: "Do modo como lemos hoje Gl 4,21-31, o texto aparece como uma das polêmicas antijudaicas mais agudas no Novo Testamento".

[100] Cf. 4Mc 5,20: "Pois transgredir a lei em coisas pequenas ou coisas grandes é totalmente do mesmo valor"; além disso, Arist. 311.

na [sentença] 'Ama teu próximo como a ti mesmo'." Paulo concentra toda a lei/Torá no mandamento do amor, algo que equivale, em termos de conteúdo, a uma redução radical e, justamente por isso, a uma abolição da Torá de Moisés[101]. Agora se designa com νόμος o que já caracteriza, de qualquer forma, os πνευματικοί em seu novo *status* como justificados: o amor (cf. Gl 5,22). No amor já ocorreu há muito tempo o que é exigido pela lei/Torá. Em Gl 6,2, Paulo faz um jogo de palavras com o termo νόμος: "Carregai os fardos uns dos outros, e assim cumprireis a lei de Cristo". Enquanto, na Carta aos Gálatas, νόμος com conotação negativa deve ser relacionado constantemente com a Torá (exceção: Gl 5,14), Paulo emprega em Gl 6,2 νόμος conscientemente no sentido de "prescrição", "norma"[102]. Argumentos em favor dessa interpretação são principalmente os paralelos helenistas que colocam Gl 6,2 no contexto da antiga ética da amizade[103]. Νόμος é inteiramente determinado por Χριστοῦ (*genetivus auctoris*) e recebe sua definição a partir disso. Também o contexto imediato deixa claro[104] que Paulo entende νόμος Χριστου num sentido ético; quem permite ser conduzido totalmente pelo espírito e se orienta pelo parâmetro do amor, cumpre a vontade de Cristo. Com isto, Paulo sinaliza também aos gálatas que ele, não obstante sua crítica severa à Torá, não está sem lei, pois sabe-se comprometido com a lei de Cristo.

A ideia do amor permite a Paulo unir os conceitos judaico-helenistas e greco-helenistas acerca da lei e colocá-los a serviço de sua

---

[101] Cf. H. Hübner, Gesetz bei Paulus, pp. 37ss.
[102] Contra F. Hahn, Gesetzesverständnis, p. 57, nota 89, que exclui tanto para Gl 6,2 como para Rm 3,27; 8,2 o significado "regra, princípio" ou "norma", pois, segundo sua compreensão, a lei foi conduzida [N. da Trad.: deve ser assim, *zugeführt* e não *zugefügt*, acrescentada.] através de Cristo a seu verdadeiro destino. J. Eckert, Verkündigung, p. 160, por sua vez enfatiza com razão: "Quando Paulo se refere, então, à 'lei de Cristo', a formulação paradoxal é evidente, e também deveria ser claro que se deve estar falando aqui de uma lei totalmente distinta da lei mosaica".
[103] Cf. Xenofontes, Memorabilia II 7,1: Sócrates diz a seu amigo aborrecido Aristarco: "Mas tu deverias passar algo de teus fardos aos teus amigos. Pois talvez também nós possamos te conceder, de alguma forma, um alívio." Menander, Sententiae 534: "Considera os fardos dos amigos todos comuns (algo a ser carregado em comum)." Além disso, cf. Epíteto, Diss. IV 153s.159.
[104] Cf. M. Winger, "The Law of Christ", in *NTS* 46 (2000), pp. 537-546.

argumentação. Por meio da ideia do amor, ele define a Torá de modo novo, pois, ao contrário da tradição judaica, os demais mandamentos e proibições perdem seu significado inteiramente[105]. Para o pensamento judaico, o cumprimento de toda a Torá através dos mandamentos individuais sob simultânea abolição dos outros mandamentos não era concebível.

Ao ser conduzida à *ágape,* a Torá muda em seu caráter e seu significado original, pois ela está agora exclusivamente determinada pelo amor e sintetizada na ideia do amor, de modo que ela coincide com a lei helenista da natureza ou da razão[106].

As muitas camadas[107] da crítica paulina à lei/Torá na Carta aos Gálatas recebem sua característica e coesão unicamente da pneumatologia[108]! Devido ao dom do espírito, submeter-se à lei/Torá já não é possível a cristãos, e, ao mesmo tempo, já não é necessário (cf. Gl 5,18)[109]. Já que os cristãos receberam o dom decisivo da salvação não de obras da lei/Torá, mas da mensagem da fé (Gl 3,2.5), a circuncisão e a observância do calendário não fazem sentido, porque revertem a liberdade recebida no espírito novamente em seu oposto. O oposto que determina a argumentação paulina na Carta aos Gálatas

---

[105] Cf. F. MUSSNER, Gal, p. 373.
[106] Para isso, cf. a interpretação de Rm 13,8-10 abaixo, nas Secções 12.10 (A forma da nova vida) e 19.3 (A lei).
[107] A. SCHWEITZER, Mystik, pp. 184s, captou claramente a complexidade da doutrina paulina da lei: "Ele afirma que a lei já não está em vigor. Mas, ao mesmo tempo, ele também admite que ela tem validade, à medida que supõe que aqueles que a confessam estão submetidos a ela e fracassam por meio dela. Soma-se a isto uma distinção incompreensível. Ele considera muito certo e não nocivo à salvação que os fiéis vindos do judaísmo continuem a viver segundo a lei. No entanto, quando fiéis vindos do gentilismo querem fazer o mesmo, ele o considera uma negação da cruz de Cristo."
[108] Cf. K. KUULA, The Law, the Covenant and God's Plan, pp. 36-45, que enfatiza com razão *"that the idea of participation in Christ or the Spirit as 'God's empowering presenc' is a much more important category in Galatians than the language of justification"* (que a ideia da participação em Cristo ou o espírito como 'presença empoderadora de Deus' é em Gálatas uma categoria muito mais importante do que a linguagem da justificação; op. cit., p. 45).
[109] Para a relação entre espírito e lei, cf. especialmente F. W. HORN, Angeld des Geistes, 352-374.

é νόμος *versus* πνεῦμα. A circuncisão e a lei/Torá *não pertencem à autodefinição soteriológica do cristianismo*, porque Deus se revelou imediatamente em Jesus Cristo e porque as pessoas batizadas e crentes participam do dom do espírito deste evento salvífico.

11.4 A ética da Carta aos Gálatas

A parte ética central da Carta aos Gálatas inicia-se com uma afirmativa fundamental[110]: "É para a liberdade que Cristo nos libertou. Permanecei firmes nela, portanto, e não vos deixeis submeter de novo ao jugo da escravidão" (Gl 5,1)[111].

A LIBERDADE QUE AGE NO AMOR

A nova existência dos crentes, fundada no evento Cristo, dedicada no batismo e a ser realizada na força do espírito, exclui uma submissão a outros poderes. Os cristãos já servem ao único *Kyrios* Jesus Cristo que lhes dá liberdade. A existência cristã é, segundo sua natureza, existir em liberdade, de modo que o decisivo para os gálatas é agora não perverter esta liberdade dada em seu contrário e perdê-la pela observância da Torá[112], mas moldá-la positivamente no amor. À liberdade corresponde unicamente uma atuação que se sabe conduzida pelo espírito. Uma orientação pela Torá significa neste contexto nada mais que uma perversão da liberdade do espírito em falta de liberdade da carne.

---

[110] O início da parênese na Carta aos Gálatas é discutido; ele é visto em Gl 5,13 (assim, por exemplo, O. MERK, "Der Beginn der Paränese im Galaterbrief", in Idem, *Wissenschaftsgeschichte und Exegese*, pp. 255ss; J. BECKER, Gal, p. 83) ou em 5,1 (assim, por exemplo, H. D. BETZ, Gal, p. 435s). Ao lado do οὖν característico (cf. Rm 12,1), o início análogo dos três parágrafos Gl 5,1-12; 5,13-24 e 5,25-6,10 indica que a parênese começa em Gl 5,1.

[111] Para a análise, cf. S. JONES, "Freiheit", pp. 96-102; outros acentos em K. KERTELGE, "Gesetz und Freiheit im Galaterbrief", in Idem, *Grundthemen*, pp. 184-196.

[112] Cf. a respeito K. KERTELGE, "Freiheitsbotschaft und Liebesgebot im Galaterbrief", in Idem, *Grundthemen*, pp. 197-208.

O amor como caracterização central do conteúdo da liberdade adquirida por Cristo obriga os gálatas a uma conduta que já não se orienta na carne, mas no espírito[113]. O par de opostos σάρξ *versus* πνεῦμα ("carne *versus* espírito") aparece em Paulo não como dualismo metafísico, mas histórico. Já que não há uma existência humana fora da carne, e já que a atuação de Deus no ser humano se realiza na carne, a carne aparece como o lugar onde o ser humano permanece obstinadamente em sua egocentricidade ou, pela força do espírito, aceita ser colocado a serviço de Deus. O ser humano não vive jamais a partir de si mesmo, pois se encontra sempre já numa esfera que o qualifica[114]. Existe somente uma vida "segundo a carne" (κατὰ σάρκα) ou "conforme o espírito" (κατὰ πνεῦμα).

Paulo usa uma formulação clássica da dimensão ética da nova realidade dos batizados em Gl 5,25: εἰ ζῶμεν πνεύματι, πνεύματι καὶ στοιχῶμεν ("Se vivemos pelo espírito, pelo espírito pautemos também nossa conduta")[115]. Dessa maneira, o espírito é o fundamento e a norma da existência e atuação cristãs, ele cria o novo ser do cristão e, ao mesmo tempo, opera a sustentação desse ser. O espírito ocupa a natureza e a vontade do cristão com todo seu poder. Os cristãos entraram na vida determinada pelo espírito, agora devem deixar-se conduzir pelo espírito. Ao mesmo tempo fica claro: não há uma nova conduta sem uma nova atuação! O espírito que se dá abundantemente deve ser apropriado no amor. Exatamente porque o espírito integra a pessoa crente e batizada na esfera de Deus e no âmbito da comunidade, esta pessoa já não se encontra no vácuo de um espaço sem domínio, mas está sob as exigências da nova obediência possibilitada pelo espírito. Como consequência lógica disso, Paulo pode designar as

---

[113] Para a ética da Carta aos Gálatas, cf. ao lado dos comentários especialmente O. MERK, Handeln aus Glauben, pp. 66-80; J. M. G. BARCLAY, Obeying the Truth, p. 106ss; W. HARNISCH, "Einübung des neuen Seins. Paulinische Paränese am Beispiel des Galaterbriefes", in Idem, *Die Zumutung der Liebe*, pp. 149-168: H. WEDER, Die Normativität der Freiheit, pp. 130ss.

[114] Cf. R. BULTMANN, Theologie, pp. 227ss.

[115] A respeito da interpretação de Gl 5,25, cf. abaixo, Secção 20.1 (O princípio básico: vida no espaço do Cristo).

características da nova vida como fruto do espírito (Gl 5,22)[116]: amor, alegria, paz, paciência, amabilidade, bondade, fé. O περιπατεῖν κατὰ πνεῦμα ("caminhar segundo o espírito") separa dos desejos da carne (Gl 5,16) e encontra sua meta no amor, no qual também a lei/Torá está cumprida (cf. Gl 5,14). Deus já não se aproxima do lado de fora com exigências às pessoas que vivem no campo da atuação do espírito[117]. A novidade da vida realiza-se na novidade do espírito.

Como pessoas conduzidas por Deus, os gálatas já se decidiram em favor de um caminho de vida. Paulo os convoca insistentemente a não abandonar esse caminho da liberdade para voltar para a antiga escravidão. Para o apóstolo, o espaço da liberdade abre-se somente no compromisso com Deus, onde ele encontra a si mesmo, torna-se o próximo dos outros e aprende a respeitar a criação como uma dádiva. Liberdade é exclusivamente um atributo de Deus que ele dá àquelas pessoas que se comprometem com ele e se orientam por sua vontade. Somente Deus arranca o ser humano pela força do espírito do âmbito do poder do pecado e, dessa forma, capacita-o para o fazer o Bem.

11.5 Doutrina da justificação inclusiva e exclusiva em Paulo

Na Carta aos Gálatas, Paulo ultrapassa de várias maneiras suas afirmações precedentes acerca da lei/Torá e da justiça:

1) Ele *universaliza* as afirmações sobre a justiça, que nas tradições batismais estão prioritariamente orientadas pela pessoa individual (cf. Gl 2,16: πᾶσα σάρξ; além disso, 3,22; 5,3.14). A justiça manifesta em Jesus Cristo e recebida na fé vale para judeus e gentios do mesmo modo, cada ser humano depende dela para escapar da ira futura. Com isto, Paulo nega explicitamente uma posição excepcional dos judeus (judeu-cristãos) mediada pela Torá; unicamente Jesus Cristo é a origem

---

[116] W. HARNISCH, Einübung des neuen Seins, p. 163, aponta com razão para o plural "obras da carne" em Gl 5,19 e para o singular "fruto do espírito" em 5,22: "E já que os efeitos pneumáticos estão reunidos no foco da ἀγάπη, pode-se falar no singular do 'fruto' singular do espírito."
[117] Cf. H. LIETZMANN, Röm, p. 71.

e o lugar da justiça alheia. As diferenças entre judeus e gentios, fundamentadas na etnia e na história da salvação, já não valem mais.

2) A universalização está vinculada a uma *radicalização*: a justiça concedida por Deus dirige-se não só a pessoas que são justas segundo sua própria autocompreensão, mas a todos os seres humanos. Todos estão sob o poder do pecado (Gl 3,22) e precisam da justiça em Jesus Cristo que vem de Deus.

3) Paulo realiza na Carta aos Gálatas pela primeira vez uma *fixação terminológica* da relação "justiça – lei/Torá", de modo que se precisa falar de uma *doutrina* da justificação, cuja afirmativa central deve ser vista na antítese ἐξ ἔργων νόμου – ἐκ πίστεως Ἰησοῦ Χριστοῦ ("das obras da lei – pela fé em Jesus Cristo"). Não a busca humana ou um defeito na lei/Torá, mas o pecado faz com que o cumpridor da lei/Torá não possa alcançar a promessa inerente à mesma. Essa realidade do ser humano é revelada unicamente na fé em Jesus Cristo.

4) Na Carta aos Gálatas, Paulo valoriza a Torá de modo fundamental como *negativa*. Tanto gentio-cristãos como judeu-cristãos são, como crentes, subtraídos do poder disposicional da Torá, em todos os aspectos. A vida lhes é dada fora da Torá.

Tanto as autoafirmações do apóstolo sobre sua vocação e missão recebidas perto de Damasco como a situação textual na Primeira Carta aos Tessalonicenses e nas Cartas aos Coríntios permitem perceber que Paulo antes não pensou sobre a lei/Torá da mesma maneira como ele o faz na Carta aos Gálatas. Ele valoriza a Torá exclusivamente de modo negativo, mas, ainda assim, não classifica a si mesmo e suas comunidades como "sem lei", pois ele se sabe comprometido com "a lei de Cristo" (Gl 6,2) e, no amor, cumpriu a lei/Torá (Gl 5,14).

> O decurso da história da missão paulina apoia este juízo. As decisões da Convenção dos Apóstolos, o incidente antioqueno e o testemunho das cartas permitem unicamente a conclusão de que os distintos grupos preservaram seus costumes religiosos abrangentemente. Paulo formula essa posição programaticamente em 1Cor 7,18: "Quando alguém foi chamado como circunciso, que ele permaneça circunciso (literalmente: que não ponha um prepúcio). Quando alguém foi chamado incircunciso, que ele não se faça circuncidar." Nas comunidades de Paulo, em sua maioria gentio-cristãs, a

liberdade da Torá sob preservação do conteúdo ético nuclear era "mais ou menos a base evidente"[118]. Ao mesmo tempo, porém, também nas comunidades paulinas, judeu-cristãos e tementes a Deus observavam pelo menos parcialmente a Torá, algo indicado pelos conflitos acerca do consumo de carne dedicada a ídolos (1Cor 8; 10) em Corinto e entre os "fracos e fortes" em Roma (Rm 14,1–15,13). A lida do apóstolo com esses problemas das comunidades é muito instrutiva. Ele já não atribui nenhuma importância fundamental às leis rituais (cf. 1Cor 6,12; 7,19; 9,20-22; 10,23; Rm 14,14.20), mas vê a conduta cristã correta na consideração do grupo em perigo e na aceitação mútua (cf. 1Cor 8,9.12.13; 10.23s: Rm 14,13.15.29s; 15,7). O apóstolo não realiza sua missão com uma teoria sobre a Torá. Diante da volta iminente do Senhor e do juízo a ela vinculado, o único objetivo de Paulo era salvar judeus e gentios (cf. 1Cor 9,22b: "Tornei-me tudo para todos, a fim de salvar pelo menos alguns."). Ele aconselha aos coríntios: "Não vos torneis ocasião de escândalo, nem para os judeus, nem para os gregos, nem para a comunidade de Deus, assim que eu mesmo me esforço por agradar a todos em todas as coisas, não procurando meu benefício pessoal, mas o dos muitos, para que sejam salvos" (1Cor 10,32-33). Aos gálatas ele pode exclamar: "Permanecei como eu, pois também eu sou como vós" (Gl 4,12)[119]. A observação sarcástica em Gl 5,12 ("Então que se façam mutilar também aqueles que vos inquietam") mostra como é grande a distância pela qual Paulo se afastou de valores fundamentais judaicos. O sinal da eleição, a circuncisão (cf. Gn 17,10), é colocado em proximidade imediata à castração[120]. Esta análise do texto mostra: em sua prática, Paulo não era nem antinomista nem nomista, ele tratou a lei/Torá como *adiaphoron*[121].

GANHO DE ENTENDIMENTO NA CRISE

A convivência lado a lado de gentio-cristãos e judeu-cristãos, tanto nas comunidades paulinas como no cristianismo primitivo como tal, nunca tinha sido sem problemas, mas aparentemente por muito

---

[118] U. WILCKENS, Entwicklung, p. 158; cf. também H. RÄISÄNEN, Paul and the Law, pp. 73-83.
[119] Cf. como paralelos da ética helenista da amizade Cícero, Lael. 20; Luciano, Toxaris vel Amicitia 5; numerosos outros textos encontram-se em: NW II/2, pp. 715-725.
[120] Cf. H. D. BETZ, Gal, pp. 461s.
[121] Cf. H. RÄISÄNEN, Paul and the Law, p. 77.

tempo praticável. O aparecimento de rígidos missionários judeu-cristãos na Galácia fez dessa convivência lado a lado um confronto. Sua exigência da circuncisão também para gentio-cristãos obrigou Paulo a deslocar a problemática da lei/Torá da periferia para o centro de sua teologia. Novas exigências externas desencadearam um processo de compenetração que levou à precisão e formulação mais elaborada da temática da lei[122]. Dessa maneira, a doutrina da justificação da Carta aos Gálatas é *uma resposta nova a uma nova situação!*[123] Este juízo surge não só em contraposição aos acordos da Convenção dos Apóstolos e

---

[122] G. Theissen, Die Religion der ersten Christen, pp. 298s, defende uma posição média, ao constatar, por um lado, que a lei deve ter ficado problemática para Paulo devido a sua conversão, mas ao constatar, por outro lado: "Somente agora, Paulo ativou sua própria conversão, introduziu-a como argumento na discussão pública – para alertar contra a adoção da circuncisão, a saber, em ambas as cartas escritas contra os contramissionários judaizantes, em Gl e em Fl. Agora se juntaram uma crise (atual) nas comunidades e uma crise pessoal (há muito passada) de Paulo" (op. cit., pp. 299s). Será que uma descoberta fundamental ficou por vinte anos enterrada, para depois emergir como numa explosão? Mais plausível parece-me a suposição de que a Carta aos Gálatas representa uma descoberta e argumentação legitimamente novas dentro do pensamento paulino.

[123] Cf. entre a pesquisa mais antiga: W. Wrede, Paulus, pp. 67ss; J. Weiss, Das Urchristentum, p. 227; A. Schweitzer, Mystik, 216ss: H. J. Schoeps, Paulus, 206s. Da discussão atual cf., por exemplo, U. Wilckens, Entwicklung, 157s; Idem, Was heißt bei Paulus: "Aus Werken des Gesetzes wird kein Mensch gerecht"?, pp. 84s: "Aparentemente, Paulo viu-se obrigado a formar uma doutrina da justificação elaborada somente no contexto do confronto com os adversários judaizantes em suas comunidades galacianas." Além disso, cf. G. Strecker, Befreiung und Rechtfertigung, p. 237; G. Lüdemann, Paulus und das Judentum, p. 21. H. Räisänen, Paul and the Law, pp. 9s, formula na 2ª edição de seu livro: "*Whatever major development there was in Paul's theology of the law, must, in my view, have taken place by the time of the writing of Galatians*" (Qualquer desenvolvimento maior que possa ter havido na teologia paulina da lei precisa, a meu ver, ter ocorrido por volta do tempo em que ele escreveu Gálatas). Cf., além disso, K. Berger, Theologiegeschichte, p. 459: "A doutrina da justificação propriamente dita de Paulo foi desenvolvida – condicionada pela situação – no contexto do problema da continuidade da validade do caminho judaico (Gl, Rm). Nesse contexto, Paulo relaciona entre si, e com base em Gn 15,6, elementos de sua própria teologia que antes não estavam relacionados dessa forma e que recebem nesta nova relação um novo significado." Também J. Gnilka, Paulus, pp. 237-244, parte da suposição de que a crise galaciana – na base de tradições – levou à formulação mais elaborada da doutrina específica da justificação.

das escassas afirmações sobre a lei e a justificação nas Cartas aos Coríntios, mas também da própria Carta aos Gálatas. Com a exigência da circuncisão para gentio-cristãos põe-se inevitável e fundamentalmente a pergunta pela relevância permanente da lei/Torá para gentio-cristãos *e também* judeu-cristãos. A solução deste problema leva Paulo a um *ganho de entendimento* teológico. Paulo não para na garantia da posição dos gentio-cristãos na ἐκκλησία θεοῦ, mas, com sua crítica fundamental, ele problematiza a importância da Torá para os judeu-cristãos. Com a antítese νόμος – πνεῦμα na Carta aos Gálatas, Paulo tira o chão da existência simultânea da observância da Torá e da fé em Cristo, até então evidente para amplos círculos do cristianismo. O modo da argumentação em Gálatas mostra quão dura é a luta de Paulo com um problema que para ele é urgente e, nessa forma, nova! Dessa maneira, as justificativas muito variadas para a revogação da Torá não causam a impressão de serem o resultado de uma reflexão de vinte anos sobre o significado e a importância da Torá. Também as grandes tensões dentro da demonstração argumentativa de Paulo (compare-se Gl 3,19.20 com 3,21; Gl 5,3 com 5,14) são um claro sinal de que a argumentação do apóstolo está condicionada pela situação[124].

Parece que Paulo tenta com todas as suas forças desfazer a heresia adversária e salvar seu trabalho missionário, um objetivo em cujo benefício ele tolera polêmicas extraordinárias nesse confronto que aparentemente foi conduzido também com grandes emoções. Se Paulo tivesse defendido desde o início a doutrina da justificação da Carta aos Gálatas, então os gálatas a teriam conhecido desde a estada paulina de fundação, pelo menos em seus traços básicos. Nesse caso seria ainda mais surpreendente que os gálatas dessem ouvidos a uma doutrina adversária e que Paulo responde com uma argumentação que já na primeira vez não conseguiu convencer os gálatas! A meu ver, um outro modelo explicativo é mais provável: em sua estada de fundação, Paulo tematizou o significado e a importância do Antigo Testamento para a fé cristã, mas dificilmente com as distinções agudas

---

[124] Especialmente H. RÄISÄNEN, cf. Idem, Difficulties, *passim*, destacou as tensões dentro da compreensão paulina da lei.

e afirmações majoritariamente negativas de Gálatas. Em consequência disso iniciou-se nas comunidades galacianas um estudo intensivo do Antigo Testamento que aparentemente preparou o chão para a mensagem dos adversários. Eles não defendiam simplesmente uma heresia, mas também eles anunciavam um evangelho (cf. Gl 1,6-9). Sua mensagem tinha uma atratividade maior que a pregação paulina na fundação. Parece que os missionários judeu-cristãos rigorosos conseguiram convencer os gálatas de que ser filho ou filha de Abraão e, com isso, a pertença ao Povo de Deus, incluía também a prática da circuncisão, a observância dos tempos cúlticos e uma abrangente recepção do Antigo Testamento. Paulo reage a essa tentativa de mudança de *status* para gentio-cristãos ao relativizar, por sua vez, o então *status* dos judeu-cristãos (e dos judeus).

DOUTRINA DA JUSTIFICAÇÃO INCLUSIVA E EXCLUSIVA

Apesar de estar condicionada pela situação, a doutrina da justificação da Carta aos Gálatas não está sem pressupostos na teologia paulina. Dentro da teologia paulina, o tema da justiça está primeiramente vinculado a tradições batismais (cf. 1Cor 1,30; 6,11; 2Cor 1,21s; Rm 3,25; 6,3s; 4,25) que desenvolvem uma doutrina da justificação sacramental-ontológica coesa: no batismo, o cristão individual é separado do poder do pecado pela força do espírito e assim torna-se justo, de modo que pode conduzir no horizonte da *parusia* de Jesus Cristo uma vida que corresponde à vontade de Deus. Essa doutrina de justificação pode ser caracterizada como *inclusiva*, pois visa, sem critérios de exclusão, a justificação efetiva da pessoa individual no batismo pela força do espírito. Também ideias universais já se vincularam às tradições batismais pré-paulinas. Também na Carta aos Gálatas, a doutrina da justificação fundamenta-se em primeiríssimo lugar na morte e ressurreição de Jesus Cristo (cf. Gl 2,19-21)[125]. A *transformação* do Filho e a *participação* dos crentes e batizados na força

---

[125] Cf. D. G. Powers, Salvation through Participation, p. 121s.

do espírito formam também na Carta aos Gálatas, assim como em todas as cartas, o fundamento e a estrutura profunda da argumentação paulina. Nessa base, Paulo procura conduzir o debate que lhe foi imposto sobre o valor e a importância da circuncisão e da observância da Torá como condição de acesso ao Povo de Deus. O resultado de suas reflexões pode ser caracterizado como *doutrina da justificação exclusiva*, em dois aspectos:

1) Paulo exclui do evento da justificação qualquer possibilidade de cooperação do *nomos*.

2) Do mesmo modo, ele exclui agora que judeus (judeu-cristãos) ocupam uma posição especial harmatológica motivada de modo histórico-salvífico.

A exigência da circuncisão também para os gentio-cristãos, levantada pelos judaizantes, obriga Paulo a rescindir o meio termo da Convenção dos Apóstolos e, num contramovimento, questionar fundamentalmente o significado da Torá também para judeu-cristãos.

As tradições e ideias vinculadas ao batismo formam não só o elo teológico entre a doutrina da justificação inclusiva e a exclusiva. *Paulo emprega conscientemente a função da criação de identidade que cabe aos rituais para estabilizar a identidade ameaçada dos gálatas*[126]. Dessa maneira, ele protege a doutrina da justificação exclusiva, embasada numa antropologia radicalizada e numa compreensão universal de Deus de uma abstração que abre mão do mundo, ao indicar o batismo como o lugar onde se pode experimentar a atuação salvífica de Deus em Jesus Cristo na particularidade da própria existência e onde se forma a nova identidade. A atuação de Deus como justificação do pecador pela fé, postulada na doutrina paulina da justificação exclusiva, precisava ser posta numa relação com a realidade do ser humano. Isto é realizado pelas tradições batismais, ao definir o batismo como o lugar onde Deus permite ser encontrado e experimentado. Além disso, as tradições batismais protegem a doutrina da justificação exclusiva do perigo da indiferença ética, pois nomeiam o batismo como o lugar e o meio da atuação experienciável de Deus como perdão dos pecados e

---

[126] Cf. a respeito CHR. STRECKER, Die liminale Theologie des Paulus, pp. 208-211.

dedicação da justiça na força do espírito, à qual se deve corresponder. A justiça de Deus pode ser um poder que determina o ser humano somente quando ela é um ato que o ser humano pode experimentar. Ao revelar-se ao ser humano no batismo, Deus se apodera dele e o coloca dentro da nova existência ἐν Χριστῷ. Dessa maneira, as tradições batismais servem a Paulo para a verificação de afirmativas fundamentais no horizonte da experiência da comunidade. A atuação salvífica universal de Deus, fundamentada no evento Cristo, é desse modo protegida contra o perigo de ser uma realidade postulada, mas não experienciável[127].

---

[127] Para a função modificadora e estabilizadora de rituais, cf. GEERTZ, Dichte Beschreibung, pp. 87ss.

CAPÍTULO 12

PAULO E A COMUNIDADE EM ROMA: ENCONTRO DE ALTO NÍVEL

Pelo fim de sua atuação no oriente do Império, a comunidade romana passa para Paulo cada vez mais ao primeiro plano. Ele espera dela ajuda material e espiritual e pressente que Roma será decisivo para seu destino.

12.1 A história e a estrutura da comunidade romana

A formação do cristianismo em Roma não pode ser entendida sem a história da comunidade judaica em Roma, mencionada pela primeira vez em 139 a.C. Em Roma, os judeus passavam por uma história muito agitada. A comunidade cresceu muito rapidamente, Josefo (Ant. 17,300) menciona que 8000 judeus romanos teriam formado o cortejo da embaixada que chegou a Roma depois da morte de Herodes. Augusto tinha uma atitude benevolente em relação aos judeus, ele respeitava seus costumes e sancionou a situação legal de suas comunidades como *collegia licita*[1]. Sobre Cláudio relata-se para

---

[1] Cf. Fílon, Leg. Gai. 156s: "Por exemplo, Augusto sabia que eles possuíam sinagogas e se reuniam nelas, especialmente no santo sábado quando eram instruídos publicamente na filosofia de seus pais [...]. Mesmo assim, ele não os expulsou de Roma e não os privou a cidadania romana, porque eles também valorizavam muito sua nacionalidade judaica. [Na. da Trad.: suspeito de um erro no original, em vez de *weil* deveria ser, segundo a lógica, *wenn*, ou seja: "embora eles valorizassem muito...".] Ele também não decretou nenhuma mudança contra suas sinagogas, não os impedia a se reunir nelas para interpretar suas leis e não obstruía a arrecadação de suas oferendas"; além disso, cf. Juvenal, Saturae III, 10-18.

41 d.C. que ele não teria expulsado os judeus de Roma devido a seu grande número, mas sim decretado uma proibição de suas reuniões (Dio Cássio LX 6,6). Os judeus organizavam-se em Roma em comunidades individuais independentes com espaços de reunião próprios e administração própria[2]. Golpes duros foram para os judeus romanos a expulsão sob Tibério em 19 d.C.[3] e sob Cláudio em 49 d.C.[4] Nesse contexto, o Édito de Cláudio pressupõe confrontos entre judeus e cristãos em Roma, por causa de "Chrestus", e comprova, dessa maneira, o êxito da missão cristã no âmbito da sinagoga[5].

O cristianismo, do mesmo modo como antes dele o judaísmo, chegou a Roma pelo caminho do comércio. É dificilmente um acaso que havia comunidades pré-paulinas em Puteoli (At 28,13) e em Roma (Rm 1,7; At 28,15). Ali existiam não só duas grandes comunidades judaicas, mas a rota principal entre o leste do Império e a cidade de Roma passava por Puteoli, antes de chegar a Roma. Provavelmente foram missionários cristãos desconhecidos, envolvidos no comércio ou em algum ofício, que levaram o evangelho a Roma. O Édito de Cláudio atinge não só os judeus em Roma, mas tinha grande importância também para a comunidade cristã, em vários aspectos:

1) Causou a separação definitiva da comunidade cristã da Sinagoga.

2) Com a expulsão dos judeus e judeu-cristãos de Roma, a composição da comunidade romana mudou decisivamente. Enquanto os judeu-cristãos eram a maioria na comunidade até o Édito de Cláudio, eles eram uma minoria após 49 d.C. Na perseguição aos cristãos sob Nero em 64 d.C., as autoridades já distinguem entre judeus e cristãos[6].

---

[2] Cf. W. Wiefel, Die jüdische Gemeinschaft im antiken Rom, 71-75; P. Lampe, Die stadtrömischen Christen, pp. 367ss; H. Lichtenberger, Josephus und Paulus in Rom, pp. 247s.

[3] Cf. Tácito, Anais II 85 (4000 seguidores de cultos egípcios e judaicos são deportados para a Sardenha para combater ali os mal dos salteadores); além disso, cf. Suetônio, Tiberius 36; Josefo, Ant. 18,83.

[4] Para o édito de Cláudio, cf. Secção 2.1 (A cronologia absoluta).

[5] Para a diferença entre cristianismo e judaísmo em Roma, cf. K. P. Donfried//P. Richardson (org.), *Judaism and Christianity in First-Century Rome* (Grand Rapids: 1998).

[6] Cf. Tácito, Anais, 15,44.

3) Provavelmente foi o Édito de Cláudio que impediu Paulo de chegar a Roma mais cedo (cf. Rm 1,13; 15,22).

4) O Édito de Cláudio deixou claro para a jovem comunidade cristã que ela precisava encontrar seu caminho no campo de tensão entre a sinagoga e as autoridades romanas.

Na época da redação da Carta aos Romanos, os gentio-cristãos já representavam a maioria na comunidade (cf. Rm 1,5.13-15; 10,1-3; 11,13.17-32; 15,15.16.18). No entanto, ao mesmo tempo precisa-se contar com uma ampla parcela e influência judeu-cristã na comunidade romana, como mostram especialmente Rm 9–11 e Rm 16,7.11 (Andrônico, Júnia[s], e Herodião como συγγενής = compatriota de Paulo). Também no conflito entre "fortes" e "fracos" participavam judeu--cristãos (cf. Rm 14,1-15,13), e muitos gentio-cristãos pertenciam certamente antes de seu batismo ao grupo dos *sebomenoi*.

Sobre as estratificações sociais dentro da comunidade romana informa particularmente Rm 16,3-16[7] que elenca 28 pessoas individuais (26 delas pelo nome). Por exemplo, Prisca e Áquila (Rm 16,3s) eram pequenos empresários livres autônomos que empregavam possivelmente mão de obra dependente ou escravos[8]. Rm 16,10b.11b menciona como concristãos membros da casa de Aristóbulo e Narciso, que são escravos ou libertos que trabalham na casa de um senhor não cristão. A análise epigráfica das formas dos nomes atestados em Rm 16,3-16 mostra que de treze nomes comparáveis quatro indicam uma origem livre e nove uma origem não livre do portador do nome[9].

Muitas tarefas na vida da comunidade eram assumidas por mulheres, porque somente delas se diz que se afadigam (κοπιάω em Rm 16,6.12; além disso, cf. v. 13b). Das 26 pessoas mencionadas pelo nome em Rm 16,3-16, doze tinham vindo do Oriente para Roma e eram conhecidos pessoais de Paulo, o que permite deduzir uma forte afluência de cristãos do oriente do Império à comunidade romana.

---

[7] Para a tese já não defendida na discussão atual de que Rm 16 teria sido originalmente um escrito dirigido à comunidade de Éfeso, cf. U. SCHNELLE, Einleitung, pp. 139s.
[8] Cf. aqui P. LAMPE, Die stadtrömischen Christen, pp. 156-164.
[9] Cf. P. LAMPE, op. cit., pp. 141-153.

Rm 16,3-16 informa também sobre a forma da organização dos cristãos romanos. Paulo menciona não só a comunidade doméstica em torno de Prisca e Áquila (Rm 16,5), mas pelo menos Rm 16,14 e 16,15 atestam a existência de várias comunidades domésticas independentes em Roma[10]. Também Paulo reunia após sua chegada a Roma con-cristãos em sua moradia (cf. At 28,30s). Portanto, naquele tempo não havia em Roma uma comunidade cristã coesa com um único grande espaço de reunião. Por isso, Paulo destina sua carta não à ἐκκλησία única em Roma, mas "a todos os amados de Deus e santos chamados que estão em Roma" (Rm 1,7a).

Na época da redação da Carta aos Romanos, a comunidade cristã em Roma já devia ser muito grande, já que Paulo espera dela apoio material e pessoal. Também a perseguição dos cristãos sob Nero em 64 d.C. pressupõe uma comunidade em expansão e conhecida na cidade inteira.

12.2 A Carta aos Romanos como escrito situacional

A Carta aos Romanos foi escrita no ponto de virada da atividade missionária de Paulo. O apóstolo considera seu trabalho no oriente do Império terminado e deseja agora continuar o anúncio de seu evangelho no ocidente, especialmente na Espanha (cf. Rm 15,23s). Ele está a ponto de viajar antes ainda a Jerusalém, para entregar as doações da Macedônia e da Acaia (cf. Rm 15,28s). A Carta aos Romanos foi escrita provavelmente em *Corinto*, onde Paulo a ditou na casa de Gaio na *primavera de 56 d.C.* (cf. At 20,2s; Rm 16,1.22.23; 1Cor 1,14)[11]. Como portadora da carta atuou provavelmente a diaconisa Febe (cf. Rm 16,1s).

---

[10] Cf. a respeito H.-J. KLAUCK, Hausgemeinde und Hauskirche im frühen Christentum, pp. 26ss; P. LAMPE, Die stadtrömischen Christen, pp. 301ss; Idem, "Urchristliche Missionswege nach Rom: Haushalte paganer Herrschaft als jüdisch-christliche Keimzellen", in ZNW 92 (2001), pp. 123-127 (para os anos 50, ele conta com um mínimo de sete ilhas cristãs em Roma).

[11] Basta conferir para este consenso relativamente amplo na pesquisa D. ZELLER, Röm, p. 15; P. STUHLMACHER, Röm, p. 11.

A SITUAÇÃO DE PAULO

A motivação e finalidade da Carta aos Romanos estão intimamente vinculadas à situação em que Paulo se encontra. O apóstolo precisa do apoio material e pessoal da comunidade romana para poder realizar sua viagem à Espanha. Por isso, Paulo, para a maioria dos cristãos romanos ainda um desconhecido, apresenta-se de maneira tão pormenorizada com sua teologia. Esta ocasião imediata e comunicada na carta (Rm 15,24) está vinculada a outras duas problemáticas que levam Paulo à redação da Carta aos Romanos. Parece que Paulo não tem certeza da aceitação da coleta pela comunidade primitiva de Jerusalém, pois somente assim podem se entender seu desejo pela intercessão da comunidade romana e as dúvidas que o atormentam (cf. Rm 15,30.31). O apóstolo compreende a coleta como um apoio material aos hierosolimitanos que passam necessidade e simultaneamente como um reconhecimento da prioridade histórico-salvífica da comunidade primitiva (cf. Rm 15,27). Principalmente, porém, a coleta visava reforçar o laço entre judeu-cristãos e gentio-cristãos e, dessa maneira, os acordos da Convenção dos Apóstolos (cf. Gal 2,10).

A crescente agitação dos adversários judaizantes também nas comunidades paulinas mostra que, após a Convenção dos Apóstolos e especialmente em Jerusalém, a posição desse agrupamento tinha ganhado grande peso, de modo que Paulo se vê obrigado a opor-se novamente a essas correntes. Também a Carta aos Romanos deve ser lida como testemunha dessa confrontação, pois é evidente que Paulo em sua argumentação está ainda determinado pelos confrontos que passaram há pouco na Galácia, e também a comunidade em Roma já deve ter ouvido da boca dos adversários algo sobre Paulo e seu evangelho (cf. Rm 3,8.31a; 6,1.15; 7,7; [16,17s?]). Também o conflito entre "fortes" e "fracos" (Rm 14,1–15,13), retomado por Paulo, deve ter relação, num sentido mais amplo, com a atuação de judeu-cristãos rigorosos.

A SITUAÇÃO DA COMUNIDADE

Os judeus e os romanos provavelmente exerciam uma crescente pressão sobre a comunidade. No período entre o Édito de Cláudio (49 d.C.) e a perseguição dos cristãos sob Nero (64 d.C.), as comunidades domésticas romanas cresceram consideravelmente e tornaram-se identificáveis para pessoas de fora. Esse desenvolvimento não se deu sem pressões externas, como mostra Rm 12,9-21[12]. Tanto o convite do "Abençoai os que vos perseguem; abençoai e não amaldiçoeis" em Rm 12,14 como a exigência de renunciar à vingança em Rm 12,19-21 não podem ser atribuídos simplesmente a uma parênese usual e meramente orientada pela tradição. Antes se refletem aqui conflitos com o judaísmo romano que procurou, após as experiências negativas com o Édito de Cláudio, manter os crentes em Cristo afastados do âmbito da sinagoga e denunciá-los às autoridades romanas como um grupo autônomo e hostil. Embora as comunidades domésticas na época da redação da Carta aos Romanos ainda não estivessem expostas a medidas diretas da parte do Império, as exortações em Rm 13,1-7 mostram que a relação com o Estado era discutida na comunidade. A presença simultânea de afirmativas fundamentais (v. 1.2) e convites atuais (v. 6.7) Rm 13 permite concluir que havia nas comunidades domésticas uma grande diversidade de opiniões acerca desta pergunta. Também Suetônio, Nero 16,2, pode eventualmente ser o reflexo de uma pressão maior exercida pelo Estado romano sobre os cristãos. Num elenco das medidas tomadas no início do reinado de Nero (por exemplo, proibição da venda de determinados alimentos e pratos; proibição dos aurigas) aparece subitamente: "Foram castigados com a morte os cristãos, uma seita com uma superstição nova e nociva à segurança geral". Geralmente se relaciona essa notícia, sob referência a Tácito, Anais XV 44, com o incêndio de Roma[13]. Contudo, isto é de modo algum obrigatório, pois Suetônio, Nero 38,1-3, relata sobre o incêndio

---

[12] Para a interpretação, cf. D. Alvarez Cineira, Die Religionspolitik des Kaisers Claudius, pp. 390-395.
[13] Cf. abaixo, Secção 13.4 (Paulo o mártir).

sem mencionar os cristãos. É possível que os cristãos tenham ficado na mira das autoridades já antes de 64 d.C., e a Carta aos Romanos reflete o início deste desenvolvimento.

PROBLEMAS DO PENSAMENTO PAULINO

Finalmente há outro elemento na argumentação do apóstolo: problemas na lógica e/ou apresentação de seu pensamento que aparentemente levaram a mal-entendidos e suspeitas. Por exemplo, a luta do apóstolo pela compreensão do problema "Israel" em Rm 9–11 decorre logicamente de sua doutrina da justificação. Se Paulo anunciar a fé no Deus único que justifica a pessoa ímpia e sem Deus (Rm 4,5), então se impõe, em toda sua agudez, a pergunta por aquelas pessoas que estão na posse das promessas, mas, segundo Paulo, violaram a lealdade que deviam a Deus. Além disso: como se pode definir, dentro da doutrina paulina da justificação, a relação entre a graça divina e a atuação humana? Se, perante o juízo divino, todos são culpados (Rm 2,1) e ninguém pode recorrer a sua própria atuação, põe-se a pergunta pelo sentido e pela função da conduta ética. A atuação não tem um significado positivo para a salvação, mas, ao mesmo tempo, o ser humano pode perder sua salvação em razão de sua atuação!

POSIÇÕES DA HISTÓRIA DA PESQUISA

A discussão mais recente sobre a finalidade da redação da Carta aos Romanos foi aberta por F. Chr. Bauer[14]. Bauer supõe em Roma um partido antipaulino que rejeitava o universalismo paulino e queria excluir os gentios da graça do evangelho. Paulo escreveu a Carta aos Romanos para opor-se ao particularismo errado desse grupo judeu-

---

[14] Cf. F. Chr. Baur, "Über Zweck und Veranlassung des Römerbriefes und die damit zusarnmenhängenden Verhältnisse der römischen Gemeinde", in Idem, *Ausgewählte Werke* I, org. de K. Scholder (Stuttgart: 1963 = 1836), pp. 147-266.

cristão[15]. Seguia-se à posição clássica de BAUER uma discussão que perdura até hoje e que gerou um número infinito de teses, das quais podemos mencionar apenas algumas[16]:

1) G. KLEIN deduz da falta do termo ἐκκλησία em Rm 1–15 que, para Paulo, a comunidade romana precisaria ainda da fundamentação apostólica e que a Carta aos Romanos deveria ser entendida como o ato antecipado do εὐαγγελίζεσθαι que o apóstolo ainda teria que realizar em Roma[17]. Pode-se objetar que Paulo reconhece a cristandade romana sem reservas e que na carta não se encontra nenhum indício de alguma falta na comunidade romana.

2) G. BORNKAMM, J. LERVELL e U. WILCKENS veem toda a Carta aos Romanos assombrada pela preocupação formulada no cap. 15,30s[18], de que a coleta poderia não ser aceita em Jerusalém, em virtude da resistência dos judaizantes. Por isso, Paulo teria concebido na Carta aos Romanos uma espécie de discurso de defesa que ele queria proferir em Jerusalém. Dessa maneira, Jerusalém seria a destinatária oculta da carta. Aqui se sobre-estima indubitavelmente um aspecto importante da redação da Carta aos Romanos.

3) Para M. KETTUNEN e P. STUHLMACHER, a Carta aos Romanos deve ser entendida como uma grande apologia do apóstolo perante seus contraentes judaizantes. Eles o seguem por todas as partes, e ele precisa supor que também em Roma já tivessem agido contra ele. Assim, a Carta aos Romanos seria a

---

[15] F. CHR. BAUR foi retomado novamente em A. J. M. WEDDERBURN, The Reasons for Romans (Edimburgo: 1988). Embora ele enfatize explicitamente que haveria vários motivos para a elaboração da carta, ele considera os judeu-cristãos em Roma os verdadeiros interlocutores do apóstolo. Eles teriam acusado Paulo de que seu evangelho feriria a justiça de Deus. Além disso, cf. R. BRÄNDLE//E. STEGEMANN, Entstehung, p. 5, segundo os quais o novo movimento deve ser situado "nas regiões fronteiriças entre judeus, prosélitos e tementes a Deus".

[16] Visões gerais da pesquisa encontram-se em: KUSS, Paulus, pp. 178-204; W. SCHMITHALS, Römerbrief als historisches Problem, pp. 24-52; M. KETTUNEN, Abfassungszweck, p. 726; M. THEOBALD, Der Römerbrief, pp. 27-42; A. REICHERT, Der Römerbrief als Gratwanderung, pp. 13-75. Ensaios importantes são reproduzidos em K. P. DONFRIED (org.), The Romans Debate, 2ª ed. (Edimburgo: 1991).

[17] Cf. G. KLEIN, "Der Abfassungszweck des Römerbriefes", in Idem, Rekonstruktion und Interpretation, pp. 129-144.

[18] Cf. G. BORNKAMM, Der Römerbrief als Testament des Paulus, pp. 136-139; J. JERVELL, "Der Brief nach Jerusalem. Über Veranlassung und Adresse des Römerbriefes", in StTh 25 (1971), pp. 61-73; U. WILCKENS, "Über Abfassungszweck und Aufbau des Römerbriefes", in Idem, Rechtfertigung als Freiheit, pp. 110-170.

tentativa do apóstolo de desfazer as objeções levantadas pelos adversários e, com isto, ganhar a comunidade em Roma para sua missão na Espanha.

4) K. Haacke interpreta a Carta aos Romanos no contexto das crescentes tensões entre Roma e Jerusalém às vésperas da primeira Guerra Judaica (66-73 d.C.). A tese paulina da igualdade de judeus e não judeus deveria ser entendida "como uma palavra de ordem deliberada da reconciliação num tempo de uma crescente polarização entre Jerusalém e Roma"[19].

5) E. Lohse entende a Carta aos Romanos como "a soma do evangelho" e, dessa forma, por assim dizer, como interpretação atemporal e unicamente adequada do mesmo[20]. Paulo apresenta na Carta aos Romanos uma prestação de contas crítica de seu anúncio já realizado, sem tematizar verdadeiramente problemas atuais.

6) A. Reichert aplica de modo intensificado questões da ciência textual para esclarecer a finalidade da redação da Carta aos Romanos: "Com seu escrito, Paulo desejava fazer da destinatariedade, que apresentava um caráter não coeso, uma comunidade paulina e capacitá-la ao processamento autônomo de seu evangelho, para o caso do próprio impedimento da realização de seus futuros planos missionários."[21] Paulo está interessado numa missão potencial da comunidade romana no ocidente do Império Romano e a equipara para isto.

A Carta aos Romanos não é uma apresentação atemporal da teologia paulina, mas um escrito totalmente condicionado pela situação. Cinco fatores determinam sua redação e sua finalidade:

1) A ajuda da parte da comunidade romana necessitada para a missão planejada na Espanha.

2) O desejo do apóstolo por intercessão (e apoio) nas confrontações esperadas em Jerusalém, por ocasião da entrega da coleta.

3) A agitação dos adversários judaizantes de Paulo, cuja influência precisa ser pressuposta tanto em Jerusalém como em Roma.

4) A crescente perseguição da comunidade pelos judeus romanos e o conflito iminente com o Estado.

5) Problemas de compreensão na teologia paulina.

---

[19] K. Haacker, "Der Römerbrief als Friedensmemorandum, in *NTS* 36 (1990), p. 34.
[20] Cf. E. Lohse, *Summa Evangelii – zu Veranlassung und Thematik des Römerbriefes*. NAWG.PH (1993), pp. 113ss.
[21] A. Reichert, Der Römerbrief als Gratwanderung, p. 321.

O entrelaçamento interno desses aspectos é óbvio: somente sob a hipótese da refutação das acusações judaizantes e de uma apresentação convincente de sua própria posição, Paulo podia contar com a possibilidade de que os hierosolimitanos aceitassem a coleta e que os romanos se apropriassem de "seu" evangelho.

12.3 O evangelho de Jesus Cristo

Paulo desenvolve na Carta aos Romanos abrangentemente o *termo central de sua teologia da missão e da revelação*, εὐαγγέλιον. Paulo foi chamado e separado por Deus como apóstolo, para o anúncio do evangelho (Rm 1,1); assim como os profetas Jeremias (Jr 1,5), Deutero-Isaías (Is 49,1) e Moisés (AsMs 1,14), também Paulo se sabe eleito por Deus. Essa eleição visava desde o início o anúncio do evangelho aos gentios[22]; nele cumpre-se a vontade de Deus já formulada pelos profetas (cf. Rm 1,2-5).

CONTEÚDO E ORIGEM DO EVANGELHO

O evangelho trata do Filho de Deus Jesus Cristo e de sua dupla proveniência: com a ressuscitação dos mortos, o davidida Jesus de Nazaré foi destinado por Deus a ser o *Kyrios* Cristo. O que chama a atenção é a paralelização da história-de-Jesus-Cristo com a *vita Pauli*.

"Como Paulo pela revelação, assim o ser humano Jesus se tornou em razão da ressuscitação aquilo que Deus lhe destinara ser. Ambos foram de antemão destinados por Deus para seu respectivo ministério (Paulo: ἀφορίζειν; Jesus: ὁρίζειν). Depois disso, ambos não realizaram seu ministério desde o nascimento, mas foram instalados em seu ministério por uma atuação maravilhosa e definível de Deus (Paulo: καλεῖν; Jesus: ἐξ ἀναστάσεως νεκρῶν)."[23] Com esta paralelização e com os atributos em Rm 1,1, Paulo enfatiza não só a continuidade na atuação

---

[22] Cf. O. HOFIUS, "Paulus – Missionar und Theologe", in Idem, *Paulusstudien II*, p. 116.
[23] ST. ALKIER, Wunder und Wirklichkeit, p. 263.

salvífica de Deus. Ele recomenda também aos romanos ver na carta mais do que uma autoapresentação de Paulo; ela deve ser lida como desdobramento do evangelho dado por Deus em Jesus Cristo. O evangelho chegou a Paulo não por mediação humana, mas foi lhe revelado imediatamente por Deus pelo evento Cristo. Por isso, o evangelho não está à disposição; ao contrário, Paulo precisa e pode lhe servir, e sua atuação está pré-estabelecida pelo evangelho. Paulo formula essa dimensão sacerdotal de seu ministério em Rm 15,15s, onde ele recorre à temática do prescrito: "Contudo, vos escrevi, e em parte com certa ousadia, como alguém que vos aviva vossa memória, acerca da graça que me foi concedida por Deus, de ser um servo de Jesus Cristo junto ao evangelho de Deus de modo sacerdotal, para que a oferta dos gentios seja agradável, santificada pelo Espírito Santo." Ao contrário dos sacerdotes levitas no templo de Jerusalém, Paulo não oferece sacrifícios materiais, ele leva os gentios convertidos para a fé em Cristo a Deus como um sacrifício agradável. Paulo entende a instituição do evangelho por Deus e sua vocação como apóstolo das nações como ato histórico-salvífico da graça de Deus, que antecede a fé de judeus e gentios. Este entendimento fundamental é desenvolvido pelo apóstolo na tese da Carta aos Romanos: "Na verdade, eu não me envergonho do evangelho; pois ele é a força de Deus para a salvação de todo aquele que crê, em primeiro lugar do judeu, mas também do grego. Porque nele a justiça de Deus se revela da fé para a fé, conforme está escrito: o justo da fé viverá" (Rm 1,16.17).

O EVANGELHO COMO PODER QUE SALVA

Paulo define o evangelho como uma δύναμις θεοῦ ("poder de Deus")[24] e caracteriza, desse modo, a *teocêntrica* como a *característica estrutural decisiva da cristologia*. No poderoso evento Cristo manifesta-se definitivamente quem é Deus. Tanto no uso linguístico grego como veterotestamentário, *dynamis* é uma característica de Deus.

---

[24] Cf. a respeito W. GRUNDMANN, Verbete "δύναμαι/δύναμις", in *ThWNT* 2, pp. 286-318.

Uma grande proximidade à argumentação paulina encontra-se no Sl 67 LXX[25], onde se diz no v. 12s: "Com muito poder, o Senhor dará sua palavra a quem anuncia o evangelho" (κύριος δώσει ῥῆμα τοῖς εὐαγγεκιζομένοις δυνάμει πολλῇ). Em Rm 1,17, o apóstolo cita Hab 2,4, de modo que ele pode ter tido diante dos olhos também Hc 3,19: κύριος ὁ θεὸς δύναμίς μου ("Deus, o Senhor, é minha força"). Finalmente, todo o uso de δύναμις e σωτερία aponta para Sl 139,8 LXX: κύριε, δύναμις τῆς σωτερίας μου ("Senhor, Senhor, força de minha salvação").

A abundância de alusões e citações mostra claramente: por trás de Rm 1,16s está a Escritura que Paulo lê cristologicamente. Já aqui, Paulo encontra proferido que a mensagem de Deus acontece em *dynamis*. O apóstolo aguça este pensamento: o evangelho não é uma mera informação sobre o plano salvífico de Deus, mas ele faz parte do evento salvífico, porque é uma representação terrestre poderosa do Deus que cria salvação. No evangelho completa-se a atuação salvífica de Deus, cuja meta é a σωτερία ("salvamento, salvação") de judeus e gentios. Com isso, Paulo nomeia o motivo decisivo de seu anúncio do evangelho e seu conceito universal de missão. Perante a humanidade que sucumbiu ao poder da ἁμαρτία ("pecado") e da ira de Deus que está se manifestando, o evangelho precisa ser pregado universalmente a todas as nações, para que possam ser salvas. Por isso, Paulo encena a direção de seu evangelho desde Jerusalém até a Ilíria (Rm 15,19b)[26], para levá-lo via Roma para a Espanha (Rm 15,28). Ele faz isto na consciência de que o Jesus Cristo ressuscitado opera através dele em palavra e obra (Rm 15,18), pois o anúncio do evangelho realiza-se "pelo poder de sinais e prodígios, na força do espírito" (Rm 15,19a:

---

[25] Cf. H. Hübner, Biblische Theologie 1, p. 174.
[26] Este dado não descreve o ambiente geográfico da missão paulina, pois, segundo Gl 1,17ss, Paulo começou sua atividade missionária justamente não em Jerusalem (cf. U. Wilckens, Röm III, p. 119; diferente R. Riesner, Frühzeit des Apostels Paulus, pp. 213-227). Jerusalém aparece aqui como o ponto de partida objetivo do evangelho de Jesus Cristo. Sobre a atuação de Paulo na Ilíria (que corresponde a partes de Eslovênia, Croácia, Sérbia e Albânia) não se sabe nada. Pode-se supor que Paulo, por ocasião de suas estadas na Macedônia, foi também para Ilíria.

ἐν δυνάμει σημείων καὶ τεράτων, ἐν δυνάμει πνεύματος). O poder de Deus, que já ressuscitou Jesus Cristo dos mortos, continua a operar agora visivelmente por meio de sinais e milagres no anúncio universal do evangelho do apóstolo.[27]

Na volta de Deus para o mundo através do evangelho, o ser humano entra na fé (Rm 1,16.17). O apóstolo compreende a fé como um poder e dádiva salvífica e, com isso, vivificadora de Deus, na qual a aceitação do evangelho pelos seres humanos, desejada por Deus, chega a seu destino. O evangelho *transforma o status soteriológico* de seus ouvintes, pois a fé ouve o evangelho e sabe-se criada por ele. Com o par de palavras Ἰουδαίῳ τε πρῶτον καὶ Ἕλληνι ("em primeiro lugar do judeu, mas também do grego") em Rm 1,16, Paulo nomeia toda a humanidade em sua polaridade histórico-salvífica, sendo que Ἰουδαίῳ τε πρῶτον sinaliza já a problemática de Rm 9–11. Israel distingue-se de todos os povos através da promessa de Deus, ele está numa relação especial com Deus, de modo que a atuação escatológica de Deus provoca inevitavelmente a pergunta pelo destino de Israel. Unicamente o evangelho que salva confere à pessoa crente a justiça de Deus, e isto faz com que uma justiça proveniente de obras da lei seja excluída[28]. Em Rm 1,16.17, Paulo insere a ideia da justiça diretamente na imagem de Deus e faz dela a base de sua argumentação. O presente ἀποκαλύπτεται indica que esta justiça aparece não apenas no futuro, mas que ela já está manifesta agora: no anúncio paulino do evangelho da crucificação e ressurreição de Jesus Cristo. Para comprovar que essas afirmativas são conforme as Escrituras, Paulo cita novamente Hab 2,4 (cf. Gl 3,11). Contra a tradição judaica, o apóstolo relaciona a palavra do profeta não com a observância consciente das leis, a qual gera a justiça[29]. Antes, para ele, a justiça humana é gerada como

---

[27] Cf. H. K. NIELSEN, "Paulus' Verwendung des Begriffes Δύναμις", in S. PEDERSEN (org.), *Die Paulinische Literatur und Theologie*, pp. 151s.

[28] Para a expressão ἐκ πίστεως εἰς πίστιν, cf. U. WILCKENS, Röm I, p. 88: "A justiça de Deus vem da fé (não das obras); por isso, ela visa a fé, isto é, que todos cheguem à fé. Portanto, com εἰς πίστιν marca-se o efeito do anúncio da justiça divina recebida ἐκ πίστεως em sua intenção e meta universais."

[29] Cf. U. WILCKENS, Röm I, pp. 84s.

consequência da justiça de Deus, que se apresenta no evangelho e é aceita na fé. Assim como em Gl 3,11, também aqui, Paulo distingue nitidamente entre o fazer da Torá e a fé e dissolve assim uma das convicções fundamentais do judaísmo antigo.

A tese em Rm 1,16.17 deixa claro que a carta inteira deve ser lida como uma exposição do evangelho paulino. Paulo prepara com essa tese a compreensão daquilo que se segue, onde o evangelho sobre Jesus Cristo é explicitado como a justiça da fé que leva à vida. A Carta aos Romanos deve ser lida como uma explicitação da linha irreversível de *evangelho – fé e justiça – vida* segundo seus respectivos aspectos.

12.4 O conhecimento de Deus dos gentios e dos judeus

Em Rm 1,18–3,20, Paulo volta-se para a pergunta a quem encontra o evangelho que ele anuncia universalmente[30]. Chama a atenção o paralelismo entre a revelação da justiça de Deus (Rm 1,17) e da ira de Deus (Rm 1,18), embora ele não indique uma igualdade. Paulo entende a revelação da ira de Deus não como um aspecto parcial do evangelho, pois a ira não vem do evangelho, e sim "do céu". O apóstolo pode descrever o evangelho sem falar da ira de Deus! Entretanto, a humanidade à qual este evangelho se dirige encontra-se no estado da perversão ética e noética. Nesse contexto, a conduta imoral dos seres humanos aparece meramente como um sintoma do verdadeiro Mal: os seres humanos desconhecem Deus e, exatamente em razão disso, destroem sua existência[31]. Eles oprimem a verdade (Rm 1,18) e demonstram exatamente nisso sua arrogância, pois quem despreza a verdade, sabe dela, mas não quer respeitá-la. Os seres humanos voltam-se contra aquilo que é manifesto: a revelação de Deus pela criação e na criação. Deus não se manteve oculto de suas criaturas nem de sua criação, de modo que o ser humano está em condições de perceber a

---

[30] Para a exegese deste trecho, cf. ao lado dos comentários especilamente M. POHLENZ, "Paulus und die Stoa", in ZNW 42 (1949), pp. 69-104; G. BORNKAMM, "Die Offenbarung des Zornes Gottes", in Idem, *Das Ende des Gesetzes*, pp. 9-33; C. BUSSMANN, Themen der paulinischen Missionspredigt, pp. 108-122.

[31] Cf. H. HÜBNER, Biblische Theologie II, p. 63.

revelação de Deus. Portanto, o conhecimento de Deus não aparece como uma possibilidade, mas já é a realidade sob a qual se encontra o mundo inteiro. O interesse de Paulo não é a comprovação da existência de Deus, ao contrário, esta é para ele um pressuposto evidente para comprovar a rejeição de Deus da parte dos seres humanos. Eles creem em divindades, mas ao negar a Deus a honra que lhe compete, revelam toda a sua perversidade. Para demonstrar isto, Paulo orienta-se em Rm 1,18-32 pela crítica que o judaísmo helenista da diáspora dispensava aos gentios[32].

A CEGUEIRA DOS GENTIOS

Em sua loucura e cegueira, os gentios não reconhecem quem é o Deus verdadeiro e único. Em seu culto divino errado, eles se voltaram a ídolos corruptíveis e trocaram a *doxa* do Deus incorruptível "pela sombra da imagem do ser humano corruptível e das aves e quadrúpedes e répteis" (Rm 1,23). Esta conduta inconcebível dos seres humanos requer uma explicação que Paulo procura oferecer em vários planos. Primeiro, ele parte da tese de que o pecado leva ao pecado. As transgressões individuais desencadeiam o poder do pecado e conduzem assim à escravidão sob o pecado. Mas o apóstolo dá ainda um passo a mais: segundo Rm 1,24-27, Deus mesmo conduz os seres humanos para a cegueira. Deus não apenas permite a perversão dos seres humanos, ele a causa ativamente (cf. Jr 2,5; Sl 93,11)[33]. Dessa maneira, a ira pertence à revelação de Deus, ainda que não possa ser simplesmente vista contra o pano de fundo contrastante da justiça. Deus reage à conduta contraditória dos seres humanos, ele não quer que seres humanos entrem em contradição a ele, o Criador[34].

---

[32] Parece que especialmente Sb 13,1-9 teve uma grande influência sobre Paulo (textos em NW II//I, pp. 13-22).
[33] Cf. E. KÄSEMANN, Röm, p. 39.
[34] Chama a atenção que Paulo argumenta em termos da teologia da criação também ali onde podia ter recorrido à Tora; para a rejeição da homossexualidade masculina em Rm 1,27, cf. as proibições em Lv 18,22; 20,13.

Por trás da comprovação de que os gentios são indesculpáveis diante da revelação presente da justiça de Deus em Jesus Cristo estão convicções fundamentais da antropologia e cosmologia paulinas[35]. Para Paulo, o ser humano torna-se essencialmente ser humano apenas quando *se encontra na relação com Deus que corresponde à criação*. Ele deixa de encontrar a meta de sua vida e perde o paradigma de sua atuação quando não deixa o único Deus verdadeiro ser Deus. Uma compreensão errada de Deus tem como consequência uma compreensão errada do ser humano! Isto está vinculado a uma determinada compreensão da realidade. Já que, para Paulo, o Criador e a criação estão na relação mais íntima possível, a criação em sua existência presente pode ser reconhecida somente em sua qualidade de ser-criada. Para Paulo não há um reconhecimento da natureza separado do Criador. Esta visão se equiparia a uma destruição da natureza, porque a natureza seria separada de sua origem. O ser humano e a natureza são igualmente alienados quando negam sua origem obviamente reconhecível. Por isso, o mundo sem Deus é para Paulo um mundo profundamente sem salvação, pois o ser humano e a natureza, por força própria, desviaram-se da força de Deus que é a única que cria vida.

A CEGUEIRA DOS JUDEUS

O evangelho encontra não só os gentios, obscurecidos em seu reconhecimento de Deus, mas também os judeus, presos em seu pecado (cf. Rm 2,1–3,8). Paulo procura comprovar-lhes que a posse da Torá não os salva absolutamente da ira de Deus. Aqui, assim como já antes em seu diálogo com os gentios, ele se serve de uma terminologia típica. Enquanto os gentios se distanciam por meio de seu politeísmo, os judeus fazem o mesmo por meio da contradição fundamental entre a ortodoxia e a ortopraxia (cf. Rm 2,3). O contraste entre as virtudes dos judeus, não negadas por Paulo, e seu fracasso leva, assim como no caso dos gentios, a uma atuação julgadora de Deus (cf. Rm 2,5-10).

---

[35] Cf. U. Schnelle, Neutestamentliche Anthropologie, pp. 44ss.

Como Deus dará a cada pessoa conforme suas obras (Rm 2,6)[36], a posição privilegiada de Israel, fundamentada na dádiva da Torá, opera em última instância para sua desvantagem, pois Israel não observa os mandamentos da Torá. Com a ideia do juízo conforme as obras, Paulo adota um conceito amplamente difundido no judaísmo antigo (cf. Pr 24,12; SlSal 9,5)[37], que ele utilizará novamente de modo específico. Por exemplo, enquanto SlSal 2,16-18 entende o juízo conforme as obras como uma atuação justa de Deus em relação aos gentios[38], Paulo volta este conceito agora contra os judeus. Exatamente por que não há acepção de pessoa perante Deus e porque ele julga conforme as obras, somente aquelas pessoas que cumpriem a lei/Torá serão justas (cf. Rm 2,13b). Como, porém, será a relação entre a possibilidade da justificação dos cumpridores da lei/Torá, admitida por Paulo in Rm 2,13b, e o conceito dominante da carta, de que somente a fé sem obras da lei/Torá justifica? O problema aguça-se devido a Rm 2,14, pois, por meio da lei que lhes foi escrita no coração, também os gentios podem se tornar cumpridores da lei e alcançar a salvação dessa maneira, fora do ato salvífico de Cristo (cf. também Rm 2,26). Esta tensão clarifica a posição a partir da qual Paulo argumenta. Em última instância, para ele não importa a possibilidade teórica da observância da lei, ainda que ele admita que seja possível para judeus e gentios, mas unicamente o fracasso factual dos seres humanos perante a lei/Torá. Este fracasso é causado pelo pecado, como mostra Rm 3,9: προητιασάμεθα γὰρ Ἰουδαίους τε καὶ Ἕλληνας πάντας ὑφ' ἁμαρτίαν εἶναι ("pois levantamos a acusação de que todos, judeus e gregos, estão debaixo do poder do pecado"; cf. ainda Rm 3,20). A partir disso se explica também por que, para Paulo, o juízo conforme as obras e a justificação somente pela fé sem obras formam uma unidade. Já que o ser humano, devido

---

[36] Cf. Sl 61,13 LXX.
[37] Cf. a respeito U. WILCKENS, Röm I, pp. 127-131.
[38] SlSal 2,16-18: "Pois tu retribuíste aos pecadores conforme suas obras e seus pecados extremamente graves. Tu descobriste seus pecados, para que teu juízo possa se tornar manifesto. Tu eliminaste sua memória da terra. Deus é um juiz justo e não faz acepção da pessoa." Para o conceito do juízo conforme as obras no ambiente clássico, cf. Platão, Phaedon 113d-114c.

ao poder do pecado, não pode apresentar no juízo obras que justificam[39], exclusivamente a fé no Filho de Deus ressuscitado, Jesus Cristo, salva. Exclusivamente Deus opera a justificação do ser humano, por meio de sua graça, porque o ser humano é e permanece pecador e, dessa maneira, necessita sempre da sentença judicial da absolvição por Deus[40]. O ser humano não pode conseguir essa absolvição no juízo por meio de seu empenho, mas pode apenas permitir que lhe seja atribuída totalmente no evangelho e pode dar fé à atuação salvífica de Jesus Cristo que o salva. Esta fé comprova-se ativa no amor, de modo que a responsabilidade do cristão por sua vida na prestação de contas diante do juiz futuro não se torna supérflua[41]. A posse exterior da lei/ Torá não é o fator decisivo nesse processo, quando os ouvintes da lei não são simultaneamente seus observadores. Este princípio vale tanto para judeus como para gentios.

Para demonstrar aos judeus sua verdadeira situação, Paulo utiliza em Rm 2,14.15 o conceito greco-romano do νόμος ἄγραφος ("lei não escrita")[42]. Ele era muito divulgado também no judaísmo helenista e afirma que existem ordens naturais, acessíveis à razão e estabelecidas

---

[39] Diferente R. BULTMANN, Theologie, p. 264: "Mas Paulo vai ainda muito além disso; ele não só diz que o ser humano não pode alcançar a salvação por meio de obras da lei, mas diz até mesmo que ele nem sequer deve fazê-lo." Esta avaliação não acerta a intenção do apóstolo, pois não é o fazer das obras, e sim o estar sob o pecado que impede a justificação.

[40] Cf. H. CONZELMANN, Grundriβ, p. 275, segundo o qual vale para o juízo conforme as obras em Paulo: "Aqui, a graça já não é a compensação daquilo que ainda falta para a justiça do ser humano, mas ela é a produção total da justiça por Deus."

[41] Cf. U. WILCKENS, Röm 1, p. 145: "Em seu cerne, o evangelho paulino não é absolutamente hostil a obras."

[42] Cf. para todo este imaginário os textos em NW 11//1, pp. 71-85; para ἑαυτοῖς εἰσιν νόμος cf. Aristóteles, Ética Nicomáquia 1128a: "Portanto, o ser humano fino e generoso se comportará assim como o descrevemos: por assim dizer, ele se é sua própria lei"; cf. Idem, Política 1284a, segundo o qual a lei não se dirige a pessoas extraordinárias "porque elas se são sua própria lei" (αὐτοὶ γάρ εἰσιν νόμος). Com que profundidade a ideia do νόμος ἄγραφος tinha penetrado na consciência das pessoas mostra a carta pseudepígrafa da pitagórica Melissa a Clareta: "Pois os desejos do homem devem ser uma lei não escrita (νόμος ἄγραφος) para a mulher, segundo a qual ela tem que viver" (Epistulae Pythagoreorum III,2).

por Deus, cujo conteúdo é idêntico aos mandamentos da Torá. Com a ajuda da razão, os seres humanos podem obedecer à vontade de Deus por meio da observância do νόμος φύσεως, sem estar na posse da Torá. A lei aparece aqui como elemento de uma ordem de mundo, de modo que ela não confere aos judeus uma vantagem sobre os gentios. Nem os judeus que observam a lei/Torá externamente nem os gentios a quem a lei está escrita no coração são cumpridores da lei/Torá; portanto, eles são sujeitos à atuação julgadora justa de Deus. Também a circuncisão não justifica uma posição particular dos judeus, pois segundo Rm 2,25 vale: ἡ περιτομή σου ἀκροβυστία γέγονεν ("tua circuncisão tornou-se incircuncisão"). Em Rm 2,28s, Paulo chega ao extremo de oferecer uma nova definição do termo Ἰουδαῖος: "Pois não é judeu quem o é externamente, nem é circuncisão o que acontece externamente na carne, mas o judeu no oculto, e a circuncisão do coração no espírito e não na letra." Portanto, não é a circuncisão externa que caracteriza um judeu[43], mas exclusivamente a circuncisão do coração no espírito caracteriza o judeu verdadeiro, oculto. "Portanto, o judeu verdadeiro é – o cristão convertido"[44]. Contudo, em que se baseia, então, a relação particular entre Israel e Deus? São as promessas que fundam uma posição particular (Rm 3,1). *Israel é e permanece o povo eleito, mas já não possui uma vantagem soteriológica sobre os gentios.* Antes, a diferença entre dever-ser e ser manifesta em judeus e gentios a sucumbência ao poder do pecado (cf. Rm 3,9). Paulo vê este dado antropológico fundamental já claramente formulado na Escritura (cf. Rm 3,10-18)[45]. Quando Paulo encerra sua argumentação ampla com uma citação mista do Antigo Testamento, ele recorre ao juízo autoritativo que Deus estabeleceu já anteriormente sobre os seres humanos, para legitimar e esclarecer sua própria preocupação fundamental. A realidade de cada ser humano está marcada pela sua orientação antidivina.

---

[43] Uma posição efetivamente comparável encontra-se em Fílon, onde se espiritualiza o rito devido a uma pressão de conformação cultural; cf. Quaest. Ex. II 2, onde se diz: "Prosélito não é quem é circunciso no prepúcio, mas nos desejos e cobiças e nas demais paixões da alma".
[44] U. WILCKENS, Röm I, 157.
[45] Para a análise, cf. H. HÜBNER, Biblische Theologie II, pp. 272-274.

Em Rm 2,1–3,8, Paulo questiona a autocompreensão judaica fundamentalmente. Embora ele reconheça a posição particular de Israel atestada na Escritura, ele a delimita factualmente para seu passado. Para poder alcançar este objetivo de sua argumentação, o apóstolo realiza *uma nova definição da lei e da circuncisão*[46]. Ambas as dádivas, que originalmente eram um privilégio de Israel, são universalizadas e espiritualizadas, o conhecimento do νόμος ἄγραφος e a prática da circuncisão do coração colocam Israel e os gentios no mesmo plano. Agora, tanto as promessas como a lei/Torá sob o poder do pecado tornam-se acusadoras para os judeus; paradoxalmente, elas alcançam sua meta não junto a eles, mas junto aos cristãos como os "circuncidados" no espírito. Com isto, Paulo afirma que a vontade pré-existente e escatológica de Deus se cumpre exclusivamente nos cristãos. Dificilmente pode se imaginar uma crítica e um questionamento mais agudos à autocompreensão judaica do que Rm 2,1–3,8. Paulo não duvida do vigor das promessas de Deus, mas sim da posição particular de Israel deduzida disso. Isto reverte factualmente as promessas em seu contrário, já que se cumprem agora nos cristãos e geram a acusação de Israel. Para judeus e judeu-cristãos rigorosos, uma interpretação da história da salvação como história da desgraça de Israel era inaceitável, de modo que a Carta aos Romanos, não obstante os caps. 9–11, deve ser lida como um *documento de separação* dos cristãos primitivos da sinagoga.

12.5 A justiça de Deus

A profundidade teológica do conceito de pecado que se manifestou em Rm 1,18–3,20 provoca inevitavelmente a pergunta sobre em que sentido judeus e gentios como pecadores podem escapar do juízo da ira iminente de Deus ou já escaparam, respectivamente. Em Rm 3,21-31, Paulo se volta para esta pergunta, ao elevar ao *conceito-chave de toda a carta* a expressão δικαιοσύνη θεοῦ ("justiça de Deus") que ocorreu antes somente em 2Cor 5,21.

---

[46] Cf. abaixo, Secção 19.3 (A lei).

POSIÇÕES DA PESQUISA

Na pesquisa mais recente, o sentido de δικαιοσύνη θεοῦ é discutido[47]. Enquanto R. BULTMANN e H. CONZELMANN entendem δικαιοσύνη θεοῦ no contexto antropológico como uma dádiva, isto é, como justiça concedida pela fé (cf. Fl 3,9)[48], E. KÄSEMANN e P. STUHLMACHER interpretam δικαιοσύνη θεοῦ como um *terminus technicus* pré-estabelecido que Paulo encontrou na apocalíptica judaica[49] e que, como termo-chave da doutrina paulina da justificação, decide sobre a compreensão geral da mesma e, em última análise, sobre a compreensão da teologia paulina como tal[50]. Objetou-se com razão contra BULTMANN e CONZELMANN que uma interpretação de δικαιοσύνη θεοῦ prioritariamente orientada pelo indivíduo negligencia os aspectos universais da teologia da criação e da teologia da história. Contudo, também se devem levantar objeções importantes contra o conceito de KÄSEMANN e STUHLMACHER. Embora a pergunta pela justiça de Deus estivesse

---

[47] Para a história da pesquisa, cf. por último M. A. SEIFRID, Justification by Faith, p. 175; R. BIERINGER, "Sünde und Gerechtigkeit in 2 Korinther 5,21", in: Idem//J. LAMBRECHT, *Studies*, pp. 494-501.511-514 (bibliografia.!); M. THEOBALD, Der Römerbrief, pp. 206-212.

[48] Cf. R. BULTMANN, Theologie, p. 285: "Exatamente por isto, a διακιοσύνη, por ter sua razão unicamente na χάρις de Deus, chama-se δικαιοσύνη θεοῦ, justiça dada, atribuída por Deus (Rm 1,17; 3,21z.26; 10,3)"; além disso, cf. op. cit., p. 272: "No entanto, referir-se assim à δικαιοσύνη é possível não só devido à relação íntima que existe entre δικαιοσύνη e ζωή como condição e consequência, mas sobretudo pelo fato de que não somente a salvação, mas já sua condição é dada pelo próprio Deus"; H. CONZELMANN, Grundriss, p. 244: "Fl 3,9 oferece a chave para a definição do termo, pois ali, a temática está plenamente desenvolvida em sua terminologia. Estão numa justaposição diametral a) "minha justiça" e b) a justiça διὰ πίστεως Χριστοῦ; a primeira é alcançada pela Torá (ἐκ νόμου; cf. o v. 6 e Rm 10,5), a última, porém, vem da parte de Deus (ἐκ θεου; aqui se interpreta o genitivo inequivocamente no sentido de um *genitivus auctoris*)."

[49] Cf. E. KÄSEMANN, "Gottesgerechtigkeit bei Paulus", in Idem, *Exegetische Versuche und Besinnungen II*, p. 185; P. STUHLMACHER, Gerechtigkeit Gottes, p. 73; com maior reserva agora Idem, Röm, pp. 30-33.

[50] Cf. E. KÄSEMANN, Gottesgerechtigkeit bei Paulus, p. 188: "No entanto, é-me totalmente impossível admitir que a teologia e a visão de história de Paulo estivessem orientadas pelo indivíduo."

pré-estabelecida para Paulo, a partir do Antigo Testamento[51] e dos escritos do judaísmo antigo[52], δικαιοσύνη θεοῦ não é um *terminus technicus* tradicional da apocalíptica judaica. A combinação "justiça de Deus" encontra-se em textos judaicos (cf. Dt 33,21; TestDn 6,10; 1QS 10,25; 11,12; 1QM 4,6), mas não como expressão com caráter de fórmula[53]. As afirmações de Qumran sobre a justiça de Deus oferecem um paralelo a Paulo, mas não podem ser consideradas como pressupostos da doutrina da justificação do apóstolo[54]. Em Qumran refletiu-se intensivamente sobre a justiça, com base numa imagem radicalizada de Deus e do ser humano, sem que a expressão "justiça de Deus" fosse usada nesse contexto como *terminus technicus* da atuação justificadora de Deus[55]. Ao contrário, chama a atenção justamente a diversidade das formulações com que se descrevem em Qumran as justiças humana e divina.

---

[51] Cf. aqui por último F.-L. HOSSFELD, "Gedanken zum alttestamentlichen Vorfeld paulinischer Rechtfertigungslehre", in TH. SÖDING (org.), *Worum geht es in der Rechtfertigungslehre?*, pp. 13-26.

[52] Cf. a respeito M. A. SEIFRID, Justification by Faith, pp. 78-133, que restringe, por motivos objetivos e cronológicos, sua análise para 1QS e os Salmos de Salomão. Ambos os grupos textuais permitem perceber claramente *"that an emphasis on 'mercy' did not necessarily exclude the idea that obedience was a prerequisite to salvation in early Judaism"* (que uma ênfase em "graça" não excluía necessariamente a ideia de que, no judaísmo antigo, a obediência era um prerrequisito da salvação; op. cit., p. 133).

[53] Cf. para a comprovação U. SCHNELLE, Gerechtigkeit und Christusgegenwart, pp. 93-96.217-219; J. BECKER, Paulus, 388; M. A. SEIFRID, Justification by Faith, pp. 99-107.

[54] Para a problemática Paulo – Qumran, cf. ao lado dos estudos de H.-W. KUHN (bibliografia) as observações ponderadas e perspicazes de H. BRAUN, Qumran und das NT II (Tübingen: 1966), pp. 166ss; além disso, J. A. FITZMYER, "Paul and the Dead Sea Scrolls", in P. W. FLINT//J.C. VANDERKAM (org.), *The Dead Sea Scrolls After Fifty Years II* (Leiden: 1999), pp. 599-621.

[55] Cf. H. THYEN, *Studien zur Sündenvergebung im Neuen Testament*. FRLANT 96 (Göttingen: 1970), pp. 57ss; E. LOHSE, "Die Gerechtigkeit Gottes in der paulinischen Theologie", in: Idem, *Die Einheit des Neuen Testaments*, p. 216. Além disso, é duvidoso se é possível caracterizar os textos de Qumran como "o coração da teologia apocalíptica do judaísmo antigo" do modo tão generalizante como o faz STUHLMACHER (Idem, Gerechtigkeit Gottes, p. 148). Para a relação Qumran – apocalíptica, cf. H. STEGEMANN, "Die Bedeutung der Qumranfunde für die Erforschung der Apokalyptik", in D. HELLHOLM (org.), *Apocalypticism in the Mediterranean World and the Ancient Near East* (Tübingen: 1983), pp. 495-530.

A JUSTIÇA DE DEUS COMO TERMO MULTIDIMENSIONAL

A situação dos textos paulinos mostra que δικαιοσύνη θεοῦ é um termo *multidimensional*. Em 2Cor 5,21 domina o caráter de dádiva de δικαιοσύνη θεοῦ, e gramaticalmente trata-se de um *genitivus auctoris*[56]. Os crentes participam da morte vicária de Jesus Cristo e são transferidos no batismo pelo espírito para uma nova existência "em Cristo". O caráter poderoso de δικαιοσύνη θεοῦ manifesta-se em Rm 1,17[57], linguisticamente indicado pelo αποκαλύπτεται.[58] Agora se revela a vontade salvífica escatológica de Deus que se manifesta poderosamente aos crentes no evangelho da justiça de Deus em Jesus Cristo. Em Rm 3,5 confrontam-se num litígio a injustiça humana e a justiça de Deus (*genitivus subjectivus*). Aqui não se trata da justiça de Deus que se revela no evangelho[59], mas de uma qualidade de Deus que impõe sua justiça no juízo e comprova a injustiça dos seres humanos. Em Rm 3,21.22, δικαιοσύνη θεοῦ aparece duas vezes, mas sempre com conotação diferente. Como termo de revelação deve ser lido o δικαιοσύνη θεοῦ no v. 21, pois, no evento Cristo, Deus manifestou-se como aquele que justifica. Portanto, na justiça de Deus não se comunica algo sobre Deus, mas nela se dá a revelação de Deus. A lei e os profetas atestam esse evento epocal, e a lei/Torá confirma com isto simultaneamente seu próprio fim como fonte da justiça. No v. 22, Paulo reflete sobre δικαιοσύνη θεοῦ sob um aspecto antropológico. A fé em Jesus Cristo é a forma da apropriação da justiça de Deus. Na fé em Jesus Cristo está a justiça de Deus para todas as pessoas que creem. Enquanto a justiça de Deus aparece no v. 21 como o poder universal de Deus, domina no v. 22 o caráter da dádiva[60].

---

[56] Cf., por exemplo, H. WINDISCH, 2Kor, p. 198; R. BULTMANN, Theologie, p. 278; C. E. B. CRANFIELD, *The Epistle to the Romans I*. ICC (Edimburgo: 1975), pp. 97s; M. THEOBALD, Der Römerbrief, p. 207.
[57] Para a exegese, cf. P. STUHLMACHER, Gerechtigkeit Gottes, pp. 78-84.
[58] Bem adequado é D. ZELLER, Röm, p. 43: "A justiça de Deus é oferecida já agora (presente!) no evangelho, de modo escatologicamente definitivo."
[59] Cf. D. ZELLER, Röm, pp. 78s.
[60] Essas nuanças de conteúdo captam-se gramaticalmente apenas de modo insuficiente; Rm 3,21 deveria ser entendido como *genitivus objectivus* e Rm 3,22, como

De especial importância para a compreensão de δικαιοσύνη θεοῦ e toda a doutrina paulina da justificação é Rm 3,25[61]. Na argumentação decisiva da Carta aos Romanos, Paulo integra conscientemente no cap. 3,25.26a uma tradição batismal[62], para relacionar por meio dela a atuação salvífica universal de Deus, afirmada em Rm 3,21s, com o horizonte das experiências dos cristãos individuais. A relação com o batismo vem da moldura paulina (v. 24: δικαιοῦσθαι, ἀπολύτρωσις, ἐν Χριστῷ Ἰησοῦ; v. 26: ἐν τῷ νῦν καιρῷ) e da ideia do perdão singular dos pecados no trecho tradicional. Paulo adota uma terminologia de cunho ritual para relacionar as experiências rituais da comunidade romana com sua doutrina da justificação exclusiva. O *genitivus subjectivus* δικαιοσύνη θεοῦ não designa simplesmente uma qualidade de Deus, mas refere-se à justiça que é a propriedade de Deus, que se manifestou universalmente no evento da cruz e que se realiza no perdão dos pecados antigos no batismo. O significado universal e a apropriação individual são vistos em seu condicionamento mútuo: a atuação salvífica de Deus em Jesus Cristo pode ser crida em sua universalidade somente quando foi experimentada na particularidade da própria existência. A tradição realça esta relação, ao articular, sem qualquer crítica à lei, a atuação universal de Deus na cruz com a presença experimentável de Deus no batismo como perdão dos pecados e assim como justificação.

A dimensão universal de δικαιοσύνη θεοῦ manifesta-se também em Rm 10,3. Aqui se acusa Israel de ter buscado não a justiça de Deus, mas sua própria justiça. O povo eleito fecha-se contra a vontade de Deus revelada em Jesus Cristo, não se submete à δικαιοσύνη θεοῦ (*genitivus subjectivus*)[63]. Em vez disso, Israel faz a tentativa irreal de querer se tornar justo com obras da lei. Aqui, a atuação de Deus dirige-se

---

genitivus auctoris. Diferente, por exemplo, M. Theobald, *Der Römerbrief*, p. 207s, que prefere ler todas as ocorrências em Rm 3.21-26 como *genitivus subjectivus*.

[61] Para a interpretação de Rm 3,25 cf. abaixo, Secção 16.6 (A morte de Jesus Cristo como evento expiatório).

[62] Para a comprovação, cf. U. Schnelle, *Gerechtigkeit und Christusgegenwart*, pp. 67-72.197-201.

[63] Cf. U. Wilckens, Röm II, p. 220.

a povos, de modo que uma interpretação de δικαιοσύνη θεοῦ que se orientasse exclusivamente pelo indivíduo e negligenciasse a dimensão cosmológica não faria jus à realidade do texto de paulino[64]. Ao mesmo tempo, Fl 3,9 mostra claramente que uma alternativa entre a dimensão individual e cosmológica de δικαιοσύνη θεοῦ seria igualmente equivocada. Paulo relaciona aqui a atuação justificadora de Deus inteiramente com a existência da pessoa que crê (v. 9a: καὶ εὑρεθῶ ἐν αὐτῷ = Cristo). A justiça de Deus (*genitivus auctoris*) não resulta da lei/Torá, mas é dada ao ser humano pela fé em Jesus Cristo.

Portanto, δικαιοσύνη θεοῦ é, segundo seu respectivo contexto, um *termo universal-forense* (Rm 1,17; 3,5.21.25; 10,3) e uma *categoria de transferência e participação* (2Cor 5,21; Rm 3,22; Fl 3,9). A justiça de Deus denomina concisamente tanto a revelação como a inclusão e a participação dos crentes na atuação justificadora de Deus em Jesus Cristo. O uso restrito[65], a função delimitadora que se manifesta nas formulações majoritariamente negativas[66], a concentração na Carta aos Romanos e a pluridimensionalidade do significado que deve ser verificado a partir do respectivo contexto mostram claramente que δικαιοσύνη θεοῦ *não é o conceito-chave* da teologia paulina[67]. Paulo pode desenvolver sua teologia completamente sem recorrer a δικαιοσύνη θεοῦ! Na Carta aos Romanos, a "justiça de Deus" funciona como um termo teológico-chave teológico, porque Paulo, na esteira da crise galaciana e em vista da entrega da coleta em Jerusalém, *perfila* sua cristologia *teocentricamente* e precisa aproximar a problemática da Lei/Torá de uma solução: no evento Cristo manifestou-se a justiça de Deus que parte de Deus e que deve ser aceita na fé, e unicamente esta justiça justifica

---

[64] Cf. P. STUHLMACHER, Gerechtigkeit Gottes, p. 93.
[65] Às sete ocorrências explícitas δικαιοσύνη θεοῦ (2Cor 5,21; Rm 1,17; 3,5; 3,21.22; 10,3; Fl 3,9) contrastam-se ao campo dos termos de salvação: 120 vezes πνεῦμα, 61 vezes ἐν Χριστῷ, 37 vezes ἐν κυρίῳ, 91 vezes πίστις, 42 vezes πιστεύειν, 38 vezes δικαιοσύνη, 25 vezes δικαιοῦν, 27 vezes ζωή, 25 vezes ἐλπίς.
[66] Cf. E. P. SANDERS, Paulus und das palästinische Judentum, p. 468.
[67] Cf. também H. HÜBNER, Biblische Theologie 1, p. 177: "Entretanto, no *corpus paulinum* restante, este termo não ocorre no sentido em que Paulo o utiliza em Rm. Portanto, a justiça de Deus é para Paulo o termo de sua teologia tardia que surgiu de seu desenvolvimento teológico."

o ser humano perante Deus e, consequentemente, desapropria a lei/ Torá de qualquer significado soteriológico (cf. Rm 6,14b). Já que a denominação da justiça de Deus como δικαιοσύνη θεοῦ χωρίς νόμου abole a lei/Torá como caminho de salvação, Paulo pode na Carta aos Romanos chegar a uma valoração parcial qualitativamente nova da lei/Torá que, por um lado, não lhe pode ser imputada como um antinomismo puro que ameaçasse a comunhão da Igreja, mas que, por outro lado, salvaguarda o resultado teológico central do confronto com os judaizantes na Galácia.

A LEI DA FÉ

Depois da contrastação da situação humana desesperadora sob o pecado (Rm 3,20) com a possibilidade salvífica da justiça de Deus manifesta em Jesus Cristo (Rm 3,21-26), aparece em Rm 3,27 subitamente a expressão νόμος πίστεως (" lei da fé"), importante para a compreensão paulina da lei. Será que νόμος se refere aqui à Torá veterotestamentária, ou estamos diante de um uso de νόμος no sentido de "regra/ ordem/norma"[68]? Uma decisão pode ser tomada somente a partir da análise filológica e do conteúdo do v. 27, mas não a partir de uma compreensão genérica da teologia paulina da lei, aplicado do lado de fora. Em termos filológicos, a pergunta διὰ ποίου νόμου pressupõe uma compreensão genérica de νόμος; isto é, Paulo pressupõe aqui que haja um plural de *nomoi*[69]. Já esta observação linguística basta para perceber que νόμος não se pode referir à Torá do Sinai. Em termos de conteúdo, νόμος πίστεως em Rm 3,27 aparece como o meio (διά) pelo qual qualquer gloriar-se está excluído. O verbo ἐκκλείειν está no aoristo do passivo ("foi excluído"), portanto, designa um ato singular no passado. O sujeito desse acontecimento é Deus, e o tema do debate não é a reta conduta da pessoa crente em relação à lei/Torá

---

[68] Paralelos linguísticos ao uso de νόμος no sentido de ordem/norma em H. Räisänen, Sprachliches zum Spiel des Paulus mit Nomos, pp. 134-149.
[69] Cf. K. Haacker, Röm, p. 93.

ou a revivificação da lei/Torá por meio da fé, mas o νόμος como meio de um evento singular que exclui a καύχησις ("gloriar-se"). Quando é assim, então o νόμος πίστεως pode se referir somente ao ato salvífico de Deus em Jesus Cristo, pois a Torá veterotestamentária não é o meio concedido por Deus para excluir de uma vez por todas o gloriar-se. Portanto, νόμος deve ser traduzido por "regra/ordem/norma"[70]. A fé aparece como a nova norma com a qual cristãos se comprometem e que exclui qualquer glória própria diante de Deus.

Rm 3,28 retoma a expressão νόμος πίστεως com δικαιοῦσθαι ἄνθρωπον πίστει ("o ser humano é justificado pela fé") e interpreta-a sob o aspecto das obras (χωρὶς ἔργων νόμου).

A justiça mediada por obras da Torá não consegue justificar o ser humano, mas é a fé na atuação justificadora de Deus em Jesus Cristo que abre aos seres humanos o estado de δικαιοῦσθαι. Dessa maneira, o procedimento da justificação está retirado da atividade humana, ele se dá no evento Cristo e depois pode apenas ser aceito na fé. Paulo enfatiza a importância universal deste evento com ἄνθρωπος; agora, a justiça não tem caráter de ato, mas de dádiva. Por que? O contexto imediato não dá uma resposta a esta pergunta, antes, Paulo continua a argumentar sob a premissa de Rm 3,20: porque o pecado se apodera da lei/Torá, ninguém pode ser justificado por meio da lei/Torá. Paulo enfatiza a dimensão universal deste evento em Rm 3,29 com o conceito de um Deus (εἷς ὁ θεός) que justifica pela fé tanto judeus como gentios. Com isto, Paulo não nega a eleição de Israel, mas rompe os limites de um particularismo de salvação exclusiva, pois, agora, também os gentios participam pela fé dos dons da eleição por Deus. Será que este rompimento com a eleição exclusiva de Israel significa uma abolição da lei/Torá? Em Rm 3,31, Paulo nega enfaticamente essa conclusão que se impõe e afirma o contrário: ἀλλὰ νόμον ἱστάνομεν ("nós consolidamos a lei"). Essa argumentação repleta de tensões torna-se compreensível somente sob consideração dos objetivos superiores de

---

[70] Cf. H. Räisänen, Sprachliches zum Spiel des Paulus mit Nomos, pp. 149-154; além disso, nesse sentido: E. Käsemann, Röm, p. 96; D. Zeller, Röm, pp. 92s; R. Weber, Die Geschichte des Gesetzes, p. 166; K. Haacker, Röm, p. 93.

Paulo: ele precisa integrar em sua teologia a Torá como uma dádiva de Deus, sem com isso reduzir a função soteriológica exclusiva da cristologia. Ele consegue fazê-lo com dois argumentos:

1) A própria Escritura afirma em Gn 15,6 (cf. Rm 4,3) que a justiça vem da fé. A figura de Abraão demonstra que a fé não destrói a Torá[71].

2) Para Paulo, o mandamento do amor é conteúdo, central e cumprimento da lei/Torá (cf. Rm 13,8-10). Ao ser conduzida para a *ágape*, a lei/Torá muda seu caráter e seu significado originais, pois agora é determinada pelo amor e sintetiza-se no mandamento do amor[72]. Por meio dessa *transformação da Torá* dentro do mandamento do amor, Paulo reclama o cumprimento da Torá também para os cristãos, sem atribuir-lhe qualquer qualidade soteriológica. Além disso, dessa maneira, a Torá concentrada no pensamento do amor pode ser combinada com o conceito helenista da lei e recebida por gentio-cristãos[73].

12.6 Paulo e o Antigo Testamento

Para Paulo, o Antigo Testamento (LXX) é a Sagrada Escritura; ele narra e testemunha a atuação salvífica de Deus em relação a Israel. A valoração qualitativamente nova da história da atuação divina com Israel, necessária a partir de sua hermenêutica de Cristo, motiva Paulo a uma interpretação nova do Antigo Testamento no âmbito de sua compreensão modificada. Ele lê o Antigo Testamento cristologicamente, ao interrogá-lo sobre seu *caráter de testemunho* acerca do evento Cristo. Ao reivindicar a Escritura como testemunha para o evangelho (Rm 1,16; 3,21)[74], Paulo precisa concentrar-se naqueles textos e figuras do Antigo Testamento que podem ser compreendidas como anúncios ou prefigurações do evento de Cristo. Nesse contexto, Hab 2,4b e a figura de Abraão adquirem um peso especial. Eles são para Paulo um programa teológico, e ele ilustra neles a fundamentação histórica e teológica de sua doutrina da justificação no Antigo Testamento.

---

[71] Cf. H. Hübner, Biblische Theologie II, p. 287.
[72] Cf. H. Hübner, Gesetz bei Paulus, pp. 78s.
[73] Para uma argumentação detalhada, cf. abaixo, Secção 19.3 (A Lei).
[74] Cf. a respeito D.-A. Koch, Die Schrift als Zeuge, pp. 341s.

DOIS TEXTOS-CHAVE

Com Gn 15,6 e Hab 2,4b, Paulo *torna ineficaz* todos os outros textos do Antigo Testamento[75].

Na adoção interpretadora de Hab 2,4b LXX em Gl 3,11 e Rm 1,17, Paulo vincula com a πίστις não a fidelidade de Deus ao justo que vive da Torá, mas a fé em Jesus Cristo como evento de justificação. A figura de Abraão ofereceu-se para Paulo para comprovar que sua doutrina da justificação exclusiva estava em conformidade à Escritura[76] e para apresentá-la paradigmaticamente num modelo autoritativo. Para todo o judaísmo antigo, Abraão era uma figura de identificação, particularmente em razão de sua eleição[77], pois ele é pai não só para Israel (cf. 4Esd 3,13ss), mas também para os prosélitos[78]. Antes que Israel recebesse a Torá escrita, Abraão já a observou (cf. Gn 26; BrSir 57,2; TestBn 10,4). Finalmente, Abraão foi várias vezes tentado por Deus e sempre achado fiel e justo (cf. Ne 9,8; Eclo 44,20; Jub 17,15s.18; 18,16; 19,9). Como Abraão fazia a vontade de Deus, ele recebe o atributo "justo" (cf. Jub 21,2s). Particularmente o sacrifício de Isaac exigido dele (Gn 22) era considerado um ato extraordinário de fidelidade e justiça. Segundo os objetivos de sua argumentação, Paulo adota da tradição sobre Abraão somente a confirmação de justiça de Gn 15,6, a promessa de Gn 15,5; 17,5, assim como a sequência dos eventos da confirmação da justiça (Gn 15,6) e da circuncisão (Gn 17). O "levar em conta de justiça" não provém da unidade judaica de Torá e obras, fé e obediência, obediência e mérito, recompensa e bênção[79]. Ao contrário: porque Abraão confiou em Deus, isto lhe foi levado em conta de justiça (Rm 4,3b). Ao contrário da tradição judaica (cf. Jub 30,17-23;

---

[75] Cf. A. Schweitzer, Mystik, p. 204.
[76] Cf. E. Käsemann, "Der Glaube Abrahams in Römer 4", in Idem, *Paulinische Perspektiven*, p. 140: "Rm 4 tem uma posição chave na carta. Aqui se desenvolve a prova escriturística para a tese da justiça da fé em 3,21-31."
[77] Cf. a respeito K. Berger, Verbete "Abraham", in TRE 1 (Berlim//Nova Iorque: 1977), pp. 372-382.
[78] Cf. as ocorrências em Billerbeck III, p. 195; Fílon, Virt. 219.
[79] Cf., por exemplo, SlSal 9,2-7; 13,5-12; 14.

1Mc 2,52; Sl 69,281), Paulo desvincula o levar em conta (λογίζεσθαι) de atos humanos prévios.

Para ele, tudo depende do ato soberano de Deus. Diante de Deus não há direitos e reivindicações, mas unicamente uma apropriação da promessa na fé. Assim atuou Abraão que, contra toda a experiência, confiou na promessa de Deus de que seus descendentes se tornariam tão numerosos como as estrelas. Em seu cerne mais íntimo, a fé é uma confiança incondicional em Deus que justifica a pessoa ímpia (Rm 4,5). O ato da fé está exatamente no reconhecimento do juízo justo de Deus sobre o ser humano ímpio. O *passivum divinum* ἐνεδυναμώθη τῇ πίστει ("ele ficou forte na fé" [N. da Trad.: a tradução alemã não apresenta uma forma passiva, o passivo seria "*wurde gestärkt*" = foi fortalecido.]) em Rm 4,20b sinaliza que Deus concedeu a Abraão a força de dar fé à promessa, contra as aparências. Também em relação à circuncisão, Abraão tem para Paulo uma função como testemunha da atuação justificadora de Deus somente pela fé (cf. Rm 4,9-12). Para Paulo, a distância *cronológica* entre Gn 15,6 e Gn 17 possui uma *qualidade teológica*. Enquanto, desde a perspectiva judaica, a circuncisão é considerada uma comprovação abrangente da fé de Abraão diante dos mandamentos de Deus, Paulo separa a circuncisão da justiça de fé. A justiça de fé precedeu a circuncisão, de modo que a circuncisão pode ser compreendida apenas como um reconhecimento e uma confirmação posteriores da justiça de fé. Paulo radicaliza essa compreensão em Rm 4,11 b, onde Abraão se torna em primeiríssimo lugar o pai dos incircuncisos, para se tornar apenas em Rm 4,12 – portanto, por assim dizer, apenas posteriormente – também ainda o pai dos circuncidados. Mas somente quando aqueles não só estão circuncidados, mas também vivem na fé. Com isto, Paulo contradiz radicalmente o pensamento histórico-salvífico habitual no judaísmo antigo[80].

---

[80] Diferente M. Neubrand, Abraham, p. 293, que enfatiza na obra inteira uma eleição particular e imutável de Israel: "Pois Paulo esclarece a seus destinatários com a ajuda da releitura das narrativas de Abraão que sua eleição por Jesus Cristo não significa que isto desvalorize ou até mesmo substitua a eleição particular de Israel, nem que os seguidores não judaicos de Jesus fossem integrados na aliança particular de Deus com Israel."

PROMESSA COMO CATEGORIA-CHAVE

A desconstrução do conceito da eleição de Israel por Paulo levanta necessariamente a pergunta pela função da Torá. Para responder essa pergunta premente, Paulo recorre ao termo ἐπαγγελία ("promessa"), empregado já em Gl 3[81]: a promessa se torna o protótipo do evangelho. Abraão recebeu a promessa não por meio da Torá, mas somente como alguém que creu e ouviu[82]. Para Paulo, segundo Rm 4,14, a obediência à Torá e o alcance da promessa se excluem mutuamente. Já que nenhum ser humano é capaz de cumprir verdadeiramente a Torá, ela se volta contra as pessoas que a fazem: "Pois o que a lei produz é a ira, ao passo que, onde não há lei, também não há transgressão" (Rm 4,15). O legado da promessa está vinculado à fé, pois Deus mesmo determinou em sua palavra o desembaraçamento do evangelho para todas as nações (Rm 4,13.16). Dessa maneira, a justiça vem da fé, e Abraão torna-se o arquétipo de todas as pessoas que creem, tanto dos judeu-cristãos como dos gentio-cristãos (Rm 4,16s)[83].

A tendência atualizadora do recuo de Paulo ao Antigo Testamento mostra-se em Rm 4,23-25[84].

Gn 15,6 visa as pessoas que creem atualmente e por causa das quais o texto foi registrado por escrito (Rm 4,24: ἀλλὰ καὶ δι' ἡμᾶς = "mas também para nós"). O que se realizou em Abraão como uma figura individual sobressalente da História dos Primórdios, vai ser colocado em vigor também agora, na história escatológica[85]. Não só judeus, mas também gentios chegam no tempo presente à fé em Deus que ressuscitou Jesus Cristo dos mortos.

---

[81] Cf. aqui H. HÜBNER, Gesetz bei Paulus, pp. 16-21.44-53; G. SASS, Leben aus den Verheissungen, pp. 37ss.
[82] Diferente a tradição rabínica; cf. BILLERBECK III, pp. 204-206.
[83] É discutido se a expressão τῷ ἐκ τοῦ νόμου em Rm 4,16 deve ser relacionada com os judeus como tais; para a discussão, cf. U. WILCKENS, Röm I, p. 272.
[84] Cf. para a interpretação U. LUZ, Geschichtsverständnis, pp. 113-116.
[85] Para a crítica ao esquema "promessa – cumprimento", cf. G. SASS, Leben aus den Verheissungen, pp. 22-24.508-510.

No conceito da promessa como categoria noética determinante revela-se para Paulo o Antigo Testamento em relação à revelação de Cristo. Ele demonstra esse fato fundamental na figura de Abraão. Deus cumpre as promessas dadas a Abraão no tempo presente, pois a promessa da descendência cumpre-se no número superabundante dos gentios que chegaram à fé. Abraão serve como precedente da justificação pela fé, e, além disso, também como pai da missão paulina às nações[86]. No entanto, Paulo recorre conscientemente não ao esquema promessa – cumprimento, mas, ao contrário, Abraão é para ele a prefiguração daquilo que agora, no evento Cristo, está chegando a seu fim. Dessa maneira, Paulo não se torna um defensor de uma história da salvação contínua, pois o ponto que pode ser comparado é unicamente a atitude de fé, na qual se encontram Abraão e os cristãos que vivem no tempo presente. O contínuo entre aquele tempo e o tempo presente não passa pela história, mas fundamenta-se exclusivamente na atuação de Deus que, tanto antigamente como atualmente, justifica o ímpio por meio da fé. Dessa forma, o único contínuo na história são as promessas de Deus, isto é, *somente o Eu de Deus* fundamenta a continuidade entre o Antigo e o Novo Testamento![87] Para Paulo não existe história da salvação, existem somente eventos de salvação que conferem à história uma meta e um sentido. Justamente na figura de Abraão mostra-se que Deus age contingentemente e que não é possível para nenhum grupo reivindicar a atuação divina exclusivamente para si. Tudo depende da identidade de Deus consigo mesmo, em cujas promessas a fé pode confiar tanto antigamente como hoje, contra todas as aparências.

12.7 A presença da salvação: batismo e justiça

A nova realidade de salvação em Jesus Cristo afirmada por Paulo conduz inevitavelmente à pergunta: onde se pode tocar a salvação, e

---

[86] Cf. St. Alkier, Wunder und Wirklichkeit, p. 273.
[87] Cf. H. Hübner, Biblische Theologie II, p. 344; D.-A. Koch, Die Schrift als Zeuge, p. 348.

como ela pode ser experimentada num mundo que está sob o poder constante da morte e do pecado? Tanto a modificação fundamental da situação do mundo como a nova existência dos crentes pede uma verificação universal e biográfica. Por que o mundo está sob o domínio do pecado; como se dá a mudança do domínio da morte para a vida; como os crentes ganham participação desse acontecimento; qual é a força determinante da nova vida? Em Rm 5–8, Paulo põe-se estas perguntas numa argumentação muito complexa[88]. No início está o postulado da nova existência: a justificação pela fé é uma realidade definitiva que determina a realidade dos cristãos (Rm 5,1). Jesus Cristo possibilita o acesso a Deus e, com isso, à graça e salvação. A certeza dessa nova existência foge à demonstração terrestre, e ela se sabe nutrida somente pela esperança (cf. Rm 5,2-4). A esperança ganha sua força da dádiva amorosa do espírito (Rm 5,5) que dá a coragem de crer contra as aparências. Disso resulta para Paulo como perspectiva: "Pois se nós, embora sendo inimigos, fomos reconciliados com Deus pela morte de seu Filho, muito mais agora, uma vez reconciliados, seremos salvos por sua vida" (Rm 5,10)[89].

A TIPOLOGIA DE ADÃO-CRISTO

Diante dessa esperança sobressalente põe-se a pergunta: como se deve avaliar a realidade da morte neste mundo? Paulo volta-se para este problema fundamental com a tipologia de Adão-Cristo (Rm 5,12-21)[90].

---

[88] Para a estrutura de Rm 5–8, cf. além dos comentários os panoramas da pesquisa em U. Luz, "Zum Aufbau von Röm 1-8", in *ThZ* 25 (1969), pp. 161-181: M. Theobald, Der Römerbrief, pp. 47ss. O problema está na pergunta se a cesura deve ser localizada em Rm 5,1; 5,12 ou 6,1. Defendo, junto a muitos outros, um novo início em Rm 5,1. Aqui, a argumentação precedente (δικαιωθέντες οὖν = "agora como justificados") é sintetizada concisamente e levada para um novo plano em 5,2, através do motivo do "acesso".

[89] Para o conceito da reconciliação, cf. abaixo, Seção 16.7 (Jesus Cristo como reconciliador).

[90] A tipologia de Adão-Cristo dá a impressão de ser autônoma e independente do contexto; para as possíveis raízes histórico-traditivas de Rm 5,12-21, cf. E. Brandenburger,

Ela responde a pergunta sobre como a morte entrou no mundo e como foi ultrapassada e superada pelo ato salvífico de Cristo. Adão e Cristo são justapostos numa antitética aguda, pois entre eles reina uma oposição existencial, espacial e temporal[91]. Por meio de Adão, o pecado e, com ele, a morte, entrou no mundo (Rm 5,12a.b). Este evento determina negativamente todos os seres humanos e todo o cosmos (Rm 5,12c), de modo que vale irrevogavelmente até a vinda de Cristo: a realidade do pecado leva a pecar (Rm 5,12d)[92]. O *caráter de ato* inerente ao pecado é uma consequência de seu *caráter de fatalidade*[93]. Em sua natureza e em seu ato, Adão e Cristo estão numa relação antitética. Enquanto Adão é o representante do pecado, da morte

---

Adam und Christus. WMANT 7 (Neukirchen: 1962), pp. 15-157; U. WILCKENS, Röm 1, pp. 305-337; H. H. SCHADE, Apokalyptische Christologie, pp. 69-90.239-244. O pano de fundo da justaposição de Adão e Cristo em 1Cor 15,22.45 e Rm 5,14 poderia ser a interpretação judaico-alexandriana de Gn 1,26s e 2,7, do modo como ela se encontra já em Fílon, Leg. All. I 31: "Existem dois tipos de seres humanos: um é o celestial, o outro é o terrestre. O celestial é criado para ser imagem e semelhança de Deus e, por isso, sem participação de tudo que é corruptível e terrestre em geral; o terrestre foi moldado de uma matéria dispersa que a Escritura chama de pó (= NW II/1, p. 406; além disso, cf. Filon, Leg. All. I 32.42.53.88s; Op. Mund. 134s; 146). No entanto, Paulo coloca outros acentos, pois o centro do interesse é, para ele, a sequência temporal dos dois *antropoi* (cf. 1Cor 15,46; Rm 5,14b.17). Em Corinto, a discussão sobre Adão e Cristo parece ter sido um dado já encontrado por Paulo (cf. 1Cor 15,46), de modo que Rm 5,12-21 deve ser lido como uma variação paulina da temática, sob as exigências contextuais da Carta aos Romanos (cf. H. UMBACH, In Christus getauft – von der Sünde befreit, pp. 196-200).

[91] Cf. H. UMBACH, In Christus getauft – von der Sünde befreit, p. 197.
[92] Diferente R. BULTMANN, Theologie, p. 251: "O pecado entrou no mundo pelo pecar".
[93] O problema básico de Rm 5,12 consiste na pergunta se podemos supor uma existência simultânea de fatalidade e de responsabilidade própria; assim, por exemplo, E. KÄSEMANN, Röm, p. 139: "O verdadeiro problema da interpretação está no v. 12d, onde se substitui subitamente o motivo da fatalidade, que determina 12a-c, pelo outro, da culpa pessoal de todos os seres humanos." Nesse caso seria inevitável uma conclusão como em BarSir 54,15: "Pois mesmo que Adão tenha pecado primeiro e trazido a morte precoce sobre todos, cada um daqueles que são sua descendência atraiu para si a futura tortura e, vice-versa, cada um deles escolheu para si a futura glória"; cf. também 4Esd 7,118s. Entretanto, o pensamento paulino segundo esferas de poder aponta para um outro rumo, pois a queda de Adão já decidiu definitivamente sobre o fato de que todos os seres humanos pecam; cf. O. HOFIUS. "Die Adam-Christus-Antithese und das Gesetz", in Idem, *Paulusstudien II*, 81s.

e da escravidão do ser humano sob esses poderes, revelou-se por e em Cristo a possibilidade da vida escatológica (cf. Rm 5,17.18.21). O termo τύπος ("imagem de semelhança/contraimagem") em Rm 5,14 sinaliza o entendimento intencionado por Paulo: "Adão em seu efeito universal de desgraça é para Paulo o τύπος da *prefiguração*, pelo qual Deus anuncia o futuro Adão, a saber, Cristo, em seu efeito universal de salvação."[94] A antitética e a descontinuidade determinam a argumentação e, nesse sentido, a morte e a vida, Adão e Cristo, são esferas que se excluem mutuamente e que têm em comum apenas a oposição[95]. A lei/Torá está do lado de Adão, ao testemunhar e aumentar a atuação do pecado (cf. Rm 5,13.20)[96]. Ela não cria o sucumbimento do ser humano à relação entre pecado e morte, mas torna-a reconhecível e ativa-a. O domínio da morte foi substituído pelo domínio de Cristo (cf. Rm 5,17.21), de modo que governa agora a vida em Jesus Cristo. Na afirmação da presença da nova vida está a intenção verdadeira da afirmação de Rm 5,12-21. Ora, se for assim, põe-se a pergunta sobre como os cristãos entram na nova vida, no além da esfera do poder do θάνατος e da ἁμαρτία. A apresentação universal-mítica precisa da correção individual. Isto significa para a relação entre Rm 5,12-21 e Rm 6: Rm 5,12-21 é a condição objetiva e argumentativa para Rm 6; Rm 6, por sua vez, é a explicitação necessária de Rm 5,12-21[97].

O BATISMO COMO EVENTO DE TRANSFERÊNCIA

Tanto o despoderamento do pecado como a inclusão concreta nas dimensões soteriológicas, eclesiológicas, éticas, sociais e biográficas desse evento ocorrem sempre em um evento histórico singular. Cruz, ressurreição e batismo não estão somente como causa e efeito, mas

---

[94] L. GOPPELT, Verbete "τύπος", in *ThWNT* 8,252.
[95] Cf. H. UMBACH, In Christus getauft – von der Sünde befreit, p. 203.
[96] Cf. a respeito O. HOFIUS, Die Adam-Christus-Antithese und das Gesetz, pp. 89-102.
[97] Cf. R. SCHNACKENBURG, "Die Adam-Christus-Typologie (Röm 5,12-21) als Voraussetzung für das Taufverständnis in Röm 6,1-14", in L. DE LORENZI (org.), *Battesimo*, pp. 37-55; H. UMBACH, In Christus getauft – von der Sünde befreit, p. 204.

o *evento original* está constantemente presente nos *efeitos*. O ponto de partida da argumentação paulina em Rm 6 é a relação entre pecado e graça[98]. Ambos se confrontam antiteticamente, pois Cristo vive no âmbito da χάρις ("graça") e, com isto, morreu para o pecado. Paulo justifica essa afirmação com a referência ao batismo que, como o batismo na morte de Jesus, faz com que também o cristão tenha morrido para o pecado. Com a ajuda de uma tradição (Rm 6,3b-5)[99], Paulo procura ilustrar esse processo decisivo na vida de um cristão. A expressão ὅσοι ἐβαπτίσθημεν εἰς Χριστὸν Ἰησοῦν ("nós que fomos batizados para dentro de Jesus Cristo") nomeia a integração dos batizados na obra e no espaço salvíficos de Jesus Cristo. Para a interpretação *espacial-real* dos εἰς apontam as formulações paralelas εἰς τὸν θάνατον ("para a morte") nos v. 3b e 4a e a expressão πῶς ἔτι ζήσομεν ἐν αὐτῇ ("como haveríamos de viver nele [isto é, no pecado]") no v. 2[100]. A ideia de uma transferência para outro proprietário[101] é adotada e ampliada pela noção de *integração* e *participação*. No batismo, a morte de Jesus está presente, de modo que se pode entender a realização do batismo como um reviver sacramental da morte presente de Jesus pelo cristão individual. Unicamente a morte de Jesus Cristo superou o pecado definitivamente; agora, ela está presente no batismo pela força do espírito e faz com que

---

[98] Para a interpretação de Rm 6, cf. U. Schnelle, Gerechtigkeit und Christusgegenwart, pp. 74-88.203-215 (ali a discussão com a literatura); H. D. Betz, "Transferring a Ritual: Paul's Intetpretation of Baptism in Romans 6", in: T. Engberg-Pedersen (org.), *Paul in his Hellenistic Context*, pp. 84-118; D. Hellholm, "Enthymemic Argumentation in Paul: The Case of Romans 6", in T. Engberg-Pedersen (org.), *Paul in his Hellenistic Context*, pp. 119-179; Chr. Strecker, Die liminale Theologie des Paulus, pp. 177-189; H. Umbach, In Christus getauft – von der Sünde befreit, pp. 230-257.

[99] Cf., por exemplo, H. Lietzmann, Röm, p. 67; E. Käsemann, Röm, p. 157: H. Umbach, In Christus getauft – von der Sünde befreit, pp. 239s. Diferente H.-J. Eckstein, Auferstehung und gegenwärtiges Leben, p. 15, que considera Rm 6,3s uma formulação independente de Paulo.

[100] Cf. neste sentido E. Dinkler, "Römer 6, 1-14 und das Verhältnis von Taufe und Rechtfertigung bei Paulus", in: L. De Lorenzi (org.), *Battesimo*, p. 87; E. Käsemann, Röm, p. 156; H. Umbach, In Christus getauft – von der Sünde befreit, p. 240.

[101] H.-J. Eckstein, Auferstehung und gegenwärtiges Leben, p. 13, deseja reduzir a afirmação do texto à ideia da transferência para outro proprietário.

também o cristão morra *realmente* para o pecado. A morte de Jesus no Gólgota e o reviver sacramental dessa morte com a consequência da própria morte no batismo não são idênticas, mas, não obstante, o batismo é o lugar onde o significado salvífico da morte de Jesus torna-se realidade para os cristãos. Aqui se dá a destruição do corpo de pecado e se constitui a nova existência que se realiza como uma vida κατὰ πνεῦμα ("segundo o Espírito").

Rm 6,4 potencializa a ideia de participação já desenvolvida no v. 3b, porque tanto o prefixo σύν ("com") como a frase explicativa de ὥσπερ ... οὕτος ("assim como... assim também") visam uma ampla correspondência entre Cristo e os batizados. O συνετάφημεν ("Fomos sepultados com") enfatiza o caráter salvífico abrangente do batismo, pois o batismo é participação efetiva em todo o evento salvífico, isto é, também na ressurreição de Jesus Cristo. Isto se mostra claramente na frase final de Rm 6,4b.c, introduzida por ἵνα e estruturada por ὥσπερ... οὕτος. Se fosse uma elaboração consequente, o pensamento da correspondência tanto objetiva como temporal entre Cristo e os seus na ressurreição deveria ter levado à formulação ὥσπερ... οὕτος καὶ ἡμεῖς ἐκ νεκρῶν ἐγερθῶμεν ("assim como ... também nós ressuscitamos dos mortos")[102]. Entretanto, Paulo não tira esta conclusão, mas define a existência presente e futura do cristão com a expressão ἐν καινότητι ζωῆς περιπατήσωμεν ("caminhar em novidade de vida") de modo ético-futúrico[103]. A consequência do "morrer para o pecado" não é uma mudança da substância do ser humano. O ser humano não é tirado de suas relações antigas e continua vivendo sob as condições de um cosmos corruptível. A nova realidade da liberdade do pecado está sob uma reserva futúrica, ela não pode ser demonstrada dentro deste mundo e precisa comprovar-se historicamente. Os crentes e batizados ainda não ressuscitaram, mas têm uma participação abrangente nas forças da ressurreição de Jesus Cristo que penetram e transformam o

---

[102] Cf. R. BULTMANN, Theologie, p. 143.
[103] Aqui está a diferença crucial com Cl 2,12; 3,1-4; Ef 2,6 que se referem a uma ressurreição (pela fé) já realizada no batismo; para a análise dos textos, cf. E. GRÄSSER, "Kolosser 3,1-4 als Beispiel einer Interpretation secundum homines recipientes", in Idem, *Text und Situation* (Gütersloh: 1973), pp. 129ss.

cosmos inteiro (cf. Rm 8,18ss). Contudo, essas precisões não relativizam de modo algum as mudanças reais na vida dos batizados![104]

As noções desenvolvidas em Rm 6,3s apontam para o ambiente histórico-cultural dos *cultos de mistérios*[105]. Em duas lâminas de ouro, encontradas no túmulo de uma mulher proveniente do fim do séc. IV a.C., está inciso o seguinte texto que pertence ao contexto dos mistérios de Dionísio: "Agora tu morreste, e agora tu nasceste, três vezes bem-aventurada, neste dia. Dize a Perséfone que o próprio Baco te redimiu. Como touro, tu correste até o leite. Tu correste rapidamente até o leite. Como bode, tu correste até o leite. Tu, bem-aventurada, tens um vinho inestimável. E em baixo da terra te esperam consagrações, assim como os outros bem-aventurados."[106]

Apuleio conta no contexto de uma consagração a Ísis: "Cheguei ao limite da morte e pisei no limiar da Proserpina, passei por todos os elementos e depois voltei; à meia-noite vi o sol brilhar em luz branca radiante; aproximei-me face a face dos deuses em cima e em baixo, e adorei-os em extrema proximidade."[107] Firmico Materno transmite o seguinte dito de um sacerdote de mistérios: "Sejais confiantes, ó mistos!

---

[104] Cf. H. UMBACH, In Christus getauft – von der Sünde befreit, p. 247. Outro acento encontra-se em CHR. STRECKER, Die liminale Theologie des Paulus, pp. 177-189, que, por um lado, destaca explicitamente a separação dos batizados do pecado, mas que, por outro lado, devido a uma compreensão processual pressuposta da morte, afirma que os batizados morreriam "simbolicamente de modo efetivo" (op. cit., p. 188).

[105] Cf., por exemplo, R. BULTMANN, Theologie, pp. 142ss; N. GÄUMANN, Taufe und Ethik, p. 46; U. SCHNELLE, Gerechtigkeit und Christusgegenwart, pp. 74ss; D. ZELLER, "Die Mysterienreligionen und die paulinische Soteriologie", in H. P. SILLER (org.), *Suchbewegungen* (Darmstadt: 1991), pp. 42-61; H. UMBACH, In Christus getauft – von der Sünde befreit, pp. 244-247; uma postura mais cética em relação a esta tentativa de dedução por último em A. J. M. WEDDERBURN, *Baptism and Resurrection*. WUNT 44 (Tübingen: 1987), pp. 90-163; J. D. G. DUNN, Theology of Paul, pp. 446.451s, que constrói uma relação entre Jesus e Paulo: "*As Christ had spoken of his death as baptism, so Paul could speak of the beginning of salvation as a baptism into Christ's death*" (Assim como Cristo se referiu a sua morte como batismo, assim Paulo podia se referir ao início da salvação como um batismo para dentro da morte de Cristo; op. cit., p. 452).

[106] Texto e interpretação em: NW II/1, pp. 122s.

[107] Apuleio, Metamorfoses XI 23,8 (= NW II/1, pp. 125s). Para a análise de todo complexo textual, cf. D. BERNER, Initiationsriten in Mysterienreligionen, im Gnostizismus und im antiken Judentum (tese, Göttingen: 1972), pp. 75ss.

Pois já que deus foi salvo, haverá também para nós uma salvação do sofrimento."[108] Uma relação entre esses textos e Rm 6,3s reside na ideia de uma identificação do misto com o destino da divindade. Disso não se pode derivar uma genealogia ou analogia, mas os textos indicam[109] o ambiente intelectual em que as ideias contidas em Rm 6,3s podiam ser pensadas e recebidas[110].

O pensamento da conformidade dos crentes e batizados com o destino de Jesus Cristo continua no v. 5 com σύμφυτός ("unido por crescimento/vinculado com") e ὁμοίωμα ("mesma forma, semelhança")[111]. O batismo é o lugar da participação *efetiva* e *abrangente* no evento Cristo.

Paulo ressalta em Rm 6,6 o pensamento de partida da separação do pecado, ao referir-se agora ao παλαιὸς ἄνθρωπος ("velho homem") cujo corpo de pecado foi destruído no batismo. De modo positivo segue da libertação do pecado uma vida na justiça. No v. 7, Paulo varia esse pensamento, ao interpretar mais uma vez a morte no batismo como libertação do poder do pecado. Rm 6,8-11 descreve de modo sintetizador a nova situação dos batizados: já que Jesus Cristo morreu e ressuscitou dos mortos e a pessoa batizada recebeu no batismo a plena participação deste evento salvífico, também ela está subtraída da esfera do poder da morte e do pecado. Como pessoa que morreu para o pecado, vive agora para Deus. Essa nova vida do cristão foi possibilitada pela cruz e ressurreição de Jesus Cristo, conferida no batismo e realizada pela força do espírito.

A CORRESPONDÊNCIA À NOVA EXISTÊNCIA

Em Rm 6,11, Paulo chama a comunidade com o primeiro imperativo da carta a corresponder a essa nova existência: "Assim vós deveis

---
[108] Firmico Materno, De Errore Profanarum Religionum 22,1 (= NW II/1, p. 124).
[109] Cf. outros textos em: NW II/1, pp. 123-127.
[110] No cristianismo primitivo encontra-se a ideia "como Cristo – assim os Seus" pela primeira vez em 1Ts 4,14ss; ela pode ter sido desenvolvida autonomamente em Corinto; cf. a respeito U. SCHNELLE, Gerechtigkeit und Christusgegenwart, pp. 78-81.
[111] Para a análise detalhada, cf. U. SCHNELLE, op. cit., pp. 81-83.

considerar-vos mortos para o pecado, mas vivos para Deus em Cristo Jesus." Como o evento do batismo marca também a atuação, Paulo ressalta em Rm 6,12-23 com numerosos imperativos o aspecto ético da nova existência. O cristão não deve obedecer às paixões. Antes, é convocado a disponibilizar a Deus seus membros como armas da justiça, mas não ao pecado como armas da injustiça (Rm 6,12s). Ora, o batizado não morreu para o pecado, como alega com tanta ênfase Rm 6,2? Sim, ele morreu para o pecado, mas o pecado não está morto. Ele continua ainda no mundo como tentação do corpo e do espírito. Quem morreu é "nosso velho homem" e o "corpo de pecado" (Rm 6,6), mas não o pecado com tal[112]. O pecado já não impera sobre a pessoa batizada e que crê; para ela, é uma grandeza do passado. Ao mesmo tempo, porém, o pecado continua a existir no mundo e exerce seu domínio sobre todas as pessoas que não vivem na esfera do domínio de Cristo. Com a expressão ὡσεὶ ἐκ νεκρῶν ζῶντας ("como os que são vivos provindos dos mortos") no v. 13, Paulo retoma a preocupação básica da tradição em Rm 6,3s: no batismo, o cristão morreu realmente para o pecado; da justificação no batismo segue uma vida em justiça[113]. Aparentemente, Paulo não consegue derivar esta comprovação, decisiva para sua doutrina da justificação exclusiva pela fé acerca da liberdade do pecado, da formação terminológica abstrata δικαιοσύνη θεοῦ que não aparece em Rm 6 e também não deve ser inserida pela interpretação. Ele aponta muito conscientemente ao rito batismal, para nomear a realidade e o lugar da nova realidade. A referência insistente à justiça em Rm 6,12ss deve ser entendida como um chamado aos batizados a corresponderem com sua própria atuação à atuação ritual de Deus. Isto é indicado pela forte ênfase na obediência como pressuposto (v. 13.16.18.20) e na santificação como consequência da δικαιοσύνη (v. 19.22). Quando δικαιοσύνη significa já no v. 13 a conduta justa do ser humano, também a expressão ὑπακοὴ εἰς δικαιοσύνη no v. 16 aponta na mesma direção. A obediência leva à justiça, isto é, δικαιοσύνη

---

[112] Cf. H. Umbach, In Christus getauft – von der Sünde befreit, pp. 250ss.
[113] Isso significa ao mesmo tempo que todo cap. 6 da Carta aos Romanos deve ser compreendido a partir do evento batismal, e que de modo algum separa 6,1-14 e 6,15-23; contra A. B. du Tott, "Dikaiosyne in Röm 6", in ZThK 76 (1979), p. 263.

significa a conduta reta do ser humano que consiste na correspondência à dádiva do batismo e na sua preservação[114].

O cap. 6 desempenha uma função-chave dentro da estrutura da Carta aos Romanos: aqui, Paulo esclarece a *transferência para a nova existência*. A característica básica participativa da teologia paulina mostra-se semanticamente em Rm 6 no acúmulo descomum de σύν (v. 8) e de compostos com σύν- (v. 4.5.6.8), respectivamente. A transformação para uma nova vida na força do espírito já começou, não só como percepção diferente do mundo, mas no sentido real. Pelo batismo, os crentes foram transferidos para uma nova esfera, a entrada na vida eterna foi realizada (Rm 6,23). A liberdade do pecado e o poderoso início da nova existência incluem também a liberdade da lei/Torá; vale: "Pois vós não estais debaixo da lei, mas debaixo da graça" (Rm 6,14).

12.8 Pecado, lei e liberdade no espírito

A definição de *status* de Rm 6,14 está vinculada a um problema quase insolúvel no pensamento paulino: qual é a relação entre a eleição de Israel e a dádiva da lei/Torá, por um lado, e a nova revelação definitiva e todo-superadora de Deus em Jesus Cristo, por outro? Qual a função que a lei/Torá ainda pode ter? Enquanto Paulo respondeu na Carta aos Gálatas essa pergunta de modo quase exclusivamente negativo, ele argumenta na Carta aos Romanos de modo mais diferenciado. No entanto, o ponto de partida é também aqui a convicção fundamental de que se ganha a vida não na lei/Torá, mas na fé em Jesus Cristo (cf. Rm 3,21). Por que a lei/Torá não é capaz de cumprir sua função original? Paulo procura resolver este problema crucial em Rm 7 e 8 por meio de uma definição da relação entre o pecado, a lei/Torá e o espírito[115], sendo que já a situação inicial leva a esperar *racionalizações secundárias, falta de nitidez nos termos e construções ousadas*.

---

[114] Cf. H. HÜBNER, Gesetz bei Paulus, p. 111.
[115] Não é nenhum acaso que, de 59 ocorrências de ἁμαρτία em Paulo, 48 se encontram na Carta aos Romanos! Onde Paulo descreve o papel da lei no plano de Deus, ele precisa desenvolver, ao mesmo tempo, abrangentemente sua hamartiologia! Antes disso, somente 1Cor 15,56 e Gl 3,22 apontam na mesma direção que a Carta aos Romanos!

UM EXEMPLO PARA COMEÇAR

Paulo escolhe como ponto de partida em Rm 7,1-4 um exemplo da lei matrimonial judaica para demonstrar o efeito e os limites da lei/Torá[116]. Como a morte tem sempre a consequência da extinção dos direitos legais (cf. no v. 2.3), assim também a morte de Cristo e o morrer junto dos cristãos no batismo da lei/Torá. O batismo não é apenas uma morte para o pecado, mas também uma morte para a lei/Torá que agora perdeu seus direitos sobre a pessoa batizada. O v. 4 resume antiteticamente a nova realidade, cuja característica é a aguda oposição entre a lei/Torá e Deus. Paulo apresenta no v. 5 a situação que, desde a perspectiva da fé, já é passado, para descrever a seguir com o v. 6 a nova forma existencial dos crentes fundamentada no evento Cristo. No v. 5, ele define a antiga existência do ser humano fora da fé como uma existência na carne. A carne aparece como âmbito onde atacam as "paixões dos pecados" (τὰ παθήματα τῶν ἁμαρτιῶν), provocadas pela lei/Torá. O pecado não se aproxima da pessoa simplesmente do lado de fora, mas faz sua morada nela (7,17.20; ἡ οἰκοῦσα ἐν ἐμοὶ ἁμαρτία), para dominá-la completamente. Como consequência dessa exposição ao pecado [N. da Trad.: sic, deveria ser *dieses der Sünde Ausgesetztsein*. No original, dieses *Ausgesetztseins der Sünde*] aparece a morte. Em Rm 7,6, Paulo marca a virada escatológica com νυνὶ δέ (cf. Rm 3,21). Pelo dom do espírito, o cristão foi libertado do âmbito da lei/Torá e, com isto, do pecado e da morte. Agora se sabe conduzido pelo espírito vivo, mas não pela letra corruptível[117]. O esquema de "antigamente *versus* agora", que está na base de Rm 7,5s, é desenvolvido em Rm 7,7-25a e Rm 8,1ss.

---

[116] Cf. a respeito U. WILCKENS, Röm II, pp. 62-67; H. UMBACH, In Christus getauft – von der Sünde befreit, pp. 268-271; O. HOFIUS, "Der Mensch irn Schatten Adams", in Idem, *Paulusstudien II*, pp. 107-110.

[117] H. UMBACH, In Christus getauft – von der Sünde befreit, p. 270, resume a intenção de Rm 7,1-6 de modo bem adequado: "Dessa maneira, *hamartia*, *nomos* e *thanatos* são aqui termos que designam o passado dos cristãos, mas *christos* [N. da Trad.: sic, não *christus*.], *theos*, *pneuma*, ao contrário, características do presente. As duas séries [N. da Trad.: sic, não "beide Reihen", ambas as séries.] estão numa relação mútua antitética.

O PARAÍSO PERDIDO

Primeiro, Paulo tem que refutar em Rm 7,7[118] enfaticamente a possível identificação de νόμος e ἁμαρτία. Ele mesmo tinha construído repetidamente uma relação entre a lei/Torá e o pecado (cf. Rm 3,20; 4,15; 5,13b; 7,5), de modo que – especialmente para os adversários judeu-cristãos do apóstolo – a identificação de νόμος e ἁμαρτία, fatal para sua doutrina da justificação exclusiva, não era algo remoto. Para Paulo, a lei/Torá e o pecado não são idênticos, mas à lei/Torá cabe uma função importante no processo da revelação e da descoberta do pecado. Para esclarecer a conexão factual entre a lei e o pecado dentro do ser humano, Paulo refere-se à narrativa do paraíso[119] e introduz o termo da ἐπιθυμία ("desejo, paixão") como uma categoria antropológica[120]. O pecado pode se enraizar no ser humano porque coloca a paixão a seu serviço. A lei/Torá vem ao auxílio do pecado, no sentido de criar as condições necessárias para que a paixão possa ser despertada e utilizada dentro do ser humano pelo pecado. Segundo Rm 7,7, a relação entre pecado, lei/Torá e paixão deve ser definida da seguinte maneira: o conhecimento do pecado realiza-se pela lei/Torá, porque a lei/Torá se concretiza no mandamento e o pecado, na paixão. A lei/Torá não é pecado, mas o ser humano jamais teria conhecido o pecado como paixão se não tivesse havido o mandamento. Nesse processo cabe ao pecado um papel altamente ativo, pois ele utiliza a lei/Torá e o mandamento, respectivamente, para perverter aquilo que Deus deseja em seu contrário (v. 8). Exatamente por meio do mandamento, o pecado gera aquilo que é proibido no mandamento: a paixão. Já aqui se mostra que a lei/Torá e o pecado se atacam mutuamente e que o pecado deve ser entendido como anterior à lei/Torá, em termos temporais e objetivos. Ao mesmo tempo mostra-se que o termo e conceito

---

[118] Para Rm 7,7, cf. especialmente H. HÜBNER, Gesetz bei Paulus, pp. 63-65
[119] Cf. a documentação em U. LUZ, Geschichtsverständnis, pp. 166s.
[120] Para o pano de fundo judaico-helenista de ἐπιθυμία neste texto, cf. R. WEBER, Die Geschichte des Gesetzes, pp. 154s. Para a função negativa da paixão na doutrina estoica dos afetos, cf. Diógenes Laércio 7,113: "A paixão é uma busca irracional. Subsumem-se nela desejo, ódio, ambição, ira, amor, fúria."

da paixão é a chave noética que permite a Paulo atribuir à lei/Torá predicados positivos, não obstante a proximidade ao pecado (cf. Rm 7,12).

Em Rm 7,7ss, Paulo se orienta pela narrativa do paraíso para definir a situação do ser humano pré-cristão abrangentemente. O "eu" em Rm 7,7ss inclui tanto Adão como a humanidade inteira, inclusive os judeus[121]. A definição objetiva da natureza do pecado não pode ser delimitada nem temporal nem espacialmente, mas pode ser aplicada a todos os seres humanos e a todos os tempos fora da fé. O pecado e a lei/Torá aparecem como poderes transindividuais que causam situações individuais. Paulo escolhe propositalmente uma linguagem mitológica para descrever um dado antropológico geral. O pecado existe já antes da Lei/Torá e também sem a lei/Torá, mas somente por meio da lei/Torá, o pecado se torna um poder que condena diante de Deus. O pecado não nasce pela lei/Torá e, nesse sentido, não pode ser equiparado a ela, mas o poder do pecado revela-se somente devido à lei/Torá, ao despertar a paixão que é utilizada pelo pecado para imperar sobre o ser humano. Nesse contexto, o encontro com a lei/Torá dominada pelo pecado dá-se no plano antropológico no mandamento individual.

Paulo expressa a universalidade desse acontecimento em Rm 7,8-11 por um uso correspondente de ἐντολή ("mandamento") e νόμος[122]. Enquanto ἐντολή se refere ao mandamento do paraíso dado a Adão, νόμος se refere à Torá Sinaítica, sem se esgotar nela, pois Paulo descreve em Rm 7 um conflito básico que vale para qualquer tipo de *nomos*. Para ele não existe nenhuma época na qual o pecado não tivesse tomado o mandamento ou a lei/Torá, respectivamente, como ocasião para despertar a paixão. Em todos os tempos, o EU do ser humano encontra-se dominado pelo pecado. A função ativa do pecado nesse processo é acentuada também em Rm 7,11, onde a história do EU se torna uma história de desgraça, em virtude do poder do pecado. Com esta argumentação, Paulo consegue evitar uma equiparação de νόμος

---

[121] Cf. R. WEBER, Die Geschichte des Gesetzes, p. 157; O. HOFIUS, Der Mensch im Schatten Adams, pp. 110.121.

[122] Para os detalhes, cf. H. HÜBNER, Gesetz bei Paulus, pp. 67-69: R. WEBER, Die Geschichte des Gesetzes, pp. 155-157.

e ἐντολη, respectivamente, com o pecado (Rm 7,12: "Desse modo, a lei é santa, e o mandamento é santo, justo e bom."), pois o pecado é a verdadeira razão pelo fato de que o Bem causa, em última análise, a morte (Rm 7,13). O pecado pode até mesmo perverter o Bem em seu contrário, e é nisto que se manifesta claramente seu grande poder. Portanto, segundo Paulo, a lei/Torá não possui o poder de vencer o pecado. Ela consegue revelar a situação do ser humano, *sem poder mudá-la!*

O EU PRESO

O resultado dessa compreensão fundamental é a argumentação antropológica do apóstolo em Rm 7,14-25a[123], onde ele desenvolve o sucumbimento inevitável do Eu ao poder do pecado, para inocentar a lei/Torá de qualquer culpa de seu efeito antidivino no mundo. No v. 14, Paulo identifica uma situação geral e válida para o tempo presente: o ser humano como ser carnal está subjugado ao pecado. Ele contrasta a vida que se separou de Deus e se revolta contra ele, designada por σαρκινός, à lei/Torá espiritual. A oposição qualificadora πνευματικός *versus* σαρκινός permite perceber que a antropologia é o verdadeiro nível objetivo da argumentação paulina[124]. Essa antítese define para Paulo a respectiva existência humana, e não se pode deixar de perceber que ele remete já aqui a Rm 8,1ss. A universalidade da afirmativa fundamental em Rm 7,14 é salientada pelo ἐγώ ("eu"). Trata-se na primeira pessoa do singular de um meio estilístico que tem seus paralelos nos Salmos (cf. Sl 22,7s) e na literatura de Qumran

---

[123] Cf. para a análise, além de comentários, O. Hofius, Der Mensch im Schatten Adams, pp. 135-152; V. Stoulle, Luther und Paulus, pp. 210-232.

[124] Em tempos mais recentes, especialmente K. Kertelge, Anthropologie nach Röm 7, pp. 105ss, inspirado por R. Bultmann, defende que a antropologia é o verdadeiro nível objetivo de Rm 7,7-25. Ao contrário disso, U. Wilckens, Röm II, p. 75, constata que a lei continuaria sendo o tema de Rm 7,7-25. Uma alternativa inadequada, pois, em Paulo, a hermenêutica existencial e a hermenêutica da história formam uma unidade; cf. R. Weber, Die Geschichte des Gesetzes, pp. 149.163.

(cf. 1QH 1,21; 3,23s; 1QS 11,9ss)[125]. Tanto a forma do estilo literário da primeira pessoa do singular como o caráter geral de Rm 7,14 e a referência a Rm 8,1ss recomendam entender o ἐγώ como um eu exemplar e genérico que, desde a perspectiva da fé, representa a situação do ser humano fora da fé[126]. Em Rm 7,15, Paulo comenta a situação existencial pré-estabelecida do ser humano como vendido ao pecado: o Eu encontra-se num dilema fundamental, já que não faz o que quer, mas o que odeia. Com isto, Paulo recorre à experiência geral da diferença entre o bom propósito e a realização factual, que na tradição greco-romana está vinculada ao nome de Medea[127], mas que tem também uma presença autônoma na tradição judaica (cf. 1QS 4,20s; 11,5)[128]. Paulo conclui a partir dessa contradição em Rm 7,16 que a lei/Torá em si seria boa, pois seria o pecado que opera a contradição entre o querer e o fazer. O caráter poderoso do pecado é salientado no v. 17, com a metáfora da habitação do pecado no ser humano. Também aqui, a referência a Rm 8 é inteiramente óbvia, pois Paulo diz em Rm 8,9s que o espírito de Deus/de Cristo e Cristo, respectivamente, vivem na pessoa que crê. Dessa maneira, o pecado e Cristo entram numa clara concorrência mútua, o ser humano funciona meramente de modo passivo como habitação dos poderes que causam dentro dele a morte

---

[125] Cf. a respeito W. G. Kümmel, Römer 7, pp. 127-131; G. Theissen, Psychologische Aspekte, pp. 194-204.

[126] Essa compreensão foi elaborada fundamentalmente por W. G. Kümmel, Römer 7,74ss. Bem adequado é também P. Althaus, Paulus und Luther. 2ª ed. (Gütersloh: 1951), p. 39: "Portanto, Rm 7 é a imagem do ser humano sob a lei, antes e sem Cristo, mas sua imagem como ela pode ser vista apenas na fé em Cristo. Apenas quem se situa em Rm 8 pode escrever e aceitar plenamente Rm 7." Como um eco de experiências individuais avaliam Rm 7, por exemplo, H. Hommel, Das 7. Kapitel des Römerbriefes, p. 167; G. Theissen, Psychologische Aspekte, p. 204. Diferente E. P. Sanders, Paulus, p. 128: "Em outras palavras, Rm 7 não descreve na verdade ninguém – exceto, talvez, o neurótico. Ora, por que este capítulo se encontra aqui? O grito do medo é provavelmente um grito da aporia teológica."

[127] Cf. Eurípides, Medea 1076-1080; Ovídio, Metamorfoses Vll 10-21 (cf. NW U/1, pp. 142-148); outras ocorrências em H. Hommel, Das 7. Kapitel des Römerbriefes, pp. 157-164; G. Theissen, Psychologische Aspekte, pp. 216-218.

[128] Para as respostas à pergunta pelo Mal na Antiguidade, cf. abaixo, Secção 19.2 (O pecado e a morte).

ou a vida¹²⁹. Quando o pecado impera no ser humano, então ele o arruína, enquanto Cristo e o espírito, respectivamente, dão a vida ao ser humano (cf. Rm 8,11).

Paulo enfatiza em Rm 7,18-20 todo o alcance dessa situação sem saída em que o ser humano se encontra quando está fora da fé. Ali, ele desenvolve mais uma vez a contradição entre vontade e atuação. Está à disposição do ser humano o querer fazer o Bem, mas não sua realização efetiva que é impedida pelo pecado que habita nele. Em Rm 7,21, o Eu tira uma primeira conclusão e constata uma regra constante: a vontade boa concretiza-se numa atuação má. Aqui, νόμος não se refere à Torá veterotestamentária, mas à lei inerente[130] explicitada no v. 22s. Estão numa clara oposição: νόμος τοῦ θεοῦ ("a lei de Deus") e νόμος τῆς ἁμαρτίας ("a lei do pecado"), νόμος τοῦ νοός μου "a lei de minha razão") e ἕτερος νόμος ἐν τοῖς μέλεσιν μου ("uma outra lei em meus membros"), bem como ἔσω ἄνθρωπος ("o homem interior") e ἔξω ἄνθρωπος ("o homem exterior")[131]. A lei de Deus e a lei do pecado têm cada qual seus pontos de ataque dentro do ser humano; acontece uma luta (v. 23: ἀντιστρατεύεσθαι = brigar, lutar; αἰχμαλωτίζειν = "levar preso") pelo domínio dentro do ser humano. Aqui, νόμος não aparece de modo algum como uma grandeza constantemente fixa (por exemplo, no sentido da Torá Sinaítica); ao contrário, as respectivas qualificações decidem sobre a compreensão de νόμος. A expressão νόμος τοῦ θεοῦ no v. 22 inclui a Torá Sinaítica, mas provavelmente refere-se, além disso, à lei da criação[132] dada aos gentios (cf. Rm 1,19ss; 2,14). Essa interpretação surge já devido a Rm 7,7-13, onde Paulo profere também um dado fundamental para judeus e gentios. Em termos

---

[129] Cf. G. RÖHSER, Metaphorik, pp. 119ss. Rm 7 não descreve um conflito dentro do ser humano, mas um processo transpessoal; contra P. ALTHAUS, Paulus und Luther über den Menschen, pp. 41-49, que prefere entender Rm 7 como conflito no interior do ser humano; semelhante T. LAATO, Paulus und das Judentum, p. 163: "Rm 7 não abrange nada que não combinasse com o cristão; ou – dizendo-o de modo aguçado –, tudo que Rm 7 abrange combina com o cristão."
[130] Cf. D. ZELLER, Röm, p. 142; R. WEBER, Die Geschichte des Gesetzes, 159; O. HOFIUS, Der Mensch im Schatten Adams, p. 142.
[131] Cf. R. WEBER, Die Geschichte des Gesetzes, 160s.
[132] Cf. W. SCHMITHALS, Anthropologie, p. 66.

de conteúdo, νόμος τοῦ θεοῦ significa a vontade original de Deus, com a qual concorda o mais íntimo da pessoa. O ἔσω ἄνθρωπος busca cumprir a vontade de Deus. No v. 23, νόμος τοῦ νοός se encontra, por um lado, em continuidade a νόμος τοῦ θεοῦ no v. 22, mas, por outro, também numa severa antítese a ἕτερος νόμος ἐν τοῖς μέλεσιν μου e νόμος τῆς ἁμαρτίας. Aqui, Paulo faz um jogo com o termo, pois ele não se refere à Torá veterotestamentária, mas denomina qualidades estruturais. Este significado é óbvio em νόμος τῆς ἁμαρτίας. Como um poder que luta contra a vontade original de Deus, essa expressão precisa ser entendida no sentido de uma lei inerente: o pecado contrapõe-se à lei do espírito (Rm 8,2) e escraviza o ser humano que se encontra fora da fé[133].

O ser humano não pode por força própria escolher o Bem e rejeitar o Mal, porque o pecado que o habita e luta dentre dele o domina completamente. Da mesma maneira, νόμος τοῦ νοός e νόμος ἐν τοῖς μέλεσιν μου designam o conflito entre a razão e os poderes subjugadores que caracteriza a existência humana. Dessa maneira, Rm 7,23 descreve um dado antropológico fundamental: o ser humano está dividido e por força própria não é capaz de reconstituir sua integridade[134]. Por esta razão, o ser humano natural encontra-se numa situação sem saída e sem esperança; por isso o grito do apóstolo em Rm 7,24: "Quem me libertará deste corpo da morte?" Segundo a lógica interna de Rm 7, a resposta teria que ser "Ninguém!". No entanto, esta não é a última palavra para Paulo, como mostra o v. 25a[135]. A salvação do ser humano dessa situação sem saída apareceu em Jesus Cristo, por isso, Paulo agradece a Deus pela salvação da esfera de poder do pecado,

---

[133] Contra U. Wilckens, Röm II, p. 90, que pensa que no v. 22s "νόμος está relacionado nos distintos conteúdos de seu significado constantemente com a Torá".

[134] Cf. R. Weber, Die Geschichte des Gesetzes, p. 159.

[135] Rm 7,25b é uma glosa, pois aqui tematiza-se novamente o ser humano não redimido, enquanto o v. 25a já faz a passagem para a situação da salvação em Rm 8. Além disso, este resumo não corresponde à argumentação paulina. A aprovação da lei/Torá no v. 16.22 não é idêntica ao δουλεύειν νόμῳ θεοῦ no v. 25b. Em Rm 7,14ss chega-se explicitamente não a um "serviço da lei/Torá", porque o pecado o impede; contra P. Stuhlmacher, Röm, pp. 104s, que considera o v. 25b novamente original.

operado em Jesus Cristo e operado pelo espírito. Rm 8 apresenta-se como a continuidade objetiva da argumentação paulina em Rm 7,7ss, e até mesmo como seu pressuposto, pois as perspectivas da fé abertas por Paulo em Rm 8 foram já a base de suas argumentações em Rm 7.

O SER HUMANO LIBERTO

Em Rm 8,2s, Paulo descreve a realidade presente dos crentes no campo da força do espírito. Não é nenhum acaso que culminem aqui os problemas da compreensão paulina da lei, pois, em Paulo, a nomologia e a pneumatologia estão numa relação tensa. Em Rm 3,20; 4,15; 6,14; 7,7-11, Paulo tinha quase equiparado a lei/Torá ao pecado e, num contramovimento, em Rm 7,12, destacado enfáticamente a santidade da lei/Torá. Agora ele se refere ao νόμος τοῦ πνεύματος ("a lei do espírito") que determina poderosamente a vida dos crentes. O que Paulo quer dizer com esta expressão? Em termos linguísticos poderíamos pensar em interpretar o genitivo duplo de νόμος τοῦ πνεύματος τῆς ζωῆς ("a lei do espírito da vida") e νόμος τῆς ἁμαρτίας καὶ τοῦ θανάτου ("a lei do pecado e da morte") num sentido que expressa finalidade e direção[136] ("o espírito que conduz à vida" e "o pecado que conduz à morte", respectivamente). Em termos de conteúdo é evidente que os genitivos qualificam a compreensão dos dois *nomoi*. É totalmente impossível entender νόμος aqui como uma grandeza consistente, já que o verbo ἠλευωθέροσεν expressa claramente a liberação de um *nomos* pelo outro. Além disso, πνεῦμα e ἁμαρτία estão num claro contraste, e os *nomoi* que lhes estão atribuídos também estão numa relação antitética. Por isso, νόμος deve ser traduzido por "regra/norma" ou "princípio" que se deve ao espírito ou ao pecado, isto é, em Rm 8,2, νόμος não se refere à Torá Sinaítica[137]. Uma referência à Torá Sinaítica há somente

---

[136] Cf. F. BLASS//A. DEBRUNNER//F. REHKOPF, Grammatik, § 166.
[137] Cf. nesse sentido, por exemplo, E. KÄSEMANN, Röm, p. 207; H. RÄISÄNEN, Das Gesetz des Glaubens, pp. 113ss; U. LUZ (/ R. SMEND), Gesetz, p. 104; R. WEBER, Die Geschichte des Gesetzes, p. 116; H. UMBACH, In Christus getauft – von der Sünde befreit,

em Rm 8,3a, onde Paulo enfatiza a impotência da Torá de libertar do poder da σάρξ. Aqui fica totalmente claro que νόμος em Rm 8,2 não se pode referir à Torá veterotestamentária, porque o v. 3a negaria depois o que o v. 2 afirma: *libertação do poder do pecado e da morte*. Como Cristo mesmo passou para a esfera da ἁμαρτία, ele desapodera por sua ressurreição o pecado e a morte. Esta libertação ocorreu na vida do cristão pelo espírito[138] e está presente no espírito, como indica o v. 4. Com o envio do Filho cumpriu-se a exigência legal da lei/Torá. Ora, o que significa δικαίωμα τοῦ νόμου? A resposta está em Rm 13,8, onde se enfatiza explicitamente que a lei/Torá está cumprida no mandamento do amor[139]. Segundo as afirmativas programáticas em Rm 7,1-6, isto não pode significar nem o cumprimento de uma exigência legítima da Torá veterotestamentária nem sua restituição[140]. Antes, νόμος deve ser entendido aqui como em Gl 6,2: por meio do ato amoroso de Deus em Jesus Cristo, o poder do pecado foi destruído, e a lei/Torá foi cumprida e ao mesmo tempo transformada. A nova existência não conduz para o liberalismo ou a "falta de lei", mas Paulo sabe-se na liberdade do amor comprometido com a norma do espírito.

CARNE E ESPÍRITO

Em Rm 7,7-8,4, Paulo desenvolve abrangentemente as estruturas fundamentais da existência humana que se descobrem somente na fé e, dessa maneira, na retrospectiva. Fora da fé, o ser humano se encontra já sempre como alguém que está sob o poder do pecado. O pecado tem uma vantagem temporal e objetiva em relação ao mandamento

---

pp. 282s. Contra U. WILCKENS, Röm 11, pp. 122s; H. HÜBNER, Gesetz bei Paulus, pp. 125s; E. LOHSE, "ὁ νόμος τοῦ πνεύματος τῆς ζωῆς", in: Idem, *Die Vielfalt des Neuen Testaments*, p. 134s, que relaciona também aqui νόμος com a Torá.

[138] Contra P. STUHLMACHER, Röm, p. 114, que alega: "A lei já não está diante deles como algo alheio e ameaçador, mas os move a partir de dentro, de modo que eles se encontram no (re)conhecimento da vontade de Deus e cumprem a exigência legal da lei na força do poder de Cristo (Röm 8,4)."

[139] Cf. H. PAULSEN, Überlieferung, p. 65.

[140] Cf. E. KÄSEMANN, Röm, p. 209.

e ao querer fazer o Bem, respectivamente: ele estava no mundo antes do mandamento e engana o ser humano com a ajuda da lei/Torá, ao perverter sua busca do Bem em seu contrário. O ser humano como ser carnal está impotentemente exposto ao poder do pecado. O pecado é gerado por essa lei inerente, da qual ninguém pode fugir. Unicamente a ressurreição de Jesus Cristo dentre os mortos e, com isso, o desapoderamento da morte e do pecado libertam o ser humano dessa situação sem saída através da atuação presente do espírito, perceptível e experienciável somente a uma pessoa que permita que esse evento salvífico valha para ela pelo poder do espírito na fé. Dessa maneira, a pessoa que crê se sabe arrancada da esfera da carne e submetida à lei inerente do espírito. Paulo desenvolve essa relação exemplarmente em Rm 8,5-8[141]. Aqui aparecem σάρξ ("carne") e πνεῦμα ("espírito") como dois poderes mutuamente excludentes que envolvem o ser humano e o submetem ao seu respectivo serviço, quer um serviço que traz a morte, quer um que dá vida (Rm 8,5: "Com efeito, os que vivem segundo a carne buscam as coisas da carne, e os que vivem segundo o espírito, as coisas que são do espírito"). A antítese de σάρξ e πνεῦμα resulta de suas duas respectivas metas: morte e vida (Rm 8,13). Como o espírito de Deus e de Cristo, respectivamente, atua vivamente na pessoa crente, (Rm 8,9), ela ainda viva "na carne" (ἐν σάρκι), mas já não "segundo a carne" (κατὰ σάρκα). Sua existência hostil a Deus está anulada, e ela corresponde à nova existência pelo fruto do espírito (cf. Gl 5,22). Ao contrário disso, o ser humano natural fora da fé está abandonado à atuação do pecado na carne e realiza as obras da carne: fornicação, idolatria, inimizade, divisões e muito mais (Gl 5,19b-21).

Para Paulo, o dualismo de σάρξ versus πνεῦμα estava pré-estabelecido pelo judeu--cristianismo helenista, como mostram a tradição pré-paulina de Rm 1,3b-4a, mas também Gl 5,16ss; 1Pd 3,18 e 1Tm 3,16[142]. Em termos histórico-religiosos,

---

[141] Para a interpretação de Rm 8,5-8 cf., ao lado dos comentários, H. PAULSEN, Überlieferung, pp. 33ss; W. SCHMITHALS, Anthropologie, p. 104ss; G. D. FEE, God's Empowering Presence, p. 515-556; H. UMBACH, In Christus getauft – von der Sünde befreit, pp. 293-298.
[142] Cf. H. PAULSEN, Überlieferung, p. 46.

o ponto de partida desta antítese deve ser a literatura sapiencial judaica[143] (cf. Sb 7,1-6.7b.14; 9,5.15.17). Um dualismo refletido de σάρξ *versus* πνεῦμα encontra-se em Fílon[144]. A carne aparece como a prisão do ser humano (*Virt.* 78), ela pesa sobre ele (*Gig.* 31), é o caixão da alma (*Migr.* 16). Ao contrário disso, Deus pertence aos seres incorpóreos e, dessa maneira, não carnal, de modo que a orientação por Deus tem por consequência simultaneamente uma saída da carne e uma entrada na esfera do *pneuma* divino (cf. *Imm.* 140-183). Enquanto as pessoas perfeitas andam no caminho do conhecimento de Deus que lhes foi aberto pela sabedoria, os "camaradas da carne" (*Imm.* 43) evitam esse caminho. Já que são presos na carne, não podem chegar aos conhecimentos celestiais; "já que são carne, o espírito divino não pode permanecer" (*Gig.* 29).

A oposição σάρξ *versus* πνεῦμα aparece em Paulo não como um dualismo metafísico, mas um dualismo histórico. Como não há uma existência humana fora da carne, e como a atuação de Deus no ser humano se dá na carne, a carne aparece como o lugar onde o ser humano permanece em egocentrismo ou onde permite ser colocado pelo poder do espírito a serviço de Deus. Portanto, a nova realidade de Deus abre-se ao ser humano como realidade do espírito. No batismo realiza-se a volta do jugo da σάρξ que traz a morte para o serviço do *pneuma* que dá vida. Ocorre uma transformação fundamental, pois a integração na esfera de vida de Cristo tem a dimensão de uma nova criação (cf. 2Cor 5,17). A atuação criadora de Deus em favor do ser humano não se limita a chamá-lo à existência num ato singular, mas, no dom do espírito, Deus confere ao ser humano a participação em seu poder criador. O batizado vive conforme o espírito que lhe é a garantia da salvação presente e o penhor da redenção plena que ainda há que acontecer. O espírito é força (ἐν πνεύματι) e norma (κατὰ πνεῦμα) da nova vida e possibilita que o cristão possa permanecer o que chegou a ser.

---

[143] Fundamental é E. BRANDENBURGER, Fleisch und Geist, *passim*. Diferente J. FREY, "Die paulinische Antithese von 'Fleisch' und 'Geist' und die palästinisch-jüdische Weisheitstradition", in ZNW 90 (1999), pp. 45-77, que vincula a oposição de carne *versus* espírito a tradições sapienciais pré-essênicas que influenciaram Paulo indiretamente.

[144] Cf. E. BRANDENBURGER, Fleisch und Geist, pp. 114ss.

Os cristãos encontram-se numa nova situação e numa nova era: *na era do espírito*. Por isso, a realidade modificada do cristão como uma realidade espiritual determina o passado e o presente e abrange igualmente o futuro. Rm 8,11: "E se o espírito daquele que ressuscitou Jesus dentre os mortos habita em vós, aquele que ressuscitou Cristo Jesus dentre os mortos dará vida também a vossos corpos mortais, mediante seu espírito que habita em vós." Aqui, a ressurreição dos crentes se apresenta como um ato de criação, no qual Deus atua, por assim dizer, em continuidade consigo mesmo: o espírito conferido no batismo e que habita nos cristãos aparece como o contínuo do poder vital divino. O que Deus realizou em Cristo, ele conferirá pelo espírito também às pessoas que creem.

12.9 Paulo e Israel

A questão da validade das promessas a Israel diante da revelação da justiça de Deus fora da lei/Torá já é tematizada em Rm 1,16; 2,9s ('Ιουδαῖος τε πρῶτον = "primeiro o judeu") e depois também em Rm 3,1-8[145], para ser retomada e tratada exaustivamente em Rm 9–11. Enquanto o apóstolo tinha antes aparentemente desvalorizado as prerrogativas de Israel, em Rm 3,1-8 põe-se pela primeira vez a pergunta pelas vantagens de Israel. Enfaticamente (πολὺ κατὰ πάντα = "muito em qualquer aspecto"), ele afirma a posição destacada de Israel e apresenta como primeira dádiva especial as promessas e instruções das Escrituras (τὰ λόγια τοῦ θεοῦ). No entanto, Paulo enfrenta imediatamente uma objeção que resulta do capítulo anterior: a fidelidade de Deus não é anulada pela infidelidade de alguns dentro do povo de Israel. A veracidade de Deus continua valendo também perante a injustiça humana. O apóstolo varia este pensamento básico ao procurar levar *ad absurdum* possíveis conclusões de seus adversários, numa argumentação comprovadora dialógica[146]. Contudo, sua argumentação

---

[145] Para as referências exemplares a Israel em Rm 1-8, cf. D. SÄNGER, Die Verkündigung des Gekreuzigten und Israel, pp. 95-151; W. KRAUS, Volk Gottes, 272-290; A. REICHERT, Der Römerbrief als Gratwanderung, pp. 149-166.

[146] Para a análise, cf. U. WILCKENS, Röm I, pp. 161ss.

não é coesa (falta uma continuação de πρῶτον μέν = "primeiro,") nem lógica, pois a pergunta pelas vantagens dos judeus, respondida positivamente no v. 2a, é respondida bruscamente de modo negativo no v. 9. Isto manifesta o caráter de excurso de Rm 3,1-8[147]; aqui, Paulo aborda um tema de maneira extremamente resumida que não combina muito bem com a argumentação que ele mesmo estabeleceu antes (oposição de pecado e justiça de Deus). Por outro lado, Rm 1,16; 2,9s; 3,1-8 deixam claro que a problemática de Rm 9–11 estava contemplada na conceituação da carta desde o início[148]. Depois de sua olhada para o futuro, para o final redentor da criação e o ser humano em Rm 8,18-39, Paulo considera que chegou o lugar adequado para o tratamento dessa problemática, pois o *destino de Israel* é um *elemento integrante da atuação escatológica de Deus*.

A LIBERDADE E FIDELIDADE DE DEUS

O tema geral e mais amplo de Rm 9–11 pergunta pela justiça de Deus manifesta em Jesus Cristo e, com isso, pela fidelidade de Deus diante das promessas dadas a Israel[149] (Rm 9,14ss; 10,3ss)[150]. A justiça de Deus estaria em jogo se a eleição de Israel, as promessas dadas aos pais e as conclusões de alianças já não estivessem em vigor (Rm 9,5). Nesse caso, a palavra de Deus seria efetivamente nula (Rm 9,6). Paulo, porém, afirma o contrário. A eleição continua em vigor, mas, diante da revelação de Deus em Jesus Cristo, Israel entrou numa crise. Essa revelação como o ponto de partida teológico das reflexões em Rm 9–11 é a crise de qualquer vantagem entendida equivocamente, e o interesse de Paulo é demonstrar a infidelidade

---

[147] Cf. U. Luz, Zum Aufbau von Röm 1-8, p. 169.
[148] Cf. U. Luz, op. cit.; W. G. Kümmel, Die Probleme von Röm 9-11, pp. 246ss; M. Theobald, Der Römerbrief, pp. 261s.
[149] O nome de Israel encontra-se na Carta aos Romanos somente nos caps. 9–11 (11 vezes); cf. ainda o termo de Povo de Deus em Rm 9,25s; 10,21; 11,1.2.
[150] Cf. U. Luz, Geschichtsverständnis, p. 36; H. Räisänen, Römer 9-11, p. 2893; M. Theobald, Der Römerbrief, pp. 260s.

de Israel diante da fidelidade de Deus: Deus está na continuidade de suas promessas, ele comprova sua fidelidade apesar da infidelidade de Israel, ele é um Deus justo. Paulo apresenta isto numa argumentação de determinação dialética que constantemente recorre a novos aspectos e muda de perspectivas.

Paulo sente uma grande dor diante do fato de que grandes partes de Israel permanecem na falta de fé acerca da revelação de Deus em Jesus Cristo (Rm 9,1s). A certeza da salvação e o louvor hínico em Rm 8,28-39 são contrastados de modo retoricamente impressionante ao autossacrifício do apóstolo. Ele deseja ser excluído da salvação se pudesse salvar, dessa maneira, seus irmãos (Rm 9,3). Israel é o povo eleito por Deus, ao qual se dirigem a "filiação" (υἱοθεσία), "a glória" (δόξα), "as alianças concluídas" (αἱ δυαθῆκαι), "a lei" (ἡ νομοθεσία), "o culto" (ἡ λατρεία) e "as promessas" (αἱ ἐπαγγελίαι). Quando grandes partes de Israel se negam à revelação de Cristo, então se poderia tirar a conclusão de que as promessas de Deus tivessem ficado obsoletas. Paulo desfaz em Rm 9,6ss em várias rodadas argumentativas essa possível conclusão. Nesse contexto, ele parte especialmente da convicção fundamental de que a palavra de Deus não pode estar obsoleta (Rm 9,6a). Antes, o Israel empírico não é idêntico aos receptores das promessas divinas (Rm 9,6b: οὐ γὰρ πάντες οἱ ἐξ Ἰσραὴλ οὗτοι Ἰσραήλ = "pois nem todos de Israel são Israel")[151], ele não se define pela descendência natural, ou seja, biológica[152]. O verdadeiro Israel é para Paulo idêntico às pessoas que acolhem as promessas de Deus e que reconhecem que a vontade salvífica de Deus se cumpriu em Jesus Cristo. As promessas veterotestamentárias não se dirigem àquela parte de Israel que se negou à revelação de Cristo, pois, no sentido teológico, nem sequer é Israel. Ao *definir* o Povo de Deus de modo

---

[151] Cf. a respeito H. HÜBNER, Gottes Ich und Israel, p. 17.
[152] A ideia de que o Israel empírico não estaria idêntico ao Israel eleito encontra-se de modo mais elaborado na literatura de Qumran. Por exemplo, lemos em CD 3,3s: "E os filhos de Sadoc são os eleitos de Israel, os que foram chamados pelo nome, os que se levantarão no fim dos dias. Confere a Lista exata de seus nomes segundo as gerações e o tempo de sua atuação."

qualitativamente novo como Povo da Promessa[153], Paulo ganha a margem argumentativa necessária para comprovar a fidelidade de Deus diante de sua atuação contingente na história.

Em Rm 9,7-9, Paulo dá uma maior fundamentação a sua tese do v. 6b. Consideram-se como verdadeira semente no sentido histórico-salvífico somente os descendentes de Isaac. A mera descendência biológica não garante de modo algum uma posição histórico-salvífica privilegiada, pois Deus reconhece como descendência unicamente os τέκνα τῆς ἐπαγγελίας ("crianças [filhos e filhas] da promessa"). Como, para Paulo, as promessas da antiga aliança se tornaram realidade em Jesus Cristo, seus herdeiros são somente aquelas pessoas que se apropriam delas na fé. Já na relação entre Isaac e Ismael, a soberania de Deus perante Israel estava no centro. Agora, Paulo ilustra a liberdade do Deus criador em Rm 9,10-13 pela segunda vez. Embora Jacó e Esaú fossem descendentes da mesma mãe e do mesmo pai, Deus teria amado um e rejeitado o outro. Já antes que Jacó e Esaú nascessem e pudessem ter feito algo bom ou mal, o juízo de Deus estava estabelecido. Paulo fornece em Rm 9,11b a justificativa dessa conduta ("[...] a fim de que ficasse firmemente estabelecida a liberdade da escolha de Deus"). A vocação nasce exclusivamente da deliberação de Deus e não com base em obras. Dessa maneira, todas as afirmativas sobre a predestinação divina em Paulo precisam ser consideradas uma consequência da doutrina da justificação.

Tanto a doutrina da justificação exclusiva como as afirmativas sobre a predestinação visam uma única afirmação: *tudo depende da atuação benigna – da graça – de Deus*[154]. Esta atuação de Deus ocorre em liberdade, ninguém pode, com base em sua origem ou suas obras realizadas, influenciar ou determinar a atuação de Deus. A liberdade e a soberania de Deus valem diante de cada ser humano e, com isso, diante do povo eleito Israel. Já a Escritura constata a eleição de Jacó

---

[153] Cf. a respeito J. ROLOFF, Kirche, p. 127; W. KRAUS, Volk Gottes, 298ss; G. SASS, Leben aus den Verheissungen, pp. 434-461.
[154] Bem adequado é O. MICHEL, Röm, p. 307: "Segundo Paulo, na atuação de Deus e em seu autotestemunho está sua justificação".

e a rejeição de Esaú (cf. Gn 25,23; Ml 1,2 LXX em Rm 9,12s)[155]. Paulo tematiza em Rm 9,14 a objeção que se impõe agora, de que Deus seria injusto. Ele refuta essa objeção, ao citar no v. 15 Ex 33,19 LXX: "A quem sou benigno, sou benigno, e a quem sou misericordioso, sou misericordioso." Aqui se manifesta uma característica central da argumentação paulina. Para Paulo, *a Escritura* anuncia e testemunha a *predestinação* divina. Na Escritura, Deus mesmo revelou sua vontade, que o ser humano pode escutar, mas não questionar[156]. Paulo enfatiza a independência de Deus em Rm 9,16 mais uma vez, numa forma que tem um verdadeiro caráter de sentença doutrinal: "Isto não depende, portanto, do querer ou do correr de alguém, mas da misericórdia de Deus". Em outra citação das Escrituras (Ex 9,16), Paulo justifica no v. 17 a afirmação tética anterior, para tirar novamente a conclusão no v. 18: "Deus faz misericórdia a quem quer e endurece a quem quer". Novamente, o fato de que Deus é Deus aparece como a única justificativa de sua conduta.

Em Rm 9,19-21, Paulo aborda outra objeção possível, pois de sua argumentação precedente poderia se tirar a conclusão de que qualquer responsabilidade do ser humano por sua atuação e seu destino fosse nula diante do governo déspota inquestionável de Deus[157]. Por que Deus repreende e rejeita o pecador, se de qualquer forma tudo depende de sua vontade e o ser humano não pode mudar nem sequer o mínimo detalhe de seu próprio destino? Paulo refuta essa objeção no v. 19-21, ao colocar diante da pessoa que pergunta sua condição criacional e apresentar-lhe assim o caráter impróprio de sua pergunta. De modo consciente ou não, a pessoa que pergunta coloca-se no mesmo nível que Deus, mas ela é a criatura de Deus e, dessa maneira, não tem o mínimo direito de acusar Deus. Aqui, Paulo fundamenta a antropologia na teologia da criação: para ele, a diferença qualitativa entre o Criador e a criatura é inabolível e fundamenta positivamente a atuação

---

[155] Para o uso das citações escriturísticas em Rm 9(–11), cf. especialmente H. HÜBNER, Gottes Ich und Israel, pp. 149ss; D.-A. KOCH, Die Schrift als Zeuge, sempre *ad. loc.*
[156] Cf. G. MAIER, Mensch und freier Wille, pp. 367s.
[157] Cf. abaixo, Secção 15.3 (O Deus que elege, chama e rejeita).

soberana do Criador que pode eleger e rejeitar conforme sua vontade[158]. Qualquer autonomia da criatura é sempre uma transgressão contra a destinação do ser humano conforme a criação e uma revolta ilegítima contra a vontade do Criador que se manifesta de maneira dupla, como ira e como misericórdia (Rm 9,22s). Para os judeus que recorrem a suas vantagens, Paulo deixa claro que Deus em sua atuação não está obrigado a nada, mas que ele pode chamar ou rejeitar de modo totalmente livre gentios e judeus, assim como a Escritura já o prediz (cf. Rm 9,25-29)[159]. Dentro da argumentação da Carta aos Romanos, Paulo defende uma dupla predestinação[160], pois não é a criatura que decide sobre salvação e desgraça, mas o Criador já decidiu sobre elas.

O COMPORTAMENTO DE ISRAEL

Paulo argumenta a partir de uma nova perspectiva em Rm 9,30–10,21, onde ele se volta para a conduta de Israel. Primeiro, ele contrasta em Rm 9,30-33 a justiça dos gentios pela fé à justiça dos judeus pela lei/Torá. Paulo justifica o fracasso na justiça com a constatação seca de que Israel teria tentado alcançar a justiça pelas obras e não pela fé. Cristo tornou-se para Israel uma pedra de tropeço porque ele, Israel, andava no caminho da lei/Torá e não no caminho da fé.

Ao contrário de Rm 9,1-29 já não se trata da atuação imanipulável de Deus, mas Paulo remete às possibilidades ilimitadas da fé e da incredulidade, respectivamente, de alcançar ou de perder a salvação. Mesmo assim, o apóstolo afirma mais uma vez enfaticamente seu desejo pela salvação de Israel (Rm 10,1) e constata o zelo de Israel por Deus, mas também sua falta de entendimento (v. 2). Ela se manifesta na tentativa de estabelecer a própria justiça e de não se submeter à justiça de Deus (v. 3). Para o crente, porém, vale: Cristo é sua justiça, de modo que Cristo é simultaneamente o fim da lei/Torá, no

---

[158] Cf. G. MAIER, Mensch und freier Wille, pp. 337s.
[159] Para os paralelos histórico-religiosos, cf. acima, Secção 3.3 (O pano de fundo do pensamento paulino em termos da história intelectual e da religião).
[160] G. MAIER, Mensch und freier Wille, pp. 356s.

sentido de que ela possibilita a tentativa vã de estabelecer sua própria justiça diante de Deus[161]. Não é possível referir-se a Jesus Cristo como "fim e meta"[162] ou "meta"[163] da lei/Torá, nem a um "cumprimento da Torá"[164] por Cristo em Rm 10,4[165]. Os argumentos contra essa compreensão são a justaposição de ἰδία δικαιοσύνη ("a própria justiça") e δικαιοσύνη θεοῦ no v. 3[166], a estrutura gramatical do v. 4 (εἰς δικαιοσύνη deve ser relacionado com o particípio que segue, e ao mesmo tempo refere-se a todo o versículo precedente)[167] e a função argumentativa do v. 4 para os v. 5-8[168].

Especialmente a contrastação da justiça vinda da lei/Torá (v. 5)[169] com a justiça vinda da fé (v. 6)[170] sublinha a estrutura de argumentação fundamentalmente antitética de todo o trecho. Enquanto a justiça da lei/Torá está comprometida com o princípio do agir e a promessa

---

[161] Cf. nesse sentido, por exemplo, H. LIETZMANN, Röm, p. 96; R. BULTMANN, Theologie, p. 264; E. KÄSEMANN, Röm, p. 273; O. MICHEL, Röm, p. 326; G. DELLING, Verbete "τέλος", in ThWNT 8, p. 57; D. ZELLER, Röm, p. 185; H, HÜBNER, Verbete "τέλος", in EWNT 3, p. 835; H. RÄISÄNEN, Paul and the Law, p. 56; S. SCHULZ, Ethik, p. 347; H. M. LÜBKING, Paulus und Israel, pp. 83s; A. REICHERT, Der Römerbrief als Gratwanderung, pp. 167s. Esta interpretação é confirmada também pelo uso linguístico na Carta aos Romanos (6,21.22), onde τέλος significa sempre "fim".

[162] Assim U. WILCKENS, Röm II, p. 223, quando ele caracteriza Cristo como "fim e meta da Torá na fé"; além disso, cf. M. THEOBALD, Der Römerbrief, p. 218.

[163] Assim, por exemplo, C. E. B. CRANFIELD, The Epistle to the Romans II. ICC (Edimburgo: 1979), p. 519; J. D. G. DUNN, Theology of Paul, p. 369. K. HAACKER, Röm, p. 201, que traduz: "Pois Cristo é o mais importante de que se trata na lei".

[164] Assim principalmente P. v. D. OSTEN-SACKEN, Römer 8, pp. 250ss.

[165] Para a história da interpretação de Rm 10,4, cf. U. LUZ, Geschichtsverständnis, pp. 139ss; R. BADENAS, Christ the End of the Law. JSNT.SS 10 (Sheffield: 1985), pp. 7ss.

[166] O duplo γάρ nos v. 3 e v. 4 indica uma estreita conexão argumentativa; cf. TH. R. SCHREINER, The Law, pp. 134-136.

[167] Cf. E. KÄSEMANN, Röm, p. 273.

[168] Somente a partir do uso linguístico não é possível determinar a compreensão paulina da expressão τέλος τοῦ νόμου, pois nem a história linguística de τέλος (cf. a abordagem em R. BADENAS, Christ the End of the Law, pp. 38-80) nem o uso paulino (cf. G. DELLING, Verbete "τέλος", in ThWNT 8, pp. 55-57) permitem a limitação para um significado básico constante. No entanto, a maioria das ocorrências de τέλος (1Cor 1,8: 10,11; 15,24: 2Cor 3,13: 11,15; Rm 6,21.22: Fl 13,19) deve ser entendida no sentido de "fim, final".

[169] Para os problemas textuais do v. 5, cf. H. HÜBNER, Gottes Ich und Israel, pp. 78-80.

[170] Para a citação mista nos v. 6-8, cf. H. HÜBNER, op. cit., pp. 86-154s.

aparece como uma consequência do agir, vale para a justiça personificada da fé, que aparece no v. 6a, que sua palavra está no anúncio, próxima aos seres humanos e não exige nada a não ser a fé que salva[171]. Novamente, isto não significa "falta de lei", mas Paulo *especifica e reduz a capacidade* da lei/Torá: unicamente Jesus Cristo é o lugar da vida e da justiça que se abre na fé.

Em Rm 10,5-13, Paulo usa novamente a Escritura para a comprovação de que a justiça não vem da lei/Torá. Por meio de uma autoapresentação da justiça vinda da fé comprova-se aqui que somente a palavra da fé salva. Paulo usa um texto que se refere originalmente à Torá propositalmente contra a própria lei/Torá, pois, para ele, o que salva é unicamente a fé em Jesus Cristo que toma forma na confissão. Como os mensageiros do evangelho tinham passado por todos os países, anunciando a justiça pela fé (Rm 10,14-17), Israel não pode se desculpar. Por que Israel não se converteu? Novamente, a Escritura fornece a resposta, pois já a Torá e os profetas predisseram que os gentios ignorantes, um não-povo, se adiantariam algum dia a Israel (Rm 10,18-21). Deus faz o que pode em favor de seu povo, cuja falta de entendimento e reconhecimento consiste em um não-querer-reconhecer da vontade de Deus. Israel negou-se; portanto, ele mesmo tem a responsabilidade por sua situação de desgraça. Essa lógica da autorresponsabilidade está em clara tensão à argumentação do apóstolo em Rm 9,1-29[172]. Enquanto domina ali a atuação não questionada de Deus, reclama-se aqui a decisão positiva do ser humano que é possível, mas que não foi realizada. A tensão entre a predestinação divina e a autorresponsabilidade humana não é simplesmente a expressão de uma fraqueza lógica da argumentação paulina, mas tem seu motivo na situação objetiva de Paulo. Ele precisa esclarecer algo que, no fundo, não *pode* ser esclarecido. Por que o povo eleito se nega à atuação salvífica definitiva de Deus em Jesus Cristo? O mistério da falta de fé, tematizado dessa maneira, foge a tentativas humanas de explicação lógica, pois sua solução está unicamente com Deus. Paulo aduz todos

---

[171] Cf. D. ZELLER, Röm, p. 186.
[172] Cf. H. RÄISÄNEN, Römer 9-11, p. 2910.

os argumentos imagináveis para tornar a situação paradoxal presente compreensível.

Além disso, o discurso sobre a *predestinação* possui sempre também uma função social, ao explicar a um grupo por que a conversão de outros não foi bem-sucedida. Numa situação missionária precisa-se de ambos os elementos: a referência ao fato de que Deus endureceu os corações, para resolver a situação atual, e à [N. da Trad.: supõe-se que este seja o sentido, no original falta a preposição *"auf"*.] possibilidade humana de tomar decisões certas ou erradas, para poder mudar essa situação ainda por meio do anúncio. Por isso, como mostra Rm 11, Paulo também não pode considerar definitiva a predestinação negativa e a decisão de Israel.

A SALVAÇÃO DE ISRAEL

Em Rm 11,1s, Paulo afirma enfaticamente que Deus sob hipótese alguma rejeita seu povo "eleito com antecedência". O apóstolo julga sua própria existência uma prova dessa suposição (11,1b). Também a Escritura recomenda essa conclusão, pois, assim como no tempo de Elias, também hoje existe "um resto segundo a eleição da graça" (v. 5: λεῖμμα κατ' ἐκλογὴν χάριτος). Paulo recorre aqui à argumentação no cap. 9,6ss, segundo o qual a maior parte de Israel está obstinada, de acordo com a vontade de Deus. Deus, por graça, escolhe para si os judeu-cristãos[173] como resto; o Israel restante, porém, está obstinado. Dessa maneira, Israel divide-se em duas partes (v. 7), o Eleito (ἡ ἐκλογή) e os Restantes (οἱ λοιποί). Deus mesmo opera essa divisão, pois, segundo o v. 8, ele deu aos obstinados "um espírito de torpor" e impediu-os por meio dele de ouvir e entender o evangelho. O conceito do "resto" serve a Paulo como prova para sua tese de que Israel é e permanece eleito; ele jamais pode ser rejeitado como um todo. A grande maioria de Israel, porém, permanece, segundo a vontade de Deus, na obstinação. Segundo essa argumentação, a salvação de todo Israel ainda está num futuro muito remoto.

---

[173] Cf. U. WILCKENS, Röm II, p. 238.

Uma posição particular dentro da argumentação cabe a Rm 11,11-32, onde Paulo tematiza em quatro secções parciais (v. 11-16.17-24.25-27.28-32) a salvação de Israel[174]. Em Rm 11,11, ele ressalta que a obstinação de Israel serve a uma finalidade positiva no plano de Deus. O tropeço de Israel faz com que também os gentios alcancem a salvação. A ἥττημα ("falta, passo em falso") de Israel torna-se riqueza para as nações, pois, dessa maneira, ao lado de Israel, também as nações participarão da salvação. Ao contrário da argumentação anterior, a situação de Israel aparece a uma luz positiva, pois ele executa sua função histórico-salvífica particular com atrasos e em desvios. Em Rm 11,13.14, Paulo define seu ministério apostólico de modo novo e o atribui assim à visão de história de Rm 11. Exatamente como "apóstolo das nações" (v. 13: εἰμι ἐθὼ ἐθνῶν ἀπόστολος), ele anuncia agora que teria sido a finalidade de sua missão entre os gentios servir à salvação de Israel, ao despertar em Israel o "ciúme" perante os gentio-cristãos para, dessa forma, salvar alguns dentre o povo de Israel. Esta interpretação do ministério apostólico dificilmente acerta a intenção original do apostolado paulino, pois, segundo Gl 1,15s, Paulo recebeu a vocação de ganhar os gentios. Segundo Gl 2,9, ele não era exatamente um missionário para Israel. Aqui se trata de uma "racionalização posterior"[175], à qual Paulo se vê obrigado devido ao curso factual da história da missão. Além disso, ele pode desfazer dessa maneira a acusação de que sua posição acerca da lei teria levado ao fato de Israel não ter chegado à fé (cf. At 21,21.28). Provavelmente, no fim de sua atividade missionária, Paulo desenvolveu a partir da leitura de Dt 32,21 (cf. Rm 10,19; 11,11.14) a expectativa de que Israel ainda seria salvo em virtude de seu ciúme aos gentios. Rm 11,15 mostra quão grande foi a esperança que ele vinculou a esta ideia: "Pois se sua rejeição significa reconciliação para o mundo, o que pode significar sua aceitação, senão a vida que vem dos mortos?" Não obstante a rejeição continua a história da eleição com Israel; quando já a rejeição resultou na reconciliação do mundo, então a nova aceitação de Israel inaugurará o evento escatológico.

---

[174] Cf. A. REICHERT, Der Römerbrief als Gratwanderung, pp. 200ss.
[175] H. RÄISÄNEN, Römer 9-11, p. 2913.

Com a imagem da santidade da raiz e da santidade dos ramos que resulta dela (v. 16), Paulo realiza a passagem para a parábola da oliveira (Rm 11,17-24). Aqui, Israel aparece em sua função original como o Povo de Deus, enquanto os gentio-cristãos meramente se aproximam e têm o *status* de prosélitos[176]. Israel como a oliveira nobre é a raiz de toda a salvação, também para os gentios (Rm 11,18b). Embora alguns ramos fossem tirados dessa árvore e em seu lugar fossem enxertados ramos selvagens, Israel permanece o verdadeiro Povo de Deus. Quando gentio-cristãos foram acolhidos na árvore, eles não têm motivo para se gabar. Paulo reage com essa advertência possivelmente a uma atitude depreciativa dos gentio-cristãos em relação aos judeus e judeu-cristãos em Roma. O *status* atual dos gentios não é definitivo, pois também eles dependem da atuação da graça de Deus. Se couber ao poder de Deus o arrancar e reenxertar, também eles podem ser arrancados se abandonarem o caminho da fé e do amor (v. 20-22). Novamente, a conduta errada humana serve como explicação da situação atual, de modo que o abandono da incredulidade pode inaugurar uma nova dimensão na atuação salvífica de Deus. Paulo enfatiza essa possibilidade explicitamente no v. 23s: quando os ramos quebrados e tirados, que pertenciam originalmente à oliveira, não permanecem na falta de fé, eles serão novamente enxertados por Deus em sua "própria" oliveira. A obstinação de uma parte de Israel está temporalmente limitada até que a plenitude das nações seja convertida, de modo que vale[177]: πᾶς Ἰσραὴλ σωθήσεται (v. 26a: "todo Israel será salvo")[178]. Esta *sentença de ponta* da *escatologia* e *soteriologia* paulina provoca numerosos problemas[179]. Primeiro, o momento do evento anunciado é

---

[176] Cf. E. Käsemann, Röm, p. 299; D. Zeller, Röm, p. 197; H. Räisänen, Römer 9-11, p. 2914.
[177] A respeito da compreensão de καὶ οὕτως ("e então/depois"), cf. a discussão em H. Hübner, Gottes Ich und Israel, p. 110; O. Hofius, "Das Evangelium und Israel", in Idem, *Paulusstudien*, pp. 192s.
[178] Para a estrutura dos v. 25-27, cf. F. Hahn, Zum Verständnis von Röm 11,26a, p. 227; U. Luz, Geschichtsverständnis, pp. 288s; M. Theobald, Der Römerbrief, pp. 278ss.
[179] Cf. a apresentação da história da pesquisa em W. Keller, *Gottes Treue – Israels Heil*. SBB 40 (Stuttgart: 1998).

pouco discutido, pois o v. 26b refere-se à vinda de Cristo na *parusia* (cf. 1Ts 1,10)[180]. O decisivo na interpretação de πᾶς Ἰσραήλ é o contexto mais concreto e a expressão correspondente πλήρωμα τῶν ἐθνῶν ("plenitude das nações"). O v. 20 menciona como motivo para a exclusão de Israel a falta de fé, cuja superação aparece no v. 23 como condição da acolhida de Israel na salvação. Portanto, especialmente o v. 23 torna uma interpretação do v. 26a fora da fé em Cristo pouco provável[181]. No v. 25b, πλήρωμα não abrange o número pleno dos gentio--cristãos, pois, apenas assim, o conceito paulino da fé e sua pregação do juízo preservam sua validade. Da mesma maneira, πᾶς Ἰσραήλ não contém simplesmente o Israel étnico, mas, antes, somente aquela parte de Israel que chegou à fé na revelação escatológica da salvação divina. Além do v. 23, também a distinção entre o Israel da promessa e o Israel segundo a carne em 9,6, bem como a observação do apóstolo em Rm 11,14b de que ele esperaria salvar alguns de seus compatriotas (καὶ σώσω τινὰς ἐξ αὐτῶν), recomendam essa interpretação[182].

Finalmente, o uso de σώζειν / σωτερία ("salvar"/"salvação") indica que para o apóstolo não há uma salvação fora da fé[183]. Em Rm 1,16, a salvação

---

[180] Cf. U. Wilckens, Röm II, p. 256; M. Theobald, Der Römerbrief, p. 280. Diferente, por exemplo, D. Zeller, Röm, p. 199; A. Reichert, Der Römerbrief als Gratwanderung, p. 208ss, que relacionam o v. 26b com a "primeira" vinda de Cristo.

[181] Para o sentido do v. 23, cf. também F. Hahn, Zum Verständnis von Röm 11,26a, pp. 228s. O v. 23 é um claro argumento contra a tese de F. Mussner, "Ganz Israel wird gerettet werden", pp. 241ss, de que Paulo indicaria em Rm 11,26a um "caminho particular" de Israel para a salvação; semelhantemente M. Theobald, Der Römerbrief, p. 278, que defende também uma salvação de Israel fora do anúncio do evangelho e necessariamente relativiza a importância do v. 23a: "Portanto, segundo 11,23a é apenas certo que a salvação futura de Israel inclui o abandono da incredulidade, mas não que Israel precisaria converter-se ao evangelho". Outra proposta de solução é oferecida em O. Hofius, Evangelium und Israel, p. 197, segundo o qual "todo Israel" não chega à salvação pela pregação do evangelho nem por um "caminho particular". "Antes, Israel escutará o evangelho da boca do próprio Cristo que volta – a palavra salvadora de sua autorrevelação que opera a fé que se apropria da salvação de Deus." Também Hofius precisa diminuir a importância de Rm 11,20.23 (cf. op. cit., p. 188) para conferir plausibilidade a sua tese.

[182] Cf. F. Hahn, Zum Verständnis von Röm 11.26a, p. 229.

[183] Cf. H. Hübner, Gottes Ich und Israel, p. 117.

está disponível somente para quem crê, primeiro os judeus e os gregos. A determinação de σωτηρία por δικαιοσύνη θεοῦ e πίστις na afirmativa teológica fundamental de Rm 1,16.17 permanece determinante para a compreensão do que se segue. Rm 5,9.10 paraleliza a justiça da fé com o sangue de Cristo que possibilita a salvação da ira futura. Muito eloquente é a forma de σωθήσεται na citação de Isaías em Rm 9,27, pois ela é explicitamente relacionada apenas com um "resto" de Israel e, dessa maneira, predetermina a compreensão de σωθήσεται em 11,26a. Além disso, Rm 10,9-13 enfatiza explicitamente que somente a fé em Jesus Cristo garante a salvação. Segundo Rm 10,12 não há diferença entre judeus e gentios, mas Cristo é o Senhor dos judeus e gentios. Por que os judeus deveriam ser provocados para o ciúme pelos gentio-cristãos, se Israel já possuísse, de qualquer maneira, tudo que também os gentio-cristãos têm? Por que Paulo está tão profundamente triste (Rm 9,2s; 10,1) se Israel pudesse alcançar a salvação passando ao largo de Cristo?

Segundo Rm 11,25-27, Paulo espera no evento escatológico uma atuação de Deus que leva a uma conversão e, com isso, à salvação de Israel[184]. Ele vê nisso salvaguardadas a fidelidade e a identidade de Deus que não rejeitou Israel para sempre, mas que subjugou judeus e gentios da mesma forma à falta de fé, para apiedar-se deles em Jesus Cristo (cf. 11,32). Deus é justo, e depende exclusivamente da pessoa humana se ela quer se abrir na fé para a justiça de Deus ou se quer permanecer na não-fé.

PAULO COMO PROFETA

As múltiplas camadas da argumentação paulina em Rm 9–11 explicam-se pela complexidade do problema. Paulo é o primeiro dentro do cristianismo primitivo que enfrenta uma pergunta teológica fundamental irresolúvel: qual é a relação entre a promessa fundamental e permanente que Deus deu a Israel e sua promessa definitiva de salvação

---

[184] Cf. E. KÄSEMANN, Röm, p. 295: "Sua (isto é, de Israel) conversão total é indubitavelmente esperada, mas condicionada pelo fato de que a salvação veio primeiro aos gentios."

em Jesus Cristo? Paulo tinha que equilibrar dois estabelecimentos soteriológicos concorrentes, relacionar duas soteriologias diferentes com suas respectivas pretensões de autoridade absoluta. Um empreendimento impossível: Paulo tinha que construir, racionalizar e especular para sua argumentação não sair totalmente dos trilhos. A argumentação paulina em Rm 9–11 reflete esse dilema teológico, mas também intelectual, e procura resolvê-lo com três modelos de solução diferentes:

1) Rm 9,6-29; 11,3-10: Deus obstinou a maior parte de Israel; uma outra parte, porém, ele elegeu;

2) Rm 9,30-10,21: Israel negou-se à revelação de Deus em Jesus Cristo;

3) Rm 11,1-2.11-36: Deus salvará seu Povo Eleito num ato escatológico.

A terceira resposta representa a tentativa de superar as soluções parciais da obstinação e do conceito do "resto". Paulo fala em Rm 11,25b.26a aparentemente como *profeta* que comunica um conhecimento que *não pode ser derivado argumentativamente do querigma*[185]. A profecia serve a Paulo como meio de conhecimento teológico para preencher um *vácuo de reflexão teológica* (cf. 1Ts 4,13-18). A continuidade entre os distintos modelos reside unicamente na liberdade, fidelidade e imutabilidade *de Deus* que, custe o que custar, deve manter a direção. Paulo está profundamente convencido de que a deliberação insondável de Deus vale tanto para seu povo eleito de Israel como para o novo povo de Deus composto por judeus e gentios. Pelo bem disso, ele tolera tensões dentro da argumentação da Carta aos Romanos, pois o conceito da participação dos crentes do evento Cristo, predominante em Rm 1–8 e 12, não pode ser conciliado com as expectativas proféticas de Rm 11.

---

[185] Cf. H. MERKLEIN, Der Theologe als Prophet, pp. 400s. M. THEOBALD, Der Römerbrief, p. 279, vê em Rm 11,28-31 a solução argumentativa da pretensão de revelação profética do v. 25s que conduz a Rm 11,32.

12.10 A forma da nova vida

Em Rm 12,1ss, Paulo retoma o pensamento formulado já no cap. 6,11ss, sobre a obediência que se realiza no serviço do corpo[186]. Ele considera sob esta perspectiva a existência cristã em sua relação com Deus, sua realidade na comunidade e sua relação com o mundo.

ÉTICA SEGUNDO A RAZÃO E CONFORME A VONTADE DE DEUS

O título que determina Rm 12–15[187], ou seja, 12,1.2, evidencia o caráter dialético da existência cristã: por um lado, Paulo convoca os cristãos em Roma a um serviço divino que corresponda à natureza do λόγος e, dessa maneira, a uma conduta segundo a razão e voltada para o mundo[188]; por outro lado, ele deixa claro que isto não significa uma adaptação à natureza do mundo, mas uma *correspondência* à vontade de Deus que está visível também no mundo. O ponto de partida é a ideia da Antiguidade acerca de uma liturgia de agradecimento pelo recebimento de uma manifestação da salvação divina. Paulo entende toda a vida cristã como um tal sacrifício de agradecimento que é definido como "religião segundo a razão". Como no mundo antigo em sua totalidade, também em Paulo, *religião e intelecto não estão em oposição*. Ao contrário, eles se penetram mutuamente e são mutuamente interpretáveis. Por isso, a vontade de Deus manifesta em Jesus Cristo não pode ser reconhecida absolutamente apenas no espaço limitado da comunidade, mas ela aparece recheada de conteúdo, evidentemente também no *etos do mundo*: τὸ ἀγαθὸν καὶ εὐάρεστον καὶ τέλειον

---

[186] Cf. A. Reichert, Der Römerbrief als Gratwanderung, pp. 233s.
[187] K. Haacker, Röm, p. 254, refere-se a um "preâmbulo".
[188] Para λογικὴ λατρεία, cf. H. Lietzmann, Röm, 108s. Textos relevantes para este complexo encontram-se em NW I/2, pp. 220-234; II/1, pp. 177-180. Para a análise de Rm 12,1.2, cf., além dos comentários, especialmente E. Käsemann, "Gottesdienst im Alltag der Welt", in Idem, *Exegetische Versuche und Besinnungen II*, pp. 198-204; W. Schrage, Die konkreten Einzelgebote, pp. 49ss; H, D. Betz, Grundlagen der paulinischen Ethik, pp. 193-203; A. Reichert, Der Römerbrief als Gratwanderung, 228-248.

("o bem e o agradável e o perfeito")[189]. Com isso, Paulo recorre à tradição helenista de uma piedade comprometida com a razão e uma atuação orientada pela razão. Particularmente devido à renovação do espírito, a ética cristã é para Paulo uma *ética segundo a razão*, pois o espírito anula o defeito da razão causado pelo pecado e leva-a assim para si mesma. Como a vontade de Deus é idêntica ao Bem ético, o apóstolo consegue integrar o conhecimento humano geral acerca do Bem e do Mal na ética cristã e, desse modo, abre-a simultaneamente para o *ethos* do mundo, sem fundamentá-la por isso na razão ou numa determinada tradição ética. Ao contrário, os cristãos são convocados a decidir quais as condutas éticas que derivam da vontade de Deus[190].

Paulo mostra em Rm 12,3-15,13 como essas reflexões éticas podem se apresentar. Primeiro, Paulo se dedica a problemas internos da comunidade (12,3-8) e a partir de 12,9 predominam advertências gerais continuadas em 13,8-14, até que o apóstolo se volte finalmente nos caps. 14 e 15 novamente a problemas internos da comunidade. Aqui, o mandamento de amor, central a 12,9ss e 13,8ss, mostra que as instruções paulinas não são absolutamente limitadas para o âmbito da comunidade, mas que a comunidade transforma o mundo por meio de seu comportamento exemplar.

Em Rm 12,3, Paulo adverte em primeiro lugar os carismáticos a não ultrapassarem os limites que lhes foram postos, mas a serem ajuizados[191]. As virtudes cardinais filosóficas[192] da φρόνησις

---

[189] Cf. Cícero, Nat. Deor. II 71: "No entanto, o culto melhor e simultaneamente mais puro, mais santo e mais piedoso aos deuses consiste em adorá-los sempre com pensamentos e palavras puras, não corruptas e inadulteradas" (= NW 112. 224); Sêneca, EP 95,50: "Queres tornar os deuses benignos? Deves ser bom. Quem os imita os adora suficientemente" (= NW II/2, 1181); cf., além disso, Sêneca, Ben. I 6,3 (= NW I/2, 225). Segundo Platão, República VII 520c, os filósofos são capazes de governar o Estado "porque vós vistes o belo, bem e justo na verdade"; além disso, cf. Platão, Leges IV 716c.d.

[190] A. Reichert, Der Römerbrief als Gratwanderung, p. 247, ressalta a função abridora de Rm 12,1s: "O texto tem uma função que marca da destinatariedade como comunidade e a orienta para seu efeito para fora".

[191] Para a interpretação de Rm 12,3-8, cf. ao lado dos comentários A. Lindemann, Die Kirche als Leib, pp. 151-157; A. Reichert, Der Römerbrief als Gratwanderung, pp. 248-258.

[192] Cf. a respeito Aristóteles, Ética Nicomáquia II 3 (= NW WI, p. 183s).

("entendimento") e σωφροσύνη ("prudência") são, sob a condição da renovação pelo espírito, ao mesmo tempo as virtudes cardinais eclesiais. Com μέτρον πίστεως ("medida da fé"), Paulo introduz a ideia da fé que se realiza sempre num lugar concreto e de um modo concreto e que precisa estar ciente de suas limitações, se não quiser deslizar para a autossobre-estima entusiasta. A diversidade de dons e tarefas não deve levar à divisão; antes, os membros da comunidade são em sua totalidade ἓν σῶμα ἐν Χριστῷ ("um corpo em Cristo"), embora sejam em sua individualidade como membros do corpo. Também em Paulo, o antigo pensamento do organismo visa a ordem, mas, diferentemente de 1Cor 12,28, o tema não é a ordem hierárquica, mas a diferenciação dos carismas. Dentro do elenco de Rm 12,6-8 mostram-se ministérios e funções centrais nas comunidades locais: pertencem ao ambiente da liturgia a profecia, o serviço (à mesa), o ensino e a exortação, enquanto a administração das esmolas, a liderança e o cuidado para com os enfermos dizem respeito à organização da comunidade. Para Paulo, dispor de dons significa *colocá-los a serviço de outras pessoas*.

O apóstolo varia esse pensamento básico em Rm 12,9-21. Programaticamente encontra-se no início uma palavra sobre o amor como o centro objetivo de todos os dons espirituais (cf. 1Cor 13). A cadeia das exortações que se seguem suscita uma rica imagem da vida comunitária cristã que se sabe exclusivamente comprometida com o amor. Para dentro voltam-se as exortações para o amor fraterno (v. 10), o apoio social dos irmãos e irmãs na fé, a hospitalidade (v. 13) e a união (v. 15.16). Aqui, Paulo exclama aos romanos: "Sede fervorosos de espírito!" (v. 11b). O que vale para o espaço interno, vale também para fora, para o relacionamento com o mundo[193].

A renúncia à retaliação (v. 17.19), a capacidade de viver em paz com todas as pessoas (v. 18), e finalmente a convocação para o amor aos inimigos (v. 20) desafiam a comunidade a deixar operar o poder do espírito irrestritamente em todos os ambientes. Do mesmo modo como as

---

[193] Diferente A. REICHERT, Der Römerbrief als Gratwanderung, pp. 258, que prefere relacionar exclusivamente os v. 9-13 ao ambiente interno e os v. 14-21, ao ambiente externo.

outras exortações, também o princípio "Não te deixes vencer pelo mal, mas vence o mal com o bem" (v. 21) depende da experiência do amor se não quiser permanecer no âmbito das meras exigências. A convocação para a renúncia à retribuição pressupõe que a comunidade romana estava exposta a uma considerável pressão externa[194]. O Édito de Cláudio no ano 49 d.C. deve ter motivado as comunidades judaicas de Roma a distanciar-se do cristianismo incipiente e ao mesmo tempo combatê-lo como uma fonte de perigos potenciais. Contudo, também da parte do Estado podem se imaginar pressões, pois, sob esse pressuposto, as advertências surpreendentes de Rm 13,1-7 encontram uma explicação.

NA SOMBRA DO IMPÉRIO ROMANO

Paulo tematiza em Rm 13,1-7 a relação dos cristãos com o Estado. O trecho está propositalmente permeado de termos e conceitos profanos[195] que impossibilitam uma interpretação cristológica direta. A comunidade romana deve se integrar nas estruturas do mundo que correspondem à criação. O v. 1b ressalta a origem divina de todo poder, e o v. 2a tira disso a consequência de que cada pessoa que resiste ao poder também se volta contra os ordenamentos de Deus. A função dos poderes instituídos por Deus é comentada nos v. 3-4. Já que compete aos poderes a tarefa de punir os maus, ninguém precisa ter medo deles quando faz o bem. Ao punir o mal, os poderes são servos de Deus e realizam a ira de Deus. Por isso, assim constata o v. 5, é preciso submeter-se aos poderes, não só por causa da ira, mas também por causa da consciência. Esta exigência geral de obediência é concretizada no v. 6 com um exemplo: os romanos pagam impostos e reconhecem, dessa maneira, os poderes instituídos por Deus. No exercício de suas tarefas, os funcionários imperiais da arrecadação de impostos e taxas são nada menos que λειτουργοὶ θεοῦ ("servos de Deus"). No v. 7,

---

[194] Cf. A. Reichert, op. cit., p. 271.
[195] Comprovação fundamental em A. Strobel, "Zum Verständnis von Röm 13", in ZNW 47 (1956), pp. 67-93; além disso, cf. K. Haacker, Röm, pp. 216-270; textos em NW II/1, pp. 199-206.

Paulo conclui sua exortação com a generalização: "Dai a cada um o que lhe é devido. A quem deveis impostos, os impostos; a quem taxas, as taxas; a quem reverência, a reverência; a quem honra, a honra." Na interpretação desse trecho polêmico deve-se observar cuidadosamente seu gênero literário e sua posição na estrutura da Carta aos Romanos: trata-se de parênese, não de dogmática[196]! Se o Estado realizar as tarefas divinamente atribuídas da administração do poder e do exercício do poder, então os cristãos são convocados a apoiá-lo nisso. Além disso, Rm 13,1-7 apresenta *uma conotação política atual*, pois a convocação de Paulo para o reconhecimento das autoridades estatais deve ser entendida provavelmente contra o pano de fundo das crescentes tensões entre a comunidade cristã que estava se formando como movimento autônomo e as autoridades romanas[197]. Agora, estas percebem os cristãos como um grupo que venera um criminoso executado como Deus e que anuncia o fim iminente do mundo. A perseguição de Nero que começou apenas oito anos após a redação da Carta aos Romanos indica que deve ter havido crescentes tensões entre os cristãos, por um lado, e as autoridades e a população de Roma, por outro[198].

---

[196] Cf. E. KÄSEMANN, Röm, p. 341; considerações exaustivas sobre a pragmática do texto em H. MERKLEIN, "Sinn und Zweck von Röm 13,1-7. Zur semantischen und pragmatischen Struktur eines umstrittenen Textes", in Idem, *Studien zu Jesus und Paulus II*, pp. 405-437.

[197] Com referência a Tácito, Anais XIII 50-51 (protestos enérgicos contra a pressão de impostos no ao 58 d.C.), J. FRIEDRICH//P. STULMACHER//W. PÖHLMANN, "Zur historischen Situation und Intention von Röm 13,1-7", in *ZThK* 73 (1976), pp. 131-166, veem na pressão tributária que pesava sobre os cidadãos na época da redação de Rm o pano de fundo atual de Rm 13,1-7. Antes, essa tese já foi defendida por O. MICHEL, Röm, p. 403, nota 34; cf. também H. MERKLELN, Sinn und Zweck von Röm 13,1-7, pp. 431-434; M. THEOBALD, Der Römerbrief, p. 309. Outro acento é posto por K. HAACKER, Röm, p. 269: "Em Rm 13,3-6, Paulo alude aparentemente a essa interpretação positiva da 'ordem de mundo' romana (isto é, tributos como agradecimento dos povos subjugados pelos alcances trazidos pelos romanos, especialmente o direito) e pressupõe sua lógica para o leitorado de Rm, seja que ele siga com isso sua própria socialização como cidadão romano, seja que se trata de uma referência a um ambiente no qual ele deseja atuar futuramente como missionário". A tese de N. EWARR, "Romans 13.1-7 in the Context of Imperial Propaganda", in R. A. HORSLEY, *Paul and Empire*, pp. 184-204, não convence quando afirma que os conselhos de Paulo diante das relações de poder existentes seriam de natureza meramente tática.

[198] Cf. acima, Secção 7.5 (A formação do cristianismo primitivo como movimento autônomo).

Em Rm 13,8, Paulo retoma com a deixa ἀγαπᾶν ("amar") a exortação no cap. 12,9-21, para fazer simultaneamente uma definição importante da relação entre *ágape* e *nomos*, pois, segundo a compreensão usual da Antiguidade, o amor abrange aquilo que é o sentido da lei/ Torá[199].

O amor aparece no v. 8a como a norma fundamental obrigatória de toda a conduta cristã, e o v. 8b justifica depois essa exigência: ὁ γὰρ ἀγαπῶν τὸν ἕτερον νόμον πεπλήρωκεν ("pois quem ama o próximo cumpriu a lei")[200]. Com essa concentração da lei no pensamento do amor, Paulo encontra-se na linha da tradição da interpretação judaica[201] e judaico-cristã das Escrituras (cf. Mt 5,43; 7,12; 19,19; 22,39; Mc 12,28-34; Lc 10,27). O v. 9 tem uma função de explicitação: Paulo cita primeiro em forma abreviada quatro proibições (cf. Dt 5,17-20.21; Ex 20,13-15.17), para aduzir depois como comprovação escriturística positiva Lv 19,18b. Segundo Paulo, os mandamentos individuais devem ser entendidos à luz do mandamento do amor. O v. 10b tira disso a conclusão final programática: πλήρωμα οὖν νόμου ἡ ἀγάπη ("O amor é o cumprimento pleno da lei"). Paulo realiza em Rm 13,8-10 três encaminhamentos fundamentais em relação a sua compreensão da lei:

1) Ele *precisa* e *reduz* a Torá por meio da *orientação total pelo mandamento do amor*[202] e afirma que, dessa maneira, ela é cumprida plenamente

---

[199] Cf. K. Haacker, Röm, p. 273.
[200] Muito provavelmente, o τόν ἕτερον se refere como objeto a ἀγαπῶν (cf. τόν πλησίον no v. 9) e não pode ser entendido como atributo de νόμος, pois Paulo usa ἀγαπᾶν nunca de modo absoluto; cf. a discussão em O. Michel, Röm, p. 409, nota 5; U. Wilckens, Röm III, p. 68.
[201] Ocorrências no judaísmo helenista e da tradição rabínico-primitiva encontram-se em K. Berger, *Die Gesetzesauslegung Jesu I*. WMANT 40 (Neukirchen: 1972), pp. 99-136; A. Nissen, Gott und der Nächste, pp. 224-246.389-416; Billerbeck I, pp. 357-359; III, p. 306; O. Wischmeyer, Gebot der Nächstenliebe bei Paulus, pp. 162ss.
[202] Cf. H. Räisänen, Paul and the Law, p. 27; O. Wischmeyer, Gebot der Nächstenliebe bei Paulus, pp. 180-187. Diferente K. Finsterbusch, Die Thora als Lebensweisung für Heidenchristen, pp. 100-107, que pensa que, através do amor, os cristãos fazem valer a função social-ordenadora da Torá. O cumprimento de outros mandamentos da Torá não seria abolido pelo mandamento do amor; semelhantemente M. Stowasser, "Christus, das Ende welchen Gesetzes?" in *Protokolle zur Bibel* 5 (1996), pp. 6-9.

pelos cristãos. Nesse sentido, ele não distingue entre mandamentos válidos e já não válidos, embora ele factualmente não observe as leis rituais (cf. Rm 14,14.20); em termos de exigência fundamental, seu interesse está na Torá inteira. Por meio dessa argumentação, Paulo procura escapar da acusação de que sua teologia negasse a Torá enquanto revelação da vontade divina. Desde a perspectiva judaica, porém, essa objeção persiste, pois, ao contrário da tradição judaica, os demais mandamentos e proibições da Torá perdem em Paulo totalmente seu significado[203]. Isto vale também para o Decálogo, pois Paulo cita no v. 9 não *o* Decálogo *como tal*, mas somente exemplarmente *algo do* Decálogo. Em sua argumentação, o apóstolo abandona o pensamento judaico para o qual o cumprimento de toda Torá inteira por meio de um mandamento individual sob simultânea não observância de todos os outros mandamentos não é concebível e não é comprovável.

2) Paulo tenta resolver a problemática da lei por meio de uma nova definição da lei/Torá. Ele pensa poder recorrer para isto à Escritura (Lv 19,18) e está convencido de poder fazer assim jus tanto à continuidade como à descontinuidade da atuação de Deus.

3) Pela *transformação* da lei/Torá em mandamento do amor, Paulo consegue acolher o cerne tanto da conceituação judaica como greco-romana da lei e tornar sua compreensão da lei aceitável a todos os grupos da comunidade[204].

O pensamento do amor já representa o centro objetivo de Rm 12,9–13,14 e ele determina também a argumentação do apóstolo no conflito entre os "fortes" e os "fracos" em Rm 14,1–15,13[205]. Não é nenhum acaso que o nome irmão apareça acumulado nesta secção (ἀδελφός; em 14,10.13.15,21), pois o *amor fraternal* na aceitação mútua é a realização concreta do exigido amor ao próximo. Paulo compartilha a posição dos "fortes" (Rm 14,14.20; 15,1), mas ele os convoca em nome do amor a ter consideração com os "fracos". Ambos os grupos

---

[203] Cf. F. MUSSNER, Gal, p. 373.
[204] Para a justificativa abrangente, cf. abaixo, Secção 19.3 (A Lei).
[205] Para a interpretação, cf. por último A. REICHERT, Der Römerbrief als Gratwanderung, pp. 271-311.

vivem pelo fato de que Cristo os aceitou, por isso devem aceitar-se também mutuamente. A *inclusio* de Rm 14,3 e 15,7, que determina o texto inteiro, ressalta a aceitação mútua como um princípio fundamental eclesiológico. No entanto, o princípio da aceitação mútua não pode ser equiparado à noção moderna da tolerância[206], pois se trata da avaliação diferente de pressupostos culturais e não de perguntas cristológicas ou soteriológicas, nas quais Paulo não aceita opções diferentes. Cada pessoa tem o direito de ficar vinculada a seu próprio estilo de vida (cf. Rm 14,1.2), mas já que o irmão que pensa e atua diferentemente é aceito e acolhido por Deus, vale:

"Acolhei-vos uns aos outros, como também Cristo vos acolheu, para a glória de Deus" (Rm 15,7). Quando o amor ganha sua realização concreta na aceitação de quem pensa diferente, impede-se julgar uns aos outros (cf. Rm 14,4.10.13). Unicamente a Deus compete o privilégio de julgar (Rm 14,10s); para cada pessoa individual, porém, vale que ela precisa prestar contas sobre si mesma perante Deus (cf. Rm 14,12). A união da comunidade formada por judeu-cristãos e gentio-cristãos não deve ser obscurecida ou até mesmo posta em risco por problemas secundários, pois somente assim, a comunidade preserva sua força de atração para fora (cf. Rm 15,8ss).

---

[206] Cf. M. Theobald, Der Römerbrief, p. 293.

Capítulo 13

PAULO EM ROMA: O HOMEM IDOSO E SUA OBRA

Um transformador de mundo na capital do mundo: Roma deveria ser apenas uma estação de passagem, mas tornou-se a estação final. No entanto, Roma não marca o fim da atuação paulina, pois Paulo não só age em Roma e desde Roma, mas o martírio sela sua obra e garante sua história de recepção.

13.1 A história precedente: Paulo a caminho de Roma

Embora Lucas narre muito abrangentemente sobre a estada de Paulo em Jerusalém, sua prisão e viagem a Roma que se segue depois dela (cf. At 21,15–28,31), muitos acontecimentos desse período permanecem no escuro[1]. Em termos literários chama a atenção o desequilíbrio entre o relato pormenorizado sobre a viagem, o cativeiro e o processo (At 21–26), a descrição plástica da viagem aventurosa para Roma (At 27,1–28,15) e a descrição extremamente resumida da estada em Roma em At 28,16–31[2]. Teologicamente importante é o *final aberto* dos Atos dos Apóstolos. Embora Paulo seja o herói secreto e, a partir do cap. 15, o herói óbvio de toda a obra, seu fim permanece no

---

[1] Uma introdução crítica ao problema é oferecida por F. W. Horn, "Die letzte Jerusalemreise des Paulus", in Idem (org.), *Das Ende des Paulus*, pp. 15-35.
[2] Um panorama da história da pesquisa é oferecido em H. Omerzu, "Das Schweigen des Lukas. Überlegungen zum offenen Ende der Apostelgeschichte", in F. W. Horn (org.), *Das Ende des Paulus*, pp. 128-144.

desconhecido. Lucas sabe da verdadeira finalidade da última viagem de Paulo a Jerusalém (cf. At 24,17) e olha já em At 20,24.25 para a morte dele, mas sem mencionar os dois aspectos explicitamente. Uma explicação dessa situação estranha deve considerar, ao lado das poucas autoafirmações contidas nas cartas de Paulo, principalmente a abrangência e a qualidade das informações que Lucas tinha a sua disposição, mas também suas estratégias teológicas.

O DESTINO DA COLETA

Primeiro chama a atenção que a entrega da coleta deve ter adquirido uma grande urgência para Paulo.

Segundo 1Cor 16,3s, ela seria entregue por uma delegação (v. 3: sem Paulo; v. 4: eventualmente com Paulo); segundo 2Cor 8,19s, Paulo a entregaria junto com Tito. Agora, o apóstolo vê-se obrigado a tolerar até mesmo um desvio por Jerusalém para continuar sua missão no ocidente. Por que ele se põe conscientemente num grande perigo? At 20,1–21,14 não informa sobre a intenção da última viagem a Jerusalém; Lucas não menciona a coleta e faz Paulo demorar-se primeiro em Mileto, não obstante a pressão que se impõe. Além disso, encontram-se anúncios camuflados de sofrimento e paixão (cf. At 20,23.25; 21,11.13), e uma comparação de Lc 9,51 com At 19,21 faz a viagem de Paulo aparecer como caminho para o martírio[3]. Em Rm 15,30s, Paulo tematiza exaustivamente a situação tensa: "Contudo, peço-vos, irmãos, por nosso Senhor Jesus Cristo, e pelo amor do espírito, que luteis comigo, nas orações que fazeis a Deus por mim, a fim de que eu possa escapar das mãos dos incrédulos da Judeia, e para que o meu serviço em favor de Jerusalém seja bem aceito pelos santos." (Rm 15,30s). O verbo ῥύεσθαι ("salvar") é usado por Paulo exclusivamente no contexto de salvamento do perigo de morte (2Cor 1,10) ou da salvação escatológica (1Ts 1,10; Rm 7,24; 11,30). Paulo teme ações violentas dos judeus na

---

[3] Cf. F. W. Horn, Die letzte Jerusalemreise des Paulus, p. 24 nota 33; H. Omerzu, Der Prozeβ des Paulus, pp. 282-289.

Judeia, cuja inimizade ao apóstolo influencia também notavelmente o comportamento da comunidade primitiva. Aparentemente escalaram em Jerusalém as tensões[4], e Paulo empreende com sua viagem a última e talvez desesperada tentativa de desfazer as acusações contra sua pessoa, para assim estancar a agitação de seus adversários judeu-cristãos e judeus (em Jerusalém, Roma e outros lugares), de colocar o relacionamento com a comunidade primitiva numa nova base e de garantir finalmente a permanência dentro do judaísmo por uma demonstração de sua ortodoxia[5].

Lucas relata em At 21,15ss primeiramente sobre a chegada de Paulo a Jerusalém, onde este se encontra com Tiago, o líder da comunidade primitiva (At 21,18). At 21,20 ressalta o caráter da comunidade primitiva como fiel à lei, pois se afirma após o relato de Paulo sobre sua missão entre os gentios: "Quando eles o ouviram, disseram-lhe: 'Tu vês, irmão, quantos milhares de judeus há que se tornaram crentes, e todos são zelosos da lei'". Depois, Lucas reproduz as acusações levantadas contra Paulo em Jerusalém: "Ora, eles ouviram dizer a teu respeito: tu ensinas a todos os judeus que vivem no meio dos gentios a apostasia de Moisés, convocando-os a não circuncidar mais suas crianças e a não seguir os costumes" (At 21,21). Em seu cerne, estas acusações contra Paulo devem ser históricas[6]; elas refletem não só a inimizade dos judeus como também as grandes reservas dos judeu-cristãos de Jerusalém em relação a Paulo. Além disso, correspondiam à realidade nas comunidades da missão paulina. Nas comunidades dominadas por gentio-cristãos, certamente pessoas de nascimento judaico passavam a afastar-se da lei e a não circuncidar suas crianças[7].

Num outro ponto evidencia-se a grande tensão que persistiu entre Paulo e a comunidade primitiva de Jerusalém até o fim, não obstante os acordos da Convenção dos Apóstolos. Chama a atenção que Lucas se cale acerca da pergunta se o objetivo verdadeiro da viagem a

---

[4] Cf. H. D. Betz, 2. Korinther 8 und 9, p. 175.
[5] F. W. Horn, Die letzte Jerusalemreise des Paulus, p. 34.
[6] Cf. G. Lüdemann, Das frühe Christentum, pp. 244s.
[7] Cf. M. Hengel, "Jakobus der Herrenbruder – der erste Papst?" in Idem, *Paulus und Jakobus. Kleine Schriften III*. WUNT 141 (Tübingen: 2002), p. 575.

Jerusalém foi alcançado: a entrega da coleta à comunidade primitiva. Embora, segundo At 24,17, Lucas tivesse conhecimento da finalidade verdadeira da viagem de Paulo a Jerusalém, ele não menciona a coleta, cuja entrega ele poderia inserir excelentemente entre At 21,19 e 21,20. Três modelos de explicação procuram elucidar essa situação estranha:

1) A coleta foi entregue, mas apenas (extraoficialmente) sob grandes dificuldades[8].

2) A coleta foi usada ou entregue, respectivamente, em partes ou em etapas, no contexto do resgate do nazirato[9] (cf. At 21,23-24.26)[10].

3) Lucas não relata sobre a aceitação da coleta porque ela não aconteceu[11].

É muito provável que a comunidade primitiva *tenha recusado a coleta*, mas que Lucas se silenciou sobre esse fracasso porque não correspondia a sua eclesiologia de uma Igreja unificada de judeus e gentios. Para judeu-cristãos radicais, a compreensão da lei na Carta aos Gálatas e na Carta aos Romanos precisava ser indiscutível, já que se equiparava à anulação da comunhão eclesiástica, pois agora, na melhor das hipóteses, a Torá tinha também para judeu-cristãos uma função provisória (cf., por exemplo, Gl 6,15). Para judeu-cristãos e judeus rigorosos, Paulo era igualmente nada mais que um apóstata que tinha traído o verdadeiro lar de judeus e judeu-cristãos, a saber, a sinagoga.

---

[8] Assim, por exemplo, E. HAENCHEN, Apg, pp. 586-588; D. GEORGI, Geschichte der Kollekte, pp. 88s (89: "Assim, a coleta [...] foi, por assim dizer, aparentemente entregue e recebida somente numa sala do lado e, por assim dizer, sob sussurros"); J. WEHNERT, Reinheit, p. 271 ("[...] provavelmente, a entrega do dinheiro deu-se de uma forma não oficial sem a participação de Paulo"); cf. também as considerações em C.-J. THORNTON, Der Zeuge des Zeugen, pp. 347-351.

[9] Para o nazirato como voto/consagração a Deus (textos básicos: Jz 13; Nm 6), cf. L. SCHWIENHORST-SCHÖNBERGER, Verbete "Nasiräer", in *NBL* 2, pp. 901s.

[10] Cf. F. W. HORN, "Paulus, das Nasiräat und die Nasiräer", in *NT* 39 (1997), pp. 117-137; D.- KOCHA. KOCH, Kollektenbericht, p. 380.

[11] Cf. G. LÜDDEMANN, Apg, p. 245; J. GNILKA, "Die Kollekte der paulinischen Gemeinden für Jerusalem als Ausdruck ekklesialer Gemeinschaft", in R. KAMPLING/TH. SÖDING (org.), *Ekklesiologie des Neuen Testaments*. FS K. KERTELGE (Friburgo: 1996), pp. 301-315; J. JERVELL, Apg, pp. 529s; J. ROLOFF, Apg, p. 313; R. PESCH, *Die Apostelgeschichte*. EKK V/2. (Neukirchen: 1986), p. 222.

A consideração para com a sinagoga deve ter sido outro motivo para que a comunidade primitiva não aceitasse dinheiro "sujo" (impuro)[12]. Por cima disso, particularmente os judeu-cristãos rigorosos rejeitados na Galácia tinham provavelmente um respaldo forte em Jerusalém, pois, para eles, a rejeição da coleta era a vitória contra o conceito paulino de uma Igreja única de Jesus Cristo composta por judeu-cristãos e gentio-cristãos. Finalmente chama a atenção que não se relata nenhuma tentativa da parte da comunidade primitiva de libertar Paulo da prisão ou de apoiá-lo no ambiente do processo. O relacionamento entre Paulo e a comunidade primitiva, jamais livre de tensões (cf. Gl 1,18s; 2,6), desenvolveu-se pelo fim da missão paulina bem-sucedida entre os gentios para um *confronto aberto*. Os opostos teológicos eram demasiadamente profundos, os caracteres, demasiadamente diferentes. No final da época fundamental do cristianismo primitivo não há a *união*, mas a *divisão*!

PRISÃO E PROCESSO

O motivo concreto da prisão de Paulo foi, segundo At 21,27-30, o fato de Paulo ter levado ao templo um gentio-cristão de Éfeso, de nome Trófimo. Isto teria violado a lei do templo, segundo a qual nenhuma pessoa não judaica podia entrar no santuário[13]. Lucas caracteriza essa acusação explicitamente como falsa (At 21,29); assim como anteriormente Estêvão, também Paulo é agora preso com base em

---

[12] Cf. Josefo, Bell. 2,408s, onde a exigência da parte de sacerdotes templares de não aceitar mais dinheiro ou sacrifícios de não judeus é mencionada como o fator que desencadeou a guerra contra os romanos; K. HAACKER, Röm, pp. 314s, considera esse aspecto parcial o verdadeiro ponto de partida para a rejeição.

[13] Cf. Fílon, Leg. Gai. 212 ("Pena de morte irrevogável é decretada para não judeus que ultrapassam a divisa para o último recinto interior do templo"); Josefo, Bell. 5,192-194; além disso, cf. a inscrição pertencente ao templo encontrada em 1871 (texto em C. K. BARRETT/C.-J. THORNTON (org.), *Texte zur Umwelt des Neuen Testaments*, p. 60). Para a interpretação, cf. K. MÜLLER, "Möglichkeit und Vollzug jüdischer Kapitalgerichtsbarkeit", in: K. KERTELGE (org.), *Der Prozeß gegen Jesus*, 2ª ed. QD 112 (Friburgo: 1989), pp. 68ss.

depoimentos de testemunhas falsas. As circunstâncias exatas da prisão de Paulo e sua transferência para os romanos já não podem ser esclarecidas efetivamente[14]. Também o relato subsequente sobre o processo contra Paulo contém numerosas confusões e contradições históricas[15]. Lucas dispõe aqui de amplas tradições, nas quais se aborda o processo contra Paulo em seus discursos de acusação e de defesa literariamente como um exemplo modelar de discursos forenses da Antiguidade[16]. Como convém segundo o estilo, grandes personalidades procuram o prisioneiro famoso para conversas (cf. At 24,24-27; 25,23-26,32) e, dessa maneira, oferecem a Paulo ocasiões para apresentar sua doutrina. No entanto, por que um cidadão romano que não foi julgado culpado é retido por tanto tempo sem um progresso visível de seu processo? At 24,26 menciona que Félix teria esperado que Paulo pagasse por sua liberdade, mas essa suposição dificilmente deve ser historicamente correta. Durante o tempo prolongado da prisão ocorre a troca do cargo de governador, de Félix para Festo, por volta de 58 d.C. O novo governador interessa-se pelo caso (cf. At 25,1-12) e julga Paulo não culpado. Duvidoso, em termos legais, é a proposta de Festo de prever um novo processo contra Paulo em Jerusalém. Se Festo quisesse entregar Paulo às autoridades judaicas, não haveria necessidade de outro processo sob sua presidência. Ou Festo vê a lei romana atingida, mas nesse caso deve-se perguntar por que ele não emite a sentença já em Cesareia. Também é difícil, em termos histórico-legais, explicar a apelação ao imperador (cf. At 25,9-12)[17],

---

[14] Para o possível pano de fundo legal, cf. B. RAPSKE, *The Book of Acts and Paul in Roman Custody*. BAFCS III (Grand Rapids: 1994), pp. 135-149 (Ereignisse in Jerusalem); H. OMERZU, Der Prozeß des Paulus, pp. 309-384.

[15] Para os acontecimentos em Cesareia, cf. B. RAPSKE, The Book of Acts and Paul in Roman Custody, pp. 151-172; H. OMERZU, Der Prozeß des Paulus, pp. 396-501.

[16] É polêmico se por trás de At 21,27–26,32 está um relato coeso sobre o processo ou a prisão (assim, por exemplo, V. STOLLE, *Der Zeuge als Angeklagter*. BWANT 102 [Stuttgart: 1973], pp. 260-267; J. ROLOFF, Apg, p. 316; R. PESCH, Apg 11, p. 224; G. LÜDEMANN, Das frühe Christentum, p. 28; H. OMERZU, Der Prozeß des Paulus, pp. 507s) ou tradições individuais (assim, por exemplo, E. HAENCHEN, Apg, pp. 588-664; G. SCHNEIDER, Apg II, pp. 311-379; A. WEISER, Apg II, pp. 390.601).

[17] Cf. a respeito B. RAPSKE, The Book of Acts and Paul in Roman Custody, pp. 186-188, que defende a hipótese da *provocatio*, segundo a qual cidadãos romanos que

pois Paulo não foi nem absolvido nem condenado[18]. Ora, por que ele apela então ao imperador? Seria também possível, porém, que Paulo fosse condenado pelo governador romano como rebelde, mas que Lucas suprimisse essa notícia em consideração aos romanos. Num caso desse tipo, a apelação ao imperador era consequente; agora precisa entrar em ação a instância superior. Essa explicação estaria em sintonia com a tendência geral de Lucas de apresentar os judeus como os únicos responsáveis pela morte de Jesus e pela prisão de Paulo e de descrever os romanos como bem-intencionados. Para todos os efeitos, o objetivo de Lucas é claramente reconhecível: Paulo faz agora o caminho de Jerusalém para Roma, dos judeus para os gentios, de Israel para o novo Israel que é composto de judeus e gentios[19].

Segundo o gosto da época, a viagem de Cesareia para a Itália é descrita plasticamente como uma viagem aventurosa. Primeiro, o centurião romano vai com seus prisioneiros num navio que passa pelo litoral da Ásia Menor; em Mira, eles passam para um navio vindo de Alexandria e com destino à Itália. Entre Creta e a Itália, o navio entra num furacão, e Paulo e os outros náufragos salvam-se na ilha de Malta. Via Siracusa e Régio, Paulo chega a Puteóli, naquela época o maior porto da metade ocidental do Império Romano. No centro da viagem está novamente o apóstolo Paulo, apresentado por Lucas como homem honroso e justo que defende seus companheiros de viagem (cf. At 27,10.21-26.31.33-36)[20]. Ele não só dispõe de competência social,

---

se encontravam nas províncias tinham, entre outros, o direito de se dirigir ao tribunal imperial em Roma quando na respectiva província não existia um tribunal de jurados. Segundo H. OMERZU, Der Prozeß des Paulus, pp. 485-497, a *appellatio* de Paulo "baseia-se numa instituição legal que nasceu apenas com o principado e que não tem nenhum vínculo com formas de apelação republicanas (particularmente a *provocatio ad populum* ou a *appellatio ad tribunos*). A presente *appellatio* da época imperial baseia-se principalmente na jurisdição delegada do *princeps* nas províncias, bem como no procedimento *extra ordinem* que ali era habitual (op. cit., p. 504).

[18] Diferente H. OMERZU, Der Prozeß des Paulus, p. 491, quem supõe que a apelação de Paulo teria se dirigido contra uma condenação à morte por Festo.

[19] Cf. A. WEISER, Apg II, p. 642: "A apelação ao imperador – e, com isto, no sentido de Lucas: a abertura do caminho para Roma – é o auge para o qual se dirige tudo que foi escrito antes."

[20] Cf. M. LABAHN, Paulus – ein homo honestus et iustus, pp. 79-106.

mas também de capacidades mânticas, pois prediz a catástrofe (cf. At 27,10.22) e o salvamento (At 27,26). Também a picada de cobra em Malta (At 28,3-6) e o contato com a elite de liderança da ilha (At 28,7-10) fazem Paulo aparecer como um justo perante Deus. Lucas vincula a essa imagem de Paulo dois objetivos; seus ouvintes e leitores devem reconhecer:

1) É a vontade de Deus que o evangelho chegue com Paulo a Roma (cf. o δεῖ divino em At 27,24).

2) Embora Paulo como prisioneiro tenha perdido, segundo a compreensão antiga, qualquer reputação social[21], ele se comprova diante de Deus e dos seres humanos como justo e pode proclamar em Roma o evangelho com toda liberdade.

PAULO EM ROMA

Também o relato sobre a estada de Paulo em Roma (At 28,17-31) suscita numerosas questões jurídicas, históricas e teológicas. Primeiramente chama a atenção, em termos jurídicos, a situação da relativa liberdade na prisão de Paulo. Ele mora, fora de uma prisão ou de um quartel, numa moradia alugada (cf. 28,16.23.30)[22], vigiado por um soldado (At 28,16). Embora At 28,20 pressuponha que Paulo estivesse amarrado com correntes a seu guarda, isto não o impede de realizar um amplo anúncio em Roma. Tal tipo de situação é juridicamente concebível somente sob a hipótese de que Paulo possuía a cidadania romana e que lhe fosse reconhecida, por isso, uma forma privilegiada de prisão[23]. Além disso, é notável que não se mencione nada de um processo em Roma. O motivo original da penosa viagem

---

[21] Para este aspecto, cf. B. RAPSKE, The Book of Acts and Paul in Roman Custody, pp. 283-312.

[22] Cf. a respeito H. OMERZU, Das Schweigen des Lukas, p. 146.

[23] Cf. nesse sentido para o pano de fundo histórico-legal da detenção romana B. RAPSKE, The Book of Acts and Paul in Roman Custody, pp. 173-191; H. OMERZU, Das Schweigen des Lukas, pp. 144-151; M. LABAHN, Paulus – ein homo honestus et iustus, pp. 98-104.

a Roma passa totalmente ao segundo plano. O tempo mencionado de dois anos em At 28,30 não tem nenhuma relevância processual-legal[24]; portanto, também em seus aspectos jurídicos, a sorte de Paulo permanece totalmente vaga. Em termos históricos, Rm 16 mostra claramente que Paulo conheceu muitos membros da comunidade romana. Mesmo assim, não há nenhum encontro verdadeiro entre Paulo e a comunidade romana (cf. At 28,16). Ao contrário, Paulo – como sempre nos Atos dos Apóstolos – entra primeiramente em contato com a sinagoga local (cf. At 28,17ss). Apenas a rejeição de sua mensagem motiva Paulo a voltar-se também em Roma para os gentios. Dessa maneira cria-se a impressão de que Paulo tivesse fundado uma comunidade cristã em Roma, embora At 28,15 pressuponha a origem não paulina da comunidade romana. O que motivou Lucas para esta apresentação? Podemos supor que ele dispôs para essa fase da atuação paulina somente de poucas tradições historicamente confiáveis[25]. Soma-se a isto a tendência observada em toda a Obra Lucana de inocentar os romanos de qualquer culpa parcial na morte de Jesus ou de uma obstrução da missão. Por isso, Lucas deve também ter silenciado a condenação de Paulo em Roma, embora ele soubesse da morte do apóstolo (cf. At 19,21; 20,23-25; 21,11). De maneira historicamente confiável podemos dizer somente o seguinte: Paulo chegou num transporte de prisioneiros a Roma, onde ele, conseguiu atuar como missionário, não obstante sua prisão. A estratégia em At 28,17-31 é inteiramente óbvia em seus aspectos teológicos e literários: assim como nas narrativas precedentes, Paulo é apresentado como uma pessoa jurídica e socialmente privilegiada, junto à qual se encontram os judeus de grande reputação (cf. At 28,17.23) e que anuncia, como mensageiro digno de Deus, com toda intrepidez o evangelho em Roma, a capital do mundo[26].

---

[24] Cf. a argumentação em H. OMERZU, Das Schweigen des Lukas, pp. 147-149.
[25] Assim H. OMERZU, Das Schweigen des Lukas, pp. 151-156, a qual considera como cerne da tradição At 28.16.23.30s.
[26] Lucas sinaliza isto em termos linguísticos com o *hapaxlegomenon* neotestamentário ἀκωλύτος (sem impedimento) em At 28,31.

13.2 A Carta aos Filipenses

13.2.1 Uma carta de Roma para Filipos

Durante sua prisão em Roma, Paulo escreveu ainda a suas comunidades? A Carta aos Filipenses foi escrita durante uma temporada de prisão (Fl1,7.13.17), mas esta situação não impedia que Paulo desenvolvesse uma viva atividade missionária (Fl 1,12ss). De Filipos, ele recebeu um presente através de Epafrodito (Fl 4,18; além disso, cf. 2,25; 4,14) e, em resposta, ele enviou Epafrodito de volta (com a Carta aos Filipenses) para agradecer (Fl 2,25.28). Nesse momento, porém, Epafrodito adoeceu gravemente no lugar da prisão de Paulo, algo que preocupou a comunidade em Filipos (Fl 2,26-30). Também Paulo gostaria de visitar a comunidade (Fl 1,26; 2,24), embora o desfecho de seu processo ainda estivesse aberto. Já aconteceu uma sessão (Fl 1,7), e Paulo conta com o julgamento em breve (Fp 2,23), considera possível tanto a libertação como a morte (Fl 1,19-24), mas espera um desfecho feliz (Fl 1,25). Em todo caso, ele enviará Timóteo a Filipos (Fl 2,19-23) para saber da situação da comunidade.

> A cidade de Filipos foi fundada c. 356 a.C. por Filipos II da Macedônia[27]. No ano 42 a.C. começou uma intensiva colonização romana que continuou com mais ênfase após 31 a.C. (vitória de Otaviano sobre Antônio). Como *Colonia Augusta Julia Philippensis*, Filipos desenvolveu-se (a partir e 27 a.C.) para uma colônia militar romana, na qual se assentavam principalmente veteranos. O grupo populacional mais influente eram os romanos, mas também gregos e trácios marcavam a imagem linguística, cultural e religiosa da cidade[28]. A importância da cidade (agricultura, artesanato, comércio) devia-se a sua localização na *Via Egnatia*, a estrada principal que ligava o oriente e o ocidente do Império Romano. Filipos é um exemplo do sincretismo religioso do séc. I d.Ç. (cf. At 16,16-22), pois, ao lado do culto ao imperador e a divindades gregas, romanas e egípcias, os cultos locais da população nativa

---

[27] Para a cidade e sua história, cf. W. ELLIGER, Paulus in Griechenland, pp. 23-77.
[28] O elemento romano é sublinhado fortemente por L. BORMANN, Philippi, pp. 11-84; também P. PILHOFER, Philippi l, pp. 85-92, destaca o caráter romano de Filipos, mas simultaneamente remete à influência notável de gregos e trácios.

trácia, nas quais se cultuavam principalmente divindades da terra e a fertilidade, eram muito populares.

Em Filipos formou-se a primeira comunidade paulina na Europa (cf. At 16,11ss; Fl 4,15), fundada pelo apóstolo em 49/50 d.C. A maioria de seus membros eram gentio-cristãos (cf. At 16,33b; além disso, os nomes em Fl 2,25ss; 4,18: Epafrodito; Fl 4,2s: Evódia, Síntique e Clemente); mas também *sebomenoi* ("tementes" a Deus = simpatizantes com o judaísmo; cf. Ap 16,14) e judeu-cristãos devem ter pertencido a ela[29].

O LUGAR DA PRISÃO

Qual lugar de prisão corresponde a esta situação do apóstolo? Das localidades propostas pela pesquisa (Roma, Cesareia, Éfeso)[30], Roma tem a favor de si a *maior probabilidade*. A descrição da prisão em Roma em At 28,30s combina muito bem com a situação de prisão branda

---

[29] Uma sinagoga em Filipos é comprovada só para o séc. III d.C., cf. CH. KOUKOULI-CHRYSANTAKI, "Colonia Julia Augusta Philippensis", in CH. BAKIRTZIS/H. KÖSTER (org.), *Philippi at the Time of Paul and after His Death* (Harrisburg: 1998), pp. 5-35.

[30] Para os contra-argumentos, cf. W. G. KÜMMEL, Einleitung, pp. 284ss; J. GNILKA. Phil, pp. 18-25; H. H. SCHADE, Apokalyptische Christologie, pp. 182ss. A hipótese de Éfeso, fundada por A. DEISSMANN (cf. Idem, Paulus, p. 13, nota 2), é hoje compartilhada por muitos exegetas (por exemplo, G. BORNKAMM, Paulus, p. 245: J. GNILKA, Phil, p. 199: G. BARTH, Phil, pp. 8s; W. SCHENK, Philipperbriefe, p. 338; U. B. MÜLLER, Phil, pp. 17-21). Para Cesareia como lugar da prisão vota particularmente E. LOHMEYER, Phil, p. 3s. A hipótese de Roma foi renovada no séc. 20 por J. SCHMID, Gefangenschaftsbriefe, *passim*, e C. H. DODD, "The Mind of Paul II", in: Idem, *New Testament Studies* (Manchester: [2]1954), (pp. 83-128) pp. 85-108. Na pesquisa mais recente, ela ganha novamente adeptos; cf. O. MERK, Handeln aus Glauben, p. 174: C. H. HUNZINGER, Die Hoffnung angesichts des Todes im Wandel der paulinischen Aussagen, p. 85 nota 30; W. WIEFEL, Hauptrichtung des Wandels, p. 79; G. STRECKER, Befreiung und Rechtfertigung, p. 230; G. LÜDEMANN, Paulus I, p. 142 nota 80; H. H. SCHADE, Apokalyptische Christologie, p. 190; J. ROLOFF, Einführung, pp. 139s; P. T. O'BRIEN, *The Epistle to the Philippians*. NlGTC (Grand Rapids: 1991), pp. 19-26; P. WICK, *Der Philipperbrief*. BWANT 135 (Stuttgart: 1994), pp. 182-185; G. D. FEE, *Phil*. NICNT (Grand Rapids: 1995), pp. 34-37: M. GÜNTHER, *Die Frühgeschichte des Christentums in Ephesus*. ARGU 1 (Frankfurt: 1996), pp. 40.43-47.

pressuposta na Carta aos Filipenses (cf. Fl 1,13s; 2,25; 4,10ss)[31]. Além disso, a maneira mais fácil de entender a menção da guarda pretoriana (Fl 1,13)[32] e dos escravos imperiais (Fl 4,22) é com base numa prisão em Roma. Outros argumentos em favor de Roma como local da redação e, consequentemente, para uma datação tardia da Carta aos Filipenses são:

1) A falta de notícias sobre a coleta indica que a coleta já estava concluída no momento da redação da carta[33].

2) A Carta aos Filipenses pressupõe uma longa duração de detenção. Se a carta tivesse sido redigida em Éfeso, o silêncio de Atos sobre a demorada prisão em Éfeso seria inexplicável[34], enquanto a prisão de dois anos em Roma (At 28,30) pode ser conciliada muito bem com a situação pressuposta na carta. A alusão de Paulo a um perigo de morte na província da Ásia em 2Cor 1,8 não serve para sustentar a hipótese de Éfeso, porque essa notícia comunica somente o fato do perigo de morte, mas não detalhes da situação[35]. Também a "luta contra os animais" em 1Cor 15,32 não é uma prova para uma prisão prolongada de Paulo em Éfeso[36].

---

[31] Cf., porém, At 24,23 para Cesareia.

[32] Assim com insistência G. D. Fee, Phil, p. 35, para τὸ πραιτώριον "*the word more naturally refers the Praetorian Guard, the emperor's own elite troops stationed in Rome. Those who favor an Ephesian imprisonment can only hypothesize the presence of the guard in Ephesus, since (a) there is no evidence to support it and (b) there was no praetorium in Ephesus*" (a palavra refere-se mais naturalmente à Guarda Pretoriana, as tropas de elite próprias do imperador, estacionadas em Roma. Aqueles que defendem uma prisão em Éfeso podem apresentar somente hipóteses para a presença da Guarda em Éfeso, já que (a) não há nenhuma evidência em favor dela e (b) não existia um pretório em Éfeso).

[33] Cf. H. H. Schade, Apokalyptische Christologie, p. 190.

[34] Para as dificuldades da hipótese de Éfeso, cf. J. Schmid, Gefangenschaftsbriefe, pp. 10ss.72ss.

[35] Contra V. P. Furnish, 2Kor, p. 123; H. Köster, Einführung, p. 565.

[36] Contra H. Conzelmann/A. Lindemann, Arbeitsbuch zum Neuen Testament, 11ª ed. (Tübingen: 1995), p. 249. U. B. Müller, "Der Brief aus Ephesus. Zeitliche Plazierung und theologische Einordnung des Philipperbriefes im Rahmen der Paulusbriefe", in U. Mell/U. B. Müller (org.), *Das Urchristentum in seiner literarischen Geschichte*. FS J. Becker. BZNW 100. (Berlim/Nova Iorque: 1999), p. 161, procura explicar o silêncio dos Atos dos Apóstolos sobre uma suposta prisão de Paulo em Éfeso com o oportunismo político de Lucas: "É preciso contar com a possibilidade

3) A descrição distanciada da situação no lugar da prisão em Fl 1,12-18 (especialmente v. 15.17, cf. a respeito 1Clem 5,5!) leva a concluir que a comunidade não foi fundada pelo próprio apóstolo.

4) O termo ἐπίσκοπος ("inspetores"), que ocorre nas cartas paulinas autênticas somente em Fl 1,1 (cf., além disso, At 20,28; 1Tm 3,2; Tt 1,7) pressupõe um progresso da situação da comunidade em direção às cartas pastorais[37].

5) Um estudo da linguagem paulina na Carta aos Filipenses[38] indica particularidades linguísticas no proêmio, no uso do título de Cristo, no uso de "nós" e "eu", e na ocorrência de palavras raras (cf. especialmente Βενιαμίν = "Benjamin", só Rm 11,1; Fl 3,5; Ἑβραῖος = "hebreus", só 2Cor 11,22; Fl 3,5; ἐργάτης = "operários", só 2Cor 11,13; Fl 3,2; φυλή= "tribo", só Rm 11,1; Fl 3,5) que apoiam todas um enquadramento temporal da Carta aos Filipenses *após* a Carta aos Romanos.

Uma objeção contra Roma como local de redação defende que as afirmações sobre a lei e sobre Israel na Carta aos Filipenses precisam ser consideradas anteriores e não posteriores à Carta aos Romanos[39]. No entanto, Paulo não retoma de modo algum o resultado da argumentação na Carta aos Romanos, segundo o qual unicamente Jesus Cristo é o lugar da justiça (compare-se Rm 10,3s com Fl 3,9). As afirmações agudas sobre seu rompimento com seu passado judaico devem-se sem dúvida à agitação contínua de contramissonários judaizantes e não corrigem aquilo que Paulo espera para Israel em

---

de que a situação contemporânea de Atos não recomendasse relatar um conflito entre a religião gentia (politeísmo) e o cristianismo, que quase tinha levado a uma condenação de Paulo como representante dos cristãos, de um modo em que 'houve um tumulto bastante grave a respeito do caminho' (19,23) poderia aparecer numa luz que seria demasiadamente suspeita para a sociedade greco-romana."

[37] Cf. J. ROLOFF, Verbete "Amt", p. 522.
[38] Cf. H. H. SCHADE, Apokalyplische Christologie, pp. 184-190.
[39] Assim, por exemplo, U. B. MÜLLER, Der Brief aus Ephesus. Zeitliche Plazierung und theologische Einordnung des Philipperbriefes im Rahmen der Paulusbriefe, p. 170: "Filipenses pode ser explicada plausivelmente em seu terceiro capítulo somente quando ela, assim como Gl, deve ser situada *antes* dos esclarecimentos fundamentais de Rm."

Rm 11,25s. Muito ao contrário, justamente o posicionamento da Carta aos Filipenses no conjunto das cartas de Paulo aponta para o fim de sua vida e, com isso, para Roma: enquanto ele planeja, segundo Rm 15,24, uma viagem para a Espanha, segundo Fl 1,21, ele – um homem idoso na cadeia – deseja sua morte. Como outro argumento contra Roma como local de redação da Carta aos Filipenses alega-se a grande distância entre o local da prisão e a comunidade, algo que não permitiria o relacionamento vivo pressuposto na carta. Além disso, seria necessário supor que Paulo tivesse mudado seus planos de viagem anunciados em Rm 15,24.28, já que afirma agora que deseja visitar Filipos após sua libertação. Ambas as objeções não são convincentes. Paulo era capaz de mudar seus planos de viagem, como mostra a correspondência coríntia (compare-se 1Cor 16,5-8 com 2Cor 1,15s). Ao escrever a Carta aos Romanos, os anos de prisão em Cesareia e Roma não eram previsíveis, e novos contatos com comunidades antigas poderiam ter motivado Paulo a mudar (não abortar!) seus planos de viagem. Uma visita a Filipos, devido a um motivo atual, não abortaria, mas apenas posporia a viagem planejada à Espanha! Além disso, o desejo de visita faz parte do esquema formal das cartas paulinas (cf. 1Ts 2,17ss; 1Cor 16,5ss; 2Cor 13,1; Gl 4,20; Rm 15,23s; Fm 22). As conexões entre Filipos e Roma eram muito boas (na *Via Egnatia* até Dirráquio, travessia para Brundísio, continuação na Via Ápia)[40]. Viagens marítimas de Roma a Filipos duravam aproximadamente duas semanas[41]; para uma viagem majoritariamente por terra deve-se calcular uma duração de aproximadamente quatro semanas (distância de c. de 1084 km[42] e velocidade média diária de c. de 37 km[43]). Quando se considera as boas condições das estradas, uma travessia favorável e o possível uso de um carro, ela deveria ser ainda mais curta.

---

[40] Cf. a respeito J. Schmid, Gefangenschaftsbriefe, pp. 77-83; cf. para as excelentes condições das estradas G. Radke, Verbete "Viae publicae Romanae", in *PW.S* 13 (1417-1686), coluna 1477.
[41] Cf. L. Friedlaender, Sittengeschichte Roms, pp. 337ss.
[42] Cf. A. Wirkenhauser/J. Schmid, Einleitung, p. 506.
[43] L. Friedlaender, Sittengeschichte Roms, p. 333, conta com 37,5 km por dia, outros cálculos em R. Reck, Kommunikation und Gemeindeaufbau, pp. 85-87.

Pressupor para a Carta aos Filipenses quatro viagens entre Roma e Filipos (1. Os filipenses tomam conhecimento da prisão de Paulo; 2. enviam Epafrodito; 3. ficam sabendo da doença de Epafrodito; 4. Paulo envia Epafrodito de volta para Filipos) não representa nenhuma dificuldade no contexto de uma prisão prolongada de Paulo. A Carta aos Filipenses foi escrita provavelmente *em Roma, por volta de 60 d.C.*[44].

13.2.2 A Carta aos Filipenses como testemunho tardio da teologia paulina

A Carta aos Filipenses é em dois aspectos um *testemunho tardio* da teologia paulina:

1) Ela foi escrita no final da atuação missionária do apóstolo.

2) Também em termos de conteúdo, ela apresenta um estado avançado do pensamento paulino, consideravelmente determinado pela situação pessoal do apóstolo.

Particularmente as afirmações escatológicas da carta e a disposição para a morte de mártir mostram que Paulo pensa não só ter chegado ao fim de sua atuação, mas também ao fim de sua vida (cf. Fl 1,21; 2,17).

Nessa situação difícil, a Carta aos Filipenses mostra que Paulo via sua própria situação como *vehiculum* para a proclamação do evangelho e para a promoção de suas comunidades. Ele desdobra na Carta aos Filipenses o *paradoxo* da existência cristã em sua própria pessoa, partindo do agradecimento a Deus que em sua fidelidade tanto preserva os filipenses em seu estado de fé como reverte a situação atual do apóstolo para o bem. Paulo sentia-se tão ligado aos filipenses como a nenhuma outra comunidade. O relacionamento extremamente bom entre o apóstolo e a comunidade evidencia-se em várias particularidades:

1) A Carta aos Filipenses tem o proêmio mais comprido de todas as cartas paulinas (Fl 1,3-11); seu conteúdo está inteiramente caracterizado

---

[44] Quando se considera Éfeso o local da redação da Carta aos Filipenses, ela é datada geralmente pelo final do tempo efesino; assim argumenta, por exemplo, U. B. MÜLLER, Phil, 22, em favor do ano 55.

pelo vínculo na constante oração e por agradecimento e louvor irrestritos[45]. O motivo do agradecimento, combinado com o convite para a alegria, perpassa toda a carta (cf. Fl 1,3.18; 2,29; 3,1a; 4,1.4-6.19s) e cunha seu tom básico positivo.

2) Paulo ressalta explicitamente a estreita comunhão entre a comunidade e o apóstolo. Ambos estão unidos, desde o início, pelo serviço ao evangelho (Fl 1,5). Disso cresceu uma comunhão de dar e receber que perdura até o momento presente (Fl 4,15).

3) O apóstolo concede exclusivamente aos filipenses o privilégio de poder apoiá-lo também materialmente (cf. Fl 4,18). Ao contrário do caso dos coríntios (cf. 1Cor 9), Paulo não teme que os filipenses se apropriem dele teologicamente. Também a situação acuada na prisão não consegue diminuir a alegria e a confiança do apóstolo, pois, paradoxalmente, ela promove o anúncio amplo e corajoso do evangelho (Fl 1,12.14). O serviço comum ao evangelho une o apóstolo e a comunidade também nessa situação difícil, da qual Paulo aproveita para seu trabalho missionário. A notícia de seu processo torna o evangelho conhecido, de modo que, na localidade da prisão do apóstolo, até mesmo missionários rivais encontram a coragem de anunciar Cristo (cf. Fl 1,15-18ab). Embora Paulo deva contar com sua morte em breve, ele olha com alegria para o futuro, pois vive na certeza de glorificar Cristo tanto na vida com na morte (cf. Fl 1,18ss). Não obstante, ele está atormentado por estar profundamente dividido, pois, na verdade, ele gostaria de estar junto ao Senhor e morrer, mas, ao mesmo tempo, a responsabilidade pela comunidade o impede. Em Fl 1,20, o apóstolo expressa primeiro sua esperança de que Cristo será glorificado por seu corpo, quer pela vida, quer pela morte (Fl 1,20). O v. 21 retoma essa certeza da salvação ao identificar agora ζωή ("vida") abrangentemente com Cristo[46]. Agora, a morte física não aparece absolutamente como o fim da vida; ao contrário, sendo uma abolição da separação entre o

---

[45] Isto é indicado linguisticamente pelas numerosas formas de πᾶς (v. 4.7.8.9).
[46] Em termos de forma, τὸ ζῆν (a vida) é o sujeito, Χριστός o predicado nominal; cf. F. BLASS/A. DEBRUNNER/F. REHKOPF, Grammatik, § 399,2. P. HOFFMANN, Die Toten in Christus, p. 294, porém, observa com razão: "Em termos de conteúdo, Χριστός torna-se o sujeito da afirmação: Cristo é minha vida".

apóstolo e Cristo, ela é preferível a uma maior permanência no corpo⁴⁷. Daí o dilema formulado no v. 22: por um lado, o desejo de morrer e de estar em Cristo, por outro lado, a possibilidade de continuar realizando um trabalho missionário frutífero. O desejo do apóstolo expressa-se claramente no v. 23, através da expressão ἐπιθυμίαν ἔχων ("ter desejo") e da interjeição πολλῷ γὰρ μᾶλλον κρεῖσσον ("pois isto seria muito melhor"): ele deseja morrer, para assim alcançar o "estar-com-Cristo". Um eufemismo comum para denominar a morte é ἀναλύειν⁴⁸ ("partir"), que recebe pelo σὺν Χριστῷ εἶναι ("estar com Cristo") uma determinação de seu conteúdo⁴⁹. Paulo espera o "estar-com-Cristo" para imediatamente após sua morte, embora ele não dê uma maior explicitação à esperada comunhão com Cristo, porque σὺν Χριστῷ εἶναι era aparentemente uma circunscrição corrente do novo estado de salvação⁵⁰. No entanto, pelo bem da comunidade é preciso continuar a viver, de modo que Paulo relega seu verdadeiro desejo ao segundo plano e deseja continuar a promover a comunidade em Filipos (Fl 1,24-26).

A orientação do apóstolo pela futura existência celestial mostra-se também em Fl 3,20s. Ali, Paulo confronta-se com adversários (v. 17-19) e contrasta a eles a orientação da comunidade pelo celestial. O termo πολίτευμα ("cidadania") indica o *status* legal de um cidadão; assim como os cidadãos romanos de Filipos estão registrados em Roma na lista dos cidadãos da *tribus Voltinia*, assim os cristãos em Filipos estão

---

[47] Para o pano de fundo grego do v. 21b, cf., por exemplo, Platão, Apologia 40c.d, onde Sócrates fala sobre a existência pós-morte: "Vamos considerar também assim, porém, quanto motivo temos para esperar que seja algo bom. Pois um dos dois é estar morto – por assim dizer, ser nada nem ter qualquer sensação de algo quando se está morto; ou, como também se diz, é uma transferência ou mudança da alma daqui para um outro lugar. E se não fosse nem sequer uma sensação, mas como um sono no qual a pessoa que dorme nem sequer tem um sonho, então a morte seria um ganho maravilhoso."
[48] Cf. W. BAUER, WB⁶, p. 114, para o versículo.
[49] Καί deve ser entendido como explicativo: cf. P. HOFFMANN, Die Toten in Christus, p. 289.
[50] Para o problema de um "estado intermédio" que não pode ser comprovado para Paulo, cf. P. HOFFMANN, Die Toten in Christus, 341ss.

registrados numa "lista de cidadania" celestial[51]. Paulo acrescenta à destinação verdadeira dos cristãos uma descrição da *parusia*, que se inicia com a vinda do salvador Jesus Cristo e que tem seu auge na transformação do atual corpo de humildade em um corpo de glória e na submissão do universo por Cristo, que é moldado conforme o corpo de Cristo[52].

A *consciência (de mártir)* particular do apóstolo, aparentemente vinculada à *proximidade da morte*, manifesta-se também em Fl 2,17. Por causa do evangelho, Paulo vê-se a si mesmo como sacrifício (de libação) que é "derramado" (no culto judaico e gentio[53]). Mesmo se seu corpo porventura chegasse agora a seu fim, o apóstolo estaria alegre, também por causa dos filipenses que ofereceram através de sua conduta sacrifícios espirituais. Dessa maneira surge uma conclusão que, segundo a avaliação humana, é paradoxal: nos sofrimentos do apóstolo revelam-se a fidelidade, a misericórdia e a glória de Deus. A comunidade cristã responde à bondade de Deus quando conduz sua vida de uma maneira que corresponda a Jesus Cristo (Fl 1,27-30).

O HINO COMO HISTÓRIA MODELAR

Este aspecto é aprofundado em Fl 2,1-5.6-11.12-18, onde Paulo esclarece a orientação da existência cristã pelo caminho do *Kyrios* Jesus Cristo, que é o fundador, preservador e realizador da salvação. Como *imagem primordial*, Jesus Cristo possibilita a nova existência dos cristãos, como *imagem modelar*, ele os marca por sua própria conduta. Assim como Cristo não olhou para aquilo que era seu, mas entregou-se à morte na cruz, também os cristãos não devem viver em egoísmo e briga, mas em humildade e união. A transformação do Filho fundamenta a participação dos crentes.

---

[51] Cf. P. Pilhofer, Philippi I, pp. 122s; L. Bormann, Philippi, pp. 218s.
[52] Para a conceituação escatológica da Carta aos Filipenses (em comparação a outras cartas paulinas), cf. abaixo, Secção 22.2 (O curso dos acontecimentos escatológicos e a existência pós-morte).
[53] Cf. a respeito as ocorrências em NW II/1, pp. 689-692.

Desde as análises de E. LOHMEYER[54] pode se considerar provável que estejamos em Fl 2,6-11 diante de um texto pré-paulino[55]. Em favor da tradição apontam os *hapax legomena* neotestamentários (ὑπερυψοῦν = "elevar sobre qualquer medida", καταχθόνιος = "sob a terra") e paulinos (μορφή = "forma", ἁρπαγμός = "roubo"), o acúmulo das construções com particípios e pronomes relativos, a estrutura do texto em estrofes, a interrupção do fluxo do pensamento dentro da carta e os elos contextuais de Fl 2,1-5.12-13. Geralmente se considera o v. 8c (θανάτου δὲ σταυροῦ = "morte na cruz") proveniente da redação paulina, pois de importância é somente o "que" (o fato), e não a maneira da morte. A estruturação do texto pré-paulino é discutido. E. LOHMEYER subdivide a tradição em seis estrofes de três linhas cada, que são divididos em duas partes iguais pelo novo começo com διό no v. 9. Ao contrário disso, J. JEREMIAS[56], partindo de um *parallelismus membrorum* como princípio formador, defende uma divisão em três partes (a: v. 6-7a, b: v. 7b-8, c: v. 9-11). Todas as outras reconstruções devem ser consideradas variações das propostas fundamentais de LOHMEYER e JEREMIAS. A estrutura métrico-estrófica de Fl 2,6-11 permanecerá discutida, mas fica clara a estrutura de duas partes do texto com o v. 9 como dobradiça: v. 6-8.9.10.11. Em termos da história das formas, o texto é geralmente designado como "hino", outras classificações são *"enkomion"*[57], *"epainos"*[58] ou "poema pedagógico"[59]. Em termos histórico-religiosos, o hino não representa uma unidade; enquanto a segunda parte (v. 9-11) aponta para o pensamento judaico, por meio de alusões a citações veterotestamentárias e material de fórmulas litúrgicas, a primeira parte (v. 6-7) contém fortes paralelos aos escritos religioso-filosóficos helenistas[60]. Seu *"Sitz im Leben"* (lugar vivencial) está na liturgia da comunidade (cf. Cl 3,16).

---

[54] Cf. E. LOHMEYER, *Kyrios Jesus*. SAH 4 (Heidelberg: 1928).
[55] Para a história da pesquisa, cf. R. P. MARTIN, "An Early Christian Confession. Philippians 2,5-11", in *Recent Interpretation* (Londres: 1960), pp. 97ss. A discussão mais recente adota criticamente J. HABERMANN, Präexistenzaussagen im Neuen Testament, pp. 91-157. Em favor de uma autoria paulina de Fl 2,6-11 argumenta R. BRÜCKER, *"Christushymnus" oder "epideiktische Passagen"*? FRLANT 176 (Göttingen: 1997), pp. 304.319.
[56] Cf. J. JEREMIAS, "Zur Gedankenführung in den paulinischen Briefen (4. Der Christushymnus Phil 2,6-11)", in Idem, *Abba* (Göttingen: 1966), pp. 274-276; Idem, Zu Philipper 2,7: ἑαυτὸν ἐκένωσεν, op. cit., pp. 308-313.
[57] K. BERGER, Formgeschichte des Neuen Testaments (Heidelberg: 1984), p. 345.
[58] R. BRUCKER, "Christushymnus" oder "epideiktische Passagen"?, pp. 319s.330s.
[59] N. WALTER, *Der Philipperbrief*. NTD 8/2 (Göttingen: 1998), pp. 56-62.
[60] Cf. a respeito S. YOLLENWEIDER, "Die Metamorphose des Gottessohnes", in U. MELL/U.B. MÜLLER, *Das Urchristentum in seiner literarischen Geschichte*. FS J. BECKER. BZNW 100 (Berlim/Nova Iorque: 1999), pp. 107-131.

Já antes de Paulo, a reflexão cristológica ampliou a *mudança de status* da pós-existência para a pré-existência. O hino ressalta enfaticamente a transformação de *status* por meio de contrastação de μορφὴ θεοῦ (v. 6: "forma de Deus") e μορφὴ δοῦλον (v. 7: "forma de escravo")[61]. Jesus Cristo deixa sua posição igual a Deus e desloca-se para o oposto mais extremo concebível. Este processo fundamental é descrito e refletido no hino em suas etapas distintas. Jesus Cristo esvazia-se a si mesmo e assume um *status* impotente; agora, não domínio, mas impotência e humilhação caracterizam sua posição[62]. Tornar-se humano (encarnação) significa a renúncia ao poder que lhe competiria verdadeiramente, significa humildade e obediência até a morte. O acréscimo paulino no v. 8c ("morte na cruz")[63] radicaliza o pensamento: Jesus Cristo não só renuncia a sua igualdade a Deus e a sua vida, mas morre na mais extrema vergonha concebível[64]. O v. 9 marca a reviravolta no processo, linguisticamente indicada pelo novo sujeito ὁ θεός. A elevação do *status* de Jesus Cristo dá-se na conferição do nome (v. 9b-10), à qual se seguem a instituição e o reconhecimento como *kosmocrátor*, governante do cosmos (v. 10-11b). A aclamação como *Kyrios* e a prostração universal ao *Kyrios* correspondem à vontade de Deus, em cuja honra acontecem (v. 11c). O novo *status* de Jesus Cristo é mais do que uma mera volta para a pré-existente igualdade com Deus[65]. Somente a auto-humilhação no caminho para a cruz concedeu a exaltação para o governante do mundo, isto é, até mesmo o pré-existente percorreu uma transformação para se tornar o que deveria ser.

---

[61] Cf. CHR. STRECKER, Die liminale Theologie des Paulus, p. 163.
[62] Cf. para os problemas histórico-religiosos complexos deste texto por último S. VOLLENWEIDER, "Der 'Raub' der Gottgleichheit: Ein religionsgeschichtlicher Vorschlag zu Phil 2,6(-11)", in NTS 45 (1999), pp. 413-433. VOLLENWEIDER defende uma leitura política do texto que se recomenda principalmente devido aos paralelismos helenistas de ἁρπαγμός e ἰσοθεΐα: Cristo é apresentado em Fl 2,6-11 como a contraimagem ao tipo do governante que exalta a si mesmo (op. cit., p. 431).
[63] Para a justificação desta pressuposição, segundo minha opinião ainda a mais provável, cf. U. B. MÜLLER, Phil, p. 105.
[64] Cf. O. HOFIUS, *Der Christushymnus Philipper 2.6-11*. WUNT 17 (Tübingen: 1976), p. 63.
[65] Cf. G. BORNKAMM, "Zum Verständnis des Christus-Hymnus Phil 2,6-11", in Idem, *Studien zu Antike und Urchristentum*, 3ª ed. BEvTh 28 (Munique: 1970) p. 183; CHR. STRECKER, Die liminale Theologie des Paulus, pp. 171s.

Paulo adota a cristologia do elemento traditivo e insere-a numa argumentação parenética, como mostra Fl 2,1-5. Existem relações tanto compositórias como terminológicas com este trecho. Por exemplo, a humilhação de Cristo circunscrita com ταπεινοῦν no v. 8 comenta a ταπεινοφροσύνη (v. 3: "humildade, modéstia") exigida da comunidade. A obediência do humilhado aparece como contraimagem ao egoísmo e à briga que devem ser superadas na comunidade (v. 3). Finalmente, a formulação sintetizante sobre a humilhação do pré-existente (v. 7: ἑαυτὸν ἐκένωσεν) aponta para a instrução fundamental no v. 4, segundo a qual um cristão não deve procurar o seu, mas aquilo que serve ao outro. Também há uma relação com o subsequente v. 12; ali, Paulo retoma o pensamento da obediência de Cristo e justifica assim a atitude exigida da comunidade. A comunidade é convocada a imitar no ambiente da ética o que o *Kyrios* realizou modelarmente no evento salvífico da encarnação, da morte na cruz e da entronização. Dessa maneira, Cristo aparece em Fl 2 simultaneamente como imagem primordial e imagem modelar. A comunidade pode e deve seguir Cristo na consciência de que ela, assim como o apóstolo, ainda não se encontra no estado da salvação plenamente realizada, mas que caminha ao encontro do dia da vinda de Cristo, do juízo e da ressurreição (Fl 3,12ss). A possibilidade disto é aberta por Deus que opera nos crentes as duas coisas: o querer e o operar (Fl 2,13).

Contra o pano de fundo de uma comunidade de cunho romano-colonial, Fl 2,6-11 ganha também uma dimensão política. Pela intervenção direta de Deus, uma pessoa crucificada pelos romanos recebe um *status* que não pode ser ultrapassado, e somente ela merece a *proskynesis* (prostração) e a *exhomologesis* (louvação). Enquanto reis e governantes ganharam seu poder por meio da violência e da apropriação por roubalheira, Jesus Cristo humilha-se a si mesmo e torna-se assim o verdadeiro governante. Com isso, ele corporifica a contraimagem ao governante que exalta a si mesmo[66].Também os títulos de

---

[66] Cf. S. VOLLENWEIDER, Der "Raub" der Gottgleichheit, p. 431. Com grande frequência aduz-se neste contexto Plutarco, De Alexandri Magni fortuna aut virtute, 1,8 330d, onde Plutarco defende Alexandre Magno, o ladrão do mundo exemplar: "Pois Alexandre não passou pela Ásia roubando, nem aspirava agarrá-la e sacá-la

Kyrios em Fl 2,11 e de Salvador em Fl 3,20 contêm conotações anti-imperiais. Numa inscrição grega do tempo de Nero encontra-se a formulação "O *Kyrios* do mundo inteiro, Nero"[67], e especialmente no oriente do império, os imperadores romanos se deixaram celebrar como salvadores[68]. A essa pretensão político-religiosa, o hino contrapõe uma nova realidade que ultrapassa qualquer poder terrestre. Os filipenses recebem sua cidadania não de autoridades romanas, mas do céu (Fl 3,20s), de modo que Paulo, consequentemente, denomina unicamente em Fl 1,27 sua conduta com o verbo πολιτεύεσθαι ("conduzir sua vida como cidadão"). O Paulo preso em Roma oferece a sua comunidade um *contramodelo*: na verdade, a impotência e o poder/domínio são distribuídos de modo totalmente diferente daquilo que parece se indicar à primeira vista.

OUTRO CONFRONTO

Fl 3,2-11, onde Paulo se opõe com veemência aos missionários hostis que invadiram a comunidade, permite um olhar singular sobre a *autocompreensão* do apóstolo. Ele designa os adversários como "cães", para assim caracterizar suas intenções maldosas e destruidoras[69]. A expressão βλέπετε τοὺς κακοὺς ἐργάτας ("cuidado com os maus operários maus/ruins") explica-se a partir de 2Cor 11,13, onde ἐργάτοι δόλιοι é usado como termo polêmico para "apóstolo". Aparentemente, ἐργάτης ("operário") era no cristianismo primitivo uma

---

como se fosse um bem roubado e um despojo concedido por *Tyché* contra todas as expectativas...".

[67] Cf. NW 1/2, p. 249.

[68] Cf. a respeito as ocorrências acerca de Jo 4,42 in NW 1/2, pp. 239-256; além disso, cf. M. LASAHN, "'Heiland der Welt'. Der gesandte Gottessohn und der römische Kaiser – ein Thema johanneischer Christologie?", in M. LABAHN/J. ZANGENBERG (org.), *Zwischen den Reichen: Neues Testament und Römische Herrschaft*. TANZ 36 (Tübingen: 2002), pp. 149ss.

[69] Cf. os paralelos helenistas do uso depreciativo de "cão/cães" em NW II/1, pp. 693-697; para o âmbito judaico, cf. BILLERBECK III, 621: "Chamam-se de 'cães' os ignorantes, os ímpios e os não israelitas".

autodesignação dos missionários (cf. Mt 9,37s; 10,10), que Paulo qualifica negativamente com o adjetivo κακός ("ruim, mau"). A posição dos adversários mostra-se claramente na palavra κατατομή, cujo sentido "ato de picar, de cortar em pedaços" alude de forma sarcástica à circuncisão. Quando Paulo reclama no v. 3a o termo da circuncisão positivamente para a comunidade cristã, então ele nomeia com isto o cerne do confronto: missionários judeu-cristãos[70] tinham invadido a comunidade de Filipos e exigiam a circuncisão também dos gentio-cristãos. Em polêmica proposital, Paulo remete em Fl 3,4ss aos privilégios de sua ascendência judaica, à pertença aos fariseus e a sua observância irrepreensível das leis. Também a terminologia da justificação em Fl 3,9, que lembra a Carta aos Gálatas, recomenda entender os adversários como extremistas judeu-cristãos. Paulo relaciona a esse ataque uma interpretação fundamental de sua história e existência, que os leitores devem relacionar consigo mesmos. Em Paulo realizou-se o que distingue cada existência cristã: a novidade da vida determinada por Cristo, em cuja luz a existência antiga pode apenas parecer negativa, não obstante seus privilégios e vantagens. Paulo demonstra aos filipenses que seu êxodo dos laços sociais e religiosos tradicionais e sua mudança existencial têm a mesma meta: ambos abandonaram seus privilégios sociais, políticos, legais e religiosos, para alcançar o registro na lista celestial dos cidadãos (Fl 3,21s)[71].

Os perigos que as experiências do sofrimento põem a essa nova existência e os contramissionários judaizantes são enfrentados por Paulo em Fl 3,4b-11 com uma argumentação orientada pelas categorias da *pertença* e *participação*. A pertença ao povo eleito de Israel concede-lhe a participação nos privilégios do mesmo: circuncisão, lei, justiça.

---

[70] Cf. por último U. B. MÜLLER, Phil, pp. 186-191; uma visão geral da história da pesquisa é oferecida por G. KLEIN, "Antipaulinismus in Philippi", in D.-A. KOCH/G. SELLIN/A. LINDEMANN (org.), *Jesu Rede von Gott und ihre Nachgeschichte im frühen Christentum*. FS W. MARXSEN (Gütersloh: 1989), pp. 297-300; U. SCHNELLE, Einleitung, pp. 162-164.

[71] As dimensões políticas, legais e sociais da argumentação paulina em Fl 3,1-11 são ressaltadas de maneira bem acertada por M. TELLBE, "The Sociological Factors behind Philippians 3.1-11 and the Conflict at Philippi", in *JSNT* 55 (1994), pp. 97-121.

Paulo não desenha absolutamente uma caricatura da existência judaica, mas ele denomina sua autoconsciência e autocompreensão precisamente como fariseu zeloso[72]. Tanto mais dramático parece, contra este pano de fundo positivo, a virada de sua vida. Com ζημία ("perda") e σκύβαλα ("excremento, esterco"), o apóstolo marca drasticamente sua nova visão da realidade; todos os privilégios e vantagens do passado aparecem em uma luz diferente. A pertença a Cristo e a participação em seu poder de vida sobressaem ao que até então valia radicalmente, de modo que Paulo interpreta o mundo e a si mesmo de maneira nova. Ele reconheceu quem é este Jesus Cristo e o que ele é capaz de dar como Senhor e Salvador: justiça e vida.

Paulo descreve sua nova existência caracteristicamente com uma mescla entrelaçada de categorias *participativas e jurídicas*. Ele fala de um "ser encontrado em Cristo" e da participação da força de sua ressurreição. Nisto fundamenta-se a justiça pela fé, que tem sua origem não na lei/Torá, mas em Deus. A antitética ἐκ νόμου – ἐκ θεοῦ em Fl 3,9 ("da lei – de Deus") enfatiza também em relação à exigência da circuncisão pelos adversários o novo lugar da salvação: ele se encontra junto a Deus, e os seres humanos podem apenas recebê-lo gratuitamente. Isto é ressaltado pela expressão καὶ εὑρεθῶ ἐν αὐτῷ ("e eu ser encontrado nele"), que tem o mesmo significado que ἐν Χριστῷ e nomeia a inclusão na comunhão salvífica com Cristo e a nova existência que resulta disso. Desde o batismo e do recebimento do espírito, uma mudança qualitativa marca a vida de Paulo e de cada pessoa cristã: ela participa amplamente do poder de vida de Jesus Cristo, que concede justiça e vida nova também depois da morte física. Assim como em Rm 6,3-5, Paulo vincula a participação presente dos sofrimentos de Cristo à confiança de participar também de seu poder de ressurreição. Para o apóstolo, especialmente os sofrimentos são sinais de sua pertença a Cristo, pois neles se manifesta já agora aquele poder de Deus que opera também a ressurreição dos mortos.

No fim de sua vida, Paulo alcança uma visão de passado, presente e futuro que se orienta exclusivamente em Cristo. A partir dele, Paulo

---

[72] Cf. U. B. Müller, Phil, pp. 148s.

valoriza seu passado glorioso; a partir da certeza da presença do *Kyrios*, o apóstolo suporta os sofrimentos que o acuam; na esperança da *parusia* de Cristo, ele vai destemidamente ao encontro do futuro. Uma postura de fé tão extraordinária podia ocasionar mal-entendidos. Por isso, Paulo salienta em Fl 3,12: "Não que eu já o tenha alcançado ou que já seja perfeito, mas prossigo para ver se o alcanço, pois eu também já fui alcançado por Cristo Jesus." Na presença do espírito (cf. 1Cor 2,6; 3,1), Paulo conta-se efetivamente entre os "perfeitos" (Fl 3,15); no entanto, para ele, a perfeição não significa a realização plena habitual da salvação.

Como nenhuma outra carta de Paulo, a Carta aos Filipenses permite um olhar sobre a *personalidade* do apóstolo. Suas convicções fundamentais, sua esperança e confiança, mas também seus medos tornam-se visíveis. Paulo vive na consciência de participar do destino de Jesus Cristo, tanto no sofrimento como na glória. Por isso, as circunstâncias externas não podem atingi-lo, pois "tudo posso naquele que me fortalece" (Fl 4,13). O cativeiro justamente não impede Paulo de convocar os filipenses constantemente para a oração, o agradecimento e a alegria. Ele tem certeza de que tudo que serve à proclamação do evangelho é a vontade de Deus. Paulo vincula até mesmo seu possível sacrifício, sua morte de mártir, ao motivo da alegria (cf. Fl 12,17s). Não obstante, em Fl 3,11 insinua-se nele uma leve insegurança; ele se pergunta "se talvez" (εἴ πως) participaria de uma ressurreição antecipada dos mortos. Uma reação compreensível, pois o olhar para o futuro na presença da morte gera não só esperança e confiança, mas também medo. Contudo, pelo bem dos filipenses, Paulo escolhe a vida; ele sabe que eles e muitas outras pessoas continuam a precisar da proclamação do evangelho.

13.3 A Carta a Filêmon

A Carta a Filêmon é de proximidade imediata à Carta aos Filipenses, pois Paulo encontra-se em cativeiro (Fm 1.9.13), e, assim como na redação da Carta aos Filipenses, Timóteo e outros colaboradores estão com ele (Fm 1.23.24). Também as condições amenas da prisão

são comparáveis, pois Paulo pode reunir em torno de si seus colaboradores (Fm 1.23s) e realizar um trabalho missionário (Fm 10). Estas circunstâncias, assim como a autodesignação singular πρεσβύτης ("homem idoso")[73] em Fm 9 aponta para Roma como lugar da redação da Carta a Filêmon[74]. A relação temporal com a Carta aos Filipenses não pode ser definida com certeza, embora a ironia em Fm 19 indique que Paulo se encontre, em comparação com a Carta aos Filipenses, numa melhor situação de humor, de modo que a Carta a Filêmon deve ser situada provavelmente depois da Carta aos Filipenses (*por volta de 61 d.C.*). A ocasião da carta é o previsto retorno do escravo Onésimo a seu senhor Filêmon, um cristão de Colossos (cf. Cl 4,9: Onésimo; Cl 4,17/Fm 2: Arquipo).

O destinatário principal da carta é Filêmon, a quem Paulo se dirige como ἀδελφός ("irmão") e συνεργός ("colaborador") (Fm 1). Como codestinatários aparecem Ápia, Arquipo e a comunidade doméstica em torno de Filêmon. A definição da comunidade doméstica como "em tua casa" e não "em vossa casa" mostra que não há uma relação de parentesco entre Filêmon, Ápia e Arquipo, mas que Ápia e Arquipo são colaboradores destacados da comunidade destinatária. Deve ficar aberto se Arquipo atuava na comunidade como diácono, como insinua Cl 4,17. Filêmon era cristão (Fm 5.7), trabalhava ativamente na

---

[73] Πρεσβύτης não designa um ministério, mas identifica a idade de vida (cf. Lc 1,18: Tt 2,2); segundo Fílon, Op. Mund. 105, esse termo indica uma idade de 56 anos, depois disso inicia-se a idade de ancião (cf. NW II/2, 1064).

[74] Em favor de Roma argumentam, entre outros, J. B. LIGHTFOOT, *The Epistles of Paul III*, 3ª ed. (Londres: 1890), pp. 310s; J. WEISS, Das Urchristentum, p. 294; A. SCHWEITZER, Mystik, p. 47; A. JÜLICHER/E. FASCHER, *Einleitung in das Neue Testament*, 7ª ed. (Tübingen: 1931), pp. 124s; H. GÜLZOW, Christentum und Sklaverei in den ersten drei Jahrhunderten, pp. 29s; H.-M. SCHENKE/K. M. FISCHER, Einleitung I, p. 156. Por Cesareia optam: M. DIBELIUS, *An Philemon*, 3ª ed. HNT 12 (Tübingen: 1953), p. 107; E. LOHMEYER, *An Philemon*, 9ª ed. KEK 9/2 (Göttingen: 1953), p. 172; W. G. KÜMMEL, Einleitung, p. 307; C.-J. THORNTON, Der Zeuge des Zeugen, p. 212. A maioria dos exegetas considera Éfeso o lugar da redação da Carta a Filêmon; cf., por exemplo, P. STUHLMACHER, Phlm, p. 21; E. LOHSE, *An Philemon*, 2ª ed. KEK 9/2 (Göttingen: 1977), p. 264; J. GNILKA, Phlm, p. 4s; H. BINDER, *Der Brief des Paulus an Philemon*. ThHK 11/2 (Berlim: 1990), pp. 21-29; M. WOLTER, *Der Brief an Philemon*. ÖTK 12 (Gütersloh: 1993), p. 238; P. LAMPE, *An Philemon*. NTD 8/2 (Göttingen: 1998), p. 205. Segundo esta opção, a Carta a Filêmon teria sido redigida entre 53 e 55 d.C.

comunidade, possuía pelo menos um escravo, e sua casa servia como lugar de reunião da comunidade, de modo que ele pode ser contado entre a camada média de artesãos ou comerciantes. Em Fm 19b, Paulo menciona que Filêmon ainda lhe deveria algo. Portanto, um conhecimento pessoal é possível, mas de modo algum obrigatório, pois também Fm 19b pode ser um elemento da argumentação paulina sutil que oscila constantemente entre provas de benevolência e instruções camufladas[75]. Por outro lado, Paulo pode também ter convertido Filêmon e estar aludindo a isto no v. 19b. Na definição do lugar dos destinatários, as sintonias entre Fm 23s e Cl 4,10ss são de grande importância. Todos os nomes mencionados na conclusão da Carta a Filêmon aparecem também, em outra sequência e dotados de acréscimos, em Cl 4,10ss (exceção: Jesus Justo, Cl 4,11). Por isso supõe-se geralmente Colossos como lugar de residência de Filêmon[76].

A Carta a Filemon *não* é uma carta *privada*, pois está destinada ao mesmo tempo a Filêmon e também à comunidade reunida em sua casa. Como em outras cartas, Paulo vale-se também aqui de sua autoridade apostólica. Em termos da história das formas, a Carta a Filêmon deve ser classificada como uma carta de petição (παρακαλῶ nos v. 9.10a, um pedido explícito no v. 17) com elementos de uma carta de recomendação (cf. Fm 10b-13).

PAULO REALIZA UM TRABALHO DE CONVENCIMENTO

A estrutura da carta está fortemente influenciada por *elementos retóricos*[77]. Assim como na retórica da Antiguidade, também em Paulo, o proêmio tem a função de sintonizar os ouvintes e leitores, respectivamente, de modo benevolente. Isto se mostra muito claramente em

---

[75] Cf. A. SUHL, *Der Brief an Philemon*. ZBK.NT 13 (Zurique: 1981), p. 20.
[76] Cf., por exemplo, W. G. KÜMMEL, Einleitung, p. 307; PH. VIELHAUER, Geschichte der urchristlichen Literatur, p. 173s; E. LOHSE, Phlm, p. 261; P. STUHLMACHER, Phlm, p. 20; J. GNILKA. Phlm, p. 6 (uma comunidade no vale do Lico).
[77] Cf. F. F. CHURCH, "Rhetorical Structure and Design in Paul's Letter to Philemon", in *HThR* 71 (1978), pp. 17-33; J. GNILKA, Phlm, pp. 7-12.

Fm 7, um versículo que pode ser designado como uma *captatio benevolentiae* que faz a passagem para a verdadeira argumentação do apóstolo. Também a parte principal da Carta a Filêmon manifesta uma estrutura determinada por elementos retóricos. Por exemplo, Fm 9.10; 11.13; 11.14 devem ser atribuídos às figuras de argumentação retórica do *patos*, do *logos* (motivos da razão) e do *etos* (considerações de utilidade, apelo à honra). Especialmente a identificação do apóstolo com Onésimo em Fm 12(.17) procura ganhar os destinatários emocionalmente para si. Ao epílogo cabe na antiga retórica a função de resumir e sublinhar, com *patos* reforçado, o que foi dito até ali. Enquanto Fm 17a condensa a argumentação anterior do apóstolo, ela ganha em Fm 19.20 claramente em *patos*.

À primeira vista, a Carta a Filêmon causa a impressão de um escrito teologicamente insignificante. Esta é uma avaliação inadequada, pois justamente a Carta a Filêmon abre uma janela sobre as particularidades da argumentação paulina. No proêmio (Fm 4-7), Paulo procura claramente ganhar Filêmon para si. Ele o pega em seu ser cristão ao insinuar que ele deveria fazer o bem que é capaz de fazer (Fm 6.7). Enquanto Paulo apela até aqui somente à responsabilidade de Filêmon, nos v. 8.9, ele faz sutilmente sua autoridade entrar em jogo. Ele ressalta explicitamente que não quer fazer uso de sua autoridade e renuncia ao título de apóstolo (Fm 1.8b.9), mas justamente através disso, ele põe sua posição de uma forma muito mais eficaz na balança. Apenas no v. 10, o interesse da carta fica claro. Paulo pede pelo escravo Onésimo, cujo dono e senhor no sentido jurídico foi e é Filêmon. Por que Onésimo estava com Paulo? Seria possível que Onésimo, depois de um furto, fugiu de seu senhor (cf. Fm 18), encontrou em seguida Paulo e foi convertido por ele ao cristianismo (cf. Fm 10). Se fosse assim, Onésimo teria o *status* de um escravo fugitivo (*fugitivus*) e precisaria contar com um castigo, algo que Paulo procuraria evitar. No caso desta suposição não se pode explicar satisfatoriamente por que Onésimo aparece justamente junto a Paulo numa cela de prisão (acaso? ele conhecia o apóstolo?) e não procura preservar a liberdade adquirida numa grande cidade ou no exterior. Por isso supõe-se[78] que Onésimo

---

[78] Cf. P. Lampe, Phlm, p. 206.

não teria sido um escravo foragido, mas que ele teria procurado Paulo somente como intercessor num conflito doméstico. Fazendo isto, Onésimo teria escolhido um caminho usual em tais casos, descrito em numerosos textos antigos[79]. Neste caso, o objetivo de Onésimo seria a volta para a casa de Filêmon, que ele procuraria realizar com a ajuda da mediação de Paulo. Aqui, a presença de Onésimo junto a Paulo parece plausível, embora Fm 13 apresente um problema, porque ali se pressupõe um tempo prolongado de serviço do escravo junto a Paulo. Por que Onésimo permaneceu um tempo maior com Paulo, se este deveria funcionar somente como intercessor (por escrito)? Já não é possível esclarecer com certeza por que Onésimo se encontrou com Paulo. Claro é apenas que um acontecimento na casa de Filêmon motivou o escravo Onésimo a sair[80], que ele encontrou Paulo na prisão, que este o apoiou e que a questão é agora sua futura permanência junto a Paulo ou seu retorno à casa de Filêmon.

O motivo teológico central da carta aparece no v. 11: a conversão de Onésimo tem consequências não só para ele mesmo, mas também para a relação do escravo Onésimo com seu senhor Filêmon. Filêmon deve reconhecer e aceitar o *novo status* do escravo Onésimo como irmão amado "tanto na carne como no Senhor" (Fm 16: καὶ ἐν σαρκὶ καὶ ἐν κυρίῳ). Com isto, o apóstolo desafia Filêmon a romper com a antiga estrutura social da casa e reconhecer a Onésimo um novo *status* social como irmão amado, sob seu *status* legal igual[81]. Ao identificar-se explicitamente com Onésimo (Fm 12.16.17-20), o apóstolo elucida a Filemon a nova situação. Este deve moldar a nova relação com Onésimo a partir de seu relacionamento com Paulo. Quando Paulo, em conformidade com a situação jurídica, mas contra Dt 23,16 (!), manda

---

[79] Cf., por exemplo, Plínio, Epistulae IX 21 (= NW II/2, 1059s).
[80] Segundo M. WOLTER, Phlm, p. 231, pode-se supor "que Onésimo foi acusado na casa de seu senhor de uma transgressão, mas que ele mesmo se considerava inocente e por isso pediu a intervenção de Paulo".
[81] Cf. M. WOLTER, Phlm, pp. 233s: "Filêmon deve ver justamente em seu escravo o irmão (15s.), e mais ainda, sem que a radicalidade desse desafio ou desaforo fosse amenizado por uma elevação jurídico-formal do *status* legal de Onésimo por meio da libertação".

agora Onésimo de volta (Fm 12.14), uma parte dele mesmo vai até Filêmon. A verdadeira meta da argumentação de Paulo revela-se no v. 13: ele quer que Onésimo fique com ele, para servir a ele e à pregação do evangelho. No entanto, Paulo não quer conseguir este serviço de Onésimo sem o consentimento espontâneo de Filêmon (Fm 14), mas, *de facto*, ele pressupõe este consentimento (Fm 21). Embora Paulo espere poder visitar Filêmon em breve pessoalmente (Fm 22), isto não torna supérfluo o serviço atual e futuro de Onésimo. Segundo o testemunho da Carta a Filêmon, a liberdade cristã não opera a abolição abrangente das ordens sociais, mas ela se realiza concretamente no âmbito da comunidade.

O nome Onésimo é mencionado também em Cl 4,9. Ali se diz que Paulo enviaria o Onésimo fiel e amado a Colossos. Se tratar-se aqui da mesma pessoa da Carta a Filêmon, pode-se concluir que Filêmon não apenas perdoou a seu escravo Onésimo, mas que ele também o libertou para o serviço junto a Paulo e no âmbito da missão paulina. P. STUHLMACHER afirma isto e presume, além disso, que o bispo Onésimo de Éfeso, mencionado três vezes em Inácio (IgnEf 1,3; 2,1; 6,2), seja idêntico ao escravo Onésimo da Carta a Filêmon[82]. Contudo, a mera identidade do nome ainda não é um argumento para conclusões de tão amplo alcance[83]. Provavelmente, Paulo não exige a libertação de Onésimo, pois ele define a liberdade como uma liberdade interior (cf. 1Cor 7,21-24) que tem sua possibilitação e sua meta unicamente em Jesus Cristo.

Estruturas sociais são irrelevantes para este conceito de liberdade, porque não concedem liberdade nem podem anular a falta de liberdade. No entanto, a preservação do direito em vigor não exclui uma mudança fundamental na situação do escravo, como mostra a argumentação na Carta a Filêmon. Paulo deseja conduzir Filêmon para o reconhecimento de ver em Onésimo o irmão amado e de disponibilizá-lo ao apóstolo em lugar de si mesmo.

---

[82] Cf. P. STUHLMACHER, Phlm, pp. 18.57.
[83] Cf. neste sentido E. LOHSE, Phlm, pp. 289s; J. GNILKA, Phlm, p. 6.

13.4 Paulo, o mártir

Quando Paulo chegou no ano 59 a Roma e podia atuar como missionário, mesmo sendo um prisioneiro, já tinha ocorrido uma clara *autodiferenciação* entre judeus e cristãos na capital do mundo:

1) Devido ao enfraquecimento da parcela judeu-cristã dentro da comunidade romana, os gentio-cristãos ganharam em influência, e isto forçou a separação das comunidades judaicas em Roma.

2) A predominância dos gentio-cristãos na comunidade romana fez provavelmente também com que as autoridades romanas percebessem os cristãos agora como um movimento autônomo, separado do judaísmo.

3) Não possuímos testemunhos diretos sobre o relacionamento entre judeus e cristãos nos anos 60, embora seja eloquente uma observação de Sêneca, transmitida por Agostinho, segundo a qual os cristãos eram já naquele tempo os inimigos odiados dos judeus (De civitate dei VI 11: *"Christianos tamen iam tunc Iudaeis inimicissimos"*). As comunidades judaicas em Roma devem ter promovido ativamente o processo da diferenciação dos cristãos, para evitar assim outros sucessos missionários dos cristãos. Essa estratégia teve aparentemente êxito, pois na época em que a perseguição aos cristãos começou, os judeus não foram atingidos, graças a seus privilégios.

4) Em Tácito, Anais XV 44,4, menciona-se uma "quantidade enorme" de cristãos presos no âmbito da perseguição de Nero. Isto pressupõe que a comunidade romana cresceu muito rapidamente[84]. Quando Nero, sem maior justificativa e sob os aplausos da população, podia responsabilizar os cristãos pelo incêndio de Roma[85], então esse movimento já era conhecido na cidade inteira e considerado pela maioria da população digno de castigo.

---

[84] Esse dado é confirmado em 1Clem 6,1, que no contexto de Pedro e Paulo se refere a muitos outros mártires.
[85] Para a intensificação do culto ao imperador, promovida pelo próprio Nero, cf. M. CLAUSS, Kaiser und Gott, pp. 98-111.

O RELATO DE TÁCITO

Isso é confirmado pelo relato de Tácito (Anais XV 44,2-5) sobre o incêndio de Roma, no qual ele, de sua parte, ressalta, por um lado, explicitamente a inocência dos cristãos em relação ao incêndio, mas, por outro, também constata[86]:

(2) "Mas nem por auxílio de seres humanos nem pelas doações do imperador ou pelas medidas para apaziguar os deuses podia ser suprimido o boato infame; antes, cria-se firmemente nele: o incêndio teria sido ordenado. Em consequência, Nero, para por um fim aos rumores, apresentou e submeteu aos mais rebuscados castigos outros pretensos culpados que, odiados por suas ignomínias (*flagitio*), eram chamados pelo povo de *chrestianos*[87]. (3) O homem de quem é derivado este nome, Cristo, foi executado sob iniciativa do procurador Pôncio Pilatos no reinado de Tibério; e, momentaneamente reprimida, a execrável superstição (*superstitio*) irrompeu de novo, não só na Judeia, a terra que foi o berço desse mal (*mali*), mas também em Roma, para onde afluem do mundo inteiro e são celebrados todos os horrores e abominações. (4) Assim foram inicialmente aprisionados os que faziam uma confissão, depois, segundo a denúncia destes, foi declarada culpada uma grande multidão, não tanto pelo crime do incêndio, mas por causa de um ódio ao gênero humano (*odio humani generis*). E quando iam para a morte, eram ainda expostos a zombarias, de tal modo que eles, cobertos de peles de animais selvagens, morriam dilacerados por cães ou, pregados na cruz e destinados à morte na fogueira, eram queimados como iluminação noturna, assim que o dia chegasse a seu fim. (5) Nero tinha cedido seu parque para esse espetáculo e, ao mesmo

---

[86] Cf. a respeito H. HOMMEL, "Tacitus und die Christen", in Idem, *Sebasmata II*. WUNT 32 (Tübingen: 1984), pp. 174-199; D. FLACH, "Plinius und Tacitus über die Christen", in P. KNEISSL/V. LOSEMANN (org.), *Imperium Romanum*. FS K. CHRIST (Stuttgart: 1998), pp. 218-232.

[87] O melhor manuscrito lê aqui *chrestianos*, que devia soar para ouvidos acostumados ao grego como "homens honrosos"; cf. a respeito H. HOMMEL, Tacitus und die Christen, pp. 178-180.

tempo, oferecia jogos no circo, nos quais, vestido com o traje de auriga, ele se misturava ao povo ou montava numa biga. Disso desenvolvia-se uma compaixão, ainda que fosse para com culpados que teriam merecido os castigos mais severos: pois acreditava-se que eles não fossem sacrificados pelo interesse público, mas pela crueldade de um único homem."

As acusações de Tácito devem refletir, por um lado, a polêmica anticristã no início do séc. II, mas, ao mesmo tempo, também registrar corretamente a postura hostil de muitos romanos contra os cristãos no ano 64. Sob o termo *flagitia* ("ignomínias/abominações")[88] devem-se entender aquelas acusações que aparentemente eram levantadas contra os cristãos desde tempos antigos: incesto, infanticídio e culto secreto[89]. A veneração divina de um crucificado e os textos e práticas no contexto das celebrações da Ceia do Senhor, estranhas para pessoas de fora, podem ter gerado essas acusações. A acusação da superstição (*superstitio*)[90] aparece constantemente na polêmica anticristã, pois, para os romanos, era absurdo e bizarro ao mesmo tempo que os cristãos adorassem um agitador político crucificado como Filho de Deus. De explosividade política era a acusação vinculada à expressão "*odium humani generis*", ódio aos seres humanos[91]. Devido a sua organização comunitária exclusiva, ao auxílio social dispensado a membros da comunidade em situação de necessidade e à negação de participar da vida social, religiosa e política da maneira usual, os cristãos atraíram esta acusação sobre si. Tácito levanta acusações semelhantes contra os judeus (Histórias V 3-5)[92], mas estes eram em princípio aceitos pelos romanos como grupo nacional. Ao contrário dos cristãos, o judaísmo era uma religião antiga herdada dos pais.

---

[88] Para *flagitia*, cf. H. HOMMEL, op. cit., pp. 181s.
[89] Cf. a respeito também R. FREUDENBERGER, "Der Vorwurf ritueller Verbrechen gegen die Christen im 2. und 3. Jahrhundert", in *ThZ* 23 (1967), pp. 97-107.
[90] Cf. D. LÜHRMANN, "Superstitio – die Beurteilung des frühen Christentums durch die Römer", in *ThZ* 42 (1986), pp. 191-213.
[91] Cf. H. HOMMEL, Tacitus und die Christen, pp. 182-191 (189: "atitude fundamentalmente hostil à lei").
[92] Cf. H. LICHTENBERGER, Josephus und Paulus in Rom., p. 258.

O RELATO DE SUETÔNIO

Suetônio (Nero 16,2) coloca acentos diferentes em sua descrição das perseguições dos cristãos sob Nero:

"Muitas proibições e meios de pressão severos foram novamente postos em vigor sob seu governo, e igualmente introduziram-se novos. Os gastos eram detidos, e as alimentações públicas eram reduzidas para a distribuição de víveres. Proibiu-se a venda de alimentos cozidos nas tabernas, somente fazia-se uma exceção com verduras e leguminosas, enquanto antigamente podia-se oferecer todo tipo de pratos. Castigava-se com a morte os cristãos, uma seita de uma superstição nova e contra a segurança geral. Proibiu-se também as diversões dos aurigas, que deduziram de longos anos de tolerância o direito de vagabundar em determinadas temporadas pela cidade e divertir-se ao enganar e roubar as pessoas. Os atores de pantomima e seus adeptos, ele os baniu."

Suetônio vê aparentemente na perseguição aos cristãos uma das proibições novas introduzidas recentemente por Nero e não a trata no contexto do incêndio de Roma, descrito por ele em Nero 38,1-3. É polêmico se existiu um *mandatum* especial de Nero que classificasse os cristãos como um grupo político religioso perigoso, independentemente do incêndio de Roma[93]. Este procedimento não seria incomum para Nero, pois ele agia tanto contra pessoas como contra movimentos que não participavam na medida necessária do culto do Estado e da veneração de sua pessoa. Por exemplo, no ano 66, o estoico Trasea Paeto foi entregue à morte por Nero, porque ele, sendo um republicano e filósofo, demonstrava seu desprezo ao culto ao imperador publicamente, o que lhe acarretou a acusação: "Ele despreza os costumes religiosos, abole as leis" (Tácito, Anais XVI 22).

Desde a época de Nero considerava-se aparentemente a confissão pública *"christianus sum"* um crime digno de morte. O motivo deve residir no fato de "que o cristianismo, devido à pessoa de seu 'fundador'

---

[93] Voto negativo de F. VITTINGHOFF, "Christianus sum" – Das "Verbrechen" von Aussenseitern der römischen Gesellschaft, pp. 335s.

como um agitador político executado e os *christiani* como adeptos e portadores de seu nome, tinha sido criminalizado desde o início"⁹⁴. Os cristãos eram castigados de modo cruel, e os tipos de morte (dilaceração por cães selvagens, crucificação, morte na fogueira) mostram que a maioria deles não possuía a cidadania romana.

No clima de *pogrom*, também cristãos de cidadania romana devem ter sido mortos.

TRADIÇÕES CRISTÃS-PRIMITIVAS

As tradições mais antigas sobre o destino de Paulo pressupõem sua morte de mártir em Roma. Por exemplo, 1Clem 5,5-7 afirma⁹⁵:

> "Por causa de inveja e discórdia, Paulo mostrou o troféu da perseverança: sete vezes, ele carregou correntes, foi expulso, apedrejado, tornando-se arauto no Oriente e no Ocidente e ganhando a fama legítima de sua fé. Ele ensinou a justiça ao mundo inteiro e alcançou os limites do ocidente e deu testemunho diante dos detentores do poder. Assim, ele deixou o mundo e passou para o lugar santo e se tornou o maior modelo da perseverança."

Já a moldura do texto aponta claramente para a morte de mártir: "Por causa de ciúme e inveja, as colunas mais altas e justas (στῦλοι; cf. Gl 2,9) foram perseguidas e lutaram até a morte. Coloquemos diante de nossos olhos os apóstolos valentes" (1Clem 5,2.3). Depois de aduzir Pedro e Paulo como exemplos sobressalentes desses justos, 1Clem 6,1 afirma: "A esses homens, que caminhavam segundo a vontade de Deus, ajuntou-se uma grande multidão de eleitos que sofreram muitas formas de martírio e tortura devido à inveja e que se tornaram entre nós um exemplo excelente". Também dentro de 1Clem 5,5-7, vários motivos apontam para o martírio de Paulo em Roma⁹⁶:

---

⁹⁴ F. Vittinghoff, op. cit., p. 336.
⁹⁵ Para a análise do texto, cf. H. Löhr, "Zur Paulusnotiz in 1 Clem 5,5-7", in F. W. Horn (org.), *Das Ende des Paulus*, pp. 197-213.
⁹⁶ Cf. A. Lindemann, *Paulus im ältesten Christentum*, pp. 74-80.

1) A imagem da "competição" e do "troféu" simboliza em 4Mc 17,11-16 a coragem, a lealdade de fé, a perseverança e a recompensa celestial dos mártires (cf. Fl 3,14).

2) Também a expressão "e deu testemunho diante dos detentores do poder" refere-se à morte de martírio (cf. 1Tm 6,13; MartPol, 1,1; 19,1s; 22,1).

3) Para a Primeira Carta de Clemente, os "limites do ocidente", isto é, Roma[97], são idênticos ao lugar do martírio.

4) Paulo saiu da vida e chegou ao "lugar santo" dos mártires junto a Deus. Como já antes Pedro (1Clem 5,4), Paulo é apresentado como um modelo que deve ser imitado por todos os cristãos.

No entanto, a Primeira Carta de Clemente não vincula a morte de Pedro e de Paulo ao incêndio de Roma. Além disso, chama a atenção a menção repetida de ζῆλος ("zelo") e ἔρις ("discórdia") em 1Clem 5s, algo que não pode ser relacionado somente com a situação atual de conflito em Corinto. Aparentemente, o texto pressupõe que as discórdias dentro da comunidade romana ou entre a comunidade romana e o judaísmo eram um dos fatores determinantes para a morte do apóstolo. A descrição da estada de Paulo em Roma em At 28 poderia apoiar esta interpretação. Paulo aparece como um homem solitário que não é absolutamente apoiado pela comunidade romana e que faz missão entre os judeus apenas com sucesso moderado. Essa situação corresponde à tradição pessoal transmitida em 2Tm 4,10-17:

> "Pois Demas me abandonou por amor a este mundo e partiu para Tessalônica. Crescente foi para a Galácia, Tito para a Dalmácia. Lucas é o único que está comigo. Toma contigo Marcos e traze-o, pois ele me será um bom auxiliar. Enviei Tíquico a Éfeso. Traz-me, quando vieres, o manto que deixei em Trôade, na casa de Carpo, e também os livros, especialmente os pergaminhos. Alexandre, o ferreiro, cometeu muita maldade para comigo; o Senhor lhe retribuirá como merecem suas obras. Tu, guarda-te também dele, porque ele combateu fortemente nosso ensinamento. Na primeira vez

---

[97] Se Paulo efetivamente tivesse chegado até a Espanha, a Primeira Carta de Clemente teria mencionado este fato; cf. A. LINDEMANN, op. cit., p. 78. Diferente H. LÖHR, Zur Paulusnotiz in 1Clem 5,5-7, pp. 207-209, que relaciona a expressão "limites do ocidente" com a Espanha. Neste caso, a Primeira Carta de Clemente seria um testemunho de que ainda teria havido uma missão de Paulo na Espanha.

que apresentei minha defesa, ninguém me assistiu; todos me abandonaram. Que isto não lhes seja imputado. Mas o Senhor estava do meu lado e me deu força, a fim de que por mim a proclamação fosse realizada plenamente e que todas as nações a ouvissem; e eu fui salvo da boca do leão."

A Segunda Carta a Timóteo apresenta-se como testamento de Paulo, escrito em Roma (cf. 1,17; além disso, 1,8; 2,9), e desenvolve caracteristicamente uma teologia do martírio, sob adoção da metáfora da competição em 4,7s: Paulo combateu um bom combate e terminou sua corrida; agora o espera junto a Deus a coroa da justiça. Depois disso, segue-se a tradição pessoal mencionada de 2Tm 4,10-17, que se encontra com At 28 num ponto decisivo: Paulo foi abandonado por seus colaboradores, unicamente Lucas está com ele! Embora as correntes de tradições dos Atos dos Apóstolos e da Segunda Carta a Timóteo argumentem em seus detalhes de modo muito distinto, elas concordam no detalhe de que Paulo não recebeu nenhum apoio da parte de seus colaboradores e provavelmente nenhum da comunidade romana. A ênfase na inveja e na discórdia em 1Clem 5s confirma esta imagem; as polêmicas em torno da pessoa de Paulo, presentes entre gentio-cristãos e judeu-cristãos e entre cristãos e judeus, respectivamente, continuavam também em Roma. Abandonado, Paulo morreu provavelmente como mártir[98] no contexto de uma perseguição dos cristãos no tempo de Nero, entre 62 e 64 d.C.[99].

---

[98] Na Igreja Antiga não se desenvolveu nenhuma tradição concorrente, o que também leva a concluir que Paulo morreu em Roma como mártir. Cf., por exemplo, Epistulae Senecae ad Paulum et Pauli ad Senecam 49; uma variante da tradição é oferecida por Eusébio, HE II 22,2: "Afirma-se que, depois de defender sua causa no tribunal, o apóstolo teria saído novamente em viagens missionárias, para entrar depois pela segunda vez na cidade e chegar à plena realização em seu martírio." Os textos da Igreja Antiga são apresentados e analisados em TH. ZAHN, *Einleitung in das Neue Testament I*, 2ª ed. (Leipzig: 1900), pp. 437-459; além disso, cf. W. BAUER, "Das Apostelbild in der altchristlichen Überlieferung", in E. HENNECKE/W. SCHNEEMELCHER (org.), *Neutestamentliche Apokryphen II*, 4ª ed. (Tübingen: 1971), pp. 39-41. Sobre tradições acerca da história local da comunidade romana, cf. H. G. THÜMMEL, *Die Memorien für Petrus und Paulus in Rom*. AKG 76 (Berlim: 1999).

[99] Outro acento é colocado por H. OMERZU, *Der Prozess des Paulus*, p. 508, segundo a qual Paulo chegou no ano 60 d.C. a Roma "e passou outros dois anos de prisão relativamente leve, antes que o imperador Nero confirmasse a sentença de morte de Festo e que Paulo fosse executado".

Parte Dois:
O Pensamento Paulino

O ponto de partida para as reflexões que seguem é a percepção teórico-histórica já desenvolvida acima[1] de que um evento em si ainda não está dotado de sentido, mas que seu *potencial de sentido precisa ser primeiramente revelado e mantido*. É preciso transformar a contingência desregrada em uma "contingência inteligível, dotado de sentido e regrada"[2]. Isto permite a narração como um empreendimento narrativo fundamental de criação de sentido, pois ela constrói aquela estrutura de sentido que permite lidar com a contingência histórica[3]. A narração relaciona em termos de conteúdo, tempo e espaço, "ela plausibiliza *ex post facto* o que precisava ocorrer, necessária ou provavelmente, de uma determinada maneira"[4]. Uma narração funda descoberta e aprendizado, ao criar novos relacionamentos e contextos e ao evidenciar o sentido do evento. Isto ocorre também em Paulo dentro do marco-gênero "carta" com sua história-de-Jesus-Cristo[5], pois diante da aparição perto de Damasco, criações de formação de sentido eram inevitáveis. Paulo transforma a contingência desregrada, a singularidade e excepcionalidade da cruz e da ressurreição em uma construção teológica de narração, argumentação e sentido, cujo fundamento sustentador, cujos princípios de construção, cujo material, cujas conexões e cujos espaços de sentido serão agora apresentados. Nesse empreendimento pressupõem-se constantemente os resultados históricos e teológicos da Parte Um.

---

[1] Cf. acima, Secção 1.2 (Considerações histórico-teóricas); Secção 1.3 (O conceito: criação de sentido em continuidade e transformação).
[2] P. Ricoeur, Zufall und Vernunft in der Geschichte (Tübingen: 1985), p. 14.
[3] Cf. J. Straub, Temporale Orientierung und narrative Kompetenz, pp. 26s.
[4] J. Straub, op. cit., p. 30.
[5] Cf. acima, Secção 5.1 (A exercitação: Paulo e a tradição cristã primitiva).

Capítulo 14
A PRESENÇA DA SALVAÇÃO COMO CENTRO DA TEOLOGIA PAULINA

A base e o centro do pensamento paulino é a *presença escatológica da salvação de Deus em Jesus Cristo*. Paulo estava totalmente dominado pela experiência e intelecção de que Deus tinha erguido no Jesus Cristo crucificado, ressuscitado e que em breve voltaria do céu sua vontade salvífica definitiva para o mundo inteiro. Deus mesmo trouxe a virada dos tempos; ele estabeleceu uma nova realidade, na qual o mundo e a situação humana no mundo aparecem a uma luz diferente. Um evento totalmente inesperado e singular mudou o pensamento e a vida de Paulo fundamentalmente. Ele foi colocado diante da tarefa de interpretar, a partir do evento Cristo e de modo qualitativamente novo, a história do mundo e da salvação, seu próprio papel nela, bem como a atuação passada, presente e futura de Deus. Dessa maneira, a teologia paulina é tanto uma captação do novo e uma interpretação do passado. Paulo esboçou um *cenário escatológico*, cujo fundamento foi a vontade salvífica de Deus, cujos pontos extremos foram a ressurreição e a *parusia* de Jesus Cristo, cuja força determinante foi o espírito santo, cujo objetivo presente foi a participação dos crentes da nova existência e cuja meta foi a transformação em uma existência pneumática junto a Deus. Desde a ressuscitação de Jesus Cristo atua novamente o Espírito de Deus[1], os

---

[1] Cf. P. Kim, Heilsgegenwart bei Paulus, p. 180: "A atuação do espírito de Deus no mundo começa para Paulo novamente depois do fim da profecia em Israel com a morte e a ressuscitação de Jesus Cristo. Com a aceitação e ressuscitação de uma pessoa injustamente crucificada, Deus coloca seu espírito de novo em vigor, para conduzir o

cristãos batizados estão separados do pecado e vivem numa relação qualitativamente nova com Deus e com o *Kyrios* Jesus Cristo. A eleição dos cristãos, visível no batismo e no dom do espírito, e sua vocação como participantes do evangelho têm uma validade que vai até o *escaton*, a experiência presente da salvação e a esperança futura da salvação entrelaçam-se[2]. A reserva futúrica (cf. 1Cor 13,12; 2Cor 4,7; 5,7; Rm 8,24) não significa absolutamente uma restrição do conteúdo da existência essencialmente nova dos crentes[3], mas descreve a estrutura temporal da existência cristã e sua plena realização no futuro acontecimento da ressurreição. Já no presente, os batizados passaram irrestritamente da esfera da morte para a esfera da vida. Não só uma nova compreensão da existência, mas a própria existência nova já começou num sentido abrangente! Os crentes têm, portanto, parte num *processo de transformação universal*, que começou com a ressurreição de Jesus Cristo dos mortos, que continua na presente atuação poderosa e salvífica do espírito e que terminará na transformação de toda a criação para a glória de Deus. A teologia paulina em sua totalidade está marcada pelo pensamento da presença da salvação[4].

APORIAS INEVITÁVEIS

Este modelo fundamental coeso forma a base da argumentação paulina em todas as cartas, mas, ao mesmo tempo, deixa abertas perguntas

---

mundo para o juízo e a plenificação. Desde a morte e a ressuscitação de Cristo, os seres humanos estão convocados a aderir à comunhão na qual atua o espírito."

[2] Cf. D. G. POWERS, Salvation through Participation, p. 234: "*Paul even describes the believers' eschatological resurrection as a participation in Jesus' resurrection*" (Paulo descreve até mesmo a ressurreição escatológica dos crentes como uma participação da ressurreição de Jesus).

[3] Diferente CHR. STRECKER, Die liminale Theologie des Paulus, p. 211, segundo o qual os batizados são "pessoas liminais" "que são libertadas da antiga existência sob o pecado, mas nas quais, não obstante, a nova existência opera apenas de forma incipiente". Para esta problemática, cf. abaixo, Secção 17.1 (A nova existência como participação em Cristo).

[4] Cf. P. KIM, Heilsgegenwart bei Paulus, pp. 177-186. A autora vê no derramamento do espírito já acontecido no batismo a especificidade teológica e histórico-religiosa do pensamento paulino.

que pesam em medida crescente sobre Paulo: como alguém se torna e permanece membro da comunidade eleita de Deus? Com essa pergunta central vinculam-se numerosos problemas individuais: Qual é a relação entre a primeira e a segunda revelação? Gentio-cristãos, no momento de sua acolhida na comunidade de Deus, precisam ser circuncidados?[5] Qual o significado da observância dos mandamentos da Torá para judeu-cristãos e gentio-cristãos? Qual é a relação entre os crentes em Cristo e o Israel empírico? O grande êxito de sua missão livre da circuncisão entre os gentios confrontou Paulo com problemas enormes, pois ele precisava pensar em conjunto e colocar numa coerência interna o que não podia ser harmonizado: a primeira aliança de Deus continua a estar em vigor, mas somente a nova aliança salva. O Povo de Deus Israel precisa confessar Cristo, para se tornar junto aos gentios crentes o verdadeiro Povo de Deus. Para afirmar a união do separado, Paulo estava obrigado a racionalizações posteriores, especialmente na questão da lei e na problemática de Israel. Sua imagem de Deus não permitia declarar a primeira aliança como fracassada. Ele não podia e não queria aceitar que Deus fez ou precisou fazer uma segunda tentativa para criar definitivamente redenção e salvação para o mundo[6]. Por isso, Paulo *teve que* aceitar parcialmente contradições, elementos difusos e argumentações artificiais.[7] Tudo isso nasceu não de sua arbitrariedade ou incapacidade, mas surgiu objetivamente das perguntas a serem respondidas e que, em seu cerne, até hoje não estão respondidas. Elas nem sequer podem ser respondidas, porque somente Deus sabe a resposta! O significado da Torá para os cristãos

---

[5] Cf. acima, Secção 6 (A Convenção dos Apóstolos e o incidente antioqueno: sem solução dos problemas).

[6] Cf. E. P. SANDERS, Paulus, pp. 167s, que enfatiza com razão que Paulo em seu pensamento estava guiado por princípios intransigentes.

[7] Este aspecto não é considerado por H. RÄISÄNEN quando ele afirma: *"it is a fundamental mistake of much Pauline exegesis in this century to have portrayed Paul as 'the prince of thinkers' and the Christian 'theologian par excellence'"* (é um erro fundamental de muita exegese sobre Paulo neste século ter retratado Paulo como o "rei dos pensadores" e o "teólogo cristão por excelência"; Idem, Paul and the Law, pp. 266s). Paulo foi mais que um pensador original, pois, não obstante os problemas mencionados, sua obra possui uma qualidade sistêmica que não é captada por RÄISÄNEN.

e sua relação com Israel são para Paulo problemas históricos e teológicos consequentes, com os quais ele precisava se confrontar. É certo que, pelo fim da atividade missionária do apóstolo, esses problemas ganham em importância, mas objetivamente, eles permanecem fenômenos secundários. Até mesmo as Cartas aos Gálatas e aos Romanos, determinadas pela temática da lei e da justiça, ainda permitem perceber claramente que o fundamento do pensamento paulino não são as categorias jurídicas, mas o *pensamento de transformação e participação*.

CAPÍTULO 15
TEOLOGIA: DEUS AGE

Deus é o *axioma* inquestionável e simultaneamente todo-determinante da teologia paulina, seu ponto de partida em termos de visão de mundo. A análise linguística confirma a importância do tema, pois nas cartas protopaulinas, ὁ θεός ocorre 430 vezes[1]. Para Paulo, a existência de Deus está acima de qualquer dúvida; o saber acerca de Deus pertence a sua sensação natural da vida e marca sua compreensão da realidade. No entanto, Deus é considerado não em sua natureza, seu "ser-assim"[2], mas sempre como alguém que age. Em sua *teologia*, Paulo está em continuidade com sentenças básica judaicas: Deus é um e uno, ele é o Criador, o Senhor e o plenificador do mundo. Ao mesmo tempo, a cristologia muda fundamentalmente a *teologia*; Paulo anuncia um monoteísmo cristológico.

15.1 O Deus Uno como Criador e Plenificador

A unicidade e singularidade de Deus pertencem às convicções fundamentais da fé judaica[3]; existe somente um único Deus, fora do qual

---

[1] 1Ts: 36 vezes; 1Cor: 106 vezes, 2Cor: 79 vezes; Gl: 31 vezes; Rm: 153 vezes; Fl: 23 vezes; Fm: 2 vezes.
[2] Esta questão domina os diálogos no escrito filosófico-religioso principal de Cícero, De natura deorum; cf., por exemplo, Nat. Deor. I,2: "Pois alegam-se muitas coisas diferentes sobre a forma dos deuses, o lugar de sua estada e sua morada, e sobre seu modo de vida, e sobre isso há um acirrado debate entre os filósofos e suas opiniões".
[3] Para a formação do monoteísmo dentro da história da religião israelita, cf. M. ALBANI, *Der eine Gott und die himmlischen Heerscharen*. ABG 1 (Leipzig: 2000); além disso,

não há deus (Dt 6,4b: "Ouve, ó Israel: YHWH, nosso Deus, é um!"; além disso, cf. Is 44,6; Jr 10,10; 2Rs 5,15; 19,19 etc.). Em Arist. 132 começa um ensinamento sobre a natureza de Deus com a constatação de "que há só um Deus e que sua força se revela através de todas as coisas, pois cada lugar está cheio de seu poder". Fílon ressalta num contraste agudo aos cultos a muitos deuses-ídolos da Antiguidade: "Portanto, vamos firmar em nós o primeiro mandamento que é o mais sagrado; considerar e venerar Um como o Deus supremo; a doutrina dos muitos deuses-ídolos nem sequer deve tocar o ouvido do homem que busca a verdade em pureza e sem falsidade".[4] Para Paulo, a unicidade de Deus é o fundamento de seu pensamento, tanto em termos de prática como em termos de pensamento[5]. É verdade que existem numerosos assim chamados deuses no céu e na terra (cf. 1Cor 8,5; 10,20), mas simultaneamente vale: "Portanto, para nós existe um só Deus, o Pai" (1Cor 8,6a). Os cristãos em Tessalônica converteram-se dos ídolos para o Deus verdadeiro (1Ts 1,9s), e Paulo escreve programaticamente à comunidade romana: "quando pois Deus é um, que justificará os circuncisos pela fé e os incircuncisos, através da fé" (Rm 3,30). O fundamento da distinção entre Deus, a lei, Moisés e os anjos em Gl 3,19s é a sentença de fé "Deus, porém, é um só" (Gl 3,20: ὁ θεὸς εἷς ἐστιν). O monoteísmo determina profundamente a maneira pela qual o judaísmo é percebido do lado de fora; assim enfatiza Tácito: "Entre os judeus há somente um (re)conhecimento no espírito, a fé num Deus único" (Hist. V 5,4). O reconhecimento da unicidade de Deus tem para Paulo também consequências práticas, pois "sabemos que não há ídolo no mundo e que não há outro deus a não ser o deus único" (1Cor 8,4). Os gálatas voltam para trás e abandonam o reconhecimento do Deus uno e real, quando veneram "fracos e miseráveis elementos" (Gl 4,9).

---

cf. W. Schrage, Unterwegs zur Einzigkeit und Einheit Gottes, pp. 1-35 (textos principais acerca do monoteísmo veterotestamentário e judaico). 35-43 (textos importantes do monoteísmo pagão).

[4] Fílon, Decal. 65; além disso, Josefo, Ant. 3,91. O antigo culto a muitos deuses-ídolos com suas inúmeras imagens era também objeto de zombarias de filósofos gentios; cf. Cícero, Nat. Deor. I 81-84.

[5] Cf. W. Schrage, Unterwegs zur Einzigkeit und Einheit Gottes, pp. 43-90.

O monoteísmo judaico é a base da visão de mundo paulina: existe somente o Deus que é um, verdadeiro, existente e atuante.

O fato de que Deus é Deus manifesta-se primeiro em sua ação criadora. Para Paulo, o mundo inteiro é a criação de Deus (1Cor 8,6; 10,26)[6], e o Deus Criador do Gênesis não é outro do que aquele que age em Jesus Cristo e nos crentes (2Cor 4,6). Deus chama para a existência aquilo que não existe; somente ele faz viver os mortos (Rm 4,17)[7] e é o "Pai" do mundo (1Cor 8,6; Fl 2,11). Somente dele pode se dizer: "Porque todas as coisas são dele e por ele e para ele" (Rm 11,36a). Antes do mundo e da história está Deus, que está "acima de tudo" (Rm 9,5) e de quem é dito que, no final, ele será "tudo em tudo" (1Cor 15,28). Tudo é e continua sendo criação de Deus, mesmo quando os seres humanos fogem da sua destinação, ao cultuar ídolos[8]. Em sua criação, Deus faz-se ouvir (Rm 1,20.25), mas, embora os seres humanos soubessem de Deus, "não o glorificaram como Deus e não lhe renderam graças; pelo contrário, em seu pensamento sucumbiram ao vão, e seu coração insensato ficou nas trevas" (Rm 1,21). Cada vez de novo, os seres humanos são atraídos aos poderes que, pela natureza, não são deuses (Gl 4,8). Não obstante este ímpeto de criar deuses para si mesmo ou de colocar-se no lugar de Deus, o ser humano (e o mundo) permanece a criação de Deus. É verdade que, desde a queda de Adão, o pecado joga suas amarras que fazem tropeçar (Rm 5,12ss) e Satanás se apresenta sob múltiplas formas para seduzir os seres humanos (cf. 1Ts 2,18; 1Cor 5,5; 2Cor 2,11; 11,14); mesmo assim, Deus não abandona sua criação[9]. Como Criador, Deus ordena a vida humana, ao dar-lhe uma

---

[6] Para criação e cosmos em Paulo, cf. G. BAUMBACH, "Die Schöpfung in der Theologie des Paulus", in *Kairos* 21 (1979), pp. 196-205; H. SCHLIER, Grundzüge, pp. 55-63; J. BAUMGARTEN, Paulus und die Apokalyptik, pp. 159-179; E. GRÄSSER, "Ein einziger ist Gott", pp. 249ss; O. WISCHMEYER, "ΦΥΣΙΣ und ΚΤΙΣΙΣ bei Paulus. Die paulinische Rede von Schöpfung und Natur", in *ZThK* 93 (1996), pp. 352-375; J. D. G. DUNN, Theology of Paul, pp. 38-43.

[7] Para a ideia da *creatio ex nihilo* em Rm 4,17, cf. E. KÄSEMANN, Röm, pp. 115s.

[8] Cf. J. BECKER, Paulus, pp. 404s.

[9] Bem adequado é W. SCHRAGE, Die Stellung zur Welt, pp. 128: "Deus não abandona o mundo [...] para sempre a sua própria sorte, porque o mesmo é sua propriedade e porque ele, enquanto seu criador tem, um direito a ele".

estrutura política (Rm 13,1-7) e social (1Cor 7). Os crentes são chamados a descobrir e seguir a vontade de Deus (1Ts 4,3; Rm 12,1). Como Senhor da história, ele conduz os eventos, ele determina o tempo de salvação (Gl 4,4) e, como juiz, ele tem a última palavra sobre o destino humano (Rm 2,5ss; 3,5.19).

Os crentes não precisam temer o juízo escatológico, pois o apóstolo está convencido "de que nem a morte nem a vida, nem os anjos nem os governantes, nem o presente nem o futuro, nem os poderes, nem coisas da altura nem coisas da profundeza, nem qualquer criatura poderá nos separar do amor de Deus que está em Jesus Cristo, nosso Senhor" (Rm 8,38s). A criação e a humanidade não só tem a mesma origem, mas seu destino estará entrelaçado também no futuro. A protologia e a escatologia, a história universal e a história individual estão em Paulo numa correspondência mútua, porque Deus é o princípio e a meta de tudo que existe (cf. Rm 8,18ss)[10]. Tudo vem de Deus, tudo tem sua existência por ele e tudo conflui para ele. O Deus Criador comprovou seu poder de vida na ressurreição de Jesus Cristo e o concederá também aos crentes:

"Se, porém, o espírito daquele que ressuscitou Jesus dentre os mortos habita em vós, aquele que ressuscitou Cristo dentre os mortos dará vida também a vossos corpos mortais, mediante o seu espírito que habita em vós" (Rm 8,11)[11].

15.2 Deus como Pai de Jesus Cristo

Em Paulo, a cristologia não substitui a teologia, mas é a partir da atuação de Deus que se responde sobre quem e o que é Jesus Cristo[12]. A atuação de Deus em e por Jesus Cristo é a base da cristologia. Deus enviou Jesus Cristo (Gl 4,4s; Rm 8,3s), ele o entregou e o ressuscitou

---

[10] Para a interpretação de Rm 8,18ss, cf. S. VOLLENWEIDER, Freiheit, pp. 375-396.
[11] Na Carta aos Romanos, as afirmativas sobre a criação têm um peso particular; especialmente a correspondência entre Rm 1 e 8 atesta a compenetração teocêntrica da protologia e escatologia; Cf. M. THEOBALD, Der Römerbrief, pp. 138-142.
[12] Cf. W. SCHRAGE, Unterwegs zur Einzigkeit und Einheit Gottes, p. 200: "Jesus Cristo pode ser entendido somente a partir de Deus e em direção a Deus".

(Rm 4,25; 8,32). Por Cristo, Deus reconciliou o mundo (2Cor 5,18s) e justificou os crentes (Rm 5,1-11)[13]. A comunidade é convocada a orientar sua vida por Deus em Cristo (Rm 6,11). Diante de Deus, Jesus Cristo comprovou-se obediente (Fl 2,8; Rm 5,19). O fato de que ele ressuscitou Jesus Cristo dentre os mortos é verdadeiramente *o* critério por excelência do Deus anunciado por Paulo (cf. 1Ts 1,10; 4,14; 1Cor 15,12-19). Deus é a origem de toda χάρις (Rm 1,7; 3,24; 1Cor 15,10) e a meta da redenção (1Cor 15,20-29). Por trás do evento Cristo está exclusiva e poderosamente atuante a vontade salvífica de Deus. Ao mesmo tempo, porém, a atuação de Deus é expressão da dignidade e posição singular de Jesus Cristo. Sobre a relação entre Deus e Jesus Cristo refletiu-se não nas categorias terminológico-ontológicas do posterior desenvolvimento da doutrina, mas, mesmo assim, duas linhas são óbvias. Por um lado, mostra-se claramente um traço *subordinante* na cristologia paulina. Por exemplo, em 1Cor 11,3, Paulo pressupõe uma sequência hierárquica[14]: "A cabeça do homem é Cristo; a cabeça da mulher, porém, é o homem; a cabeça de Cristo, porém, é Deus". Uma subordinação de Cristo mostra-se também em 1Cor 3,23 ("Vós pertenceis a Cristo; Cristo, porém, pertence a Deus.")[15] e em 1Cor 15,28 ("E, quando todas as coisas lhe tiverem sido submetidas, então também o Filho se submeterá àquele que tudo lhe submeteu, para que Deus seja tudo em tudo."). Especialmente 1Cor 15,28 expressa a limitação temporal do domínio de Jesus Cristo e sinaliza com isto claramente a subordinação do Filho sob o Pai[16]. Em Fl 2,8s, a obediência de Cristo diante de Deus é a condição de sua exaltação como *Kyrios*.

Ao mesmo tempo, as formulações paulinas estão abertas para uma *equação inicial* de Deus e Cristo. Fl 2,6 chama o pré-existente ἴσις θεῷ ("igual a Deus"); em Rm 9,5, Paulo parece equiparar o Χριστὸς κατὰ σάρκα proveniente de Israel com Deus ("aos quais pertencem

---

[13] Sobre διὰ Χριστοῦ em Paulo, cf. W. THÜSING, Gott und Christus, pp. 164-237 (op. cit., p. 237: "Como expressão de mediação, em textos que tematizam a relação dos eleitos [ou também do mundo] com Deus, o 'por Cristo' já é em si teocêntrico.").
[14] Para a análise, cf. W. THÜSING, Gott und Christus, pp. 20-29.
[15] Cf. W. THÜSING, op. cit., pp. 10-20.
[16] Cf. a respeito W. SCHRAGE, 1Kor IV, pp. 152-189.

os patriarcas, e dos quais descende o Cristo segundo a carne, que é Deus acima de tudo; bendito seja ele em eternidade")[17]. Ao crucificado é concedido o predicado divino "Senhor da Glória" (1Cor 2,8; cf. Sl 23,7-10LXX; HenEt 22,14; 25,3.7). Paulo dirige suas orações tanto a Deus (cf., por exemplo, 1Ts 1,2s; Rm 8,15s; 15,30ss) como a Jesus Cristo (2Cor 12,8)[18].

Os cristãos são aqueles que invocam o nome do *Kyrios* (cf. 1Cor 1,2); o batismo em nome de Jesus Cristo concede o perdão dos pecados (cf. 1Cor 6,11; Rm 6,3ss). Uma ordenação de Deus e Cristo no mesmo plano mostra-se em 1Cor 8,6 e 1Ts 3,13, assim como na *salutatio* já mencionada "Graças e paz da parte de Deus nosso Pai, e do Senhor Jesus Cristo" (1Cor 1,3; 2Cor 1,2; Gl 1,3; Rm 1,7b; Fl 1,2; Fm 3). Confia-se do mesmo modo em relação ao *Kyrios* como em relação a Deus, que ele dedica à comunidade dons escatológicos.

A MEDIAÇÃO DO FILHO

Para Paulo, a subordinação, a ordenação no mesmo plano e a sobreordenação de Jesus Cristo em relação a Deus obviamente não são contradições. As linhas encontram-se na categoria da *mediação*; Jesus Cristo é o mediador da criação e da salvação. A tradição pré-paulina de 1Cor 8,6[19] desenvolve esse pensamento, ao combinar ousadamente

---

[17] Em todo caso trata-se aqui da interpretação mais lógica em termos gramáticos e mais difícil em termos de conteúdo; para os prós e contras, cf. U. WILCKENS, Röm II, p. 189.

[18] Cf. a respeito R. GEBAUER, Das Gebet bei Paulus (Giessen: 1989), pp. 208ss.

[19] Para a comprovação do caráter pré-paulino e para a identificação das muitas referências histórico-religiosas, cf. W. SCHRAGE, 1Kor II, pp. 216-225. Para a interpretação, cf., ao lado dos comentários, W. THÜSING, Gott und Christus, pp. 225-232; CHR. DEMKE, "'Ein Gott und viele Herren'. Die Verkündigung des einen Gottes in den Briefen des Paulus", in *EvTh* 36 (1976), pp. 473-484; E. GRÄSSER, "Ein einziger ist Gott", pp. 249-254; T. HOLTZ, "Theologie und Christologie bei Paulus", in Idem, *Geschichte und Theologie des Urchristentums*, pp. 189-204; O. HOFIUS, "Christus als Schöpfungsmittler und Erlösungsmittler. Das Bekenntnis 1Kor 8,6 im Kontext der paulinischen Theologie", in U. SCHNELLE/TH. SÖDING SÖDING/M. LABAHN (org.), *Paulinische Christologie*, pp. 47-58.

a história de Deus com a história de Jesus Cristo: "Para nós, contudo, existe um (só) Deus, o Pai, de quem tudo procede e para quem somos nós; e um Senhor, Jesus Cristo, por quem tudo é e nós, por ele". O texto reflete a relação entre *teologia* e cristologia no horizonte do monoteísmo; a predicação de εἷς, porém, não vale só para o Pai, mas ao mesmo tempo para o *Kyrios* Jesus Cristo. Dessa maneira não ocorre uma divisão do único Deus em dois deuses; antes, o único *Kyrios* está integrado na esfera do único Deus[20]. Segundo sua origem e sua natureza, Cristo pertence totalmente ao lado de Deus. Ao mesmo tempo, o único *Kyrios* permanece subordinado ao único Deus, não só na sequência textual[21], pois o Deus Criador é o pai do *Kyrios* Jesus Cristo[22]. A determinação preposicional mais exata no v. 6b e 6d desenvolve o pensamento da paralelidade subordinada. Primeiro relacionam-se criação e salvação por meio de conceitos idênticos (τὰ πάντα – ἡμεῖς) com Deus e com o *Kyrios*, mas a seguir há uma diferenciação fundamental por meio das preposições ἐκ e διά. O mundo deve sua existência ao único Deus; unicamente ele é a origem de tudo que é. O *Kyrios* é o mediador pré-existente da criação, o único Deus fez tudo existir através do único Senhor[23]. A criação deve seu caráter e sua natureza

---

[20] Cf. T. Holtz, Theo-Iogie und Christologie bei Paulus, pp. 191s.

[21] Bem adequado é W. Thüsing, Die neutestamentlichen Theologien und Jesus Christus III, p. 371: "Não obstante a união e unidade inconcebivelmente estreita consigo mesmo, dentro da qual Deus colocou o Jesus crucificado através de sua ressureição, as relações específicas são preservadas; e mais: é somente por meio dessas relações que a unidade e união é estruturada fundamentalmente e, assim, por sua vez, constituída. Somente um mediador que vive em união e unidade com Deus pode ser um 'mediador para a imediação de Deus'."

[22] Contra O. Hofius, Christus als Schöpfungsmittler und Erlösungsmittler, p. 52: "Em contraste à abundância dos θεοί e κύριοι venerados no mundo gentio, para os quais aponta a frase com εἴπερ em 1Cor 8,5, está o Deus *único* em sua distinção de pai único e filho único. Isso significa: o 'Pai' de Jesus Cristo e o 'Filho' desse Pai são, segundo a confissão de 1Cor 8,6, o '*Deus único*', ao lado de quem não há outros deuses." Hofius introduz as categorias "pai – filho", não contidas no texto, para minimizar assim a clara diferença hierárquica entre o Deus único e o Senhor único.

[23] O. Hofius, op. cit., p. 52, , vê nisso meramente a expressão "da irreversibilidade de Pai e Filho", sem que isto tocasse o *status* ontológico do Filho. Novamente, o texto é interpretado a partir da confissão da Igreja antiga, mas não a partir de Paulo.

à mediação de Jesus Cristo. Vale: "Pois a terra e toda a sua abundância pertencem ao Senhor" (1Cor 10,26)[24]. Segundo a vontade de Deus, a criação inteira está indissoluvelmente vinculada a Jesus: "Por isso, Deus também o elevou sobre tudo e lhe conferiu o nome que está acima de todo nome, a fim de que ao nome de Jesus todo joelho se dobre, das (potências) celestiais, terrestres e inframundanas, e que toda língua confesse: Senhor é Jesus Cristo, para a glória de Deus Pai" (Fl 2,9-11). Corresponde à vontade salvífica de Deus para sua criação que potências, poderes e seres humanos reconheçam Jesus Cristo ao mesmo tempo como o mediador da criação e da salvação. Ele está no início da criação e, enquanto Ressuscitado, é o protótipo da nova criação. Como "imagem de Deus" (2Cor 4,4: εἰκὼν τοῦ θεοῦ), Jesus participa da existência de Deus; no Filho manifesta e revela-se a verdadeira natureza do Pai. Cristo leva os crentes para dentro de um processo histórico, em cujo ponto final está a própria transformação deles; eles devem "ser conformes à imagem do seu Filho, a fim de ser ele o primogênito entre muitos irmãos" (Rm 8,29). Somente na relação com Cristo enquanto imagem primordial, o ser humano consegue fazer jus a sua determinação como "imagem de Deus". A existência humana não se esgota na mera condição criatural, mas o criador concede à criatura a dignidade de participar da posição particular do *Kyrios* Jesus Cristo. As afirmativas sobre a mediação da criação por Jesus Cristo devem-se à experiência de sua mediação da salvação, isto é, a protologia visa de antemão a soteriologia. A salvação não é um evento casual, mas já é concebida na origem da criação[25].

No pensamento paulino, a relação de Jesus Cristo com Deus pode ser expressa da maneira mais adequada como "estar ordenado para, em direção a"[26]. Jesus Cristo está ao mesmo tempo subordinado ao Pai

---

[24] Segundo o contexto, κύριος deve ser relacionado com Cristo; Cf. CHR. WOLFF, 1Kor, p. 238.
[25] Cf. O. HOFIUS, Christus als Schöpfungsmittler und Erlösungsmittler, p. 56.
[26] Cf. W. THÜSING, Gott und Christus, p. 258: "O cristocentrismo paulino é direcionado, desde o seu interior, para Deus, porque já a cristologia de Paulo é teocêntrica; e a partir disso, o estar-ordenado para Deus caracteriza o cristocentrismo de maneira tão constante como a κυριότης e a atuação pneumática de Cristo".

e integrado abrangentemente em sua natureza e sua posição²⁷. Essa dinâmica não pode ser deslocada em uma ou outra direção, nem em prol de uma pretensa preservação de um monoteísmo "puro" nem para a justificativa neotestamentária de categorias ontológicas da formação da doutrina da Igreja antiga. Antes, trata-se da compreensão adequada de uma situação objetiva que, segundo sua natureza, podia ser descrita na formação de sentido pós-pascal somente de modo paradoxal e que não permitia soluções unilineares: o Deus único revelou-se e manifestou-se no ser humano único Jesus de Nazaré de modo abrangente e definitivo.

CONTINUIDADE E DESCONTINUIDADE EM RELAÇÃO AO JUDAÍSMO

Como devemos definir a continuidade e a descontinuidade da *teologia* e da cristologia paulina em relação ao judaísmo? Primeiro pode-se afirmar uma continuidade em vários aspectos:

1) Paulo não escolheu a atuação do Jesus de Nazaré como ponto de partida de sua teologia, mas a atuação de Deus nele na cruz e ressurreição, de modo que se pode afirmar a partir desse princípio um primado da teologia.

2) Paulo afirma uma continuidade na atuação do próprio Deus. Tanto a ideia da predestinação (cf. 1Cor 8,6; 10,4; Gl 4,4; Rm 8,3; Fl 2,6)²⁸ como as considerações sobre a história da promessa em Gl 3,15-18 e Rm 4; 9–11 mostram que Paulo entende a história de Deus

---

²⁷ S. VOLLENWEIDER, Zwischen Monotheismus und Engelchristologie, pp. 32s, nomeia cinco áreas nas quais se deu uma transferência de atributos de Deus para Jesus Cristo: nome/título, criação, domínio sobre o mundo, salvação, adoração.

²⁸ Para a ideia da pré-existência em Paulo, cf. J. HABERMANN, Präexistenzaussagen im Neuen Testament, pp. 91-223; H. v. LIPS, Weisheitliche Traditionen, pp. 290-317; M. HENGEL, "Präexistenz bei Paulus?", in CHR. LANDMESSER etc. (org.), *Jesus Christus als die Mitte der Schrift*. FS O. HOFIUS. BZNW 86 (Berlim/Nova Iorque: 1997), pp. 479-517; TH. SÖDING, "Gottes Sohn von Anfang an", in R. LAUFEN (org.), *Gottes ewiger Sohn* (Paderborn: 1997), pp. 57-93.

desde o início como história de Jesus Cristo. A história de Israel é e precisa ser interpretada por Paulo consequentemente a partir de Jesus Cristo e em direção ao mesmo[29]. Somente assim, ele pode comprovar a mesmidade de Deus em sua atuação; somente assim parece-lhe possível evitar uma divisão do conceito de Deus e da história. Em Paulo, a unidade de criação, história, Escritura e salvação são pensadas teológica e cristologicamente; já que Deus age definitivamente em Jesus Cristo, essa atuação inclui a escatologia e a protologia. Paulo não podia e não queria por em dúvida a identidade do Deus de Israel com o Pai de Jesus Cristo. Foi-lhe impossível separar a atuação salvífica de Deus em Jesus Cristo da história de Israel. Existe somente uma única história de Deus, que está desde o início determinada pela mediação da criação e da salvação por Jesus Cristo.

3) Em termos histórico-traditivos, Paulo argumenta em sua definição da relação entre Deus e Jesus Cristo em continuidade a ideias do judaísmo antigo[30]. De acordo com o pensamento judaico há somente um Deus, mas ele não está sozinho. Numerosas figuras de mediadores celestiais, como a Sabedoria, o Logos, os patriarcas bíblicos ou os anjos estão constantemente em torno de Deus. Elas participam do mundo celestial de Deus, mas estão subordinadas a Deus e não ameaçam de modo algum a fé no Deus único. Já antes de Paulo integrou-se, contra este pano de fundo, também Jesus Cristo na veneração do "Deus único". A esta continuidade histórico-traditiva justapõem-se diferenças objetivas: as figuras personificadas de mediadores celestiais não eram pessoas de valor igual a Deus e com campos de atuação autônomos, e tampouco eram veneradas culticamente. Além disso, de acordo com a visão judaica, era impossível venerar uma pessoa que morreu na cruz da mesma maneira que Deus.

Enquanto o pensamento acerca de Deus garante a continuidade com o judaísmo, a cristologia rompe qualquer união e funda a descontinuidade teológica, portanto, também a descontinuidade histórica,

---

[29] Contra a afirmação indiferenciada de P.-G. KLUMBIES, Die Rede von Gott, p. 213: "Para Paulo, Deus não pode ser definido através de sua atuação na história de Israel".

[30] Cf. abaixo, Secção 16.9 (Deus, Jesus de Nazaré e a cristologia primitiva).

entre o cristianismo primitivo em formação e o judaísmo[31]. O monoteísmo cristológico de Paulo modifica e ultrapassa fundamentalmente ideias judaicas. Ao compreender, desde o início, a história do Jesus Cristo crucificado como uma *história autêntica de Deus*[32], forma-se uma nova imagem de Deus e uma nova compreensão de Deus: Deus é Deus tal como ele se revelou em Jesus Cristo. O Deus crucificado de Paulo e o Deus do Antigo Testamento, porém, não são reconciliáveis. O Antigo Testamento mantém silêncio sobre Jesus Cristo, mesmo que Paulo tente, por meio de exegeses ousadas, fazer este silêncio falar. Quando Deus se revela definitivamente no evento contingente de cruz e ressurreição, então o pensamento de uma história da salvação e da eleição contínua, orientada pela pertença ao povo, pela terra, pela Torá ou pela aliança, já não é um fundamento sólido. Paulo não quer e não pode tirar essa conclusão, mas procura contorná-la por meio de uma definição nova do conceito do Povo de Deus[33]. Para judeus e judeu-cristãos rigorosos, semelhantes tentativas não eram aceitáveis, porque equivaliam a reinterpretações maciças de sua própria história da salvação[34]. O particularismo judaico da salvação e o universalismo cristão-primitivo da salvação não podiam estar em vigor simultaneamente, os dois mundos de sentido não são compatíveis! Dessa maneira, já em Paulo, não obstante todas as afirmações acaloradas do

---

[31] No entanto, dificilmente se poderá afirmar, como faz P.-G. KLUMBIES, Rede von Gott, p. 252, que Paulo "chega, às escondidas, a uma formulação fundamentalmente nova do pensamento teo-lógico".

[32] Cf. a formulação bem adequada de O. HOFIUS, Christus als Schöpfungsmittler und Erlösungsmittler, p. 58: "Pois *uma* coisa é falar da 'Sabedoria' de Deus ou do 'Logos' de Deus e atribuir-lhes uma função cosmológica e soteriológica, embora possam ser pensados de modo hipostatizado ou até mesmo personificado, mas *outra* coisa é afirmar exatamente isto em relação a uma pessoa histórica que, ainda por cima, foi executada na cruz!"

[33] Cf. abaixo, Secção 21.1 (Palavras e metáforas básicas da eclesiologia paulina).

[34] A meu ver, é preciso distinguir entre a intenção e o impacto real da nova definição cristológica da *teo*logia em Paulo; para a percepção e o efeito das afirmativas de Paulo vale a afirmação de P.-G. KLUMBIES, Rede von Gott, p. 251: "De modo fundamental, porém, ele se distancia e se separa do conceito judaico de Deus, por meio de sua rejeição de uma interpretação de Deus baseada na lei e por meio de uma volta para uma explicação soteriológico-cristológica de Deus."

contrário, a cristologia é a bomba que explode a união inicial entre os crentes cristãos e o judaísmo.

15.3 O Deus que elege, chama e rejeita

Deus vai ao encontro dos seres humanos como aquele que chama e que elege, mas também como aquele que rejeita[35]. Paulo interpreta sua própria história nessas categorias quando diz que teria comprazido a Deus, "aquele me separou *desde o seio materno* e me *chamou* por sua graça, revelar em mim seu Filho" (Gl 1,15s). O apóstolo sabe que também ele, assim como suas comunidades, está integrado na história da eleição divina que já começou com Abraão, que chegou a sua meta no evento Cristo e que encontrará seu pleno cumprimento na transformação dos crentes na existência celestial na *parusia*. Nesta consciência, Paulo desenvolve já em sua primeira carta uma teologia da eleição (1Ts 1,4); os tessalonicenses podem entender sua vocação como uma eleição escatológica pela graça de Deus, Deus aparece como aquele que "vos chama" (1Ts 2,12; 5,24). A comunidade voltou-se dos ídolos, que são um nada, para o único Deus verdadeiro (1Ts 1,9), e agora ela pode, em expectativa animada, caminhar ao encontro da *parusia* e de sua futura existência celestial (1Ts 4,13-18). Os tessalonicenses sabem: "Portanto, não nos destinou Deus para a ira, mas sim para alcançarmos a salvação" (1Ts 5,9). Deus não está obrigado a observar medidas e paradigmas humanos, ele escolhe os que são, desde um ponto de vista humano, simplórios, fracos e desonrados (1Cor 1,25ss). De acordo com sua vontade, o que salva é a loucura da pregação da cruz, e não a sabedoria humana (1Cor 1,18ss). Ele é o Deus soberano e todo-poderoso, e a realidade não pode ser entendida absolutamente sem sua relação com Deus, pois "do Senhor é a terra e a abundância que está nela" (1Cor 10,26). A humanidade está dividida em aqueles que são salvos e aqueles que se perdem (2Cor 2,15).

---

[35] Para a análise das afirmações paulinas sobre a predestinação, cf. U. Luz, Geschichtsverständnis, pp. 227-264; G. Maier, Mensch und freier Wille, pp. 351-400; B. Mayer, *Unter Gottes Heilsratschlu. Prädestinationsaussagen bei Paulus*. FzB 15 (Würzburg: 1974); G. Röhser, Prädestination und Verstockung, pp. 113-176.

PREDESTINAÇÃO EM PAULO

Não é por acaso que os pensamentos paulinos acerca da eleição e da rejeição culminem em Rm 9–11. Aqui, eles são a consequência do conceito paulino da liberdade, da problemática de Israel e da doutrina da justificação da Carta aos Romanos. Já as ponderações do apóstolo sobre a determinação escatológica dos crentes e do cosmos em Rm 8,18ss conduzem para o complexo dos problemas da predestinação. Vale: "E os que ele predestinou, também os chamou; os que ele chamou, porém, também os justificou; os que justificou, porém, também os glorificou" (Rm 8,30). Em Rm 9–11, Paulo defende inequivocamente uma predestinação dupla[36]. Deus chama e rejeita a quem ele quer (cf. Rm 9,16.18; além disso, cf. 2Cor 2,15). Seu povo eleito de Israel é golpeado e reerguido; os gentios recebem a participação da salvação, mas Deus é capaz de cortar este novo ramo na oliveira novamente fora (Rm 11,17-24). Com isto se "expressa que a decisão da fé não remonta, como acontece com outras decisões, a quaisquer motivos intramundanos, mas que estes, ao contrário, perdem sua força motivadora perante o encontro do querigma; isto significa, ao mesmo tempo, que a fé não pode recorrer a si mesma".[37] No entanto, as afirmações paulinas sobre a predestinação não se esgotam absolutamente nesta interpretação que se centra na existência crente da pessoa individual. Em última análise, elas são sentenças teológicas que comunicam dados revelados nas Escrituras pelo próprio Deus. Em sua liberdade inquestionável, Deus o Criador pode escolher e rejeitar segundo sua vontade.

Portanto, o livre arbítrio é para Paulo exclusivamente um predicado de Deus. A diferença infinita entre Criador e criatura funda a perspectiva específica, a partir da qual Paulo capta o ser humano. Deus vai ao encontro do ser humano como aquele que chama; "ser um ser humano é ser vocacionado e ser chamado por Deus"[38]. O chamado

---

[36] Assim G. MAIER, Mensch und freier Wille, pp. 356s; diferente G. RÖHSER, Prädestination und Verstockung, p. 171 etc., segundo o qual, em Paulo, a vontade de Deus e a decisão humana não se excluem mutuamente.
[37] R. BULTMANN, Theologie, p. 331.
[38] H. HÜBNER, Gottes Ich und Israel, pp. 31s.

de Deus fundamenta a existência cristã. Dessa maneira, ela não está à disposição do ser humano, antes, ela pode ser aceita somente no ouvir. O ὁ καλέσας ἡμᾶς ("aquele que nos chama") torna-se em Paulo um predicado central de Deus (cf. 1Ts 2,12; 5,24; Gl,6; 5,8). Deus vai ao encontro do ser humano como o Eu que chama e cuja vontade se manifesta das Escrituras[39]. Em relação à salvação, o ser humano pode se experienciar sempre só como alguém que recebe e que é presenteado. Como criatura é fundamentalmente incapacitado de criar e realizar salvação e sentido. Se fizesse isto, ele se colocaria no lugar de Deus, uma insanidade perigosa e sem chance! Se o ser humano deseja entender e avaliar a si mesmo e sua situação de modo adequado e realista, ele deve reconhecer e levar a sério sua condição de criatura e, com isto, sua condição de ser limitado. Ao ouvir e fazer a vontade do Criador, a destinação da criatura chega a sua meta. Para Paulo, Deus é sempre o Deus que atua[40]. Não é a criatura quem decide sobre salvação e desgraça/condenação, mas o criador já decidiu sobre isto.

Qual é a função das afirmações sobre a predestinação no conjunto do pensamento paulino? Elas estão pré-estabelecidas ao apóstolo dentro de sua visão de mundo, mas são ativadas por ele em intensidade diferenciada. Por um lado, Paulo sempre pressupõe num quadro amplo salvação, rejeição e juízo[41], por outro, somente em Rm 9–11, ele mergulha nas profundidades e abismos desse complexo temático. A situação particular do diálogo da Carta aos Romanos exige abordar a predestinação de modo pormenorizado e no contexto da doutrina da justificação exclusiva e da temática de Israel. Paulo visa a preservação da liberdade de Deus, por isto, ele acentua enfaticamente uma percepção teológica fundamental: a atuação de Deus é independente de atos ou pressupostos humanos, sua vontade tem sempre prioridade sobre nosso desejar. A graça eleitora de Deus é sua graça justificadora! Desse modo, a doutrina da justificação exclusiva e as afirmativas sobre a predestinação salvaguardam da mesma maneira a liberdade de

---

[39] Cf. H. Hübner, op. cit., pp. 31-35.
[40] Cf. E. Grässer, "Ein einziger ist Gott", pp. 233ss.
[41] Para as ideias de juízo em Paulo, cf. abaixo, Secção 20.2 (A prática da nova existência).

Deus e o caráter não manipulável da salvação⁴². Este destino da argumentação e a observação de que as afirmativas sobre a predestinação em Rm 9–11 aparecem em Paulo como uma função da doutrina da justificação exclusiva e da temática de Israel, deveriam ser um alerta contra a tentativa de forçá-las numa doutrina da predestinação fixa e estática. Ao mesmo tempo é preciso registrar, contra tendências de relativização e nivelação, que Paulo defende uma dupla predestinação, que o livre arbítrio em relação à salvação é um predicado de Deus e não do ser humano, e que todo este complexo está organicamente integrado na teologia paulina que é sua consequência lógica. Salvação e desgraça/condenação estão da mesma maneira fundadas exclusivamente no desígnio inquestionável de Deus (diferente Tg 1,13-15!). Entretanto, os dois não se encontram lado a lado em pé de igualdade, mas a vontade salvífica universal de Deus foi revelada no evangelho de Jesus Cristo⁴³, enquanto o Não de Deus é um mistério subtraído ao conhecimento humano.

15.4 O evangelho como revelação divina escatológica da salvação

Εὐαγγέλιον aparece em Paulo como *termo central da teológica da revelação*⁴⁴; já a análise linguística sinaliza a importância: de 76 ocorrências de εὐαγγέλιον no Novo Testamento, 48 encontram-se em Paulo (εὐαγγελίζειν: 54 vezes no Novo Testamento, 19 vezes em Paulo).

---

⁴² Cf. U. Luz, Geschichtsverständnis, p. 249, segundo o qual "as afirmativas sobre a predestinação querem ser para Paulo unicamente afirmativas sobre Deus, não uma determinação sobre o ser humano e a história".

⁴³ O Sim de Deus é enfaticamente ressaltado por M. Theobald, Der Römerbrief, p. 276: "A dialética da eleição e da rejeição, da vocação e da obstinação, é ultrapassada escatologicamente em Rm 9-11 por meio da confissão de 11,32, de que Deus 'encerrou *todos* na desobediência, para se apiedar de *todos*'. Na problemática aqui tematizada não se pode deixar de considerar esta perspectiva do objetivo dos três capítulos."

⁴⁴ Cf. a respeito G. Strecker, "Das Evangelium Jesu Christi", in Idem, *Eschaton und Historie*, pp. 183-228; P. Stuhlmacher, Biblische Theologie I, pp. 311-348; H. Merklein, "Zum Verständnis des paulinischen Begriffs 'Evangelium'", in Idem, *Studien zu Jesus und Paulus*, pp. 279-295; J. D. G. Dunn, Theology of Paul, pp. 163-181; J. Gnilka, Paulus, pp. 229-237; D.-A. Koch, Die Schrift als Zeuge, pp. 322-353.

A ORIGEM DO EVANGELHO

Segundo sua origem e sua autoridade, o evangelho é o εὐαγγέλιον (τοῦ) θεοῦ (cf. 1Ts 2,2.8.9; 2Cor 11,7; Rm 1,1; 15,16). Por isso, o εὐαγγέλιον abrange muito mais do que uma "boa nova (alegre)"; ele é uma comunicação eficaz de salvação, um evento que cria fé e um poder que opera fé[45], que parte de Deus e visa, pela força do espírito, a salvação dos seres humanos (cf. 1Ts 1,5; 1Cor 4,20; Rm 1,16s). O evangelho chegou até Paulo não por mediação humana, mas foi-lhe revelado imediatamente por Deus, através da aparição de Jesus Cristo (cf. Gl 1,11ss; 2Cor 4,1-6; Rm 1,1-5). Paulo pode e deve servir ao evangelho, o mesmo não está a sua livre disposição (cf. Rm 15,16). É certo que o evangelho é oferecido através da palavra humana do apóstolo, mas ele não se esgota absolutamente nisso; ao contrário, ele vai ao encontro dos ouvintes como a palavra de Deus (cf. 1Ts 2,13; 2Cor 4,4-6; 5,20). Paulo está sob a imposição de anunciar o evangelho, pois, "quando anuncio o evangelho, não posso me gloriar disso; pois uma imposição está sobre mim. Ai de mim, se eu não anunciar o evangelho!" (1Cor 9,16). Dessa maneira, para Paulo, o estabelecimento do evangelho é uma comprovação divina da salvação que antecede a fé e o reconhecimento da salvação pela comunidade de Jesus Cristo[46]. Como evento escatológico[47], o evangelho deve ser anunciado no mundo inteiro (cf. 2Cor 10,16; Rm 10,15s sob adoção de Is 52,7 LXX), pois ele visa a salvação dos seres humanos e tem, portanto, uma qualidade soteriológica (cf. 2Cor 4,3s). A comunidade de Corinto foi "gerada pelo evangelho" (1Cor 4,15), o serviço ao evangelho une Paulo e suas comunidades (cf. 2Cor 8,18; Fm 13), Paulo luta pelo evangelho (cf. Gl 1,6ss; Fl 1,7; 2,22; 4,3) e suporta tudo para não se tornar um impedimento ao evangelho (1Cor 9,12). Sua preocupação é unicamente a participação salvífica do evangelho: "E, isto tudo, eu o faço por causa do evangelho, para dele me tornar participante" (1Cor 9,23).

---

[45] Cf. acima, Secção 12.3 (O evangelho de Jesus Cristo).
[46] Cf. P. STUHLMACHER, Biblische Theologie I, p. 315.
[47] Cf. H. MERKLEIN, Zum Verständnis des paulinischen Begriffs "Evangelium", pp. 287ss.

O CONTEÚDO DO EVANGELHO

Segundo seu conteúdo, o evangelho é o εὐαγγέλιον τοῦ Χριστοῦ (cf. 1Ts 3,2; 1Cor 9,12; 2Cor 2,12; 9,13; 10,14; Gl 1,7; Rm 15,19; Fl 1,27). Esse evangelho possui uma forma determinada e um conteúdo claramente identificável; por isso, Paulo combate todas aquelas pessoas que proclamam um evangelho diferente. O conteúdo do evangelho (cf. 1Ts 1,9s; 1Cor 15,3-5; 2Cor 4,4; Rm 1,3b-4a) pode ser descrito assim, segundo Paulo: desde o início primordial, Deus quis salvar o mundo em e por Cristo (cf. 1Cor 2,7; Rm 16,25); esta intenção salvífica, ele a fez proclamar pelos profetas (cf. Rm 1,2; 16,26) e testemunhar pelas Escrituras (cf. 1Cor 15,3.4; Gl 3,8)[48]. Quando o tempo estava cumprido, Deus enviou seu Filho que, por sua morte na cruz e sua ressurreição, operou a salvação do mundo e do ser humano (cf. Gl 4,4s; Rm 1,3s; 15,8; 2Cor 1,20). Até o envio do Filho de Deus, judeus e gentios viveram do mesmo modo em ignorância da verdadeira vontade de Deus; agora, ela é anunciada no evangelho por Paulo, chamado para ser o apóstolo dos gentios. Dessa maneira resume-se para Paulo no evangelho a vontade salvífica definitiva de Deus em Jesus Cristo, como a mensagem sobre o Filho de Deus crucificado (cf. 1Cor 1,17)[49]. No sofrimento e na ressurreição de seu Filho, Deus manifestou sua vontade salvífica, e ele confiou o apóstolo com seu anúncio. O evangelho determina a pregação do apóstolo e comprova-se como o poder divino escatológico e criador de salvação. Como palavra dirigida diretamente aos seres humanos (2Cor 5,19: "Deixai-vos reconciliar com Deus!"), o evangelho é a comunicação eficaz da salvação, vindo de Deus; ele vale da mesma maneira para os judeus e para os gentios, na medida em que ambos aceitam Jesus Cristo como salvador. O evangelho torna-se o poder salvífico para cada pessoa que crê (cf. Rm 1,16.17). Ao anúncio do evangelho vincula-se para Paulo indissoluvelmente o juízo: "Deus julgará as ações ocultas dos homens segundo meu evangelho por Cristo

---

[48] Cf. a respeito J. D. G. DUNN, Theology of Paul, pp. 169-173.
[49] Cf. H. MERKLEIN, Zum Verständnis des paulinischen Begriffs "Evangelium", pp. 291-293.

Jesus" (Rm 2,16). Em Paulo não é possível separar salvação e julgamento. Já que o evangelho é a mensagem da salvação, sua rejeição não pode ficar sem consequências. Por isso, Jesus Cristo aparece no evangelho não só como redentor, mas também como juiz. Ao mesmo tempo, porém, é claro que o evangelho é para Paulo em primeiríssimo lugar uma δύναμις θεοῦ ("poder de Deus") que salva aquelas pessoas que aceitam na fé a mensagem da salvação sobre o Jesus Cristo crucificado e ressuscitado.

EVANGELHO COMO UM TERMO POLÍTICO-RELIGIOSO

As comunidades paulinas receberam o termo εὐαγγέλιον dentro de um ambiente histórico-cultural e político concreto. O verbo εὐαγγελίζεσθαι aponta para um pano de fundo predominantemente judaico-veterotestamentário[50]. Ele aparece tanto na Septuaginta como nos escritos do judaísmo antigo e deve ser traduzido por "anunciar a salvação escatológica". Também nos escritos helenistas, εὐαγγελίζεσθαι é comprovado em sentido religioso (cf. Filóstrato, Vit. Ap. I 28; além disso, cf. Fílon, Leg. Gai. 18,231). O substantivo εὐαγγέλια é usado na Septuaginta sem recheio teológico reconhecível[51]; ao contrário disso, desempenha um papel central no *culto ao governante*. Por exemplo, na inscrição de Priene (9 a.C.), o dia de nascimento de Augusto é glorificado, entre outras maneiras, como segue: "O dia do nascimento do deus, porém, foi para o mundo a primeira notícia de alegria (εὐαγγέλιον) que originou dele"[52]. Josefo vincula a entronização de Vespasiano como imperador a sacrifícios e ao termo

---

[50] A história precedente judaico-veterotestamentária de εὐαγγέλιον e εὐαγγελίζεσθαι, respectivamente, é apresentada abrangentemente por P. STUHLMACHER, Das paulinische Evangelium, pp. 109ss.

[51] A forma singular εὐαγγέλιον não ocorre na LXX, a forma plural εὐαγγέλια está comprovada somente em 2Sm 4,10; cf., além disso, ἡ εὐαγγέλια em 2Sm 18,20.22.25.27; 2Rs 7,9. Bem acertado G. FRIEDRICH, Verbete "εὐαγγέλιον", in *ThWNT* 2, p. 722: "LXX não é o lugar de origem do εὐαγγέλιον neotestamentário".

[52] Cf. NW II/1,9.

εὐαγγέλια: "Mais veloz do que o voo do pensamento, os boatos anunciaram a mensagem do novo governante sobre o Oriente, e cada cidade comemorou a boa notícia (εὐαγγέλια) e ofereceu sacrifícios em seu favor."[53] No ambiente da enciclopédia da época, o termo εὐαγγέλιον / εὐαγγέλια estava também relacionado ao culto aos governantes[54] e tinha, por isso, uma conotação político-religiosa e factualmente anti-imperial[55]. Parece que as comunidades primitivas adotaram com o termo evangelho muito conscientemente conceitos de seu ambiente cultural e, ao mesmo tempo, elas se distinguem pelo uso do singular εὐαγγέλιον fundamentalmente dos εὐαγγέλια do mundo em seu entorno. Também o uso paulino de εὐαγγέλιον pode ser encaixado nesta estratégia de adotar e ultrapassar conceitos: a verdadeira e exclusiva boa notícia é a mensagem da cruz e da ressurreição. Não é a aparição do imperador que salva, mas o Filho de Deus vindo do céu (cf. 1Ts 1,9s). Paulo utiliza conscientemente uma semântica político-religiosa para descrever essa realidade.

A pluralidade do anúncio paulino do evangelho, bem como a função de εὐαγγέλιον nas Cartas aos Gálatas, aos Romanos e aos Filipenses, estritamente limitada para a crítica à lei, mostram que o evangelho paulino não pode ser compreendido absolutamente desde o início como "evangelho livre da lei"[56]. A problemática da lei é um *tema secundário* do conceito do evangelho. Antes, o evangelho que parte de Deus está preenchido em seu núcleo de modo cristológico-soteriológico e

---

[53] Cf. Josefo, Bell. 4,618; além disso, Bell. 4,656 (= NW II/1, pp. 9s).
[54] Cf. G. STRECKER, Das Evangelium Jesu Christi, pp. 188-192.
[55] Este aspecto foi destacado explicitamente por N. T. WRIGHT, "Paul's Gospel and Caesar's Empire", in R. A. HORSLEY (org.), *Paul and Politics*, pp. 160-183.
[56] Contra F. HAHN, Gibt es eine Entwicklung, p. 344, que afirma: "O que o evangelho é segundo seu conteúdo e seu efeito, é elaborado com a ajuda da temática da justificação". Semelhante E. LOHSE, *Summa Evangelii – zu Veranlassung und Thematik des Römerbriefes*. NAWG.PH, 1993, p. 109: "Pois o que Paulo tem a dizer sobre a justificação [...] é entendido pelo apóstolo – assim ele o explicita à guisa de resumo na Carta aos Romanos – como a única interpretação adequada do evangelho proclamado em toda a cristandade". Aqui, a posição da Carta aos Romanos é simplesmente elevada a uma posição básica, e a liberdade da lei, quase ao centro do evangelho.

escatológico[57]: a morte e ressurreição de Jesus é o evento da salvação por excelência (cf. 1Cor 15,3b-5) que determina o presente e o futuro de todos os seres humanos. O evangelho apresenta-se como uma força de Deus que chama para a salvação, que quer libertar e salvar um mundo escravizado sob o poder do pecado. No evangelho, Deus dá-se a si mesmo uma voz e define-se a si mesmo por meio do evangelho como quem ama e redime. O evangelho é a presença do Deus poderoso que quer conduzir os seres humanos para a fé.

15.5 A novidade e atratividade do discurso paulino sobre Deus

O que torna o discurso paulino sobre Deus tão atrativo? Por que judeus e gentios se voltaram numa sociedade multirreligiosa justamente para o anúncio cristão-primitivo sobre Deus? Um motivo essencial residia no monoteísmo que já fundara na Antiguidade a fascinação pelo judaísmo. O grande número de deuses e representações de deuses no mundo greco-romano[58] levou aparentemente a uma perda de plausibilidade que Cícero caracteriza com a observação: "Há para os deuses tantos nomes como há línguas humanas".[59] Como a grande quantidade de deuses já não pode ser estimada, põe-se a pergunta sobre quais divindades deveriam ser cultuadas com qual sentido[60]. Por isso, o filósofo pergunta: "Se aqueles que cultuamos tradicionalmente são realmente deuses, por que haveríamos de incluir nesta categoria também Serápis e Ísis? Se fizermos isto, por que desprezar divindades

---

[57] Cf. G. STRECKER, Das Evangelium Jesu Christi, p. 225; H. MERKLEIN, Der paulinische Begriff "Evangelium", p. 286.
[58] Para a religião grega, cf. a descrição clássica em U. v. WILAMOWITZ-MOELLENDORFF, *Der Glaube der Hellenen I.II.* 3ª ed. (Darmstadt: 1959); além disso, W. JAEGER, Die Theologie der frühen griechischen Denker (Stuttgart: 1953); L. B. ZAIDMANN/P. SCHMITT-PANTEL, Die Religion der Griechen, Munique: 1994; J. N. BREMMER, Götter, Mythen und Heiligtümer im antiken Griechenland (Darmstadt: 1996); para a religião romana, cf. K. LATTE, *Römische Religionsgeschichte*. HAW 5.4 (Munique: 1960); H. CANCIK/J. RÜPKE (org.), *Römische Reichsreligion und Provinzialreligion* (Tübingen: 1997); J. RÜPKE, Die Religion der Römer (Munique: 2001).
[59] Cícero, Nat. Deor. I,84.
[60] Cf. Cícero, op. cit., III,40-60.

estrangeiras? Então, contaremos entre os deuses também touros e cavalos, íbis, falcões, serpentes, crocodilos, peixes, cães, lobos, gatos e muitos outros animais."[61] É óbvio qual absurdo a argumentação quer mostrar; as religiões e cultos convencionais neutralizam-se mutuamente e já não podem satisfazer as necessidades religiosas das camadas com mobilidade econômica e intelectual[62]. O medioplatônico Plutarco procura escapar desse perigo com a observação de que, entre os diferentes povos, a divindade seria chamada com diferentes nomes, mas que ela seria a mesma para todos os seres humanos. "Portanto, há Um Logos que ordena o cosmos, e Uma Predestinação que conduz isto, e forças auxiliadoras que estão ordenadas para tudo; mas, segundo as leis, há entre os diferentes povos diferentes honras e denominações, e uns usam símbolos difusos, outros sagrados mais claros, que visam conduzir a mente para o divino. [...] Por isso, devemos tomar da filosofia o Logos que nos conduz como um mistagogo, de modo que refletimos piedosamente sobre tudo que é narrado de mitos e realizado de ritos."[63]

Ao contrário disso, Paulo desafia seus ouvintes a aceitar e assumir uma nova visão de mundo, um novo Deus. *Esse Deus é um só, más não está sozinho; ele tem um nome e um rosto: Jesus Cristo.* O Deus proclamado por Paulo é um Deus pessoal, que age na história e que se preocupa com os seres humanos. Ele não voltou as costas para o mundo (não é transcendente) nem está imanente ao mundo, mas, em Jesus Cristo, ele se voltou para o mundo (cf. Gl 4,4s; Rm 8,3). Não é o mito universal, mas a atuação concreta que determina a imagem de Deus no cristianismo primitivo. Aqui está a diferença decisiva aos conceitos de Deus das duas escolas filosóficas principais na época de Paulo: do

---

[61] Cícero, op. cit., III,47.
[62] Cf. R. STARK, Der Aufstieg des Christentums, pp. 44s.
[63] Plutarco, De Iside et Osiride 67;68; além disso, cf. a tradição atribuída a Antístenes em Filodemo Gadarensis, De pietate 7a,3-8: "Em seu *Physicos* lê-se que há, segundo sua origem, muitos deuses, mas, segundo a natureza, apenas um (τὸ κατὰ νομόν εἶναι πολλοὺς θεοὺς κατὰ δὲ φύσιν ἕνα) [N. da Trad.: há um colchete antes do alfa, pode ser a indicação da falta dessa letra no original. Sugiro suprimi-lo para não complicar a situação, tanto mais que falta depois o colchete correspondente.]; tradução: G. LUCK, Weisheit der Hunde, p. 71.

estoicismo e do epicurismo (cf. At 17,18). Os estoicos defenderam um panteísmo monístico, segundo o qual a divindade atuava em todas as formas da existência. Ela é imanente ao mundo e todo-presente, mas, ao mesmo tempo, exatamente por isso incaptável. Crisipo ensina que "o poder de deus estaria na razão e na alma e no espírito de toda natureza e explica, além disso, que o próprio mundo e a alma universal que perpassa tudo seriam deus".[64] No além da materialidade de tudo que existe não existe um deus criador transcendente nem uma justificação ou fundamentação metafísica do mundo. Um conceito contrário de Deus encontra-se em Epicúrio. Para ele, os deuses levam uma vida feliz e isenta do tempo, sem se preocupar com os seres humanos. "Pois um deus não faz nada, não está ocupado com negócios, não se fadiga com nenhum trabalho, mas desfruta sua sabedoria e virtude e confia de viver sempre nos prazeres mais altos e sobretudo eternos."[65] Como imortais, os deuses não podem nem sofrer nem se voltar em amor ao mundo[66]. Eles estão retirados das baixadas da vida e não têm nada em comum com os seres humanos.

Aparentemente, por volta da virada dos tempos, os ensinamentos tradicionais sobre os deuses perderam sua força de convenção, de modo que sua própria existência foi posta em dúvida[67]. A crítica filosófica ao politeísmo ajudava a preparar o caminho para o monoteísmo cristão. O Deus proclamado por Paulo unia em si dois princípios básicos atraentes: ele é tanto o Senhor da história como o Senhor da vida pessoal. Os dois âmbitos coincidiram nas comunidades cristãs primitivas não só no pensamento, mas também na prática religiosa. Os cristãos viviam na consciência de pertencer àquele grupo de seres humanos que Deus elegeu para manifestar ao mundo sua vontade salvífica, mas também sua atuação de juízo. Eles estavam convencidos de que Deus conferiu, ao mesmo tempo, um sentido e uma meta à

---

[64] Cícero, Nat. Deor. I 39.
[65] Cícero, op. cit., I 51.
[66] Cf. Cícero, op. cit., 195.121; Diógenes Laércio 10,76.77.
[67] Cf. Cícero, Nat. Deor. I 94: "Se, portanto, nenhum deles (isto é, dos filósofos) viu a verdade sobre a natureza dos deuses, é de se recear que essa natureza nem sequer exista."

história e a cada vida individual, por Jesus Cristo. Esse sentido abrangia tanto a vida cotidiana como as esperanças de uma vida após a morte. O anúncio cristão-primitivo voltava-se tanto para o cotidiano dos crentes como para questões fundamentais da vida, por exemplo, para a morte. Aqui, o cristianismo em formação distinguia-se essencialmente das ideias de seu ambiente. O Deus dos cristãos era um Deus da vida que exigia compromisso, mas que concedia também liberdade, que podia ser experimentado já no presente e que garantia, ao mesmo tempo, o futuro dos crentes. O cristianismo primitivo oferecia um conceito abrangente e coeso que adotava as esperanças da Antiguidade acerca do além e simultaneamente conferia ao indivíduo uma perspectiva convincente de vida.

Capítulo 16
CRISTOLOGIA: O SENHOR ESTÁ PRESENTE

Diferentemente dos evangelhos, Paulo não esboça sua cristologia como uma jesuologia narrativa. Antes, ele escolhe vários *leitmotiv* cristológicos e adota campos de palavras e de imaginários como *metáforas de proclamação*, para desdobrar o evento Cristo em todas as suas dimensões e para explicar por que o "Singular" histórico se tornou um "Sempre" escatológico. A polifonia do discurso cristológico em Paulo tem um claro ponto de partida: a convicção de que Jesus Cristo como representante do amor de Deus retrata em seu destino a vontade salvífica de Deus para os seres humanos. Ele liberta da escravidão do pecado e da morte e concede já no tempo presente vida verdadeira. Em Paulo, a cristologia é a interpretação teológico-conceitual da significância de um evento singular e, ao mesmo tempo, universal: a morte e a ressurreição de Jesus Cristo.

16.1 Transformação e participação como modelo fundamental da cristologia paulina

A cristologia paulina está marcada por uma ideia fundamental: Deus transferiu o Jesus de Nazaré crucificado e morto para uma nova existência. Ocorre uma *mudança de status*; Jesus de Nazaré não permaneceu no *status* da morte e da distância a Deus; mas Deus lhe conferiu o *status* da igualdade a Deus. Esta experiência, este reconhecimento revolucionário foi concedido a Paulo perto de Damasco, e em suas cartas, ele reflete a passagem de Jesus da morte para a vida de múltiplas maneiras. Assim como para a tradição cristã primitiva, também para Paulo, a convicção de que Deus ressuscitou Jesus de Nazaré dos mortos é fundamental (1Ts 1, 10; 2Cor 4,14; Rm 8,11 etc.). Deus e Jesus Cristo são decisivamente pensados em conjunto; o Filho participa abrangentemente da divindade do Pai. Por isso, a reflexão cristológica antes de Paulo já amplia a mudança de *status* da pós-existência para a pré-existência. Somente a auto-humilhação no caminho para a cruz confere a exaltação para ser o governante do mundo, isto é, até mesmo o pré-existente passou por uma transformação para se tornar o que deveria ser (cf. Fl 2,6-11).

O objetivo e meta da transformação de Jesus Cristo é a participação dos crentes nesse evento fundamental[1]: "Com efeito, conheceis a obra de graça de nosso Senhor Jesus Cristo, que, por causa de vós, ele se fez pobre embora fosse rico, para que, por meio de sua pobreza, vós vos tornastes ricos" (2Cor 8,9). "Aquele que não conhecera o pecado, Deus o fez pecado para nós, a fim de que, por ele, nos tornemos justiça de Deus" (2Cor 5,21). A Páscoa é sempre também uma atuação de Deus nos discípulos e apóstolos, pois Deus os fez saber que o crucificado vive. Dessa forma, a ressurreição de Jesus Cristo dentre os mortos é para Paulo um ato singular, mas um ato cujos efeitos perduram e que modificou o mundo fundamentalmente. O Deus da ressurreição é aquele "quem torna vivos os mortos e chama à existência o não existente" (Rm 4, 17b). Deus identifica-se tanto com o Jesus de Nazaré crucificado, que seu poder de vida manifesto na ressurreição continua atuando: "Pois é para isto que Cristo morreu e voltou para a vida, para se tornar Senhor tanto sobre os mortos como sobre os vivos" (Rm 14,9). As forças da ressurreição de Jesus Cristo atuam no presente e geram sua própria certeza: "Mas nós cremos que, quando tivermos morrido com Cristo, também viveremos com ele" (Rm 6,8; cf. 2Cor 1,9; 5,15). Cristo foi entregue "por causa de nossas transgressões e ressuscitado por causa de nossa justificação" (Rm 4,25). Quando Paulo se encontra

---

[1] Cf. A. Schweitzer, Mystik, p. 116: "A ideia original e central da mística de Paulo é, portanto, que os eleitos entre si e com Jesus Cristo participam de uma corporalidade que está exposta de modo particular ao efeito das forças de morte e de ressurreição e, dessa maneira, torna-se capaz de alcançar o modo existencial da ressurreição ainda antes que acontecesse a ressurreição geral dos mortos."

à beira da morte, ele espera participar das forças da ressurreição de Jesus, para que ele mesmo alcance a ressurreição dentre os mortos (Fl 3,10s). Com a ressurreição de Jesus Cristo dos mortos começou uma dinâmica universal que diz respeito tanto ao destino individual dos crentes como ao destino do cosmos inteiro (cf. Fl 3,20s). O caminho de Cristo como caminho de salvação visa a participação dos crentes; como imagem primordial, como arquétipo, Jesus Cristo, por meio de sua passagem da morte para a vida, possibilita e abre a vida para a humanidade[2]. Segundo a convicção paulina, ela inaugura uma nova época, em cujo final está a transformação universal, quando "Deus será tudo em tudo" (1Cor 15,28).

16.2 Jesus Cristo como crucificado e ressuscitado

Paulo é a última testemunha imediata da transformação de Jesus de Nazaré da morte para a vida. Perto de Damasco foi lhe concedido uma aparição pascal: "Em último lugar, por assim dizer como a um abortivo, ele apareceu também a mim" (1Cor 15,8). A grandeza de Deus revelou-se a ele, o pequeno (latim: *paulus* = pequeno), o menor entre os apóstolos (1Cor 15,9: ἐλάχιστος = superlativo de μικρός = pequeno). A aparição do Ressuscitado deixa Paulo com a certeza de que Jesus não permaneceu na morte como criminoso crucificado, mas que ele pertence permanentemente ao lado de Deus (cf. 1Ts 4,14; 2Cor 4,14; Rm 6,9; Fl 2,6-11 etc.). Por isso, a ressurreição[3] de Jesus dentre os mortos é o pressuposto objetivo da relevância teológica da cruz, isto é, apenas *a partir da ressurreição abre-se e interpreta-se a pessoa do crucificado*[4]. Por isso

---

[2] Cf. os paralelos temáticos e linguísticos entre Fl 2,6-11 e 3,6-10.20s, que indicam uma relação imediata entre o destino do Kyrios e dos crentes; cf. CHR. STRECKER, Die liminale Theologie des Paulus, p. 176.

[3] Para a terminologia: já que Deus é no Novo Testamento constantemente o sujeito da ação em Jesus de Nazaré, fala-se em parte da *ressuscitação* de Jesus Cristo, para assim enfatizar o elemento passivo. Por outro lado, prevaleceu o termo *ressurreição* para a designação do evento em sua totalidade. Ele é usado também aqui, sem pensar simultaneamente uma participação ativa de Jesus no evento da ressurreição.

[4] Para a determinação da relação entre o crucificado e o ressuscitado, cf. de maneiras diferentes W. SCHRAGE, "Der gekreuzigte und auferweckte Herr. Zur theologie

é preciso tratar primeiramente a compreensão paulina da ressurreição, antes que a cruz possa ser abordada como lugar histórico, tópico teológico e símbolo teológico.

16.2.1 Jesus Cristo como ressuscitado

A ressurreição de Jesus Cristo dos mortos é o conteúdo central e ao mesmo tempo polêmico da criação paulina de sentido[5], um conteúdo que nunca foi irrestritamente fidedigno. Já Lucas faz os epicuristas e estoicos zombar quando Paulo se apresentou em Atenas com a proclamação do Ressuscitado (cf. At 17,32). A falta de integração no mundo da experiência humana exige no tema da ressurreição dos mortos uma aproximação de exploração que será realizada em três passos: primeiro perguntaremos pelo conteúdo da realidade que Paulo atribui à ressurreição de Jesus Cristo dos mortos, depois se segue uma apresentação de modelos explicativos decisivos, para finalmente apresentar o próprio modelo da compreensão de Paulo.

---

crucis und theologie resurrectionis bei Paulus", in ZThK 94 (1997), pp. 25-38; K. HALDIMANN, "Kreuz – Wort vom Kreuz – Kreuzestheologie", in A. DETTWILER/J. ZUMSTEIN (org.), Kreuzestheologie irn Neuen Testament, 1-25. Enquanto SCHRAGE realiza uma atribuição dialética, para HALDIMANN, exclusiva e unicamente a cruz é o evento salvífico.

[5] Entre a literatura extensa, cf. H. v. CAMPENHAUSEN, Der Ablauf der Osterereignisse und das leere Grab, 4ª ed. SHAW.PH 1952 (Heidelberg: 1977); H. GRASS, Ostergeschehen und Osterberichte, 2ª ed. (Göttingen: 1961), pp. 94; F. VIERING (org.), Die Bedeutung der Auferstehungsbotschaft für den Glauben an Jesus Christus (Berlim: 1967); W. MARXSEN, Die Auferstehung Jesu von Nazareth (Gütersloh: 1968); J. BECKER, Auferstehung der Toten, pp. 14-116; K. M. FISCHER, Das Ostergeschehen, Göttingen: ²1980; P. HOFFMANN (org.), Zur neutestamentlichen Überlieferung von der Auferstehung Jesu (Darmstadt: 1988); P. HOFFMANN, "Die historisch-kritische Osterdiskussion von H.S. Reimarus bis zu Beginn des 20. Jahrhunderts", in Idem. (org.), Zur neutestamentlichen Überlieferung von der Auferstehung Jesu, pp. 15-67; I. U. DALFERTH, Der auferweckte Gekreuzigte (Tübingen: 1994); G. LÜDEMANN, Die Auferstehung Jesu, pp. 50ss; I. U. DALFERTH, "Volles Grab, leerer Glaube?", in ZThK 95 (1998), pp. 379-409; G. THEISSEN/A. MERZ, Der historische Jesus, 3ª ed. (Göttingen: 2001), pp. 415-446 (Visão geral da pesquisa sobre a Páscoa e suas interpretações).

O CONTEÚDO DE REALIDADE DO EVENTO DA RESSURREIÇÃO

Paulo não deixa dúvidas na importância e no significado da ressurreição como fundamento da fé: "Contudo, se Cristo não ressuscitou, vazia é também nossa pregação, vazia também é vossa fé" (1Cor 15,14), e: "Se Cristo, porém, não ressuscitou, vossa fé é vã; então ainda estais nos vossos pecados [...], então somos os mais miseráveis de todos os seres humanos" (1Cor 15,17.19b). Existe em Paulo uma irreversibilidade de ressurreição, aparição, querigma e fé. Esta sequência objetiva é desenvolvida pelo apóstolo literariamente em 1Cor 15. Embora ele seja uma testemunha autêntica da ressurreição, também aqui, ele enraíza sua cristologia na tradição da comunidade (cf. 1Cor 15,1-3a), para esclarecer que a ressurreição de Jesus Cristo dos mortos é o fundamento da fé de todos os cristãos. O evangelho tem uma forma determinada e somente nela, ele se comprova para os coríntios como o evangelho salvador que deve ser preservado: "Que Cristo morreu por nossos pecados, segundo as Escrituras, e que foi sepultado e que foi ressuscitado ao terceiro dia, segundo as Escrituras, e que apareceu a Cefas, depois aos Doze" (1Cor 15,3b-5)[6]. Nem Paulo nem os coríntios têm seu próprio evangelho respectivo, mas ambos estão remetidos ao único evangelho pré-estabelecido. O conteúdo do evangelho é a *parádosis* da morte e ressuscitação de Cristo. Jesus Cristo morreu por nossos pecados segundo a vontade de Deus; a afirmação sobre o ser sepultado confirma a realidade de sua morte. Corresponde à morte integral de Jesus a ressuscitação integral que superou a morte como o último inimigo de Deus, mas também a morte como o fim de cada vida. Tanto a noção do estar enterrado como as aparições visíveis do Ressuscitado indicam que Paulo e a tradição entendem a morte e ressuscitação de Jesus como um acontecimento físico-corporal[7] dentro do espaço e do tempo. Também a ampliação da lista das testemunhas (1Cor 15,6-9) pela pessoa de Paulo serve à comprovação da ressurreição corporal e,

---

[6] Para a análise do texto, cf. acima, Secção 9.6 (A ressurreição dos mortos).
[7] Paulo encontra-se aqui dentro da tradição da antropologia e escatologia judaicas; cf. CHR. WOLFF, 1Kor, p. 375.

com isto, verificável, de Jesus Cristo dos mortos[8], porque muitos dos 500 irmãos vivem ainda e podem ser perguntados. R. BULTMANN capta esta intenção do texto corretamente quando ressalta: "Eu posso compreender o texto apenas como a tentativa de tornar a ressurreição de Cristo acreditável como um fato histórico objetivo."[9] No entanto, depois, BULTMANN continua: "E eu vejo apenas que Paulo, devido a sua apologética, cai numa contradição consigo mesmo; pois, com um fato histórico objetivo não pode ser afirmado, entretanto, aquilo que Paulo no v. 20-22 afirma sobre a morte e ressurreição de Jesus."[10] O que é compreendido por Paulo como um evento histórico, BULTMANN o deseja deslocar para a esfera do mitológico, para preservar assim a credibilidade do evangelho na modernidade. A única testemunha da ressurreição de quem possuímos notícias escritas, porém, compreendeu a ressurreição de Jesus Cristo dos mortos obviamente como um evento dentro da história e que mudou sua própria vida totalmente. Com a citação da tradição dos v. 3b-5 e com a ampliação da lista de testemunhas, Paulo defende também sua autoridade como apóstolo[11]. Ele estende a tradição reconhecida até sua pessoa e esclarece assim para os coríntios que ele viu o Ressuscitado da mesma maneira como as outras testemunhas até Cefas. Desse modo, Paulo une três problemas complexos: a) a ressurreição corporal de Jesus; b) seu testemunho acerca deste acontecimento; c) uma compreensão da ressurreição corporal dos mortos que decorre disso. Para Paulo, esta compreensão da ressurreição não é uma questão de interpretação, mas um elemento do evangelho. Somente se Jesus Cristo tiver ressuscitado dos mortos corporalmente, portanto, verdadeiramente, cristãos podem esperar pela atuação salvífica escatológica de Deus.

---

[8] Cf. CHR. WOLFF, op. cit., p. 369.
[9] R. BULTMANN, "Karl Barth, 'Die Auferstehung der Toten'", in Idem, *Glauben und Verstehen I*, p. 54.
[10] R. BULTMANN, op. cit., pp. 54s.
[11] Este aspecto é ressaltado enfaticamente por P. v. D. OSTEN-SACKEN, "Die Apologie des paulinischen Apostolats in 1. Kor 15,1-11", in Idem, *Evangelium und Tora. Aufsätze zu* Paulus, pp. 146ss.

Esta compreensão não é absolutamente comprometida pelo fato de que tanto Paulo como sua tradição argumenta de modo restritivo[12]. O processo da ressurreição nunca é descrito, a materialidade do evento não é mencionada. Paulo compreende a Páscoa rigidamente como um ato de revelação (Gl 15s); Jesus foi tornado visível para ele por Deus (1Cor 9,1; 15,8). Essa revelação dá-se como um evento no espaço e no tempo, que capta e simultaneamente ultrapassa o mundo da experiência humana e que transforma fundamentalmente as pessoas que a recebem. Por isso, a Páscoa contém sempre também uma atuação de Deus nos discípulos e nos apóstolos, pois Deus lhes deu a saber que o Crucificado vive. O poder de vida que se tornou visível na ressurreição de Jesus Cristo continua a operar e transforma os crentes (cf. Rm 6,8; 2Cor 1,9; 5,15). Paulo compreende a ressurreição corporal de Jesus Cristo dos mortos como um ato de Deus no crucificado, que inaugura o tempo escatológico e se torna assim o fundamento de uma nova visão do mundo e da história. Além disso, a ressurreição de Jesus Cristo muda também visivelmente sua própria vida, de modo que seu conteúdo de realidade consiste para Paulo não só num novo juízo sobre a atuação de Deus em Jesus de Nazaré, mas que expressa uma realidade nova e experienciável[13].

MODELOS DE EXPLICAÇÃO

As experiências de Paulo perto de Damasco não são as nossas, sua visão de mundo não é do gosto de qualquer um[14]. Como se pode falar

---

[12] Para a discussão do material, cf. G. DELLING, "Die Bedeutung der Auferstehung Jesu für den Glauben an Jesus Christus. Ein exegetischer Beitrag", in F. VIERING (org.), *Die Bedeutung der Auferstehung Jesu für den Glauben an Jesus Christus*, pp. 63-88; P. HOFFMANN, Verbete "Auferstehung", in TRE 4 (Berlim/Nova Iorque: 1979), pp. 452-458; K. M. FISCHER, Das Ostergeschehen, pp. 73-76.

[13] Na discussão dos anos 60, que tem seus efeitos até hoje, este aspecto é deliberadamente minimizado ou suprimido; cf., por exemplo, W. MARXSEN, Auferstehung, p. 113, que nega a intenção de 1Cor 15 de ser uma comprovação e que constata: "Por isso também não é possível recorrer a Paulo quando se quer 'preservar' o ocorrido (como se expressa isto ocasionalmente) da ressurreição de Jesus".

[14] Cf. G. E. LESSING, "Über den Beweis des Geistes und der Kraft", in WÖLFEL, K. (org.), *Lessings Werke III* (Frankfurt: 1967 (= 1777), p. 307: "Uma coisa são profecias

da ressurreição de Jesus Cristo dentre os mortos sob as condições da Modernidade? Como é possível afirmar a verdade do evangelho da ressurreição de Jesus Cristo dentre os mortos, num tempo em que a pretensão da verdade está exclusivamente vinculada à racionalidade da metódica científica(-natural)[15]? Qual plausibilidade possuem os argumentos dos contestadores e defensores da realidade da ressurreição? Três modelos de interpretação são importantes na discussão:

a) *Projeções dos discípulos como fator desencadeador da fé na ressurreição (hipótese da visão subjetiva):* DAVID FRIEDRICH STRAUSS (1808-1874) aduziu argumentos contra a fé pascal[16] que determinam a discussão até o tempo presente[17]. Ele distingue estritamente entre as tradições das revelações e as tradições do túmulo vazio. A origem histórica da fé pascal está, segundo sua opinião, em visões dos discípulos na Galileia, longe do túmulo de Jesus, que passou a ser um túmulo vazio somente numa lenda secundária. As narrativas das aparições remetem a

---

cumpridas que eu mesmo vivencio, outra coisa profecias cumpridas das quais eu sei apenas historicamente que outros alegam tê-las vivenciado."

[15] Também o pensamento histórico é afetado diretamente por esse processo de metodização; cf. J. RÜSEN, Historische Methode und religiöser Sinn, p. 345: "Com sua metodização, o pensamento histórico nas formas de sua lógica peculiar da memória realiza o processo de racionalização que constitui a Modernidade historicamente".

[16] Para DAVID FRIEDRICH STRAUSS e seu desenvolvimento teológico, cf. a apresentação de A. SCHWEITZER, *Geschichte der Leben-Jesu-Forschung I*, 3ª ed. (Gütersloh: 1977), pp. 106-154; R. SLENCZKA, *Geschichtlichkeit und Personsein Jesu Christi*. FSÖTh 18. (Göttingen: 1967), pp. 46-61; D. LANGE, Historischer Jesus oder mythischer Christus. Untersuchungen zu dem Gegensatz zwischen F. SCHLEIERMACHER und D. F. STRAUSS (Gütersloh: 1975).

[17] Cf. G. LÜDEMANN, Die Auferstehung Jesu, p. 208 etc. G. LÜDEMANN segue em todos os argumentos essenciais D. F. STRAUSS. Ele categoriza a tradição do túmulo vazio como uma lenda apologética não histórica e vê o fundamento da fé pascal em aparições particulares a Pedro e Paulo, que ele interpreta psicologicamente. A visão de Pedro explica-se por um processo de luto bloqueado pela morte súbita de Jesus, no qual Pedro trabalha sua culpa em relação ao Senhor por ele traído. No perseguidor Paulo irrompe uma fascinação inconsciente por Jesus, antes reprimida. Todas as outras visões dependem dessas duas visões e podem ser explicadas – assim como, por exemplo, a visão dos 500 – somente por uma sugestão de massa. Para a crítica às deficiências teológicas e teórico-históricas das construções de LÜDEMANN, cf. I. U. DALFERTH, Volles Grab, leerer Glaube?, pp. 381ss.

visões dos discípulos, provocadas por um entusiasmo piedoso e pela situação de estresse. Dessa maneira, STRAUSS é um representante da hipótese da visão subjetiva, segundo a qual as visões dos discípulos são racionalmente explicáveis a partir da situação histórica específica: "O susto sobre a execução de seu mestre afugentou-os da capital perigosa de volta para sua Galileia natal; ali, eles podem, em reuniões secretas, ter comemorado a memória dele, ter-se fortalecido mutuamente em sua fé, vasculhado incessantemente as Escrituras, lutado juntos para alcançar luz e certeza; foram lutas da alma que – em naturezas orientais, desenvolvidas de modo unilateralmente religioso e fantástico, especialmente naturezas femininas – facilmente extrapolaram para o extático e visionário. [...] Dessa maneira, os discípulos salvaram, por meio da produção da ideia da ressurreição de seu mestre morto, a obra dele; pois sua convicção honesta era ter visto o ressuscitado realmente e ter falado com ele. Fazia parte do jogo nada de fraude piedosa, mas, em compensação, tanto mais de autoengano, e rapidamente misturava-se com isto – embora possivelmente sempre ainda em boa fé – o enfeite e o lendário. [...] Historicamente considerado, isto é, considerando juntos os efeitos enormes dessa fé e seu caráter absolutamente infundado, a história da ressurreição de Jesus pode ser designada somente como uma tolice de dimensões histórico-universais."[18] A importância dessa argumentação reside não só na reversão de causa e efeito da fé na ressurreição, mas principalmente na dissolução da coincidência de realidade e a verdade. STRAUSS dissolve a historicidade de Jesus em grande parte para o mito, de modo que a realidade do evento histórico e a pretensão da verdade da fé na ressurreição chegam a ficar díspares. STRAUSS esperava dissolver a tensão assim gerada, ao separar o cerne da fé cristã da história e ao transformá-lo em uma ideia[19].

Uma esperança enganadora, pois contrastou-se ao resultado aparentemente positivo um déficit fundamental: quando os discípulos

---

[18] D. F. STRAUSS, Der alte und der neue Glaube (Stuttgart: 1938 [= 1872]), pp. 49s.
[19] Cf. D. F. STRAUSS, Das Leben Jesu, kritisch bearbeitet, 2 (Tübingen: 1836), p. 735: "Esta é a chave para toda a cristologia, colocar como sujeito dos predicados que a Igreja atribui a Cristo em vez de um indivíduo uma ideia, mas uma real e não kantianamente irreal."

são os desencadeadores e os sujeitos da fé na ressurreição, esse acontecimento pode ser integrado em nossa realidade. Ao mesmo tempo, porém, ele perde sua pretensão de verdade, pois, ao longo prazo, a verdade não pode ser afirmada no além da realidade histórica[20].

Contra uma derivação da fé na ressurreição de processos intrapsíquicos devem se levantar *objeções* em vários níveis:

1) O argumento *histórico*: tanto para D. F. STRAUSS como para G. LÜDEMANN, as tradições do túmulo vazio são lendas apologéticas tardias. LÜDEMANN supõe que também a comunidade mais antiga não conhecia o lugar do túmulo de Jesus[21]. Um argumento historicamente extremamente duvidoso, pois, na cidade relativamente pequena de Jerusalém, a crucificação de Jesus despertou indubitavelmente muita atenção. Por isso, nem os adversários de Jesus nem seus adeptos e simpatizantes devem ter deixado de perceber[22] onde o corpo de Jesus foi enterrado por José de Arimateia (Mc 15,42-47). Quando, logo depois desse evento, os discípulos se apresentaram em Jerusalém com a mensagem de que Jesus tinha ressuscitado dos mortos, então a pergunta pelo túmulo deve ter tido desde o início uma importância central. Um túmulo cheio poderia ter desmentido o anúncio dos discípulos facilmente!

2) O argumento *histórico-religioso*: não há paralelos histórico-religiosos contemporâneos para a conexão da ideia da ressurreição com a ideia de que uma pessoa morta apareceria às pessoas a ela ligadas[23]. Se as aparições fossem compreendias exclusivamente como fenômenos intrapsíquicos, outros padrões interpretativos teriam se recomendado melhor para expressar a posição particular de Jesus.

---

[20] Nesse sentido é consequente que G. LÜDEMANN se despede dos ensinamentos oficiais do cristianismo e do próprio Jesus: cf. G. LÜDEMANN, Jesus nach 2000 Jahren (Lüneburg: 2000), p. 886: "Por isso, eu o (isto é, Jesus) arquivo neste livro definitivamente".

[21] Cf. G. LÜDEMANN, Die Auferstehung Jesu, p. 67; na nova edição se diz na p. 134: "O túmulo de Jesus era aparentemente desconhecido".

[22] A nota editorial sobre a fuga os discípulos em Mc 14,50 (cf. o motivo de πάντες em Mc 14,27.31.50) não implica absolutamente, a meu ver, que todos os simpatizantes de Jesus deixaram Jerusalém.

[23] Cf. M. KARRER, Jesus Christus, pp. 35s.

As afirmativas escatológicas dos primeiros cristãos são singulares em sua combinação.

3) O argumento *metodológico*: tanto STRAUSS como LÜDEMANN não apresentam absolutamente uma apresentação "objetiva" e historicamente lógica do acontecimento da ressurreição, mas necessariamente a própria história *deles* com Jesus de Nazaré. O decisivo para sua argumentação é a suposição epistemologicamente incorreta de que a análise que *eles* fazem do processamento literário de um acontecimento decide totalmente sobre o conteúdo de realidade do mesmo. Tal análise, porém, não pode fornecer resultados seguros, pois ela, por sua vez, não se refere ao próprio evento, mas sempre a interpretações cuja significância, por sua vez, depende da compreensão acerca da realidade e da história dos exegetas que determinam inevitável e verdadeiramente os resultados. A decisão sobre o conteúdo de realidade e verdade do acontecimento da ressurreição ocorre sempre dentro das premissas da visão de mundo e da biografia dos intérpretes que liberam de seu interior a visão de mundo normativa e os interesses orientadores da interpretação. Na hipótese subjetiva das visões, a base da argumentação é formada principalmente por suposições psicológicas e postulados históricos delas derivados[24], sem que seus defensores tivessem refletido os déficits hermenêuticos desse conceito[25].

---

[24] Isto fica claramente evidente em G. LÜDEMANN, que simplesmente equipara seus julgamentos históricos ao ocorrido e eleva, de forma vulgar e irrefletida, pretensas intelecções da psicanálise a resultados aparentemente comprovados. Aqui se vende suposições de um psicólogo amador como fatos históricos! Exemplos: ele fala de um "complexo de Cristo" de Paulo, que chegou "literalmente a transbordar" (IDEM, Die Auferstehung Jesu, p. 111), sem esclarecer segundo qual teoria psicológica este diagnóstico foi emitido no caso de uma pessoa morta há quase 2000 anos. O conflito interior de Pedro (cf. op. cit., pp. 126s) é analisado – acertando bem na mosca – com a ajuda de um livro (Y. SPIEGEL, *Der Prozess des Trauerns*, 7ª ed. [Munique: 1989])! É claro que se vinculam, tanto em Pedro como em Paulo, às aparições também dimensões psicológicas, sem que fossem obrigatoriamente o fato desencadeador do evento. Além disso, parece que escapou a LÜDEMANN o traço básico ideológico da psicanálise; basta conferir M. POHLEN/M. BAUTZ-HOLZHERR, Psychoanalyse – Das Ende einer Deutungsmacht, p. 14: "O pensamento freudiano, nascido de um espírito inventivo, elevou o princípio de percepção e conhecimento, que lhe era pessoalmente indispensável, a uma pretensão de validade universal."

[25] Para a crítica a STRAUSS e às hipóteses da visão subjetiva, cf. H. GRASSH. GRASS, Ostergeschehen und Osterberichte, pp. 233ss; W. PANNENBERG, Grundzüge der Christologie,

b) *Ressurreição para dentro do querigma*. Em continuidade dos resultados (negativos) da pesquisa sobre o Jesus histórico no séc. XIX, R. BULTMANN renuncia conscientemente a uma elucidação histórica da fé pascal: "A comunidade teve que superar o escândalo da cruz e o fez na fé pascal. Como esse ato de decisão se deu em seus pormenores, como surgiu a fé pascal nos distintos discípulos, foi na tradição escurecido pela lenda e é sem importância em termos objetivos".[26] BULTMANN compreende a Páscoa como um evento escatológico, isto é, um evento que revolucionou tudo que existia até então; como um mundo e tempo trazido por Deus de modo qualitativamente novo. Como evento escatológico, a páscoa é mal-entendida justamente quando se procura explicá-la com critérios terrenos, pois a ressurreição não é um milagre comprovador. R. BULTMANN enxerga essa decisão hermenêutica fundamental já no próprio Novo Testamento, pois ali, o Crucificado não seria anunciado de tal maneira "que o sentido da cruz se explicasse a partir de sua vida histórica – a ser reproduzida pela pesquisa histórica; antes, ele é proclamado como o Crucificado que é ao mesmo tempo o Ressuscitado. Cruz e ressurreição formam uma unidade."[27] Ora, qual é exatamente a relação entre a cruz e a ressurreição? A ressurreição nada mais é "que a expressão da significância da cruz"[28]. O evento escatológico, uma vez desencadeado por Deus com Jesus, continua a se realizar na palavra e na fé. Por isso vale: Jesus ressuscitou "para dentro do querigma"[29], na medida em que a palavra é a continuação da atuação escatológica de Deus nos cristãos. Um acesso a um evento

---

pp. 93s; para a crítica a LÜDEMANN, cf. R. SLENCZKA, "'Nonsense' (Lk 24,11)", in *KuD* 40 (1994), pp. 170-181; U. WILCKENS, "Die Auferstehung Jesu: Historisches Zeugnis – Theologie – Glaubenserfahrung , in *PTh* 85 (1996), pp. 102-120; W. PANNENBERG, "Die Auferstehung Jesu – Historie und Theologie", in *ZThK* 91 (1994), pp. 318-328. Para os déficits do historismo, cf. acima, Secção 1.2 (Considerações histórico-teóricas).

[26] R. BULTMANN, Theologie, p. 47.
[27] R. BULTMANN, "Neues Testament und Mythologie", in *BEvTh* 96 (Munique: 1985 [=1941], p. 57.
[28] R. BULTMANN, op. cit., p. 58.
[29] R. BULTMANN, "Das Verhältnis der urchristlichen Christusbotschaft zum historischen Jesus", in Idem, *Exegetica*, p. 469.

escatológico existe apenas quando a própria pessoa passa a existir no Novo Mundo, isto é, quando ela se torna uma existência escatológica e reconhece na fé "que a cruz realmente tem o significado cósmico-escatológico que lhe é atribuído."[30]

Duas perguntas devem ser dirigidas a esse pensamento explicitamente comprometido com a Modernidade:

1) Qual é o conteúdo de realidade que, na relação entre a cruz e a ressurreição, é atribuído à ressurreição? Se a ressurreição for a "expressão do significado da cruz", então não se trata de um juízo de realidade, mas de um juízo de reflexão emitido por um sujeito[31], que marca a posição de seu entendimento. Uma reflexão sem referência à realidade evapora, mesmo quando é frequentemente discutida e reformulada[32]. Permanece não esclarecido como BULTMANN imagina exatamente a ressurreição para dentro do querigma. A realidade da ressurreição e a confissão dela são deliberadamente não mais distinguidas e, dessa maneira, factualmente identificadas. Trata-se de uma formulação elegante, mas, ao mesmo tempo, propositalmente indefinida e encobridora[33]. Exatamente ali onde deveria ser esclarecida a relação fundamental entre história e verdade, "o sentido daquela afirmação-limite fica encalhado numa ambiguidade não interpretada."[34]

---

[30] R. BULTMANN, Neues Testament und Mythologie, p. 58.
[31] Cf. a respeito as considerações perspicazes de H.-G. GEYER, "Die Auferstehung Jesu Christi. Ein Überblick über die Diskussion in der evangelischen Theologie", in F. VIERING (org.), Die Bedeutung der Auferstehung Jesu für den Glauben an Jesus Christus, pp. 93s.
[32] Reformulações e radicalizações de BULTMANN encontram-se, por exemplo, em W. MARXSEN, "Die Auferstehung Jesu als historisches und als theologisches Problem", in F. VIERING (org.), Die Bedeutung der Auferstehung Jesu für den Glauben an Jesus Christus, p. 27: "Desencadeada pela experiência súbita do ver, portanto, 'a causa de Jesus' é promovida"; R. BRAUN, Jesus – der Mann aus Nazareth und seine Zeit, 2ª ed. (Gütersloh: 1989), p. 244: "Que sua causa é sustentável – codificado de modo cristão-primitivo: que ele ressuscitou –, isso não podemos simplesmente aceitar, quando se trata de por os pontos nos ís, de mera boa fé da boca de ninguém, nem mesmo de um apóstolo."
[33] Para a crítica, cf. K. BARTH, Die Kirchliche Dogmatik III/2 (Zurique: 1948), pp. 535s.
[34] H.-G. GEYER, Die Auferstehung Jesu Christi, p. 96.

2) A renúncia a uma análise da dimensão histórica do evento da ressurreição não é possível, porque tanto as tradições mais antigas como também Paulo entendem o evento da ressurreição como um acontecimento vinculado a lugares e tempos. Além disso: quando as forças ressurrecionais continuam agindo na fé, elas devem ter também um ponto de partida histórico. Quem não se confronta com as dimensões históricas da ressurreição de Jesus Cristo dentre os mortos, fica no aquém do Novo Testamento[35].

c) *Ressurreição como acontecimento real.* W. PANNENBERG compreende as aparições pascais como a expressão objetiva das manifestações do Ressuscitado[36]. Ele se volta contra a visão de mundo reducionista da Modernidade, que exclui Deus dogmaticamente da realidade. "'Historicidade' não precisa significar que aquilo que é afirmado como historicamente factual seja análogo ou similar a outros acontecimentos conhecidos. A pretensão da historicidade, que é inseparável da afirmação da facticidade de um evento acontecido, não contém nada mais que sua facticidade (a facticidade de um evento acontecido num determinado tempo). A questão de sua similaridade com outros acontecimentos pode desempenhar um papel acerca do juízo crítico sobre o direito a tais afirmações, mas não é uma condição da própria pretensão de veracidade vinculada ao afirmado."[37] Quando se mantém aberta a possibilidade da atuação divina no tempo e na história, então surgem também importantes argumentos históricos para a credibilidade das narrativas pascais. Para PANNENBERG, a tradição do túmulo vazio é, em termos históricos, tão original como as tradições das aparições, mas em seus conteúdos independente delas. Somente à luz das aparições, o túmulo vazio torna-se uma testemunha da ressurreição; sem as aparições, ele permanece polissêmico. Dessa maneira temos dois testemunhos para o acontecimento pascal que se confirmam

---

[35] A controvérsia vivaz em torno de cruz e ressurreição depois de 1945 é documentada por B. KLAPPERT (org.), *Diskussion un Kreuz und Auferstehung*, 9ª ed. (Wuppertal: 1985).
[36] Cf. W. PANNENBERG, Grundzüge der Christologie, pp. 93ss. [N. da Trad.: sic, erro no original.]
[37] W. PANNENBERG, Systematische Theologie II (Göttingen: 1991), p. 403.

mutuamente e que garantem uma objetividade do evento. "E, de fato, embora não seja a notícia da descoberta do túmulo vazio por si só, mas a convergência entre uma tradição de aparição que se formou independentemente dela e que remonta à Galileia, por um lado, e a tradição hierosolimitana do túmulo, por outro, ela tem um considerável peso para a formação do veredicto histórico. Falando de modo inteiramente geral, a convergência de várias situações possui grande importância para o veredicto histórico."[38] PANNENBERG não se esquiva do questionamento e da argumentação históricas e desloca-se, com isto, necessariamente para a esfera de questões discricionárias, marcadas pela biografia e pela visão de mundo. No entanto, a força comprovadora por ele pressuposta de *dois testemunhos*[39] não consegue sustentar o peso da comprovação, pois, com isto, PANNENBERG permanece dentro dos padrões de pensamento do positivismo histórico moderno[40].

RESSURREIÇÃO COMO UM ACONTECIMENTO TRANSCENDENTAL

A historização do pensamento na Modernidade e a correspondente subsunção do conceito da verdade sob a metódica racional das ciências dominantes alteraram fundamentalmente a percepção de textos bíblicos e de sua pretensão. "Por meio da historização, a Bíblia passa a entrar nos contextos temporais histórico-distantes de sua formação, e com isto abre-se uma lacuna temporal entre o passado dessa formação e o presente da significância do formado, e esta lacuna – isto é o decisivo – não pode ser fechada com os mesmos meios metódicos da

---

[38] W. PANNENBERG, Die Auferstehung Jesu, pp. 327s.
[39] Em PANNENBERG, não só o estabelecimento de uma relação entre as aparições e o túmulo vazio, mas também o traço proléptico na pretensão de autoridade do Jesus pré-pascal e sua ressuscitação por Deus condicionam-se mutuamente; cf. Idem, Grundzüge der Christologie, pp. 47ss.
[40] Para a crítica a PANNENBERG, cf. especialmente E. REINMUTH, "Historik und Exegese – zum Streit um die Auferstehung Jesu nach der Moderne", in ST. ALKIER/R. BRUCKER (org.), *Exegese und Methodenstreit*. TANZ 23 (Tübingen: 1998), pp. 1-8.

crítica."⁴¹ Os *flashes* da história da pesquisa evidenciaram estratégicas decisivas para contornar esse dilema ou para construir uma ponte sobre os abismos que foram abertos. Disso seguem os seguintes aprendizados metódicos:

1) Os problemas não podem ser resolvidos pela atitude de declarar a pergunta pela ressurreição de Jesus Cristo dos mortos como historicamente impossível ou teologicamente ilegítima. Em ambos os casos, evita-se a pergunta pela relação entre o acontecimento da ressurreição e a realidade; a fé e a realidade são separadas violentamente. A ressurreição permanece no campo das ruínas da história passada⁴², e a fé degenera para a mera afirmativa ideológica e dissolve-se a si mesma quando corta a ligação com o evento originador.

2) As perguntas históricas necessárias devem ser precedidas por reflexões teórico-históricas, pois estas determinam as respectivas construções da realidade e da hermenêutica e o conceito da verdade a elas vinculadas. Sob estes pressupostos metodológicos se fará a seguir a tentativa de tornar a ressurreição compreensível *como um acontecimento transcendental*.

*Considerações hermenêuticas e teórico-históricas*⁴³: no tema da ressurreição, a pergunta pelo alcance e pelas possibilidades do reconhecimento histórico precisa ser considerada de modo especial, pois esse reconhecimento transcendente nossa experiência da realidade. O (re)conhecimento histórico dá-se sempre numa distância temporal ao evento. Essa distância temporal não pode ser vencida por nada, nem por uma situação favorável das fontes nem pela captação intuitiva de acontecimentos históricos. Em vez disso, devido à distância temporal, o conhecimento histórico pode ser entendido sempre apenas como um ato de aproximação a acontecimentos passados. É impossível trazer

---

⁴¹ J. RÜSEN, Historische Methode und religiöser Sinn, p. 358.
⁴² Assim, por exemplo, em I. U. DALFERTH, Volles Grab, leerer Glaube?, p. 385: "A cruz, e não a ressurreição, enraíza a fé na história. Por isso é só pela cruz, e não pela ressurreição, que se pode perguntar historicamente."
⁴³ Aqui se pressupõem e se retomam as reflexões oferecidas nas Secções 1.2 (Considerações histórico-teóricas) e 1.3 (O conceito: criação de sentido em continuidade e transformação).

um acontecimento passado presente de tal forma que ele, por assim dizer, se repita sob a mão do historiador. Hipóteses sobre a formação de tradições e de textos não podem decidir sobre o que realmente aconteceu.

Ao lado da distância temporal é a necessidade da interpretação, inerente aos acontecimentos históricos, que constitui a relatividade do conhecimento histórico. Somente na interpretação do sujeito reconhecedor forma-se história; a história é sempre um modelo de interpretação. Nesse contexto, a postura de visão de mundo, isto é, a compreensão da realidade que o historiador aceita para si mesmo e que é determinante para ele, sua disposição religiosa ou arreligiosa decidem necessariamente sobre o que pode ser considerado histórico ou não[44]. As próprias visões de mundo existentes estão sujeitas a um constante processo de mudança. Nenhuma visão de mundo pode reivindicar para si uma posição particular na história[45], pois ela está inevitavelmente sujeita a mudanças e relativizações. Por isso, a referência às diferenças entre a visão de mundo presente e a neotestamentária não é um argumento suficiente para comprovar o caráter deficiente do último, porque cada geração precisa se articular dentro de sua própria visão de mundo, sem que gerações futuras pudessem concluir disso que têm uma vantagem absoluta de (re)conhecimento.

A história nunca se apresenta abertamente, e ela sempre é apenas *construída pela retrospecção do sujeito reconhecedor*. Na Modernidade,

---

[44] Bem acertado W. PANNENBERG, Systematische Theologie II, p. 405: "O juízo ao qual alguém chega acerca da historicidade da ressurreição de Jesus depende, além da verificação dos resultados e situações concretas, da compreensão da realidade pela qual a pessoa avaliadora se orienta e daquilo que ela, de acordo com essa compreensão, considera basicamente possível ou impossível, já antes de qualquer ponderação dos resultados e situações concretas."

[45] A patética do histórico que predomina frequentemente na exegese no sentido de uma constatação de fatos apresenta-se com a pretensão de que se pode captar a realidade e a história desde sempre e apenas assim. O termo "fato", porém, é de origem moderna e pode ser comprovado pela primeira vez por volta de meados do séc. XVIII, e não é por acaso que desempenhe um papel crucial em G. E. LESSING; cf. R. STAATS, "Der theologiegeschichtliche Hintergrund des Begriffes "Tatsache", in *ZThK* 70 (1973), pp. 316-345. Gerações anteriores captavam a história de forma diferente, e gerações futuras talvez o farão também.

este processo de construção orienta-se em métodos como características da racionalidade científica, de modo que vale: "Sem método não há sentido"[46]. A metódica desencanta o potencial de sentido das memórias históricas e nivela tudo para uma massa uniforme. No caso da ressurreição, este desencantamento está vinculado à palavra-chave da analogia. Processos históricos podem ser julgados suficiente e adequadamente sempre que haja uma analogia a eles, quando podem ser inseridos numa relação casual[47]. Isto não é o caso da ressurreição de Jesus Cristo dentre os mortos, pois, historicamente considerada, trata-se de um fenômeno singular. Por isso põe-se imediatamente a pergunta se um evento singular dessa espécie pode ser historicamente fidedigno. Pode algo ser considerado histórico quando é único na história até então ocorrida? A resposta a esta pergunta depende da respectiva teoria histórica[48] defendida pelo respectivo exegeta. Adeptos de concepções *nomológicas* declararão não-histórico tudo que se encontra fora das leis e normatividades que eles mesmos estabeleceram. Quando se vê, porém, ao contrário disso, o elemento constitutivo da história em experiências temporais, o horizonte da percepção muda. "O pensamento histórico recorre no interesse de esta sua função orientadora a experiências temporais que são dispensadas no esquema da explicação nomológica: experiências de mudanças que não correspondem às leis inerentes ao fenômeno do mudar. Trata-se de experiências temporais que possuem, ao contrário das experiência nomologicamente identificáveis, o *status* da contingência."[49] Isto significa para nossa questão: historicamente, as aparições e o acontecimento da ressurreição que lhes é anterior não podem ser comprovados, mas ao mesmo tempo também não excluídos, quando se inclui na construção da história

---

[46] J. RÜSEN, Historische Methode und religiöser Sinn, p. 345.
[47] Aqui é de uma influência extrema e que se estende até a atualidade, E. TROELTSCH, "Über historische und dogmatische Methode in der Theologie", in: Idem, *Zur religiösen Lage. Religionsphilosophie und Ethik*. Gesammelte Schriften II, 2ª ed. (Tübingen: 1922), pp. 729-753, que declarou que a crítica histórica, a analogia e a correlação são conceitos fundamentais do histórico, portanto, do real.
[48] Cf. a respeito J. RÜSEN, Rekonstruktion der Vergangenheit, pp. 22-86.
[49] J. RÜSEN, op. cit., p. 41.

a categoria experiencial da *contingência*. Soma-se a isto a intelecção epistemológica fundamental de que eventos do passado são nos subtraídos de maneira geral, de modo que a história como a interpretação secundária do acontecido não pode reivindicar para si o mesmo conteúdo de realidade como os eventos pelos quais ela é composta[50]. Com certeza histórica podemos verificar somente que adeptos do pregador judaico itinerante Jesus de Nazaré, após a crucificação e morte dele, afirmaram que ele lhes apareceu como um vivente. Avaliações do conteúdo de realidade do acontecimento da ressurreição, que ultrapassam isto, encontram-se, *tanto* no caso dos defensores *como* dos contestadores, no nível das experiências biográficas, orientações epistemológicas e considerações históricas.

Ressurreição como um acontecimento transcendental: quando se precisa reconhecer, em termos teórico-históricos, à possibilidade de uma ressurreição de Jesus Cristo dentre os mortos e de subsequentes aparições do ressuscitado o mesmo conteúdo de realidade possível como a outros eventos do passado, então se põe a pergunta pela relação com a realidade desse acontecimento. Ele não pode ser inserido e categorizado, mas sim atribuído à realidade humana. Uma inserção e categorização não são possíveis porque a ressurreição é compreendida, tanto em Paulo como em todo o Novo Testamento, sempre estritamente como um ato exclusivo de Deus (cf. 1Ts 4,14; 1Cor 6,14a; 15,4.15; Gl 1,1; Rm 4,24s; 6,9; 8,11; 10,9)[51]. O sujeito verdadeiro da ressurreição é Deus, isto é, o discurso sobre a ressurreição de Jesus Cristo é em primeiríssima instância uma afirmativa sobre o próprio Deus[52]! Por isso, em sua qualidade de atuação criadora de Deus no Jesus de Nazaré crucificado e morto, a realidade da ressurreição deve ser distinguida

---

[50] Cf. J. Rüsen, Historische Vernunft, pp. 58ss.
[51] Para a chamada "tradição de fórmulas", cf. W. Kramer, Christos *Kyrios* Gottessohn, pp. 15ss; K. Wengst, Christologische Formeln, pp. 92ss.
[52] Cf. Chr. Schwobel, Verbete "Auferstehung", in *RGG*⁴ 1, coluna 926: "A atuação de Deus é o ponto de referência comum do discurso sobre a ressurreição do Jesus morto, da fé da primeira comunidade de que Jesus tem por meio disso parte na vida de Deus e que seu testemunho de vida foi confirmado pelo próprio Deus, e da incumbência de levar esta mensagem a todos."

de experiências humanas e de lidas humanas com a essa realidade[53]. Se as duas coisas fossem equiparadas, a pergunta pela realidade desse acontecimento já não poderia ser respondida e a possibilidade da atuação divina dependeria da confissão humana.

No entanto, a ressurreição enquanto atuação de Deus em Jesus de Nazaré não abole a pergunta pela relação desse acontecimento com a realidade. A observação de que Deus mesmo se manifesta e se expressa no acontecimento da ressurreição e que a atuação de Deus propriamente dita não pode ser descrita, mas somente confessada[54], deve ser novamente avaliada como um elegante deslocamento do problema. Como algo poderia se tornar a base de minha fé e, dessa forma, também de minha compreensão da realidade, quando não pode ser colocado em relação com minha realidade? Esta atribuição relacional é oferecida, a meu ver, pela ideia da transcendência. A ressurreição é primeira e fundamentalmente uma atuação *a partir e da parte de Deus*, que transcende (*transcendere*) a experiência normal. No entanto, ela não aparece como a transcendência do absolutamente sagrado ou do monoteísmo distanciado, mas Deus transcende sua infinidade e se

---

[53] Aqui reside a deficiência teológica do discurso sobre a ressurreição de Jesus como interpretação, como é defendido, por exemplo, por W. MARXSEN, Die Auferstehung Jesu, pp. 141ss. Se a ressurreição de Jesus for uma interpretação, então qual o *interpretandum*? MARXSEN, seguindo BULTMANN, equipara a fé na ressurreição à ressurreição; ele até mesmo pode chegar a formular: "Devemos prestar muita atenção para aquilo que é o milagre. O milagre justamente não é, como se diz facilmente, a ressurreição de Jesus, mas o milagre é o ter-chegado-à-fé" (op. cit., p. 142).

[54] Assim I. U. DALFERTH, Der auferweckte Gekreuzigte, p. 56: "O tema da confissão da ressurreição e, com isto, aquilo que é expressado pela terminologia da ressurreição, não é um fato empírico de qualquer definição que for, ou um evento histórico que depois é descrito ou interpretado de algum modo concreto, mas uma *atuação de Deus*, que, como tal, justamente não pode ser descrita em si, mas que pode apenas ser confessada por aquelas pessoas que se sabem por esta atuação incluídas nesta atuação. Não são eventos e fenômenos históricos e ainda muito menos impressões, opiniões e interpretações subjetivas dos primeiros cristãos que são descritas e interpretadas aqui como atuação ressurrecional de Deus. Antes, exatamente ao contrário, aquilo que é confessado dessa maneira é uma atuação de Deus, que se torna afirmável a si mesma como tal e que se torna assim o fundamento objetivo e discursivo da confissão da ressurreição...".

desloca, sem abandonar sua liberdade, para a esfera do criacional que ele mesmo criou e que é também sua propriedade[55]. Dentro da criação, o ser humano é o único ser cujas experiências estão inteiramente marcadas por experiências da transcendência. O ser humano vive num mundo que, em última análise, está lhe subtraído, que era antes e estará depois dele[56].

Ele pode sentir o mundo, mas não fundir-se com ele. Da distinção entre experiências relacionadas ao Eu e experiências que ultrapassam o Eu seguem não só experiências de diferença, mas também experiências de transcendência. Em seu cerne, cada experiência remete a algo ausente e alheio, e isto gera uma coexperiência de transcendência. Por exemplo, o amor ou a dor (devido a separações/à morte de seres amados) são experiências que nos são subtraídas, mas que, ainda assim, nos determinam inteiramente, que ultrapassam nossa realidade atual e que exigem empenhos de formação de sentido. Uma tipologia simplificada de experiências transcendentais pode ser formulada como segue: "Primeiro, quando o não-experienciado indicado na experiência atual e presente é fundamentalmente tão experienciável como o atual e presentemente experienciado, vamos falar de transcendências 'pequenas' dentro do cotidiano. Segundo, quando o presente é experienciado fundamentalmente apenas de modo mediato e nunca imediato, mas, ainda assim, como elemento da mesma realidade do cotidiano, vamos falar de transcendências 'médias'. Terceiro, quando algo é captado exclusivamente como referência a uma realidade

---

[55] Cf. aqui P. Tillich, *Systematische Theologie I*, 5ª ed. (Stuttgart: 1977), p. 303: "*Deus* é imanente ao mundo como seu fundamento criacional permanente, e ele é transcendente ao mundo por sua liberdade. Ambas, a liberdade divina infinita e a liberdade humana finita, tornam o mundo transcendente para Deus e Deus transcendente para o mundo."

[56] Sigo aqui reflexões de A. Schütz/Th. Luckmann, Strukturen der Lebenswelt II, pp. 139ss; Th. Luckmann, Die unsichtbare Religion, p. 167: "Já na postura cotidiana, o mundo é experimentado por nós todos como uma realidade à qual pertencemos, mas à qual não somos idênticos. Embora possamos nos familiarizar com ele, não podemos nos tornar um com ele. A distinção entre experiências relacionadas com o Eu e experiências que transcendem o Eu é feita por cada um sem grandes reflexões; ela é a base do conhecimento acerca da transcendência do mundo."

diferente, extracotidiana e não experienciável como tal, falamos de transcendências 'grandes'."[57] Pertence às transcendências grandes, ao lado do sono e de crises, principalmente a morte[58], cuja realidade é indubitável, mas, ainda assim, inexperienciável. Ora, a morte como o caso limite da vida é o lugar onde se encontram o acontecimento transcendental da ressurreição que parte de Deus e as experiências transcendentais das primeiras testemunhas. A atuação criadora de Deus no Jesus de Nazaré crucificado e morto gera nas primeiras testemunhas e também em Paulo experiências de transcendência muito particulares[59]. A experiência e percepção decisiva reza: *na ressurreição de Jesus Cristo dentre os mortos, Deus tornou a morte o lugar de seu amor pelos seres humanos.*

Estas experiências particulares de transcendência não podem ser inseridas e categorizadas em nossa realidade, mas podem ser *atribuídas* a ela, pois nossa realidade em sua totalidade está perpassada por vários tipos de experiências da transcendência. Quando não se reduz o conceito da experiência de modo natural-científico[60], as experiências

---

[57] TH. LUCKMANN, Die unsichtbare Religion, pp. 167s.
[58] Cf. A. SCHÜTZ/TH. LUCKMANN, Strukturen der Lebenswelt II, p. 173: "O saber de que a morte é um limite último é indubitável. Não indubitável é o saber acerca daquilo que vem depois disso. Já que, ao contrário das outras transcendências, esse limite pode ser ultrapassado somente em uma direção, indubitavelmente não se pode deduzir imediatamente a partir da experiência cotidiana o que – se é que houver algo – poderia esperar depois desse limite. No entanto, as outras experiências de transcendência oferecem-se como dicas. Como ponto de partida para a suposição de que depois do limiar da morte espera uma outra realidade ofereceu-se compreensivelmente cada vez de novo o sono."
[59] S. VOLLENWEIDER, "Ostern – der denkwürdige Ausgang einer Krisenerfahrung", in *ThZ* 49 (1993), pp. 34-53, interpreta as experiências das primeiras testemunhas como experiências de crise: "A experiência de crise dos discípulos não é, de acordo e em consequência disto, regressivamente relaxada, mas transforma-se em uma experiência toda extraordinária, em uma ampliação da consciência, e nisso surge a percepção de uma dimensão da realidade que, em outras circunstâncias, fica oculta" (op. cit., pp. 42s).
[60] Cf. K. HÜBNER, Die Wahrheit des Mythos (Munique: 1985), p. 340: "Quem afirma que a ciência teria comprovado a validade constante e absoluta de leis naturais, não defende a ciência, mas uma dogmática metafísica da ciência. Com isso, aquela convicção da 'consciência moderna', de que milagres hoje já não seriam acreditáveis devido à melhor percepção científica, revela-se por sua vez como uma mera

das primeiras testemunhas não são de maneira alguma tão categoricamente distintas das experiências 'normais' como geralmente se supõe. Tanto mais que os primeiros cristãos processaram suas experiências particulares da transcendência de tal forma que experiências da transcendência devem ser fundamentalmente processadas de modo positivo: por meio da criação de sentido[61].

UM DECURSO HISTÓRICO PLAUSÍVEL

Quando se permite, com base em sua visão de mundo, a possibilidade da ressurreição como um ato de Deus, então surge também em traços básicos um decurso histórico plausível. Uma comparação das narrativas pascais dos Evangelhos com 1Cor 15,3b-5 mostra que três elementos compõem a estrutura básica de todas as narrativas pascais:

1. Uma narrativa sobre o túmulo (em Paulo, 1Cor 15,4: "e ele foi sepultado").

2. Um relato de aparição (em Paulo, 1Cor 15,5a: "E que ele apareceu a Cefas").

3. Uma aparição coletiva a um grupo de discípulos (em Paulo, 1Cor 15,5b-7).

Assim como os Evangelhos (cf. Mc 16,1-8par; Jo 20,1-10.11-15), também Paulo pressupõe o *túmulo vazio*[62]. Ele não o menciona explicitamente, mas a lógica do sepultamento e da ressurreição de Jesus

---

crença que é simplesmente justaposta à crença da religião. Em termos da teoria da ciência, porém, não há na verdade nada que fale em favor nem contra milagres, a não ser que se remeta ao fato trivial de que estes não podem ser objetos da experiência *científica*, já que a última se baseia no princípio regulativo de *procurar* por uma lei sempre que ocorra algo que não pode ser explicado com leis. No entanto, como já foi demonstrado exaustivamente em secções anteriores deste livro, a experiência científica não pode reivindicar de ser a única possível."

[61] TH. LUCKMANN, Die unsichtbare Religion, p. 171, observa acerca do caráter de construções religiosas: "Essas construções constroem sobre reconstruções comunicativas das experiências subjetivas da transcendência."

[62] Diferente R. BULTMANN, Theologie, p. 48: "As histórias sobre o túmulo vazio são lendas, das quais Paulo ainda não sabe nada".

em 1Cor 15,4 (e também o ser-sepultado-junto em Rm 6,4) remete ao túmulo vazio, pois a antropologia judaica pressupõe uma ressurreição corporal[63]. Além disso, há um argumento já mencionado: a mensagem da ressurreição não poderia ter sido anunciada em Jerusalém com tanto êxito, se o corpo de Jesus tivesse ficado numa vala comum ou num túmulo privado não aberto[64]. Não deve ter escapado à atenção nem dos adversários nem dos adeptos, onde Jesus foi sepultado[65]. Justamente em termos históricos, o sucesso da mensagem pascal em Jerusalém é inconcebível sem um túmulo vazio. A descoberta do corpo de um crucificado da época de Jesus, no nordeste da atual cidade de Jerusalém atual[66], mostra que o corpo de uma pessoa executada podia ser entregue a seus familiares ou outras pessoas próximas e sepultado pelas mesmas. No entanto, o túmulo vazio por si só permanece ambíguo, seu significado revela-se somente a partir das aparições do Ressuscitado[67].

---

[63] Cf. por último a argumentação em M. HENGEL, Das Begräbnis Jesu bei Paulus, pp. 139ss.

[64] Cf. P. ALTHAUS, Die Wahrheit des christlichen Osterglaubens. BFChTh 42 (Gütersloh: 1940), p. 25: "Em Jerusalém, no lugar da execução e do túmulo de Jesus, é anunciado pouco depois de sua morte que ele teria sido ressuscitado. Esse fato exige que houvesse no círculo da primeira comunidade um testemunho confiável de que o túmulo foi encontrado vazio."

[65] Diferente G. LÜDEMANN, Die Auferstehung Jesu, p. 66, quem alega sem justificativa: "Já que nem os discípulos nem os familiares mais próximos de Jesus cuidaram do corpo de Jesus, dificilmente pode-se imaginar que podiam estar informados sobre o destino do corpo, para posteriormente sepultar pelo menos seus ossos." José de Arimateia era um simpatizante de Jesus, proveniente de uma família nobre de Jerusalém (cf. Mc 15,43; Jo 19,38), e ele cuidou do corpo de Jesus! I. BROER, Die Urgemeinde und das leere Grab. StANT 31 (Munique: 1972), p. 294, chega após uma análise pormenorizada de todos os textos relevantes ao resultado de "que a comunidade primitiva conhecia o túmulo de Jesus, embora não saibamos, por exemplo, quando e de que maneira a comunidade primitiva ficou sabendo que José de Arimateia enterrara Jesus."

[66] Cf. H.-W. KUHN, "Der Gekreuzigte von Giv'at ha-Mivtar. Bilanz einer Entdeckung", in C. ANDRESEN/G. KLEIN (org.), Theologia Crucis – Signum Crucis. FS E. DINKLER (Tübingen: 1979), pp. 303-334.

[67] Cf. I. U. DALFERTH, Volles Grab, leerer Glaube, pp. 394s. No entanto, contra DALFERTH deve-se afirmar que também teologicamente não é indiferente se o túmulo está vazio ou cheio.

O ponto de partida das tradições de aparições[68] é a protoepifania de Jesus a Pedro (cf. 1Cor 15,5a; Lc 24,34), pois ela fundamenta a posição proeminente de Pedro no cristianismo primitivo[69]. O Evangelho de João afirma uma primeira aparição a Maria Madalena (Jo 20,11-18), apenas depois disso, Jesus aparece aos outros discípulos (Jo 20,19-23). Em Marcos anunciam-se aparições de Jesus na Galileia (Mc 16,7), sem que fossem narradas ou transmitidas. Em Mateus, Jesus aparece primeiro a Maria Madalena e a outra Maria (cf. Mt 28,9.10), em Lucas, aos discípulos de Emaús (Lc 24, 13ss). As narrativas permitem ainda perceber que Jesus apareceu primeiro a Pedro e a Maria Madalena ou a várias mulheres, respectivamente. Aparentemente, as narrativas das aparições não têm tendências apologéticas[70], pois embora mulheres, segundo o direito judaico, não fossem plenamente capazes de testemunhar, elas desempenham um papel importante em quase todos os relatos das aparições dos Evangelhos. Depois das aparições a pessoas individuais, Jesus apareceu a diversos grupos de discípulos, quer os Doze, quer mais que quinhentos irmãos[71] mencionados por 1Cor 15,6. A essas aparições coletivas seguiram-se novamente aparições individuais, assim a Tiago[72] e a Paulo (cf. 1Cor 15,7.8).

Com base nessas considerações, os dados históricos reconhecíveis podem ser unidos rapidamente:

os discípulos fugiram da prisão de Jesus, provavelmente para a Galileia. Apenas algumas mulheres se arriscaram a observar a crucificação de longe e, mais tarde, a ir ver o túmulo. Jesus foi sepultado por José de Arimateia. As primeiras aparições de Jesus ocorreram na Galileia (cf. Mc 16,7; 1Cor 15,6?), possivelmente houve também aparições

---

[68] Para a análise dos textos, cf. U. WILCKENS, *Auferstehung*, 2ª ed. (Gütersloh: 1977), pp. 15-61.

[69] Cf. H. v. CAMPENHAUSEN, Der Ablauf der Osterereignisse, p. 15.

[70] Cf. H. v. CAMPENHAUSEN, op. cit., p. 41.

[71] G. LÜDEMANN, Die Auferstehung Jesu, pp. 129-139, identifica a aparição aos mais que 500 irmãos com o evento de Pentecostes em At 2. Não existe motivo sério para essa construção, pois, em termos histórico-traditivos, não há conexões entre 1Cor 15,6ss e At 2,1-13 [N. da Trad.: sic!].

[72] Até G. LÜDEMANN, op. cit., p. 140, constata sem modelos pseudo-psicológicos de reinterpretação: "Devido a 1Cor 15,7 é seguro *que* Tiago 'viu' seu irmão".

em Jerusalém (cf. Lc 24,34; Jo 20). Provavelmente Pedro reuniu membros do círculo dos Doze e/ou outros discípulos e discípulas a quem Jesus depois apareceu. Seguiam-se outras aparições individuais, por exemplo, a Tiago e a Paulo. Já muito cedo vinculou-se às aparições do Ressuscitado a tradição do túmulo vazio; dessa maneira, o túmulo situado próximo ao local de sua execução tornou-se à luz das aparições pascais um testemunho da ressurreição.

Qual foi o caráter das aparições? Em termos histórico-religiosos e histórico-traditivos trata-se de visões no contexto de ideias apocalípticas, segundo às quais Deus concede no tempo escatológico a algumas pessoas escolhidas algum conhecimento de sua atuação[73]. Devido à situação traditiva escassa, o conteúdo de realidade das aparições não pode ser captado psicologicamente, e também uma interpretação das aparições como experiências de fé não é suficiente[74], pois dessa forma minimiza-se o *status* especial das aparições como *fundamento* da fé. Assim como a própria ressurreição, também as aparições devem ser compreendidas como um *acontecimento* de transcendência vindo de Deus que desencadeia nos discípulos e discípulas *experiências* de transcendência. Experiências transcendentais podem ser processadas e reconstruídas de duas maneiras diferentes: "Narrativas, nas quais as experiências de transcendência são moldadas comunicativamente e disponibilizadas para a renarração, e rituais, nas quais tais experiências são comemoradas e com as quais a realidade transcendente é conjurada."[75] Isto é realizado tanto pelas tradições das fórmulas como pelas tradições das narrativas, nas quais, *necessariamente* e em distintas formas condicionadas pelo tempo, essas experiências de transcendência são processadas e disponibilizadas para o discurso intersubjetivo

---

[73] Cf. U. WILCKENS, "Der Ursprung der Überlieferung der Erscheinungen des Auferstandenen", in P. HOFFMANN (org.), *Zur neutestamentlichen Überlieferung von der Auferstehung Jesu*, pp. 139-193.

[74] Nesse sentido, cf., por exemplo, I. BROER, "'Der Herr ist wahrhaft auferstanden' (Lk 24,34). Auferstehung Jesu und historisch-kritische Methode. Erwägungen zur Entstehung des Osterglaubens, in L. OBERLINNER (org.), *Auferstehung Jesu Auferstehung der Christen*. QD 105 (Friburgo [Alemanha]: 1986), pp. 39-62.

[75] TH. LUCKMANN, Religion – Gesellschaft – Transzendenz, pp. 120s.

nas comunidades. Batismo, eucaristia e outros cultos eram lugares rituais onde as experiências se renovavam e firmavam.

Dessa maneira, a Páscoa tornou-se a *história-base* do novo movimento[76]. Nos textos pode-se perceber o que desencadeou os acontecimentos e qual significado lhes foi atribuído. De suma importância histórica e teológica é a observação de que Paulo, enquanto uma testemunha autêntica da aparição, descreve sua experiência transcendental de modo muito restritivo e interpreta-a em direção da intelecção teológica decisiva: o crucificado ressuscitou! As aparições do ressuscitado como experiências transcendentais *sui generis* fundam a certeza de que Deus, por meio de seu espírito criador (cf. Rm 1,3b-4a), atuou em Jesus Cristo e o instituiu como figura decisiva do tempo escatológico.

16.2.2 A cruz na literatura paulina

Para Paulo, o Ressuscitado é o Crucificado (2Cor 13,4: "Pois ele foi crucificado em fraqueza, mas está vivo pelo poder de Deus"). O significado salvífico da ressurreição projeta uma nova luz sobre a morte de Jesus. Em Paulo há um efeito mútuo entre morte e ressurreição. A ressurreição funda objetivamente o significado salvífico da morte, e, ao mesmo tempo, o querigma da salvação ganha na hermenêutica paulina da cruz um último aguçamento. Também *após a ressurreição, Jesus permanece crucificado* (particípio perfeito do passado ἐσταυρωμένος em 1Cor 1,23; 2,2; Gl 3,1)[77]. "O Ressuscitado porta as marcas dos pregos da cruz."[78] Uma experiência biográfica ganha em Paulo uma qualidade teológica. Ele perseguiu os adeptos de Jesus por causa das afirmações deles, de que um crucificado seria o Messias[79]. No contexto de Dt 21,22s, esta mensagem precisava ser combatida como blasfêmia.

---

[76] Cf. R. v. Bendemann, "Die Auferstehung von den Toten als 'basic story'", in *GuL* 15 (2000), pp. 148-162.

[77] Cf. F. Blass/A. Debrunner/F. Rehkopf, Grammatik § 340: o perfeito expressa "a duração do perfeito".

[78] G. Friedrich, Verkündigung des Todes Jesu, p. 137.

[79] Cf. acima, Secção 3.4 (O perseguidor das primeiras comunidades).

Paulo estava convencido de que a maldição proferida pela Torá estivesse sobre o crucificado (Gl 3,13). A revelação perto de Damasco reverteu esse sistema de coordenadas teológicas. Paulo reconhece que o amaldiçoado no madeiro é o Filho de Deus, isto é, à luz da ressurreição, a cruz deixa de ser o lugar da maldição e passa a ser o lugar da salvação. Por isso, Paulo pode exclamar aos coríntios: "Nós, porém, anunciamos Cristo como crucificado, para judeus um escândalo, para gentios uma loucura" (1Cor 1,23). Nas cartas de Paulo, a cruz aparece como o lugar histórico da morte de Jesus, como um *topos* teológico-argumentativo e como símbolo teológico[80].

A CRUZ COMO LUGAR HISTÓRICO

Em Paulo, o discurso da cruz é sempre carregado teologicamente. No entanto, ele não se aparta da história, mas seu ponto de partida é a cruz como o *lugar da morte* de Jesus de Nazaré. Com a expressão σκάνδαλον τοῦ σταυροῦ (1Cor 1,25; Gl 5,11: "escândalo da cruz"), o apóstolo refere-se à maneira execucional concreta e desonrosa da crucificação, que comprova um ser humano como criminoso, mas não como Filho de Deus. Venerar um crucificado como Filho de Deus parecia aos judeus um escândalo teológico[81] e ao mundo greco-romano, uma loucura[82]. Com a posição central de um crucificado no mundo paulino de sentido, qualquer plausibilidade cultural corrente é posto de pernas para o ar, pois, agora, a cruz aparece como *signum* da sabedoria divina[83].

---

[80] H.-W. KUHN, Jesus als Gekreuzigter, pp. 29ss, opta por outro esquema: 1) A cruz de Cristo e a sabedoria; 2) A cruz de Cristo e a lei; 3) O crucificado e a nova existência dos crentes.
[81] Para a tradução de σκάνδαλον por "escândalo", cf. H.-W. KUHN, Jesus als Gekreuzigter, pp. 36s.
[82] Cf. Cícero, Rab. 5,16 (= NW II/1, p. 239); Plínio, Epístolas X 96,8: "superstição selvagem confusa".
[83] No entanto, há possíveis linhas culturais de contato; por exemplo, em Platão aparece o justo como o desonrado: "Dessa maneira, porém, eles dizem que o justo que tem essa atitude é amarrado, flagelado, torturado, cegado em ambos os olhos; e,

A crucificação era considerada uma pena que desonrava[84]. Muitas vezes, o próprio delinquente tinha que carregar o madeiro transversal até o lugar da crucificação[85]; ele era pregado no madeiro (cf. Jo 20,25.27)[86] e morria geralmente depois de uma agonia longa e sofrida[87]. Os carrascos tinham desenvolvido vários métodos para prolongar ou abreviar a vida da pessoa crucificada[88]. A morte podia ocorrer já depois de três horas ou também apenas depois de três dias. A causa da morte é geralmente o resultado da ação combinada dos seguintes fatores: 1. choque traumático; 2. colapso ortostático (descida do sangue para a parte inferior do corpo, devido à postura corporal ereta); 3. insuficiência respiratória (sufocamento); 4. congestão pericardíaca (aglomeração de líquidos serosos em volta do coração)[89]. O responsável pelas crucificações na Palestina era geralmente o governador romano. A crucificação era a pena romana predileta para pessoas escravas e insurgentes[90]. No período entre 63 a.C. e 66 d.C., todas as crucificações da Palestina em insurgentes e seus simpatizantes foram realizadas pelos romanos[91].

---

por último, depois de ter sofrido toda espécie de males, ele ainda será suspenso (ἀνασχινδυλεύω "espetar, empalar") e assim se dará conta que justo não se precisa querer ser, mas querer parecer" (Politeia II 361c.362a).

[84] Cf. Dt 21,22-23; 11Q19 LXIV 9-13; Josefo, Bellum 7,203; outras ocorrências em H.-W. Kuhn, Jesus als Gekreuzigter, pp. 7ss.

[85] Ocorrências em H.-W. Kuhn, Verbete "σταυρός", in EWNT 3, pp. 640s. Provavelmente se trata de uma cruz em forma de T, assim como é comprovada para a Palestina pela descoberta de Giv'at ha-Mivtar.

[86] Além disso, cf. Josefo, Bellum 2,308; 5,451; Lc 24,39; Cl 2,14. O crucificado de Giv'at ha-Mivtar foi pregado nos pés, cf. H.-W. Kuhn, Der Gekreuzigte von Giv'at ha-Mivtar, pp. 320ss; Idem, Verbete "Kreuz II", in TRE 19 (Berlim/Nova Iorque: 1990), p. 715.

[87] Cf. a respeito Chr. M. Pilz, Tod am Kreuz. Geschichte und Pathophysiologie der Kreuzigung (tese em medicina, Tübingen: 1986), pp. 64ss.

[88] Cf. Chr. M. Pilz, op. cit., pp. 140ss.

[89] Cf. Chr. M. Pilz, op. cit., p. 147. Com isto, Pilz refuta as antigas explicações (majoritariamente monocausais): insolação, septicemia, fome, sede, perda de sangue, desmaio.

[90] Aqui são fundamentais M. Hengel, Crucifixion (Londres: 1977); H.-W. Kuhn, Die Kreuzesstrafe während der frühen Kaiserzeit. ANRW II 25/1 (Berlim/Nova Iorque: 1982), pp. 648-793.

[91] Textos em H.-W. Kuhn, Verbete "Kreuz II", pp. 714ss.

Paulo mantém a cruz como o lugar histórico do amor de Deus. Ele rejeita uma querigmatização completa do evento histórico singular. A atuação supratemporal de Deus comprova-se como salvífica para os seres humanos, porque possui um lugar e um tempo, um nome e uma história[92]. A concentração da teologia paulina no *Kyrios* Jesus Cristo exaltado e presente tem seu fundamento em sua identidade com o Jesus de Nazaré crucificado e morto. A fé não se pode diluir no mitológico, porque está aterrissada por meio da cruz, como deixa claro o acréscimo paulino em Fl 2,8c (θάνατος δὲ σταυροῦ). O caráter singular e inconfundível da salvação (cf. Rm 6,10) é indispensável para a identidade da fé cristã. Por isso, Paulo pergunta aos coríntios: "Porventura foi Paulo que foi crucificado em vosso favor?" (1Cor 1,13a). Se Pilatos soubesse quem era, na verdade, aquele Jesus de Nazaré, ele não teria crucificado o "Senhor da Glória" (1Cor 2,8)[93]. O escândalo da cruz continua a ter seus efeitos; Paulo é perseguido por causa da cruz (cf. Gl 5,11), seus adversários, porém, esquivam-se da perseguição e anulam, dessa maneira, o escândalo da cruz (cf. Gl 6,12; Fl 3,18). Por meio do acontecimento singular no passado, a cruz torna-se o evento escatológico, isto é, um evento que transcende e ultrapassa o tempo. A presença da cruz na proclamação tem como pressuposto que unicamente o Crucificado é o Ressuscitado, de modo que a significância da cruz está sempre vinculada a seu lugar histórico.

A CRUZ COMO *TOPOS* TEOLÓGICO-ARGUMENTATIVO

A cruz aparece em Paulo como tópico teológico-argumentativo em vários contextos objetivos:

a) Em Corinto trata-se da definição adequada da sabedoria de Deus[94]. Para a comunidade que busca a perfeição presente, Paulo procura esclarecer que esta sabedoria se revela ali onde o ser humano

---

[92] Cf. a respeito H. WEDER, Kreuz Jesu, pp. 228ss.
[93] Para a interpretação, cf. CHR. WOLFF, 1Kor, pp. 55-57.
[94] Cf. acima, Secção 9.2 (A sabedoria do mundo e a loucura da cruz).

supõe loucura (1Cor 1,18ss). Na cruz pode-se perceber o modo da atuação de Deus que elege as pessoas humildes e desprezadas (1Cor 1,26-29) e que leva o apóstolo a um modo de existência e pensamento determinados pelo Senhor (1Cor 2,2). Quando partes da comunidade coríntia acham que já teriam alcançado o estado da perfeição da salvação (1Cor 4,8), elas confundem a sabedoria do mundo e sua própria sabedoria, respectivamente, com a sabedoria de Deus. Não distinguem, como Paulo, consequentemente entre o espírito divino e o humano, entre o conhecimento divino e o humano. Somente o próprio espírito de Deus conduz para as "profundidades da divindade" (1Cor 2,10), este espírito não revela ensinamentos particulares sobre a natureza de Deus, mas o acontecimento da cruz como o fundamento mais profundo da sabedoria divina[95]. A ressurreição pode ser afirmada somente para o Crucificado, não existe uma sabedoria e uma glória que passassem ao largo do Crucificado (1Cor 2,6ss).

b) A cruz aparece num contexto polêmico também na Carta aos Gálatas. Diante da exigência da circuncisão feita pelos adversários judaizantes, Paulo ressalta que justamente o Crucificado libertou as pessoas batizadas e crentes da lei (Gl 3,13; 5,11). Na crucificação, Cristo assumiu vicariamente "por nós" (Gl 3,13: ὑπέρ ἡμῶν) a maldição proferida na lei que atinge cada pessoa que queira realizar a vida a partir da lei. Quando a lei caracteriza a pessoa crucificada como maldita, a lei não pode ser simultaneamente um fundamento normativo para cristãos. Aqueles que pregam a circuncisão desejam desfazer esta oposição para não serem perseguidos (por judeus) "por causa da cruz de Cristo" (Gl 6,12). A cruz de Cristo e a lei excluem-se mutuamente, pois o dom salvífico do espírito vem da fé no Crucificado (Gl 3,1-5).

c) No ambiente da parênese, a referência à cruz serve para fundamentar a nova existência. A volta existencial dos crentes está causalmente vinculada à cruz, pois a transferência para a nova existência realiza-se com o ser-crucificado-junto do crente no batismo. O velho ser humano, crucificado com Cristo, morreu, está separado do pecado (Gl 2,19; Rm 6,6) e vive agora como "nova criação" na força do espírito.

---

[95] Cf. H. MERKLEIN, 1Kor I, p. 236.

Vale: "Mas os que pertencem a Cristo Jesus crucificaram a carne com (suas) paixões e seus desejos" (Gl 5,24; cf. 6,14). A nova existência dos crentes e batizados porta a marca da cruz.

A CRUZ COMO SÍMBOLO

Nos contextos argumentativos aduzidos, a cruz é sempre também um símbolo. Sendo que ela permanece em primeiríssima instância um lugar histórico, a cruz pode ser simultaneamente um fato e um símbolo[96]. Ela possui um caráter que remete para algo além de si e representa, ao mesmo tempo e pela força do espírito, o passado como presente. Sendo o lugar da transferência singular de Jesus Cristo para a nova existência, a cruz marca também a existência presente das pessoas que creem em Cristo. Ela nomeia sempre a transição do *status* da morte para a vida e ganha sua atualidade num duplo contexto ritual:

a) No batismo ocorre a integração no acontecimento da crucificação e ressurreição, ao superar o poder da morte e do pecado e ao conferir o *status* da nova existência. O particípio do perfeito συνεσταύρωμαι em Gl 2,19, assim como o σύμφυτοι γεγόναμεν em Rm 6,5, ressalta a realidade e o poder do ser-crucificado-junto singular no batismo que estende seu efeito para o tempo presente e o determina de modo qualitativamente novo.

b) Na Carta aos Gálatas, Paulo desenvolve uma crítica *staurologicamente* fundada à exigência da circuncisão pelos judaizantes. Como ritual de iniciação, a circuncisão está competindo com o batismo, portanto, também com a cruz. A circuncisão mantém a diferença étnica entre os judeus e os demais povos, enquanto a cruz simboliza a revalorização de todos os valores até então válidos e o batismo abole explicitamente todos os privilégios anteriores (Gl 3,26-28). A cruz simboliza a atuação surpreendente de Deus que anula todos os paradigmas humanos. A sabedoria da cruz não é compatível com a sabedoria do mundo. A cruz é o questionamento radical de qualquer autoafirmação

---

[96] Cf. CHR. STRECKER, Die liminale Theologie des Paulus, pp. 262s.

humana e qualquer busca individualista de salvação, porque conduz à impotência e não ao poder, ao lamento e não ao júbilo, à vergonha e não à fama, à perdição da morte e não à glória da salvação inteiramente presente. Essa loucura da cruz não pode ser apropriada nem ideológica nem filosoficamente, ela se subtrai a qualquer instrumentalização porque se baseia exclusivamente no amor de Deus.

O discurso da cruz é um elemento específico da teologia paulina. O apóstolo não o desenvolve a partir da tradição da comunidade, mas a partir de sua biografia: perto de Damasco, Deus revelou-lhe a verdade sobre o Crucificado que não permaneceu na morte. A palavra da cruz nomeia os processos fundamentais de transformação no evento Cristo e na vida dos crentes e batizados, de modo que leva diretamente ao centro do pensamento paulino[97]. A teologia da cruz aparece como uma interpretação fundamental de Deus, do mundo e da existência; ela é o *centro do mundo paulino de sentido*. Ensina às pessoas a entenderem a realidade a partir do Deus que se torna manifesto no Crucificado e a orientarem nisso seu pensamento e seus atos. Valorações, normas e classificações humanas recebem a partir da cruz de Cristo uma nova interpretação, pois os valores de Deus são a revalorização diferente de valores humanos. O evangelho do Jesus Cristo crucificado concede salvação pela fé, pois aqui se manifesta o Deus que justamente na perdição e na nulidade quer ser o Salvador dos seres humanos. Na cruz revela-se o amor de Deus, que é capaz de sofrer e, por isso, é também capaz de renovar.

16.3 Jesus Cristo como salvador e libertador

Como Crucificado e Ressuscitado, Jesus Cristo é para Paulo a *figura central do tempo escatológico*.

Ele determina abrangentemente a compreensão paulina da realidade, "por ele, tudo se me tornou perda, e considero-o esterco, para que eu possa conhecer Cristo" (Fl 3,8). Mundo, vida e morte, presente

---

[97] Contra H.-W. Kuhn, Jesus als Gekreuzigter, p. 40, que situa as afirmativas paulinas sobre a cruz exclusivamente num contexto polêmico. 1Cor 1,23; 2,2 e Gl 3,1 mostram claramente que o discurso da cruz pertencia à proclamação inicial de Paulo.

e passado são contemplados por Paulo desde a perspectiva do evento Cristo, e agora vale: "Tudo é vosso; vós, porém, sois de Cristo; Cristo, porém, é de Deus" (1Cor 3,22s). O mundo paulino de sentido está marcado pela ideia de que, no tempo escatológico, Jesus Cristo atuará antes de tudo como salvador e libertador; *salvador* da ira iminente de Deus, e *libertador* do *poder da morte*[98].

O SALVADOR

No juízo futuro, somente o Filho de Deus, Jesus Cristo, salva as pessoas que creem da *ira de Deus* (cf. 1Ts 1,10). Corresponde à vontade de Deus que os crentes alcancem não ira, mas salvação, por meio do *Kyrios* Jesus Cristo (1Ts 5,9; Rm 5,9)[99]. O evangelho é uma força de Deus que visa a salvação dos crentes (Rm 1,16). Paulo intercede pelo povo de Israel, para que também este seja salvo (Rm 10,1). Ele mesmo vive na consciência de que a salvação está agora mais próxima do que no momento em que ele e os romanos chegaram à fé (Rm 13,11). Já que Deus ressuscitou Jesus Cristo dentre os mortos, as pessoas chamadas na fé podem ter a esperança de serem salvas na *parusia* imediatamente iminente (cf. 1Ts 4,14; 5,10). Por isso, no "dia do Senhor", que irrompe subitamente, os cristãos devem ser encontrados sem faltas e santos (1Ts 3,13; 5,23; 1Cor 1,7s; Fl 1,6). Usando um estilo solene, Paulo olha para a perfeição da comunidade que se manifestará no dia do juízo. No âmbito dos inícios de suas cartas, ele menciona repetidamente no agradecimento o estado de salvação das comunidades. Cabe uma importância particular ao início da comunicação, pois ele instala a nova compreensão comum da realidade e determina essencialmente a concordância desejada buscada entre o apóstolo e a comunidade[100]. Paulo

---

[98] Cf. a respeito fundamentalmente W. Wrede, Paulus, pp. 47-66; A. Schweitzer, Mystik, pp. 54ss; além disso, E. P. Sanders, Paulus und das palästinische Judentum, pp. 421-427; G. Strecker, Theologie, pp. 124-149.
[99] Cf. W. Thüsing, Gott und Christus, pp. 203-206.
[100] Cf. J. Bickmann, Kommunikation gegen den Tod, pp. 47ss; St. Alkier, Wunder und Wirklichkeit, pp. 91ss.

afirma aos tessalonicenses sua eleição (1Ts 1,4) como uma precondição de sua salvação (1Ts 1,10). Aos coríntios, ele garante que Jesus Cristo os preservará firmes até o fim, "para que sejais irrepreensíveis no dia de nosso Senhor Jesus Cristo. É fiel o Deus que vos chamou à comunhão com seu Filho Jesus Cristo, nosso Senhor" (1Cor 1,8s). No "dia do Senhor", os coríntios serão a glória de Paulo (2Cor 1,14); unicamente esta esperança o consola em seus presentes sofrimentos (2Cor 1,5). Paulo agradece a Deus "que nos dá sempre a vitória em Jesus Cristo e revela em toda parte o perfume de seu conhecimento" (2Cor 2,14). Na Carta aos Gálatas falta o agradecimento, mas, ainda assim, Paulo amplia a fórmula de saudação de modo característico: "Graça e paz a vós da parte de Deus nosso Pai e do Senhor Jesus Cristo, que se entregou a si mesmo por nossos pecados, a fim de nos arrancar do presente éon mau, segundo a vontade de nosso Deus e Pai" (Gl 1,3s). Somente na fé no Filho de Deus Jesus Cristo abre-se para o ser humano o acesso a Deus, portanto, abre-se a salvação. Fora dessa fé imperam "o deus deste éon" (2Cor 4,4) e a falta de fé que conduz à perdição. Em Fl 1,5s, o apóstolo descreve insistentemente o quadro temporal da atuação de Deus no passado e no presente até o juízo futuro: "Dou graças a meu Deus [...] pela vossa participação do anúncio do evangelho, desde o primeiro dia até agora, e tenho plena confiança de que Ele que começou em vós uma boa obra há que levá-la à perfeição até o dia de Cristo Jesus". Com a expressão "começar e levar à perfeição", Paulo adota aparentemente um par de termos familiar (cf. 2Cor 8,6.10s; Gl 3,3); no "dia de Cristo Jesus", Deus leva à perfeição sua atuação vocacionadora salvífica (Fl 1,9-11). O apóstolo e suas comunidades estão convencidos de que a eleição dos cristãos que se manifesta no batismo e sua vocação como participantes do evangelho terá uma validade até o *escaton* adentro.

O LIBERTADOR

No evento Cristo, a morte como adversário escatológico de Deus foi desapoderado (cf. 1Cor 15,55), e Jesus Cristo aparece como o *libertador do poder da morte* e dos poderes a ela vinculados a σάρξ ("carne") e a ἁμαρτία ("pecado")[101]. A morte como último inimigo será subjugada no final dos tempos a Cristo (1Cor 15,26), então haverá a libertação da "escravidão da corrupção" (Rm 8,21).

Paulo desenvolve essa ideia abrangentemente na tipologia de Adão-Cristo (Rm 5,12-21)[102] que está marcada pelo pensamento acerca de duas figuras que determinam a humanidade: Adão e Cristo. Assim como a falta da primeira figura central fez com que a morte entrasse no mundo, o ato de graça de Deus em Jesus Cristo desfaz o poder da morte. É verdade que a morte continua a existir como realidade biológica, mas ela perde sua dimensão escatológica como um poder que separa de Deus. Como respectivas pessoas individuais, Adão e Cristo determinam a sorte e o destino de toda a humanidade, mas, ao mesmo tempo, Jesus ultrapassa Adão, pois a desgraça dele é abolida por meio do dom da graça do tempo escatológico. Também a ideia do "resgate/preço de libertação" (ἀπολύτρωσις em Rm 3,24; ἐξαγοράζω em Gl 3,13; ἀγοράζω em 1Cor 6,20; 7,23) expressa concisamente o ato libertador de Jesus Cristo: Jesus Cristo tomou sobre si aquilo que mantém as pessoas no cativeiro; ele pagou "por nós" o preço da libertação[103] do poder do pecado e da morte.

Em Paulo vincula-se à libertação da morte a separação da σάρξ e da ἁμαρτία, atribuídas à esfera da morte. A qualificação negativa da *sarx* surge, de maneira totalmente independente da doutrina da justificação exclusiva, a partir da antítese de *sarx* versus *pneuma*[104], que estava pré-estabelecida a Paulo a partir do judeu-cristianismo helenista[105]. Paulo atribui o ser humano que vive a partir de si mesmo e confia em si mesmo ao âmbito da carne[106]. O ser humano *sárkico* (carnal) está

---

[101] Para a compreensão paulina de carne, pecado, lei e morte, cf. abaixo, Secção 19 (Antropologia: a luta pelo Eu).
[102] Para a análise, cf. acima, Secção 12.7 (A presença da salvação: batismo e justiça).
[103] Para os possíveis panos de fundo histórico-religiosos (resgate de escravos), cf. G. Friedrich, Die Verkündigung des Todes Jesu, pp. 82-86; G. Barth, Der Tod Jesu Christi, pp. 71-75.
[104] Cf. A. Schweitzer, Mystik, pp. 293s; G. Strecker, Befreiung und Rechtfertigung, pp. 243-246.
[105] Cf. H. Paulsen, Überlieferung, p. 46.
[106] Cf. a respeito R. Bultmann, Theologie, pp. 232-239.

marcado pelo autorrelacionamento e pela autossuficiência, confia em suas próprias capacidades e faz de seu conhecimento a medida de tudo que é razoável e real. Nesse contexto, não percebe que justamente ele está impotentemente entregue ao poder do pecado. Uma vida κατὰ σάρκα significa estar preso ao terreno-corruptível e levar uma vida sem Deus[107]. O sujeito verdadeiro dessa vida é o pecado, e sua consequência inevitável é a morte eterna (cf. Rm 7,5). Por si mesmo e por força própria, o ser humano não pode fugir à mescla fatal de pecado e morte. Somente Deus pode libertar dos poderes do pecado e da morte e colocar as pessoas que creem em uma realidade nova e determinada pelo espírito[108]. Esta libertação realizou-se no envio e na missão do Filho, quando Jesus adotou aquele modo existencial carnal no qual se realiza o domínio do pecado sobre os seres humanos (cf. Rm 8,3: ἐν ὁμοιώματι σαρκὸς ἁμαρτίας = "na semelhança da carne pecaminosa"). Jesus desapodera o pecado ali onde este tem seu maior poder: na carne; como alguém sem pecado (2Cor 5,21), ele se expôs ao pecado e o superou. O resultado da libertação adquirida por Cristo é a σωτερία ("salvação"). Na liturgia, a comunidade evoca Jesus Cristo como o "salvador" que, como *kosmocrátor* (governante do cosmos), transformará o corpo terrestre e corruptível dos crentes (Fl 3,20s). Na *parusia* imediatamente iminente do *Kyrios* realiza-se a σωτερία (Rm 13,11); ela é a consequência da conversão (2Cor 7,10) e o conteúdo da esperança cristã (1Ts 5,8s). Já está presente no anúncio do apóstolo (2Cor 6,2) e realiza-se na vocação dos crentes (cf. 1Ts 2,16; 1Cor 1,18; 15,2; 2Cor 2,15). A comunidade pode viver na certeza de que sua fé e sua confissão a salvarão (Rm 10,9s). Assim se entrelaçam experiência da salvação presente e a certeza da salvação futura: "Pois somos salvos na perspectiva da esperança" (Rm 8,24: τῇ γὰρ ἐλπίδι ἐσώθημεν).

No tempo escatológico, Jesus Cristo exerce seu domínio universal em sua função como salvador e libertador. Sua alteza/soberania relativiza todas as outras pretensões, pois não é o imperador ou uma

---

[107] Cf. A. Sand, Verbete "σάρξ", in *EWNT* 3, p. 552.
[108] Para este complexo, cf. abaixo, Secção 18.1 (O espírito como princípio interconectador do pensamento paulino).

divindade cúltica que salvam¹⁰⁹. Paulo vive na certeza de que Deus agiu em Cristo para salvar a humanidade. Pela libertação do poder do pecado, da carne e da morte, os crentes participam da virada dos tempos inaugurada por Deus na morte e ressurreição de Jesus Cristo. Os cristãos podem caminhar confiantemente ao encontro do juízo que está por vir, pois vivem na certeza de que o salvador Jesus Cristo não os abandonará à condenação eterna.

16.4 Jesus como Messias, Senhor e Filho

A posição de Jesus como ressuscitado e sua função como o salvador e libertador do tempo escatológico são categorizados em Paulo por meio dos *títulos cristológicos (de majestade)*. Os títulos cristológicos pertencem aos interpretamentos centrais do evento Cristo e afirmam quem e o que Jesus de Nazaré é para a comunidade crente¹¹⁰. Os títulos cristológicos contêm as ideias básicas da cristologia paulina de forma concentrada. Enquanto complexos centrais do pensamento paulino como, por exemplo, a temática da reconciliação e da justificação, limitam-se a distintas cartas e segmentos textuais, respectivamente, os títulos cristológicos são atestados em densidade notável em todas as cartas paulinas. Por exemplo, das 531 ocorrências de Χριστός e Ἰησοῦς Χριστός, respectivamente, no Novo Testamento, 270 encontram-se nas protopaulinas (1Ts: 10; 1Cor: 64; 2Cor: 47; Gl: 38; Rm: 66; Fl 37; Fm: 8)¹¹¹. Κύριος ocorre no Novo Testamento como tal 719 vezes e em Paulo 189 vezes, isto é, mais que a quarta parte de todas as ocorrências encontra-se em Paulo (1Ts: 24; 1Cor: 66; 2Cor: 29; Gl: 6; Rm 44; Fl: 15; Fm: 5)¹¹². Embora o título υἱὸς (τοῦ) θεοῦ ocorra em

---

¹⁰⁹ Por exemplo, o herói do romance em Apuleio, Metamorfoses XI 25,1, reza a Ísis: "Mulher santa e salvadora eterna da humanidade, auxiliadora e amparo eterno dos filhos e filhas humanas, sim, tu dispensas o doce amor materno aos miseráveis e flagelados!"

¹¹⁰ Uma visão geral é oferecida em CHR. BÖTTRICH, *"Gott und Retter". Gottesprädikationen in christologischen Titeln*. NZSTh 42 (2000), pp. 217-236.

¹¹¹ Contagem conforme K. ALAND (org.), *Vollständige Konkordanz zum griechischen Neuen Testament. Vol. II: Spezialübersichten* (Berlim/Nova Iorque: 1978), pp. 300.

¹¹² Cf. K. ALAND (org.), op. cit., pp. 166s.

Paulo com relativa escassez (15 vezes), ele se encontra em lugares proeminentes, de modo que também ele é de importância fundamental para a cristologia paulina.

"CRISTO"

O termo central entre os títulos cristológicos das protopaulinas é Χριστός e Ἰησοῦς Χριστός, respectivamente[113]. Em termos históricotraditivos, Χριστός provém da messianologia monárquica do judaísmo antigo, um fato que se manifesta especialmente em textos como SlSal 17; 18; 1QS 9,9-11; CD 20,1[114]; HenEt 48,10; 52,4; 4Esd 12,32; BrSir 39,7; 40,1; 72,2. Χριστός faz parte das mais antigas tradições de credos (cf. 1Cor 15,3b-5; 2Cor 5,15), e a ele estão vinculadas afirmações sobre a morte e a ressurreição de Jesus que abrangem todo o evento salvífico (cf. como texto básico 1Cor 15,3b-5). Também afirmações sobre a crucificação (1Cor 1,21; 2,2; Gl 3,1.13), a morte (Rm 5,6.8; 14,15; 15,3; 1Cor 8,11; Gl 2,19.21), a ressurreição (Rm 6,9; 8,11; 10,7; 1Cor 15,12-17.20.23), a pré-existência (1Cor 10,4; 11,3a.b) e a existência terrena de Jesus (Rm 9,5; 2Cor 5,16) estão relacionadas a Χριστός. A partir dessa afirmação fundamental que se refere a todo o evento salvífico, as afirmações de Χριστός ramificam-se para esferas muito variadas. Por exemplo, Paulo fala de πιστεύειν εἰς Χριστόν (Gl 2,16: "crer em Cristo"; cf. Gl 3,22; Fl 1,29), do εὐαγγέλιον τοῦ Χριστοῦ ("evangelho de Cristo", cf. 1Ts 3,2; 1Cor 9,12; 2Cor 2,12; 9,13; 10,14; Gl 1,7; Rm 15,19; Fl 1,27) e

---

[113] Cf. para Χριστός especialmente W. KRAMER, Christos Kyrios Gottessohn, pp. 15-60.131-148; F. HAHN, Christologische Hoheitstitel, pp. 133-225.466-472; G. VERMES, Jesus der Jude (Neukirchen: 1993), pp. 115-143; M. HENGEL, "Erwägungen zum Sprachgebrauch von Χριστός bei Paulus und in der 'vorpaulinischen' Überlieferung", in M. D. HOOKER/S. G. WILSON (org.), Paul and Paulinism. FS C. K. BARRETT (Londres: 1982), pp. 135-159; F. HAHN, Verbete "Χριστός", in EWNT 3, pp. 1148-1153; M. KARRER, Der Gesalbte. Die Grundlagen des Christustitels. FRLANT 151 (Göttingen: 1990); D. ZELLER, Verbete "Messias/Christus", in NBL 3 (1995), pp. 782-786; M. DE JONGE, Verbete "Christ", in DDD, pp. 192-200.

[114] Para o conceito do ungido em Qumran, cf. ZIMMERMANN, Messianische Texte aus Qumran, pp. 23ss.

entende a si mesmo como apóstolo de Cristo (cf. 1Ts 2,7; 2Cor 11,13: ἀπόστολος Χριστοῦ). Em Paulo, Ἰησοῦς Χριστός é um nome titular. O apóstolo sabe que Χριστός é originalmente um apelativo e Ἰησοῦς, o *nomen proprium* propriamente dito, pois ele não se refere nunca a um κύριος Χριστός. Portanto, em conexão com Ἰησοῦς, Χριστός deve ser entendido como *cognomen* no qual o sentido titular pode ressoar junto. Ao mesmo tempo, o título funde-se tão intimamente com a pessoa de Jesus e sua sorte específica que se torna rapidamente o cognome de Jesus e que os cristãos são chamados de acordo com o mesmo (At 11,26).

O uso evidente e natural de Χριστός em cartas a comunidades compostas majoritariamente por gentio-cristãos não é nenhuma coincidência, pois os destinatários podiam receber Χριστός a partir de seu pano de fundo histórico-cultural no contexto de ritos de unção da Antiguidade. Os ritos de unção, divulgados em toda a região do Mediterrâneo, atestam uma linguagem comum à Antiguidade, segundo a qual vale: "quem/o que é ungido é sagrado, santo, próximo a deus, entregue a deus"[115].Tanto os judeu-cristãos como os gentio-cristãos podiam entender Χριστός como predicado da proximidade singular a Deus e à santidade que caracterizavam Jesus, de modo que Χριστός (e Ἰησοῦς Χριστός, respectivamente) como nome titular passou a ser especialmente em Paulo o termo ideal para a missão.

"KYRIOS"

Uma perspectiva modificada vincula-se em Paulo ao título de κύριος[116]. Ao designar Jesus como "Senhor", os crentes submetem-se à autoridade do Exaltado *presente* na comunidade. Na adoção do título de *Kyrios* na cristologia em formação, o Sl 110,1 LXX deve ter

---

[115] M. KARRER, Der Gesalbte, p. 211.
[116] Cf. a respeito W. KRAMER, Christos Kyrios Gottessohn, pp. 61-103.149-181; F. HAHN, Christologische Hoheitstitel, pp. 67-132.461-466; J. A. FITZMYER, Verbete "κύριος", in *EWNT* 2, pp. 811-820; G. VERMES, Jesus der Jude, pp. 89-114; D. B. CAPES, *Old Testament Yahweh Texts in Paul's Christology*. WUNT 2.47 (Tübingen: 1992).

desempenhado um papel-chave[117]: "Disse o Senhor a meu Senhor: Senta-te à minha direita, até que eu ponha teus inimigos como escabelo debaixo de teus pés". Aqui, os cristãos primitivos encontraram a prova escriturística decisiva para a dignidade e a função celestiais de Jesus: ele foi exaltado à direita de Deus, tem parte no poder e na glória de Deus e exerce a partir dali seu domínio. Neste contexto, os primeiros cristãos transferiram já muito cedo o tratamento familiar de Deus como "Senhor" para Jesus (cf. a adoção de Joel 3,5 LXX em Rm 10,12s; além disso, 1Cor 1,31; 2,16; 10,26; 2Cor 10,17) e expressaram, dessa maneira, sua autoridade singular em delimitação contra outras pretensões[118]. A veneração crescente de imperadores romanos do séc. I estava vinculada (principalmente no oriente do Império) ao tratamento de *Kyrios* (cf. At 25,26; Suetônio, Domiciano 13,2); e também no ambiente das religiões de mistério encontram-se aclamações de κύριος e κυρία, respectivamente[119]. O pano de fundo judaico do título de κύριος[120] vinculava-se na recepção helenista frequentemente a um pensamento crítico: ὁ κύριος Ἰησοῦς Χριστός cruza na história da missão cristã-primitiva o caminho de muitos senhores e senhoras; justamente por isso é necessário garantir que este predicado não o torne um entre muitos outros. Há somente um Deus e um Senhor, Jesus Cristo, como ressalta enfaticamente 1Cor 8,6. Nessa tradição pré-paulina, ὁ εἷς κύριος Ἰησοῦς Χριστός ("o único/um só Senhor Jesus Cristo") aparece como aquele por quem tudo foi criado e em direção a quem tudo é orientado[121].

---

[117] Cf. M. HENGEL, "Psalm 110 und die Erhöhung des Auferstandenen zur Rechten Gottes", in C. BREYTENBACH/H. PAULSEN (org.), *Anfänge der Christologie*. FS F. HAHN (Göttingen: 1991), pp. 43-74.

[118] Cf. a respeito M. DE JONGE, Christologie im Kontext, pp. 177s.

[119] Cf., por exemplo, Plutarco, De Iside et Osiride 367, onde Ísis é chamada de ἡ κυρία τῆς γῆς ("Senhora da Terra"); além disso, cf. NW II/1, pp. 313-316; D. ZELLER, Verbete "Kyrios", in *DDD*, pp. 492-497.

[120] Cf. J. A. FITZMYER, "Der semitische Hintergrund des neutestamentlichen Kyriostitels", in G. STRECKER (org.), *Jesus Christus in Historie und Theologie*. FS H. CONZELMANN (Tübingen: 1975), pp. 267-298.

[121] Cf. a respeito D. ZELLER, "Der eine Gott und der eine Herr Jesus Christus", in TH. SÖDING SÖDING (org.), *Der lebendige Gott*. FS W. THÜSING. NTA 31 (Münster: 1996), pp. 34-49.

O aspecto do Exaltado presente na comunidade, vinculado ao título de *Kyrios*, manifesta-se claramente na aclamação e na tradição da última ceia como pontos de enlace da tradição. Ao aclamar, a comunidade reconhece Jesus como *Kyrios* e compromete-se com ele (cf. 1Cor 12,3; Fl 2,6-11). O Deus dos cristãos atua por meio de seu Espírito, de modo que eles exclamam de voz alta na liturgia (1Cor 12,3): κύριος Ἰησοῦς ("Senhor é Jesus"), e não: ἀνάθεμα Ἰησοῦς ("Maldito seja Jesus"). κύριος ocorre acumulado na tradição da última ceia (cf. 1Cor 11,20-23.26ss.32; 16,22). A comunidade reúne-se na presença poderosa do Exaltado, cujas forças salvíficas, mas também castigadoras (cf. 1Cor 11,30) operam na celebração da ceia. Ao lado da dimensão litúrgica do título de *Kyrios* encontra-se em Paulo um componente ético. O *Kyrios* é a instância decisiva a partir da qual se reflete sobre todas as decisões da vida cotidiana (Rm 14,8: "Porque se vivemos é para o Senhor que vivemos; se morremos é para o Senhor que morremos. Portanto, quer vivamos, quer morramos, pertencemos ao Senhor."). O poder do *Kyrios* abrange todas as esferas da vida, e não há nenhum ambiente que lhe seja subtraído. O *Kyrios* é a instância a partir da qual se realiza a vida concreta dos cristãos. Especialmente a metáfora de senhor-escravo expressa a dependência dos crentes do seu Senhor (cf. Gl 1,10; Rm 1,1; Fl 1,1). Paulo pode resumir o conteúdo de toda sua proclamação como segue: "Pois não proclamamos a nós mesmos, mas a Jesus Cristo, que ele é o Senhor, mas nós, vossos servos por causa de Jesus." (2Cor 4,5).

Além do aspecto da autoridade presente, o título de *Kyrios* apresenta outras conotações. Paulo utiliza *Kyrios* não apenas para o Jesus terrena (cf. 1Ts 1,6; 2,15; 1Cor 9,5; Gl 1,19) e o Ressuscitado (cf. 1Cor 9,1), mas também para o Senhor que virá, cujo "dia" ele espera com alegria.

O *Kyrios* virá para julgar o mundo e chamar os fiéis para a participação de sua glória (cf. 1Ts 2,19; 3,13; 1Cor 1,7s; 5,5; Fl 3,20; 4,5). Aquele que foi exaltado e governa presentemente é para as comunidades simultaneamente aquele que vem, aquele que eles chamam na liturgia: "Nosso Senhor, vem!" (1Cor 16,22; cf. Ap 22,20; Did 10,6)[122].

---

[122] Cf. a respeito M. DE JONGE, Christologie im Kontext (Neukirchen: 1995), pp. 34s.

"FILHO DE DEUS"

O título υἱὸς (τοῦ) θεοῦ encontra-se em Paulo somente 15 vezes[123]. O apóstolo adotou-o da tradição (cf. 1Ts 1,9f; Rm 1,3b-4a). Em termos histórico-religiosos, os fatores predominantes na formação da cristologia do Filho devem ter sido conceitos veterotestamentários (cf. Sl 2,7: "Anunciarei o decreto do Senhor: ele me disse: 'Tu és meu filho, eu hoje te gerei'"; 2Sm 7,11s.14)[124]. A importância central do título de Filho é atestada por 2Cor 1,19, onde o Filho de Deus aparece como o conteúdo do anúncio do apóstolo: "o Filho de Deus, Cristo Jesus, que foi anunciado por nós em vosso meio". A dimensão soteriológica do título de Filho é sublinhada em Gl 1,16: o Filho de Deus é o conteúdo da visão vocacional perto de Damasco. O Filho de Deus entregou-se pelos crentes (cf. Gl 2,20; Rm 8,32). Em Gl 4,4 e Rm 8,3 vincula-se ao envio do Filho a ideia da pré-existência (Gl 4,4: "Quando, porém, chegou a plenitude do tempo, Deus enviou seu Filho, nascido de uma mulher, posto sob a Lei"). A significância perene desse evento salvífico é nomeada por Gl 4,6; por meio da presença do espírito do Filho, as pessoas que creem podem entender a si mesmas como filhos: "Porque sois filhos, porém, Deus enviou a nossos corações o espírito de seu

---

[123] O material relevante é discutido em M. Hengel, Der Sohn Gottes, pp. 35-39.67-89; além disso, cf. L. W. Hurtado, Verbete "Son of God", in DPL (1993), pp. 900-906; A. Labahn/M. Labahn, "Jesus als Sohn Gottes bei Paulus", in U. Schnelle/Th. Söding/M. Labahn (org.), Paulinische Christologie, pp. 97-120. Para Qumran (cf. além de 4QFlor I 11-13; 1QSa II 11 especialmente 4Q 246), cf. J. A. Fitzmyer, "The 'Son of God' Document from Qumran", in Bib 74 (1993), pp. 153-174; J. Zimmermann, Messianische Texte aus Qumran, pp. 128-170.

[124] Também aqui se deve considerar novamente o âmbito da recepção helenista, pois para as comunidades majoritariamente gentio-cristãs deve-se considerar em conjunto a veneração do imperador como Filho de Deus (para Augusto, cf. A. Deissmann, Licht vom Osten, pp. 294s), de heróis como Héracles (cf. Epíteto, Diss. III 26,31: "Deus não concedeu nenhuma abundância a Héracles [...] seu filho"), governantes como Alexandre Magno (Plutarco, Alexander 27s), ou milagreiros como Apolônio de Tiana (Filóstrato, Vita Apollonii 1,6: "Os habitantes do país alegaram então que Apolônio fosse um filho de Zeus") (outros textos encontram-se em P. Pokorny, "Der Gottessohn", in ThSt 109 (Zurique: 1971), pp. 11-17), também quando isto não ofereça nenhum modelo para a formação da cristologia de Filho de Deus.

Filho". No Filho, Deus engaja-se pela salvação e filiação de toda a humanidade. A ocorrência escassa do título de Filho de Deus diz apenas pouco sobre o significado de seu conteúdo para a teologia paulina[125]. Ao contrário, a colocação especial de υἱός dentro das argumentações paulinas permite perceber que ele atribuía a esse título uma alta importância teológica. O título de Filho de Deus expressa tanto a relação estreita de Jesus Cristo com o Pai como sua função como mediador da salvação entre Deus e a humanidade.

A FUNÇÃO PRAGMÁTICO-TEXTUAL DOS TÍTULOS CRISTOLÓGICOS

No ambiente da dinâmica comunicativa de uma carta, os títulos cristológicos indicam aquela realidade criada por Deus e presente na atuação do espírito, pela qual tanto o apóstolo como as comunidades se sabem sustentadas e determinadas. Por isso, eles aparecem acumulados nos prescritos das cartas; ali, pertencem aos sinais *metacomunicativos* pelos quais a comunicação é aberta e os mundos de sentido são definidos. O pressuposto para o sucesso de uma comunicação por carta é uma *compreensão comum da realidade* entre autor e destinatários. Essa realidade com suas dimensões passadas, presentes e futuras é nomeada pelos títulos cristológicos e, ao mesmo tempo, tornada presente e preservada em sua validade como saber comum da fé[126].

Aparentemente, os títulos cristológicos são um elemento fundamental da cristologia e da teologia paulinas. Seu emprego frequente e acumulado mostra que não são absolutamente meros elementos de uma comunicação convencional e determinada pela tradição, portanto, não muito real, mas portadores de convicções teológicas fundamentais. Como pontos de enlace para opiniões teológicas fundamentais,

---
[125] Contra W. Kramer, *Christos Kyrios Gottessohn*, p. 189, que afirma que o título de Filho de Deus seria para Paulo "somente de importância secundária".
[126] Cf. U. Schnelle, "Heilsgegenwart Christologische Hoheitstitel bei Paulus", in U. Schnelle/Th. Söding/M. Labahn (org.), *Paulinische Christologie*, pp. 178-193.

eles formulam e atualizam a nova realidade na qual vivem a comunidade e o apóstolo. Em todas as cartas paulinas, exceto a Primeira Carta aos Tessalonicenses, a *salutatio* reza: "Graça e paz a vós, da parte de Deus, nosso Pai, e do Senhor Jesus Cristo!" (1Cor 1,3; 2Cor 1,2; Gl 1,3; Rm 1,7b; Fl 1,2; Fm 3: χάρις ὑμῖν καὶ εἰρήνη ἀπὸ Θεοῦ πατρὸς ἡμῶν καὶ κυρίου Ἰησοῦ Χριστοῦ). Dessa maneira, a dimensão religiosa da respectiva carta é evocada explicitamente já no prescrito; a comunicação que se inicia com o prescrito dá-se no ambiente da realidade determinada por Deus e Jesus Cristo. Deus e o *Kyrios* presente são instalados no texto como os possibilitadores da comunicação; eles permanecem os parceiros implícitos da comunicação na conversa entre o apóstolo e comunidade. Dessa forma, os títulos cristológicos nomeiam o verdadeiro centro da teologia paulina: a salvação está presente em Jesus Cristo, o Filho de Deus e Senhor da comunidade.

16.5 A morte vicária de Jesus Cristo "por nós"

Em ocasiões distintas, Paulo serve-se de diferentes padrões de interpretação para descrever o significado salvífico da morte de Jesus. O modelo básico predominante é o pensamento do *vicariato*[127] que expressa concisamente a pró-existência[128] de Jesus[129]. No entanto, o termo vicariato (*Stellvertretung*)[130] não apresenta uma uniformidade semântica, mas indica um campo imaginário que abrange motivos cristológicos, soteriológicos e também éticos. Vinculam-se a "vicariato" fenômenos que devem ser distinguidos, mas não em cada caso separados. Especialmente a relação entre expiação e vicariato é um problema em

---

[127] Cf. C. BREYTENBACH, Versöhnung, Stellvertretung und Sühne, pp. 77s; J. SCHRÖTER, Der versöhnte Versöhner, p. 316.
[128] O termo "pró-existência" foi cunhado por H. SCHÜRMANN; cf., por exemplo: Idem, Gottes Reich – Jesu Geschick (Friburgo: 1983), pp. 205ss.
[129] Para esse termo, cf. W. THÜSING, Die neutestamentlichen Theologien I, p. 93, nota 73.
[130] Para a história do termo *Stellvertretung* que parece ocorrer pela primeira vez em G. F. SEILER em 1778/79, cf. B. JANOWSKI, *Stellvertretung. Alttestamentliche Studien zu einem theologischen Grundbegriff.* SBS 165 (Stuttgart: 1997), pp. 97-129.

Paulo[131], pois Paulo não usa nenhum termo exato que corresponda à palavra "expiação" (*Sühne*)[132]. Ao mesmo tempo, porém, relacionam-se com o vicariato motivos como perdão dos pecados, entrega, sofrimento por outros, que poderiam recomendar conceitos de expiação como um horizonte interpretativo. Também em termos linguísticos, o discurso de que Jesus morreu "por" (ἀποθνῄσκειν ὑπέρ) permite várias acentuações, pois a preposição ὑπέρ com o genitivo[133] pode significar em sentido figurado "pela vantagem de", "no interesse de/em favor/benefício de", "por causa, pelo bem, em prol de" ou "em vez/em lugar de"[134]. Para evitar pré-julgamentos inadequados acerca do conteúdo é preciso analisar os textos relevantes separadamente, e aqui se deve começar pelas tradições pré-paulinas. Nesse processo pressupõe-se a seguinte compreensão de "vicário": vicário significa *realizar um ato por outros, portanto, também em lugar de outros, e alcançar, por meio disso, um efeito salvífico*[135].

---

[131] Para a história da pesquisa, cf. R. BIERINGER, "Traditionsgeschichtlicher Ursprung und theologische Bedeutung der ὑπέρ-Aussagen im Neuen Testament", in G. VAN SEGBROECK etc. (org.), *The Four Gospels I*. FS F. NEIRYNCK (Lovânia: 1992), pp. 219-248.

[132] Cf. a respeito C. BREYTENBACH, Versöhnung, Stellvertretung und Sühne, pp. 60ss.

[133] As afirmativas paulinas sobre o vicariato são majoritariamente construídas com ὑπέρ com o genitivo (cf. 1Ts 5,10; 1Cor 1,13; 15,3; 2Cor 5,14.15.21; Gl 1,4; 2,20; 3,13; Rm 5,6.8; 8,32; 14,15); διά em 1Cor 8,11; Rm 4,25.

[134] Originalmente, ὑπέρ com o genitivo significa "sobre, acima" no sentido local; cf. a respeito F. PASSOW, *Handwörterbuch der Griechischen Sprache II/2*, 5ª ed. (Leipzig: 1857), pp. 2066s.

[135] Para a definição, cf. também B. JANOWSKI, Stellvertretung, p. 133, que formula em confrontação com o *dictum* de I. KANT de que a culpa individual não seria transferível: "Segundo isto, vicariato não significa inocentar uma pessoa que se tornou culpada de sua responsabilidade insubstituível e não inacessível ao vicariato, pois isto destruiria a dignidade pessoal; mas significa procurar a pessoa culpada e fracassada naquele lugar onde se trata dela mesma [...]." Cf., além disso, C. BREYTENBACH, "Gnädigstimmen und opferkultische Sühne im Urchristentum und seiner Umwelt", in B. JANOWSKI/M. WELKER (org.), *Opfer* (Frankfurt: 2000) (pp. 217-243), p. 238s: "Um vicariato autêntico apresenta-se somente quando uma pessoa, por sua morte voluntária, consegue salvar da morte ou da destruição uma outra pessoa, por exemplo, o pai ou um amigo querido ou a comunidade". G. RÖHSER, Verbete "Stellvertretung", in *TRE* 32 (Berlim/Nova Iorque: 2000), p. 141, oferece a seguinte proposta de definição: "Vicariato significa a realização de um empenho ou um tomar-sobre-si de uma sorte, respectivamente, por um 'mediador' religioso

Na tradição pré-paulina de 1Cor 15,3b, a formulação sobre o vicariato refere-se à remoção dos pecados da comunidade confessora (Χριστὸς ἀπέθανεν ὑπέρ τῶν ἁμαρτιῶν ἡμῶν = "Cristo morreu por nossos pecados")[136]. Já que Cristo é mencionado como o sujeito explícito do acontecimento e como não se menciona categorias de sacrifício, não se deveria falar aqui de expiação[137]. A autoentrega de Jesus Cristo (διδόναι) ὑπέρ τῶν ἁμαρτιῶν ("pelos pecados") em Gl 1,4 visa a libertação do ser humano da esfera do poder do presente éon mau[138]. O imaginário apocalíptico, por sua vez, recomenda uma interpretação que renuncia à inserção do conceito da expiação (segundo o Escrito Sacerdotal): pela autoentrega vicária de Jesus Cristo deu-se a libertação de "nosso" cativeiro no velho eon que se manifesta pelos pecados[139]. A fórmula da entrega em Rm 4,25 deve estar influenciada por Is 53,12 LXX[140], sem que se pudesse inserir nela a teologia da expiação do Escrito Sacerdotal[141]: a entrega vicária de Jesus Cristo opera a anulação dos efeitos negativos de "nossas" transgressões, da mesma maneira como sua ressurreição possibilita "nossa" justificação.

No plano paulino, já 1Ts 5,10 mostra o conceito básico do apóstolo: a morte de Jesus "por" possibilita a nova criação e salvação do ser humano. Jesus Cristo "morreu por nós (ὑπὲρ ἡμῶν), a fim de que nós, na vigília ou no sono, vivamos ao mesmo tempo com ele".

---

apto para isto, o qual [isto é, o empenho etc.] a pessoa substituída não pode realizar ou tomar sobre si, respectivamente, da mesma maneira como o substituto e que servem imediatamente, isto é, sem atividades próprias [...], ao estabelecimento ou restabelecimento de uma relação intacta com Deus por parte da pessoa substituída ou a seu ser-colocado-em-relação geral com Deus (na intercessão)."

[136] Para a análise, cf. por último Th. Knöppler, Sühne, pp. 127-129, que vê como pano de fundo Is 53,4s.12 LXX e 1Rs 16,18s LXX.

[137] Diferente M. Gaukesbrink, Sühnetradition, p. 141, segundo o qual 1Cor 15,3b "se refere à expiação vicária na morte de Cristo".

[138] Para a análise, cf. Th. Knöppler, Sühne, pp. 129-131.

[139] C. Breytenbach, Versöhnung, Stellvertretung und Sühne, p. 68, diferencia ao entender que 1Cor 15,3b e Gl 1,4 "não expressam o pensamento do vicariato, mas que Jesus Cristo se entregou a si mesmo ou que Cristo morreu, respectivamente, para remover 'nossos pecados'".

[140] Assim, por exemplo, Th. Knöppler, Sühne, p. 132; diferente D.-A. Koch, Die Schrift als Zeuge, pp. 237s.

[141] Cf. C. Breytenbach, Versöhnung, Stellvertretung und Sühne, p. 70.

O pensamento do vicariato pode nomear a morte de Jesus também em suas dimensões eclesiológicas (1Cor 1,13: "Porventura é Paulo que foi crucificado por vós?") e éticas (Jesus morreu pelo irmão fraco; 1Cor 8,11: δι' ὅν; Rm 14,15: ὑπὲρ οὗ), sem recorrer ao conceito do pecado ou à ideia da expiação.

A ideia do vicariato no sentido estrito ("em vez de/em lugar de") encontra-se em 2Cor 5,14b.15: "Um só morreu por todos, por conseguinte, todos morreram; e ele morreu por todos a fim de que aqueles que vivem (por ele) não vivam mais para si, mas para aquele que morreu e ressuscitou por eles." Cristo "entregou-se a si mesmo por mim (ὑπὲρ ἐμοῦ)" por amor (Gl 2,20), e agora vale: "Ele, que não poupou seu próprio Filho, mas o entregou por todos nós (ὑπὲρ ἡμῶν πάντων), como não nos haverá de agraciar em tudo junto com ele?" (Rm 8,32). Em Gl 3,13, Paulo vincula o vicariato à ideia do resgate da escravidão: "Cristo nos resgatou da maldição da lei, tornando-se maldição por nós (ὑπὲρ ἡμῶν)." Os escravos tornaram-se agora filhos (Gl 3,26-28; 4,4-6). Cristo morreu em lugar dos pecadores quando ele "que não conhecera pecado, tornou-se pecado por nós (ὑπὲρ ἡμῶν)" (2Cor 5,21)[142]. A morte de Jesus não é um ato substituto heroico (cf. Rm 5,7: "Dificilmente alguém morre por um justo; pelo homem de bem talvez haja quem ouse morrer")[143], mas um morrer pelos ímpios (Rm 5,6); "por nós", pelos pecadores (Rm 5,8). Para a "condenação/eliminação do pecado" (περὶ ἁμαρτίας κατέκρινεν), Deus enviou seu Filho (Rm 8,3) que se inseriu na esfera do poder do pecado para superá-lo. Em termos histórico-tradicionais, o pano de fundo é aqui a cristologia do envio (cf. Gl 4,4s; 1Jo 4,9; Jo 3,16s), de modo que se deve pensar junto provavelmente a ideia geral da expiação, mas não o culto sacrifical veterotestamentário da expiação[144]. Também o pensamento

---

[142] Não se deve entender absolutamente ἁμαρτία em 2Cor 5,21 no sentido de "sacrifício pelo pecado"; cf. M. KARRER, Jesus Christus, p. 122: "Enquanto um sacrifício pelo pecado expia um pecado ocorrido, o justo se coloca no lugar do pecado como tal e esvazia esse poder."

[143] A base de Rm 5,7 é claramente o pensamento helenista de um morrer pela proteção de uma pessoa, da pátria ou de uma virtude; cf. a respeito os textos em NW I/2, pp. 592-597.715-725; NW II/1, pp. 117-119.

[144] Com C. BREYTENBACH, Versöhnung, Stellvertretung und Sühne, pp. 71s; contra P. STUHLMACHER, Biblische Theologie I, p. 291.

de que a morte de Cristo, ao remover as consequências do pecado, beneficia a nós ("no interesse de/pelo bem de/em prol de"), deixa uma margem para a inserção de um conceito de expiação como uma categoria heurística. "Muitas vezes é difícil separar ambos os aspectos. A morte vicária é um morrer em prol das pessoas poupadas, e o Cristo que morre pelo bem dos seres humanos toma sobre si aquilo que deveria atingir os seres humanos, de modo que sua morte expiatória é também uma morte vicária."[145]

No entanto, disso se deve distinguir estritamente o pano de fundo histórico-traditivo das afirmativas do "por nós", que não têm nada a ver com a realização cúltica de um sacrifício[146]. O pensamento da expiação ritual não forma absolutamente o pano de fundo histórico-traditivo das afirmativas paulinas de ὑπέρ[147], pois Paulo explicitamente *não* utiliza como termo técnico para a expiação do pecado a expressão ἐξιλάσκεσθαι περί que é característica da tradução do Levítico na Septuaginta (cf. Lv 5,6-10 LXX)[148]. Antes, como ponto de partida deve ser considerado o conceito grego do justo que morre vicariamente e cuja morte opera a anulação/expiação dos pecados[149]. Tanto mais que este conceito já teve uma influência forte sobre a teologia judaica do martírio, assim como ela se apresenta, por exemplo, em 2Mc 7,37s; 4Mc 6,27-29; 17,21s. Além disso, no judeu-cristianismo helenista pré-paulino[150],

---

[145] G. FRIEDRICH, Die Verkündigung des Todes Jesu, p. 74.
[146] Cf. G. FRIEDRICH, Die Verkündigung des Todes Jesu, p. 75; G. BARTH, Der Tod Jesu Christi, p. 59; além disso, C. BREYTENBACH, Versöhnung, Stellvertretung und Sühne, p. 66, que observa de modo bem acertado sobre Rm 3,25: "Salvo este único texto, Paulo não precisa do conceito de "expiação" e "expiar" quando esclarece às comunidades o evangelho que anuncia".
[147] Contra U. WILCKENS, Röm I, p. 240, segundo o qual "o conceito cúltico da expiação é constantemente o horizonte sob o qual o Novo Testamento pensa a morte de Cristo em seu significado salvífico".
[148] Cf. BREYTENBACH, Versöhnung, Stellvertretung und Sühne, p. 69.
[149] Ocorrências em in NW 1/2, pp. 592-597.715-725: para o tema, cf. M. HENGEL, The Atonement (Londres: 1981), pp. 8-18; G. BARTH, Der Tod Jesu Christi, pp. 59-64; H. S. VERSNEL, "Quid Athenis et Hierosolymis? Bemerkungen über die Herkunft von Aspekten des 'Effective Death'", in J. W. VAN HENTEN (org.), *Die Entstehung der jüdischen Martyrologie*. StP 37 (Leiden: 1989), pp. 162-196.
[150] Cf. C. BREYTENBACH, Versöhnung, pp. 205-215.

a tradição da última ceia e da Ceia do Senhor (1Cor 11,24b: τοῦτό μού ἐστιν τὸ σῶμα τὸ ὑπὲρ ὑμῶν = "Isto é o meu corpo por/para vós") influenciaram, sob adoção parcial de Is 53,11-12 LXX[151], a formação da ideia da morte vicária universal do justo que rompe o vínculo indissolúvel entre o pecado e a morte e assim possibilita a nova e verdadeira vida. Esse pensamento condensa-se especialmente nas fórmulas de morte (cf. 1Ts 5,10; 1Cor 1,13; 8,11; 15,3b; 2Cor 5,14s; Gl 2,21; Rm 5,6.8; 14,15) e de entrega (cf. Gl 1,4; 2,20; Rm 4,25; 8,32)[152]; Paulo o adota e ressalta a dimensão universal do acontecimento: o Crucificado sofreu pelos seres humanos a violência da morte, para assim tirar deles os poderes do pecado e da morte que lhes acarretam desgraça.

16.6 A morte de Jesus Cristo como evento expiatório

O conceito da expiação no contexto do templo e do sacrifício *não* está entre os *teologumena* fundamentais paulinos[153]. Paulo o adota somente uma única vez, embora num lugar central; em Rm 3,25.26a, ele diz sobre Jesus Cristo: "Deus o estabeleceu como ἱλαστήριον (lugar de expiação/meio de expiação), mediante a fé, por seu próprio sangue, para a manifestação de sua justiça pelo perdão dos pecados anteriormente cometidos, na paciência de Deus." Qual horizonte conceitual forma o pano de fundo dessa tradição judeu-cristã pré-paulina[154]? No centro da resposta a essa pergunta está o conceito de ἱλαστήριον[155], cuja origem histórico-traditiva e significado teológico são polêmicos. Duas explicações são importantes na exegese mais recente[156]:

---

[151] Cf. a respeito. G. BARTH, Der Tod Jesu Christi, pp. 56-59.
[152] Para a análise, cf. K. WENGST, Christologische Formeln, pp. 55-86.
[153] Diferente, por exemplo, M. GAUKESBRINK, Sühnetradition, p. 283: "Paulo formula e desenvolve sua cristologia, que remonta biograficamente ao evento perto de Damasco, teologicamente por meio da tradição da expiação". A semântica paulina não apoia essa tese, porque o apóstolo não usa nem ἱλάσκεσθαι nem vincula ἱλαστήριον em Rm 3,25 à ideia do vicariato.
[154] Para a comprovação do caráter pré-paulino de Rm 3,25.26a, cf. U. SCHNELLE, Gerechtigkeit und Christusgegenwart, pp. 68s.
[155] Para a formação da palavra ἱλαστήριον, cf. C. BREYTENBACH, Verbete "Sühne", p. 1686.
[156] Para a história da pesquisa, cf. W. KRAUS, Der Tod Jesu als Heiligtumsweihe, pp. 1-9.

1) Em termos histórico-traditivos, ἱλαστήριον é derivado do ritual cúltico no grande Dia da Reconciliação (Expiação; cf. Lv 16; além disso, Ez 43). Neste caso, Cristo seria relacionado com o *kapporet* da festa da reconciliação que, sendo uma placa de ouro sobre a Arca da Aliança, é o lugar da expiação e (num sentido não material) o lugar da presença de YHWH. Cristo torna-se o lugar teológico da expiação escatológica. Isto inclui um acento polêmico, pois o lugar da expiação é deslocado do templo para a cruz, e o caráter oculto do *kapporet* e a expiação anual na festa da reconciliação estão obsoletas. Deus instalou Cristo publicamente "como o lugar da presença de sua justiça que cria salvação"[157]. Contra esse modelo devem se levantar objeções de peso:

a) Vincula-se à morte de Jesus uma dimensão pessoal, pois se trata da entrega de vida por seres humanos, que opera a expiação e o perdão dos pecados, respectivamente; um aspecto que não pode ser derivado organicamente de Lv 16.

b) Além disso, uma interpretação tipológica de Lv 16 leva a aporias; por exemplo, se Cristo fosse identificado ao *kapporet*, ele se borrifaria e se purificaria com seu próprio sangue[158].

c) Finalmente, a comunidade romana, majoritariamente gentio-cristã, tinha dentro de seu horizonte cultural certamente uma maior afinidade com ideia de uma morte heróica pelo povo[159] do que com alusões sutis aos ritos do Yom Kippur.

2) Rm 3,25 deve ser entendido contra o pano de fundo de 4Mc 17,21s[160], onde se atribui uma força de expiação à morte sacrifical dos mártires[161]. Assim como os mártires, Jesus sacrificou sua vida, e essa

---

[157] U. Wilckens, Röm I, p. 193; além disso, cf. P. Stuhlmacher, Biblische Theologie I, pp. 193s; W. Kraus, Der Tod Jesu als Heiligtumsweihe, pp. 150-157; M. Gaukesbrink, Sühnetradition, pp. 229-245; Th. Knöppler, Sühne, pp. 113-117; C. Breytenbach, Verbete "Sühne", p. 1691.

[158] Cf. por último K. Haacker, Röm, p. 91.

[159] Cf., por exemplo, Sêneca, Ep. 76,27: "Se a situação objetiva exigir que tu morras pela pátria e adquiras o salvamento de todos os cidadãos pelo preço de teu próprio, [...]"; além disso, Sêneca, Ep. 67,9; Cícero, Fin. II 61; Tusc. I 89; Josefo, Bell. 5,419.

[160] Cf. ao lado de 4Mac 17,21s especialmente 2Mc 7,30-38; 4Mc 6,27-29.

[161] Para a justificativa, cf. E. Lohse, *Märtyrer und Gottesknecht*, 2ª ed. FRLANT 64 (Göttingen: 1963), pp. 151s; J. W. van Henten, "The Tradition-Historical Background of

morte vicária possui uma força expiatória. Nesse modelo pode-se remeter à dimensão pessoal do acontecimento e ao horizonte de recepção da comunidade romana. Soma-se a isto a proximidade de Paulo a tradições de mártires (cf. At 22,3; Gl 1,14; Fl 3,6) que, ao longo de toda sua vida, correspondiam a sua autocompreensão muito mais do que categorias cúlticas. No entanto, também esta explicação tem seus problemas:

a) O Quarto Livro dos Macabeus pertence ao séc. I d.C.; é até mesmo possível que o escrito tenha surgido apenas depois do ano 70 d.C.[162].

b) O adjetivo ἱλαστήριος em 4Mc 17,22 não rende muito para a explicação exata de ἱλαστήριον em Rm 3,25, porque ἱλαστήριον não é absolutamente um termo determinado de modo cúltico, mas um termo semanticamente polissêmico e complexo cujo sentido é determinado só pelo respectivo contexto[163].

Romans 3,25: A Search for Pagan and Jewish Parallels", in M. DE BOER (org.), *From Jesus to John*. FS M. DE JONGE. JSNT.S 84 (Sheffield: 1993), pp. 101-128 (análise de todos os textos relevantes com o resultado *"that the traditional background of the formula probably consists of ideas concerning martyrdom"* (que o pano de fundo tradicional da fórmula consiste provavelmente em ideias acerca do martírio); op. cit. p. 126); K. HAACKER, Röm, p. 90s.

[162] Cf. W. KRAUS, "Der Jom Kippur, der Tod Jesu und die 'Biblische Theologie'", in *JBTh* 6 (1991), p. 158, que, seguindo H.-J. KLAUCK, data o Quarto Livro dos Macabeus no final do séc. I d.C. e exclui assim 4Mc 17,21s como um possível pano de fundo histórico-traditivo de Rm 3,25. No entanto, devemos chamar a atenção para dois argumentos contra essa hipótese:
1) A datação de 4Mc para o final do séc. I não é absolutamente obrigatória; cf. por último R. WEBER, Verbete "Makkabäerbücher", in *NBL* 2 (1995), p. 696, que se refere com reserva a um tempo de formação no séc. I d.C., enquanto K-D. SCHUNCK, Verbete "Makkabäer/Makkabäerbücher", in *TRE* 21 (Berlim/Nova Iorque: 1991), p. 742, renuncia totalmente a uma datação mais precisa, devido à situação textual.
2) Em termos histórico-traditivos, a transferência do conceito do sacrifício expiatório para a morte em martírio é mais antiga do que o Quarto Livro dos Macabeus, como mostra 2Mc 7,37s.
[163] A. DEISSMANN, "ἱλαστήριος e ἱλαστήριον. Eine lexikalische Studie", in *ZNW* 4 (1903), pp. 193-212, ressalta enfaticamente a polissemia e complexidade de ἱλαστήριον e deduz disso para Rm 3,25: "A única frase com a qual se pode aproximar-se ao texto desde a perspectiva linguística, é esta: ἱλαστήριον significa algo reconciliador ou algo expiatório. Todo o restante deve ser dito pelo contexto do próprio texto."

A gama de significado de ἱλαστήριον e os problemas de uma derivação histórico-traditiva unilinear fazem parecer adequado entender ἱλαστήριον em Rm 3,25 num sentido mais amplo como "meio de expiação"[164]. Deus mesmo criou a possibilidade da expiação, ao destacar Jesus Cristo como o meio da expiação. Tanto a tradição como Paulo enfatizam a teocentricidade do acontecimento, o ponto de partida da salvação é a atuação de Deus. Aqui se manifesta a continuidade com as ideias básicas veterotestamentárias da expiação. Ela não implica absolutamente uma imagem sádica de Deus que exige satisfação pelos pecados humanos por meio de um sacrifício. Antes, *expiação é uma instituição de Deus:* "Porque a vida da carne está no sangue, e eu o deixei a vós para o altar, para que opere expiação por vossas almas. Pois é o sangue que faz expiação por meio da vida" (Lv 17,11). O sujeito exclusivo da expiação é Deus que estabeleceu os sacrifícios para libertar a humanidade ritualmente do pecado e para romper assim o vínculo de desgraça entre o ato pecaminoso e suas consequências[165]. Ao mesmo tempo, já a tradição cristã-primitiva de Rm 3,25.26a rompe em vários aspectos com a compreensão veterotestamentária da expiação: enquanto, no culto expiatório do Antigo Testamento, a expiação é restrita para Israel, o perdão dos pecados vale universalmente. O culto do sacrifício expiatório precisa da repetição anual; a morte de Jesus na cruz, porém, é um acontecimento escatológico e definitivo. Aquilo que ocorreu na cruz em termos histórico-salvíficos realiza-se para a pessoa individual no batismo: o perdão dos pecados anteriores. É somente aqui que a tradição tem seu auge soteriológico, pois nela se trata não só da proclamação do evento Cristo, mas da dimensão soteriológica experienciável desse evento: perdão dos pecados no batismo[166]. Aqui, a significância universal e a apropriação individual do evento salvífico não são vistas como alternativas, mas em sua

---

[164] Cf. H. Lietzmann, Röm, p. 49a; U. Schnelle, Gerechtigkeit und Christusgegenwart, pp. 70s; G. Barth, Der Tod Jesu Christi, pp. 38-41.
[165] Cf. para isso fundamentalmente B. Janowski, *Sühne als Heilsgeschehen*, 2ª ed. WMANT 55 (Neukirchen: 2000), que elabora que a expiação não deve ser entendida como um acontecimento de castigo, mas de salvação que parte de Deus.
[166] Cf. U. Schnelle, Gerechtigkeit und Christusgegenwart, p. 71.

interdependência mútua. A atuação salvífica de Deus em Jesus Cristo pode ser crida em sua universalidade somente quando foi experimentada na particularidade da própria existência. A tradição destaca esse vínculo ao pensar juntas a atuação universal de Deus na cruz e a justificação. Paulo adota essa afirmativa fundamental da tradição e a amplia por sua vez por meio da universalidade antropológica e de concretizações eclesiológicas. A fé como atitude humana possibilitada por Deus concede a participação do evento salvífico. Assim como seu conteúdo, essa fé é universal, não está vinculado a quaisquer pressupostos ideológicos e, enquanto uma dádiva de Deus, é uma decisão humana. Na fé, o ser humano experimenta uma nova determinação; no batismo ocorre sua justificação. Já na tradição, o ser justo que resulta disso não é entendido como um hábito, mas antes como uma tarefa que corresponde à atuação precedente de Deus. A relação com o batismo, reforçada por Paulo contextualmente[167], enfatiza o lugar eclesiológico da justiça de Deus. A comunidade dos batizados é a comunidade das pessoas justificadas na fé.

A PROBLEMÁTICA TEOLÓGICA DO CONCEITO DE SACRIFÍCIO

O modelo do sacrifício expiatório consegue expressar adequadamente as intenções teológicas da tradição e do apóstolo? Especialmente a ideia do sacrifício serve para captar o efeito salvífico da morte de Jesus? Estas perguntas surgem não só a partir de um horizonte moderno, mas especialmente das distinções fundamentais entre a teologia veterotestamentária do sacrifício expiatório e Rm 3,25.26a[168]. Constitutivos para o rito do sacrifício de expiação são a imposição das mãos pela pessoa que oferece o sacrifício e o rito de sangue a ser realizado pelo sacerdote (cf. Lv 16,21s). Além disso, ocorre uma transferência de identidade ao animal, que é o fator decisivo por meio do

---

[167] Cf. o v. 24: δικαιοῦν, χάρις, ἀπολύτρωσις, ἐν Χριστῷ Ἰησοῦ.
[168] Cf. a respeito L. U. DALFERTH, "Die soteriologische Relevanz der Kategorie des Opfers", in *JBTh* 6 (1991), pp. 173-194.

qual o abatimento do animal pode se tornar um sacrifício. No acontecimento da cruz, esses elementos fundamentais não têm uma verdadeira correspondência. A cruz tem, exclusiva e constantemente, Deus como sujeito; é ele que se adianta para agir na cruz e que inclui o ser humano sem qualquer atividade ou empenho prévio nesse acontecimento[169]. Em momento algum, Paulo entende a morte de Jesus como aplacação da ira de Deus! Não é o ser humano que precisa procurar o contato com o sagrado; ao contrário, é Deus que, em Jesus Cristo, vem ao encontro do ser humano. *O sacrifício representa algo diferente, ele significa e transfere algo, enquanto, na cruz, Deus está totalmente junto a si mesmo e ao ser humano.* O hino da Carta aos Filipenses (Fl 2,6-11) mostra que – falando em categorias de sacrifício – se precisaria falar de um autossacrifício de Deus. No entanto, não é isto que Paulo faz, pois a cruz aboliu a relevância soteriológica de qualquer culto sacrifical. Portanto, a ideia do sacrifício é inadequada para o mundo paulino de sentido, e provavelmente não é nenhuma coincidência que Paulo adote somente com a tradição de Rm 3,25.26a um texto que pensa em categorias de expiação e de sacrifício. O motivo dessa recepção não é o interesse do apóstolo nessa forma de pensamento, mas, em termos pragmático-textuais, ele visa conscientemente a aceitação de sua doutrina da justificação exclusiva pela comunidade romana.

A tradição batismal judeu-cristã de Rm 3,25.26a manifesta o lugar em que a δικαιοσύνη θεοῦ χωρὶς νόμου ("justiça de Deus sem a lei"), afirmada enfaticamente em Rm 3,21, pode se manifestar para a pessoa individual, onde esta pode experienciá-la efetivamente. A atuação universal de Deus afirmada no v. 21s necessita de uma concreção no horizonte da realidade do cristão individual, para não permanecer mera teoria, mas para se tornar uma realidade vivenciada.

16.7 Jesus Cristo como reconciliador

Outro modelo para visualizar e explicitar a salvação mediada por Cristo e suas consequências é a ideia da reconciliação. O substantivo

---

[169] Para a crítica ao conceito do sacrifício expiatório, cf. também E. KÄSEMANN, "Die Gegenwart des Gekreuzigten", in Idem, *Kirchliche Konflikte* (Göttingen: 1982), pp. 78-80.

καταλλαγή (2Cor 5,18.19; Rm 5,11; 11,15) e o verbo καταλλάσσειν (1Cor 7,11; 2Cor 5,18; Rm 5,10) encontram-se no Novo Testamento somente em Paulo. A derivação histórico-traditiva e a precisa definição semântica da reconciliação são polêmicas.

Segundo C. BREYTENBACH, Paulo adotou elementos essenciais de suas afirmativas sobre a reconciliação da linguagem e do imaginário da diplomacia helenista[170]. Tanto διαλλάσσειν como καταλλάσσειν designam em textos clássicos e helenísticos uma atuação reconciliadora no âmbito político, social e familiar, sem qualquer componente religioso ou cúltico. "Entre o conceito paulino de καταλλάσσειν e a tradição veterotestamentária de כפר não há nenhuma relação histórico-traditiva que pudesse ser atribuída a uma teologia biblica."[171] Ao contrário disso, O. HOFIUS ressalta a relação firmemente pré-estabelecida, de acordo com sua opinião – de "reconciliação" e "expiação" cúltica, testemunhada especialmente no Deutero-Isaías (cf. Is 52,6-10; 52,13-53,12)[172]. De acordo com isto, Paulo retoma um uso linguístico pré-estabelecido no judaísmo antigo. "O pensamento paulino da reconciliação está [...] decisivamente marcado pela mensagem do Deutero-Isaías."[173]

A situação textual indica uma diferenciação histórico-traditiva e semântica entre καταλλάσσειν e ἱλάσκεσθαι, reconciliação e expiação, pois ambos os termos provêm de imaginários diferentes[174]. Enquanto καταλλάσσειν descreve o processo da reconciliação interpessoal, ἱλάσκεσθαι designa um ato no ambiente sagrado. Entretanto, há uma diferença fundamental de conteúdo entre o postulado pano de fundo helenista da tradição e a ideia paulina da reconciliação: é o próprio Deus que concede a reconciliação como sujeito criador; isto é, em todos os aspectos, mais que uma oferta de reconciliação ou um apelo à reconciliação[175].

---

[170] Cf. a respeito os textos em NW II/1, pp. 450-455.
[171] C. BREYTENBACH, Versöhnung, p. 221; Cf. Idem, Verbete "Versöhnung", p. 1777: "na terminologia da reconciliação não se trata de uma terminologia religiosa".
[172] No entanto, ali faltam καταλλαγή e καταλλάσσειν!
[173] O. HOFIUS, "Erwägungen zur Gestalt und Herkunft des paulinischen Versöhnungsgedankens", in Idem, *Paulusstudien*, p. 14.
[174] Cf. G. FRIEDRICH, Die Verkündigung des Todes Jesu, 98s.; C. BREYTENBACH, Versöhnung, Stellvertretung und Sühne, pp. 60ss; J. SCHRÜTER, Der versöhnte Versöhner, p. 272, nota 2; E. GRÄSSER, 2Kor, pp. 235s; também P. STUHLMACHER, Biblische Theologie I, p. 320, admite agora pelo menos uma diferenciação semântica.
[175] Esse argumento é aduzido por O. HOFIUS, Erwägungen zur Gestalt und Herkunft des paulinischen Versöhnungsgedankens, p. 14, nota 14.

O ponto de partida em 2Cor 5,18-21 é a nova realidade das pessoas crentes e batizadas como καινὴ κτίσις ἐν Χριστῷ (2Cor 5,17a: "nova criação/existência em Cristo"). Paulo conduz o olhar para Deus que, através de sua atuação reconciliadora, possibilita uma mudança da relação com os seres humanos. Paulo desenvolve a nova estrutura da relação por meio da ideia da reconciliação que é pensada de modo estritamente teocêntrico (v. 18a: τὰ δὲ πάντα ἐκ τοῦ θεοῦ) e fundamentada de modo cristológico (διὰ Χριστοῦ). A superação do pecado, como um poder que divide o ser humano e Deus, exige uma iniciativa de Deus, pois só ele pode eliminar o pecado (v.19).

Dentro desse processo cabe um papel especial ao apostolado paulino. Paulo o nomeia no v. 20 com o verbo πρεσβεύειν[176], que deve ser atribuído à terminologia helenista acerca de enviados e embaixadores[177]. Assim como o embaixador desempenha um papel crucial na elaboração de um contrato de reconciliação[178], a mensagem e o ministério do apóstolo fazem parte da obra da reconciliação de Deus. Como apóstolo chamado, Paulo pode anunciar ao mundo que Deus, em Jesus Cristo, reconciliou o mundo consigo (v. 19)[179]. Com isto, Deus mesmo criou a condição para o ministério de Paulo, de não só comunicar ao mundo que a reconciliação é possível, mas de pedir em lugar de Cristo: "Permiti serem reconciliados com Deus" (v. 20b)! Como fundamento possibilitador desse pedido surpreendente, Paulo aduz no v. 21 a relevância soteriológica do evento Cristo.

---

[176] Um *hapax legomenon* nos textos protopaulinos; fora do texto presente, ele ocorre somente em Ef 6,20.

[177] Cf. a respeito C. Breytenbach, Versöhnung, pp. 65s.

[178] Especialmente instrutivo é Dio Crisóstomo, Or. 38,17-18: "Certos arautos, diz-se, viriam da parte dos deuses, e é por isso que também a paz é proclamada por arautos, enquanto a guerra não é proclamada por arautos. Desarmados, eles negociam com homens armados sobre a paz, e ninguém deve atacá-los, pois todas as pessoas que vêm numa missão amistosa são mensageiras dos deuses" (= NW II/1, p. 455).

[179] Esta tese é destacada exageradamente em J. Schröter, Der versöhnte Versöhner, p. 305, segundo o qual o interesse de Paulo é "apresentar seu apostolado como um elemento constitutivo do evento salvífico e quase igualá-lo ao evento Cristo". Um argumento contra isto é principalmente a expressão cristão-comum διακονία no v. 18b; com O. Hofius, "'Gott hat unter uns aufgerichtet das Wort von der Versöhnung' (2Kor 5,19)", in Idem, *Paulusstudien*, p. 17, nota 8.

O pecado e a justiça são colocados por Deus em uma nova relação, ao fazer com que Cristo assuma nosso lugar, de modo que ele se torna pecado por nós e nós, justiça de Deus nele. O paralelismo dos membros da oração recomenda entender ἁμαρτία em ambas as ocorrências como "pecado" e não no sentido de "sacrifício de expiação"[180]. Como Cristo não é afetado de maneira alguma pela esfera do poder do pecado, ele pode se tornar pecado, vicariamente, em nosso lugar, para assim operar nossa integração em sua esfera de poder[181]. Não é o pensamento de expiação que predomina em 2Cor 5,21, mas a ideia da justiça de Deus que se manifesta na morte vicária de Jesus e que é experimentada sacramentalmente no batismo. O peso inteiro cai sobre a afirmação ontológica no v. 21b, onde o ἐν αὐτῷ – que deve ser interpretado num sentido espacial – é crucial para a compreensão do versículo: em Cristo, a pessoa que crê participa da morte vicária de Jesus, ela é separada do pecado e se torna justiça de Deus; isto é, em Cristo, ela recebe uma nova existência cuja característica é a justiça.

Em 2Cor 5, Paulo não vincula a reconciliação e a expiação; mas em Rm 5,1-11, a argumentação sobre a atuação justificadora de Deus pela morte expiatória de Jesus de Rm 3,21ss é levada mais adiante, e estabelece-se a relação mútua entre justificação, expiação e reconciliação[182]. Rm 5,1 vê a justificação pela fé como uma realidade definitiva que determina a situação presente do cristão. Ela concede a paz que vem de Deus e que se tornou realidade no dom do espírito (cf. Rm 14,17). Como batizados, os crentes estão na graça de Deus e têm agora acesso a Deus (Rm 5,2). Essa presença da salvação confere à comunidade a força de não só aguentar as tribulações presentes, mas de chegar em paciência a uma esperança viva na fé. Dessa maneira,

---

[180] Cf. C. Breytenbach, Versöhnung, p. 136-141; J. Schröter, Der versöhnte Versöhner, 314ss; diferente P. Stuhlmacher, Biblische Theologie I, p. 195; W. Kraus, Der Tod Jesu als Sühnetod bei Paulus, p. 26, que enxergam um pano de fundo do âmbito da teologia da expiação.
[181] Cf. H. Umbach, In Christus getauft – von der Sünde befreit, pp. 222-228.
[182] Para as ligações entre Rm 3,21 e 5,1-11, cf. M. Wolter, Rechtfertigung und zukünftiges Heil, pp. 11-34.

a existência dos justificados e reconciliados é ao mesmo tempo uma existência na θλῖψις ("tribulação"), mas também uma existência na esperança, determinada pelo olhar para a atuação escatológica de Deus. Os crentes justamente não estão apartados das contradições da vida, das tentações na própria existência e na fé, do desespero e da dúvida, mas a natureza da fé mostra-se na capacidade de aguentar e suportar as tribulações. A força para isto é concedida pelo espírito santo que os crentes receberam no batismo e que, a partir desse momento, determina poderosamente a vida dos cristãos (Rm 5,5).

O amor de Deus revela-se na morte de Jesus "por nós", uma morte que possibilita a justificação do pecador e a reconciliação com Deus (Rm 5,6-8). Em Rm 5,9, Paulo refere-se com a expressão ἐν τῷ αἵματι αὐτοῦ ("por seu sangue") explicitamente de volta a Rm 3,25. A morte expiatória do Filho opera tanto a justificação como a reconciliação (Rm 5,9.10). Dessa forma, a justificação e a reconciliação nomeiam o novo relacionamento do ser humano com Deus, possibilitado pela destruição do poder do pecado na morte expiatória de Jesus Cristo. Por ele, os ímpios tornaram-se justificados e os inimigos de Deus, reconciliados.

Tanto 2Cor 5 como Rm 5 mostram que a morte de Cristo "por nós" possibilitou aquela nova relação com Deus que é chamada por Paulo de reconciliação. Em Paulo, a *reconciliação* é:

1) *um ato exclusivo de Deus*[183]. Não são os seres humanos que apaziguam, aplacam, encorajam ou reconciliam Deus por meio de algum ato[184], mas a nova relação com Deus e a nova existência dos batizados, justificados e reconciliados, que resulta disso, deve-se exclusivamente à atuação singular e perene de Deus em Jesus Cristo[185].

---

[183] Muito acertado C. Breytenbach, Verbete "Versöhnung", p. 1779: "O sujeito da reconciliação é Deus (2Cor 5,18s). Esta é a novidade teológica em contraste ao uso 'religioso' escassamente atestado em alguns poucos textos judaico-helenistas que conhecem a divindade meramente como objeto da atuação reconciliadora da parte do ser humano."

[184] Cf. nesse sentido 2Mc 1,5; 7,33; 8,29; Josefo, Ant. 6,151; 7,153; Bell. 5,415.

[185] Ao contrário disso, a reconciliação do universo pelo sumo sacerdote deve ocorrer ano após ano, porque o pecado humano obscurece cada vez de novo a relação com Deus; cf. Fílon, Vit. Mos. II,133ss.

2) A reconciliação de Deus com o mundo é um *acontecimento universal de paz* (2Cor 5,19; Rm 11,15). Ela não se restringe nem a Israel nem aos crentes; ao contrário, em sua intenção, dirige-se a todos os seres humanos e a toda a criação[186].

3) A reconciliação realiza-se concretamente na *aceitação* da mensagem da reconciliação, do evangelho.

4) Essa aceitação *muda* todo o ser humano. Como ser antigamente alienado de Deus, ele tem agora acesso a Deus e pode viver na força do espírito[187].

16.8 Jesus Cristo como justiça de Deus

Em todas as grandes culturas e religiões de efeito poderoso, justiça é um dos nomes de Deus.

Deus é inconcebível sem justiça, igualmente qualquer forma de cultura, filosofia, direito e religião.

Estas relações fundamentais determinam não apenas partes centrais do Antigo Testamento, mas também a grecidade clássica e o helenismo[188].

16.8.1 O ambiente histórico-cultural

As afirmações paulinas sobre a justiça e a justificação situam-se num ambiente histórico-cultural muito complexo.

---

[186] Este aspecto é enfatizado por E. KÄSEMANN, "Erwägungen zum Stichwort Versöhnungslehre im Neuen Testament", in E. DINKLER (org.), *Zeit und Geschichte*. FS R. BULTMANN (Tübingen: 1964), pp. 47-59.

[187] Cf. G. FRIEDRICH, Die Verkündigung des Todes Jesu, p. 116s.

[188] Para o âmbito aqui não abordado do Egito, cf. J. ASSMANN, *Ma'at, Gerechtigkeit und Unsterblichkeit im alten Ägypten*, 2ª ed. (Munique: 1995); K. KOCH, "Sadaq und Ma'at. Konnektive Gerechtigkeit in Israel und Ägypten?", in: J. ASSMANN/B. JANOWSKI/M. WELKER (org.), *Gerechtigkeit* (Munique: 1998), pp. 37-64. Em Diógenes Laércio 1,11 relata-se sobre os egípcios: "Também sobre a justiça, eles estabelecem princípios que atribuem a Hermes".

ANTIGO TESTAMENTO

No Antigo Testamento vinculam-se temas teológicos centrais a צדקה/δικαιοσύνη[189].

O vínculo entre *justiça* e *direito* é elementar, pois a justiça de Deus é inconcebível sem seu engajamento em prol do direito[190]: "O Senhor faz justiça e direito a todos que sofrem injustiça" (Sl 103,6; cf. 11,7). Na assembleia dos deuses, YHWH julga os demais deuses e exige: "Fazei direito aos oprimidos e órfãos; ao miserável e ao necessitado fazei justiça" (Sl 82,3). Esta entre as advertências fundamentais: "Não cometereis injustiça no julgamento (...), segundo a justiça julgarás teu próximo" (Lv 19,15). Em particular cabe ao rei a tarefa de fazer direito a seu povo e de combater a opressão (cf. Jr 22,3; Sl 72,4; Pr 31,8s). O direito serve à preservação da comunidade e sociedade e determina a relação das pessoas entre si e com a comunidade como um todo. Por isso, Deus intervém contra qualquer perturbação desse relacionamento e luta pelas pessoas privadas de seu direito, economicamente oprimidas e socialmente discriminadas (cf. Am 5,7.10-15; Is 1,23; 10,1s; Jr 22,13-17; Dt 10,17-19). Consequentemente, o julgar segundo a justiça está entre as tarefas mais nobres do Messias (Is 11,3b.4a), e o rei de paz escatológico presidirá um reino de justiça (Is 32,1.15-17). Praticar a justiça libera forças benéficas, pois "quem está firme na justiça, ganha a vida; quem corre atrás do mal, ganha a morte" (Pr 11,19).

O âmbito da atuação da justiça de Deus ultrapassa a vida jurídica, somente "quem não faz juramentos para enganar obterá do Senhor a

---

[189] Uma visão geral acerca desse tema é oferecida em J. Scharbert, Verbete "Gerechtigkeit", in *TRE* 12 (Berlim/Nova Iorque: 1984), pp. 404-411; H. Spieckermann, Verbete "Rechtfertigung", in *TRE* 28 (Berlim/Nova Iorque: 1997), pp. 282-286; F.-L. Hossfeld, "Gedanken zum alttestamentlichen Vorfeld paulinischer Rechtfertigungslehre", in Th. Söding (org.), *Worum geht es in der Rechtfertigungslehre?*, pp. 13-26; M. A. Seifrid, "Righteousness Language in the Hebrew Scriptures and Early Judaism", in D. A. Carson/P. T. O'Brien/M. A. Seifrid, *Justification and Variegated Nomism I*, pp. 415-442. Para outros textos e uma bibliografia, cf. acima, Secção 3.3 (O pano de fundo do pensamento paulino em termos de história intelectual e da religião).

[190] Cf. a respeito H. Niehr, *Rechtsprechung in Israel.* SBS 130 (Stuttgart: 1987).

bênção, e a justiça, do Deus de sua salvação" (Sl 24,4s). O conceito da justiça como um *dom* benéfico de Deus está imediatamente vinculado a ideias *universais*; dessa maneira, o direito e a justiça tornam-se elementos da epifania de Deus:

"O Senhor é rei; que a terra se alegre por isso, [...] justiça e direito são os sustentos de seu trono. Fogo vai a sua frente e consome seus inimigos em redor [...]. Os céus proclamam sua justiça, e os povos todos veem sua glória" (Sl 97,1-2.6). Também o poder criador de Deus e seu engajamento constante pelo bem da criação são expressão de sua justiça (cf. Sl 33,4-6; 85,10-14), de modo que a justiça designa a ordem salvífica do mundo "que reúne aspectos cósmicos, políticos, religiosos, sociais e éticos"[191]. Salvação e justiça tornam-se sinônimos da atuação universal de Deus que inclui também as nações. Essa ideia encontra-se em muitos salmos (cf. 98,2: "O Senhor fez conhecer sua salvação, revelou sua justiça diante das nações."), especialmente no Deutero-Isaías e no Tritoisaías.

O Deutero-Isaías proclama a Israel impressionantemente a justiça próxima de Deus que agora cumpre suas promessas (Is 45,8: "Abra-se a terra e produza a salvação, e a justiça cresça junto! Eu, o Senhor, criei isto"; além disso, cf. Is 46,12s; 51,5-8). O monoteísmo e o universalismo unem-se para uma visão da história na qual a justiça de Deus aparece como domínio, dádiva, promessa, poder e salvamento: "Não existe um deus a não ser eu; fora de mim não há um deus justo e salvador. Voltai-vos para mim e deixai-vos salvar, vós, os seres humanos dos países mais distantes da terra; porque eu sou Deus e mais ninguém!" (Is 45,21s). O profeta exige explicitamente a aceitação da mensagem que salva: "Dai-me ouvidos, ó desanimados [...]! Eu mesmo vos trago a salvação, ela não está longe; meu auxílio não há de tardar" (Is 46,12s). Na tradição do Servo de Deus, o pensamento do sofrimento vicário vincula-se a afirmações sobre a justiça. Não obstante seu fim vergonhoso, o profeta é um inocentemente justo que até mesmo torna

---

[191] H. H. SCHMID, *Gerechtigkeit als Weltordnung*. BHTh 40 (Tübingen: 1968), p. 166. Com atitude crítica acerca dessa conceituação, por exemplo, F. CRÜSEMANN, "Jahwes Gerechtigkeit im Alten Testament", in *EvTh* 36 (1976), pp. 430s.

muitos culpados, justos: "Justiça é feita pelo justo, meu servo, para os muitos, e as transgressões deles, ele as carrega penosamente" (Is 53, 11b TM)[192]. O Tritoisaías intensifica numa situação histórica modificada a promessa de salvação feita pelo Deutero-Isaías e vincula-a explicitamente à convocação de realizar a justiça humana (cf. Is 56,1: "Observai o direito e cuidai da justiça; porque minha salvação está prestes a chegar, e minha justiça, a se revelar")[193]. Ele confronta Israel com a situação social depois do exílio (cf. Is 58,6-9) e ataca a injustiça severamente, até que o direito brilhe novamente em Jerusalém: "Então as nações verão tua justiça, e todos os reis, tua glória" (Is 62,2).

Ao lado dessas tendências universais, Paulo está fortemente influenciado pelo tema de *pecado e justiça*, refletido de múltiplas maneiras nos Salmos. O pecador exalta a eleição de Israel e espera pela bondade da justiça de YAHWEH (Sl 65; 85); do mesmo modo, os justos louvam a bondade e a justiça do Senhor, cuja atuação se caracteriza pelo direito: "Ele ama a justiça e o direito, a terra está cheia da graça do Senhor" (Sl 33,5; cf. 51,14; 71,15). No Sl 130, o pecador implora misericórdia; que a graça se anteceda à justiça, pois somente assim consegue viver quem está carregado de culpa. No Sl 51, a pessoa que ora volta-se incondicionalmente para a graça e a bondade de Deus: "Tem piedade de mim, ó Deus, segundo tua graça, e apaga de mim os pecados, segundo tua grande compaixão" (Sl 51,3). Não é uma casualidade que Paulo cite Sl 51,6; 143,2 LXX, onde a percepção da própria situação de perdição se vincula ao pedido de justificação por Deus no juízo[194]. Finalmente, Gn 15,6 e Hab 2,4 como *textos individuais* são de importância singular para a doutrina paulina da justificação, pois aqui

---

[192] Para a história da tradição e da interpretação de Is 53, cf. B. JANOWSKI/P. STUHLMACHER (org.), *Der leidende Gottesknecht: Jes 53 und seine Wirkungsgeschichte*. FAT 14 (Tübingen: 1996).
[193] Cf. a respeito F. CRÜSEMANN, Jahwes Gerechtigkeit, pp. 446-449, que vê na interação complexa e tensa entre justiça divina e humana no Tritoisaías uma inovação decisiva do conceito veterotestamentária da justiça.
[194] A LXX reforça especialmente na tradução dos Salmos (cf. Sl 34,23; 50,6; 72,13; 142,2) o elemento forense e, dessa forma, o pensamento da justificação; cf. H. SPIECKERMANN, Verbete "Rechtfertigung", p. 284.

se encontram lado a lado "crer/ter fé" e "ser justo/justiça". Devido a sua atitude, Abraão torna-se o modelo dos israelitas de todos os tempos, pois, contra as aparências, ele se atém às promessas de Deus[195]. Na recepção paulina, as coordenadas se deslocam[196]; sob a influência de Gn 15,6 LXX, Abraão aparece como sujeito da fé e YAHWEH, como sujeito do reconhecimento dessa fé. A atitude justa duradoura de Abraão é respondida por Deus com uma justificação (uma declaração de que ele é justo). Também segundo Hab 2,4, a fidelidade de fé é a característica proeminente da justiça. Ela adquire forma na observância das instruções de YAHWEH, ou seja, segundo a compreensão veterotestamentária, a justiça e a lei são uma unidade. A lei é um dom salvífico de YAHWEH, a expressão da eleição não merecida, gratuita, de Israel (Dt 6,24s; 7,6ss), e na realização obediente da lei, Israel permanece na justiça.

O JUDAÍSMO ANTIGO

O judaísmo antigo é marcado pelas transformações profundas na esteira do Exílio Babilônico.

Passam ao centro da religião a consciência da eleição, a esperança pela fidelidade duradoura de Deus, a Torá como o dom salvífico de Deus e, imediatamente vinculada a isto, a tentativa de se definir de maneira nova através da separação ritual dos outros povos[197].

---

[195] Para a interpretação de Gn 15,6, cf. com acentos diferenciados M. Oeming, "Der Glaube Abrahams. Zur Rezeptions-Geschichte von Gen 15,6 in der Zeit des zweiten Tempels", in *ZAW* 110 (1988), pp. 16-33; R. Mosis, "'Glauben' und 'Gerechtigkeit'. Zu Gen 15,6", in M. Görg (org.), *Die Väter Israels* (Stuttgart: 1989), pp. 225-257.

[196] Cf. H. Spieckermann, Verbete "Rechtfertigung", p. 283, segundo o qual "neste texto dificilmente se pode falar de justificação. Pois Abraão não é justificado por Deus nem opera algo por outras pessoas, devido a sua fé que lhe é contada para a justiça".

[197] Para o processo histórico, cf. J. Maier, Zwischen den Testamenten, pp. 191-247; para as hipóteses teológicas básicas, cf. A. Nissen, Gott und der Nächste, pp. 99-329; para a compreensão de lei e justiça, cf. M. Limbeck, Die Ordnung des Heils, *passim*; H. Sonntag, ΝΟΜΟΣ ΣΩΤΗΡ, pp. 109-165.

O autocomprometimento de Deus com seu povo encontra sua expressão no dom da Torá[198]; ela é entendida como um dom da graça de Deus e como o documento de sua aliança (cf., por exemplo, Eclo 24; Jub 1,16-18). A Torá é muito mais do que uma ordem de vida ou uma ordem social; sua observância significa entrar no domínio de Deus, reconhecê-lo e impô-lo. Por isso, a fidelidade à Torá como observância e respeito à vontade de Deus é a resposta esperada de Israel diante da eleição de Deus. A Torá não intermedia a relação com Deus; antes, ela é uma indicadora do caminho na ordem da criação concedida por Deus. Dentro deste conceito geral, a justiça não é o resultado do desempenho humano, mas sim o resultado da promessa de Deus para os seres humanos (cf. Jub 22,15: "E ele renovou sua aliança contigo, para que tu sejas para ele um povo para sua herança em toda a eternidade. E ele seja para ti e teu sêmen Deus em verdade e justiça, em todos os dias da terra"; cf. HenEt 39,4-7; 48,1; 58,4). Justamente por que Deus "ama a justiça" (Arist. 209) e é um juiz justo, a pessoa piedosa pode esperar a justiça somente da parte dele (cf. HenEsl 42,7: "Bem-aventurado quem realiza um juízo justo, não por causa de um salário, mas por causa da justiça, sem esperar depois disso por alguma outra coisa"). O paradigma e a medida da justiça de Deus e da justiça humana é a lei. Moisés deu a lei "pelo bem da justiça, para a observância piedosa e para a formação do caráter" (Arist. 144), "tudo é regulamentado pela lei com o propósito da justiça" (Arist 168; cf. 147). A fidelidade à Torá concede vida e justiça[199].

Especialmente em Qumran vincula-se uma compreensão mais profunda do pecado (cf. 1QH 4,30; 1QS 11,9s) a uma consciência elitista de eleição e a uma obediência radicalizada à Torá (cf. CD 20,19-21)[200].

---

[198] Para a história social e a história teológica da Torá, cf. F. CRÜSEMANN, Die Tora (Gütersloh: 1992); além disso, A. NISSEN, Gott und der Nächste, pp. 330ss.

[199] Cf. J. MARBÖCK, "Gerechtigkeit und Leben nach dem Sirachbuch", in J. JEREMIAS (org.), Gerechtigkeit und Leben im hellenistischen Zeitalter. FS O. KAISER. BZAW 296 (Berlim/Nova Iorque: 2001), pp. 21-51.

[200] Cf. a respeito O. BETZ, "Rechtfertigung in Qumran", in L. FRIEDRICH/W. PÖHLMANN/P. STUHLMACHER (org.), Rechtfertigung. FS E. KÄSEMANN (Tübingen: 1976), pp. 17-36; M. A. SEIFRID, Justification by Faith, pp. 81-108.

Corresponde à atuação benigna da justiça de Deus no tempo escatológico, por meio da revelação de sua vontade às pessoas predestinadas, a penitência das mesmas por suas transgressões rituais e éticas. Não obstante, as pessoas piedosas precisam da misericórdia de Deus; a justiça de Deus é sua lealdade à aliança e à comunidade que gera a justiça humana.

"E eu disse no meu pecado: 'Estou destituído de sua aliança!' Mas quando lembrei do poder de tua mão com a plenitude de tua misericórdia, voltei a ser homem e ergui-me, e meu espírito ficou firme (diante) da tribulação, pois [eu] me apoi[ei] nas comprovações de tua graça e (na) plenitude de tua misericórdia. Pois tu expias atos de culpa para pur[ificar o ser hu]mano da culpa, por tua justiça" (1QH 12,35-37)[201]; 1QH 1,26s: "E o que o injusto haverá de responder ao julgamento justo? Junto a ti, ó Deus dos conhecimentos, estão todas as obras da justiça"[202]; além disso, cf. 1QH 3,21; 1QS 10,25; 11,11ss. Na confissão da culpa revela-se a dependência da justiça e misericórdia de Deus que se revelarão no juízo (cf. 1QS 10,1ss). A justiça de Deus leva à obediência diante da lei, sem que fosse possível derivar disso um mérito. Ao contrário, unicamente Deus dá aos crentes gratuitamente a certeza da salvação que deriva de sua pertença à comunidade escatológica eleita[203].

De especial força instrutiva e elucidadora para a avaliação do conteúdo teológico da doutrina paulina da justificação são os *Salmos de Salomão*, uma coletânea de escritos de origem fariseia que se formou em meados do séc. I a.C. na Palestina[204]. Eles representam um pensamento que gira

---

[201] Tradução segundo a tradução alemã de: J. MAIER, Texte I, p. 76.
[202] Tradução segundo a tradução alemã de: E. LOHSE LOHSE, Texte, p. 115.
[203] Para uma comparação estrutural entre Qumran e Paulo, cf. J. BECKER, Das Heil Gottes, pp. 238-279.
[204] Cf. J. SCHÜPPHAUS, *Die Psalmen Salomos*. ALGHJ VII (Leiden: 1977), p. 137; S. HOLM-NIELSEN, *Die Psalmen Salomos*. JSHRZ IV/2 (Gütersloh: 1977), p. 59; M. WINNINGE, Sinners and the Righteous, pp. 12-16; M. A. SEIFRID, Justification by Faith, pp. 109-132; D. FALK, "Psalms and Prayers", in: D. A. CARSON/P. T. O'BRIEN/M. A. SEIFRID, *Justification and Variegated Nomism I*, pp. 7-56. Uma visão geral da história da pesquisa é oferecida por J. L. TRAFTON, "The Psalms of Solomon in Recent Research", in *JSP* 12 (1994), pp. 3-19.

em torno da eleição por Deus, sua misericórdia e sua justiça. O interesse eminente dos Salmos de Salomão no tema da justiça manifesta-se já na situação linguística; δίκαιος ocorre 34 vezes e δικαιοσύνη, 25 vezes. Como o ser humano alcança a justiça? A resposta dos Salmos de Salomão a essa pergunta religiosa fundamental é complexa[205]. A percepção de que o piedoso recebe justiça pela misericórdia de Deus comprova-se como um pensamento básico fundamental: "Louvai a Deus, vós que temeis o Senhor em sabedoria, porque àqueles que o temem, o Senhor é misericordioso no juízo, para que ele distinga entre o justo e o pecador, ao retribuir aos pecadores conforme as suas obras para toda eternidade" (SlSal 2,33s). Deus é justo e ele se apieda daqueles que se submetem ao juízo justo de Deus (SlSal 8,7). A medida orientadora para a misericórdia de Deus é a lei que fornece critérios para a sentença justa de Deus e na qual se manifesta sua justiça. "Fiel é o Senhor aos que o amam em verdade, aos que suportam seus castigos, aos que caminham na justiça de seus mandamentos, na lei a qual ele colocou sobre nós para nossa vida. Os piedosos do Senhor viverão eternamente por (a lei); o jardim de prazeres, as árvores da vida (são) seus piedosos" (SlSal 14,1-3). Justas são, portanto, aquelas pessoas que estão dispostas a viver de acordo com a lei e que confiam na misericórdia de Deus. O verdadeiro fundamento possibilitador da justiça, porém, é a pertença dos piedosos ao povo eleito de Deus. A misericórdia de Deus para com as pessoas piedosas e o dom vivificador da lei são a expressão e a consequência da eleição de Israel (cf. SlSal 9,6.10; 10,4). O par de opostos Israel como justos, e gentios ou judeus renegadores, respectivamente, como pecadores, é a base do pensamento teológico dos Salmos de Salomão (cf. SlSal 13,7-12)[206]. O ser-justo do piedoso é um *termo de status* que o distingue fundamentalmente dos gentios. É verdade que também os piedosos pecam, mas a fidelidade e a misericórdia de Deus não são absolutamente anuladas

---

[205] Cf. a respeito U. Schnelle, "Gerechtigkeit in den Psalmen Salomos und bei Paulus" in H. Liehtenberger/G. S. Oegema (org.), *Jüdische Schriften in ihrem antik-jüdischen und urchristlichen Kontext*. JSHRZ/Studien 1 (Gütersloh: 2002), pp. 365-375.

[206] Para a definição de "pecadores" e "justos" nos Salmos de Salomão, cf. M. Winninge, Sinners and the Righteous, pp. 125-136.

por causa de pecados inconscientes. Ao contrário, Deus purifica dos pecados e, dessa maneira, impulsiona o pecador arrependido para uma conduta justa e orientada pela lei (cf. SlSal 3,6-8; 9,6.12; 10,3). O pecado não leva à ruína das pessoas justas, porque elas permanecem filhos do povo eleito. Enquanto o pecado tem no caso dos gentios e dos apóstatas o caráter de um *status* imutável, ele é no caso dos piedosos somente um aspecto de atuação[207]. Consequentemente, os piedosos que pecam jamais são chamados de "pecadores" ou "sem-lei", pois pela oferta divina da expiação abre-se a possibilidade de que os justos permaneçam em seu estado, não obstante seus pecados.

GRECIDADE E HELENISMO

Também a grecidade clássica e o helenismo estão profundamente marcados pela reflexão sobre a justiça[208]. No tempo primitivo do pensamento grego acerca do direito e da justiça[209] estabeleceu-se sob Dracão e Sólon (séc. VII/VI a.C.)[210] a lei escrita como grandeza normativa decisiva que sobressaía a todos os demais ordenamentos da *polis* e procurava determiná-los. A atuação justa pelo bem da comunidade

---

[207] Cf. M. WINNINGE, Sinners and the Righteous, p. 333: "*One of the most important results of the present study is that the PssSol convey an inherent distinction between the act 'to sin' (aspect of dynamics) and the status 'sinner' (status aspect) [...]. The important thing is that these 'sinfully righteous' Jews are basically righteous, granted that they do not leave the covenantal sphere in outright apostasy. The Gentiles, on the other hand, are sinners by definition.*" (Um dos resultados mais importantes do presente estudo é que SlSal concebe uma distinção inerente entre o ato de 'pecar' (aspecto da dinâmica) e o *status* 'pecador' (aspecto do *status*) [...]. O importante é que esses judeus 'pecaminosamente justos' são basicamente justos, sob a condição de que não deixem a esfera da aliança em apostasia manifesta. Os gentios, por outro lado, são pecadores por definição.).

[208] Uma visão geral é oferecida por A. DIHLE, Verbete "Gerechtigkeit", in *RAC* 10 (Stuttgart: 1978), pp. 233-360; além disso, H. SONNTAG, ΝΟΜΟΣ ΣΩΤΗΡ, pp. 7-108.

[209] Cf. a respeito K.-W. WELWEI, Die griechische Polis. Verfassung und Gesellschaft in archaischer und klassischer Zeit (Stuttgart: 1983).

[210] Para Sólon, cf. Diógenes Laércio 1,45-67; além disso, O. PAVEL, Solon – Legende und Wirklichkeit (Constança: 1988).

orienta-se agora pelas leis, que devem ser definidas cada vez de novo segundo o equilíbrio entre os interesses, e ela ultrapassa assim o princípio da retribuição das leis tradicionais[211]. Esse desenvolvimento permite ao mesmo tempo os primeiros passos rumo à igualdade e democracia. Nas teorias das constituições do séc. V a.C. cabe uma importância central à ideia de justiça, pois a questão da ditadura, do governo do povo ou do governo de umas poucas pessoas selecionadas estava imediatamente vinculada à distribuição e validade de direitos (cf. Heródoto 3,80ss; Tucídides 4,78). Discernimentos fundamentais sobre a natureza da justiça encontram-se em Platão e Aristóteles[212]. Enquanto Sócrates manteve os νόμοι da *polis*, embora se tornasse uma de suas vítimas (cf. Platão, Crito 50-54d), Platão enraizou, sob o impacto da sorte de seu mestre, as normas da justiça na ordem inviolável e inalienável da existência. Aqui está no centro a relação entre a lei e a justiça, porque a *justiça* é a *norma da lei*. No mito da formação da cultura, direito e justiça são pré-requisitos para que todas as pessoas possam participar da justiça[213].

Para o legislador instruído por Zeus vale que ele "dirigirá sua atenção constantemente a nada além, sobretudo, da suprema virtude quando decreta uma lei. Esta, porém, como diz Teógines, consta na fidelidade nos perigos, que poderia ser chamada também de justiça perfeita" (Platão, Leges I 630c; cf. Fedro 277de; Epístolas VII 351c; além disso, Aristóteles, Política 1281a). A justiça encabeça as virtudes cardeais[214], pois a ela enquanto categoria tanto social como universal cabe uma posição chave dentro da ordem da alma e, correspondentemente, dentro da ordem do Estado. Aristóteles não faz distinção entre direito e ética, mas a justiça como o princípio ordenador geral abrange as duas coisas (Ética Nicomáquia V 1130a: "Portanto, nesse sentido, a

---

[211] Cf. a respeito O. BEHRENDS/W. SELLERT (org.), Nomos und Gesetz. Ursprünge und Wirkungen des griechischen Gesetzesdenkens (Göttingen: 1995).
[212] Cf. A. B. HENTSCHKE, Politik und Philosophie bei Plato und Aristoteles (Frankfurt: 1971).
[213] Cf. Platão, Protágoras 322c.d, onde se descreve como Hermes, por ordem de Zeus, leva o direito e a lei a todas as pessoas.
[214] Cf. Platão, Respublica 433d.e.

justiça não é uma parte da valoridade ética, mas sim a valoridade em toda sua abrangência")[215]. Em termos de seu conteúdo, *as leis definem o que é justo*, pois: "Quem desrespeita as leis é injusto, assim vimos; quem as respeita, é justo. Isto que dizer, portanto: tudo que é legal é, no sentido mais amplo, algo justo" (Ética Nicomáquia V 1129b)[216]. Já que aquilo que é lei é simultaneamente o justo, decorre da violação da lei a injustiça (cf. Ética Nicomáquia V 1130b). Especialmente para Aristóteles vale que a justiça do ser humano decorre de uma conduta conforme as normas, ou seja, de uma conduta orientada nas leis. A lei confere à *polis* e a seus membros justiça e vida[217]. Portanto, a justiça surge das leis e é o efeito delas, pois a atuação justa orienta-se nas leis e gera justiça[218]. Na filosofia helenista, o conceito da justiça desloca-se, sob a influência de uma cultura em expansão mundial, da *polis* para o indivíduo. Nesse processo, a justiça e a piedade tornam-se parcialmente sinônimos, sem que a relação com o *nomos* fosse abolida[219].

A relação fundamental entre *direito, justiça, leis e vida bem-sucedida* determina também o pensamento em torno da virada dos tempos. Para Cícero há uma relação inquebrantável: "Uma lei inclui, portanto, a distinção entre aquilo que é justo e aquilo que é injusto, é formulada

---

[215] De grande importância na história da recepção é a distinção entre o direito natural e o direito positivo em Ética Nicomáquia V 1134b-1135a: "O direito natural tem por todas as partes a mesma força de validade e não depende do acordo ou não acordo. No direito legal é originalmente indiferente se as prescrições foram determinadas assim ou diferente, mas, uma vez definidas, são normativas."

[216] Cf. também Platão, Symposium 196b.c; Respublica I 338d-339a; Gorgias 489a.b; Politicus 294d-295a; Leges X 889e-890a; além disso, Pseudo-Platão, Definitiones 414E ("Direito: a ordem da lei que gera justiça"); Minos 317d ("Sócrates: E, consequentemente, foi totalmente correta nossa afirmação de que a lei seria a descoberta daquilo que é real"); Minos 314D ("Sócrates: "E algo extremamente excelente é a lei e a justiça? Amigo: Assim é.").

[217] Cf. Aristóteles, Política 1271a; 1325a: "No entanto, faz parte de um bom legislador considerar de qual maneira uma cidade e um grupo de pessoas e qualquer outra forma coletiva possa desfrutar de uma vida boa e da felicidade que lhes é possível".

[218] Cf. Aristóteles, Ética Nicomáquia V 1130b: "Pois, no fundo, todos os atos que realizamos no sentido da ética legal são idênticos àqueles que provêm da virtude todo-abrangente. Pois a lei exige uma vida que realize toda forma de virtude."

[219] Cf. a respeito A. DIHLE, Verbete "Gerechtigkeit", pp. 263-269.

sob orientação naquela natureza original que é a base de todas as coisas e pela qual se orientam as leis humanas que punem os maus, que defendem e protegem os bons" (Leg. 11 13). Justiça, no entanto, é muito mais do que um comportamento por medo à punição ou por expectativa de recompensa. Ela é *o* fundamento por excelência e é observada pelo reconhecimento da natureza das coisas. "Consequentemente, também a justiça não busca absolutamente um ganho, uma recompensa: portanto, ela é buscada por ela mesma e é o fundamento e o sentido de todas as virtudes" (Leg. I 48). Quando esta ordem parece se dissolver, surge o pessimismo cultural: "E depois da perda do compromisso com os deuses devem deixar de existir provavelmente também a honestidade e a fidelidade, bem como a sensação da solidariedade entre os seres humanos e aquela virtude singular que sobressai a todas as outras, a justiça" (Cícero, Nat. Deor. I 4). Ao mesmo tempo, porém, a confiança na justiça como força ordenadora e vital é inquebrantável: "Portanto, segundo a compreensão correta, meu caro Apolônio, justa não é a pessoa que não é injusta, mas aquela que atua pessoalmente de modo justo e que também faz com que outras pessoas não sejam injustas. De tal justiça crescerão também outras virtudes, especialmente a judicial e a legislativa; pois tal pessoa julgará de modo muito mais justo do que aquelas que juram pelos animais de sacrifício, e ela dará leis como Sólon e Licurgo, em cuja legislação também a justiça brilhou como a única estrela orientadora" (Filóstrato, Vita Apollonii 6,21).

A justiça foi também um elemento central da *Pax Romana*, e especialmente Augusto vinculou seu domínio a esse atributo. No ano 13 d.C. inaugurou-se o templo da *Iustitia Augusta*[220], e em sua autoapresentação imperial diz-se: "No meu sexto e sétimo consulado, depois de eu ter apagado as chamas da guerra civil e de ter chegado, com a anuência unânime de toda a população, à posse do poder absoluto no Estado, eu entreguei a sociedade de volta à livre disposição do Senado

---

[220] Cf. Ovid, Epistulae ex Ponto III 6: "Pois não há nenhum deus mais moderado que nosso príncipe: pela justiça, ele põe a medida para seu poder (sua violência?); há pouco, o imperador colocou a imagem dele no templo de mármore".

e do povo romano. Por este mérito meu foi me dado, conforme decisão do senado, o nome de Augusto. A porta de minha casa foi decorada com louro, segundo decisão estatal, e sobre meu portão afixou-se uma coroa cívica. Na *Curia Julia* foi instalado um escudo de ouro, dedicado a mim pelo Senado e pelo povo romano em virtude de minha coragem e bondade, minha justiça e dedicação, como atesta a inscrição desse escudo" (Res gestae 34).

Muito instrutivas são as considerações de Dion de Prusa, apenas pouco mais jovem que Paulo, que representa como filósofo e retórico a elite de seu tempo. Para o domínio ideal vale que ele foi concedido ao rei por Zeus. "Quem, olhando para ele e seguindo seus estatutos, ordena e governa o povo de modo justo e bom, receberá uma boa sorte e um final feliz" (Dio Crisóstomo, Or. 1,45; cf. 75,1). A lei concede não só tanto à comunidade como à pessoa individual a justiça que merecem e que as protege, mas até mesmo vale: "A lei está tão repleta de justiça e disposição para o auxílio que ela traz um benefício maior à pessoa infeliz do que os parentes de sangue e confere às vítimas da injustiça mais poder do que a própria força deles poderia lhes dar" (Or 75,6). A união divina de lei e justiça abrange a pessoa e a instituição; como princípio ordenador do mundo, compete à justiça sempre simultaneamente um significado moral-individual e um fundamental-universal[221]. Essas relações permitiram a pensadores judaico-helenistas como Fílon de Alexandria e Flávio Josefo sintetizar o pensamento grego sobre a justiça e a lei com a tradição judaica. Fílon combina a doutrina grega das virtudes com o Decálogo, "pois cada uma das dez palavras de Deus e todas elas juntas (nos) conduzem e advertem para o discernimento racional, a justiça, o temor a Deus e a ciranda das outras virtudes" (Spec. Leg. IV 134). Fílon consegue mostrar que os inúmeros mandamentos individuais judaicos decorrem de dois princípios básicos: "em relação a Deus, o mandamento da veneração a Deus e da piedade; em relação a seres humanos, o mandamento

---

[221] Cf. Jâmblico, Protrepticus VI I: "Por todos esses motivos imperativos, a lei e a justiça governam sobre as pessoas, e isto nunca será diferente porque está enraizado na lei natural" (tradução segundo a tradução alemã de G. LUCK, Weisheit der Hunde, p. 53).

do amor ao próximo e a justiça" (Spec. Leg. II 63; cf. II 13.14). A Torá está submetida a uma forte eticização que corresponde à concentração greco-helenista no conceito da justiça, embora sem anular os aspectos universais[222].

16.8.2 A gênese da doutrina paulina da justificação

Todas as criações de sentido religiosas, filosóficas e teóricas que são relevantes na Antiguidade estão marcadas pela relação abrangente de lei – justiça – vida. Paulo não queria e não podia romper com esse padrão fundamental de plausibilidade; a *temática* da justiça e da justificação, respectivamente, estava lhe pré-estabelecida. Ao mesmo tempo, porém, ele precisava realizar novas atribuições e ordenamentos, pois sua hermenêutica de Cristo exigia inserir os três termos/conceitos-chave de lei – justiça – vida no novo sistema de coordenadas.

Como Paulo desenvolve o tema de justiça/justificação? Permitem as Cartas perceber uma *doutrina* coesa e consistente da justificação, ou é preciso introduzir diferenciações de conteúdo e de termo/conceito[223], para fazer justiça a uma situação complexa?

---

[222] Cf. R. WEBER, Das "Gesetz" bei Philon von Alexandrien und Flavius Josephus, p. 338: "Religião é uma maneira de orientação pelo *nomos*. De acordo com isto, religião é sempre prática, mas ela é *práxis pietatis*, sendo que a piedade não é algo puramente espiritual, também não algo meramente cúltico, mas uma maneira da vida, da forma cotidiana da existência, da lida sobretudo moral com o mundo, na qual se reflete algo cósmico."
[223] A terminologia varia. Por exemplo, H. HÜBNER, Die paulinische Rechtfertigungstheologie, p. 86, deseja distinguir estritamente entre a *teologia* da justificação e a *doutrina* da justificação, "pois em Paulo não existe uma doutrina da justificação no sentido estrito da palavra." F. HAHN diferencia entre a temática pré-estabelecida da justificação (cf. F. HAHN, Gibt es eine Entwicklung, p. 344) e a doutrina da justificação (cf. op. cit., p. 353; além disso, cf. op. cit., p. 346: afirmativas sobre a justificação; op. cit., p. 353: conceito da justificação; op. cit., p. 359: mensagem da justificação); além disso, cf. as considerações terminológicas em D. LÜHRMANN, Verbete "Gerechtigkeit", in *TRE* 12 (Berlim/Nova Iorque: 1984), pp. 414s; K. KERTELGE, Verbete "Rechtfertigung", pp. 286s. Eu distingo:
1) entre a *temática* da justiça e justificação, pré-estabelecida pela história cultural;
2) a partir do uso paulino, entre *justiça* (δικαιοσύνη, δίκαιος) e *justificação* (δικαίωσις, δικαιοῦν);

Uma primeira dica para a resposta a estas perguntas é oferecida pela situação linguística:

	NT	Paulo	1Ts	1Cor	2Cor	Gl	Rm	Fp	Fm
δικαιοσύνη	91	49	–	1	6*	4	34	4	–
δικαιόω	39	25	–	2	–	8	15	–	–
δικαίωμα	10	5	–	–	–	–	5	–	–
δικαίωσις	2	2	–	–	–	–	2	–	–
δίκαιος	79	10	–	–	–	1	7	2	–
δικαίως	5	2	1	1	–	–	–	–	–
νόμος	195	118	–	9	–	32	74	3	–

É óbvio que Paulo fala pormenorizadamente sobre justiça/justificação apenas em textos onde ele reflete também intensivamente sobre o significado e a importância da lei. Como podemos explicar essa concentração da temática na Carta aos Gálatas e na Carta aos Romanos? Uma primeira resposta é: a respectiva situação histórica exigia a tematização reforçada dessa problemática[224]. Será que se pode concluir disso que Paulo teria meramente adotado um programa já concebido e o colocado a serviço da respectiva situação da comunidade? A situação dos textos não apóia esta tese, pois ela permite perceber duas coisas:

1) Em Paulo, o tema "justiça/justificação" não está constantemente vinculado a questões da lei, como acontece na Carta aos Gálatas e na Carta aos Romanos. Por isso, também não pode ser reduzido ao padrão argumentativo dessas duas cartas.

2) As afirmativas sobre justiça e sobre a lei nas Cartas aos Gálatas e aos Romanos são contraditórias em si mesmas e na comparação

---

3) entre a *teologia* da justificação em afirmações isoladas e a *doutrina* da justificação, quando há um complexo coeso de pensamento. Como todos os aspectos estão interconectados e como os termos "justificação" e "doutrina da justificação" são palavras teológicas artificiais, uma distinção exata muitas vezes não é possível.

* Δικαιοσύνη em 2Cor 6,14 não é contado, já que é, a meu ver, parte de um fragmento textual pós-paulino; cf. acima, Secção 10.2 (A Segunda Carta aos Coríntios como carta coesa).

[224] Cf. acima, Secção 11.3 (A doutrina da lei e da justificação da Carta aos Gálatas).

intertextual[225], uma clara indicação acerca da novidade e do condicionamento pela situação *desta* variante do tema.

UM MODELO DIACRÔNICO

Em Paulo, justiça/justificação é aparentemente um fenômeno complexo de várias camadas e que exige um modelo explicativo em nível diacrônico[226].

No âmbito da teologia paulina, a justiça está vinculada, antes de tudo, a *tradições batismais* (1Cor 1,30; 6,11; 2Cor 1,21s; Rm 3,25.26a; 6,3s; 4,25)[227]. O enraizamento ritual da temática da justiça não é um acaso[228], pois o batismo é o lugar onde se dá a mudança fundamental do *status* dos cristãos, do âmbito do pecado para o âmbito da justiça. No entanto, as tradições batismais tematizam não só a justiça, mas desenvolvem uma doutrina *sacramental-ontológica* coesa *da justificação*: no batismo como o lugar da participação do evento Cristo, os crentes são separados efetivamente do pecado, pela força do espírito, e alcançam o *status* da justiça, de modo que eles, no horizonte da *parusia* de Jesus Cristo, podem levar uma vida que corresponde à vontade de Deus. Essa doutrina da justificação pode ser designada como *inclusiva*, porque visa sem critérios de exclusão a justificação da pessoa individual e sua integração na comunidade. A fé, o dom do espírito e o batismo

---

[225] Cf. acima, Secção 11.3 (A doutrina da lei e da justificação da Carta aos Gálatas); Secção 12.8 (Pecado, lei e liberdade no espírito).

[226] Cf. a respeito U. SCHNELLE, Gerechtigkeit und Christusgegenwart, *passim*; TH. SÖDING, Kriterium der Wahrheit?, 211-213.

[227] Cf. G. DELLING, Die Taufe im Neuen Testament (Berlim: 1963), p. 132; K. KERTELGE, "Rechtfertigung" bei Paulus, pp. 228-249; E. LOHSE, "Taufe und Rechtfertigung bei Paulus", in: Idem, *Die Einheit des Neuen Testaments*, pp. 228-244; F. HAHN, Taufe und Rechtfertigung, pp. 104-117; U. LUZ, Verbete "Gerechtigkeit", in *EKL* II, 3ª ed., p. 91: "Condição para a doutrina paulina da justificação era que as comunidades primitivas entendessem o batismo como antecipação do juízo escatológico de Deus e, dessa maneira, como justificação real (1Cor 6,11). [...] Portanto, a doutrina paulina da justificação não é uma criação nova, mas está enraizada na interpretação do batismo pela comunidade."

[228] Cf. CHR. STRECKER, Die liminale Theologie des Paulus, p. 210.

constituem um *evento integral*: no batismo, o crente entra no espaço do Cristo pneumático, constitui-se a comunhão pessoal com Cristo e começou de modo real a salvação que se realiza por meio de uma vida em justiça e determinada pelo espírito[229]. Essa forma da doutrina da justificação no contexto do batismo vincula-se organicamente às compreensões fundamentais da cristologia paulina: transformação e participação. Pela ressurreição dentre os mortos, Jesus Cristo passou para a esfera de vida e do poder de Deus, e, por meio do dom do espírito, ele concede no batismo aos crentes já agora a participação da nova existência. As pessoas que creem e foram batizadas vivem como pessoas apartadas do poder do pecado no espaço da salvação do Cristo[230], um espaço determinado pelo espírito, e sua nova existência ἐν Χριστῷ é abrangentemente determinada pelas forças vitais do Ressuscitado. Sendo um rito de transformação de *status*, o batismo não só opera uma nova percepção da realidade, mas o batizado e a própria realidade são transformadas[231]. No ambiente desta conceituação, a lei/Torá não tem nenhuma função, nem positiva nem negativa; ela não é um elemento constitutivo da estrutura legitimadora da doutrina da justificação inclusiva. Ao contrário disso, a nomologia determina a argumentação da doutrina da justificação das Cartas aos Gálatas, aos Romanos e aos Filipenses[232]. Esse deslocamento resulta da

---

[229] Cf. U. SCHNELLE, Gerechtigkeit und Christusgegenwart, pp. 100-103; H. UMBACH, In Christus getauft – von der Sünde befreit, pp. 230-232.

[230] Maiores reflexões em H. HÜBNER, Die paulinische Rechtfertigungstheologie, p. 93: "Assim que se tematiza a existência da pessoa justificada em sua historicidade e espacialidade inclusive sua autocompreensão, portanto, assim que se interpreta *nesse sentido* existencialmente, coincidem segundo a compreensão teológica de Paulo o ato de ser declarado justificado e o ato de ser justificado."

[231] Cf. a partir da perspectiva teológica TH. SÖDING, Kriterium der Wahrheit?, p. 205; a partir da perspectiva cultural-antropológica, cf. C. GEERTZ, Dichte Beschreibung, p. 90: "Alguém que num ritual 'saltou' para dentro do sistema de significação determinado por ideias religiosas [...] e, depois do fim do mesmo, voltou para o mundo do senso comum, é mudado – com a exceção de alguns poucos casos nos quais a experiência permanece sem consequências. E da mesma maneira como a pessoa em questão foi mudada, foi mudado também o mundo do senso comum, pois ele é visto agora apenas como uma parte de uma realidade mais ampla que ele corrige e complementa."

[232] Diferente F. HAHN, Taufe und Rechtfertigung, p. 121, que enxerga a diferença principal entre Paulo e suas tradições não na compreensão da lei, mas da fé.

situação atual da comunidade e não de um eventual caráter deficitário da lógica interna da doutrina da justificação inclusiva. A exigência da circuncisão também para gentio-cristãos, da parte dos judaizantes galacianos, representou não só um rompimento dos acordos da Convenção dos Apóstolos e pôs em risco o sucesso da missão paulina, mas também voltava-se contra *o* princípio fundamental por excelência de toda a teologia paulina: *o lugar da vida e da justiça é exclusivamente Jesus Cristo*. Se a lei/Torá pudesse operar a vida (assim, por exemplo, Eclo 17,11 LXX: "Concedeu-lhes o conhecimento, e os fez herdar a lei da vida" [καὶ νόμον ζωῆς ἐκληροδότηρον αὐτοῖς]; além disso, cf. Eclo 45,5), Cristo teria morrido em vão. Para Paulo pode haver no tempo escatológico somente uma única figura relevante para a salvação: Jesus Cristo. Quando a lei já não é vista, como aconteceu até então, como *adiáforon* (assim 1Cor 9,20-22), mas recebe um *status* de relevância para a salvação, então sua capacidade precisa ser colocada no centro da argumentação. Paulo a avalia negativamente, pois "a Escritura encerrou tudo debaixo do pecado, a fim de que a promessa pela fé em Jesus Cristo fosse concedida às pessoas que creem" (Gl 3,22; cf. Rm 3,9.20). Corresponde à vontade de Deus que o poder do pecado é mais forte do que a capacidade da lei/Torá. A lei/Torá já não é capaz de justificar a posição particular de Israel, de modo que também a diferenciação hamartiológica entre judeus e gentios fica obsoleta, "porque pelas obras da lei nenhuma carne será justificada" (Gl 2,16; cf. Rm 3,21.28).

A UNIVERSALIZAÇÃO

Nas Cartas aos Gálatas, Romanos e Filipenses, Paulo amplia as compreensões fundamentais da doutrina da justificação inclusiva, vinculada ao batismo, para uma *doutrina da justificação exclusiva* que se caracteriza pelo universalismo e antinomismo[233]. Em nível sociológico,

---

[233] Cf. Th. Söding, Kriterium der Wahrheit?, p. 203: "Deve-se duvidar que o apóstolo tenha defendido desde o início a teologia da justificação na forma da Carta aos Gálatas e da Carta aos Romanos"; além disso, cf. U. Luz, Verbete "Gerechtigkeit", in *EKU* II, p. 91. Uma posição intermedia é assumida por K. Kertelge, Art.

ela visa a igualdade dos gentio-cristãos; diante do questionamento judaizante, ela lhes garante a pertença plena ao povo eleito Deus, graças a sua qualidade de crentes e batizados[234]. Teologicamente, a doutrina da justificação nega não só qualquer função soteriológica da lei/Torá e precisa sua relevância ética no mandamento do amor[235]; ela abole também os limites de qualquer consciência de eleição particular ou nacional, respectivamente, e formula uma *imagem universal de Deus*: para além de raça, sexo e nacionalidade, Deus dá a cada pessoa, na fé em Jesus Cristo, sua justiça que vence o poder do pecado. Nesse contexto, a posição de Gl 2,19; 3,26-28; Rm 3,25; 4,25; 6,3s mostra que Paulo constrói uma relação proposital entre a doutrina da justificação inclusiva e a doutrina da justificação exclusiva. Dessa maneira, ele protege sua doutrina da justificação exclusiva, baseada numa antropologia radicalizada e numa compreensão universalizada de Deus, contra uma abstração extramundana, ao especificar o batismo como o lugar onde se pode experimentar a ação salvífica universal de Deus em Jesus Cristo na particularidade da própria existência. Desse modo, o ato de tornar justo e o ato de declarar justo coincidem como dois aspectos de um mesmo acontecimento geral[236].

Uma confirmação indireta da interpretação apresentada é fornecida pela história da recepção da doutrina da justificação exclusiva das Cartas aos Gálatas e aos Romanos. Sua passagem efetiva ao segundo plano nos textos deuteropaulinos não deve estar condicionada primeiramente pelo abandono de ideias apocalípticas e pelo avanço de problemas da ética e do direito eclesiástico[237], mas se explica também pelo fato de que se trata no caso dela de um aguçamento polêmico e situativamente condicionado da teologia paulina. Como a doutrina

---

Rechtfertigung, p. 297: "Já na sequência das cartas de Paulo, desde a Primeira Carta aos Tessalonicenses até a Carta aos Romanos, pode-se constatar que as afirmações sobre a justificação se reforçam em sua explicitude e sua clareza conceitual."
[234] Cf. D. ZELLER, Charis, pp. 154s.
[235] Cf. acima, Seção 19.3 (A Lei).
[236] Cf. K. KERTELGE, Verbete "Rechtfertigung", p. 295.
[237] Estes são os argumentos principais aduzidos em U. LUZ, Rechtfertigung bei den Paulusschülern, pp. 380ss.

da justificação exclusiva da Carta aos Gálatas e da Carta aos Romanos não é o centro de *toda* a teologia paulina, ela não foi adotada nessa forma pelos autores das cartas deuteropaulinas. Por outro lado, as deuteropaulinas mostram uma continuidade notável em relação a Paulo, porque o tema da justificação é abordado por elas sempre no contexto de textos batismais (cf. Cl 2,12f; Ef 2,5.8-10; Tt 3,3-7; 2Tm 1,9-11)[238].

16.8.3 O conteúdo teológico da doutrina da justificação

Quando se contempla as afirmações paulinas sobre a justiça e a justificação *em seu conjunto*, mostra-se um pensamento que possui, em todas as suas diferenciações históricas e teológicas, uma qualidade sistêmica. O ponto de partida é a intelecção, revolucionária no âmbito da visão da Antiguidade, de que a justiça não é essencialmente um conceito de atuação, mas um conceito de *existência*.

> No âmbito da cultura grega, a justiça define-se a partir da ação; Aristóteles formula exemplarmente: "Por isso é correto dizer que um ser humano se torna justo quando age de modo justo, e prudente, quando age de modo prudente."[239] A justiça aparece como a maior virtude humana, alcançada por meio da atuação. No judaísmo antigo havia indubitavelmente a convicção fundamental de que o ser humano como pecador depende da misericórdia e bondade de Deus. O conceito da aliança como expressão central da relação de Israel com Deus baseia-se na eleição prévia de Deus. Ainda assim, a questão da salvação permanecia vinculada à atividade humana, na medida em que se esperava de Deus como juiz justo que ele tivesse misericórdia com as pessoas justas e que punisse as pessoas sem lei ou que transgrediam a lei. Nas concepções teológicas dos Salmos de Salomão[240] e dos escritos de

---

[238] Cf. U. Luz, op. cit., pp. 369ss.
[239] Aristóteles, Ética Nicomáquia 1105b.
[240] Essa função fundamentadora das obras é subestimada por J. Schröter, "Gerechtigkeit und Barmherzigkeit: Das Gottesbild der Psalmen Salomos in seinem Verhältnis zu Qumran und Paulus", in *NTS* 44 (1998), p. 576, quando ele afirma: "Portanto, dificilmente será possível captar a diferença entre Paulo e os SlSal por meio de uma avaliação diferente da relação entre a misericórdia de Deus e as obras humanas. Também para SlSal, as 'obras' dos δίκαιοι [dos justos] não representam o fundamento de seu relacionamento com Deus, embora haja uma relação entre ambos."

Qumran[241], a misericórdia como a justificativa última e definitiva da relação com Deus não exclui uma função positiva das obras, pois elas *co*justificam a justiça. Portanto, a justiça é *tanto* um conceito de existência *como* de atuação; as duas coisas não podem ser separadas. Outra diferença fundamental em relação a Paulo deve ser vista no fato de que há uma definição diferente da pertença ao âmbito da justiça. Nos Salmos de Salomão, a justiça é um conceito de *status* que decorre da pertença ao povo eleito[242]. Em Qumran, a participação da justiça de Deus nasce, em última análise, também da pertença ao povo eleito e à comunidade que o representa[243].

Paulo conhece a diferença fundamental entre Israel como os justos e os gentios como pecadores (cf. Rm 9,30), mas não faz dela a base de seu sistema de pensamento. Antes, ele define a relação entre pessoas justas e pecadoras de modo completamente novo: ao grupo dos justos pertence *ninguém*, ao grupo dos pecadores pertencem *todos* os seres humanos, tanto gentios como judeus (cf. Rm 1,16–3,20). Portanto, sob a condição da fé em Jesus Cristo, tanto judeus como gentios podem alcançar a justiça. O *esquema paulino do status* caracteriza-se por um *princípio fundamental universal*: todos os seres humanos estão irremediavelmente sujeitos ao poder do pecado (cf. Gl 3,22; Rm 3,9.20), ou seja, o *status* de pecador caracteriza todas as pessoas, mesmo quando pertencem a um grupo privilegiado e agem com justiça. A justiça pode ser alcançada somente por meio da transferência do âmbito do domínio do pecado para o âmbito de Cristo. Em sistemas judaicos, a profunda intelecção no poder do pecado, a consciência da dependência da misericórdia de Deus, a pertença ao povo eleito e a observância da Torá formam necessariamente uma unidade que complementa a si mesma. A justiça é compreendida radicalmente a partir de Deus, mas, ao mesmo tempo, os privilégios religiosos em relação a outras nações são mantidos. Paulo, ao contrário, nega qualquer estado religioso

---

[241] Bem acertado O. Betz, Rechtfertigung in Qumran, p. 36: "Uma justificação do pecador *contra legem* não existe em Qumran, mas não há também uma justiça própria por meio de obras da lei."
[242] Cf. acima, Seção 16.8.1 (O ambiente cultural-histórico).
[243] Cf. 1QS 4,22, onde se diz sobre os piedosos de Qumran: "Pois a eles, Deus elegeu para a aliança eterna"; além disso, cf. 1 QS 11,7; 1 QSb 1,1s.

particular, pois sua hermenêutica de Cristo não permite nenhuma diferenciação no conceito do pecado e, consequentemente, no conceito da justiça. Corresponde à universalidade do ato de libertação a anterior universalidade da escravidão. Já não pode haver prerrogativas étnicas ou nacionais, a justiça já não se fundamenta na pertença a um povo e nos privilégios a ela vinculados, mas exclusivamente no ato de fé. Para Paulo, a justiça é a consequência da nova existência constituída por Cristo no batismo. Deus concedeu a participação de sua força de vida, ao aniquilar o pecado pelo dom do espírito e ao dar uma nova orientação à existência das pessoas que creem e estão batizadas.

A TESE FUNDAMENTAL

A tese fundamental da doutrina da justificação baseia-se, portanto, numa concentração *teocêntrica e cristológica, num aprofundamento da hamartiologia e numa universalização da antropologia*: Deus mesmo determinou Jesus Cristo como *o* lugar específico por excelência de sua justiça para todas as pessoas; somente por meio da fé em Jesus Cristo, judeus e gentios alcançam da mesma maneira a liberdade dos poderes do pecado e da morte[244]. A partir e com a revelação de Cristo, a situação do ser humano diante de Deus mudou radicalmente, pois, agora, tanto a vontade salvífica de Deus como a necessidade da salvação e a possibilidade da salvação dos seres humanos estão definitivamente manifestas. Para o cristão Paulo, a situação do ser humano diante de Deus apresenta-se de modo totalmente novo: pela morte e ressurreição de Jesus Cristo, a pergunta pela salvação foi respondida de uma vez por todas. O ser humano é justificado pela fé em Jesus Cristo e tem paz com Deus (Rm 5,1). Com isto, todos os esforços passados,

---

[244] Cf. a respeito TH. SÖDING, "Der Skopus der paulinischen Rechtfertigungslehre", in *ZThK* 97 (2000), pp. 404--433, que distingue na doutrina da justificação um escopo cristológico ("comunhão com o Cristo crucificado"), um escopo teológico ("a grandeza da graça de Deus"), um escopo missiológico-eclesiológico ("salvação de judeus e gentios") e um motivo antropológico ("consolação dos pecadores – encorajamento para a liberdade").

presentes e futuros da parte do ser humano perdem sua importância em relação à tentativa de ganhar a salvação a partir de outras fontes ou de realizá-la pessoalmente. A transformação do tempo e a nova existência do ser humano fundam-se igualmente no evento Cristo. Ao interpretar a justiça de Deus como uma dádiva[245] e não como uma regra/ ordem a ser observada, Paulo separa a questão da salvação da atividade humana. A verdade não nasce da obra ou de um ato, mas é concedida ao ser humano por Deus[246]. O ser humano já não vive a partir de si mesmo; ele deve sua nova vida à morte de Jesus Cristo; um processo que é de suma importância tanto para a compreensão da relação com Deus e com o mundo como para a autocompreensão do ser humano. Unicamente Deus, por sua atuação salvífica em Jesus Cristo, mudou a situação do ser humano que agora, na fé, tem acesso a Deus.

> Historicamente, a doutrina da justificação exclusiva da Carta aos Gálatas representa uma resposta nova a uma situação nova. Nesse sentido, a observação de W. WREDE sobre a doutrina paulina da justificação é basicamente correta: "Ela é a *doutrina combativa* de Paulo, compreensível apenas a partir da luta de sua vida, do confronto com o judaísmo e judeu-cristianismo e destinada somente aos mesmos – e nessa medida, entretanto, extremamente importante em termos históricos, e característica dele mesmo"[247]. Também a máxima famosa de ALBERT SCHWEITZER enxerga algo correto: "A doutrina da justificação pela fé, portanto, é uma cratera secundária que se forma na cratera principal da doutrina da salvação da mística da existência em Cristo."[248] Em WREDE e SCHWEITZER, estas observações corretas acerca da formação da doutrina paulina da justificação exclusiva estão injustamente vinculadas com juízos sobre seu significado. É verdade que ela nasceu no confronto com o judaísmo e o judeu-cristianismo, mas em sua eficiência teológica, ela não pode ser reduzida a esse confronto.

---

[245] Cf. H. LIETZMANN, Röm, p. 95.
[246] Bem acertado H. WEDER, Gesetz und Sünde, p. 344: "Trata-se da pergunta se minha verdade é algo que possa ser ouvido, percebido, ouvido e crido, ou se é algo que se revela somente naquilo que eu faço de mim."
[247] W. WREDE, Paulus, p. 67.
[248] A. SCHWEITZER, Mystik, p. 220; cf. Idem, op. cit., p. 372, segundo o qual a doutrina da justificação "é somente um fragmento de uma doutrina da salvação surgida na luta acerca da lei, e não a verdadeira doutrina da salvação de Paulo".

Dentro da criação paulina de sentido, a doutrina da justificação formula conhecimentos fundamentais válidos até hoje[249]. Seu ponto de partida é a intelecção acerca do *caráter de dádiva que caracteriza toda existência*. Por meio da fé em Jesus Cristo, Deus concede a participação da nova existência. Dessa maneira, o ser humano encontra-se diante de Deus como alguém presenteado gratuitamente, agraciado, que já não está obrigado a realizar no mundo sua salvação em direção a Deus. Ao contrário, como alguém justificado pela fé e proveniente de Deus, ele pode fazer a vontade de Deus no mundo. Justificação nomeia em Paulo sempre um ato "anterior" da atuação de Deus. Deus já agiu anteriormente em Jesus Cristo, antes que o ser humano começasse a agir. Em Paulo, essa atuação já acontecida de Deus é separada e diferenciada estritamente da atuação subsequente do ser humano[250]. Unicamente este ato anterior de Deus cria salvação e sentido para o ser humano. Dessa maneira, o ser humano fica isento da tarefa impossível de precisar criar para si mesmo sentido e salvação. A vida do ser humano ganha um novo destino, e ele fica livre para as tarefas que pode cumprir. E diante de Deus, o ser humano não é a soma de seus atos; a pessoa é distinguível de suas obras. Não é a atuação que define o ser humano, mas unicamente a relação com Deus. Assim como a vida, também a justiça pode somente e exclusivamente ser recebida na fé em Jesus Cristo.

A doutrina da justificação vincula-se a intelecções eclesiológicas, éticas e antropológicas; em primeiríssimo lugar e originalmente, porém,

---

[249] Cf. acima, Secção 23 (Epílogo: o pensamento paulino como criação duradoura de sentido).

[250] Portanto, a teologia ou a cristologia, respectivamente, é a constante, enquanto a antropologia, ao contrário, deve ser considerada a variável; contra H. Braun, "Der Sinn der neutestamentlichen Christologie", in Idem, *Gesammelte Studien*, p. 272, que afirma acerca de Paulo: " [...] a antropologia é [...] a constante; a cristologia, porém, é a variável". R. Bultmann, "Das Verhältnis der urchristlichen Christusbotschaft", in Idem, *Exegetica*, p. 463, concorda explicitamente com esta tese: "A constante é a autocompreensão do crente; a cristologia é a variável." Para a crítica justificada a essa conceituação, cf. U. Wilckens, "Christologie und Anthropologie im Zusammenhang der paulinischen Rechtfertigungslehre", in *ZNW* 67 (1976), pp. 67ss.

ela é um modelo soteriológico com um cerne do âmbito da teoria da identidade: o sujeito sabe-se fundado imediatamente sobre a atuação anterior de Deus, ele se constitui a partir de seu relacionamento com Deus e se compreende como sustentado e preservado por Deus.

16.9 Deus, Jesus de Nazaré e a cristologia primitiva

Como Paulo e as comunidades foram capazes de preservar o monoteísmo judaico e, ao mesmo tempo, ver no Jesus de Nazaré ressuscitado a figura escatológica central? A teologia paulina está em continuidade com sentenças básicas judaicas: Deus é um, ele é o Criador, o Senhor e o preservador do mundo. Tradições do judaísmo antigo[251] permitiram também que Paulo vinculasse o monoteísmo e a cristologia. Segundo o imaginário judaico há somente um único Deus, mas ele não está sozinho. Numerosas figuras mediadoras celestiais[252], por exemplo, a Sabedoria (cf. Pr 2,1-6; 8,22-31; Sb 6,12–11,1[253]), o Logos[254]

---

[251] Cf. a respeito M. HENGEL, Der Sohn Gottes, pp. 67ss; L. W. HURTADO, One God, One Lord, pp. 17-92; além disso, C. C. NEWMAN/J. R. DAVILA/G. S. LEWIS (org.), The Jewish Roots of Christological Monotheism. JSJ.S 63 (Leiden: 1999).

[252] Cf. a respeito a visão geral em W. SCHRAGE, Unterwegs zur Einheit und Einzigkeit Gottes, pp. 91-132.

[253] Cf. aqui especialmente Sb 9,9-11: "Contigo está a Sabedoria que conhece tuas obras; ela estava presente quando criaste o mundo; ela sabe o que é o melhor a teus olhos e o que é adequado (à luz) de teus mandamentos. De teus céus (sagrados), envia-a, manda-a de teu trono de glória, para que ela venha a meu auxílio e se preocupe (comigo), e para que eu possa reconhecer o que te agrada. Pois ela tudo sabe e tudo compreende, e ela me guiará prudentemente em minhas ações; ela, em sua glória, também me preservará."

[254] Cf., por exemplo, Fílon, Conf. 146s: "No entanto, quando alguém ainda não é digno de ser chamado de filho de Deus, então que se esforce a associar-se ao Logos, seu Primogênito, o maior em idade entre os anjos, por ser arcanjo e de muitos nomes. Pois ele é chamado de: Princípio, Nome e Palavra de Deus [...], pois o venerável Logos é a imagem e semelhança de Deus". Fílon é aquele entre os autores judaicos que reflete com a maior intensidade sobre as forças divinas, mas que simultaneamente ressalta a singularidade de Deus: "Deve ser dito em primeiro lugar que nada daquilo que existe é de valor igual a Deus, pois existe um só governante, líder e rei, o único a quem compete julgar e conduzir tudo. [...] Embora haja somente um único Deus, ele tem em torno de si inefavelmente muitos poderes que são todos salvíficos e benéficos para aquilo que foi criado. [...] Convém bem

ou os nomes de Deus têm seu ambiente de origem numa proximidade imediata a Deus. Patriarcas bíblicos como Enoque (cf. Gn 5,18-24)[255] ou Moisés e arcanjos como Miguel[256] rodeiam Deus e agem agora em seu nome. Eles atestam o fato de que Deus se volta para o mundo e mostram que o poder de Deus está presente em todas as partes e que tudo está submetido a seu controle. Como participantes do mundo celestial, estão subordinados a Deus e não ameaçam de maneira alguma a fé no Deus único. Como poderes e forças criadas e subalternas, eles não entram em concorrência a Deus; como atributos divinos, eles descrevem na linguagem da hierarquia humana as atividades de Deus para o mundo e no mundo. Ao mesmo tempo, porém, diferenças essenciais são óbvias[257]:

1) Os atributos divinos personificados não eram pessoas de valor igual e com campos autônomos de atuação.

2) Eles não recebiam adoração cúltica.

3) Dentro da diversidade de conceitos judaicos era inconcebível que justamente alguém que morreu de forma vergonhosa fosse venerado de uma maneira igual a Deus.

---

ao rei conversar com seus poderes e usá-los para os serviços naquelas coisas cuja produção não convém a Deus. Embora o Pan-Pai não necessite de nenhuma coisa, de modo que precisasse (da ajuda) de outros quando deseja intencionar criar algo, há coisas cuja formação ele deixou para os poderes subalternos, ao considerar o que convém para ele e para aquilo que foi criado." (Conf. 170.171.175).

[255] Cf., por exemplo, HenEt 61.

[256] Cf., por exemplo, Dn 10,13-21; HenEt 20,5; 71,3; 90,21. Para o possível papel dos conceitos angelológicos no desenvolvimento da cristologia primitiva, cf. CH. ROWLAND, The Open Heaven (Londres: 1982); J. E. FOSSUM, *The Name of God and the Angel of the Lord*. WUNT 36 (Tübingen: 1985); L. T. STUCKENBRUCK, Angel Veneration and Christology. WUNT 2.70 (Tübingen: 1995). S. VOLLENWEIDER, Zwischen Monotheismus und Engelchristologie, pp. 23ss, percebe claramente os limites de uma interpretação angelológica (textos individuais remotos formam o ponto de partida para construções abrangentes; linhas ousadas de desenvolvimento histórico-traditivo são postuladas; eliminação dos conceitos da Sofia e do Logos; o Novo Testamento recebe conceitos angelológicos apenas parcialmente e de forma minimizada), mas, mesmo assim, ele opta por entender a angelologia como *"praeparatio christologica"*.

[257] Cf. L. W. HURTADO, One God, One Lord, pp. 93-124; além disso, W. SCHRAGE, Unterwegs zur Einheit und Einzigkeit Gottes, pp. 132-145.

INFLUÊNCIAS GRECO-HELENISTAS

Também ideias genuinamente greco-helenistas devem ter influenciado, em parte, a formação da cristologia primitiva e facilitado sua recepção[258]. A humanização de Deus e a divinização de um ser humano não é uma ideia judaica, mas helenística[259]. Um politeísmo antropomórfico é a característica por excelência da religião grega[260]. Seres divinos em forma humana já estão no centro do pensamento grego clássico; Homero relata: "Pois os deuses, parecendo forasteiros vindos de longe, passam pelas cidades, em muitas formas distintas..."[261]. O nascimento da cultura é atribuído à intervenção dos deuses; por exemplo, Zeus envia Hermes para ensinar o direito e a vergonha aos seres humanos[262]; Hermes, Hércules e Apolo assumem a forma humana como mensageiros dos deuses ou agem como deuses entre os seres humanos, respectivamente[263]. Deuses em forma humana podem ter uma origem tanto terrestre como eterna; Plutarco sabe relatar sobre as origens de Apolo: "[...] pois a lenda antiquíssima não coloca Apolo entre aqueles deuses que têm uma origem terrestre e que alcançaram sua imortalidade apenas através

---

[258] A questão histórico-traditiva clássica deve ser ampliada por aspectos da história da recepção; cf. D. ZELLER, New Testament Christology, pp. 332s.

[259] Isto é enfatizado, com razão, por D. ZELLER, "Die Menschwerdung des Sohnes Gottes im Neuen Testament und die antike Religionsgeschichte, in Idem, Menschwerdung Gottes – Vergöttlichung des Menschen. NTOA 7 (Göttingen/Friburgo [Suíça]: 1988), pp. 141-176. M. HENGEL, Der Sohn Gottes, p. 65, em sua discussão com a escola histórico-religiosa e com R. BULTMANN, constrói alternativas equivocadas quando constata acerca dos conceitos gregos sobre deuses: "Com tudo isto, dificilmente nos aproximamos do mistério da formação da cristologia". Trata-se dos contextos culturais nos quais as afirmativas cristológicas primitivas podiam se formar e serem recebidas; o âmbito greco-helenista *também* faz parte disso.

[260] Cf. W. BURKERT, Verbete "Griechische Religion", in TRE 14 (Berlim/Nova Iorque: 1985), pp. 238ss. A lenda fundacional da religião grega é transmitida em Heródoto II 53,2: "Hesíodo e Homero criaram a árvore genealógica dos deuses na Grécia e deram-lhes seus cognomes, distribuíram entre eles os ministérios e as honras e caracterizaram suas figuras".

[261] Homero, Odisseia XVII 485s (= NW II/2, p. 1232); além disso, cf. Platão, Sofista 216a-b (= NW II/2, p. 1232); Diódoro Sículo I 12,9-10 (= NW II/2, pp. 1232s); Homero, Odisseia VII 199-210 (= NW I/2, p. 55).

[262] Cf. Platão, Protágoras 322c-d (= NW I/2, p. 56).

[263] Cf. At 14,11b-12, onde, após o milagre de Paulo em Listra, a multidão exclama: "Deuses em forma humana desceram até nós!" E começaram a chamar Barnabé de Zeus, e Paulo, de Hermes, porque era este quem tinha a palavra.

da transformação, como Hércules e Dionísio, que se desfizeram devido seus méritos daquilo que é submetido ao mortal e ao sofrimento, mas Apolo é um dos deuses eternos não nascidos."[264] Hércules, como Filho de deus em obediência a Zeus, aniquila a injustiça e a falta de lei na terra[265]. Figuras míticas do princípio, como Pitágoras[266] ou como o milagreiro famoso Apolônio de Tiana[267] aparecem como deuses em forma humana, que engajam seu poder em prol do bem-estar das pessoas humanas. Empédocles viajava pelo mundo como um deus imortal, agraciando e curando as pessoas[268]. O culto aos heróis continuou no culto aos governantes que passou finalmente para o culto romano ao imperador[269]; nas grandes realizações culturais e vitórias da história revelam-se deuses em forma humana[270]. Para judeus, porém, era insuportável pensar que seres humanos como o imperador romano Calígula tivessem a presunção de serem considerados e cultuados como deuses[271]. Instrutivas são considerações de Plutarco sobre a natureza dos muitos deuses reais ou supostos: "Por este motivo, o melhor é provavelmente considerar tudo aquilo que se narra sobre Tífon, Osíris e Ísis não como acontecimentos de alguns deuses ou seres humanos, mas de certos grandes espíritos (δαιμόνων μεγάλων), os quais, como afirmam também Platão, Pitágoras, Xenócrates e Crisipo em concordância com os antigos teólogos, são mais fortes do que os seres humanos e possuem por natureza um poder maior do que

---

[264] Plutarco, Pelópidas 16 (= NW 1/2, pp. 57s).
[265] Cf. Epíteto, Diss. 11 16,44; além disso, Diódoro Sículo IV 15,1.
[266] Cf. Jâmblico, De Vita Pythagorica 31, segundo o qual os pitagóricos introduziram a seguinte distinção: "Dos seres vivos dotados de razão, um é deus, o outro, o ser humano, o terceiro é como Pitágoras". A Pitágoras compete o adjetivo θεῖος (cf. Jo 1,1s), pois ele passa a filosofia salvífica da mão dos deuses para os seres humanos (cf. Jâmblico, De Vita Pythagorica 1s). Para o Pitágoras histórico, cf. CHR. RIEDWEG, Pythagoras. Leben – Lehre – Nachwirkung (Munique: 2002).
[267] Cf. os textos em NW 112, p. 59.
[268] Cf. Diógenes Laércio 8,62: "Eu viajo pelo mundo como um deus imortal, já não mortal, em tudo destacado com honras, como convém no meu caso, adornado com ramalhetes e coroas de flores. Sou honrado por todas as pessoas cujas cidades florescentes visito, tanto por homens como por mulheres. E dezenas de milhares seguem-me e me perguntam para onde leva a senda que traz ganho. Uns exigem de mim profecias, outros pedem informações sobre todo tipo de enfermidades, querendo experimentar uma palavra salvífica, pois há muito vêm sendo atormentados por dores agudas" (citação segunda J. MANSFELD [org.], Die Vorsokratiker II, p. 141).
[269] Cf. a respeito H. FUNKE, Verbete "Götterbild", in RAC 11 (Stuttgart: 1981), pp. 659-828.
[270] Cf. W. BURKERT, Verbete "Griechische Religion", pp. 247s.
[271] Cf. Fílon, Leg. Gai. 118 (= NW 1/2, pp. 54s).

nós, mas que têm, por outro lado, não uma divindade totalmente pura e não misturada, mas, assim como nós, uma alma e um corpo que pode sentir prazer e dor [...]. E Platão chama esse tipo de demônio de intérpretes e intermediários entre os deuses e os seres humanos (ὅ τε Πλάτων ἑρμηνευτικὸν τὸ τοιοῦτον ὀνομάζει γένος καὶ διακονικὸν ἐν μέσῳ θεῶν καὶ ἀνθρώπων), que levam os desejos e as orações dos mortais diante das divindades e trazem de volta de lá profecias e boas dádivas" (De Iside et Osiride 360.361). No contexto de um monoteísmo (pagão) em difusão, Plutarco define seres intermediários que mantêm o contato com as divindades verdadeiras e que desempenham uma função indispensável para os seres humanos[272]. Contra seu próprio pano de fundo cultural, a ideia de um ser mediador tanto divino como de humano podia ser recebida também por não judeus.

Sob esses elementos histórico-culturais pré-estabelecidos, os cristãos primitivos podiam afirmar já antes de Paulo a pré-existência, a encarnação, a exaltação e a posição singular do Filho de Deus Jesus Cristo (cf. Fl 2,6-11). Embora Jesus não fosse adorado como um "segundo" Deus, ele foi também incluído no culto ao "Deus uno/único" (Rm 3,30: εἷς θεός). Deus é Deus de tal maneira que ele revela sua natureza em Jesus como Χριστός, κύριος ε υἱός. Em Jesus encontra-se Deus, *Deus é definido cristologicamente*. Paulo defende um monoteísmo exclusivo em forma binária. Não se refletia sobre a relação entre Deus e Jesus em categorias ontológicas; antes, o ponto de partida das reflexões era experiência da atuação de Deus em Jesus e por Jesus[273].

A *formação da cristologia primitiva* não se dava em etapas espacial ou temporalmente delimitáveis, mas, dentro de um espaço de tempo muito breve, os vários pontos de vista cristológicos surgiram lado a lado e parcialmente vinculados entre si. Não houve um desenvolvimento

---

[272] Além disso, cf. Plutarco, De Iside et Osiride 361: "A seguir, ambos, tanto Ísis como Osíris, foram transferidos, em razão de sua virtude, do número dos bons demônios para o meio dos deuses (ἐκ δαιμόνων ἀγαθῶν δι' ἀρετὴν εἰς θεοὺς μεταλαβότες), bem como depois Baco e Hércules; e agora, com razão, são reverenciados ao mesmo tempo como deuses e demônios (ἅμα καὶ θεῶν καὶ δαιμόνων), já que possuem um grande poder por todas as partes, mas especialmente debaixo da terra."

[273] Para a relação entre a teologia e a cristologia em Paulo, cf. acima, Secção 15.2 (Deus como Pai de Jesus Cristo).

de uma cristologia judeu-cristã "baixa" em direção a uma cristologia "alta" sincrética helenista[274]. Ao contrário, o judaísmo helenista ofereceu desde o início auxílios centrais de compreensão que eram importantes na reinterpretação cristã-primitiva de seres intermediadores e de títulos. Além disso, os títulos cristológicos centrais e a ideia de um mediador entre Deus e os seres humanos estavam abertas para uma recepção helenista autônoma. Todas as afirmativas cristológicas sobre Jesus que eram basicamente vinculadas a títulos cristológicos formaram-se um bom tempo antes de Paulo e foram adotadas por ele junto às tradições: o Jesus ressuscitado é o Filho de Deus (1Ts 1,10; Gl 1,16; Rm 1,4), a ele foi dado o nome de Deus (Fl 2,9s). Ele é como Deus ou a imagem de Deus, respectivamente, (Fl 2,6; 2Cor 4,4) e o portador da glória de Deus (2Cor 4,6; Fl 3,21). Como ser pré-existente, ele participou da atuação divina da criação (Fl 2,6; 1Cor 8,6); para ele se voltam agora expressões e citações originalmente relacionadas com Deus (cf. 1Cor 1,31; 2,16; Rm 10,13). Seu lugar é no céu (1Ts 1,10; 4,16; Fl 3,20) à direita de Deus (Rm 8,24), de onde ele governa sobre o universo (1Cor 15,27; Fl 3,21) e sobre os poderes celestiais (Fl 2,10). Enviado por Deus, ele atua presentemente na comunidade (Gl 4,4s; Rm 8,3), ele é o encarregado divino com plena autoridade no juízo escatológico que começa com a *parusia* (1Ts 1,10; 1Cor 16,22; 2Cor 5,10).

Estas visões e conceitos não podem ser sistematizados nem atribuídos a um ambiente coeso e uniforme. Antes, devemos supor que as comunidades cristãs primitivas eram em diversos lugares as criadoras e tradentes (transmissoras) desses conceitos, pois no cristianismo primitivo havia uma recepção muito diversificada de Jesus. A adoração de Jesus ao lado de Deus nasceu das *experiências religiosas* esmagadoras dos cristãos primitivos, e nesse contexto devem se mencionar especialmente as aparições do Ressuscitado e a atuação presente do espírito. Devemos considerar como outro fator essencial dentro desse processo a prática litúrgica das comunidades primitivas. 1Cor 16,22

---

[274] Esta diferenciação determina tendencialmente as obras de W. KRAMER (Christos Kyrios Gottessohn) e de F. HAHN; cf., porém, a autocorreção cautelosa de F. HAHN, Christologische Hoheitstitel, pp. 446-448.

("*Maranatha*" = "Nosso Senhor, vem!") mostra que a posição e o significado singulares do Cristo exaltado determinaram desde o início as liturgias (cf. também 1Cor 12,3; 2Cor 12,8)[275]. Na prática litúrgica valia: "Glorificai o Deus e Pai de nosso Senhor Jesus Cristo" (Rm 15,6). Batismo, ceia do Senhor e aclamações estão numa relação exclusiva com o nome de Jesus, e nesse contexto, a grande diversidade das conceituações indica a experiência religiosa totalmente nova e revolucionária que está em sua base. Dessa maneira colocaram-se ao lado da reflexão teológica a invocação litúrgica e a veneração ritual de Jesus, como outro ponto de enlace para a formação, o desenvolvimento e a divulgação de ideias cristológicas.

---

[275] Sobre a importância da prática litúrgica para a formação da cristologia primitiva, cf. W. Schrage, Unterwegs zur Einheit und Einzigkeit Gottes, pp. 158-167.

Capítulo 17
SOTERIOLOGIA:
A TRANSFERÊNCIA JÁ COMEÇOU

O pensamento paulino está inteiramente marcado pelo soteriológico, no sentido de que seu objeto é a atuação salvífica de Deus em Jesus Cristo[1]. Por isso, os dois capítulos precedentes formam a base objetiva para a mudança de perspectiva que segue: o olhar volta-se para a *nova autocompreensão e compreensão do tempo* dos primeiros cristãos.

Fundamental para a soteriologia paulina é a ideia de que os crentes, pelo dom do espírito no batismo, já participam no tempo presente abrangentemente da salvação operada pela morte e ressurreição de Jesus Cristo. Eles estão separados do pecado e vivem no âmbito da graça. Já começou, num sentido abrangente, não só uma nova compreensão da existência, mas também a própria nova existência! O cristianismo paulino não foi absolutamente uma religião do além, mas profundamente marcado por experiências rituais da salvação presente[2]. A plenificação da salvação, que ainda estava por vir, não diminuía em nada esta convicção de que a transferência para a nova existência já tinha começado poderosamente, pois o conteúdo decisivo do evangelho paulino não é aquilo que ainda falta, mas aquilo que *já aconteceu*. Paulo está preocupado com o agora da salvação, pois: "Eis, agora ($\nu\hat{u}\nu$) é o tempo favorável; eis, agora ($\nu\hat{u}\nu$) é o dia da salvação"

---

[1] Cf. também J. D. G. Dunn, Theology of Paul, pp. 461-498.
[2] Cf. Chr. Strecker, Die liminale Theologie des Paulus, pp. 245ss.

(2Cor 6,2b). O cortejo triunfal de Cristo já começou (cf. 2Cor 2,14); Paulo descreve e interpreta essa realidade novamente com diversas metáforas: o tempo presente é o tempo da graça e da salvação, a participação em Cristo modifica a existência e o tempo.

17.1 A nova existência como participação em Cristo

Assim como Jesus Cristo marca o ponto inicial e o ponto final do evento da salvação, por meio de sua ressurreição e por sua segunda vinda, ele determina também a vida dos crentes no tempo entre estes dois pontos. O pensamento da participação na salvação relaciona-se em Paulo primeiramente com as ideias do σὺν Χριστῷ e do ἐν Χριστῷ εἶναι.

PARTICIPAÇÃO POR MEIO DO BATISMO

A expressão σὺν Χριστῷ[3] e as formas compostas com σὺν, respectivamente, descrevem principalmente a entrada na salvação e a passagem para a comunhão definitiva com Cristo.

Em Rm 6, a característica participativa fundamental da teologia paulina manifesta-se semanticamente no acúmulo incomum de σὺν (Rm 6,8) e de composições com σὺν, respectivamente (Rm 6,4.5.6.8)[4]. O recurso ao batismo não serve para a ilustração[5], mas sim para a explicação de conteúdos teológicos, biográficos e sociais fundamentais:

1) No batismo, os crentes participam abrangentemente da força soteriológica do evento da cruz; são incluídos na sorte somática de seu Senhor.

---

[3] A expressão σὺν Χριστῷ ocorre em Paulo em 1Ts 4,14.17; 5,10; 2Cor 4,14; 13,4; Rm 6,8; Fl 1,23. Compostos com σὺν encontram-se em Gl 2,19; Rm 6,4.5.6.8; 8,17.29; Fl 3,10.21.
[4] Para a análise de Rm 6, cf. acima, Secção 12.7 (A presença da salvação: batismo e justiça).
[5] Contra K. HAACKER, Röm, p. 126, que nem mesmo em Rm 6 quer reconhecer o batismo como um tema independente.

2) No batismo ocorre, de modo histórico-real, a separação do poder do pecado.

3) No batismo acontece a concessão do espírito e da justiça.

4) A nova existência na força do espírito é uma consequência duradoura do acontecimento do batismo.

5) No batismo é conferida uma nova identidade social e individual. A pessoa individual é retirada do ambiente do profano e recebe uma nova autocompreensão e compreensão do mundo.

6) A integração na nova forma de fé e forma social do corpo de Cristo muda o pensar, o agir e o sentir dos batizados.

Já que rituais são densificações de visões religiosas de mundo, compete ao batismo uma importância fundamental para o pensamento paulino. *No ritual realiza-se a construção teológica e social do novo ser humano "em Cristo"*[6]. O batismo não é a salvação[7], mas ainda assim é um fato de salvação, pois Deus o escolheu como o lugar de sua atuação histórico-real nos seres humanos. No batismo estão presentes, de igual maneira, a morte de Jesus e as forças de sua ressurreição, de modo que a realização do batismo deve ser entendida como um reviver sacramental da morte presente de Jesus e uma integração na realidade da ressurreição.

As forças da ressurreição operam também na ceia do Senhor; por isso, Paulo adverte os coríntios: "Aquele que come e bebe atrai sobre si o juízo de castigo, por meio de seu comer e beber, quando o faz sem discernir o corpo (do Senhor). É por isso que há entre vós tantos débeis e enfermos, e muitos já adormeceram" (1Cor 11,29.30). Dessa maneira, no caso de um comportamento indigno, as forças presentes no sacramento podem realizar o juízo de Deus[8].

---

[6] Cf. G. Theissen, Die urchristliche Taufe und die soziale Konstruktion des neuen Menschen, pp. 107.

[7] Na história mais recente da teologia, especialmente os estabelecimentos alternativos de Markus e Karl Barth levaram a teorias inadequadas; para a história da pesquisa, cf. U. Schnelle, Gerechtigkeit und Christusgegenwart, pp. 11-32.

[8] O realismo estranho da argumentação paulina torna até hoje difícil reconhecer a relação entre a celebração da ceia e a atuação de julgamento; cf., por exemplo, W. Schrage, 1Kor III, pp. 53s.

A realidade da ressurreição não se limita aos sacramentos, mas permeia toda a existência dos crentes e determina sua nova existência no presente e no futuro. Para os vocacionados, Jesus Cristo morreu para que eles "vivessem com ele" (cf. 1Ts 4,17: σὺν κυρίῳ ἐσόμεθα; 5,10: σὺν αὐτῷ ζήσωμεν). Deus agirá nos membros da comunidade escatológica assim como agiu em Jesus Cristo (cf. 2Cor 4,14). Paulo vê os cristãos no *status* da filiação (cf. Gl 3,26; 4,6s; Rm 8,16); eles vestiram Cristo (Gl 3,27; Rm 13,14), de modo que Cristo toma forma neles (Gl 4,19). Como "herdeiros" da promessa (cf. κληρονομία em Gl 3,18; κληρονόμος em Gl 3,29; 4,1.7; Rm 4,13.14; além disso 1Cor 6,9.10; 15,50), eles já participam da atuação salvífica de Deus e encontram-se no *status* da filiação e da liberdade (Gl 5,21). Os crentes são "co-herdeiros de Cristo", tanto no sofrimento como na glória (Rm 8,17: συγκληρονόμοι Χριστοῦ); estão destinados a ser modelados em conformidade com a imagem do Filho de Deus (Rm 8,29). Até nos sofrimentos físicos, a realidade da ressurreição penetra a existência dos cristãos (cf. 2Cor 4,10s; 6,9s). No fim de sua vida, Paulo anseia pela comunhão não quebrantada e eterna com Cristo (Fl 1,23: σὺν Χριστῷ εἶναι). Ele deseja participar igualmente da força da ressurreição como da paixão de Cristo, "para ser conformado com ele em sua morte, para que eu alcance a ressurreição de entre os mortos" (Fl 3,10s). Jesus Cristo mudará o presente corpo fútil conforme sua glória, pois ele tem a "força" (ἐνέργεια) "de poder submeter a si todas as coisas" (Fl 3,21)[9]. Já agora, os cristãos estão encaixados num campo de forças que os determina poderosamente para além da morte.

"EM CRISTO"

O *espaço da nova vida* entre o início da salvação e a plenificação da salvação é chamado por Paulo de εἶναι ἐν Χριστῷ. Esta expressão é muito mais do que uma "fórmula"; ela deve ser considerada

---

[9] Para a análise, cf. P. SIBER, Mit Christus leben, pp. 110-134.

o contínuo por excelência de sua teologia[10]. Já o resultado da análise exterior é significativo: em todas as cartas paulinas encontra-se ἐν Χριστῷ (Ἰησοῦ) com formas variadas 64 vezes, e a expressão derivada disso ἐν κυρίῳ, 37 vezes[11]. Paulo não é o autor da expressão ἐν Χριστῷ, como mostram as tradições pré-paulinas 1Cor 1,30; 2Cor 5,17 e Gl 3,26-28[12]. Ainda assim, porém, ele pode ser considerado o verdadeiro portador desse conceito, que nele não se torna a definição abreviada concisa do ser cristão, mas que deve ser considerado uma "declaração eclesiológica sobre a natureza"[13]. Em seu sentido básico, ἐν Χριστῷ deve ser entendido de modo local-existencial[14]: por meio do batismo, os crentes entram no espaço do Cristo pneumático, e constitui-se a nova existência na doação do espírito como sinal da salvação que começa de modo real no tempo presente e se realiza plenamente no futuro. O ser humano é arrancado de sua autolocalização e encontra a si mesmo, seu *self*, na relação com Cristo. A compreensão

---

[10] Para ἐν Χριστῷ, cf. A. DEISSMANN, Die neutestamentliche Formel "in Christo Jesu" (Marburgo: 1892); F. BÜCHSEL, "'In Christus' bei Paulus, in ZNW 42 (1949), pp. 141-158; F. NEUGEBAUER, In Christus (Berlim: 1961); W. THÜSING, Gott und Christus, pp. 61-114; U. SCHNELLE, Gerechtigkeit und Christusgegenwart, pp. 106-123.225-235; A. J. M. WEDDERBURN, "Some Observations on Paul's Use of the Phrases 'In Christ' and 'With Christ'", in JSNT 25 (1985), p. 8397; W. SCHRAGE, "'In Christus' und die neutestamentliche Ethik", in J. G. ZIEGLER (org.), *"In Christus". Beiträge zum ökumenischen Gespräch*. MoThSt.S 14 (Sankt Ottilien: 1987), pp. 27-41; M. A. SEIFRID, Verbete "In Christ", in G. F. HAWTHORNE/R. P. MARTIN (org.), *Dictionary of Paul and his Letters*, pp. 433-436; J. ROLOFF, Die Kirche im Neuen Testament, pp. 86-99; L. KLEHN, "Die Verwendung von ἐν Χριστῷ bei Paulus", in BN 74 (1994), pp. 66-79; G. STRECKER, Theologie des Neuen Testaments, pp. 125-132; J. GNILKA, Paulus, pp. 255-260; H. UMBACH, In Christus getauft – von der Sünde befreit, pp. 215ss; CHR. STRECKER, Die liminale Theologie des Paulus, pp. 189-211.
[11] Cf. L. KLEHN, Verwendung, p. 68.
[12] Além disso, cf. conceitos tradicionais em 2Cor 5,21b; Gl 2,17; 5,6; Rm 3,24; 6,11.23; 8,1; 12,5. Em termos histórico-religiosos, tradições sapienciais judaicas (cf., por exemplo, Eclo 6,28-31; 14,24-27; Sb 5,15; 8,17s; Fílon, Leg. Ali. III 46.152) formam o pano de fundo do imaginário de ἐν Χριστῷ; ocorrências em U. SCHNELLE, Gerechtigkeit und Christusgegenwart, pp. 108s.
[13] H. HÜBNER, Rechtfertigungstheologie, p. 91.
[14] Cf. U. SCHNELLE, Gerechtigkeit und Christusgegenwart, pp. 109-117; M. A. SELFRID, Verbete "In Christ", pp. 433s; H. UMBACH, In Christus getauft – von der Sünde befreit, pp. 220s; CHR. STRECKER, Die liminale Theologie des Paulus, pp. 191s.

local-existencial fundamental de ἐν Χριστῷ predomina em 1Ts 4,16; 1Cor 1,30; 15,18.22; 2Cor 5,17; Gl 2,17; 3,26-28; 5,6; Rm 3,24; 6,11.23; 8,1; 12,5. A diversidade e complexidade das afirmações de ἐν Χριστῷ, bem como a presença lado a lado de diferentes conteúdos de sentido podem ser derivados dessa conceituação local básica[15]. Ao ἐν Χριστῷ vinculam-se em Paulo ambientes verticais e horizontais[16]: da comunhão com Cristo (cf. Gl 3,27) cresce a nova *comunitas* das pessoas que creem e foram batizadas e que estão agora isentas de alternativas fundamentais sexuais, étnicas e sociais (cf. Gl 3,28; 1Cor 12,13). Dessa maneira, ἐν Χριστῷ aparece como o espaço dentro do qual se realizam e são vividas mudanças existenciais[17]. Os batizados são determinados em todas suas manifestações de vida por Cristo, e na comunhão com ele, a nova existência ganha uma forma visível. *O mundo não é apenas declarado mudado, ele mudou realmente, porque as forças da ressurreição, por meio do dom do espírito, agem já no tempo presente.*

17.2 O novo tempo entre os tempos

A transformação do Filho e a participação dos crentes neste acontecimento salvífico transformam a percepção e a compreensão do tempo. Também o tempo é submetido a um processo de transformação, pois "chegou o fim dos eones" (1Cor 10,11c). O νυνὶ δέ paulino marca impressionantemente a virada escatológica do tempo[18]: "Mas agora, Cristo ressuscitou dos mortos primícias dos que adormeceram" (1Cor 15,20; cf. 2Cor 6,2; 13,13; Rm 3,21; 6,22; 7,6). Os crentes e batizados são presentemente/agora (νῦν) justificados pelo sangue de Jesus Cristo (Rm 5,9) e receberam presentemente/agora (νῦν) a

---

[15] Cf. A. OEPKE, Verbete "ἐν", in *ThWNT* 2, p. 538: "Desse conceito local básico pode se derivar todo o caráter conciso da fórmula ἐν Χριστῷ Ἰεσοῦ e de suas formas paralelas"; U. SCHNELLE, Gerechtigkeit und Christusgegenwart, 117-122; L. KLEHN, Verwendung, p. 77.
[16] CHR. STRECKER, Die liminale Theologie des Paulus, pp. 193ss, fala de uma *communitas* vertical e uma horizontal com Cristo.
[17] Para o aspecto espacial da teologia paulina, cf. H. HÜBNER, Rechtfertigungstheologie, pp. 90ss.
[18] Cf. U. LUZ, Geschichtsverständnis, pp. 168s.

reconciliação (Rm 5,11). Paulo tem certeza de que "nossa salvação está mais próxima agora do que antigamente, quando abraçamos a fé" (Rm 13,11b). O presente e o futuro são o tempo da graça (χάρις) e da salvação (σωτερία).

"GRAÇA"

Paulo usa χάρις (63 vezes em Paulo, 155 vezes no NT) sempre no singular; já este uso linguístico basta para sinalizar o pensamento fundamental de sua doutrina da graça: a *charis* parte de Deus, densifica-se no evento Cristo e está voltada para as pessoas que creem e são batizadas. Já que Jesus Cristo personifica a χάρις de Deus, Paulo pode construir um paralelo entre a graça de Deus e a graça de Cristo (Rm 5,15). Os crentes já estão no estado da graça (cf. 1Cor 1,4; Rm 5,12), pois o evento Cristo aboliu seu emaranhamento na anterior história de desgraça (cf. Rm 5,15); a graça triunfa sobre os poderes da morte e do pecado[19]. Agora vale: "Assim como imperou o pecado por meio da morte, assim também impera a graça por meio da justiça, para a vida eterna, através de Jesus Cristo, nosso Senhor" (Rm 5,21). Tudo isso ocorre "em vosso favor, para que a graça, pelo maior número de crentes possível, ganhe sua maior plenitude possível" (2Cor 4,14s). Os crentes e batizados foram presenteados com o espírito (cf. 1Cor 2,12: particípio do passado do aoristo, χαρισθέντα), de modo que reconhecem agora, pela graça de Deus, o novo tempo. Na fé dada de graça (cf. Rm 4,16; Fl 1,29), eles têm parte na atuação salvífica de Deus. A reconciliação de Deus com os seres humanos por Jesus Cristo realiza-se nos dons da justiça e da graça (cf. 2Cor 5,18-6,2; Rm 5,1-11). Paulo entende a coleta para Jerusalém como uma expressão da graça de Deus, como uma obra de graça, porque confere uma forma concreta à vontade salvífica de Deus (cf. 1Cor 16,3; 2Cor 8,1.4.6.7.19; 9,8.14.15). O modelo para esta χάρις é a graça de Cristo,

---

[19] Para a compreensão paulina de χάρις, cf. R. BULTMANN, Theologie, pp. 281-285.287-291; H. CONZELMANN, Verbete "χάρις", in *ThWNT* 9, pp. 383-387; D. ZELLER, Charis, 138-196; J. D. G. DUNN, Theology of Paul, pp. 319-323.

pois, por meio de sua pobreza, ele opera a riqueza da comunidade (cf. 2Cor 8,9). Também a estada do apóstolo na prisão pode ser designada como χάρις, porque promove o anúncio do evangelho (cf. Fl 1,7). Dessa forma, a graça de Deus passa a ser o verdadeiro portador do trabalho do apóstolo (cf. 2Cor 1,12) e das comunidades, pois também os "dons da graça" (χαρίσματα) devem-se à graça única (Rm 12,6). Quando Paulo frisa o estado de graça das comunidades no início e no fim de suas cartas (cf. 1Ts 1,1; 5,28; 1Cor 1,3; 16,23; 2Cor 1,2; 13,13; Gl 1,3; 6,18; Rm 1,5; 16,20; Fl 1,2; 4,23; Rm 1.3), ele segue nisso não uma mera convenção litúrgica, mas nomeia uma realidade: tanto o apóstolo (cf. 1Cor 3,10; Gl 1,15; 2,9; Rm 1,5; 12,3; 15,15) como a comunidade deve--se em sua existência e sua permanência e preservação unicamente à graça de Deus. Paulo contrasta sua existência anterior com a vocação para ser apóstolo: "Mas pela graça de Deus sou o que sou, e sua graça a mim dispensada não foi em vão; ao contrário, esforcei-me mais do que todos os outros; aliás, não eu, mas a graça de Deus que está comigo" (1Cor 15,10). A graça se comprova também em situações difíceis, pois ela mostra sua força justamente no suportar de tribulações e tentações (cf. 2Cor 12,9). Não são os favores do imperador[20] que concedem e transformam a vida das pessoas, mas a volta benigna de Deus em Jesus Cristo. A graça não é um sentimento, afeto ou uma qualidade de Deus, antes, ela é seu ato inesperado, livre e poderoso. É uma expressão do amor de Deus, "pois Deus demonstra seu amor para conosco pelo fato de Cristo ter morrido por nós quando éramos ainda pecadores" (Rm 5,8)[21]. Por isso, Paulo espera encarecidamente que também Israel tenha sua parte na graça de Deus (cf. Rm 11,1ss).

Nas Cartas aos Gálatas e aos Romanos, Paulo combina afirmações de χάρις com a doutrina da justificação exclusiva, determinada pela nomologia. Ele se admira quão rapidamente os gálatas deram as costas

---

[20] Cf. o elenco do material em P. G. WETTER, "Charis", in UNT 5 (Leipzig: 1913), pp. 6-19; H. CONZELMANN, Verbete "χάρις", pp. 365s; D. ZELLER, Charis, pp. 14-32. Vale a pena ler as enumerações em Augusto, Res gestae, que apresentam, umas após as outras, as ações benéficas do imperador em favor do povo romano.

[21] Para a relação interior entre conceitos de amor e de graça, cf. R. BULTMANN, Theologie, pp. 29ss.

à graça: "Renegastes Cristo, vós que desejais ser justificados pela lei; caístes fora da graça" (Gl 5,4; cf. 1,6). Em Rm 3,24, Paulo formula de modo positivo: "gratuitamente justificados por sua graça, em virtude da redenção em Cristo Jesus". A graça transbordante aparece como um poder que evita uma condenação normalmente inevitável dos seres humanos (Rm 5,16); os cristãos escaparam do pecado e da morte, eles se encontram no estado objetivo da salvação pela graça. Sendo que é o evento Cristo e não a lei/Torá que salva, o apóstolo pode definir o novo *status* dos cristãos em Rm 6,14 do seguinte modo: "Vós não estais sob a lei, mas sob a graça". Entretanto, Rm 6 mostra claramente que também o aguçamento antinomista do conceito paulino da graça está baseado na conceituação fundamental da participação dos crentes da graça de Deus no evento do batismo (cf. Rm 6,1: "Queremos permanecer no pecado, a fim de que a graça se multiplique?").

Paulo rejeita enfaticamente essa lógica de seus adversários e remete ao dado salvífico fundamental da existência cristã: o batismo. A conceituação fundamental da soteriologia paulina não está vinculada a um conceito negativo da lei ou a uma determinada conceituação da justiça, mas ela decorre positivamente da lógica de transformação e participação[22]: *por meio da mudança de* status *do filho, também os crentes e batizados encontram-se num novo* status: *no da graça.*

"SALVAÇÃO/REDENÇÃO"

Ao lado de χάρις, Paulo adota com σωτερία um segundo conceito central da religiosidade antiga, a fim de interpretar o novo tempo.

---

[22] Diferente, por exemplo, R. BULTMANN, Theologie, p. 284; ele equipara factualmente χάρις e δικαιοσύνη (θεοῦ): "Portanto, a δικαιοσύνη tem sua origem na χάρις de Deus". De forma semelhante argumentam H. CONZELMANN, Grundriss, pp. 236s; J. D. G. DUNN, Theology of Paul, pp. 319-323, que veem na doutrina da justificação exclusiva da Carta aos Romanos *a* elaboração por excelência da doutrina paulina da graça. Para a Carta aos Romanos, a afirmação de BULTMANN é indubitavelmente correta, mas, por outro lado, a compreensão paulina da graça em sua totalidade não se esgota na conceituação da justificação e da lei contida na Carta aos Romanos! A graça de Deus em Jesus Cristo não é idêntica a um de suas interpretações! Uma argumentação diferenciada encontra-se em D. ZELLER, Charis, 154ss.

O campo semântico de σωτήρ / σωτερία / σώζειν apresenta no tempo do Novo Testamento uma conotação político-religiosa[23]: o imperador romano é o salvador do mundo, ele não só garante a unidade política do império, mas concede a seus cidadãos também bem-estar, salvação e sentido. Paulo ultrapassa essa promessa, pois o evangelho por ele pregado abrange todos os âmbitos da existência e do tempo e salva da ira justificada de Deus (cf. Rm 1,16ss). Quem se confia a essa mensagem, perde o medo dos poderes imprevisíveis do futuro.

A mensagem cristã-primitiva da salvação/redenção dos crentes em Jesus Cristo deve ser lida contra este pano de fundo complexo. Deus não os destinou para a ira, mas para a salvação (1Ts 5,9; Rm 5,9); a loucura da pregação da cruz salva; na cruz, Deus converte a sabedoria do mundo em loucura (1Cor 1,18.21). Paulo prega o evangelho de múltiplas maneiras para assim salvar pelo menos algumas pessoas (cf. 1Cor 9,22; 10,33); ele intercede por Israel, para que este possa ser salvo (cf. Rm 10,1; 11,14), e finalmente chega à intelecção profética de que, na volta do Senhor, "todo Israel" será salvo (Rm 11,26)[24]. O evangelho que salva tem uma determinada forma (cf. 1Cor 15,2), é um poder de Deus (Rm 1,16), e cada pessoa que o confessar com a boca (isto é, publicamente), será salva (Rm 10,9.13). O quanto Paulo concebe a σωτερία como um acontecimento real e material mostra 1Cor 3,15; 5,5; 7,16: o *self* dos batizados será salvo no fogo do juízo, ainda que sua obra ou seu corpo se arruinem; a santificação do parceiro matrimonial não crente inclui também sua possível salvação. Já que as forças da ressurreição operam no presente e no futuro, a salvação/redenção é muito mais do que o novo estado da consciência daquelas pessoas que se consideram salvas; σωτερία é um acontecimento real e simultaneamente universal que transforma a existência e o tempo.

Portanto, a nova definição da compreensão do tempo pelos crentes em Cristo abrange três dimensões:

---

[23] Cf. a respeito F. Jung, ΣΩΤΗΡ. *Studien zur Rezeption eines hellenistischen Ehrentitels im Neuen Testament*. NTA 39 (Münster: 2002), pp. 45-176; M. Karrer, "Jesus der Retter (Sôtêr)", in *ZNW* 93 (2002), pp. 153-176.

[24] Segundo Rm 9,27, somente um "resto" de Israel será salvo.

1) A atuação histórico-salvífica de Deus em Jesus Cristo inaugurou a transformação dos tempos (cf., por exemplo, 2Cor 5,16; 6,2; Rm 5,8-11).

2) Pela apropriação individual da salvação no batismo, os crentes participam deste acontecimento (cf. Rm 6,19-22).

3) Dessa maneira, eles se encontram numa nova situação e num novo tempo: *um tempo da graça, da salvação e do Espírito.*

Capítulo 18
PNEUMATOLOGIA:
O ESPÍRITO SOPRA E ATUA

O pensamento paulino está profundamente marcado pela percepção de que, *com e desde a ressurreição de Jesus Cristo dentre os mortos, o espírito de Deus voltou a atuar*[1]. Como poder da autorrevelação de Deus em Jesus Cristo, o espírito é o elemento decisivo do processo universal de transformação que está em andamento. No ambiente dos esboços de sentido da Antiguidade, Paulo estabelece uma nova definição da presença divina, ao definir o espírito como presença criadora irrestrita daquilo que vem (cf. 2Cor 1,22; 5,5; Rm 8,23). A presença da salvação manifesta-se na participação da atuação do espírito[2]. Nesse contexto, confessar o Jesus Cristo ressuscitado como o κύριος funciona como critério da verdadeira posse do espírito (cf. 1Cor 12,1-3).

18.1 O espírito como princípio interconectador do pensamento paulino

A importância sobressalente da pneumatologia surge para Paulo da interconexão interna com a teologia, cristologia, soteriologia, antropologia,

---

[1] Cf. P. KIM, Heilsgegenwart bei Paulus, p. 180: "Para Paulo, depois do fim da profecia em Israel, a presença do espírito de Deus no mundo começa novamente com a morte e ressurreição de Jesus Cristo".

[2] N. da Trad.: agradecemos ao autor o esclarecimento de que ele se refere em momento algum ao Espírito Santo como a terceira pessoa da Santíssima Trindade, já que esse conceito teológico está ausente em Paulo. Em correspondência a sua opção de expressar esse fato pela grafia *heiliger Geist* em vez do usual *Heiliger Geist* optou-se na tradução pela grafia espírito e espírito santo.

ética e escatologia³. A força integradora da pneumatologia é o fator indispensável sem o qual Paulo não poderia conferir uma qualidade sistêmica a sua interpretação da história-de-Jesus-Cristo.

Teologia: a realidade de Deus no mundo é uma realidade espiritual. No πνεῦμα que parte sempre primeiro de Deus (cf. 1Ts 4,8; 1Cor 1,12.14; 2Cor 1,21; 5,5; Gl 4,6; Rm 5,5) comprova-se o poder do Criador que dá vida⁴. O espírito de Deus opera não só a ressurreição de Jesus (cf. Rm 1,3b-4a), mas é ao mesmo tempo a nova maneira da existência e atuação do Ressuscitado, sua presença dinâmica e poderosa (cf. 2Cor 3,17; 1Cor 15,45). Pela atuação do espírito de Deus, os crentes são libertados dos poderes do pecado e da morte (cf. Rm 8,9-11). Os cristãos receberam um espírito cuja origem reside em Deus (cf. 1Cor 2,12; 6,19: "Ou não sabeis que vosso corpo é o templo do espírito Santo que habita em vós, que tendes de Deus"). A atuação nova e universal do espírito de Deus é para Paulo a base de toda sua teologia, pois a atuação do Espírito de Deus em Jesus Cristo e nos crentes é *o* distintivo por excelência do tempo de salvação presente. Mesmo assim, o poderoso dom divino permanece em todas as suas modalidades de atuação ligado a sua origem⁵. Em todas as afirmativas paulinas acerca do espírito, o espírito de Deus é o ponto de partida irreversível, de modo que a teologia (e a cristologia) sempre fundamenta e justifica a pneumatologia (e a soteriologia).

Cristologia: Jesus Cristo foi ressuscitado dos mortos pelo Espírito de Deus (cf. Rm 1,3b-4a; além disso, Rm 6,4; 2Cor 13,4), e a atuação do espírito de Deus funda a posição particular escatológica de Jesus Cristo. A existência e a atuação do Exaltado como *pneuma* alimentam-se da relação singular com Deus. O espírito é também uma definição cristológica, pois Cristo e o espírito estão em correspondência mútua (cf. 2Cor 3,17: ὁ δὲ κύριος τὸ πνεῦμά ἐστιν = "O Senhor, porém, é o espírito")⁶. Até mesmo

---

³ Para a função integradora e organizadora da pneumatologia, cf. também H. SCHLIER, Grundzüge paulinischer Theologie, pp. 179-194; F. W. HORN, Angeld des Geistes, pp. 385-431; J. D. G. DUNN, Theology of Paul, pp. 413-441.
⁴ Cf. F. W. HORN, Kyrios und Pneuma, p. 59.
⁵ Cf. a respeito principalmente W. Thüsing, Gott und Christus, pp. 152-163.
⁶ Diferente F. W. HORN, Kyrios und Pneuma, pp. 66s, que equipara a volta para o *Kyrios* a uma volta ao espírito de Deus e deduz: "Dessa forma, a ideia de que Paulo queria afirmar neste texto algo sobre uma possível identidade de *Kyrios* (Cristo) e pneuma é equivocado" (op. cit., p. 67).

ao Pré-existente compete o atributo do *pneuma* (1Cor 10,4). Como força que cria vida e que vivifica, o *Kyrios* é espírito, isto é, a pneumatologia descreve a maneira da existência e da atuação do Exaltado na comunidade (cf. Gl 4,6: "Porque sois agora filhos, enviou Deus aos nossos corações o espírito de seu Filho, que clama: *Abba*, Pai!"). A relação entre o espírito e Cristo é tão estreita que Paulo considera impossível ter um sem o outro (cf. Rm 8,9b: "Pois quando alguém não tem o espírito de Cristo, não pertence a ele"). Desde a ressurreição, Jesus Cristo como o *pneuma* e no *pneuma* está em ligação com os Seus. O Cristo exaltado atua como πνεῦμα ζῳοποιοῦν (1Cor 15,45)[7] e confere aos Seus o σῶμα πνευματικόν (1Cor 15,44s)[8]. O *pneuma* do *Kyrios* move e molda a vida dos crentes (cf. Fl 1,19). Eles se tornam parte de seu corpo; a comunhão com o Senhor exaltado é uma comunhão no espírito (1Cor 6,17: "Mas quem se entrega ao Senhor, é um só espírito com ele").

Soteriologia: por meio do recebimento do espírito de Deus (cf. 1Ts 4,8; 1Cor 2,12; 2Cor 1,22; 11,4; Gl 3,2.14; Rm 5,5; 8,15), as pessoas que creem e são batizadas encontram-se já agora no âmbito da *communitas* com Cristo, portanto, no âmbito da salvação. Porque Cristo e os Seus pertencem ao lado do espírito, não estão sujeitos ao âmbito do poder da carne, do pecado e da morte. Eles podem caminhar ao encontro do juízo que ainda está por vir na consciência de que a dádiva do espírito é o penhor daquilo que ainda está por vir (cf. 2Cor 1,22; 5,5); dessa maneira, o presente e o futuro entrelaçam-se na atuação salvadora do espírito.

Antropologia: os crentes e batizados experimentam por meio do dom do espírito de Deus e de Cristo, respectivamente, uma nova determinação, pois o espírito cria e sustenta a nova existência. Como início da comunhão com Cristo (cf. 1Cor 6,11; 10,4; 12,13; 2Cor 1,21s;

---

[7] O termo πνεῦμα ζῳοποιοῦν ocorre somente no Novo Testamento; cf. F. W. HORN, Angeld des Geistes, pp. 197s; J. D. G. DUNN, Theology of Paul, p. 261. 1Cor 15,46 mostra que Paulo argumenta de modo antientusiasta e que ele vincula o conceito e termo do espírito deliberadamente ao Exaltado.

[8] J. S. VOS, Traditionsgeschichtliche Untersuchungen, p. 81, formula de modo bem adequado: "Como Adão escatológico, Cristo é *pneuma*, tanto em sua substância como em sua função. Como *pneuma*, Cristo cria os Seus segundo sua imagem, e isso significa: ele os transforma para sua natureza pneumática".

Gl 4,6; Rm 8,14), o recebimento do espírito no batismo marca o início da participação do evento da salvação. No batismo, o cristão passa ao espaço do Cristo pneumático, e ao mesmo tempo atuam dentro da pessoa que crê o Exaltado (cf. Gl 2,20; 4,19; 2Cor 11,10; 13,5; Rm 8,10) e o espírito (cf. 1Cor 3,16; 6,19; Rm 8,9.11). As afirmativas de correspondência nomeiam uma situação que é fundamental para Paulo[9]: do mesmo modo como o crente está integrado no espírito de Cristo, Cristo habita nele como πνεῦμα. A existência pneumática aparece como consequência e efeito do evento do batismo que, por sua vez, como evento de salvação é um evento no poder do espírito. Com esse pensamento, Paulo caracteriza uma mudança antropológica fundamental, pois a vida do cristão experimentou uma virada decisiva: como pessoa determinada pelo espírito, vive na esfera do espírito e orienta-se em direção à atuação do espírito. Essa transformação da existência do cristão, encaminhada pelo espírito, portanto, por Deus mesmo, revela a verdadeira situação do cristão: ele não vive de si mesmo, mas encontra-se sempre numa esfera qualificadora (cf. Rm 8,5-11)[10]. Há somente uma vida segundo a carne (κατὰ σάρκα) ou uma vida segundo o Espírito (κατὰ πνεῦμα). O espírito tem também uma função noética[11], pois unicamente o espírito de Deus possibilita e confere a intelecção no projeto divino da salvação: "Quanto a nós, não recebemos o espírito do mundo, mas o espírito que vem de Deus, a fim de que compreendamos aquilo que nos foi dado por Deus" (1Cor 2,12). A participação do espírito de Deus não anula o pneuma individualmente pessoal de cada pessoa (cf. 1Cor 5,4; 14,14; 16,18; 2Cor 2,13; 7,1; Gl 6,18; Rm 1,9: "meu espírito"; Fl 4,23; Fm 25: "vosso espírito"), mas ele é acolhido, sustentado, abraçado, transformado e orientado de modo novo dentro

---

[9] Cf. a respeito U. SCHNELLE, Gerechtigkeit und Christusgegenwart, pp. 120-122; S. VOLLENWEIDER, Der Geist Gottes als Selbst der Glaubenden, pp. 169-172.
[10] Cf. R. BULTMANN, Theologie, pp. 227s.
[11] Cf. a respeito como paralelo pagão Cícero, Tusc. V 70, onde se diz depois de uma enumeração das alegrias do sábio: "Quando se reflete sobre isto em seu espírito e rumina dia e noite, surge aquela intelecção exigida pelo deus em Delfos, de que o espírito deve conhecer-se a si mesmo e sentir-se unido ao espírito divino, e que ele é, dessa maneira, enchido de uma alegria incomensurável".

de um processo dinâmico[12]. O conhecimento dado por Deus no espírito abre uma compreensão da atuação de Deus que inclui também o conhecimento humano e que leva a uma nova atuação, mas sem minimizar ou abolir a autorresponsabilidade do ser humano[13]. O novo *self* forma-se na intersecção entre o divino e o corporal, cuja relação deve ser pensada de modo criacional-relacional.

Ética: o novo ser realiza-se em sintonia com o espírito que aparece como a base e norma do novo agir (cf. Gl 5,25; além disso, 1Cor 5,7; Rm 6,2.12; Fl 2,12s). O espírito cria a nova existência do cristão e opera ao mesmo tempo a preservação dela, ao apropriar-se poderosamente da natureza e da vontade dos cristãos.

Os cristãos entraram na vida determinada pelo espírito, então, que eles se deixem agora também guiar pelo espírito. O espírito é a força e o princípio da nova vida; por isso, Paulo, estupefato, pergunta aos gálatas: "Foi pelas obras da lei que recebestes o espírito, ou pela escuta da pregação da fé?" (Gl 3,2). Ao mesmo tempo fica claro: não há um novo caminhar sem um novo agir! O espírito que se doa quer ser assumido. Justamente porque o espírito insere a pessoa que crê e que foi batizada na esfera de Deus e no âmbito da comunidade, ela já não se encontra no vácuo de um espaço sem domínio, mas está sob a exigência da obediência possibilitada pelo espírito[14]. Às pessoas que vivem no campo da atuação do espírito, Deus já não se aproxima do

---

[12] As afirmações paulinas sobre a relação entre o Espírito de Deus e o espírito humano são deliberadamente abertas e indefinidas, porque esse mistério foge à terminologia estática; reflexões sobre o tema encontram-se em S. VOLLENWEIDER, Der Geist Gottes als Selbst der Glaubenden, pp. 175ss (cf. op. cit., p. 189: "O espírito move o Eu a entregar-se no sentido de sua origem sárquica, a soltar-se, a 'morrer', para ressuscitar penetrado pelo espírito divino [cf. Gl 2,19s; 6,14b]. Exclusivamente neste processo elementar, ele alcança a presença do *pneuma* no *self*".).

[13] Sob este aspecto parece-me problemático W. SCHRAGE, Ethik, p. 181: "Ao contrário, o espírito é essência por excelência da vida nova até em todos os pormenores e elementos cotidianos, por mais insignificantes que sejam".

[14] Este aspecto é ressaltado constantemente por E. KÄSEMANN (cf., por exemplo, Idem, Röm, p. 26: "Pois o apóstolo não conhece nenhum dom que não nos coloque exigentemente na responsabilidade, portanto, que não se nos comprove como poder e que não nos crie espaço para o serviço").

lado de fora com exigências[15]; a lei/Torá e o espírito são opostos, pois vale: "Mas se sois impelidos pelo espírito, não estais debaixo da lei" (Gl 5,18; cf. Rm 6,14). A "novidade da vida" (Rm 6,4) realiza-se na "novidade do espírito" (Rm 7,6).

Escatologia: a confiança na fidelidade escatológica de Deus é garantida pelo espírito como o dom presente daquilo que está por vir (cf. 2Cor 1,22; Rm 8,23). O espírito de Deus ou de Cristo, respectivamente, determina não só o presente, mas também o futuro, pois ele concede no evento escatológico a passagem para o modo existencial pneumático pós-mortal dos crentes (cf. 1Cor 15, 44.45) e dá a vida eterna (Gl 6,8: "Quem semear, porém, no espírito, do espírito colherá a vida eterna"). Dentro desse processo, o espírito coloca-se até mesmo ao lado da criação que ora, e representa e defende os santos diante de Deus (cf. Rm 8,26s)[16]. O espírito de Deus concedido no batismo e que habita os cristãos aparece como *o* contínuo por excelência do poder divino de vida. Aquilo que Deus realizou em Cristo, ele o dará também aos crentes, pelo espírito (cf. Rm 8,11). A relação criativa do espírito com o *soma* garante a existência do novo ser para além da morte.

18.2 Os dons e efeitos atuais do espírito

O espírito concede dons e opera atualmente nas comunidades[17]. Todas as pessoas que creem e são batizadas são agraciadas pelos dons *fundamentais* do espírito:

a) *Liberdade*: é uma das características essenciais do espírito que ele concede e cria liberdade (2Cor 3,17b: "Onde, porém, está o espírito do Senhor, aí está a liberdade"). Unicamente o princípio vital do espírito liberta os crentes e batizados dos poderes escravizantes da lei, do pecado e da morte (Rm 8,2). Como gerados segundo o espírito, os crentes em Cristo não pertencem ao reinado da escravidão, mas da liberdade (cf. Gl 4,21-31).

---

[15] Cf. H. Lietzmann, Röm, p. 71.
[16] Para a interpretação, cf. F. W. Horn, Angeld des Geistes, pp. 294-297.
[17] Cf. acima, Secção 9.5 (A força do espírito e a edificação da comunidade).

b) *Filiação/Herança*: a nova relação com Deus e com Jesus Cristo pelo dom do espírito fundamenta o *status* da filiação (Rm 8,15: "Com efeito, não recebestes o espírito da escravidão, de modo que precisásseis ter medo, mas recebestes o espírito que vos torna filhos, no qual clamamos: *Abba*! Pai!"). Como filhos, os crentes são co-herdeiros, tanto no sofrimento como na glória (cf. Rm 8,17; Gl 4,6s).

c) *Amor*: agora é o poder do amor que determina a vida dos cristãos, "porque o amor de Deus é derramado em nossos corações pelo espírito santo que nos foi dado" (Rm 5,5b). Entre os frutos do espírito está em primeiríssimo lugar o amor (cf. 1Cor 13; Gl 5,22); ele parte de Deus, ganha sua forma em Cristo e dá esperança aos seres humanos (cf. Rm 5,5a). O amor é o fundamento da esperança, porque o destino de Jesus Cristo é a corporificação do amor. A participação deste destino oferece aos cristãos a certeza de que o poder vital de Deus estará ativo neles para além da morte, pois eles esperam pelo Deus que "ressuscita os mortos" (2Cor 1,9). Sem o amor, todas as expressões da vida humana são fúteis, porque permanecem no aquém da nova realidade de Deus[18].

O amor como o primeiro e o maior dom do espírito forma o critério para os efeitos *atuais* do espírito[19]. Como Jesus Cristo é a corporificação do amor de Deus, Paulo vincula a pergunta pela validade dos efeitos do espírito a uma compreensão adequada do Cristo (cf. 1Cor 12,1-3)[20]. Ao confessar na aclamação litúrgica Κύριος Ἰησοῦς sua pertença ao Crucificado e Ressuscitado, a comunidade orienta-se pelo caminho do amor de Jesus de Nazaré. Paulo recorda especialmente aos coríntios esses fatos fundamentais, quando ele os remete à origem do espírito em e junto a Deus. Deus é o autor final e decisivo de todos os efeitos e o doador de todos os dons do espírito

---

[18] Bem adequado é H. Weder, Die Energie des Evangeliums. ZThK (Suplemento 9), 1995, p. 95, segundo o qual o amor tem uma realidade "que não é criada pelas pessoas que amam, mas, ao inverso, sustenta e carrega as pessoas que amam".
[19] Cf. G. Bornkamm, "Der köstlichere Weg", in Idem, *Das Ende des Gesetzes*, p. 110: "a ἀγάπη está para a diversidade dos χαρίσματα como o Cristo para os muitos membros de seu corpo".
[20] Para 1Cor 12,1-3, cf. M. Pfeiffer, Einweisung in das neue Sein, pp. 211-215.

(cf. 1Cor 12,6b: "É o único e mesmo Deus que realiza tudo em tudo"; cf. 1Cor 1,4; 7,7; 12,28-30), de modo que uma apropriação antropológica do espírito não potencializa os efeitos do mesmo, mas os silencia. A compreensão de que o espírito é um e indivisível[21] leva a um agir que se sabe em sintonia com a atuação criadora do espírito. Paulo acentua o caráter gratuito e imanipulável da atuação do espírito também no uso sinônimo de πνευματικά e χαρίσματα em 1Cor 12,1 e 12,4[22]; o espírito é o poder da graça, e o χάρισμα nasce da χάρις (cf. Rm 12,6). O vínculo indissolúvel entre as atuações do espírito e o amor é ressaltado por Paulo pela definição da comunidade como σῶμα Χριστοῦ ("corpo de Cristo"). O corpo enquanto o espaço existencial criado por Cristo obriga os corpos individuais a uma existência e atuação exclusivamente comprometidas com o amor[23]. Por isso, a diversidade das atuações e a unidade da comunidade precisam estar em correspondência mútua, porque ambos têm a mesma origem: o amor de Deus pelo Filho na força do espírito. O espírito realiza o que é útil à comunidade e que leva a sua edificação, de modo que não é a autoapresentação individual de alguma pessoa, mas somente a edificação da comunidade inteira que corresponde à atuação do espírito (cf. 1Cor 14,3.5.26). O espírito como a força fundamental da atuação de Deus integra a pessoa individual na estrutura ordenada da comunidade, que se caracteriza pelo poder do amor (cf. 1Cor 13) e por uma nova valoração das estruturas do mundo antigo (cf. 1Cor 12,13; Gl 3,26-28).

18.3 O Pai, Filho e o espírito

Como Paulo pensa a relação entre Deus, Jesus Cristo e o espírito? Sem dúvida, ele não defende uma doutrina da trindade que pensa

---

[21] Cf. J. Roloff, Kirche, p.137.
[22] Paulo renuncia em 1Cor 12,4 ao termo dos πνευματικά que se recomendaria aqui e evita assim qualquer tentativa de justificar privilégios individuais com os efeitos do espírito; cf. H. Weder, Neutestamentliche Hermeneutik (Zurique: 1986), pp. 34s.
[23] Cf. M. Pfeiffer, Einweisung in das neue Sein, pp. 221ss.

em categorias ontológicas e que se orienta pelo conceito da pessoa[24]. Não obstante encontram-se expressões e ideias que oferecem uma primeira definição da relação. O ponto de partida é uma característica fundamental teocêntrica na teologia paulina; tudo vem de Deus e tudo vai em direção a ele[25]. Também Cristo e o espírito são claramente distinguidos e hierarquicamente diferenciados por Paulo. Somente de Cristo se diz que ele é o Filho de Deus (cf. Gl 4,4; Rm 1,3) e que morreu por nossos pecados, a fim de adquirir a salvação (cf. 1Cor 15,3ss; 2Cor 5,15; Rm 5,8)[26]. Com base nesta anteposição hierárquica de *teologia* e *cristologia* é possível descrever a interconexão interna com a pneumatologia: o Espírito testemunha e representa a salvação intencionada por Deus e adquirida no evento Cristo; ele nomeia, traz presente e determina poderosamente a nova existência. O espírito vem de Deus e está em sua atuação relacionado com Jesus Cristo. Como força de Deus, ele conduz à fé em Jesus Cristo (cf. 1Cor 2,4s), possibilita o compromisso com o *Kyrios* (cf. 1Cor 12,3) e opera a santificação (cf. 1Cor 6,11; Rm 15,16). O espírito testemunha o novo *status* de filiação (cf. Gl 4,4ss), derrama o amor de Deus nos corações dos crentes (cf. Rm 5,5) e opera finalmente a transformação para a *doxa* escatológica (cf. 1Cor 15,44s; Rm 8,18ss). O espírito de Deus, que opera na ressurreição de modo tão criador que ele se tornou também o espírito de Cristo, abraça e determina a nova existência de quem crê e foi batizado.

No entanto, em Paulo, a dependência fundamental de Deus e Jesus Cristo não exclui uma autonomia do espírito! A relação com Deus e Jesus Cristo não pode ser descrita suficientemente com as categorias de subordinação, atribuição ou identidade. Como aquele-que-procede-de-Cristo, o espírito tem também uma realidade pessoal própria, como mostra 1Cor 12,11: "Mas é o único e mesmo espírito que isso

---

[24] Cf. a respeito G. D. FEE, God's Empowering Presence, pp. 829-842; F. W. HORN, Angeld des Geistes, pp. 415-417, é mais cauteloso na análise da expressão triádica 2Cor 13,13 (cf. Gl 6,18; Fl 2,1; Fm 25).

[25] Cf. acima, Secção 15.2 (Deus como Pai de Jesus Cristo).

[26] Bem adequado H. SCHLIER, Gal, p. 249: "No entanto, o *pneuma* certamente não é um poder que é dado com a própria existência, mas um poder do próprio Cristo que sobreveio à existência com Cristo, é o próprio Cristo no poder de sua presença que diz respeito a nós".

tudo realiza, distribuindo a cada um seus dons, conforme lhe apraz". Em Paulo, o espírito não aparece como uma pessoa autônoma; não obstante, ele é pensado de modo pessoal. O espírito conduz ao Pai, pois ele ensina os crentes a dizer *Abba* (cf. Rm 8,15); ele representa e defende os santos diante de Deus (cf. Rm 8,16.27)[27] e explora até mesmo as profundezas de Deus (cf. 1Cor 2,10). Embora o espírito opere unicamente como potência de Deus e se oriente em sua atuação somente por Deus e pelo *Kyrios*, compete-lhe uma dimensão pessoal.

A interconexão interna de *teo*logia, cristologia e pneumatologia forma o campo de força do pensamento paulino e pode ser descrita da seguinte maneira: *o pneuma é atribuído e relacionado a Deus e a Cristo, pelo fato de que Cristo se torna, pelo espírito de Deus, um* pneuma *que dá vida*. O *pneuma* vem de Deus e, por Cristo, une os crentes e batizados com Deus. Dessa maneira, a ideia do poder vital de Deus que salva interconecta os três âmbitos fundamentais do pensamento paulino.

---

[27] Cf. a respeito F. W. HORN, Angeld des Geistes, pp. 418-422.

Capítulo 19
ANTROPOLOGIA: A LUTA PELO EU

Nas formações de sentido filosóficas e religiosas da Antiguidade, uma questão está onipresente: o que é o ser humano?[1] Paulo capta o ser humano a partir da perspectiva de sua hermenêutica de Cristo, de modo que surgem novas intelecções e soluções. Como é unicamente Cristo que superou as forças hostis do pecado e da morte, domina dentro do mundo paulino de sentido a ideia de que a vida humana está naturalmente integrada num contexto maior. O ser humano não pode existir a partir de si mesmo, porque se encontra sempre já integrado num campo de tensão de forças, que o determina. Sendo criatura, o ser humano não é autônomo, mas exposto aos poderes que imperam na criação: a Deus e ao Mal na forma do pecado[2].

19.1 Existência humana e corporeidade: σῶμα e σάρξ

Para Paulo, a corporeidade constitui a existência humana em sua qualidade de criatura[3]. Devido à realidade do pecado, a corporeidade

---

[1] Cf. Platão, Alcibíades I 129e: Τί ποτ' οὖν ὁ ἄνθρωπος ("Ora, o que é o ser humano?").
[2] Cf. E. Käsemann, "Aspekte der Kirche", in Idem, *Kirchliche Konflikte* (Göttingen: 1982), p. 10: "O que une [...] a cristologia, a antropologia e a doutrina dos sacramentos é uma compreensão da corporeidade como concessão da participação e realização da participação, visto em termos cósmicos: a pertença a um mundo, seja ele um mundo de benção ou um mundo de maldição, de Deus ou dos demônios".
[3] Para a história da pesquisa, cf. K.-A. Bauer, Leiblichkeit, pp. 13-64; R. Jewett, Anthropological Terms, pp. 201-250; U. Schnelle, *Neutestamentliche Anthropologie*. ANRW 26.3 (Berlim/Nova Iorque: 1996), pp. 2658-2714.

é para Paulo sempre também corporeidade ameaçada, de modo que ele distingue entre σῶμα e σάρξ.

"SOMA"

O termo chave σῶμα (*soma*, "corpo/corporeidade") ocorre em Paulo em três contextos temáticos[4]:

1) Σῶμα como designação *neutra* da constituição corpórea do ser humano[5].

Abraão tinha um corpo já "morto" (Rm 4,19). Na condenação de um fornicador em Corinto, Paulo está corporalmente ausente (1Cor 5,3: ἀπὼν τῷ σώματι; cf. também 2Cor 10,10), mas presente pelo espírito. Paulo porta em seu corpo as marcas de Jesus (Gl 6,17) que lhe forem infligidas em seu trabalho missionário, por exemplo, através de flagelações (cf. 2Cor 11,24s). Num casamento, cada um dos parceiros tem direito sobre o corpo do outro (1Cor 7,4: "A mulher não tem o poder de disposição sobre seu corpo; mas o homem. Do mesmo modo, porém, também o homem não deve dispor sobre seu próprio corpo, mas a mulher"). Virgens devem se preocupar com a santidade de seu corpo (1Cor 7,34). O corpo como o lugar das paixões e das fraquezas humanas deve ser domado (1Cor 9,27). Até mesmo queimar o corpo num martírio de fogueira não adianta ao ser humano, se não tiver o amor (1Cor 13,3). Em 1Cor 15,38.40, Paulo eleva o ser-σῶμα para a condição fundamental de toda a existência; Deus dá a toda criatura um corpo, segundo sua respectiva espécie.

2) Σῶμα num sentido qualificador *negativo*: em Rm 6,6, o apóstolo comenta a destruição do corpo de pecado no batismo. Aqui,

---

[4] R. Bultmann, Theologie, pp. 193-203; além disso, cf. E. Schweizer, Verbete "σῶμα", in *ThWNT* 7, pp. 1024-1091; A. Sand, *Der Begriff Fleisch in den paulinischen Hauptbriefen*. BU 2 (Regensburg: 1966); R. H. Gundry, *Soma in Biblical Theology, with Emphasis on Pauline Anthropology*. MSSNTS 29 (Cambridge: 1976); U. Schnelle, Neutestamentliche Anthropologie, pp. 66-71; J. D. G. Dunn, Theology of Paul, pp. 55-61.

[5] Análises pormenorizadas de todas as ocorrências relevantes de σῶμα encontram-se em K.-A. Bauer, Leiblichkeit, pp. 67-181; além disso, cf. R. H. Gundry, Soma in Biblical Theology, pp. 29-80.135-156.

σῶμα τῆς ἁμαρτίας ("corpo de pecado") significa o mesmo que σῶμα τοῦ θανάτου ("corpo de morte") em Rm 7,24: o ser humano em sua totalidade está exposto ao pecado e à morte.

Mesmo após a libertação do poder do pecado e da morte pelo evento Cristo, Paulo pode convocar a não deixar o pecado dominar no σῶμα θνητόν ("corpo mortal"; cf. Rm 6,12). Também em Rm 8,10 (σῶμα νεκρόν) e 8,11 (σῶμα θνητόν), σῶμα possui uma clara afinidade a σάρξ, pois designa o corpo humano confrontado com o pecado. Pode Paulo chegar a equiparar σῶμα e σάρξ? O uso paralelo de σῶμα e σάρξ em 2Cor 4,11 e Rm 8,13 parece indicá-lo, pois ali há em analogia ao σῶμα θνητόν a referência a "nossa carne mortal" (θνητὴ σάρξ ἡμῶν; cf. 2Cor 5,4). Também as "paixões/desejos" (ἐπιθυμίαι) podem nascer, para Paulo, tanto da σάρξ (Gl 5,16s.24) como do σῶμα (Rm 6,12). Ainda assim, a simples equiparação não capta a compreensão paulina, porque o apóstolo enfatiza em Rm 8,9, explicitamente a transformação da existência da esfera da σάρξ para o âmbito do espírito, operada no batismo, de modo que Rm 8,10s.13 pode se referir já não a uma determinação pela σάρξ, mas a uma exposição à σάρξ. O σῶμα não está entregue e submetido aos poderes alheios da σάρξ e da ἁμαρτία[6] e, dessa maneira, privado de sua própria vontade, mas ele está sempre no perigo de ser novamente dominado por elas. A pessoa batizada morreu realmente para o pecado (cf. Rm 6,1ss), mas o pecado não está morto! Ele continua a permanecer no mundo como tentação do corpo. Por isso, Paulo pode se referir ao σῶμα θνητόν e ao σῶμα τῆς ἁμαρτίας, respectivamente, sem anular a diferença decisiva entre σάρξ e σῶμα. *Σῶμα é o próprio ser humano, σάρχ, ao contrário, é um poder alheio que quer dominá-lo.*

3) O uso positivo de σῶμα por Paulo manifesta-se como uma expressão abrangente do *self* humano[7].

---

[6] Contra R. BULTMANN, Theologie, pp. 197s, que observa acerca de Rm 8,13 que aqui o σῶμα estaria entregue a um poder alheio, que haveria uma correspondência entre πράξεις τοῦ σώματος e ζῆν κατὰ σάρκα; para a crítica, cf. E. KÄSEMANN, Röm, p. 218; K.-A. BAUER, Leiblichkeit, pp. 168s.

[7] R. BULTMANN, Theologie, p. 195, formula concisamente: "[...] o ser humano não tem um σῶμα, ele é σῶμα". Para a discussão com BULTMANN, cf. R. H. GUNDRY, Soma in Biblical Theology, pp. 29-50.

Segundo sua natureza, o corpo é muito mais do que comer e beber (1Cor 6,13a), ele não se define a partir de suas funções biológicas, muito ao contrário, o corpo pertence ao Senhor (1Cor 6,13b: "O corpo não é para a fornicação e, sim, para o Senhor, e o Senhor, para o corpo."). Sendo a sede da sexualidade (cf. 1Cor 6,18; 7,4; Rm 1,24), o corpo não deve ser maculado por fornicação, ao contrário, no mundo, o cristão coloca seu corpo à disposição do Senhor "como sacrifício vivo, santo e agradável a Deus – vosso culto racional" (τὴν λογικὴν λατρείαν ὑμῶν, Rm 12,1b). Especificamente a corporeidade aparece como o lugar onde a fé ganha uma forma visível. Sendo a morada do espírito santo, o corpo já não está submetido à disposição arbitrária própria (1Cor 6,19). O Eu autossuficiente já não se apodera do corpo da pessoa que crê, porque Deus mesmo destinou o corpo para ser o lugar de sua glorificação: δοξασατε δὴ τὸν θεὸν ἐν τῷ σώματι ὑμῶν (1Cor 6,20b: "Glorificai, portanto, a Deus em vosso corpo"; além disso, cf. Fl 1,20!). Justamente na corporeidade do ser humano, a promessa e a exigência fundem-se numa unidade[8], porque ela é o lugar onde se deve corresponder à nova existência na obediência da fé[9]. Quem subtrai o corpo ao Senhor, subtrai-se inteiramente!

Para Paulo não há identidade humana sem corporeidade, de modo que ele pensa também a realidade da ressurreição e, assim, a *existência pós-morte* de modo corpóreo e corporal[10]. Da mesma maneira como a

---

[8] Cf. E. Schweizer, Verbete "σῶμα" in *EWNT* 3, p. 774.
[9] Esse aspecto foi enfatizado constantemente por E. Käsemann em sua discussão com R. Bultmann; cf. E. Käsemann, Aspekte der Kirche, p. 11: "Ele se encerrou na tradição idealista ao encontrar no termo 'corpo' a expressão da relação do ser humano consigo mesmo e, nesse sentido, também da possibilidade de distanciar-se de si mesmo. [...] Para mim, ao contrário disso, o mais importante e decisivo foi que a existência no corpo está e permanece ligada a outras coisas, que ela nunca deve ser considerada isoladamente ou como uma individualidade autônoma e capaz, de modo que também não há nenhuma possibilidade de autotranscendação". Seguindo Käsemann, K.-A. Bauer ressalta que o corpo é o ponto de intersecção antropológico entre a história e a natureza. Natureza expressa a solidariedade com a criação inteira, história "visa caracterizar aqui aquele amor de Deus que se expõe ao ser humano em palavra e no espírito, até dentro de sua corporeidade" (Idem, Leiblichkeit, p. 185, nota 14).
[10] Cf. a respeito R. H. Gundry, Soma in Biblical Theology, pp. 159-183.

pessoa que crê está conectada à terra corporalmente com Cristo, assim o Ressuscitado opera a passagem e a transformação do ser humano da existência pré-mortal para a pós-mortal[11]. O poder vital de Deus presente no Espírito supera e vence também a morte e cria uma corporeidade (σῶμα πνευματικόν) na qual se acolhe a existência humana pré-mortal, portanto, a identidade pessoal, e a transfere para uma nova qualidade (cf. 1Cor 15,42ss)[12]. Quando Paulo comenta a redenção do nosso corpo atual (Rm 8,23), ele não expressa sua hostilidade ao corpo, mas anseia pela comunhão integral e eterna com o Ressuscitado. O presente "corpo de humildade" (Fl 3,21: τὸ σῶμα τῆς ταπεινώσεως) será transformado, e ele será moldado à semelhança do "corpo da glória dele" (τὸ σῶμα τῆς δόξης αὐτοῦ). O que se realizou em Cristo, o primogênito dos adormecidos (1Cor 15,20), será concedido também aos crentes.

O σῶμα é para Paulo a interseção entre a situação condicionada do ser humano no mundo e a atuação de Deus no ser humano. Exatamente porque o ser humano é corpo e tem um corpo[13], o ato salvífico de Deus em Jesus Cristo inclui e determina o corpo e, junto a ele, a existência concreta e a história do ser humano.

Como uma circunscrição abrangente do *self* humano, o σῶμα marca o lugar onde se encontram os poderes do mundo passageiro e da vontade salvífica de Deus para o ser humano. Por meio do espírito, o crente é arrancado de sua história anterior de desgraça e colocado na nova realidade de Deus, fundada na ressurreição de Jesus Cristo dos mortos, que se iniciou no batismo de modo histórico-real e que se cumprirá plenamente no dom escatológico do σῶμα πνευματικόν. Por isso, em Paulo, σῶμα designa da mesma forma a existência física,

---

[11] Cf. abaixo, Secção 22.2 (O curso dos acontecimentos escatológicos e a existência pós-morte).

[12] Cf. acima, Secção 9.6 (A ressurreição dos mortos).

[13] Cf. K.-A. BAUER, Leiblichkeit, p. 185: "O ser humano é corpo e o ser humano tem corpo. Portanto, o ser humano chama-se σῶμα na medida em que ele é capaz de diferenciar-se a si mesmo no espaço-tempo de Jesus Cristo e a tornar-se o objeto de algo que acontece de modo geral ou que se abate sobre ele pessoalmente".

a autocompreensão e a integração do ser humano na atuação salvífica de Deus[14].

"SARX"

Assim como σῶμα, Paulo pode usar também σάρξ ("carne/carnalidade") primeiramente num sentido *neutro* como designação da condição exterior do ser humano[15]. Doenças são designadas como "fraqueza da carne" (Gl 4,13: ἀσθένεια τῆς σαρκός) e como "aguilhão na carne" (2Cor 12,7: σκόλοψ τῇ σαρκί), respectivamente. A circuncisão acontece "na carne"; há uma "tribulação na carne" (1Cor 7,28) e vários tipos de carne (1Cor 15,39: seres humanos, peixes, gado, aves). Em 1Cor 9,11, os bens aos quais o apóstolo teria efetivamente direito são chamados de σαρκικός ("carnais"; cf. também Rm 15,27). Em Gl 4,23.29; Rm 4,1; 9,3; 11,14, σάρξ representa a pertença ao povo de Israel no sentido genealógico.

Uma conotação explicitamente *negativa* manifesta-se em σάρξ ali onde Paulo atribui o ser humano que vive de si mesmo e confia em si mesmo ao âmbito da carne[16]. Ele chama os coríntios de crianças incapazes "carnais" (σαρκινός) em Cristo (1Cor 3,1) que vivem de maneira humana e, dessa forma, carnal (1Cor 3,3). Eles se orientam por aquilo que é superficial e exterior, permitem serem cegados pelo visível e não conseguem avançar até a realidade de Deus que está oculta, mas que determina tudo. Seu juízo realiza-se no plano mundano (2Cor 1,12). Paulo designa como "carne e sangue" (σάρξ καὶ αἷμα; cf. 1Cor 15,50; Gl 1,16; além disso, cf. 1Cor 5,5; 2Cor 4,11; Rm 6,19) o passageiro e corruptível que está excluído do Reino de Deus[17].

---

[14] Em Paulo, a relação com o mundo e a relação consigo mesmo estão intimamente relacionadas, a escatologia e a antropologia condicionam-se e complementam-se mutuamente. E. KÄSEMANN, "Zur paulinischen Anthropologie", in Idem, *Paulinische Perspektiven*, p. 53, constata concisamente: "O ser humano nunca existe sem seu respectivo mundo".

[15] Uma visão geral oferece-se em A. SAND, Verbete "σάρξ", in *EWNT* 3, pp. 550-552.

[16] Fundamental R. BULTMANN, Theologie, pp. 232-239.

[17] Cf. CHR. WOLFF, 1 Kor, p. 205.

O apóstolo refere-se várias vezes de forma negativa a uma "vida na carne" (cf. 2Cor 10,3; Gl 2,20; Fl 1,22.24; Fm 16). O ser humano *sárkico* caracteriza-se pelo egoísmo e pela autossuficiência, confia em suas próprias capacidades e faz de seu conhecimento a medida daquilo que é razoável e real. Nesse contexto, porém, ele não percebe que é justamente ele que está entregue impotentemente ao poder do pecado. Uma vida κατὰ σάρκα ("segundo a carne") significa uma vida sem acesso a Deus e preso no terreno corruptível. Para o ser humano fora da fé vale: ἐγὼ δὲ σάρκινός εἰμι πεπραμένος ὑπὸ ἁμαρτίαν ("Eu, porém, sou carnal, vendido [como escravo] ao pecado", Rm 7,14b). Aqui, σάρξ já não identifica somente uma determinada carnalidade, mas torna-se a característica por excelência de uma vida que está separada de Deus e que se revolta contra Deus[18]. O sujeito verdadeiro da vida é o pecado, a consequência é a morte (Rm 7,5: "Pois, quando estávamos ainda na carne [ἐν τῇ σαρκί], as paixões pecaminosas suscitadas através da lei operavam em nossos membros, de modo que produzíamos frutos para a morte").

Por suas próprias forças, o ser humano não pode fugir dessa interconexão fatídica de carne, pecado e morte. Somente Deus é capaz de libertar o ser humano de si mesmo e dos poderes do pecado e da morte, e de colocá-lo na nova realidade determinada pelo Espírito[19]. Esta libertação realizou-se fundamentalmente no envio e na missão do Filho "na semelhança à carne do pecado" (Rm 8,3: ἐν ὁμοιώματι σαρκὸς ἁμαρτίας). Jesus assumiu o modo existencial dentro do qual se realiza o domínio do pecado sobre os seres humanos. Por isso, a morte e a ressurreição de Jesus Cristo desapoderam o pecado ali onde ele tem seu maior poder: na carne. É verdade que a pessoa que crê vive ἐν σαρκί, mas ela já não vive κατὰ σάρκα (cf. 2Cor 10,3: "Embora vivamos na carne, não lutamos de modo carnal"). Dessa maneira, ela se sabe arrancada do âmbito da carne e submetida à atuação do espírito (cf. Rm 8,5-8). A contraposição σάρξ – πνεῦμα aparece em Paulo não como um dualismo metafísico, mas como um dualismo histórico.

---

[18] Cf. A. SAND, Verbete "σάρξ", p. 552.
[19] Cf. acima, Secção 12.8 (Pecado, lei e liberdade no espírito).

Como não há existência humana fora da carne e a atuação de Deus nos seres humanos se realiza na carne, a carne aparece como o lugar onde o ser humano ou permanece em seu egoísmo e sua autossuficiência ou onde aceita ser colocado a serviço de Deus, pelo poder do espírito. Para Paulo, o crente em sua existência terrena é justamente não retirado da carne, mas o espírito supera a autoafirmação natural da carne e impede o acesso do pecado.

19.2 O pecado e a morte

As particularidades da compreensão paulina do pecado mostram-se no uso linguístico do apóstolo[20]. Característico para Paulo é o uso de ἁμαρτία ("pecado") no singular (cf., por exemplo, 1Cor 15,56; 2Cor 5,21; Gl 3,22; Rm 5,21; 6,12; 7,11, entre outros). Formas no plural encontram-se em formulações tradicionais fora da Carta aos Romanos (cf. 1Ts 2,16; 1Cor 15,3.17; Gl 1,4). Na Carta aos Romanos, um documento da reflexão intensiva do apóstolo sobre a natureza da ἁμαρτία, predomina claramente singular; o plural ocorre apenas em três lugares (Rm 4,7; 11,27: citações da Septuaginta; Rm 7,5: devido ao τὰ παθήματα). A distribuição das ocorrências chama a atenção: ἁμαρτία aparece em Paulo num total de 59 vezes (em comparação a 173 vezes no Novo Testamento), e 48 dessas ocorrências encontram-se na Carta aos Romanos (1Ts: 1 vez; 1Cor: 4 vezes; 2Cor: 3 vezes; Gl: 3 vezes; Fl e Fm sem ocorrências). Enquanto, na Primeira Carta aos Tessalonicenses, Israel é considerado rejeitado em razão de suas transgressões/ impiedades (1Ts 2,16)[21], manifesta-se na Primeira Carta aos Coríntios abertamente o conceito básico da doutrina paulina do pecado: Cristo "morreu por nossos pecados" (1Cor 15,3b; cf. 15,17), isto é, por meio da cruz e da ressurreição, ele superou e venceu o poder do pecado. 1Cor 15,56 constata, de modo mais casual e sem sistemática, que o pecado é o aguilhão da morte e adquire sua força por meio da lei[22].

---

[20] Cf. a respeito G. RÜHSER, Metaphorik, pp. 7ss.
[21] Para a análise, cf. H. UMBACH, In Christus getauft – von der Sünde befreit, pp. 68-70.
[22] Cf. acima, Secção 9.7 (Cruz, justiça e lei).

Segundo 2Cor 5,21, aquele que não conhecera o pecado, Deus o fez pecado por causa de nós, "a fim de que, por ele, nos tornemos justiça de Deus". A ocorrência de ἁμαρτία sem artigo em 2Cor 11,7 deve ser entendida no sentido de "falha, falta, erro" ("terá sido falha minha... ?")[23]. Na Carta aos Gálatas já aparece a lógica que é característica para a Carta aos Romanos: segundo a vontade da Escritura (portanto, de Deus), também os judeus estão sob o poder do pecado, ao qual tudo está sujeitado para que as promessas sejam um benefício para os crentes (Gl 3,22). Se os gálatas quiserem deixar-se circuncidar, eles ficam no aquém da força libertadora da morte de Jesus "por nossos pecados" (Gl 1,4). Cristo não pode ser um servo do poder do pecado (Gl 2,17)[24], pois nele tornou-se claro que a lei/Torá não pode libertar do pecado. Na Carta aos Romanos, a relação entre a temática da justiça e da lei, por um lado, e a doutrina do pecado, por outro, é evidente. Onde Paulo desenvolve abrangentemente sua nomologia e alega a igualdade da situação hamartiológica de judeus e gentios (Rm 1,18-3,20), ele tem que refletir necessariamente também sobre a natureza e a função do pecado.

O PECADO COMO PODER PRÉ-ESTABELECIDO

A concentração no uso absoluto de ἁμαρτία e a renúncia a distinções ou diferenciações, respectivamente, ou maiores definições dentro do termo e conceito do pecado devem ser consideradas distintivos da compreensão paulina do pecado. O pecado é um poder *pré-estabelecido* para cada existência humana que tem um *caráter fatídico*. No uso linguístico do apóstolo expressa-se a intelecção fundamental de que o ser humano natural está inevitavelmente sob o domínio do pecado que determina também suas obras.

Por isso, tanto o plural αἱ ἁμαρτίαι em 1Cor 15, 17/Rm 7,5 como os apelos de imperdoabilidade em Rm 1,20; 2,1 e as descrições de estados

---

[23] Cf. H. WINDISCH, 2Kor, p. 334.
[24] Cf. a respeito H. UMBACH, In Christus getauft – von der Sünde befreit, pp. 88-90.

em Rm 3,23 ("todos eles pecaram e todos estão privados da glória de Deus") e Rm 14,23b ("Tudo o que não procede da fé é pecado") podem descrever pecados de atos/falhas, sem anular dessa maneira o significado de ἡ ἁμαρτία como esfera de poder pré-estabelecida[25]. O poder do pecado encontra-se antes e na base dos pecados ocorridos (cf. Rm 5,12: "Eis por que, como por meio de um só homem o pecado entrou no mundo e, pelo pecado, a morte, assim a morte se espalhou entre todos os seres humanos, porque todos pecaram") [26]. O caráter ativo, de obra, que é próprio ao pecado não possui uma autonomia objetiva ou temporal em relação a seu caráter de fatalidade[27]. O pecado é muito mais do que um defeito na conduta da vida. Ela tem o caráter de um poder inescapável (cf. Rm 7,14-25a)[28], ao qual cada ser humano fora da fé está sujeito. O pecado consegue até mesmo apoderar-se da Lei/Torá e perverter a intenção da mesma enquanto a vontade boa de Deus voltada para a vida em seu contrário[29]. Com isto, Paulo afirma

---

[25] Cf. H. WEDER, Gesetz und Sünde, p. 331: "Portanto, o salto qualitativo que se manifesta aqui no pensamento paulino consiste no fato de ultrapassar a afirmação quantitativa do ser-pecador de alguns (talvez de muitos) seres humanos, por meio da afirmação qualitativa de que sumariamente todos os seres humanos são pecadores".

[26] Diferente R. BULTMANN, Theologie, p. 251, que observa remetendo a Adão: "O pecado entrou no mundo pelo pecar".

[27] Cf. H. UMBACH, ln Christus getauft – von der Sünde befreit, p. 201, para Rm 5,12: "Pela atuação pecaminosa ou desobediente, respectivamente, de um (Adão), ἡ ἁμαρτία veio ao mundo, ou seja, a todos o seres humanos (12d), e determina desde então a atuação (ἥμαρτον) e a sorte (θάνατος) deles". Diferente, por exemplo, M. THEOBALD, Der Römerbrief, pp. 151ss, que frisa a dialética da compreensão do pecado em Paulo: "Para ele, o pecado é ambas as coisas: um poder que determina a história (5,12a) e um ato responsável (5,12d). [...] O estar-no-mundo do poder do pecado que resulta do pecado de Adão (5,12a) não é um dado mitológico e que paira sobre a história, mas o tornar-se-poderoso e o aparecer do pecado no pecar de todos os seres humanos" (op. cit., pp. 153s).

[28] Cf. acima, Secção 12.8 (Pecado, lei e liberdade no espírito).

[29] A lei/Tora é apenas *um* aspecto dentro da compreensão paulina do pecado; em R. BULTMANN, Theologie, p. 242, porém, ele passa ao centro: "A atitude pecaminoso-autossuficiente dos seres humanos encontra sua expressão suprema no καυχᾶσθαι dos mesmos. É típico tanto do judeu que se orgulha de Deus e da Lei (Rm 2,17.23) como do grego que se orgulha de sua sabedoria (1Cor 1,19-31), da mesma maneira como é, afinal, também um impulso natural do ser humano comparar-se com outros para poder ter assim seu καύχημα (Gl 6,4). O quanto o καυχᾶσθαι é característico dos judeus mostra Rm 3,27."

algo que ele, no fundo, não quer nem dizer: a primeira aliança de Deus não foi capaz de estancar o poder do pecado em expansão e, assim, a morte. No âmbito do domínio do pecado, o ser humano está entregue à morte e, assim, ao nada (cf. Rm 5,12; 6,16.21.23; 8,2 etc.).

O que levou Paulo a essa hipostatização do pecado? O ponto de partida de suas reflexões não deve estar na antropologia[30], porque a situação descrita por meio das ocorrências apresentadas não se apresenta abertamente, mas está inteligível somente à fé. Pelo contrário, também aqui é o conceito fundamental da hermenêutica paulina de Cristo que determina a lógica: somente a fé em Jesus Cristo salva, de modo que, ao lado dela, nenhuma outra instância pode ter uma função redentora[31]. A cristologia e a soteriologia, e não a antropologia, formam a base da doutrina paulina do pecado. Na Carta aos Gálatas e na Carta aos Romanos, Paulo tinha que explicar por que a lei/Torá como dom de Deus para a vida não está em condições de dar essa vida prometida efetivamente. Ele tenta apresentar essa comprovação por meio da tese inaceitável para judeus (e para judeu-cristãos conservadores) de que a lei/Torá estaria objetiva e temporalmente secundária em relação ao pecado. Portanto, factualmente, a doutrina paulina do pecado é a tentativa de uma *racionalização posterior e secundária* de um objetivo argumentativo já estabelecido. Também a relação entre caráter de poder/fatalidade e caráter de obra do pecado, em última instância irresolúvel, explica-se a partir dos elementos pré-estabelecidos do (re)conhecimento paulino: o tamanho do ato da salvação, por meio do qual todas as pessoas podem ser salvas, precisa corresponder ao tamanho da fatalidade na qual todas as pessoas estão emaranhadas.

---

[30] R. BULTMANN, Theologie, p. 192, parece insinuar esse mal-entendido quando enfatiza: "Por isso, a teologia paulina é desenvolvida do modo mais adequado quando é apresentada como a doutrina sobre o ser humano, a saber, 1. Do ser humano antes da revelação da πίστις e 2. Do ser humano sob a πίστις".

[31] Bem adequado H. MERKLEIN, Paulus und die Sünde, pp. 335ss, que remete à mudança de paradigma no pensamento de Paulo e observa: "Essa mudança de paradigma confere à tese da pecaminosidade universal um caráter fundamental que jamais pode lhe competir dentro do mesmo paradigma. Por isso, na pergunta pela gênese da teologia paulina deve-se considerar também a mudança de paradigma. Essa mudança deve até mesmo ser considerada seu fundamento verdadeiro".

A ORIGEM DO MAL

No entanto, a doutrina paulina do pecado não se esgota absolutamente na nomologia[32] ou na apologética, porque ela oferece também uma contribuição original para um debate travado igualmente no judaísmo e no mundo greco-romano: *a pergunta pela origem do mal e pela causa do comportamento humano inadequado*.

De acordo com Paulo, o pecado é o motivo verdadeiro pelo fato de que a boa vontade das pessoas é pervertida em seu contrário e, em última instância, pode apenas causar a morte (Rm 7,13). A partir dessa intelecção fundamental surge a argumentação antropológica do apóstolo em Rm 7,14-25a, na qual se desenvolve o emaranhamento inescapável do Eu sob o poder do pecado. No v. 14, Paulo nomeia uma situação geral e válida para o tempo presente: o ser humano como um ser carnal está sujeito ao pecado.

Fora da fé, reconhecer essa situação é tão impossível como escapar dela, pois o pecado reverte a boa intenção do ser humano para o negativo. A diferença assim formulada entre a intenção verdadeira e a realização factual foi considerada também por Epíteto (Diss. II 26,1)[33]: "Cada falha (πᾶν ἁμάρτημα) contém em si uma contradição. Quando aquele que falhou (ὁ ἁμαρτάνων) quer não falhar, aparentemente não faz aquilo que quer (ὅ μὲν θέλει οὐ ποιεῖ)". Pouco depois, Epíteto diz (Diss. II 26,4s): "Convincente em sua argumentação é aquela pessoa que pode demonstrar a contradição na base da qual falha e que pode demonstrar porque não faz o que quer fazer e faz o que não quer (πῶς ὃ θέλει οὐ ποιεῖ καὶ ὃ μὴ θέλει ποιεῖ). Pois quando alguém lhe comprova isto, ela se distanciará disso por si mesma. Mas enquanto tu não o comprovas, não te admire que ela fique fazendo aquilo. Pois ela o faz porque tem a ideia de que fosse correto." Para Paulo e Epíteto há no ser humano uma contradição entre a intenção da atuação e a

---

[32] Isto é apontado por H. Weder, Gesetz und Sünde, p. 331: "Ao fato de que o pecado é compreendido de modo independente da lei corresponde o outro fato de que a justiça é compreendida igualmente de modo independente da lei".

[33] Para Rm 7,15.19 e os paralelos em Epíteto, cf. especialmente G. Theissen, Psychologische Aspekte, pp. 213-223.

realização prática da atuação. No entanto, ao apontar a causa desta contradição, Paulo e Epíteto diferem fundamentalmente. Em Epíteto, o comportamento errado pode ser superado por meio do conhecimento certo.

Isso demonstra uma visão otimista do ser humano, na qual o conhecimento como medida da atuação é capaz de superar uma possível conduta errada[34]. Paulo não compartilha esse otimismo, pois, para ele, o verdadeiro sujeito dos acontecimentos é o pecado e não o ser humano capaz de (re)conhecer. O ser humano natural não está nem sequer em condições de enxergar e entender sua situação, porque unicamente Jesus Cristo é capaz de libertar o ser humano desta situação, por meio do dom do espírito.

De modo distinto de Epíteto, Cícero reflete no contexto de sua crítica à teologia estóica sobre a questão se o Mal no mundo é a obra dos deuses. "Pois se os deuses deram aos seres humanos o intelecto, então lhes deram também a maldade" (Nat. Deor. III 75). Os seres humanos usam o dom divino do pensamento racional não para o Bem, mas para enganar uns aos outros. Por isso teria sido melhor se os deuses tivessem negado o intelecto aos seres humanos (cf. Nat. Deor. III 78). Agora, porém, os bons passam mal e os maus, bem; a imbecilidade impera e todos nós "encontramo-nos na mais profunda desgraça, embora vós alegueis que os deuses teriam feito seu melhor para cuidar de nós" (Nat. Deor. III 79). Por isso, os deuses precisam aceitar ouvir a acusação de que "deveriam ter feito todos os seres humanos como bons, se realmente quisessem cuidar bem dos seres humanos" (Nat. Deor. III 79). Em Sêneca, um contemporâneo imediato de Paulo, predominam

---

[34] Semelhante Dio Crisóstomo, Or. 32,14.15, que responde a pergunta pela origem do Bem e do Mal assim: "Antes de tudo, crede firmemente que tudo que acontece para o bem dos seres humanos é, sem exceção, de origem divina. [...] O Mal, porém, tem outra origem, como se proviesse de outra fonte, uma próxima de nós. É como com a água aqui em Alexandria. Uma nos mantém vivos, nos alimenta e é efetivamente o fundamento de nossa existência; ela vem de algum lugar do alto, de uma fonte divina. Os canais lamacentos e fedorentos, no entanto, são nossa própria obra, e eles existem só por nossa atuação." Ao filósofo como médico e curandeiro compete a tarefa de conduzir os seres humanos por meio da instrução da razão à compreensão reta e à atuação adequada.

também juízos pessimistas sobre a situação do ser humano. Tanto a humanidade em sua totalidade (Ep. 97,1: "nenhuma época está livre de culpa") como o ser humano individual (Ira II 28,1: "Ninguém de nós está sem culpa") deixa de acertar aquilo que é inteligível e o Bem moral. A experiência de vida ensina que até mesmo as pessoas mais prudentes erram (cf. Ira III 25,2), de modo que é uma intelecção inevitável de que "todos nós erramos (*peccavimus omnes*), uns gravemente, outros menos, outros por premeditação, outros ainda por acaso ou arrastados pela maldade alheia, e outros de nós ainda foram pouco valentes, apesar de suas boas intelecções, e perderam sua inocência contra sua vontade e sua resistência" (Clemente I 6,3). A lei, sendo a norma da atuação e da convivência, não protege: "Quem é o homem que poderia afirmar que estaria sem erro diante de todas as leis? [...] Quanto não exigem a responsabilidade, a caridade, a generosidade, a justiça (*iustitia*), a fidelidade (*fides*), que estão todas fora dos textos da lei" (Ira II 28,2)! Ninguém pode se declarar inocente, e cada pessoa encontra uma culpa quando examina sua consciência (cf. Ira I 14,3). O julgamento incorruptível do filósofo e as experiências do psicólogo Sêneca obrigam a reconhecer que os seres humanos sempre ficam no aquém daquilo que lhes é possível[35].

Num âmbito cultural completamente diferente encontra-se também no Livro de 4 Esdras (depois de 70 d.C.) uma argumentação pessimista sobre o estado do mundo e do ser humano[36]. Embora Deus tivesse dado a lei/Torá, imperam o pecado e a imbecilidade. "É precisamente por isso que aqueles que habitam a terra serão torturados (isto é, no juízo que vem), porque tinham intelecto e mesmo assim cometeram pecados, porque receberam os mandamentos e não os observaram,

---

[35] Para o imaginário acerca do Mal no pensamento greco-romano, cf. E-P. Hager, Gott und das Böse im antiken Platonismus (Würzburg/Amsterdã: 1987); G. Thome, Vorstellungen vom Bösen in der lateinischen Literatur (Stuttgart: 1993).

[36] Para a exploração teológica deste texto, cf. Cf. W. Harnisch, *Verhängnis und Verheißung der Geschichte. Untersuchungen zum Zeit- und Geschichtsverständnis im 4. Esra und in der syr. Baruchapokalypse*. FRLANT 97 (Göttingen: 1969); E. Brandenburger, *Die Verborgenheit Gottes im Weltgeschehen*. AThANT 68 (Zurique: 1981); além disso, cf. Idem, "Das Böse", in *ThSt* 132 (Zurique: 1986).

receberam a lei e, embora a tivessem recebido, violaram-na" (4Esd 7,72). Existem apenas poucas pessoas justas (cf. 4Esd 7,17s.51), porque o domínio do pecado abrange tudo, de modo que se impõe a pergunta: "Quem o seria entre os vivos que não tivesse pecado?" (4Esd 7,46). Aparentemente não se confia que a lei possa mudar esse estado[37]: "Porque todos que nasceram estão maculados por pecados, estão carregados de erros e de culpa" (4Esd 7,68). Prevalece um pessimismo antropológico (4Esd 4,38; 8,17.35) que, embora não deduza da situação efetiva do mundo e da desgraça da história a ausência, a maldade ou a incompetência de Deus, parece ao mesmo tempo ter uma postura cética em relação aos dons salvíficos e às promessas divinas.

Os textos de Qumran manifestam grandes concordâncias com Paulo[38]. Também aqui, o ser humano criatural é carne, portanto, separado de Deus e perdidamente entregue ao pecado; a "carne" pertence à esfera do domínio do pecado (cf. 1QS 4,20s)[39]. Não só o ímpio, mas também o piedoso de Qumran pertence à "comunidade da carne da maldade" (1QS 11,9) e tem em sua carne o espírito da impiedade (1QS 4,20s), porque a carne é pecado (1QH 4,29s: "O que é, em comparação a isto, a carne? E o que é algo moldado de barro para engrandecer obras milagrosas? Está em pecado desde o ventre materno e até a velhice, na culpa da infidelidade"). Entre os filhos e filhas da humanidade imperam o "serviço do pecado e as obras do engano" (1QH 1,27: cf. 1QS 4,10, 1QM 13,5: "serviço da impureza"). O ser humano não pode escolher por si mesmo o Bem e rejeitar o Mal, mas o pecado que habita e luta dentro dele domina-o totalmente (cf. 1QS 4,20s). Dessa maneira, a justiça não é uma possibilidade humana que ele poderia escolher ou realizar. Ao contrário, tudo depende e vem de Deus que formou o

---

[37] Cf. H. WEDER, Gesetz und Sünde, p. 328: "justamente porque Esdras está prestes a desesperar-se do caráter adequado da lei, o caráter inevitável do pecado passa para ele ao primeiro plano".

[38] Cf. aqui K. G. KUHN, "Πειρασμός – ἁμαρτία – σάρξ im Neuen Testament und die damit zusammenhängenden Vorstellungen", in ZThK 49 (1952), pp. 209ss; P. KIM, Heilsgegenwart bei Paulus, pp. 35-40.

[39] Para a compreensão do pecado nos textos de Qumran, cf. H. LICHTENBERGER, Studien zum Menschenbild, pp. 79-98.209-212.

espírito (1QH 15,22) e que elimina do interior da carne o espírito da impiedade por meio do espírito santo (1QS 4,21). A observância irrestrita da Torá (cf., por exemplo, 1QS 2,2-4; 5,8-11) bem como a dependência completa da graça de Deus permitem à pessoa piedosa seguir a vontade de Deus e realizar a justiça (1QS 11,12). Os essênios esperavam a destruição definitiva do poder do pecado (inclusive dentro de sua comunidade) apenas para o futuro Juízo Final (cf. 11QMelq 11 6b-8a.13; CD XIV 17-19).

A posição de Paulo no debate religioso-filosófico sobre a origem do mal e sua superação comprova sua originalidade não na análise, mas sim na solução. Assim como muitos de seus contemporâneos, também o apóstolo esboça uma imagem sombria da situação da humanidade[40]. No entanto, ele não deduz essa avaliação a partir da observação daquilo que existe ou de intelecções acerca do interior do ser humano, mas a partir do ato libertador de Jesus Cristo. O tamanho do ato de salvífico corresponde à situação desesperada das pessoas as seres salvas. A solução paulina caracteriza-se por dois componentes:

1) Adota o discurso religioso-filosófico contemporâneo e comprova-se assim como um interlocutor atraente e competente.

2) Revela às pessoas uma possibilidade racional e praticável de serem libertadas de sua situação.

Paulo distingue-se de todos os outros sistemas pela tese de que, para os cristãos, o pecado já foi superado no batismo[41], de modo que os batizados em sua natureza são resgatados do poder escravizador do pecado. O ser humano pode fugir à insuficiência e autoconcentração de seu pensamento e de sua atuação somente quando enraíza sua existência em Deus; isto é, *a nova existência não pode ser simplesmente um prolongamento da antiga, mas é preciso acontecer uma troca de domínio e de existência*. A possibilidade disso é oferecida no evento Cristo que está presente no batismo, liberta do poder do pecado e transporta para a liberdade do espírito.

---

[40] H. Hommel, Das 7. Kapitel des Römerbriefes, p. 166, supõe com razão que Paulo, em sua descrição do caráter dilacerado do ser humano, adotou *topoi* antigos que conhecia.

[41] Cf. P. Kim, Heilsgegenwart bei Paulus, pp. 108-111.

19.3 A Lei

Paulo cresceu num ambiente cultural que conhecia, não só dentro de sua religião judaica materna, mas também na esfera originalmente greco-romana, vários esboços acerca da função salvífica da lei ou das leis, respectivamente[42]. Existe uma *relação pré-estabelecida entre lei, justiça e vida*.

A LEI NO PENSAMENTO GRECO-ROMANO

Nas sociedades antigas, a lei[43] é aquela norma que exige a adoração aos deuses[44], que cria a justiça entre as pessoas e que possibilita, dessa forma, a vida[45] (cf., por exemplo, Eurípides, Hecuba 799-801: "Poderosos, porém, são os deuses e seu governante, a lei; porque é segundo a lei que acreditamos em deuses e demarcamos para nós justiça e injustiça e vivemos!" Sócrates diz segundo Xenofonte, Memorabilia IV 6,6:

---

[42] A importância deste âmbito para a compreensão paulina da lei está sendo reconhecida somente aos poucos; cf., além da monografia de H. Sonntag mencionada na bibliografia, especialmente K. Haacker, "Der 'Antinornismus' des Paulus im Kontext antiker Gesetzestheorie, in H. Lichtenberger etc. (org.), *Geschichte – Tradition – Reflexion III*. FS M. Hengel (Tübingen: 1996), pp. 387-404; F. G. Downing, Cynics, Paul and the Pauline Churches, pp. 55-84.

[43] Pressupõe-se o seguinte uso linguístico (cf. acima, Secção 11.3: A doutrina da lei e da justificação da Carta aos Gálatas): refiro-me à Torá quando (ὁ) νόμος significa reconhecivelmente a revelação do Sinai e os complexos de tradições associadas a ela. Quando Paulo usa (ὁ) νόμος para afirmações que incluem a Torá, mas que, em seu caráter fundamental, vão além dela, utilizo lei/Torá. Quando Paulo se refere com a palavra (ὁ) νόμος a uma regularidade/regra/norma que *não se refere à Torá*, isto é constatado explicitamente. Expressões compostas com a palavra "lei" (por exemplo, compreensão da lei) são mantidas, seu sentido decorre do respectivo contexto. Em autores greco-romanos utilizo lei/leis, sendo que o significado depende dos respectivos textos.

[44] Cf. a respeito Platão, Leges X 885b: "Ninguém que crê, conforme as leis, na existência dos deuses já cometeu alguma vez deliberadamente um ato impiedoso ou pronunciou uma palavra sem lei..."; além disso, cf. Leges XII 966b-e.

[45] Além disso, cf. exemplos de textos e análises em H. Sonntag, ΝΟΜΟΣ ΣΩΤΗΡ, pp. 18-46.

"Portanto, estaremos bem aconselhados quando determinamos que justos são aqueles que conhecem as regras legais no relacionamento com os seres humanos". Segundo Aristóteles, a justiça recebe seu sentido interior pelas leis, de modo que vale: "Quem desrespeita as leis é injusto, assim vimos; quem as respeita, é justo. Isto quer dizer, portanto: tudo que é legal é, no sentido mais amplo, algo justo" (Ética Nicomáquia 1138a)[46]. A justiça do ser humano decorre da conduta conforme as normas e, portanto, justa. As leis como normas daquilo que é justo concedem uma convivência na *polis* segundo a razão, e quem viola as leis, comete transgressões contra a *polis*[47]. As leis são "um presente dos deuses" (Demóstenes, Orationes 25,16: δῶρον θεῶν) e um poder que cria cultura[48]. Como tais, ao garantirem a existência da vida individual e da *polis* em sua totalidade, ou seja, ao combaterem a ruína[49], elas possuem uma função que dá vida e salva ao mesmo tempo (cf. Demóstenes, Orationes 24,156: "A salvação/aquilo-que-salva do Estado são efetivamente as leis" [οἵ τε γὰρ σῴζοντες τὴν πόλιν εἰσὶ νόμοι])[50]. As leis regulam também o relacionamento dos seres humanos com os deuses. A piedade resulta de uma conduta diante dos deuses que se orienta pelas leis (cf. Sócrates segundo Xenofonte, Memorabilia IV 6,4: "Portanto, quem conhece a conduta prescrita pela lei diante dos deuses, deve provavelmente venerar os deuses de acordo com a mesma"). O culto aos deuses está baseado nas leis (cf. Platão, Leges X 885b)[51]. No mundo greco-romano antigo não havia *nenhuma* esfera que não estivesse determinada pela força e função sanadoras das leis. Somente elas concedem, tanto ao ser humano individual como à *polis*, justiça, união, prosperidade, felicidade e persistência.

---

[46] Cf. também Aristóteles, Ética Nicomáquia II 34a: "Pois direito está ali onde as relações de ser humano para ser humano estão ordenadas pela lei, e a lei está ali onde a injustiça é possível entre os seres humanos"; além disso, Ética Nicomáquia X 1180: "A lei, porém, tem essa força irresistível: é um princípio ordenador baseado em intelecção e razão".

[47] Cf. Aristóteles, Ética Nicomáquia 1138a; além disso, Diógenes segundo Diógenes Laércio 6,72: "[...] sem a lei, porém, a *polis* é inútil [...]"; Sexto Empírico, Adversus Mathematicos II 31 ("Pois as leis garantem a coesão da sociedade, e assim como a alma perece quando o corpo é destruído, assim perecem também os Estados quando as leis são abolidas").

[48] Cf. Isócrates, Orationes 3,6-7: "[...] unimo-nos, fundamos *poleis*, demo-nos leis, inventamos as artes [...]".

[49] Cf. Aélio Aristídes, Orationes 45,226: "A lei, rei de todos os mortais e também imortais, conduz, justificando, a violência com a mão mais poderosa" (citação extraída de PINDAR, Fragment 187).

[50] Além disso, cf. as análises textuais em H. SONNTAG, ΝΟΜΟΣ ΣΩΤΗΡ, pp. 47-105.

[51] Além disso, cf. Pseudo-Pitágoras, Carmen Aureum 1: "Primeiro venerai os deuses imortais, assim como o exige a lei."

Também em torno da virada do tempo, a consciência de que há ao lado das inúmeras leis individuais a lei *única* está muito divulgada[52]: "Esta lei é a razão reta (*recta ratio*) na área do ordenar e do proibir" (Cícero, Leg. I 42). A lei contém muito mais do que prescrições, porque é a condição estabelecida pelos deuses para uma vida bem-sucedida (Cícero, Leg. I 58: "No entanto, já que a lei precisa corrigir o comportamento errado e recomendar a virtude, é indubitavelmente correto que a doutrina da vida reta se deriva a partir da lei. Corresponde a isto que a sabedoria é a mãe de todas as coisas boas; foi do amor à sabedoria que a filosofia recebeu seu nome em grego; os deuses imortais não presentearam a vida dos seres humanos com nada que fosse mais fértil, florescente e excelente do que a filosofia."). A lei verdadeira existia já antes da fixação escrita de leis, porque decorreu da razão que se formou ao mesmo tempo que o espírito divino. "Portanto, a lei verdadeira e original, apta para ordenar e proibir, é a razão reta de Júpiter, o deus supremo" (Cícero, Leg. II 10). "A lei da natureza" é a lei única, verdadeira e válida (ὁ μὲν τῆς φύσεως νόμος), porque somente ela concede liberdade (Dio Crisóstomo, Or 80,4.5). A consciência de uma diferença entre a lei original e a lei escrita (cf. Cícero, Leg. I 42; II 10; Dio Crisóstomo, Or. 76,1s) era tão amplamente divulgada como a intelecção de que muitas leis não correspondem à intenção *da* lei (cf. Cícero, Leg. II 11; Dio Crisóstomo, Or. 76,2-4; 80,5; Epistulae Diogenis 28,1)[53]. Também se encontra frequentemente o pensamento de que as leis não trazem o direito, mas a injustiça, não a liberdade, mas a falta de liberdade[54]. Apesar de tais

---

[52] Para o período mais antigo, cf., por exemplo, Isócrates, Orationes 12,144, que diz sobre as leis dos antepassados: "Já que pensaram assim, viram o registro escrito das leis realizado em poucos dias. Essas leis não se assemelhavam às leis de hoje, não estavam cheias de ambiguidades e contradições, de modo que ninguém consegue distinguir as úteis das inúteis [...]"; para uma crítica a leis injustas, cf. Demóstenes, Orationes 24,119s.137.139.156.

[53] O ceticismo dá ainda um passo a mais; há uma tradição acerca de Pirro em Diógenes Laércio 9,61: "Pois ele ensinava que nada seria belo ou feio, justo ou injusto etc., portanto, que nada seria assim na realidade, mas que a atuação dos seres humanos seria determinada apenas por convenção e costume".

[54] Cf. Dio Crisóstomo, Or. 80,5; além disso, a distinção atribuída a Antístenes: "Na política, o sábio não se deixa conduzir pelas leis do Estado, mas por aquela da virtude" (Diógenes Laércio 6,11).

experiências de diferença⁵⁵ valia de forma incontestada que a vida na esfera individual e na esfera comunitária só pode ter êxito quando se consegue realizar a intelecção na ordem desejada pelos deuses⁵⁶. É por isso que Dio Crisóstomo pode entoar uma canção de louvor à lei: "A lei é um guia para a vida [...], uma boa orientação para a atuação" (Or. 75,1; cf. 80,5). A lei serve até mesmo aos próprios deuses, porque ela garante a ordem do universo⁵⁷. A lei e a justiça formam um conjunto natural, porque ambas garantem a vida⁵⁸. Especialmente no pensamento greco-romano, a lei verdadeira aparece como um poder e uma ordem de existência doadas pelos deuses que possibilitam e sustentam a vida⁵⁹.

A posição sobressalente da Torá⁶⁰ dentro do judaísmo antigo está fora de dúvida⁶¹. Entretanto, dentro do judaísmo antigo havia diversas teologias da lei⁶² (por exemplo, cultural: o judaísmo da diáspora

---

⁵⁵ Cf. também a ideia de que as leis precisavam ser introduzidas devido a comportamentos inadequados (por exemplo, de reis), portanto, que elas não correspondem ao estado ideal (Lucrécio V 958-961.1141-1147; Sêneca, Ep. 90,6; Tácito, Anais 3,25s; Sexto Empírico, Adversus Mathematicos IX 14-16).

⁵⁶ Cf. Epíteto, Diss. I 26: "Em grau muito maior, porém, é uma lei da vida que se aja em todas as partes de acordo com a natureza das coisas (τῇ φύσει πράττειν)."

⁵⁷ Cf. Dio Crisóstomo, Or. 75,2.

⁵⁸ Cf. Dio Crisóstomo, Or. 75,6: "A lei está tão repleta de justiça e solicitude que traz um benefício maior à pessoa infeliz do que os parentes de sangue, que confere às vítimas da injustiça mais poder do que a própria força deles poderia lhes dar"; além disso, cf. Or. 75,8.

⁵⁹ Cf. Dio Crisóstomo, Or. 1,42, segundo o qual o universo é sabiamente ordenado, "conduzido por uma boa sorte e por um poder divino igual, pela providência e pelo poder mais justo e excelente; assim como ele também se iguala a nós, já que estamos subordinados, devido ao parentesco natural entre ele e nós, sob o único e mesmo direito e lei, e que participamos da mesma constituição. Quem a honra, quem se orienta por ela e não faz nada que não estivesse em seu sentido, vive segundo a lei, é bem-visto entre os deuses e encaixa-se na grande ordem."

⁶⁰ Para a história da formação da Torá, cf. E. OTTO, Verbete "Gesetz", in *RGG*⁴ 3 (Tübingen: 2000), pp. 845-848.

⁶¹ Cf. a respeito especialmente as monografias de A. NISSEN, Gott und der Nächste im antiken Judentum, indicadas na bibliografia, bem como R. WEBER, Das Gesetz im hellenistischen Judentum.

⁶² Uma visão geral oferece-se em H. LICHTENBERGER, Das Tora-Verständnis im Judentum zur Zeit des Paulus, in: J. D. G. DUNN (org.), *Paul and the Mosaic Law*, p. 723.

sob influência helenista⁶³; a apocalíptica⁶⁴; político-teológica: fariseus, saduceus, essênios, zelotas⁶⁵) e também algumas vozes isoladas que possivelmente problematizavam a eficácia efetiva da Torá⁶⁶.

De grande importância é a compreensão da lei por Fílon, para quem a Torá Sinaítica, a Torá da criação e a lei natural se fundem numa união⁶⁷. Segundo Fílon, o Deus Criador do Antigo Testamento é a fonte tanto da φύσις enquanto princípio universal como da Torá, de modo que as duas devem ser consideradas em conjunto. Já que a criação do mundo e a legislação coincidem "no princípio", a lei natural é da mesma origem divina como a Torá: "Este princípio é altamente digno de admiração, já que descreve a criação do mundo para insinuar, por assim dizer, que há uma sintonia tanto entre o mundo e a lei como entre a lei e o mundo e que o homem fiel à lei é sem qualquer problema um cidadão do mundo, um cosmopolita, porque rege seus modos de atuação de acordo com a vontade da natureza, segundo a qual é conduzido também o mundo inteiro" (Op. Mund. 3). Segundo sua natureza, a Torá Sinaítica, fixada por escrito, é muito mais antiga, pois tanto

---

⁶³ Análises abrangentes (sem Fílon e Josefo) são oferecidas por R. WEBER, Das Gesetz irn hellenistischen Judentum, pp. 37-322.
⁶⁴ Fundamentais são aqui as análises de H. HOFFMANN, Das Gesetz in der frühjüdischen Apokalyptik, pp. 71ss.
⁶⁵ Para a compreensão da lei pelos zelotas, cf. especialmente M. HENGEL, Die Zeloten, 154-234.
⁶⁶ G. THEISSEN, Die Religion der frühen Christen, pp. 286-300, toma a possível problematização da lei em textos como Fílon, Migr. 89s; 4Esd 7,72; 8,20-36.47-49; Josefo, Ant. 4,141-155; Strabo, Geographica XVI 2,35-38, como ponto de partida para sua tese de explicar a doutrina da justificação de Paulo a partir dos problemas religiosos e sociais do judaísmo no séc. I d.C. No entanto, podem-se aduzir em favor dessa visão somente poucos textos, cuja interpretação, além do mais, é controversa. Para o texto de 4Esd, frequentemente aduzido, cf., por exemplo, H. HOFFMANN, Das Gesetz in der frühjüdischen Apokalyptik, pp. 217-257, que nega veementemente que se problematize neste escrito a lei em termos de seu conteúdo; antes, haveria uma renovação específica da teologia deuteronomista da história e da lei. "Não obstante as afirmações críticas à lei pelo vidente na parte dos diálogos, o autor do Quarto Livro de Esdras não é um Paulo 'pré-cristão'. Quando se empreende a tentativa de seguir a argumentação complexa desse escrito, então não se pode evitar a conclusão de que a intenção do autor do Quarto Livro de Esdras consiste em possibilitar uma obediência radical à lei sob condições históricas modificadas" (op. cit., pp. 341s).
⁶⁷ Cf. a respeito R. WEBER, Das "Gesetz" bei Philon von Alexandrien und Flavius Josephus, pp. 42-164.

Moisés enquanto a "lei viva"[68] como o conceito do νόμος ἄγραφος (Abr. 3-6)[69] permite a Fílon enfatizar através do pensamento de uma Torá protológica da criação a continuidade temporal, portanto, também objetiva, da atuação de Deus. Fílon não distingue entre mandamentos rituais e éticos, mas as "Dez Palavras" (δέκα λόγοι = Dez Mandamentos) formam a base e o resumo dos mandamentos individuais rituais (cf. Fílon, Spec. Leg. 11). Fílon interpreta as leis individuais constantemente como formações derivadas dos Dez Mandamentos que, por sua vez, estão entrelaçados com a lei natural. Através do conceito da moralidade, Fílon realiza por meio da etização da lei natural e das leis individuais da Torá uma grande tentativa de síntese do pensamento judaico e do pensamento greco-helenista[70].

Em termos histórico-culturais não era sequer concebível que Paulo e suas comunidades vivessem, segundo sua autocompreensão, "sem lei", ou seja, sem *normas que dão vida e que salvam*. Assim como acontece no tema da justiça, também o *tema* da lei estava pré-estabelecido para Paulo. Ao mesmo tempo, o caminho biográfico de Paulo, desde o fariseu zeloso para o apóstolo das nações que enfrentou muitos conflitos, mostra muitas dobras e viradas que influenciaram também suas declarações sobre a lei/Torá. Por isso, é mister distinguir entre um estudo diacrônico e um estudo sincrônico desse complexo temático.

---

[68] Cf. Fílon, Vit. Mos. I 162: "Contudo, já que foi também destinado a ser legislador, ele talvez tivesse sido criado já muito antes em sua personalidade como a lei dotada de alma e razão, uma personalidade que o elegeu mais tarde como legislador, sem que ele soubesse disso."

[69] Os patriarcas aparecem em sua virtude como arquétipos da Torá: "Pois as leis dotadas de alma e razão estão corporificadas naqueles homens que ele glorificou por dois motivos: porque ele queria mostrar, primeiro, que os ordenamentos dados estão em sintonia com a natureza; segundo, que não pode custar muito às pessoas de boa vontade viver segundo as leis escritas, já que os mais antigos, até mesmo antes que as leis específicas fossem registradas por escrito, viveram fácil e alegremente segundo a legislação não escrita, de modo que se deve provavelmente dizer que as leis dadas nada mais são do que comentários sobre a vida dos antigos e que nos proclamam suas obras e palavras" (Fílon, Abr. 5).

[70] Cf. R. Weber, Das "Gesetz" bei Philon von Alexandrien und Flavius Josephus, p. 337: "Portanto, a Torá é entendida aqui como uma lei moral, à qual o ser humano deve corresponder em sua conduta, atuando e sofrendo, pois sua observância abre o caminho para uma vida em harmonia social, em equilíbrio emocional, em devoção religiosa, portanto, numa comunhão salvífica com Deus e com os seres humanos e em paz consigo mesmo".

Primeiro acompanharemos a vida do apóstolo em conexão a seus comentários sobre a lei/Torá, para depois perguntar no nível sincrônico se, desde quando e em que forma se pode falar de uma compreensão paulina da lei que seja coesa e/ou que se tenha modificado.

19.3.1 A análise diacrônica

No âmbito da abordagem diacrônica[71], nossa atenção deve se voltar primeiramente para aquelas afirmações de Paulo que ele faz acerca de seu passado fariseu. As autoafirmações em Gl 1,13.14 e Fl 3,5-9 permitem três conclusões:

1) Paulo era um zeloso pela Torá; ele se considerava irrepreensível no cumprimento da Torá e superou todos os colegas de sua geração em sua militância pelas tradições dos pais. Essa autocaracterização é consistente com aquilo que se pode afirmar sobre a compreensão da lei entre os fariseus[72] que observavam de maneira especial as conveniências da tradição dos pais e que se destacavam por sua precisão na interpretação da lei e sua obediência à lei.

2) Quando Paulo como ζηλωτής ("zeloso") se inclinou para a ala radical do farisaísmo, ele tinha uma familiaridade extremamente ampla com o mundo da Torá e sua interpretação. Com grande probabilidade, ele conheceu todo o leque da interpretação judaica da lei[73], de modo que se deve considerar improvável a tese de que Paulo entenderia a compreensão judaica da lei errada ou estaria a distorcendo[74].

3) O enraizamento na tradição farisaica leva a esperar que a problemática da lei permanecesse também para o apóstolo dos gentios Paulo um tema importante e sensível.

---

[71] A análise diacrônica do conceito paulino da lei encontra-se na literatura apenas isoladamente, decisivo para a orientação é U. WILCKENS, Entwicklung, p. 154, que se volta explicitamente contra a ideia de elevar a Carta aos Romanos à medida única do pensamento paulino e que exige uma abordagem cronológica.
[72] Cf. acima, Seção 3.2 (Paulo, um fariseu da diáspora).
[73] Cf. H. HOFFMANN, Das Gesetz in der frühjüdischen Apokalyptik, p. 337.
[74] Assim H. J. SCHOEPS, Paulus, p. 278.

O PERÍODO INICIAL

Chama a atenção que os autorrelatos sobre a vocação para ser o apóstolo dos gentios, perto de Damasco[75], não deixam perceber um conteúdo imediatamente crítico à lei[76]. Pelo contrário, Deus revela a Paulo, o perseguidor, que o Jesus de Nazaré crucificado pertence como Filho de Deus permanentemente ao lado do Pai e que ele salva. Se o evento de Damasco em seu cerne deve ser interpretado de modo cristológico-soteriológico, resta naturalmente a pergunta sobre que consequências um acontecimento tão revolucionário tinha que ter para a compreensão da lei do antigo fariseu Paulo. Para o período inicial do apóstolo podemos levantar apenas suposições[77]; Paulo aderiu à missão antioquena entre os gentios que já estava em expansão (cf. At 11,25s), portanto, devemos partir da suposição de uma adoção da teoria e prática da pregação do evangelho ali realizadas[78]. A posição dos crentes em Cristo antioquenos provenientes do judaísmo helenista (cf. At 11,20s) era em primeiríssima instância crítica ao templo e não à lei[79]. Eles tiveram a experiência arrasadora de que Deus dava o espírito santo também aos gentios (cf. At 10,44-48; 11,15); dessa maneira, uma reavaliação da posição histórico-salvífica dos crentes em Cristo provenientes do gentilismo era inevitável. Ela se realizou com a renúncia à circuncisão[80] e a consequente indiferença da Torá para a questão da salvação. A mesma confissão do κύριος Ἰησοῦς (At 11,20) pelos crentes em Cristo provenientes do judaísmo e do gentilismo superou subordinações e supraordinações até então em vigor. Qual é o papel da Torá no âmbito de uma missão livre da circuncisão entre gentios? Aqui é preciso distinguir entre mandamentos rituais e o cerne

---

[75] Para a análise dos textos, cf. acima, Seção 4 (A vocação para o apóstolo dos gentios: o novo horizonte).
[76] Cf. H. Sonntag, ΝΟΜΟΣ ΣΩΤΕΡ, p. 187.
[77] Cf. também o esboço em U. Wilckens, Entwicklung, pp. 154-157.
[78] Seguindo W. Wrede, H. Räisänen, Freiheit vom Gesetz, p. 58, formula: "No princípio era a prática".
[79] Isto é frisado explicitamente por E. Rau, Von Jesus zu Paulus, p. 79.
[80] Diferente E. Rau, op. cit., pp. 81-83, que pensa que a renúncia à circuncisão teria acontecido mais tarde e de modo casual.

ético da Torá. A renúncia à circuncisão estava associada ao abandono das leis rituais (cf. At 10, 14s.28; 11,3), por outro lado, o cerne ético da Torá (Decálogo) foi recebido sem problemas também pelos gentio-cristãos, inclusive os "tementes a Deus" (cf. Rm 7,7; 13,9). Quando, além disso, os gentio-cristãos se orientavam pela "lei de Cristo" (Gl 6,2), pela "lei da fé" (Rm 3,27) ou pela "lei do espírito" (Rm 8,2), então eles não estavam, segundo sua autocompreensão, sem regras e normas, portanto, também não sem lei.

A CONVENÇÃO DOS APÓSTOLOS

A Convenção dos Apóstolos com o "Decreto dos Apóstolos" (At 15,29)[81] e tradições nas cartas paulinas confirmam esta imagem. Na Convenção dos Apóstolos não foi possível impor uma circuncisão dos gentio-cristãos; o "Decreto dos Apóstolos" representa a tentativa de círculos judeu-cristãos moderados de, não obstante, impor exigências mínimas da lei ritual novamente em vigor também para gentio-cristãos; isto é, antes, elas não foram observadas por gentio-cristãos. Tradições como 1Cor 7,19; Gl 3,26-28; 5,6; 6,15 enfatizam o novo *status* possuído diante de Deus por todas as pessoas que creem e foram batizadas, independentemente da circuncisão e incircuncisão, respectivamente. Também o próprio Paulo dá claramente a perceber que, para ele, não são prescrições específicas da lei que devem regular a convivência nas comunidades (cf. 1Cor 10,33; Gl 2,18; 4,12; Rm 14,14.20)[82]. Portanto, para a posição de Paulo no início e no meio de sua atividade missionária surge a convicção de que a pertença ao povo de Deus é mediada para os gentio-cristãos pela fé e pelo batismo, mas não pela circuncisão e pela observância ritual da Torá decorrente dela. Como normas novas que regulam a relação entre Deus e os seres humanos apresentam-se a fé e o espírito, que incluem também uma orientação

---

[81] Cf. acima, Seção 6 (A Convenção dos Apóstolos e o incidente antioqueno: sem solução dos problemas).
[82] Cf. H. RÄISÄNEN, Freiheit vom Gesetz, p. 58.

na tradição ética básica do Antigo Testamento. Como rito de iniciação decisivo funciona não a circuncisão, mas o batismo. Paulo e suas comunidades nunca estiveram "sem lei", segundo sua autocompreensão, mas sim desde a perspectiva dos judeu-cristãos radicais e dos judeus.

Segundo a visão paulina, a Convenção dos Apóstolos confirmou esse regulamento, mas, ao mesmo tempo, Paulo aceitou o caminho *mais antigo*, estritamente judeu-cristão da comunidade de Jerusalém e seus simpatizantes. A distinção entre o "evangelho da incircuncisão" de Paulo e o "evangelho da circuncisão" de Pedro (Gl 2,7)[83] não é uma regulação nova, em valor apenas desde 48 d.C., mas a releitura de conceitos de missão diferentes, existentes já há muito tempo. Disso decorre para a compreensão paulina da lei que Paulo como o verdadeiro inovador reconheceu em toda sua abrangência a existência simultânea e historicamente desenvolvida de ritos de iniciação diferentes e, com isso, *diferentes conceituações da lei*. At 11,3 e o conflito antioqueno permitem supor que as diferenças entre os dois conceitos residiam principalmente na avaliação das leis alimentícias e de suas consequências (por exemplo, em relação à celebração da ceia do Senhor). Além disso, a comunidade de Jerusalém encontrou-se em medida crescente numa situação cultural e política totalmente diferente de Paulo. Seu objetivo era a permanência dentro do judaísmo; consequentemente, ela queria e tinha que atribuir à Torá uma outra importância do que Paulo.

No entanto, o meio termo da Convenção dos Apóstolos comprovou-se como uma solução apenas aparente, pois os diferentes lados o interpretavam de diferentes maneiras ou o aceitaram somente por um tempo limitado. Além disso, o acordo não resolveu os problemas de comunidades mistas (cf. o conflito antioqueno), e para a comunidade de Jerusalém agravou-se em medida crescente a pressão política no sentido de não aceitar mais a missão livre da circuncisão entre gentios e de interromper a relação com Paulo que era um apostata, segundo a

---

[83] Na pesquisa costuma-se geralmente minimizar esta diferenciação fundamental para a compreensão paulina da lei; assim, por exemplo, G. THEISSEN, Die Religion der ersten Christen, p. 346, nota 8, que deseja reconhecer nisto apenas a posição ideológica de Paulo.

perspectiva judaica. Pelo menos com a tolerância da comunidade de Jerusalém começou uma contramissão com o objetivo de atribuir, por meio da circuncisão, aos gentio-cristãos o *status* de prosélitos e de deixar ou de integrar, respectivamente, o movimento inteiro dos crentes em Cristo dentro do judaísmo.

A CRISE GALACIANA

Com a crise galaciana, os problemas não resolvidos e/ou reprimidos irromperam em sua plena gravidade, e Paulo viu-se desafiado a refletir e solucionar a problemática da lei abrangentemente sob condições modificadas. *Por isso, uma diferenciação é inevitável*: até a crise galaciana, Paulo aceitava uma lida diferente com a Torá e sua avaliação divergente pela comunidade de Jerusalém (e seus simpatizantes), por um lado, e pelas jovens comunidades missionárias, predominantemente gentio-cristãs, por outro. Para Paulo e suas comunidades valia a liberdade da circuncisão; o cerne ético da Torá na forma do Decálogo foi recebido naturalmente, e havia a orientação pelas novas normas da fé e do espírito, de modo que as numerosas prescrições individuais da Torá factualmente não desempenhavam papel algum ou apenas um papel secundário[84]. A análise das cartas confirma essa avaliação, porque, na Primeira Carta aos Tessalonicenses e nas Cartas aos Coríntios, a lei/Torá não é mencionada de forma alguma (Primeira Carta aos Tessalonicenses, Segunda Carta aos Coríntios) ou apenas de modo marginal. Exceto alusões em 1Cor 15,56, faltam afirmações de conteúdo sobre a função da lei/Torá, ou seja, Paulo não precisava

---

[84] Outra variante é defendida por G. THEISSEN, Die Religion der frühen Christen, pp. 298ss, segundo o qual, desde sua conversão, a lei era difícil para Paulo; mas, ao mesmo tempo, compete à crise galaciana uma importância fundamental: "Somente agora, Paulo ativou sua própria conversão, introduziu-a como um argumento na discussão pública – para alertar sobre o perigo de adotar a circuncisão, a saber, em ambas as cartas escritas contra os contramissionários judaizantes, na Carta aos Gálatas e na Carta aos Filipenses. Agora coincidiram uma crise (atual) nas comunidades e uma crise pessoal (passada há tempo) de Paulo. Uma interpretou a outra" (op. cit., 299s).

da doutrina da lei, porque a lei/Torá não era um tema prioritário. Em sua maioria, as instruções éticas não foram justificadas sob recurso da Torá[85], e o novo conceito de justiça estava associado ao batismo e não à Torá. A crise galaciana mudou a situação da noite para o dia, porque, a problemática da Torá foi agora maciçamente imposta às comunidades paulinas pelo o lado de fora. Também nas comunidades predominantemente gentio-cristãs, a Torá passou da periferia para o centro, e Paulo viu-se obrigado, assim como antes os hierosolimitanos, a renunciar ao conceito de caminhos diversificados na questão da lei e a esclarecer o significado da Torá para judeus e gentios de modo fundamental.

Tanto a argumentação verdadeiramente ofegante, altamente emocional e cheia de tensões como as correções na Carta aos Romanos permitem perceber que Paulo apresenta *na Carta aos Gálatas esta* forma de uma *doutrina* da justificação e da lei *pela primeira vez*[86]. Paulo desconstróe a Torá, ao qualificá-la como secundária em termos de tempo (Gl 3,17) e de conteúdo (Gl 3,19s). Dentro da história cabia-lhe meramente a tarefa de controlar os seres humanos (cf. Gl 3,24). Esse período de cativeiro chegou agora ao fim em Cristo que liberta os seres humanos para a liberdade da fé (Gl 5,1). Os crentes provenientes do judaísmo e do gentilismo são, além da circuncisão e da Torá, os herdeiros legítimos das promessas feitas a Abraão (cf. Gl 3,29). Na Carta aos Gálatas, Paulo abole o *status* hamartiológico particular dos judeus e judeu-cristãos (Gl 2,16) e insere-os na história da humanidade que está determinada pelo pecado (cf. Gl 3,22).

A Carta aos Romanos traz, em comparação à Carta aos Gálatas, mudanças substanciais em três planos[87]:

---

[85] Cf. abaixo, Secção 20.2 (A prática da nova existência).
[86] Para a argumentação da Carta aos Gálatas, cf. acima, Secção 11.5 (Doutrina da justificação inclusiva e exclusiva em Paulo).
[87] De modo algum trata-se tão somente de "aprofundamentos", como pensa J. BECKER, Paulus, p. 419. Também não convence a objeção de que a distância temporal muito pequena entre a Carta aos Gálatas e a Carta aos Romanos seria um argumento contra modificações (assim J. D. G. DUNN, Theology of Paul, 131), pois tanto a situação textual em ambas as cartas como a situação histórica modificada do apóstolo indicam que Paulo evoluiu em sua posição.

1) Paulo introduz δικαιοσύνη θεοῦ ("justiça de Deus") como um conceito chave teológico para garantir por meio dele o resultado básico teológico da argumentação da Carta aos Gálatas (cf. Rm 3,21: δικαιοσύνη θεοῦ χωρὶς νόμου; além disso, Rm 6,14b; 10,1-4).

2) Isto lhe permite em parte uma avaliação qualitativamente nova da lei/Torá (cf. Rm 3,31; 7,7.12; 13,8-10); a lei/Torá já não é criticada como tal, ela é agora antes de tudo uma vítima do poder do pecado.

3) Paulo reflete abrangentemente sobre a relação entre a justiça de Deus e a eleição de Israel. Estas mudanças resultam da situação histórica particular do apóstolo em relação à comunidade de Jerusalém e à comunidade romana (entrega da coleta, missão na Espanha), mas também da argumentação polemicamente unilateral da Carta aos Gálatas. A Cartas aos Filipenses retoma o resultado da doutrina da justificação da Carta aos Romanos (cf. Fl 3,5.6.9) e está também em sua compreensão da lei em continuidade com a carta precedente.

A análise diacrônica mostra o quanto a compreensão da lei está vinculada à biografia de Paulo. Por isso, não será possível falar da compreensão paulina da lei *como tal*, pois o apóstolo elaborou e trabalhou a *temática* da lei, segundo sua situação histórica, *de maneiras diferenciadas*[88]. Nesse contexto, a Carta aos Gálatas e a Carta aos Romanos documentam uma fase tardia que representa simultaneamente, em termos de tempo e de conteúdo, um ponto de chegada e de fim. Essa fase forma o ponto de partida para a abordagem sincrônica da compreensão paulina da lei.

19.3.2 A análise sincrônica

Será possível sintetizar as afirmativas do apóstolo acerca da lei/Torá em uma doutrina coesa da lei?

---

[88] Outros acentos são colocados, por exemplo, por F. HAHN, Gibt es eine Entwicklung, p. 365: "A falta parcial de afirmações acerca da doutrina da justificação e da lei não permite absolutamente a conclusão de que essa temática teria sido integrada apenas passo a passo na teologia paulina, seja devido a conflitos, seja devido a considerações objetivas".

A resposta a esta pergunta tem consequências consideráveis para a avaliação da capacidade sistêmica do pensamento paulino[89].

AFIRMATIVAS SOBRE A LEI/TORÁ

Devemos partir da observação de que Paulo fala de maneiras muito diferenciadas sobre a lei/Torá:

1) Afirmativas *positivas* sobre o caráter (Rm 7,12: "Portanto, a lei é santa, e santo, justo e bom é o mandamento"; além disso, cf. Rm 7,16b.22) e a possibilidade de cumprir a lei/Torá (Gl 3,12: "Quem os pratica [isto é, os mandamentos] viverá neles"; Rm 2,13: "Os praticantes da lei serão justificados"; além disso, cf. Gl 5,3.23; Rm 2,14s). Explicitamente enfatiza-se em Gl 5,14 e Rm 13,8-10 a relação positiva entre o mandamento do amor e o cumprimento da lei.

2) Afirmativas *negativas* sobre a lei/Torá que concernem seu caráter e sua função: a lei/Torá é deficitária tanto em termos objetivos (cf. Gl 3,19.23.24; 4,5; 5,4; Rm 6,14b: "Pois não estais debaixo da lei, mas debaixo da graça") como em termos temporais (cf. Gl 3,17: 430 anos depois da promessa; Gl 3,24: "mestre, pedagogo" em vista de Cristo; Rm 5,20a: "a lei interveio, entrou no meio"; Rm 7,1-3) em relação à promessa cumprida em Jesus Cristo. A lei/Torá está numa oposição ao espírito (Gl 3,1-4; 5,18), à fé (Gl 3,12.23), à promessa (Gl 3,16-18; Rm 4,13) e à justiça (Gl 2,16; 3,11.21; 5,4; Rm 3,28; 4,16). Ela tem a função do conhecimento do pecado[90] (Rm 3,20.21a: "Porque diante dele ninguém será justificado pelas obras da lei, pois, pela lei vem só o conhecimento do pecado. Agora, porém, sem a lei, manifestou-se a justiça de Deus"; Rm 4,15b: "Mas onde não há lei, não há transgressão"; cf. 1Cor 15,56; Rm 5,13.20; 7,13). Por isso vale que Cristo, como o único lugar da justiça e da vida, é o "fim" da lei/Torá (Rm 10,4). Outras descrições das funções da lei/Torá: "pois a lei produz ira" (Rm 4,15a);

---

[89] Uma visão geral sobre a discussão atual oferece-se em Th. R. Schreiner, The Law and Its Fulfillment, pp. 13-31.
[90] Cf. a respeito os Sl 19,13; 32; 51; 119.

a lei/Torá provoca paixões pecaminosas (Rm 7,5); a lei/Torá mantém cativo (Rm 7,6a: "Agora, porém, estamos livres da lei, tendo morrido para o que nos mantinha cativos"). A lei/Torá é a medida no juízo que vem (Rm 2,12.13; 3,19); a Torá foi dada a Israel (Rm 9,4), mas, por causa de seu comportamento que transgredia a lei (Rm 2,17-29), ele mesmo está sujeito ao juízo dela e não alcança a justiça (Rm 9,31).

A lei/Torá é incapaz de romper com o poder do pecado. Aquilo que, algum dia, fora dado para a vida (cf. Dt 30,15.16!) comprova-se agora como um cúmplice da morte. Segundo Gl 3,22, isto corresponde às Escrituras e, portanto, à vontade de Deus; Rm 7,14ss; 8,3.7, ao contrário, constatam meramente a fraqueza da lei/Torá diante do pecado.

Será que a própria lei/Torá é um pecado? Paulo enfrenta em Rm 7,7 essa objeção muito lógica para refutá-la enfaticamente. Não obstante, Rm 4,15; 5,13; 7,5.8.9 provocam essa conclusão, pois aqui se atribui à lei um papel ativo; ela ativa o pecado e desencadeia assim aquele processo fatídico em cujo fim está a morte escatológica.

3) Afirmativas *paradoxais* sobre a lei, nas quais se descreve uma regularidade/regra/norma que não se refere à Torá (Gl 6,2: "a lei de Cristo"; Rm 3,27: "a lei da fé"; Rm 8,2: "a lei do espírito da vida em Cristo Jesus te libertou da lei do pecado e da morte").

4) Textos nos quais não ocorre νόμος, mas que ainda assim *tangem* a problemática da lei (1Cor 7, 19: "A circuncisão nada significa, a incircuncisão nada significa, mas a observância dos mandamentos de Deus"; além disso, cf. 1Cor 10,23-33; 2Cor 3).

5) Νόμος no sentido *neutro* para designar a existência judaica (cf. Gl 4,4; Fl 3,5) ou como introdução a uma citação (cf. 1Cor 9,8s; 14,21).

Será possível pensar estas séries distintas de afirmativas num conjunto, sem harmonizá-las, ou é preciso constatar que Paulo tem várias doutrinas da lei[91]? Será que os posicionamentos do apóstolo acerca da lei/Torá são até mesmo tão cheios de tensões que uma visão em

---

[91] Cf. E. P. SANDERS, Paulus, p. 111: "No entanto, ele não tinha uma única teologia da lei. E ela não formava o ponto de partida de seu pensamento, de modo que é impossível citar uma afirmação central que explicasse todas suas outras suas afirmações"; além disso, cf. op. cit., p. 123.

conjunto é impossível e que se pode lhes atribuir apenas o *status* de uma racionalização posterior[92]? A tentativa de solucionar este complexo de problemas acontecerá em dois passos: primeiro é necessário enfocar os problemas lógicos e de reflexão diante dos quais Paulo se encontrava. Depois é preciso perguntar pela relação entre as distintas linhas da compreensão paulina da lei e pela possibilidade de transferi-las para uma compreensão geral consistente.

PROBLEMAS LÓGICOS E DE REFLEXÃO

O ponto de partida objetivo da compreensão paulina da lei é a intelecção de que Deus quer salvar os seres humanos definitivamente em Jesus Cristo. Ora, se for assim, qual é a relação entre a primeira revelação de Deus na Torá e o evento Cristo? Uma oposição direta ou também apenas gradual entre as duas revelações não podia ser afirmada por Paulo, se ele não quisesse tolerar contradições inabolíveis na imagem de Deus. Porventura a primeira revelação não foi suficiente para conceder a vida aos seres humanos[93]? Por que Deus se dirige primeiro só ao povo de Israel, mas depois ao mundo inteiro? Qual é o valor da Torá quando gentios podem cumprir abrangentemente a vontade de Deus, também sem a circuncisão? Estas e outras perguntas surgiram inevitavelmente, já que Paulo quis preservar as duas coisas: a validade da primeira revelação e o caráter exclusivamente salvífico da segunda revelação. Em Paulo justapõem-se dois princípios inabolíveis, mas ao mesmo tempo opostos: uma instituição

---

[92] Cf. H. Räisänen, Paul and the Law, pp. 199-202.256-263; E. P. Sanders, Paul, the Law and the Jewish People, p. 68: *"This is the best explained by hypothesizing that he thought backwards, from solution to plight, and that this thinking in this, as in many respects, was governed by the overriding conviction that salvation is through Christ"* (A melhor explicação disso é a hipótese de que ele pensou de frente para trás, da solução para a situação, e que esse pensamento, neste aspecto assim como em muitos outros, estava dominado pela convicção arrasadora de que a salvação se dá através de Cristo); além disso, cf. op. cit., pp. 35s.144-148.

[93] Para o poder de salvação e de vida inerente à Torá, cf., por exemplo, Eclo 17,11; 45,5; Br 3,9; 4,1; SlSal 14,2; 4Esd 7,21ss; 9,7ss; 14,22.30; BrSir 38,2; 85,3ss.

divina vale, e: unicamente a fé em Jesus Cristo salva. Portanto, Paulo estava diante de um problema que não podia ser resolvido, ele queria e tinha que demonstrar uma continuidade inexistente, a continuidade da ação salvífica de Deus na primeira e na segunda aliança. Pois: "Quando o povo de Deus precisa converter-se para continuar a ser o povo de Deus, então a aliança estabelecida anteriormente como tal não pode ser satisfatória."[94] Os problemas lógicos e de reflexão aguçaram-se devido a questões não resolvidas na prática da convivência entre judeu-cristãos e gentio-cristãos. Esta situação não prevista pela Torá, portanto, também não regulada, permitia várias interpretações, de modo que conflitos eram inevitáveis. Além disso, a problemática da lei desempenhou um papel central na emancipação das primeiras comunidades cristãs do judaísmo. A problemática da lei exercia também desde o lado de fora uma pressão sobre Paulo e suas comunidades, pois tanto judeu-cristãos radicais como judeus eram hostis a Paulo.

A situação histórica particular do apóstolo Paulo caracterizava-se pelo fato de ele ser o primeiro no cristianismo primitivo que se via confrontado com estes problemas em toda sua abrangência e que tinha que encontrar uma solução[95]. Nesse empreendimento, ele tinha que assegurar a liberdade da circuncisão para os gentio-cristãos, afirmar a insuficiência tanto ritual como soteriológica da Torá para judeu-cristãos e gentio-cristãos e, simultaneamente, postular o cumprimento da lei/Torá também pelos cristãos. Somente assim foi possível afirmar a validade perene da primeira aliança e do caráter salvífico exclusivo da nova aliança. Além disso, era necessário refutar a acusação de estar "sem lei", que com certeza foi levantada por meio da argumentação da Carta aos Gálatas. A singularidade da situação de partida, juntamente com questões objetivas quase insolúveis, deveria nos levar ao cuidado de não acusar Paulo precipitadamente de uma distorção da compreensão judaica da Torá ou de incoerências ou contradições, respectivamente, dentro de sua compreensão da Lei.

---

[94] H. RÄISÄNEN, Der Bruch des Paulus mit Israels Bund, p. 167.
[95] Cf. H. RÄISÄNEN, op. cit., p. 170, que admite não ter considerado este aspecto suficientemente em suas publicações anteriores.

A SOLUÇÃO: UMA NOVA DEFINIÇÃO

As diversas linhas das afirmações paulinas sobre a lei/Torá não podem ser simplesmente harmonizadas ou atribuídas exclusivamente às situações distintas das comunidades. Paulo lutou com o problema a ele imposto e chegou a uma *solução que estava se densificando*. Ela consiste em *definir de maneira qualitativamente nova* o que é a Lei segundo sua natureza e essência. O primeiro passo nessa direção é Gl 5,14: "Pois toda a Lei está cumprida numa só palavra, a saber: *Amarás a teu próximo como a ti mesmo*". No entanto, é apenas na Carta aos Romanos que essa ideia ganha sua qualidade sistêmica. Ali, Paulo livra-se da agitação polêmica da Carta aos Gálatas e descreve o significado da lei/Torá para os crentes também de maneira positiva. Rm 13,8-10 deve ser considerado o texto-chave; a tese de que o amor seria o cumprimento da lei/Torá (Rm 13,10: πλήρωμα οὖν νόμου ἡ ἀγάπη) respalda a argumentação paulina em quatro aspectos:

a) Ela permite a afirmação de conferir pleno vigor à lei/Torá e cumpri-la em sua natureza e essência mais íntima, sem atribuí-la qualquer função soteriológica.

b) Ao mesmo tempo, este conceito permite a redução necessária da lei/Tora em relação à missão aos gentios livre da circuncisão.

c) Tanto com sua concentração da lei/Torá num único mandamento ou em poucas normas éticas fundamentais, respectivamente[96], como com a definição da natureza e essência da lei/Torá como amor, Paulo encontra-se dentro da tradição do judaísmo helenista. Ali predomina a tendência de identificar os mandamentos da Torá a uma doutrina de virtude conforma a razão[97] para, dessa maneira, abri-la e preservá-la ao mesmo tempo. A εὐσέβεια ("piedade") como a forma suprema da virtude incluía também o amor, de modo que o amor a

---

[96] Cf. Arist. 131; 168; TestDn 5,1-3; TestIs 5,2; Fílon, Spec. Leg. I 260; II 61-63; Decal. 154ss; Josefo, Ap. 2,154; Ant. 18,117. Em ambientes fora de Paulo, porém, a alta valorização de leis individuais não abolia outras leis; cf. a respeito R. WEBER, Das Gesetz irn hellenistischen Judentum, pp. 236-239.

[97] Cf. R. WEBER, op. cit., p. 320: "Dessa maneira, o *nomos* é, no fundo, uma forma da doutrina da virtude, porque a virtude visa a forma da vida."

Deus e o amor ao próximo estavam imediatamente vinculados[98]. Dessa maneira, para judeu-cristãos e prosélitos, a solução paulina do problema podia ser recebida contra seu pano de fundo cultural[99].

d) No entanto, também no âmbito da cultura greco-romana existia a convicção de que a bondade e o amor são a forma verdadeira da justiça e do cumprimento da lei[100]. "E mesmo que a natureza prescreva isto, que o ser humano deseje a preocupação para com seu semelhante, seja ele quem for e justamente pelo motivo de ele ser um ser humano, é necessário que, segundo a mesma natureza, o proveito de todos seja comum. Se isto for assim, então estamos todos sob a única e mesma lei natural, e se justamente isto for assim, seremos certamente impedidos pela lei natural a ferir o outro" (Cícero, Off. III 5,27)[101]. A lei, que é idêntica à razão e que está em harmonia com a natureza, não pode ser uma em Roma e outra em Atenas, porque "todas as nações, e em todos os tempos, serão dominadas por uma única lei eterna e imutável; e um será, por assim dizer, o mestre e governante comum de todos: deus! Ele é o inventor dessa lei, seu árbitro, seu reivindicante;

---

[98] Cf., por exemplo, Fílon, Spec. Leg. II 63: "E existem, por assim dizer, duas doutrinas fundamentais às quais as inúmeras doutrinas e sentenças individuais estão subordinadas: em relação a Deus o mandamento da adoração de Deus e da piedade, em relação ao ser humano o do amor ao próximo e da justiça; cada um deles subdivide-se por sua vez em múltiplas subespécies efetivamente dignos de elogio". Além disso, cf. Fílon, Decal. 108-110, onde se relata no contexto da interpretação do mandamento de honrar os pais sobre pessoas que dirigem seu amor ou inteiramente a Deus ou inteiramente aos seres humanos: "Os últimos podem ser chamados com razão amigos dos seres humanos, os primeiros, porém, amigos de Deus; no entanto, ambos possuem apenas a metade da virtude, pois perfeitos são apenas aqueles que se destacam nas duas direções".

[99] Nas instruções da ética judaica, o mandamento do amor não possui uma posição sobressalente, mas ainda assim, importante; cf. a respeito K.-W. NIEBUHR, Gesetz und Paränese. WUNT 2.28. (Tübingen: 1987), pp. 122ss.

[100] Cf., no contexto do comportamento ético frente a Deus e às outras pessoas, A. DIHLE, Der Kanon der zwei Tugenden (Colônia: 1968).

[101] Cf. Cícero, Off. III 5,21.23 (não é permitido prejudicar os outros: "Pois este é o objetivo das leis, é isto é que querem, que a relação dos cidadãos seja incólume [...]. E isto é operado em medida muito maior pela razão da própria natureza, que é a lei divina e humana"). Além disso, cf. Aristóteles, Ética Nicomáquia 1137b: "Portanto, o justo e o bondoso é idêntico: ambos são valores reais, o bondoso apenas possui uma posição hierárquica mais alta."

quem não obedece a ele, fugirá de si mesmo e, negando a natureza do ser humano, sofrerá exatamente por isto as punições mais severas, mesmo se escapar das punições restantes que são consideradas como tais" (Cícero, Rep. III 22). Quem obedece à lei da razão não pode prejudicar seu semelhante; quem age assim, está em sintonia com deus, com a natureza e consigo mesmo. Esta lei da natureza não é simplesmente idêntica às leis decretadas por seres humanos, que conduzem ao cativeiro e que não podem conduzir à liberdade (cf. Dio Crisóstomo, Or. 80,5: "Assim, vós vos afastastes da lei natural [ὁ μὲν οὖν τῆς φύσεως νόμος ἀφεῖται], e ela desapareceu do meio de vós, ó infelizes. Em lugar dela, vós guardais tábuas e livros da lei e colunas com suas inscrições inúteis.")[102]. A diferenciação entre prescrições legais que escravizam e o sentido verdadeiro da lei é também uma intelecção de uma filosofia iluminista da Antiguidade.

No plano da Carta aos Romanos, Paulo desenvolve uma compreensão da lei que considera as necessidades da situação histórica atual e que é igualmente receptável para judeu-cristãos e gentio-cristãos. Para Paulo, a lei/Torá permanece a palavra e a vontade de Deus, mas não o fundamento da salvação ou a condição da salvação. No sentido negativo, ele abole a dimensão soteriológica da lei por meio da afirmativa de que ela estaria sujeito ao pecado (cf. Gl 3,22; Rm 7,8); no sentido positivo, ele formula a importância e validade perene da lei/Torá no mandamento do amor (cf. Gl 5,14; Rm 13,8-10). A concentração no pensamento do amor permite a Paulo defender a posição teológica da Carta aos Gálatas em seu cerne também na Carta aos Romanos, no entanto, sem ser estigmatizado como "sem lei". Além disso, ao falar também em Rm 3,27 da "lei da fé" e em Rm 8,2, da "lei do espírito da vida em Cristo Jesus" (cf. Gl 6,2: "a lei de Cristo"), ele indica normas que, nessa

---

[102] Além disso, cf. Cícero, Leg. I 42: "No entanto, isto é realmente insensato: crer que tudo fosse justo que está determinado nas prescrições e leis das nações. Porventura também quando são quaisquer leis de tiranos? [...] Pois existe somente um único direito, com o qual a comunidade humana está comprometida e ao qual uma única lei confere uma base: esta lei é a razão reta no ambiente do ordenar e do proibir. Quem não conhece essa lei é injusto, e não importa se ela esteja escrita em algum lugar ou não."

forma deliberadamente aberta, podiam ser recebidas tanto por cristãos provenientes da cultura judaica como provenientes do círculo cultural greco-romano. Como os cristãos vivem já agora a partir dessas normas, Paulo podia também afirmar que eles não abolem absolutamente a lei/ Torá, mas, ao contrário, que a erguem (Rm 3,31). Paulo realiza uma *definição nova* ao formular sua opinião (fragmentária, desde o ponto de vista judaico rígido) acerca da Torá como "a lei" e assim integra ao mesmo tempo a Torá num conceito de lei mais amplo e sobreordenado, acessível tanto a gentio-cristãos como a judeu-cristãos, contra seus respectivos panos de fundo culturais. Através do *conceito de amor, o apóstolo sintetiza* a compreensão judaica e greco-romana e chega assim a uma integração coerente da temática da lei em sua criação de sentido. *Através de uma reescrita (releitura), Paulo consegue conciliar o irreconciliável, para construir assim a necessária conectabilidade cultural.*

Muito instrutiva é a observação de que Paulo enveredou por este caminho também em outras questões teológicas centrais. Em Rm 2,28s, ele define de modo qualitativamente novo o que constitui o ser judeu e a circuncisão: "Pois o verdadeiro judeu não é aquele que o é exteriormente, nem é verdadeira circuncisão aquilo que acontece exteriormente na carne, mas o judeu no oculto e a circuncisão do coração no espírito, não na letra". Rm 4,12 retoma essa nova definição da circuncisão; Abraão torna-se "o pai para os circuncisos, a saber, para aqueles que também caminham nas pegadas da fé". Finalmente ocorre em Rm 9,6s uma nova definição de Israel: "Não que a palavra de Deus tivesse caído (no vazio). Pois nem todos (provenientes) de Israel são Israel, e tampouco são todos filhos e filhas por serem descendentes de Abraão". Novas definições que equivalem em seu conteúdo a uma reescrita/circunscrição são necessárias sempre que mundos de sentido em sua tradicional formação não são compatíveis, mas que precisam ser fundidos num nível mais alto.

19.4 A fé como nova qualificação do Eu

Na fé, o ser humano entra na esfera de Deus que se volta para o mundo; a fé é uma nova qualificação do Eu.

O fundamento e a condição da possibilidade da fé é a iniciativa salvífica de Deus em Jesus Cristo.

A FÉ COMO DOM GRATUITO

A fé não se baseia numa decisão do ser humano, mas *ela é um dom da graça de Deus*[103]. Já para Abraão vale: "Por conseguinte, através da fé, para que: segundo a graça (διὰ τοῦτο ἐκ πίστεως ἵνα κατὰ χάριν), para que a promessa valha para todo descendente, não só para aquele proveniente da lei que é o pai de todos nós" (Rm 4,16). A estrutura básica do conceito paulino da fé mostra-se claramente em Fl 1,29: "Pois vos foi concedido gratuitamente (ὅτι ὑμῖν ἐχαρίσθη), por Cristo – não só crer nele (οὐ μόνον τὸ εἰς αὐτὸν πιστεύσθη), mas também por ele – sofrer". A fé está entre os frutos do espírito (cf. 1Cor 12,9; Gl 5,22), pois: "Ninguém pode dizer: 'Senhor é Cristo!', se não no espírito santo (1Cor 12,3b)[104].

A fé (assim como o amor) não pode ser ordenada, mas apenas recebida, vivenciada e vivida. Portanto, na fé abre-se um novo relacionamento com Deus, que o ser humano pode apenas aceitar com gratidão.

O caráter de dom gratuito de πίστις / πιστεύειν ("fé/ter fé = crer") determina também a relação estreita entre a fé e o anúncio em Paulo. A fé acende-se no evangelho que é um poder de Deus (Rm 1,16). Aprouve a Deus "salvar pela loucura da pregação aqueles que creem" (1Cor 1,21). Muito cedo se espalha a notícia sobre o apóstolo: "Quem outrora nos perseguia, agora anuncia a fé" (Gl 1,23). Segundo Rm 10,8, Paulo anuncia a "palavra da fé" (τὸ ῥῆμα τῆς πίστεως). A fé cresce a partir da proclamação que, por sua vez, remonta à palavra de Cristo (Rm 10,17: "Pois a fé [vem] do ouvir, mas o ouvir, através da palavra de Cristo".

---

[103] Cf. a respeito as considerações fundamentais de G. FRIEDRICH, Glaube und Verkündigung bei Paulus, pp. 100ss.
[104] Contra R. BULTMANN, Theologie, p. 331, que afirma "que Paulo não caracteriza a πίστις como inspirada, não a deriva do πνεῦμα."

Dessa maneira, o próprio Cristo age na palavra da proclamação; "o ouvir da fé" (Gl 3,2.5: ἡ ἀκοὴ πίστεως) realiza-se na pregação do evangelho. Em 1Cor 15,11b, Paulo conclui sua instrução fundamental com as palavras: "Eis o que proclamamos, eis também o que crestes". Não são as artes retóricas do pregador nem o sim entusiástico do ser humano que levam à fé, mas o espírito e a força de Deus (cf. 1Cor 2,4s). O espírito transmite o dom da fé e simultaneamente determina seu conteúdo, ao conceder a união da comunidade.

Espírito e fé estão relacionados em Paulo a partir de uma mesma fonte, no sentido de que o espírito inaugura a fé e que o crente leva uma vida na força do espírito. Vale: "Nós, com efeito, aguardamos no espírito, pela fé, a esperança da justiça" (Gl 5,5). Gl 3,23.25 mostra finalmente que a fé ganha em Paulo dimensões que vão muito além do chegar-a-fé individual: à "vinda" da fé cabe uma qualidade histórico-salvífica, porque a fé substitui a lei/Torá como grandeza soteriológica e possibilita ao ser humano um novo acesso a Deus.

A estrutura básica do conceito paulino da fé como força e dom de Deus que salva, portanto, que dá vida, mostra que é inadequado compreender a fé como "condição"[105], "ato livre de decisão"[106], "aceitação e preservação da mensagem da salvação"[107], "processo de comunicação"[108], "resposta humana desejada à mensagem da missão cristã"[109] ou se referir até mesmo "a um caráter de desempenho ('obra') da fé"[110]. Com essas expressões nomeiam-se em parte aspectos importantes do conceito paulino da fé, mas, ao mesmo tempo, confundem-se causa e efeito, pois somente a atuação de Deus possibilita a fé[111]. É Deus quem opera o querer e o realizar (Fl 2,13). Dessa maneira, a fé nasce da iniciativa salvífica de Deus que chama o ser humano para o

---

[105] A. JÜLICHER, *Der Brief an die Römer*. SNT II, 3ª ed. (Göttingen: 1917), p. 232.
[106] R. BULTMANN, Theologie, p. 317.
[107] E. KÄSEMANN, Röm, p. 101.
[108] A. v. DOBBELER, Glaube als Teilhabe, p. 20.
[109] J. BECKER, Paulus, p. 438.
[110] H. J. SCHOEPS, Paulus, p. 216.
[111] Cf. G. FRIEDRICH, Glaube und Verkündigung bei Paulus, p. 109: "... fé é uma decisão de Deus".

serviço da proclamação do evangelho (cf. Rm 10,13s: "Porque todo aquele que invocar o nome do Senhor será salvo. Mas, ora, como poderiam invocar aquele em quem não creram? E como poderiam crer naquele de quem não ouviram nada? E como poderiam ouvir sem que alguém anunciasse?").

Quem crê, (sempre) já começou a crer e relaciona a fé a Deus como fonte. Unicamente Deus é o doador; o ser humano é o receptor, de modo que Paulo, consequente e logicamente, pode justapor a vida desde a fé à vida desde a lei/Torá (cf. Gl 2,16; 3,12; Rm 3,21s.28; 9,32). A justificação διὰ πίστες Ἰησοῦ Χριστοῦ ("pela fé em Jesus Cristo") realiza-se no modo de dádiva pela graça de Deus (Rm 3,24: δωρεὰν τῇ αὐτοῦ χάριτι). Como dádiva da graça de Deus, a fé é o novo por excelência que abre ao ser humano a possibilidade de aceitar a atuação de Deus e, desse modo, entrar na esfera dessa atuação.

Acaloradamente discutida é o sentido da expressão πίστις Ἰησου Χριστοῦ em Gl 2,16.20; 3,22; Rm 3,22.26; Fl 3,19[112]. Ela deve ser entendida como *genitivus subjectivus* (a fé de Jesus Cristo no sentido de sua obediência diante de Deus)[113] ou como *genitivus objectivus* (a fé em Jesus Cristo)? Recomenda-se antes entendê-la como *genitivus objectivus*:[114]

1) No caso do *genitivus subjectivus* deveria se esperar o artigo definido;

---

[112] Para o debate detalhado, inclusive uma ampla bibliografia, cf., por um lado, R. B. Hays, "ΠΙΣΤΙΣ and Pauline Christology", in E. E. Johnson/D. M. Hay (org.), *Pauline Theology IV* (Atlanta: 1997), pp. 35-60 (argumentação em favor do *genitivus subjectivus*), por outro lado, J. D. G. Dunn, Once more ΠΙΣΤΙΣ ΧΡΙΣΤΟΥ, op. cit., pp. 61-81 (argumentação em favor do *genitivus objectivus*).

[113] Cf. R. B. Hays, ΠΙΣΤΙΣ and Pauline Christology, p. 37: "*His death, in obedience to the will of God, is simultaneously a loving act of faithfulness (πίστις) to God and the decisive manifestation of God's faithfulness to his covenant promise to Abraham. Paul's use of πίστις Ἰησοῦ Χριστοῦ and other similar phrases should be understood as summary allusions to this story, referring to Jesus' fidelity in carrying out this mission*" (Sua morte, em obediência à vontade de Deus, é simultaneamente um ato amoroso de fidelidade (πίστις) a Deus e a manifestação da fidelidade de Deus a sua promessa de aliança dada a Abraão. O uso paulino de πίστις Ἰησοῦ Χριστοῦ e outras expressões semelhantes devem ser entendidas como alusões sumárias a essa estória, que se referem à fidelidade de Jesus em levar a cabo sua missão).

[114] Cf. a argumentação em J. D. G. Dunn, Theology of Paul, pp. 379-385.

2) o contexto dos respectivos textos refere-se claramente à fé em Jesus Cristo;

3) em Paulo, Jesus Cristo não recebe em nenhum texto o predicado πιστός ("fiel")[115].

ELEMENTOS ESTRUTURAIS DA FÉ

A fé ganha sua forma na confissão, algo que Paulo formula programaticamente em Rm 10,9s: "Porque, se confessares com tua boca que Jesus é o Senhor e creres em teu coração que Deus o ressuscitou dentre os mortos, serás salvo. Pois quem crê de coração obtém a justiça, quem confessa com a boca, porém, a salvação." *A fé é fé somente quando é confessada.* O ser humano não pode assumir uma atitude neutra em relação ao conteúdo da fé; ele só pode aceitá-la ou rejeitá-la. Justamente na confissão, a fé aponta para além de si mesma e para o ato salvífico de Deus, de modo que recebe a participação da salvação futura. A fé não permanece fechada sobre si, mas comunica-se e transpõe fronteiras. Por isso, o crente não pode permanecer em silêncio, ao contrário: "Creio, por isso falo (Sl 115,1 LXX), assim que também nós acreditamos e por isso também falamos" (2Cor 4,13b: καὶ ἡμεῖς πιστεύομεν, διὸ καὶ λαλοῦμεν).

Para Paulo não pode haver separação entre o conteúdo da fé e a relação da fé. Quando a fé tem como conteúdo a ressurreição de Jesus Cristo dentre os mortos (cf. 1Ts 4,14; 1Cor 15,14), então a aceitação dessa mensagem de salvação não se realiza de uma maneira distanciada e que retém a própria existência, mas "crer em Jesus Cristo" significa: reconhecê-lo como Senhor e entrar, por isso, em um relacionamento pessoal com ele. O conteúdo da fé está intimamente ligado ao conhecimento da fé, do qual Paulo lembra as comunidades frequentemente (cf. 1Ts 4,13; 1Cor 3,16; 6,1-11.15s.19; 10,1; 12,1; 2Cor 5,1; Gl 2,16; Rm 1,13; 11,25 etc.). Sendo uma dádiva de Deus, a fé sempre inclui também o momento individual do respectivo ser-crente e libera

---

[115] Cf. K. HAACKER, Röm, p. 87.

uma atuação do ser humano[116]. Paulo fala frequentemente de "vossa fé" (1Ts 1,8; 3,2.5-7.10; 1Cor 2,5; 2Cor 1,24; 10,15; Rm 1,8.12; Fl 2,17 etc.) e, nesse contexto, realça especialmente a dimensão missionária da fé das comunidades de Tessalônica e de Roma. Para o apóstolo há um "crescer na fé" (2Cor 10,15); novas intelecções e (re)conhecimentos aumentam, purificam e transformam a fé. A fé está submetida a modificações, mas, em suas convicções básicas, ela não se anula a si mesma. Em Rm 12,3, Paulo exorta os carismáticos a não irem além dos limites estabelecidos também para eles, mas de serem ajuizados conforme a medida da fé que lhes foi concedida (μέτρον πίστεως)[117]. Com isto, Paulo introduz a ideia da fé que se realiza sempre num determinado lugar e de uma determinada maneira, que precisa estar ciente de suas limitações, se não quiser se desviar para uma autossobrestimação entusiasta. O crente deve ponderar qual dom lhe foi concedido e deve encontrar seu lugar dentro da comunidade.

A fé baseia-se na atuação amorosa de Deus em Jesus Cristo (cf. Rm 5,8), de modo que o amor aparece como o lado da fé que é ativo e visível a todos. Como o amor é a característica essencial da fé, julga-se pecado tudo que não nasce e cresce a partir da fé (Rm 14,23). Paulo exige do crente uma sintonia de pensamento e atuação, de convicção de ato[118]. Ao mesmo tempo, porém, ele sabe das falhas dos crentes (Gl 6,1), fala de "fracos na fé" (Rm 14,1), promete aos filipenses a promoção na fé (Fl 1,25) e convoca para caminhar na fé (1Cor 16,13; 2Cor 1,24; Rm 11,20). Dessa maneira, a fé não confere ao ser humano nenhuma nova qualidade visível, mas coloca-o dentro de um movimento e comprovação histórico que se realiza em obediência (Rm 1,5: "É Jesus Cristo nosso Senhor por quem recebemos a graça e o ministério de apóstolo, para erguer a obediência da fé para seu nome entre todas as nações"). A obediência da fé, por sua vez, manifesta-se na aceitação e preservação do evangelho.

---

[116] Muito conciso A. SCHLATTER, Der Glaube im Neuen Testament (Stuttgart: 1927), p. 371: "O querer fundado na fé é amor".
[117] Para esse conceito, cf. E. KÄSEMANN, Röm, p. 323.
[118] Muito adequado P. STUHLMACHER, Röm, p. 72: "Segundo tudo isso, a fé é para o apóstolo um ato integral de vida, sustentado pelo espírito santo".

FÉ/CRER NOS CONTEXTOS CULTURAIS

Com a designação da relação com Deus como πίστις / πιστεύειν, Paulo e o cristianismo primitivo estão em continuidade com um contexto de linguagens e conteúdos mais abrangente. Por exemplo, a Septuaginta verte constantemente a raiz hebraica/aramaica אמן pelo grego πιστ-, sendo que prevalecem os significados de "crer em" e "confiar = dar fé"[119]. Fílon adota esse uso linguístico na tradição da literatura sapiencial judaico-helenista (Jesus Siraque, Sabedoria de Salomão, Quarto Livro dos Macabeus)[120] e confere-lhe um maior desenvolvimento; a fé aparece agora como a virtude suprema[121]. "Como se chega a confiar em Deus (πῶς ἄν τις πιστεύομαι θεῷ)? Quando se experimenta que todas as outras coisas mudam e que unicamente Deus é imutável" (Leg. All. II 89). A confiança em Deus é justaposta à confiança no mundo e nas coisas exteriores, e Abraão é apresentado como o protótipo desta confiança. No contexto da interpretação de Gn 15,6, Fílon ressalta: "Segundo isto, um bem seguro e verdadeiro é unicamente a confiança em Deus (ἡ πρὸς θεὸν πίστις), a qual inclui o consolo da vida, o cumprimento de boas esperanças, a ausência de qualquer Mal e uma abundância do Bem, [...] o conhecimento da veneração de Deus, a posse da felicidade e em todos os aspectos um enobrecimento da alma que se apoia firmemente no autor de todas as coisas..." (Abr. 268)[122]. No mundo grego, o campo de "fé/crer" está relacionado em primeiríssimo lugar aos mais que 50 locais de oráculos[123]. Desde o séc. VII/VI a.C. até a Antiguidade tardia adentro, a emissão de os oráculos era um fenômeno histórico-cultural que dizia respeito a todos os ambientes da vida pública e privada. Nesse

---

[119] Cf. a respeito G. BERTRAM, Verbete "πιστεύω", in ThWNT 6, pp. 197s, nota 149; D. LÜHRMANN, Pistis im Judentum, pp. 20-25.
[120] Cf., por exemplo, Eclo 2,6.8.10; 4,16; 11,21; Sb 16,26; 4Mc 7,19.21; 15,24; 16,22. 121.
[121] Cf. D. LÜHRMANN, Pistis im Judentum, pp. 29-34; além disso, E. BRANDENBURGER, "Pistis und Soteria", in Idem, Studien zur Geschichte und Theologie des Urchristentums. SBA NT 15 (Stuttgart: 1993), pp. 251-288.
[122] = NW II/1, p. 108; além disso, Fílon, Rer. Div. Her. 90-101; Vit. Mos. I 83.90; Leg. All. II 89.
[123] Cf. a respeito V. ROSENBERGER, Griechische Orakel (Darmstadt: 2001).

contexto, a fé relaciona-se a ditos de deuses[124] que serviam especialmente em situações de crise e passagem como interpretação da sorte da vida de uma pessoa[125]. Principalmente o processo contra Sócrates mostra o quanto a fé nos oráculos estava associada também a opções políticas. Xenofonte descreve Sócrates como um grego exemplar que reconhece os deuses e que é, ele mesmo, um representante singular da arte da adivinhação: "Com certeza, ele não profetizou nada sem estar convicto de que estava dizendo a verdade. Como, porém, alguém poderia em tais questões recorrer a outra coisa a não ser à divindade? Portanto, ele confiou nos deuses (πιστεύων δὲ θεοῖς). Ora, como é que ele poderia ainda ter acreditado que deuses não existissem?" (Memorabilia I 5). Oráculos são a expressão de uma relação pessoal com divindades, porque pressupõem a fé de que os deuses se interessam pelo destino de seres humanos e se preocupam com as necessidades dos mesmos; felicidade e infelicidade, boa e má sorte são percebidas como o efeito do poder divino. O quanto πίστις / πιστεύειν tinha na época helenística também uma conotação religiosa no âmbito não judeu[126] mostra Luciano e especialmente Plutarco que assumiu por volta de 95 d.C. o cargo de um dos dois chefes de sacerdotes no santuário do oráculo de Apolo em Delfos. Para Plutarco, a fé é algo óbvio, pois os deuses são os garantes da estabilidade social e individual: "Veneração e fé estão implantadas em quase todos os seres humanos desde o nascimento" (Moralia 359F/ 360A). O conteúdo da fé são a presciência dos deuses e sua ajuda dispensada aos seres humanos, especialmente em situações de emergência ou de limite, respectivamente, como doença e morte. Em toda a vida humana, os deuses são "testemunhas e

---

[124] Jâmblico, De Vita Pythagorica 138, relata acerca dos pitagóricos: "Por isso, eles se dedicam seriamente à arte dos oráculos, pois unicamente ela traduz o pensamento que vem dos deuses. Da mesma maneira estimará seu empreendimento quem acredita na existência dos deuses, mas quem considera uma dessas coisas um negócio ingênuo, não acredita em ambas."

[125] Os documentos principais são elencados e interpretados em G. BARTH, Pistis in hellenistischer Religiosität, pp. 173-176; G. SCHUNACK, Glaube in griechischer Religiosität, pp. 299-317.

[126] Cf. também aqui G. BARTH, Pistis in hellenistischer Religiosität, pp. 177-185; G. SCHUNACK, Glaube in griechischer Religiosität, pp. 317-322.

inspetores, líderes e coagentes" (Moralia 757D). Portanto, do mesmo modo como a superstição, o ateísmo é severamente criticado por Plutarco como resultado da falta de conhecimento das divindades (cf. Alexandre 75; Moralia 164E); o decisivo é encontrar entre esses dois extremos a verdadeira religiosidade "que está no meio" (Moralia 171E).

ACENTOS NOVOS

A pregação missionária do cristianismo primitivo e Paulo vão além do uso linguístico do judaísmo helenista e do helenismo gentio, ao tornar πίστις / πιστεύειν a designação central e exclusiva da relação com Deus[127].

Uma segunda característica particular manifesta-se na orientação da fé por Jesus Cristo. Para Paulo, a fé é sempre a fé naquele Deus que ressuscitou Jesus Cristo dentre os mortos (cf. Rm 4,17.24; 8,11). Jesus Cristo é tanto o desencadeador como o conteúdo da fé[128]. Portanto, o centro da fé não é o crente, mas o acreditado.

Como a fé nasce e cresce da pregação do evangelho, ela é, em última instância, sempre um ato de Deus, fundado unicamente no evento Cristo. Por isso, a fé não pode ser o meio pelo qual o ser humano cria a condição para a atuação salvífica de Deus. Pelo contrário, na fé, Deus coloca o ser humano num novo caminho, cujo fundamento e meta é Jesus Cristo. Para o ser humano, a fé não é produzível, mas sim experimentável e realizável. *A fé aparece como uma atuação criativa de Deus no ser humano*, e esta atuação, por sua vez, possibilita e exige uma atuação do ser humano. Sem dúvida, a fé contém também elementos biográficos e psicológicos e o momento da decisão humana, mas esta é precedida pela decisão fundamental de Deus. Apenas a atuação da graça de Deus que se antecipa leva à aceitação do evangelho, e essa aceitação, por sua vez, deve ser considerada uma dádiva de Deus.

---

[127] Cf. G. BARTH, Verbete "πίστις", in *EWNT* 3, p. 220.
[128] Cf. G. FRIEDRICH, Glaube und Verkündigung bei Paulus, pp. 102-106.

Quem chega à fé deve isso ao evangelho que sai de Deus, que busca a aceitação e que supera poderosamente a resistência humana.

Por isso, o crente compreende sua própria decisão como um ato da graça de Deus[129]. A fé não suspende as decisões humanas, mas abraça-as e orienta-as de modo novo. Na fé, o ser humano experimenta e compreende a si mesmo e o mundo de modo novo. Abre-se uma nova relação com o mundo[130], porque a medida do (re)conhecimento e da atuação é agora a realidade de Deus em Jesus Cristo. Isto se confirma através do fenômeno da dúvida na fé que nasce do contraste entre a realidade oculta da fé (2Cor 5,7: "Pois caminhamos na fé e não na visão...") e os paradigmas e medidas do mundo como é percebido em geral. A fé pode se orientar somente nas promessas da mensagem do evangelho e recebe a partir delas a força de aceitar o caráter oculto de sua verdade. A fé realiza-se como uma interligação tensa entre a experiência de Deus e a experiência do mundo, e, nesse contexto, a atuação salvífica de Deus em Jesus Cristo é considerada o fundamento sustentador da realidade e está relacionada decisivamente com o mundo, assim como ele é experimentado.

19.5 Centros do *self* humano

O cerne mais íntimo do ser humano é descrito e definido por Paulo de várias maneiras. Nesse âmbito, ele pode se servir igualmente de conceitos veterotestamentários e greco-romanos.

---

[129] Por isso não é possível equiparar a nova autocompreensão dos crentes a Deus; contra H. BRAUN, "Die Problematik einer Theologie des Neuen Testaments", in Idem, *Gesammelte Studien*, p. 341, cuja antropologização consequente da teologia o leva a uma afirmação: "[...] o ser humano enquanto ser humano, o ser humano em sua humanidade voltada para o próximo, implica Deus. A partir do Novo Testamento, isto deveria ser revelado de forma sempre nova. Nesse sentido, Deus seria então um determinado tipo de humanidade voltada para o próximo."

[130] A. v. DOBBELER, Glaube als Teilhabe, p. 276, constrói uma alternativa errônea: "Portanto, no caso de πίστις não se trata de uma nova autocompreensão, mas de uma nova compreensão grupal ou comunitária/social de pessoas que são iguais diante de Deus."

"CONSCIÊNCIA"

No centro da autoconsciência humana está a *consciência*; o termo συνείδεσις ("consciência") ocorre 30 vezes no Novo Testamento, somente em Paulo 14 vezes. Um grande acúmulo de συνείδεσις há nos confrontos sobre a carne oferecida aos ídolos em 1Cor 8 e 10 (8 vezes). Além disso, Paulo usa συνείδεσις ainda três vezes na Segunda Carta aos Coríntios e na Carta aos Romanos, respectivamente[131], e também em 1Cor 4,4 encontra-se uma vez o verbo σύνοιδα.

O Antigo Testamento/o judaísmo antigo desconhece um equivalente linguístico do grego συνείδεσις[132]. No entanto, ali, לב ("coração") pode assumir funções correspondentes. Por exemplo, o bater do coração é considerado uma expressão da consciência má (cf. 1Sm 24,6; 2Sm 24,10); o coração pode ser puro ou maculado (TestJs 4,6a; TestBen 8,2), e o coração pode acusar (Jó 27,6). Paulo adotou συνείδεσις provavelmente do âmbito da filosofia popular helenista. Aqui, συνείδεσις significa principalmente a consciência que condena ou aprova moralmente os próprios atos[133]. Como os deuses deram aos seres humanos a sabedoria, estes são capacitados para o autorreconhecimento. "Pois quem reconhece a si mesmo constatará primeiro que tem algo de divino dentro de si, e crerá que o espírito dentro de si se assemelha a uma imagem consagrada de uma divindade, e sempre agirá e sentirá de tal maneira que é digna de uma dádiva divina tão importante" (Cícero, Leg. 1,59). Já que deus equipou os seres humanos com as capacidades que lhe são próprias, estes são capazes de distinguir o Bem e o Mal, porque ele "colocou

---

[131] O grande número das ocorrências paulinas de συνείδεσις em ambas as Cartas aos Coríntios leva H.-J. KLAUCK, "Der Gott in dir" (Ep 41,1). Autonomie des Gewissens bei Seneca und Paulus, p. 30, a supor que a problemática da consciência teria sido "enfiado" nas temáticas de Paulo pelos coríntios.
[132] Cf. a respeito R-J. ECKSTEIN, Syneidesis, 105ss.
[133] Para o conceito de consciência em autores romanos e gregos, cf. H. BÜHLIG, "Das Gewissen bei Seneca und Paulus", in *ThStKr* 87 (1914), p. 1-24; P. W. SCHÜNLEIN, "Zur Entstehung eines Gewissensbegriffes bei Griechen und Römern", in *RMP NF* 112 (1969), pp. 289-305; R. CHADWICK, Verbete "Gewissen", in *RAC* 10 (Stuttgart: 1978), pp. 1025-1107; H.-J. KLAUCK, "Der Gott in dir" (Ep 41,1). Autonomie des Gewissens bei Seneca und Paulus, *passim*; Idem, "Ein Richter im eigenen Innern. Das Gewissen bei Philo von Alexandrien", in Idem, *Alte Welt und neuer Glaube*. NTOA 29 (Göttingen/Friburgo [Suíça]: 1994), pp. 33-58; H. CANCIK-LINDEMAIER, Verbete "Gewissen" in *HRWG* 3 (Stuttgart: 1993), pp. 17-31.

ao lado de cada um de nós um vigia, a saber, o espírito protetor (δαίμων) de cada um, um vigia que jamais cochila e que não pode ser enganado (Epíteto, Diss. I 14,12; cf. Diss. II 8,11s; Sêneca, Ep. 41,1s; 73,76). Também o fenômeno da consciência má (cf., por exemplo, Sêneca, Ep. 43,4s; 81,20; 105,8) aponta para uma instância dentro do ser humano que está entrelaçada com a virtude e com a razão e que reivindica a conduta estabelecida pela natureza: "Deve haver, portanto, um guarda, e este deve constantemente puxar nossa orelha, manter afastado o falatório e contradizer ao povo que elogia com hipocrisia" (Sêneca, Ep. 94,55). Em torno da virada do tempo pode-se observar um claro aprofundamento da autoconsciência moral: a autonomia moral que se condensa na consciência do ser humano é compreendida como uma representação do divino dentro do ser humano e, dessa maneira, como um ser e agir de acordo com a razão e a natureza.

O complexo central de textos para a verificação do significado de συνείδεσις em Paulo é o conflito em torno da carne oferecida aos ídolos em 1Cor 8 e 10[134]. Nesses trechos, Paulo indica com συνείδεσις não a "consciência má"[135] nem o "conhecimento de Deus[136]", mas a συνείδησις aparece como a *instância da autoavaliação*. Objeto da avaliação pela consciência é a conduta humana que é verificada em relação à sintonia com as normas pré-estabelecidas[137]. Quando os "fortes" fazem uso da liberdade à qual têm direito e continuam a comer também futuramente carne oferecida aos ídolos, eles seduzem os "fracos" para se comportarem da mesma forma. Dessa maneira, eles lançam os "fracos" num conflito de consciência, que agora comem carne oferecida aos ídolos, embora isto não corresponda ao seu verdadeiro querer e autocompreensão. Quando os "fortes" pecam contra seus irmãos, eles pecam igualmente contra Cristo (1Cor 8,13) que morreu também pelo irmão fraco (1Cor 8,12). A liberdade da pessoa individual encontra seu limite claramente na consciência da outra que não pode ser comprometida. Paulo pode assegurar aos "fortes" que a consciência não exige verificações na compra de carne, porque "a terra e tudo o que

---

[134] Cf. acima, Seção 9.4 (Liberdade e compromisso em Cristo).
[135] R. BULTMANN, Theologie, p. 217.
[136] W. GUTBROD, Anthropologie, p. 63.
[137] Cf. R-J. ECKSTEIN, Syneidesis, pp. 242s.

ela contém pertencem aos Senhor" (1Cor 10,26). Também no caso de um convite por parte de gentios, o cristão não precisa fazer investigações, mas pode comer tudo que lhe for oferecido. Mas ao mesmo tempo vale: quando um "fraco" o alerta sobre carne oferecida aos ídolos e o fato de ele consumir essa carne gera um peso de consciência para os "fracos", ele deve relegar sua própria liberdade ao segundo plano. Portanto, συνείδεσις não designa uma emoção, um estado de consciência ou a capacidade de discernimento moral-religioso, mas sim uma instância que julga o comportamento do ser humano de acordo com normas pré-estabelecidas[138].

Em 2Cor 1,12, Paulo precisa se confrontar com acusações da comunidade coríntia contra sua pessoa.

Alguns o acusam de inconstância, de mudar seus planos de viagem, de que não se pode confiar nele.

Paulo aduz a consciência como testemunha independente em apoio de suas declarações, sendo que a argumentação tem uma conotação do significado original de "co-saber (saber também)"[139]. O apóstolo diz a verdade não apenas subjetivamente, mas objetivamente, porque a consciência avalia a sua conduta de vida e seu trabalho missionário na comunidade coríntia positivamente. De modo semelhante ocorre συνείδεσις também em 2Cor 4,2: "Desvinculamo-nos dos procedimentos secretos, das quais se tem que ter vergonha; e não caminhamos em astúcia e não falsificamos a palavra de Deus, mas é pela manifestação da verdade que nos recomendamos a cada consciência humana diante de Deus." Paulo enfrenta abertamente a decisão dos coríntios e apela à consciência deles, como uma instância humana de avaliação (cf. 2Cor 5,11).

Em Rm 2,14s, συνείδεσις aparece como um fenômeno antropológico abrangente: "Pois quando então os gentios, não tendo a lei, fazem a partir de si mesmos as obras da lei, eles, que não têm a lei, são a lei para si mesmos. Eles comprovam que a obra da lei está gravada em seus corações, dando disto testemunho sua consciência e os pensamentos

---

[138] Para a coesão da argumentação paulina, cf. H.-J. ECKSTEIN, op. cit., p. 271.
[139] Cf. F. LANG, Die Briefe an die Korinther, p. 255.

que se acusam e defendem mutuamente". Aqui, a consciência como consciência de normas abrange a autoavaliação moral do ser humano, seu conhecimento acerca de si mesmo e de sua conduta[140]. Como fenômeno próprio a todos os seres humanos, a consciência confirma para Paulo a existência da lei também entre os gentios. Em Rm 9,1s, o apóstolo assevera enfaticamente a verdade de seus sentimentos: "Digo a verdade em Cristo, não minto, como me confirma minha consciência no espírito santo: que minha tristeza é grande, e a dor em meu coração, incessante" (cf. também 2Cor 1,23; 2,17; 11,38; 12,19). A consciência apresenta-se como testemunha autônoma, personificada, em favor da verdade e verifica a concordância entre as convicções e a conduta. Segundo Rm 13,5[141], os cristãos devem se submeter às instituições por intelecção acerca do poder e da ordem do Estado: "Por isso é necessário submeter-se, não somente por causa da ira, mas também por causa da consciência." Ordenamentos estatais decorrem da vontade de Deus, na medida em que resistem ao Mal e promovem o Bem. Paulo pensa, como em Rm 2,15, na consciência de cada ser humano, não na consciência especificamente cristã. Já a responsabilidade diante dos ordenamentos de Deus e a intelecção racional na necessidade da função ordenadora do Estado motivam a consciência a aceitar sua existência.

Paulo compreende συνείδεσις como uma instância neutra para avaliar atos realizados (de forma reflexiva e em relação a outros), com base em normas valorativas interiorizadas. Para Paulo, a consciência não inclui o conhecimento fundamental do Bem e do Mal, mas sim um *co*-saber acerca de normas que servem de base para um juízo que pode se formar tanto de forma positiva como negativa[142]. Como conceito relacional, a consciência não estabelece as normas a si mesma, ao contrário, ela julga a observação das mesmas. A consciência também não pode ser considerada uma peculiaridade dos cristãos, gentios ou judeus, mas é um *fenômeno humano geral*. Sua função é a mesma em

---

[140] Cf. D. ZELLER, Röm, p. 70.
[141] Para a exegese, cf. H.-J. ECKSTEIN, Syneidesis, pp. 276-300.
[142] Cf. H.-J. ECKSTEIN, op. cit., pp. 311ss.

todos os seres humanos; apenas as normas, que são o pressuposto e a condição da avaliação, podem ser muito diferentes. Cristãos avaliam a conduta própria e/ou alheia com a ajuda do amor e da razão renovados pelo Espírito, que são normas fundamentais.

"EIKON"

Paulo expressa a *dignidade* extraordinária do ser humano por meio do uso de εἰκών ("imagem, cópia, imagem original/primordial"). O conceito de εἰκών adquire um significado teológico fundamental no discurso sobre Cristo como a imagem de Deus. Em 2Cor 4,4, o apóstolo explicita[143] como se deu o encobrimento do evangelho entre os rejeitados; a eles, o Deus deste éon cegou os sentidos "a fim de que não vejam o brilho da luz do evangelho da glória de Cristo, que é a imagem de Deus" (ὅς ἐστιν εἰκὼν τοῦ θεοῦ). Aqui, εἰκών aparece como uma categoria de participação: o Filho tem parte na δόξα ("glória") do Pai; nele se revela a verdadeira natureza de Deus, porque ele é a imagem e semelhança de Deus voltada para os seres humanos.

Paralelos ao conceito de εἰκών encontram-se especialmente na teologia sapiencial judaica[144]. Por exemplo, a sabedoria é "a emanação puríssima da glória do onipotente" (cf. Sb 7,25). "Ela é o reflexo da luz eterna, o espelho não embaçado da força de Deus e a imagem de sua perfeição" (Sb 7,26c: καὶ εἰκὼν τῆς ἀγαθότητος αὐτοῦ). Em Fílon, o Logos como o Filho de Deus é simultaneamente *eikon* de Deus, cf. Fug. 101: "αὐτὸς (isto é, λόγος θεῖος) εἰκὼν ὑπάρχων θεοῦ [...]"; além disso, All. I 31s; Op. 25; Conf. 62s.97.

No debate religioso-filosófico pagão, a ideia de um parentesco entre o ser humano e Deus desempenha também um papel importante. Por exemplo, segundo Cícero, os deuses implantaram a alma no ser humano: "Por isso, pode-se falar com razão tanto de nosso parentesco

---

[143] Cf. J. Jervell, *Imago Dei*. FRLANT 76 (Göttingen: 1960), pp. 214-218.
[144] Cf. para as referências histórico-religiosas abrangentemente F.-W. Eltester, *Eikon im Neuen Testament*. BZNW 23 (Berlim: 1958), pp. 26-129; J. Jervell, Imago Dei, pp. 15-170.

com os deuses celestiais como da origem e proveniência correspondentes" (Leg. 1,24). Portanto, desde o início, o conhecimento de Deus é dado aos seres humanos e manifesta-se constantemente na memória: "Para além disso, reside no ser humano a mesma virtude que em deus, e isto não é o caso com nenhuma outra espécie; a virtude, porém, nada mais é do que a natureza desenvolvida para sua forma mais perfeita e suprema: portanto, o ser humano é semelhante a Deus" (*est igitur homini cum deo similitudo*)[145].

O conceito de Cristo como a imagem de Deus é o fundamento de todas as outras afirmativas sobre a relação dos crentes com a imagem de Cristo. Em 1Cor 15,49, Paulo enfatiza, contra a postura dos coríntios orientada pela ideia de salvação presente, que eles portarão a imagem do ser humano celestial Jesus Cristo somente no evento escatológico, pois o tempo presente está ainda marcado pelo ser humano terrestre, Adão[146]. Com a ressurreição realiza-se, através da caracterização com a imagem do Ressuscitado, a participação de sua natureza imortal. Segundo Rm 8,29, a meta da eleição de Deus é que os crentes "sejam conformes à imagem do seu Filho, a fim de ele se tornar o primogênito entre muitos irmãos". Este acontecimento experimenta sua plena realização na ressurreição dos crentes, mas ele apresenta também uma dimensão presente, pois, por meio do batismo, os crentes já participam da natureza de Cristo como a imagem de Deus (Rm 6,3-5). 2Cor 3,18 esta numa grande proximidade de conteúdo a Rm 8,29[147]. Pela atuação do espírito, os crentes contemplam a glória do Ressuscitado "como num espelho" e, dessa maneira, são transformados na imagem de seu Senhor. No Ressuscitado repousa a glória divina em toda sua plenitude; por isso, ele é tanto a imagem original e primordial

---

[145] Cícero, Leg. 1,25.
[146] Cf. Chr. Wolff, 1Kor, p. 203. A semelhança divina dos seres humanos, fundada na criação, é transferida por Paulo para a dimensão escatológica da nova criação do ser humano que já está presente no espírito e que se realiza plenamente na *parusia*; cf. J. Eckert, "Christus als 'Bild Gottes' und die Gottebenbildlichkeit des Menschen in der paulinischen Theologie", in H. Frankemölle/K. Kertelge (org.), *Vom Urchristentum zu Jesus*. FS J. Gnilka (Friburgo: 1989) pp. 350ss.
[147] Para os problemas de 2Cor 3,18, cf. H.-J. Klauck, 2Kor, pp. 41s.

como a meta da transformação dos cristãos. Paulo interpreta este processo não como uma transformação da substância[148], mas como um acontecimento histórico-escatológico, pois na vida dos crentes já atua agora aquele poder de Deus que se revelará e se imporá abrangentemente no evento escatológico.

Enquanto o pano de fundo de Rm 8,29; 2Cor 3,18 já foi a imagem e semelhança de Deus, declarada em Gn 1,26s, Paulo refere-se em 1Cor 11,7s explicitamente a esse conceito: "Pois o homem não tem que cobrir sua cabeça, porque ele é a imagem e a glória de Deus; a mulher, porém, é a glória do homem. Pois não é o homem que foi tirado da mulher, mas a mulher, do homem." Aqui, Paulo se volta contra o hábito aparentemente muito difundido em Corinto da participação de mulheres no culto sem cobrir a cabeça. Esta é provavelmente uma prática nova e desconhecida em outras comunidades (cf. 1Cor 11,16), que surgiu possivelmente dos esforços entusiásticos de emancipação por partes da comunidade coríntia[149]. Paulo argumenta contra esta abolição das ordens até então em vigentes a partir da teologia da criação, ao justificar a diferença entre homem e mulher e as consequencias práticas decorrentes dela com o fato de o homem ser a imagem e semelhança de Deus. O homem participa da glória de Deus, ele é o "reflexo" de Deus. Em comparação, a mulher é apenas o "reflexo" do homem, porque ela foi formada a partir do homem (cf. Gn 2,22). Paulo segue em sua interpretação de Gn 1,27 a exegese judaica contemporânea, que decidiu a tensão entre as afirmações relacionadas a um ser humano em Gn 1,27a.b ("Assim, Deus criou o ser humano a sua imagem, à imagem de Deus ele o criou") e v.27c ("homem e mulher ele os criou") em favor das duas primeiras partes do versículo[150]. Como argumento de conteúdo serve aqui a observação de que a qualidade (do homem) de ser a imagem e semelhança de Deus é mencionada somente no v. 27a.b, mas não em relação a homem e mulher no v. 27c. Esta interpretação não faz jus à intenção original de

---

[148] H. WINDISCH, 2 Kor, p. 129, supõe aqui a influência de cultos de mistérios.
[149] Cf. CHR. WOLFF, 1Kor, pp. 70s.
[150] Ocorrências em J. JERVELL, Imago Dei, pp. 107-112.

Gn 1,27, porque אדם em Gn 1,27 deve ser entendido como termo coletivo para "humanidade". Dessa maneira, os v. 27a.b. e v. 27c interpretam-se mutuamente e precisam ser considerados uma unidade em termos de conteúdo[151]. A qualidade humana de ser imagem e semelhança de Deus não é uma afirmação específica de um sexo, mas abrange os dois sexos.

O conceito de εἰκών é para Paulo uma categoria de participação: a participação do filho na glória do Pai experimenta sua plena realização na participação dos crentes na glória de Cristo. Cristo como εἰκών τοῦ θεοῦ (2Cor 4,4) os inclui dentro de um processo histórico, em cujo ponto final estará sua própria transformação. Em sua relação com Cristo, o ser humano corresponde a sua destinação como εἰκών τοῦ θεοῦ. A existência do ser humano não se esgota na mera condição criatural, mas apenas na correspondência a Deus; o ser humano realiza sua destinação como imagem de Deus, que corresponde à intenção da criação e que se abre na fé em Jesus Cristo como a imagem original e primordial de Deus.

"CORAÇÃO"

Outro centro do *self* humano que aparece em Paulo é καρδία ("coração")[152]. O amor de Deus foi derramado pelo espírito santo no coração dos seres humanos (Rm 5,5). No coração opera o espírito santo. Deus enviou o espírito de seu Filho "aos nossos corações" (Gl 4,6), e no batismo, ele deu o espírito como ἀρραβών "em nossos corações" (2Cor 1,22). O batismo leva a uma obediência que vem do coração

---

[151] Para a interpretação de Gn 1,27, cf. especialmente G. v. RAD, *Gênesis*, 9ª ed. ATD 2/4 (Göttingen: 1972), pp. 37ss.

[152] No uso de καρδία, Paulo encontra-se na tradição da antropologia veterotestamentária. Na maioria das vezes, a LXX traduz o hebraico לב (aproximadamente 850 vezes no Antigo Testamento) por καρδία. No Antigo Testamento, o coração designa o centro dinâmico do ser humano, seu centro mais íntimo onde se situam seu querer, pensar e desejar; cf. H.-W. WOLFF, *Anthropologie des Alten Testaments*, 2ª ed. (Munique: 1974), pp. 68ss.

(Rm 6,17), e o ser humano está numa nova relação de dependência que lhe traz salvação: ele serve a Deus, portanto, à justiça. Há uma circuncisão do coração que se realiza no espírito e não na letra (Rm 2,29), uma transformação interior do ser humano, a partir da qual nasce um relacionamento novo com Deus. A comunidade em Corinto é uma carta de Cristo "escrita não com tinta, mas com o espírito do Deus vivo, não em tábuas de pedra, mas em tábuas da carne, a saber, vossos corações" (2Cor 3,3). A fé tem seu lugar no coração, e foi ao coração que Deus enviou o brilho claro do conhecimento de Jesus Cristo (2Cor 4,6). Os corações são fortalecidos por Deus (1Ts 3,13), e a paz de Deus que está acima de toda razão guarda os corações dos fiéis (Fl 4,7)[153]. O coração pode se abrir ou fechar à mensagem salvífica sobre a fé em Jesus Cristo (cf. 2Cor 3,14-16). Conversão e confissão começam no coração, pois: "Se confessares com tua boca 'Senhor é Jesus' e creres em teu coração [...]. Com o coração crê-se para obter a justiça..." (Rm 10,9s). Aqui se correspondem boca e coração, por um lado, e o ato de confissão e fé, por outro; isto é, o ser humano inteiro é tomado pelo evento salvífico de Cristo.

Justamente como o órgão "mais íntimo", o coração determina o ser humano inteiro. Ele é o centro da decisão deliberada, tanto no sentido positivo como negativo. O coração sabe da vontade de Deus (Rm 2,15), ele está firme em relação às paixões (1Cor 7,37) e disposto para ajudar aos necessitados (2Cor 9,7). Ao mesmo tempo, porém, o coração pode ser também insensato e obscurecido (Rm 1,21; 2,5), fonte de desejos (Rm 1,24; 2,5) e lugar de obstinação (2Cor 3,14s). Deus perscruta e sonda os corações (1Ts 2,4; Rm 8,27) e revela os desejos do coração (2Cor 4,5). O coração é a sede das emoções e dos sentimentos, lugar do medo (2Cor 2,4), do amor (2Cor 7,3), da franqueza (2Cor 6, 11) e do desejo sincero (Rm 9,2; 10,1). A relação particularmente boa do apóstolo com os filipenses mostra-se no fato de que ele os tem em seu coração (Fl 1,7). Diferentemente de seus adversários, Paulo não trabalha com

---

[153] Tanto em Fl 1,7s (φρονεῖν ["pensar"], σπλάγχνα ["o íntimo, interior"]) como em Fl 4,7 (νόημα ["pensamento"], νοῦς ["razão"]), Paulo pode relacionar καρδία a termos gregos.

cartas de recomendação. A comunidade coríntia é sua carta de recomendação, "escrita em vossos corações, compreendida e lida por todos os seres humanos" (2Cor 3,2). Os adversários na Segunda Carta aos Coríntios gabam-se do exterior, não do coração (2Cor 5,12); Paulo luta por sua comunidade e pede: "Acolhei-nos em vossos corações" (2Cor 7,2). Ele abre seu coração para a comunidade (2Cor 6,11) e garante-lhe que "estais em nosso coração para morrer juntos e para viver juntos" (2Cor 7,3). Com καρδία, Paulo refere-se ao mais íntimo do ser humano, a sede de inteligência, emoção e vontade, o lugar onde as decisões da vida são efetivamente tomadas e onde começa a atuação de Deus por meio do Espírito.

"PSYCHE"

O termo ψυχή ("vida/ser humano") ocorre apenas raramente em Paulo (11 vezes), na Septuaguinta geralmente como tradução de נפשׁ. Também Paulo usa ψυχή para designar com esse termo a vida em sua totalidade (Rm 2,9) ou todos os seres humanos (Rm 13,3). Frequentemente, ψυχή ocorre no sentido de "dar sua vida"; por exemplo, Paulo está disposto a dar sua vida pela comunidade (2Cor 12,15). Epafrodito arriscou sua vida pela obra de Cristo e esteve prestes a morrer (Fl 2,30). Prisca e Áquila arriscaram seu pescoço pela vida de Paulo (Rm 16,4). Em 2Cor 1,23, Paulo oferece aos coríntios sua vida como penhor de que sua invocação a Deus como testemunha de seus planos é verdadeira. Na citação de 1Rs 19,10.14 em Rm 11,3, inimigos procuram tirar a vida de Elias. Paulo concede aos tessalonicenses a participação de sua vida ao permitir que participem de seus dons e seu trabalho (1Ts 2,8). O primeiro ser humano, Adão, é designado em 1Cor 15,45a em antítese a Cristo como uma psique viva (ψυχή ζῶσα), portanto, como um ser mortal. O ser humano natural (ψυχικὸς ἄνθροπος) é incapaz de perceber a atuação de Deus por meio do espírito (1Cor 2,14). Em paralelo a ἐν ἑνὶ πνεύματι ("em espírito") encontra-se μιᾷ ψυχῇ em Fl 1,27 no sentido de "como um só homem", "unânime".

Um problema particular da antropologia paulina manifesta-se em 1Ts 5,23: "Ele, porém, o Deus da paz, santifique-vos perfeitamente e preserve integralmente vosso espírito, alma e corpo irrepreensíveis para o dia da *parusia* de nosso Senhor Jesus Cristo". Na base da expressão τὸ πνεῦμα καὶ ψυχή καὶ τὸ σῶμα, que parece ser tricotômica, não está uma antropologia helenista refletida, segundo a qual o ser humano é dividido em corpo, alma e espírito. Paulo apenas realça que a atuação santificadora de Deus diz respeito ao ser humano inteiro. Esta interpretação recomenda-se tanto por causa dos adjetivos ὁλοτελής ("perfeito") e ὁλόκληρος ("completo, íntegro") como pela observação de que πνεῦμα na Primeira Carta aos Tessalonicenses não é para Paulo um elemento integral da natureza humana, mas a expressão e característica da atuação de Deus que cria no ser humano algo novo. Com ψυχή e σῶμα, Paulo apenas acrescenta o que constitui cada ser humano como indivíduo. A novidade e determinante verdadeira é o espírito de Deus[154]. Em seu uso de ψυχή, Paulo se encontra dentro da tradição veterotestamentária, na qual נפש designa o ser humano inteiro[155]. O ser humano não é a soma de seus diversos membros corporais; ao contrário, a totalidade pode se concentrar em uma única parte.

"NOUS"

A língua hebraica desconhece um equivalente de νοῦς ("pensamento, razão, inteligência"), um termo central da antropologia helenista[156]. Paulo usa νοῦς em 1Cor 14,14s, no âmbito de suas reflexões sobre a glossolalia, como instância crítica diante da glossolalia incontrolada e

---

[154] Cf. T. Holtz, 1Thess, p. 265.
[155] Cf. H.-W. Wolff, Anthropologie, pp. 25-48.
[156] Platão, Fedro 247c-e, segundo o qual a razão é a parte mais nobre da alma e, graças ao seu conhecimento da virtude, também capaz da atuação moral; além disso, cf. Aristóteles, Ética Nicomáquia 1177a (a razão como o divino por excelência e a parte mais preciosa da vida espiritual); Diógenes Laércio 7,54 (segundo Zenon, a razão é o primeiro critério da verdade); Epíteto, Diss. II 8,1s (a natureza de deus é νοῦς); outras ocorrências em NW 1/2, 230ss.

incompreensível. Tanto a oração como o louvor realizam-se no espírito divino e no intelecto humano (1Cor 14,15). Em 1Cor 14,19, νοῦς designa a clara razão/inteligência na qual a comunidade é ensinada: "Mas na assembleia da comunidade prefiro dizer cinco palavras com minha inteligência [...] do que inúmeras palavras em línguas (extáticas)". Também em Fl 4,7, νοῦς significa a compreensão racional, a capacidade humana ultrapassada pela paz de Deus. Em 1Cor 1,10, Paulo apela à unidade da comunidade coríntia, para que ela esteja em uma só mente e uma só opinião.

Paulo fala em 1Cor 2,16 e Rm 11,34 do νοῦς do Χριστός e do κύριος, respectivamente, e refere-se com isso em ambos os casos ao espírito santo que foge à avaliação humana[157]. No âmbito do debate entre "fortes" e "fracos" em Roma, Paulo convida ambas as partes a ter certeza do próprio juízo e, dessa maneira, da própria causa (Rm 14,5). Segundo Rm 7,23 há uma contradição e disputa entre a lei nos membros e a lei da razão. O νόμος τοῦ νοός corresponde em termos de conteúdo ao νόμος του θεοῦ em Rm 7,22: ao ser humano que se orienta por Deus. Com sua razão, quer servir a Deus, mas o pecado que nele habita destrói esse querer. Em Rm 12,2, Paulo exorta a comunidade a não se adaptar ao éon pecaminoso e passageiro, mas a permitir que haja em cada pessoa uma transformação de toda a existência que se realiza como a renovação do νοῦς[158]. Aqui, Paulo designa com νοῦς o *reconhecimento e o pensamento racional* que recebem *uma nova orientação* pela atuação do espírito. O cristão recebe uma nova força e capacidade de discernimento que o capacita a verificar qual é a vontade de Deus. O ser humano pode reconhecer a natureza invisível de Deus, porque Deus mesmo se voltou para os seres humanos e se revelou a eles (Rm 1,19). A partir de si mesma, a razão não pode se renovar, ao contrário, ela depende a intervenção de Deus que a coloca a seu serviço e a conduz assim para seu verdadeiro destino[159].

---

[157] Cf. F. LANG, Die Briefe an die Korinther, p. 47.
[158] Continua a ser fundamental a interpretação de E. KÄSEMANN, Röm, pp. 313-319.
[159] Cf. G. BORNKAMM, "Glaube und Vernunft bei Paulus", in Idem, *Studien zu Antike und Christentum*, 3ª ed. BEvTh 28 (Munique: 1970), pp. 119-137.

"O HOMEM INTERIOR E EXTERIOR"

Com a distinção entre o ἔσω ἄνθρωπος ("homem interior") e o ἔξω ἄνθρωπος ("homem exterior")[160], Paulo elabora uma expressão concisa de um conceito proveniente da filosofia helenista[161]. Ela lhe permite adotar um ideal filosófico do seu tempo e simultaneamente cunhá-lo diferentemente a partir da teologia da cruz.

> Uma derivação histórico-traditiva clara do conceito de ἔσω / ἔξω ἄνθρωπος não é possível[162]. O ponto de partida é provavelmente Platão, República IX 588A-589B, onde 589A reza: "Portanto, também aquele que declara úteis as coisas justas provavelmente declararia que se deve dizer e fazer aquilo que faz o homem interior ganhar boas forças (τοῦ ἀνθρώπου ὁ ἐντὸς ἄνθρωπος)". Na filosofia helenista em torno da virada do tempo encontra-se a ideia de que o homem verdadeiro, intelectual, é capaz de distinguir entre o essencial e o não essencial, vive disciplinadamente e livre dos afetos e se torna interiormente independente das fatalidades exteriores. Ao contrário disso, o homem "exterior" está preso com seus sentidos no mundo exterior, com a consequência de que ele é dominado por paixões e medo. Por isso, Fílon, o filósofo judeu-helenista da religião, pode dizer: "O homem que habita a alma de cada um [...] nos denuncia a partir de dentro" (Fílon, Det. 23; além disso, cf. Congr. 97; Plant. 42). Sêneca refere-se repetidamente a uma força divina, interior (alma, espírito, razão), que sustenta e edifica o corpo frágil: "Quando tu vês um ser humano destemido diante de perigos, intocado pelos desejos, feliz na adversidade, calmo em meio a tempos atormentados, contemplando as pessoas desde uma perspectiva superior, desde o mesmo plano que o dos deuses, será que não sentirás temor diante dele? Será que não dirás: esta atitude é muito sublime e nobre para ser considerada compatível com aquele dentro do

---

[160] Para a história da pesquisa, cf. R. JEWETT, Anthropological Terms, pp. 391-395; TH. HECKEL, Der Innere Mensch. WUNT 2.53 (Tübingen: 1993), pp. 4-9; H. D. BETZ, "The concept of the 'Inner Human Being' (ὁ ἔσω ἄνθρωπος) in the Anthropology of Paul", in NTS 46 (2000), pp. 317-324.

[161] Com CHR. MARKSCHIES, Verbete "Innerer Mensch", in RAC 18 (Stuttgart: 1998), pp. 279s, deve-se distinguir entre a ideia e o termo de ἔσω ἄνθρωπος. O termo não se encontra em Paulo, a ideia, sim.

[162] Uma discussão abrangente das ocorrências mais importantes encontra-se em TH. HECKEL, Der Innere Mensch, pp. 11-88; CHR. MARKSCHIES, Verbete "Innerer Mensch", pp. 266ss.

qual habita, com o corpo insignificante? Nele encarnou-se um poder divino [...]"[163].

Ao contrário da antropologia helenista, a distinção paulina entre ἔσω ἄνθρωπος e ἔξω ἄνθρωπος não deve ser compreendida como um dualismo antropológico. Antes, o apóstolo considera a existência dos crentes, que é uma só, sob diferentes perspectivas[164]. Imediatamente depois de um catálogo de *perístases* (2Cor 4,8s), Paulo diz em 2Cor 4,16[165]: "Por isto não nos deixamos abater. Pelo contrário, embora o homem exterior (ὁ ἔξω ἄνθρωπος) em nós vá caminhando para sua ruína, o (homem) interior renova-se dia a dia". Exteriormente, o apóstolo desgasta-se devido aos muitos sofrimentos no trabalho missionário. Ao mesmo tempo, porém, opera no ἔξω ἄνθρωπος a δόξα θεοῦ ("glória de Deus"; cf. 2Cor 4,15.17) pelo espírito, de modo que o crente, no seu mais íntimo, sabe-se determinado pelo Senhor que está presente no espírito e que o fortalece e renova. Por isso, ele está em condições de suportar os sofrimentos e as tribulações exteriores, porque participa do poder vital do Ressuscitado e, dessa maneira, supera as tribulações e a deterioração do corpo[166]. Em Rm 7,22, o ἔσω ἄνθρωπος aceita alegremente a vontade de Deus, portanto, vive segundo sua própria vontade em sintonia consigo mesmo. O poder do pecado, porém, perverte a verdadeira existência do crente, que em sua busca do Bem está submetido à "lei do pecado" presente em seus membros. Paulo designa com ἔσω ἄνθρωπος o Eu do ser humano que está aberto para a vontade de Deus e para a atuação do espírito[167].

---

[163] Sêneca, Ep. 41,4-5 (= NW II/1, 439s); cf., além disso, Ep. 71,27; 102,27 e Epíteto, Diss. H 7,3.
[164] Cf. W. GUTBROD, Anthropologie, pp. 85-92.
[165] H. D. BETZ, The concept of the "Inner Human Being", pp. 329ss, pensa que Paulo teria aperfeiçoado o conceito do "ser humano interior" terminologicamente no confronto com a antropologia dualista coríntia.
[166] Para as diferenças entre Rm 7,22 e 2Cor 4,16, cf. CHR. MARKSCHIES, Verbete "Innerer Mensch", pp. 280-282.
[167] R. BULTMANN, Theologie, p. 204, não faz jus ao significado de ἔσω ἄνθρωπος em Paulo quando entende a expressão como uma "designação formal do eu-sujeito".

19.6 A nova liberdade

O desenvolvimento de uma compreensão individual da liberdade é uma das conquistas culturais sobressalentes do helenismo[168]. Viver em liberdade é a *característica por excelência* dos filósofos (cf. Epíteto, Diss. II 1,23); por exemplo, diz a tradição que Diógenes "seguia o mesmo estilo de vida que Héracles, que preferia a liberdade a todas as outras coisas" (Diógenes Laércio 6,71). A missão paulina podia ter êxito no contexto de conceitos de liberdade estoico-cínicos e medioplatônicos quando conseguia justificar plausivelmente o que fundamentava a liberdade do ser humano e como este podia vivê-la.

O CONCEITO FUNDAMENTAL

A compreensão paulina da liberdade não é homogênea, mas Paulo é capaz de tematizar a liberdade em contextos traditivos, sociais e teológicos muito diferentes[169]. Ao mesmo tempo, porém, todas as afirmações têm como base o mesmo pensamento: a liberdade é o resultado de um *evento de libertação*. A liberdade cristã resulta da libertação das forças do pecado e da morte, adquirida por Deus em Jesus Cristo e dada aos seres humanos no batismo. A liberdade não é uma possibilidade da existência humana; o ser humano não pode alcançá-la nem realizá-la, porque o poder universal do pecado exclui a liberdade como meta da busca humana. Embora seres humanos possam ter uma

---

[168] Cf. a respeito as abordagens em D. NESTLE, Eleutheria. *Studien zum Wesen der Freiheit bei den Griechen und im Neuen Testament I: Die Griechen*. HUTh 6 (Tübingen: 1967); Idem, Verbete "Freiheit", in *RAC* 8 (Stuttgart: 1972), pp. 269-306; M. POHLENZ, Griechische Freiheit. Wesen und Werden eines Lebensideals (Heidelberg: 1955); M. FORSCHNER, *Die stoische Ethik*, 2ª ed. (Darmstadt: 1995), pp. 104-113; S. VOLLENWEIDER, Freiheit, pp. 23-104; H. D. BETZ, "Paul's Concept of Freedom in the Context of Hellenistic Discussions about Possibilities of Human Freedom", in Idem, *Paulinische Studien* (Tübingen: 1994), pp. 110-125.

[169] Este aspecto é enfatizado, contra a pesquisa mais antiga, por S. JONES, "Freiheit", pp. 138-141.

sensação individual da liberdade e negar a existência de forças hostis à vida, isso não muda nada no domínio factualmente escravizante do pecado e da morte em suas vidas. Unicamente a atuação salvífica de Deus em Jesus Cristo pode ser entendida num sentido abrangente como um evento libertador, porque agora foram vencidos os poderes que oprimem o ser humano.

No batismo enquanto ato histórico singular, o ser humano ganha a participação na atuação libertadora de Deus em Jesus Cristo, e agora, ele mesmo é um libertado do pecado. A nova identidade dos crentes não para na liberdade da pessoa individual, mas visa uma superação das diferenças contemporâneas dominantes de *status* social (étnicas, sexuais e sociais). A partir deste conceito fundamental, Paulo aborda a temática da liberdade em suas várias dimensões[170]:

1) *Liberdade como amor no compromisso com Cristo*. Principalmente nos conflitos com os coríntios, Paulo deixa claro que a liberdade não é a potencialização do individual, mas que ela adquire sua forma unicamente no amor. A dimensão ética do conceito paulino da liberdade marca argumentativamente o conflito sobre as carnes sacrificadas aos ídolos em Corinto (cf. especialmente 1Cor 8,1-13; 10,33)[171]. Paulo utiliza a palavra de ordem dos "fortes", πάντα μοι ἔξεστιν ("tudo me é permitido"), para imediatamente relativizá-la e precisá-la: (1Cor 6,12: "Tudo me é permitido, mas não me deixarei dominar por nada!"; 1Cor 10,23: "Tudo é permitido, mas nem tudo serve ao Bem. Tudo é permitido, mas nem tudo edifica")[172]. A liberdade cristã não visa a indiferença, mas é por natureza um conceito de relação e participação: as pessoas que creem e foram batizadas participam da liberdade

---

[170] Cf. a respeito as considerações metodológicas de S. Jones, op. cit., pp. 19-24, que opta por uma abordagem cronológica; ele é seguido por G. Dautzenberg, Freiheit im hellenistischen Kontext, pp. 58s.

[171] Para a interpretação, cf. acima, Secção 9.4 (Liberdade e compromisso em Cristo); além disso, cf. G. Dautzenberg, Freiheit im hellenistischen Kontext, pp. 66-69.

[172] Cf. a respeito a tradição de Diógenes em Diógenes Laércio 6,72: "Aos sábios, pensou, pertence tudo, e ele o comprovou com os argumentos mencionados acima. Tudo pertence aos deuses; estes são amigos dos sábios, amigos têm tudo em comum, logo, tudo pertence aos sábios." Para outros paralelos, cf. F. G. Downing, Cynics, Paul and the Pauline Churches, pp. 98-104.114-127.

adquirida por Cristo, que ganha sua verdadeira característica somente na relação com os outros cristãos e com a comunidade cristã. O modelo deste conceito de liberdade é fornecido pelo Jesus Cristo crucificado que morreu pelo irmão (cf. 1Cor 8,11; Rm 14,15: "Entretanto, se por causa de teu comer teu irmão fica contristado, então teu agir já não é determinado pelo amor. Com teu comer não podes causar desgraça a ele por quem Cristo morreu!"). Para Paulo, a liberdade cristã é a liberdade dada por Jesus Cristo, de modo que um abuso dessa liberdade, sendo um pecado contra o irmão, aparece simultaneamente como um pecado contra Cristo.

Em 1Cor 9, Paulo apresenta-se como modelo de uma liberdade que renuncia pelo bem do outro àquilo a que teria direito. O apóstolo não aproveita seu direito a sustento pelas comunidades, para promover, dessa maneira, a pregação do evangelho (cf. 1Cor 9,12.15s). Enquanto, na Antiguidade, liberdade e servidão se excluíram mutuamente, elas se condicionam mutuamente em Paulo, isto é, também a lida paulina com sua liberdade social é justificada cristologicamente[173]. Exatamente no cativeiro do evangelho, portanto, do amor, realiza-se a liberdade do apóstolo (cf. 1Cor 9,19; Gl 5,13). Também aqui se ganha liberdade em primeiro lugar na participação em Cristo; paradoxalmente, ela pode se realizar na servidão, porque recebe sua natureza e seu conteúdo por Cristo que, ele mesmo, adotou a forma de um escravo (Fl 2,6s). Não a servidão como tal gera a liberdade, mas a liberdade manifesta em Jesus Cristo realiza-se no modo do serviço ao evangelho.

2) *Livres e escravos*. A realidade social das comunidades exigia de Paulo uma elaboração da relação entre a liberdade social/política e a liberdade teológica[174]. Nesse contexto, Paulo podia aproveitar uma ampla corrente dentro do pensamento da Antiguidade, segundo a qual *a verdadeira liberdade* podia ser compreendida *como liberdade interior*.

---

[173] A meu ver, a alternativa de G. DAUTZENBERG, Freiheit im hellenistischen Kontext, p. 65, não é apropriada: "O aspecto particular nas afirmações sobre a liberdade em 1Cor 9 não é a compreensão da liberdade como liberdade cristã, mas o trato exemplar de Paulo acerca de sua liberdade social."

[174] Não é por acaso que a maioria das ocorrências de liberdade está em oposição a δοῦλος, δουλεύειν, δουλοῦν; cf. 1Cor 7; 9; 12; Gl 4; 5; Rm 6.

Segundo Epíteto vale: "Não é possível que um ser livre por natureza seja inquietado ou violentado por algo exceto por si mesmo. Os conceitos que os seres humanos fazem para si os inquietam" (Epíteto, Diss. I 19,7). Por isso também não amedronta a ameaça de um tirano de prendê-lo em correntes: "Então, que prendas, se isto te parecer mais vantajoso! – Como? Não perguntas por isto? – Não! – Eu te mostrarei que sou teu senhor. – Como é que queres sê-lo? O próprio Zeus deu-me a liberdade." (Epíteto, Diss. I 19,8s). Para Paulo, os escravos devem permanecer em seu estado (1Cor 7,21b), pois, em Cristo e na comunidade, eles já foram retirados há muito tempo das alternativas fundamentais da sociedade (cf. 1Cor 12,13; 2Cor 5,17; Gl 3,26-28; 5,6; 6,15)[175]. No entanto, a Carta a Filêmon mostra que Paulo não está comprometido ideologicamente em suas recomendações, pois, ali, ele não exclui absolutamente a opção da liberdade para um escravo cristão. No entanto, quando um escravo consegue sua liberdade, ele sabe que, em Cristo, já era há muito tempo um homem livre.

3) *A liberdade do mundo no mundo que passa.* Como o tempo presente já está qualificado prolepticamente pelo futuro, devido ao evento Cristo (1Cor 7,29-31), Paulo convoca os cristãos a corresponderem em sua autocompreensão e seus comportamentos éticos à virada escatológica do tempo. Os ordenamentos do mundo corruptível e passageiro devem ser reconhecidos em sua realidade histórica, mas, ao mesmo tempo, Paulo cobra uma independência e liberdade internas[176]. Por isso, as pessoas que creem e são batizadas deveriam permanecer em seu respectivo estado, sem atribuir-lhe um valor próprio. Tanto o casamento como o estado de escravidão pertence às estruturas do velho éon. Quem ainda os assume não entendera os sinais do tempo (cf. 1Cor 7,1.8); quem é casado, porém, deve permanecer assim

---

[175] Para a interpretação, cf. acima, Secção 9.4 (Liberdade e compromisso em Cristo); além disso, cf. G. DAUTZENBERG, Freiheit im hellenistischen Kontext, pp. 60-62.

[176] Para Epíteto, cf. Ench. 15, onde é dito na parábola do banquete: "Contudo, se tu não aceitares nada daquilo que te é oferecido, mas não lhe deres atenção, então não só serás um comensal dos deuses, mas também participarás do seu poder. Pois foi assim que fizeram Diógenes, Héracles e outros homens semelhantes, e, por isso, eles foram com razão divinos e com razão chamados divinos."

(cf. 1Cor 7,2-7). A expressão paulina ὡς μή ("como se não fosse") visa uma participação distanciada; participação no mundo sem sucumbir a ele, portanto, a liberdade do mundo no mundo. Como o tempo presente é determinado por aquilo que vem, o presente perde seu caráter determinante.

4) *Liberdade como liberdade da criação.* As dimensões universal-apocalípticas do conceito paulino da liberdade manifestam-se em Rm 8,18ss[177], onde a liberdade dos crentes e a liberdade da criação são articulados e inseridos numa perspectiva abrangente do futuro. Por causa da transgressão de Adão, a criação sucumbiu contra a vontade dela ao domínio da corrupção, mas está sujeito à esperança (Rm 8,20; cf. 4Esd 7,11s). A criação participa da esperança dos crentes, "pois também a criação será livre da servidão da corrupção, para a liberdade gloriosa dos filhos de Deus" (Rm 8,21). A δουλεία presente e a ἐλευθερία futura, a corruptibilidade e a glória estão em justaposição. A atuação escatológica de Deus abraça tanto toda a criação (Rm 8,22: πᾶσα ἡ κτίσις) como os crentes. Assim como a criação, também os crentes suspiram sob a corruptibilidade do terreno. Eles anseiam pela redenção de seus corpos (Rm 8,23) e desejam a passagem para a comunhão direta com Deus. A certeza desse acontecimento futuro é mediada pelo espírito, pois, como primícia, ele é não só o penhor da esperança como vai também ao auxílio dos crentes na situação da perseverança esperançosa (Rm 8,26s). O espírito intercede pelos santos diante de Deus numa linguagem compatível com Deus. A certeza da fé permite a Paulo descrever abrangentemente a "liberdade gloriosa dos filhos de Deus" em Rm 8,28-30: "Nós sabemos, porém, que Deus coopera em tudo para o bem daqueles que o amam, daqueles que são chamados segundo seu desígnio. Porque os que de antemão ele conheceu, esses também predestinou a serem modelados conforme a imagem de seu Filho, a fim de ser ele o primogênito entre muitos irmãos. Mas os que ele predestinou, também os chamou; e os que chamou, também justificou, e os que justificou, também glorificou." Deus mesmo vai trazer a liberdade dos filhos de Deus, que encontra sua finalidade na participação da glória de Deus manifesta no Filho.

---

[177] Cf. a respeito S. JONES, "Freiheit", pp. 129-135; S. VOLLENWEIDER, Freiheit, pp. 375-396.

Para Paulo, a descontinuidade determina a relação entre o passado e o presente, mas o presente e o futuro estão na continuidade do espírito. Deus mesmo abre aos crentes e à criação inteira uma perspectiva que conduz até ele, a fonte e o plenificador de tudo que existe.

5) *Liberdade das consequências desastrosas da lei/Torá*. Nas Cartas aos Coríntios, a liberdade nunca é entendida como "liberdade da lei"[178]. Também na Carta aos Gálatas e na Carta aos Romanos, essa ideia não se encontra, pois Paulo não conhece uma "liberdade da lei" no sentido geral[179], mas sim uma libertação, pelo espírito, das consequências desastrosas da lei/Torá causadas pelo pecado[180]. Paulo aborda essa relação fundamental pela primeira vez e com uma polêmica na Carta aos Gálatas[181] com sua doutrina da justificação exclusiva[182]: o ser humano não pode observar a Torá em todas as suas prescrições, de modo que ele, devido a sua incapacidade diante das exigências da Torá, sucumbe a sua maldição (Gl 3,10-12). Cristo nos resgatou da maldição da Torá, ao tomar a maldição dela sobre si (Gl 3,13). Dessa maneira, a Torá anula-se a si mesma, ela já não tem poder sobre Cristo e sobre quem morreu junto a morte de Cristo. Quem foi crucificado com ele no batismo está morto para a lei/Torá e vive agora exclusivamente para Deus (Gl 2,19s). Não foi pela lei/Torá, mas pela pregação da fé que os gálatas receberam o espírito (Gl 3,1-5). Como "dotados de espírito" (πνευματικοί, Gl 6,1) e "novas criaturas em Cristo" (Gl 6,15), os gálatas já não estão sob a lei/Torá (Gl 5,18). Se quiserem ficar sob

---

[178] Com S. Jones, "Freiheit", pp. 67-69 etc.; contra S. Vollenweider, Freiheit, p. 21 etc., que compreende liberdade em Paulo sempre como liberdade da lei; para a crítica a uma fixação unilateral do conceito paulino da liberdade na problemática da lei, cf. também G. Dautzenberg, Streit um Freiheit und Gesetz, pp. 266ss; Idem, Freiheit im hellenistischen Kontext, p. 75.

[179] Cf. acima, Secção 19.3 (A Lei).

[180] Inadequado também R. Bultmann, Theologie, pp. 341-346, que fala de modo indiferenciado de "liberdade da lei".

[181] Cf. para a compreensão da lei e da liberdade na Carta aos Gálatas K. Kertelge, "Gesetz und Freiheit im Galaterbrief", in Idem, *Grundthemen paulinischer Theologie*, pp. 184-196.

[182] Cf. acima, Secção 11.5 (Doutrina da justificação inclusiva e exclusiva em Paulo).

a Torá (Gl 4,21), ficarão no aquém do estado salvífico alcançado da liberdade. Agora vale: "Ora, vós, irmãos, como Isaac, sois filhos da promessa" (Gl 4,28). Ao mesmo tempo, os gálatas são por isso τέκνα τῆς ἐλευθέρας ("filhos da livre", cf. Gl 4,31)[183], de modo que o decisivo é preservar a liberdade fundamentada no evento Cristo, concedida na dádiva do pneuma e confirmada pelas Escrituras, e não pervertê-la em seu contrário através da observância da Torá. A existência cristã é, segundo sua natureza, liberdade, pois: τῇ ἐλευθερίᾳ ἡμᾶς Χριστὸς ἠλευθέροσεν (Gl 5,1: "É para a liberdade que Cristo nos libertou"; cf. Gl 5,13). Apesar da severa crítica à Torá, Paulo entende-se também na Carta aos Gálatas não como alguém "sem lei" , pois ele se sabe comprometido com a "lei de Cristo" (Gl 6,2), portanto, com as normas do espírito e do amor.

Na Carta aos Romanos aparece um derivado da palavra "liberdade" pela primeira vez em 6,18.22, e tanto essa posição como a voz passiva de ἐλευθερὸω ("libertar") possui um caráter programático. Para Paulo, a liberdade do pecado como uma libertação por Deus em Jesus Cristo inclui também uma libertação dos efeitos negativos da lei/ Torá. Paulo desenvolve essa temática abrangentemente em Rm 7[184], onde a liberdade aparece como a possibilidade impossível do ser humano na situação entre o pecado e a Torá. O ser humano é dilacerado entre os poderes do pecado, da Torá instrumentalizada e da morte; seu querer fazer o Bem é em vão e volta-se contra ele. O ser humano está inserido numa lógica de servidão e falta de liberdade, da qual não consegue escapar. Unicamente o ato salvífico de Deus em Jesus Cristo o liberta de sua situação desesperadora (cf. Rm 8,2). O espírito rompe a lógica da desgraça e da servidão e coloca o ser humano dentro de uma nova lógica: da vida manifesta em Jesus Cristo. No centro da Carta aos Romanos, Paulo nomeia com ἐλευθεροῦν precisamente esse rompimento que leva do plano da lei/Torá, dominada pelo pecado, para o plano do espírito, um rompimento que se realizou no Gólgota

---

[183] Cf. a respeito G. DAUTZENBERG, Freiheit im hellenistischen Kontext, p. 76.
[184] Para a interpretação de Rm 7, cf. acima, Secção 12.8 (Pecado, lei e liberdade no espírito).

e que é concedido à pessoa individual no batismo como a liberdade do pecado e a liberdade da lei/Torá insuficiente. Agora vale: οὐ γάρ ἐστε ὑπὸ νόμον ἀλλὰ χάριν ("Porque já não estais sob a lei, mas sob a graça", Rm 6,14b).

TEORIAS DE LIBERDADE NA ANTIGUIDADE

Paulo separa a liberdade da área da atuação humana; ela tem o caráter de dádiva, não de ato. Com este conceito, o apóstolo defende *uma posição independente no debate da Antiguidade sobre a liberdade*. No contexto temporal imediato do cristianismo primitivo encontram-se duas teorias de liberdade muito influentes[185]; Epíteto redigiu um livro inteiro com o título περὶ ἐλευθερίας (Diss. IV 1: "Sobre a liberdade"), e Dio Crisóstomo ministrou três discursos sobre servidão e liberdade (Or. 14; 15; 80). Tanto Epíteto como Dio argumenta a partir de uma compreensão popular da liberdade: liberdade como liberdade de atuação e de ausência de dependência e compromissos[186]. Eles optam por esse ponto de partida para destruir um conceito de liberdade orientado por aspectos exteriores.

Epíteto aduz para sua argumentação experiências e intelecções: um senador rico é o escravo do imperador (Diss. IV 1,13), e um homem livre, que se apaixona por uma escrava bela e jovem, torna-se o escravo dela: "Jamais disseste lisonjas a tua escravazinha? Jamais lhe beijaste os pés? Não obstante, se alguém quisesse te obrigar a beijar os pés do imperador, tu considerarias isto um grande insulto e um exagero de tirania" (Diss. IV 1,17). Quem pode ser livre, quando até mesmo os reis e seus amigos não o são? Como a liberdade não pode ser captada suficientemente no conceito da liberdade exterior, o decisivo é discernir entre o que está ao nosso alcance e o que está subtraído de

---

[185] Cf. a respeito G. DAUTZENBERG, "Die Freiheit bei Paulus und in der Stoa", in *ThQ* 176 (1996), pp. 65-76.
[186] Cf. Epíteto, Diss. IV 1,1 (= NW II/1, p. 281); Dio Crisóstomo, Or. 14,3 (Se alguém perguntasse a multidão: "O que é realmente a liberdade, ela talvez responderia: não depender de ninguém, mas simplesmente fazer o que a gente gosta").

nossa influência (cf. Diss. IV 1,81). As fatalidades e situações da vida não estão realmente a nossa disposição, mas a nossa atitude em relação às mesmas o é. "Purifica teus juízos e verifica se tu não te amarraste a algo que não te pertence, e se não cresceu algo em ti que poderás arrancar somente sob dores. E enquanto tu te exercitas diariamente como na quadra de esporte, não digas que estás filosofando – esta é uma palavra verdadeiramente arrogante – mas que estás promovendo tua libertação. Pois a verdadeira liberdade é esta. Assim, Diógenes foi libertado de Antístenes, e depois descobriu que já não podia ser escravizado por ninguém" (Diss. IV 1, 112-115). Portanto, a verdadeira liberdade é a liberdade interior em relação às coisas, ela se manifesta em minha atitude diante das situações e fatalidades. Somente a pessoa que não é escrava de suas paixões e que não permite ser presa pelos desejos de coisas materiais, externas, vive como livre. Sócrates e Diógenes eram efetivamente livres[187], porque viviam em sintonia com a vontade de deus e com a natureza; eles tinham reconhecido os bens que deus lhes confiara e as coisas sobre as quais não podiam dispor[188]. Semelhantemente argumenta Dio Crisóstomo quando define a liberdade e a servidão não como fatos inatos ou autoevidentes, indiscutíveis[189]. "Se alguém for de 'nobre nascimento' em relação as suas capacidades, deve ser chamado de 'nobre', mesmo se ninguém conheça seus pais e antepassados. Não pode ser diferente: quem é 'nobre' é também 'de nascimento nobre', e quem é de 'nascimento nobre, é também 'livre'. Portanto, o não nobre é necessariamente também um escravo" (Or. 15,31). Quem se desvia da verdadeira lei, da lei da natureza, guarda talvez ainda tábuas de leis, mas já não vive em liberdade (Or. 80,5). Muito pelo contrário, é oprimido pelas leis e convenções, de modo que se arruína inevitavelmente em dependências.

Epíteto e Dio Crisóstomo representam uma ampla corrente de tradições na história da filosofia antiga, que se estende desde os estóicos[190]

---

[187] Cf. Cícero, Parad. V: "Somente o sábio está livre, e cada tolo é um escravo" (ὅτι μόνος ὁ σοφὸς ἐλεύθερος καὶ πᾶς ἄφρων δοῦλος).
[188] Cf., por exemplo, Diss. IV 1,152-154 (= NW II/1, p. 567).
[189] Cf. Dio Crisóstomo, Or. 15,2.
[190] Cf. Diógenes Laércio 7,88.117.119.121 etc.

e Epicúrio[191] até os céticos[192]: a verdadeira liberdade é a independência interior da pessoa sábia, a serenidade (ἀταραξία) que nasce a partir do reconhecimento, da evitação dos afetos e da submissão à vontade dos deuses (e, com isso, da natureza). Paulo adota o conceito da liberdade interior, mas modifica-o significativamente em sua estrutura justificadora. Ele descreve a *liberdade como a descoberta de uma realidade fundamental alheia: Deus*. Paradoxalmente, apenas o compromisso com Deus confere a liberdade, porque liberdade no sentido pleno do conceito é exclusivamente um atributo de Deus, de modo que o conceito de Deus e o conceito da liberdade se condicionam mutuamente. A liberdade tem um fundamento externo e não se situa dentro do próprio ser humano. A liberdade não surge como o resultado do próprio poder de atuação, mas é uma dádiva concedida por Deus que se realiza no amor. O amor é a normatividade da liberdade[193]. O ser humano libertado por Deus e colocado no espaço da liberdade age conforme o parâmetro do amor manifesto em Jesus Cristo. O amor reconhece na outra pessoa uma filha ou um filho de Deus e se orienta por aquilo que as pessoas e o mundo precisam. O reconhecimento da liberdade alheia é, portanto, um elemento integral da liberdade própria. A liberdade não se esgota na possibilidade de poder escolher e optar, mas abre-se no agir do amor. Por isso vale: ser humano é somente quem se torna um ser humano solidário com os outros.

---

[191] Cf. Diógenes Laércio 10,82.117-121 etc.
[192] Cf. Diógenes Laércio 9,68.107 etc.
[193] Este aspecto é realçado por H. WEDER, Die Normativität der Freiheit, pp. 136ss.

Capítulo 20
ÉTICA: A NOVA EXISTÊNCIA COMO FORMAÇÃO DE SENTIDO

Formações de sentido estão sempre vinculadas a ato de orientação; elas transmitem valores e normas e possibilitam a oferta ou a revisão de pontos de vista[1]. Para quem crê e foi batizado, a vida mudou; por isso, a nova existência abre possibilidades e convites de atuação. Na fé em Jesus Cristo, Deus aceita os seres humanos na fé sem condições, mas não sem consequências. Paulo concebeu sua ética não a partir do sujeito que age autonomamente, mas, de acordo com o conceito global de sua teologia, ele escolhe como ponto de partida a ideia da *participação da nova existência*; ela adquire forma numa nova atuação, cujos fundamentos e realizações Paulo recorda constantemente às comunidades.

20.1 O princípio básico: vida no espaço do Cristo

O princípio básico da ética paulina é descrito por via de regra com o modelo de indicativo e imperativo[2]: segundo esse modelo, o característico de Paulo é uma intercalação de afirmações sobre a atuação de Deus no ser humano (= indicativo) e a atuação do ser humano que resulta disso (= imperativo). À realização da nova existência refere-se o

---
[1] Cf. a respeito J. STRAUB, Geschichten erzählen, Geschichte bilden, pp. 130ss.
[2] Uma revisão da pesquisa encontra-se em F. W. HORN, Ethik des Neuen Testaments, in *ThR 60* (1995), pp. 32-86.

imperativo que está baseado no indicativo da atuação divina e simultaneamente resulta dela. "O indicativo fundamenta o imperativo."[3] Os pontos fortes deste padrão explicativo estão em dois níveis:

1) A atuação de Deus no ser humano e a atuação do ser humano são diferenciadas, mas, não obstante, colocadas numa relação mútua.

2) O caráter obrigatório da nova existência é expresso com toda clareza.

Mesmo assim, o esquema de indicativo-imperativo não é adequado para abranger plenamente as estruturas dinâmicas da ética paulina[4]:

1) O esquema de indicativo-imperativo é de natureza estática, ele divide artificialmente algo que em Paulo representa um contexto existencial e vivencial mais amplo[5].

---

[3] R. BULTMANN, Theologie, p. 335. O modelo "indicativo-imperativo" está sendo usado na exegese mais recente por W. SCHRAGE, Ethik, pp. 170-191; R. SCHNACKENBURG, Die sittliche Botschaft II, pp. 26-35; O. MERK, Handeln aus Glauben, p. 91 etc.; P. STUHLMACHER, Biblische Theologie I, pp. 374s; G. STRECKER, Theologie, pp. 206-208; J. D. G. DUNN, Theology of Paul, pp. 625-631; F. W. HORN, Verbete "Ethik", in *RGG*[4] 2, pp. 1608s.

[4] Os problemas do esquema indicativo-imperativo sempre foram vistos, da forma mais nítida por H. WINDISCH, Das Problem des paulinischen Imperativs, p. 271: "Aqui, a problemática do imperativo paulino é muito evidente. Ele está anexado a um indicativo, mas, mesmo assim, tem o mesmo conteúdo que o mesmo: vós vos tornastes existências novas – portanto, deveis renovar-vos agora; fostes libertados do pecado, portanto, deveis libertar-vos dele agora; vosso corpo pecaminoso está morto – portanto, deveis abandonar o serviço ao pecado...". No ambiente da discussão mais recente, cf. H. WEDER, Gesetz und Gnade, pp. 171-173, embora aqui, apesar de todas as críticas, o esquema indicativo-imperativo seja preservado; K. BACKHAUS, Evangelium als Lebensraum, pp. 9-14, distancia-se consequentemente desse esquema.

[5] Aqui se encontra a fraqueza principal da argumentação de R. BULTMANN em seu ensaio influente "Das Problem der Ethik bei Paulus" (IDEM, *Exegetica*, 36-54). No contexto de indicativo e imperativo em Paulo, ele se refere constantemente a uma "antinomia" ou a um "paradoxo", respectivamente. Também sua solução se caracteriza por esse pensamento: "Portanto, assim como a exigência moral que se expressa no imperativo é para ele (isto é, o justificado) o mandamento de Deus, assim a exigência de uma atitude que corresponda a essa exigência é simultaneamente uma dádiva de Deus operada pelo πνεῦμα, sem que a exigência perdesse seu caráter imperativo" (op. cit., pp. 53s). A atitude de obediência é simultaneamente uma dádiva de Deus e uma tarefa humana; não se esclarece como ambas operam em conjunto.

2) Qual a ponte entre o indicativo e o imperativo?[6] A referência ao espírito, habitual neste contexto, não resolve o problema, porque o espírito não pode ser dádiva e tarefa ao mesmo tempo.

3) Como a dádiva salvífica pode se tornar uma tarefa? Será que a novidade da nova existência precisa primeiro ser realizada?[7]

4) As pessoas que creem e foram batizadas foram libertadas para a liberdade só em regime condicional?

5) Em que reside a respectiva qualidade soteriológica do indicativo e do imperativo? Se o indicativo inclui a salvação, põe-se a pergunta pelo *status* soteriológico do imperativo. Ele não pode operar a salvação, mas pode muito bem destruí-la, de modo que lhe compete uma qualidade soteriológica (negativa)!

6) Na argumentação ética de Paulo, a pergunta pelo poder e pelo dever é apenas um fenômeno marginal.

7) O modelo "obediência por gratidão" é um padrão argumentativo ético convincente e sólido? Ao longo prazo, a obediência pode substituir a intelecção, o entendimento?

A CORRELAÇÃO COMO CATEGORIA ÉTICA FUNDAMENTAL

Esses questionamentos maciços mostram que pode ser adequado abandonar o esquema de indicativo-imperativo, entendido como modelo estrutural por excelência da ética paulina. Em vez disso, integraremos os elementos de verdade desse esquema no modelo fundamental de "transformação e participação": a participação de Cristo realizada no batismo tem um impacto direto sobre a ética, pois a integração na morte e ressurreição de Jesus Cristo não se limita ao ato batismal, mas, através do dom do espírito, ela determina a vida presente e futura das pessoas batizadas (cf. Gl 3,2.3; 5,18; Rm 6,4). Quem se encontra no espaço de Cristo é uma nova criatura (cf. 2Cor 5,17); onde

---

[6] Cf. A. SCHWEITZER, Mystik, p. 287: "Na doutrina da justificação pela fé, a salvação e a ética estão como dois caminhos; um deles vai até uma ravina, e o outro leva dessa ravina adiante".
[7] Cf. H. WEDER, Gesetz und Gnade, p. 172.

Paulo fala da novidade da existência, segue uma justificativa cristológica e não ética (cf. 2Cor 4,16; 5,17; Gl 6,15; Rm 6,4; 7,6). Os batizados vestiram Cristo (Gl 3,27), são inteiramente determinados por ele, pois é Cristo que vive neles (Gl 2,20a), e ele quer tomar forma dentro deles (cf. Gl 4,19). Jesus Cristo é ao mesmo tempo a imagem primordial (original) e a imagem de exemplo (modelo), como mostra claramente a interpretação ética do hino cristológico de Fl 2,6-11. Portanto, para Paulo, o próprio Cristo aparece como o conteúdo e o contínuo da ética[8]. A ética tematiza os aspectos ativos da nova existência que é uma vida no espaço de Cristo. O que se realizou nele, marca inteiramente a vida dos batizados. Assim como Cristo morreu para o pecado, de uma vez por todas, os batizados já não estão sujeitos ao pecado (Rm 6,9-11). Já que Jesus aceitou, em obediência, o caminho da cruz e venceu o pecado e a morte (Rm 5,19; Fl 2,8), Paulo exorta os cristãos romanos a serem servos da justiça, em obediência (Rm 6,16; cf. 1Cor 9,19). Por causa de nossos pecados, Cristo entregou-se e ele não agiu com interesse próprio (Gl 1,4; Rm 3,25; 8,32), de modo que também os crentes não devem procurar o que é deles, mas aquilo que serve à salvação de muitos perdidos (1Cor 10,24.33). Já que Cristo morreu por amor à humanidade e que este amor sustenta a comunidade (2Cor 5,14; Rm 8,35.37), ele determina abrangentemente a existência cristã (1Cor 8,1; 13; Gl 5,6.22; Rm 12,9s; 13,9s; 14,15). Assim como Cristo, por meio de seu caminho para a cruz, tornou-se o servo dos seres humanos (Rm 15,8; Fl 2,6ss), assim também os cristãos devem se tornar servos uns dos outros (Gl 6,2). O que começou no batismo continua na vida da pessoa batizada: ela é levada para o caminho de Jesus e imita Cristo, de modo que o apóstolo pode até dizer: "Sede meus imitadores, como eu mesmo sou (o imitador) de Cristo" (1Cor 11,1: μιμηταί μου γίνεσθε καθὼς κἀγὼ Χριστοῦ; cf. 1Ts 1,6; 1Cor 4,16)[9]. O caminho de Jesus para

---

[8] Cf. a respeito H. Schürmann, "'Das Gesetz des Christus' Gal 6,2. Jesu Verhalten und Wort als letztgültige sittliche Norm nach Paulus", in Idem, *Studien zur neutestamentlichen Ethik*. SBAB 7. Org. por Th. Söding (Stuttgart: 1990), pp. 53-77.

[9] Para a ideia paulina da *mimesis*, cf. H. D. Betz, *Nachfolge und Nachahmung Jesu Christi im Neuen Testament*. BHTh 37 (Tübingen: 1967), pp. 137-189; K. M. Fischer, Tendenz und Absicht des Epheserbriefes (Berlim: 1973), pp. 125ss. Para o conceito

a cruz fundamenta a existência cristã e é simultaneamente um critério essencial dessa existência[10]. Portanto, o *proprium christianum* ético é o próprio Cristo[11], e a ética inclui em Paulo a dimensão ativa da participação em Cristo[12], ou seja, o tema da ética paulina é a correspondência à nova existência. Esta é uma chave para abordar os textos no quais o apóstolo comenta explicitamente a relação entre a cristologia e soteriologia, respectivamente, e a ética. Em 1Cor 5,7a, Paulo formula primeiro usando o imperativo ("Excluí o velho fermento para serdes uma nova massa"), para acrescentar depois uma justificativa: "como (καθώς) sois sem fermento". O conteúdo da advertência e da promessa é idêntico, ou seja, trata-se de dois aspectos de uma mesma coisa que Paulo nomeia na segunda justificativa: "Pois (καὶ γάρ) nosso cordeiro pascal, Cristo, foi imolado" (1Cor 5,7b). A nova existência adquirida por Cristo não permite que a pureza e a santidade da comunidade

---

histórico-religioso decisivo que forma o pano de fundo, cf. K. DORING, Exemplum Socratis, Hermes.E 42 (Wiesbaden: 1979).

[10] Contra W. SCHRAGE, Einzelgebote, p. 241, que alega: "Portanto, para a normatização concreta da vida cristã, Paulo não aduziu a vida e obra históricas de Jesus".

[11] Para o problema do "próprio" da ética paulina e neotestamentária, cf. G. STRECKER, "Strukturen einer neutestamentlichen Ethik", in *ZThK* 75 (1978), 136ss; H. HALTER, Taufe und Ethos, pp. 13-32.455-492.

[12] Cf. também CHR. LANDMESSER, "Der paulinische Imperativ als christologisches Performativ", in CHR. LANDMESSER/H.-J. ECKSTEIN/H. LICHTENBERGER (org.), *Jesus Christus als Mitte der Schrift*. FS O. HOFIUS. BZNW 86. (Berlim/Nova Iorque: 1997), pp. 543-577, que mantém o esquema de indicativo-imperativo, mas deseja entender os dois claramente como uma unidade. Tanto a fé como a vida determinada pela fé é uma dádiva de Deus, de modo que vale para o imperativo: "Portanto, o imperativo καταλλάγητε τῷ θεῷ que se manifesta na proclamação do evangelho comprova-se como um performativo eminente; é a forma linguística por meio da qual aquilo de que se está falando se torna eficazmente acessível ao ouvinte" (op. cit., p. 575). M. WOLTER, Die ethische Identität christlicher Gemeinden, p. 68, toma a relação entre *ethos* e identidade como o ponto de partida para sua redefinição de indicativo e imperativo: "O imperativo formula um *ethos* normativo que não se preocupa em reivindicar algo como uma 'comprovação' do indicativo. Ao contrário, compete-lhe a função de possibilitar aos batizados uma objetivação de sua identidade recém-ganhada. Em outras palavras, a relação indissolúvel entre o imperativo e o indicativo deve-se à reivindicação, necessariamente inerente a cada definição e cada reivindicação de identidade, de que essa identidade seja traduzida em *manifestação* (a saber, tanto para fora como para dentro), pois, de outra forma, ela permaneceria um mero postulado".

sejam ameaçadas; quem crê e foi batizado deve viver aquilo que é. Isto é possibilitado pelo espírito, cujas forças operadoras determinam toda a vida dos crentes e batizados. Nessa mesma direção aponta também Gl 5,25, um *locus classicus* frequentemente citado acerca do esquema de indicativo-imperativo: "Se vivemos pelo espírito, estaremos também em sintonia com o Espírito"[13] (εἰ ζῶμεν πνεύματι, πνεύματι καὶ στοιχῶμεν). O verbo στοιχέω não tem absolutamente o mesmo significado que περιπατέω ("caminhar, andar"), mas significa "concordar/estar em sintonia com algo"[14]. Consequentemente, a ênfase não está na exigência, mas *trata-se de uma* relação expressada por meio do dativo πνεύματι: *viver em sintonia com o Espírito*. Quando Paulo convida os gálatas a não recaírem na existência sárquica (Gl 3,3) e a permanecerem na liberdade que lhes foi dada (Gl 5,1), então o espírito possui o poder de possibilitar isto. É o espírito de Deus[15] que opera tanto o querer como o realizar (cf. Fl 1,6; 2,13). Aquilo que já foi alcançado deve ser vivido (Fl 3,16). Portanto, não se trata da realização de um dom, mas de um permanecer e viver no âmbito da graça. "Ser cristão é mimese de Cristo"[16], e a forma da nova existência que corresponde a Cristo é o amor. "Pois o amor de Cristo nos domina, sendo que chegamos ao seguinte juízo: um morreu por todos, por conseguinte, todos morreram; e ele morreu por todos, para que aqueles que vivem (através dele) não vivam mais para si, mas para aquele que morreu e ressuscitou por eles" (2Cor 5,14s; cf. 4,10s; Rm 15,7). A conformidade com Cristo do novo ser e agir consiste no amor (cf. Gl 5,13); dentro da ética paulina, o amor é o princípio interpretativo crítico pelo qual toda atuação deve se orientar e que é a finalidade de toda atuação[17]. Quem não age por amor, não corresponde à nova existência. Paulo alerta em suas exortações e ensinamentos repetidamente sobre esta questão

---

[13] A tradução orienta-se em G. DELLING, Verbete "στοιχέω", in *ThWNT* 7, p. 669.
[14] Cf. as ocorrências documentadas em G. DELLING, op. cit., pp. 666-668; seguem DELLING, por exemplo, F. MUSSNER, Gal, p. 391; H. WEDER, Gesetz und Gnade, pp. 179s.
[15] O ἐν ὑμῖν em Fp 2,13 aponta para a atuação do espírito.
[16] K. BACKHAUS, Evangelium als Lebensraum, p. 24.
[17] Cf. a respeito H. WEDER, Normativität der Freiheit, pp. 136ss; M. PFEIFFER, Einweisung in das neue Sein, pp. 240-249.

fundamental. Quando os crentes e batizados não levam em conta o aspecto ativo da existência que lhes foi dada, eles não vivem em sintonia com a nova existência (cf. 1Cor 3,17; 6,9s; 8,9-13; 10,1ss; 2Cor 6,1; 11,13-15; Gl 5,2-4.21; Rm 6,12ss; 11,20-22; 14,13ss). O amor não é uma restrição da liberdade humana, mas sua realização consequente; portanto, liberdade cristã significa ser produtivo para outros e não para si mesmo. O outro é sempre aquele por quem Cristo morreu (cf. 1Cor 8,11s; Rm 14,15). O amor não se orienta pelo princípio da dominação ou do consumo, porque entende o mundo e os seres humanos como a boa criação de Deus que não precisa ser alterada para ser mais perfeita.

A nova orientação da existência é caracterizada por Paulo com o verbo φρονεῖν que ocorre no Novo Testamento 26 vezes, sendo que 22 ocorrências são de Paulo[18]. Ela designa a meta e a direção do pensamento, o "procurar e buscar" da existência: "Buscai entre vós o que se busca em Cristo Jesus" (Fl 2,5). A orientação interior e o querer dos cristãos estão prefigurados a partir de Cristo, e a conformidade com Cristo caracteriza o novo ser e agir. Ela visa a união da comunidade e o aperfeiçoamento ético de seus membros. Paulo refere-se repetidamente à união da comunidade possibilitada por Cristo: "O Deus da paciência e da consolação vos conceda que busqueis as coisas comuns entre vós, assim como corresponde a Cristo Jesus" (Rm 15,5; além disso, cf. 2Cor 13,11; Rm 12,16; Fl 2,2.5; 4,2). Como a comunidade participa do modo existencial pneumático do Cristo ressuscitado, ela busca o aperfeiçoamento ético (cf. Fl 3,13-15), embora sem sobreestimar a si mesma (cf. Fl 3,12).

Paulo combate o engano da autossobreestima com a referência à estrutura temporal particular da existência cristã como existência escatológica: com Jesus Cristo começou o fim do tempo (cf. 1Cor 7.29.31; 10,11; 2Cor 5,17; 6,2; Gl 4,4), ele é a primícia dos que adormeceram (cf. 1Cor 15,20) e já começou a exercer seu poder sobre a morte e o pecado (cf. Rm 5,12ss). Não obstante, as condições da existência e as estruturas do mundo não mudaram, o domínio de Cristo realiza-se

---

[18] Cf. a respeito K. Backhaus, Evangelium als Lebensraum, pp. 28-30.

dentro da realidade terrestre passageira e corruptível. No batismo, a plena realização da remissão dos pecados, a justificação, a concessão do espírito e o εἶναι ἐν Χριστῷ começaram de modo real, mas os cristãos ainda não vivem no estado da plenificação definitiva, ainda estão expostos às tentações do mundo. As pessoas que creem e foram batizadas estão colocadas no tempo entre cruz e *parusia* e devem viver, num mundo aparentemente sem alterações, em consonância com a nova realidade. O ponto de partida e a justificativa da ética é em Paulo a *união de vida e atuação* da nova existência como participação no evento Cristo. Jesus Cristo funda e ao mesmo tempo marca a vida dos cristãos que, por sua vez, vivem na força do espírito no espaço de Cristo e correspondem em seus atos à nova existência.

20.2 A prática da nova existência

Quais as instruções que Paulo dá, e como ele as justifica? De carta em carta, a situação é muito diferente. Na Primeira Carta aos Tessalonicenses, a *parusia* iminente do *Kyrios* e a correspondente ideia do juízo funcionam para motivar uma vida irrepreensível em santidade (cf. 1Ts 3,13; 4.3.4.7; 5,23)[19]. Paulo reconhece explicitamente o estado ético da comunidade, mas ele a exorta simultaneamente a fazer um maior progresso (cf. 1Ts 4,1s). Em termos de conteúdo, o apóstolo se atém, no ambiente da ética judaico-helenista, a suas admoestações sobre uma vida modesta e honesta em 1Ts 4,3-8, e o apelo para a abstenção de ganância e fornicação pertence aos tópicos fixos de suas instruções (cf. 1Cor 5,9-11; 6,9s; 2Cor 12,20s; Gl 5,19-21; Rm 1,29-31; 2,21s; 13,13)[20]. À ética convencional prevalecente em toda a carta corresponde que a comunidade deve viver discretamente e sem chamar atenção (1Ts 4,11), para que o mundo exterior não se escandalize (1Ts 4,12). A competência ética dos gentios pressuposta por Paulo mostra que ele

---

[19] Cf. a respeito H. H. Schade, Apokalyptische Christologie, pp. 151s; G. Haufe, 1Thess, pp. 69ss. O tema da santificação e a correspondente ideia do juízo encontram-se também em 1Cor 1,8; 7,34; 2Cor 7,1; Fp 1,9-11; 2,15-18.

[20] Para uma análise abrangente, cf. E. Reinmuth, "Geist und Gesetz", in *ThA* 44 (Berlim: 1985), pp. 12-47.

não busca um estado ético particular das comunidades. Ele não justifica suas instruções a partir do Antigo Testamento, mas parte de um *ethos* que está presente tanto entre gentios como entre cristãos.

Uma imagem diferenciada aparece nas duas Cartas aos Coríntios[21]. Após seu apelo à união da comunidade, Paulo pede a comunidade em 1Cor 4,16: "Tornai-vos meus imitadores!" É para isto que Timóteo foi a Corinto: "Ele vos recordará meus caminhos[22] em Cristo Jesus, assim como ensino em todas as partes em cada comunidade" (1Cor 4,17). Assim como todas as outras comunidades, também os coríntios são incentivados a se orientar pela vida e pelos ensinamentos de Paulo. A retomada de ὁδός ("caminho") em 1Cor 12,31 mostra que Paulo se refere ao caminho ou aos caminhos, respectivamente, do amor[23]. Ele vive e ensina o amor recebido de Cristo, por isso, as comunidades devem se orientar por ele. As instruções subsequentes a respeito de conflitos em 1Cor 5-7 evidenciam as justificativas muito variadas que Paulo utiliza. Embora a decisão de excluir o fornicador da comunidade seja justificada em 1Cor 5,13b com uma citação de Dt 17,7b LXX[24], o verdadeiro escândalo é o fato de que um caso dessa espécie não ocorre nem mesmo entre os gentios (cf. 1Cor 5,1b). A renúncia exigida de cristãos às disputas diante de juízes gentios em 1Cor 6,1-11 não tem paralelo na tradição judaica[25]. Paulo justifica a advertência contra o adultério em 1Cor 6,12-20 não com textos relacionados como Pr 5,3; 6,20-7,27; Eclo 9,6; 19,2, mas cita Gn 2,24 LXX, um texto que originalmente não estava relacionado à temática da fornicação. Também em 1Cor 7, textos veterotestamentários não têm nenhuma importância para a justificativa de instruções e recomendações éticas. Ao contrário, para a tendência da argumentação, que é crítica ao matrimônio,

---

[21] Para a análise, cf. A. LINDEMANN, Toragebote, pp. 95-110.
[22] Os mandamentos de Deus podem ser designados por ὁδοί (cf. Sl 24,4; 26,11; 118,3.26; Is 55,3); no entanto, a expressão αἱ ὁδοί μου é singular: Paulo não convoca a uma orientação pelos mandamentos, mas por sua pessoa!
[23] Fora desta ocorrência, ὁδός encontra-se somente em citações do AT (Rm 3,16.17) ou num texto de oração (1Ts 3,11), respectivamente, e num trecho hínico (Rm 11,33).
[24] No entanto, chama a atenção que Paulo não aduza os textos correspondentes da Torá, como Dt 23,1; 27,20 e Lv 18,8.
[25] Cf. como texto paralelo Platão, Gorgias 509c (= NW II/1, p. 278).

não há base alguma no Antigo Testamento. Antes, mostram-se paralelos no âmbito dos cínicos: o matrimônio e filhos e filhas impedem o cínico de realizar sua incumbência verdadeira de ser o mensageiro e arauto da divindade entre os seres humanos (Epíteto, Diss. III 67-82). A proibição do divórcio, exigida pelo *Kyrios* em 1Cor 7,10s, contradiz explicitamente regulamentos da Torá (cf. Dt 24,1). Em 1Cor 7,17-24, Paulo desenvolve a máxima ética do permanecer na vocação (1Cor 7,17: "Ademais, viva cada um assim como o Senhor lhe assinalou, assim como Deus o chamou. E é assim que eu o ordeno para todas as comunidades."), que deve ser igualmente entendida contra o pano de fundo cínico-estóico[26]. A atuação precisa se orientar sempre pelas circunstâncias, pois o sofrimento é gerado por uma conceituação errada das coisas. "Por isso não se deve tentar mudar as condições e situações, mas a pessoa deve se adaptar às respectivas condições, assim como também os marinheiros o fazem. Pois eles não tentam mudar os ventos e o mar, mas preparam-se para isso. [...] Da mesma maneira, tu deves te comportar diante das condições. Ficaste velho: deixa os jogos da juventude. Estás fraco: não ponhas tuas mãos num trabalho que exija força [...]" (Teles, Fragmentos 2). Também 1Cor 7,19 evidencia uma influência helenística, pois a "observância dos mandamentos de Deus" (τήρεσις ἐντωλῶν θεοῦ) não pode se referir à Torá, porque a Torá exige a circuncisão e não a declara indiferente, como o faz 1Cor 7,19a. Novamente, Paulo parte de uma evidência geral daquilo que é ético; há mandamentos de Deus imediatamente acessíveis e que são compreensíveis para os seres humanos. Semelhante é a argumentação de Epíteto: "Quais instruções devo te dar? Será que Zeus não te deu instruções? Será que ele não pôs como tua propriedade inviolável aquilo que te pertence verdadeiramente, enquanto aquilo que não te pertence está exposta a limitações consideráveis?" (Diss. I 25,3). Dificilmente é um acaso que Paulo, no contexto do conflito sobre a carne oferecida aos ídolos, *não cite* o Antigo Testamento (cf., por exemplo, Dt 14,3: "Não comerás nada que seja abominável ao Senhor";

---

[26] Documentação e comprovação abrangentes em W. DEMING, Paul on Marriage and Celibacy, 159-165.

além disso, Ex 20,5; 34,13ss; Dt 13,7ss; 32,17), mas que ele remeta a um princípio geral da ética[27]. Ele pode dar até mesmo instruções que são contrárias a mandamentos da Torá[28]. Citações escriturísticas (cf. 1Cor 10,7.26) e alusões (cf. 1Cor 11,3.8.9) ganham peso na argumentação de 1Cor 10,1-22.23–11,1; 11,2-16. No entanto, também aqui, Paulo não deriva suas instruções diretamente das Escrituras. Também o texto de Isaías introduzido como citação da Torá (Is 28,11s) em 1Cor 14,21 não possui uma função normativa. "As instruções concretas de Paulo na Primeira Carta aos Coríntios mostram que Paulo não se orienta pelos conteúdos da Torá quando estabelece normas éticas ou toma decisões em casos de conflito"[29]. 2Cor confirma esta opinião, porque as duas únicas citações escriturísticas relevantes em 2Cor 8,15 e 9,9 justificam meramente a promessa de que Deus concederá graça em abundância a quem contribui com a coleta.

Em Gl 5,14, Paulo cita Lv 19,18b, e aqui se trata claramente do amor manifesto em Jesus Cristo (cf. Gl 5,6).

A norma da nova existência é unicamente o espírito, que parece em Gl 5,18 explicitamente como o oposto por excelência à Torá. As virtudes cristãs de amor, alegria, paz, longanimidade, benignidade, bondade, fidelidade, mansidão e autodomínio (Gl 5,22.23a) são derivadas exclusivamente do espírito. Depois, Paulo acrescenta: "Contra estas coisas não existe lei" (Gl 5,23b). A argumentação paulina é notável em dois aspectos: 1) Em termos de conteúdo, Paulo caracteriza o comportamento cristão com termos éticos gerais do helenismo[30].

---

[27] Compare-se 1Cor 10,24 ("Ninguém procure satisfazer aos seus próprios interesses, mas aos do próximo") com Menander, Sentenças 775 ("Isto significa vida, não viver só para si") e Sêneca, Ep. 48,2 ("E ninguém que somente pensa em si mesmo, que usa tudo para seu próprio benefício pode viver feliz: tu precisas viver por uma outra pessoa se quiseres viver para ti").

[28] Compare-se 1Cor 10,27 ("Se algum dos não crentes vos convidar e se quiserdes aceitar o convite, comei de tudo que vos for oferecido, e não fazeis investigações por motivos de consciência.") com Ex 34,15 ("Não faças, de modo algum, um acordo com os moradores da terra! Pois quando eles se prostituem com seus deuses e lhes sacrificam e te convidam, poderia acontecer que tu comes de seus sacrifícios").

[29] A. LINDEMANN, Toragebote, p. 110.

[30] Para a análise, cf. H. D. BETZ, Gal, pp. 480-491.

2) Eles estão em vigor porque são fruto do Espírito e não porque são ordenados pela Torá. Apenas posteriormente, Paulo constata que os modos de conduta e as qualidades que caracterizam a nova existência não estão em contradição à Torá. Especialmente os catálogos de virtudes e de vícios (cf. 1Cor 5,10s; 6,9s; 2Cor 12,20s; Gl 5,19-23; Rm 1,29-31) elaboram um modelo de ética interessado na concordância com as convenções da época. Eles provêm da filosofia helenista, foram adotados na literatura judaico-helenista e eram muito populares especialmente nos tempos do Novo Testamento [31].

Em Rm 2,14s (cf. 13,13), Paulo parte do fato de que há paradigmas morais que são comuns a judeus, gentios e cristãos. Ele adota a ideia helenista de que a instrução ética se dá através da natureza ou da razão e do logos, respectivamente, sem instruções exteriores, ou seja, escritas[32]. Também em Rm 12,1.2, Paulo deriva a vontade de Deus não da Torá [33]. Os dois versículos são o título da secção principal e têm, como tal, a função de orientar o leitor; eles definem o quadro referencial dentro do qual devem ser compreendidas as afirmações que seguem. Os romanos devem verificar pessoalmente qual é a vontade de Deus (v. 2: δοκιμάζειν [...] τὸ θέλημα τοῦ θεοῦ), e, dessa forma, eles assumem uma tarefa que compete também ao filósofo quando ele pergunta por aquilo que é bom, mau ou indiferente. "Portanto, o empreendimento mais importante de um filósofo será avaliar as ideias (δοκιμάζειν τὰς φαντασίας) e discerni-las (διακρίνειν) e não aceitar nenhuma sem verificação" (Epíteto, Diss. 120,6.7)[34]. Paulo identifica a vontade de Deus com categorias abertas da filosofia popular: o bom e agradável e perfeito. Já para Platão vale que, entre os seres humanos, somente a pessoa sensata é agradável a deus, pois "ela

---

[31] Cf. a análise do material em S. Wibbing, *Die Tugend- und Lasterkataloge irn Neuen Testament und ihre Traditionsgeschichte*. BZNW 25 (Berlim: 1959); E. Kamlah, *Die Form der katalogischen Paranese im Neuen Testament*. WUNT 7 (Tübingen: 1964). Exemplos de textos em NW II/1, pp. 54-66.575s.

[32] Cf. as ocorrências em NW II/1, pp. 71-85.

[33] Também em Rm 12,3, Paulo argumenta com a terminologia da filosofia helenista popular; cf. D. Zeller, "Konkrete Ethik im hellenistischen Kontext", in J. Beutler (org.), *Der neue Mensch in Christus*, p. 89.

[34] Cf. a respeito G. Delling, Verbete "τέλειος", in *ThWNT* 8, pp. 70ss.

lhe é semelhante, mas a pessoa insensata lhe é dissemelhante, vive em ambiguidade com ele e é injusta (Leg. IV 716c)". Segundo Aristóteles, a paixão não obedece à razão, mas a razão, à paixão. "Portanto, antes precisa haver primeiro o estado da alma que é adequado para a virtude, no qual se ama o bem e odeia o mal" (Ética Nicomáquia 1179b). Segundo Plutarco, os seres humanos são os verdadeiros amigos de deus "quando sua mente purificada reconhece em deus a fonte de todo Bem, o pai de toda beleza, ele, que não pode fazer nem sofrer o Mal. Ele é bom e não conhece ressentimento, medo, ira e ódio"[35].

Também a atitude ética recomendada por Paulo em Rm 12,1 tem paralelos consideráveis na filosofia popular.

Na tradição da crítica filosófica ao culto[36], os cristãos são convidados a oferecerem seus corpos como um sacrifício agradável a Deus; este é seu "culto racional" (λογικὴ λατρεία). Corresponde à nova relação com Deus um culto espiritual, orientado pela razão dada por Deus. Fílon constata: "Deus não dá importância à abundância dos sacrifícios, mas ao espírito inteiramente puro e racional (πνεῦμα λογικόν) de quem sacrifica algo" (Spec. Leg. I 277). Segundo Dio Crisóstomo aplica-se ao governante perfeito: "Ele também não acredita poder agradar aos deuses com oferendas e sacrifícios de pessoas injustas, porque sabe que eles podem aceitar benignamente somente as oferendas das pessoas boas. Consequentemente, ele (isto é, o governante) procurará honrá-los abundantemente também com tais oferendas. Jamais ele deixará, porém, de demonstrar-lhes seu temor com aquelas outras oferendas, com boas obras e atos justos. Ele considera a virtude uma piedade, e o vício, uma blasfêmia pura" (Or. 3,52.53; além disso, cf. 13,35; 31,15; 43,11). Paulo e os cristãos primitivos entendem-se como enviados por Deus ao mundo e o servem de uma maneira qualitativamente nova. De modo comparável, o filósofo se sabe comprometido apenas com aquele "que o enviou e a quem serve, com Zeus" (Epíteto, Diss. III 22,56: ὁ καταπεπομφὼς αὐτὸν καὶ ᾧ λατρεύει ὁ Ζεύς).

---

[35] Plutarco, Sobre a serenidade da mente, 69.
[36] Outras ocorrências em H. WENSCHKEWITZ, "Die Spiritualisierung der Kultusbegriffe", in *ΑΓΓΕΛΟΣ* 4 (1932), pp. 74-151.

É em Fl 4,8 que se encontra a adoção mais evidente de noções da filosofia popular[37]: "Finalmente, irmãos, ocupai-vos com tudo o que é verdadeiro, honrável, justo, bom, amável, reconhecido, tudo que é uma virtude (ἀρετή) e o que merece louvor." Termos e conceitos político-sociais dentro do elenco de Paulo são principalmente εὔφημος ("reconhecido") e ἔπαινος ("louvor"); eles visam o reconhecimento social que Paulo espera da comunidade em Filipos. Com ἀρετή, Paulo utiliza o conceito chave da história intelectual grega[38] e integra a conduta dos filipenses totalmente no *ethos* contemporâneo. Pois a tarefa do filósofo que atua de modo político-social é esclarecer "o que é a justiça, o sentido do dever, a capacidade de sofrer, a valentia, o desprezo da morte, o conhecimento de deus e qual bem precioso é uma boa consciência"[39]. Já que uma vida moral se equipara à filosofia e ensina a filosofia a atuar[40], ela pode muito bem ser comparada à *paraklesis*[41] do apóstolo. Sendo um modo de vida e uma técnica de ser feliz, uma ciência da vida[42], o interesse da filosofia é despertar

---

[37] Cf. a respeito D. Zeller, Konkrete Ethik im hellnistischen Kontext, p.84

[38] Basta conferir Cícero, Tusc. V 67: "Pois naquela parte que é a melhor do ser humano reside necessariamente também o melhor que estás procurando. Contudo, o que tem de melhor no ser humano do que um espírito perspicaz e bom? Portanto, se queremos ser felizes, temos que desfrutar do bem dele: o bem do espírito, porém, é a virtude (*virtus*); consequentemente, nela tem que estar contida a vida feliz; a partir dela vem tudo que é belo, honroso, grandioso, como eu disse acima – mas exatamente isso precisa, como parece, ser desenvolvido um pouco mais – cheio de alegrias. No entanto, já que é claro que a vida feliz consiste em alegrias estáveis e plenas, segue disso que ela consiste na virtude."

[39] Sêneca, Tranq. An. III 4.

[40] Cf. Sêneca, Ep. 20,2: "A filosofia ensina a agir, não a discursar"; além disso, Musônio, Dissertationes 3, segundo o qual não só homens devem procurar "como podem levar uma vida moral, o que equivale a filosofia".

[41] O termo *paráclese* capta o conceito paulino melhor do que parênese: 1) A terminologia de paráclese ocorre em Paulo (em Paulo, παρακαλεῖν encontra-se 39 vezes e παράκλεσις, 18 vezes), mas o termo parênese não ocorre (παραινεῖν somente em At 27,9.22). 2) Como desdobramento do evangelho, paráclese reúne promessa e exigência; cf. a respeito A. Grabner-Haider, *Paraklese und Eschatologie bei Paulus*. NTA 4 (Münster: 1968), pp. 4s.153s.

[42] Cícero, Fin. III 4: "Filosofia é, de fato, a ciência da vida". Cícero oferece em Fin. III uma impressionante apresentação geral da ética estoica, cuja ideia básica é: "O maior bem consiste em aplicar na vida o conhecimento acerca das condições

nas pessoas as virtudes existentes nelas ou promover sua intelecção e disposição de orientar-se nessas virtudes. "Na verdade, o ser humano é o único de todos os seres terrestres que é uma imagem e semelhança de deus, e ele tem virtudes semelhantes às dele. Pois também nos deuses não podemos imaginar nada melhor do que intelecção, justiça, valentia e moderação sábia (φρονήσεως καὶ δικαιοσύνης, ἔτι δὲ ἀνδρείας καὶ σωφροσύνης)."⁴³ Musônio deriva da ideia da semelhança de natureza entre deus e os seres humanos uma ética emancipatória. Ele parte da teoria de que o ser humano seja por natureza livre e sem falhas (ἀναμαρτήτως), de modo que pode viver virtuosamente. O "germe da virtude" (σπέρμα ἀρετῆς) está implantado em cada ser humano (Dissertationes 2). É por isso que também as mulheres participam da virtude e podem estudar a filosofia (Dissertationes 3). Filhas e filhos devem ser educados da mesma maneira, pois ambos os sexos devem ser justos na vida (Dissertationes 4).

Todos os vícios encontram-se nos homens e nas mulheres, de modo que ambos estão também em condições de superá-los. Isso se dá por meio da instrução, mas também principalmente ao criar o respectivo costume (Dissertationes 5), pois ao aprender da virtude devem seguir em todas as circunstâncias os exercícios (Dissertationes 6)⁴⁴. Nesse contexto, o filósofo serve de exemplo, pois, com sua existência, os alunos podem aprender de maneira modelar a união de ensino e de vida (Dissertationes 11). Filosofia é para Musônio uma instrução libertadora para a vida; a arte de ativar a virtude adormecida dentro do ser humano através de intelecção e de exercício⁴⁵.

---

naturais, ao decidir-se por aquilo que corresponde à natureza e ao rejeitar aquilo que lhe é contrário, o que significa viver em harmonia e sintonia com a natureza" (Fin. III 31).

⁴³ Musônio, Dissertationes 17.
⁴⁴ Cf. também Sêneca, Ep. 94,47: "Uma parte da perfeição moral consiste em formação, outra em exercício: tu deves aprender e, por meio da atuação, firmar o que aprendeste."
⁴⁵ Cf. também Jâmblico, Protrepticus III 1s: "Quando alguém alcançou o objetivo que estava procurando e o domina totalmente, seja a eloquência ou ciência ou força física, ele deve exercer isto no sentido do Bem e das leis. [...] Assim como uma pessoa que domina uma dessas habilidades se torna inteiramente boa quando as usa

No conteúdo de seus materiais, a paráclese nas cartas paulinas não difere fundamentalmente dos padrões éticos de seu meio ambiente. Paulo recorre apenas de forma muito restrita ao Antigo Testamento como instância normativa[46]; a Torá é concentrada no mandamento do amor (cf. Rm 13,8-10) e, dessa maneira, integrada no *ethos* contemporâneo[47]. Mesmo ali onde Paulo fala da "lei de Cristo" (Gl 6,2), ele permanece no contexto da ética helenista da amizade[48]. Também a função das exortações de Paulo é comparável às da instrução filosófica; o objetivo é em ambos os casos recordar elementos já conhecidos e trabalhar novas problemáticas. "Eu admito que, por si mesmas, prescrições (*praecepta*) não são eficientes para eliminar uma convicção errônea da alma; no entanto, quando acrescentadas a outras, não são totalmente inúteis. Primeiro, elas refrescam a memória; além disso, problemas que, de forma geral, parecem ficar muito confusos podem ser refletidos cuidadosamente quando divididos em pontos separados" (Sêneca, Ep. 94,21)[49]. Quando Paulo tematiza aspectos da atuação da nova existência, ele ativa a memória de seus ouvintes e leitores e procura soluções de problemas. Não é no conteúdo material de suas

---

para o Bem, assim uma pessoa que as usa para o Mal se torna inteiramente má" (tradução alemã: G. LUCK, Weisheit der Hunde, p. 50).

[46] Diferente K.-W. NIEBUHR, "Tora ohne Tempel. Paulus und der Jakobusbrief im Zusammenhang frühjüdischer Torarezeption für die Diáspora", in B. EGO/A. LANGE/P. PILHOFER (org.), *Gemeinde ohne Tempel*. WUNT 118 (Tübingen: 1999), pp. 427-460, que entende a recepção paulina da Torá em analogia à recepção da Torá na diáspora judaica: "Quando, nesse contexto, determinados mandamentos individuais ou partes inteiras da Torá não são tematizadas, isso não implica sua rejeição sumária ou pelo menos sua validade restrita. Ao contrário, deve-se perguntar em cada caso até que ponto tais partes da Torá são relevantes para a situação dos destinatários ou para a intenção afirmativa específica dos autores."

[47] M. WOLTER, Die ethische Identität christlicher Gemeinden, pp. 82-84, lembra com razão que a exigência paulina do amor não é derivada da Torá: "Antes, ocorre o contrário, no sentido de que é em primeiríssimo lugar o mandamento do amor de Lv 19,18 que permite uma integração da Torá também na ética cristã."

[48] Cf. acima, Secção 11.3 (A doutrina da lei e da justificação da Carta aos Gálatas).

[49] Cf. também Sêneca, Ep. 94,33.34: "Embora seja estabelecido por meios de comprovação o que é bom e o que é mau, as prescrições têm, não obstante, sua tarefa. A inteligência e a justiça consistem em obrigações, as obrigações são determinadas por prescrições. Além disso, o juízo sobre o Bem e o Mal é reforçado pelo cumprimento de deveres para as quais conduzem as prescrições."

instruções que Paulo coloca novos acentos, mas na *justificativa*[50]. Ele julga as ações humanas e suas extensões à luz do evento Cristo e chega a partir disso a uma nova interpretação da existência e do tempo: unicamente a participação no evento Cristo liberta do poder do pecado e capacita, pelo poder do espírito santo, para uma existência no amor em conformidade a Cristo, e essa existência durará para além da morte e do juízo.

Portanto, o esquema de indicativo-imperativo comprova-se também como inútil para captar adequadamente a prática da nova existência, pois o modo linguístico do imperativo não estabelece conteúdos verdadeiramente novos. Isso também não era de se esperar, pois o cristianismo primitivo participa de tradições éticas judaico-helenista e greco-romana altamente refletidas; o *humanum* não precisa ser criado e refletido novamente! Além disso, a composição das comunidades paulinas por ex-judeus, prosélitos, tementes a Deus e gentios não leva a esperar outra coisa, pois, na formação de uma nova identidade, ela faz como que a interação entre Antigo Testamento, normas judaico-helenistas e normas greco-romanas parece apenas natural. Entretanto, essas normas são integradas na hermenêutica paulina de Cristo, de modo que, também na ética, cabe agora ao amor um *prae* fundamental e que todas as diferenças tradicionais de *status* perdem seu significado[51]. *O amor é a norma da formação paulina de sentido.* A paráclese paulina visa uma vida em sintonia com o evento Cristo e aponta para uma coerência interna entre o evangelho crido e vivido. Não se trata de uma "derivação" de um imperativo a partir de um indicativo, mas sim da união natural e evidente de fé e atuação no poder do espírito. A ética paulina não é em primeiro lugar uma ética de mandamentos, mas uma ética de intelecção.

---

[50] Cf. H. D. Betz, Das Problem der Grundlagen der paulinischen Ethik, p. 201, que enfatiza que Paulo justifica a ética não diretamente pela razão e pela união com a natureza.

[51] M. Wolter, Die ethische Identität christlicher Gemeinden, p. 86, considera a independência do *status* e a reciprocidade as características decisivamente novas da ética paulina.

Capítulo 21
ECLESIOLOGIA: UMA COMUNIDADE EXIGENTE E ATRATIVA

A comunidade é o lugar da localização comum dos crentes e batizados em sua relação com Deus e com Jesus Cristo. *Segundo Paulo, somente na comunidade dos crentes pode haver a participação da salvação comum.* Para ele, ser cristão é idêntico ao estar na comunidade[1]; sua missão é uma missão que funda comunidades, e suas cartas são cartas a comunidades. Como o próprio *Kyrios* exaltado constitui sua comunidade e é seu fundamento (cf. 1Cor 3,11), a eclesiologia paulina com seus conceitos, motivos e imagens interpreta sempre uma realidade pré-estabelecida.

21.1 Palavras e metáforas básicas da eclesiologia paulina

Formulações semânticas novas e diferentes pertencem à estratégia necessária de um novo movimento, para formar e consolidar identidade.

PALAVRAS BÁSICAS

Das 114 ocorrências de ἐκκλησία no Novo Testamento, 44 encontram-se em Paulo, e disso, por sua vez, 31 nas duas Cartas aos Coríntios.

---

[1] Também a Paulo se aplica o que vale de modo geral: "A religião precisa da comunhão religiosa, e a vida no mundo religioso precisa da pertença à comunidade religiosa" (P. L. BERGER/TH. LUCKMANN, Die gesellschaftliche Konstruktion der Wirklichkeit, p. 169).

Com ἐκκλησία, Paulo adota um termo político para caracterizar a natureza e as assembleias locais do novo movimento. No âmbito grego-helenista, ἐκκλησία designa a *assembleia* dos homens livres que têm o direito de votar[2], um uso linguístico presente também em At 19,32.39. 1Ts 2,14; 1Cor 15,9; Gl 1,13 e Fl 3,6 ("Eu persegui a assembleia de Deus") mostram que a designação ἐκκλησία τοῦ θεοῦ ("assembleia de Deus") surgiu possivelmente já em Jerusalém para o novo movimento dos crentes em Cristo. Dessa maneira adotava-se, por um lado, a tradução de קהל por ἐκκλησία na Septuaginta[3] e atribuía a comunidade em Cristo ao povo de Deus Israel, e, por outro lado, a não adoção da συναγωγή ("sinagoga") expressava a autocompreensão das comunidades mais primitivas em sua delimitação em relação ao judaísmo.

Na nova formulação semântica ἐκκλησία τοῦ θεοῦ se expressa a autocompreensão do novo movimento como grandeza autônoma[4]. Paulo orienta-se conscientemente pelo significado básico profano de ἐκκλησία, pois, para ele, a assembleia local dos crentes está no primeiro plano, como mostram as indicações locais em 1Ts 1,1; 1Cor 1,2; 2Cor 1,1; Gl 1,2[5]. Ao mesmo tempo, a Igreja única de Deus[6] ganha

---

[2] Cf. a respeito uma inscrição do séc. I d.C. que, no contexto de uma homenagem à coríntia Júnia Teodora, designa uma reunião de cidadãos em Patara, na Ásia Menor, como ἐκκλησία ("[...] e é por isso que também a maioria dos nossos cidadãos, ao se apresentarem perante a assembleia, deram testemunho em favor dela [...]"). Tradução e interpretação do texto em H.-J. KLAUCK, "Junia Theodora und die Gemeinde in Korinth", in M. KARRER/W. KRAUS/O. MERK (org.), *Kirche und Volk Gottes*. FS J. ROLOFF, p.42-57.

[3] Cf. Dt 23,2-4; Nm 16,3; 30,4; Mq 2,5; 2Cr 28,8; קהל pode ser traduzido também por συναγωγή; cf., por exemplo, Is 56,8; Jr 38,4; Ez 37,10. Para as distintas teorias de derivação, cf. J. ROLOFF, Verbete "ἐκκλησία", in *EWNT* 1, pp. 999-1001; W. KRAUS, Volk Gottes, pp. 124-126.

[4] O sintagma grego ἐκκλησία τοῦ θεοῦ é literariamente comprovado somente em Paulo (1Ts 2,14; 1Cor 1,2; 10,32; 11,16.22; 15,9; 2Cor 1,1; Gl 1,13) e em sua história de recepção (At 20,28; 2Ts 1,1.4; 1Tm 3,5.15); na LXX encontram-se apenas expressões comparáveis em Jz 20,2; Ne 13,1; 1Cr 24,1; 28,8; Mq 2,5; Dt 23,1s; além disso, cf. Fílon, Leg. All. III 8,5. A expressão קהל אל encontra-se em 1Q 33 col. IV 10; col. XIV 5; 1Q 28a col. II 4; 4Q 271 Frgm. 5 col. I 21.

[5] Cf. J. ROLOFF, Kirche, pp. 98ss.

[6] Paulo fala da ἐκκλησία (τοῦ) θεοῦ (cf. 1Cor 1,2; 10,32; 11,22; 15,9; 2Cor 1,1; Gl 1,13), das ἐκκλησίαι (τοῦ) θεοῦ (cf. 1Ts 2,14; 1Cor 11,16) e da ἐκκλησία ἐν θεῷ (1Ts 1,1). Em Gl 1,22 e Rm 16,16, ele menciona as ἐκκλησίαι ἐν Χριστῷ ou τοῦ Χριστοῦ, respectivamente.

sua forma na comunidade individual, de modo que tanto a comunidade local (2Cor 1,1; Gl 1,2) e as comunidades locais, respectivamente, como a cristandade em sua totalidade (1Ts 2,14; 1Cor 10,32; 11, 16.22; 12,28; 15,9; Gl 1,13; Fl 3,6) pode ser designada como ἐκκλησία τοῦ θεοῦ. Para Paulo, a comunidade individual representa a Igreja universal num lugar específico[7]; ele desconhece uma estrutura hierárquica entre as comunidades locais e a Igreja universal, de modo que, alternadamente, uma parte pode representar o todo. A Igreja universal está presente na comunidade local, e a comunidade local é uma parte da Igreja universal. Por isso, ἐκκλησία como a associação de cristãos em um determinado lugar deve ser traduzida terminologicamente por "comunidade", e como totalidade mundial de todos os cristãos, por "Igreja"[8].

Outras designações eclesiológicas em Paulo, como, por exemplo, "os santos" (οἱ ἅγιοι)[9] e "os eleitos" (οἱ ἐκλεκτοί)[10] encontram-se dentro da história traditiva de conceitos judaico-veterotestamentários e na continuidade da compreensão pré-paulina acerca da comunidade. Muito frequentemente ocorre no prescrito das cartas a designação da comunidade como ἅγιοι (1Cor 1,2; 2Cor 1,1; Rm 1,7; Fl 1,1), que, assim como ἐκκλησία θεοῦ, pode ser uma expressão alternante para comunidades individuais (1Cor 16,1; 2Cor 8,4; Rm 15,26) e para a Igreja universal (1Cor 14,33: ταῖς ἐκκλεσίαις τῶν ἁγίων – "as comunidades dos santos".

"Santos" são para Paulo os cristãos ἐν Χριστῷ (1Cor 1,2; Fl 1,1), isto é, não com base em uma qualidade ética especial, mas por meio da integração na ação salvífica de Deus em Jesus Cristo, realizada no batismo. Eles pertencem a Deus, o espírito de Deus habita neles (1Cor 3,16; 6,19), e seu corpo é santo, porque é o templo de Deus (1Cor 3,17b). O grupo de palavras κλετός ("chamado, vocacionado"), κλῆσις ("vocação"),

---

[7] Cf. E. KÄSEMANN, Röm, p. 323.
[8] Cf. J. ROLOFF, Verbete "ἐκκλησία", p. 999.
[9] Para o pano de fundo veterotestamentário e judaico, respectivamente, desse termo, cf. Dt 33,3; Dn 7,18.21s.25.27; TestLv 18,11.14; HenGr 100,5; SlSal 11,1; 1QM 10,10.
[10] Cf. a respeito Is 65,9.15.22; Sl 105.6.43; 106,5; 1Cr 16,13; Eclo 46,1; 1QpHab 5,4; 9,12; 10,13; 1QH 14,15.

ἐκλογή ("eleição") e ἐκλεκτός ("eleito") encontra-se em estreita relação com ἐκκλησία e com ἅγιος[11]. Ele é de grande importância para a eclesiologia paulina. Em 1Ts 1,4, Paulo menciona com gratidão a eleição (ἐκλογή) dos tessalonicenses, antigamente gentios, que se tornaram através do exemplo deles um modelo para outras comunidades. A eleição de Deus é tanto universal como histórico-real[12], ela abraça judeus e gentios e tem seus efeitos reconhecíveis na forma da comunidade. Em 1Cor 1,26ss, Paulo avalia a vocação (κλῆσις) de pessoas fracas, tolas e desprezadas como uma confirmação da atuação paradoxal de Deus na cruz. Ainda assim, não é possível deduzir da forma visível da comunidade sua vocação, nem positiva nem negativamente, pois a eleição tem o caráter de pura graça (Gl 1,6; Rm 1,6), de modo que Paulo pode falar de uma predestinação dos crentes que vale para o *escaton* (Rm 8,29-39; cf. 1Cor 2,7). O quanto Paulo considera vocação e santificação uma unidade mostram 1Cor 1,2; Rm 1,7, onde ele se refere a "santos chamados". A pessoa que é chamada, separada (cf. Gl 1,15; Rm 1,1) e tomada por Deus é santa. A dimensão escatológica que ressoa junto em todas as designações eclesiológicas do cristianismo primitivo manifesta-se impressionantemente em Rm 8,33: os eleitos não têm que temer nem acusação, nem juízo ou condenação, porque Deus os declara justos. A comunidade compreende-se como o povo escatológico de Deus, como rebanho eleito e santificado que foi integrado na vitória de Jesus sobre o pecado e a morte e que prevalecerá no juízo.

METÁFORAS BÁSICAS

Ao lado das palavras básicas eclesiológicas há *três metáforas básicas* que marcam as afirmações paulinas sobre a Igreja: "em Cristo" (ἐν Χριστῷ), "corpo de Cristo" (σῶμα Χριστοῦ) e "Povo de Deus" (λαὸς θεοῦ)[13].

---

[11] Cf. H. CONZELMANN, 1Kor, pp. 39s.
[12] Cf. J. ECKERT, Verbete "ἐκλεκτός", in *EWNT* 1, pp. 1018ss.
[13] Outras classificações também são possíveis: por exemplo, H. RIDDERBOS, Paulus (Wuppertal: 1970), pp. 229ss, vê no conceito do Povo de Deus e na ideia do corpo

Com seus aspectos de espaço e tempo, elas descrevem abrangentemente o lugar e a natureza da existência cristã na comunidade dos crentes.

1) Como descrição local da existência cristã, ἐν Χριστῷ designa a comunhão íntima e salvífica de cada cristão e de todos juntos com Jesus Cristo[14]. No batismo, os crentes são integrados no ambiente do Cristo pneumático e são ἐν Χριστῷ nova criatura (2Cor 5,17). A inclusão na esfera do domínio de Cristo tem seus efeitos reais tanto sobre a vida da pessoa individual que crê como sobre a forma da comunidade; ela cria não só a comunhão com Cristo, mas também permite uma nova comunhão entre os crentes (cf. Gl 3,26-28). Os batizados têm "em Cristo" parte na κοινονία ("comunhão, comunidade") do mesmo espírito (2Cor 13,13; Fl 2,1), e ela determina agora a vida na comunidade. Essa vida caracteriza-se pela força libertadora da atuação do espírito que determina e marca tanto as pessoas individuais em sua corporeidade como a comunidade em sua totalidade. A existência eclesial "em Cristo" é uma existência proveniente do batismo, que, por meio da atuação de Deus no batismo, sabe-se obrigada e capacitada a corresponder à vontade de Deus na comunidade e no mundo.

2) A fundamentação cristológica da eclesiologia paulina mostra-se também no conceito do σῶμα Χριστοῦ[15], pois a ideia da incorporação

---

de Cristo os dois aspectos principais da eclesiologia paulina; H. Schlier, *Ekklesiologie des Neuen Testaments*. MySal 401 (Einsiedeln: 1972), pp. 152ss, propõe uma tripartição da eclesiologia paulina (I. Povo de Deus e ἐκκλησία; 2. Corpo de Cristo; 3. Templo de Deus); W.-H. Ollrog, *Paulus und seine Mitarbeiter*, pp. 132ss, constata quatro linhas principais da compreensão paulina acerca da comunidade (1. Descendência de Abraão; 2. Os santos, o templo de Deus; 3. Campo e plantação de Deus; 4. Corpo de Cristo); J. Roloff, *Kirche*, pp. 86ss, distingue dois pontos focais da eclesiologia paulina: Corpo de Cristo e Povo de Deus. Ele os desdobra em cinco sub-pontos: 1. O Batismo e o "estar em Cristo"; 2. A *ekklesia* como assembleia local "em Cristo"; 3. O "corpo de Cristo"; 4. O templo escatológico e sua construção; 5. O Povo de Deus e a Igreja.

[14] Para ἐν Χριστῷ, cf. acima, Secção 17.1 (A nova existência como participação em Cristo).

[15] Para a interpretação de 1Cor 12, cf. acima, Secção 9.5 (A força do espírito e a construção da comunidade); para Rm 12, cf. acima, Secção 12.10 (A forma da nova vida).

no corpo de Cristo realça a prevalência da cristologia sobre a eclesiologia.

O ponto de partida para o uso eclesiológico de σῶμα em Paulo é o discurso do σῶμα τοῦ Χριστοῦ em Rm 7,4 e na tradição da última ceia (1Cor 10,16; 11,27). Aqui deve ser procurada a origem do termo "corpo de Cristo" e pode ser observada a passagem para afirmações eclesiológicas. Em 1Cor 10,16; 11,27; Rm 7,4, σῶμα τοῦ Χριστοῦ designa o corpo de Cristo entregue na cruz para a comunidade. 1Cor 10,17 tira a conclusão eclesiológica disso: ἓν σῶμα οἱ πολλοί ἐσμεν ("nós, os muitos, somos um só corpo"). A equação da comunidade com o corpo de Cristo, fundamental para todas as afirmações eclesiológicas, encontra-se explicitamente apenas em 1Cor 12,27: ὑμεῖς δέ ἐστε σῶμα Χριστοῦ ("Ora, vós sois o corpo de Cristo"). Além disso, Paulo utiliza esse conceito em 1Cor 1,13; 6,15s; 10,17; Rm 12,5 e 1Cor 12,12-27[16].

Em 1Cor 12,13 ("Pois fomos todos batizados num só espírito pra ser um só corpo"), Paulo desenvolve o pensamento do σῶμα Χριστοῦ de maneira característica:

a) O corpo de Cristo é pré-existente em relação a seus membros. Ele não é formado por decisões e associações humanas, mas é pré-estabelecido, e é ele que possibilita tais decisões e associações.

b) Por meio do batismo, o cristão individual é integrado no corpo de Cristo que o antecede. O batismo não constitui o corpo de Cristo, mas é o lugar histórico da admissão a este corpo e a expressão real da unidade da comunidade que se fundamenta em Cristo. A pessoa batizada é colocada dentro do corpo de Cristo, cuja realidade e unidade é fundamentada por Cristo e testemunhada pela pessoa batizada. O Cristo exaltado não existe sem seu corpo, a comunidade. Do mesmo modo manifesta-se a participação do σῶμα Χριστοῦ na corporeidade dos crentes: "Não sabeis que vossos corpos são membros de Cristo?" (1Cor 6,15: οὐκ οἴσατε ὅτι τὰ σώματα ὑμῶν μέλη Χριστοῦ ἐστιν). Já que os crentes pertencem com todo o seu corpo ao Senhor, eles são simultaneamente membros do corpo de Cristo. Para Paulo não existe nem o Crucificado (Rm 7,4) nem o Exaltado (Fl 3,21) sem seu corpo,

---

[16] Cf. a respeito E. SCHWEIZER, Verbete "σῶμα", in *ThWNT* 7, pp. 1064ss.

assim como, por outro lado, a participação do corpo de Cristo é inconcebível sem a glorificação de Deus no σῶμα dos crentes.

Paulo aplica o conceito universal do corpo de Cristo à comunidade particular, para esclarecer com sua ajuda uma problemática que o preocupa: a união e unidade da comunidade na diversidade dos carismas, realizada no batismo. Assim como o corpo é um só, mas, não obstante, tem muitos membros, assim existe na comunidade uma variedade de vocações e dons, mas apenas uma comunidade (1Cor 1,10-17; 12,12ss; Rm 12,5). Também a relação dos respectivos membros entre si pode ilustrar o conceito do corpo: eles não são todos iguais em sua forma e em suas funções, mas precisam uns dos outros; portanto, são iguais em seu valor. O pressuposto dessa função parenética da imagem do corpo é a equação indicativa do corpo único a Cristo. A comunidade não forma o corpo de Cristo por meio de sua conduta, mas ela corresponde a ele em sua atuação.

3) A proclamação programática do evangelho livre da circuncisão aos gentios colocou Paulo perante o problema de como definir a continuidade e descontinuidade da Igreja em relação a Israel[17]. Nesse contexto chama a atenção o uso linguístico do apóstolo, pois λαὸς θεοῦ ("povo de Deus") ocorre em Paulo somente em cinco citações do Antigo Testamento, e não é nenhum acaso que quatro delas se encontrem na Carta aos Romanos (cf. 1Cor 10,7 = Ex 32,6; Rm 9,25s = Os 2,25; Rm 10,21 = Is 65,2; Rm 11,1s = Sl 93,14 LXX; Rm 15,10 = Dt 32,43)[18]. Além disso, o apóstolo evita falar explicitamente do único povo de Deus composto por judeus e gentios, ou do antigo e do novo povo de Deus. Mesmo assim, a comprovação da unidade da atuação de Deus na história e, assim, da continuidade salvífica do povo de Deus é um tema central da eclesiologia paulina. Ao longo de toda sua

---

[17] No Antigo Testamento e nos escritos do judaísmo antigo, numerosos textos atestam a reflexão sobre a integração dos gentios no Povo de Deus (para a análise, cf. W. Kraus, Volk Gottes, pp. 16-110). No entanto, a missão entre gentios livre de circuncisão representava um fenômeno completamente novo que podia ser refletido, mas não resolvido, à luz desses textos.

[18] Em 2Cor 6,16 trata-se de uma citação pós-paulina (cf. acima, Secção 10.2: A Segunda Carta aos Coríntios como carta coesa).

vida, o apóstolo luta com esse problema, como mostram as diversas afirmações nas cartas e a campanha da coleta.

Em 1Ts 2,16, Paulo emite um juízo definitivo: a ira de Deus já veio sobre os judeus, porque eles obstruem a proclamação salvífica do evangelho às nações. Predomina a ideia da descontinuidade; Paulo fala da eleição dos tessalonicenses (cf. 1Ts 1,4; 2,12; 4,7; 5,24), mas, ao mesmo tempo, ele se silencia sobre Israel e não cita o Antigo Testamento[19]. Em 1Cor 10,1-13 se expressa, por um lado, o enraizamento da Igreja em Israel (1Cor 10,1: "nossos pais" [cf. 1Cor 5,7: "nosso cordeiro pascal, Cristo, foi imolado"]; 1Cor 10,18: "Considerai o Israel segundo a carne"); por outro lado, esse conceito é superado: os acontecimentos do êxodo podem ser compreendidos só agora, porque foram registrados como alerta para a ἐκκλησία (1Cor 10,11b). Agora chegou o fim dos tempos (1Cor 10,11c) e se revela que a ἐκκλησία é a meta da atuação de Deus. A afirmativa sobre a pré-existência em 1Cor 10,4 está novamente vinculada à continuidade e descontinuidade: os pais da geração do deserto são simultaneamente os pais dos cristãos; mas Deus não se comprouve com eles e os castigou. A compreensão paulina das Escrituras atribui a preocupação de Deus para com Israel consequentemente à situação atual da Igreja, porque ela parte do pressuposto de que essa atuação antecipada em favor de Israel já visava desde sempre a Igreja e encontrou agora sua plena realização[20]. Em 2Cor 3,1-18, Paulo precisa esse pensamento[21]: as promessas da aliança revelam seu sentido apenas numa releitura cristológica, pois até o dia de hoje pesa sobre as Escrituras uma barreira que obstrui a compreensão (2Cor 3,16-18). Moisés é o representante de uma glória transitória e corruptível, enquanto Cristo representa a nova aliança libertadora no poder do espírito (cf. 2Cor 3,6; 1Cor 11,25).

A ideia da superação domina também na Carta aos Gálatas, pois, embora Paulo realce a validade permanente da aliança de Deus com

---

[19] Para a análise do texto sob o aspecto do conceito de Povo de Deus, cf. W. KRAUS, Volk Gottes, pp. 120-155, embora o autor diminua a descontinuidade.
[20] Cf. J. ROLOFF, Kirche, pp. 120s.
[21] Para a interpretação de 2Cor 3,1-18, cf. acima, Secção 10.4 (A glória da Nova Aliança).

Abraão (cf. Gl 3,15-18), ele a vê verdadeiramente concluída somente em Cristo. Por isso, unicamente as pessoas que creem na mensagem de Cristo são os filhos legítimos de Abraão e os herdeiros das promessas de Deus. Ao contrário dessas pessoas, os judeus que se orientam na lei/Torá são filhos ilegítimos de Abraão, filhos de Ismael que foi rejeitado por Deus, e eles se encontram no estado da servidão e da falta de liberdade (cf. Gl 4,21-31). Aqui, Paulo defende polemicamente uma *teoria consequente de deserdação*[22]; o verdadeiro Israel, o "Israel de Deus" (Gl 6,16; cf. 4,26; Fl 3,3), são os crentes, pois exclusivamente a eles cabe o *status* de descendentes de Abraão.

Na Carta aos Romanos, Paulo abandona essa posição rigorosa e chega, por meio de uma argumentação complexa, a uma nova visão[23]. Cristo nasceu da estirpe de Davi segundo a carne (Rm 1,3), de modo que a atuação salvífica de Deus se realiza nos crentes através de Israel. O evangelho dirige-se e vale primeiro para os judeus e depois para os gentios (Rm 1,16; 2,9s; 3,9.29; 9,24); a aliança com Abraão permanece (Rm 4), e a lei/Torá "é justa, santa e boa" (Rm 7,12). Contudo, os judeus já não podem recorrer aos privilégios da circuncisão e da lei/Torá (Rm 2,17ss), pois, segundo a vontade de Deus, quem pertence ao verdadeiro Israel decide-se unicamente na posição diante do evangelho. Nem judeus nem gentios têm uma vantagem, pois ambos permanecem da mesma maneira sob o domínio do pecado (cf. Rm 3,9.20). Sob deliberada adoção de tradições veterotestamentárias e judaicas, Rm 9–11 abole Israel enquanto sociedade nacional física (cf. Rm 9,6ss), e a inclusão dos gentios aparece como a consequência natural da vontade de Deus, depois que os judeus rejeitaram o evangelho (Rm 2,17ss; 11,25.31s). No entanto, Paulo espera em relação a seu povo que este ainda no fim dos tempos se converta para Cristo. Na *parusia*, Deus mesmo revela o mistério do Ungido; naquele momento, o tempo da obstinação terá um fim, e todo Israel será salvo (Rm 11,25-36). Paulo cria uma visão plausível: somente o próprio Deus pode revelar a seu povo eleito quem Jesus Cristo é verdadeiramente.

---

[22] Cf. J. ROLOFF, Kirche, pp. 125s.
[23] Para a interpretação de Rm 9–11, cf. acima, Secção 12.9 (Paulo e Israel).

As três metáforas básicas[24] bem como as palavras básicas expressam o conceito da eclesiologia paulina: *a participação do evento Cristo assume sua forma na comunidade*. A cristologia e a eclesiologia não coincidem, mas a cristologia determina a eclesiologia[25], porque não há nenhum fundamento fora daquele que foi colocado: Jesus Cristo (1Cor 3,11: ὅς ἐστιν Ἰησοῦς Χριστός[26]).

21.2 Estruturas e tarefas nas comunidades

Deus, Jesus Cristo, o apóstolo e as comunidades encontram-se num processo dinâmico de criação, atuação, condução, luta e sofrimento. As comunidades têm sua origem em Deus, como mostra a construção com o genitivo em ἐκκλησία τοῦ θεοῦ; sua forma presente baseia-se em Jesus Cristo que sustenta a comunidade como σῶμα Χριστοῦ e que a determina pelo dom do espírito. Também a Paulo compete uma tarefa decisiva dentro desse processo, pois, como apóstolo chamado

---

[24] E. KÄSEMANN alega uma concorrência entre o conceito de "Povo de Deus" e o conceito de "corpo de Cristo". Ele parte de uma prevalência da cristologia em relação à história da salvação e considera a imagem do corpo de Cristo o verdadeiro conceito eclesiológico de Paulo (cf. Idem, Röm, p. 325; Idem, "Das theologische Problem des Motivs vom Leibe Christi", in Idem, *Paulinische Perspektiven*, pp. 185ss). A. OEPKE, N. A. DAHL e F. NEUGEBAUER, por sua vez, enfatizam a prevalência da ideia do Povo de Deus e a consideram o centro da eclesiologia paulina (cf. A. OEPKE, Das neue Gottesvolk [Gütersloh: 1950], pp. 198-230; N. A. DAHL, Das Volk Gottes, 2ª ed. [Darmstadt: 1963], p. 226; F. NEUGEBAUER, In Christus, pp. 93ss). A relação interna entre os dois motivos é enfatizada por J. ROLOFF, Kirche, pp. 130s; W. KRAUS, Volk Gottes, pp. 350-361. Enquanto a metáfora do corpo se refere ao crescimento atual das comunidades, o conceito de Povo de Deus as enraíza "nas profundezas da história de Deus" (W. KRAUS, op. cit., p. 351). Além disso, a sequência Gl 3,26-28 e 3,29 mostra claramente que Paulo é capaz de pensar as dimensões espaciais e históricas da eclesiologia em conjunto.

[25] Assim com toda ênfase E. KÄSEMANN, Das theologische Problem des Motivs vom Leibe Christi, p. 197: "A eclesiologia paulina é uma parte da teologia da cruz do apóstolo e, nesse sentido, deve ser compreendida exclusivamente a partir de sua cristologia."

[26] Para a metáfora do templo em Paulo, cf. J. ROLOFF, Kirche, pp. 110-117; CHR. BÖTTRICH, "'Ihr seid der Tempel Gottes'. Tempelmetaphorik und Gemeinde bei Paulus", in B. EGO/A. LANGE/P. PILHOFER (org.), *Gemeinde ohne Tempel*. WUNT 118 (Tübingen: 1999), pp. 411-425.

por Jesus Cristo, ele realizou na fundação das comunidades a vontade de Deus (cf. 1Cor 1,1; 2Cor 1,1; Gl 1,1). Por isso, as comunidades sabem-se sempre remetidas a Deus, a Jesus Cristo e ao apóstolo.

JESUS CRISTO COMO MODELO

Paulo lembra as comunidades constantemente do ato de amor de Deus em Jesus Cristo, que determinou os crentes para a salvação e não para a condenação (cf. 1Ts 5,9), reconciliando-se em Cristo com o mundo (cf. 2Cor 5,18-21) e dando-lhe paz, justiça e vida (cf. Rm 5). *O comportamento de Jesus torna-se para Paulo o princípio estrutural de sua eclesiologia*[27]. Por meio de sua pró-existência, Jesus superou o pensamento em categorias de dominação e violência e colocou em seu lugar o princípio da existência servidora para outros (cf. Fl 2,1-5.6-11). A comunidade sabe-se chamada para uma atuação determinada pelo amor, que encontra sua expressão visível na união e comunhão dos crentes e batizados. Eles devem estar em sintonia de pensamento e desejo (2Cor 13,11; Rm 12,16; Fl 2,2), devem exortar-se e consolar-se mutuamente (1Ts 5,14; Gl 6,1s; Rm 15,14) e sempre buscar a vontade de Deus (Rm 12,2; Fl 1,9s; 4,8). O cristão deve realizar o Bem a cada momento e diante de cada pessoa, mas principalmente diante dos irmãos e irmãs (Gl 6,10; cf. 1Ts 3,12). O amor fraternal é a marca da existência cristã (1Ts 4,9; Rm 12,10). O irmão põe um limite à atuação, pois onde começa a liberdade dele, termina a liberdade própria (1Cor 8-10; Rm 14); é ele que merece o cuidado (1Cor 12,25; Rm 12,13; 16,2), e deve-se participar de sua alegria e sua tristeza (1Cor 12,26; 13,7; 2Cor 7,3; Rm 12,15; Fl 2,18). Em humildade deve-se considerar o outro superior a si mesmo (Rm 12,10; Fl 2,3). Ninguém deve procurar sua vantagem e viver para si (1Ts 4,6; 1Cor 10,24.33-11,1; 13,5; 2Cor 5,15; Rm 15,2ss; Fl 2,4), mas um deve carregar o fardo do outro (Gl 6,2). O amor como a força determinante da comunidade é ilimitado por natureza (1Cor 13) e vale diante de todas as pessoas. Ele não conhece egoísmo, conflito

---

[27] Cf. J. ROLOFF, Kirche, p. 133.

e partidos, pois edifica a comunidade (1Cor 8,1). Também o tecido social da comunidade é alterado por ele, já que os crentes vivem em comunhão em todas as coisas (Gl 6,6) porque ajudam aos necessitados (cf. Gl 4,10ss) e praticam a hospitalidade (Rm 12,13). Dessa maneira, a abundância de um suprime a necessidade do outro (2Cor 8,13-14).

SER IMITADORES

Quando Paulo convida as comunidades a se tornarem seus imitadores, assim como ele se tornou o imitador de Cristo (cf. 1Ts 1,6; 1Cor 4,16; 11,1), ele se vê numa posição intermediária na corrente do ser modelo e ser imitador. Ele se recomenda às comunidades como modelo em dois aspectos:

a) Seu engajamento pelo evangelho e pelo bem das comunidades ultrapassa o de todos os outros apóstolos (cf. 1Cor 15,10: "Trabalhei mais do que todos eles, não eu, mas a graça de Deus que está comigo..."; cf. 2Cor 11,23; 6,4s). Paulo luta incansavelmente pela preservação das comunidades (cf. 1Ts 2,2; 1Cor 9,25; Fl 1,30)[28] e trabalha dia e noite para não ser um peso para as comunidades (cf. 1Ts 2,9; 1Cor 4,12). Ele corre e se estende pela coroa da vitória (cf. 1Ts 2,19; 1Cor 9,24-26; Fl 2,19; 3,14); sua maior preocupação é ter se cansado em vão e não ter nada para apresentar no Dia do Senhor (cf. 1Ts 3,5; Gl 4,11; Fl 2,16).

b) Também no sofrimento, Paulo se apresenta às comunidades como modelo[29]. Ele porta incessantemente a morte de Jesus em seu corpo (2Cor 4,10; cf. Gl 4,17), vê-se exposto à morte διὰ Ἰησοῦν ("por causa de Jesus") e por causa do evangelho (2Cor 4,11; cf. 1Cor 4,10;

---

[28] Para o motivo de ἀγών, cf. V. C. Pfitzner, *Paul and the Agon Motif*. NT.S 16 (Leiden: 1967); R. Metzner, "Paulus und der Wettkampf", in *NTS* 46, 2000, pp. 565-583.

[29] Cf. a respeito, com diferentes enfoques, M. Wolter, "Der Apostel und seine Gemeinden als Teilhaber am Leidensgeschick Jesu Christi", in *NTS* 36, 1990, pp. 535-557; H. V. Lips, "Die 'Leiden des Apostels' als Thema paulinischer Theologie", in P. Müller/Chr. Gerberl/Th. Knoppler (org.), "... *was ihr auf dem Weg verhandelt habt*". FS F. Hahn (Neukirchen: 2001), pp. 117-128.

9,23; Fm 13), e deseja ser moldado conforme os sofrimentos de Cristo (cf. Fl 3,10; 1,20). Paulo entende seus sofrimentos como um elemento imediato de sua missão apostólica e os vê numa estreita relação com os sofrimentos de Cristo (cf. 1Ts 2,2; 2Cor 4,11; Fp 1,7.13; 2,17; Fm 1.9.13). Tudo isso ocorre "em vosso favor" (cf. 2Cor 12,15). Em seus sofrimentos, Paulo sacrifica-se pelas comunidades (cf. 2Cor 12,15). Contudo, também a comunidade está exposta a experiências de sofrimento, pois ela é constantemente assediada do lado de fora e do lado de dentro (cf. 1Ts 1,6; 2,14; 2Cor 1,7; Fl 1,29s). *A participação nos sofrimentos de Jesus corresponde tanto à existência cristã* (cf. Rm 6,3s) *como a participação das forças da ressurreição* (cf. Rm 6,5), de modo que ambas caracterizam a autocompreensão da comunidade. Embora tanto o apóstolo como a comunidade participem da mesma maneira dos sofrimentos de Cristo, Paulo corporifica também aqui a existência cristã de forma modelar: ele foi chamado como apóstolo pelo Senhor sofredor e demonstra a suas comunidades que tanto os sofrimentos como a ressurreição determinam a existência da pessoa individual e a forma da comunidade[30].

CARISMA E MINISTÉRIO

O caráter dinâmico da estrutura básica da eclesiologia paulina mostra-se também na relação entre tarefas regulares de liderança e capacidades carismáticas. Paulo atribui os acontecimentos na comunidade decididamente ao âmbito do espírito. A linguagem usada permite perceber claramente os acentos do apóstolo: os termos πνευματικός e πνευματικά ("espiritual/coisas espirituais") e χάρισμα e χαρίσματα ("dom da graça/ dons da graça") encontram-se exclusivamente nas cartas proto-paulinas e em sua história da recepção[31]. No âmbito do cristianismo primitivo, eles

---

[30] À diferença de E. GÜTTGEMANNS, Der leidende Apostel und sein Herr, pp. 323ss, isto não significa que Paulo diferencie qualitativamente entre seus sofrimentos e os sofrimentos da comunidade; ele apenas enfatiza sua função e papel específicos de apóstolo.

[31] Πνευματικός e πνευματικα ocorre no Novo Testamento 26 vezes; nas cartas proto-paulinas 19 vezes, sendo que 15 ocorrências são da Primeira Carta aos Coríntios

parecem ser neologismos para descrever exclusivamente a atuação do espírito em suas várias dimensões. Enquanto πνευματικός e πνευματικά expressam a presença poderosa do divino, χάρισμα e χαρίσματα apontam para o caráter gratuito e a origem dos fenômenos extraordinários que se manifestam repentinamente na comunidade. Foi provavelmente Paulo quem introduziu o termo χάρισμα no debate[32], para esclarecer a natureza dos dons espirituais aos coríntios com suas faculdades pneumáticas extraordinárias. Os coríntios falavam de πνευματικά (cf. 1Cor 12,1) e enfatizaram com isso suas habilidades individuais como um meio de comunicação do divino, enquanto Paulo lembra da origem externa da atuação do Espírito e deduz disso uma prioridade da atuação do Espírito em favor da "edificação" (οἰκοδομή) da comunidade (cf. 1Cor 14,12). Já que o Espírito é um e indivisível, seus dons promovem, por natureza, a união da comunidade. A variedade e diversidade dos carismas (cf. 1Cor 12,28; Rm 12,7s) documenta-se de maneiras muito variadas pela riqueza da atuação do espírito, e elas são abusadas quando levam à autoexibição individual e a brigas por posições hierárquicas. Além disso, também os carismas extraordinários como a glossolalia, a profecia e o poder de cura representam sempre apenas uma área parcial da realidade espiritual na comunidade. O amor como a forma suprema e mais pura da presença do divino renuncia à dominação e coloca-se a serviço dos outros (1Cor 13), de modo que tudo que serve à οἰκοδομή da comunidade se comprova como dom autêntico do espírito.

Quando é o espírito que opera, promove e ordena a edificação da comunidade, não pode haver em Paulo contradição alguma entre faculdades individual-pneumáticas e tarefas de ordenamento e ensino, porque ambas têm sua origem no espírito. A imagem do organismo (cf. 1Cor 12,12-31) demonstra que os diversos dons, faculdade e tarefas

---

(Cl, Ef, 1Pd: 7 vezes). Χάρισμα e χαρίσματα encontra-se no Novo Testamento 17 vezes; nas cartas protopaulinas 14 vezes, sendo que há 7 ocorrências na Primeira Carta aos Coríntios e 6 na Carta aos Romanos (1 vez em 2Cor; e 1 vez em 1Tm, 2Tm, 1Pd, respectivamente).

[32] Cf. U. BROCKHAUS, Charisma und Amt, pp. 189s; J. ROLOFF, Kirche, p. 137.

podem desenvolver seu efeito somente por meio de sua atribuição e relação à totalidade. A alternativa frequentemente alegada de carisma e ministério[33] *não existe em Paulo*, porque a atuação do espírito é indivisível. Em 1Cor 12,28, funções e faculdades extraordinárias vinculadas a pessoas são atribuídas da mesma maneira à atuação ordenadora de Deus: "E Deus estabeleceu na comunidade uns, em primeiro lugar, como apóstolos; em segundo lugar, como profetas; em terceiro lugar, como mestres; depois (aqueles que realizam) obras poderosas, depois (os que dispõem de) dons da cura, (os que prestam) atos de assistência, (realizam) tarefas de liderança, (dispõem de diversos) tipos de línguas." A forma verbal ἔθετο ("estabelecer alguém/tornar alguém algo"), a numeração e a existência lado a lado de dons espontâneo-extraordinários e mediáveis, que nascem de uma mesma vocação, mostram que, para Paulo, espírito e direito não são opostos[34]. Também a lista de carismas em Rm 12,6-8 atesta a tendência básica da abordagem paulina: nos carismas concretiza-se a presença de Deus, de modo que ordenamento, ordem e estabilidade são elementos naturais da atuação do espírito. Paulo formula em 1Cor 12,28 os três primeiros carismas, à diferença dos seguintes, de modo pessoal e indica assim que um círculo fixo de pessoas exerce por um determinado tempo uma tarefa concreta relacionada com a comunidade. Nesse sentido pode-se falar de ministérios em Paulo[35].

---

[33] Cf. R. Sohm, "Begriff und Organisation der Ekklesia", in: K. Kertelge (org.), *Das kirchliche Amt im Neuen Testament* (Darmstadt: 1977) (= 1892), p. 53: "A *ekklesia* é o cristianismo inteiro, o corpo de Cristo, a noiva do Senhor – uma grandeza espiritual, subtraída das normas do terrestre, inclusivo do direito".

[34] Bem acertado J. Roloff, Kirche, p. 139: "O próprio espírito estabelece o direito, ao destacar determinadas funções como normativas".

[35] Cf. J. Roloff, Kirche, pp. 139ss. A. D. Clarke, Serve the Community of the Church (Grand Rapids: 2000), elabora abrangentemente as influencias das estruturas sociais greco-romanas sobre estruturas de constituição e liderança das comunidades primitivas (especialmente a influência do sistema de patrocínio), para depois ver no princípio da *diakonia*, como norma estabelecida por Jesus, o próprio do novo movimento.

MINISTÉRIOS

O *ministério de apóstolo* enfatiza de modo particular a vocação, competência de fundar comunidades e capacidade de liderança das primeiras pessoas cristãs que trabalharam na missão. No tempo inicial, este ministério concentra-se em Jerusalém (cf. 1Cor 15,3-11; Gl 1,17.19), mas não pode ser absolutamente limitado aos Doze ou à comunidade primitiva. A expressão "depois, a todos os apóstolos" no contexto da lista das testemunhas das aparições do Ressuscitado (1Cor 15,7), a menção de Andrônico e Júnia como apóstolos já antes de Paulo (Rm 16,7), a vocação de Paulo para ser o "apóstolo das nações" (cf. Gl 1,1; Rm 15,15ss), o conceito de apóstolo relacionado com Antioquia (cf. At 13,1-3; 14,4.14), a disputa em torno do termo adequado de apóstolo em 2Cor 11,5.13; 12,11 e a imagem do apóstolo na Fonte Q (cf. Lc 10,4.9par; Mt 10,8) permitem perceber que o círculo dos apóstolos se ampliava dentro da história da missão cristã-primitiva[36]. Uma aparição ou legitimação do Ressuscitado não era absolutamente suficiente como legitimação do ministério de apóstolo; caso contrário, todos os "500 irmãos" de 1Cor 15,6 seriam apóstolos. Além disso, o único missionário cristão-primitivo realmente aceito por Paulo não é chamado de apóstolo: Apolo (cf. 1Cor 3,5ss; 4,6; 16,12). Ao longo prazo não é a vocação e a missão que legitimam o ministério apostolar, mas a capacidade do apóstolo de fundar comunidades e de representar de modo convincente o evangelho como norma da graça nas comunidades, e é através disso que o próprio apóstolo se torna a norma (cf. 1Ts 1,6; 1Cor 4,16.11,1; Fl 3,17). O apóstolo corporifica em sua atuação e em seu trabalho a forma do servo do evangelho; ele mesmo é o exemplo da nova existência (cf. 2Cor 4,7-18), e as comunidades são o selo de seu apostolado e sua glória no tribunal (cf. 1Ts 2,19; 1Cor 9,2; 1Cor 3,2). Em Paulo encontra-se ao lado da competência de fundar comunidades a competência de conduzi-las e acompanhá-las, sua capacidade

---

[36] Geralmente se traça uma linha de desenvolvimento histórico desde o apostolado das aparições em Jerusalém para o apostolado carismático itinerante, do modo como é encontrado nas tradições da Fonte Q e na tradição antioquena (cf. a respeito J. ROLOFF, Verbete "Apostel", pp. 433ss).

particular reside em estar permanentemente presente após a pregação de fundação, através de colaboradores e cartas.

O discurso profético pertence aos elementos naturais da vida das comunidades cristãs-primitivas. Já em 1Ts 5,20, Paulo pede: "Não desprezeis a fala profética!" *Profetas cristão-primitivos* aparecem como um grupo independente em diferentes círculos traditivos neotestamentários: At 13,1; 15,32; 20,23; 21,4.10 pressupõem profetas cristão-primitivos na Grécia e na Ásia Menor, Ef 3,5; 4,11; 1Tm 1,18; 4,14 olham de volta para o início da Igreja no qual atuaram naturalmente profetas, e At 11,28; 16,6; 18,24; 22,9 veem nos profetas o grupo autônomo central na Igreja universal[37]. O ministério do profeta deve ter sua origem na Palestina (cf. At 11,28: Ágabo). Em Jerusalém prevaleceu a experiência e intelecção de que o espírito de Deus, que tinha se perdido, atuava agora novamente (cf. At 2,17s). Também no âmbito originário da cultura greco-romana, a profecia pertencia a formas familiares da comunicação religiosa[38]. Quais são as funções exercidas pelos profetas cristão-primitivos? Em primeiro lugar, interpretavam a atuação salvífica passada e futura de Deus em Jesus Cristo (cf. At 20,23; 21,4; Ef 3,5), atestavam a vontade de Jesus para a comunidade e testemunhavam Jesus (cf. Ap 19,10). Assim, os profetas cristão-primitivos eram também parte de um processo de transmissão e interpretação, pois eles transmitiam palavras de Jesus e as inculcavam de maneira nova na consciência da presença do espírito[39]. Parece que o testemunho sobre Jesus era apresentado de várias formas; por exemplo, a fala extática, as visões, a atualização de palavras de Jesus, bem como instruções do Exaltado para a comunidade devem ter sido expressões da competência profética. Paulo conta a profecia entre as formas da fala compreensível e distingue-a da glossolalia (cf. 1Cor 14,5). Quando vários profetas atuam numa liturgia, sua fala deve ser avaliada

---

[37] Cf. a respeito amplamente M. E. BORING, The Continuing Voice of Jesus, pp. 59-85; além disso, G. DAUTZENBERG, *Urchristliche Prophetie*. BWANT 104 (Stuttgart: 1975); D. E. AUNE, Prophecy in Early Christianity, Grand Rapids: 1983.

[38] Cf. K. BRODERSEN (org.), *Prognosis* (Münster: 2001).

[39] Sobre profetas cristão-primitivos como portadores e criadores de tradições sobre Jesus, cf. M. E. BORING, The Continuing Voice of Jesus, pp. 189-265.

criticamente pelos demais membros da comunidade (cf. 1Cor 14,29). Também aqui, a edificação da comunidade serve como norma crítica (1Cor 14,26), pois a fala profética não deve abolir a ordem, portanto, a união nos cultos (cf. 1Cor 14,31).

Enquanto o Exaltado, presente no espírito, fala através dos profetas suas palavras de revelação, a tarefa dos *mestres ("doutores") cristão-primitivos* refere-se à interpretação do querigma (oral ou escrito), bem como à interpretação de textos já pré-estabelecidos (por exemplo, a Septuaginta)[40]. Em 1Cor 12,28; Gl 6,6 e Rm 12,7b, Paulo pressupõe a presença de mestres nas comunidades (além disso, cf. Ef 4,11; At 13,1; Tg 3,1; Did 11-15). Estas pessoas devem ter sido capazes de ler e escrever, familiarizadas com as tradições de Jesus e da Septuaginta e também com as regras habituais da interpretação, para poder assim interpretar o novo tempo para as comunidades. As tarefas de um "doutor" exigem uma alta presença e continuidade temporal, objetiva, local, portanto, também pessoal, de modo que podemos falar também aqui de um ministério.

Em Fl 1,1, Paulo menciona sem maiores explicações ἐπίσκοποι καὶ διάκονοι ("inspetores/administradores e auxiliadores/servos"). Trata-se aparentemente de várias pessoas que exercem tarefas comumente conhecidas na comunidade e cuja posição particular é realçada por sua menção no prescrito. O uso linguístico[41] sugere que os *epíscopos* ocupavam nas comunidades um ministério de liderança. Provavelmente trata-se de pessoas que lideravam comunidades domésticas (cf. a respeito 1Cor 1,14; 16,15s.19; Rm 16,5.23; At 18,8)[42], que colocavam suas casas à disposição para as reuniões dos cristãos e que apoiavam as respectivas comunidades de múltiplas maneiras no

---

[40] Cf. a respeito A. E. ZIMMERMANN, *Die urchristlichen Lehrer*. WUNT 2.12 (Tübingen: 1984).
[41] Para uso linguístico, cf. H. W. BEYER, Verbete "ἐπίσκοπος", in *ThWNT*, 2, pp. 604-611; para conceitos paulinos e pós-paulinos, cf. J. ROLOFF, *Der erste Brief an Timotheus*. EKK XV (Neukirchen: 1988), pp. 169-189. Notável é a designação dos cínicos como "exploradores (κατάσκοπος) e arautos dos deuses" em Epíteto, Diss. III 22,69.
[42] Cf. a respeito a análise extensa de R. W. GEHRING, Hausgemeinde und Mission, pp. 320-384.

âmbito da patronagem. Sua autoridade natural predestinava-as para este ministério, quando a comunidade em Filipos cresceu e se estruturava em várias Igrejas domésticas[43]. Pessoas que eram diáconos atuavam como auxiliares dos *epíscopos*, especialmente nas celebrações da ceia do Senhor. Elas devem ter sido as responsáveis pela preparação; além disso, competia-lhes a coleta e a administração das oferendas[44].

21.3 A comunidade como espaço livre do pecado

Quando Jesus Cristo é o fundamento, o edificador e o preservador da ἐκκλησία, põe-se a pergunta se e em que sentido o pecado continua a estar presente no espaço da comunidade. O pecado ainda pode ter poder no seio da comunidade? Qual é o caráter de transgressões éticas que continuam indubitavelmente a existir nas comunidades? O uso linguístico de Paulo oferece dicas para responder estas perguntas.

Por via de regra, Paulo não usa o singular ἁμαρτία ("pecado") para descrever a conduta humana errada. Ele adverte os tessalonicenses em 4,3-8 contra πορνεία ("fornicação"), ἐπιθυμία ("desejo") e πλεονεξία ("ganância/fraude"), mas sem falar de pecado. A conduta em "santidade" exigida por Paulo não tem seu oposto no pecado, mas na "impureza" (cf. 1Ts 4,7: ἀκαθαρσία)[45]. O grave caso de fornicação mencionado em 1Cor 5 é tratado por Paulo em termos da pureza da comunidade. Sendo que esta pureza está ameaçada, o malfeitor precisa ser excluído pelo seu próprio bem e o da comunidade. No dia do juízo, o corpo (σάρξ) do malfeitor será entregue a Satanás, no entanto, seu pneuma permanecerá no espaço da σωτερία (1Cor 5,5b). A pureza da comunidade forma a justificativa para o procedimento de exclusão descrito em 1Cor 5,3-5. Os processos entre cristãos perante juízes gentios também não correspondem à pureza da comunidade (cf. 1Cor 6,11). Somente no final da argumentação nos caps. 5 e 6, Paulo usa em 1Cor 6,18 uma vez ἁμαρτάνειν ("pecar") e uma

---

[43] Cf. R. W. Gehring, op. cit., pp. 352-359.
[44] Cf. J. Roloff, Kirche, p. 143.
[45] Para a análise, cf. H. Umbach, in Christus getauft – von der Sünde befreit, pp. 67-81. O plural ἁμαρτίαι em 1Ts 2,16 no sentido de um termo ativo deve-se à tradição.

vez ἁμάρτημα ("transgressão"), mas ele evita ἁμαρτία. Já que os crentes estão intimamente ligados com Cristo, especialmente em sua corporeidade, transgressões sexuais ameaçam essa união e não são compatíveis com a pureza da comunidade. Por isso, Paulo pode sugerir o matrimônio, se isto ajudar a evitar transgressões sexuais (ἁμαρτάνοντες, 1Cor 7,28.36). Em 1Cor 8,12, Paulo relaciona a conduta em relação a outros irmãos imediatamente com a atitude em relação a Cristo. Quem peca contra seus irmãos (ἁμαρτάνοντες εἰς ἀδελφούς), peca contra Cristo (εἰς Χριστὸν ἁμαρτάνετε). Como a comunidade é um espaço de santificação e de santidade, transgressões têm não só dimensões éticas, mas também soteriológicas; este é um pensamento que Paulo elabora em 1Cor 10,1-13, menciona de passagem em 1Cor 15,34 e formula em 1Cor 15,17 da seguinte maneira: "Mas se Cristo não tiver sido ressuscitado, então é vazia vossa fé, então estais ainda em vossos pecados"[46]. Paulo ataca as irregularidades na ceia do Senhor em 1Cor 11,27ss severamente sem usar o termo "pecado". Antes, as condições são "indignas" (1Cor 11,27: ἀναξίως), e sua consequência é que a comunidade se torna "culpada" (1Cor 11,27: ἔνοχος) e que ela mesma provoca seu castigo. Em 2Cor 12,19-13,10, Paulo adverte os coríntios explicitamente em relação a sua terceira vinda; na ocasião dela, ele não poupará as pessoas que "pecaram anteriormente e não sentiram arrependimento da impureza, da fornicação e das libertinagens que cometeram" (2Cor 12,21). Paulo usa o verbo προαμαρτάνειν ("pecar anteriormente") só em 2Cor 12,21 e 13,2; como particípio perfeito, ele designa em cada ocorrência uma conduta errada de membros da comunidade que ainda não foi afastada[47]. Paulo não nega a esses membros da comunidade seu ser cristãos, ao contrário, ele convoca a eles e a comunidade inteira explicitamente a realizar finalmente a conduta que corresponde a sua nova existência. 2Cor 13,5: "Examinai-vos a vós mesmos, se estais na fé; provai-vos! Ou não tendes o reconhecimento sobre vós mesmos, de que Jesus Cristo está em vosso

---

[46] Em 1Cor 15,17, o plural ἁμαρτίαι explica-se pela tradição de 1Cor 15,3; cf. H. CONZELMANN, 1Kor, p. 315.
[47] Cf. H. UMBACH, In Christus getauft – von der Sünde befreit, p. 141.

meio?" Também o conflito com um ἀδικήσας ("alguém que cometeu injustiça") em 2Cor 2,5-11 não é vinculado ao conceito de pecado. O malfeitor foi corrigido pela comunidade (2Cor 2,6) e pode agora estar novamente no seu meio. O perdão é necessário, porque Satanás está apenas esperando para poder invadir novamente a comunidade por meio de constantes brigas (cf. 2Cor 2,11)[48].

A Carta aos Gálatas confirma que Paulo *não utiliza ἁμαρτία para a qualificação de falhas e erros humanos*.

O apóstolo trava um debate extremamente agudo com seus adversários judaizantes que invadiram a comunidade, sem designar o comportamento deles como "pecado". Também o comportamento incorreto de Pedro não é qualificado como ἁμαρτία (cf. Gl 2,14), e no contexto de advertências na parte parenética da carta aparece em Gal 6,1 tão somente o termo παράπτωμα ("transgressão"). O plural ἁμαρτίαι encontra-se como termo ativo na fórmula tradicional em Gl 1,4. No entanto, o uso linguístico especificamente paulino é indicado pelo singular ἁμαρτία! Ele designa um âmbito de poder que se opõe ao âmbito do poder de Cristo. Cristo não é o servo do pecado (Gl 2,17), antes, o pecado apossou-se da lei, de modo que esta agora escraviza as pessoas e as mantém afastadas da verdadeira liberdade (Gl 3,22ss).

O perfil particular do conceito paulino do pecado determina também a argumentação na Carta aos Romanos[49], pois, em relação ao pecado, Paulo olha explicitamente para o passado. Ele lembra a comunidade do batismo como o lugar da virada decisiva de sua existência; ali, os crentes morreram para o pecado e foram colocados no espaço do Cristo e da justiça (Rm 6,3ss). Paulo descreve a nova realidade dos batizados impressionantemente e de forma antitética: "Assim considerai-vos a vós mesmos agora mortos para o pecado, mas vivos em relação a Deus em Cristo Jesus" (Rm 6,11). O pecado é para a comunidade uma grandeza do passado, e Rm 6,14a constata explicitamente:

---

[48] Para a análise, cf. H. UMBACH, op. cit., pp. 170-182.
[49] Para uma análise detalhada de Rm 6-8, cf. acima, Secção 12.7 (A presença da salvação: batismo e justiça); 12.8 (Pecado, lei e liberdade no espírito); além disso, cf. a Secção 19.2 (O pecado e a morte). Os plurais αμαρτίαι em Rm 4,7 e 11,27 fazem parte de citações.

"Daqui em diante, o pecado já não vos dominará." Corresponde a isso que Paulo não vincula, em texto algum, a ceia do Senhor à remissão dos pecados. Já que os cristãos foram libertados do pecado, eles servem agora à justiça (Rm 6,18). O poder da graça supera o efeito do pecado (cf. Rm 5,12-21) que agora está superado e percebido pelos batizados como um poder de desgraça que pertence ao passado (cf. Rm 7,7-8,14). A fé em Jesus Cristo e o pecado excluem-se mutuamente: πᾶν δὲ ὃ οὐκ ἐκ πίστεως ἁμαρτία ἐστιν (Rm 14,23b: "pois tudo o que não é/procede da fé é pecado"). Também a Carta aos Filipenses confirma a concepção paulina da comunidade como um espaço livre do pecado, pois ali faltam o singular ἁμαρτία e todos os termos relacionados, embora Paulo tematize irregularidades e condutas erradas na comunidade. Paulo discute com pregadores rivais presentes no lugar de sua prisão (cf. Fl 1,17) e ataca severamente as exigências de circuncisão feitas por missionários judeu-cristãos (cf. Fl 3,2ss), mas sem falar do pecado. Também as exortações em Fl 2,1-5 e a resolução de uma controvérsia em Fl 4,2s permanecem no âmbito da terminologia tradicional ("controvérsia, gabação"). Como a nova existência em Cristo no poder do espírito começou não apenas nominalmente, mas de modo real[50], as pessoas batizadas já não estão no âmbito do poder do pecado, mas no campo das forças do Ressuscitado, de cujo poder Paulo espera participar na ressurreição (cf. Fl 3,10s).

Quem crê e é batizado sabe-se apartado do mundo, pois vive no âmbito do poder de Jesus Cristo, portanto, na comunidade como um espaço sem pecado. A santificação da comunidade inclui uma rígida separação do mundo que marca também a forma empírica da comunidade, porque Paulo não conhece a concepção eclesiológica da comunidade como um *corpus mixtum*[51]. A comunidade pertence ao lado da luz e desfez-se das obras das trevas (1Ts 5,1ss; Rm 13,11-14). Ela não se orienta pelo mundo (Rm 12,2), já não realiza obras da carne (Gl 5,19ss) e brilha como uma luminária celestial num mundo perverso (Fp 2,14s). Como o Senhor está próximo (Fl 4,5) e o σχῆμα (a "forma")

---

[50] Cf. H. WINDISCH, Taufe und Sünde, p. 104.
[51] Cf. W. H. OLLROG, Paulus und seine Mitarbeiter, p. 137.

deste mundo já está se desvanecendo (1Cor 7,31), os cristãos não se orientam por aquilo que é corruptível e passageiro.

Quando Paulo entende a comunidade como um espaço sagrado e livre do pecado, põe-se a pergunta pela função da paráclese paulina. As exortações e os imperativos paulinos (por exemplo, 1Cor 6,18: φεύγετε τὴν πορνείαν ["Fugi da fornicação!"]; 7,23; 8,12 etc.) são, em sua totalidade, provas da possibilidade de cristãos poderem voltar novamente para o âmbito do domínio do pecado. Paulo sabe das tentações às quais os cristãos estão expostos (cf. 1Cor 7,5; 10,9.13; Gl 6,1). Satanás aparece sob a forma do anjo da luz e tenta confundir as comunidades (cf. 2Cor 11,13-15). A comunidade na Galácia cai fora do âmbito da graça quando ela passa novamente para debaixo do domínio da lei que, por sua vez, é apenas um instrumento do pecado. Segundo Rm 6,6, o "velho homem" (παλαιὸς ἄνθρωπος) foi crucificado junto no batismo, e "o corpo dominado pelo pecado" (τὸ σῶμα τῆς ἁμαρτίας) foi destruído, mas o pecado como tal não foi eliminado do mundo[52]. A superação da velha existência não significa para a pessoa batizada que ela esteja retirada do mundo em sua totalidade, pois ela continua a viver ἐν σαρκί ("na carne") e permanece exposta às tentações do pecado. A força do espírito, porém, possibilita-lhe resistir a essas tentações quando corresponde em seu pensamento e sua atuação à nova existência. Os imperativos reivindicam a correspondência à nova existência, e somente nessa correspondência, o poder do pecado permanece uma grandeza do passado, e a comunidade, um espaço livre do pecado.

---

[52] Cf. H. UMBACH, In Christus getauft – von der Sünde befreit, pp. 250s.

CAPÍTULO 22
ESCATOLOGIA: EXPECTATIVA E MEMÓRIA

Cada criação de sentido esboça uma ordem temporal que estrutura sua compreensão do mundo¹. Para apresentar contextos e relações de sentido e de efeito, é necessário articular os diferentes planos temporais entre si, a partir da perspectiva do tempo presente. O passado tem que estar numa relação de sentido e significado com o presente, para poder tornar-se história e para continuar a sê-lo². Isto é óbvio em Paulo, pois com a ressurreição de Jesus Cristo dentre os mortos, um acontecimento do passado determina definitivamente o futuro e marca, por isso, o presente. Paulo vive numa expectativa cheia de tensões: até o fim de sua vida, a vinda iminente do Jesus Cristo crucificado e ressuscitado (cf. Fl 4,5: "O Senhor está próximo") foi um elemento crucial de seu mundo de sentido³. Tudo na criação move-se nessa direção, e Paulo viu-se a si mesmo encabeçando esse movimento. *Somente quem ainda espera algo do futuro mantém a memória viva.* Finalmente: a morte de outras pessoas provoca nas pessoas vivas a pergunta pelo próprio destino, de modo que a escatologia precisa sempre dar também uma resposta convincente sobre o processo de morrer e sobre a morte.

---

[1] Cf. J. STRAUB, Temporale Orientierung und narrative Kompetenz, pp. 33s.
[2] Cf. J. RÜSEN, "Die Historisierung des Nationalsozialismus", in Idem. *Zerbrechende Zeit*, p. 221: "Em termos teórico-históricos faz sentido dizer que somente um passado que não quer ou pode passar é e permanece histórica".
[3] Para a estrutura da escatologia paulina, cf. J. BECKER, Paulus, pp. 468-478; H. MERKLEIN, "Eschatologie im Neuen Testament", in Idem, *Studien zu Jesus und Paulus II*, pp. 87-95; J. D. G. DUNN, Theology of Paul, pp. 461-498.

22.1 O futuro no presente

A base e o ponto de partida daquilo que vem é, segundo Paulo, aquilo que já ocorreu: a morte e a ressurreição de Jesus Cristo constituem o fundamento de todas as afirmações escatológicas, isto é, *a cristologia fundamenta e marca a escatologia*[4].

PARTICIPAÇÃO NO RESSUSCITADO

Em 1Ts 4,13-18, o apóstolo combate a ameaça ao mundo de sentido, provocada por casos de morte de membros da comunidade, com a confissão fundamental: "Se cremos que Jesus morreu e ressuscitou, [...]" (1Ts 4,14a; cf. 1,10). Ele deduz disso uma *lógica soteriológica que está determinada pela ideia da participação*. Quem crê e foi batizado tem parte no destino da figura decisiva do tempo escatológico: Jesus Cristo. Assim como Deus o ressuscitou dentre os mortos, também os membros falecidos da comunidade não permanecem na morte, mas, assim como os vivos, caminham ao encontro da comunhão eterna com Jesus (1Ts 4,17: σὺν κυρίῳ ἐσόμεθα). A certeza desse futuro determina o presente! A qualificação escatológica do presente é realçada enfaticamente em 1Ts 5,1-11. As pessoas que creem e foram batizadas já são "filhos da luz e filhos do dia" (1Ts 5,5) e, dessa maneira, pessoas escatológicas, sendo que em 1Ts 5,10 aparece como base possibilitadora dessa nova existência explicitamente a cruz[5]. Também em 1Cor 15,20-22, Paulo argumenta a partir desse credo fundamental (cf. ἐγήγερται "ele foi ressuscitado" em 1Cor 15,4a e 15,20a) e deduz disso uma virada dos tempos. Cristo foi ressuscitado dentre os mortos "como primícia" (ἀπαρχή) dos adormecidos, isto é, ele não é só a primeira de todas as pessoas ressuscitadas, *mas o modelo da ressurreição*[6]. Há uma correspondência entre o aspecto de tempo e o aspecto de conteúdo;

---
[4] Cf. J. BAUMGARTEN, Paulus und die Apokalyptik, p. 93.
[5] Cf. a respeito W. HARNISCH, Eschatologische Existenz, pp. 151s.
[6] Cf. A. LINDEMANN, 1Kor, p. 343.

Jesus Cristo é o primeiro em quem Deus realizou sua atuação salvífica escatológica. A dimensão universal do acontecimento é enfatizada no v. 21: "Com efeito, assim como a morte (veio) por um só homem, também por um homem vem a ressurreição dos mortos". Para Paulo existem dois portadores humanos de destino que determinam como protótipos a existência dos seres humanos a eles atribuídos. Assim como Adão atraiu para si a morte, Jesus Cristo como vencedor da morte traz a vida (cf. 1Cor 15,45-50; Rm 5,12-21). Adão precedeu Cristo em termos temporais e objetivos, pois, por meio de sua transgressão, ele causou aquela situação sem saída que agora é abolida por Cristo. Paulo formula a superação antitética de modo fundamental: "Pois, assim como todos morreram em Adão, em Cristo todos receberão a vida" (1Cor 15,22). O duplo uso de πάντες ("todos") levanta a pergunta se todos os seres humanos não só precisam morrer devido à transgressão de Adão, mas se também todos os seres humanos receberão a vida em/por Cristo[7]. Tal facticidade geral da salvação seria singular para Paulo; por um lado, não corresponde ao conceito de seu pensamento e, por outro, também é provavelmente excluída pelo contexto imediato[8], pois em 1Cor 15,23 são explicitamente as pessoas que "pertencem a Cristo" (οἱ τοῦ Χριστοῦ) que serão salvas na ocasião de sua *parusia*. Com πάντες, Paulo enfatiza em 1Cor 15,22 o significado universal do evento Cristo; ele vale potencialmente para todas as pessoas; no entanto, estas devem deixá-lo valer para si na fé. A constante referência dos acontecimentos escatológicos a Cristo é evidente: Cristo foi o primeiro em quem Deus realizou a nova existência; por meio de Cristo, a servidão inevitável da humanidade em relação à morte foi abolida, e as pessoas que pertencem a Cristo têm parte na salvação presente e futura (cf. também 2Cor 1,9; 4,14; Gl,1,1; Rm 4,17.24; 10,9; 14,9).

A *característica básica participativa* da escatologia paulina e a consequente qualificação do tempo presente como tempo de salvação determinado pelo futuro mostra-se também em Rm 6,4s; 8,11. Em Rm 6,4s, Paulo deduz da participação da morte de Jesus no batismo

---

[7] A. LINDEMANN, op. cit., p. 344.
[8] Cf. D. G. POWERS, Salvation through Participation, p. 153.

uma participação na realidade de sua ressurreição que se manifesta já no presente como realização ativa da nova existência. O apóstolo evita deliberadamente falar de uma ressurreição já acontecida dos crentes e batizados, um conceito que provavelmente era defendido em Corinto (cf. 1Cor 4,8; 10,1ss; 15,12) e que é atestado literariamente, com variações, em Cl 2,12; 3,1-4; Ef 2,6; 2Tm 2,18 (além disso, cf. 1Clem 23,1-27; Barn 11,1; Policarpo, Fil. 7,1; 2Clem 9,1; Justino, Dial. 80,4). A reserva futúrica, expressa dessa maneira (cf. 1Cor 13,12; 2Cor 4,7; 5,7; Rm 8,24), não limita a participação plena dos cristãos na nova existência[9], mas expressa a estrutura temporal da existência cristã[10]: a mesma se dá entre os dados básicos de ressurreição e *parusia*, de modo que podemos falar de uma abrangente presença e certeza da salvação, mas não de uma realização plena de salvação. A pessoa que crê já vive no fim dos tempos, mas o fim ainda não chegou!

A estrutura particular da existência cristã tem sua raiz na atuação escatológica de Deus: ele deu aos crentes e batizados seu Espírito que ressuscitou Jesus dentre os mortos e que ressuscitará também os corpos mortais de quem, através dele, está ligado a Jesus Cristo (cf. Rm 8,11). Portanto, a certeza da presença da salvação e de sua futura realização plena baseia-se na identidade do espírito de Deus que, por assim dizer, retoma a si mesmo em sua atuação pneumática quando fundamenta a nova existência no batismo e a renova mais uma vez após a morte.

---

[9] Diferente CHR. STRECKER, Die liminale Theologie des Paulus, p. 452, segundo o qual para todos os níveis da teologia paulina "o aspecto da existência liminar é fundamental". Isto subestima a realidade da nova existência.

[10] Por isso é incorreto falar de um "já-agora e um ainda-não da salvação", como fazem, entre outros, G. KLEIN, Verbete "Eschatologie", in TRE, 10 (Berlim/Nova Iorque: 1982), p. 283; J. D. G. DUNN, Theology of Paul, pp. 466-472. Também provoca mal-entendidos falar de uma "reserva escatológica" (assim, por exemplo, A. LINDEMANN, Verbete "Eschatologie", in RGG[4] 2, p. 1556), porque em Paulo não existe "reserva" alguma a respeito do *escaton*, mas sim uma restrição temporal, porque a realização plena decisiva ainda está por vir. Uma proposta útil é a de S. AGERSNAP, Baptism and the New Life, p. 401, que sugere substituir o discurso do *"alredy/not yet"* (já/ainda não) pelo *"already/even more"* (já/ainda mais).

EXISTÊNCIA ESCATOLÓGICA

A relação dos cristãos *com o mundo* e sua atuação *no mundo* define-se também a partir de sua posição particular dentro do tempo. Eles se sabem já retirados dos poderes escravizantes do mundo e podem usar as coisas do mundo sem se tornarem escravos delas (cf. 1Cor 7,29-31). Sua atuação orienta-se em sua nova existência ἐν Χριστῷ (cf. Gl 3,26-28) e sabe-se comprometida unicamente com o amor (Gl 5,22). Também o destino exemplar do apóstolo elucida a grande força pela qual as coisas futuras irradiam como uma fonte de força para o presente e a existência futura já determina abrangentemente o presente[11]. Os sofrimentos presentes podem ser suportados na certeza de que Deus ressuscitou Jesus dentre os mortos e que ressuscitará também os crentes. 2Cor 4,14 mostra a maneira extraordinária pela qual, em Paulo, os tempos confluem e se determinam mutuamente: "Pois sabemos que aquele que ressuscitou o Senhor Jesus ressuscitará também a nós com Jesus (καὶ ἡμᾶς σὺν Ἰησοῦ ἐγερεῖ) e nos porá ao lado dele, juntamente convosco". Paulo pensa a ressurreição já realizada de Jesus e a ressurreição ainda não realizada das pessoas que creem e foram batizadas como uma unidade objetiva; o passado torna-se sincrônico com o futuro que, por sua vez, determina o presente[12]. O entrelaçamento peculiar de presente e futuro revela-se também em Fl 3,10s. A participação atual do sofrimento de Jesus não fecha o acesso ao futuro, mas, pelo contrário, abre através do futuro fundado pelo passado a possibilidade de suportar o sofrimento atual. Sob as condições do presente comprova-se a força da ressurreição de Jesus, e ela transmite, dessa maneira, a certeza da participação neste processo de transformação

---

[11] Cf. R. BULTMANN, 2Kor, p. 125.

[12] Já que o passado e o futuro determinam o presente da mesma maneira, Paulo pode adotar a doutrina dos dois eones apenas em seus elementos rudimentares e de forma reformulada, ao utilizar o discurso sobre a " sabedoria deste éon" (cf. 1Cor 1,20; 2,6; 3,18) ou o "governante deste éon" (cf. 1Cor 2,8; 2Cor 4,4; Gl 1,4; Rm 12,2). A dominância da cristologia não permite a Paulo adotar esboços escatológicos completos do judaísmo, de modo que ele evita consequentemente o discurso sobre o éon "novo" ou "vindo/futuro"; para a recepção paulina da doutrina dos dois eones, cf. J. BAUMGARTEN, Paulus und die Apokalyptik, pp. 181-189.

também no futuro. Por isso, a expectativa cristã é uma esperança fundamentada (cf. 1Ts 1,3; 2Cor 3,12; Gl 5,5; Rm 5,2.4; 8,24)[13], porque ela não está sujeita à ambiguidade daquilo que vem. Enquanto, no pensamento grego, o futuro e com ele também a esperança era experimentado como ambivalente, atraente e ameaçador ao mesmo tempo[14], os crentes vivem na confiança irrestrita de que o futuro perdeu seu caráter obscuro. Assim como a fé e o amor, a esperança é um dos atos fundamentais da existência cristã (1Cor 13,12).

Em termos de tempo e de conteúdo, a nova existência dos crentes e batizados pode ser descrita como uma *existência escatológica*: eles participam abrangentemente da virada definitiva dos tempos, encaminhada por Deus em Jesus Cristo, e sabem-se já no tempo presente determinados pelo futuro. A ressurreição e a *parusia* de Jesus Cristo como pontos de referência objetivos e temporais da história da salvação colocam o fundamento e o compromisso cristológico da existência escatológica.

22.2 O curso dos acontecimentos escatológicos e a existência pós-morte

As cartas paulinas mostram claramente que também a formação dos pensamentos do apóstolo acerca da escatologia estava fortemente condicionada pelas distintas situações das comunidades. Tanto o período muito curto da existência do novo movimento como as perguntas ainda não definitivamente esclarecidas indicam que esse âmbito central da criação cristã-primitiva de sentido ainda não estava concluído, tanto mais que, para o próprio Paulo, os dados de referência objetivos e temporais dos acontecimentos escatológicos estavam

---

[13] Cf. a respeito G. NEBE, *"Hoffnung" bei Paulus*. StUNT 16 (Göttingen: 1983).
[14] Clássico é Sófocles, Antígone 615-619: "Pois a esperança errante (α γὰρ δὴ πολύπλαγκτος ἐλπίς) torna-se a fonte de bênção para muitas pessoas, mas seduz outras a desejos levianos, abate-se sobre ingênuas, até que queimamos nosso pé em sua brasa"; além disso, cf. Platão, Philebos 33c-34c; 39a4tb. Uma visão geral excelente é, hoje como antigamente, o texto de R. BULTMANN, Verbete "ἐλπις", in *ThWNT* 2, pp. 515-520.

definidos através da ressurreição de Jesus Cristo dos mortos e de sua *parusia* esperada em breve, mas que ele obviamente fez maiores reflexões e correções lógicas na descrição do curso dos acontecimentos escatológicos[15].

ALTERAÇÕES

Já a primeira explicitação sobre o assunto foi imposta a Paulo devido às mortes inesperadas em Tessalônica antes da *parusia* do Senhor (1Ts 4,13-18)[16]. Paulo responde a esse problema ao vincular pela primeira vez a ideia da *parusia* do Senhor com a ideia de uma ressurreição dos cristãos falecidos. Após uma introdução à problemática (v. 13) e uma primeira resposta sob recurso ao querigma da morte e ressurreição de Jesus (v. 14), Paulo oferece-nos v. 15-17 uma segunda resposta que consiste no resumo de uma palavra transmitida do Senhor (v. 15) e de sua citação (v. 16s). A conclusão desta instrução é o apelo do apóstolo de consolar-se com a resposta dada por ele acerca da pergunta pelo destino das pessoas prematuramente falecidas (v. 18). A meta de todo o acontecimento é estar junto ao Senhor. O pressuposto

---

[15] A pesquisa sempre observou modificações na escatologia paulina; cf., por exemplo, H. J. Holtzmann, Theologie II, pp. 215ss; H. Windisch, 2Kor, pp. 172-175; C. H. Dodd, "The Mind of Paul II", in Idem, *New Testament Studies*. 2ª ed. (Manchester: 1954), pp. 109-113; E. Bammel, Judenverfolgung und Naherwartung, pp. 310-315; W. Grundmann, "Überlieferung und Eigenaussage im eschatologischen Denken des Paulus", in NTS 8 (1961/62), pp. 17ss; C. H. Hunzinger, Die Hoffnung angesichts des Todes im Wandel der paulinischen Aussagen, *passim*; W. Wiefel, Die Hauptrichtung des Wandels im eschatologischen Denken des Paulus, *passim*; J. Becker, Auferstehung der Toten, pp. 66ss; H. H. Schade, Apokalyptische Christologie, pp. 210s; S. Schulz, Der frühe und der späte Paulus, pp. 229s; J. Roloff, Einführung, p. 143; G. Strecker, Theologie, pp. 222-229 (além disso, cf. a visão da história da pesquisa em F. G. Lang, 2. Korinther 5,1-10, pp. 64-92). Céticos diante de teorias de mudança são, entre outros, P. Hoffmann, Die Toten in Christus, pp. 323-329; U. Luz, Geschichtsverständnis, pp. 356s; P. Siber, Mit Christus leben, pp. 91ss; J. Baumgarten, Paulus und die Apokalyptik, pp. 236-238; A. Lindemann, Verbete "Eschatologie", p. 1556.

[16] Para a interpretação de 1Ts 4,13-18, cf. acima, Secção 8.2 (A teologia da Primeira Carta aos Tessalonicenses).

imediato é o arrebatamento de todos e a condição não imediata é a ressurreição dos mortos em Cristo. Apenas o surgimento da problemática do atraso da *parusia* e da historicidade da fé cristã obrigou Paulo a introduzir a ideia de uma ressurreição dos crentes falecidos[17]. Mas também em 1Ts 4,13-18, ele permanece fiel a seu conceito escatológico original de um arrebatamento de todos no momento da vinda do Senhor. A ressurreição dos membros falecidos da comunidade funciona somente como possibilitação do subsequente arrebatamento. Na Primeira Carta aos Tessalonicenses, a morte de cristãos antes da *parusia* é ainda claramente uma exceção, Paulo conta a si mesmo e também a comunidade entre os que estarão vivos na segunda vinda do Senhor (v. 15.17: "nós, os vivos que ainda sobramos [...]"), provavelmente na convicção de que a vinda do Senhor seria iminente. Não se discute a questão de como acontecerá a ressurreição dos membros falecidos da comunidade e como se deve imaginar a estada de todos os crentes no mundo celestial junto a Jesus Cristo[18].

O tempo que estava passando, a situação da comunidade coríntia com sua formação teológica independente e a reflexão de Paulo em sua relação com as comunidades fazem com que a temática apareça nas Cartas aos Coríntios a uma luz diferente[19]. Paulo mantém uma expectativa convicta da vinda iminente (cf. 1Cor 7,29; 10,11; 16,22), mas, ao mesmo tempo, casos de morte antes da *parusia* já não são nada de incomum em Corinto (cf. 1Cor 7,39; 11,30; 15,6.18.29.51). Devido a seu pano de fundo cultural, a temática do σῶμα era para os coríntios aparentemente de suma importância; basta lembrar que 56 das 74 ocorrências de σῶμα em Paulo (total no Novo Testamento: 142) se concentram nas Cartas aos Coríntios! Paulo acolheu esses dados pré-estabelecidos e tornou a questão da corporeidade um aspecto central de sua escatologia. Primeiro, ele enraíza também em 1Cor 15,3-5 a escatologia na cristologia[20],

---

[17] Cf. W. MARXSEN, 1Thess, pp. 64s.
[18] Cf. N. WALTER, Leibliche Auferstehung?, pp. 110s.
[19] Cf. para o seguinte U. SCHNELLE, Entstehung der paulinischen Anthropologie, pp. 214-218; para a argumentação modificada em 1Cor, cf. também N. WALTER, Leibliche Auferstehung?, pp. 112s.
[20] Para 1Cor 15, cf. acima, Secção 9.6 (A ressurreição dos mortos).

para depois, após uma primeira rejeição lógica da tese da negação da ressurreição futura[21], apresentar novamente o querigma cristológico (cf. 1Cor 15,20). O destino prototípico de Cristo exige a intelecção de que também as pessoas que creem e foram batizadas serão ressuscitadas (v. 21s). Contudo, tudo deve acontecer dentro da ordem que se impõe objetivamente: como os acontecimentos escatológicos começaram com a ressurreição de Cristo e Cristo reina desde então segundo a incumbência por Deus, a ressurreição dos cristãos ocorrerá somente na *parusia* de Cristo, que, por sua vez, inaugurará o fim no qual serão aniquilados todos os poderes hostis a Deus e Deus será tudo em tudo (v. 23-28)[22].

A questão pelo "como" da ressurreição, agora crucial, é trabalhada por Paulo em 1Cor 15,35-56 numa ampla argumentação antropológica. A ocasião atual foi uma pergunta dos adversários sobre o "como" da ressurreição dos mortos: "Ora, alguém perguntará: como é que os mortos ressuscitarão? Com que tipo de corpo voltarão?" (1Cor 15,35). Paulo abre seu raciocínio com a noção muito divulgada na Antiguidade de que a necessidade da morte é a condição para uma vida nova. O momento de descontinuidade já contido nessa noção é aplicado por Paulo no v. 38 à livre atuação criadora de Deus que dá a cada ser seu próprio σῶμα ("corpo, corporeidade") assim como ele quer. Aqui se manifesta a posição básica do apóstolo: para ele não há existência sem corporeidade, de modo que a pergunta pelo "como" da ressurreição pode ser tão somente uma pergunta pela natureza do corpo ressurreto. Isso leva Paulo a estabelecer uma distinção entre duas categorias diferentes de corpo. Numa analogia antitética, ele deduz do corpo terrestre o tipo dos corpos celestiais (v. 40), de modo que deve haver ao lado do corpo corruptível também um corpo incorruptível (v. 43s). O corpo pneumático é de qualidade superior ao terreno (v. 46), já que ambos os tipos de corpos remontam a um respectivo protótipo: Adão ou Cristo (v. 45.47). Os crentes portam ainda a imagem do ser humano

---

[21] Para a estrutura lógica de 1Cor 15,12-19, cf. H. H. SCHADE, Apokalyptische Christologie, pp. 193ss.
[22] Cf. a respeito W. SCHRAGE, 1Kor IV, pp. 152-189.

terrestre, mas em breve portarão a imagem do ser humano celeste (v. 49). Com a metáfora da transformação, Paulo introduz em 1Cor 15,50-54 uma categoria que é nova em relação a 1Ts 4,13-18 e à argumentação anterior em 1Cor 15[23]. As pessoas já falecidas e as que ainda viverão no momento da *parusia* receberão uma existência incorruptível. Embora o termo σῶμα não apareça mais e a distinção categorial entre dois tipos de corpo não corresponda à metáfora nos v. 52-54[24], a argumentação global mostra que a existência pós-morte, incorruptível e imortal é idêntica ao σῶμα πνευματικόν do v. 44.

Em 1Ts 4,13-18 e 1Cor 15,51ss, Paulo indicou sua posição como ainda vivo nos acontecimentos finais muito claramente pelo pronome pessoal ἡμεῖς = "nós" (1Ts 4,17; 1Cor 15,52). Em 2Cor 5,1-10, porém, ele conta pela primeira vez com sua própria morte antes da *parusia*[25]. Esta mudança drástica da situação do apóstolo reflete-se num uso reduzido dos elementos apocalípticos na descrição dos acontecimentos escatológicos e, correspondentemente, na adoção da terminologia helenista e na tendência para o dualismo e a individualização. O termo σῶμα refere-se agora exclusivamente ao corpo terrestre (2Cor 5,6.8) e sofre uma valoração negativa[26]. A ideia da emigração do corpo presente tem seu paralelo mais próximo na crença grega de que a verdadeira pátria da alma está no além[27] e que a existência no corpo é uma estada no estrangeiro[28]. Deliberadamente, Paulo não usa o termo "alma", mas, ao mesmo tempo, ele define a existência ressurreta já não explicitamente

---

[23] Cf. N. WALTER, Leibliche Auferstehung?, pp. 114s.
[24] N. WALTER, op. cit., p. 115.
[25] Para a interpretação de 2Cor 5,1-10, cf. acima, Secção 10.3 (A existência apostólica de Paulo).
[26] Cf. W. WIEFEL, Hauptrichtung des Wandels, p. 77; N. WALTER, Leibliche Auferstehung?, p. 116: "'Corpo' já não é um termo que poderia designar o modo existencial terrestre *e também* celeste dos crentes e, dessa maneira, também já não se aplica a construção auxiliar de uma transformação (de uma corporeidade em outra, nova)".
[27] Cf., por exemplo, Sêneca, Ep. 102,24, sobre a existência futura: "Outra paisagem nos espera, outra situação. Por enquanto podemos suportar o céu apenas à distância. Por isso, espera sem temor a hora da decisão: ela é a última não para a alma, mas para o corpo" (= NW II/I, pp. 944s).
[28] Cf., por exemplo, Platão, Fedro 67c.d.

como uma existência "corpórea" e aproxima-se assim ao pensamento dos coríntios. Em termos de visão de mundo, Paulo permanece com a metáfora da "visão" (2Cor 5,7) deliberadamente no âmbito do indefinido. A continuidade é garantida unicamente pelo pneuma divino (2Cor 5,5) que, segundo o imaginário de 2Cor 5,2, possibilita o revestimento com a morada celestial. 2Cor 5,10 documenta o vínculo já pré-estabelecido na história da tradição[29], mas em Paulo também teologicamente indissolúvel entre os acontecimentos escatológicos e o juízo: "Portanto, todos nós teremos que comparecer perante o trono do tribunal de Cristo, a fim de que cada um receba o que tiver feito durante seu corpo (isto é, sua vida no corpo), seja algo bom, seja algo mau". Em termos teológicos, o conceito do juízo expressa que Deus não fica indiferente diante da vida de um ser humano e da história em sua totalidade. Se o juízo fosse abolido, os atos de um ser humano permaneceriam não julgados e ambíguos. Os assassinos triunfariam sobre suas vítimas, e os opressores escapariam sem mais nada. *Se não houvesse o juízo, então a própria história do mundo e a própria vida de um ser humano seriam o juízo.* Mas já que nenhum ato ou omissão fica sem consequências e já que todos precisam ser avaliados pelo bem dos seres humanos, o pensamento do juízo deve ser julgado teologicamente positivo. Ele preserva a dignidade humana e mostra que Deus não se desviou de sua criação. Em Jesus Cristo, todos os seres humanos podem esperar que a graça de Deus terá a última palavra[30].

Também na Carta aos Romanos, a morte antes da *parusia* não é mais a exceção, mas a regra (cf. Rm 14,8b: "Portanto, quer vivamos, quer morramos, pertencemos ao Senhor")[31]. A *parusia* do Senhor é pensada como imediatamente iminente (cf. Rm 13,11s; 16,20), mas o comparativo na expressão "pois nossa salvação está mais próxima

---

[29] Cf. E. SYNOFZIK, Gerichts- und Vergeltungsaussagen, p. 106.
[30] Cf. E. SYNOFZIK, op. cit., pp. 108s: "Ele mesmo (isto é, o ser humano) não pode produzir através de seus próprios desempenhos essa absolvição no juízo, ele pode apenas permitir que ela lhe seja prometida pelo evangelho e crer na atuação salvífica de Cristo que o redime".
[31] Para a escatologia da Carta aos Romanos, cf. G. STORCK, *Eschatologie bei Paulus* (Göttingen: 1979, tese), pp. 117-159.

agora do que quando abraçamos a fé" (Rm 13,11c) indica a consciência do atraso. Como um bem de esperança escatológica, a expressão ζωὴ αἰώνιος ganha importância na Carta aos Romanos, onde se encontram quatro das cinco ocorrências paulinas (cf. Gl 6,8; Rm 2,7; 5,21; 6,22.23). Ela designa o futuro modo existencial das pessoas salvas que já não está sujeito a nenhuma delimitação temporal[32]. O curso dos acontecimentos escatológicos e o "como" da nova existência não são comentados programaticamente por Paulo na Carta aos Romanos, mas Rm 8,11 e 8,23 mostram claramente que agora está em destaque novamente a ideia de uma transformação do corpo. O espírito de Deus não só operou a ressurreição de Jesus dentre os mortos, mas também "dará vida a vossos corpos mortais, mediante seu espírito que habita em vós" (Rm 8,11). Por isso, à revelação da aceitação por Deus vincula-se a confiança numa transformação do corpo que se realizará na força do espírito[33].

Na Carta aos Filipenses condensam-se duas tendências que já se mostraram anteriormente: agora, Paulo conta abertamente com sua morte antes da *parusia* e concentra suas ideias escatológicas no destino do indivíduo[34]. Em Fl 1,20, o apóstolo fala de seu corpo terrestre, no qual Cristo é glorificado "pela vida ou pela morte". Em Fl 1,21-24, Paulo oscila entre a expectativa da sobrevivência e da morte iminente, o que é vinculado com a confiança de estar imediatamente após a morte em e com Cristo (v. 23: σὺν Χριστῷ εἶναι)[35]. Fl 1,23 tematiza o estar imediatamente com Cristo após a morte sem mencionar a *parusia* e a ressurreição dos mortos. A formulação singular "para ver se alcanço a ressurreição de entre os mortos" (εἰς τὴν ἐξανάστασιν τὴν ἐκ νεκρῶν) em Fl 3,11 com seu duplo ἐκ aponta igualmente para uma

---

[32] Cf. a respeito J. BAUMGARTEN, Paulus und die Apokalyptik, p. 129, que constata com razão que Paulo, à semelhança de seu procedimento na doutrina dos dois eones, adota a noção apocalíptica da "vida eterna" apenas fragmentariamente, porque, para ele, a vida já se revelou no evento Cristo.

[33] N. WALTER, Leibliche Auferstehung?, p. 120: "portanto, não 'libertação em relação ao corpo' ou 'saindo do corpo', mas a *transformação* salvífica dos corpos".

[34] Cf. W. WIEFEL, Hauptrichtung des Wandels, pp. 79-81.

[35] Para a interpretação de Fl 1,21-24, cf. acima, Secção 13.2.2 (A Carta aos Filipenses como testemunho tardio da teologia paulina).

ressurreição imediatamente após a morte[36]. Embora também na Carta aos Filipenses, como em todas as cartas paulinas, a *parusia* seja o horizonte de todas as afirmações escatológicas do apóstolo (cf. Fl 4,5b; 1,6.10; 2,16; 3,20b), Paulo, agora no fim de sua vida, oferece uma nova definição de seu próprio destino.

Já que ele conta com sua morte antes da *parusia*, a *parusia* e a consequente ressurreição dos mortos não podem ser o ponto único e exclusivo de sua orientação[37]. Paulo identifica aqui seu próprio destino tão fortemente com Cristo que ele se insere inteiramente na comunhão de sofrimento e ressurreição com seu Senhor. Em Fl 3,20.21, ao contrário, é novamente a *parusia* que forma o horizonte escatológico; Paulo fala da transformação do nosso corpo de humildade e sua moldação em identidade ao corpo de glória de Cristo, pelo poder de Deus, e insinua assim o modo existencial pós-morte dos crentes em continuidade com 1Cor 15 e Rm 8.

Deve ter ficado claro que precisamos constatar *transformações* em áreas centrais da escatologia paulina, ou seja, um *desenvolvimento lógico do pensamento* do apóstolo Paulo, segundo as mudanças da situação histórica[38]. É certo que a expectativa aguda da vinda iminente permanece no horizonte, e o evento Cristo presente e futuro, a base da escatologia paulina, mas a posição da pessoa individual e o curso dos eventos escatológicos modificam-se diante da maior extensão do tempo. A preservação da expectativa da *parusia* não é um contra-argumento, porque a experiência do atraso da *parusia* não é idêntica ao abandono do conceito da *parusia*! É evidente que Paulo continuava

---

[36] Cf. C. H. Hunzinger, Hoffnung angesichts des Todes, p. 87.
[37] Esta divergência é frequentemente explicada pela suposição de que Paulo pensaria em Fl 1,23 num destino particular de mártir, enquanto Fp 3,10s.21, por assim dizer, representariam o caso normal; para a justificativa abrangente dessa suposição, cf. U. B. Müller, Phil, pp. 64-71. No entanto, nada em Fl 1,23 indica que a comunhão imediata com Cristo após a morte, mas antes da *parusia* de Cristo, seria atribuída apenas a um grupo privilegiado; cf. J. Gnilka, Phil, p. 75. Uma compreensão coesa surge quando se considera que Paulo usa em Fl 1,23 e 3,10s a 1ª pessoa singular, mas em Fl 3,20s, a 1ª pessoa plural. Ao que parece, Paulo avalia seu próprio destino e o de outras pessoas falecidas antes da *parusia* como exceção.
[38] Cf. U. Schnelle, Wandlungen, pp. 37-48.

esperando a vinda iminente do Senhor, mas, ao mesmo tempo, ele também realizava modificações adequadas no âmbito de suas afirmativas escatológicas. Também a objeção de que as mudanças seriam meramente circunstanciais[39] é truncada. É claro que as situações dos destinatários são diferentes, mas o desenvolvimento do pensamento paulino vai além de simples adaptações! Enquanto ele esperava firmemente que ainda estaria vivo na vinda do Senhor, a descrição dos eventos finais tinha um amplo cenário apocalíptico (cf. 1Ts 4,13-18; 1Cor 15,51ss). O fato de considerar agora possível morrer antes da *parusia* leva a afirmações escatológicas orientadas pelo destino individual do apóstolo. Esta mudança é adequada, pois o surgimento da experiência da temporalidade e finitude da existência cristã obrigou Paulo a considerar também o destino dos cristãos falecidos antes da *parusia* e finalmente seu próprio destino. Nesse contexto, a elaboração de uma escatologia individual orientada pela pessoa do apóstolo tem um significado exemplar, pois a morte antes da *parusia* torna-se cada vez mais o caso normal. O apóstolo não podia ignorar a extensão constantemente crescente do tempo e precisava realizar modificações adequadas dentro da escatologia. Ao mesmo tempo, o σὺν Χριστῷ εἶναι ("estar com o Senhor/estar com Cristo"; 1Ts 4,17/ Fl 1,23) é a constante fundamental da escatologia paulina.

CORPOREIDADE E EXISTÊNCIA PÓS-MORTE

Também na pergunta pelo "como" da existência pós-morte, Paulo chega a intelecções novas e modificadas, consideravelmente determinadas pela valoração negativa da corporeidade no pensamento grego. Principalmente sob a influência de ideias platônicas (lugar clássico: Fédon 80a: "Ora, a que se assemelha a alma? – Aparentemente, ó Sócrates, a alma, ao divino, e o corpo, ao mortal" [ἡ μὲν ψυχὴ τῷ θείῳ, τὸ δὲ σῶμα τῷ θνητῷ])[40] prevaleceu a visão de que, imediatamente após a

---

[39] Assim A. LINDEMANN, Verbete "Eschatologie", p. 1556.
[40] Cf. as observações irônicas sobre a influência de Platão em Cícero, Tusc. I 25, onde um participante da discussão ressalta que teria estudado cuidadosamente o livro

morte, a alma imortal separava-se do corpo corruptível, de modo que o corpo não podia ter nenhuma importância para a existência pós-morte[41]. Assim afirma Cícero, Rep. III 28, sobre o arrebatamento de Hércules e Rômulo: "Seus corpos não foram levantados para o céu, porque a natureza não toleraria que aquilo que é de terra ficasse em outro lugar se não na terra." Sêneca realça que o corpo é abandonado na morte: "Por que amas essa corporeidade, como se fosse uma parte de ti? Ela apenas te cobre: virá o dia que te arrancará disso e te libertará da comunhão com o corpo horrível e fedorento" (Ep. 102,27). Também para Epíteto é claro que o corpo impede a liberdade (cf. Diss. III 22,40ss) e que, portanto, é compreensível o grito dos discípulos dos filósofos: "Epíteto, já não aguentamos estar amarrados a este corpo miserável, dar-lhe de comer e de beber [...]. Pois a morte não é nenhum mal, além disso, temos parentesco com Deus e vimos dele" (Diss. I 9,12s). Segundo Plutarco sobrevive somente a imagem original que vem dos deuses: "Ela vem de lá e volta para lá, não com o corpo, mas depois de separar-se e desprender-se totalmente do corpo, de tornar-se inteiramente pura e sem carne e limpa".[42] Também no judaísmo helenista havia uma grande difusão da opinião de que o corpo estaria sucumbido à corruptibilidade e que só a alma sobreviveria à morte (cf., por exemplo, Sb 9,15; Fílon, Migr. Abr. 9.192)[43]. Contra esse pano de fundo histórico-cultural, Paulo tinha que dar uma resposta acerca da natureza da existência pós-morte, que, por um lado, precisava evitar a ideia da imortalidade da alma, mas que, por outro, não podia eclipsar totalmente a valoração negativa do corpo[44]. Enquanto

---

de Platão sobre a alma: "Eu o fiz, por Hércules, e já várias vezes; mas, sempre que eu o leio, concordo de alguma maneira, mas quando deixo o livro de lado e começo a pensar pessoalmente e a respeito de mim sobre a imortalidade da alma, qualquer consentimento se desvanece totalmente".

[41] Cf. para as numerosas doutrinas acerca de alma existentes em torno da virada do tempo especialmente Cícero, Tusc. 117-25.26-81.

[42] Plutarco, Rômulo 28; além disso, cf. Moralia 382E.

[43] Outras ocorrências em E. Schweizer, ThWNT 7, pp. 1049-1051.

[44] Incorreto é a afirmação de H. Merklein, Verbete "Eschatologie", in LThK³ 3, (1995), p. 870: "Paulo não refletiu (devido a sua expectativa do fim iminente) sobre o estado entre a morte individual e a ressurreição geral dos mortos (também não em 2Cor 5,1-10; Fl 1,21-24)".

1Ts 4,13-18 nem sequer toca na questão e 1Cor 15 apresenta uma primeira resposta, particularmente a Segunda Carta aos Coríntios mostra como Paulo se abriu em parte para a argumentação (helenista) das comunidades[45]. Ao mesmo tempo, porém, a Carta aos Romanos e a Carta aos Filipenses mostram que em Paulo dominava a linha de 1Cor 15: o corpo transformado pelo espírito divino preserva a identidade do Eu e pertence, como σῶμα πνευματικόν, ao mundo divino.

22.3 O destino de Israel

A relação com Israel é para Paulo igualmente um problema biográfico, teológico e, *no final de sua vida, um problema eminentemente escatológico*. Se a salvação tiver passado dos judeus para os cristãos, põe-se com toda severidade a pergunta sobre a atitude de Deus para com o povo de Israel e acerca da validade de suas promessas.

Já a afirmação mais antiga do apóstolo sobre Israel, em 1Ts 2,14-16, mostra o entrelaçamento de biografia e teologia[46]. Paulo acusa os judeus daquilo que ele mesmo fazia enquanto fariseu: obstrução da pregação salvífica do evangelho. Na época da redação da Primeira Carta aos Tessalonicenses, agitações e perseguições por judeus representavam aparentemente o maior risco para a expansão das comunidades cristãs, de modo que a polêmica paulina se explica por essa situação histórica. Para Paulo, Deus já pronunciou seu juízo sobre os judeus, sua ira já veio sobre eles[47]. Na Primeira Carta aos Coríntios, a

---

[45] Cf. N. Walter, "Hellenistische Eschatologie bei Paulus", in *ThQ* 176, (1996), p. 63: "Ao considerar todos os aspectos, estamos diante do resultado de que o desenvolvimento dos conceitos escatológicos em Paulo dá um salto significativo em direção à helenização. Por isso, deve-se dizer provavelmente também a partir de 2Cor 5,1-10 que um desenvolvimento do conceito paulino do *escaton* não pode absolutamente ser negado."

[46] Para a interpretação de 1Ts 2,14-16, cf. acima, Secção 8.1 (A história precedente e o primeiro anúncio).

[47] Cf. H. H. Schade, Apokalyptische Christologie, pp. 127s; além disso, G. Haufe, 1Thess, p. 48: "Por causa de sua resistência contra o plano divino da salvação, os judeus já sucumbiram ao juízo de ira, ainda que esse estado não pudesse ser verificado em sinais exteriores e ainda estivesse oculto a eles mesmos".

relação do cristianismo incipiente com Israel não é abordada explicitamente. Apenas em 1Cor 10,1ss aparece a geração do deserto como paradigma alertador para os entusiastas coríntios[48]. Em contrapartida, 2Cor 3 permite vislumbrar algo da autocompreensão paulina e de sua interpretação cristológica do Antigo Testamento[49]. Por meio da antítese "letra *versus* espírito" (2Cor 3,6), Paulo define a diferença fundamental entre a antiga aliança e a nova. A glória do ministério do anúncio ultrapassa em muito a glória na face de Moisés, que teve que escondê-la do povo por meio de um véu (um "cobertor", cf. Ex 34,29-35). Em 2Cor 3,14, Paulo explica a cegueira de Israel perante a glória da revelação de Cristo: ἀλλὰ ἐπωρώθη τὰ νοήματα αὐτῶν ("mas seus pensamentos foram obscurecidos"). Isso faz com que a perspectiva mude repentinamente para a culpa atual dos israelitas. Não Moisés, mas eles mesmos são os responsáveis por sua falta de fé[50]. Ao negar-se à revelação de Cristo, também o Antigo Testamento lhes permanece fechado, pois o véu que pousa sobre eles até o dia de hoje pode ser retirado somente em Cristo (v. 14b.15). Para Paulo, as promessas do Antigo Testamento visam a Cristo, e só a partir dele uma compreensão adequada do Antigo Testamento é possível. Assim, Deus permanece fiel a si mesmo; Israel, porém, está obstinado, mas o apóstolo conta com a possibilidade de uma volta para Cristo. Dessa maneira pode se constatar duas importantes alterações em comparação a 1Ts 2,14-16: a) o juízo definitivo sobre Israel ainda não foi proferido, Israel ainda pode se converter; b) o Antigo Testamento encontra seu cumprimento em Cristo, porque Deus está na continuidade de suas promessas.

A expressão Ἰσραὴλ τοῦ θεοῦ ("o Israel de Deus") em Gl 6,16 é muito elucidadora para a posição do apóstolo em relação a Israel: "E todos os que caminharão segundo esta norma: paz e misericórdia sobre eles, e sobre o Israel de Deus". O significado revela-se a partir do contexto imediato. Paulo volta mais uma vez para um comentário polêmico sobre os adversários (Gl 6,12-14), para acrescentar no v. 15 seu

---

[48] Cf. a respeito U. Schnelle, Gerechtigkeit und Christusgegenwart, pp. 155s.
[49] Para a análise de 2Cor 3, cf. acima, Secção 10.4 (A glória da Nova Aliança).
[50] Cf. V. P. Furnish, 2 Kor, p. 233.

credo fundamental, segundo o qual não importa nem a circuncisão nem a incircuncisão, mas somente a nova existência em Jesus Cristo (cf. Gl 3,26-28; 1Cor 7,19; 2Cor 5,17). Quem está em sintonia com esse cânon é destinatário do desejo condicional (καὶ ὅσοι) de bênção em Gl 6,16. Ao observar a função do v. 15 como uma chave interpretativa para o v. 16, a correspondência entre a oferta de bênção e a maldição condicional em Gl 1,8[51], a sintonia com textos oracionais judaicos[52] e do sentido copulativo[53] de καὶ antes de ἐπι τὸν Ἰσραὴλ τοῦ θεου, podemos dizer que Ἰσραὴλ τοῦ θεοῦ pode se referir só a uma grandeza que inclui a comunidade galaciana: a Igreja universal composta por judeus e gentios, na medida em que ela se sabe comprometida com a nova existência dos cristãos, descrita no v. 15[54]. Ela, e não o Israel empírico, é o Israel de Deus (cf. "o Israel segundo a carne" em 1Cor 10,18). Essa interpretação combina bem com o duto afirmativo de toda a carta, porque o conflito com os judaizantes também inclui uma rígida separação do judaísmo incrédulo. Em Gl 4,25, a Jerusalém terrena representa o povo de Israel que pertence não só ao âmbito da escravidão, mas é relacionado pelo apóstolo com Agar e Ismael, de modo que Abraão e Sara não têm relação alguma com o Israel empírico. Imaginar uma delimitação e um distanciamento mais radicais é impossível! Finalmente, Paulo formula como resultado da alegoria de Sara-Agar em Gl 4,30s sua visão da atuação salvífica de Deus: os judeus foram rejeitados por Deus, e exclusivamente os cristãos são os herdeiros da promessa.

Na Carta aos Romanos intensificam-se os problemas teológicos e biográficos da relação entre Paulo e Israel, para depois serem conduzidos *para uma nova dimensão escatológica*. A pergunta pela validade

---

[51] Cf. H. D. Betz, Gal, pp. 544s.
[52] Cf. a décima nona benção do *Shemoneh Esreh* (versão babilônica): "Concede paz, felicidade e bênção, graça e amor e misericórdia a nós e a teu povo Israel", cf. Billerbeck IV, p. 214.
[53] Cf. H. Schlier, Gal, 283.
[54] Cf. A. Oepke, Gal, pp. 204s; H. D. Betz, Gal, pp. 547s; G. Lüdemann, Paulus und das Judentum, p. 29; H. Hübner, Gottes Ich und Israel, p. 133 (ali também uma crítica a F. Mussner, Gal, pp. 416, que interpreta o "Israel de Deus" a partir de Rm 9–11).

das promessas feitas a Israel diante da revelação da justiça de Deus sem a lei já é enfocada em Rm 1,16; 2,9s ('Ιουδαῖος τε πρῶτον = "em primeiro lugar o judeu"). Paulo tematiza-a em Rm 3,1-8 e depois a retoma em Rm 9–11 e a trata detalhadamente[55]. A justiça de Deus estaria em jogo se a eleição de Israel, as promessas aos pais e as conclusões de aliança não valessem mais (Rm 9,5). Nesse caso, a palavra de Deus teria se tornado obsoleta (Rm 9,6). Paulo, porém, afirma o contrário: a eleição continua valendo, as promessas estão de pé, mas, perante a revelação de Deus em Jesus Cristo, Israel entrou numa crise. Essa revelação é para Paulo a crise de qualquer vantagem compreendida equivocadamente. Em Rm 9–11, Paulo deseja provar a fidelidade de Deus em contraste com a infidelidade que Israel demonstrou até então. Ele apresenta seus pensamentos numa argumentação que se orienta por tensões, aduz constantemente aspectos novos e muda de perspectivas. Primeiro, ele faz uma distinção entre o Israel segundo a carne e o Israel da promessa que é o único Israel verdadeiro (Rm 9,6-8). Depois, ele alega que somente um "resto" de Israel teria sido eleito, os demais, porém, teriam sido obstinados (Rm 11,5ss). Finalmente, passando pelo pensamento de que a eleição dos gentios resultará na salvação de Israel, ele chega em Rm 11,26a à tese de ponta: πᾶς Ἰσραὴλ σωτήσεται ("todo Israel será salvo"). Exatamente a grande variedade de soluções mostra quão duramente Paulo lutou com esse problema e quão profundo foi seu envolvimento próprio[56]. Se Deus não estiver na continuidade de suas promessas, como se pode anunciar o evangelho de maneira fidedigna? Para Paulo, o destino de Israel foi o caso de teste por excelência da διακοιοσύνη θεοῦ! Portanto, em última instância trata-se em Rm 9–11 da divindade de Deus, de sua justiça e fidelidade perante a infidelidade humana, mas também da credibilidade de Paulo e de seu destino muito pessoal. Paulo afirma que Deus permanece fiel a si mesmo e que ele conduzirá, através de seu poder milagroso, Israel nos eventos escatológicos para a

---

[55] Para a análise de Rm 9–11, cf. acima, Secção 12.9 (Paulo e Israel).
[56] Cf. G. THEISSEN, Rm 9–11, p. 326: "Quando Paulo em suas reflexões se debate com a salvação de todo Israel, então ele se debate acerca das possibilidades de sua salvação".

conversão e, assim, à salvação. Ele confessa com isso simultaneamente que esse problema não pode ser resolvido na atualidade e por pessoas humanas, mas que ele requer um ato extraordinário de Deus no futuro. Com a aparição do Cristo na *parusia*, Israel se converterá e entrará na plenitude da salvação, junto com os gentios que creem (cf. Rm 11,23.26-32).

A posição do apóstolo acerca de Israel *mudou radicalmente*. 1Ts 2,14-16 é incompatível com Rm 11,25s, de modo que devemos falar de uma revisão da atitude de Paulo[57]. Enquanto, ali, Deus já rejeitou seu povo, aqui, ele ainda o salvará. Todas as tentativas de harmonização são inadequadas para a explicação dessa tensão e apenas encobrem a verdade histórica. Por que Paulo reconsiderou seu juízo sobre Israel? O fato do condicionamento situacional requeria uma constante reflexão nova sobre Israel, e esta levou finalmente também a novos juízos objetivos. A polêmica em 1Ts 2,14-16 é unicamente determinada pela obstrução judaica da missão entre os gentios. Já 2Cor 3 mostra que uma nova situação permitiu a Paulo novas afirmações diferentes. Isso se confirma na Carta aos Gálatas, onde a confrontação com os judaizantes precisava influenciar necessariamente a avaliação teológica de Israel. Finalmente, a própria Carta aos Romanos evidencia a mudança situacional da atitude de Paulo, pois, nela, Paulo apresenta-se a uma comunidade que lhe era desconhecida, na qual havia aparentemente debates entre judeu-cristãos e gentio-cristãos (cf. Rm 14,1-15,13) e da qual ele precisava supor que estaria sob a influência de seus adversários judaizantes. Além disso, devemos nos lembrar da situação pessoal do apóstolo: ele considera sua missão no leste do Império Romano

---

[57] Neste sentido cf., por exemplo, H. Räisänen, Römer 9-11, p. 2925; G. Lüdemann, Paulus und das Judentum, pp. 41s; J. Roloff, Einführung, p. 138. Também U. Wilckens, Röm II, p. 209, afirma com razão que "o resultado do primeiro passo argumentativo em Rm 9 (assim como depois também do segundo passo em Rm 10) é anulado pela meta argumentativa em Rm 11". Contra tal visão voltam-se T. Holtz, 1Thess, pp. 108-113; E. Brandenburger, Paulinische Schriftauslegung, 43-47. Enquanto Brandenburger assinala a unidade interna de Rm 9–11, Holtz não vê nenhuma contradição fundamental entre 1Ts 2,14-16 e Rm 9–11, pois 1Ts 2,16 "não fixa o juízo sobre os judeus no momento do *escaton*" (1Thess, p. 110). No entanto, isso é claramente refutado pelo aoristo ἔφθασεν em 1Ts 2,16 que constata uma situação já realizada e válida.

concluída (Rm 15,23) e planeja levar a coleta para Jerusalém, para depois prosseguir com seu trabalho no Ocidente (Rm 15,24ss). Tanto a coleta enquanto um laço visível da unidade entre judeu-cristãos e gentio-cristãos como a predominância factual dos gentio-cristãos nas áreas de missão até então estabelecidas obrigam Paulo a uma nova reflexão sobre o destino de Israel. Vinculava-se à existência da comunidade primitiva como o "resto" santo de Israel indissoluvelmente a pergunta teológica pelo destino daquela parte de Israel que até então se negava à revelação de Cristo. Quando Paulo, ao contrário do anúncio em 1Cor 16,3, foi pessoalmente a Jerusalém para prestar ali à comunidade local seu serviço bastante perigoso (cf. Rm 15,31), então se apresentava também para ele o problema teológico da fidelidade e da justiça de Deus em relação a Israel que, em sua maior parte, permanecia na incredulidade; isto tanto mais que os judaizantes na Galácia estavam certamente em contacto com a comunidade primitiva, de modo que se tinha que esperar discussões teológicas sobre a observância da lei e da circuncisão e, portanto, também sobre o significado teológico de Israel.

Além disso, Paulo tinha chegado a uma visão diferente de sua missão entre os gentios. Enquanto, em 1Ts 2,14-16, sua obstrução ainda deu ocasião a uma intensa polêmica, agora, após seu fim no leste do Império Romano, ela tem uma função nova: por meio dela, os judeus devem ser provocados para a imitação, para que cheguem à fé e assim possam ser salvos (Rm 11,13-15). A missão paulina aos gentios sempre tinha em mente uma Igreja de judeu-cristãos e gentio-cristãos, de modo que o apóstolo não podia estar indiferente acerca do desenvolvimento previsível para uma Igreja quase exclusivamente gentio-cristã.

22.4 Escatologia como construção temporal

Cada criação de sentido obriga a construções temporais, pois um horizonte de sentido pode ser esboçado somente quando se esclarece a estrutura e a qualidade do tempo vinculado ao evento gerador de sentido[58].

---

[58] Cf. A. Assmann, Zeit und Tradition, p. 4.

A ressuscitação de Jesus Cristo de entre os mortos por Deus é, sob vários aspectos, um evento que requer uma reflexão sobre o tempo[59]:

1) ela transcende a experiência humana ao postular o supra-temporal como um acontecimento no tempo e no espaço;

2) ela qualifica o tempo de modo novo e diferente, pois, a partir dela, todo tempo ganha a qualidade de tempo de Deus;

3) ela estrutura o tempo de modo novo e diferente, pois com a ressurreição ocorreu uma virada irreversível do tempo. Um evento do passado determina o presente e antecipa o futuro de modo exemplar.

Paulo estava diante da tarefa de desenvolver uma construção plausível de tempo que, por um lado, acolhesse os três elementos básicos mencionados, mas que, por outro, também fosse capaz de reagir com flexibilidade às perguntas das comunidades provocadas pela problemática das mortes. Nesse contexto, ele podia adotar motivos da apocalíptica judaica, mas de modo algum sistemas coesos de significado e de tempo[60], porque a novidade do evento obrigava-o a uma

---

[59] Para a compreensão neotestamentária do tempo, cf. G. DELLING, Das Zeitverständnis des Neuen Testaments (Gütersloh: 1940); Idem, Zeit und Endzeit (Neukirchen: 1970). Enquanto DELLING afirma para o Novo Testamento a compreensão qualitativa do tempo (καιρός), ao contrário da compreensão do tempo pelos gregos que é quantitativa (χρόνος), K. ERLEMANN, Endzeiterwartungen, pp. 33-59, afirma que tais distinções sumárias não são possíveis. Ele vê as principais diferenças entre a compreensão antiga/neotestamentária e a compreensão moderna do tempo nos seguintes pontos: 1) uma predominância do aspecto qualitativo do tempo em relação ao aspecto cronológico; 2) Deus como o senhor do tempo; 3) as coisas têm sua medida temporal específica; 4) emocionalidade da sensação do tempo.

[60] Enquanto E. KÄSEMANN, "Zum Thema der urchristlichen Apokalyptik", in Idem, Exegetische Versuche und Besinnungen II, pp. 119-131, deseja entender Paulo decididamente como apocalíptico, R. BULTMANN, "Ist die Apokalyptik die Mutter der christlichen Theologie?", in Idem, Exegetica, p. 482, admite apenas que se poderia dizer "que a escatologia é a mãe da teologia cristã-primitiva, mas não que a apocalíptica a é". Para esse debate e sua relevância teológica, cf. J. BAUMGARTEN, Paulus und die Apokalyptik, pp. 227-239, que determina a relação controversa entre a tradição e a interpretação de seguinte forma: "A interpretação por meio da escatologia presêntica, que pensa a existência escatológica a partir do evento Cristo, é inconcebível sem a tradição que permite interpretar a existência escatológica dos batizados em direção do futuro" (op. cit., p. 239). Para a estrutura temporal na apocalíptica judaica e sua recepção neotestamentária, cf. também K. ERLEMANN, Endzeiterwartungen, pp. 60-134.

solução autônoma. Esta solução está presente no esboço de um cenário escatológico, cujos pontos de referência objetivos e temporais são a ressurreição de Jesus Cristo de entre os mortos e sua *parusia* iminente a partir de Deus, cuja certeza se alimenta das experiências presentes do espírito e cuja perspectiva está na esperança de uma atuação análoga de Deus: Jesus de Nazaré serve de protótipo para a força de vida criadora de Deus. Neste modelo, o espírito como modo da presença de Deus e de Jesus Cristo na comunidade assegura a continuidade necessária em termos de tempo e de conteúdo e a duração entre os dois pontos de referência, respectivamente. Desse modo, as pessoas que creem e foram batizadas vivem na consciência da "simultaneidade" sob uma factual "posterioridade" e uma "escatologicidade" que ainda está por vir.

ANTIGAS TEORIAS ACERCA DA MORTE

Assim como em Paulo (a ressurreição de Jesus Cristo de entre os mortos, o destino dos cristãos falecidos), também em sistemas de sentido e construções de tempo concorrentes, a temática da morte desempenha um papel decisivo. Especialmente no mundo greco-romano havia uma grande variedade de conceitos acerca da morte e de uma possível existência pós-morte[61]. Encontram-se tanto a fé numa continuação da vida da alma imortal[62] como as numerosas variantes céticas. Nos sistemas filosóficos predomina a discussão sobre a natureza e continuidade da alma. O modelo platônico[63] é contrastado por numerosos esboços que negam uma imortalidade da alma ou que

---

[61] Cf. a respeito a abordagem clássica: E. ROHDE, *Psyche. Seelencult und Unsterblichkeitsglaube der Griechen I.II.* 4ª ed. (Tübingen: 1907); M. P. NILSSON, *Geschichte der griechischen Religion II.* HAW V/2, 2ª ed. (Munique: 1961), pp. 498-535; W. BURKERT, Griechische Religion der archaischen und klassischen Epoche (Stuttgart: 1977).
[62] Os portadores do culto grego da alma eram inicialmente os mistérios (eleusianos, depois os órfico-pitagóricos e dionisíacos); cf. a respeito W. BURKERT, Griechische Religion der archaischen und klassischen Epoche, pp. 413-451.
[63] Cf. a respeito E. ROHDE, Psyche II, pp. 263-295; H. BARTH, Die Seele in der Philosophie Platons (Tübingen: 1921).

minimizam sua capacidade de vida pós-morte. Por exemplo, Cícero menciona (Tusc. I 77) que os estoicos, à diferença dele, não creem na imortalidade da alma: "Os estóicos, por sua vez, nos concedem um empréstimo, como se fossemos gralhas. Eles dizem que as almas duram muito, mas não eternamente." Também modelos de tempo periódicos estão vinculados a conceitos estóicos da alma: "Cleantes afirma a duração de todas as almas até o incêndio universal, Crisipo deixa viver até lá só as almas dos sábios" (Diógenes Laércio 7,157)[64]. Lucrécio procura comprovar que a alma é mortal e insensível após a morte. Ela não poderia existir separada do corpo e também não teria órgãos de sentido: "Além disso, se a natureza da alma fosse imortal e pudesse ter sensações separada de nosso corpo, então, creio, seria preciso admitir que ela está dotada de cinco sentidos [...]. É por isso que também pintores e poetas de tempos antigos a apresentaram como dotada de sentidos. No entanto, separada do corpo, a alma não pode ter nem olhos nem nariz nem mãos, e tampouco uma língua e ouvidos. Logo, as almas também não podem sentir por si mesmas e tampouco existir" (Lucrécio III 624-633)[65].

Epicúrio desenvolveu uma teoria independente e até hoje fascinante sobre a morte como não-tempo:

"A morte não tem importância para nós; pois o que está dissolvido, está sem sensação; e o que está sem sensação, não tem importância para nós" (Diógenes Laércio 10,139 = Epicúrio, Sentenças 2)[66]. Cícero

---

[64] Cf. Sêneca, Marc. Consol. 26,7, onde A. Cremúcio Cordo conclui seu discurso com o pensamento estóico de que tudo desaparecerá, em última instância, no incêndio universal (na ἐκπύρωσις), também as almas de pessoas falecidas que estão na felicidade: "Também nós, almas felizes alcançadas pela eternidade – quando o deus se compraz em realizar novamente isto (isto é, o incêndio universal), seremos uma pequena parte do imenso colapso e nos transformaremos nos elementos originais antigos, já que tudo começará a mover-se".

[65] Segundo Diógenes Laércio 7,156, Zenon ensinava sobre a natureza da alma: "A alma, porém, está destinada à percepção sensorial; ela é o sopro do espírito que nos é inato; por isso, ela é também corpo e perdura depois da morte; mas ela é corruptível e passageira, enquanto a alma universal, cujas partes são as almas dos seres vivos individuais, é incorruptível".

[66] A doutrina epicureia de que não haveria vida após a morte era muito popular até mesmo entre os estratos menos cultos da população romana, como mostra a seguinte

apresenta uma mistura de ideias platônicas e epicureias: "Ora, como ou por que tu afirmas que a morte te aparece como um mal? Quando as almas continuam a existir, ela nos fará feliz, ou, em todo caso, não infeliz, quando não temos mais sensações" (Tusc. I 25). Também Sêneca não teme a morte: "A morte, o que ela é? Ou o fim ou uma transição (*mors quid est? aut finis aut transitus*). Não temo terminar – pois é o mesmo que não ter iniciado – nem passar para a outra, porque em parte alguma existirei de modo tão apertado" (Ep. 65,24)[67]. Segundo Epíteto, a morte não é nada de ruim e tampouco um estado de não-ser, mas apenas a passagem de um estado existencial para outro: "Quando digo 'morrer', isso significa uma mudança um pouco maior, não da existência atual para uma não-existência, mas apenas para algo que agora não existe. Será que, algum dia, não existirei mais? Não tu, mas algo diferente, que o mundo necessitará então. Pois tu também não chegaste a existir quando o desejaste, mas quando o mundo o necessitou. Por isso, o homem moralmente elevado lembra sempre quem ele é, de onde veio, por quem foi criado, e preocupa-se tão somente em preencher seu lugar em total submissão e obediência a Deus" (Epíteto, Diss. III 24, 93-95).

Para Dio Crisóstomo vale: "O deus, porém, que observa com exatidão como cada um se comporta na mesa – pois, afinal, isto acontece em sua própria casa – chama para si sempre os melhores, e quando ele encontra prazer particular em alguém, ele o convida para ficar e faz dele seu comensal e seu amigo" (Or. 30,44).

Ao lado das considerações filosóficas existe a religiosidade popular[68], cuja grande influência é repetidamente lamentada, especialmente por Plutarco: "Na grande massa, porém, mistura-se ao medo do Hades a esperança pela imortalidade, conforme os mitos, bem como o amor à existência, este instinto mais antigo e mais poderoso de todos

---

inscrição sepulcral: "Dedicado aos espíritos divinos dos mortos. A Aurélia Vercella, a esposa mais doce, que viveu aproximadamente 17 anos. Não fui, fui, não sou, não sinto falta (*Non fui, fui, non sum, non desidero*). Anthimus, seu esposo" (Dessau ILS II, p. 883, no. 8162).

[67] Cf. Sêneca, Ep. 54,3-5; 99,29-30; Marc. Consol. 19,4-5.
[68] Cf. E. ROHDE, Psyche II, pp. 336-396.

[...]. Quando perdem filhos e filhas, fêmeas ou amigos, preferem que estes ainda perdurem em alguma parte e persistam com vida, embora sob muitas torturas, em vez de terem desaparecido, em vez de terem sido aniquilados e eliminados totalmente. Por isto também gostam de ouvir na ocasião de falecimentos expressões como 'ele foi procurar outra casa, ele mudou de lugar' e outras mais que caracterizam a morte como uma mera mudança e não como a morte da alma [...]. Aquilo que vos horroriza é unicamente a visão da morte que tem para todos algo de assustador, de trevas e de tristeza, como uma imagem da insensibilidade, inconsciência e esquecimento [...]. Pois a suposição de que o dissolvido seria insensível e que o insensível não nos atingiria' não anula absolutamente o medo diante da morte, mas fornece a prova clara de que ele é justificado, pois é justamente isto com que a natureza se assusta. [...] Contudo, como eu já dizia, não são muitos que têm medo dessas coisas (isto é, dos castigos do Hades) que, na verdade, nada mais são do que invenções e boas lições de mães e babás. Mas quem tem medo, ainda assim, considera certas consagrações (mistérios) e purificações meios eficientes de proteção, cuja força expiatória lhe garantiria uma existência permanente no inframundo, com jogo e dança e som de flautas, envolto em luz brilhante e refrescado por ares puros."[69]

Dada a diversidade de respostas efetivamente atraentes à problemática da morte, levanta-se a pergunta pela eficiência do modelo paulino. No judaísmo antes da destruição do templo, o conceito de uma ressurreição dos mortos foi o modelo predominante, mas de maneira alguma o único[70]. Entre os gregos predominava o ceticismo acerca de uma continuação da existência corporal, qualquer que fosse seu tipo; já em Ésquilo, Eumenides 545, pode-se ler sobre o efeito definitivo da morte: "Mas uma vez que o sangue do homem, daquele que morreu, é sugado pelo pó, não há para ele ressurreição" (οὔτις ἔστ᾽ ἀνάστασις). Particularmente entre os cínicos pode-se observar uma grande reserva

---

[69] Plutarco, Moralia 1104s (= NW II/1, pp. 405s); Cf. de modo geral Plutarco, Über den Aberglauben, in Idem, Moralphilosophische Schriften, pp. 58-82.
[70] Cf. G. STEMBERGER, Verbete "Auferstehung 3", in RGG[4] 1 (Tübingen: 1998), pp. 916s.

diante de teorias pós-mortais⁷¹. Diz-se de Diógenes: "Diz-se também que Diógenes, ao morrer, teria ordenado a deixá-lo insepulto, como despojo dos animais selvagens, ou de empurrá-lo para uma vala e de espalhar um pouquinho de pó sobre ele" (Diógenes Laércio 6,79; cf. 6,52; Luciano, Demonax 35.66). Paulo superou também aqui fronteiras de culturas e de pensamento, ao *combinar* o conceito judaico da ressurreição com a noção grega do espírito enquanto poder divino de vida⁷² que está presente e que perdura, tornando sua compreensão assim aceitável no âmbito helenístico. Além disso, há os ritos como fatores essenciais na construção do tempo e da identidade culturais⁷³. Especialmente o batismo como lugar da doação do espírito e como o início da nova vida confere à existência cristã aquela característica inconfundível do Eu que, pelo poder vivificador de Deus, perdura também na morte. *Com a morte terminará meu relacionamento comigo e com as outras pessoas, mas não a relação de Deus comigo.* Também narrativas conferem duração e sentido a um evento singular e constroem assim tempo. Ao apresentar a história-de-Jesus-Cristo como modelo do amor e poder criador de Deus que supera a morte, Paulo abre para pessoas de todas as nações e camadas a possibilidade de confiar no amor divino, num âmbito além das ideias tradicionais da continuidade. O tempo não é abolido, mas confiado à justiça, à bondade e à misericórdia de Deus. Nem a construção cultural-imperial do tempo no helenismo nem a destruição do tempo na catástrofe escatológica da apocalíptica judaica foram capazes de suscitar uma confiança semelhante.

---

⁷¹ Cf. a respeito F. G. Downing, Cynics, Paul and the Pauline Churches, pp. 242-249.
⁷² Para o espírito como força divina de vida, cf. a ocorrência acerca de Jo 4,24: πνεῦμα ὁ θεός (NW 1/2, pp. 226-234).
⁷³ Cf. A. Assmann, Zeit und Tradition, p. 15. Para a importância de influências sociais sobre a formação e a transformação de conceitos acerca da morte e do além, cf. B. Gladigow, "Naturae Deus Humanae Mortalis. Zur sozialen Konstruktion des Todes in römischer Zeit", in G. Stephenson (org.), *Leben und Tod in den Religionen.* 2ª ed. (Darmstadt: 1985), pp. 119-133.

Capítulo 23
EPÍLOGO: O PENSAMENTO PAULINO COMO CRIAÇÃO DE SENTIDO DURADOURA

Criações de sentido podem se formar, ter êxito e perdurar somente quando dispõem de plausibilidade, conectividade e força renovadora. Sem dúvida, este é o caso de Paulo, porque o apóstolo está entre as pessoas cuja obra e pensamento, desenvolvidos ao longo de toda uma vida, mudaram o mundo nos últimos 2000 anos sustentavelmente. Quais os elementos da criação de sentido paulina que dispõem de uma força e eficácia particular e que são constitutivos para a religião do futuro? Esta pergunta pode ser respondida somente em diálogo com as correntes intelectuais dominantes de nossa época. Épocas chegam de mansinho; inicialmente, entram na história de maneira despercebida e desenvolvem o pleno poder de sua influência apenas na retrospectiva maravilhada. Também no caso da pós-modernidade[1] dá-se este processo, mas, de acordo com sua natureza, de forma muito mais rápida. Há uma coisa que é comum à idade moderna que floresceu com o iluminismo, à modernidade dos séc. XIX e XX e à pós-modernidade do nosso tempo presente: elas se definem desde um ponto de vista antropocêntrico. Para elas, o ser humano é, em virtude de sua existência, ao mesmo tempo a base de sua subjetividade e de sua liberdade. O ser humano compreende-se como sua própria tarefa que deve ser realizada.

---
[1] Cf. P. V. Zima, Moderne, Postmoderne: Gesellschaft, Philosophie, Literatur (Tübingen: 1997).

O olhar para Paulo leva-nos a um mundo diferente. Ele ancora a base de toda existência em Deus e define o ser humano unicamente a partir do seu relacionamento com Deus. É um contraste interessante: aqui a modernidade, emaranhada na de-ontologização, de-composição e de-regulação, ali o ser humano da Antiguidade que descreve a realidade a partir de uma visão de mundo teocêntrica e que se sente abrigado nela. Será que vale a pena ouvir no séc. XXI a voz de um homem que vivia numa visão de mundo mítica, mas que, ao mesmo tempo e graças a sua vida e seu pensamento, tornou-se o promotor da subjetividade e da liberdade moderna? Na compreensão da liberdade e na consequente imagem de Deus, do mundo e do ser humano culmina a pergunta pela importância que a criação de sentido paulina possui para a religião do futuro. A liberdade é a promessa central de todas as criações de sentido, bem como a base da respectiva sensação de vida e do modo de vida individual das pessoas na pós-modernidade. Como, porém, pode se justificar e distinguir efetivamente a liberdade do indivíduo em relação a plágios de liberdade que tornam o ser humano dependente e visam conduzi-lo ao cativeiro? Como pode se proteger a dignidade da criação e, com ela, também do ser humano, contra a apropriação e o abuso pelo ser humano?

Nos tempos modernos, a liberdade foi entendida basicamente como um produto do ser humano, como a saída de uma dependência autocausada, como superação de tradições e autoridades, inclusive a Bíblia[2]. Historicamente, este processo é compreensível, porque a história moderna da liberdade deu-se como uma libertação de estruturas opressoras. Ora, o que significa para o próprio conceito de libertação que ele é percebido como um produto do ser humano? Será que o sujeito é independente? Claro que não, mas ele é determinado por seu acervo biológico e sua história de vida. A liberdade precisa necessariamente ser colocada a serviço dessas condições sempre diferentes. Quando se situa a liberdade exclusivamente no sujeito, ela sucumbe, em última análise, à dependência desse sujeito. A história dos últimos

---

[2] Para este processo, cf. H. v. REVENTLOW, Epochen der Bibelauslegung VI. Von der Aufklärung bis zum 20. Jahrhundert (Munique: 2001).

300 anos ensina que o sujeito como a norma da liberdade sempre tende a ampliar seus limites. Ele sucumbe à obrigação de levar uma vida sem limites, uma vida que precisa se impor contra a natureza e contra sua própria condição criatural. Isto tem como consequência que o ser humano, por um lado, amplia constantemente sua esfera de atuação e a entende como liberdade, mas que ele, por outro lado, já não consegue controlar e avaliar as consequências que essa atuação tem para o mundo e para o conceito da liberdade[3]. A limitação do ser humano e do conceito de liberdade à ditadura do sujeito leva a um constante aperfeiçoamento e ampliação da produção. A ideia da produção e do consumo domina a sociedade; a liberdade mostra-se na capacidade de produzir e na obrigação de consumir. O ser humano consome até mesmo a criação inteira e nem sequer poupa o próprio ser humano. Também o aparato da ciência e da pesquisa acelera cada vez mais a funcionalização do ser humano com promessas de salvação e desejos sempre novos de consumo. Como se pode fundamentar e justificar a liberdade, a dignidade e a inalienabilidade, diante da apropriação e do abuso cada vez mais eficientes do ser humano pelo ser humano?

UM MODELO FILOSÓFICO

> Um esboço significativo para responder essa pergunta é apresentado por J. HABERMAS[4]. O ponto de partida de suas reflexões é a pergunta sobre como justificativas morais (ainda) são possíveis numa sociedade pós-moderna plural[5]. Para traduzir, na prática, juízos éticos sustentavelmente não é suficiente que o sujeito que (re)conhece e atua tenha a vontade para a moral. Também a abstinência pós-metafísica em relação à moldação dos conteúdos dos esboços de

---

[3] Cf. a respeito H. JONAS, Das Prinzip Verantwortung (Frankfurt: 1979).
[4] J. HABERMAS, Die Zukunft der menschlichen Natur. Auf dem Weg zu einer liberalen Eugenik? (Frankfurt: 2001); além disso, cf. Idem, Glaube und Wissen (Frankfurt: 2001).
[5] Cf. J. HABERMAS, Die Zukunft der menschlichen Natur, p. 15: "Por mais úteis que teorias deontológicas decorrentes de KANT possam ser para explicar como normas morais devem ser fundamentadas e aplicadas, quando se trata da pergunta por que deveríamos ser morais, elas ficam devendo a resposta".

vida leva a uma dissolução de padrões morais. A filosofia moderna, ao contrário de sua história inicial entre os gregos, já não ousa expedir afirmações normativas sobre a conduta de vida pessoal ou coletiva. Segundo Habermas, as transformações sociais vinculadas à biomedicina estão inaugurando uma virada fundamental. A reserva praticada até agora já não pode ser mantida "assim que se trata de questões de uma 'ética da espécie'. Assim que está em jogo a autocompreensão ética geral de sujeitos capazes de falar e de atuar, a filosofia já não se pode esquivar de posicionamentos sobre conteúdos"[6]. Quando o limite entre o imanipulável e a manipulação é deslocado por meio de intervenções biotecnológicas sempre novas, está ameaçada não só a autocompreensão do indivíduo como membro de uma cultura, mas a identidade do indivíduo como membro da espécie. O termo "ética da espécie" serve para Habermas como descrição de fundamentos e limites antropológicos em relação à pergunta: em que sentido e em que medida a humanidade como coletivo pode realizar sua autoinstrumentalização, quando membros desse coletivo ainda querem se entender como seres autônomos e de direitos iguais? Em última análise, devido às possibilidades e limites da autoria da própria vida, o que está em jogo é a questão da liberdade. Quando muda a distinção entre o "crescido" e o "produzido"[7], quando o ter-chegado-a-ser e o poder-dispor entram num relacionamento novo, então está à disposição não só a autocompreensão de uma pessoa, mas também da espécie "ser humano"[8]. A possibilidade da auto-otimização do ser humano e da instrumentalização da evolução dissolvem a distinção entre o subjetivo e o objetivo, entre o naturalmente crescido e o produzido, de modo que a consequência seria não só uma nova autodescrição de indivíduos, mas de toda a espécie[9]. A tecnização da natureza humana provoca o temor de que seres geneticamente manipulados estarão reduzidos em sua esfera de liberdade, em relação aos agentes decisivos antes de seu nascimento.

Habermas trabalhou e precisou coesamente os problemas fundamentais do conceito moderno de sujeito e liberdade. A pergunta decisiva é:

---

[6] J. Habermas, op. cit., p. 27.
[7] Cf. J. Habermas, op. cit., pp. 80ss.
[8] Cf. J. Habermas, op. cit., pp. 44s: "O fenômeno preocupante é a diluição do limite entre a natureza que somos e o equipamento orgânico que nos damos. A pergunta pela importância que a imanipulabilidade das bases genéticas de nossa existência corporal tem para uma conduta de vida autônoma e para nossa autocompreensão como seres morais é a perspectiva a partir da qual considero o atual debate sobre a necessidade de regulamentar o uso da tecnologia genética".
[9] Cf. J. Habermas, op. cit., pp. 76s.

como podem ser justificadas futuramente a imanipulabilidade e inalienabilidade da vida humana, o direito à autoria própria de uma biografia? De acordo com HABERMAS, justificativas religiosas de normatividade geral impedem-se numa sociedade pós-moderna plural[10]. Em vez disso, o termo "ética da espécie" deve dar o impulso decisivo de plausibilidade: a humanidade como espécie ficará consigo mesma e sobreviverá somente quando reconhece sua natureza específica perante a era da biomedicina e renuncia à tentativa de inserir intenções alheias no programa genético de biografias. Se a humanidade já não segue um pensamento orientado por conceitos de liberdade, imanipulabilidade e autodeterminação, ela já não será o que era antes.

Estas justificativas conseguem oferecer o que pretendem? O termo "ética da espécie" como autodescrição normativa é adequado para fundamentar e defender a liberdade humana? A resposta deve ser negativa, porque as intelecções vinculadas ao termo "ética da espécie" não são absolutamente imutáveis. Quando a maioria da espécie prefere uma ética diferente da desejada por HABERMAS, modifica-se também a "ética da espécie". A ideia da auto-otimização do ser humano encaixa-se dentro da lógica da autodeterminação abrangente e exclusiva que já não aceita limites morais. A lógica do progresso (da tecnologia genética) é não apenas consequente, mas irrefutável, porque promete uma potencialização da capacidade humana. A "ética da espécie" como metanível não é capaz de oferecer justificativas últimas e de combater abusos, porque ela mesma está sujeita às transformações dos padrões culturais. Quando a moldação modificadora da vida humana antes do nascimento chegar a ter aceitação social, nenhuma "ética da espécie" postulada estará em condições de impedir as limitações da liberdade que serão a consequência.

A construção de HABERMAS, inspirada e permeada por conotações religiosas, falha porque ancora, por sua vez, todos os atributos da

---

[10] HABERMAS atem-se com isto a uma diretiva fundamental da intelectualidade pós-moderna, descrita como segue por S. ZIZEK, Die gnadenlose Liebe (Frankfurt: 2001), p. 9: "Outra dessas regras não escritas diz respeito às convicções religiosas. A gente precisa fingir-se não religioso. Quando alguém confessa sua própria fé aberta e publicamente, isto é sentido quase como algo sem vergonha e exibicionista".

existência humana novamente no próprio sujeito. No entanto, o princípio da dignidade e liberdade inalienáveis do ser humano não pode ser derivado do sujeito, apenas postulado, pois a razão não é capaz de justificar sua racionalidade. Ao contrário, uma justificativa última destes atributos pode haver só em Deus.

DEUS COMO JUSTIFICATIVA ÚLTIMA DOTADA DE SENTIDO

Também na pós-modernidade, a construção de Paulo comprova-se como extremamente eficaz. Ao ancorar a vida humana em Deus, ele garante sua imanipulabilidade. Dito de maneira aguçada: o recurso a Deus como instância justificadora última e fiador inquestionável da liberdade humana faz sentido, não apenas em termos teológicos, mas também em termos filosóficos. A crítica a uma variante do Iluminismo que declara a religião exclusivamente um assunto privado, mas que simultaneamente aceita a evaporação do recurso vital "sentido", não é suficiente para deter as forças da pós-modernidade que destroem qualquer tradição. Enquanto a ideia de Deus como o fiador da realidade humana fica eclipsada, a ideia da imanipulabilidade do ser humano não pode ser fundamentada e justificada. Onde Deus já não aparece como o doador de liberdade e de sentido, o próprio ser humano precisa realizar uma nova orientação. Ele se coloca sem querer ou, em medida crescente, querendo, o lugar de Deus e se realiza a si mesmo no processo da moldação ativa do mundo, na apropriação do mundo e no consumo do mundo. O problema do conceito moderno de liberdade é sua ancoração no sujeito individual e pensado sem relações. Desde o Iluminismo, o ser humano crê que ele seja o autor do Bem e, consequentemente, também o autor da liberdade.

Paulo, ao invés disso, descreve a liberdade como a descoberta de uma realidade alheia que sustenta: Deus.

A liberdade tem um fundamento externo, ela não se situa dentro do próprio ser humano. A liberdade não é o próprio poder individual de atuação, mas uma dádiva concedida por Deus. O "ser humano novo" não precisa ser construído pelo ser humano e, portanto, manipulado, porque ele já é uma realidade em Jesus Cristo (cf. Gl 3,26-28). Todos os atributos que os seres humanos na pós-modernidade atribuem a sua própria subjetividade são ancorados por Paulo em Deus: amor, liberdade, justiça e sentido. Paulo pensa em paradoxos; para ele, a subjetividade verdadeira é uma dádiva e não algo adquirido a que alguém poderia recorrer. Unicamente Deus como fundamento da externidade da existência humana pode justificar e fundamentar a liberdade e a dignidade do sujeito humano e preservá-las. Dessa maneira, para Paulo, a salvação adquirida "para nós" em Jesus Cristo torna-se a fórmula básica da gramática teológica. Paulo desafia os seres humanos a aceitar a ideia de ancorar-se em Deus para serem verdadeiramente eles mesmos e livres.

Essa versão do conceito da liberdade permite enfocar a dimensão ética e determinar a relação entre liberdade e amor. Unicamente um conceito de liberdade que não está de antemão corrompido pelos próprios interesses, que não precisa criar, ele mesmo, as condições de sua realização, pode aceitar desimpedida e produtivamente, em amor, as necessidades do mundo em seu entorno. O amor é a normatividade da liberdade. O ser humano, libertado e colocado por Deus no espaço da liberdade, age segundo o paradigma do amor. O amor reconhece na outra pessoa uma criatura de Deus e orienta-se por aquilo que os seres humanos e o mundo precisam. A liberdade não consiste na possibilidade de escolher, mas no agir de acordo com amor. O amor não é uma restrição da liberdade humana, mas sua realização consequente. Dessa maneira, dentro da imagem cristã do ser humano, o amor torna-se o princípio interpretativo crítico pelo qual toda atuação deve se orientar e que avalia toda atuação. A liberdade cristã significa, portanto, ser produtivo para os outros e não para si mesmo. O mundo externo não é percebido como uma restrição da própria liberdade, mas como seu campo de atuação no amor. O amor não se orienta pelo princípio do consumo, ele não compreende o mundo e as pessoas como algo que precisa ser modificado a fim de ficar mais perfeito. Ao contrário, ele sabe que Deus forneceu a essa criação tudo que os seres humanos e a natureza precisam para viver. O amor renuncia à possibilidade de ampliar o Eu do ser humano, para facilitar assim a imposição do próprio poder e criar uma realidade própria. Ele respeita aquilo que cresceu como uma dádiva de Deus e não está interessado nas coisas produzidas.

O futuro da espécie "ser humano" dependerá de sua decisão de ancorar novamente sua identidade ali onde esta tem sua origem: em Deus. Paulo foi e é o portador decisivo dessa conceituação, e seu pensamento possui a qualidade de uma criação de sentido duradoura, porque aponta para a liberdade como dádiva, para a justiça concedida e para o amor como fundamento de toda existência.

BIBLIOGRAFIA

Foram incluídas somente obras mencionadas várias vezes. Obras citadas uma única vez são documentadas, por via de regra, no respectivo lugar ou dentro da respectiva secção. Autores antigos são sempre registrados com seu nome completo; suas obras, no caso de autores frequentemente citados (Fílon, Josefo, Epíteto, Dio Crisóstomo, Cícero, Sêneca), abreviadas. As abreviaturas orientam-se na forma abrasileirada mais familiar e no original, onde correspondem às listas de abreviaturas do *TRE* e do *Neuer Wettstein*.

I. Edições e coletâneas de textos

ALAND, B.; KARAVIDOPOULOS, K.; MARTINI, J.; METZGER, C. M. (org.). *The Greek New Testament*, 4ª ed. Stuttgart, 1993.
APULEIO. *Metamorphosen*, 3ª ed. Munique, 1980 (Trad. e org. por BRANDT, E.; EHLERS, W.).
ARISTÓTELES. *Nikomachische Ethik*, 7ª ed. Darmstadt, 1979 (Trad. e com. por DIRLMEIER, F.).
ARNIM, J. v. (org.). *Stoicorum Veterum Fragmenta, I-IV*. Leipzig, 1903-1924.
BARETT, C. K.; THORNTON, C.-J. (org.). *Texte zur Umwelt des Neuen Testaments*. Tübingen, 1991.
BILLERBECK, P. *Kommentar zum Neuen Testament aus Talmud und Midrasch, I-IV* (ND). Munique, 1926-1961.
CÍCERO. *De Natura Deorum*. Stuttgart, 1995 (Trad. e org. por BLANK-SANGMEISTER, U.).
_____. *De Legibus/Paradoxa Stoicorum*. Darmstadt, 1994 (Trad. e org. por NICKEL, R.).
_____. *De Re Publica*, 5ª ed. Darmstadt, 1993 (Trad. e org. por BÜCHNER, K.).

DEMÓSTENES. *Werke, I-XIX.* Stuttgart, 1839-1841 (Trad. por PABST, R. A.).
DENIS, A-M. (org.). *Concordance Grecque des Pseudépigraphes d' Ancien Testament.* Lovânia, 1987 [N. da Ta.: sic!]
DIÓGENES LAÉRCIO. *Leben und Meinungen berühmter Philosophen, I.II*, 3ª ed. Hamburgo, 1990 (Trad. por APPELT, O.).
DIÓGENES LAÉRCIO. *Leben und Lehre der Philosophen.* Stuttgart, 1998 (Trad. e org. por JÜRSS, F.).
DIO CRISÓSTOMO. *Sämtliche Reden.* Stuttgart, 1967 (Trad. por ELLIGER, W.).
EPICTETI DISSERTATIONES. Leipzig, 1916 (Org. por SCHENKL, H.).
EPICTETO. *Was von ihm erhalten ist nach den Aufzeichnungen Arrians.* Heidelberg, 1926 (Trad. e org. por SCHULTHESS, J. G.; MÜCKE, R.)
EPICTETO. TELES. MUSÔNIO. *Ausgewählte Schriften.* Darmstadt, 1994 (Trad. e org. por NICKEL, R.).
EPÍTETO. *Vom Kynismus.* PhAnt 34. Leiden, 1978 (Trad. por BILLERBECK, M.).
EURÍPIDES. *Werke, I-III.* Berlim/Weimar, 1979 (Trad. por EBENER, D.)
EUSÉBIO. *Kirchengeschichte*, 5ª ed. Berlim, 1952 (Org. por SCHWARTZ, E.).
EUSÉBIO. *Kirchengeschichte.* Munique, 1967 (Org. por KRAFT, H.).
FILÓN DE ALEXANDRIA. *Die Werke in deutscher Übersetzung, l-VII*, 2ª ed. Berlim, 1962-1964. (Trad. e org. por COHN, L. etc.).
_____. *Philo l-X u. Suppl. I-II.* LCL. Londres/Cambridge (Mass.), 1959-1979 (Trad. e org. por COLSON, F. H., etc.).
FILÓSTRATO, *Das Leben des Apollonius von Tyana.* Munique, 1983 (Trad. e org. por MUMPRECHT, V.).
GOODSPEED, E. J. *Die ältesten Apologeten.* Göttingen, 1984 (=1914).
HOMÉRO. *Ilias.* Augsburg, 1994 (Trad. por VOS, J. H.; org. por SCHWARTZ, E.).
_____. *Odyssee.* Augsburg, 1994 (Trad. por VOS, J. H.; org. por SCHWARTZ, E.).
HORÁCIO. *Werke.* Berlim/Weimar, 1990 (Org. por SIMON, M.).
HOSSENFELDER, M. *Antike Glückslehren. Quellen in deutscher Übersetzung.* Stuttgart, 1996.
IRINEU DE LYON. *Adversus Haereses, l-V.* FC 8,1-5. Friburgo, 1993.1995.2001 (Trad. por BROX, N.).
JÂMBLICO. *De vita Pythagorica.* In *Jamblich, Pythagoras. Legende – Lehre – Lebensgestaltung*, pp. 32-218. Darmstadt, 2002 (Trad. por ALBRECHT, M; org. por ALBRECHT, M. etc.).
JOSEFO, Flávio. *Jewish Antiquities.* LCL. Londres/Cambridge (Mass.), 1926-1965 (Trad. e org. por THACKERAY, H. S. J. etc.).
_____. *De Bello Judaico, I-III.* Munique, 1959-1969 (Trad. e org. por MICHEL, O.; BAUERNFEIND, O.).
_____. *Kleinere Schriften.* Wiesbaden, 1993 (ND) (Trad. por CLEMENTZ, H.).

_____. *Aus meinem Leben (Vita)*. Tübingen, 2001 (Org. por SIEGERT, F.; SCHRECKENBERG, H., VOGEL, M.).
KAUTZSCH, E. (org.). *Die Apokryphen und Pseudepigraphen des Alten Testaments, I.II*.Darmstadt, 1975 (=1921).
KIPPENBERG, H. G.; WEWERS, G. A. (org.).*Textbuch zur neutestamentlichen Zeitgeschichte*. GNT 8. Göttingen, 1979.
KÜMMEL, W. G.; Lichtenberger, H. (org.). *Jüdische Schriften aus hellenistischrömischer Zeit*. Gütersloh, 1973ss.
LOHSE, E. (org.). *Die Texte aus Qumran*, 4ª ed. Darmstadt, 1986.
LONG, A. A.; SEDLEY, D. N. *Die hellenistischen Philosophen. Texte und Kommentare*.Stuttgart, 2000.
LUCK, G. *Die Weisheit der Hunde. Texte der antiken Kyniker*. Stuttgart, 1997.
LUCIANO. *Werke in drei Bänden*. Berlim/Weimar, 1974 (Trad. por WIELAND, C. M.).
LUCRÉCIO. *Über die Natur der Dinge*. Berlim, 1972 (Trad. e org. por MARTIN, J.).
MAIER, J. *Die Qumran-Essener: Die Texte vom Toten Meer, I.II.III*. Munique, 1995.1996.
_____. *Die Tempelrolle vom Toten Meer*, 3ª ed. Munique, 1997.
MANSFELD, J. (org.). *Die Vorsokratiker, I.II*. Stuttgart, 1983.1986.
MÜSELER, E. *Die Kynikerbriefe. Kritische Ausgabe mit deutscher Übersetzung*. Paderborn, 1994.
NEUER WETTSTEIN, II/1.2. Berlim/Nova Iorque, 1996 (Org. por SCHNELLE, U., com colaboração de LABAHN, M.; LANG, M.).
NEUER WETTSTEIN, I/2. Berlim/Nova Iorque, 2001 (Org. por SCHNELLE, U., com colaboração de LABAHN, M.; LANG, M.)
NESTLE, E.; ALAND, K. (org.). *Novum Testamentum Graece*, 6ª ed. Stuttgart, 1979.
NESTLE, E.; ALAND, K. (org.). *Novum Testamentum Graece*, 27ª ed. Stuttgart, 1993.
OVÍDIO. *Briefe aus der Verbannung*, 2ª ed. Munique, 1995 (Org. e com. por WILLIGE, W.; HOLZBERG, N.
PADRES APOSTÓLICOS. 7ª ed. Darmstadt, 1976 (Trad. e org. por FISCHER, J. A.).
PADRES APOSTÓLICOS. Tübingen, 1992 (Trad. e org. por LINDEMANN, A.; PAULSEN, H. etc.).
PLATÃO. *Werke in acht Bänden*, 2ª ed. Stuttgart, 1990 (Org. por EIGLER, G.; trad. por SCHLEIERMACHER, F.).
PLUTARCO. *Von der Ruhe des Gemütes und andere philosophische Schriften*. Zurique, 1948 (Com. por SNELL, B.).

_____. *Über Isis und Osiris I-II*. Darmstadt, 1967 (= 1940/1941) (Trad. por HOPFNER, TH.).

_____. *Moralphilosophische Schriften*. Stuttgart, 1997 (Org. por KLAUCK, H.-J.).

_____. *Fünf Doppelbiographien*. Darmstadt, 1994 (Trad. por ZIEGLER, K.; WUHRMANN, W.).

QUINTILIANO. *Ausbildung des Redners, I.II*, 3ª ed. Darmstadt, 1995 (Trad. por HAHN, R.).

RIESSLER, P. (org.). *Altjüdisches Schrifttum außerhalb der Bibel*, 4ª ed. Darmstadt, 1979 (= 1928).

ROBINSON, J. M. (ed.). *The Nag Hammadi Library*. Leiden, 1977.

SCHNEEMELCHER, W. (org.). *Neutestamentliche Apokryphen, I.II*, 5ª ed. Tübingen, 1987.1989.

SÊNECA. *Werke, I-V*, 5ª ed. Darmstadt, 1995 (Trad. e org. por ROSENBACH, M.).

SEPTUAGINTA I.II. Stuttgart, 1935 (ND) (Trad. por RAHLFS, E.).

SEXTO EMPÍRICO. *Gegen die Wissenschaftler, Livros 1-6*. Würzburg, 2001 (Trad. por JÜRSS, F.).

SÓFOCLES. *Dramen*. Darmstadt, 1995 (Trad. e org. por WILLIGE, W.; rev. por BAYER, K.).

STÄDELE, A. *Die Briefe des Pythagoras und der Pythagoreer*. BKP 115. Meisenheim, 1980.

STEUDEL, A. (org.). *Die Texte aus Qumran, II*. Darmstadt, 2001.

SUETÔNIO. *Werke*, 2ª ed. Berlim/Weimar, 1986 (Trad. por STAHR, A.; KRENKEL, W.).

TÁCITO. *Historien*. Stuttgart, 1984 (Trad. e org. por VRETSKA, H.).

_____. *Annalen*, 3ª ed. Darmstadt, 1997 (Trad. e org. por HELLER, E.).

XENOFONTE. Apologia Socratis. In XENOFONTE. *Die sokratischen Schriften*, pp. 307-314. Stuttgart, 1956 (Trad. por BUX, E.).

_____. *Cyri Anabasis*. Munique, 1954 (Trad. por MÜRI, W.).

_____. *Memorabilia*, 4ª ed. Munique, 1987 (Trad. por JAERISCH, P.).

_____. *Erinnerungen an Sokrates*. Stuttgart, 1992 (Trad. por PREISWERK, R.).

II. Enciclopédias, dicionários e gramáticas

BALZ, H.; SCHNEIDER, G. (org.). *Exegetisches Wörterbuch zum Neuen Testament, 1-3*, 2ª ed. Stuttgart, 1992.

BAUER, W. *Griechisch-deutsches Wörterbuch zu den Schriften des Neuen Testaments und der übrigen urchristlichen Literatur*, 5ª ed. Berlim/Nova Iorque, 1971.

BAUER, W. *Griechisch-deutsches Wörterbuch zu den Schriften des Neuen Testaments und der frühchristlichen Literatur*, 6ª ed. Berlim/Nova Iorque, 1988 (Org. por ALAND, K.; ALAND, B.).
BETZ, H. D. (org.). *Religion in Geschichte und Gegenwart, 1-4*, 4ª ed. Tübingen, 1998ss.
BLASS, F.; DEBRUNNER, A.; REHKOPF, F. *Grammatik des neutestamentlichen Griechisch*, 16ª ed. Göttingen, 1984.
CANCIK, H.; GLADIGOW, B.; LAUBSCHER, M. (org.). *Handbuch religionsgeschichtlicher Grundbegriffe, 1-5*. Stuttgart, 1988-2001.
COENEN, L.; HAACKER, K. (org.). *Theologisches Begriffslexikon zum Neuen Testament, 1-2*. Wuppertal/Neukirchen, 1997/2000.
GALLING, K. etc. (org.). *Die Religion in Geschichte und Gegenwart, 1-7*, 3ª ed. Tübingen, 1957-1965.
GÖRG, M.; LANG, B. (org.). *Neues Bibel-Lexikon, I-III*. Zurique, 1988-2001.
HAWTHORNE, G. F.; MARTIN, R. P.; REID, D. G. (org.). *Dictionary of Paul and his Letters*. Downers Grove, 1993. [Em português: *Dicionário de Paulo e seus escritos*. São Paulo, Loyola/Paulus/Vida Nova, 2008]
KITTEL, G.; FRIEDRICH, G. (org.). *Theologisches Wörterbuch zum Neuen Testament, 1-10*. Stuttgart, 1933-1979.
LIDELL, R. G.; SCOTT, R. *A Greek-English Lexicon*. Oxford, 1985 (Rev. e publ. por JONES, R. S.; McKENZIE, R.; re-impressão).
METZGER, B. M. *A Textual Commentary on the Greek New Testament*, 2ª ed. Stuttgart, 1994.
MÜLLER, G. etc. (org.). *Theologische Realenzyklopädie 1-33*. Berlim/Nova Iorque, 1977ss.
REHKOPF, F. *Septuaginta-Vokabular*. Göttingen, 1989.
TOORN, K. van der; BECKING, B.; HORST, P. van der (org.). *Dictionary of Deities and Demons in the Bible*, 2ª ed. Leiden, 1999.
VISCHER, L., etc. (org.). *Evangelisches Kirchenlexikon*, 3ª ed. Göttingen, 2001.

III. Comentários, monografias, ensaios, artigos

AGERSNAP, S. *Baptism and the New Life*. Aarhus, 1999.
ALAND, K. Der Schluβ und die ursprüngliche Gestalt des Römerbriefes. In *Neutestamentliche Entwürfe*. TB 63, editado por IDEM, pp. 284-301. Munique, 1979.
_____. Die Entstehung des Corpus Paulinum. In *op. cit.*, pp. 302-350.
ALKIER, ST. *Wunder und Wirklichkeit in den Briefen des Apostels Paulus*. WUNT 134. Tübingen, 2001.
ALVAREZ CINEIRA, D. *Die Religionspolitik des Kaisers Claudius und die paulinische Mission*. HBS 19. Friburgo, 1999.

ASHER J. R. *Polarity and Change in 1 Corinthians 15*. HUTh 42. Tübingen, 2000.
ASSMANN, A. *Zeit und Tradition. Kulturelle Strategien der Dauer*. Colônia/ Weimar, 1999.
ASSMANN, A./FRIESE, H. (org.). *Identitäten*, 2ª ed. Frankfurt, 1999.
_____. *Das kulturelle Gedächtnis*. Munique, 1999.
_____. *Religion und kulturelles Gedächtnis*. Munique, 2000.
AUNE, D. E. "Romans as a Logos Protreptikos in the Context of Ancient Religious and Philosophical Propaganda". In *Paulus und das antike Judentum*, M. HENGEL, U. HECKEL, pp. 91-124.
BACHMANN, M. *Sünder oder Übertreter. Studien zur Argumentation in Gal 2, 15ff*. WUNT 59. Tübingen, 1992.
_____. "Rechtfertigung und Gesetzeswerke bei Paulus". In *ThZ* 49 (1993): 1-33.
BACKHAUS, K. "'Mitteilhaber des Evangeliums' (1Kor 9,23). Zur christologischen Grundlegung einer 'Paulus-Schule' bei Paulus". In *Christologie in der Paulus-Schule*. SBS 181, K. SCHOLTISSEK, pp. 44-71. Stuttgart, 2000.
_____. "Evangelium als Lebensraum. Christologie und Ethik bei Paulus". In *Paulinische Christologie*, editado por U. SCHNELLE, TH. SÖDING, M. LABAHN, pp. 9-31.
BADENAS, R. *Christ the End of the Law*. JSNT.SS 10. Sheffield, 1985.
BAMMEL, E. "Judenverfolgung und Naherwartung". In *ZThK* 56 (1959): 294-315.
BARCLAY, J. M. G. *Obeying the Truth. Paul's Ethics in Galatians*. Edimburgo, 1988.
BARTH, G. *Der Brief an die Philipper*. ZBK.NT 9. Zurique, 1979.
_____. *Die Taufe in frühchristlicher Zeit*. BThSt 4. Neukirchen, 1981.
_____. Verbete "πίστις". In *EWNT* 3. Stuttgart, 1983, pp. 216-231.
_____. *Der Tod Jesu Christi im Verständnis des Neuen Testaments*. Neukirchen, 1992.
_____. "Pistis in hellenistischer Religiosität". In *Neutestamentliche Versuche und Beobachtungen*, editado por IDEM, pp. 169-194. Waltrop, 1996.
BASSLER, J. M. (org.). *Pauline Theology I*. Minneapolis, 1994.
BAUER, K.-A. *Leiblichkeit – das Ende aller Werke Gottes*. StNT 4. Gütersloh, 1971.
BAUER, W.; PAULSEN, H. *Die Briefe des Ignatius von Antiochia und der Polykarpbrief*. HNT 18. Tübingen, 1985.
BAUMANN, R. *Mitte und Norm des Christlichen. Eine Auslegung von 1Kor 1,1-3,4*. NTA 5. Münster, 1968.
BAUMGARTEN, J. *Paulus und die Apokalyptik*. WMANT 44. Neukirchen, 1975.

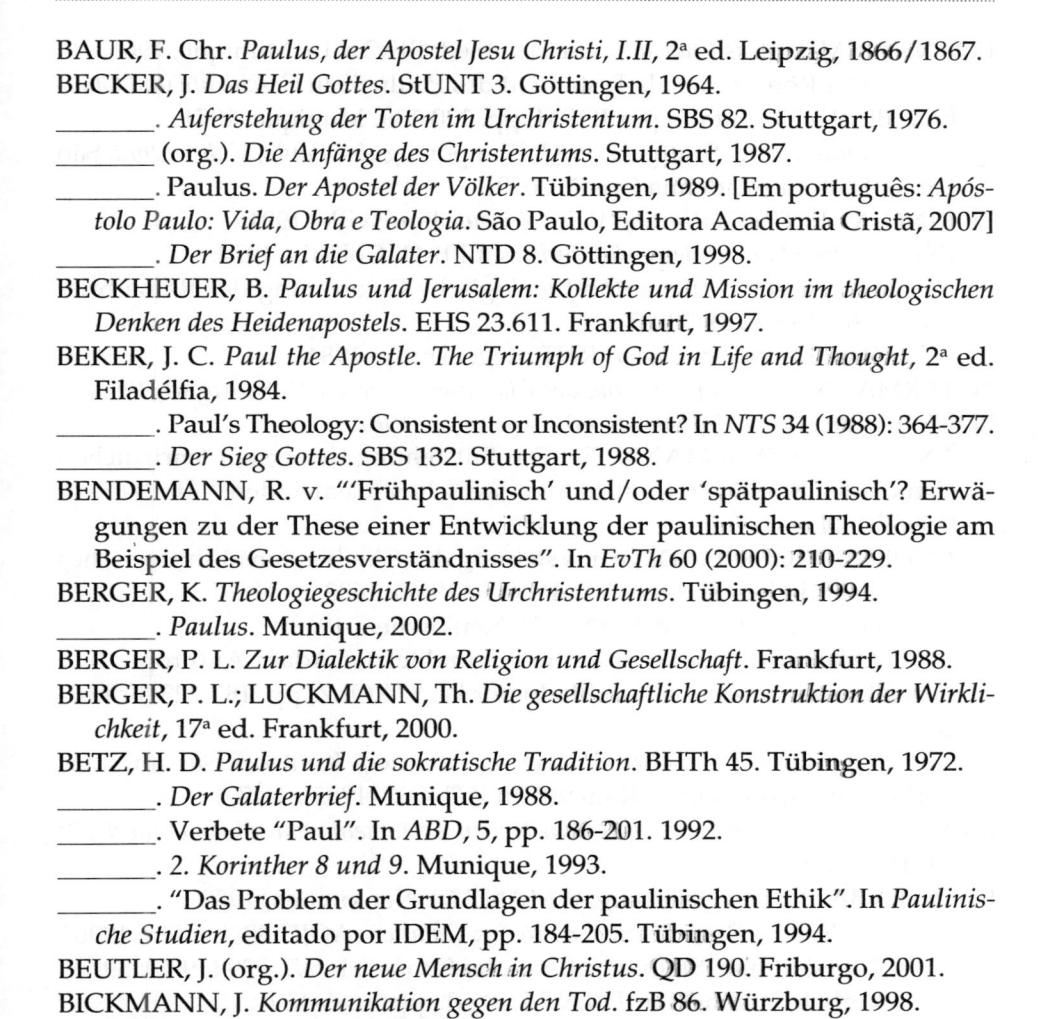

BAUR, F. Chr. *Paulus, der Apostel Jesu Christi, I.II*, 2ª ed. Leipzig, 1866/1867.
BECKER, J. *Das Heil Gottes*. StUNT 3. Göttingen, 1964.
_____. *Auferstehung der Toten im Urchristentum*. SBS 82. Stuttgart, 1976.
_____ (org.). *Die Anfänge des Christentums*. Stuttgart, 1987.
_____. *Paulus. Der Apostel der Völker*. Tübingen, 1989. [Em português: *Apóstolo Paulo: Vida, Obra e Teologia*. São Paulo, Editora Academia Cristã, 2007]
_____. *Der Brief an die Galater*. NTD 8. Göttingen, 1998.
BECKHEUER, B. *Paulus und Jerusalem: Kollekte und Mission im theologischen Denken des Heidenapostels*. EHS 23.611. Frankfurt, 1997.
BEKER, J. C. *Paul the Apostle. The Triumph of God in Life and Thought*, 2ª ed. Filadélfia, 1984.
_____. Paul's Theology: Consistent or Inconsistent? In *NTS* 34 (1988): 364-377.
_____. *Der Sieg Gottes*. SBS 132. Stuttgart, 1988.
BENDEMANN, R. v. "'Frühpaulinisch' und/oder 'spätpaulinisch'? Erwägungen zu der These einer Entwicklung der paulinischen Theologie am Beispiel des Gesetzesverständnisses". In *EvTh* 60 (2000): 210-229.
BERGER, K. *Theologiegeschichte des Urchristentums*. Tübingen, 1994.
_____. *Paulus*. Munique, 2002.
BERGER, P. L. *Zur Dialektik von Religion und Gesellschaft*. Frankfurt, 1988.
BERGER, P. L.; LUCKMANN, Th. *Die gesellschaftliche Konstruktion der Wirklichkeit*, 17ª ed. Frankfurt, 2000.
BETZ, H. D. *Paulus und die sokratische Tradition*. BHTh 45. Tübingen, 1972.
_____. *Der Galaterbrief*. Munique, 1988.
_____. Verbete "Paul". In *ABD*, 5, pp. 186-201. 1992.
_____. *2. Korinther 8 und 9*. Munique, 1993.
_____. "Das Problem der Grundlagen der paulinischen Ethik". In *Paulinische Studien*, editado por IDEM, pp. 184-205. Tübingen, 1994.
BEUTLER, J. (org.). *Der neue Mensch in Christus*. QD 190. Friburgo, 2001.
BICKMANN, J. *Kommunikation gegen den Tod*. fzB 86. Würzburg, 1998.
BIERINGER, R.; LAMBRECHT, J. *Studies on 2 Corinthians*. BETL CXII. Lovânia, 1994.
BLANK, J. *Paulus und Jesus. Eine theologische Grundlegung*. StANT 18. Munique, 1968.
BORSCHEL, R. *Die Konstruktion einer christlichen Identität. Paulus und die Gemeinde von Thessalonich in ihrer hellenistisch-römischen Umwelt*. BBB 128. Berlim, 2001.
BÖTTGER, P. C. "Die eschatologische Existenz der Christen". In *ZNW* 60 (1969): 244-263.
BORMANN, L. *Philippi. Stadt und Christengemeinde zur Zeit des Paulus*. NT.S 78. Leiden, 1995.

BORNKAMM, G. *Das Ende des Gesetzes*, 4ª ed. BEvTh 16. Munique, 1963.
_____. "Der Römerbrief als Testament des Paulus". In *Geschichte und Glaube II*. BEvTh 53, editado por IDEM, pp. 120-139. Munique, 1971.
_____. *Paulus*, 5ª ed. Stuttgart, 1983. [Em português: *Paulo, Vida e Obra*. São Paulo, Editora Academia Cristã, 2009]
BORING, M. E. *The Continuing Voice of Jesus*. Louisville, 1991.
BORSE, U. *Der Standort des Galaterbriefes*. BBB 41. Colônia, 1972.
_____. "Die geschichtliche und theologische Einordnung des Römerbriefes". In *BZ* 16 (1972): 70-83.
_____. *Der Brief an die Galater*. RNT. Regensburg, 1984.
BOTERMANN, H. *Das Judenedikt des Claudius*. Hermes 71. Stuttgart, 1996.
BOUSSET, W. *Kyrios Christos*, 6ª ed. Göttingen, 1967.
BRÄNDLE, R.; STEGEMANN, E. "Die Entstehung der ersten 'christlichen Gemeinde' Roms im Kontext der jüdischen Gemeinden." In *NTS* 42 (1996): 1-11.
BRANDENBURGER, E. "Die Auferstehung der Glaubenden als historisches und theologisches Problem". In *WuD* 9 (1967): 1633.
_____. *Fleisch und Geist*. WMANT 29. Neukirchen, 1968.
_____. "Alter und neuer Mensch, erster und letzter Adam-Anthropos". In *Vom alten zum neuen Adam*, editado por W. STROLZ, pp. 182-223. Friburgo, 1986.
_____. "Paulinische Schriftauslegung in der Kontroverse um das Verheißungswort Gottes (Röm 9)". In *ZThK* 82 (1985): 1-47.
BRAUN, H. *Gesammelte Studien zum Neuen Testament und seiner Umwelt*, 3ª ed. Tübingen, 1971.
BREYTENBACH, C. *Versöhnung*. WMANT 60. Neukirchen, 1989.
_____. *Paulus und Barnabas in der Provinz Galatien*. AGJU 38. Leiden, 1996.
_____. "Versöhnung, Stellvertretung und Sühne". In *NTS* 39 (1993): 59-79.
_____. Verbete "Sühne". In *TBLNT* 2, 2ª ed., pp. 1685-1691.
_____. Verbete "Versöhnung". In *TBLNT* 2, 2ª ed., pp. 1777-1780.
BROCKE, Chr. vom. *Thessaloniki - Stadt des Kassander und Gemeinde des Paulus*. WUNT 2.125. Tübingen, 2001.
BROCKHAUS, U. *Charisma und Amt*. Wuppertal, 1987.
BROER, J. "'Antisemitismus' und Judenpolemik im Neuen Testament. Ein Beitrag zum besseren Verständnis von 1.Thess. 2,14-16". In *Religion und Verantwortung als Elemente gesellschaftlicher Ordnung*, 2ª ed. (FS K. Klein). Siegener Studien, editado por B. B. GEMPER, pp. 734-772. Siegen, 1983.
_____. *Einleitung in das Neue Testament II*. NEBNT EB 2/II. Würzburg, 2001.
BROWN, R. E. *An Introduction to the New Testament*. Nova Iorque, 1997. [Em português: *Introdução ao Novo Testamento*. São Paulo, Edições Paulinas, 2007]

BUCK, C. H.; TAYLOR, F. G. *Saint Paul. A Study of the Development of his Thought*. Nova Iorque, 1969.
BULTMANN, R. *Exegetica. Aufsätze zur Erforschung des Neuen Testaments*. Tübingen, 1967 (Org. por DINKLER, E.).
_____. *Theologie des Neuen Testaments*, 7ª ed. Tübingen, 1977 (Org. por MERK, O.). [Em português: *Teologia do Novo Testamento*. São Paulo, Editora Academia Cristã, 2008]
_____. *Glauben und Verstehen*, Tübingen, I 8ª ed. 1980. II 5ª ed. 1968. III 3ª ed. 1965. IV 3ª ed. 1975.
_____. *Der zweite Brief an die Korinther*. KEK Sonderband. Göttingen, 1976 (Org. por DINKLER, E.).
BURCHARD, Chr. *Der dreizehnte Zeuge*. FRLANT 103. Göttingen, 1970.
_____. *Studien zur Theologie, Sprache und Umwelt des Neuen Testaments*. WUNT 107. Tübingen, 1998.
_____. "Nicht aus Werken des Gesetzes gerecht, sondern aus Glauben an Jesus Christus – seit wann?". In *op. cit.*, pp. 230-240.
BURFEIND, C. "Paulus *muß* nach Röm". In *NTS* 46 (2000): 75-91.
BUSSMANN, C. *Themen der paulinischen Missionspredigt auf dem Hintergrund der spatjüdisch-hellenistischen Missionsliteratur*. EHS.T 3. Berna/Frankfurt, 1971.
CARSON, D. A.; O'BRIEN, P. T.; SEIFRID, M. A. (org.). *Justification and Variegated Nomism I*. WUNT 2.140. Tübingen, 2001.
CHRIST, K. *Geschichte der römischen Kaiserzeit*, 4ª ed. Munique, 2002.
CLASSEN, C. J. "Paulus und die antike Rhetorik". In *ZNW* 82 (1991): 1-33.
_____. "Philologische Bemerkungen zur Sprache des Apostels Paulus". In *WSt* 107/108 (1994/1995): 321-335.
CLAUSS, M. *Kaiser und Gott. Herrscherkult im römischen Reich*. Stuttgart/Leipzig, 1999.
COLLINS, R. F. *Studies on the First Letter to the Thessalonians*. BEThL 66. Lovânia, 1984.
_____ (org.). *The Thessalonian Correspondence*. BEThL 87. Lovânia, 1990.
CONZELMANN, H. *Geschichte des Urchristentums*. GNT 5. 2ª ed. Göttingen, 1971.
_____. *Die Apostelgeschichte*, 2ª ed. HNT 7. Tübingen, 1972.
_____. *Theologie als Schriftauslegung*. BEvTh 65. Munique, 1974.
_____. *Der erste Brief an die Korinther*. KEK V. Göttingen, 1969.
_____. *Heiden – Juden – Christen*. BHTh 62. Tübingen, 1981.
_____. *Grundriß der Theologie des Neuen Testaments*, 4ª ed. Tübingen, 1987.
DAUER, A. *Paulus und die christliche Gemeinde im syrischen Antiochia*. BBB 106. Weinheim, 1996.

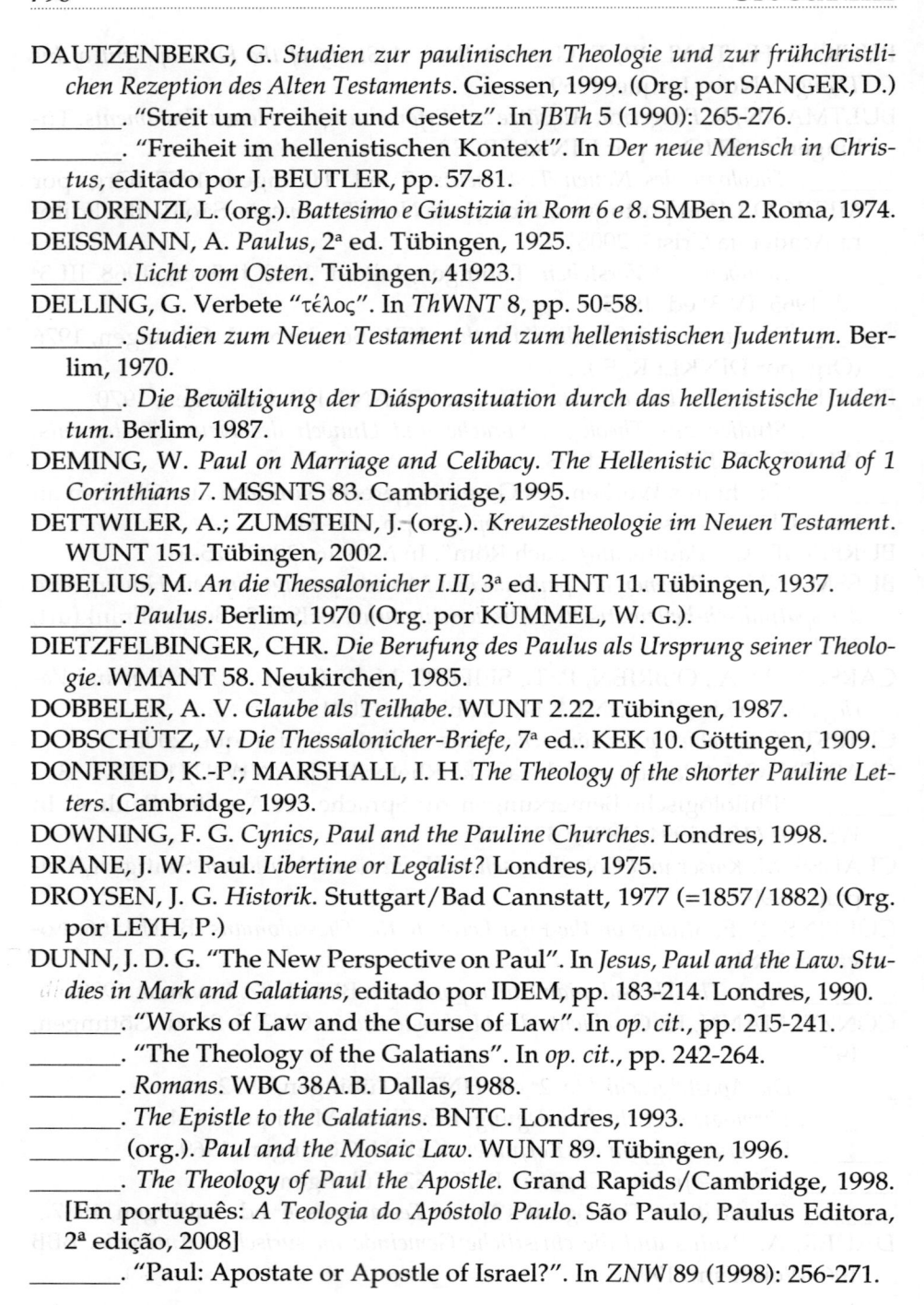

DAUTZENBERG, G. *Studien zur paulinischen Theologie und zur frühchristlichen Rezeption des Alten Testaments*. Giessen, 1999. (Org. por SANGER, D.)
_____. "Streit um Freiheit und Gesetz". In *JBTh* 5 (1990): 265-276.
_____. "Freiheit im hellenistischen Kontext". In *Der neue Mensch in Christus*, editado por J. BEUTLER, pp. 57-81.
DE LORENZI, L. (org.). *Battesimo e Giustizia in Rom 6 e 8*. SMBen 2. Roma, 1974.
DEISSMANN, A. *Paulus*, 2ª ed. Tübingen, 1925.
_____. *Licht vom Osten*. Tübingen, 41923.
DELLING, G. Verbete "τέλος". In *ThWNT* 8, pp. 50-58.
_____. *Studien zum Neuen Testament und zum hellenistischen Judentum*. Berlim, 1970.
_____. *Die Bewältigung der Diásporasituation durch das hellenistische Judentum*. Berlim, 1987.
DEMING, W. *Paul on Marriage and Celibacy. The Hellenistic Background of 1 Corinthians 7*. MSSNTS 83. Cambridge, 1995.
DETTWILER, A.; ZUMSTEIN, J. (org.). *Kreuzestheologie im Neuen Testament*. WUNT 151. Tübingen, 2002.
DIBELIUS, M. *An die Thessalonicher I.II*, 3ª ed. HNT 11. Tübingen, 1937.
_____. *Paulus*. Berlim, 1970 (Org. por KÜMMEL, W. G.).
DIETZFELBINGER, CHR. *Die Berufung des Paulus als Ursprung seiner Theologie*. WMANT 58. Neukirchen, 1985.
DOBBELER, A. V. *Glaube als Teilhabe*. WUNT 2.22. Tübingen, 1987.
DOBSCHÜTZ, V. *Die Thessalonicher-Briefe*, 7ª ed.. KEK 10. Göttingen, 1909.
DONFRIED, K.-P.; MARSHALL, I. H. *The Theology of the shorter Pauline Letters*. Cambridge, 1993.
DOWNING, F. G. *Cynics, Paul and the Pauline Churches*. Londres, 1998.
DRANE, J. W. *Paul. Libertine or Legalist?* Londres, 1975.
DROYSEN, J. G. *Historik*. Stuttgart/Bad Cannstatt, 1977 (=1857/1882) (Org. por LEYH, P.)
DUNN, J. D. G. "The New Perspective on Paul". In *Jesus, Paul and the Law. Studies in Mark and Galatians*, editado por IDEM, pp. 183-214. Londres, 1990.
_____. "Works of Law and the Curse of Law". In *op. cit.*, pp. 215-241.
_____. "The Theology of the Galatians". In *op. cit.*, pp. 242-264.
_____. *Romans*. WBC 38A.B. Dallas, 1988.
_____. *The Epistle to the Galatians*. BNTC. Londres, 1993.
_____ (org.). *Paul and the Mosaic Law*. WUNT 89. Tübingen, 1996.
_____. *The Theology of Paul the Apostle*. Grand Rapids/Cambridge, 1998. [Em português: *A Teologia do Apóstolo Paulo*. São Paulo, Paulus Editora, 2ª edição, 2008]
_____. "Paul: Apostate or Apostle of Israel?". In *ZNW* 89 (1998): 256-271.

DUNN, J. D. G.; SUGGATE, A. M. *The Justice of God. A fresh Look at the old Doctrine of Justification by Faith*. Carlisle, 1993.
DUX, G. "Wie der Sinn in die Welt kam und was aus ihm wurde". In *Historische Sinnbildung*, editado por K. E. MÜLLER; J. RÜSEN, pp. 195-217. Reinbek, 1997.
_____. *Historisch-genetische Theorie der Kultur*. Weilerswist, 2000.
EBNER, M. *Leidenslisten und Apostelbrief*. fzb 66. Würzburg, 1991.
ECKERT, J. *Die urchristliche Verkündigung im Streit zwischen Paulus und seinen Gegnern im Galaterbrief*. BU 6. Regensburg, 1971.
_____. "Zur Erstverkündigung des Apostels Paulus". In *Theologie im Werden*, editado por J. HAINZ, pp. 278-299. Paderborn, 1992.
_____. "Das paulinische Evangelium im Widerstreit". In *op. cit.*, pp. 301-328.
ECKSTEIN, R-J. *Der Begriff Syneidesis bei Paulus*. WUNT 2.10. Tübingen, 1983.
_____. *Verheißung und Gesetz*. WUNT 86. Tübingen, 1996.
_____. "Auferstehung und gegenwärtiges Leben nach Röm 6,1-11". In *ThBeitr* 28 (1997): 8-23.
EICHHOLZ, G. *Die Theologie des Paulus im Umriß*. Neukirchen, 21977.
ELLIGER, W. *Paulus in Griechenland*. Stuttgart, 1987.
ENGBERG-PEDERSEN, T. (org.). *Paul in his Hellenistic Context*. Minneapolis, 1995.
ERLEMANN, K. *Naherwartung und Parusieverzögerung im Neuen Testament*. TANZ 17. Tübingen, 1995.
_____. *Endzeiterwartungen im frühen Christentum*. Tübingen, 1996.
FEE, G. D. *God's Empowering Presence. The Holy Spirit in the Letters of Paul*. Peabody (MA), 1999.
FINSTERBUSCH, K. *Die Thora als Lebensweisung für Heidenchristen*. StUNT 20. Göttingen, 1996.
FISCHER, K. M. *Das Urchristentum*. Berlim, 1985.
_____. *Das Ostergeschehen*. Göttingen, 1980.
FRIEDLAENDER, L. *Sittengeschichte Roms I*. Leipzig, 1919 (Org. por WISSOWA, G.).
FRIEDRICH, G. "Das Gesetz des Glaubens Röm 3,27". In *Auf das Wort kommt es an. Ges. Aufsätze*, editado por IDEM, pp. 107-122. Göttingen, 1978.
_____. Christus, Einheit und Norm der Christen. In *op. cit.*, pp. 147-170.
_____. *Der Brief an die Philipper*. NTD 8. Göttingen, 1976, pp. 125-175.
_____. *Die Verkündigung des Todes Jesu im Neuen Testament*. BThSt 6. Neukirchen, 1982.
_____. "Glaube und Verkündigung bei Paulus". In *Glaube im Neuen Testament* (FS H. Binder). BThSt 7, editado por F. HAHN, H. KLEIN, pp. 93-113. Neukirchen, 1982.

FROHNHOFEN, H. (org.). *Christlicher Antijudaismus und jüdischer Antipaganismus.* HTS 3. Hamburgo, 1990.

FURNISH, V. P. *II Corinthians.* AncB 32A. Nova Iorque, 1984.

GAUMANN, N. *Taufe und Ethik. Studien zu Römer 6.* BEvTh 47. Munique, 1967.

GAUKESBRINK, M. *Die Sühnetradition bei Paulus.* fzB 82. Würzburg, 1999.

GEBAUER, R. *Das Gebet bei Paulus.* Giessen 1989.

_____. *Paulus als Seelsorger.* Stuttgart, 1997.

GEERTZ, C. *Dichte Beschreibung. Beiträge zum Verstehen kultureller Systeme.* Frankfurt, 1987.

GEHRING, R. W. *Hausgemeinde und Mission. Die Bedeutung antiker Häuser und Hausgemeinschaften von Jesus bei Paulus.* Giessen, 2000.

GEORGI, D. *Die Gegner des Paulus im 2. Korintherbrief.* WMANT 11. Neukirchen, 1964.

_____. *Der Armen zu gedenken. Die Geschichte der Kollekte des Paulus für Jerusalem,* 2ª ed. Neukirchen, 1994.

GNILKA, J. *Der Philipperbrief,* 3ª ed. HThK X/3. Friburgo, 1980.

_____. *Der Philemonbrief.* HThK X/4. Friburgo, 1982.

_____. *Theologie des Neuen Testaments.* HThK.S 5. Friburgo, 1994.

_____. *Paulus von Tarsus. Zeuge und Apostel.* HThK.S 6. Friburgo, 1996.

GOERTZ, H.-J. *Umgang mit Geschichte. Eine Einführung in die Geschichtstheorie.* Reinbek, 1995.

_____. *Unsichere Geschichte.* Stuttgart, 2001.

GOLDHAHN-MÜLLER, I. *Die Grenze der Gemeinde.* GTA 39. Göttingen, 1989.

GRÄSSER, E. "Der Alte Bund im Neuen". In *Der Alte Bund im Neuen.* WUNT 35, editado por IDEM, pp. 1-134. Tübingen, 1985.

_____. "'Ein einziger ist Gott' (Röm 3,30)". In *op. cit.*, pp. 231-258.

_____. *Der zweite Brief an die Korinther.* ÖTK 811. Gütersloh, 2002.

GRUNDMANN, W. "Überlieferung und Eigenaussage im eschatologischen Denken des Paulus". In *NTS* 8 (1961/62): 12-26.

GÜLZOW, H. *Christentum und Sklaverei in den ersten drei Jahrhunderten.* Münster, 1999.

_____. *Kirchengeschichte und Gegenwart.* Münster, 1999.

GUTBROD, W. *Die paulinische Anthropologie.* BWANT IV/15. Stuttgart, 1934.

GÜTTGEMANNS, E. *Der leidende Apostel und sein Herr.* FRLANT 90. Göttingen, 1966.

GUYOT, P.; KLEIN, R. (org.). *Das frühe Christentum bei zum Ende der Verfolgunge,n I.II.* Darmstadt, 1997.

HAACKER, K. *Zum Werdegang des Apostels Paulus.* ANRW 26.2. Berlim/Nova Iorque, 1995, pp. 815-938.

_____. Paulus. *Der Werdegang eines Apostels*. SBS 171. Stuttgart, 1997.

_____. *Der Brief des Paulus an die Römer*, 2ª ed. ThHK 6. Leipzig, 2002.

HABERMANN, J. *Präexistenzaussagen im Neuen Testament*. EHS 23.362. Frankfurt, 1990.

HAENCHEN, E. *Die Apostelgeschichte*, 7ª ed. KEK III. Göttingen, 1977.

HAHN, F. *Christologische Hoheitstitel*, 5ª ed. Göttingen, 1995.

_____. "Das Gesetzesverständnis im Römer- und Galaterbrief". In *ZNW* 67 (1976): 29-63.

_____. "Taufe und Rechtfertigung". In *Rechtfertigung* (FS E. Käsemann), editado por J. FRIEDRICH, W. POHLMANN, P. STUHLMACHER, pp. 95-124. Tübingen, 1976.

_____. "Zum Verständnis von Römer 11 ‚26a: '... und so wird ganz Israel gerettet werden'". In *Paul and Paulinism* (FS C. K. Barrett), editado por M. D. HOOKER, S. G. WILSON, pp. 221-236. Londres, 1982.

_____. *Exegetische Beiträge zum ökumenischen Gespräch*. Göttingen, 1986.

_____. "Gibt es eine Entwicklung in den Aussagen über die Rechtfertigung bei Paulus?". In *EvTh* 53 (1993): 342-366.

_____. "Die Stellung des Apostels Paulus zum Judentum und zur Tora". In *Die Verwurzelung des Christentums im Judentum*, editado por IDEM, pp. 85-98. Neukirchen, 1996,

HAINZ, J. *Ekklesia*. BU 9. Regensburg, 1972.

_____. "Gemeinde des Gekreuzigten". In *Kirche im Werden*, editado por J. HAINZ, pp. 329-349. Paderborn, 1992.

HALTER, H. *Taufe und Ethos*. FThSt 106. Friburgo, 1977.

HARNACK, A. V. *Die Mission und Ausbreitung des Christentums I.II*, 4ª ed. Leipzig, 1923.1924.

HARNSCH, W. *Eschatologische Existenz*. FRLANT 110. Göttingen, 1973.

_____. *Die Zumutung der Liebe. Gesammelte Aufsätze*. FRLANT 187. Göttingen, 1999.

HAUFE, G. *Der erste Brief des Paulus an die Thessalonicher*. ThHK 12/I. Leipzig, 1999.

HAY, D. M. (org.). *Pauline Theology II*. Minneapolis, 1993.

HECKEL, U. *Kraft in Schwachheit*. WUNT 2.56. Tübingen, 1993.

HEIL, Chr. *Die Ablehnung der Speisegebote durch Paulus*. BBB 96. Weinheim, 1994.

HEININGER, B. *Paulus als Visionär*. HBS 9. Friburgo, 1996.

HEITMÜLLER, W. *Taufe und Abendmahl bei Paulus*. Göttingen, 1903.

HENGEL, M. *Die Zeloten*. AGSU 1. Leiden, 1961.

_____. "Zwischen Jesus und Paulus. Die 'Hellenisten', die 'Sieben' und Stephanus". In *ZThK* 72 (1975): 151-206.

_____. *Der Sohn Gottes*, 2ª ed. Tübingen, 1977.
_____. "Der vorchristliche Paulus". In *ThBeitr* 21 (1990): 174-195.
_____. "Der vorchristliche Paulus". In *Paulus und das antike Judentum*, editado por M. HENGEL, U. HECKEL, pp. 177-293.
_____. "Die Stellung des Apostels Paulus zum Gesetz in den unbekannten Jahren zwischen Damaskus und Antiochien". In *Paul and the Mosaic Law*, editado por J. D. G. DUNN, pp. 25-51.
_____. "Das früheste Christentum als eine jüdische messianische und universalistische Bewegung". In *ThBeitr* 28 (1997): 197-210.
_____. "Das Begräbnis Jesu bei Paulus und die leibliche Auferstehung aus dem Grabe". In *Auferstehung*. WUNT 135, editado por F. AVEMARIE, H. LICHTENBERGER, pp. 119-183. Tübingen, 2001.
HENGEL, M.; SCHWEMER, A. M. *Paulus zwischen Damaskus und Antiochien*. WUNT 108. Tübingen, 1998.
HENGEL, M.; HECKEL U. (org.). *Paulus und das antike Judentum*. WUNT 58. Tübingen, 1991.
HERMANN, I. *Kyrios und Pneuma. Studien zur Christologie der paulinischen Hauptbriefe*. StANT 2. Munique, 1961.
HOCK, R. F. *The Social Context of Paul's Ministry*. Philadelphia, 1980.
HOFFMANN, H. *Das Gesetz in der frühjüdischen Apokalyptik*. StUNT 23. Göttingen, 1999.
HOFFMANN, P. *Die Toten in Christus*, 3ª ed. NTA NF 2. Münster, 1978.
_____. Verbete "Auferstehung I/3". In *TRE* 4, pp. 450-467. Berlim/Nova Iorque, 1979.
HOFIUS, O. *Paulusstudien*. WUNT 51. Tübingen, 1989.
_____. *Paulusstudien II*. WUNT 143. Tübingen, 2002.
HÖHN, R-J. (org.). *Krise der Immanenz*. Frankfurt, 1996.
HOLTZ, T. *Der erste Brief an die Thessalonicher*. EKK XIII. Neukirchen, 1986.
_____. *Geschichte und Theologie des Urchristentums*, Ges. Aufs. WUNT 57. Tübingen, 1991.
HOLTZMANN, H. J. *Lehrbuch der neutestamentlichen Theologie I-II*, 2ª ed. Tübingen, 1911.
HOMMEL, H. "Das 7. Kapitel des Römerbriefes im Lichte antiker Überlieferung". In *Sebasmata II*. WUNT 32, editado por IDEM, pp. 141-173. Tübingen, 1984,
HORN, F. W. *Das Angeld des Geistes*. FRLANT 154. Göttingen, 1992.
_____. "Wandel im Geist". In *KuD* 38 (1992): 149-170.
_____. (org.). "Paulusforschung". In *Bilanz und Perspektiven gegenwärtiger Auslegung des Neuen Testaments. Symposion zum 65. Geburtstag v. G. Strecker*. BZNW 75, pp. 30-59. Berlim/Nova Iorque, 1995.

_____. "Der Verzicht auf die Beschneidung im frühen Christentum". In *NTS* 42 (1996): 479-505.
_____. "Paulus, das Nasiräat und die Nasiräer". In *NT* 39 (1997): 117-137.
_____. "Kyrios und Pneuma bei Paulus". In *Paulinische Christologie*, editado por U. SCHNELLE, TH. SÖDING, M. LABAHN, pp. 59-75.
_____. (org.). *Das Ende des Paulus*. BZNW 106. Berlim/Nova Iorque, 2001.
HORSLEY, R. A. (org.). *Paul and Empire. Religion and Power in Roman Imperial Society*. Harrisburg, 1997. [Em português: *Paulo e o Império*. São Paulo, Paulus Editora, 2004]
_____. *1 Corinthians*. ANTC. Nashville, 1998.
_____ (org.). *Paul and Politics. Ekklesia, Israel, Imperium, Interpretation. Essays in Honour of K. Stendahl*. Harrisburg, 2000.
HOTZE, G. *Paradoxien bei Paulus*. NTA 33. Münster, 1997.
HUBBARD, M. V. *New Creation in Paul's Letters and Thought*. MSSNTS 119. Cambridge, 2002.
HÜBNER, H. *Das Gesetz bei Paulus. Ein Beitrag zum Werden der paulinischen Theologie*, 3ª ed. FRLANT 119. Göttingen, 1982.
_____. Paulusforschung seit 1945. In *ANRW* 25.4, pp. 2649-2840. Berlim/Nova Iorque, 1987.
_____. Verbete "τέλος". In *EWNT* 3, pp. 832-835.
_____. *Gottes Ich und Israel*. FRLANT 136. Göttingen, 1984.
_____. Verbete "Galaterbrief". In *TRE* 12, pp. 5-14. Berlim/Nova Iorque, 1984.
_____. *Biblische Theologie des Neuen Testaments I: Prolegomena*. Göttingen, 1990.
_____. *Biblische Theologie des Neuen Testaments II: Die Theologie des Paulus*. Göttingen, 1993.
_____. *Biblische Theologie als Hermeneutik. Gesammelte Aufsätze*. Göttingen, 1995. (Org. por LABAHN A.; LABAHN, M.)
_____. Verbete "Paulus". In *TRE* 26, pp. 133-153. Berlim/Nova Iorque, 1996.
_____. *Vetus Testamentum in Novo 2: Corpus Paulinum*. Göttingen, 1997.
_____. "Die paulinische Rechtfertigungstheologie als ökumenisch-hermeneutisches Problem". In *Worum geht es in der Rechtfertigungslehre?*, editado por TH. SÖDING, pp. 76-105.
HULMI, S. *Paulus und Mose. Argumentation und Polemik in 2Kor 3*. SFEG 77. Helsinki/Göttingen, 1999.
HUNZINGER, C. H. "Die Hoffnung angesichts des Todes im Wandel der paulinischen Aussagen". In *Leben angesichts des Todes* (FS H. Thielicke), editado por E. LOHSE etc., pp. 69-88. Tübingen, 1968.

HURTADO, L. W. *One God, One Lord. Early Christian Devotion and Ancient Jewish Monotheism*, 2ª ed. Edimburgo, 1998.
HYLDAHL, N. *Die paulinische Chronologie*. AThD XIX. Leiden, 1986.
JAEGER, F.; RÜSEN, J. *Geschichte des Historismus*. Munique, 1992.
JEGHER-BUCHER, V. *Der Galaterbrief auf dem Hintergrund antiker Epistolographie und Rhetorik. Ein anderes Paulusbild*. AThANT 78. Zurique, 1991.
JEREMIAS, G. *Der Lehrer der Gerechtigkeit*. StUNT 2. Göttingen, 1963.
JEREMIAS, J. *Jerusalem zur Zeit Jesu*, 3ª ed. Göttingen, 1962. [Em português: *Jerusalém nos Tempos de Jesus*. São Paulo, Paulus Editora, 3ª edição, 1983]
JERVELL, J. "Der unbekannte Paulus". In *Die Paulinische Literatur und Theologie*, editado por S. PEDERSEN, pp. 29-49. Göttingen, 1980.
_____. *Die Apostelgeschichte*. KEK 3. Göttingen, 1998.
JEWETT, R. *Paul's Anthropological Terms*. AGJU 10. Leiden, 1971.
_____. *Paulus-Chronologie*. Munique, 1982.
_____. *The Thessalonian Correspondence*. Philadelphia, 1986.
JONES, S. *"Freiheit" in den Briefen des Apostels Paulus*. GTA 34. Göttingen, 1987.
JONGE, M. de. *Christologie im Kontext*. Neukirchen, 1995.
JÜRGENS, B. *Zweierlei Anfang*. BBB 120. Bodenheim, 1999.
KÄSEMANN, E. *An die Römer*, 4ª ed. HNT 8a. Tübingen, 1980.
_____. *Exegetische Versuche und Besinnungen I. II*, 6ª ed. Göttingen, 1970.
_____. "Die Legitimität des Apostels. Eine Untersuchung zu 11 Korinther 10-13". In *Das Paulusbild in der neueren deutschen Forschung*, 2ª ed., editado por K.-H. RENGSTORF, pp. 475-521. Darmstadt, 1969.
_____. *Paulinische Perspektiven*, 2ª ed. Tübingen, 1972.
KARRER, M. *Jesus Christus im Neuen Testament*. GNT 11. Göttingen, 1998.
_____. "Rechtfertigung bei Paulus". In *KuD* 46 (2000): 126-155.
KARRER, M.; KRAUS, W.; MERK, O. (org.). *Kirche und Volk Gottes* (FS J. Roloff), Neukirchen, 2000.
KERTELGE, K. *"Rechtfertigung" bei Paulus. Studien zur Struktur und zum Bedeutungsgehalt des paulinischen Rechtfertigungsbegriffs*, 2ª ed. NTA 3. Münster, 1971.
_____. *Grundthemen paulinischer Theologie*. Friburgo, 1991.
_____. Verbete "Rechtfertigung". In *TRE* 28, pp. 286-307. Berlim/Nova Iorque, 1997.
KETTUNEN, M. "Der Abfassungszweck des Römerbriefes". Helsinki, AASF, 1979 (tese de doutorado).
KIM, P. "Heilsgegenwart bei Paulus. Eine religionsgeschichtlich-theologische Untersuchung zu Sündenvergebung und Geistgabe in den Qumrantexten sowie bei Johannes dem Täufer, Jesus und Paulus". Göttingen, 1996 (tese de doutorado).

KIM, S. *The Origin of Paul's Gospel*. WUNT 2.4. Tübingen, 1981.
_____. *Paul and the New Perspective*. WUNT 140. Tübingen, 2002.
KITZBERGER, I. *Bau der Gemeinde*. fzb 53. Würzburg, 1986.
KLAUCK, H.-J. *Herrenmahl und hellenistischer Kult*, 2ª ed. NTA 15. Münster, 1987.
_____. *Hausgemeinde und Hauskirche im frühen Christentum*. SBS 103. Stuttgart, 1981.
_____. *1. Korintherbrief*, 3ª ed. NEB. Würzburg, 1992.
_____. *2. Korintherbrief*, 3ª ed. NEB. Würzburg, 1994.
_____. "'Der Gott in dir' (Ep 41,1). Autonomie des Gewissens bei Seneca und Paulus". In *Alte Welt und neuer Glaube*. NTOA 29, editado por IDEM, pp. 11- 31. Göttingen/Friburgo (Suíça), 1994.
_____. *Die religiöse Umwelt des Urchristentums I.II*. Stuttgart, 1995.1996.
KLEHN, L. "Die Verwendung von ἐν Χριστῷ bei Paulus". In *BZ* 74 (1994): 66-79.
KLEIN, G. *Rekonstruktion und Interpretation, Ges. Aufs*. BEvTh 50. Munique, 1969.
_____. Verbete "Gesetz III". In *TRE* 13, pp. 58-75. Berlim/Nova Iorque, 1984.
_____. "Werkruhm und Christusruhm im Galaterbrief und die Frage nach einer Entwicklung des Paulus". In *Studien zum Text und zur Ethik des Neuen Testaments* (FS H. Greeven). BZNW 47, editado por W. SCHRAGE, pp. 196-211. Berlim/Nova Iorque, 1986.
KLUMBIES, P.-G. *Die Rede von Gott bei Paulus in ihrem zeitgeschichtlichen Kontext*. FRLANT 155. Göttingen, 1992.
KNÖPPLER, TH. *Sühne im Neuen Testament*. WMANT 88. Neukirchen, 2001.
KOCH, D.-A. *Die Schrift als Zeuge des Evangeliums*. BHTh 69. Tübingen, 1986.
_____. "'Seid unanstößig für Juden und für Griechen und für die Gemeinde Gottes' (1Kor 10,32)". In *Paulus, Apostel Jesu Christi* (FS G. Klein), editado por M. TROWITZSCH, pp. 35-54. Tübingen, 1998.
_____. "Barnabas, Paulus und die Adressaten des Galaterbriefes". In *Das Urchristentum in seiner literarischen Geschichte* (FS J. Becker). BZNW 100, editado U. MELL; U. B. MÜLLER, pp. 85-106. Berlim/Nova Iorque, 1999.
_____. "Kollektenbericht, 'Wir'-Bericht und Itinerar". In *NTS* 45 (1999): 367-390.
_____. "Die Christen als neue Randgruppe in Makedonien und Achaia im 1. Jahrhundert n. Chr". In *Antike Randgesellschaften und Randgruppen im Mittelmeerraum*, editado por H.-P. MÜLLER, F. SIEGERT, pp. 158-188. Münster, 2000
KÖSTER, H. *Einführung in das Neue Testament*. Berlim/Nova Iorque, 1980. [Em português: *Introdução ao Novo Testamento*. São Paulo, Paulus Editora, ...]

KOLLMANN, B. "Paulus als Wundertäter". In *Paulinische Christologie*, editado por U. SCHNELLE, TH. SÖDING, M. LABAHN, pp. 76-96.
KRAMER, W. *Christos Kyrios Gottessohn*. AThANT 44. Zurique, 1963.
KRAUS, W. *Der Tod Jesu als Heiligtumsweihe*. WMANT 66. Neukirchen, 1991.
_____. *Das Volk Gottes*. WUNT 85. Tübingen, 1996.
_____. *Zwischen Jerusalem und Antiochia*. SBS 179. Stuttgart, 1999.
_____. "Der Tod Jesu als Sühnetod bei Paulus". In *ZNT* 3 (1999): 20-30.
KRUG, J. *Die Kraft des Schwachen*. TANZ 37. Tübingen, 2001.
KÜMMEL, W. G. *Römer 7 und das Bild des Menschen im Neuen Testament. Zwei Studien*. TB 53. Munique, 1974.
_____. *Einleitung in das Neue Testament*, 19ª ed. Heidelberg, 1978. [Em português: *Introdução ao Novo Testamento*, Vol. 1-2. São Paulo, Paulus Editora, 2005]
_____. *Das Neue Testament. Geschichte der Erforschung seiner Probleme*, 2ª ed. Friburgo, 1970.
_____. "Die Probleme von Römer 9–11 in der gegenwärtigen Forschungslage". In *Heilsgeschehen und Geschichte II*. MThSt 16, editado por IDEM, pp. 245-260. Marburgo, 1978. (Org. por GRÄSSER, E.; MERK, O.)
_____. "Rudolf Bultmann als Paulusforscher". In *Rudolf Bultmanns Werk und Wirkung*, editado por B. JASPERT, pp. 174-193. Darmstadt, 1984.
KUHN, H. W. "Jesus als Gekreuzigter in der frühchristlichen Verkündigung bis zur Mitte des 2. Jahrhunderts". In *ZThK* 72 (1975): 1-46.
_____. "Die drei wichtigsten Qumranparallelen zum Galaterbrief". In *Konsequente Traditionsgeschichte* (FS K. Baltzer). OBO 126, editado por R. BARTELMUS, TH. KRÜGER, H. UTZSCHNEIDER, pp. 227-254. Göttingen, 1993.
_____. "Die Bedeutung der Qumrantexte für das Verständnis des Galaterbriefes". In *New Qumran Texts and Studies*. StTDJ XV, editado por G. J. BROOKE, pp. 169-224. Leiden, 1994.
_____. "Qumran und Paulus. Unter traditionsgeschichtlichem Aspekt ausgewählte Parallelen". In *Das Urchristentum in seiner literarischen Geschichte* (FS J. Becker). BZNW 100, editado por V. MELL, U. B. MÜLLER, pp. 227-246. Berlim/Nova Iorque, 1999.
KUSS, O. *Der Römerbrief II*, 2ª ed. Regensburg, 1963.
_____. *Paulus*, 2ª ed. Regensburg 1976.
KUULA, K. *The Law, the Covenant and God's Plan I*. SFEG 72. Helsinki/Göttingen, 1999.
LAATO, T. *Paulus und das Judentum*. Åbo, 1991.
LABAHN, M. "Paulus – ein homo honestus et iustus. Das lukanische Paulusportrait von Act 27-28 im Lichte ausgewählter antiker Parallelen". In *Das Ende des Paulus*, editado por F. W. HORN, pp. 75-106.

LAMPE, P. *Die stadtrömischen Christen in den ersten beiden Jahrhunderten.* WUNT 2.18. Tübingen, 1987.

———. "Das korinthische Herrenmahl im Schnittpunkt hellenistisch-römischer Mahlpraxis und paulinischer Theologia Crucis". In *ZNW* 82 (1991): 183-213.

———. "Wissenssoziologische Annäherung an das Neue Testament". In *NTS* 43 (1997): 347-366.

LANG, F. *Die Briefe an die Korinther.* NTD 7. Göttingen, 1986.

LANG, F. G. *2. Korinther 5,1-10 in der neueren Forschung.* BGBE 16. Tübingen, 1973.

LICHTENBERGER, H. *Studien zum Menschenbild in Texten der Qumrangemeinde.* StUNT 15. Göttingen, 1980.

———. "Josephus und Paulus in Rom" In *Begegnungen zwischen Christentum und Judentum in Antike und Mittelalter* (FS H. Schreckenberg), editado por D.-A. KOCH, H. LICHTENBERGER, pp. 245-261. Göttingen, 1993.

———. Das Tora-Verständnis im Judentum zur Zeit des Paulus. In *Paul and the Mosaic Law*, editado por J. D. G. Dunn, pp. 7-23.

LIETZMANN, H. *An die Römer*, 5ª ed. HNT 8. Tübingen, 1971.

———. *An die Korinther I/II*, 5ª ed. HNT 9. Tübingen, 1969.

———. *An die Galater*, 4ª ed. HNT 10. Tübingen, 1971.

LIMBECK, M. *Die Ordnung des Heils.* Düsseldorf, 1971.

———. *Das Gesetz im Alten und Neuen Testament.* Darmstadt, 1997.

LINDEMANN, A. *Paulus im ältesten Christentum.* BHTh 58. Tübingen, 1979.

———. "Erwägungen zum Problem einer 'Theologie der synoptischen Evangelien". In *ZNW* 77 (1986): 1-33.

———. "Paulus und die korinthische Eschatologie". In *Paulus, Apostel und Lehrer der Kirche*, editado por IDEM, pp. 64-90. Tübingen, 1999.

———. "Die biblischen Toragebote und die paulinische Ethik". In *op. cit.*, pp. 91-114.

———. "Die Kirche als Leib". In *op. cit.*, pp. 132-157.

———. *Der Erste Korintherbrief.* HNT 9/1. Tübingen, 2000.

LIPS, H. v. *Weisheitliche Traditionen im Neuen Testament.* WMANT 64. Neukirchen, 1990.

———. "Paulus und die Tradition". In *VuF* 36 (1991): 27-49.

LÖNING, K. "Der Stephanuskreis und seine Mission". In *Die Anfänge des Christentums*, editado por J. BECKER, pp. 80-101. Stuttgart, 1987.

———. "Der Galaterbrief und die Anfänge des Christentums in Galatien". In *Asia Minor Studien* 12 (1994): 133-156.

LOHMEYER, E. *Der Brief an die Philipper*, 14ª ed. KEK IX/1, Göttingen, 1974.

LOHSE, E. *Märtyrer und Gottesknecht*, 2ª ed. FRLANT 64. Göttingen, 1963.

_____ (org.). *Die Texte aus Qumran*, 2ª ed. Darmstadt, 1971.
_____. *Die Einheit des Neuen Testaments. Ges. Aufsätze*. Göttingen, 1973.
_____. *Die Vielfalt des neuen Testaments. Ges. Aufsätze*. Göttingen, 1982.
_____. *Grundriß der neutestamentlichen Theologie*, 2ª ed. Stuttgart, 1979.
_____. *Paulus. Eine Biographie*. Munique, 1996.
LORENZ, Chr. *Konstruktion der Vergangenheit. Eine Einführung in die Geschichtstheorie*. Colônia, 1997.
LUCK, V. "Die Bekehrung des Paulus und das Paulinische Evangelium". In ZNW 76 (1985): 187-208.
LÜBKING, H. M. *Paulus und Israel im Römerbrief*. EHS 23.260. Frankfurt/Berna, 1986.
LUCKMANN, Th. *Die unsichtbare Religion*. Frankfurt, 1991.
_____. "Religion – Gesellschaft – Transzendenz". In *Krise der Immanenz*, editado por H.-J. HOHN, pp. 112-127.
LÜDEMANN, G. *Paulus, der Heidenapostel I*. FRLANT 123. Göttingen, 1980.
_____. *Paulus, der Heidenapostel II*. FRLANT 130. Göttingen, 1983.
_____. *Paulus und das Judentum*. TEH 215. Munique, 1983.
_____. *Das frühe Christentum nach den Traditionen der Apostelgeschichte*. Göttingen, 1987.
_____. *Die Auferstehung Jesu*. Göttingen 1994.
_____. *Ketzer*. Stuttgart, 1995.
_____. *Paulus, der Gründer des Christentums*. Lüneburg, 2001.
LÜHRMANN, D. "Pistis im Judentum". In ZNW 64 (1973): 19-38.
_____. *Der Brief an die Galater*. ZBK 7. Zurique, 1978.
_____. Verbete "Glaube". In *RAC* 11, pp. 48-122. Stuttgart, 1981.
LÜTGERT, W. *Freiheitspredigt und Schwarmgeister in Korinth*. BFChTh 3. Gütersloh, 1908.
LUZ, U. *Das Geschichtsverständnis des Paulus*. BEvTh 49. Munique, 1968.
_____. "Rechtfertigung bei den Paulusschülern". In *Rechtfertigung* (FS E. Käsemann), editado por J. FRIEDRICH, W. PÖHLMANN, P. STUHLMACHER, pp. 365-383. Tübingen, 1976.
LUZ, U.; SMEND, R. *Gesetz*. Stuttgart, 1981.
MACK, B. L. *Logos und Sophia*. StUNT 10. Göttingen, 1973.
MAIER, G. *Mensch und freier Wille*. WUNT 12. Tübingen, 1971.
MAIER, J. *Zwischen den Testamenten*. NEB.AT EB 3. Würzburg, 1990.
MAIER, J.; SCHREINER, J. (org.). *Literatur und Religion des Frühjudentums*. Würzburg, 1973.
MALHERBE, A. J. *The Letters to the Thessalonians*. AncB 32B. Nova Iorque, 2000.
MARTYN, J. L. *Galatians*. AncB 33A. Nova Iorque, 1997.

MARXSEN, W. *Einleitung in das Neue Testament*, 4ª ed. Gütersloh, 1978.
_____. *Der erste Brief an die Thessalonicher.* ZBK NT 11.1. Zurique, 1979.
MEEKS, W. A. (org.). *Zur Soziologie des Urchristentums.* TB 62. Munique, 1979.
_____. *Urchristentum und Stadtkultur. Die soziale Welt der paulinischen Gemeinden.* Munique, 1993.
MEIER, R.-CHR. *Mystik bei Paulus.* TANZ 26. Tübingen, 1998.
MELL, U. *Neue Schöpfung.* BZNW 56. Berlim/Nova Iorque, 1989.
MENGEL, B. *Studien zum Philipperbrief.* WUNT 2.8. Tübingen, 1982.
MERK, O. *Handeln aus Glauben.* MThSt 5. Marburgo 1968.
_____. *Wissenschaftsgeschichte und Exegese.* BZNW 95. Berlim/Nova Iorque, 1998.
MERKLEIN, H. "Die Bedeutung des Kreuzestodes Christi für die paulinische Gerechtigkeits- und Gesetzesthematik". In *Studien zu Jesus und Paulus.* WUNT 43, editado por IDEM, pp. 1-106. Tübingen, 1987.
_____. "Zum Verständnis des paulinischen Begriffs 'Evangelium'". In *op. cit.*, pp. 279-295.
_____. "'Nicht aus Werken des Gesetzes ...'. Eine Auslegung von Gal 2,15-21". In *Studien zu Jesus und Paulus II.* WUNT 105, editado por IDEM, pp. 303-315. Tübingen, 1998.
_____. "Paulus und die Sünde". In *op. cit.*, pp. 316-356.
_____. "Der Theologe als Prophet". In *op. cit.*, pp. 377-404.
_____. Verbete "Paulus". In *LThK* 7, col. 1498-1505. 1998.
_____. *Der erste Brief an die Korinther.* ÖTK 7/1.2. Gütersloh, 1992.2000.
MEYER, R. *Zur Geschichte und Theologie des Judentums in hellenistisch-römischer Zeit.* Berlim, 1989.
MÜLLER, K. E.; RÜSEN, J. (org.). *Historische Sinnbildung.* Reinbek, 1997.
MICHEL, O. *Der Brief an die Römer,* 5ª ed. KEK IV. Göttingen, 1978.
MÜLLER, M. *Vom Schluß zum Ganzen. Zur Bedeutung des Briefkorpusabschlusses in Paulusbriefen.* FRLANT 172. Göttingen, 1997.
MÜLLER, U. B. *Der Brief des Paulus an die Philipper.* ThHK 11/I. Leipzig, 1993.
MUSSNER, F. *Der Galaterbrief,* 4ª ed. HThK IX. Friburgo, 1981.
_____. "'Ganz Israel wird gerettet werden' (Röm 11,26)". In *Kairos* 18 (1976): 241-255.
MURPHY-O'CONNOR, J. *Paul. A critical Life.* Oxford, 1997. [Em português: *Paulo – Uma Vida Crítica.* São Paulo, Edições Loyola, 2009]
NEUBRAND, M. *Abraham – Vater von Juden und Nichtjuden.* fzb 85. Würzburg, 1997.
NEUGEBAUER, F. *In Christus. Eine Untersuchung zum paulinischen Glaubensverständnis.* Berlim, 1961.
NEUSNER, J. *Das pharisäische und talmudische Judentum.* TSAJ 4. Tübingen, 1984.

_____. *Judentum in frühchristlicher Zeit*. Stuttgart, 1988.
NIEBUHR, K.-W. *Heidenapostel aus Israel*. WUNT 62. Tübingen, 1992.
_____. "Die paulinische Rechtfertigungslehre in der gegenwärtigen exegetischen Diskussion". In *Worum geht es in der Rechtfertigungslehre?*, editado por TH. SÖDING, pp. 106-130.
NISSEN, A. *Gott und der Nächste im antiken Judentum*. WUNT 15. Tübingen, 1974.
NOETHLICHS, K. L. *Das Judentum und der römische Staat*. Darmstadt, 1996.
_____. "Der Jude Paulus – ein Tarser und Römer?". In *Rom und das himmlische Jerusalem. Die frühen Christen zwischen Anpassung und Ablehnung*, editado por R. v. HAEHLING, pp. 53-84. Darmstadt, 2000.
ÖHLER, M. "Römisches Vereinsrecht und christliche Gemeinden". In *Zwischen den Reichen. Neues Testament und Römische Herrschaft*. TANZ 36, editado por M. LABAHN, J. ZANGENBERG, pp. 51-71. Tübingen, 2002.
OEPKE, A. *Der Brief des Paulus an die Galater*, 3ª ed. ThHK 9. Berlin, 1973. (Org. por J. ROHDE)
_____. Verbete "διά". In *ThWNT* 2, pp. 64-69.
_____. Verbete "μείτης". In *ThWNT* 4, pp. 602-629.
_____. *Der Brief an die Thessalonicher*, 13ª ed. NTD 8. Göttingen, 1972, pp. 157-179.
OLLROG, W. H. *Paulus und seine Mitarbeiter*. WMANT 50. Neukirchen, 1979.
_____. "Die Abfassungsverhältnisse von Röm 16". In *Kirche* (FS G. Bornkamm), editado por D. LÜHRMANN, G. STRECKER, pp. 221-244. Tübingen, 1980.
OMERZU, H. *Der Prozeß des Paulus*. BZNW 115. Berlim/Nova Iorque, 2002.
OSTEN-SACKEN, P. v. d. *Römer 8 als Beispiel paulinischer Soteriologie*. FRLANT 112. Göttingen, 1975.
_____. *Evangelium und Tora. Aufsätze zu Paulus*. TB 77. Munique, 1987.
OTTO, R. "Mystische und gläubige Frömmigkeit". In *Sünde und Urschuld*, editado por IDEM, pp. 140-177. Munique, 1932.
PANNENBERG, W. *Grundzüge der Christologie*, 5ª ed. Gütersloh, 1976.
PAULSEN, H. *Überlieferung und Auslegung in Römer 8*. WMANT 43. Neukirchen, 1974.
PEDERSEN, S. (org.). *Die Paulinische Literatur und Theologie*. Göttingen, 1980.
_____ (org.). *Paul Beyond the Judaism/Hellenism Divide*. Louisville, 2001.
PFEIFFER, M. *Einweisung in das neue Sein. Neutestamentliche Erwägungen zur Grundlegung der Ethik*. BEvTh 119. Gütersloh, 2000.
PILHOFER, P. *Philippi. Die erste christliche Gemeinde Europas*, vol I. WUNT 87. Tübingen, 1995.
POHLEN, M.; BAUTZ-HOLZHERR, M. *Psychoanalyse. Das Ende einer Deutungsmacht*. Reinbek, 1995.

POWERS, D. G. *Salvation through Participation*. Leiden, 2001.
RADL, W. *Ankunft des Herrn*. BET 15. Frankfurt, 1981.
RÄISÄNEN, H. "Das 'Gesetz des Glaubens' (Röm 3,27) und das 'Gesetz des Geistes' (Röm 8,2)". In *NTS* 26 (1980): 101-117.
_____. "Sprachliches zum Spiel des Paulus mit Nomos". In *Glaube und Gerechtigkeit* (FS R. Gyllenberg). SFEG 38, pp. 131-154. Helsinki, 1983.
_____. *Paul and the Law*, 2ª ed. WUNT 29. Tübingen, 1987.
_____. "Paul's Theological Difficulties with the Law". In *The Torah and Christ*. SFEG 45, editado por IDEM, pp. 3-24. Helsinki, 1986.
_____. "Paul's Call Experience and his later View of the Law". In *op. cit.*, pp. 55-92.
_____. "The 'Hellenists' - A Bridge between Jesus and Paul?". In *op. cit.*, pp. 242-306.
_____. "Römer 9–11: Analyse eines geistigen Ringens". In *ANRW* 25.4 (1987): 2891-2939.
_____. "Paul's Conversion and the Development of his View of the Law". In *NTS* 33 (1987): 404-419.
_____. "Der Bruch des Paulus mit Israels Bund" In *The Law in the Bible and in its Environment*, editado por T. VEIJOLA, pp. 156-172. Helsinki/Göttingen, 1990.
_____. "Freiheit vom Gesetz im Urchristentum". In *StTh* 46 (1992): 55-67.
_____. *Die "Hellenisten" der Urgemeinde*. ANRW 26.2. Berlim/Nova Iorque, 1995, pp. 1468-1514.
_____. Verbete "Paul". In *Dictionary of Biblical Interpretation II*, editado por H. HAYES, pp. 247-253. Nashville, 1999.
_____. *Neutestamentliche Theologie? Eine religionswissenschaftliche Alternative*. SBS 186, Stuttgart, 2000.
RAU, E. *Von Jesus zu Paulus. Entwicklung und Rezeption der antiochenischen Theologie im Urchristentum*. Stuttgart, 1994.
RECK, R. *Kommunikation und Gemeindeaufbau*. SBB 22. Stuttgart, 1991.
REICHERT, A. *Der Römerbrief als Gratwanderung*. FRLANT 194. Göttingen, 2001.
REINBOLD, W. *Propaganda und Mission im ältesten Christentum*. FRLANT 188. Göttingen, 2000.
REINMUTH, E. "Narratio und argumentatio - zur Auslegung der Jesus-Christus-Geschichte im Ersten Korintherbrief". In *ZThK* 92 (1995): 13-27.
REISER, M. "Hat Paulus Heiden bekehrt?". In *BZ* 39 (1995): 78-91.
RICOEUR, P. *Zeit und Erzählung I.II.III*. Munique, 1988.1989.1991.
RIESNER, R. *Die Frühzeit des Apostels Paulus*. WUNT 71. Tübingen, 1994.
RÖHSER, G. *Metaphorik und Personifikation der Sünde*. WUNT 2.25. Tübingen, 1987.

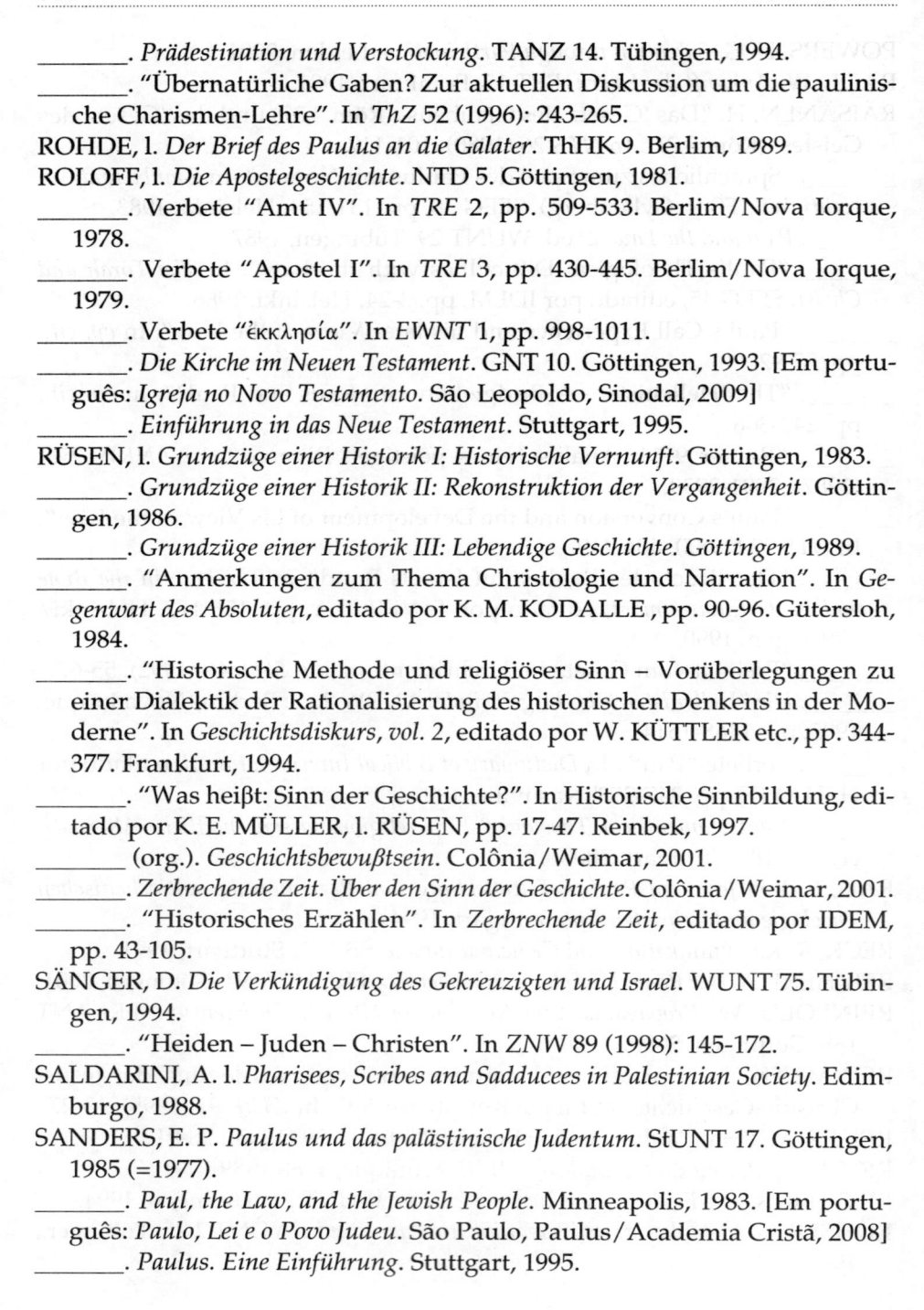

_____. *Prädestination und Verstockung.* TANZ 14. Tübingen, 1994.
_____. "Übernatürliche Gaben? Zur aktuellen Diskussion um die paulinische Charismen-Lehre". In *ThZ* 52 (1996): 243-265.
ROHDE, l. *Der Brief des Paulus an die Galater.* ThHK 9. Berlim, 1989.
ROLOFF, l. *Die Apostelgeschichte.* NTD 5. Göttingen, 1981.
_____. Verbete "Amt IV". In *TRE* 2, pp. 509-533. Berlim/Nova Iorque, 1978.
_____. Verbete "Apostel I". In *TRE* 3, pp. 430-445. Berlim/Nova Iorque, 1979.
_____. Verbete "ἐκκλησία". In *EWNT* 1, pp. 998-1011.
_____. *Die Kirche im Neuen Testament.* GNT 10. Göttingen, 1993. [Em português: *Igreja no Novo Testamento.* São Leopoldo, Sinodal, 2009]
_____. *Einführung in das Neue Testament.* Stuttgart, 1995.
RÜSEN, l. *Grundzüge einer Historik I: Historische Vernunft.* Göttingen, 1983.
_____. *Grundzüge einer Historik II: Rekonstruktion der Vergangenheit.* Göttingen, 1986.
_____. *Grundzüge einer Historik III: Lebendige Geschichte.* Göttingen, 1989.
_____. "Anmerkungen zum Thema Christologie und Narration". In *Gegenwart des Absoluten*, editado por K. M. KODALLE, pp. 90-96. Gütersloh, 1984.
_____. "Historische Methode und religiöser Sinn – Vorüberlegungen zu einer Dialektik der Rationalisierung des historischen Denkens in der Moderne". In *Geschichtsdiskurs, vol. 2*, editado por W. KÜTTLER etc., pp. 344-377. Frankfurt, 1994.
_____. "Was heißt: Sinn der Geschichte?". In Historische Sinnbildung, editado por K. E. MÜLLER, l. RÜSEN, pp. 17-47. Reinbek, 1997.
_____ (org.). *Geschichtsbewußtsein.* Colônia/Weimar, 2001.
_____. *Zerbrechende Zeit. Über den Sinn der Geschichte.* Colônia/Weimar, 2001.
_____. "Historisches Erzählen". In *Zerbrechende Zeit*, editado por IDEM, pp. 43-105.
SÄNGER, D. *Die Verkündigung des Gekreuzigten und Israel.* WUNT 75. Tübingen, 1994.
_____. "Heiden – Juden – Christen". In *ZNW* 89 (1998): 145-172.
SALDARINI, A. l. *Pharisees, Scribes and Sadducees in Palestinian Society.* Edimburgo, 1988.
SANDERS, E. P. *Paulus und das palästinische Judentum.* StUNT 17. Göttingen, 1985 (=1977).
_____. *Paul, the Law, and the Jewish People.* Minneapolis, 1983. [Em português: *Paulo, Lei e o Povo Judeu.* São Paulo, Paulus/Academia Cristã, 2008]
_____. *Paulus. Eine Einführung.* Stuttgart, 1995.

SANDNES, K. O. *Paul – One of the Prophets? A Contribution to the Apostle's Self-Understanding*. WUNT 2.43. Tübingen, 1991.
SASS, G. *Leben aus den Verheißungen*. FRLANT 164. Göttingen, 1995.
SCHADE, H. H. *Apokalyptische Christologie bei Paulus*, 2ª ed. GTA 18. Göttingen, 1984.
SCHÄFER, P. *Geschichte der Juden in der Antike*. Neukirchen, 1983.
SCHÄFERS, B. "Entwicklung der Gruppensoziologie und Eigenständigkeit der Gruppe als Sozialgebilde". In *Einführung in die Gruppensoziologie*, editado por IDEM, pp. 19-34. Heidelberg, 1980.
SCHELKLE, K. H. *Paulus*. EdF 152. Darmstadt, 1981.
SCHENK, W. "Der 1 Korintherbrief als Briefsammlung". In *ZNW* 60 (1969): 219-243.
_____. *Die Philipperbriefe des Paulus*. Stuttgart, 1984.
SCHENKE, H.-M.; FISCHER, K. M. *Einleitung in die Schriften des Neuen Testaments, I*. Berlim, 1978.
SCHENKE, L. *Die Urgemeinde*. Stuttgart, 1990.
SCHIEFER-FERRARI, M. *Die Sprache des Leids in den paulinischen Peristasenkatalogen*. SBB 23. Stuttgart, 1991.
SCHLIER, H. *Der Brief an die Galater*, 5ª ed. KEK VII. Göttingen, 1971.
_____. *Grundzüge einer paulinischen Theologie*. Friburgo, 1978.
SCHMELLER, Th. *Schulen im Neuen Testament? Zur Stellung des Urchristentums in der Bildungswelt seiner Zeit*. HBS 30. Friburgo, 2001.
SCHMID, l. *Zeit und Ort der paulinischen Gefangenschaftsbriefe*. Friburgo, 1931.
SCHMITHALS, W. "Die Korintherbriefe als Briefsammlung". In *ZNW* 64 (1973): 263-288.
_____. *Der Römerbrief als historisches Problem*. StNT 9. Gütersloh, 1975.
_____. *Die theologische Anthropologie des Paulus*. Stuttgart, 1980.
_____. "Paulus als Heidenmissionar und das Problem einer theologischen Entwicklung". In *Jesu Rede von Gott und ihre Nachgeschichte im frühen Christentum* (FS W. Marxsen), editado por D.-A KOCH, G. SELLIN, A. LINDEMANN, pp. 235-251. Gütersloh, 1989.
_____. *Theologiegeschichte des Urchristentums*. Stuttgart, 1994.
SCHNABEL, E. J. *Law and Wisdom from Ben Sira to Paul*. WUNT 2.16. Tübingen, 1985.
SCHNACKENBURG, R. *Die sittliche Botschaft des Neuen Testaments. Vol. 2: Die urchristlichen Verkündiger*. HThK.S 2. Friburgo, 1988.
SCHNEEMELCHER, W. *Das Urchristentum*. Stuttgart. 1981.
SCHNEIDER, G. *Die Apostelgeschichte I.II*. HThK VII-2. Friburgo, 1980. 1982.
SCHNELLE, U. *Gerechtigkeit und Christusgegenwart. Vorpaulinische und paulinische Tauftheologie*, 2ª ed. GTA 24. Göttingen, 1986.

_____. "Der erste Thessalonicherbrief und die Entstehung der paulinischen Anthropologie". In *NTS* 32 (1986): 207-224.
_____. *Wandlungen im paulinischen Denken*. SBS 137. Stuttgart, 1989. [Em português: *A Evolução do Pensamento Paulino*. São Paulo, Edições Loyola, 1999]
_____. *Neutestamentliche Anthropologie. Jesus – Paulus – Johannes*. BThSt 18. Neukirchen, 1991.
_____. *Einleitung in das Neue Testament*, 4ª ed. Göttingen, 2002.
_____. "Muß ein Heide erst Jude werden, um Christ sein zu können?". In *Kirche und Volk Gottes* (FS J. Roloff), editado por M. KARRER, W. KRAUS, O. MERK, pp. 93-109. Neukirchen, 2000.
_____. "Transformation und Partizipation als Grundgedanken paulinischer Theologie". In *NTS* 47 (2001): 58-75.
_____. Verbete "Taufe II: Neues Testament". In *TRE* 32, pp. 663-674. Berlim/Nova Iorque, 2001.
SCHNELLE, U.; SÖDING, TH.; LABAHN, M. (org.). *Paulinische Christologie* (FS H. Hübner). Göttingen, 2000.
SCHNIDER, F.; STENGER, W. *Studien zum neutestamentlichen Briefformular*. NTTS XI. Leiden, 1987.
SCHOEPS, H. J. *Paulus. Die Theologie des Apostels im Lichte der jüdischen Religionsgeschichte*, Tübingen, 1959.
SCHOLTISSEK, K. "Paulus als Lehrer". In *Christologie in der Paulus-Schule*. SBS 181, editado por IDEM, pp. 11-36. Stuttgart, 2000.
_____. "'Geboren aus einer Frau, geboren unter das Gesetz' (Gal 4,4). Die christologisch-soteriologische Bedeutung des irdischen Jesus bei Paulus". In *Paulinische Christologie*, editado por U. SCHNELLE, TH. SÖDING, M. LABAHN, pp. 194-219.
SCHRAGE, W. *Die konkreten Einzelgebote in der paulinischen Paränese*. Gütersloh, 1961.
_____. "Die Stellung zur Welt bei Paulus, Epictet und in der Apokalyptik". In *ZThK* 61 (1964): 125-154.
_____. "Theologie und Christologie bei Paulus und Jesus auf dem Hintergrund der modernen Gottesfrage". In *EvTh* 36 (1976): 121-154.
_____. *Ethik des Neuen Testaments*, 2ª ed. GNT 4. Göttingen, 1989. [Em português: *Ética no Novo Testamento*. São Leopoldo, Sinodal, 1994]
_____. *Der erste Brief an die Korinther*. EKK VIIII-4. Neukirchen, 1991.1995.1999.2001.
_____. *Unterwegs zur Einheit und Einzigkeit Gottes*. BThSt 48. Neukirchen, 2002.
SCHREIBER, St. *Paulus als Wundertäter*. BZNW 79. Berlim/Nova Iorque, 1996.

SCHREINER, Th. R. *The Law and Its Fulfillment*. Grand Rapids, 1993.
_____. *Paul, Apostle of God's Glory in Christ*. Downers Grove, 2001.
SCHRÖTER, J. *Der versöhnte Versöhner. Paulus als Mittler im Heilsvorgang*. TANZ 10. Tübingen, 1993.
_____. "Schriftauslegung und Hermeneutik in 2 Korinther 3". In *NT* 40 (1998): 231-275.
_____. "Die Universalisierung des Gesetzes im Galaterbrief". In *Das Verständnis des Gesetzes bei Juden, Christen und im Islam*, editado por U. KERN, pp. 27-63. Münster, 2000.
SCHÜRER, E. *Geschichte des jüdischen Volkes im Zeitalter Jesu Christi*. Leipzig, I 5ª ed. 1920; II 5ª ed. 1907; III 4ª ed. 1909 (revisão e edição inglesa: VERMES, G.; MILLAR, F. *The History of the Jewish People in the Age of Jesus Christ*. Edimburgo, I 1973; II 1979; III/1 1986; III/2 1987).
SCHÜTZ, A.; LUCKMANN, TH. *Strukturen der Lebenswelt I.II*. Frankfurt, 5ª ed. 1994; 3ª ed. 1994.
SCHULZ, S. "Der frühe und der späte Paulus". In *ThZ* 41 (1985): 228-236.
_____. *Neutestamentliche Ethik*. Zurique, 1987.
SCHUMACHER, L. *Sklaverei in der Antike*. Munique, 2001.
SCHUNACK, W. "Glaube in griechischer Religiosität. In A*ntikes Judentum und Frühes Christentum* (FS H. Stegemann). BZNW 97, editado por B. KOLLMANN, W. REINBOLD, A. STEUDEL, pp. 296-326. Berlin/Nova Iorque, 1999.
SCHWEITZER, A. *Die Mystik des Apostels Paulus*. Tübingen, 21954.
SCHWEIZER, E. *Theologische Einleitung in das Neue Testament*. GNT 2. Göttingen, 1989.
SCHWEMER, A. M. "Paulus in Antiochien". In *BZ* 42 (1998): 161-180.
SEIFRID, M. A. *Justification by Faith*. NT.S 68. Leiden, 1992.
SELLIN, G. *Der Streit um die Auferstehung der Toten*. FRLANT 138. Göttingen, 1986.
SIBER, P. *Mit Christus leben. Eine Studie zur paulinischen Auferstehungshoffnung*. AThANT 61. Zurique, 1971.
SIEGERT, F. *Argumentation bei Paulus*. WUNT 34. Tübingen, 1985.
SODEN, H. v. "Sakrament und Ethik bei Paulus. Zur Frage der literarischen und theologischen Einheitlichkeit von 1.Kor. 8-10". In *Das Paulusbild in der neueren deutschen Forschung*, 2ª ed., editado por K.-H. RENGSTORF, pp. 338-379. Darmstadt, 1969.
SÖDING, Th. "Der Erste Thessalonicherbrief und die frühe paulinische Evangeliumsverkündigung. Zur Frage einer Entwicklung der paulinischen Theologie". In BZ 35 (1991): 180-203.
_____. "Zur Chronologie der paulinischen Briefe". In *BN* 56 (1991): 31-59.

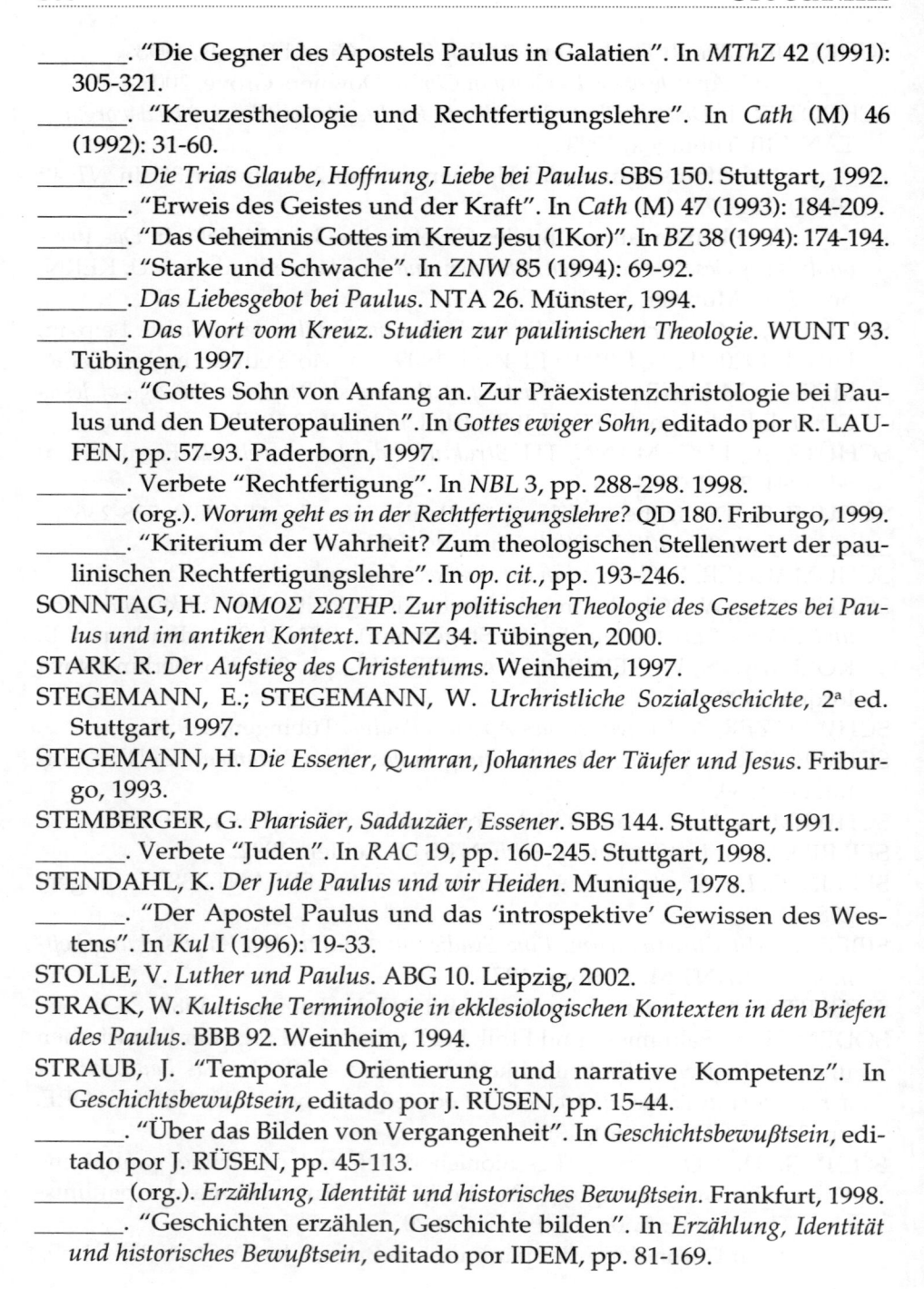

_____. "Die Gegner des Apostels Paulus in Galatien". In *MThZ* 42 (1991): 305-321.

_____. "Kreuzestheologie und Rechtfertigungslehre". In *Cath* (M) 46 (1992): 31-60.

_____. *Die Trias Glaube, Hoffnung, Liebe bei Paulus*. SBS 150. Stuttgart, 1992.

_____. "Erweis des Geistes und der Kraft". In *Cath* (M) 47 (1993): 184-209.

_____. "Das Geheimnis Gottes im Kreuz Jesu (1Kor)". In *BZ* 38 (1994): 174-194.

_____. "Starke und Schwache". In *ZNW* 85 (1994): 69-92.

_____. *Das Liebesgebot bei Paulus*. NTA 26. Münster, 1994.

_____. *Das Wort vom Kreuz. Studien zur paulinischen Theologie*. WUNT 93. Tübingen, 1997.

_____. "Gottes Sohn von Anfang an. Zur Präexistenzchristologie bei Paulus und den Deuteropaulinen". In *Gottes ewiger Sohn*, editado por R. LAUFEN, pp. 57-93. Paderborn, 1997.

_____. Verbete "Rechtfertigung". In *NBL* 3, pp. 288-298. 1998.

_____ (org.). *Worum geht es in der Rechtfertigungslehre?* QD 180. Friburgo, 1999.

_____. "Kriterium der Wahrheit? Zum theologischen Stellenwert der paulinischen Rechtfertigungslehre". In *op. cit.*, pp. 193-246.

SONNTAG, H. *ΝΟΜΟΣ ΣΩΤΗΡ. Zur politischen Theologie des Gesetzes bei Paulus und im antiken Kontext*. TANZ 34. Tübingen, 2000.

STARK. R. *Der Aufstieg des Christentums*. Weinheim, 1997.

STEGEMANN, E.; STEGEMANN, W. *Urchristliche Sozialgeschichte*, 2ª ed. Stuttgart, 1997.

STEGEMANN, H. *Die Essener, Qumran, Johannes der Täufer und Jesus*. Friburgo, 1993.

STEMBERGER, G. *Pharisäer, Sadduzäer, Essener*. SBS 144. Stuttgart, 1991.

_____. Verbete "Juden". In *RAC* 19, pp. 160-245. Stuttgart, 1998.

STENDAHL, K. *Der Jude Paulus und wir Heiden*. Munique, 1978.

_____. "Der Apostel Paulus und das 'introspektive' Gewissen des Westens". In *Kul* I (1996): 19-33.

STOLLE, V. *Luther und Paulus*. ABG 10. Leipzig, 2002.

STRACK, W. *Kultische Terminologie in ekklesiologischen Kontexten in den Briefen des Paulus*. BBB 92. Weinheim, 1994.

STRAUB, J. "Temporale Orientierung und narrative Kompetenz". In *Geschichtsbewußtsein*, editado por J. RÜSEN, pp. 15-44.

_____. "Über das Bilden von Vergangenheit". In *Geschichtsbewußtsein*, editado por J. RÜSEN, pp. 45-113.

_____ (org.). *Erzählung, Identität und historisches Bewußtsein*. Frankfurt, 1998.

_____. "Geschichten erzählen, Geschichte bilden". In *Erzählung, Identität und historisches Bewußtsein*, editado por IDEM, pp. 81-169.

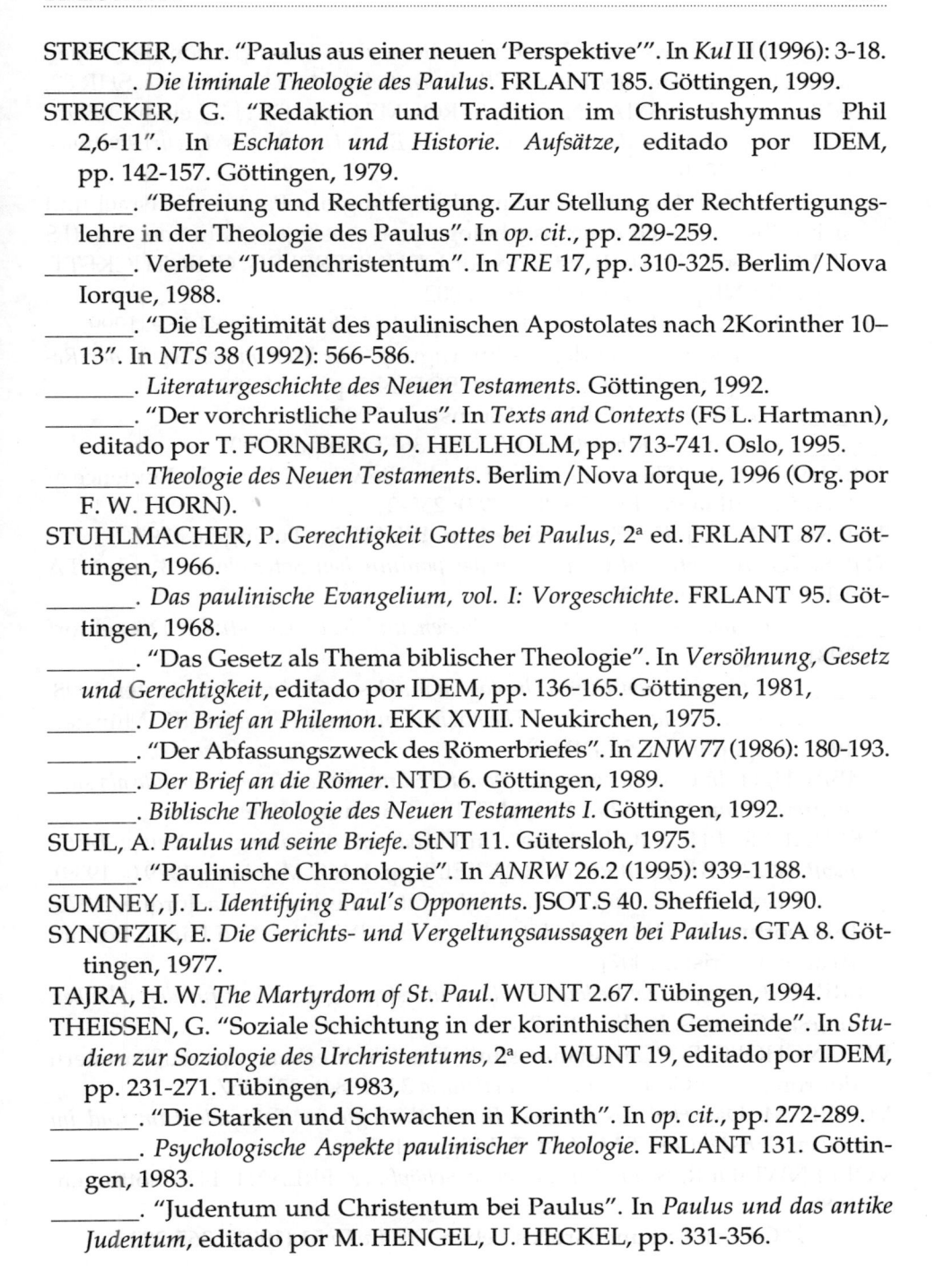

STRECKER, Chr. "Paulus aus einer neuen 'Perspektive'". In *KuI* II (1996): 3-18.
_____. *Die liminale Theologie des Paulus*. FRLANT 185. Göttingen, 1999.
STRECKER, G. "Redaktion und Tradition im Christushymnus Phil 2,6-11". In *Eschaton und Historie. Aufsätze*, editado por IDEM, pp. 142-157. Göttingen, 1979.
_____. "Befreiung und Rechtfertigung. Zur Stellung der Rechtfertigungslehre in der Theologie des Paulus". In *op. cit.*, pp. 229-259.
_____. Verbete "Judenchristentum". In *TRE* 17, pp. 310-325. Berlim/Nova Iorque, 1988.
_____. "Die Legitimität des paulinischen Apostolates nach 2Korinther 10–13". In *NTS* 38 (1992): 566-586.
_____. *Literaturgeschichte des Neuen Testaments*. Göttingen, 1992.
_____. "Der vorchristliche Paulus". In *Texts and Contexts* (FS L. Hartmann), editado por T. FORNBERG, D. HELLHOLM, pp. 713-741. Oslo, 1995.
_____. *Theologie des Neuen Testaments*. Berlim/Nova Iorque, 1996 (Org. por F. W. HORN).
STUHLMACHER, P. *Gerechtigkeit Gottes bei Paulus*, 2ª ed. FRLANT 87. Göttingen, 1966.
_____. *Das paulinische Evangelium, vol. I: Vorgeschichte*. FRLANT 95. Göttingen, 1968.
_____. "Das Gesetz als Thema biblischer Theologie". In *Versöhnung, Gesetz und Gerechtigkeit*, editado por IDEM, pp. 136-165. Göttingen, 1981,
_____. *Der Brief an Philemon*. EKK XVIII. Neukirchen, 1975.
_____. "Der Abfassungszweck des Römerbriefes". In *ZNW* 77 (1986): 180-193.
_____. *Der Brief an die Römer*. NTD 6. Göttingen, 1989.
_____. *Biblische Theologie des Neuen Testaments I*. Göttingen, 1992.
SUHL, A. *Paulus und seine Briefe*. StNT 11. Gütersloh, 1975.
_____. "Paulinische Chronologie". In *ANRW* 26.2 (1995): 939-1188.
SUMNEY, J. L. *Identifying Paul's Opponents*. JSOT.S 40. Sheffield, 1990.
SYNOFZIK, E. *Die Gerichts- und Vergeltungsaussagen bei Paulus*. GTA 8. Göttingen, 1977.
TAJRA, H. W. *The Martyrdom of St. Paul*. WUNT 2.67. Tübingen, 1994.
THEISSEN, G. "Soziale Schichtung in der korinthischen Gemeinde". In *Studien zur Soziologie des Urchristentums*, 2ª ed. WUNT 19, editado por IDEM, pp. 231-271. Tübingen, 1983,
_____. "Die Starken und Schwachen in Korinth". In *op. cit.*, pp. 272-289.
_____. *Psychologische Aspekte paulinischer Theologie*. FRLANT 131. Göttingen, 1983.
_____. "Judentum und Christentum bei Paulus". In *Paulus und das antike Judentum*, editado por M. HENGEL, U. HECKEL, pp. 331-356.

_____. "Die urchristliche Taufe und die soziale Konstruktion des neuen Menschen". In *Transformation of the Inner Self in Ancient Religions*. SHR 83, editado por J. ASSMANN, G. G. STROUMSA, pp. 87-114. Leiden, 1999.

_____. *Die Religion der ersten Christen. Eine Theorie des Urchristentums*. Gütersloh, 2000.

_____. "Röm 9–11 – Eine Auseinandersetzung des Paulus mit Israel und sich selbst: Versuch einer psychologischen Auslegung". In *Fair Play* (FS H. Räisänen). NT.S CIII, editado por I. DUNDERBERG, CHR. TUCKETT, K. SYREENI, pp. 311-341. Leiden, 2002.

THEOBALD, M. Verbete "Rechtfertigung". In *LThK* 8, col. 884-889. 1999.

_____. "Der Kanon von der Rechtfertigung". In *Worum geht es in der Rechtfertigungslehre?*, editado por TH. SÖDING, pp. 131-192.

_____. *Der Römerbrief*. EdF 294. Darmstadt, 2000.

_____. *Studien zum Römerbrief*. WUNT 136. Tübingen, 2001.

THIELMANN, F. "The Coherence of Paul's View of the Law: the Evidence of First Corinthians". In *NTS* 38 (1992): 235-253.

THORNTON, C.-J. *Der Zeuge des Zeugen*. WUNT 56. Tübingen, 1991.

THÜSING, W. *Gott und Christus in der paulinischen Soteriologie*, 3ª ed. NTA NF 1/I. Münster, 1986.

_____. *Die neutestamentlichen Theologien und Jesus Christus* I. Düsseldorf 1981.

_____. *Die neutestamentlichen Theologien und Jesus Christus* II. Münster, 1998.

_____. *Die neutestamentlichen Theologien und Jesus Christus* III. Münster, 1999. (Org. por. Th. SÖDING)

UMBACH, H. *In Christus getauft – von der Sünde befreit. Die Gemeinde als sündenfreier Raum bei Paulus*. FRLANT 181. Göttingen, 1999.

VIELHAUER, PH.h. "Oikodome". In *Oikodome. Aufsätze zum Neuen Testament*, vol. 2. TB 65, editado por G. KLEIN, pp. 1-168. Munique, 1979 (= 1939).

_____. *Geschichte der urchristlichen Literatur*. Berlim/Nova Iorque, 1975. [Em português: *História da Literatura Cristã Primitiva*. São Paulo, Editora Academia Cristã, 2007]

VIERING, F. (org.). *Die Bedeutung der Auferstehungsbotschaft für den Glauben an Jesus Christus*. Berlim, 1967.

VITTINGHOFF, F. "'Christianus sum'. Das 'Verbrechen' von Außenseitern der römischen Gesellschaft". In *Historia* 33 (1984): 331-357.

VOGEL, M. Das *Heil des Bundes. Bundestheologie im Frühjudentum und im frühen Christentum*. TANZ 18. Tübingen, 1996.

VOLLENWEIDER, S. *Freiheit als neue Schöpfung*. FRLANT 147. Göttingen, 1989.

_____. "Großer Tod und Großes Leben". In *EvTh* 51 (1991): 365-382.

———. "Der Geist Gottes als Selbst der Glaubenden". In *ZThK* 93 (1996): 163-192.

———. "Zwischen Monotheismus und Engelchristologie". In *ZThK* 99 (2002): 21-44.

VOS, J. S. *Traditionsgeschichtliche Untersuchungen zur paulinischen Pneumatologie*. Assen, 1973.

———. "Die hermeneutische Antinomie bei Paulus (Galater 3,11-12; Römer 10,5-10)". In *NTS* 38 (1992): 254-270.

VOSS, F. *Das Wort vom Kreuz und die menschliche Vernunft*. FRLANT 199. Göttingen, 2002.

VOUGA, F. *Geschichte des frühen Christentums*. Tübingen, 1994.

———. *An die Galater*. HNT 10. Tübingen, 1998.

WALTER, N. *Praeparatio Evangelica. Studien zur Umwelt, Exegese und Hermeneutik des Neuen Testaments*. WUNT 98. Tübingen, 1997.

———. "Leibliche Auferstehung? Zur Frage der Hellenisierung der Auferweckungshoffnung bei Paulus". In *Paulus, Apostel Jesu Christi* (FS G. Klein), editado por M. TROWITZSCH, pp. 109-127. Tübingen, 1998.

WANDER, B. *Trennungsprozesse zwischen Frühem Christentum und Judentum im 1. Jh. n. Chr*, 2ª ed. TANZ 16. Tübingen, 1997.

WATSON, F. *Paul, Judaism and the Gentiles*. MSSNTS 56. Cambridge, 1986.

WEBER, R. "Die Geschichte des Gesetzes und des Ich in Römer 7,7-8,4". In *NZSTh* 29 (1987): 147-179.

———. "Die Distanz im Verhältnis zur Welt bei Epiktet, Jesus und Paulus". In *Antikes Judentum und Frühes Christentum* (FS H. Stegemann). BZNW 97, editado por B. KOLLMANN, W. REINBOLD, A. STEUDEL, pp. 327-349. Berlim/Nova Iorque, 1999.

———. *Das Gesetz im hellenistischen Judentum*. ARGU 10. Frankfurt, 2000.

———. *Das "Gesetz" bei Philon von Alexandrien und Flavius Josephus*. ARGU 11. Frankfurt, 2001.

WECHSLER, A. *Geschichtsbild und Apostelstreit*. BZNW 62. Berlim/Nova Iorque, 1991.

WEDER, H. *Das Kreuz Jesu bei Paulus*. FRLANT 125. Göttingen, 1981.

———. "Gesetz und Sünde. Gedanken zu einem qualitativen Sprung im Denken des Paulus". In *Einblicke ins Evangelium*, editado por IDEM, pp. 323-346. Göttingen, 1992.

———. "Gesetz und Gnade". In *Ja und Nein. Christliche Theologie im Angesicht Israels* (FS W. Schrage), editado por K. WENGST, G. SASS, pp. 171-182. Neukirchen, 1998.

———. "Die Normativität der Freiheit". In *Paulus, Apostel Jesu Christi* (FS G. Klein), editado por M. TROWITZSCH, pp. 129-145. Tübingen, 1998.

WEHNERT, J. *Die Reinheit des "christlichen Gottesvolkes" aus Juden und Heiden: Studien zum historischen und theologischen Hintergrund des sogenannten Aposteldekrets*. FRLANT 173. Göttingen, 1997.
WEHR, L. *Petrus und Paulus – Kontrahenten und Partner*. NTA 50. Münster, 1996.
WEISER, A. *Die Apostelgeschichte*. OTK 5/1.2. Gütersloh, 1981.1985.
_____. "Zur Gesetzes- und Tempelkritik der 'Hellenisten'". In *Das Gesetz im Neuen Testament*. QD 108, editado por K. KERTELGE, pp. 146-168. Friburgo, 1986. [Na. da Trad.: sic!]
WEISS, J. *Der erste Korintherbrief*, 9ª ed. KEK V. Göttingen, 1920.
_____. *Das Urchristentum*. Göttingen, 1917.
WENGST, K. *Christologische Formeln und Lieder des Urchristentums*, 2ª ed. StNT 7. Gütersloh, 1973.
_____. *Pax Romana. Anspruch und Wirklichkeit*. Munique, 1986.
WENHAM, D. *Paulus. Jünger Jesu oder Begründer des Christentums?* Paderborn, 1999.
WERNLE, P. *Die Anfänge unserer Religion*. Tübingen, 21904.
WIEFEL, W. "Die jüdische Gemeinschaft im antiken Rom und die Anfänge des römischen Christentums". In *Jud* 26 (1970): 65-88.
_____. "Die Hauptrichtung des Wandels im eschatologischen Denken des Paulus". In *ThZ* 30 (1974): 65-81.
_____. "Paulus und das Judentum". In *ZdZ* 40 (1986): 142-147.
WIKENHAUSER, A.; SCHMID, J. *Einleitung in das Neue Testament*, 6ª ed. Friburgo, 1973.
WILCKENS, U. *Weisheit und Torheit*. BHTh 26. Tübingen, 1959.
_____. *Rechtfertigung als Freiheit. Paulusstudien*. Neukirchen, 1974.
_____. "Was heißt bei Paulus: 'Aus Werken des Gesetzes wird kein Mensch gerecht'?". In *op. cit.*, pp. 77-109.
_____. *Der Brief an die Römer*. EKK VU1.2.3. Neukirchen, 1978.1980. 1982.
_____. "Zur Entwicklung des paulinischen Gesetzesverständnisses". In NTS 28 (1982): 154-190.
WILK, F. *Die Bedeutung des Jesajabuches für Paulus*. FRLANT 179. Göttingen, 1998.
WINDISCH, H. *Taufe und Sünde im ältesten Christentum bei auf Origenes*. Tübingen, 1908.
_____. *Der zweite Korintherbrief*, 9ª ed. KEK VI. Göttingen, 1924.
_____. "Das Problem des paulinischen Imperativs". In *ZNW* 23 (1924): 265-281.
WINNINGE, M. *Sinners and the Righteous*, CB.NT 26. Estocolmo, 1995.
WINTER, B. W. *Philo and Paul Among the Sophists*. MSSNTS 96. Cambridge, 1997.

_____. *After Paul left Corinth*. Grand Rapids, 2001.
WISCHMEYER, O. *Der höchste Weg*. StNT 13. Gütersloh, 1981.
_____. "Das Gebot der Nächstenliebe bei Paulus". In *BZ* 30 (1986): 153-187.
_____. "ΦΥΣΙΣ und ΚΤΙΣΙΣ bei Paulus". In *ZThK* 93 (1996): 352-375.
WOLFF, Chr. *Der erste Brief des Paulus an die Korinther*, 2ª ed. ThHK 7. Leipzig, 2000.
_____. *Der zweite Brief des Paulus an die Korinther*. ThHK 8. Berlim, 1989.
WOLTER, M. *Rechtfertigung und zukünftiges Heil*. BZNW 43. Berlim/Nova Iorque, 1978.
_____. "Ethos und Identität in paulinischen Gemeinden". In *NTS* 43 (1997): 430-444.
_____. "Die ethische Identität christlicher Gemeinden in neutestamentlicher Zeit". In *Marburger Jahrbuch Theologie XIII: Woran orientiert sich Ethik?* MThSt 67, pp. 61-90. Marburg, 2001.
WREDE, W. "Paulus". In *Das Paulusbild in der neueren deutschen Forschung*, 2ª ed., editado por K.-H. RENGSTORF, pp. 1-97. Darmstadt, 1969.
ZAHN, TH. *Einleitung in das Neue Testament I*, 2ª ed. Leipzig, 1900.
ZELLER, D. "Zur Pragmatik der paulinischen Rechtfertigungslehre". In *ThPh* 56 (1981): 204-217.
_____. "Theologie der Mission bei Paulus" In *Mission im Neuen Testament*. QD 93, editado por K. KERTELGE, pp. 164-189. Friburgo, 1982.
_____. *Der Brief an die Römer*. RNT. Regensburg, 1985.
_____. "Zur neueren Diskussion über das Gesetz bei Paulus". In *ThPh* 62 (1987): 481-499.
_____. *Charis bei Philon und Paulus*. SBS 142. Stuttgart, 1990.
_____. "Hellenistische Vorgaben für den Glauben an die Auferstehung Jesu?" In *Von Jesus zum Christus* (FS P. Hoffmann). BZNW 93, editado por R. HOPPE, U. BUSSE, pp. 25-41. Berlim/Nova Iorque, 1998.
_____. "New Testament Christology in its Hellenistic Reception". In *NTS* 46 (2001): 312-333.
_____ (org.). *Christentum I*. Stuttgart, 2002.
ZIMMERMANN, J. *Messianische Texte aus Qumran*. WUNT 2.104. Tübingen, 1998.

ÍNDICE DE AUTORES

A

Adna, J. - 120, 136
Aejmelaeus, L. - 294
Agersnap, S. - 748
Aland, K. - 561
Albani, M. - 501
Alexander, L. - 175
Alföldy, G. - 188
Alkier, St. - 29, 94, 217, 226, 270, 277, 340, 346
Althaus, P. - 426, 427, 547
Andresen, C. - 244
Ascough, R. S. - 185
Asher, J. R. - 280, 283
Assmann, A. - 33, 34, 78, 765, 771
Assmann, J. - 33, 117, 583
Aune, D. E. - 182, 341, 738
Avemarie, F. - 81, 355

B

Bachmann, M. - 350, 352, 353, 354
Backhaus, K. - 177, 190, 706, 710, 711
Baird, W. - 240
Bakirtzis, Ch. - 465
Bammel, E. - 197, 751
Barclay, M. G. - 343, 344, 372
Barnett, P. - 302
Barnikol, E. - 149
Barrett, C. K. - 295, 459, 562

Barth, G. - 243, 465, 559, 572, 573, 576, 678, 679
Barth, H. - 767
Barth, K. - 19, 529, 536, 616
Barthes, R. - 31
Bassler, J. M. - 233
Bauer, F. Chr. - 152, 325, 387, 388
Bauer, K.-A. - 635, 636, 637, 638, 639
Bauer, W. - 471, 491
Baumann, R. - 244
Baumbach, G. - 71, 503
Baumgarten, J. - 222, 746, 749, 751, 756, 766
Bautz-Holzherr, M. - 106, 534
Becker, J. - 77, 82, 96, 97, 105, 106, 136, 137, 139, 151, 215, 239, 275, 282, 335, 337, 350, 363, 368, 371, 402, 466, 473, 503, 527, 589, 662, 673, 745, 751
Behrends, O. - 592
Ben-David, A. - 170
Bendemann, R. v. - 231, 550
Bengel, M. - 103
Berger, K. - 40, 106, 115, 137, 290, 317, 337, 360, 376, 409, 452, 473
Berger, P. L. - 33, 35, 36, 37, 722
Berner, D. - 418
Berner, R. - 195
Berner, U. - 195
Bertram, G. - 677
Betz, H. D. - 40, 70, 86, 88, 92, 97, 131, 150, 151, 157, 160, 294, 296, 335,

336, 340, 342, 365, 371, 375, 416, 447, 457, 693-695, 708, 715, 721, 762
Betz, H. D. - 97, 447
Betz, O. - 145, 588, 603
Beutler, J. - 165, 193, 716
Beyer, H. W. - 739
Bichler, R. - 92
Bickmann, J. - 216, 557
Bieringer, R. - 294, 301, 324, 401, 569
Bietenhard, H. - 130
Billerbeck, 79, 97, 153, 157, 236, 363, 409, 411, 452, 476, 762
Binder, H. - 480
Black, M. - 59
Blank, J. - 122, 125, 350
Blaschke, A. - 153
Blass, F. - 134, 276, 300, 302, 429, 470, 550
Borden, P. - 342
Boring, M. E. - 225, 738
Bormann, C. v. - 28
Bormann, L. - 464, 472
Bornkamm, G. - 223, 295, 296, 388, 394, 465, 474, 631, 692
Börschel, R. – 36, 211, 220, 225, 230, 234
Borse, U. - 101, 151, 298, 318, 336, 337
Bosenius, B. - 189
Botermann, H. - 50
Böttrich, Chr. - 561, 731
Bousset, W. - 136, 257
Boyarin, D. - 205
Brandenburger, E. - 80, 223, 250, 268, 413, 432, 648, 677, 764
Brändle, R. 194, 388
Branham, R. Bracht - 167
Braun, H. - 281, 402, 606, 680
Braun, R. - 536
Brewer, D. Instone - 126
Breytenbach, C. - 56, 191, 319, 320, 332, 334, 342, 564, 568-574, 579-582

Brocke, Chr. Vom – 181, 208, 209, 210, 218, 219, 225
Brockhaus, U. - 270, 735
Brodersen, K. - 738
Broer, I. - 112, 220, 337, 342, 547, 549
Brucker, R. - 340, 473, 538
Büchsel, F. - 618
Bühlig, H. - 681
Bultmann, R. - 76, 86, 122, 136, 295, 300, 310, 315, 319-321, 324, 351, 353, 372, 398, 401, 403, 414, 417, 418, 425, 439, 513, 529, 535, 536, 543, 546, 559, 583, 606, 609, 620-622, 628, 636, 637, 640, 644, 645, 672, 673, 682, 694, 700, 706, 749, 750, 766
Bünker, M. - 238
Burchard, Chr. - 69, 95, 107, 350
Burckhardt, J. - 23
Burfeind, C. - 56, 141
Burkert, W. - 168, 609, 610, 767
Burkhardt, H. - 363
Bussmann, C. - 80, 212, 394

C

Cadbury, H. J. - 67
Campenhausen, H. v. - 527, 548
Cancik, H. - 132, 520, 681
Capes, D. B. - 563
Carson, D. A. - 584, 589
Chadwick, R. - 681
Chow, J. K. - 241
Christ, K. - 169, 188, 486
Church, F. F. - 481
Cineira, D. Alvarez - 66, 195, 197, 386
Clarke, A. D. - 736
Classen, C. J. - 70, 341
Clauss, M. - 169, 485
Claussen, C. - 184
Clemen, C. - 332

Collins, R. F. - 211, 227
Conrad, Chr. - 21
Conzelmann, H. - 55, 96, 100, 119, 170, 179, 180, 219, 242, 248, 256, 266, 271, 275, 398, 401, 466, 564, 620, 621, 622, 725, 741
Cranfield, C. E. B. - 403, 439
Crüsemann, F. - 585, 586, 588
Cullmann, O. - 150
Cumont, F. - 168

D

Dahl, N. A. - 365, 731
Dalferth, I. U. - 527, 531, 539, 543, 547, 577
Dauer, A. - 137, 138
Dautzenberg, G. - 112, 115, 259, 273, 286, 295, 317, 366, 696, 697, 698, 700, 701, 702, 738
Davila, J. R. - 607
Debrunner, A. - 134, 276, 300, 302, 429, 470, 550
Deines, R. - 71, 73, 74
Deissmann, A. - 257, 566, 575, 618
Delling, G. - 65, 195, 439, 530, 598, 710, 716, 766
Deming, W. - 288, 714
Demke, Chr. - 506
Dettwiler, A. - 527
Dibelius, M. - 209, 480
Dietrich, W. - 192
Dietzfelbinger, Chr. - 95, 96, 97, 103, 107, 108, 110, 111
Dihle, A. - 591, 593, 669
Dinkler, E. - 150, 179, 244, 255, 416, 547, 583
Dobbeler, A. v. - 673, 680
Dodd, C. H. - 465, 751
Donfried, K. P. - 197, 208, 215, 382, 388
Downing, F. G. - 366, 651, 696, 771

Droysen, 23
Droysen, J. G. - 21, 23
Dunn, J. D. G. - 39, 40, 121, 158, 349, 350-352, 364, 418, 439, 515, 517, 614, 620, 622, 625, 627, 636, 654, 662, 674, 706, 745, 748
Duoley, D. R. - 167
Dux, G. - 24, 25, 29, 36, 37

E

Ebner, M. - 67, 88, 93, 182, 307
Eckert, J. - 369, 686, 725
Eckstein, H.-J. – 89, 363, 416, 683, 684, 709
Eckstein, R-J. - 681, 682
Elliger, W. – 180, 208, 235, 464
Elliott, N. - 193
Ellis, E. E. - 125
Eltester, F.-W. - 685
Engberg-Pedersen, T. - 85, 175, 416
Erlemann, K. - 766
Esner, M. - 88, 306
Estel, B. - 33
Evans, A. C. - 125

F

Falk, D. - 589
Fascher, E. - 480
Fee, G. D. - 241, 431, 465, 466, 633
Fiedler, M. J. - 82
Finsterbusch, K. - 452
Fischer, K. M. - 51, 150, 480, 527, 530, 708
Fitzmyer, J. A. - 300, 402, 563, 564, 566
Forbes, Chr. - 89
Fossum, J. E. - 608
Frankemölle, H. - 686
Friedlaender, L. - 167, 468

Friedrich, G. - 98, 244, 518, 550, 559, 572, 579, 583, 672, 673, 679
Friedrich, J. - 180, 451
Friedrich, L. - 588
Friese, H. - 33, 34, 78
Frohnhofen, H. - 195
Funke, H. - 610
Furnish, V. P. - 103, 241, 292, 295, 302, 311, 325, 466, 761
Fuss, B. - 126

G

Gager, J. G. - 203
Garnsey, P. - 188
Gaukesbrink, M. - 570, 574
Gäumann, N. - 418
Geertz, 380, 599
Gehring, R. W. - 181, 186, 187, 210, 238, 739, 740
Gehrke, H.-J. - 92
George, M. - 192
Georgi, D. - 324, 458
Gerberl, Chr. - 733
Geyer, H.-G. - 536
Giebel, M. - 167, 169
Gill, D. W. J. - 236
Gladigow, B. - 771
Glaserfeld, E. V. - 36
Gnilka, J. - 40, 88, 104, 115, 300, 376, 458, 480, 481, 484, 515, 618, 686, 757
Goertz, H.-J. - 21, 22, 23, 25, 26, 36
Goldenberg, R. - 77
Goldhahn-Müller, I. - 257
Goodblatt, D. - 73
Goodman, M. - 193
Goppelt, L. - 127, 415
Goulet-Cazé, M.-O. - 167
Grabner-Haider, A. - 718
Grässer, E. - 296, 313, 417, 503, 506, 514, 579

Grünberg, W. - 105
Grundmann, W. - 391, 751
Gülzow, H. - 170, 366, 480
Gundry, R. H. - 636, 637, 638
Günther, M. - 465
Gutbrod, W. - 349, 682, 694
Güttgemanns, E. - 306, 734

H

Haacker, K. - 62, 65, 66, 68, 70, 75, 78, 101, 106, 107, 111, 389, 406, 407, 439, 447, 450-452, 459, 574, 575, 615, 651, 675
Habermann, J. - 473, 509
Habermas, J. – 774-775
Haenchen, E. - 57, 97, 108, 109, 458, 460
Hafemann, J. - 136, 314
Hafermann, S. J. - 120
Hager, E-P. - 648
Hahn, F. - 115, 159, 231, 271, 369, 443, 444, 519, 562, 563, 564, 596, 598, 599, 612, 663, 733
Haldimann, K. - 527
Hanhart, R. - 125
Hanson, A. T. - 125
Harnack, A. v. - 19, 128, 134, 165
Harnisch, W. - 225, 372, 373, 648, 746
Harril, J. A. - 266
Haufe, G. - 209, 712, 760
Hausrath, A. - 294
Hay, D. M. - 153, 241, 674
Hays, R. B. - 125, 674
Heckel, Th. - 693
Heckel, U. - 71, 177, 322, 327, 328, 329
Heidegger, M. - 27
Heidinger, H.-W. - 20
Heil, Chr. - 157
Heininger, B. - 99, 103, 107, 180
Heinrich, G. - 185

Heitmüller, W. - 256
Hellholm, D. - 365, 402, 416
Hemer, C. J. - 332
Hengel, M. - 56, 64-67, 69, 71, 73, 76, 77, 93, 96, 107, 111, 125, 128-136, 144, 195, 200, 457, 509, 547, 552, 562, 564, 566, 572, 607, 651, 655
Hennecke, E. - 491
Henten, J. W. van - 572, 574
Hentschke, A. B. - 592
Hermann, I. - 316
Hillmann, K. H. - 33
Hock, R. F. - 69, 182
Hoffmann, H. - 354, 655, 657
Hoffmann, P. - 223, 470, 471, 527, 530, 549, 751
Hofius, O. - 120, 136, 313, 314, 390, 414, 415, 422, 424, 427, 443, 444, 474, 506-509, 511, 579, 580, 709
Holm-Nielsen, S. - 589
Holtz, T. - 143, 146, 209, 219, 229, 506, 507, 691, 764
Holtzmann, H. J. - 175, 751
Hommel, H. - 426, 486, 487, 650
Hooker, M. D. - 562
Horn, F. W. - 40, 59, 211, 233, 243, 244, 250, 253, 260, 263, 269-271, 273, 280, 281, 286, 313, 316, 317, 326, 342, 370, 455-458, 489, 625-627, 630, 633, 634, 705, 706
Horrell, D. G. - 205
Horsley, R. A. - 188, 193, 197, 216, 239, 240, 250, 255, 266, 281, 451, 519
Hossfeld, F.-L. - 402, 584
Hotze, G. - 304, 306, 307, 327, 329
Hubbard, M. V. - 79, 319
Hübner, H. - 29, 78, 98, 111, 125, 161, 231, 289, 322, 335, 337, 342, 348, 349, 350, 356, 363, 364, 369, 392, 394, 399, 405, 408, 411, 412, 421, 423, 424, 430, 435, 437, 439, 443,
444, 513, 514, 545, 596, 599, 618, 619, 762
Hulmi, S. - 312, 324, 326
Humboldt, W. v. - 23
Hunzinger, C. H. - 310, 465, 751, 757
Hurtado, L. W. - 99, 566, 607, 608
Hyldahl, N. - 49, 51

I

Iser, W. - 25

J

Jaeger, F. - 22
Janowski, B. - 568, 569, 576, 583, 586
Jeremias, G. – 362, 473
Jeremias, J. - 71, 120, 473, 588
Jervell, J. - 41, 388, 458, 685, 687
Jewett, R. - 51, 52, 59, 208-210, 693
Johnson, B. - 82
Johnson, E. E. - 674
Jonas, H. - 774
Jones, S. - 91, 261, 267, 289, 312, 316, 361, 371, 695, 696, 699, 700
Jonge, M. de - 562, 564, 565, 575
Judge, E. A. - 203
Jülicher, A. - 480, 673
Jung, F. - 623
Jürgens, B. - 148, 151

K

Kajanto, I. - 166
Kamlah, E. - 716
Kampling, R. - 458
Kant, I. - 569
Karrer, M. - 277, 533, 562, 563, 571, 623, 723
Käsemann, E. - 180, 257, 272, 274, 324, 329, 395, 401, 407, 409, 414, 416, 429,

430, 439, 443, 445, 447, 451, 503, 578, 583, 588, 629, 635, 637, 638, 640, 673, 676, 692, 724, 731, 766
Kehrer, G. - 203
Keller, W. - 443
Kennedy, G. A. - 340
Kertelge, K. - 246, 270, 322, 371, 425, 458, 459, 596, 598, 600, 601, 686, 700, 736
Kessel, M. - 21
Kettunen, M. - 388
Kim, P. - 83, 497, 498, 625, 649, 650
Kim, S. - 102, 103
Klappert, B. - 537
Klauck, H.-J. - 89, 154, 167, 168, 184, 185, 236, 238, 282, 294, 297, 298, 302, 319, 325, 384, 575, 681, 686, 723
Klausner, J. - 20
Klehn, L. - 618, 619
Klein, G. - 111, 150, 158, 179, 244, 287, 388, 477, 547, 748
Klinghardt, M. - 185
Klumbies, P.-G. - 510, 511
Knauf, E. A. - 130
Kneissl, P. - 486
Knöppler, Th. - 570, 574, 733
Knorr-Cetina, K. - 26
Koch, D.-A. – 82, 125-128, 219, 260, 263, 264, 285, 286, 314, 333-336, 342, 361, 408, 412, 437, 458, 477, 515, 570
Kocka, J. - 23
Kohle, K.-H. - 78
Kolb, F. - 132
Kollmann, B. - 73, 135, 328
Kornemann, E. - 65
Koselleck, R. - 24
Köster, H. - 209, 216, 303, 465, 466
Kramer, W. - 542, 562, 563, 567, 612
Kraus, W. - 96, 103, 111, 115, 117, 144, 145, 433, 436, 573, 574, 575, 581, 723, 728, 729, 731

Krug, J. - 304, 306
Kuhlen, R. - 28
Kuhn, H.-W. - 98, 343, 353, 361, 362, 402, 547, 551, 552, 556
Kuhn, K. G. - 153, 649
Kümmel, W. G. - 41, 113, 122, 209, 301, 426, 434, 342, 465, 480, 481
Kurz, G. - 34
Kuss, 388
Kuula, K. - 363, 370

L

Labahn, A. - 102, 566
Labahn, M. - 66, 102, 125, 328, 461, 462, 476, 506, 566, 567
Lambrecht, J. - 301, 324, 401
Lampe, P. - 36, 69, 258, 382, 383, 384, 480, 482
Landmesser, Chr. - 509, 709
Lang, F. - 292, 300, 302, 309, 313, 325, 683, 692
Lange, A. - 720, 731
Lange, D. - 531
Larsson, E. - 109
Lasahn, M. - 476
Latte, K. - 520
Laub, F. - 228
Laufen, R. - 509
Lenk, H. - 28
Lervell, J. - 388
Lessing, G. E. - 530, 540
Lewis, G. S. - 607
Lichtenberger, 69, 81- 83, 132, 382, 487, 649, 651, 654, 709
Lichtenerger, H. - 81
Liefeld, W. L. - 168
Liehtenberger, H. - 590
Lietzmann, H. - 243, 266, 280, 292, 293, 298, 309, 311, 315, 319, 363, 373, 416, 439, 447, 576, 605, 630

Lightfoot, J. B. - 337, 480
Limbeck, M. - 587
Lindemaier, 681
Lindemann, A. - 22, 221, 239, 243, 266, 270, 275, 280, 282, 285, 287-289, 448, 466, 477, 489, 490, 713, 715, 746-748, 751, 758
Lips, H. v. - 128, 509
List, E. - 25
Lodemann, G. - 107, 206
Lohmeyer, E. - 350, 465, 473, 480
Löhr, H. - 489, 490
Lohrmann, D. - 343
Lohse, E. - 120, 289, 389, 402, 430, 480, 481, 484, 519, 574, 589, 598
Longenecker, R. N. - 151
Löning, K. - 95, 109, 110, 111
Lorenz, Chr. - 21, 25
Losemann, V. - 486
Luck, G. - 169, 267, 521, 595, 720
Luck, U. - 102
Luckmann, Th. - 30, 33-35, 37, 117, 192, 544, 549, 722
Lüdemann, G. - 51, 56, 58, 66, 69, 105, 110, 135, 138-142, 144, 147, 150, 154, 174, 220, 222, 223, 282, 325, 337, 342, 344, 376, 457, 458, 460, 465, 527, 531, 533, 534, 547, 548, 762, 764
Lüdemann, H. - 41
Ludwig, H. - 179
Lührmann, D. - 151, 239, 335, 337, 342, 487, 596, 677
Lütgert, W. - 324
Luz, U. - 24, 73, 180, 192, 222, 363, 413, 423, 429, 434, 439, 443, 512, 515, 598, 600-602, 619, 751

M

Maar, Chr. - 45

Mack, B. L. - 268
Maier, G. - 84, 437, 438, 512, 513
Maier, J. - 71, 77, 170, 171, 353, 361, 587, 589
Malherbe, A. J. - 86, 209, 217, 225
Mansfeld, J. - 610
Markschies, Chr. - 693, 694
Marshail, P. - 252
Martin, R. P. - 294, 473, 618
Martyn, J. L. - 240, 335, 363, 364
Marxsen, W. - 209, 215, 221, 223, 233, 477, 527, 530, 536, 543, 752
Mayer, B. - 512
Meeks, W. A. - 188, 203, 237
Meggitt, J. J. - 69
Mehl, A. - 134
Mehlhausen, J. - 126
Meier, J. P. - 71
Meissner, S. - 20
Mell, U. - 368, 466, 473
Mensching, G. - 205
Merk, O. - 29, 124, 228, 229, 342, 371, 372, 465, 723
Merkelbach, R. - 168
Merklein, H. - 124, 221, 222, 225, 237, 239, 242, 249, 250, 259, 266, 282, 285, 354, 446, 451, 515, 516, 517, 520, 554, 645, 745, 759
Merz, A. - 527
Meshorer, Y. - 59
Meyer, E. - 69
Meyer, R. - 67, 71, 152
Meyer-Blanck, M. - 34
Michel, O. - 125, 436, 451, 452
Millar, F. - 59
Millard, A. R. - 165
Mitchell, M. M. - 239, 264, 365
Molthagen, J. - 192
Mommsenl, W. J. - 21
Mosis, R. - 587
Müller, P. G. – 101, 179, 733

Müller, U. B. - 104, 368, 467, 469, 473, 474, 477, 478, 757
Murphy-O'Connor, 186, 236, 237, 300
Murphy-O'Onnor, J. - 129
Mussner, F. - 101, 147, 150, 151, 333, 335, 342, 348, 357, 370, 444, 453, 762

N

Nebe, G. - 750
Neirynck, F. - 120, 121, 569
Nestle, D. - 695
Neubrand, M. - 410
Neugebauer, F. - 618, 731
Neumann, G. - 165, 166
Neusner, J. - 71, 75, 76, 77
Newman, C. C. - 607
Niebuhr, K.-W. - 29, 96, 98, 669, 720
Niebuhr, W. - 111
Niehr, H. - 584
Nielsen, H. K. - 329, 393
Nilsson, M. P. – 168, 767
Nissen, A. - 654
Noethlichs, K. L. - 194

O

O'Brien, P. T. - 465, 584, 589
Obrist, H. U. - 45
Oegema, G. S. - 80, 590
Oeing-Hanhoff, L. - 28
Oeming, M. - 587
Oepke, A. - 335, 337, 342, 344, 363, 619, 731
Ollrog, W. H. - 177, 179, 332, 726, 743
Omerzu, H. - 65, 66, 67, 68, 455, 456, 460, 461, 462, 463, 491
Osten-Sacken, P. v. D. – 100, 309, 439, 529
Otto, E. - 82, 654
Otto, R. - 117

P

Pannenberg, W. - 534, 537, 538, 540
Pantelis, M. N. - 210
Passow, F. - 569
Paulsen, H. - 282, 430, 431, 559, 564
Pavel, O. - 591
Pedersen, S. - 329, 342, 393
Pfeiffer, M. - 631, 632, 710
Pfitzner, V. C. - 733
Pfleiderer, O. - 337
Pilhofer, P. - 173, 464, 472, 720, 731
Pilz, Chr. M. - 552
Plevnik, J. - 211
Pohlenz, M. – 106, 394, 534, 695
Pöhlmann, W. - 451, 588
Pokorny, P. - 566
Popkes, W. - 122
Pöppel, E. - 44
Powers, D. G. - 378, 498, 747
Pratscher, W. - 144

Q

Quimron, E. - 353

R

Rad, G. v. - 688
Radke, G. - 468
Radl, W. - 140, 216, 222
Räisänen, H. - 22, 44, 102, 105, 110, 111, 115, 161, 313, 337, 349, 363, 375, 376, 377, 406, 407, 429, 434, 439, 440, 442, 443, 452, 499, 658, 659, 666, 667, 764
Ramsay, W. M. – 64, 69
Ranke, L. v. - 21
Rape, R. K. - 350
Rapske, B. - 460, 462
Rau, E. - 105, 106, 137, 658

Reck, R. - 167, 177, 182, 300, 468
Rehkopf, F. - 134, 276, 300, 302, 429, 470, 550
Reichardt, M. - 105
Reichert, A. - 388, 389, 433, 439, 442, 444, 447, 448, 449, 450, 453
Reinbold, W. - 73, 172, 181
Reinmuth, E. - 31, 122, 123, 124, 538, 712
Reiser, M. - 59, 92, 172, 182, 232
Rengstorf, K. H. - 348
Reventlow, H. v. - 773
Richard, E. - 233
Richardson, P. - 382
Ricoeur, P. - 21, 495
Riedweg, Chr. - 610
Riesner, R. - 51, 53, 56, 58, 60, 66, 120, 129, 131, 132, 140, 166, 167, 174, 194, 196, 197, 208-210, 214, 223, 228, 231, 332, 392
Rissi, M. - 279
Rohde, E. - 767, 769
Rohde, J. - 150, 151, 154, 334, 335, 337, 339
Röhser, G. - 427, 512, 513, 569
Roloff, J. - 40, 43, 55, 57, 107, 154, 206, 285, 335, 436, 458, 460, 465, 467, 618, 632, 723, 724, 726, 729-732, 735- 737, 739, 740, 751, 764
Roloff, R. - 56, 57
Rosén, H. B. - 165
Rosen, J. - 22
Rosenberger, V. - 677
Rowland, Ch. - 608
Ruge, W. - 64
Rühser, G. - 642
Rüpke, J. - 168, 520
Rusam, D. - 342
Rüsen, J. - 21, 23, 25, 30, 31, 32, 117, 118, 204, 206, 531, 539, 541, 542, 745

S

Safrai, S. - 59, 68, 175
Saldarini, A. J. - 71
Saliba, J. A. - 203
Saller, R. - 188
Sand, A. - 560, 636, 640, 641
Sandelin, K. G. - 250
Sanders, E. P. - 42, 69, 76, 77, 171, 351, 355, 357, 363, 405, 426, 499, 557, 665, 666
Sanders, J. A. - 125
Sandnes, K. O. - 102
Sänger, D. - 172, 341, 433
Sass, G. - 411, 436
Schade, H. H. - 41, 215, 216, 219, 222, 223, 226, 275, 279, 280, 414, 465-467, 712, 751, 753, 760
Schäfer, P. - 58, 71, 72, 132, 171
Schäfers, B. - 186, 203
Schaller, B. - 73, 120
Scharbert, J. - 584
Schenk, W. - 465
Schenke, H.-M. - 51, 150, 480
Schenke, L. - 96
Schiefer-Ferrari, M. - 88, 306, 307
Schlatter, A. - 676
Schlier, H. - 151, 335, 337, 503, 625, 633, 726, 762
Schmeller, Th. - 86, 87, 121, 175, 176, 179, 185, 193
Schmid, H. H. - 126, 585
Schmid, J. - 300, 465, 466, 468
Schmidt, S. J. - 36
Schmithals, W. - 324, 427
Schmitt, R. - 165
Schmitt-Pantel, P. - 520
Schnabel, E. J. - 363
Schnackenburg, R. - 124, 259, 318, 415, 706
Schneemelcher, W. - 63, 96, 97, 152, 491

Schneider, G. - 109, 154, 460
Schnelle, U. - 21, 39, 40, 54, 102, 121, 125, 227, 230, 255, 279, 289, 328, 357, 365, 383, 396, 402, 404, 416, 418, 419, 477, 506, 566, 567, 573, 576, 590, 598, 599, 616, 618, 619, 628, 635, 636, 752, 757, 761
Schoeps, H. J. - 19, 20, 657, 673
Scholtissek, K. - 123, 177
Schoon-Janssen, J. - 340
Schrage, W. - 237, 239, 242, 257, 263, 264, 266, 270, 275, 278, 280, 447, 502-506, 527, 607, 608, 613, 616, 618, 629, 706, 709, 753
Schreiner, J. - 71, 171
Schreiner, Th. R. – 349, 350, 439, 664
Schröder, B. - 97
Schröter, J. - 191, 314, 317, 350, 568, 581, 602
Schulz, S. - 82, 105, 228, 751
Schulz-Falkenmal, H. - 182
Schumacher, L. - 62, 189, 266, 366
Schunack, G. - 678
Schunck, K-D. - 575
Schüpphaus, J. - 589
Schürer, E. - 59, 71, 199
Schürmann, H. - 270, 568, 708
Schütz, A. - 29, 30, 34, 116, 544, 545
Schütz-Luckmann, 30
Schwankl, O. - 85
Schweitzer, A. - 27, 41, 152, 263, 358, 363, 370, 376, 409, 480, 525, 531, 557, 559, 605, 707
Schweizer, E. - 270, 271, 337, 342, 638, 727, 759
Schwemer, A. M. - 64, 96, 107, 125, 130, 131, 132, 133, 134, 135, 137
Schwienhorst-Schönberger, L. - 458
Schwier, H. - 73
Schwobel, Chr. - 542
Scriba, A. - 58, 60

Seifrid, M. A. - 114, 290, 401, 402, 584, 588, 589, 618
Sellert, W. - 592
Sellin, G. - 223, 250, 251, 278, 280, 281, 368
Sellin, V. - 21
Semler, J. S. - 294
Seybold, K. - 80
Sherwin-White, A. N. - 65
Siber, P. - 222, 617, 751
Siegert, F. - 87, 154
Slenczka, R. - 531, 535
Smallwood, E. M. - 68
Smend, R. - 429
Smith, D. E. - 236
Soden, H. v. - 284
Söding, Th. - 29, 40, 92, 102, 125, 138, 213, 215, 227, 244, 249, 252, 261, 263, 273, 287, 337, 357, 402, 458, 506, 509, 564, 566, 567, 584, 600, 604, 708
Sohm, R. - 736
Sonntag, H. - 587, 591, 651, 652, 658
Speyer, W. - 165
Spieckermann, H. - 584, 586, 587
Spiegel, Y. - 534
Stanley, C. D. - 125, 126
Stark, R. - 203, 204, 521
Stegemann, E. - 65, 69, 185, 187, 188, 194, 366, 388
Stegemann, H. - 72, 73, 153, 361, 402
Stegemann, W. - 65, 66, 69, 185, 187, 188, 366
Stemberger, G. - 71, 72, 73, 74, 77, 170, 171, 195, 770
Stemberger, O. - 81
Stenger, W. - 101
Stephenson, G. - 771
Stern, M. - 59, 68, 175, 195
Steudel, A. - 73, 98
Stoldt, P. - 105

Stolle, V. - 460
Storck, G. - 755
Stowasser, M. - 452
Stowers, S. K. - 86, 182
Straub, J. - 22, 31, 33, 34, 116, 122, 495, 705, 745
Strauss, D. F. - 531, 532, 533
Strauss, J. - 117
Strecker, Chr. - 29, 99, 101, 113, 357, 365, 367, 379, 416, 418, 474, 498, 526, 555, 598, 614, 618, 619, 748
Strecker, G. - 55, 76, 77, 97, 101, 104, 105, 111, 122, 256, 294, 337, 376, 465, 515, 519, 520, 557, 559, 564, 706, 751
Strobel, A. - 54, 450
Strobel, K. - 333, 334, 335
Strugnell, J. - 353
Stuhlmacher, P. - 39, 102, 111, 120, 136, 151, 180, 289, 332, 363, 384, 388, 401, 403, 405, 428, 430, 451, 480, 481, 484, 515, 516, 518, 571, 574, 579, 581, 586, 588, 676, 706
Suhl, A. - 53, 59, 481
Suhr, U. - 105
Sumney, J. L. - 324, 326
Sundermeier, Th. - 195
Synofzik, E. - 80, 250, 755

T

Tellbe, M. - 477
Theis, J. - 244
Theissen, G. - 22, 44, 105, 112, 151, 188, 207, 248, 250, 261, 262, 376, 426, 527, 616, 646, 655, 660, 661, 763
Theobald, M. - 350, 388, 401, 403, 404, 413, 434, 439, 443, 444, 446, 451, 454, 504, 515, 644
Thielmann, F. - 287

Thoma, C. - 71
Thome, G. - 648
Thornton, C.-J. - 458, 459, 480
Thrall, M. E. - 294
Thümmel, H. G. - 491
Thüsing, W. – 505-508, 557, 564, 568, 618, 626
Thyen, H. - 402
Tillich, P. - 544
Tott, A. B. du - 420
Trafton, J. L. - 589
Troeltsch, E. - 23, 541
Tuckett, Chr. - 205

U

Umbach, H. - 228, 257, 259, 260, 319, 414-416, 418, 420, 422, 429, 431, 581, 599, 618, 642, 643, 644, 740, 741, 742, 744
Unnik, W. C. van - 65, 76
Untermann, J. - 165, 166
Usteri, L. - 40

V

Vanhoye, A. - 343
Vermes, G. - 59, 562, 563
Vielhauer, Ph. - 122, 209, 297, 332, 337, 481
Vierhaus, R. - 21
Viering, F. - 527, 530, 536
Vittinghoff, F. - 188, 201, 488, 489
Vogel, M. - 84, 314
Vollenweider, S. - 91, 266, 286, 313, 317, 358, 474, 475, 504, 509, 545, 608, 628, 629, 695, 699, 700
Vos, J. S. - 627
Voss, F. - 244, 248, 250, 273
Vouga, F. - 204, 334, 335, 340, 353, 354, 363

W

Wagner, F. - 101
Walter, N. - 120, 121, 125, 260, 343, 473, 752, 754, 756, 760
Wander, B. - 154, 199, 200
Watson, F. - 294, 298, 344, 346, 352
Watzlawick, P. - 36
Weber, R. - 407, 423-425, 427, 428, 429, 575, 596, 654-656, 668
Wechsler, A. - 138, 139, 156, 160, 348
Wedderburn, A. J. M. – 122, 388, 418, 618
Weder, H. - 243, 244, 372, 553, 605, 631, 632, 644, 646, 649, 704, 706, 707, 710
Wehnert, H. - 143
Wehnert, J. - 59, 148, 152, 156, 159, 458
Wehr, A. - 152
Weidhas, R. F. - 36
Weiser, A. - 57, 108, 109, 110, 120, 133, 336, 460, 461
Weiss, H. F. - 71
Weiss, J. - 100, 136, 138, 246, 277, 295
Welker, M. - 569, 583
Wellhausen, J. - 133
Welwei, K.-W. - 591
Welzer, H. - 78
Wengst, K. - 65, 169, 225, 542, 573
Wenham, D. - 120
Wernle, P. - 107
Wetter, P. G. - 621
Wibbing, S. - 716
Wick, P. - 465
Wickert, U. - 335
Wiefel, W. - 38, 222, 309-311, 382, 465, 751, 754, 756
Wilamowitz-Moellendorff, U. v. - 520
Wilckens, U. - 160, 242, 244, 337, 351, 375, 376, 388, 392, 393, 397-399, 404, 411, 414, 422, 425, 428, 430, 433, 439, 441, 444, 452, 506, 535, 548, 549, 572, 574, 606, 657, 658, 764
Wilk, F. - 102
Wilken, R. L. - 203
Wilson, S. G. - 562
Windisch, H. - 79, 103, 293, 294, 295, 302, 309, 310, 311, 315, 319, 322, 325, 328, 329, 403, 643, 687, 706, 743
Winger, M. - 369
Winninge, M. - 355, 589, 590, 591
Winter, B. W. - 236, 243, 252, 255, 257, 258
Wirkenhauser, A. - 468
Wischmeyer, O. - 270, 275, 278, 452, 503
Wiseman, J. - 235
Wissowa, G. - 168
Wölfel, K. - 530
Wolff, Chr. - 103, 240, 254, 266, 270, 275, 276, 277, 279, 280, 292, 298, 300, 301, 304, 313, 314, 319, 508, 528, 529, 553, 640, 686, 687
Wolff, H.-W. - 688, 691
Wolter, M. - 318, 480, 483, 581, 709, 720, 721, 733
Wrede, W. - 19, 41, 114, 345, 376, 557, 605, 658
Wright, N. T. - 519
Würthwein, E. - 125

Y

Yollenweider, S. - 473

Z

Zahn, Th. - 339
Zaidmann, L. B. - 520
Zangenberg, J. - 476
Zeilinger, F. - 300

Zeller, D. - 168, 384, 403, 407, 418, 427, 439, 440, 444, 562, 564, 609, 620, 621, 684, 718
Zeller, E. - 167
Ziesler, J. A. - 245
Zima, P. V. - 772
Zimmermann, J. - 81, 562, 566, 739
Zizek, S. - 776
Zumstein, J. - 527

ÍNDICE DAS PASSAGENS BÍBLICAS E EXTRABÍBLICAS

ANTIGO TESTAMENTO

Gênesis

1	79
1,3	306
1,26s	414, 687
1,27	366, 687, 688
1,27a.b	687
2,22	687
2,24	713
2,7	306, 414
4,17s	349
4,25	121
5,18-24	608
15,5	409
15,6	360, 408, 409, 409, 410, 411, 586, 587, 677
17	343, 409, 410
17,10	375
17,11	145
17,5	409
22	126, 409
25,23	437
26	409
27a.b	687, 688
27c	687, 688

Êxodo

9,16	437
12,43-49	147
20,10	147
20,13-15.17	452
20,5	715
21,2-6.26s	366
23,12	147
31,18	313
32,6	728
33,19	437
34,10-17	146
34,13ss	715
34,15	715
34,29-35	314
34,29-35	314, 761

Levítico

5,6-10	572
10b	452
16	574
16,21s	577
16,29	147

17,11	576	15,12-18	366
17s	147, 148	17,7b	713
18,22	395	21,22s	550
18,5	126, 353	23,1	257, 713
18,8	257, 713	23,16	483
19,15	584	23,16s	366
19,18	126, 368, 453	23,1s	723
19,18b	452, 715	23,2-4	723
20,11	257	24,1	714
20,13	395	25,4	285
20,2	147	27,20	257, 713
20,2-7	146	27,26	361
22,18-20	147	30,11-14	162
24,10-22	147	30,14ss	81
25,8ss.39s	366	30,15.16	665
		30,15-20	356
Números		32,17	715
		32,21	442
9,14	147	32,43	728
15,30	147	33,2	363
16,3	723	33,21	402
19,1-11	147	33,3	724
25	73		
25,7-11	97	**Juízes**	
30,4	723		
		2,5	130
Deuteronômio		20,2	723
4,19	146	**1 Samuel**	
4,8	161		
4.1	356	24,6	681
5,17-20.21	452		
6,15	81	**2 Samuel**	
6,24ss	587		
6,4b	502	4,10	518
7,6ss	587	7,11s.14	566
8,1.3	356	18,20.22.25.27	518
9,10	313	24,10	681
10,17-19	584		
13,7ss	715	**1 Reis**	
14,3	714		
14,3-21	157	16,18s	570

18,10.14	690	24,4	713
18,40	97	24,4s	585
19,9s	73	24,5	82
19,10.14	97	26,11	713
22,19	99	31,2	82
		32	664
2 Reis		33,20	216
		33,4-6	585
5,15	502	33,5	586
7,9	518	34,23	586
19,19	502	36,39	216
		37,31	81
1 Crônicas		40,9	81
		50,6	586
16,13	724	51	586, 664
24,1	723	51,14	586
28,8	723	51,16	82
		51,3	586
2 Crônicas		51,6	586
		56,14	277
12,12	219	61,13	397
28,8	723	65	586
		67	392
Neemias		69,281	410
		71,15	586
9,8	409	72,13	586
9,29	81, 356	72,4	584
13,1	723	73	81
		82,3	584
Jó		85,10-14	585
		93,11	395
7,2	212	93,14	728
31,13.15	366	97,1-2.6	585
		98,2	585
Salmos		103,6	584
		105.6.43	724
2,7	566	106.5	724
11,7	584	110,1	563
19,13	664	115,1	675
22,32	82	116,8	277
23,7-10	506	118,3.26	713

119	664	49,1-6	102
119,116	356	49,6	101
130	586	51,5-8	585
139,8	392	51,7a	81
142,2	348, 586	52,13-53,12	579
143,2	586	52,6-10	579
		52,7	516
Provérbios		53	586
		53,10,12	277
2,1-6	607	53,11-12	573
3,1-3	81	53,11b	586
5,3	713	53,12	570
6,20-7,27	713	53,4s	570
7,1-3	81	55,3	713
8,22-21	607	56,8	723
8,22-31	248	58,6-9	586
10,16a	81	60,1-3	103
11,19	584	62,2	586
24,12	397	65,2	728
31,8s	584	65,9.15.22	724
Isaías		**Jeremias**	
1,23	584	1,5	101, 102, 390
6,1	99	10,10	502
10,1s	584	2,5	395
11,3b.4a	584	20,9	102
19,16-25	146	22,13-17	584
25,8	286	22,3	584
26,19	81	28,12-14.20-23	248
28,11s	285, 715	31	313
32,1.15-17	584	31,31-34	313
42,1	191	31,33	313
42,16	103	38,31-34	313
42,6	103, 502	38,33	317
45,21s	585	38,4	723
45,8	585		
46,12s	585	**Ezequiel**	
49,1	390		
49,1.5	101	1,26.28	104
49,1.6	102	11,19	313

13,13	219	**Amós**	
20,11.13.21	356		
20,25s	317	3,8	102
36,26s	313, 314	5,7.10-15	584
37,10	723	9,1	99
37,1-14	81		
37,26-28	313	**Miquéias**	
Daniel		2,5	723
1,8ss	157	**Habacuque**	
7,18.21s.25.27	724		
12,1	216	2,4	362, 392, 393, 586, 587
12.2s	81	2,4b	361, 362, 408, 409
		3,19	392
Oséias		**Malaquias**	
2,25	728		
6,2	277	1,2	437
13,14	286	1,11	146

NOVO TESTAMENTO

Mateus		**Marcos**	
5,43	452	2,23s	75
6,1-4.5s.16-18	356	2,23ss	109
7,12	452	3,2s	109
9,37s	477	6,3	144
10,10	477	7,1-13	74
10,8	737	7,14	109
19,19	452	7,15	121
22,39	452	7,1-8.14-23	74
23,15	171	7,4	75
23,23	74	7,9-13	74
23,34-36	219	10,10	120
25,6	222	10,5s	109
26,61	109	10,9.11	120
28,16-20	277	12,18	81
28,9.10	548	12,18-27	75

12,19	219	4,42	476
12,28-34	452	6,45	228
14,27.31.50	533	2,19	109
14,55-60	109	19,38	547
14,58	109	20	549
15,40	533	20,1-10.11-15	546
15,42-47	533	20,11-18	548
15,43	547	20,19-23	548
16,1-8 par.	546	20,19-29	277
16,7	277, 548	20,25.27	552
		27,6	681

Lucas

Atos

1,3	335		
3,1.2	54	2,1-13	548
4,16-30	140	2,5-11	166
6,14	140	2,17s	738
6,27-36	121	3,24	335
8,1	335	4,2	81
9,29	109	4,36	140
9,32	109	4,36s	56, 135
9,51	456	5,34-39	76, 77
9,51-19,27	55	6,1-6	108
10,27	452	6,5	133
10,4.9 par.	737	6,8-15	108, 109, 110, 111
10,7	120	6,9	67
11,49-51	219	6,13	109, 110
21,15	108	6,13s	109
22,32	335	6,15	109
22,66-67	109	7,48	109
24,13ss	548	7,48-50	109
24,34	277, 548, 549	7,52	219
24,36-53	277	7,55s	109
24,39	552	7,58	68, 109
		8,1.3	68
João		8,1-3	199
		8,3	95, 96
1,1s	610	8,4ss	96
3,16s	571	8,7.13	154
3,5	564	9	107, 108
4,24	771	9,1c.2	96

9,1.8.22.24	68	12,2b-17	132
9,2	95	12,12	185, 186
9,3-19	107	12,17	143
9,3-19a	107, 108	12,17b	144
9,7	108	12,18-23	139
9,11	107	13,1	134, 135, 738, 739
9,12	97	13,1.2	334
9,17.18	120	13,1-14,28	56, 58, 139, 141
9,20	108, 171	13,1-3	737
9,23-25	130	13,1-3.4-12	56
9,26	54, 55	13,2	141
9,26-30	131	13,2.3	135
9,29	109	13,4	133
9,29s	131	13,4-12	56, 139, 140
9,30	63	13,5b	56
10	140	13,5.14-43	171
10,1-11,15	155	13,6.8	140
10,1-11,18	133, 141	13,7-12	68
10,2	154	13,12	180
10,14s.28	659	13,13-14-27	332
10,34-48	144, 151	13,14	333
10,44-48	658	13/14	155
11,3	158, 659, 660	13,16.26	154
11,4	335	13,43.50	141
11,15	658	14,1	141
11,19	133	14,1s	171
11,19-26	55, 56	14,4.14	107, 135, 140, 737
11,19-30	133	14,5	141
11,19ss	96	14,6	333
11,20	56, 133, 658	14,6.11	333
11,20s	658	14,8-20	140
11,22.25	133	14,11	166, 334
11,25	63	14,11-13	141
11,25s	658	14,11b-12	609
11,26	133, 138, 176, 180, 563	14,12	140
11,27-30	55, 148	14,12.14	334
11,28	738	14,17	140
11,29	132	14,19.20a	141
12,1a	132	14,20b-28	142
12,1ss	199	14,22	335
12,2	143	14,24	333

14,26	141	16,14	154
14,28	138	16,14s	194
15	147, 455	16,15	186
15,1	142, 342	16,16-22	464
15,1.5	150	16,16-22.23-40	173
15,1-29	155	16,20b.21	197
15,1-34	147	16,32	186
15,1-35	141	16,33b	465
15,10	156	16,37s	65, 66
15,10-12.19	147	16,91	173
15,12	147	16.6	52
15,13	144	17,1	209
15,13-21	148	17,1-3	171
15,19.28	156	17,1-9	196
15,19-21.28-29	148	17,2	173
15,2	142	17,4	173, 194, 196, 209, 210
15,2.4	55, 147	17,4.17	154
15,5	147	17,4ss	220
15,5ss	148	17,5-9	210
15,7-11	148	17,5ss	173
15,b	142	17,6	197
15,20	155	17,16-34	176, 181
15,23	52, 155, 159, 164	17,18	522
15,29	659	17,19	180
15,32	738	17,22-31	174
15,32.41	335	17,28s	174
15,35	53, 180	17,32	527
15,36	58, 141	17,32-34	174
15,36-18,22	52	18,1	52
15,36-39	164	18,1-17	56
15,39	56, 133, 140, 159	18,2	51, 209
15,40s	52	18,2.18.26	188
15.20.29	155	18,2.26	178
15.23.41	132	18,2.3.8	237
16,2-5	332	18,2b	50
16,4	164	18,3	68
16,5	335	18,4	138, 171
16,6	333, 335	18,5	209, 237
16,11-12a	52	18,7	185, 237
16,11ss	465	18,7.8	238
16,13s	171	18,7s	181

18,8	237, 739	21,11.13	456
18a-c.19a.21b-23	57	21,15	55
18d.19b-21a	57	21,15-28,31	455
18,11	51, 180, 237	21,15ss	457
18,12	51, 209	21,18	144, 457
18,12-16	51	21,19	458
18,18	57	21,20	457, 458
18,18-23	56-58, 336	21,21	457
18,19-21	180	21,21.28	109, 180, 442
18,22	55, 57, 58	21,23-24.26	458
18,23	332, 333, 335, 336	21,25	148, 155
18,23-21,14	58	21,27-30	459
18,24	178, 251	21,28	109, 110
18,24-28	146, 180	21,29	459
18,42	236	21,39	63-65
19	58	21-26	455
19,8	171	22,3	63, 74-76, 575
19,8.10	58	22,3s	77
19,9	176	22,4	95
19,9s	182	22,6-16	107
19,10	138	22,9	108
19,21	58, 456, 463	22,12	130
19,32.39	723	22,19	95, 96
20,1-21,14	456	22,25	65
20,1-3	58	22,25ss	66
20,2	337	22,28	68
20,2s	384	23,6	71
20,3	58	23,6.8	81
20,4	174, 332	23,6-8	75
20,6	58	23,27	65
20,7-11	181	24,1	59
20,16	58	24,10	58
20,20	180, 186	24,17	456, 458
20,23	738	24,24-27	460
20,23.25	456, 463	24,26	460
20,24.25	456	24,27	58
20,28	467, 723	25,11	59
20,31	58	25,1-12	460
21,4	738	25,23-26,32	460
21,4.10	738	25,9-12	460
21,11	463	25,9ss	66

25,26	564	1,2	517
26,4s	76	1,2-5	390
26,5	71, 74	1,3	123, 621, 633
26,10	95	1,3b-4a	122, 176, 431, 517, 550, 566, 626
26,11	95		
26,12-18	107	1,3s	517
26,28	176	1,4	612
26,31s	66	1,5	621, 676
27,1-28,15	455	1,5.13-15	383
27,1-28,16	59	1,6	79, 725
27,10.21-26.31.33-36	461	1,7	382, 724, 725
27,10.22	462	1,7a	384
27,24	462	1,7b	506, 568
27,26	462	1,8.12	676
27,9.22	718	1-8	446
27-30	55	1,9	149, 628
28	490	1,27	395
28,3-6	462	1,11	189
28,7-10	462	1,11-32	442
28,15	222, 382, 463	1,13	194, 383, 675
28,16	462, 463	1,13-15.18ss	172
28,16.23.30	462	1,16	393, 408, 433, 434, 444, 557, 623, 672, 730, 763
28.16.23.30s	463		
28,16-31	455	1,16.17	391, 393, 394, 445, 517
28,17.23	463	1,16-17	393
28,17-31	462, 463	1,16-3,20	603
28,17ss	66, 463	1,16s	516
28,20	462	1,17	315, 392, 394, 401, 403, 405, 405, 409
28,28	172		
28,30	60, 463, 466	1,17.18-3,20	233
28,30-31	181	1,18	394
28,30s	181, 384, 465	1,18-2,11	87
28,31	180	1,18-3,20	394, 400, 643
		1,18-3,21	338
Romanos		1,18-32	80, 395
		1,18ss	179
1,1	149, 390, 516, 565, 725	1,19	102, 692
1b	50	1,19ss	427
1,1ss	102	1,20	643
1,1.5	102	1,20.25	503
1,1-5	516	1,21	503, 689

1,23	395	3,1	399
1,24	259, 638, 689	3,1s	79
1.24	159	3,1-8	433, 434, 763
1,24-27	395	3,3	354
1,29-31	122, 712, 716	3-4	450
2	356, 430, 438	3,2	133
2a	450	3,5	403, 405
2,1	387, 643	3,5.19	504
2,1-3,20	80	3,5.21.25	405
2,1-3,8	396, 400	3,8.31a	385
2,3	396	3,9	397, 399
2.3	422	3,9.20	600, 603, 730
2,5	689	3,9.29	730
2,5-10	396	3,10-14	349
2,5-16	80	3,10-18	399
2,5ss	504	3,16.17	713
2,6	397	3,19	665
2,7	756	3,20	397, 406, 407, 423, 429
2,9	690	3,20.21a	664
2,9s	433, 434, 730, 763	3,20.28	350
2,12.13	665	3,20b	162
2,12-16	89	3,21	129, 349, 403, 408, 421,
2,13	353, 664		578, 619, 663
2,13b	397	3,21.22	403, 405
2,14	397, 427	3,21.28	600
2,14.15	90, 398	3,21-26	406
2,14s	664, 683, 716	3,21-31	400
2,15	684, 689	3,21a	161
2,16	518	3,21s.28	674
2,17.23	644	3,21ss	581
2,17-24	87	3,21z.26	401
2,17-29	665	3,22	403, 405
2,17ss	730	3,22.26	674
2,21s	712	3,23	644
2,25	399	3,24	246, 559, 618, 619, 622, 674
2,26	397	3,25	121, 176, 224, 378, 404,
2,26-29	317		572-576, 582, 601, 708
2,27	314	3,25.26a	404, 573, 576, 577,
2,28s	399, 671		578, 598
3	438, 439	3,27	349, 369, 406, 644, 659,
3b	416		665, 670

3,28	407, 664	5,5	413, 582, 626, 627, 633, 688
3,29	407	5,5a	631
3,30	502, 611	5,5b	631
3,31	407, 663, 671	5,6	571, 619
4	422, 430, 439	5,6.8	562, 569, 573
4,1	640	5,6-8	582
4,3	360, 408	5,7	571
4,3b	409	5,8	571, 621, 633
4,5	387, 410	5-8	413, 439
4,7	642	5,8-11	624
4,9-12	410	5,9	557, 582, 623
4.5.6.8	421	5,9.10	445
4,10s	127	5,9-10	582
4,11b	410	5,10	413, 579
4,12	410, 671	5,11	579, 620
4,13.14	617, 664	5,12	83, 413, 620, 644, 645
4,13.16	411	5,12-21	413, 414, 415, 559, 743, 747
4,14	411	5,12a	644
4,15	411, 423, 429, 665	5,12a.b	414
4,15a	664	5,12c	414
4,15b	664	5,12d	414, 644
4,16	411, 620, 664, 672	5,12ss	503, 711
4,16s	411	5,13.20	415, 664, 665
4,17	79	5,13b	423
4,17.24	679, 747	5,13s	349
4,17b	525	5,14	127, 414, 415
4,19	636	5,14b.17	414
4,20b	410	5,15	620
4,23-25	411	5,16	622
4,24	81, 212, 411	5,17.18.21	415
4,24b	276	5,17.21	415
4,24s	542	5,19	505, 708
4,25	176, 378, 505, 509, 525, 569, 570, 573, 598, 601	5,20	162
		5,20a	664
5	419, 422, 439, 441, 582	5,21	620, 642, 756
5,1	413, 581, 604	5.12-21	413
5,1-11	505, 581, 620	6	415, 416, 420, 439, 615, 615, 697
5,2	413, 581		
5,2.4	750	6,1	413, 622
5,2-4	413	6,1ss	637
5,4	664	6,1.15	385

6,10	553	6,19.22	246
6,11	419, 505, 742	6,19-22	624
6,11.23	618, 619	6,21.22	439
6,1-14	420	6,22	619
6,2	420	6,22.23	756
6,2.12	629	6,23	421
6,3-5	478, 686	6,3.4	318
6,3b-5	416	6,31	176
6,3s	121, 136, 184, 224, 318, 378, 419, 598, 601, 734	7	419, 424, 427, 428, 441, 701
		7,1-3	664
6,3ss	506	7,1-4	422
6,4	123, 276, 417, 626, 630, 707, 708	7,1-6	422, 430
		7,4	276, 727
6,4.5.6.8	615	7,5	423, 560, 641, 642, 643, 665
6,4b.c	417	7,5.8.9	665
6,4s	747	7,5s	422
6,5	555, 734	7,6	317, 422, 619, 630, 708
6,6	98, 268, 419, 420, 554, 636, 744	7,6a	665
		7,7	385, 423, 659, 665
6,6.8	357	7,7.12	663
6,7	386	7,7-11	429
6,8	525, 530, 615	7,7-13	427
6,8-11	419	7,7-15	87
6,9	526, 542, 562	7,7-23	105
6,9-11	708	7,7-25	425
6-8	742	7,7-25a	422
6b	436	7,7-8,14	743
6,12	637, 642	7,7-8,4	430
6,12-23	420	7,7ss	179, 286, 424, 429
6,12s	420	7,8	670
6,12ss	420, 711	7,8-11	424
6,14	421, 429, 622, 630	7,11	424, 642
6,14b	406, 663, 664, 702	7,12	353, 424, 425, 429, 664, 730
6,15-23	420	7,13	425, 646, 664
6,16	708	7,14	425, 426
6,16.23	645	7,14-25a	425, 644, 646
6,16s	286	7,14b	641
6,17	689	7,14ss	428, 665
6,18	743	7,15	426
6,18.22	701	7,15.19	646
6,19	159, 640	7,16	426

7,16b.22	664	8,17	617, 631
7,17.20	422	8,17.29	615
7,18-20	427	8,18-39	434
7,21	427	8,18ss	418, 504, 633
7,22	364, 692, 694	8,21	559, 699
7,23	428, 692	8,22	699
7,24	428, 456, 637	8,23	246, 625, 630, 639, 699, 756
8	423, 426, 429, 441, 757	8,24	310, 498, 560, 612, 748, 750
8,1	618, 619	8,26s	630, 699
8,1ss	422	8,27	689
8,2	349, 369, 428, 429, 430, 630, 645, 659, 665, 670, 701	8,28-30	699
		8,28-39	435
8,2s	429	8,29	508, 617, 686, 687
8,3	123, 509, 521, 560, 566, 571, 612, 641	8,29-39	725
		8,30	513
8,3.7	665	8,31-39	87
8,3a	430	8,32	505, 566, 569, 571, 573, 708
8,3s	504	8,33	79, 725
8,4ss	268	8,35.37	708
8,5	431	8,38s	504
8,5-11	628	9	453
8,5-8	431, 641	9,1s	435, 684
8,7	364	9,1-29	84, 438
8,8	220	9,2	689
8,9	431	9,2s	445
8,9.11	628	9,3	435, 640
8,9-11	626	9,4	84, 364, 665
8,9b	627	9,4s	42, 79
8a	452	9,5	123, 434, 503, 505, 562, 763
8b	452	9,6	434, 444, 763
8,10	628	9,6-29	446
8,10s.13	637	9,6-8	763
8,11	81, 427, 433, 504, 525, 542, 562, 630, 637, 679, 747, 748, 756	9,6a	435
		9,6b	435
8,11b	276	9,6s	671
8,13	268, 431, 637	9,6ss	435, 441
8,14	628	9,7-9	436, 515, 730, 763, 764
8,15	627, 631, 634	9,10-13	436
8,15s	506	9-11	89, 171, 215, 220, 338, 383, 387, 393, 434, 445, 446, 509, 513
8,16	617		
8,16.27	634	9,11b	436

9,12s	437	11	441, 442, 446
9,14	437	11,1	62, 467
9,14ss	434	11,1.2	434
9,16	437	11,1-24	87
9,16.18	513	11,1b	441
9,19-21	437	11,1s	441, 728
9,19ss	79	11,1ss	621
9,22s	438	11,2.28s	79
9,24	730	11,11	442
9,25-29	438	11,11.14	442
9,25s	145, 434, 728	11,1-2.11-36	446
9,27	445, 623	11,3	690
9,30	603	11,3-10	446
9,30-10,21	438, 446	11,5.7.28	215
9,30-33	438	11,5ss	763
9,32	674	11,13	172
10,1	438, 445, 557, 623, 689	11,13.14	442
10,3	401, 404, 405, 405	11,13.17-32	383
10,3s	467	11,13-15	765
10,3ss	434	11,14	623, 640
10,4	111, 439, 664	11,14b	444
10,5	126, 353	11,15	442, 579, 583
10,5-13	440	11,17-24	443, 513
10,6-8	127	11,18b	443
10,7	562	11,20	676
10,9	122, 542, 747	11,20.23	444
10,9.13	623	11,20-22	711
10,9-13	445	11,23.26-32	764
10,9s	560, 689	11,25	675
10,12	445	11,25.31s	730
10,12s	564	11,25-27	445
10,1-3	172, 383	11,25-36	730
10,13	612	11,25s	468, 764
10,13s	674	11,26	212, 623
10,1-4	663	11,26a	445
10,14-17	183, 440	11,26a	763
10,15s	516	11,27	84, 642
10,17	672	11,30	456
10,18-21	440	11,32	445
10,19	442	11,33	713
10,21	434, 728	11,34	692

11,36a	503	13,3-6	451
11,36a	79	13,5	684
11-16.17-24.25-27.28-32	442	13,8	430, 452
1-15	388	13,8-10	370, 408, 452, 663,
12	446		664, 670, 720
12,1	504, 717	13,8ss	448
12,1.2	447, 716	13,9	126, 659
12,1.8	189	13,9s	708
12,1b	638	13,10	668
12,1ss	447	13,11	557, 560
12,2	692, 732, 743, 749	13,11-14	743
12,3	448, 621, 676, 716	13,11b	620
12,3-15,13	448	13,11c	756
12,3-8	448	13,11s	755
12,5	618, 619, 727, 728	13,13	122, 712, 716
12,6	621, 632	13,14	617
12,6-8	449, 736	13.16.18.20	420
12,7b	739	14	425, 646, 732
12,7s	735	14,1	676
12,9	448	14,3	454
12,9-13,14	453	14,4.10.13	454
12,9-21	386	14,5	692
12,9-21	449, 452	14,8	565
12,9s	708	14,8b	755
12,9ss	448	14,9	525, 747
12,10	732	14,1.2	454
12,12	229	14,10.13.15,21	453
12,13	732, 733	14,10s	454
12,14	386	14,1-15,13	375, 383, 385, 453, 764
12,14-21	121	14,12	454
12,15	732	14,13.15.29s	375
12,16	711, 732	14,13ss	711
12,17.21	228	14,14	74, 121
12,18	228	14,14.20	375, 453, 659
12,19-21	386	14,15	562, 569, 571, 573, 697,
12-15	447		708, 711
13	386, 420, 442	14,17	581
13b	383	14,23	676
13,1-7	68, 70, 170, 386, 450,	14,23b	743
	451, 504	15,1	453
13,3	690	15,3	123, 562

15,5	124, 711	16,3-17	383
15,7	375, 454, 454, 710	16,3s	178, 383
15,8	114, 517, 708	16,5	185, 384
15,8ss	454	16,5.23	739
15,10	728	16,6	190
15,14	732	16,6.12	383
15,15	621	16,7	107, 737
15,15.16.18	383	16,7.11	383
15,15ss	737	16,8s.22	189
15,16	31, 516, 633	16,10b.11b	383
15,16.19	149	16,10s	188
15,18	392	16,11	188
15,18-21	190	16,14	384
15,18s	184, 211, 329	16,14s.23	185
15,19	517, 562	16,15	384
15,19a	392	16,16	723
15,19b	392	16,17s	385
15,20	182	16,20	621, 755
15,22	194, 383	16,21	174, 237
15,23	189, 765	16,22	70, 428
15,23s	384, 468	16,23	181, 187, 188, 237, 238
15,24	334, 385, 468	16,25	517
15,24.28	468	16,26	517
15,25-27	339	17	426
15,26	292, 339, 724	19.3	370
15,27	385, 640	19-21	437
15,28	392	19,22	420
15,28s	384	20	444
15,2ss	732	20-22	443
15,30.31	385	21s	578
15,30s	339, 388, 456	22	428
15,30ss	506	22s	427
15,31	96, 189, 212, 237, 765	23	427, 428, 444
15.25	58	23s	443
16	420, 443	25a	428
16,1.22.23	384	25b	444
16,1s	384	26a	443, 444
16,2	732	26b	444
16,3	51, 188	27	406
16,3-16	383, 384	44	561

1 Coríntios

1,1	732
1,2	256, 506, 723-725
1,3	506, 568, 621
1,4	620, 632
1-4	178, 238, 240
1,4-6.7.7-8	240
1,4-9	242
1,7s	239, 557, 565
1,7-8	232
1,8	439, 712
1,8s	558
1,10	189, 238, 242
1,10-17	242, 728
1,11	238
1,12	144, 242
1,12.14	269, 626
1,13	569, 571, 573, 727
1,13a	553
1,14	188, 237, 384, 739
1,16	188, 237, 238
1,17	183, 244, 517
1,17.18	244
1,17.18.23	98
1,18	123, 244, 560
1,18.21	623
1,18-3,4	244
1,18ss	179, 512, 554
1,19	244
1,19-31	644
1,20	749
1,21	562, 672
1,22	145
1,22-24	237
1,22s	206
1,23	550, 551, 556
1,25	551
1,25ss	512
1,26	188, 237
1,26ss	725
1,26-29	554
1,27.28	245
1,30	121, 159, 176, 224, 245, 253, 285, 321, 378, 598, 618, 619
1,30c	246
1,31	564, 612
1,31b	245
2	127
2,1.7	249
2,2	124, 247, 550, 554, 556, 562, 620
2,2.8	98
2,4	211, 329
2,4b.5	247
2,4s	183, 184, 633, 673
2,5	676
2,6	248, 250, 479, 749
2,6-16	248, 250
2,6ss	179, 554
2,7	517, 725
2,8	104, 248, 249, 506, 553, 749
2,10	246, 248, 554, 634
2,10ss	192, 269
2,12	247, 626, 627, 628
2,12-16	177
2,12b	248
2,13	247, 248, 269
2,14	690
2,14s	248
2,14.15	248
2,15	269
2,15s	248
2,16	564, 612, 692
3b-5	529
3,1	269, 479, 640
3,1ss	268
3,1-3	249
3,2	737
3,3	640
3,4	249
3,4ss	146

3,5.8	251	4,4s	232
3,5-9	179	4,5	80
3,5ss	737	4,6	124, 503, 737
3,6.10s	183	4,6-15	87
3,6-11	190	4,6b	254
3,9	178	4,7a	254
3,10	621	4,8	250, 253, 554, 748
3,10.11	183	4,8s	172
3,10-17	191	4,9	63
3,11	250, 722, 731	5	238, 240, 740
3,12	63	5,10s	122, 716
3,12-15	232	5,12	228, 238
3,13-15	250	5,13b	713
3,14s	80	5,1-5	257
3,15	257, 623	5,1b	713
3,15s	279, 310	5,2	250
3,16	250, 257, 628, 675, 724	5,3	189, 636
3,17	711	5,3-5	740
3,17a	258	5,4	329, 628
3,17b	724	5,4s	257
3,18	749	5,5	232, 279, 310, 503, 565, 623, 640
3,22s	557		
3,23	505	5,5b	740
4,1	249	5,6	257
4,10	254, 733	5,7	629, 729
4,10.18.20	250	5,7a	709
4,11	183	5-7	713
4,11-13	305	5,7b	709
4,11s	88	5,9	238, 297
4,11ss	254	5,9-11	712
4,12	67, 733	5.7.8	100
4,14-16	183	6,11	121, 159, 176, 224, 246, 253, 284, 321, 378, 506, 598, 627, 633, 740
4,15	149, 516		
4,16	177, 189, 191, 708, 713, 733		
4,16.11,1	737	6,1-11	232, 240, 255, 713
4,16b	254	6,1-11.12-20	239
4,17	52, 177, 292, 297, 713	6,1-11.15s.19	675
4,18	178	6,7	255
4,19s	184, 211	6,9.10	617
4,20	516	6,9s	122, 711, 712, 716
4,4	284, 612, 681	6,12	172, 250, 256, 375, 696

6,12-20	87, 240, 251, 279, 713
6,13a	259, 638
6,13b	259, 638
6,13b.15b.16.18	258
6,14a	542
6,15	259, 727
6,15s	727
6,17	269, 627
6,18	259, 638, 740, 744
6,19	259, 626, 628, 638, 724
6,20	559
6,20b	259, 638
7	240, 504, 697, 713
7,1	238
7,1.8	62, 698
7,4	259, 636, 638
7,5	744
7,7	259, 632
7,7s	177
7,8.11.40	267
7,8s.25-28	260
7,10s	714
7,10ss	120
7,11	579
7,11a	120
7,14	260
7,15.17.20.21.22.24	267
7,16	260, 623
7,17	714
7,17-24	267, 714
7,18	237, 374
7,19	288, 375, 659, 665, 714, 762
7,19a	714
7,20	267
7,20.24	267
7,20-22	91
7,21	237
7,21-24	189, 484
7,21b	266
7,22	91
7,23	559, 744
7,25	238
7,2-7	699
7,28	640
7,28.36	741
7,29	752
7,29-31	91, 268, 698, 749
7,31	744
7,34	636, 712
7,37	689
7,39	282, 752
7,40	177
7.29.31	711
8	375, 681, 682
8,1	238, 262, 708, 733
8,1.4	261
8,1s.4	261
8.6	79
8,10	237, 260
8,11	263, 562, 569, 571, 573, 697
8,1-13	240, 260, 696
8,11s	711
8,12	263, 682, 741, 744
8,13	682
8,1-6	250
8,4	502
8,4-6	263
8,5	502, 507
8,6	122, 503, 506, 507, 509, 564, 612
8,6a	502
8,7	261
8,9	261, 262
8,9.12.13	375
8,9-13	711
8-10	237, 239, 732
9	67, 240, 242, 470, 697
9,1	99, 100, 101, 107, 112, 113, 135, 177, 530, 565
9,1-18	87
9,1s	190
9,1ss	100

9,2	191, 737	10,9.13	744
9,2a	100	10,11	439, 752
9,4-6.12-18	264	10,11b	729
9,5	62, 121, 123, 144, 565	10,11c	619, 711, 729
9,6	135	10,14-22	260
9,8s	349, 665, 697	10,14-23	240
9,9	127, 285	10,14-33	260
9,9s	127	10,16	279, 727
9,11	640	10,17	727
9,12	149, 516, 517, 562	10,18	729, 762
9,12.15s	264, 697	10,20	502
9,14	120, 121	10,21	145, 263
9,15-18.23	143	10,23	256, 261, 262, 375, 696
9,16	102, 183, 190, 516	10,23-33	665
9,18	182	10,23s	375
9,19	265, 697, 708	10,24.33	708, 715
9,19-23	285	10,24.33-11	732
9,20	237, 265	10,25	260
9,20.21	206	10,25.27	264
9,20-22	193, 265, 375, 600	10,25-30	261
9,21	265	10,26	263, 503, 508, 564, 683
9,22	190, 623	10,27	237, 261, 715
9,22b	375	10,27s	260
9,23	266, 516, 734	10,31	263
9,24-26	733	10,32	145, 206, 228, 237, 264, 723, 724
9,24-27	85, 236		
9,24ss	63	10,32-33	375
9,25	733	10,33	623, 659, 696
9,26	223	10.25-29	89
9,27	636	11,1	124, 177, 191, 708, 733
10	375, 449, 681, 682	11,1s	145, 191
10,1	675, 729	11,2	119
10,1ss	250, 711, 748, 761	11,2-16	715
10.1ss	179	11,3	505
10,1.2	223	11,3a.b	562
10,1-4	253	11,7s	687
10,1-13	263, 269, 729, 741	11b.c	255
10,1-22.23-11,1	715	11,3.8.9	715
10,4	127, 509, 562, 627, 627, 729	11,16	687, 723
10,7	145, 728	11,16.22	723, 724
10,7.26	715	11,17-34	238, 241

11,18	238	12,9	672
11,20	186	12-14	239, 240, 241, 269, 270
11,20-23.26ss.32	565	13	179, 241, 273, 274, 449,
11,22	145, 723		631, 632, 735
11,22a	237	13,1-3	274
11,22b	237	13,2	251
11,23	120, 121	13,3	636
11,23-25	241	13,5	732
11,23a	119, 121, 175	13,7	732
11,23b-25	31, 121, 122, 176	13,12	274, 310, 498, 498, 748, 750
11,23b-26	119	14	179, 241, 273
11,24b	573	14,1.18.37s	192
11,25	84, 241, 729	14,4.5	273
11,27	279, 727, 741	14,5	738
11,27ss	741	14,6.19.37s	177
11,29.30	616	14,6.26	269
11,30	258, 282, 565, 752	14,8	63
12	697, 726	14,9	223
12,1	238, 269, 632, 675, 735	14.7.8.10.11	222
12,1-3	625, 631	14,12	735
12,2	172, 237	14,14	628
12,11	633	14,14s	691
12,12	244	14,15	692
12,12-13	87	14,16-17	273
12,12-27	727	14,19	692
12,12-31	270, 735	14,20s	261
12,13	172, 176, 253, 271, 288, 619,	14,21	285, 349, 665, 715
	627, 632, 698, 727	14,23	186, 187, 238
12,14-25	271	14,26	273, 739
12,25	189, 269, 732	14,29	739
12,26	732	14,3.5.26	632
12,27	271, 727	14,31	739
12,28	107, 449, 724, 735, 736, 739	14,33	724
12,28-30	632	14,34	285
12,3	269, 270, 565, 613, 633	14,37	269
12,31	179, 713	15	239, 240, 274, 528, 752,
12,3b	672		754, 757, 760
12,4	273, 632	15,1ss	100
12,6b	632	15,1-3a	528
12,7	273	15,1-11	100
12,8-11	270	15,2	560, 623

15,3	124, 275, 569, 741	15,20-22	746
15,3-5	100, 517, 752	15,20-29	505
15,3.17	642	15,20a	746
15,3.4	517	15,22	747
15,3-10	277	15,22.45	414
15,3-11	737	15,22ss	81
15,3a	175	15,23	747
15,3b	570, 573, 642	15,23-28-30	280
15,3b.8	131	15,24	439
15,3b-5	119, 122, 149, 275, 520, 528, 546, 562	15,26	512, 559
		15,27	612
15,3ss	633	15,28	503, 505, 526
15,4	123, 546, 547	15,29	253, 258, 279
15,4.15	542	15,29-49	87
15,5a	275, 546, 548	15,32	183, 466
15,5b-7	546	15,33	85
15,6	548, 737	15,34	284, 741
15,6.18.29.51	282, 752	15,35	753
15,6-9	528	15,35-56	753
15,6ss	548	15,35b	280
15,7	144, 548, 737	15,36-38	281
15,7.8	548	15,38.40	636
15,8	99, 100, 101, 107, 112, 113, 177, 526, 530	15,39	640
		15,39-41	281
15,8s	62	15,42-44	281
15,9	95, 145, 190, 526, 723, 724	15,42ss	639
		15,44.45	630
15,9s	100	15,44s	627, 633
15,10	145, 190, 621, 733	15,45	251, 316, 626, 627
15,11	183	15,45-50	747
15,11b	673	15,45a	690
15,12	250, 748	15,45b	269
15,12-17.20.23	562	15,46	239, 283, 414, 414
15,12-19	280, 505, 753	15,49	686
15,12a.15	277	15,4a	275, 746
15,12b	241, 277	15,4b	275
15,13a	119	15,5	144, 277
15,14	277, 528, 675	15,50	617, 640
15,17	642, 643, 741	15,50-54	754
15,17.19b	528	15,51-55	286
15,18.22	619	15,51s	309
15,20	280, 619, 639, 711, 753		

15,51ss	310, 754, 758	45	281
15,52	222, 754	45.47	753
15,55	558	46	753
15,56	286, 287, 421, 642, 661, 664	50a	282
		50b	282
15.16	449	51	282
15-49	281	52	282
16,1	332, 337, 338, 724	53ss	282
16,1-4	237	64	561
16,3	620, 765	66	561
16,3s	339, 456		
16,5	58	**2 Coríntios**	
16,5-8	468		
16,5ss	291, 468	1,1	145, 292, 293, 300, 723, 724, 732
16,8	49		
16,9	178	1,1.19	297
16,10	292	1,2	506, 568, 621
16,10.15-18	179	1,3	304
16,10s	297	1,3-11	304
16,12	180, 238, 251, 737	1,4-6	189
16,13	676	1,4ss	298
16,15	238	1,5	558
16,15.17	188	1,7	734
16,15s.19	739	1,8	292, 309, 466
16,15ss	237	1-8	295
16,16	190	1,8-10	298
16,18	628	1-9	293, 296, 302-304
16,19	180, 185, 238	1,9	525, 530, 631, 747
16,22	121, 565, 612, 752	1,10	212, 456
16,23	621	1,11	305
16,27	189	1,12	298, 621, 640, 683
20-22	529	1,1-2,13	294, 295, 295, 296, 298
21b	266	1,13s	191
21s	753	1,14	143, 232, 558
21s.33s	241	1,14b	298
23-28	753	1,15s	291, 468
35	282	1,16	291, 297
38	753	1,17	292
40	753	1,19	297, 566
42.50.53s	282	1,19s	305
43s	753	1,20	517

1,21s	121, 159, 176, 184, 305, 310, 378, 598, 626, 627	3,7.11	315
		3,7-18	314
1,22	625, 627, 630, 688	3,7ss	179, 314
1,23	292, 684, 690	3,11	228
1,23-2,4	297	3,12	750, 761
1,24	676	3,12-18	314
2,1	291	3,13	439
2,3.4	292	3,14	315, 316, 761
2,3-11	292	3,14-16	689
2,3ss	296	3,14s	689
2,4	291, 298, 689	3,16	212, 316
2,5-11	742	3,16-18	729
2,6	742	3,17	269, 316, 626
2,6-10	296	3,17a	316
2,6-8	296	3,17b	630
2,11	503, 742	3,18	316, 686, 687
2,12	103, 149, 292, 517, 562	4,1	103
2,12.13	292	4,1s	183
2,13	182, 294, 298, 628	4,1ss	312
2,14	191, 305, 558, 615	4,1-6	516
2,14-3,3	190	4,2	177, 298, 683
2,14-6,13	294	4,2.3.5	296
2,14-7,4	294, 295, 295, 296, 298	4,3s	516
2,15	103, 191, 512, 513, 560	4,4	104, 112, 149, 305, 508, 517, 558, 612, 685, 688, 749
2,16	96		
2,17	296, 298, 312, 684	4,4-6	516
20b	580	4,5	305, 565, 689
21b	581	4,6	79, 99, 103, 104, 113, 305, 612, 689
3	312, 317, 318, 665, 761, 764		
3,1	103, 342	4,7	498
3,1b	312, 324	4,7-12	305
3,1-3	296	4,7-18	737, 748
3,1-18	729	4,8s	88, 306, 694
3,2	690	4,8ss	298
3,3	313, 689	4,10	733
3-5	298	4,10b-12	306
3-6	299	4,10s	617, 710
3,6	313, 729, 761	4,11	183, 637, 640, 733, 734
3.6.10	204	4,13b	675
3,6.14	84	4,14	276, 311, 525, 526, 615, 617, 747, 749
3,6-18	317		

4,14s	620	5,18b	320
4,14ss	81	5,18s	505, 582
4,15	305	5,19	320, 517, 583
4,15.17	308, 694	5,19-21	183
4,16	308	5,20	321, 516
4,16	694, 708	5,21	124, 321, 322, 400, 403, 405,
4,17s	308		405, 525, 560, 571, 571, 581,
4,60	305		642, 643
5	319, 581, 582	5,21b	618
5,1	212, 309, 675	6,1	711
5,1-10	298, 309, 311, 312,	6,2	311, 560, 619, 711
	754, 759	6,2b	615
5,1s.6b.8b	309	6,3-10	88, 298, 305
5,1ss	309	6,4s	733
5,2	755	6,5	66, 183
5,4	637	6,7	184
5,5	625-627, 755	6,7-10	307
5,6.8	310, 754	6,9s	617
5,7	498, 680, 748, 755	6,11	299, 304, 689, 690
5.9.10	80	6,11-13	177, 191
5,10	232, 311, 612, 755	6,13	299
5,11	683	6,14	597
5,12	296, 298, 690	6,14-7,1	294, 299
5,14	708	6,16	728
5,14.15.21	569	7,1	628, 712
5,14-17	318	7,2	183, 690
5,14-21	318	7,2-4	294
5,14b	318	7,2-4a	191
5,14b.15	571	7,3	103, 689, 690, 732
5,14s	573, 710	7,4	296, 298, 299
5,15	525, 530, 562, 633, 732	7,5	292, 294, 298, 299
5,16	122, 124, 319, 562, 624	7,5-16	294, 295, 296
5,17	79, 319, 432, 618, 619, 698,	7,5-7	298, 299
	707, 708, 711, 726, 762	7,5-9	292
5,17a	580	7,5ss	292, 299, 301
5,18	320, 579	7,6.13.14	182
5,18.19	579	7,6ss	292
5,18-20	320	7,7.11	189
5,18-21	580, 732	7,8.12	291, 292, 296
5,18-6,2	620	7,10	560
5,18a	320	7,14	297, 302

7,16	299	9,16-24	300
8	300, 301	10,1	124, 305
8,1ss	292, 300	10,1.9-11	297
8,1.4.6.7.19	620	10,1s	303
8,1-5	292, 301	10,1s.11	189
8,1-24	295, 296	10,1s.7.10.12	293
8,4	724	10,3	326, 641
8,6	297, 301	10,5	323
8,6.10s	558	10,7	325
8,6.16.23	182	10,1-10	322
8,7ss	237	10,1-11	298
8,9	305, 525, 621	10,10	63, 70, 297, 636
8,10	292, 293, 301	10,12.18	296, 322, 327
8,13-14	733	10,14	149, 517, 562
8,15	715	10,14-16	190
8,16	305	10,15	676, 516
8,16-23	179	10,17	564
8,16ss	301, 302	10,18	327
8,17.18.22	302	10-12	88
8,18	516	10-13	293-298, 302, 303, 304, 322, 326
8,19	339		
8,19s	456	11,1ss	327
8,20	302	11,2	183, 189
8,22	302	11,4	293, 296, 627
8,23	107	11,4.29	183
9	295, 300, 301	11,4s.18.20.22s	293
9,1	300	11,5	324
9,1-15	295, 296	11,5.13	737
9,1ss	237	11,5.21	190
9,2	189, 293, 301	11,6	323, 341
9,2ss	300	11,7	67, 149, 516, 643
9,3	301	11,7-11	183
9,3.5	302	11,7s	240
9,3s	292, 301	11,10	293, 628
9,4s	301	11,1-12,13	327
9,6	80	11,13	107, 296, 467, 476, 563
9,7	689	11,13-15	711, 744
9,8.14.15	620	11,14	503
9,9	715	11,15	80, 326, 439
9,12s	305	11,16-12,10	86
9,13	149, 517, 562	11,16-21a	327

11,16-33	87	13,1	292, 468
2 Cor 11,21	130	13,2	297, 741
11,21b-12,10	327	13,2.10	189
11,21b-29	327	13,4	124, 183, 311, 329, 550,
11,22	325, 327, 360, 467		615, 626
11,23	183, 733	13,5	628, 741
11,23.33	305	13,11	711, 732
11,23-29	88, 305	13,11-13	303
11,23s	183	13,11a	303
11,23ss	342	13,13	621, 633, 726
11,24s	66, 636	19	580
11,25	141, 183	47	561
11,28	183		
11,30-33	328	**Gálatas**	
11,32	129		
11,32s	130	1,1	212, 340, 346, 363, 542,
11,38	684		732, 737, 747
12,1	326	1,1.12.15s	177
12,1.12	323	1,2	333, 723, 724
12,1-10	328	1,3	506, 568, 621
12.2.4	222	1,3s	124
12,7	63, 640	1,3s	558
12,7-9	328	1,4	124, 569, 570, 573, 642,
12,8	506, 613		643, 708, 742, 749
12,9	121, 621	1,6	79, 336, 622, 725
12,9a	326, 328	1,6.11.12	149
12,9s	191	1,6-2,14	53
12,10	88	1,6-9	340, 343, 378
12,11	324, 737	1,6ss	516
12,11-13	327, 328	1,7	149, 517, 562
12,11s	211	1,7.12	148
12,12	184, 325, 328	1,8	233, 347, 364, 762
12,13	342	1,8.11ss	364
12,14	183, 291, 292, 302	1,8s	177, 334
12,15	690, 734	1,10	183, 565
12,17.18	297, 302	1,10-24	347
12,18	182, 302	1,11.12	119
12,19	684	1,11ss	102, 516
12,19-13,10	741	1,12	101
12,20s	122, 712, 716	1,12-16	99, 101
12,21	159, 741	1,12ss	102

1,13	95, 145, 723, 724	2,3	148, 172
1,13.14	657	2,3-5	147
1,13.23	97	2,3s	344
1,13s	97, 190	2,4	157, 347
1,14	70, 74, 77, 575	2,4.11-14	342
1,15	621, 725	2,4s	143, 147, 158
1,15.16	101	2,5.14	159
1,15a	102	2,6	151, 459
1,15b	101	2,6-10	147
1,15s	113, 347, 442, 512	2,7	148-152, 660
1,16	102, 104, 112, 113, 190, 566, 612, 640	2,7-9	156, 342
		2,7s	149
1,16b	101, 108	2,9	144, 147, 148, 150, 442, 489, 621
1,17	53, 54, 94, 120, 334	2,9a	151
1,17.19	737	2,9c	148
1,17b	129	2,9d	160
1,17ss	392	2,11b	158
1,18	53, 55	2,12	151, 155, 158, 344
1,18-20	131	2,12a	144
1,18s	131, 144, 459	2,13	138, 158, 159
1,19	123, 565	2,14	158, 160, 742
1,21	52, 55, 56, 131, 139, 155, 333, 334, 335	2,15	160, 348
		2,15s	231
1,22	76, 96, 723	2,16	160, 162, 348, 350, 354, 373, 562, 600, 662, 664, 674, 675
1,22-24	347		
1,23	95, 96, 131, 672	2,16.20	674
1,25	113	2,16-3,24	350
2,1	53, 142	2,16c	348
2,1.9	135, 147	2,16d	160, 161
2,10	148, 151, 189, 337, 338, 385	2,17	618, 619, 643, 742
2,10b	339	2,17.18	357
2,11	138, 156, 157	2,18	659
2,11.12	144	2,19	554, 555, 601, 615
2,1-10	147, 148	2,19.20	318, 357, 360
2,1-10.11-14	53	2,19.21	562
2,1-10.11-15	350	2,19-21	318, 378
2,1-14	347	2,19s	629, 700
2,2	183, 342	2,20	566, 569, 571, 573, 628, 641
2,2.9	147	2,20a	708
2,2a	142, 147	2,21	351, 355, 357, 573
2,2c	143, 146	26	365

27	365	3,16-18	664
29	198	3,17	84, 349, 361, 662
3	161, 411	3,17.19	162
3,1	98, 123, 333, 334, 335, 550, 556	3,17a	364
		3,17b	364
3,1-4	664	3,18	364, 617, 362
3,1.13	562	3,19	364
3,1ss	333	3,19.20	364, 377
3,2	629	3,19.23.24	664
3,2.14	627	3,19b	363
3,2.3	707	3,19s	662
3,2.5	370, 673	3,20	363, 502
3,2.5.10	350	3,21	364, 377
3,10	361, 368	3,21b	357
3,10.12	353	3,21s	287
3,10-12	700	3,22	356, 373, 374, 421, 562, 600, 603, 642, 643, 662, 665, 670, 674
3,10b	353		
3,11	393, 394, 409		
3,11.21	664	3,22ss	742
3,11a	361	3,23	356
3,11b	361	3,23.25	673
3,12	126, 664, 674	3,23s	162
3,12.23	664	3,24	662, 664
3,12b	353	3,25	356
3,13	357, 361, 551, 554, 554, 559, 569, 571, 700	3,26	359, 617
		3,26-28	121, 176, 184, 187, 193, 204, 224, 272, 359, 360, 365, 555, 571, 601, 618, 619, 632, 659, 698, 726, 749, 762, 778
3,14	361		
3,15	183		
3,1-5	359, 554		
3,1-5,12	340	3,27	359, 619, 664, 708
3,1-5.26-28	151	3,28	172, 189, 288, 359, 366, 619
3,2-5	360	3,28b	245
3,3	558, 710	3,29	617, 662
3,4	344	4	697
3,5	183, 184, 329	4,1.7	617
3,6.8	364	4,2	356
3,6ss	360	4,3	356
3,7.29	361	4,3.9.10	342, 343
3,8	517	4,4	114, 123, 504, 509, 566, 633, 665, 711
3,15-18	730		
3,16	361, 364	4,4-6	571

4,4s	504, 517, 521, 571, 612	5,3.23	664
4,4ss	633	5,4	343, 622, 664
4,5	357, 664	5,5	359, 673, 750
4,6	566, 626, 627, 628, 688	5,6	288, 618, 619, 659, 698, 715
4,6s	359, 617, 631	5,6.22	708
4,8	336, 503	5,7	342
4,8.9	79	5,8	514
4,9	183, 212, 502	5,11	198, 551, 553, 554
4,9.17.21	343	5,11.14	98
4,10ss	733	5,12	375
4,11	183, 191, 733	5,13	358, 359, 697, 701, 710
4,11s.19s	344	5,14	126, 354, 368, 368, 369, 373,
4,12	177, 191, 375, 659		374, 377, 664, 668, 670, 715
4,12-14	334	5,16	373
4,12s	333	5,16-18	268
4,13	183, 335, 336, 640	5,16s.24	637
4,13-15	342	5,16ss	431
4,13-15.18s	336	5,18	354, 359, 630, 664, 700,
4,14	63		707, 715
4,17	733	5,18-25	233
4,18	183, 189	5,19	159, 373
4,19	359, 617, 628, 708	5,19-21	712
4,20	222, 468	5,19-23	122, 716
4,21	367, 701	5,19b-21	431
4,21-31	127, 198, 368, 630, 730	5,19ss	743
4,23	368	5,21	184, 617
4,23.29	640	5,22	359, 369, 373, 431, 631, 672
4,24	84	5,22.23a	715
4,25	334, 762	5,23b	715
4,26	730	5,24	268, 555
4,28	368, 701	5,25	359, 372, 629, 710
4,30s	762	5,28	370
4,31	204, 368, 701	6	514, 561
4,31-16	204	6,1	192, 269, 359, 676, 742, 744
4,61	360	6,1s	732
5,1	204, 359, 371, 662, 701, 710	6,1ss	268
5,1.8ss	233	6,2	121, 265, 349, 368, 369, 374,
5,2-4.21	711		430, 659, 665, 670, 701, 708,
5,2s	336		720, 732
5,3	342, 368, 377	6,4	644
5,3.14	373	6,6	733, 739

6,7s	80
6,8	359, 630, 756
6,10	732
6,11	70
6,12	198, 342, 553, 554
6,12.13	342
6,12-14	340, 761
6,12s	336, 343
6,14	98, 555
6,14b	629
6,15	288, 319, 342, 359, 458, 659, 698, 700, 708
6,16	730, 761, 762
6,17	306, 636
6,18	621, 628, 633
11,5	230
12,8	230
15	348
15s	530
16,8	230
38	561

Efésios

1,7	246
2,5.8-10	602
2,6	417, 748
3,5	738
3,5-8	248
4,11	738, 739
11,2	133

Filipenses

1,1	467, 565, 724, 724, 739
1,2	506, 568, 621
1,3-11	469
1,3.18	470
1,5	183, 470
1,5s	558
1,6	557, 710
1,6.10	757
1,7	464, 516, 621, 689
1,7.13	734
1,7.13.17	464
1,7.13s.16	183
1,8	124
1,9-11	558, 712
1,9s	732
1,12.14	470
1,12-18	467
1,12ss	181, 464
1,13	466
1,13s	466
1,15-18ab	470
1,17	743
1,18ss	470
1,19	627
1,20	259, 470, 638, 734, 756
1,20-23	183
1,21	468, 469
1,21-24	756, 759
1,22.24	641
1,23	615, 617, 756-758
1,24-26	471
1,25	464, 676
1,26	464
1,27	149, 189, 476, 517, 562, 690
1,27-30	472
1,29	562, 620, 672
1,29s	734
1,30	733
2	475
2,1	726
2,1-5	475
2,1-5.12-13	473
2,1-5.6-11	732, 743
2,2	732
2,2.5	711
2,3	732
2,4	732
2,5	124, 711

2,6	266, 505, 509, 612, 612	3,2-11	476
2,6-11	122, 123, 176, 473, 474, 475, 525, 526, 565, 578, 611, 708	3,2ss	743
		3,3	730
		3,4-6	105, 190
2,6s	697	3,4b-11	99, 104, 477
2,6ss	708	3,4ss	477
2,7s	123	3,5	62, 70, 467, 665
2,8	98, 505, 708	3,5s	97
2,8c	553	3,5.6.9	663
2,8s	505	3,5-9	657
2,9-11	124, 508	3,6	77, 95, 575, 723, 724
2,9s	612	3,7s	191
2,11	476, 503	3,8	556
2,12	189	3,9	350, 401, 405, 467, 477, 478
2,12s	629, 633	3,10	734
2,13	475, 673, 710	3,10.21	615
2,14s	743	3,10s	526, 617, 743, 749
2,15-18	712	3,10s.21	757
2,16	143, 183, 191, 733, 757, 469, 472	3,11	479, 756
		3,12	479, 711
2,17	676, 734	3,13-15	711
2,18	732	3,14	490, 733
2,19	733	3,15	177, 192, 479
2,19-23	464	3,15-18	509
2,22	179, 516	3,16	710
2,23	464	3,17	124, 127, 191, 737
2,24	464	3,18	98, 553
2,25	107, 464, 466	3,19	674
2,25.28	464	3,20	212, 476, 565, 612
2,25ss	465	3,20b	757
2,26-30	464	3,20s	68, 70, 471, 526, 560, 757
2,29	470	3,21	279, 612, 612, 617, 639, 727
2,30	690	3,21s	477
21	470	4	475
21b	471	4,1.	189
22	471	4,1.4-6.19s	470
23	471	4,2	189, 711
3	104, 113, 114, 475	4,2s	465, 743
3,1a	470	4,3	516
3,1ss	342	4,5	565, 743, 745
3,2	467	4,5b	757

4,6	229	4,9	480, 484
4,7	689, 692	4,10ss	481
4,8	718, 732	4,11	481
4,9	177	4,15	185
4.7.8.9	470	4,16	186
4,10ss	466	4,17	480
4,12	88	26,28	248
4,13	479		
4,14	464		

1 Tessalonicenses

4,15	465, 470		
4,15s	174	1,1	209, 215, 621, 723
4,15ss	52	1,2s	506
4,18	465, 470	1,3	213, 217, 227, 750
4,22	188, 466	1,4	79, 211, 215, 512, 558, 725, 729
4,23	621, 628	1,4-5	227
5	697	1,5	183, 184, 211, 229, 231, 329, 516
6-7	473	1,6	124, 210, 216, 217, 229, 565,
6-7a	473		708, 733, 734, 737
6-8.9.10.11	473	1,6-10	173, 183
7b-8	473, 475	1,6-8	178
8	475	1,6-9a	212
9-11	473	1,6s	177
9b-10	474	1,7	127
10-11b	474	1,7s	210
11c	474	1,7ss	217
12,17s	479	1,8	676
13,19	439	1,9	209
14	475	1,9.10	217
15	561	1,9-10	232
15,17	467	1,9b.10	212
17-19	471	1,9s	79, 80, 121, 172, 216, 234,
37	561		261, 502, 512, 517, 519, 566
		1,10	232, 276, 444, 456, 505,
			525, 557, 558, 612, 746

Colossenses

		2,1-12	183, 217
1,14	246	2,2	52, 66, 173, 733, 734
2,12	417, 748	2,2.14.17s	216
2,12s	602	2,2.4.8.9	232
2,14	552	2,2.8.9	149, 218, 516
3,1-4	417, 748	2,3	214
3,16	473	2,4	689

2,4.6	183	3,12a	227
2,7	563	3,12b	227
2,8	214, 690	3,13	216, 227, 228, 232, 506,
2,9	67, 174, 182, 733		557, 565, 689, 712
2,10	214	3.10	189
2,11	183, 214	4,1	220, 227
2,11s	213	4,1.2	227
2,12	189, 211, 214, 215, 227, 512,	4,1s	712
	514, 729	4,2b	213, 227
2,13	183, 190, 212, 218, 516	4,3	504
2,14	124, 145, 209, 334, 723, 723,	4,3.4.7	227
	724, 734	4,3-8	227, 712, 740
2,14-16	173, 197, 204, 210, 218,	4,3s.7	159
	230, 760, 761, 764, 765	4,6	210, 732
2,15	565	4-6	227
2,15.16	197	4,6b	228
2,16	172, 190, 230, 560, 642,	4,6b.c	213
	729, 740	4,7	159, 211, 213, 215, 729, 740
2,17	189, 210	4,7-8	227
2,17-20	178, 209	4,8	228, 229, 626, 627
2,17s	174	4,9	227, 228, 732
2,17ss	220, 468	4,9.13	211
2,18	503	4.3.4.7	712
2,19	143, 216, 221, 228, 232,	4,10	227
	565, 733, 737	4,10b-12	211
2,19s	191	4,11	210, 228, 712
3,1	52	4,11s	188
3,1s.6-8	209	4,11.12	228
3,2	149, 179, 232, 517, 562	4,12	230, 712
3,2;5-7.10	676	4,13	675
3,31	216	4,13-17	224, 226
3,3a.5b	221	4,13-18	81, 211, 221, 224,
3,4	212, 221		226, 282, 309, 446, 512, 746,
3,5	183, 191, 733		751, 752, 754, 754, 758, 760
3,6	209, 210	4,13ss	216, 225
3,6ss	221	4,14	234, 505, 526, 542,
3,10	211, 227		557, 675
1Tts 3,11	174, 713	4,14.17	234, 615
3,11-13	221	4,14a	746
3,11s.13	221	4,14ss	419
3,12	732	4,15ss	120

4,16	222, 224, 612, 619	18	751
4,17	223, 226, 617, 746, 754, 758	24	561
4,18	226		
5,1	211	**1 Timóteo**	
5,1ss	743		
5,5	746	1,18	738
5,8	213, 227	3,16	431
5,8s	560	3,2	467
5,9	215, 217, 228, 232, 512, 557,	3,5.15	723
	623, 732	4,14	738
5,9.24	211	6,13	490
5,10	226, 234, 557, 569, 570, 573,	19,1s	490
	615, 617, 746	22,1	490
5,11	226		
5,1-10	232	**2 Timóteo**	
5,1-11	211, 221, 225, 226, 746		
5,12.13a	228	1,1.4	723
5,12-25	228	1,8	491
5,12s	210	1,9-11	248, 602
5,13b-18	228	1,17	491
5,14	229, 732	2,18	748
5,15	227, 228	2,9	491
5,16	229	3,11	141
5,17.18	229	4,10	333
5,19	232	4,10-17	490, 491
5,19.20	229		
5,19-22	228	**Tito**	
5,20	738		
5,21.22	229	1,2s	248
5,23	216, 227, 229, 557, 691, 712	1,7	467
5,24	215, 229, 512, 514, 729	3,3-7	602
5,27	186		
5,28	621	**Filêmon**	
10	561		
13	225, 751	1	480
14	751	1,23s	480
14b	224	1,8b.9	482
15	751	1.23.24	479
15.17	224, 752	1.9.13	479, 734
15-17	751	2	480
16s	751	3	506, 568

4-7	482	**Tiago**	
5	561		
5,7	480	1,13-15	515
6,7	482	3,1	739
7	482		
8	561	**1Pedro**	
8,9	482		
9	62, 480	1,1	333
9,10	482	3,18	431
9,10a	481		
9.10	189	**2 Pedro**	
10	480, 482		
10b-13	481	3,15s	19, 70
11	483		
11,13	482	**1 João**	
11,14	482		
12,14	484	4,9	571
12,16.17-20	483		
13	483, 516, 734	**Judas**	
14	484		
16	483, 641	8,17	212
18	482		
19	480	**Apocalípse**	
19,20	482		
19b	481	11,28	738
21	484	16,6	738
22	468, 484	18,24	738
23s	481	19,10	738
25	628, 633	22,20	565
		22,9	738

Hebreus

3,16	216
9,15	246

JUDAÍSMO ANTIGO

Carta de Aristeias		**Assunção de Moisés**	
		1,14	390
139ss	75	11,17	82

Apocalipse (siríaco) de Baruc

54,15	414
29s	223
50s	223

Quarto Livro de Esdras

3,7	83
3,13ss	360, 409
3,21	83
4,38	83, 649
5,23-27	79
6,54-56	79
7,11s	699
7,17s.51	649
7,21	356
7,21.129	81
7,21ss	666
7,29ss	81
7,33-15	80
7,33ss	81
7,46	83, 649
7,68	83, 649
7,70-74.105	356
7,72	649, 655
7,75	79
7,77	80
7,89	216
7,118	83
7,118s	83, 414
8,17.35	83, 649
8,20-36.47-49	655
8,32.36	355
8,32s	82
8,33	81, 82
8,33.36	80
9,7ss	666
9,7s	81
10	157

12,32	562
13	223
13,23	81
14,13s	309
14,22.30	666
14,30	356

Livro Eslavo de Henoc

HenEsl 42,7	588

José e Asenet

JosAs 11,10s	79
JosAs 8,9	79
JosAs 11-13	80
JosAs 8	157
JosAs 11,10	212
JosAs 11,10s	213

Flávio Josefo (Antiguidades Judaicas, Guerra Judaica, Vida)

Ant. 18,16	81
Ant. 14,228	68
Ant. 13,372	72
Ant. 17,41	74
Ant. 1,192	150
Ant. 12,241	153
Ant. 18,81-83	196
Ant. 20,197-203	200
Ant. 15,136	363
Ant. 17,300	381
Bell. 2,408s	459
Bell. 2,247	58
Bell. 2,250-270	58
Bell. 2,247-276	59
Bell. 2.308	67
Bell. 4,618	519

Livro dos Jubileus

Jub 1,16-18	588
Jub 15,25-34	150
Jub 22,15	588
Jub 22,16	157

1Mc

1,15	153
2,15-28	71
2,24	71
2,52	360, 410
2,54.58	97
7,13	71

2Mc

1,5	582
7,11	81
7,14	81
7,30-38	574
7,33	582
7,37s	572, 575
8,29	582

4Mc

1,33-35	157
5,20	368
6,27-29	572, 574
7,19.21	677
15,214	677
16,22	677
17,11-16	490
17,21s	572, 574
17,22	575

Fílon

Abr. 5	656
Abr. 60	313
Abr. 268	677
Conf. 146s	607
Det. Pot. Ins. 33.34	252
Deus Imm. 143	246
Leg. All. I 31	414
Leg. All. II 89	677
Leg. Gai., 155	68
Leg. Gai. 156s	381
Migr. 89s	655
Op. Mund. 3	655
QuaestEx II 2	153
Som. II 230	251
Spec. Leg. I 277	717
Spec. Leg. II, 61s	175
Spec. Leg. II 63	596
Spec. Leg. IV 134	595
Vit. Mos. I 162	656

Salmos de Salomão

SlSal 2,16-18.34	80
SlSal 2,33s	590
SlSal 14	75
SlSal 14,1-3	590

Eclo

1,4	248
2,6.8.10	677
4,16	677
6,23-31	81, 618
9,6	713
11,21	677
14,24-27	618
15,11-15.20	84
15,15-20	81
16,12	82
17,11	81, 356, 600, 666
19,2	713
24	587

24,23	84	1QH 1,26s	589
24,9	248	1QH 1,27	649
28,7	84	1QH 12,35-37	589
32,23	288		
33,11-15	84	**1QM**	
44,20	360, 409		
45,5	362, 600, 666	1QM 4,6	82
46,1	724	1QM 13,5	83
48,2	97		

Testamento de Daniel

CD

		15,5-11	84
6,10	402		
		1QpHab 7,17-8,3	362

QUMRAN

4Q398

1QS

		4Q398 Frg. 14 col. II	353
1QS 10,25	402		
1QS 4,20s	426	**4QMMT**	
1QS 10,1ss	589		
1QS 11,9	649	C 27	353
1QS 11,9s	588		
1QS 11,9-12	355	**11QTa**	
1QS 11,12	650		
		64,15-20	98
1QH		64,19s	98
1,21	426		

IGREJA ANTIGA

Agostinho

1Clem

CD VI 11	196	5s	490, 491
		5,2.3	489
Firmico Materno		5,4	490
		5,5-7	60, 489, 490
De Errore Profanarum		6,1	485, 489
Religionum 22,1	419	23,1-27	748

ESCRITOS GREGOS E ROMANOS

Ésquilo

Eumenides 545	770

Apuleio

Metamorfoses XI 22,7ss	236
Metamorfoses XI 16,2-4	252
Metamorfoses XI 21,7	252
Metamorfoses XI 23,8	418

Aristóteles

Ética Nicomáquia 1128a	90, 398
Ética Nicomáquia 1105b	602
Ética Nicomáquia 1138a	652
Ética Nicomáquia 1137b	669
Ética Nicomáquia 1177a	691
Ética Nicomáquia 1179b	717

Augusto

Res gestae 34	595

Cartas Cínicas

Diógenes 10	240

Cícero

Fin. III 4	718
Flacc. 66	196
Leg. I 48	594
Leg. I 42	653
Leg. I 58	653
Leg. II 11	653
Nat. Deor. I 4	594
Nat. Deor. I 39	522
Nat. Deor. I 94	522
Nat. Deor. II 71	448
Nat. Deor. III 75	647
Nat. Deor. III 79	647
Off. III 5,27	669
Parad. 33	251
Rep. III 22	670
Rep. III 28	759
Tusc. I 25	769
Tusc. I 77	768
Tusc. V 67	718
Tusc. V 70	628
Verr. II 1,6-7	67

Dio Cássio

LX 6,6	382

Dio Crisóstomo

Or. 1,42	654
Or. 3,52.53	717
Or. 15,2	703
Or. 15,31	703
Or. 30,44	769
Or. 32,11s	217
Or. 32,14.15	647
Or. 33,34	64
Or. 34,21-23	65
Or. 38,17-18	580
Or. 75,1	654
Or. 75,6	654
Or. 80,5	670

Diógenes Laércio

1,13-15.18	175
2,47	175

1,33	367	**Filóstrato**	
6,71	695		
6,79	771	Vit. Ap. I 28	518
7,61	283		
7,125	251	**Horácio**	
8,62	610		
10,121b	175	Sermones I 4,142s	171
10,139	768		

Epíteto

Jâmblico

		De Vita Pythagorica 31	610
Diss. I 24,1	87	De Vita Pythagorica 138	678
Diss. I 9,24s	267		
Diss. I 25,3	288	**Lívio**	
Diss. I 9,12-14	311		
Diss. I 26	654	Ab urbe condita X 9,4-5	97
Diss. I 14,12	682		
Diss. I 19,7	698	**Luciano**	
Diss. II 1,23	695		
Diss. II 1,34-39	308	Fugitivi 16	168
Diss. II 3,1	312	Icaromenipo 5	323
Diss. II 8,11s	682		
Diss. II 10,4	272	**Musônio**	
Diss. II 26,1	646		
Diss. II 26,4s	646	Dissertationes 2	719
Diss. III 22,45-48	88	Dissertationes 3	719
Diss. III 22,56	717	Dissertationes 4	719
Diss. III 22,67-82	62	Dissertationes 6	719
Diss. III 22,69	739	Dissertationes 11	719
Diss. III 22,79	251	Dissertationes 17	719
Diss. III 24,64s	265		
Diss. IV 1	702	**Platão**	
Diss. IV 1,81	703		
Diss. IV 1.112-114	85	Apologia 40c.d	471
Diss. IV 1,153s	265	De Iside et Osiride 67;68	521
Diss. IV 153s.159	369	De Iside et Osiride 360.361	611
Diss. IV 4,33	267	Rômulo 28	759
Diss. IV 8,30s	86		
Diss. IV 8,31.32	190	**Sêneca**	
Ench. 11	268		
Ench. 15	698	Clem. 1 2	215

Clem. 1 6,3	83	Nero 38,1-3	488
Clem. II 1	169	Tiberius 36	382
Ep. 20,2	718		
Ep. 41,1s	89	**Tácito**	
Ep. 47	267		
Ep. 94,21	720	Anais XV 44	386
Ep. 94,33.34	720	Anais XV 44,2-5	486
Ep. 97,1	648	Anais XV 44,4	202
Ep. 102,27	759	Histórias V 3-5	487
Ep. 108,22	196	Histórias V 5,1	219
Ira II 28,1	648		
		Xenofonte	
Sófocles			
		Apologia 16	91
Antígone 615-619	750	Memorabilia I 6,3	191
		Memorabilia I 3,3	195
Strabo		Memorabilia I 5	678
		Memorabilia I 16,12	323
Geographica VIII 6,20-21.23	236	Memorabilia IV 4,19-20	90
		Memorabilia IV 6,4	651, 652
Suetônio		Memorabilia IV 6,6	651
Claudius 25,4	50		
Nero 16,2	386